CONCORSI
Superiori

Concorso

AGENZIA delle ENTRATE 2023

Funzionario per servizi di pubblicità Immobiliare

MANUALE + QUIZ

per la preparazione a **tutte le prove**

NLD
CONCORSI

FINITO DI STAMPARE NEL MESE DI GIUGNO 2023 DA:
Torgraf
Galatina (LE)

Via De Lillo 2/B Zona industriale - 70056 Molfetta (BA)

ISBN 978-88-3358-950-3

I lettori che desiderano essere informati sulle novità di NLD CONCORSI possono visitare il sito web **shop.enneditore.it** o scrivere a **info@nldconcorsi.it**

PREMESSA

L'**Agenzia delle Entrate** si accinge a immettere nel proprio organico **migliaia di funzionari** per assicurare l'implementazione di **politiche pubbliche vitali per il Paese**. Di grande rilievo sociale sono i compiti che i vincitori dei concorsi dovranno quindi espletare.
Con il contributo di **Autori di assoluta competenza e professionalità, Nld Editore** ha predisposto **il Manuale completo con quiz di verifica per Funzionario per servizi di pubblicità Immobiliare,** pensato per venire incontro alle specifiche esigenze di chi deve prepararsi ad affrontare le prove del concorso.

Il **Manuale** si caratterizza per una **trattazione completa, aggiornata** e, al contempo, **schematica** e **fluida** di tutte le **materie di concorso:**

- **diritto civile**;
- **diritto amministrativo**;
- **diritto processuale civile**;
- **diritto tributario**;
- **diritto penale.**

Al fine di agevolare lo studio, è stato profuso uno sforzo maniacale nell'articolare la trattazione in **paragrafi e sub paragrafi**, in modo da garantire l'immediata individuazione degli argomenti esaminati.

Il **Manuale è** inoltre profondamente **aggiornato** alla **più recenti novità legislativ**e, tra cui la l. **21 giugno 2023, n. 74**, di conversione del d.l. 22 aprile 2023, n. 44 (**Rafforzamento delle P.A.**) e al **nuovo Codice dei contratti pubblici**, che ha acquisito efficacia il **1 luglio 2023**.
Completano il Manuale **batterie di quiz**, suddivise per materie, utili a **simulare la prova di concorso** e a **saggiare la preparazione**.
Il Manuale consente l'accesso ad un'**estensione *online*,** consultabile con apposita *password*, per rimanere aggiornati sulle materie oggetto d'esame.

SOMMARIO

Parte I
Teoria

Sezione I
Diritto civile

Capitolo 12

Capitolo 13

Capitolo 14

Sezione II
Diritto amministrativo

Capitolo 1

Sezione III
Contratti pubblici

Sezione VI
Elementi di diritto processuale civile

Sezione V
Elementi di diritto tributario

Capitolo 16

Sezione VI
Diritto penale con particolare riferimento ai reati contro la PA e alle contravvenzioni
Parte generale

Capitolo 2
I delitti contro la personalità dello Stato ... 732

Capitolo 3
I delitti contro la pubblica amministrazione ... 738

Capitolo 4
I delitti contro l'amministrazione della giustizia ... 753

Parte II
I quiz

Parte I
Teoria

Sezione I
Diritto civile

SOMMARIO

Capitolo 1
Le persone fisiche e giuridiche

SOMMARIO:

1. La capacità giuridica

La capacità giuridica è l'idoneità a porsi quale **centro di imputazione** di situazioni giuridiche soggettive, attive o passive, divenendone titolare, e si acquista con la nascita (**art. 1, I comma, cod. civ.**).
La capacità giuridica è **irrinunciabile** e non può esserne disposta la privazione, secondo il disposto dell'art. 22 Cost., in quanto ciò equivarrebbe a una inammissibile degradazione di un soggetto a oggetto.
La capacità giuridica può perdersi solo in conseguenza della **morte**.

▶ 1.1. Morte, scomparsa, assenza e dichiarazione di morte presunta

La capacità giuridica può perdersi solo in conseguenza della **morte**, che si fa coincidere con la **cessazione irreversibile di tutte le funzioni dell'encefalo**.
Alcuni effetti della morte di una persona fisica, quali principalmente quelli legati all'apertura della sua successione, possono disporsi anche in mancanza di un accertamento del decesso, in caso di:

- **scomparsa (art. 48 cod. civ.)**, la quale può essere dichiarata dal Tribunale, su domanda dei presunti successori legittimi o degli altri interessati, qualora la persona in discorso non sia più comparsa nel luogo dell'ultimo domicilio o dell'ultima residenza e non se ne abbiano più notizie. Il Giudice, in questo caso, si limita a nominare un **curatore**, che provvede alla **gestione patrimoniale** e alla **redazione degli inventari**, in vista del "ritorno" dello scomparso ovvero dell'apertura della sua successione;
- **assenza (artt. 49 e ss. cod. civ.)**, dichiarata dal Tribunale su istanza dei presunti successori legittimi o di chiunque vanti diritti dipendenti dalla morte dello scomparso, ove siano trascorsi **due anni dall'ultima notizia** di quest'ultimo. La dichiarazione di assenza comporta **l'immissione nel possesso temporaneo dei beni** dell'assente di coloro i quali sarebbero eredi legittimi o testamentari qualora si aprisse in quel momento la successione. Se l'assente fa ritorno ovvero si acquisisce la prova della sua esistenza, i beni in discorso devono essergli **restituiti**, ma solo previa **costituzione in mora**;
- **morte presunta (artt. 58 e ss. cod. civ.)**, dichiarata dal Tribunale, dopo che siano trascorsi **dieci anni** dall'ultima notizia, su istanza dei **soggetti legittimati a chiedere la dichiarazione di scomparsa o di assenza** ovvero del **pubblico ministero**. La morte presunta può essere dichiarata anche nelle particolari situazioni di cui all'art. 60 cod. civ. (scomparsa nell'ambito di operazioni belliche, a causa di un infortunio e simili), senza attendere il decorso di dieci anni. La dichiarazione di morte presunta comporta **l'apertura della successione della persona considerata**, sotto condizione risolutiva del suo ritorno o della prova della sua esistenza. Inoltre, il coniuge può contrarre **nuovo matrimonio**, il quale risulterà nullo in caso di ritorno o di accertamento dell'esistenza del presunto morto (**art. 68 cod. civ.**).

2. La capacità di agire

La **capacità di agire** è la capacità di disporre della propria sfera giuridica, esercitando le

situazioni giuridiche soggettive di cui essa si compone, per mezzo di atti che producono, estinguono o modificano le medesime situazioni giuridiche.
La capacità di agire **si acquista** al compimento della **maggiore età**, che l'ordinamento fissa oggi al compimento del diciottesimo anno di età (art. 2 cod. civ.).
Il **II comma** del medesimo art. 2 stabilisce però che le leggi speciali possono fissare un'età inferiore (attualmente sedici anni) per l'acquisto della **capacità di prestare il proprio lavoro**, con conseguente abilitazione all'esercizio di **tutti i diritti e le azioni che discendono dal contratto di lavoro**.

3. Incapacità di agire. Minorenni non emancipati e responsabilità genitoriale. Interdetti e tutela. Inabilitati e curatela

L'ordinamento esclude del tutto la capacità di agire per:
- **minorenni non emancipati**;
- maggiorenni e i minorenni emancipati destinatari di un provvedimento di **interdizione giudiziale**, ai sensi dell'art. 414 cod. civ.

L'interdizione può essere disposta in presenza di una condizione di **abituale infermità di mente**, che renda la persona in questione incapace di provvedere ai propri interessi.
I minori sono sottoposti alla **responsabilità genitoriale** dei genitori che non ne siano stati privati, la quale conferisce la **rappresentanza legale** del minore e **l'amministrazione dei suoi beni**, rispetto ai quali i genitori acquistano, sino al compimento della maggiore età, l'**usufrutto legale** (art. 324 cod. civ.), con alcune eccezioni.
I minori privi di genitori esercenti la responsabilità genitoriale e i maggiorenni sottoposti a interdizione giudiziale sono invece legalmente rappresentati da un **tutore**, che compie, in nome e per conto di essi, gli atti di ordinaria amministrazione e, previa autorizzazione del Giudice tutelare, gli atti di straordinaria amministrazione.
L'incapacità di agire è invece soltanto relativa per i maggiorenni **inabilitati** (art. 415 c.p.), per i maggiorenni sottoposti a **interdizione legale** (art. 32 cod. pen.) e per i **minorenni emancipati**.
L'**emancipazione** opera di diritto nei confronti del minore **ultrasedicenne** che sia stato autorizzato a contrarre matrimonio, all'atto della celebrazione dello stesso (artt. 390 e ss. cod. civ.). Essa comporta l'acquisto di una capacità di agire identica a quella del maggiorenne inabilitato. Tuttavia, nel caso in cui il minore emancipato sia stato autorizzato all'**esercizio di un'impresa commerciale**, gli viene riconosciuta **capacità di agire piena**, anche con riferimento agli **atti di straordinaria amministrazione**, inerenti o meno all'esercizio dell'impresa.

4. L'incapacità naturale

L'incapacità naturale rappresenta una **situazione di fatto**, contraddistinta dall'**incapacità di intendere o di volere**, vale a dire di comprendere il significato delle proprie o altrui azioni ovvero di determinarsi rispetto ai propri interessi giuridicamente rilevanti.
L'art. 428 prevede l'**annullabilità** degli atti posti in essere da un soggetto che, pur non essendo stato interdetto o inabilitato, si trovi temporaneamente in una condizione di incapacità naturale.
L'annullamento è tuttavia condizionato, oltre che al riscontro della incapacità naturale, a:
- un **grave pregiudizio** dell'autore dell'atto, ove si tratti di atti non contrattuali e, quindi, di **negozi giuridici unilaterali (I comma)**;
- l'accertamento della **malafede dell'altro contraente**, con riferimento ai **contratti**, desunta dal **pregiudizio derivato o che sarebbe potuto derivare** per l'incapace ovvero dalla **qualità del contratto (II comma)**.

▶ 4.1. L'amministrazione di sostegno

La persona che, per effetto di una **infermità** ovvero di una **menomazione fisica o psichica**, si trovi

nell'impossibilità, anche parziale o temporanea, di provvedere ai propri interessi, può essere assistita da un **amministratore di sostegno**, nominato dal Giudice tutelare (art. 404 cod. civ.).
Tale misura è divenuta la regola, dovendo darsi luogo alle misure dell'interdizione o dell'inabilitazione, a norma degli artt. 414 e 415 cod. civ., soltanto nel caso in cui ciò sia **necessario per assicurare la protezione dell'incapace**.
Il provvedimento che dispone l'amministrazione di sostegno indica gli specifici atti che l'amministrato non può compiere senza la rappresentanza o l'assistenza dell'amministratore: per **tutti gli altri atti**, siano essi di ordinaria o straordinaria amministrazione, si riconosce invece una **capacità di agire piena**.

5. Domicilio, residenza e dimora

L'art. 43 cod. civ. identifica una serie di luoghi strettamente collegati alla persona fisica e capaci di identificarla.
Essi sono:
- il **domicilio**, che indica il luogo in cui la persona ha stabilito la **sede principale dei propri affari e interessi**;
- la **residenza**, che corrisponde alla **dimora abituale**, vale a dire al luogo in cui la persona abitualmente soggiorna;
- la **dimora**, la cui nozione può ricavarsi *a contrario* dalla definizione legale di residenza, coincidente con il luogo in cui la persona soggiorna **non abitualmente**, ma neppure in maniera del tutto occasionale, quale ad esempio una casa vacanze o una stanza di albergo.

6. Nozione di enti nel diritto privato

Le **persone giuridiche** e i cc.dd. **enti di fatto**, privi di personalità giuridica ma dotati della soggettività di diritto, sono complessi di individui e beni che perseguono uno scopo comune.
Essi, al pari delle persone fisiche, sono dotati di **capacità giuridica** e di **capacità di agire** e trovano il loro fondamento nell'art. 18 Cost.

7. La soggettività giuridica, la personalità giuridica e l'autonomia patrimoniale

Sul piano della capacità giuridica, occorre distinguere tra:
- **personalità giuridica**, la quale si acquista:
  1. **per le associazioni, le fondazioni ed eventualmente i comitati,** vale a dire per gli enti senza scopo di lucro, mediante **riconoscimento** e susseguente iscrizione nel registro delle persone giuridiche, ad opera del Prefetto, ai sensi dell'art. 1 del d.P.R. 10 febbraio 2000, n. 361;
  2. **per le società di capitali** (società per azioni, società a responsabilità limitata e società in accomandita per azioni), **nonché per le società cooperative,** tramite **iscrizione** nel **registro delle imprese**, curata dal pubblico ufficiale che forma l'atto costitutivo, ai sensi degli artt. 2331 e 2523 cod. civ.

L'atto costitutivo degli enti dotati di personalità giuridica deve necessariamente assumere la forma dell'**atto pubblico**;
- **soggettività di diritto**, che spetta anche agli enti privi di personalità giuridica, quali le **associazioni e i comitati non riconosciuti** e le **società di persone** (società semplice, società in nome collettivo e società in accomandita semplice), e che consiste nell'**idoneità** a divenire comunque **centro di imputazione di situazioni giuridiche soggettive**, sia attive che passive.
  La differenza tra le due illustrate situazioni risiede nel fatto che soltanto gli enti dotati

di personalità giuridica possiedono **autonomia patrimoniale piena**, con conseguente separazione tra patrimonio delle persone fisiche che ne fanno parte e patrimonio dell'ente, sul quale soltanto possono rivalersi i creditori dell'ente stesso.
Al contrario, gli enti privi di personalità giuridica hanno **autonomia patrimoniale imperfetta**.
Ciò implica la **responsabilità solidale**, per le obbligazioni assunte da un'associazione non riconosciuta, delle **persone che hanno agito in nome e per conto di essa (art. 38 cod. civ.)**. Per quel che riguarda invece i **comitati non riconosciuti**, tutti i componenti di essi rispondono, **personalmente e solidalmente**, delle obbligazioni da questi assunte (**art. 41 cod. civ.**).

8. Le associazioni

L'associazione può definirsi come un **gruppo organizzato di soggetti**, siano essi persone fisiche o altri enti, che mettono in comune determinati beni o svolgono in comune determinate attività al fine di conseguire uno **scopo comune non lucrativo**.
La struttura organizzativa ha **base associativa**, nel senso che le decisioni inerenti alla gestione e all'amministrazione sono assunte dagli associati, con deliberazioni assunte a **maggioranza semplice**, salva la previsione di maggioranze diverse ad opera della legge, dell'atto costitutivo o dello statuto (**art. 23 cod. civ.**). Le deliberazioni così assunte sono eseguite dagli **amministratori**.
L'associazione, ai sensi dell'art. 27 cod. civ., può estinguersi: per le **cause previste dall'atto costitutivo o dallo statuto**; quando lo **scopo sia stato raggiunto**; quando lo scopo **non sia più conseguibile**; quando siano **venuti a mancare tutti gli associati**.
Gli associati possono **recedere** in qualsiasi momento dall'associazione e possono altresì **esservi esclusi**, con deliberazione assunta dagli altri associati per "**gravi motivi**" e impugnabile dall'escluso entro sei mesi. In questi casi, essi non possono comunque ripetere i contributi versati all'associazione né hanno diritto al recupero della loro quota del patrimonio devoluto all'associazione.

▶ 8.1. Le associazioni di fatto

Le **associazioni di fatto**, categoria nella quale rientrano, tra gli altri, i **partiti politici** e le **organizzazioni sindacali**, essendo prive di personalità giuridica, non dispongono di un vero e proprio patrimonio, bensì di un **fondo comune**, destinato a far fronte alle obbligazioni e agli altri impegni assunti dagli amministratori e/o dai soci che ne assumono la rappresentanza. Ad ogni modo, fintanto che l'associazione non si estingue, gli associati non possono domandarne la divisione né ripetere i contributi ivi versati (**art. 37 cod. civ.**).

Per il resto, si applicano, in quanto compatibili, le **norme previste per le associazioni riconosciute**, nei limiti in cui esse non siano derogate dagli **accordi degli associati** (art. 36 cod. civ.).

9. Le fondazioni

La **fondazione** si definisce come un "**patrimonio personificato**", separato dalla sfera patrimoniale del soggetto costituente e devoluto al perseguimento di uno scopo stabilito nell'atto costitutivo, denominato **atto di fondazione**, che può essere contenuto anche in un **testamento** (art. 14, II comma, cod. civ.).
Si tratta di un **ente istituzionale**, in cui la componente patrimoniale prevale su quella personale.
Una volta intervenuta la **devoluzione dei beni**, la loro destinazione non può essere mutata, neppure in caso di **estinzione**: in tale ultima evenienza, l'autorità governativa provvede ad attribuire i medesimi beni a **enti che perseguono scopi analoghi**.

Si ritiene, tradizionalmente, che la fondazione, per poter esistere, debba avere necessariamente ottenuto il riconoscimento governativo e, quindi, la personalità giuridica.
I tentativi di parte della dottrina di delineare una **"fondazione di fatto"** sono rimasti minoritari.

10. I comitati

I **comitati** sono gruppi di soggetti organizzati su **base associativa**, i quali si distinguono però dalle associazioni per il **carattere tendenzialmente transeunte dello scopo** da essi perseguito. Ciò si ricava dall'**art. 39 cod. civ.**, che, a titolo esemplificativo, fa riferimento ai comitati di soccorso o di beneficienza e ai comitati promotori di opere pubbliche, monumenti, esposizioni, mostre, festeggiamenti e simili.
Nell'ambito dell'organizzazione del comitato, occorre distinguere tra:

- gli **organizzatori**, i quali assumono la **gestione dei fondi raccolti** e sono **responsabili**, in solido e per intero, della loro **conservazione** e della loro **destinazione allo scopo prefissato (art. 40 cod. civ.)**;
- i **componenti diversi dagli organizzatori**, che, in caso di mancato riconoscimento della personalità giuridica, sono responsabili in solido delle obbligazioni assunte (**art. 41 cod. civ.**);
- i **sottoscrittori dei fondi devoluti**, i quali sono formalmente estranei all'organizzazione del comitato, non assumono responsabilità per l'attività di quest'ultimo, ma sono tenuti unicamente a effettuare le **oblazioni promesse**.

Capitolo 2
Pubblicità, prescrizione e decadenza

SOMMARIO:

1. La pubblicità legale. - **2.** La trascrizione. - **3.** La prescrizione. - **4.** Le prescrizioni presuntive. - **5.** La decadenza

1. La pubblicità legale

L'ordinamento civile prevede tre diverse forme di **pubblicità legale o formale** di atti e fatti giuridicamente rilevanti:

- la **pubblicità-notizia**, che è volta a **rendere noti i fatti o gli atti** pubblicati, ma dalla quale non discendono effetti giuridici di sorta.
- A titolo esemplificativo, si pensi alle **pubblicazioni** che necessariamente precedono il matrimonio, ai sensi dell'art. 93 cod. civ.;
- la **pubblicità dichiarativa**, che vale a rendere **opponibile** un determinato atto o fatto giuridico **nei confronti dei terzi,** impedendo ad essi di vantare pretese in contrasto con l'atto o il fatto in discorso.
- A titolo esemplificativo, si pensi alla trascrizione nei pubblici registri immobiliari degli atti elencati dall'art. 2643 cod. civ., che produce gli effetti di cui all'art. 2644;
- la **pubblicità costitutiva**, la quale integra la **fattispecie costitutiva** di un certo ente ovvero di una determinata situazione giuridica soggettiva.
- Si pensi, sempre a titolo di esempio, all'efficacia costitutiva assunta dall'iscrizione di un'ipoteca, di cui all'art. 2808 cod. civ.

2. La trascrizione

La principale forma di pubblicità prevista dall'ordinamento civile italiano è indubbiamente rappresentata dalla **trascrizione nei pubblici registri immobiliari**, la cui funzione tipica è quella di **rendere opponibili ai terzi** gli atti costitutivi o traslativi di **diritti reali immobiliari** ovvero di **diritti di godimento su beni immobili particolarmente incisivi** sul relativo diritto di proprietà (si pensi, ad esempio, alle locazioni ultranovennali).
L'onere della trascrizione si applica anche ai **beni mobili registrati**, quali, ad esempio, gli autoveicoli, le navi o i velivoli, per i quali è appunto prevista una forma di pubblicità legale.
Gli effetti della trascrizione sono descritti **dall'art. 2644 cod. civ.**: una volta eseguita la trascrizione, **non hanno effetto**, nei confronti delle parti che hanno trascritto, **le trascrizioni o iscrizioni operate successivamente**, mentre hanno effetto le trascrizioni e le iscrizioni operate anteriormente. Resta del tutto **irrilevante**, viceversa, la **priorità cronologica** di un atto rispetto a un altro, così come lo stato soggettivo di **buona o mala fede** del soggetto nei confronti del quale è eseguita la trascrizione.
L'art. 2657 richiede, ai fini della trascrizione, la sussistenza di un **titolo** idoneo, che può essere costituito da una **sentenza**, da un **atto pubblico** ovvero da una **scrittura privata con sottoscrizioni autenticate o giudizialmente accertate.**
Le trascrizioni si **eseguono su base personale**, vale a dire con riferimento alle persone che pongono in essere l'atto o il fatto giuridicamente, e non su base reale, vale a dire con riferimento ai beni scambiati od oggetto della costituzione di diritti: fa eccezione il Trentino Alto-Adige, nel quale vige il c.d. "**sistema tavolare**", di matrice austriaca.
L'organizzazione su base personale impone il rispetto del **principio di continuità delle trascrizioni**,

enunciato dall'art. 2650 cod. civ.: se un atto è soggetto a trascrizione, le successive trascrizioni o iscrizioni eseguite contro l'avente causa non producono effetto se l'atto anteriore non è stato trascritto. Soltanto una volta trascritto tale atto, le successive trascrizioni e iscrizioni producono effetto secondo l'ordine nel quale sono state eseguite.
Il Codice ammette poi anche la c.d. "trascrizione prenotativa", tanto del contratto preliminare (art. 2645-*bis* cod. civ.) quanto delle domande giudiziali riguardanti diritti e atti soggetti a trascrizione (artt. 2652 e 2653 cod. civ.). L'effetto prenotativo fa sì che la successiva trascrizione del contratto definitivo ovvero della sentenza prevalga sulle trascrizioni e iscrizioni eseguite anteriormente dai terzi, ma in un momento successivo rispetto alla trascrizione del preliminare o della domanda giudiziale.

3. La prescrizione

In forza dell'art. 2934 cod. civ., i diritti, salvo diversa previsione di legge, **si estinguono** per **prescrizione** in caso di mancato compimento di alcun atto di esercizio del medesimo diritto nel termine stabilito dalla legge.
Tale istituto trova il proprio fondamento nel principio di certezza dei rapporti giuridici e di tendenziale corrispondenza tra la situazione di fatto e la situazione di diritto.
Sono **imprescrittibili**: il diritto di **proprietà**, come si ricava dalla **imprescrittibilità dell'azione di rivendicazione**, espressamente prevista dall'art. 948 cod. civ.; i **diritti indisponibili**, quali i diritti della personalità, ferma restando però la prescrittibilità delle azioni risarcitorie; i **diritti e le facoltà inerenti al rapporto di famiglia**.
La prescrizione costituisce oggetto di **un'eccezione in senso stretto**, non potendo essere rilevata d'ufficio dal Giudice (**art. 2938 cod. civ.**). Tuttavia, essa può essere fatta valere anche **dai creditori e dagli altri terzi che vi abbiano interesse**.
Essa è **rinunciabile**, ma solo una volta che il corrispondente termine sia trascorso (art. 2937 cod. civ.). Il pagamento del debito prescritto che sia stato spontaneamente eseguito non dà inoltre luogo a ripetizione (art. 2940 cod. civ.).
La prescrizione ha una durata diversa a seconda del diritto o della tipologia di diritti interessati. In particolare, si distingue tra:

- **prescrizione ordinaria**, che si compie in **dieci anni,** e che trova applicazione in assenza di una diversa previsione di legge (art. 2946 cod. civ.);
- **prescrizioni brevi**, previste dagli **artt. 2947 e ss. cod. civ.** e da disposizioni contenute in leggi speciali.
- Ad esempio, si prescrive in **cinque anni** l'azione di risarcimento del danno aquiliano (**due anni** in caso di danno prodotto dalla circolazione dei veicoli), mentre si prescrivono in un anno i diritti del mediatore al pagamento della provvigione e i diritti derivanti da un contratto di trasporto o di spedizione;
- **prescrizione dell'*actio iudicati*,** riferita a un diritto accertato con sentenza passata in giudicato e pari sempre a dieci anni, a prescindere dal termine di prescrizione originariamente applicabile al diritto in discorso (**art. 2953 cod. civ.**).

Il termine di prescrizione, ai sensi **dell'art. 2935 cod. civ.**, non può iniziare a decorrere fintanto che il relativo diritto non possa essere fatto valere (*contra non valentem agere non currit praescriptio*). A tal fine, si tiene tuttavia conto dei soli **impedimenti di fatto** e non anche degli **impedimenti di diritto**, quale ad esempio quello derivante da una norma successivamente dichiarata incostituzionale.
Il decorso del termine di prescrizione può essere oggetto di:

- **sospensione**, nel qual caso il termine ricomincia a decorrere, dal punto in cui si era fermato, una volta cessata la causa di sospensione.
- Le cause di sospensione sono **tassative** e sono elencate dagli artt. 2941 e 2942 cod. civ.;
- **interruzione**, nel qual caso il termine ricomincia a decorrere per intero dal momento in

cui si verifica **l'atto interruttivo.**
Le **cause di interruzione** sono indicate dagli artt. 2943 e 2944 cod. civ.

4. Le prescrizioni presuntive

Le **prescrizioni presuntive**, previste dagli **artt. 2954 e ss. cod. civ.**, si fondano su altrettante **presunzioni legali di avvenuto pagamento** di crediti relativi a rapporti particolarmente diffusi e frequenti nel tessuto sociale ed economico, quali, ad esempio, quelli derivanti dall'alloggio in un albergo o da un rapporto di lavoro.
Il decorso del tempo previsto dalla legge non estingue quindi il diritto o la corrispondente azione, ma fa presumere l'avvenuta **soddisfazione del diritto**, salvo prova contraria del titolare del diritto. In particolare, quest'ultimo può:

- beneficiare dell'**ammissione in giudizio**, ad opera del soggetto debitore, del mancato pagamento, eventualmente desumibile anche dalla deduzione di una prescrizione estintiva (**art. 2959 cod. civ.**);
- deferire giuramento decisorio alla controparte (**art. 2960 cod. civ.**).

5. La decadenza

Si ha **decadenza** da un diritto qualora il titolare dello stesso non ponga in essere lo **specifico atto di esercizio del diritto richiesto dalla legge**, entro il tempo stabilito dalla legge.
Ciò implica che, in linea di principio, non si danno **atti interruttivi** diversi da quello specificamente richiesto dalla legge; tuttavia, nel caso in cui la decadenza sia di fonte convenzionale o riguardi comunque diritti disponibili la decadenza è interrotta anche dal **riconoscimento del diritto** (art. 2966 cod. civ.).
Il termine di decadenza applicabile a uno specifico diritto può avere fonte:

- **legale**;
- **convenzionale**, nel quale caso deve però riguardare **diritti disponibili** e deve rendere **non eccessivamente gravoso l'esercizio dei medesimi diritti (art. 2965 cod. civ.)**.

La decadenza non è rilevabile d'ufficio, e costituisce quindi oggetto di un'**eccezione in senso stretto**, salvo che riguardi **diritti indisponibili**.
La decadenza relativa a diritti indisponibili è poi **irrinunciabile** e la relativa disciplina non può essere modificata.

Capitolo 3
I diritti della personalità

SOMMARIO:

1. Caratteri dei diritti della personalità

I diritti della personalità hanno ad oggetto **beni giuridici immateriali** espressivi di aspetti della persona umana **privi di carattere patrimoniale** e insuscettibili di una immediata e diretta valutazione economica. Essi sono **personalissimi**, nel senso che possono essere esercitati solo dai loro titolari, **assoluti**, **indisponibili**, **intrasmissibili e imprescrittibili**.
Le **tutele** che l'ordinamento predispone sono due: l'**azione inibitoria** (art. 700 cod. proc. civ.); l'**azione risarcitoria** (artt. 2043 e 2059 cod. civ.).

2. Il diritto all'integrità psico-fisica

Il diritto all'integrità psico-fisica, inteso come **garanzia dell'inviolabilità fisica** della persona, rinviene il suo referente costituzionale nell'**art. 32 Cost.**, il quale tutela la salute quale "***fondamentale diritto dell'individuo*** *e interesse della collettività*", nei confronti tanto dello Stato quanto della generalità dei consociati.
L'**art. 5 cod. civ.** vieta gli **atti di disposizione del proprio corpo**, quando questi siano idonei a determinare una diminuzione permanente dell'integrità fisica ovvero siano comunque contrari **alla legge, all'ordine pubblico e al buon costume**.
Si ritiene, in particolare, **contrario al buon costume**, vale a dire alla morale sociale, alienare ad altri, dietro pagamento di un corrispettivo, parti od organi del proprio corpo. Leggi speciali ammettono la donazione di singoli organi *inter vivos*.

3. Il diritto al nome

Il nome è il principale **segno distintivo** della persona fisica o dell'ente di fatto.
Il codice civile prevede che ogni persona ha diritto al nome (**art. 6 cod. civ.**), che comprende **prenome**, vale a dire il c.d. "nome di battesimo", e il **cognome**, vale a dire il patronimico, cui oggi viene equiparato il matronimico.
La **tutela del diritto al nome** può essere: **inibitoria**, ove sia volta a ottenere la cessazione del fatto lesivo; **risarcitoria**, ove sia tesa a ottenere il ristoro del pregiudizio patrimoniale o non patrimoniale già subito.
Le medesime tutele sono accordate anche al c.d. **pseudonimo (art. 9 cod. civ.)**.

4. Il diritto all'immagine

L'immagine costituisce la proiezione e la rappresentazione esteriore della persona fisica o anche della persona giuridica, dapprima concepita in termini strettamente fisici e che ricomprende oggi anche l'identità morale e ideale di una certa persona.
L'art. 10 cod. civ. consente al titolare di detto diritto, in caso di esposizione o pubblicazione al di fuori dei casi consentiti ovvero in caso di pregiudizio al decoro o alla reputazione, di adire l'Autorità giudiziaria al fine di ottenere: la **cessazione dell'abuso**; la **riparazione delle**

conseguenze dannose prodotte, attraverso la reintegrazione in forma specifica o il risarcimento per equivalente.

5. Il diritto alla riservatezza

Il diritto alla riservatezza tutela le situazioni e vicende strettamente **personali e familiari** contro le **ingerenze** che, sia pure compiute con mezzi leciti, per scopi non esclusivamente speculativi e senza offesa per l'onore, la reputazione e il decoro, **non** siano, tuttavia, **giustificate da interessi pubblici preminenti**.
Tale diritto può ricomprendersi tra i **diritti involabili della persona umana** di cui all'art. 2 Cost. e trova oggi espressa tutela, ancorché soltanto rispetto alla protezione dei **dati personali**, nel D.lgs. 30 giugno 2003, n. 196.
Al diritto alla riservatezza si ricollega poi oggi il **diritto all'oblio**, elaborato nella giurisprudenza della Corte di giustizia e da ultimo recepito anche dalla giurisprudenza nazionale. Esso consiste nel diritto a che determinati fatti o atti passati, non più espressivi della propria attuale personalità, non siano rievocati, salvo che la rievocazione risulti giustificata da ragioni attuali di pubblico interesse.

Capitolo 4
La famiglia e le unioni civili

SOMMARIO:

1. La famiglia legittima. - **2.** Le unioni civili. - **3.** La famiglia di fatto.

1. La famiglia legittima

La **famiglia legittima** costituisce la principale formazione sociale in cui si sviluppa la personalità dell'individuo e viene definita dall'art. 29 Cost. come "**società naturale**" fondata sul **matrimonio**.
Nell'ambito della famiglia, si distinguono due diverse tipologie di rapporti giuridici: il **rapporto di coniugio**, che lega le persone che contraggono matrimonio; il **rapporto di parentela**, consistente, alla stregua dell'art. 74 cod. civ., nel **vincolo tra persone che discendono da uno stesso stipite**, sia nel caso in cui la filiazione sia avvenuta all'interno del matrimonio sia nel caso in cui sia avvenuta al di fuori di esso sia ove si sia proceduto all'adozione; il **rapporto di affinità**, che si instaura, sempre in dipendenza del matrimonio, tra il coniuge e i **parenti dell'altro coniuge** (art.78 cod. civ.).
Il rapporto di parentela e quello di affinità possono poi essere: **in linea retta**. Sono parenti in linea retta le persone che discendono le une dalle altre, mentre sono affini in linea retta il coniuge e i parenti in linea retta dell'altro coniuge; **in linea collaterale**. Sono parenti in linea collaterale le persone che discendono da uno stipite comune, ma non le une dalle altre, mentre sono affini in linea collaterale il coniuge e i parenti in linea collaterale dell'altro coniuge.
Nella **linea retta** si computano tanti gradi quante sono le generazioni, fatta eccezione soltanto per lo stipite, mentre nella **linea collaterale** i gradi si computano risalendo da uno dei parenti sino allo stipite e ridiscendendo da questi sino all'altro parente, sempre escludendo lo stipite.

2. Le unioni civili

L'Unione Civile è una specifica **formazione sociale,** diversa dal matrimonio e dunque riconducibile all'art. 2 Cost., ma non all'art. 29 Cost.
Essa è costituita tra due persone maggiorenni dello stesso sesso, legate da una relazione affettiva e di reciproca assistenza morale e materiale, con dichiarazione resa dinanzi all'**ufficiale di stato civile** del Comune, alla presenza di due testimoni.
Tale formazione è regolata dalla L. 20 maggio 2016, n. 76. La legge in questione equipara l'unione civile al matrimonio a tutti gli effetti di legge, fatta eccezione soltanto per la disciplina dell'adozione e alle norme in tema di matrimonio contenute nel Codice civile.

3. La famiglia di fatto

Le convivenze di fatto, anche dette **convivenze *"more uxorio"***, hanno trovato un loro formale riconoscimento nell'art. 1, comma 36, della L. n. 76 del 2016, che le definisce come convivenze tra «*... due persone maggiorenni unite stabilmente da legami affettivi di coppia e di reciproca assistenza morale e materiale, non vincolate da rapporti di parentela, affinità o adozione, da matrimonio o da un'unione civile*».
Esse danno luogo alla c.d. "**famiglia di fatto**", nella quale si instaurano rapporti e obblighi di solidarietà reciproca in gran parte analoghi a quelli derivanti dal matrimonio, oggi regolati dalla legge richiamata.
L'art. 1, commi 50 e ss., della L. n. 76 del 2016 ha poi introdotto, quale nuova figura contrattuale

tipica, il c.d. "**contratto di convivenza**". Con esso, per il quale si richiede la forma scritta *ad substantiam*, i conviventi fissano la **comune residenza** e regolano gli **obblighi di reciproca contribuzione** al *ménage* e il relativo **regime patrimoniale**.
Il contratto può essere risolto per: **accordo tra le parti** o **recesso unilaterale di una di esse**, per i quali si richiede la stessa forma scritta imposta per il contratto; **morte di una delle parti**; celebrazione del **matrimonio** ovvero dell'**unione civile** tra le parti ovvero tra una delle parti e un terzo.

Capitolo 5
Il matrimonio

SOMMARIO:

1. Il matrimonio

Il matrimonio è l'atto giuridico o, secondo alcuni, il negozio giuridico mediante il quale si costituisce il **rapporto di coniugio**, attribuendo così a ciascuno dei nubendi lo *status* coniugale, dal quale discendono una serie di diritti e obblighi specifici.

2. Gli impedimenti al matrimonio

Per contrarre un matrimonio valido è necessario che non sussistano i cc.dd. **impedimenti al matrimonio**, quali precisamente: la **mancanza della diversità di sesso**; la **minore età** di uno o di entrambi i nubendi, salvo che si tratti di **minori ultrasedicenni autorizzati**, per **"gravi motivi"**, a contrarre matrimonio, con conseguente emancipazione; l'**interdizione per infermità di mente** e, in ogni caso, la **incapacità di intendere e di volere**; l'**assenza della libertà di stato**, ove almeno uno dei nubendi sia legato da un precedente matrimonio o da un'unione civile; l'esistenza dei **vincoli di parentela**, **affinità e adozione** tra i nubendi elencati dall'art. 87 cod. civ.; il **delitto**, che consiste in un fatto di **omicidio**, consumato o tentato, commesso da uno dei nubendi ai danni del precedente coniuge dell'altro nubendo; l'**omissione delle pubblicazioni (artt. 93 e ss. cod. civ.)**, che devono essere curate, ad opera dell'**ufficiale di stato civile** del Comune di uno dei due nubendi, almeno quattro giorni prima del matrimonio, salvo che vi sia stata espressa **dispensa da parte del Tribunale** ovvero salvo che si tratti di **matrimonio in imminente pericolo di vita** di uno dei nubendi; la sussistenza del c.d. **lutto vedovile**, in forza del quale la donna non può contrarre matrimonio prima che siano trascorsi almeno trecento giorni dall'annullamento, dallo scioglimento o dalla cessazione degli effetti civili del precedente matrimonio. Tuttavia, tale impedimento non rende invalido il matrimonio, ma comporta soltanto la comminatoria di una **sanzione amministrativa**.

3. L'invalidità del matrimonio

Sono **causa di nullità**, assoluta e insanabile, del matrimonio, rilevabile da chiunque vi abbia interesse: la **mancanza dello stato libero** di uno o di entrambi i coniugi; l'esistenza di uno dei **vincoli di parentela, affinità o adozione** di cui all'art. 87 cod. civ., non dispensabili o non dispensati; il **delitto** di cui all'art. 88 cod. civ.
Sono viceversa **causa di annullabilità** del matrimonio: la **minore età**, la quale può essere fatta valere da ciascuno dei genitori, dal pubblico ministero ovvero da ciascuno dei coniugi.; l'**interdizione giudiziale**, salvo che, dopo la revoca dell'interdizione stessa, vi sia stata **coabitazione** per almeno un anno; l'**incapacità di intendere o di volere** al momento della celebrazione del matrimonio, la quale può essere fatta valere unicamente dal coniuge incapace e purché non vi sia stata **coabitazione** per almeno un anno, una volta cessato lo stato di incapacità; i **vizi del consenso**, quali la **violenza**, per mezzo della quale sia stato estorto il

consenso di uno dei due nubendi, il **timore di eccezionale gravità**, dovuto a cause esterne, l'**errore** sull'identità dell'altro nubendo e l'**errore essenziale** sulle qualità personali di quest'ultimo..
L'art. 123 cod. civ. prevede poi che il matrimonio possa essere impugnato, da ciascuno dei coniugi, per **simulazione**, in presenza di un accordo, preesistente o contestuale al matrimonio, a non adempiere gli obblighi e a non esercitare i diritti derivanti dal matrimonio. L'azione non è però proponibile una volta trascorso un anno dalla celebrazione del matrimonio ovvero quando, successivamente ad esso, i simulanti abbiano **convissuto come coniugi**.

4. Gli effetti personali e patrimoniali del matrimonio

L'art. 29, II comma, Cost. afferma che il matrimonio è ordinato **sull'uguaglianza morale e giuridica dei coniugi**.
Il matrimonio produce, nei confronti dei coniugi, **effetti personali**, facendo sorgere gli **obblighi di fedeltà, di assistenza morale e materiale e di coabitazione** (art. 143 cod. civ).
Il matrimonio produce altresì **effetti patrimoniali** nei riguardi degli stessi coniugi, quali: **l'obbligo di contribuire**, secondo le proprie risorse e le proprie capacità di lavoro, professionale o casalingo, ai bisogni della famiglia (art. 143, III comma, cod. civ.; **l'obbligo di mantenere, educare e istruire la prole** (artt. 143 e 147 cod. civ.).

5. Le forme di celebrazione del matrimonio

L'ordinamento italiano conosce tre differenti tipologie di matrimonio, le quali si distinguono tra di loro per le diverse formalità di celebrazione: **il matrimonio civile,** il quale viene celebrato dinanzi a un ufficiale dello stato civile, quale il Sindaco o un suo delegato, alla presenza di due testimoni, mediante lettura ai nubendi degli artt. 143, 144 e 147 cod. civ. e successivo ricevimento, da parte di ciascuno di essi, della dichiarazione di voler contrarre matrimonio (art. 107 cod. civ.); **il matrimonio concordatario**, che trova oggi la sua principale disciplina nella L. 25 marzo 1985, n. 121; **il matrimonio acattolico**, celebrato dal ministro di un culto diverso da quello cattolico, purché ammesso dallo Stato italiano (art. 83 cod. civ.).

6. La separazione personale dei coniugi

La **separazione personale dei coniugi** non scioglie il matrimonio, ma **ne sospende alcuni effetti giuridici**, quale in particolare, per ciò che attiene ai rapporti personali, l'obbligo di coabitazione e, si ritiene, anche l'obbligo di fedeltà. La sospensione è funzionale a una successiva riconciliazione ovvero al definitivo scioglimento o alla cessazione degli effetti civili del vincolo, in conseguenza del divorzio.
La separazione, ai sensi dell'art. 150 cod. civ., può essere: **consensuale** o **giudiziale**, condizionata quest'ultima alla ricorrenza di fatti tali da **rendere intollerabile la prosecuzione della convivenza** ovvero da **recare grave pregiudizio all'educazione della prole (art. 151, I comma, cod. civ.)**.
La separazione giudiziale può essere pronunciata anche **con addebito**, ove le condizioni siano state determinate da uno dei coniugi, **in conseguenza della violazione dei doveri discendenti dal matrimonio** (art. 151, II comma, cod. civ.). L'addebito ha rilevanti conseguenze, determinando la **perdita del diritto all'eventuale assegno di mantenimento**, nonché **dei diritti successori sull'eredità dell'altro coniuge**.
Per ciò che concerne i **rapporti patrimoniali tra i coniugi**, la separazione determina l'immediato scioglimento della comunione legale (art. 191 cod. civ.), ove questo fosse il regime patrimoniale prescelto, e può comportare il riconoscimento, in favore del coniuge cui essa non sia stata addebitata, di un **assegno di mantenimento (art. 156, I comma, cod. civ.)**.

7. Lo scioglimento e la cessazione degli effetti civili del matrimonio

Con la L. 1° dicembre 1970, n. 898, è stato introdotto in Italia l'istituto dello **scioglimento del matrimonio civile o acattolico** ovvero della **cessazione degli effetti civili del matrimonio concordatario**.
In forza di questo provvedimento, il matrimonio **cessa definitivamente di produrre qualsiasi effetto, sia personale che patrimoniale**, alla stregua dell'ordinamento civile dello Stato.
Lo scioglimento o la cessazione degli effetti civili, che un tempo potevano disporsi solo con **provvedimento giudiziale**, sono oggi consentiti anche per mezzo di una **negoziazione assistita da avvocati**, sempre a norma degli artt. 2 e ss. del D.l. n. 132 del 2014.
Lo scioglimento o la cessazione degli effetti civili del matrimonio possono essere pronunciati soltanto in presenza delle condizioni tassativamente tipizzate dall'art. 3 della medesima L. n. 898, tra le quali rientrano la condanna definitiva per alcuni gravi reati e, soprattutto, **la protrazione della separazione personale per almeno dodici mesi ovvero, in caso di separazione consensuale, per almeno sei mesi**.
Con il provvedimento giudiziale o la convenzione di negoziazione assistita che dispongono lo scioglimento o la cessazione degli effetti civili del matrimonio, devono essere regolati i **rapporti patrimoniali tra coniugi**.
Nello specifico, può essere previsto, a carico di uno dei coniugi e in favore dell'altro, il c.d. **assegno divorzile**. Il riconoscimento dello stesso è subordinato all'accertamento della **indisponibilità, da parte del coniuge economicamente debole, di mezzi adeguati e dell'incapacità di procurarseli**.

Capitolo 6
Il regime patrimoniale della famiglia e delle unioni civili

SOMMARIO:

1. Il regime patrimoniale della famiglia e delle unioni civili. Le convenzioni matrimoniali

Il **regime patrimoniale** della famiglia e dell'unione civile è di regola quello della **comunione legale**.
Tale regime opera solo in **assenza di diversa convenzione matrimoniale**.
Rientra quindi nell'autonomia dei coniugi e delle parti dell'unione civile optare:
- per la **separazione dei beni**;
- per la **comunione convenzionale**.

Le **convenzioni matrimoniali** devono assumere la forma dell'**atto pubblico** e, onde essere rese opponibili ai terzi, devono essere **annotate a margine dell'atto di matrimonio**.

2. La comunione legale

Il **regime di comunione legale** tra i coniugi o tra le parti di un'unione civile comporta il **co-acquisto** e la **cogestione** di tutti i beni e diritti acquistati, in pendenza della comunione, da ciascuno dei coniugi o da ciascuna delle parti dell'unione civile, anche individualmente, fatte salve unicamente le eccezioni previste dalla legge.
La comunione legale si caratterizza per la necessaria **parità delle quote** e per l'assoluta **indisponibilità** delle stesse.
Per ciò che concerne la gestione, **l'art. 180 cod. civ.** prevede che:
- gli **atti di ordinaria amministrazione** possono essere compiuti dai coniugi o dalle parti o parte dell'unione **disgiuntamente**;
- gli **atti di straordinaria amministrazione** devono essere compiuti **congiuntamente** dai coniugi o dalle parti dell'unione civile.

3. La comunione convenzionale

La comunione convenzionale si configura nell'ipotesi in cui i coniugi o le parti dell'unione, con apposita **convenzione matrimoniale**, deroghino ad alcune delle norme previste dal codice civile in materia di comunione legale, in particolare prevedendo l'esclusione dalla comunione di beni che dovrebbero entrarvi o, all'inverso, l'inclusione di beni che dovrebbero rimanervi estranei. Restano comunque fermi i diritti e i doveri che discendono dal matrimonio (art. 160 cod. civ.), nonché il **divieto di costituzione della dote** e le **norme relative all'amministrazione paritaria dei beni e all'uguaglianza delle quote.**

4. Il regime di separazione dei beni

Qualora i coniugi o parti di un'unione civile decidano di optare per il regime di **separazione dei beni**, ciascuno di essi conserva la titolarità esclusiva dei beni acquistati durante il matrimonio o l'unione, amministrandoli in totale autonomia rispetto all'altro coniuge o parte dell'unione (art.

215 cod. civ.).
È comunque possibile conferire **mandato** all'altro coniuge per l'amministrazione dei propri beni.

5. Il fondo patrimoniale

Il fondo patrimoniale è una **convenzione matrimoniale** con cui i coniugi, prima o dopo il matrimonio, le parti di un'unione civile ovvero uno o più terzi creano un **patrimonio separato**, destinando **beni immobili, beni mobili registrati o titoli di credito** ai **bisogni della famiglia o dell'unione civile (art. 167 cod. civ.)**.
L'art. 170 cod. civ. stabilisce che sui beni del fondo patrimoniale non possono rivalersi i creditori che conoscevano **l'estraneità ai bisogni della famiglia** dei corrispondenti debiti. Si ha dunque "**separazione patrimoniale imperfetta**", atteso altresì che i debiti contratti per i bisogni familiari o dell'unione civile possono essere soddisfatti anche su beni estranei al fondo patrimoniale.
Il **vincolo di destinazione** impresso al fondo patrimoniale è opponibile ai terzi soltanto in caso di trascrizione, ai sensi dell'art. 2647 cod. civ., e viene meno in conseguenza dell'annullamento, dello scioglimento o della cessazione degli effetti civili del matrimonio o dello scioglimento dell'unione civile, salvo che vi siano figli minori, nel qual caso la destinazione perdura sino al compimento della maggiore età dell'ultimo figlio (art. 171 cod. civ.).

6. L'impresa familiare

L'art. 230-*bis* cod. civ. disciplina l'**impresa familiare**, individuabile nel caso in cui, nell'ambito della medesima impresa, prestino attività lavorativa o di collaborazione: il **coniuge dell'imprenditore**; i **parenti entro il terzo grado**; gli **affini entro il secondo**.
I partecipanti all'impresa familiare diversi dall'imprenditore hanno diritto: al **mantenimento**, secondo le disponibilità della famiglia; a **partecipare agli utili, ai beni con essi acquistati e agli incrementi aziendali**; a prendere parte alle **decisioni** concernenti **l'impiego degli utili e degli incrementi, la gestione straordinaria, gli indirizzi preventivi e la cessazione dell'impresa**.

Capitolo 7
La filiazione

SOMMARIO

1. Il rapporto di filiazione

Con il termine **filiazione** si indica il rapporto giuridico che si instaura **tra genitore biologico e figlio** ovvero **tra adottante e adottato**, in caso di adozione legittimante. Esso comporta l'assunzione, ad opera del figlio, del c.d. ***status filiationis***, vale a dire uno *status* dal quale discendono una serie **di diritti e obblighi**, tanto di natura personale quanto di carattere patrimoniale.
Per ciò che riguarda i **diritti**, essi sono previsti dall'art. 147 cod. civ. e hanno ad oggetto **il mantenimento, l'educazione, l'istruzione e l'assistenza morale e materiale**, in coerenza con le proprie **inclinazioni naturali e aspirazioni**. I diritti passati in rassegna vengono poi riaffermati dall'art. 315-*bis* cod. civ., con l'aggiunta del **diritto all'ascolto** sulle questioni che riguardano la propria personalità e del **diritto a mantenere rapporti significativi con tutti i parenti**.
Per quel che riguarda invece i **doveri**, essi consistono negli obblighi di **rispettare i genitori** e di **contribuire al mantenimento della famiglia**, in proporzione alle proprie risorse e ai propri redditi, fintanto che vi sia **convivenza**.
Va poi detto che lo *status* di genitore, biologico o adottivo, attribuisce la c.d. **responsabilità genitoriale** nei confronti del **figlio minore**, consistente in una situazione giuridica attiva di natura potestativa che abilita il genitore a porre in essere atti incidenti sulla sfera giuridico-patrimoniale del figlio stesso (artt. 316 e ss. cod. civ.).
Va infine osservato che non sussiste più alcuna distinzione tra figlio nato nell'ambito del matrimonio e figlio nato al di fuori del matrimonio stesso, esistendo oggi un unico e unitario *status* di figlio, soggetto a un unico regime giuridico.

2. L'adozione

L'istituto dell'azione, nell'ambito del nostro ordinamento, può ricondursi a tre macro-categorie:

- **adozione del maggiorenne (o non legittimante)**, disciplinata dagli artt. 291 e ss. cod. civ.
  Essa è consentita soltanto **in assenza di discendenti dell'adottante** ed è per l'appunto volta ad assicurare a questi dei **successibili in linea retta**. Per ciò che riguarda invece l'adottato, questi, pur essendo equiparato a un figlio dell'adottante, non entra a far parte della di lui famiglia e **non sviluppa quindi legami di parentela e diritti successori con i parenti dell'adottante**. Al contrario, l'adottato **mantiene i diritti e i doveri nei confronti della famiglia biologica di origine (art. 300 cod. civ.)**;
- **l'adozione dei minori (o adozione legittimante)**, che trova oggi la sua disciplina nella L. 4 maggio 1983, n. 184. L'adozione in discorso, come si ricava dal nome, deve rivolgersi a un **soggetto minore di età**, determinando tra adottante e adottato l'insorgere di un vero e proprio **rapporto giuridico di filiazione**, in tutto identico al rapporto che si instaura con un figlio biologico.
  Il presupposto di tale tipologia di adozione è la dichiarazione dello **stato di adottabilità del minore**, che deriva dall'accertamento, ad opera dell'Autorità giudiziaria e sulla base degli elementi raccolti dai servizi socioassistenziali locali, dello **stato di abbandono nel quale lo stesso minore versi**, per assenza di cure da parte dei genitori biologici o di altri

prossimi congiunti. D'altro lato, l'adozione può essere disposta unicamente in favore di coppie eterosessuali legate dal vincolo del matrimonio o perlomeno caratterizzate da convivenza *more uxorio*;

- **la c.d. adozione in casi particolari**, prevista e disciplinata dall'art. 44, comma 1, della L. n. 184 del 1983, che riguarda tutti i casi in cui l'adozione legittimante del minore viene in assenza dei presupposti ordinariamente richiesti per quest'ultima. Si tratta di una sorta di *tertium genus*, atteso che l'adozione in discorso, al pari di quanto accade per l'adozione dei maggiorenni, **non recide i vincoli di parentela con la famiglia biologica di origine**.

  Si tratta di quattro casi tassativamente previsti dal legislatore, tra i quali spicca soprattutto quello di cui alla lett. d), che consente di disporre l'adozione nei confronti dei minori per i quali **non vi siano le condizioni per l'affidamento preadottivo**, che normalmente precede l'adozione del vero e proprio provvedimento di adozione.

  La giurisprudenza di legittimità ha inteso in senso ampio ed estensivo questa figura, fondando su di essa la possibilità per il c.d. "**genitore di intenzione**" nell'ambito delle coppie *same-sex*, vale a dire il genitore che non presenti un legame psicologico con il minore la cui venuta al mondo sia stata decisa d'intesa con il *partner*, di adottare il minore stesso e di stabilire, di conseguenza, un rapporto di filiazione con quest'ultimo.

  Suscita tuttavia dubbi in dottrina e giurisprudenza l'ulteriore previsione di cui all'art. 44, comma 3, della L. n. 184 del 1983, alla stregua del quale **l'adozione in casi particolari sopra descritta è sempre subordinata al consenso del genitore biologico eventualmente esistente**, il quale dispone quindi di un vero e proprio potere di veto.

Capitolo 8
Le successioni

SOMMARIO

1. La successione a causa di morte

La successione a causa di morte identifica il fenomeno in base al quale un soggetto subentra nei rapporti giuridici facenti capo a un altro soggetto, il c.d. ***de cuius***, per effetto della morte di quest'ultimo.
Nel nostro ordinamento la successione a causa di morte può avvenire:
- per **legge** (**successione legittima**);
- per **testamento** (**successione testamentaria**).

Il complesso dei **rapporti giuridici trasmissibili,** che costituiscono oggetto della successione a causa di morte, è definito comunemente **eredità**.
Sono esclusi dall'eredità:
- i **rapporti non aventi contenuto patrimoniale**;
- i **rapporti di diritto pubblico**, fatta eccezione per le obbligazioni e i crediti di diritto tributario e per i diritti eventualmente vantati su beni del demanio o del patrimonio indisponibile dello Stato o di un altro ente pubblico.

2. Successione a titolo universale e a titolo particolare

Nell'ambito della successione a causa di morte occorre distinguere tra:
- **successione a titolo universale**, che si ha quando il soggetto subentra in **tutti i rapporti trasmissibili**, attivi e passivi, facenti capo al *de cuius* al momento della sua morte ovvero in una **quota percentuale** degli stessi, assumendo la qualifica di **erede**;

- **successione a titolo particolare**, che si verifica quando il soggetto subentra in uno o più diritti o rapporti giuridici determinati ovvero acquista diritti di credito o viene liberato da obbligazioni nei confronti dell'asse ereditario, assumendo la qualifica di **legatario**.

3. Il divieto dei patti successori

L'**art. 458 cod. civ.** prevede espressamente la **nullità** dei **patti successori**.
Rientrano in questa categoria, nello specifico:

- **i patti istitutivi**, mediante i quali un soggetto conviene con un altro di **nominarlo erede** ovvero di effettuare una determinata **disposizione testamentaria a suo vantaggio**;
- **i patti dispositivi**, per mezzo dei quali un soggetto, che ritiene di avere **diritti su una successione non ancora aperta**, ne dispone in favore di terzi;
- **i patti rinunciativi**, con i quali un soggetto rinuncia ai diritti successori in tesi a sé spettanti su una successione non ancora aperta.

4. Il patto di famiglia

Il **patto di famiglia** viene definito dall'art. 768-*bis* cod. civ. come il contratto con il quale «*... l'imprenditore trasferisce, in tutto o in parte,* ***l'azienda*** *e il titolare di partecipazioni societarie trasferisce in tutto o in parte le proprie* ***quote*** *ad uno o più discendenti*».
L'art. 458 cod. civ. fa espressamente salva questa tipologia contrattuale dal generale divieto dei **patti successori**, lasciando così intendere la sua ricomprensione all'interno di tale categoria. In senso contrario depone tuttavia il fatto che il trasferimento avviene ***inter vivos*** e ha ad oggetto beni attualmente presenti nella sfera giuridico-patrimoniale del disponente e non riguarda, quindi, una successione *mortis causa* non ancora aperta.
La dottrina maggioritaria tende oggi a rinvenire nel patto di famiglia una speciale forma di **donazione**, o comunque di **atto di liberalità**, ovvero un **negozio divisorio**, anticipato rispetto all'apertura della successione ereditaria del soggetto disponente.
In effetti, l'art. 768-*quater* prevede la necessaria partecipazione al contratto del **coniuge** del disponente e di tutti coloro i quali sarebbero, se si aprisse in quel momento la successione ereditaria, **eredi legittimari**. Tale partecipazione è volta a consentire la liquidazione, in favore di questi soggetti, delle quote ereditarie cui essi avrebbero diritto sull'azienda o sulle partecipazioni societarie cedute, ove si aprisse in quel momento la successione ereditaria. Viene pertanto in rilievo un **contratto necessariamente plurilaterale**.
Onde rendere stabile l'assegnazione e la divisione patrimoniali così operate, l'ultimo comma dell'art. 768-*quater* sottrae i beni e le quote oggetto del patto di famiglia agli istituti della **collazione** e della **riduzione**.
L'art. 768-*sexies* cod. civ. consente comunque al coniuge e agli altri legittimari **pretermessi** di chiedere il pagamento del valore delle rispettive quote, potendo altrimenti impugnare il patto di famiglia secondo gli artt. 1427 e ss. cod. civ. e, quindi, mediante **azione di annullamento**. La dottrina più accreditata ritiene tuttavia che tale disposizione si riferisca unicamente al coniuge e ai legittimari sopravvenuti rispetto al patto di famiglia, dovendo quelli già presenti al momento della sua stipula, come visto, partecipare allo stesso, a norma dell'art. 768-*quater* cod. civ., pena, secondo questa ricostruzione, la **nullità del contratto**.

5. L'apertura della successione

La successione si apre:

- al momento della **morte**;
- nel luogo dell'**ultimo domicilio** del defunto (art. 456 cod. civ.).

Alla morte naturale deve essere equiparata la **morte presunta**.

Una volta aperta la successione, è necessario individuare i soggetti ai quali il patrimonio ereditario deve essere devoluto.
A tal fine, occorre distinguere tra:
- **vocazione ereditaria**, con la quale si indica la chiamata all'eredità di un determinato successibile;
- **delazione ereditaria**, con la quale si indica l'offerta dei beni presenti nell'asse ereditario operata nei confronti del chiamato alla successione.

6. La situazione dell'eredità prima dell'acquisto

Può avvenire che il patrimonio ereditario per un determinato periodo di tempo, a causa della non attualità della delazione o a causa della mancata accettazione dell'erede, rimanga adespota, vale a dire privo di un effettivo titolare (art. 459 cod. civ.).
In tali casi, il Codice civile prevede degli istituti volti a garantire **l'integrità e la tutela del patrimonio ereditario**, fino al momento in cui si realizzi l'effettivo trasferimento dello stesso in capo all'erede.
Nel dettaglio:
- **l'art. 460 cod. civ.** attribuisce al chiamato all'eredità alcuni **poteri e facoltà, di carattere conservativo**, esercitabili prima dell'accettazione e che non importano accettazione tacita. Nel dettaglio, il chiamato all'eredità può esercitare **azioni possessorie, atti conservativi** e procedere alla **vendita dei beni ereditari** di cui non sia possibile la conservazione o la cui conservazione comporti grave dispendio, previa autorizzazione giudiziale. Tali atti non possono tuttavia essere compiuti dal chiamato all'eredità ove si sia già provveduto alla nomina di un curatore dell'eredità giacente, come si vedrà nel prossimo punto;
- **l'art. 528 cod. civ.** dispone che, ove il chiamato non abbia ancora accettato l'eredità e non sia nel possesso dei beni ereditari, il **tribunale del circondario in cui si è aperta la successione**, su **istanza** delle persone interessate o **anche d'ufficio**, può nominare un **curatore dell'eredità giacente**.
  Questi assolve a un **ufficio di diritto privato**, in nome e nell'interesse di un soggetto non ancora individuato, ed è quindi un **mandatario *in incertam personam***. Per tali ragioni, il curatore è tenuto a redigere l'inventario dei beni a lui affidati e il rendiconto delle operazioni compiute.

7. La capacità di succedere delle persone fisiche

La **capacità di succedere**, intesa come idoneità del soggetto a subentrare nei rapporti che facevano capo al defunto, spetta *ex* art. 462 cod. civ. a tutti coloro che sono **nati** o **concepiti** al tempo dell'apertura della successione.
Nel caso di attribuzione a favore di soggetti soltanto concepiti, l'effettivo acquisto dei beni ereditari è subordinato all'evento della **nascita**, in corrispondenza della quale si acquista la **capacità giuridica** (art. 1 cod. civ.).
Il II comma dell'art. 462 prevede una **presunzione di concepimento**, dovendo considerarsi concepito al tempo dell'apertura della successione chi sia nato entro **trecento giorni dalla morte** della persona della cui successione si tratta.
Per ciò che riguarda invece le persone neppure concepite, ma che siano figli di persone in vita al momento della morte del *de cuius*, si riconosce in loro favore unicamente la **capacità di ricevere per testamento**.
Gli artt. 596, 597 e 598 cod. civ. individuano poi una serie di cause di **incapacità a succedere**, riferite a determinate categorie di soggetti, quali ad esempio i **tutori** nei confronti dei soggetti sottoposti alla propria **tutela**.

8. La capacità di succedere delle persone giuridiche

Le **persone giuridiche** e gli **enti di fatto** hanno, a loro volta, la capacità di succedere, ma solo **con beneficio d'inventario**, ai sensi dell'art. 473 cod. civ.
Tale regola non vale però nei riguardi delle **società commerciali**.

9. L'indegnità a succedere

L'indegnità a succedere, a differenza della incapacità di succedere, non preclude la vocazione e la delazione ereditaria, ma opera soltanto in forza di una **pronuncia del giudice** emessa in seguito all'esperimento di **un'azione costitutiva** ad opera di chi vi abbia interesse, nel termine di prescrizione ordinario di dieci anni.
Per questa ragione, si afferma tradizionalmente che l'indegno "*potest capere sed non potest retinere*". In altri termini, egli acquista in un primo momento i beni ereditari, ma, se dichiarato indegno, è tenuto a restituirli agli altri eredi.
L'indegno può essere **riabilitato** dal *de cuius* mediante espressa dichiarazione contenuta in un atto pubblico ovvero in un testamento. Se contemplato nel testamento, ove il testatore fosse a conoscenza della causa di indegnità, l'indegno è comunque abilitato a succedere nei limiti della disposizione testamentaria.

10. L'accettazione dell'eredità

L'acquisto dell'eredità da parte del chiamato avviene per effetto dell'**accettazione**.
Il diritto di accettare l'eredità, ove ancora non esercitato, si devolve in via successoria agli **eredi del chiamato**.
Onde evitare che il patrimonio ereditario risulti giuridicamente privo di titolare nel periodo compreso tra il momento della morte e quello in cui avviene l'accettazione, quest'ultima opera **retroattivamente**, con la conseguenza che l'erede accettante è considerato titolare del patrimonio ereditario sin dal momento dell'apertura della successione.
L'accettazione può essere:

- **espressa**, se consiste in una dichiarazione inserita in un atto pubblico o in una scrittura privata, con la quale il chiamato afferma di voler accettare ovvero assume la qualifica di erede e patto che la dichiarazione stessa non sia parziale né condizionata, nel qual caso si considera **nulla (art. 475 cod. civ.)**;
- **tacita**, nel caso in cui il chiamato all'eredità, pur non avendo espressamente dichiarato di voler accettare, abbia posto in essere uno o più atti che **presuppongo la volontà di accettare** e che egli **non potrebbe compiere se non nella qualità di erede (art. 476 cod. civ.)**;
- **presunta**, discendente dalla disposta **vendita, donazione o cessione di diritti successori** (art. 477 cod. civ.) ovvero dalla **rinunzia all'eredità fatta verso corrispettivo o in favore di alcuni soltanto dei chiamati successivi**. In queste ipotesi non vi è, in realtà, **alcuna volontà di accettare**, ma è la legge a ricollegare a determinati atti gli effetti propri dell'accettazione.

Il diritto di accettare l'eredità si **prescrive** nel termine ordinario di dieci anni (art. 480 cod. civ.), che decorre dal giorno dell'apertura della successione.
Il codice, vista la lunghezza di tale termine, concede a chiunque vi abbia interesse il diritto di richiedere all'autorità giudiziaria la fissazione di un apposito **termine di decadenza**, entro il quale il chiamato è tenuto a dichiarare se intende accettare o rinunziare all'eredità (c.d. ***actio interrogatoria***). Il chiamato che non esprima la sua volontà entro tale termine decade dal diritto di accettare l'eredità.
L'accettazione può poi essere impugnata per **violenza** o **dolo**, ma non per **errore** (artt. 482 e 483 cod. civ.).

11. L'accettazione con beneficio di inventario

L'accettazione con beneficio di inventario è un **atto personale** del chiamato all'eredità con cui **si impedisce la confusione tra il proprio patrimonio e quello del *de cuius***, laddove il passivo del patrimonio ereditario superi l'attivo.
Ciò implica che le obbligazioni ereditarie e i legati dovranno essere adempiuti unicamente *intra vires*, vale a dire nei limiti del valore dei beni e dei diritti presenti nell'asse ereditario; dall'altro lato, i creditori personali dell'erede potranno rivalersi sull'asse ereditario soltanto dopo che siano stati soddisfatti i creditori ereditari e i legatari (art. 490 cod. civ.).
L'accettazione con beneficio di inventario è una libera scelta dell'erede, che non può essere in alcun modo limitata dal testatore (art. 470, II comma, cod. civ.).
Inoltre, per **talune categorie di soggetti** (minori, interdetti, inabilitati, minori emancipati, persone giuridiche, associazioni, fondazioni ed enti non riconosciuti) l'accettazione con beneficio di inventario è **imposta** dall'ordinamento, a tutela degli stessi.
L'accettazione con beneficio di inventario:

- deve risultare da **dichiarazione espressa**, ricevuta da un notaio o dal cancelliere del Tribunale del circondario in cui si è aperta la successione;
- deve essere inserita nel **registro delle successioni** conservato presso il medesimo Tribunale;
- deve essere **trascritta**, entro un mese, a cura del cancelliere, presso la **conservatoria dei pubblici registri immobiliari** del luogo in cui si è aperta la successione, anche ove l'asse ereditario non contenga beni immobili e con funzioni di mera **pubblicità-notizia** (art. 484 cod. civ.).

Nel caso in cui il chiamato all'eredità si trovi nel possesso dei beni e intenda accettare con beneficio di inventario è tenuto a **redigere l'inventario** stesso entro tre mesi dall'apertura della successione, eccezionalmente prorogabili dal Tribunale fino a un massimo di ulteriori tre mesi, altrimenti **decade dal beneficio** e si considera quale **erede puro e semplice** (art. 485 cod. civ.).
Nel caso in cui non abbia ancora effettuato la **dichiarazione di accettazione beneficiata**, il medesimo chiamato deve provvedervi **entro quaranta giorni** dal completamento del predetto inventario, pena, anche in questo caso, la decadenza dal beneficio e la conseguente **accettazione pura e semplice** (si veda, di nuovo, l'art. 485 cod. civ.).
Ove invece il chiamato all'eredità non sia nel possesso dei beni, la dichiarazione di accettazione con beneficio d'inventario può essere effettuata entro l'ordinario **termine di prescrizione decennale**. Senonché, una volta effettuata la dichiarazione, decorre un termine di **tre mesi per la redazione dell'inventario**, scaduto inutilmente il quale l'accettazione si considera pura e semplice. Se invece il chiamato all'eredità redige prima l'inventario, l'accettazione beneficiata deve intervenire **entro i successivi quaranta giorni**, con definitiva decadenza, altrimenti, dal diritto di accettare l'eredità (art. 487 cod. civ.).
Ulteriori ipotesi di decadenza dal **beneficio di inventario** sono contemplate dagli artt. 493 e 494 cod. civ., in caso, rispettivamente, di **alienazione di beni ereditari senza autorizzazione** del Tribunale o di **omissioni o infedeltà nell'inventario**.

12. La separazione dei beni ereditari

La **separazione dei beni ereditari** consente ai **creditori ereditari** e ai **legatari** di acquisire un diritto a soddisfarsi in via prioritaria, rispetto ai **creditori dell'erede**, sui diritti e sui beni dell'asse ereditario (**art. 512 cod. civ.**). Essi acquisiscono in tal modo un vero e proprio diritto di **prelazione legale a efficacia relativa**, essendo come detto opponibile ai soli creditori personali dell'erede.
La situazione che in tal modo si viene a determinare è, per i creditori ereditari e i legatari che abbiano esercitato il diritto alla separazione, identica a quella che si viene a determinare in conseguenza dell'**accettazione con beneficio d'inventario**, con la fondamentale differenza, però, che la separazione non dipende dalla diligenza e tempestività del chiamato nello svolgere gli

adempimenti necessari ai fini di una valida ed efficace accettazione beneficiata.
Rispetto ai **creditori e ai legatari non separatisti**, i creditori e i legatari che abbiano domandato la separazione hanno diritto a soddisfarsi in via prioritaria sui beni separati ove il **valore del patrimonio ereditario non separato** sarebbe stato **sufficiente** a soddisfare i primi (art. 514 cod. civ.).
In caso contrario, i creditori e legatari non separatisti **concorrono alla pari** con quelli separatisti, ma **l'eventuale porzione dell'asse ereditario non separata** si considera, sulla base di una *fictio iuris*, come se fosse stata assegnata ai non separatisti. In tal modo, si riduce la quota di questi ultimi sui beni e diritti separati.
La separazione deve essere richiesta entro tre mesi dall'apertura della successione.

13. La rinuncia all'eredità

La **rinuncia all'eredità**, al pari della sua accettazione, ha **efficacia retroattiva** e, pertanto, il rinunciante si considera come se non fosse mai stato chiamato a succedere (**art. 521 cod. civ**.).
Essa può tuttavia essere **revocata**, ai sensi dell'art. 525 cod. civ.:

- fino a che il diritto di accettare l'eredità non si sia **prescritto**;
- salvo che, nel frattempo, l'eredità non sia stata accettata da uno o più dei chiamati all'eredità successivi.

La revocazione avviene mediante **accettazione** dell'eredità inizialmente rinunciata. Ciò dimostra che la rinuncia non determina, al contrario della **decadenza dal diritto di accettare l'eredità**, una definitiva preclusione a succedere. Essa determina unicamente la **delazione ereditaria** nei confronti di ulteriori successibili.
Nel dettaglio, a seguito della rinuncia:

- in caso di **successione legittima**, se non ha luogo la rappresentazione, la parte del rinunciante si **accresce** a coloro che avrebbero con lui concorso, e, se il rinunciante è solo, l'eredità si devolve ai **chiamati di grado ulteriore** (art. 522 cod. civ.);
- in caso di **successione testamentaria**, se il testatore non ha disposto una sostituzione e non opera il diritto di rappresentazione, la parte del rinunziante **si accresce ai coeredi** e, in mancanza, **si devolve agli eredi legittimi** (art. 523 cod. civ.).

La rinuncia può a sua volta essere impugnata per violenza o dolo, ma non per errore, dal medesimo denunciante.
Si decade dalla facoltà di rinunciare, con conseguente accettazione pura e semplice dell'eredità, nel caso in cui:

- i beni ereditari siano stati **sottratti** ovvero **nascosti**;
- l'erede si trovi nel **possesso dei beni ereditari** e non abbia provveduto a redigere l'inventario entro tre mesi dall'apertura della successione.

La rinuncia può poi essere "**impugnata**", a norma **dell'art. 524 cod. civ.**, dai creditori del chiamato all'eredità, ove la rinuncia stessa arrechi a questi ultimi un **danno**, ravvisabile in caso di incapienza del patrimonio personale del medesimo chiamato. Nello specifico, detti creditori possono farsi autorizzare dal Tribunale ad **accettare l'eredità in nome e in luogo del loro debitore**, al solo fine di **soddisfarsi sui beni ereditari**. La relativa azione **si prescrive in cinque anni** dalla rinuncia.
Al di là della lettera della disposizione qui esaminata, quella posta in essere dai creditori del chiamato non sembra potersi tecnicamente qualificare come **accettazione dell'eredità**. Essa, difatti, non comporta l'acquisto della **qualità di erede**, né in capo all'originario chiamato né a favore di alcuno dei creditori impugnanti, ma si limita a legittimare i creditori stessi all'esercizio di **azioni esecutive sui beni ereditari**.

14. La sostituzione, la rappresentazione e l'accrescimento

Nell'ipotesi in cui il chiamato all'eredità **non possa** o **non voglia** accettarla, occorre individuare

ulteriori chiamati in grado di accettarla.
A tal fine operano i seguenti istituti, esposti nell'ordine successivo secondo cui essi trovano applicazione:

- **sostituzione ordinaria.**

Essa opera unicamente con riferimento alla **successione testamentaria**, nell'ipotesi in cui il testatore abbia previsto l'eventualità che il chiamato non possa o non voglia accettare l'eredità, designando un **sostituto** in sua vece.
La sostituzione ordinaria deve essere tenuta distinta dalla **sostituzione fedecommissaria**, derivazione del c.d. "***fideicommissum de familia***" di epoca medioevale, consistente nella disposizione con la quale il testatore dispone della successione del proprio erede, prevedendo che questi debba conservare i beni a sé devoluti e ritrasmetterli al soggetto o ai soggetti designati dal testatore stesso.
Quest'ultima, in linea generale, è **vietata dall'ordinamento italiano** e, se inserita in un testamento, è nulla, come si ricava dall'art. 692, ultimo comma, cod. civ. Fa però eccezione il c.d. "**fedecommesso assistenziale**". Con esso, il testatore stabilisce che i beni devoluti al proprio **figlio, discendente o coniuge** che risulti essere **interdetto** debbano essere **conservati e restituiti**, alla morte di quest'ultimo, a favore della persona o dell'ente che, durante la vita dell'interdetto, abbia avuto **cura dello stesso**.
La posizione del sostituito rispetto ai beni sottoposti al descritto fedecommesso assistenziale è equiparabile a quella di un **usufruttuario**, essendogli attribuiti il **godimento** e la **libera amministrazione** dei beni in questione (art. 693 cod. civ.), ma non potendo alienarli a terzi, salvo autorizzazione ad opera del competente Tribunale, in caso di **utilità evidente**, con contestuale individuazione delle **modalità di reimpiego** (art. 694 cod. civ.);

- **rappresentazione.**

L'art. 467 cod. civ. prevede che i discendenti subentrano **nel luogo e nel grado** del loro ascendente ove questi non voglia oppure non possa accettare l'eredità che sia stata devoluta in suo favore. Analogamente accade, alla stregua dell'art. 468 cod. civ., in favore dei **discendenti dei fratelli e delle sorelle**, anche naturali o unilaterali.
La rappresentazione opera, tra i discendenti, all'infinito.
Essa opera, inoltre, a prescindere dall'accettazione o dalla rinuncia dell'eredità del rappresentato, ove premorto, nonché dall'ipotetica indegnità a succedergli. Ciò poiché la rappresentazione non si acquista per via successoria dallo stesso rappresentato, bensì costituisce un **diritto proprio** dello stesso **rappresentante**, che assume così la qualità di **erede diretto** del *de cuius* della cui successione ereditaria si tratta;

- **accrescimento**.

In forza dell'operare dell'accrescimento, la quota di eredità del soggetto che non ha voluto o potuto accettare l'eredità, in caso di **chiamata congiuntiv**a di più eredi, si devolve agli altri chiamati, in proporzione alla quota spettante a ciascuno di essi.

15. L'azione di petizione ereditaria

L'azione di petizione ereditaria consente all'erede di chiedere l'accertamento della propria **qualità ereditaria** nei confronti di chiunque possieda i beni ereditari **rivendicando per sé il titolo di erede** (***possessio pro herede***) ovvero **senza titolo alcuno** (***possessio pro possessore***), allo scopo di ottenere la **restituzione dei beni stessi**.
Si tratta pertanto di un'azione mista, al contempo di **accertamento** e di **condanna**.
Essa deve essere tenuta distinta dall'**azione di rivendicazione,** con la quale si fa valere il diritto di proprietà, e il conseguente diritto alla restituzione del bene, nei confronti di chi ne abbia il possesso, in assenza di un titolo idoneo a giustificare e fondare quest'ultimo. Il discrimine viene

a dipendere, secondo una consolidata dottrina, dalla prospettazione difensiva opposta dal convenuto:

- ove questi fondi il proprio preteso diritto su un **titolo di natura non ereditaria**, ad esempio su un contratto di compravendita concluso con il *de cuius* prima dell'apertura della successione, l'azione esperita dovrà qualificarsi come **azione di rivendicazione**;
- nell'ipotesi in cui, invece, il convenuto vanti a sua volta un **titolo ereditario** sui beni o diritti oggetto dell'azione esperita ovvero si limiti a opporre il proprio possesso, si avrà **azione di petizione ereditaria**.

La distinzione è rilevante, dal momento che solo con riferimento alla seconda viene in rilievo la figura del c.d. "**erede apparente**".
Con questa espressione si designa la persona che, pur non avendo la qualità di erede, **appaia e si comporti come tale di fronte ai terzi**, ingenerando così un **legittimo affidamento** circa l'effettiva sussistenza della propria qualifica ereditaria. Si pensi, a titolo esemplificativo, a chi sia stato designato come erede da un testamento annullato solo successivamente alla sua accettazione.
Viene così in rilievo una tipica ipotesi di "***apparentia iuris***", in cui una situazione di fatto, non corrispondente alla situazione di diritto, viene tuttavia equiparata a quest'ultima dal legislatore, a garanzia dell'affidamento e della certezza nei traffici giuridici.
La figura dell'erede apparente assume rilevanza, in particolare, in caso di successiva alienazione a titolo oneroso, ad opera di quest'ultimo, di beni ereditari in favore di un soggetto terzo (art. 534 cod. civ.). Difatti, se quest'ultimo dimostra, con **onere della prova a suo carico**, di avere **contrattato in buona fede**, fa salvo il suo acquisto nei confronti dell'erede effettivo che agisce in via petitoria. Per ciò che riguarda però i **beni immobili** e i **beni mobili registrati**, l'acquisto a titolo oneroso dall'erede apparente è fatto salvo unicamente in caso di anteriorità della c.d. "**doppia trascrizione**", vale a dire della trascrizione dell'acquisto a titolo di erede dell'erede apparante e dell'acquisto dall'erede apparente, rispetto alla **trascrizione della domanda giudiziale** promossa dal soggetto che agisce per la petizione ereditaria.
All'infuori di questa ipotesi, il diritto al recupero dei beni ereditari, conseguente all'esito vittorioso dell'azione di petizione ereditaria, può essere fatto valere ***erga omnes*** e, quindi, anche nei riguardi degli aventi causa dall'erede apparente.
L'azione di petizione ereditaria, al pari di quella di rivendicazione, è **imprescrittibile**, per espressa statuizione dell'art. 533, II comma, cod. civ.. Tuttavia, sono fatti salvi gli effetti dell'**usucapione** eventualmente maturata sui medesimi beni ereditari. A ciò va poi aggiunto che il valido esperimento dell'azione di petizione ereditaria presuppone l'acquisto della **qualità di erede** e, quindi, l'avvenuta accettazione dell'eredità, la quale, ove il chiamato non si trovi nel possesso dei beni ereditari, deve intervenire **entro il termine di prescrizione di dieci anni dall'apertura della successione**.

16. La successione necessaria

Con la locuzione "**successione necessaria**" si designa l'insieme delle norme che attribuiscono a determinate categorie di soggetti, i cc.dd. "**legittimari**", il diritto a succedere in una certa quota dell'asse ereditario, salva loro rinuncia e a prescindere dalla diversa volontà eventualmente manifestata dal *de cuius* in sede di testamento.
Tali norme costituiscono quindi altrettanti limiti rispetto alla generale **libertà** di ciascun soggetto di **disporre per testamento** dei propri averi per il tempo successivo alla sua morte e devono quindi essere interpretate e applicate in senso **restrittivo** e **tassativo**.
I limiti così stabiliti trovano il loro fondamento **nell'art. 42, ultimo comma, Cost.**, che pone una "**riserva di legge**", per l'appunto, in materia di limiti alla successione legittima e testamentaria. Ulteriori possibili referenti si rinvengono poi negli **artt. 29 e 30 Cost.**, che riconoscono una speciale tutela al **coniuge** e ai **figli**, anche naturali.

Tuttavia, è opinione ormai diffusa in dottrina che la tutela dei legittimari **non sia costituzionalmente imposta**, ben potendo quindi il legislatore ordinario espungere la categoria dei legittimari dall'ordinamento.
Assai discussa è poi la collocazione della successione necessaria rispetto alla **successione legittima** e alla **successione testamentaria**. Si contrappongono, in particolare, tre teorie:
- secondo una prima impostazione, la successione necessaria sarebbe una *species* della **successione legittima**, rinvenendo il proprio titolo nella legge, eccezionalmente capace di prevalere anche sulla successione testamentaria;
- aderendo a un secondo orientamento, invece, la successione necessaria si porrebbe quale *tertium genus* e, quindi, quale forma a sé stante di delazione ereditaria;
- infine, seguendo un terzo indirizzo ermeneutico, la successione necessaria non avrebbe in realtà **nulla a che fare con la delazione ereditaria**, la quale continuerebbe a essere alternativamente legittima o testamentaria, ma designerebbe una serie di **norme contenutistiche** applicabili ora all'una ora all'altra tipologia di delazione.

L'operare della successione necessaria presuppone la distinzione del patrimonio ereditario in due distinte quote:
- una **quota disponibile**, della quale il *de cuius* può liberamente disporre per testamento;
- una **quota di legittima o di riserva**, della quale non è viceversa possibile disporre, essendo per l'appunto riservata ai legittimari.

17. Le singole categorie di legittimari

I legittimari sono elencati nell'**art. 536 cod. civ.** e sono:
1. il **coniuge**;
2. la **parte di un'unione civile**;
3. i **figli**;
4. in mancanza di figli, gli **ascendenti**.

18. La successione necessaria del coniuge

Appare a questo punto opportuno soffermarsi sulla successione necessaria del coniuge, al quale deve equipararsi, come si vedrà in seguito, parlando della successione legittima, il coniuge **legalmente separato**, salvo che la separazione gli sia stata addebitata, ma non il coniuge divorziato.
Nel sistema originariamente disegnato dal Codice civile del 1942 il coniuge non rientrava tra gli eredi legittimari, essendo unicamente previsto, in suo favore, un diritto di usufrutto, il c.d. "**usufrutto *uxorio***", su alcuni beni dell'asse ereditario. La situazione è completamente mutata a seguito della riforma del **diritto di famiglia del 1975**, che, in attuazione del **principio di eguaglianza morale e materiale** e di **solidarietà** tra i coniugi, ricavabile dall'**art. 29 Cost.**, ha riconosciuto al medesimo coniuge un ruolo di primo piano.
Nel dettaglio, il **coniuge superstite** ha diritto a una quota del patrimonio ereditario pari a:
- **la metà**, nel caso in cui non vi siano figli;
- **un terzo**, se concorre con un solo figlio, al quale viene riservato **un ulteriore terzo**;
- **un quarto**, se concorre con più figli, essendo a questi riservata una quota pari alla **metà dell'asse ereditario**.

A prescindere dalla quota ereditaria, al coniuge spettano in ogni caso il **diritto di abitazione sulla casa adibita a residenza familiare** e il **diritto di uso sui mobili che la corredano** (**art. 540, II comma, cod. civ.**).
Tali diritti gravano sulla **quota disponibile** dell'asse ereditario e, per l'eventuale eccedenza, sulla **quota di legittima** del coniuge e, ove questa non sia sufficiente, sulle quote di riserva dei figli. Ciò significa che, di regola e salvo l'incapienza della quota disponibile, i diritti in questione si aggiungono, e non si detraggono, dalla quota di legittima. La dottrina parla, per tale ragione, di

un **legato *ex lege***, non sottoposto a collazione.
Controversa è l'estensione di questi diritti anche al **coniuge legalmente separato**. La risposta dipende strettamente dalla *ratio* che si riconosce all'istituto in questione:
- se si assume che esso è volto a salvaguardare le **esigenze abitative del coniuge superstite**, allora non si scorgono ragioni per operare discriminazioni rispetto al coniuge separato;
- ove invece si ritenga che lo stesso abbia lo scopo di conservare al coniuge la disponibilità dell'**ambiente domestico**, quale proiezione della sua personalità e della famiglia fondata sul matrimonio che viene in rilievo, allora la sua portata non potrà essere estesa al coniuge separato.

19. Il principio di intangibilità della legittima e i legati a favore dei legittimari

L'art. 457, III comma, cod. civ. stabilisce che le **disposizioni testamentarie non** possono pregiudicare i diritti che la legge **riserva ai legittimari**: si tratta del c.d. "**principio di intangibilità della legittima**", che si esprime "**in natura**", avendo il legittimario diritto a una certa quota dei beni ereditari e non al corrispondente valore economico e monetario.
Il *de cuius* può tuttavia disporre, mediante testamento, dei legati in favore dei propri legittimari, i quali possono assumere due possibili qualificazioni:
- **legati in sostituzione di legittima (art. 551 cod. civ.).**
  Tale ipotesi ricorre quando il testatore, con l'obiettivo di evitare che il legittimario acquisti la qualità di erede e faccia parte della comunione ereditaria, preveda l'attribuzione in suo favore di un legato che, se accettato, soddisfa interamente il legittimario, **sostituendosi alla quota di riserva** spettante in favore di quest'ultimo.

  Il legittimario ha quindi due possibilità:
  1. **rifiutare il legato**, domandando la propria quota di legittima;
  2. **conseguire il legato**, divenendo così legatario e perdendo la propria qualità di erede, nonché il diritto a pretendere la legittima, anche ove il valore del legato in sostituzione dovesse rivelarsi inferiore a quest'ultima, salvo che il testatore gli abbia espressamente conferito il "**diritto al supplemento**". Ove invece il valore del legato sia superiore a quello della quota spettante al legittimario beneficiato, esso graverà, per l'eccedenza, sulla quota disponibile del patrimonio ereditario, in modo da non ridurre le quote di riserva spettanti agli altri legittimari. Va segnalato che il legato in sostituzione, al pari di qualsiasi altro legato, non deve essere accettato, operando l'acquisto *ipso iure* di cui all'art. 649 cod. civ.. Pertanto, la perdita del diritto a pretendere la legittima si determina automaticamente, ove il legittimario non dichiari di voler rinunciare al legato in discorso;
- **legati in conto di legittima (art. 552 cod. civ.).**
  Essi consistono in attribuzioni patrimoniali, come detto operate a titolo di legato ma, in ipotesi, anche a titolo di donazione, con atto *inter vivos*, che vengono **imputate alla quota di legittima**, come "anticipazioni" della stessa, salvo che il legatario o donatario in discorso sia stato espressamente **dispensato da tale imputazione**. Ciò implica che il legittimario destinatario di un legato o di una donazione di questo tipo avrà diritto unicamente a pretendere la porzione della propria originaria quota di legittima eccedente il valore dei beni o dei diritti legati o donati.
  In caso, invece, di rinuncia all'eredità, si stabilisce che, ove si renda necessario integrare le quote di riserva degli altri legittimari e si appuri che i legati e/o le donazioni effettuati sulla quota disponibile non avrebbero dovuto essere ridotti qualora l'eredità fosse stata accettata, dovranno **ridursi prioritariamente le donazioni e i legati operati in sostituzione di legittima**.

Un'ulteriore conferma del generale principio di intangibilità della legittima è poi ricavabile **dall'art.**

550 cod. civ., che pone la c.d. "**cautela sociniana**". In forza di essa, si stabilisce che, nell'ipotesi in cui il testatore abbia costituito un **usufrutto** o una **rendita vitalizia** il cui **reddito ecceda quello della quota disponibile** del proprio asse ereditario, i legittimari ai quali sia stata assegnata la **nuda proprietà** della disponibile o di una porzione di essa hanno la possibilità, a loro scelta, di **eseguire la disposizione** ovvero di **abbandonare la nuda proprietà** della disponibile in favore dei legatari o donatari, tenendo per sé la piena proprietà della quota legittima. La medesima cautela è riconosciuta anche nell'ipotesi inversa, vale a dire nel caso in cui i legati o le donazioni disposti dal *de cuius* abbiano ad oggetto la **nuda proprietà** della disponibile o di una sua porzione.
L'illustrato istituto consente così ai legittimari di disporre della piena proprietà dei beni attribuiti alle loro quote, e quindi di tutte le facoltà di godimento e di disposizione sugli stessi beni, evitando che il loro "diritto alla legittima" possa essere svuotato di effettivo contenuto sostanziale.

20. La riunione fittizia

La tutela della posizione che l'ordinamento riconosce agli eredi legittimari richiede anzitutto che si determini l'esatto valore della quota di riserva dell'asse ereditario loro spettante.
A tal fine, si procede, al momento dell'apertura della successione, a un'operazione che prende il nome di "**riunione fittizia**", con la quale si stabilisce il valore economico e monetario complessivo dell'asse rispetto al quale dovranno calcolarsi i singoli diritti ereditari.
L'utilizzo dell'attributo "**fittizia**" si giustifica in ragione della natura strettamente **contabile** dell'operazione così posta in essere: essa non comporta il recupero dei beni di cui il *de cuius* abbia eventualmente disposto, ma soltanto il **computo del loro valore**. In ciò la procedura qui descritta si distingue dalla **collazione**, che, come si vedrà, importa la vera e propria restituzione dei beni ad essa assoggettati.
L'operazione così delineata si articola in tre fasi (**art. 556 cod. civ.**):

- calcolo del **valore dei beni** rientranti nel patrimonio del *de cuius* al momento della sua morte (c.d. ***relictum***), da riferirsi strettamente al momento di apertura della successione, risultando irrilevanti eventuali apprezzamenti o deprezzamenti successivi;
- sottrazione dalla massa dei beni relitti dei **debiti facenti capo al *de cuius*** (il c.d. ***debitum***), sempre al momento del suo decesso;
- **riunione fittizia vera e propria**, che consiste nel sommare al valore ottenuto all'esito dei due precedenti passaggi il valore complessivo delle **donazioni effettuate in vita dal *de cuius*** (il c.d. ***donatum***), secondo la quotazione dei relativi beni al momento dell'apertura della successione, non rilevando la loro quotazione originaria.

L'intera operazione può quindi riassumersi nella seguente formula matematica: (***relictum*-*debitum*)+*donatum***).
Sull'asse ereditario determinato all'esito delle operazioni contabili che si sono descritte si individuano quindi la **quota di riserva**, da ripartirsi tra i diversi legittimari secondo le disposizioni di legge, e la **quota disponibile**.

21. L'azione di riduzione

L'azione di riduzione delle disposizioni testamentarie e delle donazioni eccedenti la quota disponibile dell'asse ereditario è volta a **reintegrare la quota di riserva**, facendo dichiarare al Giudice l'**inefficacia relativa** degli atti dispositivi così realizzati nei confronti del soggetto che l'abbia proposta.
Essa consiste dunque in un'**azione di accertamento** dell'*an* e del *quantum* del diritto alla legittima dell'attore, cui si ricollega **un'azione di condanna** (**cumulo oggettivo**), volta a conseguire la **restituzione** dei beni utili a reintegrare la predetta quota di legittima ovvero il controvalore monetario degli stessi.
La **legittimazione attiva** spetta, ai sensi dell'art. 557 cod. civ., ai **legittimari**, ai loro **eredi** e ai loro

aventi causa, nonché ai **creditori del defunto**, purché però il legittimario abbia accettato con beneficio di inventario. Sono viceversa **privi** della necessaria legittimazione **i donatari e i legatari**.
Per quel che riguarda specificamente i legittimari, l'art. 564 detta due condizioni ulteriori:

- intervenuta **accettazione con beneficio di inventario**, salvo che l'azione sia promossa nei confronti dei coeredi, ancorché questi abbiano rinunciato all'eredità.
- Tale condizione è posta a garanzia del soggetto nei confronti del quale si domanda la riduzione, evitando che la confusione tra patrimonio ereditario e patrimonio personale del legittimario renda difficoltosa l'esatta determinazione del valore del primo. Ad ogni modo, essa si considera soddisfatta anche nel caso in cui il legittimario, dopo aver dichiarato di accettare con beneficio d'inventario, sia **decaduto dal beneficio**, non avendo provveduto a formare l'inventario;
- imputazione alla propria quota di legittima (c.d. "***imputatio ex se***") delle donazioni e dei legati ricevuti dal medesimo *de cuius*, salvo che quest'ultimo lo abbia espressamente **dispensato**, con dichiarazione inserita nel testamento o nella donazione cui si riferisce.

Legittimati passivi sono invece:

- in via prioritaria, gli **eredi testamentari** beneficiari di disposizioni eccedenti la quota disponibile;
- in via sussidiaria, ove la riduzione operata nei confronti dei primi non sia sufficiente, i destinatari delle donazioni effettuate in vita dal *de cuius*, le quali si riducono partendo dalle ultime in ordine cronologico e risalendo via via alle precedenti.

La restituzione dei beni necessari a reintegrare la legittima può essere richiesta anche agli **aventi causa dai donatari (art. 563 cod. civ.)**, non solo di primo grado (vale a dire coloro che abbiano acquistato direttamente dagli stessi donatari) ma anche di grado successivo (i "sub-acquirenti"). Ciò può però avvenire solo **previa escussione dei beni del donatario**, ove questi ultimi non siano sufficienti a reintegrare la quota di legittima (***beneficium excussionis***), e a patto che non siano trascorsi **più di venti anni dalla trascrizione della donazione**.
Il termine da ultimo indicato, con riferimento ai **beni immobili**, può essere "**sospeso**" dal **coniuge** e dai **parenti in linea retta** del donante, vale a dire dai futuri eredi legittimari, mentre il donante stesso sia ancora in vita, **notificando al donatario** e **trascrivendo nei pubblici registri immobiliari** un **atto di opposizione**. La **sospensione** perde efficacia ove non sia **rinnovata** nei successivi venti anni, ove nel frattempo non sia intervenuta la morte del donante (art. 563, IV comma, cod. civ.).
Il terzo acquirente ha comunque diritto, in caso di valido esperimento nei suoi confronti dell'azione restitutoria conseguente all'accoglimento dell'azione di riduzione, a pagare **l'equivalente in denaro** dei beni donati, sottraendosi così all'**obbligo di restituzione in natura**.
Si discute in dottrina sulla possibilità, per i futuri legittimari, di **rinunciare al proprio diritto alla restituzione** nei confronti dei terzi donatari prima della morte del donante, assicurando così una più sicura circolazione dei beni donati ed evitandone la svalutazione. Prevale però decisamente la soluzione negativa, non potendosi rinunciare a un diritto spettante su una **successione futura** senza con ciò incorrere nel **divieto di patti successori** di cui all'art. 458 cod. civ.. Del resto, l'art. 563, IV comma, cod. civ. ammette unicamente la **rinuncia al diritto di notificare e trascrivere l'opposizione** sopra descritta, che assume però rilevanza solo ove si combini con l'avvenuto decorso del termine ventennale anzidetto.

22. La successione legittima: nozione, fondamento, presupposti

La successione legittima è la successione che trova il proprio diretto e unico fondamento della legge e che interviene **solo quando manchi in tutto o in parte la successione testamentaria (art. 457, II comma, cod. civ.)**.
Ciò significa che anche qualora il *de cuius* abbia disposto di parte dei propri beni o diritti mediante testamento, rispetto ai beni e diritti residui opererà la successione legittima.

23. Le categorie di successibili

Sono **successori legittimi (art. 565 e ss. cod. civ.)**:
- il **coniuge** o **la parte di un'unione civile**;
- i **discendenti in linea retta**, indipendentemente dal fatto che discendano da un rapporto di filiazione legittima, naturale o testamentaria;
- in assenza di discendenti, fratelli o sorelle, gli **ascendenti**;
- in mancanza di prole, e ascendenti, i **collaterali**, a partire dai **fratelli** e dalle **sorelle**, con la prevalenza dei **germani** (figli del medesimo padre e della medesima madre) sui **consanguinei** (figli dello stesso padre) e sugli **uterini** (figli della stessa madre);
- gli altri **parenti fino al sesto grado**, chiamati secondo il rispettivo grado.

In mancanza dei soggetti qui passati in rassegna, l'eredità si devolve allo **Stato**, ai sensi dell'**art. 586 cod. civ.** Viene qui in rilievo una norma di chiusura, volta a evitare che l'eredità resti definitivamente adespota. Si tratta, tuttavia, di una successione *sui generis*, dal momento che **l'eredità si acquista *ipso iure***, senza bisogno di accettazione. Inoltre, si producono in ogni caso gli effetti dell'accettazione con beneficio d'inventario, essendo lo Stato chiamato a rispondere dei **legati** e dei **debiti ereditari** solo ***intra vires***, vale a dire nei limiti del **valore dei beni acquistati**.

24. La successione testamentaria

La successione testamentaria è la successione regolata dalla **volontà del *de cuius*** che, nell'esercizio della sua **autonomia privata**, attraverso il **testamento**, individua i soggetti cui attribuire il proprio patrimonio e/o regola la distribuzione dello stesso (o di una sua parte) tra i soggetti designati.

25. La capacità di disporre e di ricevere per testamento

La **capacità di disporre** per testamento spetta a tutti i soggetti maggiorenni e capaci. Essa si perde in caso di **interdizione giudiziale per infermità di mente** (art. 591, II comma, cod. civ.), mentre viene mantenuta in caso di **interdizione legale** (art. 32, II comma, cod. pen.), **inabilitazione** o **amministrazione di sostegno**, salvo che, in quest'ultimo caso, il Giudice tutelare non abbia espressamente escluso tale capacità, ai sensi dell'art. 409 cod. civ.
La **capacità di ricevere per testamento** indica invece l'idoneità a divenire beneficiari di disposizioni testamentarie.
Essa spetta, in linea generale, a tutti i soggetti dotati della capacità di succedere (art. 462 cod. civ.).
Gli articoli 596, 597 e 598 cod. civ. prevedono alcune categorie di soggetti che hanno una **incapacità relativa di ricevere per testamento relativa**, vale a dire limitata alle disposizioni operate in loro favore da determinati soggetti. Si tratta:
- del **tutore** e del **protutore** di un soggetto incapace, i quali non possono ricevere per testamento dalla persona sottoposta alla loro tutela prima di aver reso il conto della loro gestione o prima che si sia conclusa l'azione giudiziale per il rendimento del conto, salvo che si tratti del coniuge, di un ascendente, di un discendente, del fratello e della sorella della persona incapace;
- del **notaio**, dei **testimoni** e dell'eventuale **interprete**, rispetto alle disposizioni contenute nel testamento ricevuto dal primo;
- di chi abbia **scritto** o **ricevuto** un **testamento segreto** rispetto alle disposizioni ivi contenute, salvo che, nel primo caso, tali disposizioni siano state approvate di suo pugno dal testatore.

Si tratta, secondo la prevalente dottrina, di ipotesi di **incapacità giuridica speciale**, essendo le figure soggettive passate in rassegna del tutto prive della capacità di divenire titolari di situazioni giuridiche per via successoria, nelle situazioni date.

26. Il testamento

Il **testamento** viene definito dall'art. 587, I comma, cod. civ. come l'**atto revocabile** con il quale taluno dispone, per il tempo in cui avrà cessato di vivere, **di tutte le proprie sostanze o di parte di esse**.
Viene dunque posta in primo piano la **revocabilità**, che opera *ad nutum*, dunque senza bisogno di particolari giustificazioni, e sino all'ultimo istante di vita del testatore. Del resto, le disposizioni testamentarie divengono attuali e soprattutto efficaci soltanto con l'**apertura della successione**, senza produrre alcun effetto prima della morte, neppure preliminare o provvisorio.
Prevale in dottrina la tesi della **natura negoziale** del testamento, incentrata sull'effetto dispositivo che con esso si determina, analogo a quelli realizzati dagli atti *inter vivos* e, in particolare, dai contratti. A ciò si replica, ad opera di altri interpreti, che il testatore non può in realtà disporre degli effetti successori, interamente predeterminati *ex lege*, avendo il testamento unicamente la funzione di designare i soggetti nei confronti dei quali tali effetti dovranno prodursi, in deroga alle norme sulla successione legittima.
L'adesione all'una o all'altra ricostruzione ha significative ripercussioni sulla disciplina del testamento; ove se ne affermi la natura negoziale, si renderanno applicabili le disposizioni della **parte generale sui contratti**, se **compatibili**. Sono in ogni caso inapplicabili tutte le previsioni in materia contrattuale che presuppongo il carattere bilaterale del vincolo (come quelle sull'accordo o la cessione del contratto). Identico discorso vale per quegli aspetti e istituti per i quali è prevista una disciplina *ad hoc* in materia testamentaria, quali ad esempio forma, i vizi della volontà o gli elementi accidentali.
Si ritengono perlopiù estensibili, per analogia, le disposizioni di cui agli **artt. 1346, 1347, 1359, 1360, 1382 e 1384 cod. civ.**.
In ultimo, va segnalato che, per espressa previsione dell'art. 587, II comma, cod. civ., un testamento può anche contenere **disposizioni di carattere non patrimoniale** (le cc.dd. "**disposizioni per l'anima**" *et similia*) e, addirittura, può contenere soltanto simili disposizioni, le quali mantengono comunque la loro efficacia, purché inserite in un atto dotato della forma testamentaria.
Va però detto che simili disposizioni non patrimoniali (si pensi alle disposizioni sulle modalità della sepoltura o con le quali si chieda la celebrazione di un certo numero di messe in suffragio) danno luogo a **obbligazioni naturali**, ai sensi dell'art. 2034 cod. civ., che, se spontaneamente eseguite, non possono dar luogo a ripetizione, ma che, se inadempiute, **non sono coercibili**, salvo che esse siano state dedotte all'interno di un **onere** o ***modus***, come si vedrà in seguito.

27. La forma del testamento

Il testamento è un atto **solenne**, il quale può essere compiuto soltanto con una delle forme tassativamente previste dalla legge. Esse sono:

- il **testamento olografo**, il quale deve essere **scritto, datato e sottoscritto di proprio pugno** dal testatore (art. 602 cod. civ.), non essendo ammessa la scrittura per il tramite di altri soggetti, neppure ove questi agiscano sotto dettatura.
- Viene dunque in rilievo una peculiare ipotesi di **scrittura privata**, la cui affidabilità in ordine alla effettiva provenienza dal testatore viene attestata dall'elemento della **autografia**. La scrittura in discorso può essere vergata su qualsiasi supporto (anche, in ipotesi, la parete sulla quale una persona colpita da improvviso malore abbia espresso le sue ultime volontà), ma non può essere sostituita da modalità equipollenti di documentazione, quale ad esempio la registrazione audio e/o video;
- il **testamento pubblico**, redatto da un **notaio** cui il testatore manifesti, alla presenza di **due testimoni**, le sue ultime volontà. Il notaio rogante deve darne lettura al testatore, sempre alla presenza dei due testimoni, facendo apporre a ciascuno di tali soggetti la propria sottoscrizione in calce (art. 603 cod. civ.). In caso di persone affette da **mutismo, sordità**

o **sordomutismo**, si applicano le forme particolari previste dalla **legge notarile (L. 16 febbraio 1913, n. 89)**.

- Si tratta di un **atto pubblico**, come tale idoneo a **far fede**, fino a **querela di falso** (art. 2700 cod. civ.), della sua provenienza dal notaio rogante e delle dichiarazioni e dei fatti che il notaio stesso attesti essere avvenuti in sua presenza;
- il **testamento segreto**, scritto dal testatore, in questo caso anche per il tramite di un terzo, e in ogni caso da lui sottoscritto, **consegnato**, alla presenza di **due testimoni**, a un **notaio**, che provvede a redigere apposito verbale della consegna e farlo sottoscrivere dal testatore e dai testimoni (artt. 604 e 605 cod. civ.).
- Il testamento segreto è quindi, al pari di quello olografo, una **scrittura privata**, ancorché priva dell'ulteriore carattere dell'autografia; la consegna al notaio assicura però una maggiore sicurezza quanto alla sua conservazione, essendo il notaio stesso tenuto ad assicurarne la custodia, con i doveri propri di un **depositario**, sino all'apertura della successione, quando deve provvedere a disporne la pubblicazione.

L'art. 606, I comma, cod. civ. prevede che la **mancanza dell'autografia**, nel testamento olografo, ovvero la **mancanza della redazione per iscritto, delle dichiarazioni dei testimoni o della sottoscrizione di questi o del testatore**, nel testamento per atto notarile, comportano la **nullità** delle disposizioni testamentarie. Il II comma del medesimo art. 606 stabilisce invece la sola **annullabilità** per i testamenti che siano affetti da altri vizi formali.
Si ritiene comunque che il testamento che non sia riconducibile ad alcuna delle forme prescritte (si pensi, a titolo esemplificativo, al c.d. "**testamento nuncupativo**", in forma orale) sia radicalmente **inesistente**, ovvero non sia un testamento, risultando quindi inapplicabile la disciplina che consente di conservare alcuni effetti del testamento nullo, a cominciare dalla **conferma** (art. 590 cod. civ.).
Il codice prevede comunque la possibilità di "**conversione**" del testamento segreto privo dei requisiti di legge in **testamento olografo**, qualora ne presenti tutte le caratteristiche essenziali, a partire dalla **autografia**. A dire il vero, si è qui di fronte a una semplice "**riqualificazione**", piuttosto che a una autentica conversione.
Gli artt. 609 e ss. cod. civ. individuano poi una serie di "**testamenti speciali**", redatti con forme particolari e alla luce di peculiari situazioni.

28. Gli elementi accidentali del testamento

Nel testamento, così come accade per i negozi giuridici *inter vivos*, possono essere inseriti i cc.dd. "**elementi accidentali**", i quali non sono richiesti ai fini della validità dell'atto né si pongono quali "**elementi naturali**", ossia operanti automaticamente in assenza di una diversa volontà delle parti, ma realizzano specifici interessi del testatore e quindi si fondano sulla sua volontà.

- la **condizione**.

Si tratta di un evento futuro e incerto dal cui realizzarsi si fa dipendere **l'efficacia** (**condizione sospensiva**) ovvero la **cessazione dell'efficacia** di una certa disposizione negoziale. Essa, anche in materia testamentaria, ha **efficacia retroattiva (art. 646 cod. civ.)**: ciò significa che l'erede o il legatario sotto condizione sospensiva acquista i diritti a sé devoluti sin dal momento dell'apertura della successione e, per converso, l'erede o legatario sotto condizione risolutiva si considera come se non fosse mai stato tale.
Le **condizioni impossibili** e quelle **illecite**, vale a dire contrarie alla legge, all'ordine pubblico o al buon costume, si considerano come **non apposte**, con conseguente conservazione delle disposizioni testamentarie ad esse sottoposte. In ciò si coglie una significativa differenza con la disciplina contrattuale, nella quale la condizione illecita, sia sospensiva che risolutiva, e la condizione sospensiva impossibile rendono **nullo il contratto**. La differenza si spiega alla luce dell'esigenza di conservare, per quanto possibile, la ***voluntas testatoris***, la quale, al contrario della volontà contrattuale, non può essere rinnovata.

La nullità opera però nel caso in cui si renda applicabile **l'art. 626 cod. civ.**, vale a dire nel caso in cui l'apposizione della condizione illecita si fondi su un **motivo illecito** che sia stato il solo ad aver determinato il testatore a operare una certa disposizione.
Sono esempi di condizioni illecite la **condizione di reciprocità** (art. 635 cod. civ.), con la quale si subordina la disposizione al fatto che il testatore sia stato a sua volta avvantaggiato dal testamento dell'erede o del legatario designato, e il **divieto di nozze** (art. 636 cod. civ.); tuttavia, il **legato di usufrutto, uso, abitazione, pensione o altra prestazione periodica** (come una rendita vitalizia) può essere condizionato allo **stato di celibato o di vedovanza** del legatario.
L'art. 638 cod. civ. prevede poi che la **condizione di non fare o di non dare** per un tempo indeterminato deve qualificarsi, salvo diversa volontà del testatore, come **condizione risolutiva**. Ciò al fine di evitare che il beneficiario della relativa disposizione testamentaria non possa goderne per l'intera durata della sua vita, dal momento che un'ipotetica **condizione sospensiva** di tal fatta potrebbe ritenersi realizzata soltanto al momento della sua morte.
In pendenza dell'avveramento della condizione, si impone evidentemente un obbligo di **amministrazione dei beni ereditari** anche nell'interesse di coloro i quali potrebbero essere chiamati a succedere a seguito dell'avveramento della condizione. In caso di condizione risolutiva, tale obbligo ricade sull'erede o sul legatario sotto condizione, mentre in caso di condizione sospensiva può essere designato un **amministratore dell'eredità**, che agisce come **mandatario *in incertam personam***;

- il **termine**.

Esso si distingue dalla condizione in quanto ha ad oggetto un evento **futuro ma certo**. La certezza deve riguardare necessariamente l'*an*, potendo estendersi o meno anche al *quando*. Al suo compimento può subordinarsi, al pari di quanto accade per la condizione, l'efficacia (**termine iniziale**) ovvero il venir meno dell'efficacia (**termine finale**) di una disposizione testamentaria.
Tuttavia, al contrario della condizione, il termine può essere apposto soltanto alle disposizioni a titolo particolare, ossia ai legati, mentre, se riferito a una disposizione a titolo universale, si ha per non apposto (art. 637 cod. civ.). La ragione di ciò può rinvenirsi nel principio riassunto dal brocardo "***semel heres semper heres***", che vieta le istituzioni di erede a termine, onde assicurare la stabilità e la certezza dei rapporti giuridici.
Diverso è il termine di cui parla l'art. 645 cod. civ., con riferimento alla **condizione sospensiva potestativa**, consistente in una condizione la cui realizzazione dipende da una manifestazione di volontà dell'erede o del legatario. In tale ipotesi, deve essere stabilito un termine entro il quale la volontà dovrà essere o meno espressa, potendo altrimenti i soggetti interessati, vale a dire i chiamati all'eredità di grado successivo, o anche i creditori o gli aventi causa del chiamato sotto condizione, esperire una ***actio interrogatoria***, volta a far fissare al competente Tribunale il relativo termine;

- **onere o *modus*.**

L'art. 647, I comma, cod. civ. si limita a stabilire che alle disposizioni testamentarie, siano esse a titolo universale ovvero a titolo particolare, può essere apposto un **onere**, senza tuttavia fornirne alcuna definizione. Esso può comunque inquadrarsi, secondo una ben consolidata tradizione giuridica, come **prestazione obbligatoria** gravante su una disposizione a titolo gratuito ovvero a titolo di liberalità, dal cui inadempimento non discende tuttavia l'automatica e immediata inefficacia della medesima disposizione.
Emergono così le differenze rispetto alla **condizione, la quale, viceversa, opera automaticamente**, al semplice verificarsi o non verificarsi dell'evento dedotto ad oggetto di essa, ed è generalmente integrata da **eventi "naturali" o comunque esterni** alla volontà del soggetto interessato.
Le conseguenze dell'eventuale **inadempimento dell'onere** sono disciplinate dall'art. 648 cod. civ. Esso, in primo luogo, riconosce la **legittimazione ad agire per l'adempimento** in discorso a **tutti i soggetti interessati** (si pensi, ad esempio, all'ente esponenziale della comunità in favore della

quale avrebbe dovuto realizzarsi una certa opera pubblica). Secondariamente, si stabilisce che il predetto inadempimento può condurre alla **risoluzione** della disposizione testamentaria soltanto ove questa sia stata **espressamente prevista dal testatore** ovvero qualora l'onere abbia costituito il **solo motivo determinante della disposizione**.
Per quel che concerne poi l'onere **impossibile o illecito**, esso si ha per non apposto, analogamente a quanto avviene per la condizione, salvo che abbia costituito **l'unico motivo determinante** della disposizione.

29. L'Invalidità del testamento

Riguardo all'invalidità del testamento, si rende anzitutto opportuno distinguere tra:

- **invalidità che colpiscono l'intero atto**.

Vengono qui in rilievo:

1. le **cause di nullità dell'intero testamento**, quali:
   - le **nullità per i più gravi vizi di forma** individuati dal sopra esaminato art. 606, I comma, cod. civ.;
   - le ipotesi di **testamento congiuntivo o reciproco**, di cui all'art. 589 cod. civ., che ricorrono ove due o più persone facciano testamento all'interno del medesimo atto, disponendo l'una in favore dell'altra ovvero a favore di terzi;
   - la **violenza fisica assoluta (*vis absoluta*)**, che si ha quando il testatore sia stato **fisicamente costretto** a redigere il testamento (ad esempio muovendo la sua mano con una forza irresistibile), mancando in tal caso la stessa **volontà testamentaria**;
2. le **cause di annullabilità dell'intero testamento**, quali:
   - i **vizi formali diversi da quelli che importano la nullità**, ai sensi dell'art. 606, II comma, cod. civ.
   - il **difetto della capacità di testare**, di cui all'art. 591 cod. civ..
   - ▪ Tale disposizione equipara alla **minore età** e alla **interdizione giudiziale per infermità di mente** la **incapacità di intendere o di volere (incapacità naturale)** al momento della formazione del testamento;

- **invalidità che colpiscono singole disposizioni testamentarie**.

Occorre qui di nuovo distinguere tra:

3. **cause di nullità delle singole disposizioni**, quali nello specifico:
   - la presenza di un **motivo illecito determinante**, ai sensi dell'art. 626 cod. civ.;
   - l'**incertezza sulla persona beneficiata** da una certa disposizione testamentaria, tale da impedirne il riconoscimento (art. 628 cod. civ.);
   - la **rimessione all'arbitrio di un terzo** dell'individuazione dell'erede o del legatario ovvero della quota di eredità lasciata al primo (art. 631 cod. civ.) o, ancora, dell'oggetto o della quantità del legato (art. 634 cod. civ.).
   - ▪ Tuttavia, è valida la disposizione che rimetta a uno degli eredi (c.d. **onerato**) ovvero a un terzo la scelta dell'erede o del legatario tra **più persone indicate dal testatore** o comunque **appartenenti a famiglie o categorie indicate dallo stesso testatore**;
4. **cause di annullabilità delle singole disposizioni**, quali:
   - i **vizi del consenso (violenza, dolo, errore**) ove almeno uno di questi abbia inficiato la manifestazione di volontà del testatore.
   - ▪ Ci si è chiesti se e in che misura debba trovare applicazione la disciplina contrattuale dei vizi del consenso, di cui agli **artt. 1427 e ss. cod. civ.** A questo interrogativo si tende oggi a rispondere nel senso che i vizi del consenso riferiti al testamento non sono diversi da quelli dei contratti, ma vanno adattati alle speciali condizioni nelle quali, nella generalità dei casi, il testamento viene formato.
   - ▪ Così, si ritiene che anche una **violenza meno significativa** ovvero un dolo posto in essere con **artifici o raggiri dotati, in condizioni normali, di una ridotta capacità ingannatoria** possano integrare i predetti vizi. Per quel che riguarda poi **l'errore**, viene ovviamente

meno l'elemento della **riconoscibilità**, essendo il testamento un negozio strutturalmente unilaterale.

- La violenza va qui intesa come ***vis relativa***, vale a dire come "**violenza morale**" tale da non elidere del tutto la volontà del testatore, ma semplicemente da indurlo, ancorché in maniera coercitiva, a manifestare una certa volontà.
- Rileva poi l'**errore sul motivo**, sia esso di fatto o di diritto, ove il motivo stesso **risulti dal testamento** e sia stato l'**unico determinante**.

Giunti a questo punto, va comunque precisato che l'annullabilità dei testamenti, a differenza di quella contrattuale, si pone quale "**annullabilità assoluta**", con legittimazione estesa a **tutti gli interessati**. L'unica significativa differenza con il regime della **nullità** è quindi rappresentata dall'assoggettamento dell'azione di annullamento a un **termine di prescrizione quinquennale**, variamente decorrente dalla **data di esecuzione del testamento o della disposizione testamentaria** viziati ovvero dal giorno in cui si sia avuta **notizia del vizio del consenso**.

Ulteriori peculiarità risiedono nella **sanabilità** del testamento nullo, attraverso:

- la **conversione** del testamento segreto nullo o annullabile per carenza dei requisiti di forma in testamento olografo, di cui si è già detto in precedenza (art. 607 cod. civ.);
- la **conferma** o la **volontaria esecuzione** della disposizione testamentaria nulla (art. 590 cod. civ.), ove esse siano intervenute dopo la morte del testatore e ad opera di soggetti a conoscenza della causa di nullità.

  Secondo un'impostazione minoritaria in dottrina, la conferma non integrerebbe un'ipotesi di sanatoria della nullità, assimilabile alla convalida del contratto annullabile e derogatoria rispetto alla generale insanabilità dei vizi di nullità sancita, sempre in materia contrattuale, dall'art. 1423 cod. civ. Si tratterebbe, piuttosto, di una **fattispecie complessa dotata di efficacia costitutiva autonoma**, rispetto alla quale la precedente disposizione testamentaria si porrebbe unicamente quale co-elemento perfezionativo della fattispecie stessa.

30. La revocazione del testamento

Si è visto che la **revocabilità**, sino all'ultimo istante di vita del testatore, rappresenta una delle caratteristiche fondamentali del testamento.

La **revocazione** può avvenire:

- **in forma espressa (art. 680 cod. civ.)**, per mezzo di un **nuovo testamento**, secondo una delle forme previste per quest'ultimo, ovvero mediante **dichiarazione ricevuta da un notaio** alla presenza di due testimoni;
- **in forma implicita (art. 682 cod. civ.)**, nel caso in cui venga formato un nuovo testamento, contenente disposizioni incompatibili con alcune o con tutte le disposizioni contenute nel precedente testamento.

  In tal caso, la revocazione opera limitatamente alle disposizioni incompatibili, ben potendo darsi esecuzione a più testamenti contenenti disposizioni tra loro integrabili;
- **in forma tacita**, mediante **distruzione del testamento olografo** (art. 684 cod. civ.) ovvero mediante **alienazione o trasformazione della cosa legata** (art. 686 cod. civ.) relativamente alle disposizioni a titolo particolare, salvo prova della diversa volontà del testatore.

Non integra invece revocazione tacita il **ritiro del testamento segreto** dal notaio presso il quale esso era stato depositato, purché esso possa comunque valere come **testamento olografo**, in presenza dei relativi requisiti formali.

La revocazione è a sua volta revocabile, ai sensi dell'art. 681 cod. civ., ma solo tramite revocazione espressa. In questa ipotesi, le disposizioni testamentarie originariamente revocate **rivivono automaticamente**. La revocabilità della revocazione ha indotto la dottrina a qualificare quest'ultima come **negozio testamentario**, in quanto dotato delle medesime caratteristiche previste dalla definizione di testamento di cui all'art. 587, I comma, cod. civ.

L'art. 687 cod. civ. disciplina poi la **revocazione per sopravvenienza di figli**, la quale opera *ipso iure* e, quindi, senza che si renda necessaria una specifica manifestazione di volontà, espressa, implicita o tacita, del testatore di cui si tratti. Essa opera nel caso di sopravvenienza dei figli o di ignoranza della loro esistenza al momento della redazione del testamento e poggia sull'assunto secondo cui il testatore avrebbe operato scelte diverse ove fosse stato consapevole di avere figli ulteriori a quelli considerati.
Tale causa di revocazione, tuttavia, non opera qualora il testatore abbia inserito nel testamento specifiche disposizioni volte a regolare proprio tali evenienze.

31. La pubblicazione del testamento e la sua esecuzione

A seguito della morte del testatore sorge, l'esigenza di rendere pubblico il contenuto del testamento e a ciò si provvede mediante la **pubblicazione del testamento**, se olografo o segreto.
La **mancata pubblicazione** del testamento olografo o del testamento segreto comporta l'impossibilità di fatto di conoscerne il contenuto e di conseguenza di eseguire le disposizioni di ultima volontà del testatore.
Una volta disposta la pubblicazione, si dà luogo alla **esecuzione del testamento**.
Normalmente l'esecuzione spetta all'erede.
Il testatore, tuttavia, può designare uno o più **esecutori testamentari** che diano attuazione alle sue volontà (artt. 700 e ss. cod. civ.), il quale assume un **ufficio di diritto privato** in forza del quale deve curare l'esatta realizzazione delle ultime volontà del *de cuius*.

32. La nozione di legato

Il legato è una **disposizione *mortis causa* a titolo particolare**, con la quale il testatore attribuisce al beneficiario **beni o diritti determinati**, i quali non vengono considerati come una quota del patrimonio ereditario.
Il beneficiario del legato è detto **legatario**, mentre il soggetto su cui grava l'adempimento della corrispondente **prestazione di dare, fare o non fare** è detto **onerato**. Il legatario **non** assume la **qualità di erede**.
Il legato deve essere tenuto distinto dalla c.d. ***"institutio ex re certa"***, con la quale il testatore attribuisce beni determinati o un certo complesso di beni quale **quota del proprio asse ereditario**. Quest'ultima costituisce una **disposizione a titolo universale**, come si ricava chiaramente dall'art. 588, II comma, cod. civ. e, pertanto, attribuisce la qualità di erede.
La distinzione in concreto tra le due figure pocanzi delineate dovrà fondarsi su un'interpretazione attenta e rigorosa della disposizione, volta a far emergere la reale **volontà sostanziale del *de cuius***, a prescindere dalle espressioni formali utilizzate. Ciò risulta tanto più vero qualora il testamento sia **segreto** o **olografo**, dal momento che il soggetto che lo ha redatto, non esercente la professione di notaio, potrebbe avere una conoscenza incompleta e inesatta degli istituti successori.
Il legato deve poi essere tenuto distinto dall'**onere** apposto a una disposizione a titolo universale o particolare, con il quale il primo presenta delle indubbie affinità. In effetti, sul piano contenutistico, ambedue gli istituti comportano l'imposizione, a carico di un erede o di un legatario **onerato**, di una prestazione da eseguirsi a favore di uno o più beneficiari.
La differenza sembra pertanto doversi cogliere **sul piano funzionale e teleologico**:

- l'**onere** persegue, in via diretta e immediata, un **interesse non patrimoniale del *de cuius***, di carattere culturale, morale, solidaristico e via discorrendo, del *de cuius*, potendo soltanto in via indiretta beneficiare uno o più soggetti terzi;
- il **legato**, al contrario, ha quale suo fine primo e diretto quello di attribuire un **vantaggio patrimoniale, a titolo di liberalità**, al soggetto o ai soggetti designati quali **legatari**, potendo solo indirettamente realizzare anche quelle finalità ulteriori, di natura non patrimoniale, che assumono rilevanza rispetto all'onere.

Si ammette poi la presenza, all'interno dell'ordinamento, di **legati *ex lege***, vale a dire disposizioni a titolo particolare che trovano il loro fondamento non nella volontà del *de cuius*, bensì nella legge. L'esempio più noto è rappresentato dall'attribuzione del **diritto di abitazione sulla casa familiare** e del **diritto di uso sui mobili che la corredano** al **coniuge superstite** (si veda l'art. 540, II comma, cod. civ., già in precedenza esaminato). Un'ulteriore ipotesi sarebbe secondo alcuni rinvenibile **all'art. 2122 cod. civ.**, che, in caso di morte del **lavoratore subordinato**, attribuisce al coniuge, ai figli e ai parenti entro il terzo grado che vivevano a carico dello stesso il diritto a percepire **l'indennità di mancato preavviso** di cui all'art. 2118 cod. civ. e il **trattamento di fine rapporto** di cui all'art. 2120 cod. civ.
Tuttavia, secondo altra parte della dottrina, le disposizioni passate in rassegna si limiterebbero a riconoscere un **diritto *iure proprio*** ai soggetti presi in considerazione, rispetto ai quali la morte dello stretto congiunto si porrebbe quale *condicio iuris* sospensiva. Al contrario, secondo questa impostazione, il legato potrebbe rinvenire il proprio fondamento unicamente in una disposizione testamentaria.

33. Soggetti tenuti all'adempimento del legato: il sublegato e il prelegato

La prestazione oggetto del legato viene posta dal testatore, espressamente o implicitamente, a carico di un erede o di un altro legatario, che si designa quale **onerato**.
In particolare, nel caso in cui il legato abbia ad oggetto la **proprietà di uno o più beni determinati**, il legatario acquista la titolarità del diritto ma **non il possesso della *res***, dovendo richiederne la **consegna** al predetto onerato (art. 649, II e III comma, cod. civ.).
La responsabilità dell'onerato varia però significativamente a seconda che si tratti di:

- **un erede**, nel quale caso egli sarà tenuto ad adempiere **anche oltre il valore dei beni e dei diritti ricevuti in via ereditaria**, salvo che abbia accettato con beneficio di inventario ovvero, se legittimario, abbia esperito l'azione di riduzione del legato in discorso;
- **un altro legatario**, il quale risponde del legato a suo carico (c.d. "**sublegato**"), così come dell'onere eventualmente apposto alla disposizione operata in suo favore, ***intra vires***, vale a dire nei limiti del **valore della cosa o delle cose legate**.

Nei confronti dell'onerato il legatario potrà quindi esperire **l'azione di adempimento**, ai sensi dell'art. 1453 cod. civ., e potrà anche eventualmente chiedere il **risarcimento del danno da inadempimento**, a norma dell'art. 1218 cod. civ. **Non** potrà viceversa domandarsi la **risoluzione della disposizione**, a titolo universale o particolare, operata a favore dell'onerato, non essendo ciò ammesso dalla legge, a differenza di quanto disposto, per l'onere, dall'art. 648 cod. civ.
L'art. 661 cod. civ. prevede poi l'istituto del "**prelegato**", vale a dire del legato disposto in favore di uno dei coeredi e **posto a carico dell'intero asse ereditario**. Esso va contrapposto al **legato in conto di legittima**, di cui all'art. 552 cod. civ., il quale grava anzitutto sulla quota di riserva spettante a un erede legittimario.
Ciò implica che l'adempimento del prelegato potrà essere richiesto a tutti gli altri eredi e agli eventuali legatari e soltanto in caso di eccedenza dovrà imputarsi alla quota devoluta all'erede-legatario.

34. L'acquisto del legato e la sua rinuncia

In forza **dell'art. 649, I comma, cod. civ.**, il legato, all'eredità, non necessita di accettazione ad opera del soggetto designato, ma **si acquista *ipso iure***, sin dal momento dell'apertura della successione, salva soltanto la **facoltà di rinuncia**.
La ragione di questa diversità di regime risiede nel fatto che il legatario, al contrario dell'erede, non succede *in universum ius* e, quindi, non subentra nella posizione del *de cuius*: in particolare, **il legatario non è tenuto ad adempiere ai debiti ereditari**, salvo che questi siano stati dedotti a oggetto di uno specifico onere gravante sul proprio legato, e, come visto, risponde degli oneri e dei legati eventualmente posti a suo carico solo nei limiti del valore delle cose legate.

Pertanto, l'immediato acquisto del legato, al contrario di un ipotetico immediato acquisto dell'eredità, non può determinare alcuna **alcun pregiudizio patrimoniale**. Il pregiudizio può essere unicamente morale e, per tale ragione, si consente comunque la rinuncia. Si rientra così nello schema del "**negozio gratuito *in bonam partem* rifiutabile**", che, come si vedrà, consente di prescindere dal consenso del beneficiario.
La rinuncia al legato assume **efficacia abdicativa**, dal momento che comporta la dismissione di un diritto già acquisito alla sfera giuridico-patrimoniale del soggetto rinunciante. In ciò essa si distingue dalla rinuncia all'eredità, la quale, invece, ha **efficacia impeditiva**, impedendo, per l'appunto, l'acquisto di un diritto non ancora entrato nella sfera giuridica del rinunciante.
L'illustrata differenza funzionale dovrebbe indurre **a negare la revocabilità della rinuncia al legato**, a differenza di quanto avviene per la rinuncia all'eredità, ai sensi dell'art. 525 cod. civ.
Non è previsto un termine ultimo per l'esercizio della facoltà di rinuncia, la quale sembrerebbe essere soggetta unicamente al **termine di prescrizione ordinaria decennale**, decorrente dalla data dell'apertura della successione. Stante la lunghezza di tale termine, l'art. 650 cod. civ. consente a chiunque vi abbia interesse, e quindi in primo luogo all'onerato, di chiedere al Tribunale competente di assegnare un termine al legatario per manifestare la propria volontà di rinunciare o meno (c.d. "***actio interrogatoria***"). In caso di inutile decorso del termine, il legatario **decade dalla facoltà di rinuncia**.
Giunti a questo punto, occorre domandarsi se e quale effetto possa produrre un'eventuale **accetazione espressa del legato**. Essa, pur non contemplata dalla legge, dovrebbe valere quale **rinuncia alla facoltà di rinunciare**, con conseguente inefficacia dell'eventuale rinuncia successiva al medesimo legato.
In ultimo, va poi sottolineato che la disposizione a titolo universale e la disposizione a titolo particolare realizzano **due diverse delazioni** in favore del medesimo soggetto. Ciò significa che l'eventuale **rinuncia all'eredità non importa rinuncia al legato e viceversa**.
In tal senso depone, del resto, **l'art. 552 cod. civ.**, volto a regolare la situazione che si viene a determinare quando un erede legittimario beneficiario di un legato in conto e non in sostituzione di legittima rinunci all'eredità ma non al legato.

35. Tipologie di legato

Il legato presenta una grande varietà di possibili contenuti.
L'esperienza ha comunque consentito di identificare una serie di ipotesi ricorrenti, molte delle quali sono state positivizzate e disciplinate anche dal Codice civile. Possono qui nominarsi:

- il **legato di specie**, il quale ha ad oggetto una **cosa specifica e determinata** (un singolo quadro, un singolo immobile e via dicendo), il quale costituisce il modello-base di legato, come si desume dall'art. 649 cod. civ.;
- il **legato di genere**, che, viceversa, ha ad oggetto **cose individuate soltanto nel genere** (una certa somma di denaro, una certa quantità della produzione di cereali di un'impresa agricola e via discorrendo).

L'art. 653 cod. civ. prevede che un simile legato **è valido anche se non si trovi alcuna cosa del genere indicato nell'asse ereditario**, tanto nel momento in cui la disposizione è stata fatta quanto al momento della morte. Ciò implica che sarà comunque **obbligo del soggetto onerato consegnare al legatario cose del genere indicato**.
Nel caso in cui, al contrario, il patrimonio ereditario contenga cose del genere indicato, la scelta in ordine a quali cose consegnare al legatario viene rimessa all'onerato, purché esse siano di **qualità non inferiore alla media** (art. 654 cod. civ.).
Peculiare è poi il caso del legato avente ad oggetto cose, anche solo genericamente individuate, da prelevarsi da un certo luogo, quale ad esempio un magazzino o un *silos* (art. 655 cod. civ.). Una disposizione di tal fatta risulta efficace solo se le cose attribuite si trovano effettivamente nel luogo indicato, salvo che non vi si trovino per il solo fatto di essere state spostate da un luogo a un altro.

- il **legato di cosa altrui**, avente ad oggetto cose, evidentemente specifiche, appartenenti a soggetti diversi dal testatore.

Le disposizioni contenenti legati di queto tipo sono, in linea generale, affette da **nullità**, salvo che dal testamento o da altra scrittura riferibile al testatore emerga che questi abbia **deliberatamente voluto disporre di una cosa altrui** (art. 651 cod. civ.). In questa evenienza, l'onerato sarà tenuto a **far acquistare al legatario la proprietà della cosa legata**, trasferendogliela, nel caso in cui ne abbia la titolarità, ovvero acquistandola dal terzo titolare e ritrasferendola. Il legato di cosa altrui è altresì valido se la cosa, non esistente nel patrimonio del *de cuius* all'atto della disposizione testamentaria, sia entrata a far parte di esso prima della sua morte.

Inoltre, il **legato di cosa solo parzialmente altrui** (art. 652 cod. civ.) sarà in ogni caso valida nei limiti della parte o del diritto spettante al *de cuius*.

Parimenti nulla è la disposizione con la quale si istituisca un **legato di cosa appartenente al legatario** (art. 656 cod. civ.). Tuttavia, se la cosa stessa, al momento dell'apertura della successione, abbia cessato di essere del legatario e sia stata acquistata dall'onerato o da un terzo, la disposizione è valida ed efficace ove il *de cuius* l'abbia inserita nel testamento proprio in vista di questa evenienza.

Nel caso in cui invece **la cosa legata sia stata acquistata dal legatario successivamente alla disposizione, ma prima dell'apertura della successione**, la disposizione sarà inefficace, ma il legatario, ove abbia acquistato la cosa dall'onerato a titolo oneroso, avrà diritto al rimborso del prezzo pagato (art. 657 cod. civ.).

- il **legato di cosa non esistente nell'asse ereditario al momento dell'apertura della successione**.

Questa ipotesi si distingue da quella precedente per il fatto che la cosa legata, sia essa specifica o genetica, non si rinviene nel patrimonio del *cuius*, ma neppure risulta appartenere a terzi. In questa ipotesi, l'art. 654 cod. civ. dispone che la disposizione rimane priva di effetto, salvo che la cosa sia stata *medio tempore* acquista dal testatore, prima dell'apertura della sua successione.

Per quel che riguarda le **cose generiche**, la disposizione in commento si applica solo se il testatore ha specificamente indicato che le cose in questione debbano **necessariamente essere prelevate dal suo patrimonio**, altrimenti si applica il suesposto art. 653 cod. civ.

- il **legato di credito** o **di liberazione dal debito**, il quale, rispettivamente, attribuisce al legatario un diritto di credito preesistente nell'asse ereditario ovvero lo libera, mediante atto qualificabile a tutti gli effetti come **remissione del debito**, a norma dell'art. 1236 cod. civ., da un debito nei confronti del medesimo asse.

La relativa disposizione ha effetto soltanto per la parte del credito o del debito che risulta ancora esistente al momento dell'apertura della successione (art. 658 cod. civ.).

Il Codice non contempla l'ipotesi in cui si attribuisca al legatario un **nuovo diritto di credito**, il quale venga quindi a esistenza al momento dell'apertura della successione, a carico di uno o più onerati: si ritiene però che nulla osti ad ammettere una simile disposizione, **vista l'atipicità del contenuto del legato**.

Alcuni interpreti avanzano tuttavia dubbi, dal momento che un siffatto legato non integrerebbe una disposizione *mortis causa*, non trasferendo alcun diritto preesistente nell'asse ereditario, ma, per l'appunto, costituendo *ex novo* il diritto attribuito.

- il **legato a favore del creditore**, consistente in un'attribuzione patrimoniale operata a vantaggio di un soggetto che, durante la vita del *de cuius*, vantava ragioni di credito nei suoi riguardi.

In proposito, l'art. 659 cod. civ. si limita a prevedere che **detto legato non si presume fatto per la soddisfazione del credito in questione**, aggiungendosi quindi a quest'ultimo.

Ad ogni modo, in presenza di un'espressa disposizione del testatore in tal senso, non sembra potersi escludere un **legato *solutionis causa***, suscettibile di integrare un'ipotesi di *datio in solutum* a norma dell'art. 1197 cod. civ.. Il consenso del creditore, necessariamente richiesto dalla medesima disposizione, potrà difatti rinvenirsi nel **mancato esercizio della facoltà di rinuncia**.

- il **legato alimentare**, con il quale si prevede una **prestazione alimentare** in favore del legatario che versi in **stato di bisogno**, secondo la misura indicata dall'art. 438 cod. civ.;
- il **legato di rendita vitalizia**, espressamente contemplato dall'art. 1872, II comma, cod. civ., il quale prevede che tale rendita possa costituirsi anche per testamento.

Si tratta di una **prestazione periodica**, da adempiersi in natura o più frequentemente in denaro, dovuta per l'intera durata della vita del legatario o di un soggetto terzo, senza peraltro possibilità di **riscatto** ad opera dell'onerato (art. 1879 cod. civ.).

36. La comunione ereditaria e il retratto successorio

Nell'ipotesi in cui l'eredità sia accettata da più coeredi di pari grado, vale a dire chiamati congiuntamente nella stessa quota ereditaria o in quote diverse, sui beni ereditari si forma la c.d. **comunione ereditaria**, alla quale si applicano le regole stabilite per la **comunione ordinaria** (artt. 1100 e seguenti cod civ.), salvo che non sia diversamente previsto dalle disposizioni alla prima specificamente dedicate.

Si tratta, quindi, di una **comunione *pro-indiviso***, nella quale ciascuno dei coeredi comunisti risulta titolare di tutti i beni oggetto di comunione, ma nei limiti della propria quota, corrispondente alla **quota ereditaria** assegnatagli in sede successoria. Ciò implica che i medesimi coeredi, proprio come accade nella comunione ordinaria, possono **godere liberamente di ciascuno dei beni che forma oggetto della comunione**, purché non pregiudichi la facoltà di godimento di tutti gli altri.

La **quota di contitolarità** sui beni oggetto della comunione può essere alienata a terzi, ma in tal caso si riconosce agli altri coeredi un **diritto di prelazione**, ai sensi dell'art. 732 cod. civ. In altri termini, la proposta di alienazione eventualmente ricevuta da un terzo deve essere notificata agli altri coeredi (c.d. "***denuntiatio***"), indicando il prezzo offerto, con facoltà di questi ultimi di esercitare, **entro due mesi dalla notifica**, il predetto diritto, consistente nell'acquisto della quota in luogo del terzo, **alle medesime condizioni economiche offerte da quest'ultimo**.

Si tratta di un'ipotesi di **prelazione a efficacia reale** e non meramente obbligatoria come accade nella generalità dei casi. Ciò significa che nel caso in cui il coerede disponga della propria quota senza previa notifica ovvero prima della scadenza del termine previsto per l'esercizio del diritto di prelazione, gli altri coeredi hanno il **diritto di riscattare la quota stessa**, nei confronti del terzo acquirente e dei suoi successivi aventi causa, sino a che perduri la comunione (c.d. "**retratto successorio**").

La disciplina qui illustrata opera, per espressa statuizione del succitato art. 732, solo ove l'alienazione della quota ereditaria sia realizzata a vantaggio di un **soggetto estraneo alla comunione**. La *ratio* dell'istituto sembra doversi pertanto ravvisare nell'esigenza di garantire che altri soggetti, verosimilmente estranei alla cerchia familiare, entrino nella comunione ereditaria, rendendone più problematico o conflittuale il godimento condiviso ovvero la divisione.

Ci si domanda se il diritto di prelazione possa essere fatto valere anche da chi sia entrato nella comunione ereditaria per l'operare dell'istituto della **rappresentazione**. La risposta prevalente in dottrina è di segno positivo, dal momento che il **rappresentante succede *iure proprio***, assumendo la stessa posizione e lo stesso grado del rappresentato, e deve quindi considerarsi a tutti gli effetti quale coerede.

Un'ulteriore questione, postasi in giurisprudenza, riguarda la sussistenza o meno del diritto di prelazione e del susseguente diritto di riscatto in caso di alienazione, ad opera del coerede, non della sua quota, ma di uno o più beni rientranti nella comunione ereditaria. Al fine di rispondere a questa domanda, occorre verificare se:

- **il coerede abbia voluto disporre dei soli beni effettivamente alienati**, nel qual caso l'alienazione potrà dirsi perfezionata soltanto laddove i beni stessi gli vengano successivamente assegnati in sede di divisione ereditaria, operando quest'ultima *ex tunc*;
- **il coerede abbia voluto in realtà disporre, in tutto o in parte, della sua quota**, rappresentata dai beni alienati, nel qual caso potrà trovare applicazione l'esaminato art. 732 cod. civ.

37. La divisione ereditaria

L'art. 713 cod. civ. attribuisce a ciascuno dei coeredi il diritto di chiedere, in qualsiasi momento, la **divisione della comunione ereditaria**, la quale, a sua volta, si attuerà secondo le regole della divisione della comunione ordinaria, fatte salve le regole specificamente previste per la prima.
Si tratta di un vero e proprio **diritto potestativo**, rispetto al cui esercizio gli altri coeredi comunisti si trovano in una posizione di **soggezione**, non rendendosi necessaria alcuna loro cooperazione.
Per effetto della divisione, ciascun coerede ottiene la proprietà esclusiva di uno o alcuni soltanto dei beni ereditari, in valore corrispondente alla sua quota *pro-indiviso*. Tale effetto si produce **in via retroattiva (*ex tunc*)**, vale a dire **con decorrenza dall'apertura della successione**: in forza dell'**art. 757 cod. civ.**, ciascun coerede si considera quale solo e immediato successore in tutti i beni a sé assegnati e come se non avesse mai avuto alcun diritto sui beni viceversa assegnati agli altri coeredi.
La divisione può essere anche solo parziale e, in questo caso, si parla di "**stralcio divisionale**".
Alla divisione, sia essa convenzionale o giudiziale, devono partecipare tutti i coeredi, pena la **nullità del contratto di divisione**, che è quindi un contratto necessariamente plurilaterale, ovvero **l'inopponibilità della sentenza** che abbia pronunciato la divisione giudiziale, la quale dovrà considerarsi ***tamquam non esset*** nei confronti dei coeredi che non abbiano preso parte al relativo giudizio.
I coeredi o alcuni di essi potranno anche decidere, all'esito della divisione ereditaria, di farsi assegnare uno o più beni in comunione: in tal caso, **non si avrà più una comunione ereditaria**, con conseguente inapplicabilità delle disposizioni a questa riferite, a partire dall'art. 732 cod. civ., bensì una **comunione ordinaria**.
Per quel che riguarda la formazione delle singole quote, si procede, in via generale, **all'assegnazione in natura** dei diversi beni ereditari (art. 718 cod. civ.), salvo il **diritto al conguaglio in denaro** per le eventuali differenze di valore (art. 728 cod. civ.).
Con specifico riferimento ai **beni immobili**, ove questi non siano comodamente divisibili ovvero laddove la loro divisione possa arrecare danno alle ragioni della pubblica economia o dell'igiene, l'art. 720 cod. civ. prevede la loro **assegnazione per intero a una delle quote**, con addebito dell'eventuale eccedenza di valore al relativo assegnatario. Nel caso in cui non si raggiunga un accordo sull'assegnazione di detti beni, si procede alla loro vendita, da eseguirsi con le forme della **vendita all'incanto**, sotto la vigilanza dell'Autorità giudiziaria, ove non si raggiunga un accordo neppure sulle modalità della vendita.
La medesima disciplina si applica anche rispetto a beni, di qualsiasi natura, dichiarati non divisibili dalla legge **nell'interesse della produzione nazionale** (art. 721 cod. civ.).
A prescindere da queste ipotesi specifiche, **l'art. 727 cod. civ.** stabilisce che le quote debbano formarsi comprendendo quantità di beni mobili, di beni immobili e di diritti di credito **di eguale natura e qualità**, secondo un **principio di eguaglianza sostanziale**.
Venendo a parlare delle modalità attraverso le quali può svolgersi la divisione, il Codice individua tre possibili procedure:

- la **divisione consensuale o convenzionale**, mediante contratto;
- la **divisione giudiziale**, per sentenza dell'Autorità giudiziaria;
- la **divisione testamentaria**, operata direttamente dal *de cuius* all'interno del testamento.

38. La divisione consensuale o convenzionale

Essa si realizza mediante un apposito **contratto di divisione ereditaria**, sottoscritto da tutte i coeredi partecipanti alla comunione ereditaria da dividere, per il quale si rende necessaria la **forma scritta *ad substantiam* in presenza di beni immobili**, come si ricava dall'art. 1350, nn. 1), 2) e 3), cod. civ.
Sempre in caso di divisione concernente beni immobili, il contratto deve poi essere **trascritto**, a norma dell'art. 2646 cod. civ., nei pubblici registri in cui sia registrato ciascun singolo immobile.
Il contratto di divisione può essere impugnato per:

- **violenza o dolo**, ma **non per errore**, con azione promossa entro cinque anni dal giorno in cui è cessata la violenza o è stato scoperto il dolo (art. 761 cod. civ.).

Si tratta di una specificazione della generale **azione di annullamento contrattuale**, di cui agli artt. 1441 e ss. cod. civ., la cui disciplina sarà quindi applicabile salvo espressa deroga.
L'esclusione, tra le cause di annullamento, dell'errore, sembra potersi spiegare alla luce dell'esigenza di evitare che siano rimesse in discussione la **stima dei beni ereditari** e **l'assegnazione alle singole quote**, se non nell'ipotesi che dà luogo all'azione di rescissione, di seguito esaminata. Si richiede perciò una speciale diligenza alle parti, le quali possono comunque **deferire le relative operazioni a un notaio** (art. 730 cod. civ.).

- **lesione**, nel caso in cui il diritto di taluno dei condividenti sia stato **leso in misura superiore a un quarto del valore della sua quota ereditaria** (art. 763 cod. civ.).

Si configura qui **un'azione di rescissione *sui generis***, con applicabilità, salvo che sia diversamente previsto, delle norme generali sulla **rescissione contrattuale**, di cui agli artt. 1447 e ss. cod. civ.
In ultimo, va poi sottolineato che l'art. 764 cod. civ. contiene un riferimento a "**ogni altro atto**", evidentemente diverso dal contratto di divisione, che abbia **l'effetto di far cessare la comunione ereditaria**. Si tratta, verosimilmente, di qualsiasi contratto che, pur realizzando una causa negoziale diversa da quella divisoria, disponga la **divisione ereditaria quale momento della realizzazione dell'assetto di interessi complessivamente voluto dalle parti**.
Rientra nel novero dei contratti in discorso, essendo peraltro espressamente menzionata dalla richiamata disposizione, la c.d. "**transazione divisionale**", con la quale la divisione viene disposta **al fine di porre fine a una lite**, attuale o potenziale, tra le parti. Rispetto a tale tipo contrattuale, non è ammessa l'azione di rescissione, per espressa statuizione del II comma del succitato art. 764. Viene così confermata la regola generale posta dall'art. 1970 cod. civ., che esclude la proponibilità dell'azione di **rescissione per lesione** nei confronti dei contratti di transazione.

39. La divisione giudiziale

La divisione giudiziale viene disposta, con sentenza, dal **Giudice adito da uno o più dei coeredi condividenti**.
Si tratta, almeno secondo l'opinione prevalente, di un'ipotesi di **volontaria giurisdizione**, vale a dire di giurisdizione non contenziosa, volta all'accertamento dell'esatta consistenza delle quote ereditarie di ciascuno e dei beni cui le stesse danno diritto.

40. La divisione testamentaria

L'art. 734 cod. civ. consente al testatore di provvedere, all'interno del testamento, a **suddividere i beni tra i propri eredi**, ivi compresi i legittimari, stabilendo quali beni debbano ricondursi alla quota ereditaria di ciascuno.
Ciò **non vale tuttavia a trasformare le disposizioni così operate in disposizioni a titolo**

particolare, dal momento che i beneficiari mantengono la qualifica di eredi e succedono comunque *in universum ius*, vale a dire in una quota dell'asse ereditario. La divisione testamentaria deve poi essere tenuta **distinta dalla "*insittutio ex re certa*"**, come visto contemplata dall'art. 588, II comma, cod. civ.: con la prima, il testatore attribuisce a ciascun coerede il diritto a conseguire proprio i beni riferiti alla sua quota, mentre, con la seconda, i beni espressamente indicati servono unicamente a determinare il valore della quota riconosciuta a ciascun coerede, fermo restando che, in sede di divisione ereditaria, potranno essere attribuiti al coerede stesso beni diversi da quelli apparentemente assegnatigli dal *de cuius*.
Nel caso in cui **alcuni beni ereditari non siano stati ricompresi nella divisione**, si applicano ad essi le regole della **successione legittima**, salvo che il testatore abbia diversamente disposto (art. 734, II comma, cod. civ.).
Nell'ipotesi in cui, invece, nella divisione testamentaria **siano stati pretermessi uno o più legittimari o eredi comunque istituiti nel testamento**, le disposizioni recanti la divisione stessa, ma non quelle che istituiscono gli eredi, sono **nulle**. Ove invece i legittimari siano stati considerati, ma sia stata lesa la loro quota di legittima, potrà esercitarsi **l'azione di riduzione** (art. 735 cod. civ.).

41. La natura giuridica della divisione ereditaria

Giunti a questo punto, è ora possibile soffermarsi sulla **natura giuridica della divisione ereditaria**, dapprima con riferimento esclusivo alla divisione consensuale e a quella giudiziale.
Per lungo tempo, si è ritenuto che la divisione ereditaria avesse una valenza meramente **dichiarativa**, limitandosi a dichiarare, per l'appunto, i diritti spettanti ai coeredi sui singoli beni dell'asse ereditario sin dal momento dell'apertura della successione, avendo la comunione ereditaria una funzione transitoria. A supporto di questa ricostruzione, si richiamava soprattutto **l'art. 757 cod. civ.**, che, come si è visto, fa retroagire gli effetti della divisione proprio all'apertura della successione.
La tesi esposta è stata per lungo tempo contestata dalla dottrina e risulta oggi superata dalla Corte di cassazione, la quale ha avuto modo di affermare la **natura costitutiva** della divisione ereditaria, che comporta la **trasformazione del diritto** di godimento *pro quota* riferibile all'intero asse ereditario in un diritto esclusivo su singoli beni ereditari ovvero sulle somme ricevute a titolo di provento della vendita o di conguaglio.
L'art. 757 cod. civ., seguendo tale impostazione, non solo non contrasterebbe con la lettura così fornita, ma anzi ne confermerebbe la validità, dal momento che le norme che prevedono espressamente l'efficacia retroattiva di determinati atti si rendono necessarie soltanto ove gli effetti da questi prodotti siano, per l'appunto, costitutivi. Si pensi, ad esempio, alla retroattività degli effetti dell'annullamento contrattuale, della cui natura costitutiva non sembra potersi dubitare.
In aggiunta a ciò, la giurisprudenza di legittimità ha poi precisato che la divisione consensuale e quella giudiziale si pongono quali **atti *inter vivos***, pur essendo strettamente collegati a una vicenda successoria e a un negozio *mortis causa*, quale il testamento.
Diverse considerazioni devono evidentemente operarsi per la **divisione testamentaria**, la quale, essendo contenuta in un testamento e producendo i suoi effetti sin dall'apertura della successione, non può che seguire la natura giuridica di **negozio *mortis causa*, a efficacia traslativa**, propria del testamento stesso.

42. Il riparto dei crediti e dei debiti ereditari

L'art. 752 cod. civ. prevede che i **debiti ereditari**, ossia corrispondenti a crediti vantati da terzi nei confronti del *de cuius* e, quindi, dell'asse ereditario, al pari degli altri pesi ereditari, quali gli oneri e i legati, salvo diversa previsione del testatore, si ripartono tra tutti i coeredi **in misura proporzionale alle rispettive quote ereditarie**.
Tale regola stabilisce quindi la necessaria **"parziarietà dei debiti ereditari"**, derogando all'art. 1294 cod. civ., che, in presenza di una **pluralità di debitori**, stabilisce una presunzione di

solidarietà. Ciò implica che i debiti ereditari **non entrano nella comunione ereditaria** e che, pertanto, non occorre tenerne conto in sede di divisione ereditaria. Tuttavia, l'art. 719 cod. civ. consente ai coeredi le cui quote rappresentino oltre la metà dell'asse ereditario di chiedere che, prima della divisione ereditaria, si proceda alla **vendita dei beni ereditari**, nella misura necessaria per poter pagare i debiti dell'eredità.

Per ciò che concerne invece i **crediti ereditari**, vale a dire i crediti vantati dal *de cuius* nei confronti di terzi, essi non sono presi in considerazione dal precitato art. 752. Si ritiene pertanto che, contrariamente a quanto accadeva nel diritto romano, in cui vigeva il brocardo "***nomina et debita ipso iure dividuntur***", i **crediti entrino a far parte della comunione ereditaria** e, ove non ancora adempiuti, debbano quindi essere suddivisi tra i coeredi in sede di divisione ereditaria.

Tale conclusione trova del resto conferma nell'art. 727 cod. civ., che, come visto, in tema di formazione delle quote risultanti dalla divisione, prevede che in esse debbano ricomprendersi, oltre ai beni mobili e immobili, per l'appunto anche i crediti.

43. La collazione

La **collazione** è l'istituto in forza del quale i **figli**, gli **altri discendenti** e il **coniuge** che concorrono alla successione, a qualsiasi titolo, sono tenuti, **in sede di divisione ereditaria**, a **conferire ai coeredi** i beni ricevuti dal *de cuius* **per donazione (art. 737 cod. civ.**).

La collazione, al contrario della **riunione fittizia**, non si pone quale mera operazione contabile, bensì quale **vicenda con effetti traslativi**: i predetti eredi, tutti appartenenti alla categoria dei legittimari, devono infatti rendere, **in natura** ovvero **per imputazione del controvalore**, calcolato al momento dell'apertura della successione, i beni loro donati, **i quali devono quindi essere considerati nell'ambito della divisione ereditaria**. In particolare:

- **la collazione dei beni immobili** può disporsi sia in natura sia per imputazione, a scelta dell'erede collazionario, salvo che l'immobile sia stato alienato o ipotecato, nel qual caso può procedersi solo per imputazione;
- **la collazione dei beni mobili**, viceversa, opera soltanto per imputazione;
- **la collazione del denaro** avviene **prelevando una minor somma di denaro dall'asse ereditario**. Ove però non vi sia denaro sufficiente nell'asse e il collazionario non voglia conferire altro denaro proprio, **gli altri coeredi avranno diritto a prelevare una quota maggiori di beni mobili o immobili**, fino a concorrenza.

La *ratio* dell'istituto è da rinvenirsi nell'assunto secondo cui le donazioni, se operate in favore dei legittimari, vale a dire dei più stretti congiunti, rappresentano un **anticipo sulla futura successione ereditaria**.

Non sono tuttavia soggette a collazione:

- le **donazioni di modico valore fatte al coniuge** (art. 738 cod. civ.).
  - Il modico valore va determinato dapprima in termini assoluti e, quindi, in relazione alle disponibilità economiche del *de cuius* e del coniuge;
- le **donazioni fatte al discendente o al coniuge del legittimario** (art. 739 cod. civ.), salvo che vi sia stata successione di quest'ultimo ai primi ovvero salvo che si sia trattato di **donazione congiunta**, nel qual caso la collazione opera però solo nei limiti della quota spettante al legittimario;
- le **spese di mantenimento e di educazione**, le **spese per la malattia**, le **spese ordinarie per l'abbigliamento o per le nozze**, le **spese per il corredo nuziale** e le **spese per l'istruzione artistica o professionale**, salvo che queste ultime abbiano notevolmente ecceduto la misura ordinaria, tenuto anche conto delle condizioni economiche del defunto (art. 742, I comma, cod. civ.). Si tratta di spese espressive della normale **solidarietà endofamiliare**, che rinviene oggi il proprio fondamento nell'art. 29 Cost., e che, in molti casi, costituiscono adempimento di **obblighi derivanti dal matrimonio o dal rapporto di filiazione**, quali quello di assistenza materiale tra coniugi (art. 143 cod. civ.) o quelli di mantenimento e istruzione dei figli (art. 147 cod. civ.);

- le cc.dd. "**liberalità d'uso**", di cui all'art. 770, II comma, cod. civ., di cui si parlerà nel prossimo capitolo (art. 742, II comma, cod. civ.).

44. La donazione: nozione e caratteri fondamentali

La donazione, **ai sensi dell'art. 769 cod. civ.**, è il **contratto** con cui una parte, per **spirito di liberalità**, arricchisce l'altra, disponendo a favore di questa di un suo diritto o assumendo verso la stessa una obbligazione.
L'elemento caratteristico del contratto di donazione è quindi il c.d. "***animus donandi***", vale a dire la volontà di arricchire la controparte **senza ottenere da ciò alcun vantaggio patrimoniale**, neppure indiretto, così come accade invece nei **negozi gratuiti**. A questo elemento soggettivo si accompagna poi un elemento oggettivo, costituito dall'effettivo **depauperamento del patrimonio del donante**.
Gli elementi qui descritti valgono a definire la **causa negoziale** del contratto in discorso. Altra parte della dottrina, invero minoritaria, sostiene invece che la donazione sarebbe l'esempio per eccellenza di **negozio acausale**, nel quale la "**forma solenne**" compensa proprio l'assenza di una ragione economico-sociale, sia in astratto sia in concreto, capace di sorreggere e giustificare la disposizione patrimoniale operata.
Sul piano formale, in effetti, l'art. 782 richiede la **forma scritta *ad substantiam*** e, precisamente, la forma dell'**atto pubblico**, formato da un pubblico ufficiale ai sensi degli artt. 2699 e ss. cod. civ. La disposizione è poi completata dalla **legge notarile**, che richiede anche la presenza, al momento della redazione dell'atto, di **due testimoni**, finendo così per prescrivere una **forma solenne**.
La donazione può essere conclusa anche mediante **scambio di proposta e accettazione**, secondo lo schema delineato per la generalità dei contratti dall'art. 1326 cod. civ., a condizione però che **tanto la proposta quanto l'accettazione risultino da atto pubblico notarile**.
Alla "donazione formale" sin qui descritta si affianca la c.d. "**donazione manuale**", di cui all'art. 783 cod. civ.. Questa disposizione stabilisce che per le donazioni aventi ad oggetto **beni mobili** non è necessaria la forma dell'atto pubblico, purché:

- i beni donati siano **di modico valore**. Si discute, in dottrina, se il modico valore debba determinarsi **in assoluto** ovvero **in relazione alle specifiche condizioni economiche del donante**;
- vi sia stata la "**tradizione**" (dal latino "***traditio***"), vale a dire la consegna della cosa dal donante al donatario, con acquisto del possesso ad opera di quest'ultimo.

Sul piano sistematico, non ci si può poi astenere dal rilevare che le donazioni sono inserite nel **Libro II del Codice civile**, dedicato alle **successioni *mortis causa***, sebbene si tratti chiaramente di un **negozio *inter vivos***. La ragione è da rinvenirsi nell'assunto tradizionale che vede nella donazione una sorta di "**successione anticipata**", realizzandosi con essa quello stesso effetto di **devoluzione a titolo gratuito di una porzione del patrimonio** del disponente.
La stretta connessione tra le donazioni e le vicende successorie è del resto confermata dagli istituti della **riduzione**, che può appunto avere ad oggetto anche le donazioni fatte in vita dal *de cuius*, e della **collazione**.
I due istituti da ultimo nominati non si applicano però al **patto di famiglia**, a norma dell'art. 768-*quater*, IV comma, cod. civ., che parte della dottrina, come visto, riconduce entro il ***genus* delle donazioni**.

45. La capacità di donare e di ricevere per donazione

La **capacità di donare** presuppone la **piena capacità di disporre dei propri diritti (art. 774 cod. civ.**). Con questa espressione si vuole intendere che la **capacità di agire** del donante, di cui all'art. 2 cod. civ., **non deve risultare sottoposta a limitazioni di sorta**.
La disposizione è più stringente di quella contenuta nell'art. 591 cod. civ., riferita all'affine **capacità di testare**, escludendo dal novero dei soggetti legittimati a disporre per donazione:

- i **minori e gli inabilitati**, i quali possono donare soltanto nell'ambito del proprio "**contratto di matrimonio**" concluso ai sensi degli artt. 165 e 166 cod. civ., vale a dire con disposizioni

inserite all'interno di un'apposita **convenzione matrimoniale**.
Il discorso vale anche per i **minori emancipati** e anche nel caso in cui questi ultimi siano stati autorizzati all'esercizio di un'impresa, ai sensi dell'art. 397 cod. civ. (art. 774, II comma, cod. civ.);
- i destinatari di **provvedimento di interdizione giudiziale**;
- i soggetti sottoposti alla pena accessoria della **interdizione legale**, ai sensi dell'art. 32, II comma, cod. pen.;
- le persone che, al momento della donazione, fossero per qualsiasi causa **incapaci di intendere o di volere**.

In tale ipotesi, l'annullamento può essere richiesto soltanto dal **donante**, dai suoi **eredi** e dai suoi **aventi causa**, entro il termine di prescrizione di cinque anni, decorrente dalla data in cui sia stata fatta la donazione.
Si discute sulla possibilità di riconoscere la capacità di donare alle persone sottoposte ad **amministrazione di sostegno**, ai sensi degli artt. 404 e ss. cod. civ.
Prevale comunque la tesi affermativa, dal momento che, ai sensi dell'art. 409 cod. civ., l'amministrato conserva la piena capacità di agire per tutti gli atti per i quali non sia richiesta la rappresentanza o l'assistenza dell'amministratore di sostegno nominato dal Tribunale. Pertanto, **ove la capacità di donare non sia stata espressamente limitata dal corrispondente provvedimento giudiziale**, essa dovrà riconoscersi.
Le persone incapaci non possono donare neppure per il tramite del proprio **legale rappresentante** o del proprio **curatore**, fatta eccezione per le sole **liberalità effettuate in occasione delle nozze** di un discendente dell'incapace (art. 777 cod. civ.).
Invero, neppure le persone capaci possono donare per mezzo di un **rappresentante volontario**. In tal senso deve leggersi l'art. 778 cod. civ., che prevede la nullità del **mandato a donare**, vale a dire dell'atto con cui si conferisca a un altro soggetto la facoltà di designare la **persona del donatario** o l'**oggetto della donazione**. È invece consentita la donazione in favore di persone da individuarsi nell'ambito di una certa categoria, sulla base della scelta compiuta da un terzo, ovvero di cose che un terzo sia chiamato stabilire tra più cose indicate dal donante e nei limiti del valore da questi fissati.
La donazione, al pari del testamento e, salvo eccezioni tassative, del matrimonio, rientra infatti tra i cc.dd. "**atti personalissimi**", i quali possono essere compiuti dai titolari della relativa legittimazione soltanto in prima persona.
Venendo a parlare della speculare **capacità di ricevere per donazione**, essa presenta la medesima latitudine della **capacità di ricevere per testamento,** dovendo quindi ricomprendersi tra i potenziali beneficiari anche il **concepito** e il c.d. "***concepturus***", vale a dire il nascituro, figlio di persone in vita al momento in cui viene disposta la donazione, che non sia stato ancora concepito (art. 784 cod. civ.).
La capacità in discorso spetta anche ai soggetti incapaci, dal momento che la donazione, per definizione, non può determinare alcun pregiudizio patrimoniale e, quindi, non importa alcuna disposizione della propria sfera giuridico-patrimoniale.
L'art. 779 cod. civ. prevede invece una specifica ipotesi di **incapacità a ricevere** per il **tutore** o il **protutore** del donante, ove la donazione sia effettuata prima della presentazione del rendiconto o prima della conclusione del giudizio volto a ottenere tale rendiconto.
Si tratta, nel dettaglio, di una speciale **incapacità giuridica.**

46. Le cause di invalidità della donazione

La donazione, essendo un contratto, sconta le cause di invalidità previste in generale per tutti i contratti, all'interno del Libro IV del Codice civile.
Tuttavia, possono ravvisarsi i seguenti elementi di specialità:
- il **motivo** posto a fondamento della decisione di donare, purché emerga dall'atto di donazione e sia stato l'unico determinante, assume rilevanza in caso di:

- **errore sul motivo**, che costituisce causa di **annullabilità** (art. 787 cod. civ.);
- **motivo illecito**, che invece determina la più radicale **nullità** (art. 788 cod. civ.);
- l'**onere illecito o impossibile**, che generalmente si considera non apposto, determina la **nullità** dell'intera donazione se ha costituito il solo motivo determinante (art. 794 cod. civ.);
- la "**donazione di beni futuri**", vale a dire la donazione che abbia ad oggetto **beni non ancora venuti ad esistenza**, è nulla (art. 771 cod. civ.), in deroga all'art. all'art. 1348 cod. civ., il quale ammette che **l'oggetto di un contratto** possa essere costituito anche da "beni futuri".
  La *ratio* sembra potersi individuare nell'esigenza di evitare la "**prodigalità**", vale a dire la disposizione del proprio patrimonio non accompagnata da un'adeguata ponderazione.
  La giurisprudenza di legittimità ha precisato che la disposizione non si applica, né in via diretta né in via analogica, alla **donazione di cosa altrui**, vale a dire alla donazione che abbia ad oggetto cose attualmente esistenti *in rerum natura*, ma appartenenti a un soggetto diverso dal donante. Tale donazione, sempre secondo la giurisprudenza di legittimità, è comunque affetta da **nullità strutturale (art. 1418, II comma, cod. civ.)**, per **difetto di causa**, dal momento che la disposizione di un bene o di un diritto altrui non produrrebbe **quell'effetto di depauperamento del patrimonio del donante** viceversa richiesto, accanto all'arricchimento del donatario, dall'art. 769 cod. civ.;
- la **nullità della donazione** non può essere fatta valere dagli **eredi** e dagli **aventi causa del donante** che, pur avendo conoscenza della causa di nullità, abbiano **confermato la donazione** o vi abbiano dato **volontaria esecuzione** dopo la morte del donante.
  Per la dottrina maggioritaria, si configura qui una eccezionale ipotesi di **sanatoria della nullità contrattuale**, in deroga all'art. 1423 cod. civ., identica a quella prevista, per il testamento, dall'art. 590 cod. civ.. Altra parte della dottrina sostiene invece che la conferma o la volontaria esecuzione darebbero luogo a una **fattispecie complessa**, derivando l'acquisto del donatario dalla legge e non dalla volontà originariamente manifestata dal donante.

47. La revocazione della donazione

La donazione, al pari del testamento, **può essere revocata**, ma entro limiti assai più stringenti di quelli previsti, appunto, per il testamento.
La revocazione integra qui, vista la struttura bilaterale del contratto di donazione, un **recesso unilaterale** del donante, eccezionalmente ammesso, in deroga all'art. 1373 cod. civ., dopo che abbia avuto inizio l'esecuzione del contratto e invero financo quando il contratto, specie in caso di trasferimento di un diritto, abbia esaurito i suoi effetti.
La revocazione è ammessa in caso di:

- **ingratitudine (art. 801 cod. civ.)**, ossia quando il donatario si sia reso responsabile di alcuni dei comportamenti che, alla stregua dell'art. 463 cod. civ., comportano **l'indegnità a succedere** ovvero si sia reso colpevole di una **grave ingiuria ai danni del donante**, gli **abbia dolosamente arrecato un grave pregiudizio patrimoniale** ovvero **si sia rifiutato di prestare in suo favore gli alimenti**, in violazione dell'art. 433 cod. civ.;
- **sopravvenienza di figli del donante**, ipotesi del tutto analoga alla revocazione per sopravvenienza di figli operante nei confronti del testamento.

Sono irrevocabili le **donazioni remuneratorie** e le **donazioni obnuziali** (art. 805 cod. civ.).
La revocazione, che deve in ogni caso essere **richiesta dal donante o dai suoi eredi**, fa sorgere in capo al donatario ovvero ai suoi eredi **l'obbligo di restituire le cose donate** ovvero, in caso di loro alienazione, di pagarne il valore (art. 807 cod. civ.).
L'avvenuta revocazione **non è opponibile ai terzi** che abbiano acquistato diritti sulla cosa anteriormente alla relativa domanda, salvo che il loro atto di acquisto sia stato trascritto successivamente alla trascrizione della medesima domanda (art. 808 cod. civ.).

48. Le ipotesi speciali di donazione

Accanto allo schema negoziale generale che si è sin qui descritto, il Codice civile contempla e disciplina **ipotesi speciali di donazione**, la cui causa negoziale si arricchisce di elementi ulteriori rispetto al mero spirito di liberalità.
Esse sono:

- la **donazione rimuneratoria (art. 770 cod. civ.)**, consistente in una donazione fatta in considerazione dei **meriti del donatario** ovvero per **speciale rimunerazione**.
  La prestazione oggetto della donazione resta comunque priva di qualsiasi **relazione sinallagmatica**, vale a dire di corrispettività, con il comportamento assunto dal donatario.
  Il II comma dell'art. 770 nega la riconducibilità all'interno della categoria qui delineata delle cc.dd. **"liberalità d'uso"**, vale a dire delle liberalità che si è soliti fare **in occasione di servizi resi** ovvero **in conformità agli usi**, come, ad esempio, la mancia data al cameriere.
  Si tratta di prestazioni che la dottrina maggioritaria qualifica come adempimenti di "**obbligazioni naturali**", ai sensi dell'art. 2034 cod. civ., e nelle quali manca pertanto lo spirito di liberalità;
- la **donazione obnuziale (art. 785 cod. civ.**), fatta, con riferimento a uno **specifico matrimonio**, sia dagli sposi tra loro sia da un terzo a favore di uno o di entrambi gli sposi o dei figli nascituri di questi.
  Tale donazione non integra una fattispecie contrattuale, ma si pone quale **negozio unilaterale**: essa, infatti, si perfeziona senza bisogno di accettazione da parte del donatario o dei donatari, ma non produce effetto fino a che il matrimonio non sia stato celebrato;
- la **donazione modale (art. 793 cod. civ.)**, che si caratterizza per il fatto di essere gravata da un **onere**, anche detto ***modus***.
  La disciplina è pressoché identica a quella prevista per i legati gravati da oneri, essendo il donatario tenuto ad adempiere **nei limiti del valore delle cose donate** e, quindi, ***intra vires***. Qualunque soggetto interessato può agire **per l'adempimento dell'onere**, ma la risoluzione può essere domandata solo ove sia stata espressamente prevista nella donazione.
  È evidente che la prestazione dedotta ad oggetto dell'onere **non può porsi come sinallagmatica** rispetto alla donazione ricevuta, ricadendosi altrimenti al di fuori di questo schema contrattuale. A tal fine, si rende allora necessario interpretare la volontà manifestata dalle parti nel contratto, per il quale è pur sempre richiesta la forma solenne: di donazione modale, e non di contratto a prestazioni corrispettive, potrà parlarsi unicamente nel caso in cui l'onere sia rivolto a realizzare non un interesse patrimoniale diretto del donante, bensì a **soddisfare, in via indiretta, un suo interesse morale o, comunque, extra-patrimoniale**.

49. Le liberalità indirette

L'art. 809 cod. civ. stabilisce che **liberalità** che siano **contenute in atti** diversi dalla donazione prevista e disciplina dall'art. 769 cod. civ. sono comunque soggette ad alcune delle norme per essa stabilite, in tema di:

- **revocazione**, tanto per ingratitudine quanto per sopravvenienza di figli;
- **azione di riduzione** ad opera degli eredi legittimari del donante, in caso di lesione della quota di legittima a questi riservata.

Alle disposizioni espressamente richiamate dall'art. 809 sembrano doversi poi aggiungere le norme in materia di **collazione**, dal momento che l'art. 737 cod. civ. impone ai soggetti ivi considerati di conferire nella comunione ereditaria tutti i beni loro pervenuti dal *de cuius* per donazione, "**direttamente o indirettamente**".
Un'ulteriore conferma si ricava dal II comma dello stesso art. 809, nel quale si statuisce che la

disposizione non si applica alle **liberalità escluse proprio dalla collazione, di cui all'art. 742 cod. civ.**, lasciando così intendere che tutte le altre liberalità siano invece assoggettate alla disciplina di tale istituto.
Sempre il II comma dell'art. 809 esclude poi dal suo campo di applicazione anche le "**liberalità d'uso**" di cui all'art. 770 cod. civ.
L'art. 809, nel determinare le norme sulle donazioni estensibili anche alle liberalità indirette, non richiama le norme sulla forma, di cui agli artt. 782 e 783 cod. civ., lasciando così intendere che dovrà unicamente osservarsi la forma eventualmente richiesta per l'atto in cui siano inserite le liberalità stesse.
Il principale problema posto dall'articolo qui esaminato riguarda la **definizione delle liberalità indirette**. Recentemente, la giurisprudenza di legittimità ha fatto riferimento a due tipologie di atti:

- i cc.dd. "**negozi indiretti**", i quali, pur essendo sorretti da una causa negoziale diversa da quella donativa, e non essendo quindi caratterizzati dallo spirito di liberalità, realizzino però, in via indiretta e in concreto, una liberalità;
- i cc.dd. "**negozi neutri**", suscettibili di essere sorretti da una pluralità di cause diverse, ivi compresa la ***causa donandi***. Si pensi, a titolo esemplificativo, all'adempimento del terzo, alla remissione del debito, al contratto in favore di terzo e via dicendo.

Capitolo 9
Beni e diritti reali

SOMMARIO

1. Beni e cose. Classificazioni

Ai sensi dell'art. 810 cod. civ. sono **beni *"le cose che possono formare oggetto di diritti"***.
Rispetto alla definizione di **beni giuridici** così delineata restano quindi estranee le cc.dd. "***res communes omnium***", quali ad esempio l'aria, la luce solare o l'acqua del mare. Sono viceversa ricomprese nella nozione giuridica di beni le cc.dd. "***res extra commercium***", astrattamente e oggettivamente suscettibili di appropriazione ad opera di singoli soggetti, ma che, in ragione di scelte politiche operate dal legislatore, sono sottratte alla normale circolazione. Si pensi, a titolo esemplificativo, ai **beni e agli edifici destinati all'esercizio del culto cattolico** (art. 831 cod. civ.).
L'evoluzione dell'ordinamento ha portato ad affiancare ai beni sin qui esaminati, definibili come "**beni materiali**", i cc.dd. "**beni immateriali**", intesi come idee e concetti che assumono un valore economico, e sono dunque suscettibili di costituire oggetto di circolazione giuridica, a prescindere dalla loro concretizzazione in oggetti materiali. Si pensi, a titolo esemplificativo, al **diritto morale d'autore**, riconosciuto già dalla L. 22 aprile 1941, n. 633, oppure ai **diritti di proprietà intellettuale e industriale** di cui al D.lgs. 10 febbraio 2005, n. 30.

2. Classificazione delle cose

Le cose possono classificarsi in:

- **cose generiche o specifiche**, a seconda che essi siano individuati soltanto con riferimento al *genus* di appartenenza (ad esempio una certa somma di denaro o una certa quantità di grano) ovvero attraverso la descrizione di caratteri specifici idonei a differenziarli da tutte le altre cose rientranti nel medesimo *genus* (uno specifico quadro di Picasso);
- **cose fungibili e infungibili**, a seconda che, rispettivamente, essi possano sostituirsi con una identica quantità di beni dotati delle stesse caratteristiche (una certa quantità di burro) ovvero risultino insostituibili, alla luce delle loro speciali caratteristiche (una certa varietà di burro aromatizzato realizzato soltanto da uno specifico produttore);
- **cose semplici o composte**, a seconda che esse non siano ovvero siano scindibili in componenti suscettibili di un loro autonomo utilizzo (si pensi, come esempio di cosa composta, a un'automobile, formata da una serie di cose semplici, quali ad esempio gli pneumatici, idonee a trovare un loro separato utilizzo).

3. Beni mobili e immobili

La prima e più importante classificazione dei beni giuridici porta a distinguere tra **beni mobili e beni immobili**.
I **beni immobili** sono elencati dall'art. 812 cod. civ. e comprendono tutto ciò che naturalmente, o artificialmente, è incorporato al suolo (il suolo stesso, sorgenti d'acqua, gli edifici e ogni altra costruzione od opera stabilmente radicata al suolo, ivi compresi mulini, bagni e altri analoghi edifici).
I **beni mobili**, alla stregua del III comma del citato art. 812, costituiscono invece una **categoria residuale**, nella quale rientrano tutti quei beni che non possono qualificarsi come immobili.
Nel novero dei beni mobili devono però tenersi distinti i cc.dd. **"beni mobili registrati"**, quali ad esempio le automobili, gli aeromobili e le imbarcazioni, che si caratterizzano, appunto, per il fatto di essere **iscritti in pubblici registri** (art. 815 cod. civ.). Essi, essendo sottoposti a forme di registrazione assai simili a quelle previste per i beni immobili, presentano una forte comunanza di disciplina con questi ultimi.
La distinzione qui tracciata tra **beni immobili e beni mobili registrati, da un lato, e beni mobili non registrati**, dall'altro lato, assume rilievo sotto molteplici profili:

- ai fini della **circolazione dei beni immobili** è previsto il rispetto di alcune formalità, quali la **forma scritta *ad susbstantiam*** e il **regime di pubblicità dichiarativa**, non previste per i beni mobili non registrati, che non richiedono alcuna formalità. D'altro canto, i **negozi traslativi e/o costitutivi di diritti sui beni mobili registrati** non devono obbligatoriamente concludersi per iscritto, ma sono sottoposti alla medesima pubblicità prevista per le vicende traslative relative ai beni immobili;
- con riferimento ai **diritti reali di garanzia**, i soli beni immobili e mobili registrati possono essere oggetto di **ipoteca**, costituita mediante **iscrizione nei pubblici registri**, mentre i beni mobili non registrati possono divenire oggetto soltanto di pegno;
- con riferimento alle **azioni possessorie**, solo il possessore di beni immobili o mobili registrati può agire in giudizio con **l'azione di manutenzione del possesso**;
- i beni mobili possono risultare ***"res nullius"***, ossia non appartenere a nessuno, mentre **il proprietario dei beni immobili deve sempre risultare individuabile**, salva, in caso contrario, l'applicazione dell'art. 827 cod. civ., che riconduce al **patrimonio dello Stato** i **beni immobili vacanti**.

4. Nozione e classificazione dei diritti reali

I **diritti reali** sono quei diritti soggettivi che assicurano al titolare un **potere immediato** ed **assoluto** su una determinata cosa, per il cui esercizio non si richiede la cooperazione di alcun altro soggetto.
Nell'ambito di tale categoria, è possibile distinguere tra:

- il **diritto di proprietà**;
- **i diritti reali su cosa altrui**, i quali ineriscono a beni oggetto di proprietà altrui.

All'interno di quest'ultima categoria, può poi ulteriormente distinguersi tra:

- **diritti reali di godimento**, quali la superficie, l'enfiteusi, l'usufrutto, l'uso, l'abitazione e le servitù prediali, che attribuiscono, per l'appunto, poteri e facoltà di godimento di beni altrui, ritraendo dagli stessi alcune delle utilità economiche che sono in grado di fornire;
- **diritti reali di garanzia**, quali il **pegno** e l'**ipoteca**, che conferiscono il diritto di rivalersi, in via prioritaria, su determinati beni, a soddisfazione di diritti di credito vantati nei confronti del titolare dei beni in questione ovvero di soggetti terzi.

▶ 4.1. Le caratteristiche essenziali dei diritti reali

I diritti reali si caratterizzano per le seguenti caratteristiche:

- l'**assolutezza**, intesa come **azionabilità *erga omnes***, con conseguente dovere di tutti i consociati di astenersi dal porre in essere condotte che possano interferire con il libero esercizio dei diritti in questione;
- l'**immediatezza**, in forza della quale il titolare del diritto può esercitare lo stesso esercitando un potere di fatto e diretto sulla cosa, senza che si renda necessaria la collaborazione di alcun altro soggetto;
- l'**inerenza**, che si specifica nel c.d. **diritto di seguito o di sequela**, in forza del quale il diritto reale può essere fatto valere nei confronti di chiunque, a qualsiasi titolo, si trovi a esercitare un potere di fatto sulla cosa oggetto del diritto considerato.

I diritti reali, al contrario di quanto accade nel settore delle obbligazioni e dei contratti, sono improntati a un **principio di tipicità**. Ciò sta a significare che i privati, nel regolare i loro rapporti giuridici, non possono costituire diritti reali aventi un contenuto diverso rispetto a quello prefigurato e disciplinato a livello legislativo.
Il medesimo principio è spesso enunciato anche in termini di "***numerus clausus***" dei diritti reali.

5. Il diritto di proprietà

La proprietà è il diritto reale che attribuisce al suo titolare la facoltà di godere e disporre delle cose **in modo pieno ed esclusivo**, entro i **limiti** e con l'osservanza degli **obblighi** stabiliti dall'ordinamento giuridico (art. 832 cod. civ.).
Nel dettaglio:
- la **facoltà di godimento** consiste nel fare uso della cosa e nel ritrarre dalla stessa tutte le utilità che essa è in grado di fornire;
- la **facoltà di disposizione** si sostanzia invece nella legittimazione ad alienare a terzi il diritto in questione ovvero a costituire, sempre in favore di terzi, diritti reali di godimento.

La proprietà, nonostante tali limitazioni volte a garantirne la funzione sociale, rappresenta il **modello perfetto di diritto reale**, rispetto al quale tutti gli altri diritti debbono considerarsi limitati (cc.dd. "**diritti parziari**").
Oltre alla realità, i caratteri del diritto di proprietà sono:
- la **pienezza**, essendo il proprietario legittimato a qualsivoglia utilizzo della cosa oggetto del proprio diritto, salvi i limiti e gli obblighi imposti dalla legge;
- l'**esclusività**, potendo il proprietario opporsi a qualsivoglia **ingerenza o molestia** nel libero godimento e nel libero esercizio del proprio diritto;
  - l'**elasticità**, in forza del quale il diritto di proprietà si riespande immediatamente e automaticamente per effetto dell'estinzione dei diritti reali parziari o degli oneri eventualmente gravanti su di esso, riacquistando la sua pienezza;
  - **l'indipendenza e l'autonomia**, riscontrabili nel fatto che la proprietà, al contrario di tutti gli altri diritti reali, non presuppone, per il suo esercizio e per il suo stesso godimento, l'esistenza di un ulteriore diritto reale sulla medesima cosa;
  - l'**imprescrittibilità**, non potendo il diritto di proprietà estinguersi a seguito del semplice "**non uso**" che si protragga ininterrottamente per un certo tempo, ma rendendosi necessaria **l'usucapione del medesimo diritto** ad opera di un terzo;
  - la **perpetuità**, la quale comporta l'impossibilità di apporre un qualsiasi termine o limite temporale al diritto di proprietà.

▶ 5.1. Le immissioni

Una disposizione che mira a contemperare i contrapposti interessi tra proprietari è quella prevista dall'art. 844 cod. civ., che regola il fenomeno delle **immissioni**.
Tale disposizione prevede che il proprietario di un fondo non può impedire le **immissioni** (propagazioni di fumo o di calore, esalazioni, rumori, scuotimenti e simili) provenienti dal fondo del vicino se queste ultime **non superano la normale tollerabilità**, avuto anche riguardo alla **condizione dei luoghi** (art. 844,

I comma, cod. civ.).
L'autorità giudiziaria, nell'applicare la predetta regola, deve contemperare le **esigenze della produzione** con le ragioni della proprietà, potendo tener conto della **priorità** di un determinato uso.
L'immissione, ai fini dell'applicazione di tale disposizione, deve essere:

- **materiale**, cioè deve consistere in entità materiali che si propagano sul fondo del vicino;
- **indiretta**, in quanto deve trattarsi di propagazioni derivanti da attività svolta sul proprio fondo che determina ripercussioni sul fondo del vicino;
- **attuale**, in quanto le immissioni devono essere in atto e causare una situazione di intollerabilità attuale;

Ulteriore presupposto è la ***vicinitas*** tra i due fondi, da intendere non in senso strettamente letterale, come sinonimo di contiguità, bensì in un'accezione funzionale.
Alla stregua del richiamato art. 844, possono pertanto darsi tre diverse tipologie di immissioni: **immissioni tollerabili lecite**: la tollerabilità deve valutarsi alla stregua di una **pluralità di criteri,** tra i quali la normale destinazione del bene, la particolare condizione dei luoghi, l'entità delle immissioni e gli effetti che le stesse producono sulle persone e sull'ambiente; **immissioni intollerabili illecite**: rispetto ad esse, il proprietario leso è legittimato a esperire tanto un'**azione inibitoria**, volta a ottenere un ordine giudiziario di cessazione del comportamento lesivo, quanto un'**azione risarcitoria**, tesa a conseguire il ristoro dei pregiudizi patrimoniali e non patrimoniali già subiti; **immissioni intollerabili lecite**, le quali, pur superando la normale soglia di tollerabilità, sono tuttavia conformi all'ordinamento, in quanto giustificato dalle esigenze della produzione, che prevalgono rispetto al godimento statico della proprietà. Il proprietario che subisce siffatte immissioni ha tuttavia diritto a un **indennizzo**.

▶ 5.2. Il divieto di atti emulativi

Un altro limite di carattere generale al diritto di proprietà è rinvenibile nell'art. 833 cod. civ., il quale vieta al proprietario il compimento di **atti emulativi**, vale a dire di atti che non abbiano altro scopo che quello di nuocere o recare molestia ad altri.
Secondo l'opinione prevalente, la norma sarebbe espressione del principio generale che vieta **l'abuso del diritto**.
Un determinato atto di esercizio delle facoltà e dei poteri inerenti al diritto di proprietà, per potersi definire emulativo: deve recare effettivamente **danno o molestia** ad altri (c.d. **elemento oggettivo**); deve essere sorretto unicamente da tale scopo (c.d. ***animus nocendi***), dal momento che, ove possa rinvenirsi un interesse soggettivo del proprietario, anche solo putativo o erroneamente ritenuto, il carattere emulativo del medesimo atto dovrà escludersi.
In altri termini, la fattispecie delineata dall'art. 833 cod. civ., perlomeno secondo l'opinione prevalente in dottrina e in giurisprudenza, richiede la compresenza di un elemento oggettivo e di un elemento soggettivo.
Non è viceversa necessario che l'atto emulativo si traduca in un **danno concreto e attuale** a carico di uno o più soggetti determinati; tale ulteriore requisito è richiesto unicamente al fine di ottenere il risarcimento del **danno patrimoniale (art. 2043 cod. civ.)** ovvero del **danno non patrimoniale (art. 2059 cod. civ.)**.

▶ 5.3. Modi di acquisto della proprietà

L'art. 922 cod. civ. elenca una serie di possibili modi d'acquisto della proprietà, i quali vengono generalmente classificati a seconda che il diritto venga acquistato **a titolo originario** ovvero **a titolo derivativo**.
Nel primo caso, il diritto di proprietà nasce *ex novo* e **non viene acquistato da un precedente proprietario**.
Nel secondo caso, invece, l'acquisto avviene per effetto del **trasferimento del diritto da un precedente titolare**, con la conseguenza che per la validità dell'acquisto è richiesto che il precedente titolare fosse a sua volta titolare del diritto trasferito (***nemo plus iuris transferre potest quam ipse habet***).
Nel dettaglio, i **modi di acquisto della proprietà a titolo derivativo** sono:

- il **contratto**: viene in particolare in rilievo il **contratto di compravendita** (art. 1470 cod. civ.), attraverso il quale si trasferisce la proprietà, ma anche un diverso diritto reale ovvero un diritto relativo, verso il pagamento di un prezzo; la **successione ereditaria**; il **trasferimento**

coattivo: esso può realizzarsi o per effetto della **vendita forzata** conseguente a una procedura di esecuzione forzata per espropriazione (art. 2919 cod. civ.) ovvero in conseguenza di un'**espropriazione per pubblica utilità**, con la quale un'Autorità pubblica acquista la proprietà di un bene privato in vista della realizzazione di un pubblico interesse (si veda il d.P.R. 8 giugno 2001, n. 327).

I principali **modi di acquisto della proprietà a titolo originario** sono **l'occupazione (art. 923 cod. civ.)**, ossia l'apprensione materiale di una cosa mobile che non sia proprietà di alcuno; **l'invenzione (art. 927)** di cose mobili smarrite. **l'accessione (artt. 934 e ss. cod. civ.)**, in forza della quale **il proprietario del suolo diviene titolare anche dell'opera o della piantagione** su di esso realizzata, anche nelle ipotesi in cui queste siano state effettuate da terzi ovvero con materiali appartenenti a terzi; **la specificazione (art. 940 cod. civ.)**, riguardante i beni mobili e, precisamente, la **materia** adoperata da un soggetto diverso dal suo proprietario al fine di **formare una nuova cosa**. Detto soggetto acquista la proprietà della cosa così formata, assumendo al contempo l'obbligazione di corrispondere al proprietario della materia il prezzo di questa. Tuttavia, ove **il valore della materia superi notevolmente quello della manodopera**, il proprietario della stessa acquista la proprietà della cosa specifica, con obbligo di pagare allo specificatore il prezzo della mano d'opera;

5.4. L'estinzione della proprietà

Il diritto di proprietà può estinguersi in caso di:

- **acquisto da parte di terzi** della proprietà del bene **a titolo originario**;
- ***derelictio* o abbandono** del bene ad opera del suo titolare, con conseguente dismissione del diritto di proprietà su di esso. Essa, tuttavia, opera soltanto per i **beni mobili**, come può ricavarsi dalla disciplina dell'**occupazione**.
- Per ciò che concerne i beni immobili, si discute attorno all'ammissibilità di una **rinuncia**, la quale tuttavia non potrebbe che essere fatta con atto negoziale espresso, peraltro dotato della **forma scritta**, ai sensi dell'art. 1350 cod. civ.;
- **perimento del bene**, nel quale caso il diritto di proprietà su di esso sarà verosimilmente sostituito da un diritto al **risarcimento per equivalente**, ai sensi dell'art. 2043 cod. civ.

▶ 5.5. Le azioni a tutela della proprietà

A difesa del diritto di proprietà sono esperibili le **azioni petitorie**, mediante le quali si mira a far accertare, nei rapporti bilaterali con la parte convenuta, l'esistenza e l'estensione di un determinato diritto di proprietà, anche al fine di ottenere, eventualmente, statuizioni inibitorie o di condanna.

Alla categoria così descritta possono ricondursi: **l'azione di rivendicazione (art. 948 cod. civ.)**, con la quale il proprietario **rivendica il proprio diritto sulla cosa** nei confronti di chiunque ne abbia il **possesso** o la semplice **detenzione**, al fine di ottenere, previo **accertamento del medesimo diritto**, la condanna del possessore ovvero del detentore alla **restituzione**; **l'azione negatoria (art. 949 cod. civ.)**, tradizionalmente conosciuto come ***actio negatoria servitutis***, volta a far dichiarare **l'inesistenza dei diritti da terzi affermati** sulla cosa oggetto di proprietà, ove da tale affermazione possa derivare un **pregiudizio**; **l'azione di regolamento dei confini (art. 950 cod. civ.)**, con cui ciascuno dei proprietari di due fondi contigui può chiedere all'Autorità giudiziaria di **precisare l'esatto confine tra i fondi stessi**, ove questo sia divenuto **incerto**; **l'azione di apposizione dei termini (art. 951 cod. civ.)**, con cui si chiede al giudice di **apporre** o **ristabilire**, a **spese comuni** dei proprietari dei fondi confinanti, i **termini** volti a delimitare il confine tra fondi attigui.

6. I diritti reali di godimento. Superficie, enfiteusi, usufrutto, uso e abitazione, servitù

I diritti reali di godimento, come si è accennato in precedenza, sono **diritti reali su cosa altrui**, i quali hanno ad oggetto **alcuni soltanto dei poteri e delle facoltà** altrimenti spettanti al **proprietario**. Per tale ragione essi sono anche detti **diritti parziari**.

La limitazione che essi apportano alle ragioni proprietarie fa sì che i diritti in discorso, al contrario della proprietà, possano **prescriversi**, a fronte del non uso delle corrispondenti facoltà per un

periodo pari almeno a **venti anni**.
Infine, sempre alla luce di quanto si è già avuto modo di precisare, i diritti reali di godimento costituiscono un ***numerus clausus*** di figure individuate e disciplinate, per ciò che riguarda il loro contenuto e i modi di acquisto e di estinzione, dal Codice civile.
A norma **dell'art. 952 cod. civ.**, il **diritto di superficie** consiste nel diritto di fare una nuova costruzione (*ius ad aedificandum*) ovvero di mantenere una costruzione preesistente su un terreno altrui, acquisendo la proprietà della costruzione stessa. Nelle situazioni descritte, si configurano pertanto due distinti e concorrenti diritti del soggetto superificiario:

- un diritto reale di godimento sul terreno sul quale la costruzione sorge o sorgerà, corrispondente al vero e proprio diritto di superficie;
- la piena proprietà sulla costruzione realizzata o realizzanda, che assume il nome di proprietà superficiaria.

La disciplina così esposta deroga pertanto al generale principio di accessione degli immobili al suolo nel quale vengono incorporati, ricavabile dagli artt. 934 e ss. cod. civ.
Il diritto di superficie può essere costituito unicamente dal proprietario del terreno, al quale spetta, in assenza dello stesso, il c.d. *ius inaedificandi*, vale a dire la facoltà di realizzare costruzioni e opere in genere sul medesimo terreno. Un'analoga legittimazione dovrà viceversa escludersi nei confronti di chi vanti sul terreno un diritto reale parziario (si pensi, ad esempio, all'enfiteuta).
L'enfiteusi (artt. 957 e ss. cod. civ.) è il diritto reale di godimento che attribuisce al suo titolare, detto enfiteuta, lo stesso potere di godimento di un determinato fondo che, in sua assenza, spetterebbe al proprietario del fondo, detto concedente, con conseguente legittimazione a trattenere per sé i frutti e l'eventuale tesoro, nonché qualsiasi altra utilità possa ritrarsi dal sottosuolo, ma non dal soprassuolo (art. 959 cod. civ.). Al diritto così descritto si associa però l'obbligo di miglioramento del fondo medesimo e di pagamento di un canone periodico, avente ad oggetto una certa somma di denaro ovvero una certa quantità di prodotti naturali (art. 960 cod. civ.).
L'**usufrutto** attribuisce al suo titolare, che si dice usufruttuario, il diritto di godere della cosa, traendone, nel rispetto della sua destinazione economica, tutte le utilità che da essa possono derivare (art. 981 cod. civ.). L'usufrutto è il diritto reale di godimento che limita maggiormente le facoltà del proprietario, non a caso definito come "nudo proprietario". Quest'ultimo conserva infatti unicamente la facoltà di disporre del bene a favore dei terzi, peraltro nei limiti della nuda proprietà, e di richiederne la restituzione alla scadenza del termine di durata del predetto diritto.
In ragione dell'evidenziato "svuotamento" del diritto di proprietà, l'usufrutto è necessariamente temporaneo e, in particolare, si estingue automaticamente alla morte dell'usufruttuario, ove questo sia una persona fisica, ovvero con l'inutile decorso di un termine di trent'anni, ove viceversa si tratti di una persona giuridica o di un ente di fatto (art. 979 cod. civ.).
Il **diritto d'uso** è il diritto reale su cosa altrui che attribuisce al titolare la facoltà di servirsi del bene e, se esso è fruttifero, di raccoglierne i frutti, ma **solo ed esclusivamente per il soddisfacimento dei suoi bisogni e di quelli della sua famiglia** (art. 1021 cod. civ).
L'abitazione consiste invece nel diritto di **godere di una casa** al fine di soddisfare i **bisogni abitativi propri e della propria famiglia** (art. 1022 cod. civ.).
Ambedue i diritti costituiscono quindi **varianti, funzionalmente limitate**, del diritto di usufrutto; pertanto, non possono essere oggetto di cessione né possono dar luogo alla costituzione di locazioni.
La **servitù** può essere definita come un **peso** imposto sopra un fondo (**fondo servente**) per l'utilità di un altro fondo (**fondo dominante**), ove i due fondi appartengano a **proprietari diversi (art. 1027 cod. civ.)**.
Essa deve quindi corrispondere a **un'utilità direttamente riferibile al fondo dominante** (c.d. ***qualitas fundi***), e non semplicemente alla persona del suo proprietario. Tale utilità può tuttavia consistere, per espressa previsione dell'art. 1028 cod. civ., anche in una **maggiore amenità o comodità** del fondo ovvero può risultare inerente alla destinazione industriale o comunque

produttiva di quest'ultimo.
Si parla di "**servitù irregolari**" ove il proprietario di un determinato fondo disponga di un diritto nei confronti del proprietario di un altro fondo, il quale tuttavia, non corrispondendo a una utilità intrinseca del primo fondo, presenti **natura obbligatoria**, con conseguente inopponibilità ai successivi acquirenti del medesimo fondo. Si pensi, a titolo esemplificativo, alla ben nota figura delle "**servitù di parcheggio**", qualora le stesse non realizzino una maggiore comodità del fondo ma, semplicemente, una maggiore utilità del suo proprietario. Siffatte "servitù" sono solo impropriamente definite tali, consistendo in realtà in **diritti personali di godimento**.
Le servitù prediali, in aggiunta a tutto quanto sinora esposto, sono altresì caratterizzata dalla **ambulatorietà**, dal lato attivo e dal lato passivo, dal momento che esse avvantaggiano il fondo dominante e gravano sul fondo servente anche in caso di successivi passaggi di proprietà di questi. Esse sono, inoltre, **unilaterali**, ancorché possano darsi ipotesi di "**servitù reciproche**", le quali non risulteranno tuttavia interdipendenti tra loro, costituendo piuttosto due distinti e separati diritti di servitù.
Si richiede poi la c.d. "***vicinitas***", in forza della quale i fondi, ancorché eventualmente non confinanti, dovranno comunque essere sufficientemente vicini e contigui.

7. Il possesso

Il possesso è il **potere di fatto sulla cosa** che si manifesta in un'attività corrispondente all'esercizio della proprietà o di altro diritto reale, secondo la definizione fornita dall'art. 1140 cod. civ.
Si tratta, dunque, di una **situazione di fatto** che riceve **tutela dall'ordinamento** a prescindere dalla circostanza che il possessore sia o meno titolare del diritto reale sul bene.
Gli elementi costitutivi del possesso, secondo l'impostazione tradizionale, sono:
- il ***corpus*** vale a dire la **disponibilità materiale della cosa**, accompagnata dall'esercizio di un potere di fatto sulla stessa;
- l'***animus possidendi***, che si identifica nella volontà del possessore di comportarsi come se fosse effettivamente titolare del diritto reale che esercita.

Alla luce di quanto esposto, può quindi affermarsi che l'ordinamento consente di distinguere tra:
- ***ius possessionis***, che si identifica con tutte le tutele e le garanzie di cui il possessore beneficia in quanto tale, a prescindere dalla titolarità del corrispondente diritto reale;
- ***ius possidendi*** che sintetizza invece l'insieme delle tutele e delle garanzie che l'ordinamento subordina all'effettivo e concreto accertamento della titolarità della proprietà o di altro diritto reale.

▶ 7.1. La detenzione

La **detenzione** ha in comune con il possesso l'elemento del ***corpus***, ma se ne distingue per la **mancanza dell'*animus***: il detentore può definirsi come colui che, pur avendo la **disponibilità di fatto della cosa**, riconosce la titolarità del corrispondente diritto reale in capo a un altro soggetto (c.d. "***animus detinendi***").
Tale ulteriore figura giuridica trova il proprio fondamento nell'art. 1140, II comma, cod. civ., ove si afferma che può possedersi **direttamente** ovvero **per mezzo di un'altra persona**: la persona mediante la quale si esercita il **possesso indiretto** è appunto il detentore, il quale riconosce l'altrui qualità di possessore (c.d. "***contemplatio domini***")

▶ 7.2. Rapporti tra possesso e detenzione

L'art. 1141, I comma, cod. civ. stabilisce che l'esercizio del potere di fatto lascia **presumere il possesso**, salvo che si provi che si sia cominciato a esercitarlo come detenzione.
Il II comma precisa poi che chi abbia **cominciato ad avere la detenzione** non può acquistare il possesso fintanto che **il titolo non venga mutato** in forza di un **fatto proveniente da un terzo** ovvero

dell'opposizione direttamente fatta dal detentore nei confronti del possessore. Si tratta della c.d. *"**interversio possessionis**"* (**interversione del possesso**), in forza della quale si acquista un possesso utile a usucapire il corrispondente diritto reale.

▶ 7.3. Acquisto e perdita del possesso

L'acquisto del possesso, al pari dell'acquisto della proprietà, può essere:
- **a titolo originario,** ove il soggetto **si impossessi della cosa**, iniziando a esercitare in via di fatto la proprietà o il diverso diritto reale;
- **a titolo derivativo**, ove il soggetto ottenga il possesso dal precedente possessore, a seguito della ***traditio***, ossia della consegna, della cosa.

La **perdita del possesso** deriva invece dal **venir meno** del **potere di fatto sulla cosa**, in conseguenza di un fatto proprio, come nel caso della ***derelictio***, di un fatto altrui, come lo **spoglio**, ovvero di un caso fortuito, come la **perdita accidentale** della cosa. Non assume viceversa rilevanza, in questo caso, l'elemento soggettivo, vale a dire l'*animus*.

▶ 7.4. Il computo della durata del possesso

La **durata del possesso** assume rilevanza, come si vedrà, ai fini dell'acquisto della proprietà del bene per usucapione.

Data la difficoltà di provare la durata di una situazione di fatto, gli artt. 1142 pongono una serie di **presunzioni legali**, quali precisamente:
- **la presunzione di possesso intermedio**, in forza della quale il possessore attuale che risulti avere avuto il possesso in un tempo più remoto si presume che abbia posseduto anche nel **lasso di tempo intermedio**;
- **la presunzione di possesso anteriore**, alla stregua della quale il possesso attuale **non fa presumere il possesso anteriore**, salvo che il possesso stesso sia **fondato su di un titolo**: in tale ultima evenienza, il possesso si presume iniziato alla data del titolo in discorso, purché questo abbia **data certa**, alla stregua dell'art. 2704 cod. civ.

Sempre ai fini dell'usucapione, **l'art. 1146 cod. civ.** consente poi di **sommare al proprio possesso quello del precedente possessore**, nonché proprio dante causa. Nel dettaglio:
- il **successore a titolo particolare può** unire il periodo di tempo del suo possesso con quello del suo dante causa (**accessione nel possesso**);
- il **successore a titolo universale**, invece, **continua** in ogni caso il possesso del *de cuius* (**successione nel possesso**).

▶ 7.5. Gli effetti del possesso: l'acquisto dei frutti e il rimborso delle spese

L'art. 1148 cod, civ. consente al **possessore in buona fede** di una certa *res* di **trattenere i frutti naturali separati sino al momento della domanda** volta a ottenere la restituzione della cosa stessa, mentre lo obbliga a restituire, per il periodo posteriore alla domanda, tutti i **frutti percepiti o percipiendi**, vale a dire effettivamente separati o che si sarebbero potuti conseguire con l'ordinaria diligenza. La restituzione dei frutti fa comunque sorgere il **diritto al rimborso** delle corrispondenti **spese sostenute**.

La normativa esposta porta a concludere che il **possessore di mala fede** è invece tenuto a restituire tutti i frutti naturali, percepiti e percipiendi, **sin dal momento dell'impossessamento**. Si tratta di una disciplina che persegue una evidente finalità sanzionatoria, non essendo rinvenibile alcuna *ratio* fondata sulla normale logica compensativa.

La **buona fede**, ai sensi del precedente art. 1147 cod. civ., costituisce oggetto di una **presunzione legale *iuris tantum***, come tale suscettibile di **prova contraria,** il cui onere ricade però sulla parte che agisca nei riguardi dell'attuale possessore. Inoltre, è sufficiente che tale stato soggettivo sussista al momento dell'acquisto del possesso (*"**mala fides superveniens non nocet**"*). La buona fede è viceversa esclusa dall'**ignoranza dovuta a colpa grave**.

▶ 7.6. La regola del "possesso vale titolo" (art. 1153 cod. civ.)

L'art. 1153 cod. civ. prevede che colui al quale siano alienati beni mobili da parte di chi **non ne sia proprietario** ne **acquista la proprietà**, per effetto dell'acquisto del possesso, purché ciò avvenga **in**

buona fede, al momento dell'acquisto, e **in forza di un titolo astrattamente idoneo**.
La **buona fede**, ai sensi del richiamato art. 1147 cod. civ., si presume, salvo prova contraria, mentre il **titolo astrattamente idoneo** deve intendersi come titolo che, ove fosse posto in essere dall'effettivo titolare ovvero dall'effettivo titolare del diritto reale considerato, sarebbe idoneo a trasferire la proprietà o il diritto in parola.
L'acquisto del bene, in presenza degli illustrati presupposti, avviene **a titolo originario** e la proprietà si acquista **libera da diritti altrui**, salvo che questi risultino dal titolo e vi sia buona fede, ossia consapevolezza di tali diritti.
Nell'ipotesi in cui, invece, **l'effettivo titolare** della proprietà o di altro diritto reale alieni con più atti e a più persone il medesimo bene mobile, la proprietà o il diritto in questione spetta a **chi ne abbia acquistato in buona fede il possesso**, a prescindere dall'anteriorità ovvero dalla posteriorità del titolo (art. 1155 cod. civ.).
Le disposizioni sin qui esaminate non si applicano con riferimento ai **beni mobili registrati** e alle **universalità di mobili** (art. 1156 cod. civ.). In particolare, in presenza di una successione di atti dispositivi, prevale l'atto che sia stato trascritto per primo, nel primo caso, ovvero che sia stato posto in essere per primo, nel secondo caso, con conseguente applicazione del principio del "***prior in tempore potior in iure***".

▶ 7.7. Le azioni a tutela del possesso

Il possessore può agire in giudizio a difesa del possesso con le cc.dd. **azioni possessorie**, alle quali si aggiungono le cc.dd. **azioni nunciative**, esperibili anche da chi risulti titolare della proprietà o di altro diritto reale di godimento.
Per ciò che concerne le **azioni possessorie**, esse sono: **l'azione di reintegrazione o di spoglio (art. 1168 cod. civ.)**, con la quale il possessore che sia stato violentemente od occultamente spogliato del possesso può chiedere la reintegrazione nello stesso (art. 1168 cod. civ.). Quest'ultima deve essere richiesta entro un anno (termine perentorio) dal sofferto spoglio o, se questo è clandestino, dalla sua scoperta; **l'azione di manutenzione (art. 1170 cod. civ.)**, con la quale il possessore chiede al Giudice adito di far cessare **le turbative o le molestie arrecate da un terzo**, entro un anno dalle stesse. **la denunzia di nuova opera (art. 1171 cod. civ.)**, che può essere esercitata dal proprietario, dal possessore e dal titolare di un diritto di godimento, qualora questi abbiano ragione di temere che da una **nuova opera** intrapresa da altri sul proprio o sull'altrui fondo possa derivare un danno alla cosa che forma oggetto del loro diritto reale ovvero del loro possesso; **la denunzia di danno temuto (art. 1172 cod. civ.)**, con cui sempre il proprietario, il titolare di altro diritto reale di godimento ovvero il possessore che abbiano ragione di temere che da qualsiasi edificio, albero o altra cosa, presente su un fondo vicino, possa derivare il pericolo di un danno grave e prossimo alla cosa che forma oggetto del diritto o della situazione possessoria in questione, possono rivolgersi all'Autorità giudiziaria, affinché questa provveda a rimuovere il pericolo.

8. L' usucapione

L'usucapione è un modo di acquisto della proprietà ovvero di un diritto reale di godimento **a titolo originario**, che deriva dal **possesso continuato** del bene per un **determinato periodo di tempo**.
Il fondamento di tale istituto risiede nell'esigenza di assicurare la certezza dei rapporti giuridici, facendo coincidere l'apparenza di fatto con la situazione di diritto.
Il possesso, ai fini dell'usucapione, deve risultare: **pacifico** e, quindi, non violento, vale a dire acquisito senza l'uso di violenza a carico di persone o cose (art. 1163 cod. civ.); **non clandestino**, ossia acquistato in maniera pubblica e conoscibile ad opera dei terzi, senza clandestinità, ovvero dopo che lo stato di clandestinità sia cessato (art. 1163 cod. civ.); **ininterrotto**, ossia non affetto da situazioni che abbiano privato il possessore della disponibilità di fatto della cosa per oltre un anno, salvo che, in quest'ultima ipotesi, sia stata vittoriosamente esperita l'azione diretta a recuperare il possesso, vale a dire l'azione di reintegrazione (art. 1167 cod. civ.); riferito a **beni commerciabili** e, quindi, suscettibili di essere acquistati dai privati a titolo oneroso o gratuito. Si esclude, così, l'usucapibilità dei beni appartenenti al demanio pubblico, sulla scorta della

disposizione contenuta nell'art. 823 cod. civ.
Il tempo necessario ai fini dell'usucapione diverge a seconda della tipologia di quest'ultima.

9. La comunione: nozione e classificazioni

La **comunione** è la situazione giuridica complessa che si determina nel caso in cui più soggetti, detti **comunisti**, siano **contemporaneamente titolari del diritto di proprietà ovvero di un diritto reale di godimento** sul medesimo bene o sul medesimo insieme di beni, siano essi mobili o immobili.
Alla comunione così costituita si applicano, salvo che la legge o il titolo dispongano diversamente, le norme contenute negli **artt.1100 e ss. cod. civ.**
La comunione contemplata dall'ordinamento italiano, come si ricava dal combinato disposto degli artt. 1101 e 1102 cod. civ., si qualifica, perlomeno di regola, come **comunione *pro indiviso* e *pro quota***. Ciò implica che:

- ciascuno dei comunisti ha il **diritto di servirsi della cosa o delle cose comuni**, a patto che non ne alteri la destinazione economica e non impedisca agli altri partecipanti alla comunione di farne parimenti uso;
- il diritto di ciascun comunista è però individuato da una **quota ideale** del bene o dei beni in comunione, vale a dire non corrispondente a una porzione materiale degli stessi beni, la quale **delimita le facoltà di utilizzo e di godimento**, ma anche i **poteri di amministrazione e di gestione** e, per converso, la partecipazione alle spese e alle altre obbligazioni derivanti dall'uso delle cose comuni.

Si individuano tre diverse tipologie, a seconda delle modalità di costituzione, quali:

- **la comunione volontaria**, la quale viene costituita e può essere sciolta con un atto di **autonomia negoziale** e, quindi, con un **contratto**.
- **la comunione incidente**, la quale **si costituisce *ex lege***, ma **può essere liberamente sciolta**, in qualsiasi momento, dai suoi partecipanti. È questo il caso della **comunione ereditaria**, che si costituisce *ipso iure* al momento dell'apertura della successione del *de cuius*, ma può essere sciolta dai partecipanti nell'esercizio di un vero e proprio diritto potestativo, che potrà dar luogo, come visto, a divisione giudiziale ovvero a divisione convenzionale, realizzata per contratto;
- **la comunione forzosa**, la quale, al pari della precedente, trova fondamento in una norma imperativa di legge, ma, al contrario della comunione incidente, **non può essere volontariamente sciolta dai suoi partecipanti** sino a che perduri la situazione di fatto che la giustifica, salvo che uno dei partecipanti rinunci del tutto al proprio diritto.

L'elemento centrale nella disciplina della comunione è, come si è già avuto modo di accennare, il concetto di **quota**, al cui valore devono essere parametrati:

- il **godimento del bene o dei beni in comunione (art. 1102 cod. civ.)**.

Si ribadisce che la titolarità di una quota non dà diritto al godimento esclusivo su una **porzione materiale** dell'oggetto della comunione, anche se i comunisti possono prevedere un **godimento frazionato** della cosa stessa, con apposita clausola inserita nell'**atto costitutivo** ovvero nel **regolamento** successivamente approvato, a norma dell'art. 1106 cod. civ.;

- l'**obbligo di contribuire alle spese e agli altri carichi e oneri economici (art. 1104 cod. civ.)**.

Tali obblighi delineano un chiaro esempio di **obbligazioni *propter rem***, categoria sopra definita ed esaminata, le quali sono dotate del carattere della "**ambulateorietà**" e, quindi, seguono la quota alla quale ineriscono, potendosi riferire a qualsiasi successivo acquirente della quota stessa.
Ciascun singolo comunista potrà provvedere autonomamente a estinguere tali obbligazioni, con successivo **diritto di regresso**, nei limiti del valore della quota di ciascuno, verso gli altri comunisti;

- **l'amministrazione dei beni comuni (art. 1105 cod. civ.).**

L'amministrazione della cosa comune spetta a tutti i comunisti, in maniera congiunta, ma non unanime. Nel dettaglio:

- per gli **atti di ordinaria amministrazione**, che riguardano l'utilizzazione e la conservazione della cosa comune, è sufficiente la **maggioranza assoluta dei partecipanti**, per l'appunto calcolata sulla base delle rispettive quote.
  In simili ipotesi, l'opinione espressa dalla maggioranza vincola quindi anche la **minoranza dissenziente**, così come i comunisti assenti;
- per gli **atti di straordinaria amministrazione** è invece richiesta la **maggioranza qualificata dei due terzi**, con l'ulteriore limite dell'assenza di qualsivoglia contrasto con l'interesse comune dei partecipi;
- per le **innovazioni,** dirette a **migliorare la cosa o a renderne più comodo o redditizio il godimento**, ove le stesse non pregiudichino il godimento di alcuno dei partecipanti e non comportino una spesa eccessiva, è di nuovo richiesta la detta **maggioranza qualificata**;
- infine, per **alcune specifiche tipologie di atti**, quali gli atti di alienazione o di costituzione di diritti reali sulla cosa comune ovvero la costituzione di locazioni ultranovennali, è richiesta l'**unanimità**.

10. Il condominio: nozione e disciplina

Il condominio è stato tradizionalmente definito come una peculiare ipotesi di **commistione tra comunione e proprietà esclusiva**, avente ad oggetto edifici suddivisi in una pluralità di unità abitative: i condomini sono infatti **proprietari, in via esclusiva, delle singole unità immobiliari** impiegate come abitazioni, mentre sono **proprietari in comunione delle parti comuni dell'edificio.**

In particolare, i **beni comuni**, salva contraria previsione del titolo, sono quelli elencati all'art. 1117 cod. civ., quali, ad esempio, le scale, i solai, i lastrici solari e via discorrendo. Tali parti comuni sono oggetto di una **comunione forzosa**, non potendo i condomini procedere alla loro divisione né all'alienazione a terzi delle rispettive quote, a meno che la divisione stessa possa farsi senza rendere più incomodo l'uso della cosa a ciascun condomino, con il consenso di tutti i partecipanti e in favore di uno o più dei condomini stessi (art. 1119 cod. civ.).

È stato poi recentemente ammesso il **cambio di destinazione d'uso** delle parti comuni, con delibera approvata dall'assemblea dei condomini con la **maggioranza dei quattro quinti dei partecipanti** e **dei quattro quinti dei millesimi** rappresentativi delle diverse proprietà esclusive condominiali.

Il diritto di ciascun condomino sulle parti comuni, salvo che il titolo non disponga altrimenti, è **proporzionale al valore dell'unità immobiliare che gli appartiene**, per l'appunto espresso dai predetti **millesimi.** Tale diritto, secondo le norme della **comunione ordinaria**, oggetto di esplicito richiamo ad opera dell'art. 1139 cod. civ., consente di fare uso delle predette cose comuni (c.d. **uso promiscuo**)

L'art. 1122 cod. civ. disciplina poi le **opere sulle parti comuni ovvero sulle parti ad uso individuale**, le quali sono vietate ove arrechino danno alle parti comuni ovvero determinino un **significativo pregiudizio alla stabilità, alla sicurezza o al decoro architettonico** dell'edificio.

Capitolo 10
Le obbligazioni

SOMMARIO

1. La nozione di obbligazione

Il Codice civile non definisce l'obbligazione, ma si limita a individuarne le fonti all'art. 1173 cod. civ.

Ciò nonostante, sulla base di una lettura combinata delle disposizioni che aprono il Libro IV del Codice, è possibile affermare che l'obbligazione è la **situazione giuridica passiva** oggetto di una **relazione giuridica intersoggettiva** in forza della quale il **debitore** è tenuto a compiere in favore del debitore una determinata **prestazione, economicamente rilevante e valutabile**, al fine di realizzare un **interesse, patrimoniale ovvero non patrimoniale**, del medesimo creditore.

Si tratta di una definizione in linea con la tradizionale concezione delle obbligazioni, rinvenibile già nelle *Institutiones* di Gaio: "*obligatio est iuris vinculum quo necessitate adstringimur alicuius rei solvendae secundum nostrae civitatis iura*".

Gli elementi costitutivi delle stesse sono:

- **i soggetti**

L'obbligazione costituisce oggetto di una relazione perlomeno bilaterale, che postula la **distinzione soggettiva tra debitore e creditore**. Non sarebbero pertanto ammessi **rapporti obbligatori unipersonali**, vale a dire caratterizzati dalla compresenza, in un'unica persona, tanto della qualità di debitore quanto della posizione di creditore.

- **la prestazione**

La prestazione costituisce il contenuto dell'obbligazione e si sostanzia nel **comportamento che il debitore è obbligato a tenere** al fine di adempiere all'obbligazione stessa. Esso può consistere in un *dare*, in un *facere* ovvero in un *non facere*.
Ad ogni modo, la prestazione, ai sensi dell'art. 1174 cod. civ., deve: essere **suscettibile di valutazione economica**; corrispondere ad **un interesse, anche non patrimoniale, del creditore**.
Accanto a quelli pocanzi esaminati, la prestazione deve poi presentare ulteriori elementi caratteristici, ricavabili dalla definizione di **oggetto contrattuale** fornita dall'art. 1346 cod. civ. Essi sono: **la possibilità**, intesa sia in senso **materiale** sia in senso **giuridico**; **la liceità**, in virtù della quale la prestazione non può consistere in un comportamento contrario a **norme imperative**, **ordine pubblico** o **buon costume**; **la determinatezza o determinabilità**, che richiede l'esatta definizione dei **termini qualitativi e quantitativi** della prestazione o, perlomeno, la possibilità di individuarli attraverso un semplice procedimento logico e/o matematico.

2. Le obbligazioni naturali

L'art. 2034 cod. civ. disciplina le **obbligazioni naturali**, le quali risultano essere **non coercibili,** non potendosi agire per il loro adempimento forzoso, ma, se **spontaneamente adempiute**, comportano l'**irripetibilità di quanto pagato** (c.d. ***soluti retentio***), in deroga alla normativa in tema di ripetizione dell'indebito oggettivo, di cui all'art. 2033 cod. civ. Esse costituiscono attuazione di **obblighi extragiuridici**, di natura etico-sociale. La presenza di una siffatta obbligatorietà consente di distinguere le situazioni qui descritte dai rapporti di mera cortesia, che, come visto, si caratterizzano per l'assoluta spontaneità. Accanto alle "**obbligazioni naturali atipiche**", definite dal I comma dell'art. 2034, l'ordinamento individua anche delle **ipotesi tipiche di obbligazioni naturali**, cui rinvia il II comma del medesimo art. 2034. Si pensi, in particolare, agli obblighi derivanti da **gioco o scommessa**, ai sensi dell'art. 1933 cod. civ., salvo che si tratti di giochi o scommesse autorizzate.

3. Le fonti delle obbligazioni e il contatto sociale qualificato. La relazione tra insegnante, alunno e genitori

Ai sensi dell'**art. 1173 cod. civ.**, "*le obbligazioni derivano da **contratto**, da **fatto illecito**, o da ogni altro atto o fatto idoneo a produrle **in conformità dell'ordinamento giuridico***". Il Codice, pertanto, non individua tassativamente le fonti delle obbligazioni, dando vita ad un **sistema delle fonti aperto (o atipico)**.
In particolare, la fonte costituita da "***ogni altro atto o fatto, ritenuto idoneo dall'ordinamento giuridico***" costituisce una **categoria residuale** che comprende **sia fonti volontarie** di obbligazioni diverse dal contratto, come ad esempio la promessa al pubblico (art. 1989), sia **fonti non volontarie**, non qualificabili come fatti illeciti, quali la ripetizione di indebito e l'arricchimento senza causa.
La formula non si limita tuttavia semplicemente a rinviare a ulteriori fonti tipiche, ma consente di far discendere un'obbligazione anche da una **fonte atipica**, ossia non codificata, purché il sorgere dell'obbligazione sia coerente e consequenziale rispetto ai principi che informano l'ordinamento.
Tra le menzionate "fonti atipiche", un posto di primo piano deve certamente riconoscersi al c.d. "**contatto sociale qualificato**". Un simile "contatto" si ha quando tra due soggetti si instaura una particolare relazione, rilevante alla stregua dell'ordinamento giuridico, ancorché non direttamente e positivamente regolata, in forza della quale uno dei soggetti è tenuto al rispetto di **specifici doveri di comportamento** nei confronti dell'altro, al fine di salvaguardare **l'affidamento** da quest'ultimo prestato nel completamento e nella regolarità dell'altrui comportamento. Sorgono così "**obblighi di protezione**" dell'altrui sfera giuridica, il cui inadempimento può dar luogo a responsabilità risarcitoria. Si pensi al noto esempio della **relazione che si instaura tra l'insegnante e l'alunno, nonché tra il primo e i genitori del secondo**.

4. La buona fede oggettiva

L'**art. 1175 cod. civ.** stabilisce che *"il debitore e il creditore devono comportarsi secondo le regole della correttezza"*. Il richiamo alla buona fede è ribadito, in materia contrattuale, in ogni fase del rapporto negoziale, sia durante lo svolgimento delle **trattative** (art. 1337 cod. civ.) sia in **fase di esecuzione** (art. 1375 cod. civ.) sia nell'**interpretazione** della volontà negoziale (art. 1366 cod. civ.). Viene qui in rilievo la c.d. **buona fede in senso oggettivo**, intesa come obbligo per le parti di comportarsi in maniera onesta e leale in tutte le fasi del rapporto obbligatorio, evitando che la controparte possa essere ingiustamente svantaggiata da comportamenti che non rispondano a reali interessi della parte che li abbia posti in essere. La nozione qui delineata va quindi tenuta distinta dalla c.d. **buona fede in senso soggettivo**, definibile come **ignoranza della lesione dell'altrui diritto**.
Tornando alla buona fede in senso oggettivo, essa va intesa quale **regola di comportamento**, vera e propria fonte di **obblighi ulteriori** rispetto a quelli prefigurati dalle parti del rapporto obbligatorio cui accede, espressione del principio di **solidarietà sociale** di cui all'**art. 2 della Cost.** Pertanto, la buona fede, intesa come vera e propria fonte di obbligazioni, impone ai soggetti del rapporto obbligatorio di porre in essere **condotte ulteriori rispetto a quelle programmate nel regolamento negoziale e** di apportare **delle modifiche alla prestazione** laddove le stesse si rendano necessarie per salvaguardare le ragioni della controparte. Vengono così di nuovo in rilievo i cc.dd. "**obblighi di protezione**", già menzionati con riferimento al contatto sociale qualificato, i quali sono diretti a tutelare **interessi diversi e ulteriori** da quelli espressamente considerati nella definizione dell'oggetto del rapporto obbligatorio.

5. L'abuso del diritto

L'abuso del diritto può definirsi come un comportamento che, pur costituendo formalmente esercizio di un diritto o di una situazione giuridica attiva riconosciuta dall'ordinamento al soggetto agente, **si pone in conflitto con l'interesse e con le finalità** in vista dei quali la medesima situazione giuridica di vantaggio sia stata attribuita. Si è soliti individuare talune **ipotesi tipiche** di abuso del diritto negli **atti emulativi** (art. 833 cod. civ.), nella **minaccia di far valere un proprio diritto integrante violenza contrattuale** (art. 1438 cod. civ.) e nel **divieto di concorrenza sleale** (art. 2598 cod. civ.).

6. Tipi di obbligazioni: obbligazioni di dare e di fare (o di non fare)

Le obbligazioni possono essere classificate, con riferimento al loro **contenuto**, in:

- **obbligazioni di dare**, aventi ad oggetto la consegna di una certa cosa o di una certa somma di denaro, nonché la relativa custodia, sino al momento della consegna (si veda l'art. 1177 cod. civ.).
  Esse si distinguono ulteriormente in:
  - **obbligazioni generiche**, le quali hanno ad oggetto la consegna di **cose generiche**, vale a dire di cose individuate soltanto nel **genere** e nella **quantità**.
    In tal caso, spetta al debitore la c.d. **individuazione**, vale a dire la selezione delle cose specifiche da consegnare, le quali dovranno essere di **qualità non inferiore alla media** (art. 1178 cod. civ.);
  - **obbligazioni specifiche**, aventi ad oggetto **cose specifiche**, vale a dire precisamente individuate nella loro individualità.
    L'individuazione viene qui operata di comune accordo dal debitore e dal creditore e, al contrario di quanto visto per le obbligazioni generiche, non rientra nella fase dell'adempimento, bensì nella **fase genetica del rapporto obbligatorio**;
- **obbligazioni di fare (o di non fare)**, le quali si individuano in via residuale, avendo ad oggetto il compimento di una qualsiasi prestazione, attiva od omissiva, **diversa dalla descritta**

dazione di una certa cosa o di una certa somma di denaro.
Nello specifico, esse possono consistere in un ***facere***, in un ***non facere***, in un ***pati***, vale a dire in una semplice tolleranza dell'altrui comportamento, ovvero in un ***praestare***, ossia nella manifestazione del consenso a concludere un determinato contratto o negozio giuridico.
Al loro interno, le obbligazioni in discorso di distinguono in:

- **fungibili**, ove abbiano ad oggetto **prestazioni che possono essere eseguite, oltre che dal debitore designato, anche da altri soggetti**, senza che da ciò derivi una minore soddisfazione del creditore;
- **infungibili**, le cui prestazioni possono viceversa essere eseguite unicamente dal debitore designato, **senza possibilità di sostituzione**, richiedendosi qualità, conoscenze o abilità soggettive riferibili unicamente al medesimo debitore.
  Siffatte obbligazioni pongono problemi quanto alla loro **esecuzione forzata**. Al fine di ovviare a questo problema, sono state allora introdotte, all'art. 614-*bis* cod. proc. civ., le cc.dd. "***astreintes***", vale a dire **penalità di mora** previste per ogni inadempimento successivo, la cui applicazione è stata oggi peraltro generalizzata anche alle obbligazioni fungibili.

▶ 6.1. Le obbligazioni di mezzi e le obbligazioni di risultato

Un'ulteriore rilevante classificazione da tempo sostenuta dalla dottrina e dalla giurisprudenza è quella tra:

- **obbligazioni di mezzi**, il cui oggetto è costituito non dal raggiungimento del risultato utile voluto dal creditore, corrispondente all'interesse di questi, bensì dalla tenuta, ad opera del medesimo debitore, di un **comportamento conforme alla diligenza media** richiesta dall'art. 1176 cod. civ. per il compimento dell'attività concretamente posta in essere. Ciò implica che l'obbligazione potrà reputarsi adempiuta anche ove l'interesse del creditore non sia stato pienamente soddisfatto, e il risultato non sia stato quindi conseguito, ma il debitore sia comunque esente da censure quanto alla diligenza del comportamento in concreto tenuto;
- **obbligazioni di risultato**, aventi ad oggetto l'effettivo e concreto conseguimento di un **risultato utile**, corrispondente alla piena realizzazione dell'interesse creditorio;
- Si pensi, a titolo esemplificativo, all'obbligazione assunta dall'appaltatore (art. 1655 cod. civ.), con la quale questi si sia impegnato a realizzare una certa opera o un certo servizio utile al committente-creditore.

7. Le obbligazioni pecuniarie

Si definiscono pecuniarie le **obbligazioni** aventi ad oggetto il pagamento di una certa somma di denaro, regolato dagli artt. 1277 e ss. cod. civ.
La **natura giuridica** delle obbligazioni pecuniarie è discussa in dottrina, ma, secondo l'impostazione prevalente, si tratta di **obbligazioni generiche**, essendo il **denaro bene fungibile** per eccellenza. Il principio cardine della disciplina delle obbligazioni pecuniarie è il **principio nominalistico**, dall'**art. 1277, I comma, cod. civ.**, in base al quale le obbligazioni pecuniarie si estinguono **con moneta avente valore legale al momento del pagamento e per il suo valore nominale.**
In ossequio al principio nominalistico, alla scadenza del termine di adempimento, il debitore si libera pagando l'importo originariamente dovuto al tempo in cui è sorta l'obbligazione, essendo irrilevanti le eventuali fluttuazioni del valore reale (o **potere di acquisto**) del denaro.
Per evitare che il rischio delle variazioni del potere di acquisto della moneta ricada integralmente sul creditore, le parti possono prevedere nel contratto una serie di **clausole convenzionali** che svolgono la funzione di adeguamento del valore del denaro. Si tratta, nello specifico: delle **clausole di rinegoziazione del corrispettivo** inizialmente pattuito, legate a eventi la cui realizzazione non sia interamente prevedibile *ex ante* e tali da alterare l'originario equilibrio

contrattuale; delle **clausole di indicizzazione**, in forza delle quali l'ammontare della prestazione pecuniaria viene parametrato all'andamento di determinati "**valori-indice**", quale ad esempio quello dell'oro.
Dottrina e giurisprudenza, al fine di evitare la rigorosa e sistematica applicazione del principio nominalistico, chiaramente svantaggioso per il contribuente, operano una distinzione tra: **debiti di valuta**, i quali hanno sin dall'origine ad oggetto unicamente una certa somma di denaro e sono quindi pienamente soggetti all'enunciato principio nominalistico; **debiti di valore**, il cui oggetto è costituito dal valore economico-patrimoniale di un determinato bene della vita, potendo determinarsi l'esatta somma di denaro a questo corrispondente soltanto all'esito della c.d. "**liquidazione**". Per esse, il principio nominalistico non vale e il creditore avrà quindi diritto a essere ristorato della perdita di valore nel frattempo subita dalla moneta avente corso legale, attraverso la c.d. "**rivalutazione**". Inoltre, fintanto che non sia intervenuta la liquidazione, i debiti di valore non possono reputarsi certi e liquidi e, pertanto, non è possibile agire per il loro adempimento. Essi, infine, non producono né **interessi corrispettivi** né **interessi moratori**, ma al più soltanto **interessi compensativi**.

▶ 7.1. Gli interessi

Gli interessi costituiscono il contenuto di una particolare **obbligazione pecuniaria**, che assume **carattere accessorio** rispetto all'obbligazione, anch'essa pecuniaria, principale, la quale ha ad oggetto la c.d. "**sorte capitale**", vale a dire la somma inizialmente dovuta ovvero determinata all'esito della prima fase della liquidazione. Si tratta comunque di un'**obbligazione autonoma**, dal momento che, pur essendo parametrata all'obbligazione principale per ciò che concerne la determinazione del suo ammontare, **non segue necessariamente le vicende di questa**.
Per ciò che concerne la **fonte degli interessi**, è possibile distinguere tra:

- **interessi legali**, predeterminati dalla legge nell'*an* e nel *quantum* e che hanno come parametro normativo di riferimento **l'art. 1282, II comma, cod. civ.**, alla luce del quale ogni credito di somme **liquide**, vale a dire determinate o determinabili nel loro ammontare, ed **esigibili**, ossia prive di termini o condizioni quanto alla loro esecuzione, produce **interessi di pieno diritto**, salvo che la legge o il titolo non dispongano diversamente.
- Tali interessi vengono calcolati al tasso stabilito dell'attuale Ministero dell'economia e delle finanze, il c.d. "**tasso legale**", con cadenza annuale, sulla base del **rendimento medio annuo lordo dei titoli di Stato** con scadenza non superiore a dodici mesi (i cc.dd. BOT, Buoni ordinari del Tesoro);
- **interessi convenzionali**, che hanno la loro fonte in un negozio giuridico e che non possono comunque eccedere la c.d. "**soglia di usura**".
- Questa, in forza della nuova disciplina introdotta dall'art. 2 della L. 7 marzo 1996, n. 108, viene rilevata trimestralmente dal Ministero dell'economia e delle finanze, sentita la Banca d'Italia, e corrisponde al **tasso effettivo globale medio (TEGM)**, comprensivo di tutte le spese, **aumentato di un quarto** e con l'aggiunta di **ulteriori quattro punti percentuali**.
- La pattuizione di interessi usurari, oltre a integrare il **delitto di usura**, ai sensi dell'art. 644 cod. pen., comporta la nullità degli stessi, con conseguente conversione del rapporto a titolo oneroso in **rapporto a titolo gratuito**, per il quale non risultano dovuti interessi. Ciò è quanto si ricava dall'art. 1815, II comma, cod. civ., che, secondo un'ormai consolidata interpretazione, riguarda non soltanto il **contratto di mutuo**, ivi espressamente regolato, ma una qualsiasi figura negoziale nella quale siano pattuiti interessi quale **corrispettivo del prestito o della mancata tempestiva restituzione di una certa somma di denaro**.

Infine, riguardo alla funzione economico-sociale assolta dagli interessi, può distinguersi tra:

- **interessi corrispettivi**, i quali, come si è visto, maturano automaticamente sulle somme liquide ed esigibili, andando a remunerare il prestito ovvero la mancata tempestiva restituzione della sorte capitale cui si riferiscono (artt. 1282 e 1284 cod. civ.).
- La loro venuta a esistenza costituisce un corollario del **principio della naturale fecondità del denaro**, in forza del quale la disponibilità materiale di un certo ammontare di denaro, stante la sua possibilità di essere investito in attività produttive o comunque remunerative,

produce una utilità che richiede di essere motivata;
- **interessi moratori**, i quali decorrono dalla **costituzione in mora del debitore (art. 1224 cod. civ.)**, vale a dire dall'intimazione formale rivolta al debitore di adempiere la propria prestazione pecuniaria, anche qualora non fossero stati previsti ovvero fossero stati esclusi gli interessi corrispettivi.
- Essi svolgono una **funzione risarcitoria**, ancorché *à forfait*, andando a riparare il danno patrimoniale che si produce a seguito del ritardo nel pagamento dell'obbligazione pecuniaria. Resta comunque ferma la facoltà del creditore di domandare il **risarcimento del danno ulteriore**, non coperto dai predetti interessi moratori, purché ne dia la prova in giudizio (art 1224, II comma, cod. civ.);
- **interessi compensativi**, generalmente fatti coincidere dalla dottrina con gli interessi di cui **all'art. 1499 cod. civ.**, alla stregua del quale, nell'ambito di un **contratto di compravendita**, il creditore che abbia **consegnato la cosa compravenduta prima di ottenere il pagamento del prezzo**, ancorché esso non sia attualmente esigibile, ha diritto agli interessi, nella misura legale o nella diversa misura pattuita dalle parti, sulla somma di denaro corrispondente al prezzo stesso.
- Si tratta dunque di interessi che vanno a compensare una situazione di squilibrio che si determina in conseguenza del disallineamento temporale dell'adempimento delle prestazioni reciproche.

▶ 7.2. L'anatocismo

L'anatocismo è il fenomeno giuridico-contabile in forza del quale **gli interessi già venuti a maturazione**, il cui termine di adempimento sia quindi scaduto, producono a loro volta **interessi ulteriori**. Gli "**interessi anatocistici**" sono quindi "**interessi sugli interessi**". Onde evitare le pesanti conseguenze che queto fenomeno può avere sul patrimonio del debitore, **l'art. 1283 cod. civ.** stabilisce che lo stesso, in mancanza di **usi contrari**, può avere luogo soltanto a decorrere dalla **domanda giudiziale** ovvero in conseguenza della stipula di un **patto posteriore** alla maturazione degli interessi "di primo grado", purché si tratti di interessi dovuti per **almeno sei mesi**. Si ammettono dunque unicamente l'**anatocismo giudiziale** e l'**anatocismo convenzionale.**

8. Le obbligazioni semplici e complesse

Nell'ipotesi in cui le obbligazioni prevedano l'**esecuzione di più prestazioni**, le obbligazioni sono definite oggettivamente complesse e possono configurarsi come **alternative, facoltative o cumulative**. Si parla viceversa di **obbligazioni semplici** quando le stesse abbiano ad oggetto **una sola prestazione**.

▶ 8.1. Le obbligazioni alternative

L'**obbligazione alternativa** si ha nell'ipotesi in cui oggetto dell'obbligazione sono due prestazioni diverse, ma il debitore può liberarsi eseguendo una soltanto delle due prestazioni, senza però poter costringere il creditore ad accettare parte dell'una e parte dell'altra (art. 1285 cod. civ.).
La **scelta** (c.d. ***electio***) tra le diverse prestazioni spetta, **di regola, al debitore**, salve le ipotesi nelle quali venga attribuita al creditore ovvero a un terzo. Essa inoltre comporta la trasformazione dell'obbligazione alternativa in obbligazione semplice.
Qualora il soggetto designato per operare la scelta non la effettui, egli **decade dalla facoltà stessa**, ma le conseguenze variano a seconda del soggetto incaricato, come si ricava dall'art. 1287 cod. civ.

8.2. Obbligazioni facoltative (o con facoltà alternativa)

Nelle **obbligazioni facoltative (o con facoltà alternativa)**, la prestazione oggetto delle stesse è unica, ma la legge consente al debitore di liberarsi eseguendo una prestazione diversa. Si tratta di **obbligazioni semplici**, con la conseguenza che l'impossibilità sopravvenuta della prestazione oggetto delle stesse ne determina l'estinzione, non potendosi pretendere l'adempimento dell'altra prestazione.

8.3. Le obbligazioni oggettivamente cumulative

Nelle **obbligazioni oggettivamente cumulative** il debitore è tenuto a eseguire più prestazioni, contemporanee ovvero successive, e si libera soltanto eseguendo ciascuna di esse. Esempio classico è l'obbligazione di consegnare una certa cosa, che racchiude in sé anche l'obbligo di custodire la cosa stessa (art. 1177 cod. civ.).
Esse, pertanto, non si trasformano mai in obbligazioni semplici e in ciò risiede la fondamentale differenza con le obbligazioni alternative.

9. Le obbligazioni soggettivamente complesse

L'obbligazione si definisce **soggettivamente complessa** quando vi è una **pluralità di creditori** ovvero una **pluralità di debitori**. Le obbligazioni soggettivamente complesse possono essere **solidali** ovvero **parziarie**.

▶ 9.1. Le obbligazioni solidali

Si ha **obbligazione solidale**, ai sensi **dell'art. 1292 cod. civ.**, quando:
- più debitori sono tenuti a eseguire la medesima prestazione, l'intero adempimento può essere richiesto a ciascuno di essi e l'adempimento dell'uno libera anche tutti gli altri (**solidarietà passiva**);
- più creditori hanno diritto alla medesima prestazione, ciascuno di essi può pretendere dal comune debitore l'adempimento dell'intera prestazione e l'adempimento fatto in favore dell'uno libera il debitore anche nei riguardi degli altri (**solidarietà attiva**).

Rispetto alla solidarietà passiva opera una **presunzione legale**, in forza della quale i condebitori tenuti all'adempimento di una medesima prestazione **si considerano responsabili in solido** se dalla legge o dal titolo non risulta diversamente (art. 1294 cod. civ.). Una norma analoga all'illustrato art. 1294 non è rinvenibile per le obbligazioni plurisoggettive dal lato attivo. Da ciò si desume che la **solidarietà attiva non costituisce oggetto di alcuna presunzione**, dovendo essere espressamente prevista dalla legge o dal titolo.
Tornando alla **solidarietà passiva**, il debitore che abbia adempiuto l'intera prestazione avrà diritto all'**azione di regresso** nei confronti degli altri condebitori in solido (art. 1299 cod. civ.). In particolare, il debitore in discorso potrà richiedere soltanto un **adempimento proporzionale alla quota imputabile a ciascuno degli altri debitori**, con riparto tra tutti della quota imputabile al condebitore insolvente.
Identico ragionamento deve svolgersi in caso di **solidarietà attiva**: i concreditori in solido potranno agire in regresso nei riguardi del creditore che abbia ricevuto l'intero adempimento, al fine di ottenere le rispettive quote.
Nei rapporti interni tra più condebitori in solido o tra più concreditori in solido **le rispettive quote si presumono uguali** (art. 1298 cod. civ.). Tuttavia, tale regola non opera ove l'obbligazione sia stata contratta nell'interesse esclusivo di uno di essi. In tal caso, il debitore solidale che abbia provveduto all'adempimento della prestazione e che non coincida con siffatto obbligato principale avrà **diritto a richiedere la restituzione dell'intera prestazione al medesimo obbligato principale**.
Per ciò che concerne la **disciplina delle obbligazioni solidali**, e in particolare della loro **estinzione**, gli artt. 1300 e ss. cod. civ. pongono una serie di regole ispirate da un principio di fondo: gli **effetti positivi si estendono a tutti i condebitori e concreditori in solido**, mentre gli effetti negativi rimangono circoscritti al solo condebitore o concreditore in solido cui gli stessi si riferiscono.

▶ 9.2. Le obbligazioni parziarie

L'obbligazione parziaria può definirsi come un'obbligazione plurisoggettiva, nella quale però:
- in caso di **pluralità dei debitori**, ciascuno è tenuto a eseguire la prestazione nei limiti della propria quota. Si pensi, ad esempio, alla situazione degli eredi rispetto ai debiti ereditari (artt. 752 e 1295 cod. civ.);
- in caso di **pluralità di creditori**, ciascuno ha diritto a richiedere soltanto la propria quota della prestazione.

9.3. Le obbligazioni divisibili e indivisibili

L'obbligazione può dirsi **divisibile o indivisibile** a seconda che il suo oggetto sia o meno suscettibile di essere frazionato, sul piano materiale e giuridico, in più parti.
Se l'obbligazione è **divisibile** e non è solidale, allora essa risulterà parziaria (art. 1314 cod. civ.). Viceversa, se l'obbligazione è **indivisibile** allora essa seguirà, in quanto compatibile, la disciplina prevista per le **obbligazioni solidali**, salve le norme *ad hoc* contenute negli artt. 1318 e ss. cod. civ.

10. La nozione di adempimento

L'adempimento costituisce il **mezzo tipico con cui si estingue il rapporto obbligatorio** e si realizza il diritto del creditore, attraverso la soddisfazione dell'interesse a questo sotteso. Sul piano materiale, esso consiste nell'**esatta e integrale esecuzione** da parte del debitore della prestazione che costituisce oggetto dell'obbligazione.
Un **adempimento parziale**, invero, non costituisce adempimento, dal momento che **non estingue, neppure in parte, l'obbligazione**, anche quando questa sia divisibile, salvo che sia accettato dal creditore (art. 1181 cod. civ.). Sul piano letterale, si usa spesso, quale sinonimo di adempimento, il termine **pagamento**, che sta propriamente a indicare **l'adempimento di una obbligazione pecuniaria**. La grande diffusione di questa tipologia di obbligazioni ha però portato a generalizzarne l'impiego.

▶ 10.1. I requisiti soggettivi dell'adempimento

Il Codice civile subordina il perfezionamento dell'adempimento, e l'effetto di estinzione dell'obbligazione che da questo deriva, a una serie di **requisiti soggettivi**:

- la **legittimazione ad adempiere**.

Tale legittimazione spetta, oltre che al debitore, come visto a prescindere dalla sua capacità, altresì al **rappresentante** di questi, sia esso **volontario** oppure **legale**, a patto che dichiari di adempiere in nome e per conto del debitore (**spendita del nome**), risultando altrimenti integrata la fattispecie dell'**adempimento del terzo**. Questa figura ricorre ove **il terzo adempia a prescindere dalla volontà del debitore**, e addirittura contro la sua volontà (**art. 1180 cod. civ.**). Il creditore non potrà opporsi all'adempimento offertogli dal terzo, essendo di regola irrilevante l'identità del soggetto che esegue la prestazione dedotta ad oggetto dell'obbligazione, salvo che: il creditore abbia uno **specifico interesse a che la prestazione sia eseguita dal debitore**. Ciò accade ove l'obbligazione sia infungibile, richiedendosi speciali qualità o abilità che solo il debitore possiede; il **debitore abbia manifestato la propria opposizione**, ad esempio perché il terzo adempiente è una persona a sé invisa ovvero un noto criminale. In tale ipotesi, tuttavia, il rifiuto dell'adempimento è rimesso alla **discrezionalità del creditore**, potendo questi accettare comunque l'adempimento, secondo alcuni risarcendo al debitore opponente il danno arrecatogli.
Il pagamento effettuato a un **soggetto non legittimato a riceverlo** non estingue l'obbligazione, salvo che **il creditore lo ratifichi**, conferendo una sorta di rappresentanza *ex post*, ovvero salvo che **il creditore ne abbia comunque profittato** (art. 118, II comma, cod. civ.).
Del tutto peculiare è l'ipotesi del **pagamento al creditore apparente (art. 1189 cod. civ.)**: in questa ipotesi, l'adempimento, pure eseguito nei riguardi di un soggetto non legittimato a riceverlo, libera comunque il debitore. Si tratta di un'applicazione del generale principio di **legittimo affidamento**, potendo il debitore confidare che colui il quale si presenti esteriormente come legittimato lo sia anche nella sostanza. Si pensi al rappresentante la cui procura sia stata nel frattempo revocata, senza però darne adeguata pubblicità. Il debitore dovrà chiaramente aver agito in **buona fede**, vale a dire nell'ignoranza circa l'identità del creditore effettivo, la quale però **si presume**, in forza della regola generale enunciata dall'art. 1147, I comma, cod. civ. Il pagamento al creditore apparente non estingue tuttavia il diritto del creditore effettivo, il quale potrà esperire l'**azione di ripetizione di indebito** nei confronti del primo (art. 1189, II comma, cod. civ.).

▶ 10.2. I requisiti oggettivi dell'adempimento

Sul piano oggettivo, il Codice fissa una serie di requisiti ulteriori, quali in particolare:

- il **luogo dell'adempimento** da individuare applicando i criteri di cui all'art. art. 1182 cod. civ.
- il **tempo dell'adempimento (art. 1183 cod. civ.)**.

Va detto che l'art. 1183 cod. civ. stabilisce la regola secondo cui, in assenza di diversa pattuizione, **il creditore può esigere immediatamente l'adempimento**. La giurisprudenza ha comunque chiarito che tale diritto va esercitato in conformità al **dovere di correttezza**, di cui all'art. 1175 cod. civ., senza arrecare un ingiusto e ingiustificato pregiudizio al debitore.

▶ 10.3. La datio in solutum

Il **canone dell'esattezza dell'adempimento** implica che **il debitore non può liberarsi eseguendo una prestazione divers**a da quella dedotta a oggetto dell'obbligazione, ancorché il valore di questa risulti in ipotesi superiore.
Questa è la regola che si ricava dall'art. 1197 cod. civ., il quale, tuttavia, ne ammette subito dopo la deroga, nel caso in cui **il creditore acconsenta a ricevere la prestazione diversa** offertagli dal suo debitore. Viene così in rilievo la c.d. ***"datio in solutum"***, la quale, sempre a norma dell'art. 1197, estingue l'obbligazione solo **una volta che la prestazione diversa sia stata eseguita**.

▶ 10.4. La cooperazione del creditore all'adempimento e la *mora credendi*

Il debitore, al fine di poter adempiere l'obbligazione e di essere liberato, necessita generalmente della **cooperazione del creditore**. L'intensità di siffatta cooperazione varia a seconda della prestazione dedotta ad oggetto dell'obbligazione: si va dalla semplice ricezione del pagamento alla manifestazione del proprio consenso negoziale al fine di addivenire alla conclusione di un contratto.
In mancanza di questa cooperazione, gli artt. 1206 e ss. cod. civ. consentono al debitore di **costituire in mora il creditore**, realizzando la c.d. ***mora credendi***. Essa ricorre in particolare quando il creditore, **senza un motivo legittimo, non riceve l'adempimento offertogli dal debitore** nelle forme pattuite o stabilite dalla legge o secondo gli usi ovvero **omette di porre in essere le attività necessarie a ricevere la prestazione** offertagli dal debitore (art. 1206 cod. civ.).
La *mora credendi* produce i seguenti effetti giuridici:

- il creditore assume su di sé il rischio dell'**impossibilità sopravvenuta** alla costituzione in mora, per causa non imputabile al debitore;
- il creditore assume l'obbligo di **risarcire al debitore i danni** e di **rimborsargli le spese sostenute**, ad esempio per la custodia della cosa da consegnare;
- non sono dovuti gli **interessi e i frutti maturati**, salvo che, nel secondo caso, essi siano stati raccolti dal debitore.

11. Modi di estinzione delle obbligazioni diversi dall'adempimento

Costituiscono modi di estinzione delle obbligazioni diversi dall'adempimento **la novazione, la remissione, la compensazione, la confusione** e **l'impossibilità sopravvenuta per causa non imputabile al debitore**.

Essi possono classificarsi in: **modi di estinzione satisfattori**, quali la compensazione e la confusione, che assicurano comunque la soddisfazione dell'interesse creditorio, anche se con modalità diverse rispetto al vero e proprio adempimento; **modi di estinzione non satisfattori**, quali la novazione, la remissione e l'impossibilità sopravvenuta, che, viceversa, pur estinguendo l'obbligazione, non soddisfano l'interesse creditorio.

▶ 11.1. La novazione

La **novazione oggettiva** è il contratto concluso tra debitore e creditore con il quale tali soggetti **sostituiscono all'obbligazione originaria tra di loro un'obbligazione nuova**. La sostituzione estingue *ipso iure* l'obbligazione preesistente. I presupposti essenziali affinché possa ritenersi integrata la fattispecie della novazione sono: **l'esistenza dell'obbligazione** oggetto di novazione, in mancanza della quale la novazione stessa risulta **inefficace** (art. 1234 cod. civ.), verosimilmente per **mancanza dell'oggetto**; il c.d. ***"aliquid novi"***, vale a dire l'elemento di novità rispetto all'obbligazione preesistente, che deve necessariamente riguardare **l'oggetto** (ad

esempio, si sostituisce un'obbligazione pecuniaria con un'obbligazione alla consegna di un bene diverso dal denaro) e/o il **titolo** (la somma di denaro, originariamente dovuta a titolo di prezzo nell'ambito di un contratto di compravendita, diviene il canone di godimento pattuito nell'ambito di un contratto di locazione); il c.d. "***animus novandi***", vale a dire la volontà delle parti di sostituire la nuova obbligazione a quella preesistente, estinguendola, e non semplicemente di aggiungerla ad essa, la quale deve essere manifestata **in modo non equivoco** (art. 1230, II comma, cod. civ.).
La novazione oggettiva, sin qui descritta, deve essere tenuta distinta dalla cc.dd. **novazione soggettiva**, nella quale l'elemento di novità attiene all'individuazione delle parti. Rispetto a quest'ultima, l'art. 1235 cod. civ. si limita a rinviare alla **disciplina in tema di delegazione, espromissione e accollo** (v. *infra*).

▶ 11.2. La remissione del debito

La remissione consiste nella **dichiarazione del creditore di voler liberare il proprio debitore**, la quale estingue l'obbligazione interessata **sin dal momento in cui perviene nella sfera di conoscibilità del debitore**, ai sensi dell'art. 1335 cod. civ. Il debitore può comunque **dichiarare di non volerne profittare**, purché la dichiarazione intervenga **entro un termine congruo** (art. 1236 cod. civ.).
La remissione rappresenta un tipico esempio di **negozio unilaterale** capace di **incidere immediatamente sulla sfera giuridico-patrimoniale del destinatario**, senza che si renda necessario il consenso di quest'ultimo. Ciò in ragione degli effetti favorevoli che esso produce.
Si tratta, precisamente, di una **rinunzia abdicativa**, con la quale il creditore dismette una posizione giuridica soggettiva presente nella propria sfera patrimoniale, determinandone l'estinzione.
La remissione, oltre che espressa, può essere anche **tacita**, ove il creditore abbia assunto un comportamento dal quale possa evincersi, in maniera univoca, la volontà di liberare il proprio debitore.

▶ 11.3. La compensazione

La **compensazione** opera nell'ipotesi in cui due soggetti siano vincolati l'uno nei confronti dell'altro all'adempimento di obbligazioni derivanti da titoli diversi. In tale ipotesi, **i rispettivi debiti si estinguono per le quantità corrispondenti (art. 1241 cod. civ.)**.
L'ordinamento conosce in realtà tre diverse tipologie di compensazione, le quali presentano presupposti diversi:

- **la compensazione legale (art. 1243, I comma, cod. civ.)**.

Affinché questa possa operare, i debiti reciproci devono risultare: **omogenei**, dovendo avere entrambi ad oggetto somme di denaro o altre cose fungibili; **liquidi**, ossia precisamente determinati nel loro ammontare ovvero determinabili sulla base di una semplice operazione logica o matematica; **esigibili**, ossia suscettibili di dar luogo a una immediata richiesta di adempimento ad opera del creditore, per assenza o intervenuta scadenza del termine di adempimento; **certi**, vale a dire non sottoposti a contenziosi sull'*an* ovvero sul *quantum*. Tale ulteriore requisito, pur non essendo codificato, è stato desunto dalla giurisprudenza di legittimità, dal momento che, in mancanza di questo, il debito non potrebbe considerarsi liquido né esigibile.

- **la compensazione giudiziale (art. 1243, II comma, cod. civ.)**.

I rispettivi debiti devono essere: **omogenei**; **esigibili**; **illiquidi**, ma **suscettibili di facile e pronta liquidazione**, essendo fondati sulle cc.dd. "**prove liquide**", vale a dire su prove di immediata evidenza; **certi**. In tale evenienza, il Giudice dichiara la compensazione **per la sola parte del contro-credito che riconosce esistente**, per l'appunto sulla base delle predette "prove liquide", potendo altresì **sospendere la condanna** all'adempimento del debito che risulti liquido fino a che non sia stato liquidato l'altro debito;

- **la compensazione volontaria (art. 1252 cod. civ.)**. Essa avviene per **volontà delle parti**, non richiedendosi la ricorrenza dei presupposti della compensazione legale e/o di quella giudiziale, quali l'omogeneità, la liquidata o pronta liquidabilità e l'esigibilità.

▶ 11.4. La confusione

Si ha **confusione** quando **le qualità di debitore e di creditore confluiscono nella medesima persona (art.**

1253 cod. civ.), ad esempio per effetto di successione ereditaria. Poiché nessuno può essere obbligato nei confronti di se stesso, l'obbligazione in discorso si estingue *ipso iure* a partire dal momento in cui si verifica la confluenza (nell'esempio fatto, a partire dall'accettazione dell'eredità). La confusione libera anche i terzi dalle garanzie da questi prestate. Essa, invece, non può pregiudicare i terzi che abbiano acquistato un diritto di usufrutto ovvero di pegno sul credito in questione.

▶ 11.5. L'impossibilità sopravvenuta della prestazione

L'impossibilità sopravvenuta della prestazione estingue l'obbligazione quando sia **sopravvenuta** rispetto al sorgere dell'obbligazione stessa e derivi da una **causa non imputabile al debitore (art. 1256 cod. civ.)**.
Il citato art. 1256 è stato frequentemente letto dalla dottrina come **speculare rispetto all'art. 1218 cod. civ.**, che pone in capo al debitore la responsabilità dell'inadempimento dell'obbligazione ove non si dimostri che essa sia stata dovuta a causa a sé non imputabile. In altri termini, al fine di liberarsi dalla **responsabilità risarcitoria da inadempimento**, per l'appunto disciplinata dal richiamato art. 1218, il debitore avrebbe l'onere di provare la predetta impossibilità sopravvenuta, alla stregua dell'art. 1256.
L'impossibilità, onde poter rilevare quale causa di estinzione dell'obbligazione deve risultare, in tutte le situazioni passate in rassegna: **oggettiva**, vale a dire riferibile a qualsiasi soggetto che improntі la propria condotta al canone di diligenza; **assoluta**, ossia non superabile attraverso l'impegno normalmente richiesto al debitore.

12. Le modificazioni soggettive dal lato attivo

Il rapporto obbligatorio può subire delle **modificazioni soggettive** sia dal lato attivo (creditore) che dal lato passivo (debitore), senza che ciò comporti l'estinzione della corrispondente obbligazione.
Tali modifiche soggettive producono, generalmente, un **fenomeno circolatorio e non novativo**: il rapporto obbligatorio rimane il medesimo e, di conseguenza, in mancanza di diverse pattuizioni, permangono gli **accessori**, le **azioni**, i **termini di decadenza e prescrizione** e le **garanzie**, siano esse personali o reali.
La modifica soggettiva del lato attivo, e quindi la **circolazione del credito**, può realizzarsi, **oltre che per successione a titolo universale o particolare**, per effetto della **cessione di credito**, della **surrogazione** e della **delegazione attiva**.

▶ 12.1. La cessione del credito

L'art. 1260, I comma, cod. civ. consente al creditore il **diritto di trasferire, a titolo oneroso ovvero gratuito, il proprio credito**, anche **senza il consenso del debitore**, purché:
- il credito non sia **strettamente personale** (si pensi, ad esempio, ai crediti alimentari, di cui agli artt. 433 e ss. cod. civ.);
- il trasferimento non sia **vietato dalla legge**, come viceversa accade nelle ipotesi elencata dall'art. 1261 cod. civ., che individuano altrettante ipotesi di **incapacità giuridica speciale**;
- le parti non abbiano convenuto l'incedibilità del credito, vale a dire la c.d. **incedibilità convenzionale**. Il patto non è però opponibile al terzo cessionario, ove non si dimostri che questi ne aveva conoscenza al momento della cessione (art. 1260, II comma, cod. civ.).

La cessione del credito si realizza dunque mediante **contratto bilaterale traslativo**, che vede come parti il creditore cedente e il cessionario, e che può essere "riempito" di diverse cause, potendo quindi ricondursi a **differenti tipologie contrattuali** (compravendita, donazione e via dicendo).
Il credito viene trasferito al cessionario con tutti i **privilegi, le garanzie reali e personali e con tutti gli altri accessori** (art. 1263 cod. civ.).
Si è detto che la cessione del credito non richiede la partecipazione del **debitore ceduto**, essendo per questi tendenzialmente indifferente l'identità del proprio creditore. Senonché, la cessione diviene **efficace** nei suoi riguardi soltanto se: il **debitore l'abbia accettata**; la **cessione gli sia stata notificata**; il **debitore abbia avuto altrimenti conoscenza dell'intervenuta cessione**, nel qual caso l'adempimento eseguito al creditore cedente

non sarà liberatorio (art. 1264 cod. civ.). L'accettazione del debitore ovvero la notificazione nei suoi confronti assumono rilevanza anche ai fini dell'**opponibilità della cessione ai terzi**. In particolare, laddove il medesimo credito sia stato ceduto a **più cessionari con più atti successivi** prevarrà quello tra di essi che **per primo abbia ottenuto l'accettazione del debitore ovvero abbia provveduto alla notifica in suo favore** (art. 1265 cod. civ.).

► 12.2. La surrogazione

La **surrogazione** determina la **sostituzione al creditore originario di un diverso soggetto**, il quale subentra in tutti i diritti, principale e accessori, a quest'ultimo facenti capo. La peculiarità di questo istituto risiede nel fatto che **il soggetto che si surroga provvede ad adempiere l'obbligazione** nei riguardi dell'originario creditore. Non si tratta dunque di una cessione, perché **non si ha trasferimento di diritti** dal creditore iniziale al soggetto subentrato nella sua posizione e, soprattutto, si deroga al principio generale per cui l'adempimento della prestazione dovuta determina l'immediata e definita estinzione dell'obbligazione. Il Codice individua tre diverse tipologie di surrogazione: **la surrogazione per volontà del creditore (art. 1210 cod. civ.)**, che si ha quando il creditore, ricevendo l'adempimento da un terzo, dichiari, in modo espresso e contemporaneamente all'adempimento, di volerlo surrogare nei propri diritti; **la surrogazione per volontà del debitore (art. 1202 cod. civ.)**, che si realizza quando il debitore prende a mutuo la somma di denaro o la quantità di cose fungibili necessarie per adempiere la propria obbligazione; **la surrogazione legale nelle ipotesi previste dall'art. 1203 cod. civ.**

► 12.3. La delegazione attiva

La delegazione attiva **non trova una espressa disciplina nel codice civile**, ma si ritiene comunque ammissibile sulla scorta di un duplice assunto:

- essa costituisce espressione dell'**autonomia negoziale dei privati**, riconosciuta dall'art. 1322, II comma, cod. civ. (v. *infra*);
- essa si pone quale variante della **delegazione passiva**, viceversa esplicitamente contemplata e regolata dagli artt. 1268 cod. civ.

La delegazione attiva consiste in un **accordo trilaterale** in forza del quale il **creditore (delegante) autorizza un terzo (delegatario)** a rendersi destinatario della **promessa di adempimento** ovvero del vero e proprio **adempimento** cui il primo avrebbe diritto.

Si produce così un **effetto cumulativo**, in quanto il nuovo creditore si aggiunge a quello originario, con **solidarietà dal lato attivo** e assunzione del ruolo di **creditore principale** ad opera del delegatario.

13. Modificazioni soggettive dal lato passivo

Le **modificazioni dal lato passivo** incidono sulla individuazione del debitore.

Ciò giustifica la principale differenza rispetto alla cessione del credito: mentre quest'ultima si pone come fattispecie bilaterale, alla quale non partecipa il debitore, **le modificazioni dal lato passivo, ove si intenda renderle vincolanti e opponibili verso il creditore, devono necessariamente ricomprendere anche quest'ultimo** all'interno del loro perimetro soggettivo. Ciò poiché l'identità del debitore non è indifferente per il creditore, che ha tutto l'interesse a valutare la maggiore o minore solvibilità del nuovo debitore rispetto al debitore precedente.

► 13.1. La delegazione passiva

La delegazione passiva si verifica quando:

- il **debitore delegante** ordina, attraverso il c.d. ***iussum***, a un **terzo delegato** di obbligarsi verso il **creditore delegatario**, assumendo un'obbligazione di oggetto e contenuto identico a quella gravante sul primo (***delegatio promittendi*** o **delegazione cumulativa, art. 1268 cod. civ.**).
- **Il nuovo debitore si aggiunge e non si sostituisce al delegante**, salvo che il **creditore**, all'atto dell'assunzione dell'obbligazione ad opera del delegato, **non dichiari di volerlo liberare**. Tuttavia, il creditore potrà richiedere l'adempimento al debitore originario soltanto dopo averlo richiesto al delegato (***beneficium ordinis***), configurandosi una **obbligazione solidale**

diseguale o sussidiaria;
- il **debitore delegante** ordina al terzo delegato di eseguire il pagamento dovuto nei confronti del creditore delegatario (delegazione di pagamento o *delegatio solvendi*, art. 1269 cod. civ.).

La delegazione presuppone la sussistenza di un duplice rapporto giuridico:
- il c.d. **rapporto di valuta**, coincidente con il rapporto obbligatorio intercorrente tra debitore delegante e creditore delegatario, per la cui soddisfazione la delegazione viene posta in essere;
- il c.d. **rapporto di provvista**, che è invece il rapporto che lega il delegante al delegato e sul quale si forma l'ordine emesso dal primo nei confronti del secondo. Senonché, questo secondo rapporto può mancare, nel qual caso si parlerà di **delegazione allo scoperto**.

▶ 13.2. L'espromissione

Si ha **espromissione** quando un terzo, **senza aver ricevuto alcun incarico dal debitore, si obbliga** nei confronti del creditore ad adempiere alla medesima prestazione cui si sia obbligato il debitore (art. 1272 cod. civ.). Ciò che vale a distinguere l'espromissione dalla delegazione passiva è quindi il fatto che **l'iniziativa proviene qui dal terzo espromittente**. L'espromissione va anche tenuta separata dall'**adempimento di terzo** (art. 1180 cod. civ.), dal momento che, in questa seconda ipotesi, si ha immediato adempimento della prestazione, mentre **l'espromittente si limita a obbligarsi**, rinviando l'eventuale adempimento a una fase successiva. L'effetto pratico che si produce è del tutto analogo a quello della *delegatio promittendi* e, in particolare, si avrà: **espromissione liberatoria**, se **il creditore espromissario dichiari espressamente** di liberare il debitore estromesso; **espromissione cumulativa**, che rappresenta invece la regola, in cui tra espromittente ed estromesso si crea un vincolo di **solidarietà passiva** nei confronti del comune creditore.

▶ 13.3. L'accollo

Per **accollo** si intende **l'accordo tra terzo accollante e debitore accollato** con il quale il primo assume su di sé il debito del secondo (art. 1273 cod. civ.).
Occorre però a questo punto distinguere tra: **accollo interno**, che resta un accordo tra debitore e accollante, come tale in alcun modo opponibile al creditore accollatario, che impegna sostanzialmente l'accollante a fornire all'accollato le risorse necessarie per poter adempiere; **accollo esterno**, viceversa caratterizzato dall'adesione del creditore accollatario, con l'effetto di rendere irrevocabile, nei suoi confronti, l'accordo. L'adesione determina un **effetto liberatorio** a vantaggio dell'accollato, ma solo se: la **liberazione venga espressamente ammessa dal creditore** all'atto dell'adesione, **l'adesione fosse condizionata fin dall'inizio alla liberazione del debitore accollato**, a pena di inefficacia
L'accollo esterno potrà quindi essere **liberatorio** ovvero **cumulativo**.

14. L'inadempimento: nozione, presupposti e natura giuridica

Si ha **inadempimento dell'obbligazione** in tutte le ipotesi in cui il debitore non esegue la prestazione dovuta nel **tempo**, nel **luogo** o **secondo le modalità** stabiliti. Esso si verifica quindi in tutti i casi di **mancata o inesatta esecuzione della prestazione** cui il debitore risulta obbligato.
Affinché possa darsi inadempimento è però necessario che l'obbligazione risulti non soltanto **originariamente esistente**, ma perduri anche come tale (c.d. ***perpetuatio obligationis***) e sia **esigibile**, in ragione dell'assenza o dell'intervenuta scadenza del termine di adempimento stabilito dalla legge o dalle parti.
L'inadempimento può essere: **definitivo**, quando il debitore non è più in grado di adempiere alla prestazione, perché essa è divenuta ormai irreversibilmente ineseguibile ovvero perché l'interesse del creditore è venuto meno; **temporaneo**, ove il termine di adempimento sia scaduto, e si configuri quindi un **ritardo** del debitore, ma questi possa ancora eseguire la prestazione dovuta; **totale**, se la prestazione sia rimasta totalmente ineseguita; **parziale**, se la prestazione è stata eseguita solo in parte o, comunque, con modalità oggettive, di tempo e di luogo non conformi a quelle richieste.

▶ 14.1. La costituzione in mora del debitore

La **mora del debitore** (***mora debendi***) ricorre nell'ipotesi in cui vi sia un ritardo ingiustificato nell'adempimento dell'obbligazione imputabile al debitore.
Tale ritardo potrà poi sfociare in un **adempimento tardivo** ovvero in un **inadempimento,** a seconda che il creditore abbia interesse a ricevere la prestazione in ritardo o la stessa divenga successivamente impossibile, anche per causa non imputabile al debitore.
La mora del debitore, perlomeno di regola, non opera *ex lege*, ma richiede un esplicito atto di **costituzione in mora** ad opera del creditore, consistente in una **intimazione o richiesta fatta per iscritto** (art. 1219, I comma, cod. civ.). Si tratta della c.d. ***mora ex persona***.
Ad essa si affianca comunque, sia pure nelle sole ipotesi tassativamente individuate dal legislatore, la c.d. "***mora ex re***", che non richiede alcun atto di costituzione in mora (art. 1219, II comma, cod. civ.).

15. La responsabilità contrattuale o da inadempimento

Con l'espressione **responsabilità contrattuale**, o con l'equivalente **responsabilità da inadempimento**, si indica l'insieme delle conseguenze negative cui il debitore va incontro in caso di inadempimento, sia esso definitivo, temporaneo, totale o parziale. Tale categoria va riferita non alle sole **obbligazioni di fonte contrattuale**, ma a qualsiasi obbligazione preesistente tra le parti, anche se **fondata sulla legge** o **su un altro atto o fatto idoneo a produrla**, ai sensi dell'art. 1173 cod. civ.
La norma fondamentale in tema di responsabilità da inadempimento è l'**art. 1218 cod. civ.**, in forza del quale il debitore che non esegue esattamente la prestazione dovuta è tenuto al risarcimento del danno, se non prova che l'inadempimento o il ritardo nell'adempimento sia stato determinato da **impossibilità della prestazione derivante da causa a lui non imputabile**.
La disposizione, come si è visto, sembra porsi in relazione di specularità con l'art. 1256 cod. civ. (v. *supra*), al punto che, a fronte del rilevato inadempimento, si darebbero soltanto due alternative: o la prestazione è rimasta inadempiuta per un fatto integrante la causa di estinzione dell'impossibilità sopravvenuta ovvero sussiste la responsabilità del debitore.

▶ 15.1. L'estensione dell'area della responsabilità contrattuale

La responsabilità contrattuale, sinora descritta, va posta in contrapposizione con la c.d. **responsabilità extracontrattuale o aquiliana**, che trova la propria disciplina agli artt. 2043 e ss. cod. civ. La differenza si rinviene nella **preesistenza, nella prima, e nell'assenza, nella seconda, di un rapporto giuridico obbligatorio** tra danneggiante, tenuto al risarcimento, e danneggiato.
La delimitazione dei due rispettivi ambiti, apparentemente chiara e agevolmente tracciabile, risulta complicata dalla recente tendenza a includere nel perimetro della responsabilità contrattuale anche situazioni che tradizionalmente venivano ascritte al campo della responsabilità aquiliana.
Ciò è avvenuto soprattutto in ragione del diffondersi della **teoria del contatto sociale qualificato** (v. *supra*).
Così, a titolo esemplificativo, si ritiene che l'insegnante cui il discente minore di età viene affidato in custodia sia chiamato a rispondere a norma dell'art. 1218 cod. civ., e non dell'art. 2043 cod. civ., per i danni che il minore arrechi a sé stesso mentre si trova sotto la sua vigilanza. Ciò poiché la relazione di fatto che si viene a creare tra insegnante e discente varrebbe a far sorgere un vero e proprio **rapporto obbligatorio giuridicamente rilevante** tra i due, *sub specie* di **obblighi di protezione**.
Un altro esempio classico di responsabilità contrattuale da contatto sociale qualificato era rappresentato dalla **responsabilità assunta dal personale medico-sanitario nei confronti del paziente affidato alle sue cure**. Senonché, la recente **L. 8 marzo 2017, n. 24**, vale a dire la c.d. **Legge Gelli-Bianco**, ha inciso profondamente sulla ricostruzione qui operata, distinguendo, all'art. 7, tra:

- **responsabilità della struttura sanitaria**, la quale sarebbe sempre una responsabilità contrattuale, fondato su un vero e proprio contratto, espresso o tacito, concluso dalla stessa con il paziente, denominato dalla dottrina **contratto di spedalità;**
- **responsabilità del sanitario cui il paziente abbia conferito un incarico specifico**, anch'essa contrattuale e, precisamente, riconducibile alla figura del **contratto d'opera intellettuale**, di

cui agli artt. 2229 e ss. cod. civ.;
- **responsabilità del sanitario cui non sia stato conferito alcun incarico specifico**, la quale viene invece qualificata dalla legge in esame come **extracontrattuale**, sconfessando così la teorica del contatto sociale qualificato.

▶ 15.2. Le azioni avverso l'inadempimento e il riparto dell'onere della prova

In caso di inadempimento, come si è visto, il creditore è in ogni caso legittimato a esperire **l'azione risarcitoria da responsabilità contrattuale**, ai sensi dell'art. 1218 cod. civ. Su di essa avrà modo di tornarsi in seguito.
L'azione risarcitoria è però **cumulabile con altri due rimedi**, tra di loro alternativi. Questi ultimi risultano ambedue previsti dall'art. 1453 cod. civ. con riferimento alla materia contrattuale, ma sono estensibili a qualsivoglia obbligazione, anche se di fonte non contrattuale:
- **l'azione di esatto adempimento**, volta a ottenere la condanna del debitore a eseguire la prestazione originariamente dedotta a oggetto dell'obbligazione;
- **l'azione di risoluzione del titolo** dal quale l'obbligazione rimasta inadempiuta dipende.

Rispetto a tutti i rimedi giurisdizionali qui passati in rassegna si è posto storicamente il problema del **riparto dell'onere della prova** tra creditore e debitore inadempiente in ordine all'inadempimento.
E' prevalsa, infine, la tesi che accolla **al debitore l'onere di provare** di aver adempiuto ovvero di essersi trovato nell'oggettiva impossibilità di provvedervi. A favore di questa soluzione militano due argomenti principali:
- **l'art. 1218 cod. civ., nella sua formulazione letterale**, stabilisce che è onere del debitore dimostrare che l'inadempimento o il ritardo nell'adempimento non sia dipeso da causa a sé imputabile e, pertanto, lo stesso dovrebbe valere anche per la prova dell'adempimento;
- il principio di "**vicinanza della prova**" induce a ritenere che sia assai più agevole per il debitore provare l'avvenuto adempimento di quanto non sarebbe per il creditore provare l'inadempimento, atteso altresì che quest'ultimo consiste in un **fatto negativo**, di cui non è possibile fornire una prova positiva e diretta.

▶ 15.3. Il risarcimento del danno e la *chance*

Il **risarcimento del danno** può definirsi, in linea generale, come la **reintegrazione della sfera giuridico-patrimoniale** del soggetto che sia stato leso da un altrui illecito civile. Siffatta reintegrazione si esplica nella ricostituzione della situazione patrimoniale e giuridica nella quale il soggetto danneggiato si sarebbe venuto a trovare in assenza dell'altrui illecito.
Norma cardine in materia è l'art. 1223 cod. civ., ai sensi del quale il risarcimento del danno derivante dall'inadempimento di un'obbligazione deve ricomprendere:
- il **danno emergente** vale a dire la perdita subita rispetto alla situazione preesistente;
- il **lucro cessante**, coincidente con il mancato guadagno.

Ambedue queste tipologie di danno devono essere, sempre alla stregua del citato art. 1223, **conseguenza immediata e diretta** dell'inadempimento. Si tratta del c.d **nesso di causalità giuridica**, contrapposto al **nesso di causalità materiale**. Precisamente:
- il **nesso di causalità materiale** collega l'inadempimento all'evento di danno, vale a dire alla lesione di una situazione giuridica soggettiva del danneggiato, e segue le regole della **causalità penalistica (artt. 40 e 41 cod. pen.)**;
- il **nesso di causalità giuridica** collega invece il danno-evento al danno-conseguenza ed è regolato appunto dall'art. 1223 cod. civ.

▶ 15.4. La quantificazione del danno risarcibile e la *compensatio lucri cum damno*

Il risarcimento del danno da inadempimento, come si ricava anche dal sopra esaminato art. 1223 cod. civ., è improntato a un **principio di integralità**, dovendo ristorare il creditore danneggiato dell'intero pregiudizio da questi subito. Possono tuttavia darsi dei casi in cui il danno non sia precisamente quantificabile. In simili evenienze, l'art. 1226 cod. civ. consente al Giudice adito di procedere a una **valutazione equitativa**, ossia fondata sul comune senso di giustizia e di equità. La giurisprudenza di legittimità ha comunque a più riprese chiarito che l'incertezza surrogabile tramite il ricorso all'equità può riguardare esclusivamente il *quantum*, non anche l'*an* dell'illecito e del conseguente risarcimento. Un ulteriore istituto che assume particolare rilevanza nella liquidazione del danno risarcibile è poi senza dubbio la ***"compensatio lucri cum damno"***. Con questa espressione, radicata nella tradizione giuridica di derivazione romanistica, si suole indicare la necessità di tenere presenti, ai fini della liquidazione in discorso, anche i vantaggi che il danneggiato abbia ricavato dall'altrui illecito, deducendoli dal *quantum* risarcibile.

▶ 15.5. Limiti alla risarcibilità del danno da inadempimento

Si è detto che l'art. 1223 cod. civ. pone il **principio di integralità del risarcimento del danno da inadempimento**. Tale principio trova tuttavia alcune deroghe e limitazioni espressamente codificate, quali in particolare:

- la **prevedibilità del danno (art. 1225 cod. civ.)**.

Se l'inadempimento o il ritardo nell'adempimento non dipendono da dolo o colpa grave del debitore, il risarcimento deve essere **limitato al danno che poteva prevedersi** nel tempo in cui è sorta l'obbligazione. Si tratta di una norma che si applica alla sola responsabilità contrattuale, non essendo richiamata dall'art. 2056 cod. civ. e, quindi, non potendo estendersi alla responsabilità aquiliana.

- il **concorso del fatto colposo del creditore (art. 1227 cod. civ.)**.

Tale concorso può declinarsi in due differenti modalità:

- se **il fatto colposo del creditore ha concorso a cagionare il danno**, come fattore concausale, il risarcimento deve essere diminuito in misura proporzionale alla colpa del creditore e all'entità delle conseguenze che ne siano derivate (I comma).
  Si tratta di un'applicazione del **nesso di causalità giuridica**, regolato dall'art. 1223 cod. civ., in forza del quale il debitore è tenuto a risarcire unicamente quei pregiudizi che siano causalmente ricollegabili al proprio inadempimento;
- se viceversa **il creditore avrebbe potuto evitare i danni usando l'ordinaria diligenza**, il risarcimento è del tutto escluso (II comma).
  Viene qui in rilievo il **nesso di causalità materiale**, dal momento che il comportamento negligente del creditore vale a recidere la relazione di causalità tra l'inadempimento e il danno-evento.

▶ 15.6. La clausola penale

La **clausola penale** è la clausola, inserita all'interno di un certo contratto, con la quale le parti concordano una **preventiva e convenzionale liquidazione del danno** che potrà derivare dall'inadempimento commesso da una delle parti stesse ai danni dell'altra **(art. 1382 cod. civ.)**. La prestazione così stabilita dovrà essere eseguita **a prescindere dalla prova del danno subito dal creditore** e, quindi, a fronte del semplice inadempimento. Essa libera pertanto il creditore dall'onere di provare il danno subito, ma, al contempo, avvantaggia anche il debitore, dal momento che **il risarcimento viene limitato alla prestazione promessa**, salvo che sia stata espressamente pattuita la risarcibilità del danno ulteriore.

▶ 15.7. La caparra confirmatoria

La **caparra confirmatoria** consiste in una **somma di denaro** ovvero in una certa **quantità di altre cose fungibili** che una parte dà all'altra a garanzia dell'esecuzione del contratto, con l'intesa che, in caso di inadempimento della corrispondente obbligazione, l'altra parte potrà **recedere dal contratto** e **trattenere la somma o le cose ricevute** (art. 1385 cod. civ.). Se invece risulta essere inadempiente la parte che ha ricevuto la caparra, **l'altra potrà recedere dal contratto e richiedere il doppio della caparra**. Resta comunque salvo il diritto di richiedere il risarcimento del danno secondo le norme generali, se la parte adempiente preferisce domandare l'esecuzione ovvero la risoluzione del relativo contratto.

▶ 15.8. La caparra penitenziale

La **caparra penitenziale** è una somma di denaro ovvero una quantità di altre cose fungibili che viene corrisposta da una parte all'altra al momento della stipula di un contratto, quale **corrispettivo del diritto di**

recesso attribuito alla medesima parte, che viene versato in anticipo (art. 1386 cod. civ.). Nel caso in cui la parte in questione eserciti poi effettivamente il proprio diritto di recesso, **la controparte avrà diritto a trattenere la caparra**. La clausola può operare anche in senso bilaterale. In questo caso, qualora a recedere sia la parte diversa da quella che ha dato la caparra, questa sarà tenuta a corrispondere una **somma di denaro o una quantità di cose fungibili pari al doppio o del valore della caparra originaria**. La caparra penitenziale va poi tenuta distinta dalla c.d. **multa penitenziale (*multa poenitentialis*)**, non espressamente codificata ma comunque pacificamente ammessa. Quest'ultima costituisce a sua volta il **corrispettivo del diritto di recesso**, il quale viene però versato solo nel momento in cui tale diritto sia effettivamente esercitato.

16. La responsabilità patrimoniale e la garanzia patrimoniale generica

Il debitore, ai sensi dell'art. 2740 cod. civ., risponde dell'adempimento delle obbligazioni con tutti i suoi beni presenti e futuri (c.d. **responsabilità patrimoniale generica del debitore**). Discende da ciò che i creditori possono far espropriare i beni del loro debitore al fine di vedere soddisfatti i propri crediti, secondo le regole dettate dagli artt. 2901 e ss. cod. civ. Il successivo art. 2741 cod. civ. pone poi il principio di ***par condicio creditorum***, in forza del quale i creditori vantano un **eguale diritto di soddisfarsi sui beni del debitore**, salve le **cause legittime di prelazione**, quali i privilegi, il pegno e l'ipoteca.

▶ 16.1. Il divieto di patto commissorio

Il **patto commissorio** può definirsi come l'accordo con il quale le parti di un rapporto obbligatorio convengono che, **nel caso in cui l'obbligazione garantita non venga adempiuta nel termine stabilito, la proprietà della cosa data in pegno o ipotecata passerà al creditore**. La conclusione di un simile patto è vietata dall'art. 2744 cod. civ., che ne decreta la **nullità**, anche nel caso in cui esso sia posteriore alla costituzione del pegno o dell'ipoteca.

17. Le garanzie reali

Le caratteristiche comuni alle **garanzie reali** (pegno, ipoteca e privilegio, ad eccezione dei privilegi generali) sono:

- la **realità**, in forza della quale la garanzia inerisce alla *res* e, come tale, è **opponibile *erga omnes***, vale a dire a tutti i soggetti che vantino, a qualsiasi titolo, diritti su di essa;
- il **diritto di sequela**, che consente al **creditore prelazionario** di far valere la garanzia anche nel caso in cui la proprietà della cosa sia stata trasferita a terzi;
- la **specialità**, dal momento che le garanzie reali, ad eccezione appunto dei soli privilegi generali, si riferiscono a specifici beni appartenenti al patrimonio del debitore ovvero di un soggetto terzo.

Ferme restando queste caratteristiche comuni, occorre tuttavia distinguere tra i **diritti reali di garanzia**, quali pegno e ipoteca, da un lato, e i **privilegi**, dall'altro lato:

- **pegno ed ipoteca** originano dalla **volontà delle parti** e richiedono di essere fondati su un apposito **titolo costitutivo** di natura **negoziale**.
- La venuta ad esistenza di tali diritti necessita poi, oltre al titolo, di un *modus adquirendi*, vale a dire di una formalità ulteriore, rappresentata, nel caso del pegno, dallo **spossessamento** e, nel caso dell'ipoteca, dall'**iscrizione nei pubblici registri**.
- Essi, inoltre, **possono avere ad oggetto anche beni di un terzo garante**, diverso dal debitore;
- **i privilegi**, al contrario, hanno sempre **fonte legale** e vengono ad esistenza **in maniera automatica**, al verificarsi dei presupposti stabiliti dalla disposizione normativa che li prevede, **salvo che la legge** stessa non preveda diversamente, richiedendo un'apposita **convenzione tra le parti** (art. 2745 cod. civ.).
- I privilegi possono poi avere ad oggetto soltanto beni che, almeno originariamente,

appartengano alla sfera giuridico-patrimoniale del creditore.
Pegno e ipoteca si distinguono invece tra loro, oltre che per la modalità di costituzione dei corrispondenti diritti, anche per le **differenti tipologie di beni che possono costituire oggetto dell'uno e dell'altra** (mobili per il pegno, immobili o mobili registrati per l'ipoteca).

18. Le garanzie personali

Le garanzie personali si caratterizzano per la costituzione di **un nuovo rapporto obbligatorio accessorio all'obbligazione principale**: al patrimonio del debitore viene affiancato quello del terzo garante. Ciò significa che al debitore originario, detto **debitore principale**, si aggiunge un debitore ulteriore, con conseguente estensione anche a quest'ultimo della **responsabilità patrimoniale generica** nei confronti del comune creditore, a norma dell'art. 2740 cod. civ. Il debitore principale e il garante risultano così **responsabili in solido**, ancorché collocati in una **relazione asimmetrica di sussidiarietà**, in forza della quale il garante, ove abbia adempiuto alla prestazione, potrà **agire in regresso per l'intero** nei confronti del debitore principale.

▶ 18.1. La fideiussione

La fideiussione, nell'ordinamento vigente, rappresenta il modello di riferimento delle **garanzie personali**. **L'art. 1936 cod. civ.** non fornisce la definizione di fideiussione, bensì quella di **fideiussore**: in particolare, è fideiussore colui il quale, **obbligandosi personalmente nei confronti del creditore, garantisce l'adempimento di un'altrui obbligazione**. Il vincolo obbligatorio così assunto è efficace **anche nel caso in cui il debitore non ne abbia avuto conoscenza**. Ciò implica che questi non è parte necessario dell'atto costitutivo del rapporto di fideiussione.
Ad ogni modo, il rapporto instaurato dall'atto costitutivo della fideiussione è **accessorio rispetto al rapporto obbligatorio principale**. Nel rispetto degli illustrati limiti, il fideiussore, come si è visto, è obbligato in solido con il debitore principale verso il creditore garantito. Ciò implica che l'adempimento potrà essere richiesto, per il suo intero ammontare o valore, all'uno o all'altro (**art. 1944 cod. civ.**). Solo in presenza di un'espressa pattuizione delle parti potrà riconoscersi al fideiussore il c.d. "***beneficium excussionis***", vale a dire il diritto **a non essere chiamato ad adempiere prima che sia stato escusso il debitore principale**, con un'azione esecutiva che ne abbia dimostrato l'incapienza patrimoniale (art. 1944, II comma, cod. civ.).

▶ 18.2. Il contratto autonomo di garanzia

Il **contratto autonomo di garanzia** è una particolare figura di garanzia personale, in cui un soggetto, normalmente una banca o una società di assicurazioni, si impegna a pagare una determinata somma al creditore **a prima richiesta**, e dunque senza poter opporre eccezioni o difese di sorta, allo scopo di **garantire l'adempimento dell'obbligazione assunta dal debitore principale verso il creditore**. La prima peculiarità di questo **contratto atipico**, affermatosi dapprima nell'esperienza giuridica tedesca (*Garantievertrag*) e poi diffusosi anche in Italia, risiede, per l'appunto, nella **inopponibilità delle eccezioni inerenti al rapporto tra creditore e debitore principale**, da parte del fideiussore. Il terzo garante può opporre al creditore che domandi l'esecuzione della prestazione da questi assunta soltanto:

- **le eccezioni fondate sui propri rapporti personali con il creditore**, quale, ad esempio, la compensazione con un proprio credito vantato nei confronti del medesimo creditore;
- **la c.d. *exceptio doli generalis***, espressione dei principi generali di **correttezza** e **buona fede oggettiva** (artt. 1175 e 1375 cod. civ.).

Con essa, si fa valere l'insussistenza, originaria o sopravvenuta, del diritto a ottenere la prestazione indennitaria oggetto del contratto autonomo di garanzia, in ragione dell'inesistenza, invalidità o sopravvenuta estinzione dell'obbligazione altrui garantita, purché però sussista una **"prova liquida"**, vale a dire di immediata evidenza e che non richieda particolari accertamenti o approfondimenti istruttori nel corso dell'eventuale giudizio.

19. Mezzi di conservazione della garanzia patrimoniale

I **mezzi di conservazione della garanzia patrimoniale** sono rimedi che l'ordinamento attribuisce al creditore per evitare che il debitore, disponendo in male fede del proprio patrimonio o trascurandolo, pregiudichi la possibilità del creditore di vedere soddisfatto il proprio credito, in caso di inadempimento, mediante esecuzione forzata per espropriazione.
Si tratta della **azione surrogatoria**, dell'**azione revocatoria** e del **sequestro conservativo**.

▶ 19.1. L'azione surrogatoria

Con l'**azione surrogatoria (art. 2900 cod. civ.)** il creditore esercita **i diritti e le azioni giudiziarie che spettano al proprio debitore nei confronti di terzi e che il debitore stesso trascuri di esercitare**, fatta eccezione per quei diritti e quelle azioni che, per loro natura ovvero per disposizione di legge, possono essere esercitati esclusivamente dal loro titolare.
La legittimazione a esercitare l'azione in discorso poggia sulla **necessità di assicurare che siano soddisfatte o conservate le ragioni creditorie**. Ciò implica che il diritto o l'azione nel cui esercizio il creditore si surroga deve essere idoneo a **determinare un incremento, in senso quantitativo o anche solo qualitativo, ovvero a evitare una diminuzione della sfera patrimoniale del debitore** e, quindi, della **responsabilità patrimoniale generica** da questi assunta ai sensi dell'art. 2940 cod. civ. Opera quindi un presupposto di ammissibilità costituito dal c.d. ***eventus damni***, vale a dire dall'idoneità dell'atteggiamento inerte mantenuto dal debitore a determinare una lesione della predetta garanzia patrimoniale riconosciuta dall'ordinamento in favore del creditore.

▶ 19.2. L'azione revocatoria

L'azione revocatoria (anche detta ***actio pauliana***) è l'azione con cui il creditore domanda che siano **dichiarati inefficaci nei suoi confronti** gli **atti di disposizione del patrimonio** con i quali il creditore abbia **arrecato pregiudizio alle ragioni creditorie (art. 2901 cod. civ.)**. Tale azione, pertanto, ancor più dell'azione surrogatoria, ha un'evidente **finalità conservativo-cautelare**, essendo rivolta a evitare **una diminuzione della sfera patrimoniale del debitore**, come tale idonea, di nuovo, a intaccare la responsabilità patrimoniale generica di cui all'art. 2940 cod. civ. Il valido esperimento di questa azione è però subordinato a una serie di presupposti, alcuni espressamente previsti dall'art. 2901 e altri da esso desumibili:

- **l'esistenza del credito**, il quale potrà tuttavia essere, secondo la più accreditata interpretazione, anche **illiquido**, **inesigibile**, in quanto sottoposto a termine iniziale o a condizione sospensiva, o **incerto**, ad esempio in quanto oggetto di controversia.
- la sussistenza di un **atto dispositivo *inter vivos***, ivi comprese le **donazioni** *ex* art. 769 cod. civ. e le **liberalità indirette** *ex* art. 809 cod. civ., con il quale il debitore si sia privato di un diritto ovvero lo abbia sostituito con un diritto più difficilmente aggredibile da parte del creditore in sede di un'eventuale esecuzione forzata per espropriazione.
- il c.d. ***eventus damni***, comune all'azione surrogatoria, consistente in una **diminuzione quantitativa ovvero qualitativa del patrimonio del debitore**, tale da impedire o da rendere più difficoltosa l'eventuale esecuzione forzata per espropriazione ad opera del creditore.
- la c.d. ***scientia damni***, vale a dire la **consapevolezza, da parte del debitore, di ledere la garanzia patrimoniale generica del proprio creditore** ovvero, in caso di atto di disposizione anteriore al sorgere del credito, la **dolosa preordinazione** dell'atto ad arrecare il suddetto pregiudizio;
- il c.d. ***consilium fraudis***, vale a dire la c**onsapevolezza del terzo, in caso di acquisto a titolo oneroso, di arrecare un pregiudizio al creditore** ovvero, in caso di atto di disposizione oneroso anteriore al sorgere del credito, la c.d. ***participatio fraudis***, vale la **partecipazione alla dolosa preordinaazione** da parte del debitore disponente.

▶ 19.3. Il sequestro conservativo

Il **sequestro conservativo** può essere richiesto dal creditore nei confronti di **uno o più beni del debitore**

ovvero di uno o più beni di un terzo, ove l'atto o gli atti di acquisto dal debitore di quest'ultimo siano stati sottoposti ad azione revocatoria (art. 2905 cod. civ.). Il provvedimento conseguentemente emesso dal Giudice assume **natura cautelare**, essendo volto a prevenire che, con successivi atti di disposizione, il debitore sequestratario possa ledere, di nuovo, la garanzia patrimoniale generica del creditore sequestrante. Gli effetti di un siffatto sequestro sono enunciati dall'art. 2906 cod. civ.: esso appone un **vincolo di indisponibilità** sui beni sequestrati, in forza del quale **i successivi atti di disposizione risulteranno inefficaci nei confronti dello stesso sequestrante**. Il vincolo opera anche nei confronti degli eventuali **pagamenti di altri debiti posti in essere dal debitore**, purché il creditore abbia fatto **previa opposizione ai pagamenti** stessi (art. 2906, II comma, cod. civ.).

Capitolo 11
Il contratto

SOMMARIO

1. Nozione di contratto e di negozio giuridico

Il contratto viene definito dall'**art. 1321 cod. civ.** come l'**accordo di due o più parti** volto a **costituire, modificare o estinguere rapporti giuridici a contenuto patrimoniale**.
Esso costituisce la principale espressione della categoria concettuale e dogmatica del **negozio giuridico**, il quale, tuttavia, non soltanto non viene definito, ma non viene mai neppure nominato dal Codice civile italiano.

2. La classificazione dei contratti

I contratti possono classificarsi in:

- **contratti tipici e atipici**, a seconda che, come si è già visto, essi corrispondano a uno **schema contrattuale tipizzato dal legislatore**, come ad esempio la compravendita o il mutuo, ovvero esprimano uno **schema contrattuale diffuso in ambito economico e sociale ma non disciplinato a livello normativo**, come ad esempio il *leasing* o il *factoring*.
- **contratti consensuali**, che si concludono con il semplice **scambio di consensi tra le parti** (ad esempio i contratti traslativi, a partire dalla compravendita), e **contratti reali**, che invece richiedono, oltre all'accordo, che rappresenta il *titulus adquirendi*, anche una **formalità ulteriore (*modus adquirendi*)**, in genere coincidente con la **consegna della cosa oggetto del contratto** (ad esempio il deposito, il comodato o il mutuo).
  Nell'ordinamento italiano vige comunque il c.d. **principio consensualistico**, solitamente ricondotto all'art. 1376 cod. civ., il che implica che i **contratti reali** costituiscono una eccezione e, quindi, un ***numerus clausus***, richiedendo un'espressa previsione normativa;
- **contratti gratuiti (o a titolo gratuito)**, che attribuiscono tutti i vantaggi a una parte e tutti gli svantaggi all'altra parte (si pensi, ad esempio, al comodato), e **contratti onerosi (o a titolo oneroso)**, che invece ripartiscono vantaggi e svantaggi tra tutte le parti (si pensi alla compravendita, nella quale al vantaggio di acquistare un certo bene o un certo diritto

corrisponde lo svantaggio di pagare un prezzo e al vantaggio di percepire il prezzo corrisponde lo svantaggio di perdere un proprio bene o un proprio diritto). All'interno della categoria dei **contratti onerosi**, occorre però considerare separatamente i **contratti a prestazioni corrispettive (o contratti sinallagmatici)**, nei quali la prestazione imposta a una parte trova la sua ragione nella prestazione richiesta alla controparte (oltre allo scambio tra prezzo e diritto, proprio della compravendita, si pensi allo scambio tra prezzo e realizzazione di una certa opera o di un certo servizio, proprio dell'appalto).
- **contratti a effetti obbligatori**, i quali **si limitano a far sorgere obbligazioni**, e i corrispondenti diritti di credito, in capo a una o più delle parti e **contratti a effetti reali**, i quali invece, in aggiunta agli effetti obbligatori, **determinano anche il trasferimento di un diritto**, reale o di credito;
- **contratti bilaterali**, caratterizzati dalla presenza di sole due parti, che costituiscono la regola, e **contratti plurilaterali**, che invece vedono la presenza di più di due parti;
- **contratti a esecuzione istantanea**, nei quali i reciproci interessi vengono soddisfatti in un ben preciso momento, coincidente con l'accordo delle parti (**contratti a esecuzione immediata**, come la compravendita) ovvero con un momento a questo successivo (**contratti a esecuzione differita**, come l'appalto), e **contratti di durata**, nei quali la soddisfazione degli interessi dedotti a oggetto del contratto richiede **prestazioni prolungate nel tempo** (**contratti a esecuzione continuata**, come ad esempio la locazione di un bene) ovvero **ripetute nel tempo** (**contratti a esecuzione periodica**, come ad esempio la somministrazione di beni o servizi con determinate cadenze temporali);
- **contratti commutativi**, nei quali i rispettivi vantaggi e svantaggi sono definiti *a priori* (come accade, ad esempio, nell'appalto o nella locazione), e **contratti aleatori**, le cui parti non sono invece in grado di stabilire *a priori* chi sarà avvantaggiato e chi sarà svantaggiato dall'esecuzione del contratto (si pensi, soprattutto, al contratto di assicurazione, ma anche al gioco o alla scommessa, di cui all'art. 1933 cod. civ.).

3. La nozione di parte di un contratto

La **parte di un contratto** può definirsi come il **centro di imputazione** di interessi tra loro omogeni. Intesa in questi termini, la parte può essere:
- **monosoggettiva**, quando sia appunto identificabile con un unico soggetto, come avviene di regola;
- **plurisoggettiva**, quando sia invece formata da una pluralità di soggetti portatori di interessi comuni (si pensi al contratto di compravendita di un bene oggetto di comunione, nel quale i comunisti integrano un'unica parte, quella venditrice).

Ciò posto, occorre ulteriormente distinguere tra:
- **parte formale**, la quale si identifica con il soggetto o con i soggetti che abbiano materialmente concluso il contratto, manifestando una delle volontà di cui si compone l'accordo;
- **parte sostanziale**, che invece coincide con il soggetto o con i soggetti destinatari degli effetti giuridici sostanziali prodotti dal contratto.

La scissione tra parte formale e parte sostanziale si verifica in presenza di un fenomeno di **rappresentanza**, sia essa volontaria o legale.

▶ 3.1. La rappresentanza

Con il termine **rappresentanza** si indica la relazione giuridica in forza della quale un soggetto (**rappresentato**) conferisce a un altro soggetto (**rappresentante**) il potere di **compiere uno o più atti giuridici**, oltre che per conto del rappresentato, vale a dire nell'interesse di quest'ultimo, **in suo nome** (c.d. **spendita del nome** o ***contemplatio domini***), con la conseguenza che il contratto concluso dal rappresentante (**parte formale**) **produce effetti automaticamente nella sfera giuridica del rappresentato** (**parte sostanziale**). Ciò in forza dell'**art. 1388 cod. civ.**

La rappresentanza, così come si ricava dall'art. 1387 cod. civ., può distinguersi in:
- **rappresentanza legale**, la quale trova, per l'appunto, il proprio **fondamento nella legge**, a prescindere dalla volontà del rappresentato, consentendo il **compimento di atti giuridici a soggetti che, altrimenti, non potrebbero provvedervi**, in quanto privi della necessaria **capacità di agire (art. 2 cod. civ.)**.
- Si pensi alla rappresentanza legale dei genitori esercenti la responsabilità genitoriale nei confronti dei figli minori non emancipati o alla rappresentanza del tutore nei confronti di un soggetto interdetto;
- **rappresentanza volontaria**, la quale invece si fonda su un **atto di volontà del soggetto rappresentato**, il quale ben potrebbe compiere da sé gli atti giuridici per i quali sia stato conferito il potere di rappresentanza. Tale atto di volontà è espresso tramite la **procura (art. 1392 cod. civ.)**, sulla quale si avrà modo di tornare di qui a breve.
- Si pensi al soggetto che si faccia rappresentare nella stipula di un contratto di compravendita avente ad oggetto un immobile di sua proprietà.

▶ 3.2. La procura

Concentrando l'attenzione sulla **rappresentanza volontaria**, va anzitutto notato che essa può scindersi in due distinti rapporti giuridici: un **rapporto dotato di rilevanza esterna**, in forza del quale il rappresentato conferisce al rappresentante il potere di rappresentanza e, quindi, il potere di concludere atti e di intrattenere rapporti, in suo nome, con soggetti terzi; un **rapporto interno di gestione**, che regola gli eventuali obblighi assunti dal rappresentante nei confronti del rappresentato e viceversa.
Tra i due rapporti, soltanto il primo appare necessario affinché si dia luogo a un fenomeno di rappresentanza volontaria, essendo il secondo soltanto eventuale. Il primo trova il proprio fondamento giuridico e la propria disciplina nella **procura**, mentre il secondo può essere regolato da una pluralità di figure negoziali o contrattuali, tra le quali spicca soprattutto il **contratto di mandato (artt. 1703 e ss. cod. civ.)**.
Per quel che riguarda la **procura**, essa può definirsi come il **negozio giuridico unilaterale** mediante il quale il rappresentato attribuisce al rappresentante il **potere di rappresentanza** e, quindi, il potere di compiere atti giuridici produttivi di effetti nella sfera giuridico-patrimoniale del primo.
Si tratta di un negozio unilaterale, e non di un contratto, in quanto esso **non richiede l'accettazione del rappresentante**: il potere anzidetto viene ad esistenza non appena **la procura sia comunicata al rappresentante** (anche detto **procuratore**) o comunque **entri nella sua sfera di conoscibilità**, ai sensi dell'art. 1335 cod. civ. (v. *infra*), trattandosi di un **negozio recettizio**. Peraltro, **gli effetti generati dalla procura non potranno neppure essere rifiutati dal rappresentante**, atteso che non comportano alcun pregiudizio né alcuna diminuzione patrimoniale a carico di questi.

▶ 3.3. Gli abusi del potere di rappresentanza volontaria

Si configura un **abuso di potere di rappresentanza** quando il rappresentante **trascura di curare ovvero lede apertamente l'interesse del rappresentato**, discostandosi dalle istruzioni ricevute e perseguendo un interesse proprio o di terzi in contrasto con gli interessi del rappresentato.
Il Codice contempla invero diverse situazioni:
- **il contratto concluso in conflitto di interessi (art. 1394 cod. civ.)**.

Il contratto concluso dal rappresentante in conflitto di interessi con il rappresentato può essere annullato su domanda di quest'ultimo, se il conflitto era conosciuto o conoscibile dal terzo. Si ha **conflitto di interessi** quando il rappresentante persegua un **interesse proprio o di un terzo che risulti essere assolutamente incompatibile con l'interesse del rappresentato**, al punto che la soddisfazione dell'interesse perseguito dal rappresentante comporti necessariamente il sacrificio dell'interesse del rappresentato.
- **il contratto concluso con sé stesso (art. 1395 cod. civ.)**.

La conclusione del contratto, ad opera del rappresentante, con sé stesso, **in proprio ovvero nella qualità di rappresentante di un terzo**, costituisce una peculiare ipotesi di conflitto di interessi. Siffatto contratto risulta a sua volta **annullabile**, su domanda del rappresentato, salvo che quest'ultimo gli abbia conferito **specifica autorizzazione** ovvero salvo che **il contenuto del contratto sia tale da escludere qualsiasi rischio di conflitto d'interessi**.

In questo caso, contrariamente a quanto accade alla stregua dell'art. 1394 cod. civ., il rappresentato che agisca per l'annullamento non dovrà provare l'incompatibilità del contratto con il proprio interesse, essendo questo oggetto di una **presunzione legale**;

- **la rappresentanza senza potere (art. 1398 cod. civ.).**

Tale situazione ricorre quando il contratto sia concluso da un rappresentante **privo di qualsivoglia potere di rappresentanza** ovvero **eccedendo i poteri di rappresentanza** attribuitigli. Si parla, in dottrina, di ***falsus procurator***. Il contratto così concluso risulta, secondo la più recente e accreditata ricostruzione dottrinaria, **inefficace**, provenendo da un soggetto privo della legittimazione a disporre del diritto dedotto ad oggetto dello stesso. L'inefficacia vale non soltanto nei confronti del falsamente rappresentato, ma anche nei rapporti bilaterali tra terzo contraente e *falsus procurator*, avendo questi concluso il contratto non in nome proprio, bensì nel nome dello stesso falsamente rappresentato. Ciononostante, **l'art. 1398 cod. civ. riconosce al terzo il diritto di agire nei confronti del *falsus procurator* per il risarcimento del danno subito per aver confidato senza sua colpa nella validità**, *rectius* efficacia, del contratto.

▶ 3.4. Il contratto per persona da nominare

Si ha **contratto per persona da nominare,** ai sensi dell'art. 1401 cod. civ., quando una delle parti (**stipulante**) si riserva al momento della stipula la facoltà di nominare successivamente la persona che acquisterà i diritti e assumerà gli obblighi nascenti dal contratto stesso nei confronti dell'altra parte (**promittente**). La **dichiarazione di nomina** (c.d. ***electio***), se accompagnata dall'accettazione del terzo nominato ovvero in presenza di una "**procura**" rilasciata prima della stipula del contratto, una volta **comunicata alla parte promittente**, determina la **sostituzione del terzo nominato allo stipulante** nell'intera posizione contrattuale assunta dal medesimo stipulante (art. 1402 cod. civ.). La **sostituzione opera *ex tunc*** vale a dire sin dal momento della conclusione del contratto (art. 14040 cod. civ.); essa non deve quindi intendersi come una forma di **successione**, dal momento che il terzo nominato si considera come se fosse stato sin dall'inizio parte del contratto. La nomina deve intervenire **entro tre giorni dalla conclusione del contratto**, salvo che le parti abbiano pattuito un diverso termine (art. 1402, I comma, cod. civ.).

▶ 3.5. La cessione del contratto

Si ha **cessione del contratto** quando una parte di un determinato contratto (**cedente**), senza essersi riservata tale facoltà in sede di stipula, sostituisce a sé un terzo (**cessionario**) nella totalità dei rapporti giuridici, tanto attivi quanto passivi, derivanti dal contratto ed esercitabili nei confronti dell'altra parte (**ceduto**). L'art. 1406 cod. civ. subordina la cessione del contratto a una serie di condizioni, quali: il fatto che si tratti di un **contratto a prestazioni corrispettive**; il fatto che **le prestazioni interessate non siano state ancora eseguite**; il **consenso del contraente ceduto**.

4. L'accordo

Il contratto si intende concluso nel tempo e nel luogo in cui le parti raggiungono l'**accordo su tutti gli elementi da queste ritenuti rilevanti del regolamento contrattuale**. L'accordo, dunque, va inteso come **incontro delle volontà** delle parti contraenti, vale a dire come *in idem sentire*. Esso è definito dall'art. 1325, n. 1), cod. civ., come **elemento essenziale del contratto**, la cui mancanza dovrebbe quindi importare la **nullità** (art. 1418, II comma, cod. civ., v. *infra*). Tuttavia, si ritiene, anche alla luce della definizione di contratto fornita dall'art. 1321 cod. civ., che la mancanza di accordo determini la ben più radicale **inesistenza del contratto**, nel senso che non sarebbe ravvisabile alcuna fattispecie contrattuale. L'accordo può reputarsi assente non soltanto quando manchi del tutto lo scambio dei consensi tra le parti, ma anche **quando questo si sia realizzato senza alcuna effettiva volontà di vincolarsi, palese anche ai terzi**, ad esempio nell'ambito di una rappresentazione teatrale (***ioci causa***) ovvero nel corso di una lezione e con finalità esplicative (***docendi causa***).

▶ 4.1. La stipula mediante scambio di proposta e accettazione

Lo schema tipico di conclusione dell'accordo, e quindi del contratto, è rappresentato dallo **scambio** fra le parti **della proposta e dell'accettazione** di un determinato regolamento contrattuale. Precisamente, a norma dell'art. 1326, I comma, cod. civ., **il contratto è concluso nel momento in cui chi ha fatto la proposta (proponente o offerente) viene a conoscenza dell'accettazione dell'altra parte (oblato)**.
Tanto la proposta quanto l'accettazione sono **revocabili**, naturalmente prima che l'accordo sia stato raggiunto. Nel dettaglio: la revoca della proposta può essere effettuata fino a che il contratto non sia stato concluso (art. 1328, I comma, cod. civ.). la revoca dell'accettazione deve giungere a conoscenza del proponente prima dell'accettazione stessa (art. 1328, II comma, cod. civ.).

▶ 4.2. La conclusione del contratto mediante inizio di esecuzione

L'art. 1327 cod. civ. prevede una modalità alternativa di conclusione del contratto. Precisamente, si stabilisce che ove, **su richiesta del proponente** ovvero **per la natura dell'affare o secondo gli usi**, la prestazione oggetto del contratto proposto debba eseguirsi **senza una previa dichiarazione di accettazione**, il contratto stesso si considera concluso **nel tempo e nel luogo in cui ha avuto inizio l'esecuzione**. L'oblato ha però l'onere di dare notizia al proponente dell'iniziata esecuzione, **essendo altrimenti tenuto a risarcire il danno** (art. 1327, II comma, cod. civ.).

▶ 4.3. Il contratto con obbligazioni a carico del solo proponente

L'art. 1333 cod. civ. stabilisce che la proposta volta a concludere un contratto dal quale derivino **obbligazioni a carico del solo proponente** (c.d. **"contratto unilaterale"**) è **irrevocabile non appena sia giunta a conoscenza dell'oblato**. Quest'ultimo può **rifiutare la proposta**, purché il rifiuto intervenga nel termine richiesto dalla natura dell'affare o dagli usi, **altrimenti il contratto si considera concluso**.

▶ 4.4. L'offerta al pubblico

L'art. 1336, I comma, cod. civ. dispone che l'**offerta al pubblico**, quando contiene gli **estremi essenziali del contratto** alla cui stipula è diretta, assume il valore di **proposta**, salvo che le circostanze o gli usi inducano a una differente conclusione.
Tale offerta può definirsi come **proposta *in incertam personam***, vale a dire come proposta rivolta a destinatari indeterminati, i quali vengono a specificarsi con l'accettazione e, quindi, con la conclusione del contratto.
L'offerta così realizzata è **efficace sin dal momento in cui venga resa pubblica** e, al pari di una normale proposta, può essere revocata. La revoca deve essere fatta **nella stessa forma o in una forma equipollente** ed è efficace a prescindere dalla conoscenza che i terzi ne abbiano (art. 1336, II comma, cod. civ.).
L'offerta al pubblico deve essere tenuta distinta dal mero **invito a offrire**, con il quale si induce un'altra persona a formulare una proposta contrattuale, che potrà essere accettata o meno. La differenza risiede nella **completezza dell'offerta al pubblico**, contrapposta all'incompletezza dell'invito a offrire, il quale si limita a individuare il tipo contrattuale che potrà essere concluso, **senza tuttavia individuarne gli elementi essenziali**.
Si pensi, come esempio di invito a offrire, ai *depliant* pubblicitari inviati alla potenziale clientela da un produttore ovvero da un rivenditore di beni di consumo.

▶ 4.5. I contratti conclusi per adesione

Vi sono casi, sempre più frequenti nell'attuale assetto delle relazioni economiche e commerciali, nei quali **il contenuto del contratto** non è oggetto di negoziazione tra le parti, essendo **predeterminato da una delle parti, potendo la controparte accettarlo o rifiutarlo in blocco**. Ciò accade soprattutto nei cc.dd. **"rapporti standardizzati"**, ripetutamente conclusi da un operatore professionale con una pluralità di operatori non professionali.
Si parla, in proposito, di **contratti conclusi per adesione**, categoria alla quale possono ascriversi:

- **i contratti contenenti condizioni generali di contratto (art. 1341 cod. civ.)**.

Le **condizioni generali di contratto** possono definirsi come **clausole *standard***, predisposte da uno dei contraenti per essere inserite in una pluralità indeterminata di contratti conclusi nell'esercizio di un'attività imprenditoriale o professionale. Esse sono efficaci e vincolanti nei confronti della parte che non le abbia predisposte ove fossero, al momento della stipula del contratto, **conosciute ovvero conoscibili secondo l'ordinaria diligenza** (art. 1341, I comma, cod. civ.).
Tale regola non vale però per alcune tipologie di clausole, tassativamente enumerate dal II comma dell'art. 1341 cod. civ., che prendono il nome di **clausole vessatorie**. Queste, onde risultare efficaci, devono essere **specificamente approvate per iscritto** dalla parte che non le abbia predisposte;

- **i contratti conclusi mediante moduli o formulari (art. 1342 cod. civ.)**.
Si tratta di contratti il cui contenuto è interamente predeterminato da una delle parti, attraverso la definizione di un vero e proprio **contratto-tipo**, quale appunto il **modulo o formulario**. La differenza con le **condizioni generali di contratto** risiede appunto nella circostanza che esse riguardano solo alcune clausole e, quindi, una porzione del regolamento contrattuale.
Detti contratti assicurano l'uniforme **regolazione di rapporti, oltre che standardizzati, tra loro identici** o nei quali debba comunque assicurarsi la **parità di trattamento**. Ferma restando la **necessaria approvazione per iscritto delle clausole vessatorie** (art. 1342, II comma, cod. civ.), **le clausole aggiunte al modulo o formulario prevalgono su quelle inserite all'interno di quest'ultimo, se incompatibili**, presumendosi che siano state oggetto di negoziato tra i contraenti (art. 1342, I comma, cod. civ.);
- **i contratti aperti all'adesione di altre parti (art. 1332 cod. civ.)**.
Si tratta di contratti, che possono essere bilaterali o sin dall'inizio plurilaterali, contenenti una **clausola di apertura**, volta a legittimare soggetti terzi ad aderire al medesimo contratto, divenendo parti di esso. **L'adesione deve essere rivolta all'organo istituito dal contratto stesso ovvero, in mancanza, a tutti gli originari contraenti**.
Si ritiene che la clausola anzidetta integri una vera e propria **proposta contrattuale *in incertam personam***, di cui l'adesione rappresenta l'accettazione.
Si pensi, a titolo esemplificativo, al contratto istitutivo di una società cooperativa, caratterizzata dalla variabilità del capitale sociale e, quindi, dalla possibile adesione di soggetti non ricompresi nella sua originaria compagine sociale (art. 2511 cod. civ.).

▶ 4.6. Le trattative negoziali e il momento della conclusione del contratto

Le parti normalmente, **prima di giungere all'accordo contrattuale**, svolgono delle **trattative negoziali**, volte a verificare l'effettiva convenienza, per ciascuna di esse, dell'affare e a definire il contenuto del contratto.
In questa fase preparatoria, le parti possono accordarsi in ordine a specifici aspetti ed elementi del contratto, provvedendo altresì a documentare tali accordi parziali. Essi prendono il nome di **minute o puntuazioni** e non esprimono alcun vincolo giuridico, assumendo piuttosto una **rilevanza probatoria**, anche ai fini di un'eventuale domanda risarcitoria per **responsabilità precontrattuale**, ai sensi dell'art. 1337 cod. civ. (v. *infra*). Il vero e proprio **contratto**, produttivo degli effetti costitutivi, modificativi o estintivi di cui all'art. 1321 cod. civ., può dirsi concluso soltanto nel momento in cui le parti abbiano raggiunto **l'accordo in ordine a tutti gli elementi da esse considerati essenziali ai fini della stipula, senza rinviare a ulteriori negoziazioni o valutazioni**. In aggiunta a questo **dato soggettivo** dovrà poi riscontrarsi la presenza di un ulteriore **dato oggettivo**, costituito dalla presenza di tutti gli elementi richiesti dalla legge ai fini del perfezionamento di un determinato tipo contrattuale.

▶ 4.7. La responsabilità precontrattuale

Nel corso delle trattative che precedono la conclusione di un contratto, le parti non assumono alcun vincolo l'una nei confronti dell'altra, neppure in ordine alla stipula del contratto stesso, potendo entrambe decidere di **recedere dalle trattative**.
Ciononostante, l'art. 1337 cod. civ. impone alle parti il **dovere di comportarsi**, nel corso delle trattative e nella formazione del contratto, **secondo buona fede**. La buona fede va qui intesa **in senso oggettivo**, quale sinonimo di **correttezza**, sulla falsariga degli artt. 1175 e 1375 cod. civ. Tale dovere generale si

specifica qui nell'**obbligo di non arrecare alla controparte pregiudizi ingiustificati,** inducendola a confidare in una realtà apparente non corrispondente alla realtà effettiva. La violazione del descritto obbligo dà luogo a quella che la dottrina ha denominato **responsabilità precontrattuale**, ravvisabile in tre differenti tipologie di situazioni: in caso di **ingiustificato recesso dalle trattative**; in caso di **mancata rivelazione di cause di invalidità del contratto conosciute o che avrebbero dovuto essere conosciute**. Questa ipotesi è espressamente codificata dall'art. 1338 cod. civ.; nel caso in cui, tramite **l'omissione di informazioni rilevanti o la rivelazione di dati e informazioni parziali**, una delle parti abbia indotto l'altra a concludere un contratto a condizioni diverse da quelle che la stessa avrebbe accettato ove avesse avuto una conoscenza piena e completa delle predette informazioni.
Per quel che riguarda invece la **misura del risarcimento**, si ritiene tradizionalmente che esso debba essere rivolto a ristorare il c.d. **interesse negativo**, vale a dire l'interesse che la parte danneggiata avrebbe avuto a non avviare le trattative con la parte che sia incorsa in responsabilità precontrattuale. Nell'ambito di questo interesse, ad ogni modo, dovranno essere liquidati tanto il **danno emergente** quanto il **lucro cessante**, ai sensi dell'art. 1223 cod. civ.

5. I negozi preparatori

Con l'espressione "**negozi preparatori**" si indicano alcune fattispecie negoziali, quali la **proposta irrevocabile**, la **prelazione**, l'**opzione**, il **contratto preliminare** e il **contratto normativo**, che **precedono la conclusione del contratto** dotato di effetti costitutivi, modificativi o estintivi.
Tali negozi sono accomunati dal loro **carattere eventuale**, non costituendo una fase necessaria della formazione del contratto, e dalla loro **funzione preparatoria** rispetto alla stipula di un successivo contratto.

▶ 5.1. La proposta irrevocabile

Si ha **proposta irrevocabile** ove **il proponente si sia obbligato a tenere ferma la proposta per un certo tempo**, nel qual caso la sua revoca è inefficace (art. 1329, I comma, cod. civ.). Tale proposta **non viene caducata neppure dalla sopravvenuta morte o incapacità del proponente**, salvo che la natura dell'affare o altre circostanze lo impongano (art. 1329, II comma, cod. civ.). La proposta irrevocabile è generalmente considerata quale vero e proprio **negozio giuridico unilaterale**, il quale attribuisce un **diritto potestativo** all'oblato.

▶ 5.2. L'opzione

L'opzione è il contratto con il quale **una parte si obbliga a rimanere vincolata alla propria proposta contrattuale**, con **facoltà della controparte di accettarla o meno** (art. 1331 cod. civ.). Si realizza pertanto una situazione assimilabile a quella determinata dalla comunicazione di una **proposta irrevocabile**, la cui disciplina viene infatti richiamata dall'art. 1331, I comma, cod. civ. Sussiste però una fondamentale differenza: mentre la proposta irrevocabile, come visto, è un **negozio giuridico unilaterale**, la costituzione del diritto di opzione è il risultato di un **accordo bilaterale**, il quale potrà essere sorretto tanto da una **causa onerosa** quanto da una **causa gratuita**. La parte titolare della facoltà di accettare o meno la proposta prende il nome di **opzionario**: essa è titolare di un vero e proprio **diritto potestativo (diritto di opzione)**, il cui esercizio determina l'immediata conclusione del contratto voluto, senza che si renda necessaria un'ulteriore manifestazione di volontà della parte che abbia concesso il predetto diritto.

▶ 5.3. La prelazione

La prelazione è un istituto privo, al contrario della proposta irrevocabile e dell'opzione, di una disciplina generale, essendo regolato soltanto rispetto a specifiche fattispecie (si pensi, ad esempio, alla prelazione spettante ai partecipanti alla comunione ereditaria, ai sensi dell'art. 732 cod. civ.). Essa può ad ogni modo definirsi come il **diritto, attribuito a un determinato soggetto, di essere preferito, a parità di condizioni offerte, per la stipula di un determinato contratto**, nel caso in cui il soggetto che abbia conferito tale diritto decida effettivamente di concludere il contratto.

Riguardo alla fonte, la prelazione può essere: **legale**, ove trovi il proprio fondamento direttamente nella legge, come accade appunto per la prelazione dei coeredi partecipanti alla comunione ereditaria; **volontaria**, nel qual caso essa può fondarsi su un **negozio giuridico unilaterale** ovvero su un contratto o su una clausola inserita in un contratto più ampio (c.d. **patto di prelazione**).

▶ 5.4. Il contratto preliminare

Il principale dei negozi preparatori è certamente il **contratto preliminare**, privo tuttavia di una puntuale definizione legislativa e di una compiuta regolamentazione, perlopiù rimessa all'autonomia delle parti.
Il **contratto preliminare** può definirsi come il contratto con il quale le parti si obbligano a concludere un successivo contratto, detto **contratto definitivo**. Si tratta di un **contratto preparatorio a effetti obbligatori**, con il quale si fissa la **volontà di concludere un certo contratto**, consentendo però alle parti di valutare l'incidenza di eventi futuri, suscettibili di alterare l'assetto di interessi predeterminato (ad esempio, il
Per ciò che riguarda la **forma del contratto preliminare**, l'art. 1351 cod. civ. pone un obbligo di **forma *per relationem***: il preliminare deve essere concluso con la stessa forma richiesta per il definitivo, a pena di nullità. Secondo una lettura ampia di questa previsione, essa dovrebbe riferirsi sia alla **forma *ad substantiam*** sia alla **forma *ad probationem*** sia alla **forma convenzionale**, vale a dire alla forma stabilita dalle parti con un precedente accordo, la quale si presume voluta per la validità (art. 1352 cod. civ., v. *infra*).
Tutto ciò esposto, occorre ora concentrarsi sulle **modalità di esecuzione forzata** dell'obbligo di contrarre posto da un contratto preliminare, ove lo stesso sia rimasto inadempiuto. La manifestazione del consenso negoziale rappresenta infatti un tipico esempio di **prestazione infungibile**, in alcun modo sostituibile o surrogabile dall'opera di terzi.
Onde ovviare alla descritta infungibilità, l'art. 2932 cod. civ. delinea una peculiare ipotesi di **esecuzione forzata in forma specifica**, consentendo alla parte interessata di ottenere una **sentenza costitutiva** che tenga luogo del definitivo non stipulato, producendo i medesimi effetti di quest'ultimo. Tuttavia, un simile rimedio può esperirsi unicamente laddove: sia **possibile sostituire il definitivo con una sentenza**; il **ricorso all'esecuzione in forma specifica non sia escluso dal titolo**; in caso di **preliminare di contratto a prestazioni corrispettive**, la parte che agisca per l'esecuzione in forma specifica offra contestualmente di adempiere la prestazione su di sé gravante (ad esempio, in caso di preliminare di compravendita, il pagamento del prezzo).
Venendo a parlare della **trascrizione del contratto preliminare**, essa risulta oggi prevista dall'art 2645-*bis* cod. civ. e vale a rendere lo stesso opponibile *erga omnes* e, dunque, anche nei confronti di successivi danti causa dal promittente venditore. Naturalmente, la trascrizione potrà disporsi soltanto ove il definitivo prefigurato sia a sua volta trascrivibile, a norma dell'art. 2643 cod. civ. Si tratta di una **trascrizione a effetto prenotativo**, analoga alla trascrizione delle domande giudiziali prevista dagli artt. 2652 e 2653 cod. civ., essenzialmente volta ad anticipare gli effetti della successiva trascrizione del contratto definitivo. Non a caso, tale trascrizione prenotativa ha un'efficacia limitata nel tempo, dovendo la trascrizione del definitivo intervenire: **entro un anno dalla data fissata per la sua stipula**; in ogni caso, **entro tre anni dalla trascrizione del preliminare**. La mancata tempestiva trascrizione del definitivo priva di efficacia la trascrizione del preliminare *ex tunc*.

6. Elementi essenziali del contratto

Gli **elementi essenziali del contratto** (*essentialia negotii*), ai sensi dell'art. 1325 cod. civ., sono: l'**accordo delle parti**; la **causa**; l'**oggetto**; la **forma**, quando è richiesta dalla legge a **pena di nullità**. La mancanza di uno di tali elementi determina la **nullità strutturale del contratto**, a norma dell'art. 1418, II comma, cod. civ.

▶ 6.1. La nozione di causa

Nel diritto civile italiano opera il c.d. **principio causalistico**, in forza del quale ogni spostamento patrimoniale deve essere sorretto da una valida giustificazione causale, a prescindere dal fatto che esso si attui per mezzo di un contratto tipico ovvero atipico.

Sull'esatta definizione di causa si è lungamente discusso in dottrina. Sono in particolare emersi gli orientamenti di seguito riportati:

- **teoria soggettiva**, in forza della quale la causa esprimerebbe **lo scopo perseguito dalle parti nel concludere un determinato contratto**.
- **teoria della causa in astratto**, per merito della quale si è affermata la **concezione oggettiva** della causa, non più riferita agli scopi soggettivamente perseguiti dalle parti, bensì all'assetto di interessi definito dal regolamento contrattuale. Seguendo questa impostazione, la causa costituirebbe la **funzione economico-sociale** del contratto, vale a dire la sintesi delle conseguenze che lo schema negoziale utilizzato è in grado di realizzare.
- **teoria della causa in concreto**, la quale, pur condividendo con l'impostazione precedentemente esposta un'idea oggettiva della causa, la definisce quale **funzione economico-pratica** del contratto, vale a dire quale sintesi delle conseguenze che il singolo contratto concluso dalle parti è in grado di produrre nel caso concreto. Tale ultima teoria si è ormai definitivamente imposta, sia in dottrina sia in giurisprudenza, al punto da assurgere a vero e proprio *ius receptum*.

▶ 6.2. Il contratto in frode alla legge

Si ha **contratto in frode alla legge** (***in fraudem legis***) quando le parti utilizzino un determinato **schema contrattuale, in sé lecito**, per **eludere l'applicazione di una norma imperativa** e realizzare così un risultato vietato dall'ordinamento. In tal caso, a norma dell'art. 1344 cod. civ., **la causa si considera comunque illecita**, con conseguente nullità del contratto così concluso. Il contratto in frode alla legge deve essere tenuto distinto dal **negozio in frode ai creditori**, con il quale il debitore, senza porre in essere un risultato direttamente vietato dall'ordinamento, sottrae tuttavia beni alla garanzia patrimoniale generica della parte creditrice, con facoltà, per quest'ultima, di proporre l'**azione revocatoria** di cui all'art. 2901 cod. civ. La disposizione qui esaminata si spiega in ragione della condivisione, ad opera del legislatore del 1942, della teoria, all'epoca largamente maggioritaria, che concepiva **la causa come funzione economico-sociale astratta**, facendola sostanzialmente coincidere con il tipo contrattuale. In un simile quadro concettuale, l'art. 1344 serviva a sottoporre comunque al vaglio di liceità causale i contratti tipici, ove lo schema astratto in sé lecito fosse stato piegato a fini illeciti.

▶ 6.3. I motivi e la presupposizione

I **motivi**, nella teoria del contratto, possono definirsi come le **ragioni soggettive che abbiano indotto ciascuna delle parti a contrarre**. Essi si distinguono quindi nettamente dalla **causa, che**, alla luce delle più recenti e accreditate opzioni ermeneutiche, **ha ormai assunto una valenza prettamente oggettiva**. **I motivi sono generalmente irrilevanti** in materia contrattuale, dal momento che il principio di legittimo affidamento e di certezza dei traffici giuridici ed economici impone di guardare all'aspetto esteriore del negozio e non alla volontà soggettiva delle parti. Esistono tuttavia delle eccezioni:

- l'art. 1345 cod. civ. valorizza il **motivo illecito comune a tutte le parti**, il quale rende **illecito l'intero contratto**, determinandone così la nullità. Ciò, tuttavia, a patto che si tratti di **motivo determinante**, vale a dire del motivo unico o comunque principale a fronte del quale le parti stesse si sono determinate a contrarre;
- attraverso i cc.dd. **elementi accidentali del contratto** (condizione, termine e onere), ma soprattutto per il tramite dell'apposizione di una condizione sospensiva o risolutiva, le parti possono attribuire rilievo a motivi soggettivi altrimenti irrilevanti;
- i motivi possono spiegare una decisiva incidenza sul dispiegamento degli effetti contrattuali, ove si ammetta la figura, non codificata ma di creazione dogmatica, della **presupposizione**. Con questa espressione si indica una **situazione, di fatto o di diritto**, la cui originaria esistenza, permanenza nel tempo ovvero verificazione o non verificazione sia stata **tacitamente considerata dalle parti come determinante ai fini della conclusione e dell'esecuzione del contratto** da esse concluso.

▶ 6.4. L'oggetto del contratto

Il Codice non fornisce alcuna definizione legale di **oggetto del contratto**, così come del resto avviene

per la causa. È tuttavia pacifico che esso individua il **complesso delle prestazioni reciprocamente assunte dalle parti**. L'oggetto va quindi tenuto distinto dal **contenuto del contratto**, espressione con la quale si indica il **regolamento dell'assetto di interessi** preso in considerazione dalle parti.
Ciò posto, va rilevato che l'art. 1346 cod. civ. delinea **i requisiti essenziali** dell'oggetto, tutti stabiliti **a pena di nullità dell'intero contratto**. In particolare, l'oggetto deve essere: **possibile**, tanto in senso materiale quanto in senso giuridico; **lecito**, in quanto non contrario a norme imperative, all'ordine pubblico o al buon costume; **determinato o determinabile**, vale a dire precisamente identificato dalle parti ovvero comunque identificabile sulla base di una semplice operazione logica o matematica.

► 6.5. La forma del contratto

La forma del contratto può definirsi in prima approssimazione come il **mezzo attraverso il quale le parti manifestano all'esterno il loro consenso negoziale.**
Tuttavia, l'art. 1325 cod. civ., nell'includere la forma tra gli elementi essenziali del contratto, ove questa sia richiesta dalla legge a pena di nullità, fa riferimento a una ben determinata modalità di manifestazione della volontà in questione, rappresentata dalla **scrittura**. Nell'ambito di questa può poi distinguersi tra **atto pubblico** e **scrittura privata**, autenticata o meno. La limitazione del vincolo a usare la forma scritta ai soli casi espressamente previsti dalla legge consente di enunciare il **principio di libertà della forma**, in forza del quale **il consenso delle parti può essere manifestato con qualsiasi mezzo in grado di essere apprezzato**, da un punto di vista sociale, come accordo.
Ciò implica che il contratto può essere concluso: **in forma espressa**, attraverso vere e proprie dichiarazioni di volontà rese dalle parti; **in forma tacita o *per facta concludentia***, quando il consenso non sia dichiarato ma **possa comunque ricavarsi in modo univoco da comportamenti significativi**.
Va a questo punto precisato che, nel richiedere la forma scritta, la legge può in realtà prescrivere: **una forma *ad substantiam* (o *ad validitatem*)**, il cui mancato impiego determina la nullità del contratto, ai sensi del combinato disposto degli artt. 1325, n. 4), e 1418, II comma, cod. civ.; **una forma *ad probationem***, viceversa imposta ai soli fini della prova dell'avvenuta stipula del contratto e del suo specifico contenuto.

7. Gli effetti del contratto

Con l'espressione **effetti del contratto** ci si riferisce all'insieme delle conseguenze giuridiche che derivano dal contratto stesso. Precisamente, essi consistono nella **costituzione, modificazione o estinzione di situazioni giuridiche soggettive** ascrivibili alle parti contrattuali e dedotte ad oggetto del contratto, secondo la definizione contenuta nell'art. 1321 cod. civ. Agli effetti voluti dalle parti debbono poi affiancarsi gli **effetti derivanti dall'integrazione del regolamento contrattuale ad opera delle fonti eteronome** di cui all'art. 1374 cod. civ. Gli effetti devono essere tenuti concettualmente distinti dalla **efficacia del contratto**, intesa come idoneità dello stesso a generare i propri effetti.

► 7.1. La vincolatività del contratto tra le parti

L'art. 1372, I comma, cod. civ. afferma che **il contratto ha forza di legge tra le parti**. Ciò significa che le parti, per il **principio dell'autonomia privata**, ricavabile già dall'art. 1322 cod. civ., sono libere di autoregolare i propri interessi stipulando un contratto, ma, una volta concluso quest'ultimo, **restano vincolate ai suoi effetti**.
Il vincolo si specifica, in particolare: nella **incapacità di sciogliersi unilateralmente dallo stesso**, anche in caso di successivo pentimento; **nell'impossibilità di introdurre modifiche unilaterali** al regolamento contrattuale; nella **necessità di adempiere le obbligazioni discendenti dal contratto.**

► 7.2. Il principio consensualistico

Vige nell'ordinamento italiano, con riferimento ai **contratti a effetti reali**, il **principio consensualistico**, desumibile dall'art. 1376 cod. civ. In forza di tale principio, i contratti aventi ad oggetto il **trasferimento della proprietà di una certa cosa, la costituzione o il trasferimento di un diritto reale** ovvero **il**

trasferimento di un altro diritto risultano efficaci, e quindi producono l'effetto traslativo o costitutivo, **sin dal momento in cui le parti abbiano concluso l'accordo**, manifestando legittimamente il loro consenso.

▶ 7.3. Gli effetti del contratto nei confronti dei terzi

L'art. 1372 cod. civ., al II comma, prevede che **il contratto non può produrre effetti rispetto ai terzi**, se non nei casi previsti dalla legge, enunciando il c.d. **principio di relatività degli effetti del contratto**. Si definisce terzo qualsiasi soggetto che non sia parte del contratto, né in senso formale né in senso sostanziale (si pensi, ad esempio, al rappresentato o al terzo nominato, in caso di contratto per persona da nominare, che non rientrano tra i terzi). L'enunciato principio costituisce corollario del più ampio **principio di intangibilità della sfera giuridica**, il quale impedisce, in linea di massima, di produrre effetti costitutivi, estintivi o modificativi nella sfera giuridica di un altro soggetto senza che questi abbia prestato il proprio consenso. Senonché, tale principio assume **valenza assoluta unicamente qualora gli effetti siano sfavorevoli**, traducendosi in una diminuzione ovvero in una mancata espansione della sfera giuridica del soggetto inciso. Viceversa, **ove gli effetti in discorso siano favorevoli**, e consistano quindi nell'acquisto di situazioni di vantaggio o nell'eliminazione di situazioni di svantaggio, **il principio è suscettibile di essere derogato**, come accade, ad esempio, in caso di **contratti con obbligazioni a carico del solo proponente** (art. 1333 cod. civ.), **contratto a favore di terzo** (art. 1411 cod. civ.) o **promessa al pubblico** (artt. 1987 e ss. cod. civ.).

▶ 7.4. La promessa del fatto del terzo

L'art. 1381 cod. civ. regola il peculiare istituto della **promessa del fatto del terzo**, consistente in una **dichiarazione con la quale si promette alla controparte il compimento di un certo fatto ad opera di un terzo**, non vincolato all'impegno così assunto, ivi inclusa l'assunzione di una certa obbligazione. In tale ipotesi, ai sensi della richiamata disposizione, il promittente è obbligato a corrispondere un **indennizzo** all'altra parte se il terzo rifiuta di obbligarsi o non compie il diverso fatto dedotto a oggetto della promessa.

▶ 7.5. Il contratto a favore di terzi

Con il contratto a favore di terzi, previsto e regolato dall'art. 1411 cod. civ., una parte (**promittente**) assume nei confronti dell'altra parte (**stipulante**) **l'obbligo di eseguire una determinata prestazione in favore di un terzo**, il quale rimane estraneo all'accordo, ma **acquista comunque il corrispondente diritto sin dal momento in cui la stipulazione sia stata conclusa**. La produzione immediata dell'effetto costitutivo o traslativo si giustifica alla luce della suddetta **relatività del principio di intangibilità della sfera giuridica altrui**, ove, naturalmente, vengano in rilievo **effetti *in bonam partem***, esattamente così come accade nella fattispecie contrattuale descritta. L'estraneità del terzo all'accordo negoziale fa sì che questi non sia in alcun modo vincolato a ricevere la prestazione. Nel dettaglio, il medesimo terzo potrà: **accettare la stipulazione** fatta in suo favore, rendendola così **irrevocabile ad opera dello stipulante** (art. 1411, II comma, cod. civ.); **rifiutare il diritto oggetto della stipulazione**, determinando in tal modo la sua imputazione alla sfera giuridica dello stipulante, nei confronti del quale la prestazione dovrà essere eseguita dal promittente (art. 1411, III comma, cod. civ.).

8. Invalidità, inesistenza ed inefficacia del contratto

L'**invalidità** costituisce la risposta dell'ordinamento a talune **anomalie del contratto**, in ragione delle quali esso viene giudicato **non idoneo a perseguire scopi meritevoli di riconoscimento e di tutela**.
L'invalidità deve essere tenuta distinta:

- **dalla inefficacia**, la quale costituisce la **conseguenza della prima**, automatica, in caso di nullità, ovvero subordinata alla pronuncia di una sentenza costitutiva dell'Autorità giudiziale, in caso di annullabilità, ma può discendere anche da ragion diverse (si pensi, ad esempio, alla mancata realizzazione dell'evento dedotto ad oggetto di una

condizione sospensiva);
- **dalla inesistenza**, generalmente ricollegata a una anomalia tale da impedire financo di riconoscere in un certo atto un contratto (si fa, tradizionalmente, l'esempio del contratto *ioci causa* ovvero del contratto *docendi causa* ovvero del contratto concluso da un infante).
    - o Il contratto inesistente risulta radicalmente inefficace, non essendo neppure riconosciuto dall'ordinamento come tale, e non può essere in alcun modo sanato né convertito in un contratto valido ed efficace.

L'ordinamento prevede quantomeno due differenti tipologie di invalidità: **la nullità**, che dell'invalidità costituisce la forma più grave, con conseguente inefficacia radicale e insanabilità, se non nei casi ammessi dalla legge; **l'annullabilità**, la quale si porrebbe invece come forma meno grave di invalidità, compatibile con la provvisoria efficacia del contratto e suscettibile di sanatoria, sotto forma di **convalida (art. 1444 cod. civ.)**.

▶ 8.1. La nullità

La nullità, come si è avuto modo di anticipare, comporta la radicale inefficacia del contratto. Pertanto, **la sentenza** che la accerti assume natura meramente **dichiarativa**. L'inidoneità del contratto nullo a produrre effetti vale **sia tra le parti**, che non vedranno pertanto modificate le rispettive sfere giuridico-patrimoniali, **sia nei confronti dei terzi che sarebbero stati ipoteticamente incisi dagli effetti riflessi** del contratto. Ciò posto in termini generali, occorre sottolineare che l'art. 1418 cod. civ. individua tre differenti tipologie di nullità:
- **la nullità virtuale (I comma)**, la quale sussiste in caso di contrarietà del contratto a norme imperative, salvo che la legge stessa preveda diversamente. Si definiscono imperative le norme inderogabili, le quali pongono limiti all'autonomia negoziale dei privati.
- **la nullità strutturale (II comma)**, che discende dalla mancanza di uno degli elementi essenziali del contratto, elencati dall'art. 1325 cod. civ., dalla illiceità della causa (cfr. art. 1343 cod. civ.), dalla presenza di un motivo illecito comune (art. 1345 cod. civ.) ovvero dalla mancanza, nell'oggetto contrattuale, dei requisiti indicati dall'art. 1346 cod. civ.;
- **la nullità testuale (III comma)**, la quale costituisce una categoria residuale in cui far rientrare tutte le altre ipotesi per le quali la legge preveda espressamente la sanzione della nullità, ma che non siano riconducibili ad alcuna delle categorie anzidette.

Venendo quindi a parlare della disciplina giuridica della nullità, si individuano i seguenti caratteri fondamentali: **legittimazione assoluta (art. 1421 cod. civ.)**, potendo la nullità essere fatta valere, oltre che dalle parti del contratto, da chiunque altro vi abbia interesse. L'interesse dovrà risultare concreto e attuale, potendo assimilarsi all'interesse ad agire richiesto per tutte le azioni giudiziali dall'art. 100 cod. proc. civ.; **rilevabilità d'ufficio ad opera del Giudice (art. 1421 cod. civ.)**, da intendersi come possibilità per il Giudice, anche in assenza di una specifica deduzione di parte sul punto, di segnalare un'eventuale causa di nullità e di fondare su di essa il rigetto di domande che presuppongano la "non nullità" del contratto (come, ad esempio, una domanda di adempimento, di risoluzione, ma anche di annullamento o di rescissione del contratto); **imprescrittibilità (art. 1422 cod. civ.)**; **impossibilità di convalida (art. 1423 cod. civ.)**, ferma restando comunque la possibilità, ammessa dallo stesso art. 1423, di una **sanatoria**, nei casi in cui essa sia espressamente consentita dalla legge; **possibilità di conversione (art. 1424 cod. civ.)**, la quale non integra una sanatoria, nel senso anzidetto, quanto piuttosto una riqualificazione giuridica del contratto, che trova comunque il proprio limite nella volontà negoziale manifestata dalle parti.

▶ 8.2. L'annullabilità

Il **contratto annullabile**, sempre alla luce di quanto si è detto in apertura di questo capitolo, pur essendo affetto da una ragione di invalidità idoneo a determinarne la caducazione, è **provvisoriamente produttivo di effetti giuridici**, sino a che non venga annullato con **sentenza dell'Autorità giudiziaria**. Tale sentenza assume pertanto, a differenza della sentenza dichiarativa della nullità, **natura costitutiva**.

Le cause di annullabilità possono raggrupparsi in due grandi categorie: **l'incapacità legale o naturale**

delle parti; i vizi del consenso.
Può pertanto dirsi che l'annullabilità non esprime, così come avviene per la nullità, una difformità del contratto concluso rispetto all'ordinamento vigente, bensì essa costituisce la conseguenza di **vizi che incidono sulla formazione della volontà manifestata dalle parti**. Ciò spiega anche perché la **nullità** si ponga quale **figura generale di invalidità civilistica**, essendo viceversa l'annullabilità circoscritta alle situazioni tassative prefigurate dalla legge.
Le caratteristiche fondamentali dell'annullabilità sono: **la legittimazione relativa (art. 1441, I comma, cod. civ.)**, potendo l'annullabilità essere fatta valere soltanto dalla parte nel cui interesse essa viene stabilita dalla legge, ossia dalla parte la cui volontà risulti viziata; **la prescrittibilità (art. 1442 cod. civ.)**, prescrivendosi l'azione di annullamento in cinque anni, decorrenti dal giorno in cui sia venuto meno il vizio della volontà dal quale essa origina (II comma). Il discorso vale tuttavia soltanto ove l'annullabilità sia fatta valere, per l'appunto, in via di azione e non qualora costituisca oggetto di una eccezione volta unicamente a determinare il rigetto della domanda di controparte (art. 1441, IV comma, cod. civ.). Vale dunque il principio espresso dal brocardo *"temporalia ad agendum, perpetua ad excipiendum"*; **la retroattività degli effetti**, che risalgono al momento della stipula del contratto annullato, il quale dovrà pertanto considerarsi come se non abbia mai prodotto effetti giuridici di sorta. Consegue a ciò che il contraente che abbia ottenuto l'annullamento del contratto potrà ripetere la prestazione eventualmente eseguita; **la possibilità di convalida (art. 1444 cod. civ.)**, da intendersi quale vera e propria sanatoria del contratto annullabile, che non potrà pertanto più essere caducato dall'Autorità giudiziaria, con definitivo consolidamento degli effetti **giuridici** provvisoriamente prodottisi.

▶ 8.3. La rescissione

La rescindibilità del contratto, come si è anticipato in apertura del capitolo, viene ormai prevalentemente concepita quale *"tertium genus"* di invalidità negoziale, ricollegabile al fatto che una delle parti abbia concluso il contratto stesso **a condizioni inique**, in ragione del **ricorrere di una delle situazioni descritte dagli artt. 1447 e 1448 cod. civ.**. Essa, al pari dell'annullabilità, è dunque posta a presidio del principio di **autodeterminazione negoziale** delle parti, diretto corollario dell'art. 1372 cod. civ., ma, ricollegandosi a circostanze espressive di una **obiettiva ingiustizia sostanziale**, dà luogo a più gravi conseguenze sanzionatorie.
La rescissione viene ricollegata dal Codice a due differenti tipologie di situazioni:

- **lo stato di pericolo (art. 1447 cod. civ.)**, coincidente con la **necessità, nota alla controparte, di salvare sé o altri dal pericolo attuale di un danno grave alla persona**.
- Si pensi, a titolo esemplificativo, all'acquisto a prezzo assai inferiore a quello di mercato di un immobile, in ragione dell'esigenza della controparte di reperire liquidità al fine di pagare un costoso intervento chirurgico per sé o per un proprio stretto congiunto.
- In simili evenienze, il Giudice, nel pronunciare la rescissione del contratto così concluso, può assegnare all'altra parte un **equo indennizzo**, ove questa abbia comunque reso un servizio volto a elidere o ad attenuare il predetto stato di pericolo;
- **lo stato di bisogno (art. 1448 cod. civ.)**, consistente in una **oggettiva situazione di difficoltà economica o finanziaria** di una delle parti, di cui l'altra parte abbia **profittato per trarne vantaggio**, con conseguente conclusione di un contratto che presenti una **notevole sproporzione tra le prestazioni dovute dall'una e dall'altra parte**.
- Nello specifico, tale sproporzione deve eccedere la metà del valore della prestazione eseguita dalla controparte (c.d. ***laesio ultra dimidium***). La soglia si riduce a **un quarto del valore della controprestazione** ove venga in rilievo un contratto di divisione della comunione ereditaria (v. *supra*).
- La lesione deve inoltre perdurare sino al momento in cui venga proposta la domanda giudiziale di rescissione e non deve incidere su un **contratto aleatorio** (come, ad esempio, il contratto di assicurazione).

Venendo alla **disciplina dell'azione di rescissione**, essa presenta i seguenti caratteri: **legittimazione relativa**, potendo essere promossa soltanto dalla parte che abbia concluso il contratto in stato di pericolo ovvero in stato di bisogno, cui si associa la **non rilevabilità d'ufficio ad opera del Giudice**; **soggezione a un termine breve di prescrizione**, pari a **un anno**, decorrente dalla conclusione del contratto (art. 1449, I comma, cod. civ.); **retroattività degli effetti**, i quali risalgono sino al momento della stipula del contratto, con conseguente possibilità di ripetere le prestazioni eventualmente già eseguite; **inammissibilità della convalida (art. 1451 cod. civ.)**, che rappresenta l'elemento di maggiore vicinanza del regime giuridico proprio della rescissione a quello della nullità.

9. La simulazione del contratto

Si ha **simulazione del contratto** quando le parti danno intenzionalmente luogo a un'**apparenza negoziale**, dichiarando esteriormente di voler concludere un certo contratto, ma **essendo in realtà d'accordo che siffatto contratto non produrrà, nei loro reciproci rapporti, alcun effetto giuridico**. In altri termini, vengono poste in essere dichiarazioni non corrispondenti alla reale volontà negoziale delle parti.
Alla luce della situazione così descritta, il **contratto simulato** è **privo di effetti tra le parti** (art. 1414, I comma, cod. civ.).
La simulazione può tuttavia essere di due tipi:
- **assoluta**, ove le parti non abbiano voluto concludere alcun contratto;
- **relativa**, quando le parti abbiano simulato di stipulare un certo contratto, concludendone in realtà uno diverso (**contratto dissimulato**).

Si pensi, a titolo di esempio, all'ipotesi in cui le parti abbiano simulato una compravendita immobiliare, realizzando invece una donazione.
Nell'ipotesi da ultimo tratteggiata, contrariamente a quanto accade nella prima, **un rapporto contrattuale è quindi identificabile ed è quest'ultimo**, e non il contratto simulato, **a produrre effetti tra le parti** (art. 1414, II comma, cod. civ.). Ciò, però, a condizione che vi siano i **presupposti di sostanza e di forma** imposti dalla legge per la valida conclusione del contratto dissimulato.
Quella sin qui descritta è la simulazione relativa c.d. **oggettiva**, nella quale il contratto dissimulato diverge da quello simulato **per la diversa causa e/o il diverso oggetto**.
Ad essa deve però affiancarsi la **simulazione soggettiva**, anche detta **interposizione fittizia di persona**, che si caratterizza per essere una **fattispecie contrattuale trilatera**. In particolare, si ha interposizione fittizia quando **il contratto simulato viene concluso tra due parti, una delle quali non corrisponde alla parte effettiva del contratto dissimulato**. Si pensi, ad esempio, al caso in cui Tizio finga di acquistare un certo bene da Caio, mentre l'acquisto sia in realtà effettuato da un terzo soggetto, Mevio, sempre nei confronti di Caio.
Si è detto che, alla stregua dei primi due commi dell'art. 1414 cod. civ., **il contratto simulato è del tutto inefficace tra le parti**, le quali potranno evidentemente far valere questa inefficacia in giudizio, esperendo l'apposita **azione di simulazione**, con i limiti probatori di cui all'esaminato art. 1417 cod. civ.

10. Le ipotesi di scioglimento del contratto

Lo **scioglimento del contratto** si verifica in tutte le ipotesi in cui il rapporto contrattuale viene a estinguersi per un motivo diverso dall'invalidità.
La categoria generale dello "scioglimento" ricomprende in sé:
- le ipotesi di **risoluzione del contratto** a causa di accadimenti sopravvenuti nel corso dell'esecuzione (**grave inadempimento, impossibilità sopravvenuta, eccessiva onerosità sopravvenuta**);
- le ipotesi in cui il rapporto si estingue per effetto di una libera scelta assunta congiuntamente dalle parti (c.d. **mutuo dissenso**);
- le ipotesi in cui il rapporto si estingue per la decisione unilaterale di una sola delle parti (c.d. **recesso**).

Tra le cause di scioglimento del contratto può invero includersi anche la **morte di una delle parti**, ove ciò sia previsto dalla legge. Si pensi, a titolo esemplificativo, alla **morte dell'appaltatore**, ove la scelta della sua persona sia stata determinante nella decisione di concludere il **contratto di**

appalto (art. 1674 cod. civ.).
In generale, vige un **principio di tassatività delle cause di scioglimento del contratto**, come tali sottratte all'autonomia negoziale delle parti, desumibile dall'art. 1372, I comma, cod. civ., ai sensi del quale **il contratto non può essere sciolto che per mutuo consenso delle parti o per cause diverse ammesse dalla legge**.
Con l'espressione **mutuo dissenso**, o con l'equivalente formula **mutuo assenso**, si realizza lo **scioglimento consensuale del contratto,** attraverso la stipula di un nuovo contratto di secondo grado, e precisamente a contenuto **solutorio** e **liberatorio**, uguale e contrario rispetto al contratto originario, con il quale si ripristina lo *status quo ante*.
Di regola, **le parti non possono sciogliersi unilateralmente dal vincolo assunto mediante la stipula di un contratto**. A questa conclusione si addiviene, ancora una volta, sulla scorta dell'art. 1372, I comma, cod. civ., che, come visto, sancisce la forza di legge tra le parti del contratto.
Tuttavia, l'art. 1373 cod. civ. ammette eccezionalmente la **facoltà di recesso** ad opera della singola parte. Il recesso, in particolare, può essere: **convenzionale**, ove trovi il proprio fondamento in una specifica clausola del contratto cui si riferisce (art. 1373, I comma, cod. civ.); **legale**, ove invece sia direttamente fondato sulla legge. Ciò accade, in particolare, per i contratti a esecuzione continuata o periodica, ove non sia stato pattuito alcun termine finale di durata, essendo contraria all'ordine pubblico l'assunzione di vincoli giuridici *sine die*.

▶ 10.1. La risoluzione del contratto per inadempimento

Nei contratti a prestazioni corrispettive, ove una delle parti non adempia le proprie obbligazioni, l'altra ha la facoltà di chiedere, a sua scelta, l'**adempimento** ovvero la **risoluzione del contratto**, oltre all'eventuale **risarcimento del danno** subito in conseguenza dell'altrui inadempimento (art. 1453, I comma, cod. civ.). La scelta tra l'una o l'altra delle opzioni messe a disposizione dall'ordinamento dipenderà, evidentemente, dalla **persistenza o meno di un interesse a ricevere l'adempimento tardivo**.
Tutto ciò esposto, va segnalato che l'inadempimento, onde poter dare luogo alla risoluzione del contratto, deve risultare, ai sensi dell'art. 1455 cod. civ., **sufficientemente grave**, non potendo consistere in un **inadempimento di scarsa importanza**, alla luce dell'interesse della parte creditrice della prestazione rimasta inadempiuta.
Venendo quindi a parlare degli **effetti della risoluzione**, occorre nuovamente distinguere tra: **effetti *inter partes***, consistenti nella rimozione, con decorrenza *ex tunc*, e quindi sin dalla stipula del contratto, di tutti gli effetti giuridici da questo *medio tempore* prodotti (art. 1458, I comma, cod. civ.); **effetti riflessi nei confronti dei terzi**, ai quali la risoluzione dichiarata tra le parti non è opponibile, non pregiudicando i diritti da questi acquistati, sempre salvo che la domanda giudiziale di risoluzione di un contratto avente ad oggetto beni immobili o beni mobili registrati sia stata trascritta prima della trascrizione o dell'iscrizione dell'atto di acquisto del terzo (art. 1458, II comma, cod. civ.).

▶ 10.2. La risoluzione di diritto del contratto

Si è sin qui esaminata la **risoluzione giudiziale** del contratto, vale a dire lo scioglimento del vincolo contrattuale conseguente alla **proposizione di un'azione di risoluzione** dinanzi all'Autorità giudiziaria. Ad essa deve tuttavia affiancarsi la c.d. **risoluzione stragiudiziale o di diritto**, la quale opera, per l'appunto, *ipso iure*, e dunque in maniera automatica, al verificarsi di un determinato **evento prefigurato nel contratto** ovvero di un certo **comportamento posto in essere dalla parte adempiente**.
La sentenza che accerti l'avvenuta risoluzione di diritto del contratto avrà quindi **natura dichiarativa**, e non **costitutiva**, così come viceversa accade per la sentenza che disponga la risoluzione giudiziale. Il Codice individua tre diverse fattispecie in grado di determinare la risoluzione di diritto, quali precisamente:

- **la diffida ad adempiere (art. 1454 cod. civ.)**, consistente in una dichiarazione rivolta dalla parte adempiente alla parte inadempiente, recante **l'intimazione nei confronti della seconda ad adempiere entro un congruo termine** fissato all'interno della dichiarazione stessa, con **l'espresso avvertimento** che, in caso di inutile decorso di tale ulteriore termine, **il contratto sarà da intendersi risolto**.
- **la clausola risolutiva espressa (art. 1456 cod. civ.)**, consistente per l'appunto in una clausola

inserita nel regolamento contrattuale con la quale si convenga espressamente che in caso di inadempimento di una o più obbligazioni dedotte ad oggetto del contratto quest'ultimo sarà da intendersi risolto. L'effetto risolutivo si produce tuttavia soltanto in conseguenza della dichiarazione, rivolta alla parte inadempiente, di volersi avvalere della clausola in discorso (II comma). Si tratta, ancora una volta, di una dichiarazione recettizia e di natura negoziale, accostabile, sotto questi specifici profili, alla diffida ad adempiere sopra descritta.

- **il termine essenziale (art. 1457 cod. civ.)**, da intendersi quale termine previsto per l'esecuzione di una o più delle prestazioni dedotte in contratto, il cui rispetto sia per l'appunto reputato essenziale dalla controparte, ai fini della compiuta soddisfazione del proprio interesse creditorio. Una volta decorso inutilmente tale termine, la parte non inadempiente avrà comunque il **diritto di esigere la prestazione** rimasta inadempiuta, purché ne dia comunicazione all'altra parte **entro tre giorni dalla scadenza del predetto termine**. In mancanza di siffatta dichiarazione, il contratto è da intendersi risolto.

▶ 10.3. La risoluzione del contratto per impossibilità sopravvenuta

L'impossibilità sopravvenuta della prestazione, come si è avuto modo di vedere, costituisce **causa di estinzione della corrispondente obbligazione** (art. 1256 cod. civ.). Giunti a questo punto, occorre aggiungere che, qualora la prestazione in discorso sia stata dedotta quale oggetto di un **contratto a prestazioni corrispettive**, la sopravvenuta impossibilità della stessa **priva di giustificazione la controprestazione gravante sulla controparte**, il cui adempimento, a sua volta, non potrà essere pretesto. Nel caso in cui invece siffatta controprestazione sia già stata eseguita, **la parte adempiente avrà diritto alla sua restituzione**, secondo le norme sulla ripetizione dell'indebito (art. 1463 cod. civ.).
In altri termini, l'impossibilità sopravvenuta di una delle prestazioni tra loro corrispettive e, quindi, in relazione sinallagmatica determina anche la **risoluzione dell'intero contratto**, con conseguente prodursi degli **effetti liberatori** e degli **effetti restitutori** che si sono appena descritti.
La risoluzione, in questo caso, opera **di diritto** e, pertanto, la sentenza giudiziale che la accerti avrà **natura dichiarativa.**

▶ 10.4. La risoluzione per eccessiva onerosità sopravvenuta

Nei **contratti a esecuzione continuata o periodica** ovvero nei **contratti a esecuzione differita**, se la prestazione di una delle parti è divenuta, al momento dell'esecuzione, **eccessivamente onerosa** per il verificarsi di **avvenimenti straordinari o imprevedibili**, comunque **non imputabili** alla parte tenuta all'esecuzione della prestazione divenuta eccessivamente onerosa, questa può **domandare la risoluzione**, sempre che la sopravvenuta onerosità **non rientri nell'alea normale** del contratto (art. 1467 cod. civ.). Il successivo art. 1469 esclude l'applicabilità di questa causa di risoluzione ai **contratti aleatori**, siano essi tali **per loro natura** (come nel caso del contratto di assicurazione) ovvero **per volontà delle parti** (si pensi alla c.d. ***emptio spei***, variante del contratto di compravendita di cosa futura, contemplata dall'art. 1472, II comma, cod. civ.). **L'eccesiva onerosità sopravvenuta** ricorre quando si riscontri una significativa alterazione dell'originario equilibrio tra le prestazioni assunte dalle diverse parti e tale alterazione sia dovuta a fatti sopravvenuti alla conclusione del contratto. In particolare, la fonte dovrà rinvenirsi in un **evento straordinario**, il quale non solo **non deve essere stato previsto dai contraenti**, ma **non deve neppure apparire come prevedibile** da parte di una persona dotata di media diligenza e medio discernimento, ai sensi dell'art. 1176 cod. civ.

Capitolo 12
I singoli contratti

SOMMARIO

Si passano in rassegna nel seguente capitoli alcuni contratti tipici.

1. La vendita: nozione e caratteri

La **vendita** è il contratto che ha per oggetto il *trasferimento della proprietà di una cosa o il trasferimento di un altro diritto verso il corrispettivo di un prezzo* (art. 1470 c.c.); la sua funzione è quindi nello scambio tra un bene e il prezzo, espresso in una somma di denaro. La necessità che una delle due prestazioni corrispettive consista in una somma di denaro caratterizza, pertanto, il contratto di vendita, differenziandolo da quello di **permuta**, nel quale invece lo *scambio è tra un bene e un altro bene*.
Il contratto di vendita può avere ad oggetto il *trasferimento non solo del diritto di proprietà* (di beni immobili o mobili), ma anche di *qualsiasi altro diritto*, quale un diritto *reale* (per esempio, il diritto di usufrutto) o anche un diritto *di credito* (per esempio, quello a ricevere una prestazione da un terzo).

FOCUS

La permuta, in particolare nel settore edilizio

*La **permuta** è il contratto che ha per oggetto il reciproco trasferimento della proprietà di cose o di altri diritti da un contraente all'altro; è un contratto consensuale ad effetti reali a cui si applica la disciplina della vendita, con esclusione di quelle norme che presuppongono il prezzo quale prestazione pecuniaria, per esempio quelle che individuando momento e luogo in cui il prezzo va pagato, nonché quelle che prevedono il dovere di pagare gli interessi sul prezzo (in particolare, gli artt. 1498 e 1499 c.c.). Da un punto di vista sostanziale, la permuta è una doppia vendita: il corrispettivo non è infatti il pagamento di una somma in denaro ma lo scambio reciproco di beni e/o diritti. Il contratto di permuta è molto diffuso nel settore edilizio. Di frequente, infatti, con il contratto di permuta il proprietario di un'area edificabile trasferisce l'area al costruttore in cambio della proprietà di alcune delle unità abitative da realizzare: la proprietà dell'area si trasferisce immediatamente, quella degli appartamenti, invece, solo al momento in cui questi sono costruiti.*

La definizione fornita consente di ricostruire i seguenti **caratteri del contratto di vendita**. È infatti un contratto:

- **consensuale**, che si perfeziona per effetto del solo incontro della volontà delle parti, senza che sia necessaria la consegna del bene;
- **ad effetti reali**, perché produce il trasferimento della proprietà o dell'altro diritto che ne costituisce oggetto;
- **a prestazione corrispettive**, atteso che la prestazione del venditore ha la sua giustificazione in quella del compratore a pagare il prezzo;
- **non formale**, non essendo normalmente richiesta una determinata forma, al di fuori dei casi per i quali la legge richiede la forma scritta, come per le compravendite immobiliari;

- **di regola commutativo e non aleatorio**, posto che al momento della conclusione è consentito alle parti avere contezza della reale consistenza dei vantaggi e dei sacrifici reciproci.

Il contratto di vendita produce effetti e obblighi a carico di ciascuna delle due parti.
Partendo dal **venditore**, il contratto produce effetti sia *reali* che *obbligatori*.
Quanto agli **effetti reali**, la vendita determina la perdita in capo al venditore del diritto che ne costituisce oggetto e il suo trasferimento in favore dell'acquirente.

Questo effetto di trasferimento (effetto reale), se normalmente si produce immediatamente in conseguenza della sola conclusione del contratto e dello scambio dei consensi (*principio del consenso traslativo*), può tuttavia, in talune ipotesi, verificarsi in modo differito (**vendita obbligatoria o ad effetti reali differiti**).
È quanto accade in primo luogo in caso di **vendita a termine o condizionata**, che si ha quando le parti pattuiscono che il trasferimento, ossia l'effetto reale della vendita, si debba verificare solo a partire da un determinato momento (termine) o al verificarsi di una determinato evento futuro ed incerto (condizione).
L'effetto reale è inoltre differito in caso di v**endita di cosa futura** (per esempio, vendita di edificio da costruire), il cui oggetto è un bene ancora non esistente al momento della stipulazione del contratto: l'acquisto della proprietà si verifica solo *se e quando la cosa viene ad esistenza*. Qualora la cosa non venga ad esistenza, la vendita è nulla, salvo che le parti non abbiano voluto concludere un contratto aleatorio.
In ogni caso è necessario che la venuta ad esistenza della cosa sia un *evento materialmente* e *giuridicamente possibile*: in caso contrario il contratto è nullo per impossibilità originaria dell'oggetto.
L'effetto reale è parimenti differito in caso di:
- **vendita di cosa altrui**, avente ad oggetto un bene che non è di proprietà del venditore, il quale *si obbliga* quindi a procurarne l'acquisto al compratore; se il compratore non è a conoscenza dell'altruità della cosa, può richiedere la risoluzione ed il risarcimento del danno, a meno che il venditore, nel frattempo, non gli abbia fatto conseguire la proprietà (art. 1479 c.c.).
- **vendita di cosa generica**, avente ad oggetto un bene individuato soltanto con riferimento all'appartenenza ad un genere, nel qual caso la proprietà si trasferisce solo al momento dell'**individuazione**, fatta con le modalità indicate nel contratto. Se la cosa perisce prima della individuazione il venditore non è liberato dall'obbligo di fornire il bene; questo, infatti, essendo stato preso in considerazione solo con il riferimento al genere di appartenenza, è sempre reperibile.
- **vendita a rate con riserva di proprietà**, nella quale la proprietà della cosa venduta resta in capo al venditore finché non sia stato versato dall'acquirente l'intero prezzo con il pagamento di tutte le rate.

Numerosi gli **obblighi** che dal contratto discendono in capo al venditore.
In primo luogo, il venditore ha l'obbligo di c**onsegnare al compratore la cosa venduta** nello *stato in cui si trovava al momento della vendita*; salva diversa volontà delle parti, la cosa va consegnata con gli accessori, le pertinenze e i frutti che si producono dal giorno della vendita. Il venditore deve inoltre consegnare i *titoli* e i *documenti* relativi alla proprietà e all'uso della cosa venduta.
Negli eccezionali casi in cui il trasferimento del diritto non sia l'effetto reale del contratto, il venditore ha prima ancora l'**obbligo di far acquistare al compratore la proprietà della cosa o l'altro diritto ceduto**: è quel che accade, come si è visto, in caso di vendita di cosa altrui.
Infine, il venditore è obbligato a **garantire** il compratore dall'*evizione* e dai *vizi della cosa*.
Per **evizione** si intende la perdita (totale o parziale) del diritto acquistato dal compratore a seguito di una pronuncia giudiziale intervenuta ad accertare che un terzo (e noi il venditore) era

titolare del diritto venduto: il venditore, quindi, non avrebbe potuto quindi trasferirlo.
Il venditore deve pertanto garantire di essere titolare del diritto trasferito.
L'evizione può essere **totale** o **parziale** a seconda che l'acquirente sia privato del tutto, o solo in parte, del diritto acquistato.
In caso di **evizione totale**, il venditore deve restituire al compratore il prezzo ricevuto, rimborsargli le spese sostenute e risarcire il danno subito;
In caso di **evizione parziale**, invece, il compratore può chiedere la risoluzione del contratto e il risarcimento del danno solo nell'ipotesi in cui risulti, in base alle circostanze del caso concreto, che non avrebbe acquistato la cosa senza quella parte di cui non è divenuto proprietario; altrimenti, può richiedere solo una riduzione del prezzo, oltre al risarcimento del danno (art. 1483 c.c.).
Il venditore deve inoltre garantire che la **cosa venduta sia immune da vizi** che la rendano inidonea all'uso cui è destinata o ne diminuiscano in modo apprezzabile il valore (art. 1490 c.c.).
La garanzia non è tuttavia dovuta per i *vizi conosciuti o facilmente riconoscibili* dal compratore, a meno che il venditore non abbia dichiarato che la cosa era esente da vizi (art. 1491 c.c.).
La **garanzia** può inoltre essere *esclusa o limitata convenzionalmente*: la limitazione della garanzia pattuita dalle parti non ha tuttavia effetto qualora il venditore abbia taciuto in mala fede i vizi della cosa (art. 1490, co. 2, c.c.).
Nell'ipotesi in cui la cosa sia viziata, il compratore può alternativamente chiedere:
la **risoluzione del contratto**, con conseguente diritto a restituire al venditore la cosa ricevuta in cambio del rimborso del prezzo già versato, oltre che delle spese sostenute (azione **redibitoria**, dal latino *redhibitoria*, cioè far prendere indietro);
la **riduzione del prezzo** (**azione estimatoria**), in modo da compensare la riduzione di valore del bene venduto, dovuta ai vizi scoperti.
In ogni caso, il compratore ha diritto al **risarcimento del danno**, a meno che il venditore non provi di aver ignorato senza colpa i vizi della cosa (art. 1494, co. 1, c.c.).
L'acquirente deve denunciare i vizi, a pena di **decadenza dal diritto alla garanzia**, entro otto giorni dalla scoperta o nel diverso termine stabilito dalle parti o dalla legge; la denuncia non tuttavia necessaria se il venditore ha *riconosciuto* l'esistenza del vizio o lo ha *occultato*.
In ogni caso, l'azione si **prescrive** decorso un anno dalla consegna (art. 1495 c.c.).

FOCUS

L'*aliud pro alio*

*Dall'ipotesi di vendita di cosa viziata va ben distinta il caso dell'**aliud pro alio** (espressione latina che significa ""qualcosa per qualcos'altro") che si ha nel caso in cui è consegnato all'acquirente un bene completamente diverso da quello pattuito. La giurisprudenza di Cassazione ha ritenuto che l'ipotesi dell'aliud pro alio ricorre non solo quando il bene è totalmente difforme da quello dovuto, ma anche quando: 1. la cosa appartiene ad un genere del tutto diverso dal bene oggetto della compravendita; 2. è priva delle caratteristiche funzionali necessarie a soddisfare i bisogni dell'acquirente; 3. presenta difetti che la rendono inservibile o manca delle particolari qualità necessarie per assolvere alla sua naturale "funzione economico-sociale": si pensi ai casi, per esempio, di consegna di un quadro d'autore falso, di un dipinto di autore diverso da quello dichiarato nel contratto, di una di un'autovettura immatricolata con falsa documentazione e recante il numero di telaio contraffatto. Nei casi di aliud pro alio si applica la disciplina generale dettata in materia di risoluzione per inadempimento dettata dagli artt. 1453 e ss. c.c., con la conseguenza che il compratore può esercitare la relativa azione nell'ordinario termine decennale di prescrizione, senza essere assoggettato ai brevi termini di decadenza (otto giorni) e prescrizione (un anno) di cui all'art. 1495 c.c.*

L'obbligazione principale del compratore ha per oggetto il **pagamento del prezzo** nel luogo e nel termine stabiliti dal contratto. In mancanza di pattuizione, il prezzo deve essere pagato *al momento e nel luogo della consegna della cosa*; diversamente va pagato al domicilio del venditore (art. 1498 c.c.)

Sono inoltre a carico del compratore, se non diversamente pattuito dalle parti, le spese del contratto di vendita, in particolare:

- l'*onorario* dovuto al notaio, quando stipulato per atto pubblico;
- le spese di *trascrizione*, laddove si tratti di contratto assoggettato a pubblicità nei registri immobiliari;
- le spese *fiscali*, per esempio l'imposta di registro.

▶ 1.1. Le ipotesi speciali di vendita

Il codice disciplina **speciali tipologie di vendita** connotate da talune clausole dirette a soddisfare specifiche esigenze dei contraenti.
Si passano in rassegna le ipotesi più diffuse.

La **vendita con patto di riscatto** si caratterizza per l'inserimento nel regolamento contrattuale di una clausola (c.d. **patto di riscatto**) con cui il venditore *si riserva di riavere la proprietà della cosa venduta* mediante la restituzione del prezzo e il rimborso di alcune spese accessorie (art. 1500, co. 1, c.c.); il venditore conserva, così, la possibilità di *riacquistare il diritto venduto* rimborsando al compratore il prezzo, le spese e ogni altro pagamento legittimamente fatto per la vendita.
Il diritto di riscatto va esercitato con una **dichiarazione** comunicata al compratore entro il **termine** pattuito, che non può superare i *due anni* in caso di vendita di beni mobili e *cinque anni* per la vendita immobiliare (art. 1501 c.c.).
Il patto di riscatto **ha efficacia reale**: il venditore che esercita il diritto di riscatto può infatti recuperare il bene anche nei confronti di eventuali terzi, successivi acquirenti, a condizione che il patto sia loro opponibile, per esempio perché il patto e la dichiarazione di riscatto sono stati trascritti anteriormente all'acquisto del terzo (art. 1504 c.c.).

Con la **vendita con riserva di gradimento** si consente al compratore di verificare, prima di concludere il contratto, se gradisce o meno il bene; tale tipo di vendita, infatti, si perfeziona solo quando il compratore comunica il proprio **gradimento** al venditore nel termine stabilito dalle parti o dall'uso (art. 1520 c.c.). In mancanza di comunicazione del compratore entro la scadenza del termine, *il gradimento si presume* se la cosa si trova in possesso del compratore; altrimenti, se la cosa deve essere esaminata presso il venditore, quest'ultimo non è più vincolato alla proposta di vendita formulata.

Nella **vendita a prova** al compratore è riconosciuto un **termine** per valutare se la cosa acquistata ha le qualità stabilite nel contratto o è idonea all'uso cui è destinata; si tratta quindi di una vendita sottoposta alla *condizione sospensiva del buon esito della prova*.
Diversamente dalla vendita con riserva di gradimento, che si perfeziona solo al momento in cui il gradimento è comunicato, il contratto di vendita a prova è quindi *già perfetto con lo scambio dei consensi*; solo la sua efficacia è subordinata all'esito positivo della prova, che tuttavia produce effetti retroattivi al momento della stipula.
Se invece la prova ha esito negativo, il contratto si risolve e il compratore può chiedere la restituzione delle somme già pagate.

La vendita di merci può essere fatta **a campione**; le parti si accordano su qualità e caratteristiche del bene da vendere facendo riferimento ad un campione destinato a fungere solo da metro di paragone per la qualità della merce che verrà consegnata successivamente (art. 1522 c.c.).
La vendita *si perfeziona subito ed è immediatamente efficace*, ma, in caso di difformità dal campione, il compratore *può chiedere la risoluzione del contratto* denunciando le difformità della merce consegnata nel termine di decadenza di otto giorni dalla scoperta e, comunque, entro il termine di un anno dalla consegna.

2. La locazione

La **locazione** (art. 1571 c.c.), è il contratto con il quale una parte (**locatore**) si obbliga a fare

godere all'altra (**locatario** o **conduttore**) una cosa *mobile* o *immobile* per un certo periodo di tempo, dietro pagamento di un determinato **corrispettivo** (**canone**).
Il locatore attribuisce quindi un **diritto personale di godimento**, obbligandosi ad assicurare al conduttore il pacifico godimento del bene durante il rapporto.
Ben diverso è invero il caso in cui il proprietario costituisce in favore dell'altro contraente un *diritto reale di godimento*, per esempio di usufrutto, caratterizzato dal connotato dell'assolutezza: in questo caso si avrebbe vendita, non locazione.
Il locatario o conduttore, d'altra parte, acquista, per effetto della consegna del bene, non il possesso, ma la sola **detenzione**, mancando in lui l'*animus possidendi;* il conduttore, infatti, pur avendo la materiale disponibilità della cosa, riconosce che il locatore è il titolare del corrispondente diritto reale.
Il contratto di locazione è quindi un contratto:

- **consensuale**, perché si perfeziona con lo scambio dei consensi senza che sia richiesta a tal fine la consegna della cosa
- **ad effetti obbligatori**, perché fonte di due distinte obbligazioni principali, quella del locatore ad assicurare il godimento della cosa al conduttore, e quella del conduttore a corrispondere periodicamente il canone;
- a **prestazioni corrispettive**, in quanto la prestazione del locatore trova la sua giustificazione nella prestazione (canone) che il conduttore si obbliga ad eseguire.

La **causa** del contratto di locazione consiste infatti nello scambio tra il godimento di una cosa che un contraente riconosce all'altro e il corrispettivo che questo si impegna a versare alla prima.
Nel gergo comune il contratto di locazione è anche detto **affitto**, termine che tuttavia il codice civile utilizza per indicare in modo tecnico la sola locazione di cose produttive, quali aziende o fondi rustici
La locazione si differenzia inoltre dal **comodato**: il locatore, infatti, concede in godimento la cosa *dietro pagamento di un corrispettivo*, mentre il comodato è un contratto gratuito.
Si distingue infine dalla **vendita** in primo luogo per la *natura del diritto* che con la locazione si costituisce in capo al locatario, ossia un diritto personale di godimento, senza trasferimento di diritti di proprietà, reali o di credito.
Il contratto di locazione si distingue dalla vendita anche perché è un *contratto di durata*: le obbligazioni del locatore e del locatario (concessione del godimento del bene e pagamento del canone) *si protraggono nel tempo*, per l'intero periodo di efficacia del contratto.
Quanto alla **durata** del contratto di locazione, questo può essere a tempo *determinato*, quando le parti pattuiscono un termine di scadenza che non può tuttavia superare i trent'anni, o *indeterminato*: nel primo caso *si estingue con la scadenza* del termine, nel secondo con la *disdetta*, ossia con la comunicazione con cui una parte comunica all'altra di non intendere proseguire nel rapporto.
Il contratto di locazione non è in genere soggetto ad alcun vincolo di **forma**, eccezion fatta per le *locazioni immobiliari di durata superiore a nove anni*, per le quali è prevista la forma scritta a pena di nullità (art. 1350, n. 8, c.c.), oltre ad essere prescritto l'onere della trascrizione. La forma scritta è inoltre richiesta per i contratti di *locazione di immobili urbani ad uso abitativo*.
Ai sensi dell'art. 1575 c.c. il locatore si obbliga a:

- **consegnare** al conduttore la cosa locata *in buono stato di manutenzione*; se infatti la cosa consegnata presenta difetti tali da ridurne in modo significativo l'attitudine all'uso convenuto, il conduttore può chiedere la risoluzione del contratto o la riduzione del canone, salvo che si tratti di vizi da lui conosciuti o facilmente riconoscibili (art. 1578 c.c.);
- **mantenerla in stato da servire all'uso pattuito**, in particolare ponendo in essere le riparazioni necessarie, eccettuate quelle di piccola manutenzione poste a carico del conduttore;
- **garantire il pacifico godimento** della cosa durante la locazione, sia astenendosi da qualsiasi comportamento che turbi tale pacifico godimento, sia garantendo il

conduttore da possibili molestie di terzi (art. 1585 e 1586 c.c.).

Il **conduttore** è obbligato a:

- **prendere in consegna** la cosa;
- usare la **diligenza del buon padre di famiglia** nell'utilizzarla;
- **pagare il canone** nei termini e con le modalità pattuiti;
- **conservare** la cosa in buono stato, rispondendo della perdita o del deterioramento della stessa, salvo che provi che l'una o l'altro sono dipesi da cause a lui non imputabili;
- **restituire** il bene alla scadenza della locazione nello stato in cui l'ha ricevuto.
- Il codice civile riconosce al conduttore anche taluni **diritti e facoltà**.

Tra questi quello alla **sublocazione**, consistente nel contratto con cui il conduttore dà a sua volta in godimento ad un terzo (subconduttore) il bene a lui locato dal proprietario o parte di esso; alla sublocazione il conduttore può ricorrere se non diversamente pattuito nel contratto di locazione. La sublocazione non richiede l'*autorizzazione del locatore* quando ha ad oggetto beni immobili; diversamente, tale autorizzazione è necessaria quando la sublocazione ha ad oggetto beni mobili (art. 1595 c.c.).

Diversa dal contratto di sublocazione è la **cessione del contratto di locazione** che comporta il subentro del terzo cessionario nell'originario contratto di locazione, in sostituzione del conduttore: in questo caso, *è sempre necessario il consenso del locatore*.

Tra le facoltà riconosciute al conduttore è espressamente prevista quella di apportare **miglioramenti** alla cosa locata, senza tuttavia poter pretendere, al termine del contratto, un'indennità, salvo che non sia stato diversamente pattuito con il locatore.

Un'indennità spetta al conduttore, invece, per le **addizioni** eseguite sulla cosa (per esempio, un gazebo). Il conduttore, infatti, è tenuto a rimuoverle, salvo che ciò non sia possibile senza arrecare danno alla cosa locata, ma il locatario può decidere di mantenere le addizioni: in tal caso, spetta al conduttore un'indennità pari alla minor somma tra l'importo della spesa sostenuta e il valore delle addizioni al tempo della riconsegna della cosa locata.

Una disciplina speciale è dettata per le **locazioni di immobili ad uso abitativo**.

Sono ammesse due forme distinte e alternative di contratto, quello a *canone libero* e quello a *canone concordato*.

Con il **contratto di locazione a canone libero** le parti possono determinare liberamente e convenzionalmente l'ammontare del canone di locazione, le modalità di pagamento e gli altri elementi del contratto.

Devono attenersi invece alla disciplina dettata dalla l. 9 dicembre 1998, n. 431, per quel che riguarda la *durata*, che non può essere inferiore a 4 anni, rinnovabili automaticamente per altri 4 anni (il cosiddetto 4+4), salvo che il conduttore non receda o che non ricorrano talune condizioni in presenza delle quali è consentito eccezionalmente al locatore di non rinnovare il contratto: per esempio, se intende destinare l'immobile ad uso abitativo, commerciale, artigianale o professionale proprio, del coniuge, dei genitori, dei figli.

Se le parti optano, invece, per il **contratto a canone concordato** il canone va ***fissato tra un minimo e un massimo*** stabiliti in appositi accordi stipulati tra le associazioni dei proprietari di immobili e dei conduttori. La durata minima del contratto è in questo caso di 3 anni, rinnovabili automaticamente di 2 anni alla prima scadenza (il cosiddetto "3+2").

3. Il mandato

Il **mandato** è, secondo l'art. 1703 c.c., il contratto con cui una parte (mandatario) *si obbliga a compiere uno o più atti giuridici per conto dell'altra* (mandante).

L'obbligazione principale del mandatario consiste quindi nel *compimento di atti giuridici per conto, cioè nell'interesse, del mandante*.

L'oggetto del mandato deve, altresì, essere possibile, lecito, determinato o determinabile.

Il mandato può essere:

- **generale** o **speciale** a seconda che l'attività cui si impegna il mandatario comprenda il compimento tutti gli affari che interessano il mandante (generale) o di uno o più atti determinati (speciale);

Il mandato può essere conferito *con rappresentanza* o *senza rappresentanza*.

Nel primo caso (**mandato con rappresentanza**), il mandante conferisce al mandatario il potere di compiere gli atti giuridici n*on solo in suo conto ma anche in suo nome*, ossia *spendendo il nome del mandante*; conseguentemente, gli effetti del contratto concluso dal mandatario si producono direttamente in capo al mandante, secondo le regole della rappresentanza.

Il potere di rappresentanza è conferito mediante **procura**, generale o speciale (a seconda che riguardi tutti gli affari del mandante o uno o più affari specifici).

In caso di **mandato senza rappresentanza**, invece, il mandatario agisce nell'interesse del mandante, ma *non anche in suo nome*: gli effetti del contratto che il mandatario conclude per conto del mandante si producono in capo al mandatario, salvo l'obbligo dello stesso di trasferire al mandante i diritti acquistati. In caso di mandato senza rappresentanza i *terzi non hanno quindi nessun rapporto con il mandante*.

Il mandante è tenuto a:

somministrare al mandatario i **mezzi necessari all'adempimento del mandato**, per esempio versando le somme che il mandatario dovrà corrispondere al terzo a titolo di prezzo per l'acquisto da compiere per conto del mandante (art. 1719 c.c.);

pagare il **compenso** convenuto al mandatario, salvo che il mandato non sia gratuito.

Il mandatario è tenuto a:

- **eseguire il mandato** con la diligenza del buon padre di famiglia;
- **comunicare al mandante eventuali circostanze sopravvenute**, idonee ad incidere sul contenuto della prestazione o sulla possibilità stessa di eseguirla;
- predisporre il **rendiconto** al mandante, descrivendo e documentando l'intera attività gestoria svolta;
- **traferire al mandante i diritti acquisiti** in esecuzione del mandato, qualora si tratti di mandato senza rappresentanza.

Il mandato si estingue:

- alla **scadenza del termine** o al compimento dell'atto per il quale è stato conferito;
- con la **revoca del mandante**, salvo che sia stata pattuita l'irrevocabilità, nel qual caso è necessario ricorra una giusta causa di revoca;
- per **rinuncia del mandatario**;
- per effetto della **morte**, dell'**interdizione** o dell'**inabilitazione** del mandante o del mandatario.

4. Il mutuo

Il **mutuo** è il contratto col quale una parte (**mutuante**) consegna all'altra parte una determinata quantità di denaro o di altre cose fungibili e l'altra (**mutuatario**) si obbliga a restituire altrettante cose della stessa specie e qualità (art. 1813 c.c.).

Le cose date a mutuo, quindi, *passano in proprietà del mutuatario* (art. 1814 c.c.), il quale può disporne liberamente; quest'ultimo è obbligato a restituire altrettante cose della stessa specie e qualità.

Quanto ai caratteri, il mutuo è un contratto:

- **reale** (e non consensuale): non si perfeziona, infatti, con il solo scambio dei consensi, essendo necessaria la c*onsegna delle cose* date a mutuo;
- **oneroso**, atteso che il mutuatario, salva diversa volontà delle parti, deve corrispondere al mutuante gli **interessi**, che costituiscono, quindi, il corrispettivo del godimento dei

beni dati in mutuo (art. 1815 c.c.). Gli interessi sono dovuti nella misura (tasso) concordata dalle parti.

Il *mancato pagamento degli interessi* legittima il mutuante a chiedere la *risoluzione* del contratto per inadempimento; altrettanto il mutuante può fare quando è stata concordata la restituzione rateale delle cose date a mutuo e il mutuatario non esegue il pagamento anche di una sola rata.

Se sono convenuti *interessi usurari* (ossia superiore al tasso oltre il quale la legge li considera leciti), la clausola è nulla e non sono dovuti interessi: il mutuo si trasforma così in contratto *gratuito* (art. 1815, co. 2, c.c.).

FOCUS

IL MUTUO DI SCOPO

Un'ipotesi particolare di mutuo è il cd. ***mutuo di scopo*** *che si ha quando la somma è data in prestito per una utilizzazione predeterminata che il mutuatario si impegna a rispettare, assumendo una aggiuntiva obbligazione di facere: è quanto accade nel caso di mutuo concesso dalla banca per l'acquisto di un appartamento.*

L'obbligazione del mutuatario di destinare la somma alla finalità pattuita caratterizza la causa di tale specifico contratto di mutuo la cui ***funzione non si esaurisce pertanto nel godimento del danaro*** *(e nel successivo obbligo di restituirlo),* ***ma ricomprende la realizzazione della finalità per la quale la somma è concessa in prestito (per esempio, l'acquisto dell'appartamento).***

In caso di inadempimento di tale obbligo del mutuatario (il quale per esempio utilizzi la somma non per l'acquisto dell'appartamento ma per pagare i suoi debiti pregressi), il mutuante può chiedere la risoluzione del contratto.

Accanto al mutuo di scopo ***volontario****, nel quale sono le parti a concordare l'utilizzazione che il mutuatario deve fare della somma ricevuta dal mutuante, la legge prevede specifiche ipotesi di* ***mutuo legale****, nelle quali è la legge stessa a predeterminare la finalità per la quale il mutuo può essere stipulato.*

5. Il comodato

Il **comodato** è il contratto col quale una parte (**comodante**) consegna all'altra (**comodatario**) una cosa *mobile* o *immobile*, perché se ne serva per un tempo o per un uso determinato, con l'obbligo di restituire *la stessa cosa ricevuta* (art. 1803, co. 1, c.c.).

Al pari del mutuo, il comodato è un contratto **reale**, perfezionandosi solo con la *consegna del bene*.

E' inoltre un contratto essenzialmente **gratuito** atteso che il comodante non riceve dal comodatario alcuna controprestazione in cambio della concessione in uso del bene: in questo il comodato si distingue dalla *locazione*.

Il comodatario è però tenuto alla *restituzione* della stessa cosa ricevuta entro il termine stabilito dalle parti o comunque ricavabile implicitamente dall'uso specifico per il quale la cosa è concessa in comodato. Qualora un termine di restituzione sia esplicitamente o implicitamente contemplato, il comodante può pretendere la *restituzione immediata del bene* solo se sopravviene un suo urgente ed imprevedibile bisogno (art. 1809, co. 2 c.c.).

Qualora, invece, *non sia stabilito un termine*, e questo non sia ricavabile nemmeno implicitamente, si parla di *comodato precario* e la restituzione deve avvenire a semplice richiesta del comodante (art. 1810 c.c.).

Il comodatario ha anche l'obbligo di *custodire* e *conservare* la cosa con la *diligenza del buon padre di famiglia*.

Dal contratto di comodato, quindi, discendono obbligazioni per il solo comodatario: in tal senso il comodato è un contratto **unilaterale**. In caso di inadempimento, il comodante può chiedere l'immediata restituzione della cosa e il risarcimento del danno subito.

Il comodatario ha **diritto di servirsi della cosa** secondo l'uso determinato dal contratto o dalla natura della cosa; ha inoltre diritto al rimborso delle *spese straordinarie* sostenute per la conservazione della cosa, *se necessarie e urgenti*.

6. Il contratto d'opera

Con il **contratto d'opera** una parte (**prestatore d'opera**) si obbliga verso corrispettivo a compiere un'opera o un servizio, *con lavoro prevalentemente proprio e senza vincolo di subordinazione*, nei confronti del **committente** (art. 2222 c.c.): si pensi al contratto concluso con l'idraulico per la riparazione dell'impianto idrico dell'abitazione.
Non è richiesta alcuna **forma**: il contratto d'opera è anzi generalmente concluso in forma verbale.
A caratterizzare il contratto d'opera sono alcuni elementi che consentono peraltro di distinguerlo da altre tipologie contrattuali. Tra questi:

- l'**autonomia** riconosciuta al prestatore d'opera, il quale si impegna a realizzare l'opera o il servizio, assumendo il rischio dei costi da sostenere oltre che della eventuale mancata realizzazione (in questo si distingue dal *contratto di lavoro subordinato*;
- la **natura materiale** dell'opera o del servizio alla cui realizzazione si impegna il prestatore, diversamente da quanto accade nel contratto di *mandato* con il quale il mandatario si obbliga a porre in essere **atti giuridici** per conto del mandante;
- l'utilizzo, per la realizzazione dell'opera o del servizio, del **lavoro prevalentemente proprio del prestatore**, il quale quindi non si avvale di una organizzazione produttiva più o meno complessa come invece accade nel contratto di *appalto*.

Il prestatore è tenuto, **a fronte del pagamento del corrispettivo**, ad eseguire l'opera o il servizio secondo le previsioni concordate ed a regola d'arte.
In caso di suo inadempimento, il committente può fissare un congruo termine entro il quale il committente deve conformarsi a tali condizioni; decorso invano il termine, il committente può **recedere dal contratto** e chiedere il risarcimento del danno subito (art. 2224 c.c.).
Anche qualora non ci sia inadempimento del prestatore il committente può recedere pagando tuttavia un indennizzo per le spese che il prestatore ha sostenuto per il lavoro svolto e per il mancato guadagno.

Il prestatore è inoltre responsabile di eventuali vizi o difformità; il committente deve, a pena di decadenza, *denunziare* le difformità e i vizi *entro otto giorni* dalla scoperta e l'*azione si prescrive entro un anno dalla consegna*.
L'accettazione espressa o tacita dell'opera libera tuttavia il prestatore dalla responsabilità per difformità o per vizi della medesima, se all'atto dell'accettazione questi erano noti al committente o facilmente riconoscibili, sempre che il prestatore non li abbia dolosamente occultati.

FOCUS

FOCUS IL CONTRATTO D'OPERA PROFESSIONALE

*Quando l'oggetto del contratto consiste nella prestazione di un'**opera intellettuale** che richiede l'impiego di capacità e conoscenze tecnico-scientifiche, come accade per i contratti conclusi con liberi professionisti (avvocati, ingegneri, medici), si parla di **contratto d'opera professionale**.*
La disciplina di questo peculiare contratto d'opera si caratterizza per:

- *l'**infungibilità della prestazione** (contratto c.d. **intuitus personae**, che in latino significa "in considerazione della persona"), atteso che ai sensi dell'art. 2232 c.c. il prestatore d'opera professionale deve eseguire personalmente l'incarico assunto potendosi avvalere di sostituti ed ausiliari solo quando ciò non sia incompatibile con l'oggetto della prestazione e nella sola*

> *ipotesi in cui sia previsto dal contratto o dagli usi;*
> - *la **diligenza richiesta nell'adempimento della prestazione** che non è solo quella del buon padre di famiglia, ma quella **richiesta dalla** natura dell'attività esercitata (art. 1176, co. 2, c.c.); qualora la prestazione del professionista implichi la soluzione di problemi tecnici di particolare difficoltà, è inoltre previsto che il professionista è tenuto al risarcimento del danno solo in caso di **dolo o colpa grave** (art. 2236 c.c.).*

7. I cosiddetti contratti aleatori

Sono definiti **aleatori** quei contratti nei quali l'entità della prestazione dovuta o la sussistenza stessa dell'obbligo giuridico di eseguirla dipendono da un elemento incerto, sicché il *rischio contrattuale costituisce la causa* stessa dell'operazione contrattuale.
Tipico contratto aleatorio è quello di **assicurazione** con il quale l'**assicuratore**, in cambio del **premio** posto a carico dell'**assicurato**, assume l'alea (rischio) di versare un **indennizzo** al verificarsi di un evento incerto, quale ad esempio un incendio (art. 1882 c.c.).
In particolare, l'assicuratore può obbligarsi a:
- indennizzare l'assicurato, entro i limiti pattuiti, per il danno subito in conseguenza di un sinistro (c.d. **assicurazione contro i danni**);
- pagare un capitale od una rendita al verificarsi di un fatto attinente alla vita umana (c.d. **assicurazione sulla vita**) (art. 1882 c.c.);
- risarcire a terzi il danno che dovrebbe essere risarcito dall'assicurato (c.d. **assicurazione contro la responsabilità civile**) (art. 1917 c.c.).

Oltre che aleatorio, l'assicurazione è un contratto:
- a **prestazioni corrispettive**: all'obbligo dell'assicurato di pagare il premio corrisponde, per l'assicuratore, l'assunzione del rischio del verificarsi dell'evento;
- **a forma libera**, la forma scritta essendo richiesta solo *ad probationem*, sicché l'assicuratore è tenuto a rilasciare al contraente la *polizza* od altro documento da lui sottoscritto.

Contratti aleatori sono anche il *gioco* e la *scommessa*.
Il **gioco** è il contratto con il quale le parti si impegnano ad eseguire una prestazione in favore di quella che vincerà una gara.
La **scommessa** è invece il contratto con il quale le parti si obbligano a corrispondere una somma di denaro o altro bene a chi *preveda esattamente un evento futuro e incerto*, per esempio l'esito vittorioso di un gioco: in quest'ultimo caso il contratto è sempre di scommessa (e non di giuoco) perché le parti si impegnano a pagare la somma di denaro a chi prevede l'esito del gioco, non invece a chi, partecipando all'attività di gioco, vince la gara
Fondamentale distinguere tra contratti di giuoco e scommessa **leciti** e **illeciti**.
Se il gioco o la scommessa sono **proibiti**, il negozio è **illecito**. Il vincitore non ha alcun diritto e deve restituire ciò che il debitore ha eventualmente pagato: è quanto accade per il giuoco d'azzardo.
Se il gioco è invece **lecito** il creditore non può agire in giudizio per *costringere il perdente a pagare* ma il *debitore non può ripetere quanto ha pagato spontaneamente*: si applica infatti il regime delle c.d. *obbligazioni naturali*.
L'azione in giudizio è tuttavia ammessa se si tratta di giochi o scommesse relative a competizioni sportive, quali il Totocalcio (art. 1934 c.c.) o di lotterie, quale il Lotto, che siano legalmente autorizzate (art. 1935 c.c.).

Aleatori sono inoltre i contratti di **rendita**.
Per **rendita** si intende una *prestazione periodica* che può avere ad oggetto una *somma di denaro* o una *certa quantità di cose fungibili*.
Il codice civile distingue due differenti tipologie di rendita: la rendita *perpetua* e la rendita *vitalizia*.

Con il contratto di **rendita perpetua** (art. 1861 c.c.) una parte riconosce all'altra il diritto di pretendere

in perpetuo (cioè senza fine) una prestazione quale corrispettivo dell'alienazione di un bene immobile (**rendita fondiaria**) o della cessione di un capitale (**rendita semplice**).
È tuttavia prevista la facoltà per il *debitore di sciogliersi dal vincolo* (c.d. redimibilità della rendita), pagando il **riscatto**, ossia una somma di denaro calcolata applicando criteri stabiliti dalla legge.
Con il contratto di **rendita vitalizia**, invece, una parte si obbliga a corrispondere periodicamente all'altra una somma di denaro o una quantità di altre cose fungibili, *per tutta la durata della vita di una persona designata dalle parti* (il beneficiario della rendita stessa o un'altra persona fisica).
La rendita vitalizia può essere costituita:

- **a titolo oneroso**, in cambio dell'alienazione di un immobile o della cessione di capitale:
- **a titolo gratuito**, per donazione o testamento.

Evidente è *l'alea che caratterizza tale contratto*. La durata dell'impegno assunto da una parte a corrispondere la rendita periodica dipende infatti dalla durata della vita del beneficiario, elemento, questo, non prevedibile al momento della costituzione del rapporto.

8. I contratti di garanzia

I **contratti di garanzia** sono diretti a costituire le c.d. *garanzie personali*.
Diversamente da quelle **reali**, che *vincolano determinati beni* al soddisfacimento del diritto del creditore, con la **garanzia personale** un terzo garantisce l'adempimento dell'obbligazione altrui con tutti i suoi beni, presenti e futuri: il patrimonio del terzo garante si aggiunge quindi alla garanzia patrimoniale costituita dai beni del debitore ai sensi dell'art. 2740 c.c..
Le garanzie personali rafforzano così il creditore il quale, in caso di inadempimento, potrà far valere le sue ragioni aggredendo non solo il patrimonio del debitore ma anche quello del terzo garante.

Tra le garanzie personali la **fideiussione** è la più nota e diffusa.
Con il contratto di fideiussione il **fideiussore** si obbliga personalmente verso il creditore a garantire l'adempimento del debitore principale, il quale resta estraneo al contratto.

Caratteristica principale della fideiussione è nel rapporto di **accessorietà** che lega l'obbligazione del fideiussore (garante) all'obbligazione principale garantita.
Tale accessorietà spiega perché il codice civile stabilisce che:

- la **fideiussione non è valida** *se non è valida l'obbligazione principale* (art. 1939 c.c.);
- la **fideiussione non può eccedere** ciò che è dovuto dal debitore, né può essere prestata **a condizioni più onerose** (art. 1941 c.c.);
- il fideiussore può opporre al creditore tutte le **eccezioni** che spettano al debitore principale, salvo quella derivante da incapacità (art. 1945 c.c.).

FOCUS

IL CONTRATTO AUTONOMO DI GARANZIA

Il carattere di accessorietà che caratterizza la fideiussione manca invece nel contratto ***autonomo di garanzia*** *con cui un soggetto (normalmente una banca o una compagnia di assicurazioni) si obbliga a pagare una determinata somma al creditore* ***a prima richiesta****, così garantendo l'adempimento dell'obbligazione del debitore principale. Diversamente dal fideiussore, nel contratto autonomo di garanzia il garante non può opporre al creditore garantito* ***le eccezioni relative al rapporto intercorrente tra quest'ultimo ed il debitore principale:*** *deve adempiere alla sua obbligazione di garanzia immediatamente, a fronte della sola richiesta del creditore. Vi è quindi totale autonomia tra l'obbligazione garantita e l'obbligazione del garante.*

Il fideiussore è **obbligato in solido** con il debitore principale. Questo significa che il creditore può

chiedere l'adempimento della prestazione indifferentemente all'uno o all'altro, senza cioè dover seguire un ordine.
Le parti del contratto di fideiussione possono tuttavia concordare, a favore del fideiussore, il **beneficio dell'escussione**, pattuendo che il creditore può rivolgersi al fideiussore solo dopo aver escusso (cioè sottoposto ad esecuzione forzata) i beni del debitore principale.
Il fideiussore che abbia pagato al posto del debitore principale è **surrogato** (art. 1949 c.c.) nei diritti che il creditore aveva nei confronti del debitore e può esercitare l'**azione di regresso** nei confronti di quest'ultimo (art. 1950 c.c.).
Il fideiussore *perde tuttavia il diritto di agire in regresso* contro il debitore principale qualora il debitore principale -non informato dal fideiussore del fatto che è intervenuto a pagare il creditore- abbia pagato a sua volta il debito (art. 1952 c.c.).

Con il **mandato di credito** una delle parti (**promittente**), su incarico dell'altra (**promissaria**), si obbliga a fare credito ad un terzo; il soggetto che ha accettato l'incarico non può rinunciare a fare credito al terzo, ma se il terzo risulta inadempiente nella restituzione di quanto dovuto, la parte che ha conferito l'incarico risponde dell'obbligazione come fideiussore di un debito futuro (art. 1958 c.c.).
Il mandato di credito coinvolge, quindi, tre soggetti:

1. il promissario, ossia la persona che conferisce l'incarico;
2. il promittente, ossia il soggetto che accetta l'incarico di fare credito al terzo;
3. il terzo, futuro debitore del promittente.

Il promissario garantisce il pagamento del debito del terzo costituendosi come fideiussore per il debito futuro che il terzo assumerà nei confronti del promittente.

9. La transazione

La **transazione** è il contratto col quale le parti, *facendosi reciproche concessioni*, pongono fine a una lite già incominciata o prevengono una lite che può sorgere tra loro (art. 1965 c.c.).
Elementi essenziali del contratto di transazione sono quindi:

- la sussistenza tra le parti di una lite, attuale o anche solo futura (c.d. ***res litigiosa****);*
- le **reciproche concessioni** che le parti si fanno al fine di porre termine alla lite, ciascuna rinunciando parzialmente alla propria pretesa.

È richiesta la forma scritta ma solo *ad probationem*, salvo che la transazione abbia ad oggetto controversie relative a diritti reali su beni immobili (art. 1350, n. 12, c.c.), nel qual caso la forma scritta è prescritta *ad substantiam*.
La transazione può avere ad oggetto solo **diritti patrimoniali e disponibili**.
Non è quindi ammessa in relazione a:

- *diritti personali*, quale ad esempio il diritto di credito alimentare;
- *diritti che hanno carattere patrimoniale*, ma che la legge tuttavia sottrae alla disponibilità del titolare per ragioni di interesse pubblico: per esempio il diritto patrimoniale del lavoratore alla retribuzione.

10. La donazione

La donazione è un contratto a titolo gratuito con il quale una parte (**donante**), *per spirito di liberalità*, arricchisce l'altra (**donatario**), disponendo in favore di questa di un suo diritto o assumendo verso la stessa un'obbligazione (art. 769 c.c.).
Due sono quindi gli elementi che caratterizzano la donazione:

- quello *oggettivo* dell'arricchimento del beneficiario, cui corrisponde un impoverimento di colui che ha disposto del diritto o che ha assunto un obbligo;
- quello *soggettivo* dello spirito di liberalità (in latino, *animus donandi*), che deve animare

il donante, consapevole di compiere la donazione per pura generosità, non perché obbligato a farlo né in cambio di una controprestazione.

Il contratto di donazione **si perfeziona** con la sola manifestazione di volontà delle parti, senza che sia richiesta la consegna della cosa donata.
È inoltre un contratto *formale* e *solenne* da concludere a pena di nullità per **atto pubblico** alla presenza di due testimoni.
Essendo un contratto è necessario che il donatario *accetti la donazione*, nello stesso atto di donazione o in un atto successivo. In quest'ultimo caso, l'accettazione va manifestata parimenti per atto pubblico; il contratto si perfeziona solo al momento della notifica dell'accettazione al donante. Prima di tale momento, donante e donatario possono revocare le loro dichiarazioni (art. 782, co. 2 e 3, c.c.)
La forma solenne non è richiesta per le *donazioni di modico valore*, aventi ad oggetto cose mobili: è tuttavia necessaria in questo caso la *traditio*, ossia la consegna del bene mobile oggetto della donazione (c.d. **donazione manuale**).
Perché la donazione sia validamente compiuta è richiesta la **capacità di agire del donante**, mancante in caso di minori, interdetti, inabilitati e emancipati.
La donazione non può essere effettuata da genitori e tutori, in caso di minori e interdetti; non può essere compiuta da inabilitati e emancipati neanche con l'assistenza del curatore.

Le donazioni possono essere **revocate** in due ipotesi, espressamente previste dalla legge (art. 805 c.c.):
- l'**ingratitudine**, che si ha quando il donatario tiene un comportamento grave contro il donatario, quali per esempio l'omicidio consumato o tentato, la calunnia;
- la **sopravvenienza dei figli**, se il donante non avesse o ignorasse di avere figli o discendenti al tempo della donazione e abbia poi avuto un figlio o sia venuto a conoscenza della sua esistenza, oppure quando abbia riconosciuto un figlio non conosciuto al tempo della donazione.

La domanda di revoca va proposta:
- entro un anno dalla notizia del fatto che la giustifica in caso di revoca *per ingratitudine*;
- entro cinque anni dalla nascita o dalla notizia o dal riconoscimento del figlio in caso di revoca per *sopravvenienza dei figli*.

Tipi particolari di donazione sono la donazione *indiretta* e quella *modale*.
La donazione si dice **indiretta** quando lo scopo di liberalità, consistente nel produrre l'altrui arricchimento, è realizzato attraverso negozi diversi dal contratto di donazione.
Si pensi per esemplificare:
al negozio unilaterale con cui il *comproprietario, a scopo di liberalità, rinuncia alla sua quota di comproprietà* con indiretto effetto di accrescimento della quota di comproprietà degli altri comproprietari;
all'atto con cui il *terzo, per scopo di liberalità, adempie l'obbligazione altrui*, eseguendo la prestazione in favore del creditore;
alla *vendita a prezzo vile* o *a prezzo irrisorio*, cioè ad un significativamente prezzo inferiore a quello effettivo, allorquando la sproporzione tra le prestazioni sia anche accompagnata dalla consapevolezza, da parte dell'alienante, del divario tra corrispettivo ricevuto e valore del bene ceduto, oltre che dall'intento di liberalità.

La natura solo indiretta (anziché diretta) della donazione assume rilievo giuridico soprattutto perché per la prima *non è richiesta la forma solenne* (atto pubblico in presenza di due testimoni) che la legge richiede a pena di nullità per la donazione diretta.
L'art. 809, co. 1, c.c. stabilisce tuttavia che le liberalità realizzate con atti diversi dal contratto di donazione sono sempre soggette alle regole dettate in tema di *revocazione delle donazioni per causa d'ingratitudine e per sopravvenienza di figli*.

FOCUS

DONAZIONI E TRASFERIMENTO DI STRUMENTI FINANZIARI MEDIANTE ORDINE DI BONIFICO

Non sempre è agevole qualificare una concreta operazione come donazione diretta o indiretta: la qualificazione assume importanza soprattutto per verificare se per la validità dell'operazione sia o meno necessaria la forma solenne richiesta per la sola donazione diretta. Il dubbio è sorto per esempio con riferimento al trasferimento di strumenti finanziari dal conto di deposito titoli del disponente a quello del beneficiario, eseguito mediante ordine di bonifico impartito dallo stesso disponente alla banca. L'illustrazione del caso è utile per una più agevole comprensione della questione. Giovanni, affetto da un male incurabile, consapevole del peggioramento delle proprie condizioni di salute, dava ordine alla sua banca di trasferire titoli mobiliari di cospicuo valore (per esempio, azioni e obbligazioni) dal suo conto deposito titoli a quello di Francesca, sua convivente more uxorio che si prendeva cura di lui e lo assisteva durante il decorso della sua malattia. Pochi giorni dopo l'operazione di trasferimento mobiliare Giovanni muore. Sua figlia Alessandra, erede legittima, agisce in giudizio nei confronti di Francesca, beneficiaria del trasferimento, per chiedere la restituzione del valore dei titoli mobiliari a lei trasferiti da Giovanni, per la quota ad essa spettante sul patrimonio ereditario. In particolare, Alessandra, sostenendo che quella effettuata da Giovanni in favore di Francesca fosse un'autentica donazione (non una donazione indiretta) ne sostiene la nullità perché conclusa senza la forma solenne richiesta a pena di nullità per il contratto di donazione. Con sentenza 27 luglio 2017, n. 18725, le Sezioni unite di Cassazione hanno qualificato come donazione tipica l'operazione descritta conseguentemente ritenendo la nullità della stessa in quanto compiuta senza la forma solenne dell'atto pubblico: a tale esito sono pervenute osservando che nell'operazione descritta gli strumenti finanziari trasferiti provengono direttamente dalla sfera patrimoniale del beneficiante (Giovanni).

La donazione **modale** si caratterizza perché il donante appone un **onere o modo**, cioè una clausola in forza della quale il donatario, accettando la donazione, deve compiere un comportamento a contenuto economico a vantaggio del donante stesso (c.d. *modus simplex*) o di un terzo (*modus qualificatus*): il donatario è tenuto all'adempimento dell'onere entro i limiti di valore della cosa donata.
La risoluzione della donazione per inadempimento dell'onere può essere richiesta solo se espressamente prevista dal donante.

Capitolo 13
Altre fonti di obbligazioni

SOMMARIO

1. Le promesse unilaterali. Tipicità ed atipicità

Per **promessa unilaterale** si intende una dichiarazione unilaterale, qualificabile come vero e proprio negozio giuridico o, in taluni casi, quale mera dichiarazione di scienza, rivolta da un soggetto a un altro e che determina effetti sfavorevoli per il dichiarante e favorevoli per il destinatario della dichiarazione. stessa

La promessa unilaterale si colloca tra le fonti dell'obbligazione e, in particolare, tra quegli ***"altri atti o fatti idonei a produrle in conformità dell'ordinamento giuridico"***, di cui parla l'art. 1173 cod. civ.

L'art. 1987 cod. civ. fissa il **principio di tipicità delle promesse unilaterali**, le quali, per poter produrre effetti giuridici obbligatori, devono trovare il loro fondamento in una disposizione di legge espressa. Tale principio è stato per lungo tempo **inteso in senso assoluto**, in stretta connessione con il **principio di relatività degli effetti dei negozi giuridici**, ricavabile dall'art. 1372 cod. civ.

2. La promessa di pagamento e la ricognizione di debito

Una prima tipologia di **promessa unilaterale tipica** è rinvenibile all'art. 1988 cod. civ., che disciplina e pone sul medesimo piano la **promessa di pagamento** e la **ricognizione di debito**.

Nel dettaglio, la **promessa di pagamento** è una dichiarazione con la quale **si assume espressamente l'impegno a eseguire una certa prestazione**, riconosciuta come preesistente, anche senza fare menzione del relativo titolo. La **ricognizione di debito**, dal canto suo, consiste invece in una dichiarazione mediante la quale **si riconosce la sussistenza di una certa obbligazione** nei confronti di un altro soggetto, senza che si renda di nuovo necessario specificare il corrispondente titolo.

In entrambi i casi, si tratta di **dichiarazioni di scienza**, come tali prive di natura negoziale, che al più ribadiscono un impegno e un vincolo già esistenti. Si tratta, inoltre, di **dichiarazioni recettizie** e **a forma libera**, la cui prova potrà quindi essere fornita con ogni mezzo.

Per ciò che concerne gli **effetti giuridici prodotti da queste dichiarazioni**, esse operano su di un piano processuale, determinando una inversione delle ordinarie regole di riparto dell'onere della prova dettate dall'art. 2697, I e II comma, cod. civ..

Difatti, **il soggetto nei cui confronti la dichiarazione è resa viene liberato dall'onere di provare il rapporto fondamentale**, il quale diviene così oggetto di una **presunzione relativa**. Graverà invece s**ulla parte dichiarante l'onere di fornire la prova contraria**, nonché, secondo la più recente giurisprudenza, di indicare la ragione che abbia condotto a pronunciare una promessa di pagamento o una ricognizione di debito non corrispondenti a realtà.

3. La promessa al pubblico

Particolare rilevanza e centralità sistematica assume, nell'ambito delle promesse unilaterali, la

c.d. **promessa al pubblico.** Essa consiste nella dichiarazione resa da un soggetto, **rivolgendosi al pubblico**, con la quale **si prometta di eseguire una certa prestazione** nei confronti di chi verrà a trovarsi **in una determinata situazione** ovvero porrà in essere **un certo comportamento** (art. 1989, I comma, cod. civ.).
La promessa così formulata, sempre per disposizione del citato art. 1989, I comma, cod. civ., risulta vincolante nei riguardi del promittente **sin dal momento in cui questa sia stata resa pubblica**.
Tale vincolo, ove sia stato assunto **a tempo indeterminato**, senza che il relativo termine possa ricavarsi *aliunde*, cessa una volta trascorso un anno dalla promessa, senza che al promittente sia stato comunicato l'avveramento della condizione o il compimento dell'azione richieste (art. 1989, II comma, cod. civ.).
La promessa al pubblico è poi **revocabile**, ma, in pendenza del termine di durata apposto alla promessa ovvero stabilito dalla legge, può intervenire soltanto **per giusta causa (art. 1990 cod. civ.)**, vale a dire per una ragione oggettiva e tale da far sorgere un interesse apprezzabile del revocante.

4. La gestione di affari altrui

La **gestione di affari altrui (*negotiorum gestio*)** è la principale figura di **quasi-c contratto** prevista dall'ordinamento italiano, intendendosi con tale espressione indicare tutte quelle situazioni in cui sia ravvisabile un **rapporto unilaterale obbligatorio analogo a quello derivante dalla stipula di un contratto**, ma in assenza di una espressa pattuizione contrattuale.
Si ha gestione di un altrui affare quando un determinato soggetto, **senza esservi obbligato**, assume **scientemente** la **gestione di un affare riferibile a un altro soggetto (art. 2028, I comma, cod. civ.)**. Ciò avviene attraverso il diretto esercizio di un diritto del soggetto gerito, a fini conservativi della sfera giuridico-patrimoniale di quest'ultimo.
Gli elementi necessari affinché possa delinearsi un'ipotesi di *negotiorum gestio* sono:

- **l'*animus aliena negotia gerendi*** vale a dire la precisa consapevolezza e volontà di ingerirsi nell'altrui sfera giuridico-patrimoniale, pur in assenza di un rapporto contrattuale o di uno specifico incarico;
- **l'*absentia domini***, consistente nell'**incapacità, di fatto** e non diritto, del titolare della situazione giuridica gerita **di provvedere autonomamente alla gestione dei propri affari**.
- Secondo una diversa e più ampia lettura, la gestione di un altrui affare sarebbe ammessa non solo quando il titolare della situazione giuridica esercitata sia del tutto impossibilitato, ma anche quando manchi semplicemente l'opposizione di quest'ultimo, configurandosi una tacita accettazione e approvazione dell'attività del gerente (***non prohibente domino***);
- **la spontaneità**, da intendersi come consapevolezza dell'assenza di un vincolo obbligatorio e giuridicamente rilevante;
- il c.d. ***utiliter coeptum***, vale a dire l'utile avvio della gestione, la quale, perlomeno nel momento in cui viene intrapresa, deve apparire conforme all'interesse del soggetto gerito. Ciò è quanto si ricava dall'art. 2030, I comma, cod. civ.
- Non assume viceversa rilevanza decisiva l'utile e proficua conclusione della gestione così intrapresa, essendo questa legata a fattori aleatori e non completamente controllabili dal gerente;
- **l'alienità** dell'affare la cui gestione sia stata assunta;
- **la capacità di contrattare del gerente**, espressamente prevista dall'art. 2029 cod. civ., coincidente con la capacità di concludere gli specifici contratti e negozi giuridici che si rendano necessari ai fini dell'utile gestione dell'affare considerato.

La gestione di affari altrui sin qui descritta genera **obbligazioni tanto a carico del gerente quanto nei confronti del gerito**. Nello specifico:

- **per ciò che concerne il gerente**, questi ha l'obbligo, una volta assunta spontaneamente la gestione, di **condurla a termine**, sino a che il gerito non sia nuovamente in grado di curare i propri interessi. Ciò vale anche in caso di **morte sopravvenuta del gerito**, dovendo in tal caso la gestione proseguire sino a che l'erede di quest'ultimo non possa assumere su di sé la gestione dell'affare (art. 2028, I e II comma, cod. civ.).
- **per quel che riguarda il gerito**, se la **gestione è utilmente iniziata** l'interessato è tenuto ad **assumere su di sé le obbligazioni contratte dal gerente** e **a tenere quest'ultimo indenne dalle obbligazioni che questi abbia assunto in nome proprio,** rimborsandogli tutte le **spese necessarie o utili** da questi sostenute (art. 2031, I comma, cod. civ.). Fanno tuttavia eccezione gli atti compiuti in violazione di un espresso divieto dello stesso gerente *dominus*.

5. La ripetizione dell'indebito

L'indebito il cui pagamento dà luogo al **diritto alla ripetizione** può essere di due tipi:

- **indebito oggettivo (art. 2033 cod. civ.)**, che si ha nell'ipotesi in cui un soggetto (***solvens***) esegua una determinata prestazione in favore di un altro soggetto (***accipiens***) **in assenza di qualsivoglia titolo in grado di giustificare lo spostamento patrimoniale così operato**. Il diritto alla ripetizione di quanto pagato costituisce quindi, in queto caso, un diretto corollario del **principio causalistico**.
  All'indebito oggettivo viene equiparato il c.d. **indebito soggettivo *ex latere accipientis***, che si ha quando il *solvens* esegue una prestazione cui si sia effettivamente obbligato, ma lo fa **in favore di un soggetto diverso dall'effettivo creditore**. Un siffatto pagamento non estingue l'obbligazione, salvo che ricorra la fattispecie **dell'adempimento al creditore apparente** (art. 1189 cod. civ., v. *supra*), ma da diritto a ripetere quanto prestato nei confronti dell'*accipiens*.
- **indebito soggettivo *ex latere solventis* (art. 2036 cod. civ.)**, che si delinea nell'ipotesi in cui il *solvens* esegua una certa prestazione in favore dell'*accipiens* ritenendo, in base a un **errore scusabile**, di essere obbligato nei suoi confronti, quando invece l'obbligazione adempiuta sia imputabile a un diverso debitore.
  Tale indebito dà a sua volta diritto alla ripetizione della prestazione eseguita, ma a condizioni più stringenti per il *solvens* rispetto a quelle richieste per l'indebito oggettivo. Oltre all'errore scusabile del *solvens*, assimilabile a quello commesso in caso di pagamento al creditore apparente (art. 1189 cod. civ.), si richiede infatti che l'*accipiens*, effettivo creditore della prestazione, ancorché nei riguardi di un differente soggetto, **non si sia privato in buona fede del titolo o delle garanzie del proprio credito**.
- In assenza di questi presupposti, **il *solvens* subentra comunque nei diritti**, ivi comprese le garanzie reali, vantati dall'*accipiens* nei confronti dell'effettivo debitore. Si ha dunque un'ipotesi di **surrogazione legale del terzo** (art. 1203, n. 5), cod. civ.).
  Per quanto concerne **i frutti e gli interessi**, ove naturalmente il diritto alla ripetizione sia ammesso, si applica la medesima regola già vista per l'indebito oggettivo.

6. L'arricchimento senza giusta causa

L'art. 2041, I comma, cod. civ. dispone che **chi si è arricchito senza una giusta causa, ai danni di un'altra persona**, è obbligato a **indennizzare la persona danneggiata, nei limiti dell'arricchimento conseguito**.
Il fondamento sistematico di tale istituto sembra doversi rinvenire, così come per la ripetizione di indebito, nel generale **principio causalistico**, che impedisce di avallare gli spostamenti patrimoniali che non siano fondati su una causa negoziale valida.
Affinché possa ritenersi integrata la fattispecie dell'arricchimento senza giusta causa deve però ricorrere una serie di elementi: **l'arricchimento della persona beneficiata**, coincidente con un

qualsiasi vantaggio di natura patrimoniale, attuale, concreto ed effettivo, essendo viceversa del tutto irrilevanti gli ipotetici e astratti vantaggi futuri; **il depauperamento della persona danneggiata**, equivalente alla differenza tra lo stato patrimoniale in cui tale persona si sarebbe trovata in assenza del fatto che abbia determinato l'altrui arricchimento e la situazione patrimoniale viceversa riscontrata in conseguenza di tale fatto; **la necessaria correlazione tra arricchimento e depauperamento**, i quali devono risultare causati da una medesima situazione di fatto, non potendo discendere da fattori causali diversi; **l'assenza di una giusta causa**, vale a dire di una ragione socio-economica in grado di fondare le modifiche della rispettive sfere giuridico-patrimoniali dell'arricchito e del depauperato; **l'assenza di qualsiasi altra azione** in grado di dare soddisfazione all'improverito, stante il carattere residuale dell'azione di arricchimento senza giusta causa, espresso a chiare lettere dall'art. 2042 cod. civ.; **la natura strettamente bilaterale della fattispecie**, nel senso che il fatto che abbia cagionato l'arricchimento e il correlato depauperamento deve essere stato realizzato o dal soggetto arricchito o da quello impoverito.

L'azione sin qui descritta ha **natura personale**, potendo esperirsi unicamente nei riguardi dell'arricchito, e consente al depauperato di ottenere non un risarcimento pieno, non configurandosi un illecito e, quindi, un danno ingiusto, bensì un semplice **indennizzo**. In alternativa, ove l'arricchimento abbia avuto ad oggetto una cosa determinata, il soggetto che l'abbia ricevuta è tenuta a restituirla (art. 2041, II comma, cod. civ.).

L'indennizzo **è dovuto nei limiti dell'arricchimento conseguito**. In altri termini, l'impoverito avrà diritto al **minor valore tra quello dell'impoverimento e quello dell'arricchimento.**

Capitolo 14
La responsabilità

SOMMARIO

1. La responsabilità aquiliana

La responsabilità extracontrattuale o aquiliana trova il proprio fondamento, all'interno dell'ordinamento italiano, **nell'art. 2043 cod. civ.**, alla stregua del quale qualsiasi **fatto doloso o colposo che cagioni ad altri un danno ingiusto** obbliga colui che lo ha commesso a **risarcire il danno**.

2. Il concetto di danno ingiusto

Per lungo tempo si è ritenuto che quella posta dall'art. 2043 cod. civ. fosse una "**norma secondaria**", volta a sanzionare la violazione di una o più "**norme primarie**", vale a dire le norme volte a riconoscere i diritti violati dal fatto illecito. Oggi prevale invece l'idea secondo cui il citato art. 2043 recherebbe una **clausola generale**, di per sé idonea a selezionare le situazioni giuridiche soggettive la cui lesione sia in grado di dar luogo alla tutela risarcitoria ivi prevista. La selezione si fonda sulla formula, volutamente aperta e indeterminata nella sua esatta portata, del "**danno ingiusto**", da intendersi come lesione di un altrui interesse giuridicamente rilevante, riconosciuto e tutelato dall'ordinamento (**danno *contra ius***), in assenza di una qualsivoglia causa di giustificazione (**danno *non iure***).
Consegue a quanto detto che il danno ingiusto, e la conseguente obbligazione risarcitoria, non coincide necessariamente, così come si riteneva un tempo, con la lesione di un **diritto soggettivo** e, precisamente, di un **diritto assoluto**. Viene viceversa in rilievo, come si è detto, la violazione di un qualsiasi **interesse giuridicamente rilevante**, ivi inclusi:

- **i diritti di credito (e i diritti relativi in genere)**, a patto che, naturalmente, il fatto illecito sia posto in essere da un soggetto terzo, diverso dal debitore o comunque dal soggetto passivo nei confronti del quale il diritto possa farsi valere;
- **gli interessi legittimi**, vantati dai privati nei confronti delle Pubbliche Amministrazioni in relazione all'esercizio, ad opera di queste ultime, di poteri autoritativi;
- **le situazioni giuridiche di fatto (*quaestiones facti*)**, tra le quali assume particolare rilevanza il **possesso**, nonché la **detenzione qualificata**, le quali, pur non corrispondendo a veri e propri diritti soggettivi, consentono di attribuire ai soggetti interessati una serie di capacità e facoltà giuridicamente rilevanti (si pensi all'azione di spoglio a difesa del possesso);
- **la *chance***, per la cui definizione e trattazione si rinvia a quanto già osservato *supra*.

3. Responsabilità aquiliana e responsabilità contrattuale: tratti comuni e differenziali

La **responsabilità aquiliana (o extracontrattuale)** e la **responsabilità contrattuale (o da inadempimento)** costituiscono le due **forme tipiche di responsabilità civile** configurabili nell'ordinamento italiano. In entrambi i casi, viene in rilievo una **condotta dolosa o colposa del soggetto agente** dalla quale deriva una lesione, rispettivamente consistente in:

- un **danno ingiusto**, inteso nel senso pocanzi precisato, in caso di responsabilità aquiliana;
- una **alterazione dell'assetto di interessi pattuito dalle parti**, con conseguente lesione del diritto di credito spettante a una di esse.

La responsabilità contrattuale si caratterizza però per il fatto di presupporre un **preesistente rapporto obbligatorio specifico tra danneggiante e danneggiato**. Secondo una lettura più moderna dell'impostazione tradizionale pocanzi esposta, siffatto rapporto obbligatorio non dovrebbe necessariamente rinvenire il proprio fondamento in una disposizione di legge, in un contratto o in un altro negozio giuridico, anche **alla luce dell'apertura del sistema delle fonti delle obbligazioni** a ogni altro atto o fatto idoneo a produrle in conformità dell'ordinamento giuridico (art. 1173 cod. civ.). Viene così in rilievo la teorica del **contatto sociale qualificato**, per la cui esposizione si rinvia a quanto detto *supra*.

Viceversa, la responsabilità aquiliana muove dall'assunto che un simile rapporto obbligatorio specifico manchi, derivando essa il proprio fondamento sistematico dal generale **divieto di *alterum non laedere* (o di *neminem laedere*)**. Pertanto, l'insorgere di una relazione giuridica bilaterale tra danneggiante e danneggiato non precede, bensì **segue, il compimento del fatto illecito**.

In sintesi, la responsabilità aquiliana è una "**responsabilità tra estranei**", vale a dire tra soggetti che entrano in contatto solo in conseguenza del fatto illecito commesso da uno di questi.

Ciò posto, va segnalato che, sebbene le due tipologie di responsabilità qui esaminate appaiano e siano state storicamente concepite come reciprocamente escludenti, **la dottrina e la giurisprudenza più recenti ne ammettono invece il cumulo**, vale a dire la possibilità per il medesimo soggetto e in relazione a una identica situazione di fatto di **farle valere entrambe**, ovviamente in via alternativa.

Ad ogni modo, la scelta tra l'una e l'altra tipologia di responsabilità non è affatto neutra, atteso che esse sono sottoposte a diversi regimi giuridici, con riferimento ai seguenti aspetti:

- **capacità del soggetto agente**, dal momento che, **ai fini della responsabilità aquiliana, è sufficiente la capacità naturale (art. 428 cod. civ.)**, mentre **l'imputazione della responsabilità contrattuale richiede anche la capacità legale** e, quindi, la capacità di agire e di contrattare (art. 2 cod. civ.);
- **riparto dell'onere della prova**, dal momento che, mentre nella responsabilità contrattuale il creditore che lamenti l'altrui inadempimento deve dimostrare unicamente il titolo e il danno di cui domanda il risarcimento, limitandosi ad allegare l'inadempimento stesso, nella responsabilità aquiliana è invece onere di chi agisce per il risarcimento dare la prova del fatto illecito, nonché del carattere doloso o perlomeno colposo di questo.

La differenza origina dal fatto che solo alla responsabilità contrattuale può applicarsi la norma speciale di cui all'art. 1218 cod. civ. (sulla cui interpretazione si veda *supra*), trovando viceversa applicazione, rispetto alla responsabilità aquiliana, l'art. 2697, I comma, cod. civ., che pone in capo all'attore l'onere di provare tutti i fatti posti a fondamento della sua pretesa, vale a dire i cc.dd. "**fatti costitutivi**";

- **termine di prescrizione**, applicandosi alla responsabilità contrattuale, in assenza di una norma *ad hoc*, il termine ordinario decennale di cui all'art. 2946 cod. civ. e **alla responsabilità contrattuale il termine "breve" di cinque anni per essa specificamente previsto dall'art. 2947 cod. civ.**
- Invero, alla responsabilità derivante dalla **circolazione di veicoli** si applica un termine di prescrizione ancora inferiore, pari a soli **due anni (art. 2947, II comma, cod. civ.)**.
- Al contrario, **ove il fatto illecito integri**, anche solo astrattamente e senza che si renda necessario l'avvio del relativo procedimento penale, **una fattispecie di reato, trova applicazione il termine previsto per il reato stesso**, che non potrà essere inferiore a sei anni nel caso dei delitti e a quattro anni con riferimento alle contravvenzioni (art. 2947, III comma, cod. civ.);
- **entità dei danni risarcibili**, dal momento che l'art. 1225 cod. civ. limita i danni risarcibili a quelli **prevedibili al momento dell'assunzione dell'obbligazione**, fatta eccezione per i casi

in cui l'inadempimento sia doloso. Tale norma non viene richiamata dall'art. 2056 cod. civ., in tema di responsabilità aquiliana, e si reputa quindi pacificamente inapplicabile a quest'ultima.

4. La struttura dell'illecito aquiliano: gli elementi costitutivi dell'illecito

Venendo ora all'**esame analitico dell'illecito aquiliano**, esso si compone dei seguenti elementi:

- l'esistenza di un **fatto illecito**, vale a dire di un **comportamento umano**, che potrà essere tanto **commissivo** quanto **omissivo**, contrario all'ordinamento giuridico e suscettibile di determinare il danno ingiusto sopra analizzato.
- **Il fatto illecito può consistere in una omissione**, analogamente a quanto accade nel diritto penale (cfr. art. 40, II comma, cod. pen.), in presenza di un **obbligo giuridico di agire in un certo modo e al ricorrere di determinate circostanze**. Si pensi al bagnino di una piscina che non si tuffi in acqua al fine di salvare un bagnante in difficoltà, lasciando affogare;
- l'**imputabilità del fatto al soggetto agente**, che discende, come visto, dall'accertamento della sua capacità naturale e, quindi, della **capacità di intendere e volere**.
- Precisamente, in forza dell'art. 2046 cod. civ., non può essere chiamato a rispondere di un fatto illecito il **soggetto che, nel momento in cui lo ha commesso, non era capace di intendere o di volere**, vale a dire non era in grado di comprendere il significato delle proprie azioni o inazioni e di determinarsi razionalmente di conseguenza. Fa eccezione il caso in cui **lo stato di incapacità sia dovuto a colpa** del medesimo soggetto agente;
- l'**elemento psicologico del dolo o della colpa**, che consentono di esprimere un giudizio di rimprovero nei confronti del soggetto agente.

Il **dolo** può definirsi come rappresentazione e volontà di commettere il fatto illecito. Esso va quindi tenuto distinto dal c.d. "**dolo contrattuale**" (artt. 1439 e 1440 cod. civ.), il quale, come visto, consiste in un complesso di artifici e raggiri volti a trarre la controparte, nel corso di una negoziazione.

La **colpa**, invece, esprime un **concetto tipicamente normativo**, indicando la **violazione di un dovere di diligenza, cautela o perizia**, nonché **la violazione di una norma cautelare** espressa preposta a evitare il verificarsi di danni del tipo di quello cagionato.

L'elemento soggettivo, come si è anticipato, non viene presunto *ex lege*, ma l'onere della sua prova è posto in carico al soggetto danneggiato che agisca per il risarcimento del danno. La prova, onde evitare di trasformarla in una ***probatio diabolica***, potrà ovviamente essere fornita, oltre che **per testimoni, anche per presunzioni semplici** (art. 2729, I comma, cod. civ.), sulla base di massime di esperienza (c.d. ***id quod plerumque accidit***).

Può poi assumere rilievo la **graduazione della colpa**, che consente di distinguere tra **colpa grave**, sostanzialmente equiparata al dolo, **colpa lieve (*laevis culpa*)** e **colpa lievissima (*laevissima culpa*)**, nella quale lo scostamento dalla regola cautelare di diligenza è minima.

Tale graduazione aveva assunto rilievo, in materia aquiliana, con l'entrata in vigore del c.d. "**Decreto Balduzzi**" (D.l. 13 settembre 2012, n. 158, conv. con mod. dalla L. 8 novembre 2012, n. 189), il quale aveva escluso la responsabilità del personale medico-sanitario in caso di **danno ingiusto arrecato con colpa lieve**, nel sostanziale rispetto delle linee-guida. Questa regola, seppur non esplicitata dal nuovo art. 590-*sexies* cod. pen., introdotto dalla "**Legge Gelli-Bianco**" (L. n. 24 del 2017), è stata tuttavia ricavata in via interpretativa dalla Suprema Corte di cassazione.

In generale, affinché una certa condotta possa ritenersi colposa ai fini civili che qui occupano, occorre verificare che l'evento lesivo fosse prevedibile da un soggetto dotato di media diligenza (art. 1176 cod. civ.) ed evitabile assumendo la condotta conforme alla regola cautelare viceversa violata. Viceversa, verrà meno la c.d. "causalità della colpa", vale a dire la connessione causale tra la negligenza del soggetto agente e il verificarsi del danno ingiusto di cui si chieda il risarcimento;

- il **nesso di causalità**, che, invero, risulta essere, secondo l'impostazione tradizionale, duplice, dovendo distinguersi tra **nesso di causalità materiale**, che collega il fatto illecito alla lesione dell'interesse giuridicamente protetto ed è fondato sugli artt. 40 e 41 cod. pen., e **nesso di causalità giuridica**, che invece ricollega il danno-evento al danno conseguenza;
- l'**antigiuridicità del fatto**, vale a dire la **mancanza delle cause di giustificazione** previste dall'ordinamento, quali in particolare:
- la **legittima difesa**, presupposta, ma non definita, dall'art. 2044 cod. civ., che ne fa discendere una esclusione di responsabilità (I comma).
  Onde comprendere il contenuto di questa nozione, occorre allora guardare all'**art. 52 cod. pen.**, alla stregua del quale si ha legittima difesa se **il soggetto ha agito per la necessità di salvare un diritto proprio o altrui dal pericolo attuale di un'offesa ingiusta, purché la difesa sia proporzionata all'offesa**.
  Un ruolo centrale assume quindi **il pericolo di subire una offesa ingiusta**, il quale, come specificato da dottrina e giurisprudenza, deve essere, oltre che concreto ed effettivo, **attuale**, ossia esistente nel momento in cui si agisce e, quindi, né passato né futuro, con la sola eccezione del **pericolo imminente**, ossia prossimo a compiersi, senza che si possa attendere ancora per porre in essere la condotta difensiva ("**ora o mai più**").
  Per ciò che concerne invece **la difesa opposta** a siffatto pericolo, questa deve essere **necessaria**, mancando alternative lecite o alternative illecite meno lesive, e **proporzionata all'offesa**. Detta proporzionalità deve ricercarsi tra i beni giuridici rispettivamente sacrificati, prendendo in esame anche le modalità dell'azione.
  Va infine detto che la L. 26 aprile 2019, n. 36, nel riformare l'istituto penalistico della legittima difesa, e nello specifico della **legittima difesa domiciliare**, ha espressamente escluso che, in presenza di quest'ultima (si vedano i commi II, III e IV dell'art. 52 cod. pen.), possa darsi una qualsiasi responsabilità risarcitoria civile.
  Inoltre, il nuovo III comma dell'art. 2044 cod. civ. stabilisce che, in caso di eccesso colposo di legittima difesa, nell'ipotesi di cui all'art. 55, II comma, cod. pen., il danneggiato non può richiedere il risarcimento, ma ha comunque diritto a una indennità, la cui quantificazione è rimessa all'equo apprezzamento del Giudice civile;
- lo **stato di necessità**, che si ha quando chi ha compiuto l'illecito aquiliano vi è stato costretto dalla necessità di salvare sé o altri dal pericolo attuale di un danno grave alla persona, salvo che il pericolo sia stato volontariamente cagionato o fosse altrimenti evitabile (art. 2045, I comma, cod. civ.).

La differenza fondamentale con la legittima difesa risiede nel fatto che il pericolo che dà luogo alla reazione ha qui natura strettamente personale. Inoltre, nella legittima difesa l'offesa proviene dallo stesso soggetto che subisce la condotta difensiva, mentre, nello stato di necessità, essa è provocata da un fattore naturale esterno ovvero da un soggetto terzo.
Per il resto, sono richieste, anche rispetto allo stato di necessità, l'attualità del pericolo e la proporzione tra azione e reazione.
Il soggetto danneggiato ha in questo caso diritto a un'indennità, la cui misura viene rimessa all'equo apprezzamento del Giudice civile.

5. Le modalità di risarcimento del danno

Venendo a parlare del **risarcimento del danno ingiusto** che dà luogo a responsabilità aquiliana, e delle modalità attraverso le quali questo si attua, occorre distinguere tra:
- **risarcimento per equivalente**, che costituisce la modalità ordinaria di ristoro, come si ricava già dalla lettera dell'art. 2043 cod. civ.
  Esso consiste nella condanna del soggetto danneggiante a pagare una certa somma di denaro al soggetto danneggiato, corrispondente al valore patrimoniale da questi perduto in conseguenza dell'altrui illecito. Viene così a essere risarcito il c.d. "**danno**

differenziale", nella cui stima devono tenersi presenti, oltre alle conseguenze negative, anche i vantaggi determinati dal fatto illecito, secondo la logica della "***compensatio lucri cum damno***".

Nella quantificazione del risarcimento in discorso entrano in gioco le seguenti disposizioni, riferite alla responsabilità contrattuale ma richiamate, in materia di responsabilità aquiliana, **dall'art. 2056 cod. civ.**:

- **l'art. 1223 cod. civ.**, in forza del quale il risarcimento deve coprire tanto il **danno emergente** quanto il **lucro cessante**, vale a dire, secondo la lettura moderna di questa disposizione, qualsiasi conseguenza dell'illecito, sia essa diretta ovvero indiretta, ricollegabile al danno-evento lesivo sulla base di un giudizio di "**normalità causale**".
- Il II comma prevede però, con norma speciale, che il **lucro cessante** deve essere valutato dal Giudice secondo il proprio **equo apprezzamento**;
- **l'art. 1226 cod. civ.**, alla stregua del quale il Giudice può **stabilire in via equitativa il risarcimento**, ove esso non possa determinarsi con esattezza;
- **l'art. 1227 cod. civ.**, ai sensi del quale il risarcimento va *tout court* escluso, ove il danneggiato avrebbe potuto evitare le conseguenze pregiudizievoli di cui domandi il risarcimento comportandosi secondo l'ordinaria diligenza (I comma), o comunque ridotto quando il medesimo danneggiato abbia concorso colposamente a cagionare il danno;
- Sul risarcimento così determinato sono dovuti, così come avviene in caso di responsabilità aquiliana, la **rivalutazione monetaria** e gli **interessi "compensativi"**.

  Il risarcimento per equivalente può poi consistere nell'attribuzione di una **rendita vitalizia**, ai sensi dell'art. 2057 cod. civ., vale a dire nell'affermazione dell'obbligo, per il danneggiante, di corrispondere al danneggiato una prestazione periodica, per la durata residua della vita di quest'ultimo. In tal caso, il Giudice deve tenere conto delle **condizioni delle parti** e della **natura del danno**, onde evitare soluzioni inique;

- **risarcimento in forma specifica**, che consiste invece in una prestazione diretta a far conseguire al danneggiato un bene della vita analogo a quello di cui questi avrebbe avuto la disponibilità ove l'illecito non fosse stato commesso. L'analogia risiede qui nella capacità del bene conseguito di soddisfare le medesime utilità del bene perduto o non conseguito dal danneggiato in conseguenza dell'illecito.

Si parla, al riguardo, di riduzione in pristino stato (*restitutio in pristinum*). Si pensi, ad esempio, al caso in cui il danneggiante provveda a far riparare personalmente l'autoveicolo danneggiatosi in conseguenza di un sinistro stradale.

Il risarcimento in forma specifica deve essere tenuto distinto dall'esecuzione in forma specifica delle obbligazioni contrattuali, che trova la propria disciplina agli artt. 2930 e ss. cod. civ. La differenza risiede nel fatto che l'esecuzione in forma specifica è volta a far conseguire una prestazione identica a quella cui si aveva diritto (si pensi alla sentenza pronunciata in luogo del contratto definitivo, di cui all'art. 2932 cod. civ.) e non, come nel caso del risarcimento in forma specifica, una prestazione o comunque un'utilità a questa succedanea, ossia idonea a soddisfare un identico bisogno.

Si discute, in dottrina e giurisprudenza, circa l'ammissibilità di un risarcimento in forma specifica anche nell'ambito della responsabilità contrattuale, in assenza di una norma analoga all'esaminato art. 2058 cod. civ.

Va comunque segnalato, in ultimo, che il risarcimento in forma specifica assume valore residuale e sussidiario rispetto al risarcimento per equivalente. Il Giudice, infatti, non può disporre il primo quando esso risulti eccessivamente oneroso, ad esempio qualora comporti costi di gran lunga superiori al risarcimento per equivalente.

Posta questa distinzione, occorre ora soffermarsi sulle **modalità di risarcimento del danno che sia stato cagionato, in concorso, da una pluralità di soggetti**. Al riguardo, l'art. 2055 cod. civ. opta per la responsabilità solidale di tutti i danneggianti (I comma), con conseguente facoltà del

danneggiato di richiedere l'intero risarcimento a uno di essi e successivo **diritto di regresso di quest'ultimo nei confronti degli altri coobbligati solidali** (II comma).
Il regresso si esercita **nei limiti delle rispettive quote di responsabilità**, le quali si determinano **sulla base della gravità delle rispettive colpe e dell'entità delle conseguenze** (II comma). Nel dubbio, **le colpe si presumono uguali** (III comma).

6. Il danno non patrimoniale

Sinora si è partiti dall'assunto che il danno cagionato dall'illecito aquiliano e oggetto di risarcimento abbia una consistenza patrimoniale e sia quindi **suscettibile di valutazione e quantificazione economica**.
Possono tuttavia darsi **danni non patrimoniali**, per i quali una valutazione di tal fatta non è invece possibile, riguardando gli stessi la **sfera** del soggetto danneggiato. Ad essi è dedicato l'art. 2059 cod. civ., in forza del quale **la loro risarcibilità è ammessa solo nei casi determinati dalla legge**.
Onde comprendere la portata di questa disposizione, e l'evoluzione che essa ha avuto in progresso di tempo, occorre anzitutto precisare che **la distinzione tra danno patrimoniale e danno non patrimoniale risulta interna alla categoria dei danni-conseguenza**. I danni non patrimoniali possono dunque definirsi come **conseguenze non patrimoniali della lesione di un diritto della personalità**. Ciò non toglie tuttavia che la medesima lesione possa dar luogo anche a **conseguenze patrimoniali**, rispetto alle quali troverà piena applicazione la disciplina posta dagli artt. 2043 e ss. cod. civ..
Si pensi, ad esempio, alla **lesione del diritto alla integrità psico-fisica** provocata da un incidente stradale, la quale avrà sia conseguenze non patrimoniali (ad esempio le sofferenze provate o l'impossibilità di svolgere attività nelle quali si esprime la personalità del danneggiato, come suonare uno strumento musicale) sia conseguenze patrimoniali (ad esempio la perdita dei compensi discendente dall'impossibilità di svolgere la propria attività professionale).
Ciò posto, va detto che, in un primo momento, l'art. 2059 cod. civ. era stato interpretato **in senso strettamente letterale, richiedendosi che il risarcimento del danno non patrimoniale fosse previsto da una espressa e specifica disposizione** normativa di rango primario. Si finiva così per ammettere la liquidazione di tale danno solo in presenza di un reato, operando in tal caso **l'art. 185 cod. pen.**, che fa espresso riferimento anche ai danni non patrimoniali.
Per ciò che concerne invece il **tipo di danno risarcito**, si riconosceva esclusivamente il c.d. "**danno morale subiettivo**", corrispondente alle sofferenze psicologiche patite in conseguenza della lesione arrecata alla propria sfera personale.
La situazione è completamente mutata con l'affermazione, in dottrina e in giurisprudenza, della figura del c.d. **danno biologico**, espressivo delle **conseguenze non patrimoniali determinate dalla lesione del diritto fondamentale alla salute**, suscettibili di **valutazione medico-legale in ragione del grado di invalidità riportato**.
La svolta è stata determinata anche dalla **lettura estensiva ed evolutiva del riferimento alla "legge"** contenuto nel summenzionato art. 2059: alla luce di questa interpretazione, si è sostenuto che il vocabolo legge non va inteso in senso letterale, ricomprendendo in sé **qualsiasi fonte normativa dell'ordinamento, a partire dalla Costituzione repubblicana**. Si è così addivenuti a concludere che **il danno patrimoniale può sempre essere risarcito ove derivi dalla violazione di un diritto fondamentale costituzionalmente garantito**, quale appunto è il diritto alla salute, essendo un simile risarcimento parte delle garanzie complessivamente apprestate per la nominata tipologia di diritti.
L'orientamento qui espresso ha quindi portato all'emersione della figura del **danno esistenziale,** inteso quale conseguenza pregiudizievole incidente sul "**fare a-reddituale**" di una determinata persona fisica, vale a dire sulla sfera non patrimoniale della sua esistenza, e **derivante dalla lesione di un diritto fondamentale della personalità, costituzionalmente tutelato**.
Il **danno esistenziale** ha quindi finito per inglobare in sé tutte le ipotesi di danno non patrimoniale elaborate dalla giurisprudenza precedente, ivi compreso il **danno biologico**, che ne costituirebbe

una *species*.
Si discute però tuttora, in dottrina e in giurisprudenza, circa la possibilità di liquidare, accanto all'equivalente del danno esistenziale, anche un'ulteriore somma a titolo di danno morale subiettivo, per le **sofferenze morali non riconducibili a un vero e proprio stato patologico suscettibile di essere clinicamente diagnosticato**.

7. Le ipotesi speciali di responsabilità aquiliana

Il Codice civile individua, accanto alla figura generale di illecito aquiliano, tratteggiata dall'art. 2043, una serie di ipotesi speciali, che presentano parziali deviazioni dalla disciplina comune, soprattutto per ciò che concerne **l'elemento soggettivo (dolo o colpa)** e **le prove liberatorie** suscettibili di essere dedotte dal soggetto danneggiante.
Si tratta, nel dettaglio, delle fattispecie di responsabilità:

- **dei genitori, dei tutori, dei precettori e dei maestri d'arte**, per gli illeciti commessi da **soggetti minori di età, o comunque legalmente incapaci**, affidati alle loro cure (art. 2048 cod. civ.).
  La disposizione deve leggersi in una con l'art. 2046 cod. civ., che, come visto, manda esenti da responsabilità i soggetti incapaci di intendere o di volere al momento della commissione del fatto illecito. A questa esenzione corrisponde quindi l'affermazione della "**responsabilità indiretta**", ossia **per fatto altrui**, di coloro i quali siano *ex lege* preposti alla cura e alla vigilanza dei soggetti incapaci, onde evitare che questi possano cagionare danni a terzi.
  I soggetti presi in considerazione dalla norma qui analizzata possono liberarsi dalla responsabilità loro ascritta solo ove **dimostrino di non aver potuto impedire il fatto** (III comma). Si tratta pertanto, secondo la tesi maggioritaria, di una **responsabilità presunta**, con mera inversione dell'onere della prova tra danneggiato e danneggiante.
  Senonché, il contenuto della prova contraria muta a seconda che venga in rilievo la posizione de:
  - i **genitori esercenti la responsabilità genitoriale (art. 316 cod. civ.)**, i quali rispondono, oltre che per ***culpa in vigilando***, ossia per non aver adeguatamente vigilato sul proprio figlio minore, altresì per ***culpa in educando***, vale a dire per non aver impartito a quest'ultimo un'educazione adeguata a evitare la commissione di fatti antigiuridici. Essi non potranno quindi limitarsi a dimostrare di aver adeguatamente vigilato, ma dovranno altresì provare di aver offerto alla propria prole un'eduzione sufficiente;
  - **i tutori, gli insegnanti e tutte le altre persone cui gli incapaci siano affidati**, stabilmente ovvero temporaneamente, i quali sono chiamati a rispondere solo per ***culpa in vigilando*** e, pertanto, si liberano dimostrando di avere adempiuto al proprio obbligo di vigilanza;
- **dei padroni e dei committenti per i fatti compiuti dai loro domestici o commessi**, nell'esercizio delle **incombenze cui sono adibiti (art. 2049 cod. civ.)**.
  La disposizione, con un linguaggio particolarmente arcaico e che richiede di essere attualizzato, fa riferimento alle ipotesi in cui l'illecito sia commesso da una **persona fisica legata da un rapporto di preposizione a un altro soggetto**. Per **rapporto di preposizione** si intende un qualsiasi rapporto in forza del quale un soggetto sia tenuto a compire uno o più atti, materiali o giuridici, per conto e nell'interesse di un altro soggetto. Rientrano in questa categoria, oltre ai **rapporti di lavoro autonomo e subordinato**, anche qualsiasi altro rapporto presupponga il conferimento di un incarico, quali, ad esempio, i rapporti fondati su un contratto di mandato ovvero su un contratto di agenzia.
  In questo caso, il Codice non contempla alcuna prova contraria. Ciò ha indotto la dottrina maggioritaria a parlare di vera e propria **responsabilità oggettiva**, vale a dire del tutto scissa dalla considerazione dell'elemento psicologico (dolo o colpa) del soggetto che

assume l'obbligazione risarcitoria. Il fondamento sistematico di una simile responsabilità risiederebbe nel principio espresso dal brocardo "***cuius commoda eius et incommoda***": dal momento che il "preponente" beneficia delle attività realizzate nel proprio interesse dal "preposto", l'ordinamento ritiene equo che il primo assuma su di sé anche le conseguenze negative di tale attività;

- **per l'esercizio di attività pericolose per loro natura o per la natura dei mezzi adoperati (art. 2050 cod. civ.)**.
  La dottrina e la giurisprudenza, in assenza di una precisa definizione legale, concordano su una **nozione oggettiva di pericolosità**, desumibile dalle conseguenze normalmente associate allo svolgimento di una certa attività. Così, sono state qualificate come attività pericolose anche la gestione di un maneggio o di un impianto di piste da sci, visto il numero comunque elevato di incidenti e l'entità delle conseguenze negative che possono derivarne.
  L'unica prova contraria ammessa consiste nella **dimostrazione di aver adottato tutte le misure idonee a evitare il danno**. La giurisprudenza ha avallato una lettura particolarmente stringente di questa previsione, alla stregua della quale il responsabile dell'attività pericolosa sarebbe tenuto a predisporre tutte le misure utili esistenti in un determinato momento storico, a prescindere dalla loro onerosità economica e dalla necessità alla stregua delle caratteristiche della fattispecie concreta.
  Viene anche in questo caso in rilievo una **responsabilità presunta**;
- **da cosa in custodia (art. 2051 cod. civ.)**, ove il danno sia stato cagionato dall'**intrinseco dinamismo della cosa**, a prescindere dall'uso che ne abbia fatto il suo custode (si pensi, ad esempio, all'esplosione di un elettrodomestico che arrechi danni fisici a un ospite).
  La responsabilità in questione è esclusa soltanto laddove si provi il **caso fortuito**, vale a dire la ricorrenza di una situazione del tutto eccezionale e imprevedibile.
  La custodia va qui intesa come **qualsivoglia relazione materiale con la cosa** che ne attribuisca la disponibilità di fatto, a prescindere dalla proprietà o dalla titolarità di un diritto reale o personale di godimento.
  La dottrina si divide tra chi parla di **responsabilità presunta** e chi invece individua una vera e propria **responsabilità oggettiva**, prescindendo il caso fortuito dalla volontà del soggetto responsabile;
- **cagionata da animali (art. 2052 cod. civ.)**.
  Siffatta responsabilità viene riferita al **proprietario dell'animale** ovvero **a chi se ne serva, per il tempo in cui lo ha in uso**, a prescindere dalla sua attuale custodia.
  L'unica prova contraria ammessa, anche in questo caso, è rappresentata dal **caso fortuito**, potendo quindi ripetersi tutte le considerazioni espresse riguardo alla responsabilità da cose in custodia, di cui il titolo di responsabilità qui esaminato costituisce invero una specificazione;
- **da rovina di un edificio (art. 2053 cod. civ.)**, che sussiste tanto in caso di totale crollo dell'edificio stesso quanto a fronte del distacco di una parte strutturale di questo (si pensi a un cornicione o una tubatura esterna).
- La responsabilità in discorso viene imputata al **proprietario dell'edificio**, o anche di una diversa costruzione a questo assimilabile, salvo che questi provi che la rovina non sia stata dovuta né a difetto di manutenzione né a vizio di costruzione.
  Si tratta dunque, anche in questo caso, di **responsabilità presunta**;
- **da circolazione di veicoli senza guida di rotaie (art. 2054 cod. civ.)**, che rappresenta la tipologia di responsabilità aquiliana statisticamente più frequente. La nozione di **circolazione** va qui intesa in senso ampio, ricomprendendo un qualsiasi uso del veicolo, **ivi compreso lo stazionamento su una pubblica strada.**
  La responsabilità per i danni cagionati a cose o persone dal veicolo in circolazione viene imputata, innanzitutto, al **conducente**, salvo che questi **dimostri di aver fatto tutto il**

possibile per evitare il danno (I comma) Si tratta dunque di **responsabilità presunta**, la cui prova contraria appare però particolarmente onerosa.
In caso di **scontro tra veicoli**, si presume un **concorso paritario di responsabilità tra i rispettivi conducenti**, salvo che venga anche in questo caso fornita la prova della responsabilità esclusiva o maggioritaria di uno di questi (II comma).
La responsabilità è poi estesa anche al **proprietario** del veicolo, nonché all'**usufrutturario** e all'**acquirente con patto di riservato dominio**, cui viene oggi equiparato **l'utilizzatore sulla base di un contratto di *leasing***, salvo che gli stessi dimostrino che la **circolazione sia avvenuta contro la loro volontà** (III comma).

Tutti i soggetti sinora passati in rassegna sono poi responsabili, a titolo di vera e propria **responsabilità oggettiva**, per i danni derivati da **vizio di costruzione** o da **difetto di manutenzione** (IV comma).

Sezione II
Diritto amministrativo

SOMMARIO

Capitolo 1
La pubblica amministrazione: nozioni e caratteri

SOMMARIO

1. Il diritto amministrativo: nozioni introduttive e interferenze con il diritto privato

Alla Pubblica Amministrazione la *legge* affida il compito di perseguire talune *finalità di interesse pubblico*. L'**attività amministrativa** può essere definita, quindi, come l'attività con cui la P.A. provvede in concreto alla *cura degli interessi pubblici* ad essa affidati dalla legge. In tal senso, l'attività amministrativa si dice *funzionalizzata*, per evidenziare che la stessa - a differenza dell'attività posta in essere dai privati, *liberi di perseguire le finalità di volta in volta stabilite* - va sempre esercitata per la realizzazione dei fini indicati dalla legge. L'attività amministrativa non è, quindi, *libera nei fini*, essendo questi stabiliti sempre dalla legge, in omaggio al principio di legalità dell'amministrazione (desumibile dall'art. 97 Cost.).

Il **diritto amministrativo** è pertanto il ramo dell'ordinamento che disciplina l'organizzazione della P.A., le modalità di esercizio dei compiti alla stessa assegnati, i rapporti che l'amministrazione instaura con altri soggetti, gli strumenti di tutela attivabili allorché posizioni soggettive dei privati risultino lese dall'azione amministrativa.

Si tratta di *definizione tuttavia approssimativa* se si considera che non tutta l'organizzazione della P.A., così come non tutti i rapporti tra la stessa e i privati sono disciplinati dal diritto amministrativo.

Taluni aspetti dell'amministrazione sono infatti assoggettati al **diritto privato**.

Volendo tracciare una non agevole linea di demarcazione, può dirsi che a caratterizzare il diritto privato *non è la natura (privata) dei soggetti di cui quel diritto regola le condotte*: ben può, infatti, il diritto privato occuparsi di talune modalità di azione di *soggetti pubblici*, quali Comuni, Regioni, Ministeri. È questa, peraltro, una eventualità neanche eccezionale se si considera che, ai sensi dell'art. 1, co. 1 *bis*, l. agosto 1990, n. 241 (*Legge sul procedimento amministrativo e sul diritto di accesso ai documenti amministrativi*), la P.A., *quando non agisce come autorità* esercitando

poteri pubblici -per esempio, quello di espropriare un immobile del privato o di sanzionare un cittadino che ha commesso un illecito- *deve osservare le norme di diritto privato salvo che la legge disponga diversamente*. Il diritto privato, tuttavia, regola rapporti tra soggetti (privati o pubblici che siano) che agiscono su un *piano di tendenziale parità*, tutelando che la loro *autonomia*, ossia la loro volontà, possa regolare e gestire le rispettive pretese e posizioni.
Le **interferenze tra diritto amministrativo e diritto privato** sono pertanto continue nella disciplina della P.A., della sua organizzazione e della sua azione. E' sufficiente pensare che, anche quando opera mediante atti di diritto privato, per esempio instaurando relazioni contrattuali con privati, l'amministrazione è tenuta ad avviare e condurre complessi procedimenti amministrativi e ad esercitare poteri pubblici in sede di selezione del soggetto con cui stipulare il contratto (si rinvia al Cap. 11). L'amministrazione assume così una *posizione autoritativa e di supremazia* nella fase di selezione del *partner* contrattuale, salvo a trovarsi in una *posizione di tendenziale parità* a far data dalla stipulazione del contratto: se a regolare la prima fase è il diritto amministrativo, a disciplinare la seconda, invece, quella successiva alla conclusione del contratto, è quindi tendenzialmente il diritto privato.

2. Ruolo, compiti e limiti della pubblica amministrazione

È stata fornita in apertura la nozione di attività amministrativa, intesa come cura di interessi pubblici affidati dalla legge alla P.A. Emerge da tale nozione la distinzione tra:
- amministrazione intesa come *apparato* preposto alla cura di interessi pubblici (amministrazione **in senso oggettivo);**
- amministrazione, intesta invece come *attività*, finalizzata alla cura degli interessi pubblici e operante nel rispetto dei criteri e nei limiti predeterminati dalla legge (amministrazione **in senso soggettivo**).

Quanto ai **compiti**, si suole distinguere:
- quelli affidati alla P.A. in qualsiasi ordinamento, perché finalizzati a preservare l'assetto giuridico (compiti c.d. di **conservazione**), in particolare di difesa militare, tutela dell'ordine pubblico (svolti, in Italia, da distinti corpi di polizia), protezione della pubblica incolumità, produzione di certezze pubbliche;
- compiti c.d. **benessere**, volti al miglioramento delle *condizioni economiche e sociali* della collettività e dei consociati (c.d. **Stato sociale** o **del benessere** o ***Welfare State***): si pensi a quelli assegnati all'Amministrazione pubblica nei settori della sanità, dell'istruzione, dei servizi pubblici di trasporto o di gestione del ciclo dei rifiuti;
- compiti di **regolazione e vigilanza** di taluni settori nei quali sono coinvolti interessi sensibili, affidati a talune Amministrazione pubbliche (c.d. **indipendenti**); diffusesi in Italia in particolare a partire dagli anni '90, queste Amministrazioni sono chiamate a integrare le regole dettate dalla legge in taluni ambiti (concorrenza tra imprese, mercati finanziari, comunicazioni), oltre che a vigilare sul rispetto delle stesse e, di frequente, a comporre le controversie che in quei settori insorgono tra gli operatori (si rinvia a Cap. 2, § 4).

3. Le distinte modalità di azione della pubblica amministrazione. Atti di diritto pubblico e privato; attività amministrativa attiva, consultiva, di controllo

La P.A., nell'esercitare i compiti che la legge le assegna, agisce ponendo in essere:
- atti di **diritto pubblico** (*atti amministrativi*), espressione di una *posizione di supremazia dell'Amministrazione pubblica*, in grado quindi di modificare *unilateralmente* la sfera giuridica del destinatario anche *in assenza o contro la sua volontà* (per es., provvedimenti sanzionatori o di demolizione di immobili abusivi o di esproprio);
- atti di **diritto privato**, posti in essere dalla P.A., nell'esercizio della ordinaria *capacità di diritto privato* e in posizione quindi di sostanziale *parità con le altre parti* (concludendo,

per es., contratti di vendita, appalto); di frequente, tuttavia, l'Amministrazione è tenuta ad avviare complessi procedimenti amministrativi e ad esercitare poteri pubblici al fine di *selezionare il soggetto con cui stipulare il contratto*, così assumendo una posizione autoritativa e di supremazia nella fase della selezione del contraente, salvo ad essere in una posizione di tendenziale parità a far data dalla stipula del contratto.

Seguendo differente criterio, l'**attività amministrativa** può essere:

- **attiva**, attraverso cui la P.A. realizza i propri fini nel rispetto delle indicazioni fornite dagli organi politici e di governo (principalmente: attività deliberative ed esecutive);
- **consultiva**, che comprende le attività – realizzate nelle forme di pareri, direttive, orientamenti, chiarimenti – che l'amministrazione fornisce ai diversi soggetti dell'amministrazione attiva o di controllo;
- **di controllo,** con cui l'amministrazione esprime un giudizio (sindacato) in relazione alle attività dei soggetti che svolgono funzioni di amministrazione attiva. Quando il sindacato è espresso secondo diritto, si avrà un *controllo di legittimità*, se, invece, è espresso secondo le regole della buona amministrazione, si avrà un *controllo di merito*.

4. La nozione di P.A.: il rilievo applicativo

Nell'ordinamento italiano manca una definizione normativa generale di P.A., in quanto le singole leggi identificano e definiscono le P.A. solo in relazione a specifici scopi e limitatamente all'ambito di applicazione di singole norme.

Esempio

L'art. 1, co. 2, d. lgs. 30 marzo 2001, n. 165, per esempio, nel dettare la ***disciplina generale del rapporto di lavoro alle dipendenze delle*** *P.A., chiarisce che per tali si intendono tutte le amministrazioni dello Stato, ivi compresi gli istituti e le scuole di ogni ordine e grado e le istituzioni educative, , le aziende ed amministrazioni dello Stato ad ordinamento autonomo, le Regioni, le Province, i Comuni, le Comunità montane, e loro consorzi o associazioni, le istituzioni universitarie, gli istituti autonomi case popolari, le Camere di commercio, tutti gli enti pubblici non economici nazionali, regionali e locali, le amministrazioni, le aziende e gli enti del Servizio sanitario nazionale, l'Azienda per la rappresentanza negoziale delle pubbliche amministrazioni e le Agenzie fiscali.*

In questo contesto, la nozione di P.A. in senso giuridico va ricostruita volta per volta valorizzando le indicazioni delle differenti norme.

Definire la nozione di P.A. è però di fondamentale importanza.

Solo chi vi rientra infatti:

- è munito di **taluni poteri pubblici**, per esempio, quello di **adottare atti amministrativi** che modificano unilateralmente la sfera giuridica del privato, come un atto di esproprio, o quello di **agire in autotutela** risolvendo possibili conflitti con i destinatari dei provvedimenti autonomamente, senza ricorso al giudice, o quello di **dare esecuzione coattiva** alle proprie decisioni (si rinvia a Cap. 8, § 8);
- è assoggettato a **limiti, vincoli e doveri pubblici** (per esempio, dovendo assicurare l'accesso ai propri documenti, o sottostare a controlli pubblici, per esempio quello della Corte dei conti);
- soggiace ad un articolato regime di **responsabilità**, civile, penale e amministrativa (si rinvia alla Parte IV);
- è attratto alla **giurisdizione del giudice ammnistrativo** per gli atti e i comportamenti che pone in essere nell'esercizio di poteri pubblici.

Senonché, solo in taluni casi la legge, nel delimitare l'ambito di applicazione di alcune discipline pubbliche, elenca *nominativamente* i soggetti che devono considerarsi P.A. (si rinvia a Cap. 1 § 5 ss.).

5. Gli enti pubblici. I criteri di qualificazione

I modelli organizzativi attualmente prevalenti di P.A. sono:
- quello *governativo* e *ministeriale*;
- quello *territoriale* (regioni, province, città metropolitane, comuni)
- quello dell'*ente pubblico*;
- quello dell'*autorità amministrativa indipendente*;
- quello del *soggetto privato controllato* (società *in house*, società miste).

Le difficoltà nel delimitare la nozione di P.A. sono per l'appunto emerse perché accanto all'Amministrazione **classica o diretta**, quale quella **statale** che fa capo al Governo e che è articolata in Amministrazioni **statali centrali** (in primo luogo, Ministeri) e **periferiche** (per esempio, Prefetture), o quelle **regionali**, **provinciali** e **comunali**, esistono enti pubblici con propria e *distinta personalità giuridica*: sono i c.d. **enti pubblici strumentali** (che compongono la c.d. **Amministrazione pubblica indiretta**), ai quali la legge affida specifiche funzioni pubbliche
Per questi enti, tuttavia, la qualificazione come pubblici non è sempre agevole.
Ai sensi dell'art. 4, l. n. 70/1975 (legge sul parastato, recante il c.d. **Statuto del parastato**), la **costituzione** degli enti pubblici spetta alla **legge**, la quale può operare o istituendo direttamente l'ente o fissandone i criteri e rimettendo all'atto amministrativo l'effettiva costituzione.
Di frequente, tuttavia la qualificazione di un ente come pubblico non è compiuta direttamente dalla legge, ma va verificata caso per caso applicando alcuni dei seguenti criteri sostanziali (c.d. **indici di riconoscimento della natura pubblica**):
- *istituzione da parte dello Stato o di altro ente pubblico* (cd. costituzione ad iniziativa pubblica);
- assoggettamento ad un *sistema di controlli pubblici*;
- *nomina* e *revoca dei dirigenti* dell'ente da parte dello Stato o di altra amministrazione pubblica;
- partecipazione dello Stato o della diversa amministrazione pubblica alle *spese di gestione* dell'ente;
- esercizio, da parte dello Stato o della diversa amministrazione pubblica., di un *potere di direttiva* sugli organi dell'ente;
- assegnazione di *finanziamenti pubblici*.

La stessa legge, del resto, anche per effetto dell'influenza del diritto dell'Unione europea orientato ad un **approccio sostanziale alla nozione di Pubblica Amministrazione**, si astiene dall'indicare nominativamente i soggetti ritenuti enti pubblici, limitandosi piuttosto ad indicare i criteri sostanziali la cui presenza comporta il riconoscimento della natura pubblica.
Così, nell'indicare i soggetti che in Italia devono rispettare alcune minuziose procedure pubbliche nel selezionare il contraente cui affidare un appalto pubblico il Codice dei contratti pubblici non indica nominativamente gli enti ma elabora la nozione di **organismo di diritto pubblico**, ruotante attorno a tre elementi costitutivi, tutti necessari: 1. personalità giuridica; 2. sottoposizione ad influenza pubblica dominante, perché finanziati per oltre la metà da soggetti pubblici o controllati da questi; 3. preposizione al soddisfacimento di bisogni di interesse generale a carattere non industriale o commerciale. Allorché ricorrano tali elementi costitutivi, il soggetto (anche se a forma societaria) deve considerarsi organismo di diritto pubblico con la conseguenza che non può affidare l'appalto a chi crede, dovendo indire e osservare la procedura di evidenza pubblica disciplinata dal Codice.

▶ 5.1. La classificazione

Volendo tentare una **classificazione delle numerose tipologie di enti pubblici**, giova distinguere tra:
1. **corporazioni** (persone giuridiche in cui prevale l'aspetto personale, perché è rilevante l'associazione tra più persone);
2. **istituzioni** (persone giuridiche in cui prevale l'aspetto patrimoniale);
3. **enti territoriali** (in cui il territorio è uno degli elementi costitutivi, come Regioni, Province, Città

metropolitane, Comuni) ed **enti non territoriali**;
4. **enti nazionali** ed **enti locali** (in cui il territorio è criterio di delimitazione spaziale della sfera d'azione dell'ente in relazione alle dimensioni degli interessi ivi perseguiti);
5. **enti necessari** (che devono esistere necessariamente) ed **enti ad appartenenza necessaria** o **facoltativa** (di cui si fa parte solo per il fatto di risiedere sul loro territorio);
6. **enti autarchici** (operanti in regime di diritto amministrativo) ed **enti pubblici economici** (agenti in veste imprenditoriale);
7. **enti strumentali** che perseguono fini propri ed esclusivi di altro ente dal quale ricevono ordini o direttive (ISTAT, CNR, Croce Rossa Italiana, INAIL).
8. **enti ausiliari** che completano, integrano e supportano l'azione statale, perseguendo scopi che, pur non essendo di esclusivo interesse statale, vengono dallo Stato ritenuti di rilevante interesse.

Gli enti pubblici possono, poi, costituirsi in **forme associative**, quali:
- le **federazioni**, costituite a fini del coordinamento e dell'indirizzo dell'attività degli enti federati e di rappresentanza unitaria degli stessi, pur non potendovisi sostituire nello svolgimento dei loro compiti istituzionali (ad es. l'ACI che raggruppa gli Automobil Club provinciali);
- i **consorzi**, strutture stabilmente costituite al fine di realizzare finalità comuni agli enti consorziati o per la realizzazione o gestione di opere e servizi, risultando, in tal caso, strumentali rispetto ai compiti dei consorziati. I consorzi sono una forma associativa tipica degli **enti locali** (art. 31, TUEL), accanto alle **convenzioni** (art. 30 TUEL) alla **unione di comuni** (art. 32, TUEL) alle **comunità montane** (art. 27, TUEL).

6. I caratteri degli enti pubblici: autarchia, autotutela, autonomia, autogoverno

Gli enti pubblici che agiscono in regime di diritto amministrativo si caratterizzano per un **regime giuridico peculiare** rispetto agli enti privati, tradizionalmente riassunto in **quattro caratteristiche**:

1. **Autarchia** che consiste nel *potere degli enti pubblici di amministrare i propri interessi* attraverso un'attività avente gli stessi caratteri e la stessa efficacia dell'attività amministrativa dello Stato, disponendo di potestà pubbliche ed esercitando pubblici poteri, in specie con *l'emanazione di atti equiparati agli atti amministrativi dello Stato*.
2. **Autotutela** che indica il potere della P.A. di *risolvere autonomamente i conflitti*, attuali o potenziali, relativi ai suoi provvedimenti o alle sue pretese. Resta comunque salvo il sindacato giurisdizionale. L'autotutela può essere.
   - **decisoria** che si attua attraverso l'emanazione di una decisione amministrativa incidente su atti amministrativi precedentemente emanati dalla stessa P.A. (per es., annullamento d'ufficio) o su **rapporti giuridici** di diritto amministrativo (per es., decadenza da un rapporto concessorio a seguito del riscontrato inadempimento del concessionario). L'autotutela su *atti* può essere, a sua volta, **diretta** (o non contenziosa), se la P.A. esercita il potere spontaneamente, **indiretta** (o contenziosa) se la P.A. agisce su impulso dell'interessato che abbia proposto un ricorso amministrativo;
   - **esecutiva** consistente, invece, nell'attività diretta a dare attuazione a decisioni già adottate dall'amministrazione (per es., esecuzione di un provvedimento di demolizione già adottato).
3. **Autonomia** intesa quale *libertà di determinazione* nella cura dei propri interessi. Si distingue tradizionalmente tra autonomia:
   - **politica** che è la libertà di cui l'ente gode nel compimento delle scelte politiche e nell'individuazione dei fini da perseguire;
   - **giuridica** che è, invece, la capacità dell'ente di autodeterminarsi per il raggiungimento dei fini che è chiamato a perseguire e che, a sua volta, assume la configurazione di autonomia **normativa**, quale capacità dell'ente di porre in essere norme giuridiche vincolanti per una generalità di soggetti, sotto forma di leggi, regolamenti o statuti.

In particolare, godono di autonomia **legislativa**, oltre allo Stato, le regioni e le Province autonome di Trento e Bolzano; godono di autonomia **statutaria** gli enti territoriali, gli enti locali e altri enti quali le Camere di Commercio; godono di autonomia **regolamentare** gli enti territoriali, gli enti locali e gli enti od organi cui la legge attribuisce tale facoltà: ad es. le autorità amministrative indipendenti ecc.

- **organizzatoria e amministrativa** che indica, invece, la capacità dell'ente di definire o concorrere alla definizione della propria struttura organizzativa;
- **finanziaria** che consiste nella capacità dell'ente di imporre *tributi propri*: tale facoltà è riconosciuta dall'art. 119 Cost., a seguito della riforma costituzionale del 2001, a regioni, province, città metropolitane e comuni;
- **di gestione** che consiste nella capacità dell'ente di avere un *bilancio proprio*, diverso da quello dello Stato.

4. **Autogoverno** che si realizza quando gli organi di governo dell'ente sono composti da *soggetti scelti dagli stessi governati*. Dall'autogoverno occorre distinguere l'**autodichia**, che consiste nella possibilità, riconosciuta ad alcuni organi costituzionali, di *sottrarsi alla giurisdizione comune*, esercitando essi stessi la funzione giurisdizionale rispetto alle controversie con i propri dipendenti.

7. La struttura interna della pubblica amministrazione. Organi e uffici

Lo Stato e gli enti pubblici possiedono una propria struttura organizzativa interna, composta di beni e persone fisiche che agiscono per conto dell'ente. Si distinguono, a tal fine, gli **organi** e gli **uffici**.

Secondo la teoria prevalente, l'**organo** è la **partizione organizzativa dell'ente** che, in virtù di una norma, **è idonea ed esprimerne la volontà**, con **imputazione** all'ente dell'atto e dei relativi effetti.

Elementi essenziali dell'organo sono dunque:

- il **titolare dell'organo** (c.d. funzionario), di norma una persona fisica legata all'ente da un particolare rapporto giuridico, detto *rapporto di servizio*. Eccezionalmente, il titolare dell'ufficio può essere anche una persona giuridica. In tal caso, l'organo non agisce come parte integrante dell'ente, ma come autonomo soggetto munito di propria personalità, con la conseguenza che l'imputazione del suo operato all'ente sarà di secondo e non di primo grado (sono esempi di organi-enti: l'ISTAT, la Banca d'Italia, il CNR);
- l'**esercizio di una pubblica potestà**. Si definisce **competenza** l'insieme dei poteri e delle funzioni che ciascun organo può esercitare.

Per **ufficio** si intende, invece, l'insieme persone fisiche e mezzi materiali organizzati per il perseguimento degli scopi istituzionali dell'Ente.

Si è quindi in presenza di un organo quando il soggetto ha la capacità di impegnare l'ente di appartenenza nei confronti dei terzi. Negli altri casi si sarà in presenza di un mero ufficio, deputato al compimento di attività meramente preparatoria e strumentale.

▶ 7.1. Rapporto organico e rapporto di servizio

Per una più compiuta definizione della natura dell'organo è necessario soffermarsi sulla relazione che lega l'organo all'ente, il c.d. **rapporto organico**.

Il **rapporto organico** è la *relazione a rilevanza meramente interna* e *organizzatoria* tra l'organo e il soggetto allo stesso preposto. E' ipotizzabile, quindi, solo per il titolare e comporta **l'imputazione degli atti compiuti direttamente all'ente**.

Va distinto dal **rapporto di servizio**. Quest'ultimo è un vero e proprio *rapporto giuridico* che si insatura tra l'ente e la persona fisica che svolge un'attività lavorativa in suo favore e che determina l'insorgere per entrambe le parti di diritti e doveri.

Quanto alle **modalità di instaurazione**:

- il **rapporto organico** sorge per effetto di un *atto amministrativo di assegnazione* (o incardinazione) del soggetto all'organo. Il rapporto organico è di regola logicamente

successivo all'instaurazione del rapporto di servizio, presupponendone l'esistenza. Può tuttavia accadere che il rapporto organico si istauri di fatto in mancanza del rapporto di servizio; ricorre, in tal caso, il fenomeno del **funzionario di fatto**.

- il **rapporto di servizio** sorge di regola per effetto di un *atto di assunzione* posto in essere dalla P.A., salvi i casi eccezionali in cui può instaurarsi come rapporto di fatto

▶ 7.2. La prorogatio

Quando il titolare dell'organo resta nell'esercizio delle funzioni anche **dopo la cessazione dalla carica**, finché non subentri il successore, si parla di ***prorogatio***. La l. 15 luglio 1994, n. 444, ha determinato un periodo massimo di *prorogatio* (45 giorni), decorrente dalla scadenza del termine di durata della carica, durante il quale gli organi possono compiere solo gli atti urgenti e indifferibili e gli atti di ordinaria amministrazione. Al di fuori di queste condizioni, l'atto compiuto è nullo.

▶ 7.3. La classificazione degli organi

Molteplici le **classificazioni** tra organi amministrativi.
Si distingue tra:

- organi **individuali** e **collegiali**;
- organi **rappresentativi** e **non rappresentativi**, a seconda che siano eletti o meno dai cittadini;
- organi **attivi** ovvero di amministrazione attiva, **consultivi** o di **controllo**;
- organi **permanenti** e organi **temporanei**;
- organi **ordinari** e **straordinari**: i primi fanno parte in modo stabile della struttura, i secondi sono nominati solo in casi eccezionali (es. commissario *ad acta*).

Quanto agli **organi collegiali**, per il loro funzionamento è necessario che vi sia:

- un ***quorum*** **strutturale** (numero minimo di partecipanti necessario per l'attività);
- un ***quorum*** **funzionale** (numero minimo di voti favorevoli per l'approvazione della delibera).

Il collegio si dice *perfetto* se il *quorum* strutturale è pari alla totalità dei membri; *imperfetto* nel caso opposto.

8. Le relazioni interorganiche: gerarchia, direzione, coordinamento, controllo

Diverse le ***relazioni*** che possono intercorrere tra gli organi:

- **gerarchia** che esprime la relazione di *sovraordinazione* tra un organo e un altro. Il rapporto di gerarchia si distingue per il riconoscimento di una serie di **poteri**: di *ordine e di direttiva*; di *avocazione e sostituzione*; di *risoluzione dei conflitti* tra gli organi subordinati e di decidere i ricorsi gerarchici.
- **direzione** che si caratterizza per *la più ampia sfera di autonomia di cui gode l'organo subordinato*. L'organo sovraordinato ha, infatti, un *potere di indirizzo e di emanare direttive*, nonché il *potere di controllo* sulla realizzazione dei fini indicati nelle direttive stesse.
- **coordinamento** intercorrente tra organi *equiordinati*, ad uno dei quali è riconosciuto il potere di impartire adeguate disposizioni o di promuovere accordi o intese, volte ad armonizzarne l'attività, in attuazione di un disegno organico ed in vista di *risultati di interesse comune*.
- **controllo** consistente, invece, nell'esame degli atti e dell'attività di un altro organo col fine di verificarne la conformità alla legge o ai criteri di buona amministrazione. Il controllo può essere: sugli **atti**, sugli **organi** (es. valutazione dei dirigenti) e sull'**attività** (controllo di gestione). L'esito del controllo può consistere nell'adozione di **misure repressive** (annullamento) o **impeditive** dell'efficacia dell'atto, nella **sostituzione** dell'organo controllante, nell'imposizione del **riesame** dell'atto da parte dell'organo che lo ha emanato, nell'inflizione di **sanzioni**.

9. Competenza

La **competenza**, riferita ad un organo, indica il *complesso di poteri e di funzioni* che lo stesso per legge può esercitare. Dalla nozione di competenza va distinta quella di **attribuzione** che indica il complesso degli interessi pubblici affidati ad un'intera amministrazione; sicché, il concetto di attribuzione va riferito all'intera amministrazione, quello di competenza a ciascun organo dell'amministrazione.
Si distingue, inoltre, tra:

- competenza **esterna** che riguarda i poteri e le funzioni che l'organo può esercitare con effetti nei confronti dei terzi destinatari;
- competenza **interna** che concerne, invece, l'insieme dei compiti svolti dall'organo all'interno della P.A. di appartenenza, con efficacia esclusivamente nei confronti di quest'ultima.

La competenza in senso tecnico è, tuttavia, quella **esterna**.
Ai sensi dell'art. 97, co. 2 e 3, Cost., *"I pubblici uffici sono organizzati secondo disposizioni di legge, in modo che siano assicurati il buon andamento e l'imparzialità dell'amministrazione. Nell'ordinamento degli uffici sono determinate le sfere di competenza, le attribuzioni e le responsabilità proprie dei funzionari"*.
La Costituzione pone, quindi, una **riserva di legge** in materia di organizzazione dei pubblici uffici: se ne ritiene la **natura relativa**.
Le sfere di competenza possono essere determinate:

1. per **materia**, in relazione *all'oggetto* su cui insiste l'esercizio del potere o della funzione. E' quanto avviene nel riparto delle competenze tra Ministeri;
2. per **territorio**, tra organi ugualmente competenti per materia e comporta una ripartizione di attribuzioni sotto il profilo territoriale;
3. per **grado**, che presuppone l'identità di competenza per materia e per territorio e l'esistenza di un rapporto gerarchico tra organi operanti nel medesimo ramo di amministrazione;
4. per **valore**, fissata, a volte, dalla legge per taluni organi amministrativi, almeno in relazione a determinati effetti.

▶ 9.1. Trasferimento di competenze. Delega, avocazione, sostituzione, avvalimento

La competenza amministrativa è *tendenzialmente inderogabile*, attesa la riserva di legge *ex* art. 97 Cost. L'ordinamento conosce, tuttavia, istituti che, senza incidere sulla titolarità delle competenze, determinano uno *spostamento nell'esercizio* delle stesse. Si tratta dell'**avocazione**, della **sostituzione** e della **delega**.

- La **delega** comporta il trasferimento dell'esercizio di un potere da un organo all'altro. Il potere oggetto di delega resta nella titolarità dell'organo delegante, ma può essere **esercitato dall'organo delegato** che acquisisce una **competenza derivata** da quella del delegante, come tale **sempre revocabile** da quest'ultimo. Dalla delega di poteri vanno, invece, **mantenute distinte**:
  - la **concessione di funzioni o servizi pubblici**, che instaura un rapporto giuridico tra un soggetto pubblico (concedente) e un soggetto privato (concessionario);
  - la **delega di firma**, che consiste nell'autorizzazione, concessa da un soggetto ad un altro, di apporre la firma in calce ad un provvedimento proveniente dal delegante. In tal caso l'atto resta soggettivamente imputato in via esclusiva al delegante. Nel caso della delega di potere, invece, l'atto è imputato al soggetto delegato.
- L'**avocazione** presuppone, invece, l'esistenza di un **rapporto di gerarchia** tra avocante e avocato e comporta **l'attribuzione a sé**, da parte dell'organo avocante, della competenza a compiere un determinato atto spettante all'organo avocato. Essa prescinde dall'inadempimento o dal ritardo dell'organo inferiore, differenziandosi per tale motivo dalla sostituzione.

- La **sostituzione** sottende un **rapporto di gerarchia** tra sostituto e sostituito; a differenza dell'avocazione, tuttavia, può avere luogo soltanto in presenza di un'**inerzia** o di un **inadempimento** del sostituito e solo in presenza di **un'espressa previsione di legge** che attribuisca il potere all'organo superiore. Essa presuppone anche l'ulteriore inerzia a seguito di formale diffida ad adempiere. Un'ipotesi di potere sostitutivo è, oggi, previsto dall'**art. 120 Cost.** in favore dello Stato.

Differente è il **rapporto di avvalimento** consistente nell'utilizzo da parte di un ente degli uffici di un altro ente, ai fini dello svolgimento di determinate funzioni che continuano a far capo all'ente principale

10. Il difetto di competenza

Seguendo la tradizionale impostazione, il **difetto di competenza** nell'emanazione di un atto o nel compimento di un'attività amministrativa può dar luogo a **tre distinte patologie**:

- la **competenza**, che ricorre quando l'atto o l'attività è posta in essere da un soggetto che **non possiede la qualità di organo** di un ente pubblico, non avendo mai ricevuto la relativa investitura o essendo decaduto dall'ufficio o, ancora, essendo stato investito con atto nullo o annullato con effetti *ex tunc;*
- l'**incompetenza assoluta**, che ricorre quando l'organo che pone in essere l'atto o l'attività appartiene ad un *settore di amministrazione diverso* da quello di cui fa parte l'organo che sarebbe competente secondo le regole generali o ad altro potere dello Stato (c.d. **straripamento di potere o difetto di attribuzioni**) o quando un organo adotta un provvedimento il cui oggetto afferisce alla **circoscrizione territoriale di altro organo** amministrativo (cd. **incompetenza per territorio**);
- l'**incompetenza relativa**, che ricorre quando l'organo che pone in essere l'atto o l'attività appartiene al *medesimo settore di amministrazione* di quello che sarebbe competente secondo le regole generali. Essa può poi atteggiarsi come **incompetenza per grado**, **per materia** o ancora **per territorio**. La distinzione è di fondamentale importanza nel ricostruire le **conseguenze giuridiche** ricollegabili all'atto posto in essere dall'organo incompetente. Ai sensi dell'art. 21 *septies*, l. n. 241 del 1990, è nullo il provvedimento amministrativo viziato da difetto assoluto di attribuzione; l'*incompetenza relativa*, invece, integra uno dei tre vizi di legittimità del provvedimento amministrativo ed è, pertanto, causa di **annullabilità** del provvedimento stesso (si rinvia a Cap. 8, § 7.2).

11. Il funzionario di fatto

In assenza di una previsione normativa che ne fornisca la *nozione*, la figura del **funzionario di fatto** è genericamente individuata in giurisprudenza nel **soggetto che esercita potestà pubbliche senza una valida investitura all'ufficio** cui appartengono le funzioni "di fatto" esercitate. Il funzionario di fatto è quindi il soggetto che, privo di valida legittimazione, in ragione della **mancanza del titolo** o della **sussistenza di un vizio che lo inficia**, compie un'attività riferibile all'amministrazione.

L'ipotesi della mancanza del titolo ricorre quando **l'atto di preposizione all'ufficio è del tutto carente**. È il caso del c.d. **usurpatore di pubbliche funzioni**, identificato con colui che esercita potestà non essendone titolare, perseguendo dolosamente finalità contrarie a quelle dell'ente pubblico cui l'attività è riferibile. Si tratta, peraltro, di fattispecie penalmente rilevante ai sensi dell'art. 347 c.p. Gli atti adottati dall'usurpatore di pubbliche funzioni sono, quindi, **nulli** perché provenienti da soggetto *ab origine* privo della qualità di organo amministrativo.

Il **vizio del titolo**, invece, può essere **originario** o **sopravvenuto.**

▶ 11.1. Regime di imputabilità degli atti

In merito alla **sorte degli atti** adottati dal soggetto che "appare" funzionario della P.A., si distingue

a seconda che gli stessi siano **favorevoli** o **sfavorevoli** per i terzi.
Per i provvedimenti **favorevoli**, se ne sostiene la **validità**, a presidio dei terzi in buona fede. La teoria del funzionario di fatto trova del resto il proprio fondamento nella esigenza di tutelare la *buona fede del privato* che entra in contatto con la P.A.
Più complessa l'ipotesi di provvedimenti **pregiudizievoli**. In tal caso, infatti, occorre distinguere due ipotesi.

1. La prima riguarda l'atto adottato **in assenza *ab initio*** dell'atto di assegnazione o in forza di un **titolo di legittimazione nullo o inefficace**. Secondo la tesi prevalente, i provvedimenti sarebbero **nulli**, in quanto adottati in **carenza di potere in astratto**. In questo senso si richiama l'art. 21-*septies*, l. 241/1990 che indica quale causa di nullità, il *"difetto assoluto di attribuzione"*. A tale ipotesi va anche ricondotta quella in cui la nomina sia stata già annullata al momento dell'adozione dell'atto. Anche in questo caso, infatti, per effetto dell'annullamento, il titolo ha perso retroattivamente efficacia al momento di adozione dell'atto, da considerarsi quindi nullo.
2. La seconda ipotesi concerne l'atto adottato da soggetto la cui **nomina, pur se illegittima**, non sia stata ancora rimossa al momento dell'adozione del provvedimento sfavorevole. Ci si chiede se il terzo, destinatario degli effetti prodotti dall'atto emanato dal soggetto non legittimato, possa impugnare quest'ultimo congiuntamente all'atto di nomina, benché quest'ultimo non sia stato autonomamente impugnato nei termini di legge. Al riguardo, la giurisprudenza ritiene che **l'illegittimità dell'atto di investitura non infici gli atti dell'ufficio**, a meno che il primo non abbia avuto luogo per il compimento di specifici atti, determinando per questi ultimi **un'invalidità derivata.** E' il caso dei rapporti tra atto di nomina dei componenti di una commissione di concorso e atti dagli stessi adottati. In questi casi, l'illegittimità dell'atto di nomina comporta l'annullabilità, non la nullità, dell'atto adottato dal funzionario di fatto (Cons. St., sez. V, 24 febbraio 1996, n. 232).

12. Gli enti pubblici economici e i processi di privatizzazione

Una posizione peculiare, nell'articolato ventaglio di enti pubblici, assumono gli **enti pubblici economici**, *persone giuridiche a carattere ibrido* che, se da un lato, hanno *carattere pubblico*, in quanto costituite o finanziate dallo Stato o da altro ente pubblico, dall'altro, operano in *veste imprenditoriale con gli strumenti del diritto privato*.
Si tratta di strumenti di cui lo Stato o altri enti pubblici si avvalgono per *intervenire in economia*.
Si caratterizzano per:

- essere soggetti all'*iscrizione nel registro delle imprese*, in virtù dell'art. 2201 c.c.;
- il potere di *stipulare con l'utenza contratti disciplinati dal codice civile* in relazione al rispettivo oggetto sociale;
- il fatto di operare di frequente in *regime di concorrenza con altre imprese private*.

Erano in passato enti pubblici economici, per esempio, l'Enel, le Ferrovie dello Stato o alcune banche pubbliche.
A partire dagli anni '90 del secolo scorso, ha preso il via un imponente **fenomeno di privatizzazione** dei più importanti enti pubblici economici.
I processi di privatizzazione si sono articolati in:

1. una prima fase (**c.d. fase fredda o privatizzazione formale**), consistente nel *mutamento della forma giuridica dell'ente pubblico in società per azioni*. Sono stati per esempio trasformate in S.p.a. l'Iri, l'Enel, l'Eni, lasciando al Ministero del Tesoro (ora Ministero dell'economia e delle finanze) il pacchetto azionario delle nuove società;
2. una seconda fase (**c.d. fase calda o privatizzazione sostanziale**), in cui si è stata avviata la *dismissione delle partecipazioni pubbliche* (è quanto avvenuto, per esempio, per l'Enel, successivamente per Poste S.p.a.).

▶ 12.1. La disciplina delle società a partecipazione pubblica

Le società derivanti dai processi di privatizzazione si aggiungono alle tante e numerose società partecipate dallo stato o da enti pubblici. Sono, infatti, sempre più ricorrenti le ipotesi in cui l'ente pubblico si avvale di strutture societarie di cui è azionista per lo svolgimento di attività di interesse pubblico. Il fenomeno si è sviluppato a livello sia *centrale* che *locale* (è il caso delle società a partecipazione mista o totalmente pubbliche partecipate dai Comuni per lo svolgimento dei servizi pubblici locali).
Con il d.lgs. 19 agosto 2016, n. 175 (cd. **decreto sulle società partecipate**), il legislatore ha riordinato in un unico testo la disciplina organica delle partecipazioni pubbliche in ambito societario. Obbiettivo dell'intervento riformatore è stata la *riduzione del numero delle società partecipate* e, al contempo, la *razionalizzazione del quadro normativo*.
Nel perseguire il primo obiettivo, il decreto (art. 4) vieta infatti alle Pubbliche Amministrazioni di costituire società aventi per oggetto attività di produzione di beni e servizi **non strettamente necessarie** per il perseguimento dei propri scopi istituzionali. Una ricognizione, in positivo, delle attività strettamente necessarie è offerta dallo stesso decreto che annovera:

a) la produzione di un servizio di interesse generale;
b) la progettazione e realizzazione di un'opera pubblica sulla base di un accordo di programma fra Amministrazioni pubbliche;
c) la realizzazione e gestione di un'opera pubblica ovvero l'organizzazione e la successiva gestione di un servizio d'interesse generale attraverso un contratto di partenariato con un imprenditore privato selezionato con una procedura di gara a doppio oggetto;
d) l'autoproduzione di beni o servizi strumentali all'ente o agli enti pubblici partecipanti;
e) servizi di committenza, ivi incluse le attività di committenza ausiliarie, apprestati a supporto di enti senza scopo di lucro e di amministrazioni aggiudicatrici.

Quanto al regime giuridico delle società a partecipazione pubblica, l'art. 1, co. 3, d. lgs. 19 agosto 2016, n. 175, dispone che le stesse sono disciplinate secondo le **norme sulle società contenute nel codice civile e le norme generali di diritto privato**, salve le espresse deroghe previste dal decreto. Si tratta di una decisiva *spinta verso il modello privatistico*. L'art. 14 dello stesso decreto, nella medesima logica, assoggetta le società a partecipazione pubblica alla **disciplina fallimentare** e al **concordato preventivo** nonché, ove ne ricorrano i presupposti, a quella in materia di amministrazione straordinaria delle grandi imprese insolventi, così definitivamente confermando l'impostazione privatistica.

▶ 12.2. I soggetti pubblici di matrice europea

La natura pubblica di una struttura societaria può anche conseguire alla riconduzione della stessa in talune figure soggettive pubbliche di derivazione comunitaria, ormai da tempo entrate a far parte della disciplina nazionale. Si tratta: dell'**organismo di diritto pubblico**; dell'**impresa pubblica**; dei **soggetti *in house***.

▶ 12.2.1. Organismi di diritto pubblico

Il Codice dei contratti pubblici individua le caratteristiche del c.d. "organismo di diritto pubblico", quale soggetto incluso nella categoria delle c.d. "Amministrazioni aggiudicatrici", come tale tenuto a osservare la disciplina europea di in tema di procedure di evidenza pubblica in sede di affidamento di contratti.
In particolare, gli organismi di diritto pubblico:

a. sono istituiti per soddisfare specificatamente **esigenze di interesse generale**, aventi carattere non industriale o commerciale;
b. sono dotati di **personalità giuridica**;
c. sono finanziati per la maggior parte dallo Stato, dalle autorità regionali o locali o da altri organismi di diritto pubblico; o la loro gestione è posta sotto la vigilanza di tali autorità o organismi; o il loro organo di amministrazione, di direzione o di vigilanza è costituito da membri più della metà dei quali è designata dallo Stato, da autorità regionali o locali o da altri organismi di diritto pubblico (requisito della c.d. **influenza pubblica** dominante).

Secondo il costante insegnamento della CGUE (inaugurato con la sentenza C-44/96, *Mannesman*), seguito dalle Sezioni Unite della Corte di Cassazione con la pronuncia *8 marzo 2019, n. 8673*, tali elementi (personalità giuridica, influenza pubblica dominante e requisito teleologico) devono sussistere necessariamente *in modo cumulativo*, sicché in assenza di una sola di tali tre condizioni, un organismo non può essere considerato di diritto pubblico, e dunque operare come amministrazione aggiudicatrice.

▶ 12.2.2. Imprese pubbliche

La nozione di **impresa pubblica**, invece, viene in rilievo in relazione all'ambito soggettivo di applicazione della disciplina europea e nazionale degli appalti nei c.d. settori speciali ed è l'impresa su cui le amministrazioni aggiudicatrici possono esercitare, direttamente o indirettamente, un'influenza dominante o perché ne sono proprietarie, o perché vi hanno una partecipazione finanziaria, o in virtù delle norme che disciplinano dette imprese. L'influenza dominante è **presunta** quando le amministrazioni aggiudicatrici, direttamente o indirettamente, riguardo all'impresa, alternativamente o cumulativamente:
1) detengono la maggioranza del capitale sottoscritto;
2) controllano la maggioranza dei voti cui danno diritto le azioni emesse dall'impresa;
3) possono designare più della metà dei membri del consiglio di amministrazione, di direzione o di vigilanza dell'impresa.

A differenza di quanto previsto per l'organismo di diritto pubblico, quindi, si prescinde in questo caso dal fine perseguito (che può anche essere lucrativo), riconoscendosi valenza decisiva al legame tra l'impresa e la Pubblica amministrazione "dominante".

▶ 12.2.3. Soggetti *in house*

L'*in house providing* è un istituto di origine europea, che rappresenta una **modalità alternativa** all'applicazione della disciplina comunitaria di evidenza pubblica in materia di *appalti e servizi pubblici*.
È un **modello organizzatorio** per mezzo del quale la P.A., al fine di reperire determinati beni e servizi ovvero per erogare alla collettività prestazioni di pubblico servizio, si avvale di un soggetto sottoposto al suo penetrante controllo, cioè di un ente strumentale, distinto sul piano formale, ma non su quello sostanziale, per cui l'ente può essere considerato parte integrante e prolungamento organizzativo della P.A.
Frutto dell'elaborazione giurisprudenziale della Corte di Giustizia UE (a partire dalla sentenza **Teckal**, causa C-107/98), l'istituto è stato codificato ad opera delle direttive 2014/24/UE, 2014/23/UE e 2014/25/UE ed è stato, poi, recepito in sede nazionale con l'**art. 5 del d.lgs. n. 50 del 2016** (c.d. **Codice dei contratti**).
Le condizioni di ammissibilità dell'*in house providing* ricorrono quando:

1. l'amministrazione aggiudicatrice eserciti sul soggetto aggiudicatario un "**controllo analogo**" a quello esercitato sui propri servizi (**elemento strutturale**): il Codice considera un siffatto controllo sussistente esclusivamente ove l'Amministrazione aggiudicatrice *"eserciti un'influenza determinante sia sugli **obiettivi strategici** che sulle **decisioni significative** della persona giuridica controllata"*;

2. il soggetto aggiudicatario svolga la **maggior parte della propria attività in favore dell'ente pubblico di appartenenza** (**elemento funzionale**): il Codice ritiene necessario, a tal riguardo, che il soggetto affidatario svolga almeno l'80% delle proprie attività in esecuzione di compiti ad esso affidati dall'Amministrazione aggiudicatrice controllante o da altri soggetti a propria volta controllati dal medesimo soggetto pubblico;

3. la **partecipazione pubblica** sia **quasi totalitaria:** sul punto, il Codice richiede che, nella persona giuridica controllata, non vi sia alcuna partecipazione diretta di capitali privati, ad eccezione di forme di partecipazione di capitali privati previste dalla legislazione nazionale, in conformità dei trattati, che non esercitino un'influenza determinante sulla persona giuridica controllata.

▶ 12.2.3.1. La scelta tra *in house* e esternalizzazione in caso di affidamento di lavori, servizi e forniture. Cosa cambia con il nuovo Codice dei contratti pubblici del 2023.

Tanto chiarito in merito ai requisiti costitutivi dell'istituto dell'*in house*, vanno ricostruiti i criteri sostanziali e le regole procedimentali che le amministrazioni devono seguire nel decidere se esternalizzare l'esecuzione di una determinata prestazione o se, invece, autoprodurla, ricorrendo per l'appunto all'affidamento *in house*.

Prima del **nuovo Codice dei contratti pubblici del 2023**, la disciplina di tali criteri e regole era dettata in *più fonti normative* a seconda in particolare che l'*in house* venisse in rilievo quale alternativa alla procedura pubblica per l'affidamento di *appalti pubblici* ovvero per lo *svolgimento di servizi pubblici locali*. A disciplinare (in modo diverso) le due ipotesi indicate erano, infatti l'art. 192, d. lsg. n. 50 del 2016, per l'affidamento di lavori, servizi e forniture, e gli artt. 14 e 17, d. lgs. n. 201 del 2022, per i servizi pubblici locali.

Tale diversità di fonti e discipline permane anche dopo il nuovo Codice che, al citato art. 7, da un lato, al comma 2, disciplina principi e regole, sostanziali e procedimentali, da osservare nell'optare per l'affidamento *in house* di lavori, servizi o forniture (così sostituendo l'art. 192, d. lgs. n. 50 del 2016), dall'altro, al successivo comma 3, rinvia al d. lgs. n. 201 del 2022, per le regole di cui fare applicazione in sede di affidamento *in house* di servizi di interesse economico generale.

Quanto all'affidamento di lavori, servizi e beni, l'art. 7 del nuovo Codice, dopo aver enunciato il principio di "*autonomia*" delle amministrazioni nello scegliere tra i tre modelli della esternalizzazione, dell'autoproduzione e della cooperazione, chiarendo tuttavia che la scelta deve aver comunque luogo "*nel rispetto della disciplina del codice e del diritto dell'Unione*", enuncia al successivo comma 2 criteri e regole da osservare nell'optare per il modello dell'*in house*.

In particolare, l'art. 7, comma 2, dopo aver disposto che "*Le stazioni appaltanti e gli enti concedenti possono affidare direttamente a società in house lavori, servizi o forniture, nel rispetto dei principi di cui agli articoli 1, 2 e 3*" del Codice, ossia dei principi del risultato, della fiducia e dell'accesso al mercato, enuncia una regola a carattere generale, seguita da una previsione derogatoria limitata nel suo ambito di applicazione.

In base alla regola generale, dettata dall'art. 7, comma 2, secondo inciso, "*le stazioni appaltanti e gli enti concedenti adottano per ciascun affidamento un provvedimento motivato in cui danno conto dei vantaggi per la collettività, delle connesse esternalità e della congruità economica della prestazione, anche in relazione al perseguimento di obiettivi di universalità, socialità, efficienza, economicità, qualità della prestazione, celerità del procedimento e razionale impiego di risorse pubbliche*".

La citata previsione, che quindi impone precisi doveri istruttori, valutativi e motivazionali alle stazioni appaltanti che intendano ricorrere al modello dell'auto-produzione, è tuttavia parzialmente derogata dallo stesso art 7, comma 2, terzo e quarto inciso, a tenore del quale il dovere motivazionale è più attenuato qualora l'affidamento riguardi **prestazioni strumentali**, il provvedimento di affidamento *in house* potendo limitarsi a dare conto dei vantaggi in termini di economicità, di celerità o di perseguimento di interessi strategici. Con la precisazione che, come dispone l'ultimo inciso dell'art. 7, comma 2, "*i vantaggi di economicità possono emergere anche mediante la comparazione con gli standard di riferimento della società Consip S.p.a. e delle altre centrali di committenza, con i parametri ufficiali elaborati da altri enti regionali nazionali o esteri oppure, in mancanza, con gli standard di mercato*".

Riassumendo, l'art. 7, comma 2, enuncia i seguenti principi e le seguenti regole:

1. in via generale, il principio dell'autonomia organizzativa delle Amministrazioni nella scelta tra i tre modelli astrattamente possibili (auto-produzione, esternalizzazione, cooperazione);
2. quanto all'affidamento di lavori, servizi e forniture, una regola generale che impone un onere di istruttoria, valutazione e motivazione rafforzate;
3. sempre con riguardo a lavori, servizi e forniture, una deroga alla regola generale *sub* 2, destinata ad operare in caso di affidamento di prestazioni strumentali.

Si rinvia, per l''analisi più approfondita, al successivo **Cap. 11**.

Per l'affidamento *in house* dei servizi pubblici locali si rinvia al **successivo § 13.2.3.**

13. I servizi pubblici locali nel d. lgs. 23 dicembre 2022, n. 201

Come si è anticipato, regole particolari sono dettate per l'affidamento dei servizi pubblici locali. Alla illustrazione della specifica disciplina relativa alle modalità di affidamento dei servizi, di recente modificata dal d. lgs. 23 dicembre 2022, n. 201, è utile anteporre alcune nozioni introduttive e preliminari, oltre che una più ampia illustrazione delle principali innovazioni introdotte dal citato decreto legislativo, ricompreso tra le misure di attuazione del Piano nazionale di ripresa e resilienza (PNRR).

▶ 13.1. La nozione. La contrapposizione tra teorie soggettiva e oggettiva e l'influenza del diritto europeo

Prima del d. lgs. 23 dicembre 2022, n. 201, e in assenza di una definizione legislativa, si è sviluppato un decennale dibattito diretto alla perimetrazione della nozione di servizio pubblico, in particolare locale. Si sono storicamente contrapposte la teoria soggettiva e quella oggettiva.
Secondo la **teoria soggettiva**, un servizio è qualificabile pubblico per il solo fatto che l'attività in cui esso si esplica sia riconducibile allo Stato o ad un altro ente pubblico, che lo dichiara tale in forza di un atto legislativo o amministrativo, assumendone la titolarità e la gestione, sia direttamente che indirettamente.
L'entrata in vigore della Costituzione ha segnato il progressivo superamento di tale ricostruzione, in favore di una **concezione di carattere oggettivo e funzionale**. Sulla base di una lettura combinata degli artt. 41 e 43 Cost., la dottrina (POTOTSCHNIG) ha rinvenuto la cifra caratterizzante la nozione di servizio pubblico nella **sottoposizione** di una certa attività economica, sia essa pubblica o privata, a **programmi e controlli**, al fine di indirizzarla e coordinarla verso il conseguimento di finalità di preminente carattere sociale. In questo senso, il carattere pubblico di una certa attività non deriverebbe dalla natura pubblica del soggetto che attrae entro la propria sfera di competenza la titolarità del servizio, bensì dalla **natura dell'attività in sé considerata** e dalla sua **capacità di soddisfare un interesse di preminente rilievo sociale**.
La dottrina successiva ha tuttavia sostenuto che la nozione di servizio pubblico non può prescindere dalla **necessaria imputabilità del servizio alla Pubblica amministrazione**, la quale assume il servizio entro i propri compiti istituzionali e ne provvede all'organizzazione, pure affidandone la **gestione** a soggetti privati.

▶ 13.2. La nuova disciplina dei servizi pubblici locali dettata dal d. lgs. 23 dicembre 2022, n. 201

Tanto chiarito, il d. lgs. 23 dicembre 2022, n. 201, ha per la prima volta introdotto una disciplina organica dei servizi pubblici locali a rilevanza economica, enunciando importanti principi generali comuni alla assunzione, organizzazione e gestione di tutte le tipologie di servizi locali, nonché introducendo norme volte a incentivare l'aggregazione territoriale, a valorizzare la differenziazione tra regolazione e gestione del servizio, a precisare le regole da osservare nell'affidamento del servizio, a regolare i rapporti tra gestore del servizio e utenti.

▶ 13.2.1. Il perimetro applicativo

Quanto al **perimetro applicativo**, il decreto si è attenuto alla nozione europea. Dando attuazione alla delega contenuta nell'art. 8, l. 5 agosto 2022, n. 118, ha infatti fornito la definizione di servizio pubblico locale, disponendo che per "*servizi di interesse economico generale di livello locale*" o "*servizi pubblici locali di rilevanza economica*" devono intendersi i servizi erogati o suscettibili di essere erogati dietro corrispettivo economico su un mercato, che non sarebbero svolti senza un intervento pubblico o sarebbero svolti a condizioni differenti in termini di accessibilità fisica ed economica, continuità, non discriminazione, qualità e sicurezza, che sono previsti dalla legge o che gli enti locali, nell'ambito delle proprie competenze, ritengono necessari per assicurare la soddisfazione dei bisogni delle comunità locali, così da garantire l'omogeneità dello sviluppo e la coesione sociale (art. 2, comma 1, lett. c).
L'art. 2 del decreto offre tre elementi utili ai fini della perimetrazione del concetto di servizio pubblico locale:
a. l'**elemento soggettivo**, consistente nell'imputabilità all'ente locale della scelta organizzativa di gestione del servizio;
b. l'**elemento oggettivo**, ossia la "produzione di beni e attività";
c. l'**elemento teleologico**, che individua nei fini sociali e nella promozione e sviluppo delle comunità locali lo scopo precipuo delle predette attività.

▶ 13.2.2. L'assunzione del servizio. Il principio di sussidiarietà orizzontale

Lo stesso decreto codifica taluni **principi** destinati a guidare l'attività delle Amministrazioni locali nell'assunzione, organizzazione e gestione dei servizi pubblici locali.
In primo luogo, la prestazione di un servizio pubblico necessita di un **atto di assunzione** dello stesso

come compito del soggetto pubblico. Al riguardo, l'art. 10 del decreto enuncia, quale principio chiave destinato a guidare la scelta dell'ente locale di istituire o meno un servizio pubblico, quello di c.d. **sussidiarietà orizzontale**. Ai fini del soddisfacimento dei bisogni delle comunità locali, gli enti locali sono infatti tenuti a favorire, in attuazione del principio suindicato, l'autonoma iniziativa dei cittadini, singoli e associati, e delle imprese, anche con apposite agevolazioni e semplificazioni. Nell'istituire servizi di interesse economico generale di livello locale diversi da quelli già previsti dalla legge, che ritengono necessari per assicurare la soddisfazione dei bisogni delle comunità locali, gli enti locali sono quindi a condurre **apposita istruttoria**, da cui risulti, sulla base di un effettivo confronto tra le diverse soluzioni possibili, che la prestazione dei servizi da parte delle imprese liberamente operanti nel mercato o da parte di cittadini, singoli e associati, è inidonea a garantire il soddisfacimento dei bisogni delle comunità locali.

▶ 13.2.3. Le modalità di affidamento e la scelta dell'*in house*

Assunta la decisione di istituire il servizio pubblico locale, l'ente territoriale deve definirne le modalità di affidamento e gestione.
Sul tema il decreto conferma le tre possibili modalità di gestione e affidamento dei servizi pubblici locali (esternalizzazione con gara, partenariato pubblico-privato, affidamento *in house*), intervenendo tuttavia a dettare importanti regole destinate ad orientare la scelta che l'ente locale deve compiere tra i tre modelli.
Quanto alle **modalità di affidamento** astrattamente utilizzabili, lo schema di decreto indica in particolare:

- l'**affidamento a terzi mediante procedura a evidenza pubblica**, regolata dalla disciplina in materia di contratti pubblici, con la prescrizione che l'ente locale deve favorire, ove possibile in relazione alle caratteristiche del servizio da erogare, il ricorso a concessioni di servizi rispetto ad appalti pubblici di servizi, in modo da assicurare l'effettivo trasferimento del rischio operativo in capo all'operatore (art. 15);
- l'**affidamento a società a partecipazione mista pubblico-privata**, come disciplinate dal d. lgs. 19 agosto 2016, n. 175. In tali casi, il socio privato è individuato secondo la procedura di cui all'articolo 17 del decreto legislativo n. 175 del 2016. L'ente locale può cedere in tutto o in parte la propria partecipazione nelle società di cui al comma 1 mediante procedure a evidenza pubblica (art. 16);
- l' **affidamento a società *in house***.
- Una peculiare disciplina è dettata dall'art. 17 del decreto con riguardo all'*in house*.
- In primo luogo, per gli **affidamenti sopra-soglia**, l'ente locale che intenda optare per il modello dell'autoproduzione nella gestione del servizio pubblico locale è tenuto a una **motivazione qualificata**, che dia conto, anche sulla base dei modelli *standard* predisposti dalle autorità competenti, delle ragioni del mancato ricorso al mercato ai fini di un'efficiente gestione del servizio, illustrando i benefici per la collettività della forma di gestione prescelta con riguardo agli investimenti, alla qualità del servizio, ai costi dei servizi per gli utenti, all'impatto sulla finanza pubblica, nonché agli obiettivi di universalità, socialità, tutela dell'ambiente e accessibilità dei servizi, anche in relazione ai risultati conseguiti in eventuali pregresse gestioni *in house*. Per i **contratti sottosoglia**, continuano ad applicarsi le disposizioni del codice dei contratti pubblici che richiedono una motivazione circa gli affidamenti *in house*.

Capitolo 2
L'Amministrazione statale

SOMMARIO:

1. La struttura dell'Amministrazione statale

L'organizzazione amministrativa diretta dello Stato si struttura in:

a. **centrale ordinaria** che comprende organi quali i Ministeri (con ruoli attivi); il Consiglio di Stato (con ruolo consultivo); la Corte dei conti (con ruolo di controllo);
b. **locale** o **periferica**, che consente l'attribuzione di funzioni proprie degli organi centrali a sedi distaccate a livello periferico.

Tra gli organi centrali dotati di un ruolo di particolare rilievo e di primo piano rientra il Governo.

2. Il Governo

Al vertice dell'Amministrazione statale è posto il **Governo**, organo costituzionale al quale è affidata la funzione di *direzione politica dello Stato* e che esprime la volontà delle forze politiche di maggioranza che lo sostengono con la fiducia. L'art. 92 Cost. individua gli **organi necessari** di cui si compone il Governo: Presidente del Consiglio; Ministri; Consiglio dei Ministri.

Le attribuzioni del Consiglio dei Ministri, organo collegiale del Governo, sono state precisate dalla legge n. 400 del 1988 e consistono principalmente nell'elaborazione dell'*indirizzo politico ed amministrativo* del Paese, nella soluzione dei *conflitti di attribuzione tra Ministeri*, nella definizione della *politica normativa del Governo*.

Il **Presidente del Consiglio dei Ministri** è nominato con decreto del Presidente della Repubblica e resta in carica sino a quando perdura la fiducia del Parlamento nei riguardi del Governo. *Dirige la politica generale del Governo* di cui ha la responsabilità, *mantiene l'unità di indirizzo politico* e *amministrativo, promuovendo e coordinando l'attività dei Ministri.* A tal fine il Presidente del Consiglio può rivolgere ai singoli Ministri direttive politiche ed amministrative, ma non può avocare a sé atti del singolo Ministro o annullarli né sostituirsi al Ministro ai fini della loro adozione.

Tra le attribuzioni del Presidente del Consiglio dei Ministri la legge n. 124 del 2007 ricomprende l'alta direzione e la responsabilità generale della *politica dell'informazione per la sicurezza* nell'interesse e per la difesa della Repubblica e l'apposizione e la *tutela del segreto di Stato.* Si avvale, per l'esercizio delle sue funzioni, delle strutture della Presidenza del Consiglio, articolata in dipartimenti e uffici.

I M**inisteri** sono uffici complessi, dotati di personale e mezzi propri, preposti alla gestione di ambiti omogenei dell'attività amministrativa dello Stato e con al vertice **un organo politico**, che è il **Ministro**, al tempo stesso capo dell'amministrazione ministeriale e componente del Consiglio dei ministri (art. 95, co. 2, Cost.).

Il rigido **criterio gerarchico** che caratterizzava in origine l'organizzazione dei ministeri è oggi non poco attenuato: il d.lgs. n. 165 del 2001 ha infatti distinto i compiti del Ministro da quelli dei dirigenti, in applicazione del **principio di separazione** in forza del quale spettano al Ministro i poteri di *definizione degli obiettivi e dei programmi da attuare* e di *verifica della rispondenza agli stessi dell'attività amministrativa svolta*, ai dirigenti, invece, quelli di *gestione finanziaria, tecnica e amministrativa*.

▶ 2.1. I modelli di organizzazione ministeriale: dipartimentale e a direzione generale

I ministeri sono organizzati secondo **due modelli differenti**:
- il **modello dipartimentale**, per effetto del quale il ministero si articola in alcune grandi strutture organizzative, i dipartimenti, suddivisi al loro interno in uffici dirigenziali generali che abbracciano **grandi aree di materie omogenee;**
- il **modello a direzione generale**, nel quale, invece, gli uffici dirigenziali generali che lo caratterizzano (le direzioni generali) hanno **ambiti materiali tendenzialmente più ridotti** rispetto ai dipartimenti e sono coordinati nella loro attività dal **segretario generale** del ministero. Quest'ultimo – figura non prevista per i ministeri a modello dipartimentale – opera alle dirette dipendenze del Ministro ed assicura il coordinamento dell'azione amministrativa delle diverse direzioni, svolgendo anche compiti di vigilanza.

▶ 2.2. Comitati interministeriali

Al coordinamento tra i diversi settori dell'Amministrazione statale sono preposti, per talune materie, i **Comitati interministeriali**, strutture collegiali del Governo, composte da Ministri, esperti e rappresentanti delle amministrazioni (per es., il *Comitato Interministeriale per la Programmazione Economica*, il *Comitato Interministeriale per il Credito e il Risparmio*, il *Comitato interministeriale per la sicurezza della Repubblica*).

▶ 2.3. Le Agenzie e le aziende autonome

Accanto ai ministeri, l'organizzazione statale conosce, come modello tipico, le **agenzie**, disciplinate dal d.lgs. n. 300 del 1999 e sottoposte ai poteri di indirizzo e di vigilanza del ministro. Nello svolgimento della loro attività a carattere tecnico-operativo di interesse nazionale, le agenzie sono dotate di *autonomia organizzativa e funzionale* e, pur mancando di personalità giuridica, dispongono di propri organi di gestione e di controllo interno ed operano al servizio non solo del ministero cui sono collegate, ma di tutte le amministrazioni pubbliche, comprese quelle regionali e locali.
Un ordinamento del tutto proprio ed un regime speciale sono dettati per le **agenzie fiscali** (dotate, invece, di personalità giuridica). Esse sono le agenzie: delle *entrate*, delle *dogane e dei monopoli* e del *demanio*. È invece un ente pubblico economico, strumentale all'Agenzia delle Entrate, l'**Agenzia delle Entrate-Riscossione**, che preso il posto di Equitalia nell'attività di riscossione dei tributi.
Le **aziende autonome**, invece, sono incardinate nell'amministrazione dello Stato per lo svolgimento di **attività di tipo essenzialmente produttivo**. Esse, pur non essendo dotate di personalità giuridica, godono di una spiccata **autonomia amministrativa, contabile e finanziaria** e costituiscono una delle manifestazioni dell'**intervento pubblico in campo economico**. Esse sono, comunque, sottoposte al controllo politico del Parlamento, gerarchico del Ministro competente e successivo della Corte dei conti. Le medesime sono state investite dal fenomeno delle **privatizzazioni**, a seguito del quale molte aziende sono state trasformate in enti pubblici economici, prima, e in società per azioni, poi (ad es. Ferrovie dello Stato e Poste italiane).

3. Gli organi ausiliari

Tra gli organi di Governo la Costituzione indica il **Consiglio di stato** e la **Corte dei Conti**, nonostante l'uno e l'altra siano titolari di funzioni anche giurisdizionali: funzioni, queste ultime, che, in applicazione del **principio di separazione dei poteri**, sono esercitate in netta separazione dal Governo.

L'apparente anomalia di soggetti al contempo *di Governo* e *a natura giudiziaria* è dovuta alla doppia anima di queste due importanti Istituzioni pubbliche.

▶ 3.1. Il Consiglio di Stato

Il **Consiglio di Stato**, in particolare, se ai sensi dell'art. 100 Cost., è l'organo di *consulenza giuridico-amministrativa del Governo*, in base al successivo art. 103 Cost. è, *questa volta in quanto giudice*, preposto alla tutela delle pretese di cui i privati sono titolari nei confronti della Pubblica Amministrazione (ai sensi dell'art. 103, co. 1, Cost., *il Consiglio di Stato e gli altri organi di giustizia amministrativa hanno giurisdizione per la tutela nei confronti della pubblica amministrazione degli interessi legittimi e, in particolari materie indicate dalla legge, anche dei diritti soggettivi.*).

Nel primo dei due ruoli indicati, il Consiglio di Stato svolge, con indipendenza garantita dalla Costituzione (art. 100, co. 3, e art. 108), una **funzione consultiva** attraverso la formulazione di **pareri**:

a. **facoltativi**, che il Governo, i singoli Ministri o le Regioni hanno cioè la *facoltà*, ma non l'obbligo di chiedere in casi determinati.
b. **obbligatori**, che invece devono essere obbligatoriamente richiesti, come accade quando sono emanati atti normativi del Governo o dei singoli Ministri.

In entrambi i casi i pareri *non sono vincolanti* per chi li richiede, il quale può quindi discostarsi dal parere stesso a condizione che ne indichi le ragioni nella motivazione del provvedimento da adottare.

Gli unici pareri del Consiglio di Stato che, oltre ad essere *obbligatori* (perché è necessario chiederli), sono anche *vincolanti*, sono quelli rilasciati in vista della decisione dei **ricorsi straordinari proposti al Presidente della Repubblica** avverso atti della Pubblica Amministrazione: nella decisione del ricorso straordinario non è consentito, infatti, discostarsi dal parere reso dal Consiglio di Stato.

Il Consiglio di Stato svolge, inoltre, **funzione giurisdizionale amministrativa**: di *secondo grado*, in veste di giudice di appello avverso le sentenze dei Tribunali amministrativi regionali (Tar); eccezionalmente *esclusiva* in un unico grado, come nel caso del **giudizio di ottemperanza** per l'esecuzione delle sentenze dello stesso Consiglio di Stato passate in giudicato (artt. 112 e 113 c.p.a.).

▶ 3.2. La Corte dei conti

Anche la Corte dei Conti cumula funzioni diverse, di controllo e giurisdizionali.

In sede di controllo, è un **organo ausiliario** sia del Governo che del Parlamento, operando in veste neutrale ed obiettiva nell'interesse generale della comunità e a tutela della finanza pubblica.

Ai sensi dell'art. 103 Cost., la Corte dei Conti *esercita il controllo preventivo di legittimità sugli atti del Governo e quello successivo sul bilancio dello Stato. Partecipa, nei casi e nelle forme stabilite dalla legge, al controllo sulla gestione finanziaria degli enti a cui lo Stato contribuisce in via ordinaria. Riferisce direttamente alle Camere sul risultato del riscontro eseguito*.

Ai sensi dell'art. 103, co. 2, Cost., la Corte dei Conti esercita, inoltre, la **funzione giurisdizionale** nella materia della **contabilità pubblica**, in specie:

- in sede di accertamento della responsabilità c.d. erariale, a contenuto patrimoniale, di amministratori e dipendenti pubblici *per i danni causati all'ente di appartenenza nell'ambito del rapporto d'ufficio* (**contenzioso contabile**);
- nei giudizi sulla spettanza e sull'entità delle pensioni a carico dello Stato e degli enti previdenziali (**contenzioso pensionistico**).

Si rinvia al successivo Cap. 9, § 6 per la trattazione.

▶ 3.3. Il Consiglio Nazionale dell'economia e del lavoro (CNEL)

La Costituzione assegna al **Consiglio Nazionale dell'economia e del lavoro** (CNEL) una *funzione di consulenza* rivolta alle Camere e al Governo che si esplica nell'espressione di valutazioni e di pareri in materia economico-sociale e nel *potere di iniziativa legislativa*. Il CNEL, infatti, può contribuire all'elaborazione della legislazione economica e sociale (art. 99, co. 3, Cost.). L'art. 28 della l. n. 234 del 2012, inoltre, attribuisce al CNEL il compito di far pervenire a Camere e Governo le valutazioni e i contributi che reputa più opportuni in materie economiche e sociali nell'ambito del processo di formazione degli atti dell'Unione europea. La riforma costituzionale, bocciata dal referendum del dicembre 2016, ne prevedeva la soppressione.

▶ 3.4. Il ruolo dell'Avvocatura dello Stato

L'**Avvocatura dello Stato** è l'organo legale dello Stato al quale sono assegnati compiti di consulenza giuridica e di difesa delle Amministrazioni Statali in tutti i giudizi civili, penali, amministrativi, arbitrali, comunitari e internazionali. L'Avvocatura assiste, consiglia e difende in via esclusiva ed organica le Amministrazioni Statali, ivi inclusi gli Organi Costituzionali, le Autorità Amministrative Indipendenti e le Regioni a statuto speciale; essa può inoltre assumere, a determinate condizioni, il patrocinio delle Regioni a statuto ordinario, purché la controparte nel giudizio non sia lo Stato, degli enti pubblici non statali, delle organizzazioni internazionali, degli Stati esteri, nonché dei dipendenti chiamati in giudizio per fatti e cause di servizio. In taluni casi, può assumere la difesa di amministrazioni pubbliche non statali e di enti convenzionati. L'Avvocatura dello Stato è posta alle dirette dipendenze del Presidente del Consiglio dei Ministri cui è subordinata gerarchicamente.

4. Le Autorità indipendenti

Soprattutto a partire dagli anni '90 si è sviluppato un ulteriore modello di Amministrazione pubblica, quelle delle c.d. **Autorità amministrative indipendenti**.

Pur mancando una disciplina omogenea ed unitaria, presentano alcuni tratti comuni ancorché gli stessi si manifestino con intensità differenti in ciascuna Autorità. Sono:

- una **marcata indipendenza dal Governo**, destinata a manifestarsi nelle modalità di nomina dei componenti degli organi delle Autorità, oltre che nella sottrazione e controlli e direttive dell'esecutivo;
- la tendenziale **equidistanza** e **neutralità** rispetto agli interessi su cui la loro attività incide (per esempio, l'equidistanza tra le imprese alle quali sono contestate alcune pratiche commerciali scorrette e i consumatori che potrebbero averle subite);
- alto tasso di **competenza tecnica** richiesta nell'esercizio delle competenze loro assegnate.

Sono di frequente titolari di poteri di *regolazione dei settori* cui sono preposte, di *vigilanza*, ma anche di *definizione di veri e propri procedimenti di tipo contenzioso*, oltre che di incisivi *poteri sanzionatori*.

Le **funzioni** attribuite alle Autorità indipendenti non sono sussumibili all'interno di un'unica categoria. Le Autorità infatti sono titolari:

- di **funzioni amministrative** in senso proprio (es. rilascio di autorizzazioni), in passato attribuite alle amministrazioni in senso classico (in specie, i Ministeri);
- di **funzioni arbitrali e contenziose** (o semicontenziose), utili anche nella prospettiva di filtrare, a scopi deflativi, l'accesso alla giurisdizione (compiti di *adjudication*). Il ruolo delle Autorità è in questo caso quello di arbitro posto in una posizione neutrale ed equidistante rispetto a situazioni giuridiche di tipo bilaterale e orizzontale intercorrenti tra soggetti privati;
- di **funzioni normative**, cc.dd. di **regolamentazione**, nell'esercizio delle quali le Autorità adottano misure generali volte agli operatori, in settori di alto tecnicismo e privi di una puntuale disciplina legislativa, nel rispetto delle garanzie del **giusto procedimento** e del **controllo giurisdizionale**;
- di **funzioni ausiliarie** esercitate nei confronti di organi costituzionali (in specie il Parlamento e il Governo) attraverso pareri, segnalazioni e relazioni periodiche nelle materie rientranti nelle loro competenze (c.d. attività di *moral suasion*).

In sintesi, le Autorità indipendenti sono titolari di **poteri**: **ispettivi** e di **indagine**; **sanzionatori** e di **sollecitazione**; **decisori**; **regolamentari**.

È possibile distinguere tra:

- **Autorità di settore**, preposte, in via esclusiva, ad uno specifico settore economico (es. Consob, Ivass, Autorità per le garanzie nelle comunicazioni);
- **Autorità trasversali**, dotate, invece, di competenze non limitate a singoli comparti, in

quanto chiamate a tutelare specifici interessi pubblici di portata generale (es. Autorità garante della concorrenza e del mercato, Garante per la protezione dei dati personali, Commissione di garanzia per l'attuazione della legge sullo sciopero nei servizi pubblici essenziali).

In Italia, tra le **Autorità amministrative indipendenti** sono comprese:

- la **Banca d'Italia,** con compiti di vigilanza e regolazione nel settore creditizio;
- la **Commissione nazionale per le società e la borsa** (**Consob**), istituita nel 1974, che ha il compito di vigilare sugli intermediari finanziari, le società e la borsa;
- l'**Istituto per la vigilanza sulle assicurazioni** (**Ivass**) – che succede all'Isvap, istituita con l. 12 agosto 1982, n. 576 e soppressa dall'art. 13, co. 32, d.l. 6 luglio 2012, n. 95, conv. con mod. in l. 7 agosto 2012, n. 135 – avente il compito di vigilare sul settore delle assicurazioni private;
- l'**Autorità garante della concorrenza e del mercato (Agcm),** c.d. ***Antitrust***, istituita dalla l. n. 287/1990; si v. anche l'**art. 67, co. 6, lett. a**), del **d.lgs. 21 febbraio 2014, n. 21** che ha riattribuito all'Agcm la competenza esclusiva in materia di **pratiche commerciali scorrette**, anche nei settori regolati;
- la **Commissione di garanzia per lo sciopero nei servizi pubblici essenziali** (l. n. 146/1990);
- la **Commissione di vigilanza sui fondi pensione** (COVIP, d.lgs. n. 124/1993);
- l'**Autorità di regolazione per energia, reti e ambiente** (**ARERA**), già Autorità per l'energia elettrica e il gas;
- l'**Autorità per le garanzie nelle comunicazioni (Agcom)** (l. n. 249/1997);
- il **Garante per la protezione dei dati personali** (anche noto come Garante della *privacy*, istituito dalla l. n. 675/1996, ora confluita nel d.lgs. n. 196/2003, recentemente modificato dal d. lgs. 10 agosto 2018, n. 101, adottato per l'adeguamento della normativa nazionale alle disposizioni del regolamento UE n. 2016/679);
- il **Garante per la sorveglianza dei prezzi** (l. n. 244/2007), la cui qualificazione quale Autorità indipendente è peraltro controversa;
- l'**Autorità nazionale anticorruzione** (**ANAC**), cui sono assegnate funzioni di vigilanza e *governance* nel settore die contratti pubblici;
- l'**Autorità di regolazione dei trasporti (ART)**, istituita dall'art. 37 del d.l. n. 201 del 2011 (c.d. decreto *Salva-Italia* e sulle cui funzioni v. anche art. 3, d.lgs. 29 luglio 2015, n. 129);

5. L'Amministrazione statale periferica

L'Amministrazione statale comprende oltre ai Ministeri, alle Agenzie ed agli uffici operanti a livello centrale, una serie di enti pubblici strumentali e di uffici distribuiti sul territorio nazionale, aventi una *competenza limitata al territorio in cui operano*.

▶ 5.1. I Prefetti

Tra questi i **Prefetti**. Nominati con decreto del Presidente della Repubblica, su proposta del Ministro dell'Interno, previa deliberazione del Consiglio dei Ministri, i Prefetti sono organi periferici *dell'Amministrazione statale che:*

- *rappresentano il governo a livello provinciale*;
- esercitano *tutte le funzioni dell'amministrazione periferica dello Stato* non espressamente conferite ad altri Uffici;
- sovrintendono alle residue funzioni amministrative esercitate dallo Stato, coordinandole con quelle esercitate dagli Enti locali;
- *vigilano sulle Autorità amministrative operanti nella provincia* e vi si sostituiscono, in caso di urgente necessità, adottando le misure del caso (ordinanze di urgenza).

Sono **organi a competenza generale** che rappresentano, in ambito provinciale, il Governo nella sua unità; sono titolari dell'**Ufficio Territoriale del Governo** (U.T.G.), struttura cui sono state attribuite tutte le funzioni esercitate a livello periferico dallo Stato, fatta esclusione per quelle relative ad alcune Amministrazioni espressamente individuate dal d.lgs. n. 300 del 1999.

▶ 5.1.1. La funzione ulteriore di Rappresentante dello Stato per i rapporti con le autonomie

L'abrogazione dell'art. 134 Cost., per effetto della legge cost. n. 3 del 2001, ha determinato il venir meno della figura del Commissario del Governo che fungeva da elemento di collegamento tra Stato e Regione su base territoriale ed effettuava i relativi controlli sulle Regioni, in particolare, quello preventivo sulle leggi regionali attraverso l'apposizione del visto. In virtù della legge La Loggia n. 131 del 2003, si è colmato tale vuoto di disciplina attraverso l'istituzione del **Rappresentante dello Stato per i rapporti con le autonomie**, al quale sono state attribuiti tutti i compiti di raccordo tra lo Stato e le Regioni. Tale ruolo è stato assunto dal Prefetto avente sede nel capoluogo della Regione il quale cura, in tale veste, le attività dirette a: assicurare il rispetto del principio di leale collaborazione tra Stato e Regione, nonché il raccordo tra istituzioni dello Stato; informare la Presidenza del Consiglio dei casi in cui occorre un intervento della Corte costituzionale; attuare le misure di coordinamento tra Stato ed autonomie locale e le relative intese tra Stato e Regione; dare esecuzione ai provvedimenti adottati dal Consiglio dei Ministri nell'esercizio dei poteri sostitutivi di cui all'art. 120 Cost.; indire le elezioni regionali.

▶ 5.1.2. Il ruolo del Prefetto nella normativa più recente

Occorre inoltre ricordare la normativa più recente intervenuta in materia, in particolare:

- con la **l. n. 190 del 2012,** c.d. *legge anticorruzione*, si è prevista l'istituzione presso ogni Prefettura di un elenco di fornitori, prestatori di servizi ed esecutori di lavori non soggetti a tentativi di infiltrazione mafiosa;
- col **d.l. n. 90 del 2014**, conv., con mod., in **l. n. 114 del 2014**, si è previsto che nel caso in cui l'autorità giudiziaria proceda per uno dei delitti contro la P.A., il Presidente dell'Autorità nazionale anticorruzione, in presenza di fatti gravi ed accertati, propone al Prefetto competente: a) di rinnovare la composizione degli organi sociali mediante la sostituzione del soggetto coinvolto e, nel caso in cui l'impresa non si adegui, di provvedere alla gestione straordinaria dell'impresa appaltatrice limitatamente all'esecuzione del contratto d'appalto oggetto di procedimento penale; b) di provvedere direttamente alla gestione straordinaria e temporanea dell'impresa appaltatrice limitatamente all'esecuzione del contratto d'appalto oggetto di procedimento penale.

▶ 5.2. Il ruolo del Sindaco in veste di ufficiale di Governo

Nella sua doppia veste giuridica di *capo dell'ente locale e di ufficiale di governo*, il **sindaco** è anche titolare di varie funzioni 'statali', che esercita nei limiti territoriali del proprio comune. Se, come organo del comune, il sindaco gode di ampia autonomia nei confronti dello Stato (art. 5 Cost.), come **ufficiale di governo** dipende invece gerarchicamente dal prefetto e, attraverso questi, dal Ministero dell'Interno. Ai sensi dell'art. 54, del d.lgs. n. 267/2000, il sindaco:

- sovrintende all'emanazione di atti che gli sono attribuiti dalla legge e dai regolamenti in materia di ordine e sicurezza pubblica, nonché allo svolgimento delle funzioni affidategli dalla legge in materia di pubblica sicurezza e polizia giudiziaria;
- concorre, inoltre, ad assicurare la cooperazione della polizia locale con le forze di polizia statali nell'ambito delle direttive di coordinamento impartite dal ministero dell'Interno;
- sovrintende alla tenuta dei registri di stato civile e di popolazione e agli adempimenti demandatigli dalle leggi in materia elettorale, di leva militare e di statistica;
- emana ordinanze contingibili ed urgenti. In passato (art. 38, l. n. 142/1990) quest'ultime potevano essere adottate soltanto in materia di sanità, igiene, edilizia e polizia locale; ora possono essere adottate in tutti i casi in cui è necessario prevenire ed eliminare gravi pericoli che minaccino l'incolumità pubblica e la sicurezza urbana, previa comunicazione al prefetto per la predisposizione degli strumenti necessari alla loro attuazione (art. 54, co. 4, d.lgs. 267/2000).

Capitolo 3
L'Amministrazione territoriale

SOMMARIO

1. Autonomia e decentramento

L'art. 5 Cost. dispone che la Repubblica, *una e indivisibile, riconosce e promuove le autonomie locali*; *attua nei servizi che dipendono dallo Stato il più ampio* **decentramento amministrativo**; *adegua i principi ed i metodi della sua legislazione alle esigenze di* **autonomia** *e decentramento*.
I due principi, dell'autonomia e del decentramento, vanno tenuti distinti.
Nel significato che gli assegna l'art. 5 Cost. il **principio di autonomia** comporta che rilevanti poteri (amministrativi e, per alcuni Enti, come le Regioni, anche legislativi) vanno riconosciuti in favore di enti diversi dallo Stato, che rappresentano le istanze delle collettività presenti su un territorio. L'autonomia consiste nel potere di tali Enti di determinare le finalità da perseguire e le modalità per realizzarle nel proprio territorio in modo autonomo, per quanto nel rispetto di una serie di principi, anche volti ad assicurare che sia salvaguardata l'*unità* ed *indivisibilità* della Repubblica.
Nell'accezione con cui lo utilizza l'art. 5 della Cost., il **decentramento amministrativo** è, invece, un modo di organizzare alcuni poteri spettanti allo Stato, assegnandone l'esercizio ad alcune sue articolazioni più a contatto con le comunità locali (per es. il Prefetto, deputato a rappresentare il Governo in sede territoriale).
Espressione del principio dell'autonomia sono gli enti territoriali, Regioni, Province, Città metropolitane, Comuni, collocati al fianco dello Stato come elementi costitutivi della Repubblica (art. 114 Cost.).

2. Le Regioni

L'art. 131 Cost. prevede **20 Regioni:**
- **5** ad autonomia speciale, o rinforzata (Sicilia, Sardegna, Trentino-Alto Adige, Friuli-Venezia Giulia e Valle d'Aosta);
- **15** di diritto comune (Abruzzo, Basilicata, Calabria, Campania, Emilia-Romagna, Lazio, Liguria, Lombardia, Marche, Molise, Piemonte, Puglia, Toscana, Umbria, Veneto).

Le Regioni a **statuto speciale** si differenziano da quelle ordinarie per il diverso procedimento di *formazione dei rispettivi Statuti* e per le *forme e condizioni particolari di autonomia* loro riconosciute.
Le Regioni, in quanto enti territoriali esponenziali degli interessi della collettività, possiedono tre elementi costitutivi:
1. il **territorio**;
2. la **popolazione** cui compete anche il diritto di richiedere *referendum* e di iniziativa legislativa secondo le modalità previste dai rispettivi Statuti;
3. l'**apparato di Governo** (Consiglio, Giunta e Presidente della Giunta) cui spettano importanti funzioni istituzionali nel campo legislativo e amministrativo.

Le Regioni godono di:

- **autonomia statutaria**, ossia la possibilità di adottare uno Statuto in armonia con la Costituzione che disciplini la forma di Governo della Regione e detti le norme principali in materia di organizzazione e funzionamento dell'ente per tutte quelle attività non regolate direttamente dalla Costituzione;
- **autonomia legislativa**, ossia la titolarità del potere di emanare leggi nelle materie previste dalla Costituzione;
- **autonomia amministrativa**, ossia la possibilità di dotarsi di un proprio apparato amministrativo e di emanare atti amministrativi;
- **autonomia finanziaria**, nella gestione delle entrate e delle spese nel rispetto dei vincoli previsti dalla Costituzione e dall'ordinamento UE;
- **autonomia di indirizzo politico**, ossia la possibilità di dirigere l'attività legislativa e amministrativa secondo un indirizzo anche diverso da quello del Parlamento nazionale.

La **riforma costituzionale n. 3 del 18 ottobre 2001** ha profondamente mutato l'assetto dei rapporti tra Stato e Regioni. I **punti fondamentali della riforma sono**:

a. un rinnovato **riparto di competenze legislative** e **regolamentari** tra Stato e regioni;
b. l'**abolizione del sistema dei controlli** statali sugli atti normativi regionali;
c. la nuova formulazione dell'art. 118 Cost., relativo al **riparto delle funzioni amministrative**;
d. l'**autonomia finanziaria** delle regioni, oltre che degli altri enti territoriali.

▶ 2.1. L'autonomia statutaria

Lo Statuto delle **Regioni ordinarie** deve essere in armonia con la Costituzione e segue il seguente procedimento di formazione:

- è **approvato** e **modificato** dal **Consiglio regionale** a maggioranza assoluta dei suoi componenti, con due deliberazioni successive adottate ad intervallo non minore di due mesi. Per tale legge non è richiesta l'apposizione del visto da parte del Commissario del Governo;
- il **Governo** può promuovere la **questione di legittimità costituzionale** sugli statuti regionali dinanzi alla Corte costituzionale entro trenta giorni dalla loro pubblicazione;
- è sottoposto a ***referendum* popolare** qualora entro tre mesi dalla sua pubblicazione ne faccia richiesta un cinquantesimo degli elettori della Regione o un quinto dei componenti il Consiglio regionale. Lo statuto sottoposto a *referendum* non è promulgato se non è approvato dalla maggioranza dei voti validi;

Gli statuti delle **Regioni speciali** si distinguono nettamente quindi da quelli delle Regioni ordinarie. Le differenze attengono:
- all'*atto* con cui sono approvati e al relativo procedimento di adozione;
- ai rispettivi *contenuti*, ossia alle *materie* che disciplinano.

In particolare, gli Statuti speciali sono approvati, *ex* art. 116 Cost., mediante *legge costituzionale*. A differenza delle Regioni ordinarie, che approvano i rispettivi statuti con proprie leggi, le **Regioni a statuto speciale** non sono quindi titolari del potere statutario, spettante allo Stato ed esercitato con **legge costituzionale**. Con *legge cost. 18 ottobre 2001, n. 3*, tuttavia, è stato riconosciuto alle Regioni speciali il potere di approvare a maggioranza assoluta leggi regionali, per *determinare la propria forma di governo*, nel rispetto della Costituzione e dei principi dell'ordinamento giuridico della Repubblica.
Anche i **contenuti** delle due tipologie di statuti sono ben diversi.
Ben più ridotti i **contenuti degli statuti delle Regioni ordinarie**. Ai sensi dell'art. 123 Cost. lo Statuto fissa i *princìpi fondamentali di organizzazione e funzionamento*, regola l'esercizio del *diritto di iniziativa* e del *referendum* su leggi e provvedimenti amministrativi della Regione e la *pubblicazione delle leggi e dei regolamenti regionali*. Tra le novità più significative introdotte, quanto al contenuto degli statuti delle Regioni ordinarie, dalla legge cost. *22 novembre 1999, n. 1*, vi è il riconoscimento che con statuto si *determini la forma di governo regionale* e si *disciplini il Consiglio delle autonomie locali*, organo di consultazione interna alla Regione previsto proprio dall'art. 123, co. 4, Cost. e, dunque, necessario.
Per le **Regioni a statuto speciale lo statuto**, contiene tutta la disciplina dell'autonomia della Regione, fermo il potere riconosciuto con la riforma del 2001 (l. cost. n. 2) a ciascuna Regione a statuto speciale di definire la *propria forma di governo con legge regionale*.

Entrambe le tipologie di Regioni dispongono così del potere di *modellare autonomamente la propria forma di governo*, disciplinando i *rapporti tra gli organi politici della Regione*. Dal 1999 ogni Regione può determinare, invece, la propria forma di governo autonomamente nello statuto: in assenza si applica l'art. 122, co. 1, Cost., in forza del quale il Presidente della Giunta regionale è eletto a suffragio universale e diretto.
Quanto ai **rapporti tra lo statuto delle Regioni ordinarie e la legislazione statale**, l'art. 123, co. 1, Cost., dispone che gli statuti debbono essere *"in armonia con la Costituzione"* e non più anche, come previsto nella precedente versione, *"con le leggi della Repubblica"*. I rapporti tra le due fonti (statuti regionali e leggi dello Stato) vanno quindi ricostruiti, più che in termini di gerarchia, in termini di **competenza**, per cui la legge dello Stato non potrebbe comunque disciplinare materie riservate alla competenza statutaria.

▶ 2.2. L'autonomia legislativa

Il sistema del riparto delle competenze legislative tra Stato e regioni è stato fortemente inciso dalla **legge cost. n. 3 del 18 ottobre 2001**, che ha provveduto a riformare il **titolo V della Costituzione**. Con la riforma del 2001 si registra un significativo aumento, rispetto al testo costituzionale previgente, delle attribuzioni legislative, peraltro dovuto ad un diverso -e in un certo senso rivoluzionario- criterio di riparto tra le stesse e quelle spettanti allo Stato.
Prima del 2001, infatti, la potestà legislativa dello Stato era *generale*, spettando in tutte le materie diverse da quelle *tassativamente* rientranti nella *potestà legislativa concorrente*, le *sole* nelle quali le Regioni potevano legiferare, nel rispetto peraltro dei principi definiti con legge dello Stato.
Con la riforma del 2001, il criterio di distribuzione delle potestà legislative tra Stato e Regioni cambia radicalmente: la potestà legislativa dello Stato, lungi dall'essere generale, può essere esercitata nelle *sole* materie tassativamente elencate dall'art. 117 Cost. Al difuori di quelle, la potestà legislativa compete, in modo quindi generale, alle Regioni.
In particolare, il nuovo art. 117 Cost. distingue tre tipologie di materie (c.d. a legislazione esclusiva, concorrente e residuale), stabilendo in modo distinto, per ciascuna di esse, a chi spetta legiferare.
La riforma del 2001 ha quindi distinto tra:

- materie di **competenza legislativa esclusiva dello Stato** analiticamente enumerate dal riscritto art. 117, co. 2;
- materie di **competenza concorrente**, in cui le regioni legiferano nel rispetto dei principi fondamentali posti dalle leggi statali *ex* art. 117, co. 3, Cost.;
- materie non espressamente menzionate, rimesse, invece, alla **potestà legislativa residuale** delle regioni, in forza del nuovo co. 4 dell'art. 117 Cost.

La novità più rilevante apportata dalla riforma costituzionale con riguardo alla potestà legislativa regionale è data, quindi, dalla espressa previsione della regola per la quale nelle materie diverse da quelle tassativamente assegnate alla legislazione esclusiva dello Stato e alla legislazione concorrente la potestà legislativa spetta alle Regioni. Si tratta delle c.d. **materie a competenza legislativa residuale**, dette *innominate* perché non elencate nella Costituzione e ricavate quindi *per sottrazione*. In esse spetta alle Regioni una **potestà legislativa piena**, la relativa disciplina essendo rimessa interamente alle Regioni.
Tra gli elementi caratterizzanti la riforma costituzionale del 2001 si annovera, infine, l'equiparazione della legge statale e della legge regionale sotto il profilo dei **limiti**. L'art. 117, co. 1, Cost. stabilisce infatti che entrambe le tipologie di leggi devono rispettare: la **Costituzione**; i vincoli derivanti dall'**ordinamento comunitario**; gli **obblighi internazionali**.
A tali limiti si aggiungono quello territoriale e quello dei principi generali dell'ordinamento giuridico dello Stato e delle competenze.

▶ 2.3. L'autonomia regolamentare

La riforma costituzionale del 2001 ha rafforzato l'autonomia regionale capovolgendo il criterio di riparto tra Stato e Regioni non solo della potestà legislativa, ma anche di quella **regolamentare**, volta a dettare regole per l'attuazione e l'esecuzione delle leggi.
Le Regioni, infatti, hanno potestà regolamentare in tutte le materie, ad eccezione di quelle assegnate alla potestà legislativa esclusiva dello Stato, per le quali soltanto, quindi, quest'ultimo è munito di

potere anche regolamentare.
Anche in queste ultime materie, peraltro, lo Stato può delegare il potere regolamentare alle Regioni, assegnando quindi alle stesse il compito di dettare le regole per l'attuazione e l'esecuzione delle leggi statali.

▶ 2.4. Le funzioni amministrative. Il superamento del principio del parallelismo. Sussidiarietà, differenziazione e adeguatezza

In forza della disciplina costituzionale anteriore alla riforma del 2001, le regioni, nelle materie affidate alla loro competenza legislativa, disponevano di corrispondenti funzioni amministrative: si trattava del c.d. **"principio di parallelismo delle funzioni"**, in forza del quale il soggetto che detta la disciplina di un determinato ambito oggettivo provvede anche a garantirne l'attuazione a livello amministrativo. Ne era previsto tuttavia un correttivo, potendo le funzioni amministrative rientranti nelle materie di interesse esclusivamente locale essere attribuite dalle leggi della Repubblica alle province, ai comuni e agli altri enti locali all'insegna di un modello di **decentramento delle medesime**.
Alla riforma del 2001 si deve anche la nuova formulazione dell'art. 118 Cost. Risulta, infatti, **superato il principio del parallelismo**, a favore dei **principi di:**

- **sussidiarietà verticale** che impone di allocare l'esercizio delle funzioni amministrative al livello di governo più prossimo a coloro che ne saranno destinatari. L'art. 118, co. 1, Cost. indica il comune quale ente **"a competenza amministrativa generale"**, poiché organismo territoriale più vicino ai cittadini;
- **differenziazione**, che impone di tener conto delle oggettive diversità tra enti, anche della stessa tipologia (Comuni di grandi e piccole dimensioni, per esempio). Se infatti è vero che la Costituzione preferisce, in base al criterio della sussidiarietà, che la funzione sia allocata al livello comunale, è pur vero che ogni Comune ha la sua specificità dovuta, ad esempio, al fatto che è situato in zona montana. In alcuni casi, di conseguenza, proprio la particolarità di uno specifico Comune suggerisce di allocare la funzione ad un livello superiore per consentire un miglior soddisfacimento dell'interesse pubblico.
- **adeguatezza**, per il quale la funzione amministrativa va attribuita all'ente più in grado di esercitarla in modo efficiente, considerati gli obiettivi da conseguire e le risorse organizzative, umane e finanziarie disponibili. Se quindi l'ente *non ha una struttura idonea e risorse sufficienti* la funzione deve essere assunta dall'ente posto al livello più elevato.

▶ 2.5. L'autonomia finanziaria

La riforma costituzionale del 2001, avendo rafforzato le competenze amministrative degli enti territoriali, ha inteso ridefinirne il sistema di finanziamento.
L'art. 119, co. 1, Cost., come riformulato dalla riforma del 2001, dispone invece che *i Comuni, le Province, le Città metropolitane e le Regioni hanno autonomia finanziaria di entrata e di spesa*.
Al successivo comma 2, lo stesso art. 119 Cost. prevede che gli stessi hanno *risorse autonome*, stabiliscono e applicano *tributi ed entrate propri*, dispongono di *compartecipazioni al gettito di tributi statali* riferibile al loro territorio.
L'articolo 119 è stato attuato con legge 5 maggio 2009, n. 42 che, a differenza della Costituzione, fa espresso riferimento al federalismo fiscale.
Le **entrate** degli enti territoriali si distinguono in due tipologie, che compongono la finanza ordinaria e la finanza straordinaria.
La **finanza ordinaria**, alla quale si riconducono le modalità di finanziamento di Regioni, Città metropolitane, Province e Comuni volte a consentire loro l'esercizio di tutte le funzioni, si compone di:

1) *tributi ed entrate propri*: sono i tributi stabiliti e applicati dagli enti territoriali esclusivamente nel proprio territorio, in armonia con la Costituzione e secondo i principi di coordinamento della finanza pubblica e del sistema tributario. Ai sensi dell'art. 23 Cost., **l'istituzione di un nuovo tributo si effettua con legge**, sicché solo alle Regioni è consentito farlo in quanto gli enti locali non hanno potestà legislativa;
2) *compartecipazioni al gettito di tributi statali* (*c.d. erariali*), per la quota riferibile al territorio dell'ente: le compartecipazioni non sono in realtà espressione di autonomia degli enti territoriali i quali in questi casi percepiscono una parte del gettito di un tributo statale ma non istituiscono né

applicano il tributo. Tipico il caso dell'imposta sul valore aggiunto (IVA);
3) *fondo perequativo istituito con legge statale*. Si tratta di risorse assegnate ai territori con minore capacità di entrate per abitante. Questo fondo è diretto a riequilibrare gli effetti del principio di autonomia finanziaria laddove avvantaggia i territori con maggiore ricchezza e quindi con più elevate entrare fiscali.

Accanto alla finanza ordinaria opera un altro canale di incameramento di risorse: la **finanza straordinaria**. Si tratta delle risorse aggiuntive erogate dallo Stato per promuovere lo sviluppo economico, la coesione e la solidarietà sociale, rimuovere gli squilibri economici e sociali, favorire l'effettivo esercizio dei diritti della persona o provvedere a scopi diversi dal normale esercizio delle loro funzioni. L'erogazione è a favore di determinati Comuni, Province, Città metropolitane e Regioni e non della generalità degli stessi enti.

I Comuni, le Province, le Città metropolitane e le Regioni dispongono inoltre di un **proprio patrimonio**, attribuito secondo i princìpi generali determinati dalla legge dello Stato. Il **federalismo demaniale**, espressione non presente nel testo della Costituzione, è stato disciplinato dal d. lgs. 28 maggio 2010, n. 85, che ha previsto il trasferimento agli enti territoriali (Regioni, Province, Città metropolitane, Comuni) di:

- beni appartenenti al demanio marittimo e relative pertinenze, salvo quelli direttamente utilizzati dalle amministrazioni statali;
- beni appartenenti al demanio idrico e relative pertinenze, con esclusione dei fiumi di ambito sovraregionale e dei laghi di ambito sovraregionale, se non sono oggetto di intesa tra le Regioni interessate;
- aeroporti di interesse regionale o locale;
- miniere, cave e torbiere.

▶ 2.6. L'organizzazione regionale. Consiglio, Giunta e Presidente

L'organizzazione regionale ha subito importanti modifiche a seguito dell'approvazione della **legge cost. n. 1 del 1999**, che ha fortemente valorizzato l'autonomia di tale ente, rimettendo alla **fonte statutaria** la disciplina della **forma di governo** della regione e dei **principi fondamentali di organizzazione e funzionamento**.

Gli **organi fondamentali** della regione sono invece individuati dall'art. 121 Cost.: si tratta del Consiglio regionale, della Giunta e del suo Presidente.

- Il **Consiglio regionale** *ex* art. 121, co. 2, Cost. esercita le **funzioni legislative** riconosciute alla regione nonché le altre funzioni a questa conferite dalla Costituzione e dalle leggi statali (ad es. la funzione di controllo politico sull'operato della Giunta e del Presidente). Anteriormente alla riforma del 1999, il Consiglio regionale esercitava indefettibilmente anche la **funzione regolamentare**; la riforma ha invece rimesso la decisione sulla titolarità di tale potere alle stesse regioni, che potranno **decidere se attribuirlo al Consiglio ovvero alla Giunta**, o se ripartire la funzione tra tali due organi.
- La **Giunta regionale** è, invece, l'**organo esecutivo** della regione, assieme al suo Presidente (art. 122 Cost.). La Giunta, in particolare, provvede alla predisposizione e presentazione del **bilancio** e del **conto consuntivo** regionale; ha potere di **iniziativa legislativa** e provvede all'**esecuzione delle delibere** adottate dal Consiglio regionale.
- Il **Presidente della Giunta** è infine il massimo organo di indirizzo politico, nonché l'**organo rappresentativo** della regione, legittimato all'impugnazione delle leggi dinanzi alla Corte costituzionale, alla promulgazione delle leggi e all'emanazione dei regolamenti regionali, alla nomina e revoca dei componenti la Giunta.

Quanto ai **meccanismi elettorali**, sono rimessi alla **legislazione concorrente** della regione, per quel che attiene all'**elezione del Presidente e dei membri del Consiglio regionale**, mentre la **forma di governo** della regione è disciplinata dallo **Statuto**. In mancanza, invece, di diversa previsione statutaria, il Presidente della Giunta regionale è **eletto a suffragio universale e diretto** e provvede **alla nomina e alla revoca dei componenti della Giunta**; i rapporti tra Presidente della Giunta e Consiglio regionale sono invece regolati su **base fiduciaria** (*aut simul stabunt, aut simul cadent*). Infatti, l'approvazione di una mozione di sfiducia nei confronti del Presidente della Giunta, così come la sua morte o le sue dimissioni comportano lo scioglimento del Consiglio regionale. Le dimissioni contestuali della maggioranza dei componenti del Consiglio provocano la caduta dell'esecutivo regionale e del suo Presidente (art. 126 Cost.).

3. I controlli

La riforma costituzionale del 2001 ha **soppresso** pressoché tutte le forme di controllo **sugli atti** degli enti territoriali previsti in origine.
Prima della riforma, la Costituzione prevedeva espressamente che un organo dello Stato (**Commissario di governo**) esercitasse in forma decentrata il controllo di legittimità sugli atti amministrativi delle Regioni (art. 125 Cost.) e che un **organo della Regione** esercitasse il controllo di legittimità sugli atti dei Comuni e delle Province (art. 130 Cost.). Per effetto della **riforma del 2001** è stata in primo luogo soppressa la figura del Commissario di governo; sono stati inoltre eliminati i controlli preventivi di legittimità e – nei casi previsti dalla legge – di merito, sugli atti amministrativi delle Regioni (art. 125 Cost.); è stato, altresì, abolito il ricorso preventivo alla Corte costituzionale avverso le leggi regionali. L'attuale art. 127 Cost. dispone che la **questione di legittimità costituzionale in relazione ad una legge regionale** può essere presentata **solo in via successiva** ed è stato, infine, abrogato il citato art. 130 Cost., relativo ai controlli di legittimità e di merito della Regione sugli atti di Province, Comuni e altri enti locali.
E' tuttavia ancora oggi vigente l'**art. 138 TUEL**, ai sensi del quale *"il **Governo** a tutela dell'unità dell'ordinamento (...) ha facoltà, in qualunque tempo di **annullare**, d'ufficio o su denunzia, sentito il Consiglio di Stato, **gli atti degli enti locali viziati da illegittimità**"*.
A controbilanciare il tenore federalista della riforma, inoltre, rimangono i **poteri di controllo esterno di gestione della Corte dei conti** sulle autonomie locali, pur se riconfigurati in chiave, essenzialmente, collaborativa. Restano ferme, invece, le diverse forme di controllo ***sugli organi*** delle Regioni e degli enti locali, che possono condurre alla **sospensione** o allo **scioglimento** dei **consigli** ovvero alla **rimozione** o alla **sospensione** degli **amministratori**.

▶ 3.1. I controlli sulle Regioni

Con riguardo alle **Regioni**, l'art. 126 Cost., come modificato dalla legge costituzionale n. 1 del 1999, prevede che con decreto motivato del Presidente della Repubblica sono disposti lo **scioglimento del Consiglio regionale** e la **rimozione del Presidente della Giunta** che abbiano compiuto **atti contrari alla Costituzione o gravi violazioni di legge**. Lo scioglimento e la rimozione possono altresì essere disposti per **ragioni di sicurezza nazionale**. Il decreto è adottato sentita una Commissione di deputati e senatori costituita, per le questioni regionali, nei modi stabiliti con legge della Repubblica.

▶ 3.2. I controlli sugli enti locali

Per quanto riguarda gli **enti locali**, invece, ai sensi dell'art. 141 TUEL **i Consigli comunali e provinciali sono sciolti** con decreto del Presidente della Repubblica, su proposta del Ministro dell'Interno:

- in caso di compimento di **atti contrari alla Costituzione**, di **gravi e persistenti violazioni di legge** o per **gravi motivi di ordine pubblico**;
- in caso di **impossibilità di funzionamento** degli organi e dei servizi per impedimento permanente, rimozione, decadenza o decesso del Sindaco o del Presidente della provincia o a seguito di loro dimissioni o di dimissioni contemporanee della metà più uno dei componenti il Consiglio;
- in caso di **mancata approvazione nei termini del bilancio;**
- nel caso in cui enti locali con più di mille abitanti siano **privi di strumenti urbanistici generali** e gli organi elettivi non provvedano alla loro adozione entro diciotto mesi dall'entrata in carica;
- infine, i Consigli comunali e provinciali, ai sensi dell'art. 143 TUEL sono sciolti quando a seguito di accertamenti compiuti dall'Autorità giudiziaria *"emergano elementi su collegamenti diretti o indiretti degli amministratori con la **criminalità organizzata**"*.

Il decreto di scioglimento è, poi, pubblicato nella Gazzetta Ufficiale della Repubblica Italiana e contiene

anche la nomina di una **commissione straordinaria** destinata a curare la gestione dell'ente (non prevista ove lo scioglimento sia stato determinato da dimissioni, impedimento permanente, rimozione, decadenza e decesso del sindaco o del presidente della provincia). In ogni caso, a seguito dello scioglimento, le elezioni per il **rinnovo dell'organo disciolto** devono tenersi **entro 90 giorni** dalla pubblicazione del decreto, salva la possibilità di proroga al solo fine di far coincidere le elezioni amministrative con la prima tornata elettorale utile. In tutte le ipotesi in cui è avviata la procedura di scioglimento, inoltre, il **Prefetto** ha la facoltà di disporre, con proprio decreto motivato, la **sospensione** in via cautelativa del Consiglio comunale o provinciale, ove ricorrano **motivi di grave ed urgente necessità**.
Al di là dell'ipotesi di scioglimento dei Consigli comunali e provinciali, il TUEL prevede anche la possibilità di **rimuovere dalla carica**, con decreto del Ministro dell'interno, il Sindaco, il Presidente della provincia, i Presidenti dei consorzi e delle Comunità montane, i componenti dei consigli e delle giunte, i Presidenti dei consigli circoscrizionali, ove tali soggetti compiano **atti contrari alla Costituzione** o pongano in essere **gravi e persistenti violazioni di legge** o ricorrano **gravi motivi di ordine pubblico**. Inoltre, la rimozione è prevista anche in caso di **sospetto di infiltrazioni e condizionamenti di tipo mafioso**.

4. Le conferenze permanenti

In un ordinamento che esalta il principio del pluralismo istituzionale, anche su base territoriale, una funzione importante è svolto dalle **Conferenze permanenti**, tipico strumento di concertazione delle decisioni nell'ottica di un regionalismo di tipo cooperativo ed in attuazione del **principio di leale collaborazione** di cui all'art. 120 Cost.
Si distinguono: la Conferenza permanente per i rapporti fra lo Stato, le Regioni e le Province autonome; la Conferenza permanente Stato-città ed autonomie locali e la Conferenza unificata.

A) La Conferenza Stato-Regioni

La **Conferenza permanente per i rapporti tra lo Stato, le Regioni e le Province autonome di Trento e Bolzano** favorisce la cooperazione tra l'attività dello Stato e quella delle Regioni e le Province Autonome.
La conferenza Stato-Regioni:
- è la sede in cui il Governo acquisisce l'avviso delle Regioni sui più importanti atti amministrativi e normativi di interesse regionale. L'attività della Conferenza Stato-Regioni è regolata dal d.lgs. n. 281 del 1997;
- persegue l'obiettivo di realizzare la leale collaborazione tra Amministrazioni centrale e regionali;
- si riunisce in una apposita sessione comunitaria per la trattazione di tutti gli aspetti delle politiche dell'Unione europea che sono anche di interesse regionale e provinciale e per la fissazione dei termini di adempimento degli obblighi derivanti dall'appartenenza dell'Italia all'UE (v. art. 22, l. n. 234 del 2012);
- è competente a rilasciare l'intesa di cui alla già più volte citata sentenza della Corte cost. 251/2016.

B) Conferenza Stato-città ed autonomie locali

La **Conferenza Stato-città ed autonomie locali** è un organo collegiale con funzioni consultive e decisionali che opera per favorire la cooperazione fra lo Stato e gli Enti locali. È presieduta dal Ministro dell'Interno, congiuntamente al Ministro per gli affari regionali e le autonomie nelle materie di relativa competenza. La delega è stata conferita dal Presidente del Consiglio dei Ministri con il DPCM del 29 luglio 2013.

C) La Conferenza unificata

La Conferenza Unificata è stata istituita dal d.lgs. n. 281 del 1997, che ne ha definito anche la composizione, i compiti e le modalità organizzative ed operative. La Conferenza Unificata, sede congiunta della Conferenza Stato-Regioni e della Conferenza Stato-Città ed autonomie locali, opera al fine di:

- favorire la cooperazione tra l'attività dello Stato e il sistema delle autonomie;
- esaminare le materie e i compiti di comune interesse.

La Conferenza Unificata svolge funzioni consultive e in particolare esprime il parere sul disegno di legge finanziaria e sui disegni di legge collegati; sul documento di programmazione economica e finanziaria e sugli schemi di decreti legislativi adottati in base all'art. 1 della l. 15 marzo 1997, n. 59.

Capitolo 4
Le fonti del diritto amministrativo

SOMMARIO

1. Le fonti del diritto amministrativo: nozioni e caratteri

Con il termine **fonte** del diritto si indicano gli **atti** o i **fatti** idonei a produrre norme giuridiche, innovando l'ordinamento. Nel quadro delle fonti dell'ordinamento nazionale, in posizione gerarchicamente sovraordinata, si colloca la **Costituzione** che contiene un nucleo di principi e di norme di immediata forza precettiva, atte a disciplinare l'Amministrazione nel suo complesso.
Alla Costituzione fa seguito la legge ordinaria e gli atti aventi forza equiparata in qualità di **fonti "primarie"** destinate a regolare importanti aspetti funzionali e strutturali della PA.
Accanto alle fonti primarie, ma in posizione subordinata, si collocano le **fonti "secondarie"**, sovente, considerate come **fonti specifiche** del diritto amministrativo: all'analisi delle stesse è dedicato il presente Capitolo.

Subordinate alle "primarie", le fonti secondarie sono adottate dalle amministrazioni centrali o periferiche, nell'esercizio del potere di autonomia normativa alle stesse riconosciuto per la regolamentazione dei settori rientranti nella loro competenza.

Si tratta di atti normativi poiché muniti di valore giuridicamente vincolante con effetto *erga omnes*. Tali atti sono collocati nella gerarchia delle fonti del nostro ordinamento ad un livello **inferiore** rispetto alle leggi e agli atti aventi forza di legge. Pertanto, essi **non possono abrogare, derogare o modificare** né le fonti di rango costituzionale né quelle di rango primario, né dettare norme contrastanti con esse.
Sono atti **formalmente amministrativi**, in quanto adottati da una P.A., ma **sostanzialmente normativi**.
Sono, per tale motivo, caratterizzati da:

- **generalità** (ossia indeterminabilità dei destinatari dell'atto);
- **astrattezza** (ossia indefinita ripetibilità ed applicabilità delle previsioni in essi contenute ai singoli casi concreti);
- **innovatività** (intesa quale attitudine dell'atto a modificare definitivamente l'ordinamento giuridico).

2. Fonti secondarie e atti amministrativi generali: differenze

Proprio i suddetti caratteri della generalità, astrattezza e innovatività difettano nei c.d. **atti amministrativi generali** (per esempio i bandi di gara o di concorso).
Questi infatti **mancano di:**

- **astrattezza**, in quanto adottati per la cura di un determinato e concreto interesse pubblico, quale è per esempio, nei bandi di gara, la disciplina di una specifica procedura per l'affidamento di un appalto;

– **generalità**, atteso che i destinatari degli atti amministrativi generali, pur indeterminabili all'atto dell'adozione degli stessi, lo sono tuttavia *a posteriori*, al momento della relativa applicazione (si pensi ai partecipanti alla procedura per l'affidamento di un appalto nel caso dei bandi di gara);
– **innovatività**, in quanto inidonei a modificare definitivamente l'ordinamento giuridico.

La qualificazione come **fonte secondaria** comporta le seguenti conseguenze:

a) trovano applicazione il principio ***iura novit curia*** e quello di ***ignorantia legis non excusat***;
a) deve ritenersi integrato il vizio di **violazione di legge** allorché l'atto amministrativo sia adottato in contrasto con una fonte secondaria, mentre la difformità da un atto amministrativo generale costituisce una figura sintomatica di **eccesso di potere**.
b) sul versante processuale, è consentito proporre **ricorso per Cassazione** *ex* art. 360, co. 3, c.p.c. solo ove il giudice abbia disatteso una fonte normativa;
c) solo per le fonti secondarie riconducibili alla categoria dei regolamenti è in giurisprudenza riconosciuto il potere del G.A. di **disapplicare** l'atto ritenuto confliggente con la previsione di rango primario;
d) il regolamento è sottoposto ad un **peculiare *iter* procedurale di formazione** (v. art. 17, l. n. 400 del 1988).

3. I regolamenti: fondamento e limiti

I **regolamenti** sono atti formalmente amministrativi, in quanto promananti da organi del potere esecutivo, ma sostanzialmente normativi; gli stessi, infatti, risultano idonei ad innovare, con prescrizioni generali ed astratte, l'ordinamento giuridico. Il ***fondamento*** del potere regolamentare va sempre rinvenuto nella **legge** in ossequio al **principio di legalità in senso formale**, desumibile dall'art. 70 Cost., secondo il quale il potere di porre norme spetta, in linea generale, al Parlamento. Ne deriva che il regolamento adottato dalla PA, in mancanza di copertura legislativa, risulta invalido in quanto emanato in carenza di potere. La principale **norma attributiva del potere regolamentare** è costituita dall'**art. 17 della l. 23 agosto 1988, n. 400**. Quanto ai **limiti** che incontra la potestà regolamentare, tali atti **non possono:**

– **derogare o contrastare con la Costituzione** e con i principi in essa contenuti (c.d. **principio di costituzionalità**);
– **derogare** o **contrastare con le leggi ordinarie** (tranne che ciò non sia previsto dalla legge nelle ipotesi specifiche di c.d. delegificazione della materia, **c.d. principio di legalità**);
– **porsi in contrasto** con le **fonti del diritto Ue (c.d. principio di *primauté*)**;
– **regolare** materie che la Costituzione **riserva alla legge costituzionale o ordinaria**;
– prevedere **fattispecie o sanzioni penali**, stante il principio di riserva tendenzialmente assoluta di legge in ambito penale *ex* art. 25, co. 2, Cost.;
– **derogare al principio di irretroattività della legge** fissato dall'art. 11 delle disp. prel. al c.c.
– **i regolamenti emanati da autorità inferiori non possono mai** contrastare con i regolamenti emanati da **autorità gerarchicamente superiori.**

▶ 3.1. Classificazione dei regolamenti

A) Distinzione dei regolamenti in relazione al soggetto da cui provengono

I regolamenti possono essere emanati da organi delle **amministrazioni statali** e da organi delle **amministrazioni regionali o locali (Comuni, Province e Città Metropolitane)** secondo quanto previsto dall'art. 117, co. 6, Cost.

La potestà regolamentare fa capo, dunque, a più livelli di Governo *ex* art. 5 Cost.

Circa i **regolamenti statali** sono adottati dall'**esecutivo** ed emanati dal **Capo dello Stato** (art. 87, co. 5, Cost.). In particolare, si distinguono:

- i **regolamenti del Governo**, adottati dall'organo collegiale nel suo complesso. I regolamenti governativi sono adottati con **decreto del Presidente della Repubblica**, previa **deliberazione del Consiglio dei Ministri**, sentito il **parere del Consiglio di Stato** (obbligatorio ma non vincolante), e sono sottoposti al visto ed alla registrazione della **Corte dei Conti** e pubblicati nella **Gazzetta Ufficiale**. Molte leggi prevedono, peraltro, quale ulteriore fase del procedimento di adozione, quella del **parere parlamentare**;
- i **regolamenti ministeriali**, adottati dai **singoli ministri**, *ex* art. 17, co. 3, della l. n. 400/1988; possono essere emanati esclusivamente se una legge di volta in volta li autorizzi e solo nelle materie di competenza del singolo ministro o di **più ministri insieme** nel caso dei regolamenti **interministeriali**;
- i **regolamenti di recepimento delle direttive UE** nei casi previsti dalla legge (v. art. 35, co. 1, **l. 24 dicembre 2012, n. 234**).
- i **regolamenti regionali**;
- i **regolamenti degli enti locali**;
- i **regolamenti degli enti pubblici od organi pubblici**, tra cui:
  - i *regolamenti delle Autorità Amministrative Indipendenti*;
  - i *regolamenti degli altri enti od organi* quali i collegi e gli ordini professionali.

B. Distinzione dei regolamenti in relazione alla funzione svolta.

I regolamenti possono suddividersi in relazione alla funzione in:

- i **regolamenti esecutivi** (art. 17, co. 1, lett. *a*): adottati per *"l'esecuzione delle leggi e dei decreti legislativi, nonché dei regolamenti comunitari"*. Sono gli unici ammessi nelle materie coperte da riserva assoluta di legge.
- i **regolamenti attuativi ed integrativi**: adottati per *"l'attuazione e l'integrazione delle leggi e dei decreti legislativi recanti norme di principio, esclusi quelli relativi a materie riservate alla competenza regionale"*.
- i **regolamenti indipendenti**: destinati ad intervenire in materie *"in cui manchi la disciplina da parte di leggi o di atti aventi forza di legge, sempre che non si tratti di materie comunque riservate alla legge"*.
- i **regolamenti di organizzazione**: adottati per *"l'organizzazione ed il funzionamento delle amministrazioni pubbliche secondo le disposizioni dettate dalla legge"*.
- i **regolamenti di delegificazione**: emanati *"per la disciplina delle materie, non coperte da riserva assoluta di legge prevista dalla Costituzione, per le quali le leggi della Repubblica, autorizzando l'esercizio della potestà regolamentare del Governo, determinano le norme generali regolatrici della materia e dispongono l'abrogazione delle norme vigenti, con effetto dall'entrata in vigore delle norme regolamentari"*.

4. Le ordinanze

Per **ordinanze** si intendono quegli atti che creano obblighi o divieti e, in linea generale, impongono ordini.
Una peculiare categoria è quella delle **ordinanze contingibili e urgenti**, atti a contenuto **atipico** che l'amministrazione, sulla base di specifiche previsioni legislative, è abilitata ad adottare per fronteggiare **situazioni eccezionali**, anche derogando alla disciplina normativa di rango primario, ma pur sempre nel rispetto della Costituzione e dei principi generali dell'ordinamento. Esse vanno, peraltro, distinte dagli **atti necessitati**, provvedimenti che il legislatore consente di adottate al di talune situazioni di pericolo predeterminate dalla stessa norma di legge che attribuisce all'amministrazione il potere di porli in essere: è il caso delle occupazioni di urgenza. Viceversa, le ordinanze di necessità e di urgenza, in deroga **ai principi di tipicità e nominatività** dei provvedimenti amministrativi, si connotano per un'atipicità contenutistica, necessaria per assicurare una elasticità di manovra all'amministrazione al fine di fronteggiare situazioni eccezionali: è la stessa amministrazione, quindi, che determina il contenuto del provvedimento da adottare.

A. I limiti al potere di emanare ordinanze

Pur potendo derogare alle disposizioni di legge, gli atti in questione incontrano una serie di e precisamente:

- **limiti sostanziali** dal momento che le ordinanze devono essere adottate nel rispetto dei precetti costituzionali e dei principi generali dell'ordinamento.
- **limiti procedurali**, quali il rispetto dell'obbligo di motivazione posto dall'art. 3, l. n. 241/90, non essendo ammesso contravvenirvi neanche in casi di maggiore urgenza.

5. Gli statuti

Gli statuti sono atti normativi contenenti le disposizioni fondamentali sull'organizzazione e sull'attività di un ente. Si distinguono gli **statuti delle regioni** da quelli **degli enti locali e degli altri enti pubblici**. Lo statuto è espressione di una potestà organizzatoria di tipo normativo che può riguardare lo stesso ente che emana le norme statutarie (c.d. autonomia statutaria) o un organo diverso (c.d. etero-statuti).

6. Testi unici

Vi sono, poi, due peculiari tipologie di atti regolamentari: i **testi unici** e i **codici** che rispondono ad un'esigenza di **semplificazione normativa**. Occorre distinguere tra:

- **testi unici normativi** (innovativi, delegati o di coordinamento), che modificano o abrogano le disposizioni legislative esistenti;
- **testi unici compilativi** (non innovativi o di mera compilazione), che si limitano al raccoglimento in un unico atto delle norme già esistenti, non incidendo sulla legislazione esistente.

Vi sono, poi, i **testi unici misti** che raccolgono e coordinano disposizioni di **fonti primarie** e **secondarie**.

7. Atti di incerta collocazione: piani regolatori generali, capitolati generali, bandi militari, carta dei servizi pubblici, provvedimenti tariffari e prezzi

Accanto ai regolamenti, agli statuti e alle ordinanze è possibile individuare una serie eterogenea di provvedimenti, la cui collocazione tra le fonti secondarie è estremamente discussa. Essi sono, in particolare:

- **Piani regolatori generali** costituenti strumenti programmatici tramite i quali gli enti locali pianificano in via generale lo sviluppo urbanistico del territorio comunale.
- **Capitolati generali d'oneri** predisposti per regolare un'intera categoria di contratti al fine di garantire omogeneità ed uniformità di disciplina;
- **Bandi militari,** atti emanati dal comandante supremo delle forze armate o da suoi delegati a seguito della dichiarazione dello stato di guerra o di emergenza internazionale. Al pari delle ordinanze di necessità ed urgenza, anche i bandi sono volti a fronteggiare situazioni eccezionali e non completamente prevedibili;
- **Carta dei Servizi Pubblici**, strumento di auto-regolamentazione diretto a fornire tutela preventiva agli utenti dei servizi pubblici, introducendo prescrizioni volte a monitorare la qualità delle prestazioni erogate tramite il ricorso a *standard* qualitativi cui corrisponde un diritto degli utenti di ottenere *"indennizzi automatici e forfettari"* in caso di violazione della Carta;
- **Provvedimenti tariffari e provvedimenti prezzi**, atti con i quali la P.A. determina i prezzi di alcuni beni (**provvedimenti prezzo**) o stabilisce le tariffe da applicare a servizi pubblici, erogati da soggetti pubblici o da privati in virtù di un rapporto di concessione (**provvedimenti tariffari**).

8. Norme interne

Nella categoria delle fonti del diritto **non sono riconducibili le cc.dd. norme interne**, con cui le amministrazioni dettano precetti rivolti a soggetti che operano al loro interno, al fine di regolamentare l'organizzazione e l'azione degli organi e degli uffici. Si tratta di atti adottati nell'esercizio del potere di **auto-organizzazione** e di supremazia generalmente riconosciuto ai soggetti collocati in posizione apicale nell'ambito degli apparati amministrativi. Alla categoria delle norme interne appartengono gli ordini, le direttive, le istruzioni, i regolamenti interni e le circolari.

Queste ultime rappresentano, per vero, la categoria più importante e controversa di norme interne.

▶ 8.1. Le circolari

Le circolari sono **mezzi** con cui le **amministrazioni comunicano ogni sorta di atto giuridico** che può essere portato a conoscenza degli altri uffici.

La dottrina ha individuato diverse **tipologie** di circolari:

- circolari **organizzative**, contenenti disposizioni sull'organizzazione degli uffici;
- circolari **interpretative**, esplicanti l'interpretazione ritenuta corretta di leggi e regolamenti, al fine di garantirne l'applicazione uniforme all'interno dei diversi uffici;
- circolari **normative**, con cui gli organi sovraordinati dettano precetti volti a regolamentare le azioni successive della P.A.
- circolari di **cortesia**, contenenti saluti o messaggi di stima e prive di qualsiasi rilevanza giuridica;
- circolari **informative**, che comunicano ai destinatari il verificarsi di avvenimenti che possono essere rilevanti ai fini dell'esercizio dei loro compiti istituzionali;
- circolari **regolamento**, volte a produrre effetti esterni alla P.A., incidendo su posizioni giuridiche di soggetti estranei all'apparato. Si parla di circolari-regolamento rispetto ad atti aventi la forma tipica della circolare, ma a contenuto generale e astratto e con carattere innovativo dell'ordinamento.

9. La consuetudine

Si annovera, invece, tra le fonti anche quella non scritta costituita dalla consuetudine, subordinata sia alle leggi che ai regolamenti (artt. 1 n. 4, 8 disp. prel. c.c.). Ne consegue che non sono ammesse consuetudini *contra legem*, ma solo consuetudini *secundum legem* (interpretative delle disposizioni vigenti) o *praeter legem* (che disciplinano materia non regolate da norme scritte).

Due sono gli **elementi costitutivi** della consuetudine:

- quello **oggettivo**, dato dalla **uniformità e costante diffusione nel tempo e nello spazio del comportamento** (cd. ***diuturnitas***);
- quello **soggettivo**, della ***opinio iuris ac necessitatis***, da intendersi come convinzione che quel comportamento sia obbligatorio.

10. La prassi amministrativa

Gli elementi tipizzanti la consuetudine consentono di tenere distinta tale fonte di produzione del diritto dalla **prassi**, che si ha, invece, in presenza di un comportamento, pure generalizzato e reiterato nel tempo, ma non accompagnato dalla consapevolezza della sua doverosità ed obbligatorietà, costituente, piuttosto, una **regola di buona amministrazione**, la cui violazione potrebbe dar vita ad un vizio sintomatico della funzione amministrativa nella forma dell'eccesso di potere.

Capitolo 5
Le situazioni giuridiche soggettive

SOMMARIO

1. Il rilievo delle situazioni giuridiche soggettive nel diritto amministrativo

La nozione di **situazione giuridica soggettiva** è tutt'altro che agevole e pacifica. Può essere definita, in via generale, come quella situazione sostanziale di interesse che fa capo ad un soggetto, sia esso individuo o ente, ed alla quale l'ordinamento giuridico accorda tutela.
A seconda che siano **attive o passive**, nonché in considerazione della loro consistenza sostanziale, oltre che del grado e delle forme di tutela per ciascuna approntate dall'ordinamento, le stesse assumono sembianze differenti: si distingue, così, tra diritto soggettivo e interesse legittimo, potere, obbligo e dovere.
Nel diritto amministrativo lo studio delle situazioni soggettive assuma una rilevanza spiccatamente pratica.
È quanto si deve alla costruzione del sistema italiano di tutela giurisdizionale quale **sistema a doppia giurisdizione**, nel quale il riparto di giurisdizione tra giudice ordinario e giudice amministrativo è principalmente affidato alla consistenza di diritto soggettivo o di interesse legittimo della posizione soggettiva fatta valere e dedotta in giudizio dal cittadino nei confronti dell'amministrazione.
Laddove, infatti, venga in rilievo la **lesione di un diritto soggettivo**, la giurisdizione appartiene al *giudice ordinario*; al contrario, nel caso in cui emerga la **lesione di un interesse legittimo**, la giurisdizione spetta al *giudice amministrativo*.
Anche il **Codice del processo amministrativo**, nel perimetrare la giurisdizione amministrativa, assegna rilievo centrale alle posizioni soggettive involte nella controversia.
L'art. 7 c.p.a., al comma 1, dispone, invero, che "*Sono devolute alla giurisdizione amministrativa le controversie, nelle quali si faccia questione di interessi legittimi e, nelle particolari materie indicate dalla legge, di diritti soggettivi, concernenti l'esercizio o il mancato esercizio del potere amministrativo, riguardanti provvedimenti, atti, accordi o comportamenti riconducibili anche mediatamente all'esercizio di tale potere, posti in essere da pubbliche amministrazioni. Non sono impugnabili gli atti o provvedimenti emanati dal Governo nell'esercizio del potere politico*".
Il successivo comma 7 precisa che "*Il principio di effettività è realizzato attraverso la concentrazione davanti al giudice amministrativo di ogni forma di tutela degli interessi legittimi e, nelle particolari materie indicate dalla legge, dei diritti soggettivi*".
La valenza del criterio ai fini del riparto di giurisdizione è soprattutto consacrata nella **Carta costituzionale**. L'art. 103, comma 1, dispone, infatti, che "*il Consiglio di Stato e gli altri organi di giustizia amministrativa hanno giurisdizione per la tutela nei confronti della Pubblica amministrazione degli interessi legittimi* (...)".

2. Il diritto soggettivo

Il **diritto soggettivo** è la posizione giuridica soggettiva di vantaggio che l'ordinamento attribuisce

ad un determinato soggetto in relazione ad un determinato bene (es: diritto di proprietà).
Essa sussiste in tutti i casi in cui il soggetto titolare del diritto non necessita dell'intermediazione dell'amministrazione per esercitarlo, in quanto vi è una norma che consente al soggetto di godere in modo pieno e immediato del diritto stesso.

La tutela dei diritti soggettivi è rimessa, di regola, al **giudice ordinario** e – solo in casi tassativamente previsti – alla giurisdizione esclusiva del giudice amministrativo.

3. L'interesse legittimo

L'**interesse legittimo** è la situazione giuridica soggettiva di cui è titolare un soggetto privato in relazione all'esercizio di un potere amministrativo.
Essa è stata riconosciuta nel nostro ordinamento con la legge n. 5992/1889, che ha istituito la IV sezione del Consiglio di Stato quale giudice degli interessi sostanziali diversi dai diritti soggettivi e che, fino a quel momento, erano rimasti sprovvisti di tutela.

In assenza di una chiara e puntuale definizione normativa dell'interesse legittimo, la dottrina ha elaborato diverse teorie al riguardo e, in particolare, ha affermato che l'interesse legittimo è il potere riconosciuto al privato di influire sull'esercizio del potere amministrativo e, dunque, sull'esercizio del potere da parte della P.A., al fine di tutelare la propria posizione giuridica.
È quindi la **posizione di vantaggio** riservata ad un soggetto **in relazione ad un bene della vita** sottoposto all'esercizio del **potere amministrativo** e consistente nell'attribuzione allo stesso di poteri idonei ad influire sul corretto esercizio del potere stesso, che può ampliare (ad esempio, con il rilascio di un permesso di costruire) o restringere (ad esempio, con un provvedimento di espropriazione) la posizione giuridica soggettiva dell'interessato.

Per approfondire

INTERESSI LEGITTIMI PRETENSIVI E OPPOSITIVI

In relazione alla posizione giuridica vantata, la dottrina è solita distinguere tra due diverse categorie di interessi legittimi:
*interessi **legittimi pretensivi**, che si configurano ove l'esercizio del potere amministrativo potrebbe determinare un ampliamento della sfera giuridica del destinatario del provvedimento;*
*interessi **legittimi oppositivi**, nel caso in cui l'esercizio del potere amministrativo potrebbe determinare una restrizione della posizione giuridica soggettiva dell'interessato.*

▶ 3.1. Il risarcimento dei danni: la lesione di interesse legittimo

A lungo dibattuto è stato il tema dell'ipotizzabilità di una responsabilità dell'Amministrazione che leda posizioni di interesse legittimo del privato.
Si riteneva fino al 1999 che la stessa potesse rispondere solo per le lesioni dei **diritti soggettivi dei terzi**. Si sosteneva, infatti, che l'art. 2043 del codice civile, nell'ammettere la risarcibilità del **danno ingiusto**, limitasse i danni risarcibili alle sole lesioni di autentici diritti soggettivi.

Per approfondire

Sono stati così considerati risarcibili i danni alla persona subiti dal privato investito dall'autovettura condotta dal dipendente pubblico nell'esercizio delle sue mansioni o dal privato che cade a causa della c.d. insidia stradale, per esempio una buca sulla strada pubblica non visibile né prevedibile, o dal privato che contrae una malattia a seguito di vaccinazione obbligatoria in assenza di adeguati controlli dell'amministrazione..

Per approfondire

*Si escludeva, invece, che meritasse il risarcimento il privato leso dall'Amministrazione in una posizione di **interesse legittimo**, inteso come interesse ad un bene della vita (per esempio autorizzazione all'avvio di una iniziativa imprenditoriale) che spetta tuttavia all'Amministrazione riconoscere esercitando un potere pubblico ed adottando un provvedimento amministrativo (per esempio, provvedimento di autorizzazione).*

Per approfondire

Per decenni si è così ritenuto che non meritasse il risarcimento del danno il privato che avesse chiesto invano un'autorizzazione all'apertura di esercizio commerciale o la vecchia concessione edilizia, nonostante emergesse, nel giudizio amministrativo, la anche grave illegittimità del diniego di autorizzazione o concessione.

Solo a partire dal 1999, a seguito di una importante sentenza della Corte di cassazione (n. 500), è stata riconosciuta la responsabilità dell'Amministrazione che leda interessi legittimi esercitando in modo illegittimo il proprio potere e sempre che emerga la colpa dell'Amministrazione.

4. La tutela delle posizioni giuridiche soggettive

L'art. 103 della Costituzione dispone espressamente che "*il Consiglio di Stato e gli altri organi di **giustizia amministrativa** hanno **giurisdizione** per la tutela nei confronti della pubblica amministrazione degli **interessi legittimi** e, in **particolari** materie **indicate** dalla legge, **anche dei diritti soggettivi***".

I **principali criteri** adoperati per individuare i casi in cui, a fronte dell'azione dell'amministrazione, il privato può ritenersi leso in una situazione di interesse legittimo o di diritto soggettivo. Si tratta del:

- **criterio dell'attività**, in funzione del quale ad un'attività discrezionale della P.A. può corrispondere solo una violazione di un interesse legittimo, mentre ad una attività vincolata può corrispondere solamente la violazione di un diritto soggettivo;
- **criterio della norma violata**, in relazione al quale dalla violazione di una norma di azione (che disciplina l'azione della P.A. occupandosi, solo in via indiretta degli interessi dei destinatari) può corrispondere solamente una violazione di un interesse legittimo, mentre alla violazione di una norma di relazione (che regola l'azione della P.A. all'interno di rapporti paritari con altri soggetti) corrisponderebbe la violazione di un diritto soggettivo;
- **criterio della natura degli atti**, in ragione del quale gli atti di imperio incidono su una situazione giuridica soggettiva qualificata come interesse legittimo e gli atti di gestione su una situazione giuridica inquadrata nel diritto soggettivo;
- **criterio del binomio cattivo uso/assenza di potere** che, ponendo l'accento sulla necessaria sussistenza di un potere pubblico ai fini della sussistenza della giurisdizione amministrativa, conclude per la giurisdizione del giudice amministrativo nei casi in cui si contesti alla P.A. l'uso scorretto di un potere che determini la "degradazione" della posizione soggettiva del privato a interesse legittimo e la giurisdizione del giudice ordinario nei casi in cui il privato neghi l'esistenza potere (c.d. assenza di potere) della P.A. Questo ultimo criterio appare ad oggi quello più idoneo a superare i conflitti di giurisdizione fra giudice amministrativo e giudice ordinario.

Per approfondire

LE POSIZIONI GIURIDICHE SOGGETTIVE NEL DIRITTO DELL'UNIONE

Il diritto unionale non riconosce la distinzione fra diritto soggettivo e interesse legittimo, lasciando libera discrezionalità agli Stati Membri circa eventuali disposizioni nazionali da applicare al fine di rendere maggiormente effettiva la tutela delle posizioni giuridiche soggettive di coloro che, a vario titolo, si interfacciano con la P.A.

5. Interessi semplici e interessi di fatto. L'azione popolare

Occorre accennare ai c.d. **interessi di fatto** e ai c.d. **interessi semplici.** Si tratta, invero, di posizioni che non assurgono al rango di interessi legittimi e, pertanto, **non sono protette** dall'ordinamento giuridico. Tipici **interessi di fatto** sono quelli da tutti vantati all'osservanza da parte della P.A. di **doveri pubblici posti a vantaggio della collettività indifferenziata** (illuminazione, manutenzione delle strade, ecc.). Si tratta, dunque, di interessi privi del carattere della differenziazione, che, tipico dell'interesse legittimo, consente l'accesso alla tutela giurisdizionale. Rispetto alla tendenziale non tutelabilità in giudizio degli interessi di fatto costituiscono una rilevante eccezione le **azioni popolari**, le quali mirano a garantire una tutela di stampo oggettivo al privato, legittimato, in deroga al principio della personalità dell'interesse all'azione, a promuovere un giudizio strumentale alla **difesa di un interesse pubblico** proprio di una collettività indifferenziata.
Due le tipologie di azioni popolari ritenute esperibili:
- l'azione **suppletiva**, in cui l'attore c.d. "popolare" **si sostituisce all'ente esponenziale rimasto inerte** nel far valere le proprie pretese nei confronti di un terzo, così realizzando una forma di sostituzione processuale (v. art. 9, co. 1, d.lgs. n. 267/2000);
- l'azione **correttiva**, posta in essere per **reagire all'illegittimo operato della P.A.**, tra cui rientrano quelle esperibili dal cittadino elettore in materia di operazioni elettorali dei Consigli regionali, provinciali e comunali (art. 70, d.lgs. n. 267/2000; si v. anche l'art. 42, l. n. 18 del 1979).

Dagli interessi di fatto vanno distinti i cc.dd. **interessi semplici**, da taluni detti amministrativamente protetti (SANDULLI). Si tratta di interessi che il singolo vanta ad un **uso corretto**, sul piano del **merito**, dei poteri da parte della P.A. Situazioni giuridiche, queste, di regola **non tutelabili in via giurisdizionale**, in quanto l'ordinamento soltanto in via eccezionale, nei casi espressamente previsti, ammette un sindacato esteso al merito dell'azione amministrativa. In tutte le altre ipotesi, il vizio di merito può essere **sindacato in sede amministrativa**.

6. Interessi collettive e interessi diffusi

Le posizioni soggettive possono assumere anche una dimensione "superindividuale", come nel caso degli interessi collettivi e diffusi.
Gli **interessi diffusi** sono interessi adespoti, ovvero privi di titolari e, pertanto, non riferibili ad una pluralità determinata di individui ma, al contrario, comuni a tutti gli individui di una collettività, non organizzata e non individuabile autonomamente. Questi interessi riguardano beni insuscettibili di appropriazione individuale, per i quali tutti i soggetti vantano diritti (come la salute, l'ambiente e la qualità della vita).
A differenza degli interessi diffusi, gli **interessi collettivi** sono suscettibili di tutela giurisdizionale, perché trovano una titolarità in enti esponenziali capaci di agire, i quali si distinguono tanto dalla comunità generale quanto dai singoli associati nell'organizzazione. Essi assumono, pertanto, consistenza di **interessi legittimi in senso proprio**, quali interessi **differenziati** e **qualificati** che fanno capo ad un ente esponenziale di un gruppo non occasionale che può assumere la più varia natura giuridica (ad es. associazioni private riconosciute). Ne consegue che la lesione dell'interesse collettivo **legittima al ricorso soltanto l'organizzazione** e non i singoli che di essa fanno parte (cfr. *Cons. St., sez. V, 27 dicembre 2018, n. 7260*).

Ai fini della **legittimazione ad agire**, è necessario che l'ente sia effettivamente rappresentativo dell'interesse collettivo di cui si fa portatore (*criterio sostanziale*). In tale prospettiva, la giurisprudenza amministrativa ha individuato una serie di indici di rappresentatività:

a) **le finalità statutarie dell'ente**, proiettate alla tutela di un certo bene o interesse sovra individuale (secondo *Cons. St., sez. V, 4 novembre 2016, n. 4628*, occorre che la controversia attenga, in via immediata e diretta, al perimetro delle finalità statutarie dell'associazione);

b) **la stabilità del suo assetto organizzativo**, indispensabile affinché l'ente possa svolgere con continuità la sua attività;

c) **la c.d. *vicinitas*** dello stesso rispetto all'interesse sostanziale che si assume leso e a tutela del quale l'ente esponenziale intende agire in giudizio. In altri termini, affinché possa riconoscersi la legittimazione dell'ente ad agire in giudizio, occorre che lo stesso risulti portatore di un interesse localizzato, o almeno localizzabile, in una zona più o meno circoscritta e prossima all'area di afferenza dell'attività dell'ente collettivo.

7. La tutela degli interessi collettivi. L'azione di classe (*class action*)

Un modello avanzato di **tutela civile collettiva** si è sviluppato nel settore della **tutela dei consumatori**, come riordinato a seguito dell'approvazione del d.lgs. 6 ottobre 2005, n. 206 (c.d. Codice del consumo).

▶ 7.1. L'azione inibitoria

L'azione inibitoria era prevista dall'**art. 140**, co. 1, lett. a), del Codice del consumo, quale strumento giudiziale di tutela degli interessi collettivi dei consumatori ed utenti diretta a **far cessare la condotta illecita** ed **impedirne la reiterazione** futura. Essa ha generale **natura preventiva**, in quanto finalizzata ad evitare pregiudizi agli interessi dei consumatori e degli utenti.

Lo strumento dell'azione inibitoria consumeristica, di cui si è appena discusso, è peraltro divenuto oggi istituto di applicazione generale, a seguito **dell'introduzione nel Codice di procedura civile degli artt. da 840-*bis* a 840-*sexiesdecies***, ad opera della legge 12 aprile 2019, n. 31.

▶ 7.2. L'azione collettiva risarcitoria e la *class action* 'privata'

L'art. 140-*bis* del Codice del consumo disciplinava, invece, **un'azione collettiva risarcitoria**, quale istituto omologo alla *class action* americana-Attraverso l'azione collettiva risarcitoria, infatti, una **pluralità di consumatori o utenti che fosse stata lesa nei propri diritti**, poteva ottenere il risarcimento del danno attraverso una procedura collettiva, alternativa rispetto alle singole azioni individuali. L'azione può essere proposta da ciascun componente della classe, anche mediante associazioni cui dà mandato o comitati cui partecipa.

Anche lo strumento dell'azione di classe è divenuto oggi **istituto di applicazione generale**, a seguito dell'introduzione nel Codice di procedura civile degli artt. da 840-*bis* a 840-*sexiesdecies*, ad opera della legge 12 aprile 2019, n. 31.

A norma dell'art. 840-*bis*, comma 1, c.p.c., venuto meno ogni riferimento a consumatori e utenti, il legislatore ha previsto un'azione di classe esperibile da **tutti coloro che avanzino pretese risarcitorie, in relazione alla lesione di *"diritti individuali omogenei"***. La domanda si propone con ricorso ed è regolata dagli artt. 702-*bis* e ss. c.p.c. (art. 840-*ter* c.p.c.).

Accanto alla tutela civile, il legislatore ha introdotto una **tutela amministrativa dei consumatori**: il d.l. *Liberalizzazioni* n. 1 del 2012 ha introdotto nel Codice del consumo l'art. 37-*bis*, che conferisce all'**Autorità garante della concorrenza e del mercato** il potere di dichiarare la **vessatorietà delle clausole** inserite nei contratti tra professionisti e consumatori che si concludono mediante adesione a condizioni generali di contratto o con la sottoscrizione di moduli o formulari. In materia di tutela giurisdizionale, è competente il G.A. È fatta salva la giurisdizione del G.O. sulla validità delle clausole vessatorie e sul risarcimento del danno.

▶ 7.3. La *class action* pubblica

Il d.lgs. 20 dicembre 2009, n. 198, ha introdotto il nuovo istituto dell'**azione**, individuale o collettiva, **avverso le inefficienze delle amministrazioni e dei concessionari di servizi pubblici**, dettandone, altresì, la disciplina processuale. La *class action pubblica* riguarda, il **rapporto tra cittadini e PP.AA**. Oggetto del ricorso (devoluto alla giurisdizione esclusiva del G.A.) è la lesione, da parte di una P.A. o

di un concessionario di pubblici servizi, di **interessi giuridicamente rilevanti per una pluralità di utenti** provocata dalla violazione di *standard* di **qualità, economicità, tempestività** e, in particolare dalla:
- **violazione di termini**;
- **mancata adozione di atti amministrativi generali** obbligatori e non aventi contenuto normativo da emanarsi obbligatoriamente entro e non oltre un termine fissato da una legge o da un regolamento;
- **violazione degli obblighi contenuti nelle carte di servizi**;
- **violazione di standard qualitativi ed economici**.

Ai sensi dell'art. 1, co. 1, del d.lgs. n. 198 del 2009, **presupposto dell'azione** è che da tali violazioni e mancanze derivi una *"lesione diretta, concreta ed attuale dei propri interessi"*. In coerenza con quello che è lo scopo dell'azione collettiva, il co. 6 dell'art. 1 **preclude** al giudice di pronunciare la **condanna al risarcimento del danno**, dovendosi lo stesso limitarsi ad **ordinare** alla P.A. o al concessionario di **porre rimedio entro un termine alle inefficienze**. Il risultato satisfattivo non è diretto, ma indiretto, tramite il corretto ripristino del servizio.

L'art. 1, co. 1, d.lgs. n. 198 del 2009 riconosce la **legittimazione ad agire** ai *"titolari di interessi giuridicamente rilevanti ed omogenei per una pluralità di utenti e consumatori"* che abbiano subito una delle lesioni sopra indicate. Il successivo co. 4 prevede, però, che il ricorso possa essere proposto anche da associazioni o comitati a tutela degli interessi dei propri associati, purché appartenenti alla medesima pluralità di utenti e consumatori di cui al precedente co. 1. Il co. 3, infine, autorizza l'**intervento in giudizio** dei soggetti che si trovano nella medesima situazione giuridica del ricorrente. Tale intervento può essere effettuato nel termine di 20 giorni liberi prima dell'udienza di discussione del ricorso.

L'azione può essere proposta **nei confronti delle PP.AA. e dei concessionari dei pubblici servizi**. Sono **escluse** le Autorità amministrative indipendenti; gli organi giurisdizionali; le assemblee legislative e gli altri organi costituzionali; la Presidenza del Consiglio dei Ministri.

La proposizione del ricorso deve essere preceduta dalla notifica di una **diffida** alla P.A. o al concessionario entro il termine di 90 giorni. In luogo della diffida, l'interessato, se ne ricorrono i presupposti, può promuovere la **risoluzione non giurisdizionale della controversia** *ex* art. 30, l. n. 69 del 2009; in tal caso, se non si raggiunge la conciliazione delle parti, il ricorso è proponibile entro un anno dall'esito di tali procedure. Nel caso in cui l'interessato ha inoltrato la diffida, il ricorso è proponibile se, decorso il termine di **90 giorni**, la P.A. o il concessionario non ha provveduto ad eliminare la situazione denunciata. Il ricorso va esercitato entro **un anno** dalla scadenza del termine di 90 giorni.

Capitolo 6
I principi dell'azione amministrativa

SOMMARIO

1. I principi che governano l'attività della Pubblica amministrazione

Nel curare gli interessi pubblici che la legge le affida la P.A. è tenuta ad osservare alcuni importanti **principi**. È anche tenuta, in particolare quando esercita attività di tipo autoritativo o non privatistica, a seguire **procedimenti amministrativi** disciplinati dalla legge stessa con regole dirette a garantire la partecipazione dei soggetti interessati.
Si passano di seguito in rassegna i principali principi.

2. Il principio di legalità

Il **principio di legalità** si desume dall'art. 97, co. 2, Cost. che pone anzitutto una **riserva di legge** in materia di **organizzazione amministrativa**, disponendo che *i pubblici uffici sono organizzati secondo disposizioni di legge*. Sebbene la norma sia testualmente riferita alla sola organizzazione, la si ritiene pacificamente estesa all'**attività** della **P.A.**, anch'essa **assoggettata alla legge**. La rilevanza costituzionale del principio di legalità dell'azione amministrativa la si desume anche dagli artt. 24 e 113 Cost. che, assoggettando l'attività della P.A. al **controllo dell'autorità giudiziaria**, presuppongono che la stessa non possa svolgersi in contrasto con le norme di legge, destinate a rappresentare il parametro del controllo giudiziario.
Quanto al **contenuto del principio di legalità dell'azione ammnistrativa**, è stato inteso in differenti modi. Inteso in senso **debolissimo**, esso si limita a vietare che l'attività amministrativa possa svolgersi in contrasto con la legge. In senso **debole**, sta ad indicare la necessità che ciascuna attività dell'Amministrazione abbia una base nella singola previsione di legge (c.d. **legalità in senso formale**). In senso **forte**, il principio comporta che la legge, oltre a prevedere il potere dell'Amministrazione di svolgere un certo tipo di attività, deve indicarne presupposti, limiti, modalità e principali contenuti (**legalità in senso sostanziale**).
Molti i **corollari applicativi** del principio di legalità dell'azione amministrativa, tra i quali:
- la *tipicità dei provvedimenti amministrativi* che, incidendo di imperio nella sfera giuridica

dei destinatari, devono essere previsti da una norma di legge che ne indichi i presupposti di adozione e i principali contenuti;
- la possibilità per l'Amministrazione, *solo nei casi e secondo le modalità stabilite dalla legge*, di *portare ad esecuzione coattivamente* i provvedimenti amministrativi (art. 21-*ter*, l. 7 agosto 1990, n. 241).

3. I principi di imparzialità e del giusto procedimento

Anche il principio di imparzialità è testualmente riferito all'organizzazione dei pubblici uffici: l'art. 97, co. 2, Cost., stabilisce, infatti, che *i pubblici uffici sono organizzati secondo disposizioni di legge, in modo che siano assicurati il buon andamento e l'imparzialità` dell'amministrazione*. Lo si ritiene, tuttavia, pacificamente destinato a condizionare anche l'attività amministrativa.
Il principio impone all'amministrazione, *in negativo*, un'**equidistanza** rispetto ai soggetti, pubblici o privati, che con essa vengano in contatto ed, *in positivo*, l'obbligo di prendere in considerazione tutti gli interessi coinvolti nella singola vicenda.
In tale ultima prospettiva, è imposto tendenzialmente all'Amministrazione (c.d. **principio del giusto procedimento**) di:
- assicurare il **contradditorio** con i soggetti portatori di interessi coinvolti dal provvedimento che si intende adottare (per esempio, il proprietario del bene che si vuole espropriare);
- **motivare adeguatamente** la decisione amministrativa, dando conto in motivazione degli interessi rappresentati nel corso del procedimento dai soggetti in qualche modo coinvolti.

Dal concetto di imparzialità va invece distinto quello di **neutralità**, che indica l'**indifferenza** di un organo o di un'autorità rispetto agli interessi che è chiamato a regolare e comporre. L'amministrazione non è normalmente indifferente, essendo chiamata a perseguire gli interessi pubblici che la legge affida alle sue cure (per esempio, quello di realizzare l'ordinato sviluppo del territorio comunale anche espropriando per ragioni di interesse pubblico i terreni di alcuni privati cittadini): nel farlo, tuttavia, deve *comparare* gli interessi pubblici che è tenuta a perseguire *con gli altri interessi coinvolti* (e se del caso sacrificati) e poi *scegliere*, dando adeguatamente conto di tale comparazione nella motivazione del provvedimento che adotta.
La posizione di neutralità è, invece, tipica del **giudice**, *terzo* rispetto alle parti della lite, *non portatore di un suo interesse*; lo è anche di talune Autorità amministrative indipendenti (si rinvia a Cap. 2, § 4).

4 Il principio di ragionevolezza

Strettamente connesso a quello di imparzialità, il **principio** di **ragionevolezza** impone alla P.A. di seguire un canone di razionalità operativa nello svolgimento della propria azione, evitando decisioni arbitrarie e irrazionali. La ragionevolezza impone in particolare la **corrispondenza** dell'**azione amministrativa** ai **fini** indicati dalla **legge**; la **coerenza tra decisione adottata e presupposti** di **fatto** accertati nel procedimento; la **logicità** delle decisioni e la **proporzionalità** dei **mezzi rispetto ai fini**.
La violazione del principio di ragionevolezza può ripercuotersi sulla validità del provvedimento amministrativo, in quanto indice sintomatico dell'**eccesso di potere**, ove si traduca in un difetto di motivazione o in una disparità di trattamento tra situazioni analoghe.

5. Il principio di buon andamento della P.A.

Il **principio** di **buon andamento** della **P.A.,** enunciato dall'art. 97 Cost., comporta che, nell'esercizio dell'attività amministrativa, è necessario assicurare: **economicità**, ossia l'ottimizzazione dei risultati tenendo conto dei mezzi e delle risorse disponibili; **efficacia**, garantendo un rapporto adeguato tra obiettivi e risultati; **efficienza**, cioè un ragionevole rapporto tra risorse impiegate e risultati conseguiti.

6. I principi di pubblicità e trasparenza. L'accesso ai documenti amministrativi: cenni e rinvio

Un ruolo via via crescente ha assunto il **principio di pubblicità** dell'azione amministrativa, che impone alla P.A. di *rendere visibile e controllabile dall'esterno il proprio operato*. Il principio di pubblicità ha poi come corollario quello della **trasparenza dell'azione amministrativa**, che trova le sue più tradizionali espressioni nella possibilità di *accesso ai documenti amministrativi*, nell'*obbligo di motivazione dei provvedimenti* e nei vari *istituti di partecipazione al procedimento amministrativo*.
Il principio è ora espressamente enunciato dalla l. n. 241 del 1990, il cui art. 1, comma 1, prevede che l'*attività amministrativa persegue i fini determinati dalla legge ed è retta da criteri di pubblicità e di trasparenza*.
La **nozione di trasparenza** si è però evoluta nel tempo. Di pari passo, si è evoluta la disciplina dell'accesso ai documenti amministrativi. Si è passati infatti:
- dall'accesso **c.d. classico o documentale** disciplinato dalla l. 7 agosto 1990, n. 241;
- all'**accesso civico** introdotto dal d.lgs. 14 marzo 2013, n. 33;
- all'**accesso c.d. generalizzato**, disciplinato dal d.lgs. 25 maggio 2016, n. 97.

È utile dare conto di almeno **tre tappe** di questo processo di rafforzamento del principio di trasparenza e di conseguente moltiplicazione delle possibilità del cittadino di accedere agli atti dell'Amministrazione: si accennerà di seguito all'evoluzione della disciplina in tema di accesso, rinviando per la disamina al successivo Cap. 7, § 10 ss.).
In una **prima fase** la trasparenza, intesa come principio volto ad imporre all'amministrazione la conoscibilità all'esterno del suo operato, è stata disciplinata con il principale obiettivo di consentire ai soggetti coinvolti dall'attività amministrativa di conoscerne i passaggi al fine di verificare che quell'attività sia coerente con la legge e di difendersi dalla stessa. Espressione di tale prima concezione di trasparenza è la disciplina che la stessa l. 7 agosto 1990, n. 241, detta del c.d. **accesso classico o documentale**, consentito non a chiunque ma solo a *chi intenda curare o difendere, attraverso la conoscenza dell'atto, un diritto di cui sia già titolare*. L'istanza di accesso non può essere, quindi, diretta *ad un controllo generalizzato dell'operato delle pubbliche amministrazioni* (art. 24, co. 3, l. 7 agosto 1990, n. 241).
Una **prima radicale trasformazione** della nozione stessa di trasparenza si ha già con il d.lgs. 24 ottobre 2009, n. 150, il cui art. 11 la definiva come **accessibilità totale alle informazioni**. La trasparenza inizia ad essere finalizzata, quindi, non più soltanto a garantire ai soggetti direttamente coinvolti (per esempio, i proprietari rispetto al procedimento di espropriazione dei loro beni) la partecipazione procedimentale e il controllo di legittimità dell'azione amministrativa, ma ad un **controllo di tipo diffuso e democratico sull'Amministrazione** tutta, sempre più intesa come *Amministrazione aperta*.
Il d.lgs. 14 marzo 2013, n. 33, conseguentemente, introduce il nuovo istituto dell'**accesso civico**, riconoscendo a **chiunque** la possibilità di chiedere l'adempimento degli obblighi di pubblicazione imposti all'Amministrazione con riferimento a certe categorie di documenti e da questa non osservati.
L'**ultimo**, e per vero rivoluzionario **passaggio evolutivo**, si ha con il **d.lgs. 25 maggio 2016, n. 97**, per effetto del quale la trasparenza diviene **principio funzionale al controllo democratico e generalizzato**.
In tale prospettiva, è introdotta e disciplinata una **terza forma di accesso**, il c.d. **accesso generalizzato**, che **chiunque** può chiedere con riferimento a **qualsiasi atto dell'amministrazione** (non solo quello per i quali sussiste un obbligo di pubblicazione, come è per l'accesso c.d. civico), anche al solo **fine di partecipare al dibattito pubblico** su certi temi di interesse collettivo.
Gli unici **limiti** che l'Amministrazione può opporre sono quelli volti a garantire alcuni **interessi pubblici** (per esempio *segreto di Stato*, apposto sull'atto di cui è chiesto l'accesso) o **privati** (per esempio, *riservatezza* di chi è titolare dei dati personali contenuti nel documento di cui è chiesto l'accesso).

7. I principi europei

Accanto ai richiamati principi, disciplinati dall'ordinamento giuridico nazionale, vi sono alcuni principi di derivazione europeistica, che hanno avuto un espresso riconoscimento nel diritto nazionale, in quanto richiamati (espressamente o meno) dalla legge n. 241/1990.

▶ 7.1. Il principio del legittimo affidamento. La buona fede nel d.l. 16 luglio 2020, n. 76, e nel Codice dei contratti pubblici del 2023

Il più rilevante tra tali principi è sicuramente il **principio del legittimo affidamento**; principio nato e consolidato nella giurisprudenza comunitaria, che impone all'amministrazione l'attenta salvaguardia delle situazioni giuridiche soggettive che si sono consolidate per effetto di atti o comportamenti amministrativi idonei a creare un ragionevole affidamento da parte del destinatario.
Tale principio trae origine dall'assunto che gli atti e i provvedimenti della P.A. o anche una condotta materiale tenuta dalla stessa possono ingenerare nei privati un legittimo affidamento circa il conseguimento o il mantenimento di una situazione giuridica di vantaggio. Il principio del legittimo affidamento presuppone, tendenzialmente, la sussistenza di **tre elementi**: **l'elemento oggettivo**, ovvero l'adozione da parte della P.A. di un determinato provvedimento che determina un vantaggio chiaro e univoco per il destinatario; **l'elemento soggettivo**, ovvero che sussista la buona fede del destinatario e che la convinzione di avere diritto alla situazione di vantaggio sia plausibile; **l'elemento temporale**, ovvero che sia trascorso un lasso di tempo sufficiente da creare nel destinatario la convinzione che il vantaggio raggiunto sia definitivo.
Una eventuale rimozione dell'atto amministrativo che ha ingenerato la situazione di vantaggio (anche nei casi di illegittimità dello stesso), deve essere giustificata da un interesse pubblico concreto e attuale che, dal confronto con gli altri diritti coinvolti, deve risultare maggiormente meritevole di tutela.
La rilevanza crescente di tale principio traspare dal riferimento che allo stesso fa sempre più di frequente il legislatore nazionale.
Il **d.l. 16 luglio 2020, n. 76**, convertito con l. 11 settembre 2020, n. 120, ha introdotto, tra i principi generali dell'azione amministrativa di cui all'art. 1 della l. 241 del 1990, quello secondo cui *"I rapporti tra il cittadino e la pubblica amministrazione sono improntati ai* ***princìpi della collaborazione e della buona fede****"* (2-*bis*).
Il **principio di buona fede** è inoltre espressamente enunciato all'art. 5 del **nuovo Codice dei contratti pubblici del 2023**, destinato ad entrare in vigore il 1° aprile 2023, con efficacia a partire dal 1 luglio 2023. Prevede infatti che *"nella procedura di gara le stazioni appaltanti, gli enti concedenti e gli operatori economici si comportano reciprocamente nel rispetto dei principi di* ***buona fede*** *e di* ***tutela dell'affidamento****. Nell'ambito del procedimento di gara, anche prima dell'aggiudicazione, sussiste un* ***affidamento*** *dell'operatore economico sul legittimo esercizio del potere e sulla conformità del comportamento amministrativo al principio di buona fede. In caso di* ***aggiudicazione annullata*** *su ricorso di terzi o in autotutela, l'affidamento non si considera incolpevole se l'illegittimità è agevolmente rilevabile in base alla diligenza professionale richiesta ai concorrenti. Nei casi in cui non spetta l'aggiudicazione, il danno da lesione dell'affidamento è limitato ai pregiudizi economici effettivamente subiti e provati, derivanti dall'interferenza del comportamento scorretto sulle scelte contrattuali dell'operatore economico"* (si rinvia, per la disamina, al successivo **Cap. 11**).

▶ 7.2. Il principio di proporzionalità

La giurisprudenza comunitaria ha sancito anche il **principio di proporzionalità** in virtù del quale l'azione amministrativa, e con essa i provvedimenti adottati, deve conformarsi a criteri di razionalità, al fine di evitare l'assunzione di decisioni non necessarie, arbitrarie, irrazionali e non dirette al raggiungimento dello scopo al quale l'autorità amministrativa è preposta. In sintesi, tale principio comporta che l'azione amministrativa si basi su scelte ragionevoli. Le autorità amministrative non possono, pertanto, imporre con atti normativi o amministrativi, obblighi o restrizioni ai diritti dei privati in misura superiore a quella strettamente necessaria.

▶ 7.3. Il principio del giusto procedimento

Il **principio del giusto procedimento**, anch'esso di origine europeistica, si sostanzia nel diritto dei privati ad essere ascoltati nel corso del procedimento amministrativo. Esso è stato sancito dalla Corte di Giustizia quale diritto di ogni soggetto a poter partecipare a qualsiasi procedimento amministrativo che possa sfociare in un atto lesivo della propria posizione giuridica. Tale principio è riprodotto nel nostro ordinamento attraverso la disciplina di istituti che consentono la partecipazione degli interessati al procedimento amministrativo, quali: la comunicazione di avvio del procedimento e il preavviso di rigetto.

▶ 7.4. Principio di precauzione

Il principio di precauzione, che trova origine nei procedimenti comunitari posti a tutela dell'ambiente, consente all'amministrazione di adottare provvedimenti nel caso si prospetti il rischio di una lesione di un interesse tutelato ancorché manchi la certezza in merito al prodursi, in assenza dell'intervento amministrativo, di un effettivo pregiudizio.

8. Semplificazione e liberalizzazione dell'attività amministrativa

Una parte significativa dell'azione delle Amministrazioni pubbliche ha un *impatto diretto sul sistema delle imprese* e, conseguentemente, sul sistema economico considerato nella sua complessità. La stessa *possibilità di avviare iniziative economiche* è condizionata al rilascio di provvedimenti amministrativi diversamente nominati (autorizzazioni, licenze, nulla osta, permessi).
Il *rischio* è che il non adeguato ed efficiente funzionamento dell'Amministrazione pubblica finisca per diventare un ostacolo all'iniziativa economica e alla crescita economica (**c.d. rischio amministrativo**).
In tale prospettiva, negli ultimi decenni sono state avviate politiche di riforma dell'Amministrazione, volte a modernizzarla e renderne più efficiente l'operato. Alcune di queste sono state ispirate alle esigenze di **semplificazione amministrativa, liberalizzazione e informatizzazione**.
È utile dare conto del significato di queste distinte espressioni e dei principali istituti attraverso si è provato a soddisfare ciascuna di quelle esigenze.
A differenza dell'autentica **liberalizzazione**, che si ha quando *si svincola* l'avvio e lo svolgimento dell'attività del privato dal condizionamento dell'attività amministrativa, per esempio consentendo che lo stesso inizi ad esercitare l'attività di impresa senza attendere una pronuncia dell'Amministrazione anche implicitamente manifestata, la **semplificazione** si ha quando la legge si limita a *snellire le modalità di formazione e le forme di manifestazione di una decisione amministrativa* che continua ad essere tuttavia necessaria
Espressione di politiche di semplificazione sono:

- le regole di semplificazione delle modalità di **formazione della decisione amministrativa**, in particolare quelle relative alle c.d. **conferenze di servizi** (si rinvia, per la disamina al successivo § 8.3);
- gli **accordi fra amministrazioni pubbliche** (v. successivo § 8.4);
- il **silenzio devolutivo, il silenzio tra amministrazioni e il silenzio assenso** (cfr. i successivi § 8.5);
- le regole volte ad **impedire che ogni illegittimità anche solo formale o procedimentale ponga nel nulla complesse, dispendiose e lunghe attività amministrative**, anche quando emerge che il contenuto del provvedimento non sarebbe cambiato se la norma che impone la regola formale o procedimentale fosse stata osservata (art. 21 *octies*, co. 2, l. 7 agosto 1990, n. 241) (si rinvia, per la disamina a Cap. 8, § 7.3.);
- le **regole sulle dichiarazioni sostitutive** che consentono ai privati di attestare fatti, rapporti e qualità di beni e di persone sotto la propria responsabilità (si rinvia, per la disamina al successivo § 8.6).

- lo **Sportello Unico per le Attività Produttive** (**S.u.a.p.**) volto ad assicurare il coordinamento degli adempimenti amministrativi richiesti per la istituzione o gestione di imprese (si rinvia al successivo § 8.2).

▶ 8.1. La segnalazione certificata di inizio attività (S.c.i.a.)

Alla logica della autentica (per quanto solo parziale) **liberalizzazione** risponde, invece, il diverso istituto della **segnalazione certificata di inizio di attività** (c.d. S.c.i.a.), ora disciplinato dall'art. 19, l. 7 agosto 1990, n. 241, in forza del quale, al di fuori di alcuni ambiti, ogni atto di autorizzazione, licenza, concessione non costitutiva, permesso o nulla osta comunque denominato, è sostituito da una segnalazione dell'interessato.

Tre le condizioni richieste perché la s.c.i.a. possa sostituire il provvedimento amministrativo:
- che il rilascio del provvedimento dipenda in astratto esclusivamente dall'accertamento di requisiti e presupposti richiesti dalla legge, sicché **l'Amministrazione non ha discrezionalità** nel farlo;
- che **non sia previsto alcun limite o contingente complessivo** di provvedimenti di assenso che l'Amministrazione è abilitata a rilasciare;
- non devono sussistere **vincoli** ambientali, paesaggistici o culturali e non deve trattarsi di atti rilasciati dalle amministrazioni preposte alla difesa nazionale, alla pubblica sicurezza, all'immigrazione, all'asilo, alla cittadinanza, all'amministrazione della giustizia, all'amministrazione delle finanze, ivi compresi gli atti concernenti le reti di acquisizione del gettito, anche derivante dal gioco, nonché di quelli previsti dalla normativa per le costruzioni in zone sismiche e di quelli imposti dalla normativa comunitaria.

In tutti i casi in cui si applica la disciplina della s.c.i.a, pertanto, il privato può iniziare l'attività per il solo fatto di aver inoltrato o depositato la segnalazione, *non essendo necessario che l'Amministrazione si pronunci*.

La liberalizzazione è tuttavia solo parziale, perché l'Amministrazione, entro 60 giorni dalla s.c.i.a., può *vietare la prosecuzione dell'attività* e *ordinare la rimozione degli eventuali effetti dannosi* di essa, qualora accerti che non sussistano i requisiti e i presupposti che la legge richiede per l'esercizio della stessa. Decorso il termine suindicato, l'Amministrazione può intervenire solo allorché ricorrano le **condizioni previste dall'art. 21 *nonies***, l. n. 241 del 1990, per l'esercizio del potere di annullamento d'ufficio.

▶ 8.2. Lo sportello unico

In base all'art. 2, co. 1, D.P.R. 7 settembre 2010, n. 160, il S.u.a.p. è l'*unico soggetto pubblico di riferimento territoriale per tutti i procedimenti* che abbiano ad oggetto l'esercizio di attività produttive e di prestazione di servizi, e quelli relativi alle azioni di localizzazione, realizzazione, trasformazione, ristrutturazione o riconversione, ampliamento o trasferimento nonché cessazione o riattivazione delle suddette attività. In particolare, il SUAP assicura al richiedente una *risposta telematica unica* e tempestiva in luogo degli altri uffici comunali e di tutte le amministrazioni pubbliche comunque coinvolte nel procedimento.

Il procedimento innanzi al S.u.a.p. può essere di due tipi:
- **semplificato** (della durata di 90 giorni), nel il SUAP, ricevuta l'istanza con la relativa documentazione, inoltra le richieste di parere tecnico agli uffici coinvolti nel procedimento; quando tutti gli uffici si sono espressi positivamente, il procedimento si conclude con un *provvedimento unico di autorizzazione*;
- **autocertificato**, nel quale il SUAP riceve l'istanza corredata da *autocertificazioni attestanti la conformità del progetto alle norme vigenti* redatte da professionisti abilitati e sottoscritte dal legale rappresentante. Trasmessa, a cura del SUAP, l'istanza con le autocertificazioni agli uffici competenti per le verifiche, le verifiche si intendono concluse positivamente per silenzio assenso, se gli uffici non si esprimono entro 60 giorni.

▶ 8.3. Le conferenze di servizi

La conferenza di servizi è stata concepita dal legislatore del 1990 quale generale **strumento di concentrazione**, in un unico contesto logico e temporale, delle valutazioni e delle posizioni delle

diverse amministrazioni portatrici degli interessi pubblici rilevanti in un dato procedimento amministrativo.
Si distinguono le seguenti **tipologie**:

- **conferenza di servizi istruttoria**, disciplinata dal comma 1 dell'art. 14, l. n. 241/ 1990, come sostituito dall'art. 1, d.lgs. n. 127/2016, può essere indetta dall'Amministrazione procedente, anche su richiesta di altra Amministrazione coinvolta nel procedimento o del privato interessato, quando lo ritenga opportuno per effettuare un esame contestuale degli interessi pubblici coinvolti in un procedimento amministrativo ovvero in più procedimenti amministrativi connessi, riguardanti medesime attività o risultati. Lo svolgimento dei lavori della conferenza avviene in forma semplificata e modalità asincrona secondo quanto previsto dal novellato art. 14-*bis*, l. n. 241 del 1990; l'amministrazione procedente resta libera nella determinazione del contenuto del provvedimento finale.
- **conferenza di servizi decisoria**, doverosamente indetta dall'Amministrazione procedente quando la conclusione positiva del procedimento è subordinata all'acquisizione di più pareri, intese, concerti, nulla osta o altri atti di assenso, comunque denominati resi da diverse Amministrazioni, inclusi i gestori di beni o servizi pubblici. La determinazione conclusiva adottata all'esito dei lavori tiene luogo di tutti gli atti di assenso comunque denominati con valenza, non già endoprocedimentale, ma esoprocedimentale.
- **conferenza di servizi preliminare** (o predecisoria), che può essere indetta dall'amministrazione competente in caso di progetti di particolare complessità e di insediamenti produttivi di beni e servizi, al fine di verificare quali siano le condizioni per ottenere, alla presentazione dell'istanza o del progetto definitivi, i necessari atti di consenso.

I lavori delle conferenze possono svolgersi con **modalità**:

- **semplificata o asincrona**, che trova applicazione nella generalità dei casi e si svolge in via telematica;
- **simultanea o sincrona**, che avviene mediante incontro dei rappresentanti delle singole amministrazioni al fine di procedere all'esame contestuale degli interessi coinvolti.

All'esito dei lavori e in ogni caso scaduto il termine di conclusione del procedimento, l'amministrazione procedente adotta, *ex* art. 14-*quater*, co. 1, l. n. 241 del 1990, **la determinazione conclusiva motivata.** Detta determinazione sostituisce, a tutti gli effetti, ogni autorizzazione, concessione, nulla osta o atto di assenso comunque denominato di competenza delle Amministrazioni partecipanti alla conferenza, o comunque invitate a partecipare ma risultate assenti.

► 8.4. Gli accordi: tra P.A. e privati, tra Amministrazioni, di programma

La P.A. può ricorrere a **modelli di esercizio consensuale** della sua potestà.
Allo schema dell'**amministrazione c.d. concertata** vanno ricondotti:

- gli **accordi** di cui all'**art. 11, l. n. 241 del 1990** tra **P.A.** e **cittadini**, funzionali al contemperamento dell'interesse generale con gli interessi particolari dei privati;
- gli **accordi tra amministrazioni**, di cui all'art. 15 della stessa l. n. 241 del 1990;
- gli accordi di programma.

A. Gli accordi tra Amministrazioni e privati.

Gli accordi tra Amministrazioni e privati possono essere:

- **procedimentali** (anche detti preliminari, preparatori, endoprocedimentali o integrativi), i quali sono funzionalmente collegati al procedimento. Con gli stessi il privato e la P.A. **concordano il contenuto del provvedimento** che rimane l'unica fonte dell'effetto giuridico. L'accordo procedimentale ha lo scopo di realizzare una posizione mediana fra posizioni altrimenti inconciliabili;
- **sostitutivi**, che, invece, hanno una vera e propria autonomia funzionale, intervenendo a definire e produrre gli effetti della fattispecie procedimentale, **sostituendo integralmente il provvedimento**.

Per gli uni e gli altri valgono le seguenti regole:

- devono essere stipulati per *atto scritto a pena di nullità*, salvo che la legge non preveda altrimenti;
- devono essere conclusi nel perseguimento del *pubblico interesse e senza pregiudizio dei diritti dei terzi*;

- devono applicarsi, ove non sia diversamente disposto, i *principi del Codice civile in materia di obbligazioni e contratti* in quanto compatibili;
- devono essere **motivati**;
- per sopravvenuti motivi di pubblico interesse, la P.A. può *recedere unilateralmente* dall'accordo, salvo l'obbligo di *indennizzo* dei pregiudizi subiti dal privato;
- le controversie in materia di formazione, conclusione ed esecuzione degli accordi sono devolute alla *giurisdizione esclusiva del giudice amministrativo* (ora *ex* art. 133 c.p.a.).

B. Gli accordi tra Amministrazioni.

Le Amministrazioni pubbliche, *ex* art. 15 della legge n. 241 del 1990 possono **sempre** concludere tra loro accordi per disciplinare lo svolgimento in collaborazione di attività di interesse comune.

C. Gli accordi di programma.

Gli **accordi di programma** di cui all'art. 34, TUEL rappresentano una *sottocategoria* degli accordi tra Amministrazioni, prevista per le ipotesi in cui la definizione e l'attuazione di opere, interventi o programmi di intervento richiedono, per la loro completa realizzazione, *l'azione integrata e coordinata di comuni, di province e regioni, di amministrazioni statali e di altri soggetti pubblici*.
Quanto al procedimento di formazione dell'accordo, è possibile delineare **quattro fasi** del procedimento:

- l'*iniziativa*, attribuita al Presidente della regione o il Presidente della provincia o il Sindaco;
- l'*istruttoria*, da compiersi anche attraverso una verifica della fattibilità dell'accordo e la convocazione di una conferenza tra i rappresentati di tutte le amministrazioni interessate;
- la *conclusione dell'accordo*;
- l'*integrazione dell'efficacia*, consistente nella pubblicazione dell'accordo nel Bollettino Ufficiale della regione.

▶ 8.5. Il silenzio devolutivo, il silenzio tra amministrazioni e il silenzio assenso

Sono senz'altro espressione del principio di semplificazione ed accelerazione procedimentale la disciplina dettata per talune forme di silenzio, in particolare il silenzio devolutivo, il silenzio tra amministrazioni e il silenzio assenso.

A. Il silenzio devolutivo.

Il silenzio **devolutivo** (o procedimentale) ricorre quando nel corso di un procedimento un organo intermedio non provvede su una richiesta di parere o di perizia.
E' previsto dall'art. 17, l. n. 241 del 1990, secondo *"ove per disposizione espressa di legge o di regolamento sia previsto che per l'adozione di un provvedimento debbano essere preventivamente acquisite le valutazioni tecniche di organi od enti appositi e tali organi ed enti non provvedano o non rappresentino esigenze istruttorie di competenza dell'amministrazione procedente nei termini prefissati dalla disposizione stessa o, in mancanza, entro novanta giorni dal ricevimento della richiesta, il responsabile del procedimento deve chiedere le suddette valutazioni tecniche ad altri organi dell'amministrazione pubblica o ad enti pubblici che siano dotati di qualificazione e capacità tecnica equipollenti, ovvero ad istituti universitari"*.

B. Il silenzio tra Amministrazioni.

L'art. 17-*bis*, l. n. 241 del 1990, riformulato dalla l. 120 del 2020, disciplina gli effetti del silenzio e dell'inerzia nei rapporti tra amministrazioni pubbliche e tra amministrazioni pubbliche e gestori di beni o servizi pubblici.
La disposizione realizza, in sostanza, un nuovo strumento di semplificazione amministrativa, applicabile in tutti i casi in cui il procedimento amministrativo è destinato a concludersi con una decisione c.d. "pluristrutturata", nella quale cioè rilevi la manifestazione di volontà, sotto forma di ***"assensi, concerti o nulla osta"*** o anche di ***"proposte"***, se necessarie per l'avvio del procedimento, di altra diversa amministrazione.
In tal caso, il silenzio dell'Amministrazione interpellata che rimanga inerte e non esprima alcuna

volontà *viene equiparato dal legislatore ad un atto di assenso o ad una proposta*, consentendo all'Amministrazione procedente l'avvio del procedimento o l'adozione del provvedimento conclusivo, così evitando l'arresto del procedimento amministrativo. Quando l'omissione riguardi la **proposta**, la norma prevede che, in sostituzione di quella, sia acquisito l'**assenso** sullo schema di provvedimento, da parte dell'amministrazione che avrebbe invece dovuto dare avvio al procedimento.

C. Il silenzio assenso.

Il **silenzio assenso** (art. 20, l. n. 241 del 1990) **è** espressione del principio di semplificazione, in specie delle modalità di esternazione della decisione dell'Amministrazione. Il provvedimento dell'Amministrazione, infatti, continua ad essere necessario, ma la legge consente che lo stesso si manifesti *per silentium*.
È stato generalizzato a partire dal 2005, sicché al di fuori dei casi espressamente eccettuati, il silenzio tenuto dall'Amministrazione sull'istanza del privato equivale ad accoglimento della stessa. Il legislatore ha, tuttavia, **escluso** dal suo ambito di applicazione una serie di ipotesi:

- per gli atti e i procedimenti riguardanti **materie particolarmente sensibili:** patrimonio culturale e paesaggistico, dell'ambiente, della difesa nazionale, della pubblica sicurezza e dell'immigrazione, della salute e della pubblica incolumità, nonché gli atti e i procedimenti riguardanti le materie dell'asilo e della cittadinanza;
- nei casi in cui la **normativa comunitaria** impone l'adozione di provvedimenti amministrativi formali;
- nei casi in cui la legge qualifica il silenzio dell'amministrazione come **provvedimento di rigetto** dell'istanza (c.d. **silenzio-diniego**);
- nei casi individuati con decreto del Presidente del Consiglio dei ministri, su proposta del Ministro per la funzione pubblica, di concerto con i Ministri competenti.

Il **d.l. n. 77/2021** ha modificato il comma 2-*bis* dell'art. 20 della legge 7 agosto 1990, n. 241, prevedendo l'obbligo da parte della P.A., di rilasciare entro 10 giorni dalla richiesta dell'interessato, un'attestazione rilasciata in via telematica, che dimostri l'avvenuta formazione del silenzio assenso. In caso di inutile decorso di tale termine, l'attestazione è sostituita da una dichiarazione del privato ai sensi dell'art. 47 del d.P.R. n. 445 del 2001.

▶ 8.6. Le autocertificazioni e le dichiarazioni sostitutive

Come rilevato, profilo della semplificazione amministrativa è quello che attiene alla documentazione amministrativa.

A. Dalle autocertificazioni alle dichiarazioni sostitutive

La prima forma di semplificazione è attuata con la previsione **dell'autocertificazione**, introdotta dalla l. 4 gennaio 1968, n. 15, con la quale è stato consentito ai cittadini di attestare fatti, rapporti e qualità di beni e di persone sotto la propria responsabilità nei confronti della Pubblica amministrazione. Tali atti erano però destinati a perdere efficacia se non sostituiti dagli originali o dalle copie conformi dei certificati. Si trattava quindi di previsione unicamente volta a scongiurare l'irricevibilità delle domande non corredate dai documenti. La l. 15 maggio 1997, n. 127, sulla semplificazione amministrativa e il d.P.R. 20 ottobre 1998, n. 403, che vi ha dato attuazione, hanno introdotto le **dichiarazioni sostitutive di certificati e di atti di notorietà** che, soppiantando il vecchio istituto dell'autocertificazione, hanno conferito al processo di "decertificazione" *applicazione generalizzata ed efficacia durevole*. Il responsabile del procedimento, poi, ha l'obbligo di procedere all'acquisizione d'ufficio di certificati in possesso di pubbliche amministrazioni, laddove il cittadino non possa fornire le dichiarazioni. sostitutive.

B. Dichiarazioni sostitutive di certificazioni e di atti di notorietà

Le **dichiarazioni sostitutive di certificazioni** (art. 46, d.P.R. 28 dicembre 2000, n. 445, *Testo unico delle disposizioni legislative e regolamentari in materia di documentazione amministrativa*) sono ricognitive di preesistenti certificati e sostituiscono, pertanto, la produzione di certificati nei rapporti con la pubblica amministrazione, con i gestori di servizi pubblici e con i privati. La mancata accettazione di tali dichiarazioni o la richiesta di certificati o di atti di notorietà costituisce, per la pubblica amministrazione, violazione dei doveri d'ufficio.

C. Dichiarazioni sostitutive di atti di notorietà

Le **dichiarazioni sostitutive dell'atto di notorietà**, invece, sono dirette a comprovare, nell'interesse del dichiarante ed in via definitiva, condizioni, qualità, fatti e *status* non certificati in pubblici registri o fatti e qualità di altri soggetti di cui il dichiarante abbia conoscenza; sono disciplinate dall'art. 47, d.P.R. n. 445 del 2000.

Volendo identificare le **differenze tra le due tipologie di dichiarazioni**, merita evidenziare che:

- le dichiarazioni sostitutive di certificazioni *riproducono le certezze legali analoghe a quelle dei certificati*, quelle sostitutive di atti notori *creano nuove certezze giuridiche*;
- stati, qualità personali e fatti oggetto delle dichiarazioni sostitutive di certificazioni sono *tassativi*, giusta l'elenco di cui all'art. 46, comma 1, d.P.R. n. 445 del 2000; stati, qualità personali o fatti oggetto delle seconde sono *sia tendenzialmente atipici*, potendo esser veicolati attraverso la dichiarazione *ex* art. 47, d.P.R. cit. sulla base del solo criterio della *"diretta conoscenza"* da parte del dichiarante (commi 1 e 2), sia *residuali* atteso che *"Fatte salve le eccezioni espressamente previste per legge nei rapporti con la pubblica amministrazione e con i concessionari di pubblici servizi, tutti gli stati, le qualità personali e i fatti non espressamente indicati nell'art. 46 sono comprovati dall'interessato mediante la dichiarazione sostitutiva di atto di notorietà"* (comma 3).

▶ 8.6.1. L'accertamento di ufficio

La l. n. 241 del 1990 ha introdotto e generalizzato il **dovere di acquisire d'ufficio** atti e documenti in possesso dell'amministrazione procedente o di altre amministrazioni, attestanti atti, fatti e qualità degli interessati necessari per l'istruttoria del procedimento. L'amministrazione procedente può richiedere agli interessati i soli elementi necessari per la ricerca dei documenti. Parimenti vanno accertati d'ufficio dal responsabile del procedimento i fatti, gli stati e le qualità che la stessa amministrazione procedente o altra pubblica amministrazione è tenuta a certificare. Il d.l. 16 luglio 2020, n. 76, c.d. Decreto Semplificazioni, ha ulteriormente decertificato i procedimenti aventi ad oggetto l'erogazione di benefici economici in senso lato ed il rilascio di autorizzazioni. Ha infatti inserito nel citato art. 18, l. n. 241 del 1990 il comma 3 *bis*, in forza del quale *"Nei procedimenti avviati su istanza di parte, che hanno ad oggetto l'erogazione di benefici economici comunque denominati, indennità, prestazioni previdenziali e assistenziali, erogazioni, contributi, sovvenzioni, finanziamenti, prestiti, agevolazioni, da parte di pubbliche amministrazioni ovvero il rilascio di autorizzazioni e nulla osta comunque denominati, le dichiarazioni di cui agli articoli 46 e 47 del decreto del Presidente della Repubblica 28 dicembre 2000, n. 445, ovvero l'acquisizione di dati e documenti di cui ai commi 2 e 3, sostituiscono ogni tipo di documentazione comprovante tutti i requisiti soggettivi e oggettivi richiesti dalla normativa di riferimento, fatto comunque salvo il rispetto delle disposizioni del codice delle leggi antimafia e delle misure di prevenzione, di cui al decreto legislativo 6 settembre 2011, n. 159"*.

9. L'informatizzazione della Pubblica amministrazione

Ulteriore volano di modernizzazione della pubblica amministrazione è il suo **processo di informatizzazione**, destinato ad essere strumento essenziale di semplificazione dei procedimenti amministrativi. L'importanza di tale processo è stata ribadita dalla **legge 11 settembre 2020, n. 120,** di conversione del c.d. *decreto semplificazioni* (d.l. 16 luglio 2020, n. 76) che ha riformato l'art. 3-*bis* della legge 241 del 1990 (norma relativa all'*uso della telematica* nel procedimento). In particolare, è stato sostituito il generico e poco concreto dovere delle amministrazioni *di incentivare l'uso della telematica*, con un ben più significativo dovere di **agire mediante strumenti informatici e telematici**, *"nei rapporti interni, tra le diverse amministrazioni* e *tra queste e i privati"*.

▶ 9.1. Agenda digitale e e-government

L'ammodernamento tecnologico dell'Amministrazione rientra tra gli obiettivi della c.d. **Agenda Digitale, un *documento strategico-programmatico* che** definisce le strategie di sviluppo, crescita e innovazione abilitate dalle tecnologie digitali sia a livello nazionale che locale. L'attuazione dell'Agenda digitale italiana richiede il coordinamento di molteplici azioni in capo alla Pubblica amministrazione, alle imprese e alla società civile e necessita di una gestione integrata delle diverse fonti di finanziamento nazionali e comunitarie (a livello centrale e territoriale). A tal fine l'**Agenzia per l'Italia Digitale** (AGID) ha il compito di redigere il Piano triennale per l'informatica nella Pubblica amministrazione. Le numerose politiche dirette a promuovere e realizzare questo processo di informatizzazione della P.A. prende invece il nome di ***e-government***, dalla Commissione europea definito come *"l'uso delle tecnologie dell'informazione e della comunicazione nelle Pubbliche Amministrazioni, coniugato a modifiche organizzative e all'acquisizione di nuove competenze al fine di migliorare i processi democratici e di rafforzare il sostegno alle politiche pubbliche"*.

▶ 9.2. Il CAD

Il legame tra semplificazione e digitalizzazione ha trovato un'affermazione positiva nel Codice dell'amministrazione digitale – c.d. **CAD** (d.lgs. 7 marzo 2005, n. 82, a più riprese modificato, da ultimo dal d.l. 31 maggio 2021, n. 77, e dalla l. 30 dicembre 2021, n. 234, Legge di bilancio 2022), che impone alle Pubbliche amministrazioni di provvedere a razionalizzare e semplificare i procedimenti amministrativi, le attività gestionali, i documenti, la modulistica, le modalità di accesso e di presentazione delle istanze da parte dei cittadini e delle imprese, **assicurando l'utilizzo delle tecnologie dell'informazione e della comunicazione**.

▶ 9.3. Il procedimento digitale

I principi alla base del nuovo codice si fondano sull'esigenza di garantire, in materia di erogazione di servizi da parte delle pubbliche amministrazioni, **il diritto di accesso dei cittadini e delle imprese ai dati, documenti e servizi di loro interesse in modalità digitale**, nonché la semplificazione dell'accesso ai servizi alla persona, riducendo la necessità di accesso fisico agli uffici pubblici.
Il CAD ha introdotto una serie di misure volte a garantire: un **livello minimo di erogazione dei servizi *on line*** da parte amministrazioni pubbliche; la **piena applicazione del principio del *digital first***, in base al quale il digitale è il canale principale per tutte le attività delle P.A.; la **partecipazione con modalità telematiche ai processi decisionali pubblici**; l'utilizzo del c.d. **PIN unico**; la promozione dell'elezione del **domicilio digitale**; l'adeguamento alle norme europee in materia di **identificazione elettronica** e servizi fiduciari per le transazioni elettroniche; la diffusione dei **pagamenti digitali**.

▶ 9.4. Gli strumenti dell'informatizzazione della P.A.

I principali strumenti dell'informatizzazione della P.A. sono identificati: nella **posta elettronica certificata**, finalizzata, da un lato, a dare certezza giuridica alle comunicazioni e, dall'altro, ad abbattere i costi delle tradizionali raccomandate andata/ritorno; nella **firma digitale**, anch'essa utilizzata per garantire l'identificazione del soggetto che firma, la sua volontà di sottoscrivere e dare validità giuridica alle attestazioni che coinvolgono privati o P.A.; nei **documenti informatici**, per la cui archiviazione il Codice impone la tenuta dell'archivio elettronico, con enormi vantaggi in termini di spazio e tempi di ricerca; nelle **carte elettroniche** (carta di identità elettronica e carta nazionale dei servizi), che fungono da strumento di autenticazione ed accesso ai servizi in rete della P.A.; nella formazione del **fascicolo informatico** dei procedimenti amministrativi; nei **siti internet della P.A.**, vere e proprie piattaforme di accesso per qualsiasi cittadino, caratterizzate da reperibilità, chiarezza nel linguaggio, affidabilità, semplicità, omogeneità. All'interno di ogni sito internet, secondo le disposizioni del Codice, devono essere presenti taluni contenuti fondamentali, quali l'organigramma, gli indirizzi e-mail utili, i servizi forniti in rete, i bandi di gara, i procedimenti a carico di ciascun ufficio nonché il loro responsabile.

▶ 9.4.1. In particolare: la posta elettronica certificata

La **posta elettronica certificata** (PEC) è definita dal Codice dell'amministrazione digitale (CAD) come il *sistema di comunicazione in grado di attestare l'invio e l'avvenuta consegna di un messaggio di posta elettronica e di fornire ricevute opponibili ai terzi*. Il decreto-legge n. 185/2008, ha esteso a **tutte le amministrazioni pubbliche l'obbligo di istituire una casella di posta elettronica certificata**, o analogo

indirizzo di posta elettronica. Il medesimo provvedimento ha previsto anche l'attribuzione gratuita di una casella di posta elettronica certificata - PEC a tutti i cittadini che ne facciano richiesta.
L'indirizzo di PEC consente **l'invio di documenti informatici per via telematica con valenza legale** ed è strumento valido giuridicamente ai fini dei rapporti con le pubbliche amministrazioni, che sono tenute ad utilizzarlo per le comunicazioni e le notificazioni aventi come destinatari i dipendenti della stessa o di altra amministrazione. A seguito delle modifiche che hanno interessato il CAD, le pubbliche amministrazioni sono tenute a utilizzare la PEC ai fini della trasmissione telematica di comunicazioni che necessitano di una ricevuta di invio e di una di consegna a soggetti che abbiano preventivamente dichiarato il proprio indirizzo; la trasmissione del documento informatico tramite PEC equivale, altresì, alla notificazione a mezzo posta, salvo che la legge disponga diversamente.

▶ 9.4.2. La carta di identità elettronica

La **carta di identità elettronica** (CIE), è definita dal Codice dell'amministrazione digitale (CAD) come **il documento d'identità munito di elementi per l'identificazione fisica del titolare**, rilasciato su supporto informatico dalle amministrazioni comunali. Si tratta di uno degli strumenti principali del processo di informatizzazione della pubblica amministrazione. Infatti, la CIE, oltre a mantenere la funzione del documento cartaceo attestante l'identità della persona, ha **anche la funzione di strumento di accesso ai servizi innovativi** che le pubbliche amministrazioni locali e nazionali mettono a disposizione per via telematica.

▶ 9.5. P.A. digitale e diritti dei cittadini e imprese

Il CAD prevede una serie di norme che definiscono **diritti e doveri** della nuova Pubblica amministrazione digitale verso cittadini e imprese; quali: il **diritto all'uso delle tecnologie** (art. 3), secondo il quale i cittadini e le imprese hanno diritto di usare, in modo accessibile ed efficace, le soluzioni e gli strumenti previsti dal Codice nei rapporti con le pubbliche amministrazioni, con i gestori di pubblici servizi statali e con le società a controllo pubblico anche ai fini dell'esercizio dei diritti di accesso e della partecipazione al procedimento amministrativo, fermi restando i diritti delle minoranze linguistiche riconosciute; il **diritto all'identità digitale (SPID) e domicilio digitale** (art. 3-*bis*), in virtù del quale chiunque ha il diritto di accedere ai servizi *on-line* offerti dalle pubbliche amministrazioni e dai gestori di pubblici servizi tramite la propria identità digitale. Ogni cittadino ha la possibilità di indicare al Comune di residenza un domicilio digitale (l'indirizzo di posta elettronica certificata o altro servizio di recapito certificato qualificato secondo le norme eIDAS, che consente la prova al momento della ricezione) come canale esclusivo di comunicazione con l'amministrazione. La l. 11 settembre 2020, n. 120, ha statuito che l'identità digitale SPID e CIE (*Carta di identità elettronica*) diventano le *sole credenziali per accedere ai servizi digitali* della pubblica amministrazione, nazionale e territoriale; il **diritto di effettuare pagamenti con modalità informatiche** (art. 5), il quale prevede le pubbliche amministrazioni e i gestori di pubblici servizi sono obbligati ad accettare i pagamenti spettanti a qualsiasi titolo attraverso sistemi di pagamento elettronico; il **diritto a servizi online semplici e integrati** (art. 7), per il quale chiunque ha diritto di fruire dei servizi erogati dalle pubbliche amministrazioni, dai gestori di pubblici servizi statali e dalle società a controllo pubblico in forma digitale e in modo integrato, tramite gli strumenti telematici messi a disposizione dalle pubbliche amministrazioni, anche attraverso dispositivi mobili.

▶ 9.6. Difensore civico digitale

Al fine di rendere effettiva l'opera di informatizzazione è poi prevista la designazione di un responsabile presso ciascun ufficio che svolge le funzioni di **difensore civico digitale** al quale i cittadini e le imprese possono inviare segnalazioni e reclami relativi ad ogni presunta violazione del presente Codice e di ogni altra norma in materia di digitalizzazione ed innovazione della pubblica amministrazione.

10. Utilizzo dell'algoritmo nell'esercizio dell'attività amministrativa. I principi di conoscibilità, non esclusività della decisione algoritmica, non discriminazione algoritmica

Una questione recentemente emersa attiene alla ammissibilità dell'utilizzo dell'algoritmo nella gestione di talune procedure amministrative.
La questione si è posta con riguardo all'adozione in ambito scolastico di un piano straordinario assunzionale demandato ad un algoritmo per effetto del quale sono stati operati i trasferimenti e le assegnazioni. In particolare, i ricorrenti lamentavano che l'assegnazione delle sedi scolastiche fosse avvenuta utilizzando un algoritmo criptico nel suo funzionamento, non attento peraltro alle preferenze espresse dai docenti.
La giurisprudenza amministrativa[1] ha al riguardo espresso un favor per la possibilità che l'Amministrazione utilizzi le rilevanti potenzialità della c.d. rivoluzione digitale. Il ricorso ad algoritmi informatici per l'assunzione di decisioni che riguardano la sfera pubblica e privata può infatti produrre favorevoli effetti in termini di efficienza e neutralità, oltre che qualità dei servizi resi ai cittadini e agli utenti. In molti campi, infatti, gli algoritmi possono consentire di "*correggere le storture e le imperfezioni che caratterizzano tipicamente i processi cognitivi e le scelte compiute dagli esseri umani*", atteso che "*le decisioni prese dall'algoritmo assumono un'aura di neutralità, frutto di asettici calcoli razionali basati su dati*".
In particolare quando vengono in considerazione procedure seriali o standardizzate -implicanti l'elaborazione di ingenti quantità di istanze e caratterizzate dall'acquisizione di dati certi ed oggettivamente comprovabili e dall'assenza di ogni apprezzamento discrezionale- l'ammissibilità di tali strumenti risponde pertanto ai canoni di efficienza ed economicità dell'azione amministrativa (art. 1, l. n. 241 del 1990), i quali, secondo il principio costituzionale di buon andamento dell'azione amministrativa (art. 97 Cost.), impongono all'amministrazione il conseguimento dei propri fini con il minor dispendio di mezzi e risorse e attraverso lo snellimento e l'accelerazione dell'iter procedimentale. L'utilizzo di una procedura informatica che conduca direttamente alla decisione finale "*non deve essere stigmatizzata, ma anzi, in linea di massima, incoraggiata: essa comporta infatti numerosi vantaggi quali, ad esempio, la notevole riduzione della tempistica procedimentale per operazioni meramente ripetitive e prive di discrezionalità, l'esclusione di interferenze dovute a negligenza (o peggio dolo) del funzionario (essere umano) e la conseguente maggior garanzia di imparzialità della decisione automatizzata*".
Riconosciuta pertanto la possibilità per l'amministrazione di ricorrere all'algoritmo, senza che rilevi al riguardo la distinzione tra attività amministrativa vincolata o discrezionale, la stessa giurisprudenza amministrativa si è mostrata consapevole del fatto che tali strumenti presuppongono una serie di scelte e di assunzioni tutt'altro che neutre: "*l'adozione di modelli predittivi e di criteri in base ai quali i dati sono raccolti, selezionati, sistematizzati, ordinati e messi insieme, la loro interpretazione e la conseguente formulazione di giudizi sono tutte operazioni frutto di precise scelte e di valori, consapevoli o inconsapevoli*".
Ha conseguentemente definito un catalogo di condizioni di legittimità del ricorso all'algoritmo nell'esercizio dell'azione amministrativa.

▶ 10.1. Conoscibilità del modulo e dei criteri

In primo luogo, è necessaria la piena conoscibilità a monte del modulo utilizzato e dei criteri applicati. Tale conoscibilità -riferita tanto alla stessa amministrazione titolare del potere quanto ai soggetti incisi e coinvolti dal potere stesso- deve riguardare gli autori dell'algoritmo, il procedimento usato per la sua elaborazione, il meccanismo di decisione, comprensivo delle priorità assegnate nella procedura valutativa e decisionale.

[1] Cons. St., Sez. VI, 4 febbraio 2020, n. 881; Cons. St., Sez. VI, 13 dicembre 2019, n. 8472; Tar Lazio, Roma, Sez. III *bis*, 10 settembre 2018, n. 9230.

Tanto al fine di consentire la verifica che criteri, presupposti e esiti del procedimento robotizzato siano conformi alle prescrizioni e alle finalità stabilite dalla legge o dalla stessa amministrazione a monte del procedimento.
E' inoltre necessaria l'imputabilità della decisione all'organo titolare del potere, il quale deve quindi poter svolgere la necessaria verifica di logicità e legittimità della scelta e degli esiti affidati all'algoritmo.

▶ 10.2. Il principio di non esclusività della decisione algoritmica

Si tratta del c.d. principio di non esclusività della decisione algoritmica.
Nel caso in cui una decisione automatizzata "produca effetti giuridici che riguardano o che incidano significativamente su una persona", questa ha diritto a che tale decisione non sia basata unicamente su tale processo automatizzato. Deve infatti esservi, nel processo decisionale, un contributo umano in grado di controllare, validare ovvero smentire la decisione automatica.

▶ 10.3. Il principio di non discriminazione algoritmica

In terzo luogo, va osservato il principio di non discriminazione algoritmica. L' algoritmo non deve assumere carattere discriminatorio.
Il titolare del trattamento deve quindi utilizzare procedure matematiche o statistiche appropriate per la profilazione, mettendo in atto misure tecniche e organizzative adeguate al fine di garantire, in particolare, che siano rettificati i fattori che comportano inesattezze dei dati e sia minimizzato il rischio di errori e al fine di garantire la sicurezza dei dati personali, secondo una modalità che tenga conto dei potenziali rischi esistenti per gli interessi e i diritti dell'interessato e che impedisca tra l'altro effetti discriminatori nei confronti di persone fisiche sulla base della razza o dell'origine etnica, delle opinioni politiche, della religione o delle convinzioni personali, dell'appartenenza sindacale, dello status genetico, dello stato di salute o dell'orientamento sessuale, ovvero che comportano misure aventi tali effetti.

Capitolo 7
Procedimento amministrativo, accesso e privacy

SOMMARIO

1. Il procedimento amministrativo

Anche per garantire la puntuale osservanza dei principi descritti, la legge detta non poche **regole procedimentali** che l'Amministrazione è tenuta ad osservare.
Soprattutto per effetto della **l. 7 agosto 1990, n. 241**, si è passati da un modello in cui la P.A. assumeva le decisioni in via unilaterale ad un modello in cui ai privati è riconosciuto il più *ampio diritto di partecipare all'attività amministrativa*, con la conseguenza che l'Amministrazione è tenuta ad adottare le sue determinazioni solo all'esito di un procedimento nel quale ai privati interessati sia consentito di intervenire in funzione collaborativa o difensiva.

In linea generale, il procedimento amministrativo assolve alle seguenti funzioni:
- consentire all'Amministrazione chiamata ad assumere talune decisioni di **accertare i dati di fatto e valutare i diversi interessi** pubblici e privati di occorre tenere conto;
- assicurare il **coordinamento** dell'azione e dei pareri dei diversi organi preposti alla tutela dei distinti interessi pubblici coinvolti (per esempio, organi con funzione consultiva o di controllo);
- garantire la **partecipazione dei soggetti interessati**.

Il procedimento amministrativo è una sequenza ordinata di atti, fatti e operazioni, posti in essere da più uffici o organi, collegati tra loro e finalizzati al conseguimento di un risultato: l'emanazione di un provvedimento amministrativo.
Sino al 1990, a differenza di altri Paesi europei, l'Italia non si era dotata di una normativa generale sul procedimento amministrativo, che era disciplinato da una serie di nome di settore e da alcuni principi generali elaborati dalla giurisprudenza amministrativa e costituzionale.
La legge 7 agosto 1990, n. 241, ha, per la prima volta, dettato una disciplina generale sul

procedimento amministrativo, improntata ai principi di trasparenza e partecipazione, che ha facilitato il controllo dell'attività amministrativa da parte degli interessati e il sindacato sulla stessa ad opera degli interessati e dell'autorità competente.
A tale legge sono stati apportati alcuni correttivi nel corso degli anni (in particolare con la legge 11 febbraio 2005, n. 15 e con la legge 18 giugno 2009, n. 69), tesi ad incentivare il nuovo modello di azione amministrativa: partecipata e trasparente.

2. Le fasi del procedimento amministrativo

Il procedimento amministrativo, come disciplinato dalla legge n. 241/1990, è strutturato in **quattro fasi**:
- **fase di iniziativa**, nella quale il procedimento amministrativo ha inizio;
- **fase istruttoria**, in cui il responsabile del procedimento analizza i fatti e gli interessi rilevanti ai fini della decisione;
- **fase decisoria**, nella quale viene determinato il contenuto del provvedimento amministrativo conclusivo del procedimento;
- **fase di integrazione dell'efficacia**, che è una fase eventuale che si realizza quando è apposta una condizione all'efficacia del provvedimento.

▶ 2.1. La fase dell'iniziativa

La fase dell'**iniziativa** è quella *propulsiva* del procedimento.
Il procedimento può essere instaurato:
- ad **iniziativa di parte**, allorché sia il privato a sollecitarne l'avvio mediante un'**istanza** (domanda del privato) o un **ricorso** (teso a provocare un riesame della legittimità o del merito di un provvedimento) o una **denuncia** (dichiarazioni presentate dai privati ad un'autorità amministrativa al fine di sollecitare l'esercizio dei suoi poteri, per esempio sanzionatori);
- ad **iniziativa d'ufficio**, **autonoma** quando è l'organo competente all'emissione del provvedimento conclusivo che dà avvio al procedimento; **eteronoma** quando l'iniziativa è di un organo diverso da quello competente ad emettere il provvedimento finale. In tal caso l'iniziativa può assumere la forma di **richiesta** o di **proposta**.

La distinzione tra procedimenti ad iniziativa di parte e procedimenti ad iniziativa d'ufficio assume rilievo applicativo se si pensa che alcune regole procedimentali sono applicabili solo a taluna delle due tipologie di procedimento: per esempio, l'art. 10 *bis*, l. 7 agosto 1990, n. 241, che impone di comunicare all'interessato il c.d. preavviso di rigetto, *preannunciando* che è sua intenzione respingere l'istanza del privato, si applica ai soli procedimenti ad istanza di parte.

▶ 2.2. La fase istruttoria

Quella istruttoria è la fase centrale del procedimento nella quale la P.A. acquisisce i fatti rilevanti e individua gli interessi coinvolti. *Dominus* della fase istruttoria è il **responsabile del procedimento.** I principi che presiedono tale fase sono:
- il **principio inquisitorio**, sicché la P.A. ha il più ampio potere di iniziativa per il compimento degli atti istruttori;
- il **principio di libera valutazione degli elementi di prova** prodotti;
- il **principio di non aggravamento del procedimento,** sicché deve essere cura del responsabile evitare operazioni e atti che non risultino necessari e opportuni ai fini della decisione (art. 1, co. 2, l. 7 agosto 1990, n. 241).

▶ 2.3. La fase decisoria

La terza fase è quella **decisoria**, nella quale si determina il contenuto, si forma e si emana il provvedimento finale, alla luce delle risultanze della fase istruttoria.
La fase decisoria può essere:
- **semplice**, nel caso in cui l'amministrazione decidente sia una (come, ad esempio, un decreto

direttoriale o ministeriale);
- **pluristrutturata**, ovvero articolata da una pluralità di manifestazioni di volontà, adottate da diverse amministrazioni decidenti, e tra loro collegate.

Tra le decisioni pluristrutturate hanno particolare rilevanza: i concerti e le intese.
Si parla di **concerto** quando il provvedimento amministrativo è formato dalle manifestazioni di volontà di organi amministrativi in posizione di parità tra loro (es. decreto del Ministro della salute, di concerto con il Ministro dell'economia e delle finanze).
In tal caso l'amministrazione procedente adotta il provvedimento amministrativo conclusivo del procedimento, unicamente dopo aver acquisito il concerto (ovvero la manifestazione di volontà) da parte dell'altra amministrazione competente. In assenza di concerto, il provvedimento non può essere adottato.
Le **intese**, invece, costituiscono manifestazioni di volontà rese da enti diversi.
Anche in questo caso, il provvedimento amministrativo non può essere adottato in mancanza dell'intesa.

► 2.4. La fase integrativa dell'efficacia

La quarta e ultima fase è quella **dell'integrazione dell'efficacia**. È una fase eventuale in quanto vi sono dei casi in cui il provvedimento è efficace sin dal momento della sua emanazione, senza che occorrano ulteriori condizioni.
In altri casi, invece, l'ordinamento prevede che, affinché il provvedimento possa produrre i propri effetti, è necessario che abbiano esito positivo alcune forme di controllo ovvero che lo stesso sia portato a conoscenza dei destinatari.
Ciò avviene attraverso:
- il **controllo**, ovvero la verifica dei contenuti del provvedimento amministrativo, che viene esercitata dagli organi competenti e solitamente esterni all'amministrazione che ha emanato l'atto. In tal caso, solo all'esito positivo del controllo il provvedimento può divenire efficace;
- la **comunicazione** ai destinatari, nei casi degli atti c.d. **recettizi**, in cui la comunicazione agli interessati costituisca presupposto indispensabile per l'efficacia del provvedimento. In particolare, ai sensi dell'art. 21 *bis*, l. 7 agosto 1990, n. 241, il provvedimento che limita la sfera giuridica dei privati acquista efficacia con la comunicazione ai destinatari.

3. I termini di conclusione del procedimento

Il "tempo" dell'azione amministrativa è stato, nel corso degli anni, al centro di un crescente interesse da parte del legislatore nazionale, interessato a disincentivare l'inerzia della P.A. e a sancire il **principio della certezza temporale** dell'attività amministrativa, in attuazione del più ampio principio del giusto procedimento.
L'art. 2 della legge n. 241/1990 disciplina l'obbligo della P.A. di concludere il procedimento amministrativo con un **provvedimento espresso** – sia nel caso in cui il provvedimento abbia avuto origine dall'istanza del privato, sia nel caso in cui sia stato avviato d'ufficio – entro **un termine certo e predefinito**.

La richiamata disposizione prevede che – salvo diversa previsione contenuta nella legge o nei provvedimenti in cui l'amministrazione definisce i termini di conclusione del procedimento – i procedimenti amministrativi di competenza delle amministrazioni statali e degli enti pubblici nazionali devono concludersi nel termine di **trenta giorni**.
È prevista, per le amministrazioni statali e per gli enti pubblici nazionali, la possibilità di allungare tale termine; e, precisamente:
- di regola, possono essere individuati termini non superiori a **90 giorni** per la conclusione dei procedimenti;
- in presenza di **particolari presupposti** – tenendo conto della sostenibilità dei tempi sotto il profilo dell'organizzazione amministrativa, della natura degli interessi pubblici tutelati e

della particolare complessità del procedimento – e ove sia **indispensabile**, il termine può essere prorogato **fino 180 giorni**.

Essi **possono essere sospesi**, per una sola volta e per un periodo non superiore a 30 giorni, per l'acquisizione di informazioni o di certificazioni relative a fatti, stati o qualità non attestati in documenti già in possesso dell'amministrazione o non direttamente acquisibili presso altre pubbliche amministrazioni.

▶ 3.1. Il mancato rispetto dei termini di conclusione del procedimento: i rimedi

La **violazione dei termini** di conclusione del procedimento si verifica quando la pubblica amministrazione non adotta il provvedimento entro il termine di conclusione dello stesso e può dar luogo alla mancata o tardiva emanazione del provvedimento (dipendentemente dal fatto che la P.A. adotti o meno il provvedimento successivamente allo scadere del termine di conclusione del procedimento).
Il legislatore, al fine di disincentivare l'inerzia della pubblica amministrazione, è più volte intervenuto sulla disciplina vigente al fine di introdurre una serie di strumenti finalizzati a favorire il rispetto dei termini di conclusione del procedimento e deflazionare i ritardi della P.A.
A fronte di tali interventi integrativi e modificativi delle norme in materia di inerzia della P.A., la vigente disciplina prevede quanto segue.
Innanzitutto, l'art. 2, comma 9, della legge n. 241/1990 prevede che: la mancata o tardiva emanazione del provvedimento nei termini costituisce elemento per la valutazione della **performance individuale**, nonché di **responsabilità disciplinare** e **amministrativo-contabile** del dirigente o del funzionario inadempiente.
Al fine di ovviare all'inerzia della P.A., l'art. 2, commi 9-*bis* e 9-*ter* (modificati di recente dal d.l. n. 77/2021), prevede poi che l'organo di Governo individua, nell'ambito delle figure apicali dell'amministrazione, il **soggetto** cui attribuire il **potere sostitutivo in caso di inerzia**. In caso di omessa individuazione da parte dell'organo di governo, il responsabile del potere sostitutivo è individuato nel dirigente generale o, in mancanza, nel dirigente preposto all'ufficio, o in mancanza, nel funzionario di più elevato livello presente nell'amministrazione. Tale soggetto, in caso di ritardo, comunica senza indugio il nominativo del responsabile, ai fini della valutazione dell'avvio del procedimento disciplinare, secondo le disposizioni del proprio ordinamento e dei contratti collettivi nazionali di lavoro, e, in caso di mancata ottemperanza alle disposizioni del presente comma, assume la sua medesima responsabilità oltre a quella propria.
Il **nominativo** di tale soggetto **è pubblicato** – per ciascun procedimento amministrativo, in formato tabellare e con collegamento ben visibile alla *home page* – **sul sito *internet* dell'amministrazione**.
Il titolare del potere sostitutivo interviene a "sanare" i casi di ritardo o inerzia della P.A. Difatti, decorso inutilmente il termine per la conclusione del procedimento, **il privato può rivolgersi al responsabile del potere sostitutivo** affinché, entro un termine pari alla metà di quello originariamente previsto, concluda il procedimento attraverso le strutture competenti o con la nomina di un commissario.
Il comma 9-*quater* del medesimo art. 2 dispone, inoltre, che il responsabile del potere sostitutivo, entro il 30 gennaio di ogni anno, **comunica all'organo di governo i procedimenti**, suddivisi per tipologia e strutture amministrative competenti, **nei quali non è stato rispettato il termine di conclusione** previsto dalla legge o dai regolamenti.
Nei provvedimenti rilasciati in ritardo su istanza di parte devono inoltre essere **espressamente indicati il termine previsto** dalla legge o dai regolamenti **e quello effettivamente impiegato**.
Per i casi in cui sia accertato l'inadempimento da parte della P.A., è stato inoltre previsto che le sentenze passate in giudicato che accolgono il ricorso proposto avverso il silenzio inadempimento dell'amministrazione siano **trasmesse**, in via telematica, **alla Corte dei Conti** (art. 2, co. 8, legge n. 241/1990).
Infine, l'art. 328, comma 2, c.p., prevede anche una **responsabilità penale** per il pubblico ufficiale o l'incaricato di un pubblico servizio che non adotti un provvedimento nel termine prescritto dalla legge e non risponda per esporre le ragioni del ritardo. Tale condotta, che configura il reato di **omissione non motivata di atti richiesti**, è punita con la reclusione fino ad un anno o con la multa fino a milletrentadue euro.
Infine, il **d.l. n. 76/2020** (c.d. decreto semplificazioni) ha introdotto il comma 4-*bis* all'art. 2 legge n. 241/90, il quale prevede che le pubbliche amministrazioni misurino e rendano pubblici i tempi effettivi

di conclusione dei procedimenti amministrativi di maggiore impatto per i cittadini e per le imprese, comparandoli con i termini previsti dalla normativa vigente.

▶ 3.2. I silenzi della P.A.

Nei casi di mancato rispetto dei termini di conclusione del procedimento, si forma il **c.d. "silenzio" della pubblica amministrazione**, che può avere effetti diversi, dipendentemente dal significato che le disposizioni di legge, di volta in volta, gli attribuiscono.
Il silenzio della P.A. può, pertanto, distinguersi in:

- **silenzio assenso** (si rinvia al precedente Cap. 6, § 8.5.);
- **silenzio diniego**, quando la legge conferisce all'inerzia della P.A. il significato di diniego dell'istanza del privato;
- **silenzio inadempimento** (**o asignificativo o rifiuto**), che si verifica nelle ipotesi in cui l'inerzia dell'amministrazione non è disciplinata da alcuna norma che attribuisca alla stessa un peculiare significato. Al privato è data, in questi casi, la possibilità di ricorrere al giudice amministrativo perché ordini all'Amministrazione di provvedere, salvi i danni per il ritardo. L'art. 2 *bis*, l. n. 241 del 1990, prevede infatti che:
- le pubbliche amministrazioni sono tenute al **risarcimento del danno ingiusto** cagionato in conseguenza dell'inosservanza dolosa o colposa del termine di conclusione del procedimento;
- fatto salvo quanto previsto dal comma 1 e ad esclusione delle ipotesi di silenzio qualificato e dei concorsi pubblici, in caso di inosservanza del termine di conclusione del procedimento ad istanza di parte, per il quale sussiste l'obbligo di pronunziarsi, l'istante ha diritto di ottenere un **indennizzo** per il mero ritardo alle condizioni e con le modalità stabilite dalla legge o, sulla base della legge, da un regolamento emanato ai sensi dell'articolo 17, comma 2, della legge 23 agosto 1988, n. 400. In tal caso le somme corrisposte o da corrispondere a titolo di indennizzo sono detratte dal risarcimento.

4. Il responsabile del procedimento

L'art. 4 legge n. 241/1990 ha previsto l'obbligo per l'amministrazione pubblica di individuare, per ogni procedimento amministrativo (ove non sia già direttamente definito dalla legge o da regolamento), l'unità organizzativa responsabile dell'istruttoria e di ogni altro adempimento procedimentale, nonché dell'adozione del provvedimento finale.
Una volta individuata l'unità organizzativa competente, il dirigente della stessa provvede ad individuare il responsabile del procedimento, assegnando la responsabilità dell'istruttoria **a sé o ad altro dipendente**.
Il responsabile del procedimento è quindi il titolare della responsabilità della istruttoria e di ogni altro adempimento inerente al singolo procedimento, nonché, eventualmente, dell'adozione del provvedimento finale.
L'unità organizzativa competente e il nominativo del responsabile del procedimento sono comunicati agli interessati nella comunicazione di avvio del procedimento, nonché – su richiesta – a chiunque vi abbia interesse.

Il responsabile del procedimento costituisce la figura centrale dell'*iter* procedimentale, a cui vengono assegnati **compiti istruttori**, ma anche **predecisori**, dovendo lo stesso redigere e trasmettere all'organo competente per l'adozione della decisione finale un atto contenente l'esame e la valutazione delle risultanze istruttorie, dal cui contenuto l'organo decidente può discostarsi solo motivatamente.
In particolare, il responsabile del procedimento svolge i seguenti compiti:

- **valutare**, ai fini istruttori, le condizioni di ammissibilità, i requisiti di legittimazione ed i presupposti che siano rilevanti per l'emanazione di provvedimento;
- **accertare** d'ufficio i fatti, disponendo il compimento degli atti necessari, e adottare ogni misura per l'adeguato svolgimento dell'istruttoria. In particolare, può chiedere il rilascio

di dichiarazioni e la rettifica di dichiarazioni o istanze, può esperire inoltre accertamenti tecnici ed ispezioni, nonché ordinare l'esibizione di documenti;
- **proporre** o, avendone la competenza, convocare le conferenze di servizi di cui all'art. 14 della legge n. 241/1990;
- **curare** le comunicazioni, le pubblicazioni e le notificazioni previste dalle leggi e dai regolamenti;
- **adottare**, ove ne abbia la competenza, il provvedimento finale, ovvero trasmettere gli atti all'organo competente per l'adozione. L'organo competente per l'adozione del provvedimento finale, se diverso dal responsabile del procedimento, non può discostarsi da quanto emerso dall'istruttoria, se non indicandone la motivazione nel provvedimento finale.

Data la centralità del responsabile del procedimento nell'*iter* procedimentale, l'art. 6-*bis*, della legge n. 241/1990, detta specifiche previsioni per i casi di **conflitto di interesse**. Precisamente, dispone che il responsabile del procedimento – nonché i titolari degli uffici competenti ad adottare i pareri, le valutazioni tecniche, gli atti endoprocedimentali e il provvedimento finale – devono **astenersi** da tali attività in caso di conflitto di interessi, **segnalando** ogni situazione di conflitto, anche potenziale, al fine di garantire la trasparenza dell'azione della P.A.

5. La partecipazione al procedimento amministrativo

Il Capo III della legge n. 241/1990, titolato "*Partecipazione al procedimento amministrativo*", disciplina gli strumenti con cui il legislatore garantisce la partecipazione dei privati al procedimento, improntando lo stesso al dialogo e al contraddittorio tra parte pubblica e parte privata, ai fini di un confronto collaborativo.

La partecipazione al procedimento avviene principalmente mediante: la comunicazione di avvio del procedimento, l'intervento nel procedimento, la garanzia dei diritti dei partecipanti al procedimento; il preavviso di rigetto.

6. La comunicazione di avvio del procedimento

La comunicazione ha la funzione di portare il privato a conoscenza dell'avvio di un procedimento amministrativo potenzialmente idoneo a incidere sulla propria sfera giuridica.

Garantendo la partecipazione e il contraddittorio la norma mira a facilitare la completezza dell'istruttoria e la conoscenza da parte della pubblica amministrazione degli interessi privati in gioco.

I soggetti a cui l'amministrazione è tenuta a dare comunicazione di avvio del procedimento possono essere distinti in tre diverse categorie:
- **soggetti nei confronti dei quali il provvedimento finale è destinato a produrre effetti diretti**, che possono essere costitutivi, modificativi o estintivi di situazioni giuridiche preesistenti;
- **soggetti che per legge debbono intervenire nel procedimento**, come, ad esempio, gli enti esponenziali di interessi diffusi (come in materia ambientale);
- **soggetti individuati o facilmente individuabili, diversi dai diretti destinatari**, qualora dal provvedimento possa derivare loro un pregiudizio.

▶ 6.1. Le ipotesi di esonero dall'obbligo di comunicazione di avvio del procedimento

Ai sensi dell'art. 7 della legge n. 241/1990, l'amministrazione procedente può omettere di comunicare ai soggetti sopra individuati l'avvio del procedimento amministrativo:
1. nelle ipotesi in cui sia necessario procedere all'immediata adozione di **provvedimenti cautelari**;
2. ove sussistano ragioni di impedimento derivanti da **particolari esigenze di celerità** del procedimento.

Come tutte le disposizioni in materia di partecipazione, la P.A. non deve comunicare l'avvio del procedimento nei casi di adozione di **atti normativi, amministrativi generali, di pianificazione e programmazione**, nonché nei **procedimenti tributari**, per i quali sussistono specifiche norme che ne regolano la formazione.

▶ 6.2. Contenuti della comunicazione di avvio del procedimento

Al fine di consentire la piena partecipazione degli interessati al procedimento amministrativo, l'art. 8 della legge n. 241/1990, elenca i contenuti della comunicazione di avvio del procedimento, individuati nei seguenti:

- l'**amministrazione competente**;
- l'**oggetto** del procedimento promosso;
- **l'ufficio, il domicilio digitale dell'amministrazione e la persona responsabile del procedimento**;
- **la data entro la quale**, secondo i termini previsti dall'articolo 2, commi 2 o 3, deve **concludersi** il procedimento e i rimedi esperibili in caso di inerzia dell'amministrazione;
- nei procedimenti ad iniziativa di parte, la data di presentazione della relativa **istanza**;
- le modalità con le quali, attraverso il punto di accesso telematico di cui all'articolo 64 *bis* del decreto legislativo 7 marzo 2005, n. 82 o con altre modalità telematiche, è possibile **prendere visione degli atti**, accedere al fascicolo informatico di cui all'articolo 41 dello stesso decreto legislativo n. 82 del 2005 ed esercitare in via telematica i diritti previsti dalla presente legge;
- l'ufficio dove è possibile prendere visione degli atti che non sono disponibili o accessibili con le modalità di cui alla lettera d) (lettera aggiunta dal d.l. n. 76/2020).

La medesima disposizione prevede che la comunicazione di avvio sia **personale**. Qualora per il numero dei destinatari la comunicazione personale non sia possibile o risulti particolarmente gravosa, l'amministrazione provvede a rendere noti gli elementi contenuti nella comunicazione di avvio mediante forme di pubblicità ritenute più idonee.

7. Intervento nel procedimento e diritti dei partecipanti

Gli artt. 9 e 10 legge n. 241/1990, disciplinano rispettivamente l'intervento degli interessati nel procedimento e i diritti dei partecipanti al procedimento.
In ragione di tali disposizioni **qualunque soggetto**, pur non essendo un destinatario del provvedimento, bensì portatore di interessi pubblici o privati, ovvero portatore di interessi diffusi (costituto in associazioni o comitati), cui possa derivare un pregiudizio dal provvedimento, ha **facoltà di intervenire nel procedimento**.
Tutti i soggetti partecipanti al procedimento – sia quelli a cui è stata inviata la comunicazione di avvio del procedimento, sia i portatori di interessi – hanno diritto:

- di **prendere visione degli atti del procedimento**, salvo nei casi in cui la legge prevede che gli atti siano esclusi dal diritto di accesso;
- di **presentare memorie scritte e documenti**, che l'amministrazione ha l'obbligo di valutare ove siano pertinenti all'oggetto del procedimento.

8. Il preavviso di rigetto

Nell'ottica di ridurre il contenzioso fra i cittadini e l'amministrazione, rafforzando al contempo la trasparenza dell'azione amministrativa, la legge n. 15 del 2005 ha introdotto l'art. 10-*bis* della legge n. 241/1990, che disciplina il **preavviso di rigetto**. Il preavviso di rigetto costituisce una seconda comunicazione – successiva alla comunicazione di avvio del procedimento e diversa da quest'ultima – che la P.A. trasmette all'interessato, nel caso in cui debba adottare un *provvedimento amministrativo di diniego* dell'istanza e prima dell'adozione di tale provvedimento. A differenza della comunicazione di avvio del procedimento, che ha la finalità di rendere noto

agli interessati l'avvio della fase istruttoria, il preavviso di rigetto è finalizzato a comunicare **l'esistenza di motivi che ostano all'accoglimento dell'istanza**.
Esso costituisce un atto **endoprocedimentale** – non idoneo a sostituire il successivo provvedimento amministrativo – nel quale l'amministrazione illustra le ragioni (e quindi la motivazione) per le quali intende rigettare l'istanza del privato.
A seguito di tale comunicazione, gli interessati hanno la facoltà di presentare, **entro dieci giorni** dal ricevimento della stessa, **memorie e documenti** che, ove pertinenti, l'amministrazione sarà tenuta a valutare.
Nel caso in cui, a seguito della valutazione degli elementi integrativi, l'amministrazione decida comunque di adottare un provvedimento di diniego, dovrà darne motivazione nel provvedimento medesimo; qualora, successivamente, il provvedimento venga annullato in giudizio, nell'esercitare nuovamente il suo potere l'amministrazione non può addurre per la prima volta motivi ostativi già emergenti dall'istruttoria del provvedimento annullato.
Il preavviso di rigetto si applica unicamente **ai procedimenti avviati su istanza di parte**.
Inoltre, per espressa disposizione di legge sono **esclusi** dall'ambito di applicazione di tale istituto:
- le **procedure concorsuali**, come i concorsi per l'assunzione nel pubblico impiego e le procedure selettive per il conseguimento dell'idoneità per l'iscrizione negli albi professionali;
- i **procedimenti in materia previdenziale e assistenziale** sorti a seguito di istanza di parte e gestiti dagli enti previdenziali.

9. L'ambito di applicazione della legge sul procedimento amministrativo

La legge n. 241/1990 si applica alle amministrazioni statali e agli enti pubblici nazionali, nonché alle società con totale o prevalente capitale pubblico, limitatamente all'esercizio delle funzioni amministrative.
Tale legge, invece, **non si applica direttamente alle regioni e agli enti locali**, che regolano le materie disciplinate dalla legge n. 241/1990, nel rispetto dell'autonomia loro riconosciuta dalla Costituzione e delle garanzie del cittadino nei riguardi dell'azione amministrativa.
Tuttavia, va segnalato che alcune disposizioni della legge n. 241/1990 attengono ai livelli essenziali delle prestazioni di cui all'art. 117, comma 2, lettera m), Costituzione e, pertanto, devono essere applicate in modo uniforme su tutto il territorio nazionale (anche dalle regioni e dagli enti locali).
Tali disposizioni sono quelle, di cui si tratterà di seguito, che attengono principalmente a:
- partecipazione dell'interessato al procedimento amministrativo;
- individuazione di un responsabile del procedimento;
- termini di conclusione del procedimento;
- accesso alla documentazione amministrativa.

Le regioni e gli enti locali, nel disciplinare i procedimenti amministrativi di propria competenza, **non possono stabilire garanzie inferiori** a quelle assicurate ai privati dalle disposizioni attinenti ai livelli essenziali delle prestazioni, ma possono unicamente prevedere **livelli ulteriori di tutela**.

10. L'accesso

L'introduzione delle norme in materia di accesso ai documenti amministrativi, di cui al Capo V della l. 241 del 1990 (artt. 22 e ss.), ha segnato il passaggio da un sistema incentrato sul principio di segretezza ad un sistema basato su **principi di pubblicità e trasparenza** (v. co. 2, dell'art. 22, l. n. 241 del 1990). A detto principio è direttamente correlata la previsione di cui al successivo comma 3, a tenore del quale **tutti i documenti amministrativi sono accessibili**, salve le ipotesi di **esclusione**, stabilite dal successivo art. 24. A tale figura di accesso, si affiancano **l'accesso**

civico, introdotto dal d.lgs. n. 33/2013, e **l'accesso "generalizzato"** introdotto dal d.lgs. n. 97/2016. A differenza dell'accesso "classico", collegato a stringenti limiti di legittimazione, l'accesso civico e l'accesso "generalizzato" non richiedono un interesse diretto, concreto e attuale del soggetto che ne faccia richiesta, in quanto l'accesso, in questi ipotesi, è riconosciuto a "chiunque".

▶ 10.1. I tre accessi. Accesso classico o documentale, accesso civico, accesso generalizzato

Oggi sono quindi disciplinate tre principali tipologie di accesso:
- l'accesso **c.d. classico o documentale** disciplinato dalla l. 7 agosto 1990, n. 241;
- l'**accesso civico** introdotto dal d.lgs. 14 marzo 2013, n. 33;
- all'**accesso c.d. generalizzato**, introdotto dal d.lgs. 25 maggio 2016, n. 97.

Il c.d. **accesso classico o documentale** è un istituto a legittimazione ristretta, consentito solo a *chi intenda curare o difendere, attraverso la conoscenza dell'atto, un diritto di cui sia già titolare*. L'istanza di accesso non può essere, quindi, diretta *"ad un controllo generalizzato dell'operato delle pubbliche amministrazioni"* (art. 24, co. 3, l. 7 agosto 1990, n. 241).

Secondo l'art. 22, co. 1, lett. b), l. 7 agosto 1990, n. 241, ai fini dell'accesso c.d. classico o documentale è necessario essere titolari di *"un **interesse diretto, concreto e attuale**, corrispondente ad una situazione giuridicamente tutelata e collegata al documento al quale è chiesto l'accesso"*. Così, per esempio, agli atti del procedimento amministrativo finalizzato al rilascio di un permesso a costruire potrà chiedere ed ottenere l'accesso il proprietario del terreno confinante, il quale ritenga di essere leso dalla costruzione autorizzata, non invece un normale cittadino che voglia controllare la regolarità dell'opera.

Il d.lgs. 14 marzo 2013, n. 33, ha invece introdotto il nuovo istituto dell'**accesso civico**, riconoscendo a **chiunque** la possibilità di chiedere l'adempimento degli obblighi di pubblicazione imposti all'Amministrazione con riferimento a certe categorie di documenti e da questa non osservati. Limitatamente, quindi, ai documenti per i quali sussistono **obblighi di pubblicazione**, il d.lgs. 14 marzo 2013, n. 33, riconosce a *chiunque* il diritto di accedere agli stessi per il **solo fatto che quell'obbligo di pubblicazione non sia stato adempiuto**.

Infine, con il d.lgs. 25 maggio 2016, n. 97, è introdotta e disciplinata una **terza forma di accesso**, il c.d. **accesso generalizzato**, che **chiunque** può chiedere con riferimento a **qualsiasi atto dell'amministrazione** (non solo quello per i quali sussiste un obbligo di pubblicazione, come è per l'accesso c.d. civico), anche al solo fine di partecipare al dibattito pubblico su certi temi di interesse collettivo.

La **differenza tra accesso civico e accesso generalizzato** riguarda quindi l'ambito di applicazione: l'accesso civico è un diritto azionabile sul presupposto della mancata osservanza degli obblighi di pubblicazione a carico della P.A.; al contrario dell'**accesso generalizzato** riguarda i **documenti *ulteriori*** rispetto a quelli che la P.A. ha l'obbligo di pubblicare.

▶ 10.2. L'accesso classico

In base all'art. 22, co. 1, lett. d), l. n. 241 del 1990 **non sono accessibili** le informazioni in possesso di una P.A. **non racchiuse in un documento amministrativo**. Alla stregua della nuova formulazione della norma, infatti, oggetto del diritto di accesso sono i **documenti** comunque detenuti da una P.A., purché si riferiscano ad **attività di pubblico interesse**. Per ***documento*** accessibile, si intende ogni rappresentazione di atti *"concernenti attività di pubblico interesse, indipendentemente dalla **natura pubblicistica o privatistica** della loro disciplina sostanziale"*.

▶ 10.2.1. I limiti all'accesso classico. L'accesso difensivo.

L'art. 22, l. n. 241 del 1990, al comma 2, prevede che l'accesso ai documenti amministrativi costituisce **principio generale** dell'**attività amministrativa**. Coerentemente il comma 3 dello stesso articolo dispone che **tutti i documenti amministrativi sono accessibili**, ad **eccezione** di quelli indicati all'art. 24, co. 1, 2, 3, 5 e 6.

L'art. 24 individua, pertanto, **i limiti all'accesso** ed i **criteri per il bilanciamento** fra gli interessi contrapposti, fermo restando che l'accesso non può essere negato qualora per tutelare le esigenze

individuate dalla legge sia sufficiente differirlo o limitarlo parzialmente (co. 4).
I **limiti** possono essere classificati in **tassativi** ed **eventuali**.

- I limiti **tassativi** sono previsti direttamente dalla legge per la tutela di preminenti interessi pubblicistici e non sono derogabili dalla P.A. L'art. 24, co. 1, fa riferimento: ai documenti coperti dal **segreto di Stato**; ai casi di **segreto** o di **divieto di divulgazione** espressamente previsti da norme di legge o regolamentari; ai **procedimenti tributari**; all'attività diretta all'elaborazione di **atti normativi o amministrativi generali**; ai documenti amministrativi relativi a **procedure selettive** contenenti informazioni di carattere **psicoattitudinale** di terzi.
- I limiti **eventuali** sono invece solo genericamente enucleati dalla legge in funzione di alcuni interessi primari (**sicurezza nazionale, politica monetaria e valutaria, ordine pubblico, riservatezza**), ma la loro specifica individuazione viene rimessa alla P.A. mediante regolamento governativo.

Come criterio di **bilanciamento tra interessi contrapposti**, il comma 7 individua il **diritto di cura e difesa** degli interessi giuridici, che funge di fatto da **contro limite**: l'accesso che sia necessario a tale scopo (c.d. **accesso difensivo**), infatti, deve essere comunque garantito, anche in contrasto con l'operatività di uno dei limiti sopra indicati.

► 10.2.2. Accesso e riservatezza

Tra i limiti al diritto di accesso assume particolare rilevanza quello alla **riservatezza**, che il legislatore disciplina in funzione dei diversi livelli di consistenza del profilo di *privacy* coinvolto nell'atto di cui si chiede l'ostensione, distinguendo in particolare tra dati **personali**, **sensibili** (art. 59 d.lgs. 196 del 2003) e **sensibilissimi** (art. 60).
L'art. 24, l. n. 241 del 1990 prevede, in particolare:

- Il requisito della **indispensabilità** del dato per quanto attiene ai **dati sensibili** (dati personali idonei a rivelare l'origine razziale ed etnica, le convinzioni religiose, filosofiche, le opinioni politiche, l'adesione a partiti, sindacati, associazioni od organizzazioni a carattere religioso, filosofico, politico o sindacale) e **giudiziari**;
- La titolarità di un interesse di **rango almeno pari ai diritti dell'interessato** ovvero di un **diritto della personalità** o **altro diritto o libertà fondamentale e inviolabile** per i dati **sensibilissimi** (dati genetici, relativi alla salute, alla vita sessuale o all'orientamento sessuale della persona)

Quanto ai **profili processuali**, chi ricorre al G.A. per accedere a documenti amministrativi che coinvolgano **aspetti di riservatezza di un altro soggetto**, ha l'onere di **notificare a questi** (che assume il ruolo di **controinteressato**) il ricorso (art. 116, co. 1, c.p.a.)

► 10.2.3. Accesso agli atti di gara, prima e dopo il nuovo Codice dei contratti pubblici del 2023.

Una disciplina speciale è dettata per l'**accesso agli atti delle procedure di affidamento ed esecuzione dei contratti pubblici** dall'art. 53, d.lgs. n. 50 del 2016.
Sotteso all'introduzione di una disciplina *ad hoc* per l'accesso agli atti di affidamento ed esecuzione dei contratti pubblici vi è l'intento di **coniugare le diverse esigenze** di *rafforzata trasparenza* nel settore dei contratti pubblici, di *non alterazione della gara* dovuta ad un'anticipata conoscenza degli atti di altri concorrenti e di *non divulgazione di segreti industriali o commerciali*.
Dopo aver richiamato la disciplina generale in tema di accesso, l'art. 53, co. 2, formula un'articolata disciplina delle *ipotesi di differimento* dell'accesso agli atti di gara, in considerazione degli specifici interessi coinvolti.
Sono comunque **esclusi** il diritto di accesso e ogni forma di divulgazione in relazione: a) alle informazioni fornite nell'ambito dell'offerta a giustificazione della medesima, che costituiscano, secondo motivata e comprovata dichiarazione dell'offerente, **segreti tecnici o commerciali**; b) ai **pareri legali** acquisiti dai soggetti tenuti all'applicazione del Codice, per la soluzione di liti, potenziali o in atto, relative ai contratti pubblici; c) alle **relazioni riservate del direttore dei lavori**, del direttore dell'esecuzione e dell'organo di collaudo sulle domande e sulle riserve del soggetto esecutore del contratto.
Sennonché, ai sensi del successivo comma 6, l'esclusione prevista dal richiamato comma 5, lett. a), è destinata a cedere a fronte dell'istanza di accesso proposta dal **concorrente ai fini della difesa in giudizio** dei propri interessi in relazione alla procedura di affidamento del contratto.

La disciplina dettata dal citato art. 53, d. lgs. n. 50 del 2016, è sostanzialmente riprodotta nell'art. 35 del **nuovo Codice dei contratti pubblici del 2023** (per la cui analisi si rinvia al successivo Cap. 11), con una novità, a *rilievo per vero più esplicativo, che autenticamente innovativo*.
L'art. 35, comma 4, lett. a), prevede infatti che "*possono essere esclusi*" dall'accesso -non già quindi che debbano esserlo necessariamente- le informazioni fornite nell'ambito dell'offerta o a giustificazione della medesima che costituiscano, secondo motivata e comprovata dichiarazione dell'offerente, segreti tecnici o commerciali. In realtà, già in applicazione del previgente art. 53, comma 5, d. lgs. n. 50 del 2016 -che pure contiene una apparente previsione di "secca esclusione"- è riservata alla stazione appaltante la valutazione della "*motivata e comprovata dichiarazione dell'offerente*" e la reale qualificazione in termini di "*segreti tecnici o commerciali*" delle informazioni contenute nell'offerta.
Per completezza, l'art. 36, comma 5, del nuovo Codice, dispone che "*nel caso in cui la stazione appaltante o l'ente concedente ritenga insussistenti le ragioni di segretezza indicate dall'offerente ai sensi dell'articolo 35, comma 4, lettera a), l'ostensione delle parti dell'offerta di cui è stato richiesto l'oscuramento non è consentita prima del decorso del termine di impugnazione delle decisioni*".
Ai commi da 4 a 8, l'art. 36 del **nuovo codice dei contratti pubblici del 2023** detta poi innovative **regole processuali** per il contenzioso riguardante le **decisioni relative alle richieste di oscuramento dell'offerta**, presentate ai sensi dell'art. 35, comma 4, lett. a)
La prima, contenuta al comma 4, attiene ai **tempi di proposizione del ricorso** avverso le decisioni assunte sulle eventuali richieste di oscuramento: il ricorso, proposto secondo il rito dell'accesso di cui all'art. 116 c.p.a., deve essere notificato entro 10 giorni dalla comunicazione dell'aggiudicazione.
Il ricorso di cui al comma 4 è fissato d'ufficio in udienza in camera di consiglio nel rispetto di termini pari alla metà di quelli di cui all'articolo 55 c.p.a. ed è deciso alla medesima udienza con sentenza in forma semplificata, da pubblicarsi entro cinque giorni dall'udienza di discussione; la motivazione può consistere anche in un mero richiamo delle argomentazioni contenute negli scritti delle parti che il giudice ha inteso accogliere e fare proprie.
Ai sensi del successivo comma 8, il rito e i termini sopra indicati si applicano anche nei giudizi di impugnazione.
Resta in ogni caso ferma, come chiarisce il comma 9 dell'art. 36, il termine di impugnazione dell'aggiudicazione e dell'ammissione e valutazione delle offerte diverse da quella aggiudicataria, che decorre comunque dalla comunicazione di cui all'articolo 90.
Sul **piano procedimentale**, ai sensi del successivo comma 5 dell'art. 36, nel caso in cui l'amministrazione ritenga di non condividere le ragioni di segretezza rappresentate dall'offerente selezionato o anche dagli altri 4 collocatisi in graduatoria dopo il primo, le parti oscurate non possono essere rese disponibili se non dopo che siano decorsi i termini per adire il giudice amministrativo: si intende così tutelare le ragioni del partecipante alla gara.
Il comma 6, inoltre, con l'intento di scongiurare il rischio che gli operatori economici indichino come segrete parti delle offerte senza che sussistano reali ragioni, prevede che nel caso in cui l'amministrazione ritenga insussistenti le ragioni di segretezza, la stessa stazione appaltante o l'ente concedente può inoltrare **segnalazione all'ANAC** la quale può irrogare una sanzione pecuniaria nella misura stabilita dall'articolo 222, comma 9, ridotta alla metà nel caso di pagamento entro 30 giorni dalla contestazione, qualora vi siano reiterati rigetti di istanze di oscuramento.

▶ 10.2.4. Gli strumenti di tutela

L'art. 25, co. 4, l. n. 241 del 1990, prevede, con riferimento all'accesso classico, che, **decorsi inutilmente 30 giorni dalla richiesta**, questa si intende **respinta.** La norma delinea un'ipotesi di **silenzio significativo** con un effetto equipollente a quello proprio di un **provvedimento espresso di diniego**. Ciò è confermato dal successivo periodo dello stesso co. 4, che pone sullo stesso piano il **diniego di accesso**, sia esso **espresso** o **tacito**. Avverso il diniego (o differimento) di accesso è possibile sperimentare:

- una **tutela giurisdizionale**;
- una **tutela di tipo giustiziale**, esperibile dinanzi al **difensore civico** competente per territorio (ove si tratti di atti di amministrazioni locali e regionali) o dinanzi alla **Commissione per l'accesso ai documenti amministrativi** (ove si tratti di atti di amministrazioni statali e periferiche dello Stato).

▶ 10.3. Accesso generalizzato agli atti di gara, prima e dopo il nuovo Codice dei contratti pubblici del 2023.

Un contrasto interpretativo è emerso in merito alla possibilità che agli **atti di gara** si estenda la disciplina sull'**accesso generalizzato**. Prima del **nuovo Codice dei contratti pubblici del 2023** (per la cui analisi si rinvia al successivo Cap. 11), l'accesso agli atti delle procedure di affidamento ed esecuzione di contratti pubblici ha trovato, infatti, la specifica disciplina nell'art. 53, d.lgs. n. 50 del 2016; al contempo l'art. 5 *bis*, co. 3, d.lgs. n. 33 del 2013, esclude l'accesso generalizzato nei casi *"in cui l'accesso è subordinato dalla disciplina vigente al rispetto di specifiche condizioni, modalità o limiti"*.
Si tratta dunque di valutare se l'art. 53, d.lgs. n. 50 del 2016, realizzi il presupposto di esclusione dell'accesso generalizzato (integrando quelle specifiche *"specifiche condizioni, modalità o limiti"* all'accesso) o comunque configuri un complesso normativo chiuso, non integrabile da alcuna disciplina esterna o se invece, al contrario, si tratti di due discipline autonome e complementari. A risolvere il contrasto tra le due contrapposte posizioni (quella negativa espressa da *Cons. Stato, sez. VI, 2 agosto 2019, n. 5503*, quella positiva da *Cons. Stato, sez. III, 5 giugno 2019, n. 3780*) è intervenuto ***Cons. St., A.P., 2 aprile 2020, n. 10*** che ha **ammesso l'applicabilità dell'accesso generalizzato agli atti relativi ai contratti pubblici,** tanto quelli della fase pubblicistica di affidamento, quanto quelli del momento privatistico di esecuzione dell'opera o del servizio, purché nel rispetto tanto dei divieti e dei limiti di cui all'art. 53 del d.lgs. n. 50 del 2016 che di quelli di cui all'art. 5-*bis* del d.lgs. 33 del 2015.
L'art. 35 del **nuovo Codice dei contratti pubblici del 2023** dispone, al riguardo,, al comma 1, che *"le stazioni appaltanti e gli enti concedenti assicurano in modalità digitale l'accesso agli atti delle procedure di affidamento e di esecuzione dei contratti pubblici, mediante acquisizione diretta dei dati e delle informazioni inseriti nelle piattaforme, ai sensi degli articoli 3-bis e 22 e seguenti della legge 7 agosto 1990, n. 241 e degli articoli 5 e 5-bis del decreto legislativo 14 marzo 2013, n. 33"*.
Nel richiamare, in uno agli artt. 3-*bis* e 22 e seguenti, l. n. 241 del 1990, gli art. 5 e 5-*bis*, d. lgs. n. 13 del 2013, il nuovo Codice innova significativamente rispetto all'art. 53, d. lgs n. 50 del 2016, che - regolamentando in precedenza l'accesso agli atti delle procedure di affidamento ed esecuzione- richiamava la sola l. n. 241 del 1990.

▶ 10.4. I rapporti tra le diverse tipologie di accesso

Il tema dei rapporti tra le differenti tipologie di accesso è stato affrontato dalla giurisprudenza recente, con particolare riferimento alla sufficienza di un'istanza "generica" di accesso (non qualificata, cioè, dal riferimento ad una determinata normativa) e alle possibili sovrapposizioni tra gli ambiti applicativi dei diversi istituti, anche rispetto a ipotesi di accesso "giurisdizionale". In particolare, ***Cons. St., A.P., 2 aprile 2020, n. 10*** ha confermato la possibilità di formulare un'istanza priva di un'univoca qualificazione normativa, con conseguente obbligo dell'amministrazione di **vagliare i presupposti di entrambe le categorie di accesso**, classico e civico. Successivamente, ***Cons. St., A.P., 25 settembre 2020, n. 19*** , ha riconosciuto l'applicabilità dell'accesso classico di cui alla l. 241 del 1990 anche alle ipotesi in cui sarebbero esercitabili **strumenti processuali di acquisizione documentale** (es. per l'acquisizione dei documenti reddituali del coniuge nel contesto di un procedimento in materia familiare), trattandosi di strumenti tra loro **indipendenti** e **complementari**.

11. La tutela della *privacy*

Oltre che come limite all'accesso, la ***privacy*** è oggetto di un'articolata disciplina, sovranazionale e interna.
Può infatti annoverarsi tra i **diritti fondamentali della persona** e, precisamente, tra i cc.dd. diritti di terza generazione, legati allo sviluppo della società dell'informazione.
A livello di normazione primaria, il diritto in discorso ha trovato un espresso riconoscimento e una compiuta disciplina nel d.lgs. n. 196 del 2003 (c.d. **Codice della *privacy***). Il diritto, definito nella sua accezione più ampia e generale, consiste nella *pretesa a che i propri dati personali non siano trattati da terzi* se non previa manifestazione di consenso e/o con il rispetto di tutte le condizioni stabilite dalla richiamata disciplina normativa.

Il **Regolamento generale per la protezione dei dati personali** (Reg. 2016/679/Ue, "*General Data Protection Regulation*" o GDPR) ha oggi sostituito la normativa sovranazionale previgente.
Il ricorso allo strumento normativo del regolamento, direttamente applicabile negli Stati membri, non ha richiesto alcun recepimento o trasposizione a livello nazionale, fatta eccezione per alcuni profili di coordinamento e adattamento della disciplina interna previgente, specie per quanto riguarda gli aspetti sanzionatori. A ciò ha provveduto il d.**lgs. n. 101 del 2018**, che ha apportato alcune modifiche al predetto Codice. Il Regolamento nasce con i seguenti obiettivi: la definitiva **armonizzazione** della regolamentazione in materia di protezione dei dati personali all'interno dell'Unione europea. Difatti, con il Trattato di Lisbona, la protezione dei dati personali è assurta al rango di diritto fondamentale dei cittadini dell'Unione, richiedendo una tutela uniforme in tutti gli Stati membri. Per effetto del regolamento, la protezione è estesa al trattamento, effettuato in ambito europeo, dei dati riferibili a persone fisiche, a prescindere dalla loro nazionalità e dal loro luogo di residenza; la promozione del **Mercato Unico Digitale** (*Digital Single Market*), che richiede un'accresciuta fiducia dei cittadini e degli operatori economici nella sicurezza e riservatezza delle informazioni raccolte con strumenti informatici e digitali; l'elaborazione di una risposta alle sfide poste dalla diffusione delle nuove tecnologie informatiche e digitali.
Il nuovo Regolamento europeo segna il definitivo passaggio da una **visione proprietaria dei dati personali**, in forza della quale gli stessi non possono non essere trattati con il consenso del loro titolare, alla diversa concezione del **controllo dei dati**, che favorisce la libera circolazione di questi ultimi, e quindi il loro sfruttamento economico. Si riconosce tuttavia, al contempo, al titolare dei dati la possibilità di avere conoscenza, in qualsiasi momento, della loro acquisizione e del loro trattamento, opponendosi eventualmente a quelle forme di utilizzo reputate contrarie ai propri interessi.
Il principio cardine diviene così quello dall'**autodeterminazione informativa**, intesa come condizione necessaria tanto per il libero sviluppo della personalità del cittadino quanto per la piena affermazione di una società democratica.

▶ 11.1. Gli organismi nazionali e internazionali di tutela della *privacy*: il Garante per la protezione dei dati personali

L'art. 51 del GDPR impone agli Stati membri di istituire una o più Autorità pubbliche indipendenti preposte ad assicurare la tutela dei diritti e delle libertà personali connesse al trattamento e alla libera circolazione dei dati personali all'interno del Mercato unico. Per ciò che riguarda l'Italia, l'art. 2 del Codice aveva già attribuito a un'Autorità amministrativa indipendente appositamente costituiva, il **Garante per la protezione dei dati personali,** il compito di verificare la regolare applicazione, ad opera dei soggetti e degli operatori economici interessati, della normativa interna in tema di tutela del diritto alla riservatezza dei propri dati personali. A seguito dell'entrata in vigore del succitato regolamento, l'Autorità in discorso è stata espressamente investita della competenza ad assicurarne la coerente applicazione all'interno del territorio nazionale.
Gli specifici poteri del Garante sono enumerati dall'art. 154 del Codice e consistono: nel controllare che *i trattamenti dei dati personali vengano effettuati dai soggetti a ciò autorizzati* nel rispetto della relativa disciplina; *nel decidere sui reclami* presentati dai soggetti interessati; *nel denunciare alle competenti Autorità giudiziarie i fatti di reato*.

▶ 11.2. La nozione di dato personale

Il **dato personale**, oggetto di tutela della disciplina nazionale e sovranazionale che si sta esaminando, trova una sua definizione legale all'art. 4 del GDPR, che lo qualifica come una *qualsiasi informazione che riguardi una persona fisica precisamente identificata o comunque identificabile*. Secondo un primo orientamento dottrinario, si tratterebbe di un vero e proprio **bene immateriale**, alla stregua del *know how* in ambito commerciale ovvero delle idee e delle invenzioni protette dai diritti di proprietà intellettuale e industriale. In altri termini, il dato personale sarebbe un vero e proprio bene, come tale portatore di una utilità economica e suscettibile di costituire oggetto di diritti, senza tuttavia risultare riducibile a una porzione della realtà materiale esteriore, così come avviene per la generalità dei beni, alla stregua dell'art. 810 c. c.. Seguendo invece una diversa impostazione, il dato personale non verrebbe mai in considerazione nella sua **dimensione statica**, come oggetto di diritti e libertà personali. Esso rileverebbe piuttosto esclusivamente in una **accezione dinamica**, in conseguenza del suo "trattamento", incidente su diritti e libertà di portata più ampia, quale *in primis* il diritto alla riservatezza e segretezza della propria vita privata e familiare (il c.d. *right to be let alone*, riconosciuto anche dall'art. 8 della Convenzione europea per la salvaguardia dei diritti dell'uomo e delle libertà fondamentali, CEDU).

▶ 11.3. La classificazione dei dati personali

Esistono diverse categorie di dati, per ciascuna delle quali la disciplina interna e sovranazionale prevedono diversi livelli e forme di tutela e protezione.

▶ 11.3.1. Dati sensibili, genetici e biometrici

In primo luogo, i c.d. **dati sensibili**, definiti, dall'articolo 4, comma 1, lett. d), come quei particolari dati personali "*idonei a rivelare l'origine razziale ed etnica, le convinzioni religiose, filosofiche o di altro genere, le opinioni politiche, l'adesione a partiti, sindacati, associazioni od organizzazioni a carattere religioso, filosofico, politico o sindacale, nonché i dati personali idonei a rivelare lo stato di salute e la vita sessuale*. A questi devono oggi equipararsi, per effetto dell'art. 9 del GDPR, i **dati genetici e biometrici**. I primi individuano i **caratteri genetici ereditari della persona**, ricavabili soprattutto dall'esame di tessuti biologici prelevati sulla persona stessa; i secondi, invece, consentono di individuare alcune caratteristiche fisiche e/o fisiologiche tipiche della singola persona, come l'immagine facciale o i dati dattiloscopici, consentendone così l'identificazione univoca. Ambedue le categorie di dati da ultimo passate in rassegna prescindono dallo stato di salute della persona. Il trattamento di questi dati costituisce oggetto di un generale **divieto**, previsto dal § 1 del predetto art. 9. Il successivo **§ 2** prevede una serie di eccezioni a questo divieto, quali in particolare i casi in cui il trattamento dei dati in discorso sia consentito dal soggetto interessato ovvero sia necessario per adempiere a obblighi o per esercitare diritti riferibili al titolare del trattamento, in materia di lavoro, sicurezza sociale e protezione sociale ovvero ancora si renda necessario per la tutela di un **interesse vitale** del soggetto interessato e questi si trovi impossibilitato a manifestare il proprio consenso. Si ammette altresì il trattamento dei dati in discorso per **motivi di interesse pubblico rilevante**, con previsione recepita dall'art. 2-*sexies* del Codice. Tale previsione richiede comunque che il trattamento sia consentito da disposizioni di diritto dell'Unione europea ovvero da disposizioni di legge, regolamenti o atti amministrativi generali, chiamati a specificare i tipi di dati, suscettibili di trattamento, i possibili usi e gli interessi pubblici da perseguire. Alcuni di questi interessi pubblici vengono individuati direttamente dall'art. 2-*sexies*, quali quelli inerenti all'accesso documentale e civico ai documenti amministrativi, alla tenuta dei registri dello stato civile o ai procedimenti in materia di cittadinanza, immigrazione, asilo e via dicendo. Un regime ancor più stringente viene previsto per i **dati genetici, biometrici o relativi alla salute**, ormai definiti come **dati super-sensibili**: essi costituiscono ora oggetto di uno specifico comma 1-*bis* dell'art. 2-*sexies* del Codice, il quale ne consente il trattamento soltanto ad opera di specifici soggetti pubblici e per gli interessi di cui essi sono istituzionalmente portatori, quali, in particolare, il Ministero della salute, l'Istituto Superiore di Sanità pubblica, l'Agenzia nazionale per i servizi sanitari regionali, l'Agenzia italiana per il farmaco e le istituzioni sanitarie regionali. L'art. 9 del GDPR lascia poi liberi gli Stati di introdurre o mantenere condizioni ulteriori o più stringenti rispetto a quelle previste in via generale;

▶ 11.3.2. Dati quasi sensibili

Una diversa tipologia è quella dei c.d. **"dati quasi sensibili"** o **"semi sensibili"** o **"più che ordinari"**. Questi, pur non rientrando tra i dati sensibili, necessitano comunque di una tutela rafforzata e più intensa rispetto ai dati ordinari. L'articolo 17 del Codice, adottando una terminologia pressoché identica a quella del legislatore euro-unitario, riconduce all'interno di questa categoria tutti i dati "*diversi da quelli sensibili e giudiziari*" il cui trattamento "*presenta rischi specifici per i diritti e le libertà fondamentali, nonché per la dignità dell'interessato, in relazione alla natura dei dati o alle modalità del trattamento o agli effetti che può determinare*". Tali dati possono essere trattati solo dopo che il

Garante abbia stabilito gli eventuali accorgimenti che il titolare dovrà adottare (c.d. *prior checking*). La previsione di tali accorgimenti è prevista come norma-cornice dal comma 2 dell'articolo 17. Allo stato tali accorgimenti non risultano ancora adottati, se non in casi specifici a seguito di provvedimenti ad hoc.

► 11.3.3. Dati anonimi e giudiziari

Ulteriori tipologie di dati sono:

- il **dato anonimo**, definito dall'articolo 4, comma 1, lett. n), come quel "*dato che in origine, o a seguito di trattamento, non può essere associato ad un interessato identificato o identificabile*";
- i c.d. **dati giudiziari**, definiti, dall'articolo 4, comma 1, lett. e), come quei dati personali "*idonei a rivelare provvedimenti di cui all'articolo 3, comma 1, lett. da a) a o) e da r) a u) del DDPR 14 novembre 2002, n. 313, in materia di casellario giudiziale, di anagrafe delle sanzioni amministrative dipendenti da reato e dei relativi carichi pendenti o la qualità di imputato o di indagato ai sensi degli articoli 60 e 61 del codice di procedura penale*".

Il trattamento di questi dati, ai sensi dell'art. 10 del GDPR, è ammesso unicamente sotto il controllo dell'Autorità pubblica oppure se il trattamento risulti autorizzato da una specifica previsione di diritto dell'Unione europea ovvero del diritto nazionale di uno Stato membro. Il principio di legalità così sancito trova conferma anche nell'art. 2-*octies* del "*Codice*", il quale prevede che, al di fuori dei casi di controllo da parte di un'Autorità pubblica, il trattamento è ammesso soltanto nei casi specificamente individuati da disposizioni di leggi o di regolamenti ovvero da un apposito decreto del Ministro della giustizia, sentito il Garante per la protezione dei dati personali.

► 11.4. Il trattamento dei dati personali

La nozione di **trattamento** è definita dall'articolo 4, comma 1, lett. a), come "*qualunque operazione o complesso di operazioni, effettuati anche senza l'ausilio di strumenti elettronici, concernenti la raccolta, la registrazione, l'organizzazione, la conservazione, la consultazione, l'elaborazione, la modificazione, la selezione, l'estrazione, il raffronto, l'utilizzo, l'interconnessione, il blocco, la comunicazione, la diffusione, la cancellazione e la distruzione di dati, anche se non registrati in una banca di dati*". Particolari modalità di trattamento sono poi la **comunicazione** e la **diffusione**.

Queste tipologie sono disciplinate restrittivamente dall'art. 25 che le **vieta senza il consenso**, tranne in casi particolari.

La normativa ha **efficacia territoriale** e, pertanto, si applica quando il trattamento è fatto nel territorio dello stato italiano (nell'accezione allargata di luogo su cui si esercita la sovranità), anche se i dati personali sono detenuti all'estero, nonché quando è "*effettuato da chiunque è stabilito nel territorio di un Paese non appartenente all'unione Europea e impiega, per il trattamento, strumenti situati nel territorio dello Stato anche diversi da quelli elettronici, salvo che essi siano utilizzati solo ai fini di transito nel territorio dell'Unione Europea*".

Non esistono vincoli di sorta al **trasferimento di dati** all'interno dell'Unione Europea; al contrario, il trasferimento di dati diretto verso Paesi non appartenenti all'Unione europea è consentito solo ed esclusivamente nel pieno rispetto delle prescrizioni sancite dagli articoli 43, 44 e 45 del Codice.

Il criterio base per il trasferimento, anche temporaneo, di dati in Paesi non aderenti all'Unione Europea è essenzialmente il *consenso dell'interessato*, che potrà essere "espresso" nell'ipotesi di dati comuni e dovrà invece essere "scritto" nel caso di dati sensibili.

Il trattamento presuppone la **raccolta del dato**, che avviene presso l'interessato o in casi particolari presso terzi. La raccolta presuppone l'informativa sul trattamento, vale a dire l'informazione sulle ragioni, logiche, finalità, modalità, durata del trattamento, nonché sulla circolazione dei dati conseguente ad esso (art. 13).

L'**informativa** è il parametro di valutazione del consenso (art. 23 e seguenti) che l'interessato presta: se la prima non è esauriente il consenso si intende non idoneamente prestato perché non sufficientemente consapevole.

Esistono una serie di condizioni specificamente previste dalla legge che autorizzano il trattamento senza consenso (sia dei dati normali sia di quelli sensibili: art. 24 e 26).

Nell'ambito del rapporto di lavoro, il generale tema del consenso va rapportato alla specificità della materia ed agli interventi che nel corso degli anni il legislatore ha effettuato per snellire le pratiche di gestione del rapporto, identificando correttamente i reali spazi di operatività della norma.
Il **consenso** va richiesto:
- per il ***trattamento dei dati sensibili leciti***, ferme restando le autorizzazioni generali del Garante (in particolare n. 1 e 5, rinnovate, allo stato, di anno in anno);
- per la comunicazione a categorie di soggetti esterni all'impresa;
- per il trattamento di dati non necessari per l'esecuzione degli obblighi derivanti dal rapporto di lavoro, ma adottato per finalità altrimenti connesse alla gestione del rapporto di lavoro.

▶ 11.5. Il trattamento dei dati sensibili

Il **trattamento dei dati sensibili** è specificamente disciplinato dal Codice agli articoli 20 (per quanto riguarda il trattamento da parte di **soggetti pubblici**, esclusi gli enti pubblici economici) e 26 (per quanto riguarda il trattamento da parte di tutti i **soggetti privati** e da parte degli **enti pubblici economici**) del Codice. A tali dati è garantita una tutela rafforzata rispetto ai dati ordinari proprio per la delicatezza degli stessi.
L'attività di gestione del trattamento di tali dati è stata pertanto sottoposta dal legislatore a particolari cautele. Da parte dei soggetti privati e degli enti pubblici economici, **il trattamento di tali dati può avvenire solo con il consenso scritto** dell'interessato e **previa autorizzazione del Garante** (articolo 26 del Codice) nell'osservanza dei presupposti e dei limiti fissati dal Codice stesso.
Le due anzidette condizioni **non si applicano** al trattamento di dati relativi agli aderenti alle confessioni religiose e ai dati riguardanti l'adesione di associazioni od organismi a carattere sindacale o di categoria ad altre associazioni, organizzazioni o confederazioni a carattere sindacale o di categoria. Ciò significa che per effettuare il trattamento di tali dati non occorre né il consenso scritto né l'autorizzazione del Garante.

▶ 11.6. Il danno da trattamento dei dati sensibili

L'art. 15 sancisce il diritto dell'interessato al **risarcimento del danno** ai sensi dell'art. 2050 c.c., e dunque per **esercizio di attività pericolosa**, in caso di danni derivanti dal trattamento improprio di dati personali. La norma integra specificamente le previsioni generiche di cui al predetto art. 2050 e all'art. 2043 c.c., prefigurando *ex lege* una specifica tipologia di danno ingiusto. Precisamente, appare risarcibile tanto il **danno patrimoniale** quanto il **danno non patrimoniale**, ai sensi dell'art. 2059 c.c., venendo in rilievo la lesione di un diritto fondamentale cui viene riconosciuto rango costituzionale, tanto sul piano interno quanto a livello internazionale.

▶ 11.7. I soggetti coinvolti nel trattamento dei dati personali: il titolare dei dati

Il trattamento dei dati coinvolge una serie di soggetti. Tra di essi, un ruolo di indubbio e primario rilievo deve riconoscersi al **titolare dei dati** oggetto di trattamento, il quale risulti precisamente identificato sulla base degli stessi o comunque agevolmente identificabile. Tale soggetto è titolare di un vero e proprio **diritto di esclusiva** sull'utilizzo dei dati riferiti alla sua persona, da alcuni assimilato al diritto di proprietà sui beni materiali. Conseguentemente, il trattamento dei medesimi dati ad opera di terzi è, almeno di regola, subordinato all'**espresso consenso**, manifestato per iscritto, del soggetto in questione. Ciò è quanto si ricava dall'art. 7 del GDPR, il quale ammette anche la **revoca**, in qualsiasi momento e senza addurre giustificazioni di sorta, del consenso precedentemente prestato. La revoca non fa comunque venire meno la legittimità, anche ai fini di un'eventuale valutazione di responsabilità, degli atti posti in essere sulla base del pregresso consenso e prima della revoca di quest'ultimo.
L'avvenuta manifestazione del consenso da parte del soggetto titolare dei dati personali è poi oggetto di un **onere probatorio** gravante sul soggetto che esegue il trattamento. Per questo si richiede, in linea generale, la forma scritta, che consente la documentazione del consenso prestato.
Il consenso deve poi essere **informato**. A questo fine, l'art. 13 del GDPR impone di fornire al titolare dei dati una **informativa rafforzata**, sempre per iscritto, recante una serie di informazioni necessarie per potersi determinare in maniera consapevole circa la manifestazione o meno del consenso.

A prescindere dal trattamento, il titolare dei dati personali gode poi di una serie di diritti rispetto agli stessi: il **diritto di accesso**, garantito dall'art. 15 del GDPR e consistente, anzitutto, nel diritto di chiedere al titolare di un certo trattamento conferma in ordine al possesso di propri dati e al trattamento eventualmente in corso, con possibilità, in caso di risposta affermativa, di accedere ai dati in discorso, onde verificarne la veridicità e la correttezza della tenuta, anche al fine di richiedere eventualmente il loro anonimato; il **diritto alla portabilità**, sancito dall'art. 20 del GDPR che prevede il diritto di ottenere dal titolare di un determinato trattamento, in un formato accessibile e leggibile da un dispositivo automatico, i propri dati personali, al fine di trasferirli al titolare di un diverso trattamento, senza che il primo titolare possa frapporre impedimenti di sorta; il **diritto di opposizione**, previsto dall'art. 21 del GDPR. Si sostanzia nel diritto di opporsi, in qualsiasi momento e anche revocando il consenso previamente manifestato, al trattamento che altri faccia di propri dati personali; il **diritto a non essere sottoposti a decisioni e processi automatizzati**, ai sensi dell'art. 22 del GDPR. Si tratta del diritto a che le decisioni concernenti il trattamento dei propri dati personali non siano assunte in via automatizzata, come avviene, ad esempio, nel caso della **profilazione**; il **diritto all'oblio**, riconosciuto dall'art. 17 del GDPR, sulla scorta di una precedente giurisprudenza della Corte di giustizia Ue. In forza di tale diritto, il titolare dei dati può richiedere la cessazione del trattamento di propri dati personali e la conseguente cancellazione, ovvero la deindicizzazione dai motori di ricerca *online*, dei dati stessi, ove siano venuti meno i presupposti del trattamento, ivi compreso il consenso, ovvero il trattamento stesso risulti illegittimo.
Il titolare dei dati, ove ritenga di essere o di essere stato leso in uno dei diritti in precedenza enumerati può rivolgersi al Garante per la protezione dei dati, proponendo, alternativamente: una **segnalazione**, volta a sollecitare l'avvio di un procedimento d'ufficio ad opera del Garante; un **reclamo**, che dà viceversa luogo a un procedimento a istanza di parte di natura para-giurisdizionale.

▶ 11.7.1. Segue: il titolare del trattamento dei dati personali

Il **titolare del trattamento** è il soggetto, che può essere tanto una persona fisica quanto una persona giuridica, di diritto pubblico o di diritto privato, titolare dei poteri di controllo e di direzione dell'attività di trattamento, che assume, pertanto, la piena responsabilità rispetto all'oggetto e alle modalità del trattamento stesso (art. 4 del regolamento). Il titolare ha l'obbligo di mettere in atto tutte le misure tecniche e organizzative necessarie per garantire il rispetto della normativa europea e nazionale in tema di tutela della *privacy* e della riservatezza dei dati personali, a norma dell'art. 24 del GDPR. In particolare, devono essere sperimentate tutte le misure e tutti gli accorgimenti richiesti dall'esperienza e dalle conoscenze tecniche esistenti al momento in cui prende avvio e in cui si svolge il trattamento, in relazione al contesto specifico del trattamento. Si tratta della c.d. **responsabilizzazione** o ***accountability*** del titolare dei dati. Così, ad esempio, potrebbero imporsi l'anonimato o la cifratura dei dati non strettamente necessari ai fini del trattamento.
Il titolare del trattamento è poi obbligato a operare un'adeguata **valutazione dei rischi connessi al trattamento** stesso (***risk based approach***), in termini di impatto sui diritti e le libertà personali dei titolari dei dati, la cui lesione sia suscettibile di dar luogo a un danno materiale o immateriale, tanto alla sfera fisica quanto alla sfera psichica della persona danneggiata.
In relazione a ciascuna attività di trattamento di dati personali, il relativo titolare è tenuto a redigere il c.d. **D.P.I.A.** (*Data Protection Impact Assessment*), vale a dire un documento recante l'analisi e la valutazione dei rischi specifici connessi all'attività stessa, ai sensi dell'art. 35 del GDPR. Il documento non deve tuttavia limitarsi a una valutazione astratta, ma deve anche indicare le misure concrete da porre in essere per eliminare o almeno ridurre i rischi specifici identificati.

▶ 11.7.2. Segue: il responsabile del trattamento dei dati personali

Ulteriore figura soggettiva introdotta dalla disciplina nazionale e sovranazionale in tema di *privacy* è quella del **responsabile del trattamento dei dati personali**. Si tratta di un soggetto, dotato di una specifica competenza ed esperienza in materia di trattamento dei dati e tutela della riservatezza, che *coadiuva il titolare nella gestione e nel controllo degli altrui dati personali oggetto di trattamento*.
Pertanto, mentre il titolare del trattamento è un soggetto che agisce nell'esercizio di un'attività mossa da una finalità imprenditoriale, o perlomeno economica, ovvero pubblico-istituzionale, e dunque nel perseguimento di un interesse di cui è direttamente portatore, il responsabile si pone quale

professionista esperto della materia qui trattata, chiamato a fornire supporto nell'attività facente capo ad altri soggetti.
Il responsabile, a norma dell'art. 30 del GDPR, nelle imprese o comunque nelle organizzazioni che impieghino più di duecentocinquanta dipendenti, è tenuto, in via solidale con il titolare del trattamento, a tenere un **registro delle attività di trattamento**. Il registro riporta le informazioni essenziali sui dati trattati, i relativi titolari e le finalità del trattamento, consentendo così un pronto accesso alle stesse, anche ai fini del controllo sulla regolarità e legittimità dell'attività di trattamento in concreto posta in essere.

▶ 11.7.3. Il *Data Protection Officer*

L'art. 37 del GDPR ha introdotto un'ulteriore figura soggettiva, il ***Data Protection Officer*** (DPO), investito di specifici compiti di controllo sulla tenuta dei dati e sul rispetto della disciplina, nazionale e sovranazionale, in materia. La sua istituzione è obbligatoria nei seguenti casi: il trattamento fa capo a *un'autorità pubblica o a un organismo di diritto pubblico*, fatta eccezione per le Autorità giudiziarie; *la natura, l'ambito di applicazione o la finalità del trattamento richiedono un controllo sistematico e generalizzato*, vista l'elevata capacità lesiva del trattamento; viene in rilievo il *trattamento su larga scala di dati sensibili o super-sensibili*, di cui all'art. 9 del GDPR, ovvero di *dati giudiziari*.
Il DPO deve essere nominato di comune accordo dal titolare e dal responsabile del trattamento e può essere un dipendente del primo ovvero un collaboratore esterno, dotato di specifica competenza ed esperienza nella materia che qui occupa. Il DPO si pone infine in una posizione di autonomia e indipendenza tanto rispetto al titolare quanto rispetto al responsabile del trattamento dei dati personali.

Capitolo 8
Atti e provvedimenti amministrativi: tipologie, struttura e vizi

SOMMARIO

1. Atto e provvedimento amministrativo: nozione e struttura

Nel provvedere alla cura degli interessi pubblici che la legge le affida l'Amministrazione pubblica adotta:

- atti di **diritto pubblico** (*atti amministrativi*), espressione di una *posizione di supremazia dell'Amministrazione pubblica*, talvolta destinati a modificare *unilateralmente* la sfera giuridica del destinatario anche *in assenza o contro la sua volontà* (provvedimenti amministrativi, per es., ordini di sgombero, provvedimenti di esproprio);
- atti di **diritto privato**, adottati dall'Amministrazione nell'esercizio della ordinaria *capacità di diritto privato* e in posizione di sostanziale *parità con le altre parti*, stipulando veri e propri negozi giuridici (contratti di vendita, appalto); spesso, tuttavia, l'Amministrazione deve svolgere complessi procedimenti amministrativi ed esercitare poteri pubblici al fine di *selezionare il soggetto con cui stipulare il contratto*, sicché assume una posizione autoritativa e di supremazia nella fase della selezione del *partner*, nel cui ambito adotta per l'appunto atti e provvedimenti amministrativi (per esempio, quello di aggiudicazione a chi ha proposto la migliore offerta).

2. Nozione e struttura dell'atto amministrativo

L'**atto amministrativo** è quello *adottato da una Pubblica amministrazione* nell'esercizio di una *potestà amministrativa* riconosciuta dalla legge per la *cura di un interesse pubblico*.
Quanto alla **struttura**, l'atto amministrativo contiene elementi essenziali e accidentali.
Gli **elementi essenziali**, necessari per la sua esistenza giuridica, sono:

- l'**intestazione**, con l'indicazione dell'autorità che lo emette;
- il **preambolo**, in cui sono indicate le norme che ne consentono l'adozione e le attestazioni dell'intervenuta adozione degli atti preparatori;
- la **motivazione**, con l'illustrazione dei presupposti di fatto e le ragioni giuridiche sottese

alla decisione contenuta nell'atto con la valutazione che l'Amministrazione è tenuta a fare di quanto emerso nella fase istruttoria;
- il **dispositivo**, ossia la parte precettiva dell'atto in cui è espressa la volontà dell'amministrazione e gli effetti dell'atto;
- il **luogo** in cui è stato emanato il provvedimento;
- la **data e la sottoscrizione** dell'autorità che firma l'atto o di quella delegata.

Gli elementi **accidentali**, cioè solo eventuali, ampliano il contenuto minimo dell'atto. Vi rientrano:
- il **termine**, che indica il momento a partire dal quale l'atto inizia produrre effetti o cessa di farlo (termine iniziale e termine finale);
- la **condizione**, con cui si subordina l'inizio o la cessazione dell'efficacia dell'atto al verificarsi di un evento futuro e incerto;
- l'**onere**, che si può apporre agli atti che determinano un ampliamento della sfera giuridica del destinatario (autorizzazione, concessione), condizionando il prodursi dell'effetto favorevole al compimento di una determinata condotta del beneficiario.

3. Classificazione degli atti amministrativi

Si suole procedere alle distinzioni tra gli atti amministrativi utilizzando **differenti parametri**.
- In relazione alla **natura dell'attività amministrativa** espletata, si può distinguere tra:
  - › atti di amministrazione **attiva** (i provvedimenti); atti di amministrazione **di controllo**; atti di amministrazione **consultiva**.
    Quanto a questi ultimi, si tratta dei **pareri** (che, a seconda dei casi, si distinguono in pareri c.d. facoltativi e pareri c.d. obbligatori).
  - › provvedimenti di **primo grado** e provvedimenti di **secondo grado**, incidenti, questi ultimi, su atti precedentemente emanati dalla PA, (ad es. i provvedimenti di autotutela).
    Tra i provvedimenti di secondo grado rientrano quelli che producono in modo totale o parziale la cessazione/rimozione o la sospensione dell'efficacia di atti amministrativi (annullamento, revoca e sospensione); quelli che producono la modificazione totale o parziale di atti preesistenti (modifica, riforma, rettifica e proroga); provvedimenti che consolidano gli effetti di precedenti provvedimenti invalidi o meramente irregolari (convalida, conversione, conferma e correzione di errori materiali);
  - › provvedimenti che decidono controversie (provvedimenti **giustiziali**).
- In relazione all'**efficacia**, si può distinguere tra: atti che **costituiscono un rapporto giuridico**, nel senso che lo istituiscono o lo modificano (es. la concessione); atti che **estinguono un rapporto giuridico** quali i provvedimenti ablatori: *reali* (come l'espropriazione); *personali* (come gli ordini amministrativi); *obbligatori*, ossia incidenti su diritti collegati a rapporti di obbligazione (le imposizioni tributarie, ecc.); atti che **dichiarano** l'**esistenza** di un **rapporto**, preesistente agli stessi. Tra questi ultimi è consentito ricondurre: gli *acclaramenti*, le *certazioni*, le *certificazioni*, le *attestazioni*, le *registrazioni*, le *verbalizzazioni*, gli *atti ricognitivi*, le *misure di conoscenza* (che possono essere collettive o individuali).
- In relazione alla **natura del potere esercitato**, si distingue tra: atti **discrezionali**; atti **vincolati** (per la relativa distinzione, v. Cap. 15 § 6.3).
- In relazione ai **destinatari**, si può distinguere tra: atti **particolari** (se il destinatario è un solo soggetto); atti **plurimi** (se l'atto, pur formalmente unico, è scindibile in tanti atti per quanti sono i destinatari, come accade per il decreto di nomina dei vincitori di un concorso); atti **collettivi** (se l'atto reca una manifestazione di volontà riferibile a più soggetti, tuttavia unitariamente considerati, come accade con il decreto di scioglimento del consiglio comunale); atti **generali** (se i destinatari, non determinabili al momento dell'adozione, lo sono tuttavia in quello dell'esecuzione, come nel caso dei bandi di gara o concorso).
- In relazione alla **natura** dell'**elemento psicologico**, si distingue, nell'ambito degli **atti non**

provvedimentali, tra:

› atti consistenti in **manifestazioni di volontà: a)** gli *atti paritetici*, con i quali la P.A., chiamata per legge a far fronte ad una determinata obbligazione di carattere patrimoniale, ne determina unilateralmente il contenuto sulla base di una mera attività accertativa; **b)** la *designazione*, che consiste nell'indicazione di uno o più nominativi all'autorità competente a provvedere ad una nomina; **c)** gli *accordi preliminari* che l'amministrazione competente all'emanazione di un determinato provvedimento preventivamente stipula con un'altra P.A.; **d)** le *deliberazioni preliminari* con forza determinante in merito al contenuto dell'atto; **e)** gli *atti di controllo*, diretti alla valutazione della legittimità o del merito dell'operato degli organi di amministrazione attiva.

› Atti **non** consistenti in **manifestazioni di volontà** (ma in **manifestazioni di conoscenza**): **a)** gli *atti ricognitivi*, consistenti in manifestazioni di scienza e di conoscenza, volte a dare certezza a fatti giuridicamente rilevanti; **b)** gli *atti di valutazione* diretti all'enunciazione di un giudizio valutativo, all'esito di un procedimento di apprendimento. Tra gli atti valutativi assumono poi particolare rilevanza i **pareri**.

- In relazione al **risultato**: atti **ampliativi** (che attribuiscono al destinatario nuovo poteri); atti **restrittivi** che comprimono la sfera giuridica del destinatario.
- In relazione al **numero** dei soggetti che esprimono la volontà: atti **composti** (da più manifestazioni di volontà unite in un solo atto); atti **contestuali** (dati dalla riunione di più atti autonomi, tra questi figurano gli atti *simultanei* e gli atti *plurimi*).

In relazione ai **soggetti** emananti: atti di un **solo organo** (di tipo *individuale* se posti in essere da un solo soggetto; di tipo *collettivo* se espressione della volontà di un organo collegiale); atti di **più organi** (di tipo *complesso* se adottati da un solo organo previo concerto con altri organi; atti di *intesa* nel caso di intesa raggiunta tra enti differenti ai quali si imputa l'effetto.

▶ 3.1. I pareri

Tra gli atti amministrativi che non costituiscono provvedimenti amministrativi, particolare rilevanza assumono i **pareri**. Consistono in **manifestazioni di giudizio** con cui gli organi consultivi dell'amministrazione esprimono ad un altro organo la loro posizione su determinate questioni, atti o fatti, affinché il secondo possa emanare i provvedimenti amministrativi di propria competenza.

Sono atti **privi di autonomia funzionale**, emanati nell'ambito di un procedimento amministrativo, ai fini dell'adozione del successivo provvedimento conclusivo del procedimento.
In relazione alla necessità o meno di acquisire un parere, i pareri si distinguono in facoltativi e obbligatori.
Si parla di **pareri facoltativi**, quando l'espressione di un parere non è richiesta dalla legge, ma l'amministrazione procedente che ha facoltà di richiederlo. Una volta richiesti essi entrano a far parte degli atti istruttori da valutare ai fini dell'emanazione del provvedimento conclusivo e, pertanto, la P.A. deve tenerne conto.
I **pareri** sono **obbligatori** quando la legge impone all'amministrazione procedente di acquisire un parere ai fini del corretto esercizio dell'attività amministrativa di competenza.
I pareri obbligatori, in relazione al valore giuridico che possono assumere nel procedimento amministrativo nell'ambito del quale sono resi, si distinguono in:

– **vincolanti**, nel caso in cui l'organo amministrativo obbligato a richiedere il parere sia anche tenuto ad uniformarsi ad esso. Essi costituiscono, di fatto, **atti decisori** (e non meramente consultivi), in quanto l'amministrazione procedente ha l'obbligo di provvedere conformandosi al parere e non può discostarsi dallo stesso. Pertanto, i pareri vincolanti, una volta adottati, determinano il contenuto del provvedimento amministrativo;
– **obbligatori ma non vincolanti**, ove l'organo di amministrazione attiva sia tenuto unicamente a richiedere il parere, ma possa anche discostarsi dallo stesso fornendo adeguata motivazione nel provvedimento amministrativo.

Per approfondire

Cosa accade se un parere è viziato?

Il parere costituisce un atto amministrativo endoprocedimentale, che si colloca nell'ambito di un più ampio procedimento amministrativo e che viene reso ai fini dell'adozione del provvedimento conclusivo del procedimento. Il parere – sia esso obbligatorio o facoltativo – costituisce un presupposto della decisione finale e di esso l'organo amministrativo tiene conto per l'adozione del provvedimento amministrativo. Pertanto, un parere viziato può inficiare tutto il procedimento amministrativo, determinando che anche il provvedimento conclusivo del procedimento risulti viziato.

Nel caso in cui il parere sia viziato – di regola – lo stesso non può autonomamente essere impugnato, in quanto è un atto amministrativo endoprocedimentale e, come tale, non può direttamente ledere la sfera giuridica dei destinatari. Diversamente, tuttavia, se il parere negativo è vincolante: in questo caso, il parere potrà essere autonomamente impugnato, in quanto non lascia alcuna discrezionalità all'organo amministrativo in ordine ai contenuti del provvedimento conclusivo del procedimento.

4. Atti di alta amministrazione e atti politici

L'**atto politico** si contraddistingue per due elementi: proviene da un organo preposto all'indirizzo e all'attuazione del programma politico al massimo livello (**elemento soggettivo**) e riguarda la costituzione, salvaguardia e funzionamento dei pubblici poteri (**elemento oggettivo**).
Tale tipo di atto è sottratto al sindacato giurisdizionale del giudice amministrativo. L'art. 7, co. 1, c.p.a. dispone invero che *"Non sono impugnabili gli atti o provvedimenti emanati dal Governo nell'esercizio del potere politico"*.
Resta chiara la **distinzione tra atto politico ed atto amministrativo**: mentre il primo è espressione di un'attività completamente **libera nel fine** e, come tale, non sindacabile, il secondo, anche quando ampiamente discrezionale, è soggetto al rispetto di determinate regole di derivazione normativa.
Tra gli atti politici e gli atti amministrativi in senso stretto si collocano i **cd. atti di alta amministrazione**. Si tratta di atti connotati da una forte discrezionalità, quasi parificabile a quella degli atti politici, ma non altrettanto liberi nei fini: ciò li distingue dall'atto politico, comportandone l'assoggettamento al sindacato del giudice. Gli **atti di alta amministrazione** si configurano come una **speciale categoria di atti amministrativi** che svolgono un'attività di raccordo fra funzione politica e funzione amministrativa. Essi si collocano, pertanto, in una posizione intermedia tra gli atti politici e gli atti amministrativi.

A differenza degli altri atti amministrativi, gli atti di alta amministrazione sono caratterizzati da un **elevato tasso di discrezionalità**, in quanto la norma che li disciplina si limita a fissare solo il fine del potere esercitato, senza precisarne i presupposti.
Per quanto attiene alla loro disciplina e alla tutela giurisdizionale, gli atti di alta amministrazione sono analoghi agli atti amministrativi:
- ad essi si applica la normativa sul procedimento amministrativo, salvo diversa indicazione (ad esempio, l'art. 13 della legge n. 241/1990 esclude dalle norme sulla partecipazione al procedimento amministrativo *"l'attività della pubblica amministrazione diretta alla emanazione di atti normativi, amministrativi generali, di pianificazione e di programmazione"*);
- avverso gli stessi è sempre possibile la tutela giurisdizionale.

5. I provvedimenti amministrativi

All'interno della categoria degli atti amministrativi, si distingue tra:
- **meri atti amministrativi**, comprensivi di *ogni dichiarazione di volontà, di desiderio, di*

conoscenza, di giudizio, compiuta da una Pubblica Amministrazione nell'esercizio di una potestà amministrativa: vi rientrano gli atti adottati nel corso del procedimento amministrativo, per esempio i pareri;

- **provvedimenti amministrativi**, che consistono in una *manifestazione di volontà*, adottata dalla P.A. *all'esito del procedimento*, volta alla cura di un concreto interesse pubblico e diretta a *produrre unilateralmente effetti giuridici nei rapporti esterni* con i destinatari (provvedimenti di autorizzazione, di esproprio, di applicazione di sanzione amministrativa).

La definizione pone in risalto alcune delle più importanti **caratteristiche** del provvedimento amministrativo: l'*imperatività* o *autoritarietà*; l'*esecutività*; l'*esecutorietà*; l'*inoppugnabilità*; la *tipicità*.

► 5.1. I caratteri dei provvedimenti amministrativi: imperatività, esecutorietà, inoppugnabilità, tipicità

È utile passarli in rassegna.

A. Imperatività o autoritarietà L'imperatività o autoritarietà

Consiste nell'attitudine del provvedimento a produrre effetti giuridici nella sfera giuridica dei terzi in via unilaterale, *senza che sia necessario il consenso o la collaborazione degli stessi*.

L'autoritarietà del provvedimento si può manifestare con modalità differenti:

a) nel caso di *provvedimento positivi* (per esempio, provvedimento di autorizzazione o di revoca della licenza in precedenza rilasciata), il provvedimento costituisce, modifica o estingue poteri o facoltà in capo al privato indipendentemente dalla sua volontà;
b) nel caso di *provvedimenti negativi* (per esempio, provvedimento di rigetto dell'istanza di autorizzazione), invece, il provvedimento è autoritativo perché attesta che non spetta al privato il bene al quale lo stesso aspira (per esempio, autorizzazione).

B. Esecutività

L'**esecutività** indica l'idoneità del provvedimento a produrre gli effetti in modo automatico ed immediato una volta divenuto efficace, indipendentemente dal fatto che lo stesso sia valido o invalido. Fa riferimento a tale requisito l'art. 21 *quater*, l. 7 agosto 1990, n. 241, laddove dispone che *i provvedimenti amministrativi efficaci sono eseguiti immediatamente, salvo che sia diversamente stabilito dalla legge o dal provvedimento medesimo*.

Tanto la legge quanto la P.A. che li emana possono, infatti, disporre un *motivato differimento* dell'esecuzione.

Lo stesso art. 21 *quater*, l. 7 agosto 1990, n. 241, riconosce in favore della P.A. la facoltà di *sospendere l'efficacia o l'esecuzione* del provvedimento amministrativo *per gravi ragioni e per il tempo strettamente necessario*, indicando nell'atto di sospensione anche il termine della sua durata. Tale termine può poi essere prorogato o differito per una sola volta e può anche essere ridotto se ricorrono *sopravvenute esigenze*.

C. Esecutorietà

L'**esecutorietà** è l'attitudine del provvedimento ad essere *portato ad esecuzione coattivamente*, anche contro la volontà del destinatario e senza la necessità di ottenere preventivamente una conforme pronuncia del giudice.

In questa prospettiva, l'art. art. 21-*ter*, l. 7 agosto 1990, n. 241, nel prevedere una serie di garanzie per il privato esposto all'attuazione coattiva dei provvedimenti amministrativi, dispone che:

- la P.A. deve formalmente **comunicare** al destinatario il provvedimento da cui discende l'obbligo da eseguire, con l'indicazione dei tempi e delle modalità dell'esecuzione;
- se il privato non ottempera spontaneamente, la P.A. deve inviare una formale **diffida**, minacciando l'esecuzione coattiva ove il privato non adempia entro un certo termine;
- se ancora il privato non ottempera, la P.A. può procedere all'**esecuzione coattiva** ma sempre nel rispetto delle modalità stabilite dalla legge.

Le **modalità** dell'esecuzione coattiva sono diverse a seconda del contenuto dell'obbligo non adempiuto. Consiste pertanto:
- per gli *obblighi di fare infungibili* (cioè non eseguibili da persona diversa da quella obbligata), *di non fare e di sopportare*, nella coazione diretta;
- per gli *obblighi di fare fungibili* (es. demolizione di immobile abusivo), nell'esecuzione d'ufficio a spese dell'obbligato;
- per gli *obblighi di consegnare una cosa determinata*, nell'apprensione coattiva del bene;
- Per le *obbligazioni aventi ad oggetto somme di denaro*, il comma 2 dell'art. 21 *ter*, l. 7 agosto 1990, n. 241, rinvia alle disposizioni vigenti in materia di esecuzione coattiva dei crediti dello Stato.

D. Inoppugnabilità

L'**inoppugnabilità** indica l'impossibilità che i destinatari ricorrano contro il provvedimento stesso, una volta decorsi i termini decadenziali previsti dalla legge per contestarlo.
Il provvedimento amministrativo, una volta divenuto inoppugnabile, è ancora:
- **revocabile** dalla stessa P.A. che l'ha emanato per *sopravvenuti motivi di pubblico interesse*, per mutamento della situazione di fatto o per una nuova considerazione del pubblico interesse originario (art. 21-*quinquies*, l. 7 agosto 1990, n. 241);
- **annullabile** dalla P.A. che l'ha emanato, in via di autotutela, sempre che lo riscontri *originariamente illegittimo* e comunque non oltre 18 mesi dal momento dell'adozione dei provvedimenti di autorizzazione o di attribuzione di vantaggi economici (art. 21-*nonies*, l. 7 agosto 1990, n. 241).

E. Tipicità

La **tipicità** comporta che i provvedimenti debbano essere *previsti da una norma di legge* che ne individui funzione e contenuto: ogni provvedimento risponde, infatti, ad una causa tipica prevista dalla legge. Un'**eccezione** alla regola della tipicità è, tuttavia, rappresentata dalle **ordinanze di necessità e urgenza**, che, essendo dirette a fronteggiare situazioni eccezionali e non prevedibili, si caratterizzano proprio per il fatto che la legge non ne predetermina il contenuto, rimettendone la definizione alla stessa autorità amministrativa (si pensi alle ordinanze di protezione civile).

▶ 5.2. La motivazione del provvedimento amministrativo

Prima dell'entrata in vigore della legge n. 241/1990 non esisteva una norma che imponesse un obbligo generale di motivazione del provvedimento amministrativo.
L'art. 3 della legge n. 241/1990, in coerenza con il principio di trasparenza dell'azione amministrativa e al fine di garantire la pienezza della tutela giurisdizionale, prevede **l'obbligo** della P.A. **di motivare** ogni provvedimento amministrativo.
L'obbligo di motivazione del provvedimento trova la sua *ratio* nell'esigenza di garantire agli interessati la conoscenza del percorso logico-deduttivo che ha portato l'amministrazione ad adottare un determinato provvedimento, permettendo, al contempo, di verificare la correttezza del ragionamento operato dalla P.A.
La **motivazione** costituisce, difatti, la parte del provvedimento amministrativo in cui la P.A. condivide e rende pubblici i presupposti di fatto e le ragioni giuridiche che hanno portato all'emanazione di un dato provvedimento.
I **presupposti di fatto** sono gli elementi e i dati fattuali acquisiti nel corso della fase istruttoria del procedimento, che sono stati oggetto di valutazione da parte dell'amministrazione.
Le **ragioni giuridiche** sono tutte le argomentazioni che la P.A. ha condotto sul piano del diritto – ovvero tutte le norme che l'amministrazione ha considerato applicabili al caso concreto e la relativa interpretazione – e che hanno condotto all'adozione del provvedimento.
Ai sensi dell'art. 3, comma 3, legge n. 241/1990, la P.A. adempie all'obbligo di motivazione anche attraverso la c.d. ***motivazione per relationem***, ovvero nei casi un provvedimento sia motivato facendo riferimento alla motivazione presente in altro provvedimento amministrativo, richiamato nel nuovo provvedimento e reso disponibile ai destinatari.
L'obbligo di motivazione sussiste per tutti i provvedimenti amministrativi, compresi i provvedimenti

concernenti l'organizzazione amministrativa, lo svolgimento dei concorsi pubblici e il personale.
Al contrario, non necessitano di motivazione gli atti normativi e quelli a contenuto generale (art. 3, comma 2, legge n. 241/1990).

6. La classificazione dei provvedimenti amministrativi

Considerando gli **effetti prodotti**, i provvedimenti possono essere distinti a seconda che *amplino* la situazione giuridica del destinatario o la *restringano o sopprimano*.

▶ 6.1. Provvedimenti ampliativi: la concessione

Il più importante provvedimento ampliativo è la **concessione.** Può:
- **costituire** in capo al destinatario un diritto totalmente nuovo, di cui la P.A. non ha la titolarità (concessione **costitutiva**);
- **trasferire** un diritto dalla P.A. al destinatario (concessione **traslativa).**

Per approfondire

È costitutiva la concessione della cittadinanza. È traslativa la concessione di uso di beni pubblici, per esempio quella avente ad oggetto un tratto di spiaggia per la gestione di un lido balneare, oppure la concessione rilasciata per la gestione di servizi pubblici, quale quello di trasporto di linea.

Alla categoria delle concessioni appartengono le **sovvenzioni**, con cui si attribuiscono al destinatario vantaggi di tipo economico.

▶ 6.1.1. L'autorizzazione

Dalla concessione, con le quali si assegna al destinatario un diritto di cui lo stesso non era titolare, va distinta l'**autorizzazione** che, invece, *rimuove un limite legale all'esercizio di un diritto che preesiste* nella sfera giuridica del destinatario. Il diritto, quindi, preesiste, ma la legge ne subordina l'esercizio al rilascio di un atto dell'amministrazione, perché la stessa *verifichi* la sussistenza di taluni requisiti richiesti per il concreto esercizio dell'attività o *valuti* la coerenza di quell'esercizio con altri interessi.

Per approfondire

Appartiene alla categoria delle autorizzazioni il c.d. permesso a costruire, che consente di esercitare lo ius aedificandi, *già compreso nel diritto di proprietà del soggetto che chiede ed ottiene il permesso. La legge, tuttavia, prescrive che quel diritto possa essere esercitato solo se la P.A. verifica la conformità del progetto edificatorio alla normativa urbanistica ed edilizia, rilasciando il c.d. permesso a costruire.*

▶ 6.1.2. Figure affini all'autorizzazione: abilitazione, omologazione, nulla-osta, dispensa

Figure affini all'autorizzazione sono:

a) le **abilitazioni** il cui rilascio è condizionato al previo accertamento, da parte della P.A., dell'*idoneità tecnica o professionale dei richiedenti* in ordine allo svolgimento di una determinata attività (per esempio, la *patente di guida*);

b) le **omologazioni**, relative a *cose* e rilasciate dall'autorità previa verifica di conformità delle stesse alle norme nazionali e internazionali dettate a tutela della sicurezza o dell'uniformità dei prodotti (per esempio, le *omologazioni di sicurezza di ascensori*);

c) i **nulla-osta**, con i quali la P.A. dichiara di non avere nulla in contrario in ordine all'adozione di un provvedimento da parte di un'altra autorità;

d) la **dispensa**, con cui la quale il privato è abilitato ad esercitare l'attività in deroga al divieto legale o è esonerato dal compimento di un'attività doverosa.

▶ 6.2. I provvedimenti restrittivi: ordini, espropriazioni, requisizioni, confische, sequestri

Effetti del tutto opposti producono i **provvedimenti ablatori**, destinati a privare il destinatario di un diritto o di una facoltà di cui è già titolare, ove ciò sia ritenuto necessario al fine di tutelare o soddisfare l'interesse pubblico.

Gli stessi sono distinti in:

- **personali** (ad es. gli ordini con cui la P.A. impone ad un soggetto un determinato comportamento). Gli ordini possono a loro volta essere: **generali**, ove destinati a qualunque soggetto; **speciali**, quando presuppongono una particolare relazione tra la P.A. ordinante e il privato che riceve l'ordine. In base invece al loro *contenuto*, gli ordini si distinguono in **comandi** e **divieti**, a seconda che abbiano contenuto positivo o negativo; in ogni caso, ove l'ordine abbia ad oggetto una prestazione personale o patrimoniale, lo stesso è legittimo solo se espressamente previsto dalla legge (v. art. 23 Cost.).
- **reali** e si differenziano in:
  - **espropriazioni**, che privano definitivamente un soggetto della proprietà di un bene al fine di consentire la realizzazione di un'opera pubblica o, comunque, il soddisfacimento dell'interesse generale (art. 42 Cost.), dietro pagamento di un indennizzo in favore del soggetto espropriato;
  - **requisizioni**, attraverso le quali la P.A. dispone della proprietà privata o, comunque, utilizza un bene appartenente ad un privato per il soddisfacimento di un interesse pubblico. Si distingue, in particolare, tra: requisizione **in proprietà**, che può avere ad oggetto solo beni mobili, produce effetti irreversibili ed è di regola disposta per esigenze di carattere militare, dietro corresponsione di un'indennità; requisizione **in uso**, che invece può riguardare sia beni mobili che beni immobili e ha come presupposto un'urgente necessità da soddisfarsi appunto attraverso l'uso, dietro indennizzo, di un bene privato, che verrà restituito al proprietario una volta cessata la situazione di necessità e urgenza;
  - **confisca**, provvedimento di carattere afflittivo che priva il soggetto della proprietà di un bene cui si imputa la commissione di un illecito amministrativo;
  - **sequestro**, provvedimento ablatorio a carattere cautelare, volto a salvaguardare la collettività dai pericoli che possono derivare da un determinato bene (es. i sequestri di sostanze alimentari o medicinali avariati).

Ai sensi dell'art. 21-*bis*, l. 7 agosto 1990, n. 241, i provvedimenti ablatori sono **recettizi,** diventando efficaci nei confronti dei destinatari solo nel momento in cui sono comunicati a questi ultimi e salva la possibilità di ricorrere a forme speciali di pubblicità determinate dalla stessa P.A. che li adotta.

▶ 6.3. Provvedimenti vincolati e discrezionali

Considerando la **natura dei riscontri** che l'Amministrazione è tenuta a svolgere perché possa rilasciare il provvedimento si distingue tra provvedimenti vincolati e provvedimenti discrezionali.
I provvedimenti sono **vincolati** quando la legge indica puntualmente i presupposti di adozione in presenza dei quali il provvedimento va adottato e il contenuto dello stesso, sicché nessun margine di valutazione è riservato all'Amministrazione.

Per approfondire

> *È ritenuto vincolato l'ordine di demolizione di un immobile abusivo, l'Amministrazione dovendo adottarlo ogni qual volta e per il solo fatto che riscontri la contrarietà dell'opera rispetto alla disciplina urbanistica ed edilizia, senza che possa fare valutazione di opportunità, per esempio in merito alla sussistenza di un interesse pubblico alla demolizione di un'opera, pure abusiva, ma realizzata molto tempo addietro*

Sono, invece, **discrezionali** i provvedimenti nella cui adozione l'Amministrazione è chiamata ad effettuare una scelta di volta in volta riguardante *se adottarlo* (*an*), se farlo *in un momento o in un altro* (*quando*), se riempire il provvedimento di un contenuto o di un altro ancora (*quid*).

► 6.3.1. I caratteri della discrezionalità

Sono due, quindi, i tratti essenziali che connotano l'esercizio della c.d. **discrezionalità amministrativa**:
- il **giudizio**, essendo la P.A. tenuta ad individuare e valutare tutti i fatti e gli interessi rilevanti, sulla base di un'adeguata istruttoria in ossequio alle regole poste dalla l. 7 agosto 1990, n. 241;
- la **scelta**, con la quale l'amministrazione, sulla scorta di una logica e ragionevole valutazione delle risultanze istruttorie, individua la *soluzione più idonea a realizzare l'interesse pubblico* con il minor sacrificio possibile per gli altri interessi. Si tratta dell'*attività di comparazione* tra l'interesse pubblico di cui la P.A. è portatrice e gli altri interessi pubblici e privati coinvolti.

A. Discrezionalità e merito

La scelta che l'Amministrazione è chiamata a fare quando dispone di discrezionalità amministrativa costituisce il c.d. **merito amministrativo**, di competenza esclusiva dell'Amministrazione.

L'area riservata alle scelte di merito è quella affidata alla **libertà della P.A.**

Il merito costituisce, infatti, la *parte libera della discrezionalità* in cui, nel rispetto delle regole di legittimità, la P.A. effettua la scelta di opportunità amministrativa, **sottratta al sindacato del giudice amministrativo**, che non può sostituirsi alla P.A., salve le tassative ed eccezionali ipotesi determinate dalla legge di c.d. *giurisdizione estesa al merito*.

B. Discrezionalità tecnica e mista

Dalla discrezionalità c.d. amministrativa va distinta la discrezionalità c.d. tecnica, che si ha quanto l'amministrazione non dispone del potere di bilanciare interessi e di scegliere le modalità più adeguate per il più efficace soddisfacimento dell'interesse pubblico, ma solo del potere di apprezzare, facendo applicazione di regole specialistiche dal risultato non certo, la sussistenza di taluni presupposti richiesti dalla legge per l'adozione del provvedimento.

Per approfondire

Costituisce espressione di discrezionalità c.d. tecnica il provvedimento con cui la Soprintendenza dichiara bene culturale (assoggettandola alla disciplina pubblica prevista per quei beni) un determinato edificio, previo apprezzamento del suo pregio storico. La Soprintendenza, infatti, non è chiamata, in tal caso, a comparare contrapporti interessi, ma solo a riscontrare che quell'immobile abbia o non abbia pregio storico: nel farlo, tuttavia, deve applicare criteri tecnici il cui esito non è certo, ma opinabile. Parimenti avviene per gli atti con cui una Commissione di concorso per professore universitario apprezza lo spessore scientifico dei titoli (libri, articoli..) prodotti dagli aspiranti professori.

Nelle ipotesi in cui la P.A. eserciti allo stesso tempo discrezionalità tecnica e amministrativa, si parla di **discrezionalità mista**. In tal caso, effettuata la verifica tecnica (esaminati gli atti e individuato il criterio tecnico da applicare), l'autorità amministrativa competente non è vincolata nell'atto da adottare, ma ha il potere di scegliere l'atto più idoneo alla cura dell'interesse pubblico primario.

7. Validità ed efficacia

Anche per l'atto amministrativo, come per qualsiasi atto giuridico, la legge prevede **distinte ipotesi di invalidità**, in particolare quelle della nullità e dell'annullabilità.

L'invalidità – che si verifica quanto un atto è difforme da quanto previsto dalle norme che lo disciplinano – determina l'**inefficacia definitiva** dello stesso.

L'inefficacia può determinarsi:
- **in modo automatico**, come nel caso della nullità, che opera di diritto;
- **a seguito di una pronuncia giudiziale**, come nelle ipotesi di annullabilità, che non opera di diritto, ma presuppone una decisione del giudice, adottata a seguito di apposito ricorso di parte.

Come più ampiamente descritto nei paragrafi seguenti, le due forme di invalidità determinano due effetti diversi:

– **l'atto nullo** è inefficace "di diritto", non è idoneo a produrre effetti nella sfera giuridica dei destinatari e viene considerato *tamquam non esset*, ovvero come se non fosse mai esistito;
– **l'atto annullabile** è un atto idoneo a produrre effetti, che permangono nell'ordinamento giuridico fin quando e solo se, su istanza di parte, non venga dichiarata, in via giudiziale, l'illegittimità dell'atto stesso.

▶ 7.1. La nullità

La **nullità** è disciplinata dall'art. 21 *septies*, l. 7 agosto 1990, n. 241, il quale prevede i seguenti casi:

- **nullità testuale** (casi di *nullità espressamente previsti dalla legge*, per esempio quella, disposta dall'art. 3, co. 6, d.P.R. 10 gennaio 1957, n. 3, per il provvedimento di assunzione agli impieghi pubblici non preceduto dal prescritto concorso);
- **nullità strutturale** (per *mancanza di uno degli elementi essenziali*);
- **difetto assoluto** di **attribuzione**, ossia mancanza della norma giuridica che attribuisce (al soggetto che ha adottato il provvedimento) il potere esercitato con la relativa adozione (come nel caso di permesso a costruire rilasciato dall'Amministrazione sanitaria anziché dal Comune);
- **violazione o elusione del giudicato**;
- **in tutti gli altri casi previsti dalla legge**, i c.d. casi di nullità testuali, ovvero tutti i casi in cui la legge prescrive specificamente la nullità dell'atto.

▶ 7.1.1. Nullità strutturale ed elementi essenziali

Quanto alla **nullità strutturale**, sono elementi essenziali dell'atto, la cui mancanza è causa di nullità:

- **la forma**, se richiesta dalla legge a pena di nullità (come per gli accordi tra P.A. e privati); negli altri casi è sufficiente che l'atto consenta di ricostruire la volontà dell'ente, attestando la riferibilità soggettiva dell'atto alla P.A.;
- **la causa**, ossia il fine pubblico per la cui cura è attribuito il potere dell'Amministrazione di adottare l'atto. Pertanto, è nullo per mancanza di causa il provvedimento adottato *ioci* o *docendi causa* o sulla base di causa illecita o impossibile;
- **il soggetto pubblico**, sicché è nullo l'atto adottato da soggetto che non sia Amministrazione pubblica (si pensi ad una multa emessa da un privato, non appartenente alla Polizia municipale);
- **l'oggetto materiale**, per cui è per esempio nullo il provvedimento di espropriazione di un fondo inesistente, o già acquisito al patrimonio della P.A.

▶ 7.1.2. L'azione di nullità

L'azione per far valere la nullità può essere proposta entro il termine di decadenza di 180 giorni (art. 30, c.p.a.).
La nullità dell'atto può sempre essere opposta dalla parte resistente del processo amministrativo e può essere **rilevata d'ufficio** dal giudice (art. 31 c.p.a.).

▶ 7.2. L'annullabilità

Ai sensi dell'art. 21 *opties*, l. 7 agosto 1990, n. 241, è **annullabile** il provvedimento amministrativo adottato in violazione di legge o viziato da eccesso di potere o da incompetenza.

▶ 7.2.1. Vizi di legittimità e vizi di merito

Si tratta dei tre classici **vizi di legittimità** dell'atto amministrativo (violazione di legge, incompetenza ed eccesso di potere), distinti dai **vizi di merito**, che si hanno quando nell'adozione dell'atto l'Amministrazione, pur non violando norme giuridiche, fa *scelte inopportune* nell'esercitare la discrezionalità amministrativa.

Al di fuori degli eccezionali casi di giurisdizione del giudice amministrativo estesa al merito, il vizio di merito non comporta invalidità ed annullabilità dell'atto.
Ai sensi dell'art. 21 *quinquies*, l. 7 agosto 1990, n. 241, tuttavia, *per sopravvenuti motivi di pubblico interesse o, salvo che per i provvedimenti di autorizzazione o di attribuzione di vantaggi economici, di nuova valutazione dell'interesse pubblico originario, il provvedimento amministrativo ad efficacia durevole può essere revocato.*
La revoca determina la inidoneità del provvedimento revocato a produrre ulteriori effetti.
Se la revoca comporta pregiudizi in danno dei soggetti direttamente interessati, l'amministrazione ha l'obbligo di provvedere al loro indennizzo.

A. L'incompetenza: relativa e assoluta

L'incompetenza è il vizio che consegue alla *violazione delle norme che distribuiscono la funzione amministrativa* tra diversi enti, organi o uffici secondo diversi *criteri* (materia, valore, grado e territorio). L'incompetenza che comporta l'annullabilità è solo quella **relativa**, che si ha quando il soggetto che ha adottato l'atto appartiene al **medesimo plesso amministrativo** di cui fa parte l'organo competente in base alla legge (per esempio, dirigente scolastico e Sovrintendente scolastico).
Non ricorre annullabilità, pertanto, nei casi di **incompetenza assoluta** che dà luogo a nullità e si verifica quando l'atto adottato da un'Amministrazione rientra nella fascia di attribuzione di un *altro potere dello Stato* (permesso a costruire rilasciato dal giudice) o, pur adottato in materia attribuita alla P.A., è adottato da un soggetto nell'esercizio di *una funzione amministrativa totalmente estraneo alle sue attribuzioni*;

B. Eccesso di potere

L'**eccesso di potere** si ha quando la P.A. esercita il potere per *finalità diverse da quelle indicate dalla norma che lo attribuisce* (cd. **sviamento del potere**). È il vizio tipico nel quale l'Amministrazione può incorrere nell'esercizio di attività discrezionale.
Più nel dettaglio, il vizio di eccesso di potere si configura:
- quando l'amministrazione persegue un fine pure pubblico, ma *diverso da quello individuato dalla legge*;
- quando, per il perseguimento del fine previsto dalla legge, la P.A. utilizza *poteri diversi* da quelli indicati dalla legge.

La giurisprudenza ha elaborato alcuni sintomatici dell'eccesso di potere (le c.d. **figure sintomatiche**):
a) il **difetto d'istruttoria** che si realizza quando la P.A. adotta la decisione senza aver prima accertato le condizioni di esercizio del potere e le altre soluzioni praticabili;
b) il **travisamento dei fatti** che si configura quando il provvedimento è adottato sul presupposto dell'esistenza di fatti in realtà inesistenti o dell'inesistenza di fatti, al contrario, esistenti;
c) il ***deficit* motivazionale**, nel caso in cui la motivazione esista, ma sia *insufficiente* o *incongrua*,
d) la **contraddittorietà** che consiste nel contrasto tra diverse manifestazioni di volontà espresse dalla stessa P.A. nell'esercizio del medesimo potere. Si distingue tra c.d. **contraddittorietà intrinseca**, che sussiste tra le diverse parti di un *medesimo atto*, e c.d. **contraddittorietà estrinseca** che, invece, si configura quando non vi sia corrispondenza di contenuto tra *atti differenti*, ma relativi ad un medesimo oggetto;
e) la **disparità di trattamento** ricorrente quando più atti, espressione del medesimo potere, trattano irragionevolmente in modo differente più soggetti che pure si trovano in una condizione analoga;
f) la **illogicità manifesta** che si ha in caso di insanabile contrasto logico all'interno di un atto amministrativo;
g) la **ingiustizia manifesta** che si concretizza in una sproporzione tra la sanzione e l'illecito contestato.

C. Violazione di legge

La **violazione di legge** si ha in ogni caso di *divergenza dell'atto amministrativo dalla norma che lo disciplina*.

▶ 7.2.2. Il regime dell'atto annullabile

Quanto al **regime**, il provvedimento annullabile è *provvisoriamente efficace*, nonostante la sua invalidità, sino a quando non venga annullato con la conseguenza che, ove ciò non avvenga, il provvedimento continua a produrre effetti.

L'annullamento può avvenire:
- ad opera del *giudice* in sede di **ricorso giurisdizionale**, da proporsi nel **termine decadenziale di 60 giorni**;
- ad opera della stessa *P.A.* in via di **autotutela**, entro un termine ragionevole, comunque non superiore a diciotto mesi dal momento dell'adozione;
- in sede di **controllo**;
- in sede di decisione dei **ricorsi amministrativi**.

▶ 7.3. Le illegittimità che non comportano annullamento

Non tutte le violazioni di legge, tuttavia, comportano l'annullabilità del provvedimento.
L'art. 21 *octies*, co. 2, l. 7 agosto 1990, n. 241, introduce un *limite all'annullabilità per violazione di legge*, quando la norma trasgredita ponga *obblighi di natura formale o procedimentale che non abbiano influito sul contenuto dispositivo del provvedimento*: questo sarebbe stato adottato, quindi, con lo stesso contenuto anche se la norma in concreto violata fosse stata osservata.
La disposizione citata prevede **due ipotesi** in cui il provvedimento illegittimo non è annullabile.

Per la **prima**, il provvedimento **non** può essere annullato se sussistono tre condizioni:
- che siano violate *norme sul procedimento o sulla forma* degli atti;
- che il provvedimento abbia *carattere vincolato*;
- che sia palese che il *contenuto dispositivo non avrebbe potuto essere diverso* da quello adottato.

La **seconda ipotesi** ricorre quando, essendo stata *omessa la prescritta comunicazione dell'avvio del procedimento*, l'*amministrazione dimostri in giudizio* che il contenuto del provvedimento non avrebbe potuto essere diverso da quello in concreto adottato.

Se, quindi, nella **prima ipotesi**, ai fini della mancata annullabilità dell'atto, è necessario che il provvedimento sia **vincolato** e che, pertanto, sia palese l'obbligatorietà del suo contenuto, la **seconda ipotesi** disciplinata (relativa peraltro al solo vizio dovuto alla mancata comunicazione di avvio del procedimento) trova applicazione anche con riguardo all'attività amministrativa **discrezionale**, sempre che **l'amministrazione** (a cui spetta l'onere della prova) **dimostri in giudizio** che il contenuto del provvedimento non avrebbe potuto essere diverso da quello adottato.

8. I rimedi contro gli atti illegittimi e inopportuni: l'autotutela

Un atto amministrativo viziato può essere:
- **conservato**, con l'adozione, da parte della pubblica amministrazione, di un provvedimento che elimini i vizi di legittimità del provvedimento medesimo;
- **eliminato**, con sentenza dell'autorità giurisdizionale amministrativa (T.A.R. e Consiglio di Stato), decisione amministrativa provocata da un ricorso dell'interessato o atto amministrativo spontaneo della P.A., diretto a ritirare l'atto viziato.

Nelle ipotesi in cui l'amministrazione interviene al fine di conservare ovvero eliminare un provvedimento amministrativo viziato, si parla di **autotutela.**
L'autotutela amministrativa è il **potere dell'amministrazione di rimuovere unilateralmente ed autonomamente** gli ostacoli che impediscano la realizzazione dell'interesse pubblico per cui il

potere è conferito dalla legge all'amministrazione.
esercitando il potere di autotutela l'amministrazione può intervenire autonomamente per risolvere i conflitti che possono insorgere in relazione a propri provvedimenti o proprie pretese.
Pertanto, l'amministrazione può adottare, in via di autotutela, un provvedimento amministrativo che incida su provvedimenti precedentemente emanati, nei casi in cui – a seguito di un riesame e di un nuovo contemperamento degli interessi pubblici e privati venuti in rilievo in sede di istruttoria – sussista una nuova valutazione delle situazioni di fatto e di diritto che sono alla base di un determinato provvedimento amministrativo avente natura discrezionale.

Per approfondire

Atti di ritiro e legittimo affidamento

Ove la pubblica amministrazione, nell'esercizio del potere di autotutela, intervenga a ritirare un provvedimento amministrativo precedentemente adottato deve tenere conto dell'affidamento ingenerato nel cittadino circa la validità e l'efficacia del provvedimento da ritirare, oggetto dell'autotutela amministrativa.
Pertanto, l'interesse pubblico a ritirare un determinato provvedimento deve necessariamente essere bilanciato con l'interesse privato alla conservazione del provvedimento stesso.
Tale interesse è tanto più forte quanto maggiore è il lasso di tempo in cui il provvedimento oggetto del ritiro ha esplicato la sua efficacia.

▶ 8.1. Il riesame con esito demolitorio: la revoca e l'annullamento d'ufficio

A seguito del riesame di un determinato provvedimento amministrativo, la pubblica amministrazione può decidere di adottare **un atto di ritiro**.
Tra le diverse tipologie di atti di ritiro, i più rilevanti sono: l'annullamento d'ufficio e la revoca.

A. L'annullamento d'ufficio

L'annullamento d'ufficio è disciplinato dall'art. **21-*nonies*** della legge n. 241/1990.
È un provvedimento amministrativo di secondo grado con il quale è ritirato, **con efficacia retroattiva (*ex tunc*),** ossia dalla data della sua emanazione, un atto amministrativo illegittimo, affetto sin dalla sua adozione da vizi di legittimità.
Pertanto – senza che sia necessario un provvedimento giudiziale – in questa ipotesi la pubblica amministrazione interviene autonomamente e su propria iniziativa per provvedere all'annullamento di un provvedimento amministrativo illegittimo, esercitando il proprio discrezionale potere di autotutela.
L'art. 21-*nonies* dispone che un provvedimento amministrativo illegittimo (per violazione di legge, eccesso di potere o incompetenza) può essere annullato d'ufficio dall'organo che lo ha emanato o da altro organo previsto dalla legge, alle seguenti condizioni:

- sussistano **ragioni di interesse pubblico** al ritiro dell'atto;
- non siano decorsi più di **dodici mesi** dall'emanazione del provvedimento da annullare;
- si tenga adeguatamente conto **degli interessi di destinatari e controinteressati**.

B. La revoca

La **revoca** è un provvedimento amministrativo di secondo grado, disciplinato dall'art. 21-*quinquies* della legge n. 241/1990, con il quale la pubblica amministrazione ritira, con **efficacia non retroattiva (*ex nunc*)**, un atto inficiato da vizi di merito, in base ad una nuova valutazione degli interessi pubblici e privati posti alla base dello stesso.
La revoca, pertanto, può essere esercitata a prescindere dall'esistenza di vizi di legittimità (violazione di legge, eccesso di potere e incompetenza relativa) del provvedimento revocato.
La pubblica amministrazione può esercitare il potere di revoca al verificarsi di uno dei seguenti tre presupposti:

- **sopravvenuti motivi di interesse pubblico**;
- **mutamento della situazione di fatto** esistente al momento dell'adozione del provvedimento da

revocare, ovvero il sopravvenire di una nuova circostanza alla luce della quale il provvedimento adottato non sia più idoneo a tutelare l'interesse pubblico;
- **nuova valutazione dell'interesse pubblico originario**, diversa o contraria rispetto alla valutazione operata con il primo provvedimento.

A differenza dell'annullamento, la revoca ha efficacia non retroattiva: **gli effetti dell'atto revocato cessano dal momento della revoca**, mentre sopravvivono gli effetti prodotti in precedenza.

Nei casi in cui la revoca comporti un pregiudizio in capo ai destinatari, l'amministrazione ha l'obbligo di provvedere all'erogazione di un **indennizzo.**

▶ 8.2. Il riesame con esito conservativo: convalida, ratifica, sanatoria

Nelle ipotesi in cui la pubblica amministrazione decida di non ritirare un provvedimento illegittimo, la stessa può sanarlo e mantenerlo in vita, eliminando il vizio di legittimità che inficia il provvedimento (c.d. **convalescenza** dell'atto amministrativo). Tra tali provvedimenti conservativi, possono sicuramente essere annoverate: la convalida, la ratifica e la sanatoria.

A. La convalida

La **convalida** è un provvedimento autonomo e di carattere costitutivo, con il quale la pubblica amministrazione elimina i vizi di legittimità di un atto invalido, precedentemente emanato dalla stessa autorità.

Ad esempio, con la convalida può essere: integrata la motivazione di un provvedimento, inserito un elemento mancante, eliminato un contrasto tra motivazione e dispositivo).

Il provvedimento di convalida deve contenere:
- l'atto che si intende convalidare;
- l'indicazione precisa e puntuale del vizio di legittimità dal quale l'atto è inficiato e che si intende rimuovere;
- la manifestazione della volontà dell'amministrazione di provvedere alla convalida dell'atto (c.d. *animus convalidandi*);
- una adeguata **motivazione** in ordine all'interesse pubblico che giustifica la convalida stessa.

B. La ratifica

La **ratifica** è un provvedimento autonomo e di carattere costitutivo, con il quale viene eliminato il vizio di *incompetenza relativa* di un provvedimento amministrativo. Precisamente, il provvedimento di ratifica è adottato dall'autorità competente, al fine di sanare un provvedimento emesso da un'autorità incompetente dello stesso ramo dell'amministrazione.

Diversamente dalla convalida la ratifica quindi:
- è adottata **da un'amministrazione diversa** da quella che ha adottato l'atto;
- sana unicamente **l'incompetenza relativa**, non anche gli altri vizi di legittimità.

C. La sanatoria

La **sanatoria** si ha quando l'amministrazione acquisisce successivamente un atto endoprocedimentale che doveva essere emesso e acquisito prima della conclusione del procedimento amministrativo.

A differenza della convalida e della revoca, la sanatoria non costituisce quindi un provvedimento nuovo ed autonomo, ma si identifica con l'atto che è stato omesso e che viene successivamente acquisito.

9. L'illegittimità costituzionale dell'atto amministrativo

L'atto amministrativo può essere affetto da un vizio di illegittimità costituzionale **diretta** o **mediata**.

- L'**illegittimità costituzionale diretta** si prospetta quando l'atto amministrativo viola

direttamente una norma costituzionale.
- L'**illegittimità costituzionale mediata** si verifica quando l'atto amministrativo non viola direttamente la Costituzione, ma risulta emanato sulla base di una norma costituzionalmente illegittima.

Quanto ai meccanismi rimediali, devono distinguersi le due ipotesi.
- In caso di *violazione "diretta"*, è il **giudice amministrativo** a sindacare diffusamente l'illegittimità **annullando direttamente l'atto amministrativo** contrastante con la Costituzione.
- In caso di *violazione "indiretta"*, è necessario, invece, il giudizio accentrato della **Corte Costituzionale** che assumerà comunque carattere incidentale nel giudizio volto ad accertare la legittimità del provvedimento.

10. L'illegittimità dell'atto amministrativo per contrasto con il diritto europeo

Anche l'illegittimità del provvedimento amministrativo per contrasto con il diritto europeo, al pari di quella costituzionale, può manifestarsi come:
- **vizio direttamente** imputabile all'atto, nelle ipotesi in cui sia il contenuto dell'atto stesso ad essere autonomamente in contrasto con una norma comunitaria (*illegittimità comunitaria **"diretta"***);
- **vizio soltanto mediato**, nell'ipotesi in cui un atto sia emanato sulla base di una norma statale, a sua volta in contrasto con il diritto comunitario (*illegittimità comunitaria soltanto **"indiretta"***).

Sul piano del vizio riscontrabile:
- l'anti-comunitarietà **"diretta"** evoca inevitabilmente il modello originario del vizio di **violazione di legge**;
- l'anti-comunitarietà **"indiretta"** non porta con sé una violazione né un autonomo vizio dell'atto, presupponendo invece il rispetto del parametro di legittimità statale, esso stesso di contenuto lesivo del diritto comunitario; in questo caso l'illegittimità si configura come **"derivata"**.

Quanto al **rimedio esperibile** in caso di illegittimità comunitaria il sindacato sull'atto amministrativo **spetta sempre al giudice amministrativo** che nell'ipotesi di *violazione "diretta"* dovrà **annullare l'atto amministrativo** per violazione di legge (comunitaria); nell'ipotesi di *violazione "indiretta"*, spetta al G.A. **disapplicare la norma statale contrastante con il diritto europeo** su cui si fonda l'atto impugnato.

In particolare, secondo la prevalente giurisprudenza (***Cons. St., sez. III, 08 settembre 2014, n. 4538***):
- quando la norma nazionale in contrasto con il diritto comunitario si limiti a **disciplinare l'uso del potere amministrativo**, l'atto amministrativo dovrà essere considerato solo **annullabile**;
- qualora, invece, la norma nazionale contrastante con il diritto comunitario costituisca la **fonte del potere amministrativo** stesso, allora l'atto emanato sulla sua base dovrà essere considerato **nullo** per carenza di potere.

11. L'invalidità derivata

L'invalidità dell'atto amministrativo può essere:
- **diretta** od originaria quando riguarda direttamente l'atto;
- **derivata** quando deriva da altro precedente atto invalido.

Il c.d. **principio di derivazione** trova applicazione nei rapporti tra atti distinti e tuttavia legati dal vincolo della presupposizione. Tale vincolo sussiste quando un atto (detto "presupposto") costituisca il fondamento e la ragione giustificatrice di altro atto (detto "presupponente") condizionandone l'esistenza e la validità, pur trattandosi di atti **distinti** ed **autonomi**.
Si pone dunque il problema relativo alle conseguenze della illegittimità "a monte" e, in particolare, se l'annullamento dell'atto presupposto determini la **caducazione automatica** dell'atto consequenziale (**invalidità ad effetto caducante**) o se, invece, si converta in un **vizio** dell'atto consequenziale, da impugnare autonomamente (**invalidità ad effetto viziante**).

La giurisprudenza (***Cons. St., sez. II, 28 maggio 2021, n. 4130***) distingue a seconda del tipo ed intensità del rapporto che sussiste tra i due atti, ammettendo così:
- **un effetto immediatamente caducante** nei casi in cui sussista uno stretto nesso di interdipendenza tra due provvedimenti, in forza della loro appartenenza alla **medesima serie procedimentale** e al **rapporto di necessaria derivazione del secondo dal primo**, quale sua inevitabile ed ineluttabile conseguenza, sicché la sua adozione non richiede nuove ed ulteriori valutazioni di interessi, con particolare riguardo al coinvolgimento di soggetti terzi;
- **un effetto meramente viziante** (con conseguente onere di proporre autonoma impugnazione) quando manchino gli elementi sopra indicati e i provvedimenti risultino tra loro solo **indirettamente connessi**.

Capitolo 9
I controlli

SOMMARIO:

1. Nozione

L'attività di controllo è una componente indefettibile della funzione amministrativa, in quanto preordinata a garantirne la **regolarità formale e sostanziale**. Tale attività, pertanto, assume **carattere accessorio e strumentale** rispetto a quella di amministrazione attiva, concretizzandosi in provvedimenti di secondo grado. La materia dei controlli è stata oggetto di una profonda trasformazione dovuta tanto alle importanti riforme costituzionali degli ultimi lustri, quanto alle modifiche intervenute nell'organizzazione dell'amministrazione. In generale, volendo dare atto delle linee di tendenza prescelte, si è registrata una contrazione dei controlli volti a verificare la legittimità dei singoli atti ed un corrispondente potenziamento di quelli consistenti nella verifica dei risultati delle gestioni pubbliche.

2. I controlli amministrativi

Possono delinearsi differenti tipologie di controllo, facendo ricorso a diversi criteri di classificazione. Il criterio più usato è quello relativo all'**oggetto**, in base al quale i controlli possono riguardare:

- gli **atti**;
- gli organi;
- la **gestione**; volti ad assicurare la verifica di conformità dell'attività complessiva dell'organo controllato ai **parametri** di **efficienza**, **efficacia** ed **economicità**.

3. I controlli sugli atti

In sede di controllo sugli atti, si verifica la conformità a legge del singolo provvedimento (**controllo di legittimità**) o l'opportunità amministrativa dello stesso (**controllo di merito**).
La verifica può intervenire:

- prima che l'atto cominci a produrre effetto (**controllo preventivo**). Il controllo preventivo può essere, a sua volta: a) (preventivo) **antecedente**, se posto in essere prima del perfezionamento dell'atto; b) (preventivo) **susseguente**, se interviene dopo il perfezionamento dell'atto, ma prima che lo stesso produca i suoi effetti. In quest'ultimo caso, il controllo si inserisce nella c.d. fase integrativa dell'efficacia dell'atto, atteggiandosi, così, il controllo quale *condicio iuris* sospensiva dell'efficacia dell'atto;
- quando l'atto è già perfetto ed efficace (**controllo successivo**).

I controlli sugli atti possono essere distinti anche in controlli: **esterni** (controllo intersoggettivo o extragerarchico) e **interni** (controllo interorganico).
Con riferimento, poi, alle singole tipologie di atti di controllo sugli atti vengono in rilievo:

a) il **visto** (atto di controllo preventivo di legittimità) con cui l'autorità competente verifica, prima che l'atto acquisti efficacia, se è affetto da vizi di legittimità. Il visto è una forma di controllo vincolato e non discrezionale;

b) l'**approvazione** (atto di controllo preventivo di merito) implicante una manifestazione di volontà dell'organo controllante, chiamato a verificare non solo la legittimità ma anche l'opportunità e la convenienza dell'atto controllato;
c) l'**autorizzazione** (atto di controllo preventivo di legittimità e di merito) finalizzata alla rimozione di un limite legale all'esercizio di un diritto o di un potere già rientrante nella sfera giuridica del soggetto che la richiede. A differenza del visto, l'autorizzazione è condizione di validità e non di efficacia dell'atto;
d) l'**omologazione** (atto di controllo preventivo di legittimità o di merito): è un atto di controllo di legittimità, quando è basato su di un mero accertamento o valutazione tecnica sull'esistenza dei requisiti richiesti dalla legge; di merito, quando l'atto è adottato in sostituzione o in aggiunta all'approvazione, costituendo in quest'ultimo caso un ulteriore controllo;
e) l'**annullamento d'ufficio in sede di controllo** (atto di controllo successivo di legittimità) che interviene dopo che l'atto ha acquisito efficacia.

4. I controlli sugli organi

I **controlli sugli organi** sono finalizzati a verificare la legittimità del funzionamento di un organo amministrativo, in modo da uniformarne l'operato alla legge e al principio del buon andamento *ex* art. 97, comma 2, Cost. Alla categoria appartengono:

a) il **controllo ispettivo**; che si concretizza nella attività di ispezione, non supportata dal conferimento all'organo controllante di poteri sostitutivi o repressivi;
b) il **controllo repressivo**; a seguito del quale, l'autorità controllante è legittimata a irrogare sanzioni amministrative o disciplinari;
c) il **controllo sostitutivo**; di tipo semplice, se la P.A. è legittimata a sostituirsi all'organo controllato di cui sia stata acclarata l'inerzia, anche nominando, all'occorrenza, un commissario ad acta (controllo sostitutivo semplice); di tipo repressivo se la stessa può esercitare, cumulativamente, entrambi i poteri, sostitutivo e sanzionatorio (controllo sostitutivo repressivo).

5. Il controllo di gestione

Il **controllo di gestione** è volto a raffrontare obiettivi programmati e risultati effettivamente raggiunti, in un'ottica collaborativa, più che sanzionatoria secondo un modello di amministrazione non più "**per atti**" bensì "**per risultati**". Le differenze fra il controllo di gestione e quello di legittimità attengono: all'oggetto, individuato nella complessiva attività dell'ente e non più nei singoli atti; al parametro del sindacato, volto a verificare *ex post* la rispondenza dei risultati raggiunti agli obiettivi programmati, piuttosto che la mera conformità *ex ante* dell'atto alla legge; all'esito, non più consistente in provvedimenti eliminativo-sanzionatori, ma in interventi di carattere collaborativo.
Questo tipo di controllo può essere: a) **interno** di gestione, affidato a un organo interno alla stessa P.A. da controllare, con carattere permanente volto ad assicurare un più razionale sfruttamento delle risorse umane e materiali assegnate in relazione agli obiettivi da raggiungere; b) **esterno** sulla gestione, esercitato da un ente esterno, in specie dalla Corte dei Conti.

► 5.1. Il controllo interno di gestione

Il sistema dei controlli interni di gestione, delineato dal d.lgs. n. 286/1999, si struttura su quattro livelli:

1. il controllo interno di regolarità amministrativa e contabile;
2. il controllo di gestione sull'efficienza, l'efficacia e l'economicità dell'azione amministrativa;
3. la valutazione del rendimento dei dirigenti;
4. il controllo strategico sull'amministrazione in relazione agli obiettivi finali in sede politica.

Per garantire l'ottimale funzionamento del sistema, i quattro livelli sono amministrati da uffici diversi

i quali, peraltro, hanno l'obbligo di predisporre opportuni meccanismi di coordinamento.
Il legislatore è più volte intervenuto per potenziare e riordinare il sistema, onde garantire la trasparenza dell'azione amministrativa, migliorare l'efficienza dei diversi livelli della P.A. e perseguire l'ottimizzazione delle performance degli enti pubblici.
Importanti novità sono state introdotte dal d.lgs. 150/2009, come modificato dal d.lgs. n. 74/2017. In particolare, la disciplina sulla valutazione della dirigenza (*ex* art. 5 d.lgs. 286/1999) è stata sostituita da quella relativa alla **misurazione e valutazione della *performance* organizzativa e individuale**, mentre la funzione di controllo strategico è confluita nell'ambito delle competenze di un **Organismo indipendente di valutazione** della *performance*, cui spetta il monitoraggio del funzionamento complessivo del sistema della valutazione, della trasparenza e integrità dei controlli interni.

▶ 5.2. Il controllo esterno sulla gestione

La legge n. 20/1994 ha introdotto un controllo esterno della Corte dei Conti volto a verificare la legittimità e la regolarità delle gestioni di tutte le pubbliche amministrazioni, ivi compresi le Regioni e gli altri enti locali, nonché il funzionamento dei controlli interni a ciascuna amministrazione.
Nell'esercizio di questa funzione, la Corte dei Conti può richiedere alle amministrazioni pubbliche ed agli organi di controllo interno qualsiasi atto o notizia e può effettuare e disporre ispezioni ed accertamenti diretti.
A differenza del controllo preventivo di legittimità, l'esito del controllo non consiste nel mancato perfezionamento dell'efficacia di un atto, ma nella predisposizione di relazioni e osservazioni destinate alle amministrazioni controllate. Scopo del controllo è, infatti, quello di verificare se l'azione amministrativa sia stata economica, efficiente ed efficace ed abbia raggiunto gli obiettivi stabiliti. In caso di giudizio negativo, le amministrazioni saranno sollecitate ad attivarsi per eliminare i fattori di scarsa efficacia della gestione e migliorare la propria azione.

6. Il ruolo della Corte dei Conti

Il complesso sistema delle funzioni di controllo svolte dalla Corte dei Conti nel nostro ordinamento si ricava dalla lettura combinata della Costituzione e di alcune leggi ordinarie.
La Corte dei conti in base alla Costituzione svolge:

- un **controllo preventivo di legittimità sugli atti del governo** (es. provvedimenti emanati su deliberazione del Consiglio dei Ministri, tranne decreti-legge e decreti legislativi; atti che, comportando una spesa, determinano rilevanti incidenze sul bilancio). Se il controllo si conclude positivamente con l'apposizione del **visto**, l'atto diviene efficace. In caso contrario, la Corte dei conti nega il visto e l'atto non diventa efficace salvo che, eccezionalmente, non intervenga, su richiesta dell'amministrazione che ha adottato l'atto, apposita **deliberazione del Consiglio dei Ministri**, volta a dare comunque corso, per superiori interessi pubblici, all'atto. In questo caso, le Sezioni unite della Corte, ove non ritengano venute meno le ragioni del rifiuto del visto, appongono il visto all'atto e ne ordinano la **registrazione con riserva**. Ogni 15 giorni la Corte trasmette al Parlamento un elenco di tutti i provvedimenti registrati con riserva, affinché lo stesso possa esercitare il **controllo politico sul Governo** e far valere la sua responsabilità, qualora ritenga non sussistenti i superiori interessi posti a base della richiesta di registrazione con riserva.
- un **controllo successivo sulla gestione del bilancio dello Stato** (c.d. giudizio di parificazione del rendiconto generale dello Stato), riferendo direttamente al Parlamento sul tipo di riscontro eseguito. In particolare, entro il 31 maggio di ogni anno il Ministero dell'economia trasmette alla Corte il **rendiconto generale dello Stato**, ossia il documento contabile in cui sono riassunti i risultati delle operazioni compiute nel precedente esercizio finanziario. Sulla regolarità del rendiconto la Corte delibera a sezioni unite (**giudizio di parificazione**), confrontando tale rendiconto con la legge di bilancio, e allegando, altresì, apposita **relazione tecnica**. Il controllo è quindi *successivo*. Il rendiconto e i rispettivi allegati, con la deliberazione e la relazione predette, sono trasmessi dalla Corte al **Ministro dell'economia**, che ne cura la presentazione al **Parlamento**.

- un **controllo sulla gestione finanziaria degli enti cui lo Stato contribuisce in via ordinaria**, esercitato, secondo le modalità e con i limiti previsti dalla l. 21 marzo 1958, n. 259, nei confronti di enti che ricevono, sotto qualsiasi denominazione e con carattere di continuità, somme a carico di un'amministrazione dello Stato o di altri enti pubblici (sovvenzione diretta), o che sono destinatari di tributi (sovvenzione indiretta), nonché gli enti che ricevono dallo Stato apporti al capitale o garanzie finanziarie .
- Accanto a dette funzioni, ve ne sono altre, introdotte da leggi ordinarie, che trovano il loro fondamento costituzionale nell'art. 97 Cost. (principio del buon andamento degli uffici pubblici), nell'art. 81 Cost. (rispetto degli equilibri di bilancio) e nell'art. 119 Cost. (coordinamento della finanza pubblica). In particolare, la già citata l. n. 20/1994 ha attuato una riforma completa delle funzioni di controllo della Corte dei conti, riducendo il numero degli atti sottoposti al controllo preventivo di legittimità ed introducendo, oltre alla già esaminata forma di controllo successivo sulla gestione, il controllo successivo sulle gestioni fuori bilancio e sui fondi di provenienza comunitaria, improntati sempre ai parametri di economicità ed efficacia.
- Altre leggi sono intervenute attribuendo alla Corte dei conti importanti funzioni di controllo/referto quali:
- il controllo sulla copertura finanziaria delle leggi di spesa (art. 11 ter della legge 5 agosto 1978 n. 468);
- referti speciali (es., referto sul costo del lavoro pubblico ed altri referti speciali);
- certificazione finanziaria dei contratti collettivi di lavoro (art. 51 del decreto legislativo n. 29 del 1993 e successive modifiche);
- referti sulla finanza regionale e locale.

Capitolo 10
Beni pubblici ed espropriazione

SOMMARIO

1. I beni pubblici: nozione e classificazioni

I **beni pubblici** sono compresi nella categoria giuridica della **"proprietà pubblica"** menzionata dall'art. 42, co. 1, Cost. Sono tali i beni di cui si avvalgono le P.A. per realizzare **i propri fini istituzionali**.
Si distinguono:

- i **beni pubblici *stricto sensu***, che appartengono allo Stato o ad altro ente pubblico;
- i **beni di interesse pubblico**, che appartengono a **privati** ma sono sottoposti ad uno speciale **regime derogatorio** in virtù della peculiare rilevanza posseduta.

Numerosi i **criteri** proposti per perimetrare la categoria dei beni pubblici.
L'orientamento maggioritario aderisce alla cd. **teoria mista** in base alla quale gli elementi definitori dei beni pubblici sono, essenzialmente, due:

- uno *strutturale*: la **proprietà del bene** da parte dell'ente pubblico;
- l'altro *funzionale*: la sua **finalizzazione** alla soddisfazione di un **pubblico interesse.**

Le due tradizionali **categorie** nelle quali è diviso il patrimonio pubblico sono quelle dei **beni demaniali** e dei **beni patrimoniali indisponibili**.

2. I beni demaniali

I beni **demaniali** sono individuati dall'**art. 822 c.c.** in un'elencazione **tassativa**, e che comprende **beni immobili** e **universalità di mobili**.
Ai sensi dell'art. 822 c.c. **appartengono allo Stato** e fanno parte del demanio pubblico: il lido del mare, la spiaggia, le rade e i porti; i fiumi, i torrenti, i laghi e le altre acque definite pubbliche dalle leggi in materia; le opere destinate alla difesa nazionale. Fanno parimenti parte del demanio pubblico, **se appartengono allo Stato**: le strade, le autostrade e le strade ferrate; gli aerodromi; gli acquedotti; gli immobili riconosciuti d'interesse storico, archeologico e artistico a norma delle leggi in materia, le raccolte dei musei, delle pinacoteche degli archivi, delle biblioteche; gli altri beni che sono dalla legge assoggettati al regime proprio del demanio pubblico.

▶ 2.1. I beni del demanio necessario

I beni del **demanio necessario** sono beni immobili e devono appartenere allo Stato, salvo alcuni, attribuiti alle regioni. Tradizionalmente si è fatto rientrare in tale categoria:

a) il **demanio marittimo**: di esso fanno parte, *ex* artt. 822 c.c. e 28 ss. c. nav., il lido del mare; la spiaggia; i porti e le rade; le lagune vive e quelle morte; i canali utilizzabili per uso pubblico marittimo; e infine le pertinenze del demanio marittimo, quali le costruzioni e le altre opere stabili esistenti entro i limiti del demanio marittimo e del mare territoriale, e poste al servizio della navigazione, nonché le zone adiacenti eventualmente acquistate per uso del demanio marittimo (art. 33 c. nav.). Non fa invece parte del demanio il mare territoriale, che va considerato come *res communis omnium*.
b) il **demanio idrico**: è tale, *ex* art. 822 c.c., il complesso di beni che comprende i fiumi (e i corsi d'acqua minori), i torrenti, i laghi (non gli stagni inidonei a uso di pubblico generale interesse), e le altre acque sorgenti, sia superficiali che sotterranee (non però quelle minerali e termali, soggette al regime delle miniere), che abbiano od acquistino attitudine a usi di pubblico interesse, quali la navigazione, la pesca, l'irrigazione, l'alimentazione, la produzione di energia ecc.
c) il **demanio militare**: vi rientrano le opere permanenti destinate alla difesa nazionale (art. 822, co. 1, c.c.): si tratta di beni immobili, quali le fortezze, le piazzeforti, le linee fortificate e trincerate, nonché le opere destinate al servizio delle comunicazioni militari e i ricoveri antiaerei (d.l. 11 marzo 1948, n. 409).

▶ 2.2. I beni del demanio eventuale

I **beni del demanio eventuale**, diversamente da quelli del demanio necessario, possono essere sia **beni immobili** che **universalità di mobili**; possono anche appartenere a **privati** o a **qualsiasi ente pubblico territoriale**. Alcuni di essi rivestono tale carattere solo se appartengano a un **comune** (o a un consorzio di comuni): si tratta di **cimiteri** e **mercati**. Oltre a questi ultimi, fanno parte della categoria i beni del: **demanio stradale**; **ferroviario**; **aeronautico**; **storico, archeologico, artistico, bibliografico, archivistico**.

▶ 2.3. Regime giuridico dei beni demaniali

Quanto allo **statuto giuridico** dei beni pubblici, lo stesso è disciplinato dagli artt. 822 ss. c.c., che prevede per tali beni un regime in parte differente da quello dei beni di proprietà privata. In particolare, i beni demaniali
- *sono inalienabili*;
- *non possono formare oggetto di diritti a favore di terzi*, se non nei modi e nei limiti stabiliti dalle leggi che li riguardano. Non possono quindi formare oggetto di negozi traslativi o costitutivi di diritti reali, di diritti personali in favore di terzi;
- non sono sottoponibili a procedure civilistiche di *espropriazione coattiva*;
- non possono formare oggetto di *usucapione*;
- non sono *espropriabili*, come chiarito, da ultimo, dal d.P.R. 8 giugno 2001, n. 327, secondo cui l'espropriazione dei beni demaniali può avvenire solo previo esperimento della procedura di sdemanializzazione *ex* art. 829 c.c.

Gli unici rapporti giuridici che possono essere costituiti con soggetti privati con riguardo a tali beni presuppongono il ricorso allo strumento della *concessione*.

▶ 2.4. La sdemanializzazione

La **sdemanializzazione** consiste nel passaggio dei beni dal demanio pubblico al patrimonio dello Stato. Il provvedimento di sdemanializzazione sancisce la cessazione della demanialità.

3. Il federalismo fiscale

L'art. 119 Cost. riconosce ai Comuni, alle Province, alle Città metropolitane e alle Regioni "un proprio patrimonio, attribuito secondo i principi generali determinati dalla legge dello Stato".

La disciplina dei beni demaniali è stata in parte modificata per effetto della riforma introdotta dal d.lgs. 28 maggio 2010, n. 85, con cui è stato approvato il c.d. "**federalismo demaniale**", in virtù del quale si attribuisce, in attuazione di quanto previsto dall'art. 119 Cost., a Comuni, Province, Città metropolitane e Regioni, a titolo non oneroso, un proprio patrimonio, nel rispetto dei principi di territorialità, sussidiarietà, adeguatezza, semplificazione, capacità finanziaria, correlazione con competenze e funzioni e valorizzazione ambientale. I beni trasferiti sono gestiti nell'interesse della collettività territoriale e vanno valorizzati al massimo sotto il profilo funzionale.

Il d.lgs. n. 85 del 2010 prevede due procedure alternative di trasferimento dei beni: l'ente territoriale che riceverà i beni statali, infatti, a volte è predeterminato per legge, talaltra è individuato a conclusione di una duplice selezione tra più livelli di governo, operata dallo stesso Stato e su esplicita domanda dell'ente interessato.

Secondo l'art. 4, co. 1, del decreto sul federalismo demaniale, i beni trasferiti entrano a far parte del patrimonio disponibile. Ne deriva che l'ente territoriale può anche metterli in vendita, secondo un procedimento fissato dal d.lgs. n. 85 del 2010. Non perdono, invece, la loro natura demaniale e non divengono mai patrimonio disponibile: le miniere e le relative pertinenze ubicate su terraferma; i siti di stoccaggio di gas naturale e le relative pertinenze; i beni del demanio marittimo, idrico e aeroportuale.

4. I beni patrimoniali indisponibili

La seconda categoria di beni pubblici comprende i beni patrimoniali, a loro volta distinti in beni del **patrimonio indisponibile** e beni del **patrimonio disponibile,** sebbene questi ultimi, come già visto, sono definibili pubblici solo alla stregua di un criterio soggettivo (soggetto proprietario). A differenza dei beni demaniali – tutti immobili o universalità di mobili – nella categoria dei beni del patrimonio indisponibile possono rientrare **anche i beni mobili**. Inoltre, mentre i beni demaniali appartengono solo agli enti pubblici territoriali, i beni patrimoniali possono appartenere **anche ad enti pubblici non territoriali**. Infine, l'elencazione dei beni indisponibili, recata dall'art. 826 c.c., *non è considerata tassativa*.

I **beni indisponibili** si distinguono in due sottocategorie:

- i beni indisponibili **per natura**, che appartengono istituzionalmente allo Stato e sono destinati a pubblico servizio per le proprie caratteristiche obiettive;
- i beni indisponibili **per destinazione**, che sono asserviti a finalità pubbliche **per legge o per provvedimento amministrativo**.

I beni indisponibili per destinazione, non istituzionalmente statali, sono qualificati pubblici in base non alla sola appartenenza allo Stato, bensì anche a seguito della loro specifica destinazione **alla pubblica utilità**. Vi rientrano: la dotazione del Presidente della Repubblica; i beni immobili e mobili (quando non siano demaniali) destinati alla difesa e comunque al servizio delle forze armate e delle forze di polizia (caserme, polveriere, arsenali, armamenti, navi, aeromobili, mezzi di trasporto terrestri, equipaggiamenti, ecc.) (art. 826, co. 3, c.c., si v. anche l'art. 22, d.lgs. n. 66/2010).

▶ 4.1. Regime giuridico

Quanto al **regime giuridico** dei beni indisponibili, l'art. 828 c.c. sancisce che essi *"non possono essere sottratti alla loro destinazione, se non nei modi stabiliti dalle leggi che li riguardano"*. Tale previsione, intervenuta a **correggere il divieto di alienazione** previsto dall'art. 9, r.d. n. 827 del 1924, ha, in sostanza, stabilito che i beni in questione sono **commerciabili**, salvi gli **specifici divieti** recati dalle legislazioni di settore, ma sono gravati da uno **specifico vincolo di destinazione all'uso pubblico**. In altre parole, i beni indisponibili sono trasferibili; ciò che non è consentito è il mutamento della loro destinazione.

Gli stessi beni, inoltre, possono formare **oggetto di diritti reali in favore di terzi**, ove ciò sia compatibile con la loro specifica destinazione.

5. I beni patrimoniali disponibili

L'altra *species* di beni patrimoniali è rappresentata **dai beni disponibili** che il Codice civile individua *in via residuale* rispetto a quelli rientranti nelle categorie dei beni demaniali e dei beni del patrimonio indisponibile; sono di *proprietà di enti pubblici* ma assoggettati al *regime ordinario della proprietà privata*. Gli stessi non sono preordinati al perseguimento di un interesse pubblico, essendo utilizzati allo scopo di ricavarne un utile. Tali beni possono essere *corporali* (beni immobili), ma anche *incorporali* (diritti reali su cose altrui). Sono tali anche i titoli di credito e le entrate tributarie o patrimoniali.

▶ 5.1. Regime giuridico

Il **regime giuridico** è quello dei **beni di diritto privato** *tout court*. Essi, pertanto, sono pignorabili, usucapibili, assoggettabili ad espropriazione forzata, per causa di pubblica utilità; possono formare oggetto di diritti dei terzi. Tali beni, in quanto commerciabili, possono essere alienati. Occorre precisare che, trattandosi di beni del patrimonio immobiliare pubblico, la loro cessione deve avvenire nelle forme del diritto pubblico. In particolare, la scelta del contraente va effettuata ricorrendo ad apposite procedure di evidenza pubblica. La tutela può avvenire solo a mezzo degli ordinari strumenti di diritto privato e non può essere esercitato, rispetto a tali beni, il potere di autotutela ex art. 823, comma 2, c.c. Pertanto, qualora la P.A. si riappropri di propria iniziativa di un bene del patrimonio disponibile, il privato sarà legittimato ad agire per la reintegra del bene.

6. I beni comuni

L'opinione tradizionale identifica un'ulteriore categoria di beni pubblici, rappresentata dai **beni comuni**, coincidenti con le *res communes omnium*, come l'aria, il mare o gli astri; si tratta di "***cose***" che non "***possono formare oggetto di diritti***", in quanto non connotate da appropriabilità, né da escludibilità ad opera di singoli e, dunque, **non qualificabili come "beni"** in senso giuridico alla stregua del Codice civile.

I beni comuni **sono regolamentati dalle convenzioni internazionali e da norme europee**, soprattutto in modo da assicurare la tutela all'ambiente.
Non sono specificamente disciplinati dal Codice civile, che li ricomprende – a seconda dei casi – tra i beni demaniali o patrimoniali.
Tali beni sono oggi al centro di un articolato dibattito che muove dall'evidenza della loro scarsità (si pensi all'acqua, la cui limitatezza rappresenta un problema di dimensione planetaria) e dalla necessità di garantirne pari accesso e fruizione da parte dei consociati.

La categoria dei beni comuni ha trovato un formale riconoscimento nella giurisprudenza della Corte di Cassazione, con alcune pronunce del 2011 (tra cui, ad esempio, la n. 3665): ivi è stata accolta una concezione di bene pubblico in chiave funzionale al compiuto sviluppo della personalità umana, fondata sul combinato disposto degli artt. 42, 2 e 9 Cost. Si valorizza, in particolare, l'esigenza interpretativa di "guardare" al tema dei beni pubblici oltre una visione prettamente patrimoniale-proprietaria, per approdare ad una **prospettiva personale-collettivistica**.

7. I diritti reali su beni altrui

La P.A. può essere titolare di **diritti reali su beni altrui**. Tali diritti possono essere costituiti:

- per l'utilità di un **bene demaniale** (*diritti demaniali su beni altrui*);

- per l'utilità dei **beni del patrimonio indisponibile e disponibile** (*diritti patrimoniali su beni altrui*).

Il **regime giuridico** di tali diritti è lo stesso di quelli demaniali o patrimoniali, ai quali accedono. Tra i **diritti demaniali su beni altrui**, disciplinati dall'art. 825 c.c., rientrano le **servitù prediali pubbliche** e i **diritti di uso pubblico**. Tali diritti non vanno confusi con le **limitazioni legali alla proprietà privata**, previste per conformare il regime dei beni privati al perseguimento di un interesse pubblico e, in ultima istanza, alla funzione sociale *ex* art. 42 Cost.

▶ 7.1. Le servitù prediali pubbliche

Le **servitù prediali pubbliche** sono diritti reali su beni di proprietà privata necessariamente collegati a beni di proprietà della P.A. Ne costituisce un esempio la **servitù di elettrodotto**, *ex* art. 119, r.d. 11 dicembre 1933, n. 1775.
La servitù pubblica non presenta significativi profili di originalità rispetto all'omologo istituto civilistico, fatta eccezione per i **modi di costituzione**; l'art. 1032 c.c., difatti, prevede che, nei casi specialmente determinati dalla legge, la servitù può anche essere costituita con **atto dell'autorità amministrativa**, salvo **indennizzo**.
L'**estinzione** dei diritti in parola non necessariamente segue la sorte dei beni pubblici cui afferiscono. In particolare, mentre le servitù pubbliche ***ex lege*** si estinguono contestualmente all'**estinzione del bene pubblico**, le servitù costituite **in modi diversi**, una volta cessata la destinazione pubblica del bene cui accedono, non si estinguono, ma rimangono **imputate allo stesso ente a titolo patrimoniale**.

▶ 7.2. I diritti di uso pubblico

I diritti di uso pubblico sono diritti reali di godimento costituiti a carico di fondi privati per il conseguimento di fini di pubblico interesse ed a vantaggio dell'intera collettività indifferenziata.

Fra i modi di costituzione di tale tipologia di diritti si segnala la c.d. *dicatio ad patriam*, cioè il comportamento del proprietario che, seppure non intenzionalmente diretto a dar vita al diritto di uso pubblico, metta volontariamente, con carattere di continuità (non di precarietà e tolleranza), un proprio bene a disposizione della collettività, al fine di soddisfare un'esigenza comune ai membri di tale collettività *uti cives*, indipendentemente dai motivi per i quali detto comportamento venga tenuto.
Tra i diritti di uso pubblico si annoverano:

- le **strade vicinali** che non sono di proprietà del comune e, tuttavia, risultano soggette al **pubblico transito** da parte della collettività. Le strade vicinali rimangono di **proprietà privata** ma il comune è tenuto a regolare la circolazione sulle stesse e a concorrere alla loro manutenzione;
- le **aree private aperte al pubblico transito**, rispetto alle quali ricorre un obbligo del comune a contribuire alla manutenzione;
- gli **usi civici** possono definirsi **diritti collettivi di godimento e d'uso** spettanti a una popolazione su terreni di proprietà privata e consistenti nel **trarre alcune utilità elementari** dalle terre, dai boschi o dalle acque di un determinato territorio. Ne costituiscono un esempio il diritto di raccogliere legna (**legnatico**) o funghi (**fungatico**). Appartengono a ciascun utente ***uti singulus*** e sono amministrati dall'ente che rappresenta gli utenti medesimi.
- rientra, infine nella nozione di diritti di uso pubblico la **proprietà collettiva di diritto pubblico**, in cui, invece, unica proprietaria è la **comunità di abitanti**, che a sua volta può essere rappresentata dal comune, eventualmente in amministrazione separata per la singola frazione, o da un'associazione agraria. Si tratta di una forma di proprietà destinata a permanere, provenendo da procedure di affrancazione degli usi civici o di scioglimento delle promiscuità.

8. La tutela dei beni pubblici

Ai sensi dell'art. 823 c.c., comma 2, la tutela dei beni pubblici compete all'**autorità amministrativa**, che può ricorrere, alternativamente:

- agli **strumenti civilistici** di tutela del possesso e della proprietà (**azioni giudiziali petitorie e possessorie**);
- alle tecniche di **autotutela amministrativa**. Può, quindi, in primo luogo annullare o revocare provvedimenti, concessori, precedentemente adottati (**autotutela decisoria**) oppure recuperarne il possesso senza adire l'autorità giudiziaria (**autotutela possessoria**).

Quanto all'**autotutela esecutiva**, l'amministrazione è solita esercitare un'attività (c.d. di **polizia demaniale**) finalizzata a verificare l'integrità del bene pubblico di uso generale e la persistenza del suo utilizzo secondo le finalità istituzionali.
I provvedimenti sanzionatori, spesso recanti ordine di riduzione in pristino dello stato dei luoghi, sono dotati del carattere della **esecutorietà**.

9. L'espropriazione per pubblica utilità

L'espropriazione per pubblica utilità è l'istituto con cui l'autorità **acquisisce beni di proprietà privata** per **motivi di pubblico interesse**, previa corresponsione di un **equo indennizzo**; è preordinata alla realizzazione di opere, edifici o strutture di interesse pubblico e costituisce l'esito di un procedimento amministrativo, oggi disciplinato dal d.P.R. n. 327/2001 (t.u. espropriazioni) che si articola in tre passaggi fondamentali:
- apposizione di un **vincolo preordinato all'esproprio** in uno strumento urbanistico o in uno degli altri provvedimenti elencati dall'art. 10 t.u. espropriazioni;
- **dichiarazione di pubblica utilità** da parte dell'autorità espropriante;
- **decreto di espropriazione**, con cui si sancisce definitivamente l'effetto traslativo del bene privato in favore dell'autorità espropriante.

▶ 9.1. Tipologie di provvedimenti ablatori

L'espropriazione per pubblica utilità è espressione della **potestà ablatoria** della P.A., nell'esercizio della quale la stessa incide su una situazione giuridica del destinatario, limitandola unilateralmente.
Si distinguono:
- **provvedimenti ablatori personali**, con i quali la P.A. limita un diritto di natura personale costituzionalmente garantito nei casi previsti dalla legge;
- **provvedimenti ablatori obbligatori**, con i quali la P.A. obbliga il privato ad una data prestazione (ad es. l'imposizione tributaria *ex* art. 23 Cost.);
- **provvedimenti ablatori reali**, che incidono sui diritti reali, limitandoli o addirittura estinguendoli. Tra i provvedimenti ablatori reali si colloca per l'appunto l'**espropriazione**.

▶ 9.2. I provvedimenti ablatori reali inseriti nella procedura espropriativa: l'occupazione

Con l'espropriazione la P.A. non si limita a conformare il diritto del privato o a circoscriverne l'ampiezza, ma opera un azzeramento del diritto dominicale stesso, al quale si sostituisce in capo all'espropriato il diritto di credito all'indennizzo.

Tra i **provvedimenti ablatori reali** si annoverano alcuni **provvedimenti collocati all'interno della stessa procedura espropriativa,** quali:
- l'**occupazione preliminare** (dopo la dichiarazione di pubblica utilità, la P.A., qualora ritenga sussistente una situazione di indifferibilità e di urgenza, può procedere all'occupazione preliminare del bene, preordinata al successivo esproprio, ed iniziare subito i lavori);
- l'**occupazione temporanea** (ricorre nel caso in cui il soggetto incaricato della costruzione ha necessità di disporre temporaneamente dell'area finitima per impiantarvi il cantiere);
- l'**occupazione nei casi di forza maggiore** (ricorre quando l'occupazione dell'immobile altrui si è resa necessaria, urgente e indifferibile per il verificarsi di una situazione di emergenza).

▶ 9.3. La requisizione

Assume, invece, **connotazione autonoma** rispetto alla procedura espropriativa l'istituto della **requisizione**. Si tratta di un **provvedimento a natura straordinaria**, adottabile in presenza di **situazioni improvvise ed imprevedibili**, come previsto dagli artt. 7, l. 20 marzo 1865, n. 2248, All. E, e 2, r.d. 18 giugno 1931, n. 773, che attribuiscono al **Prefetto** il potere di incidere temporaneamente sulla proprietà privata, per far fronte a situazioni di urgente e grave necessità pubblica, per un tempo limitato e dietro il pagamento di un indennizzo.

A differenza dell'espropriazione per pubblica utilità **non ha un effetto appropriativo** del bene, che anzi deve essere **restituito al suo proprietario** non appena è venuta meno la situazione di emergenza. Ove ciò non avvenga, si è in presenza di una **requisizione abusiva**, a fronte della quale il privato potrà ottenere il **risarcimento del danno** ed il **rilascio dell'immobile** abusivamente occupato.

▶ 9.4. Presupposti dell'espropriazione per pubblica utilità

I **presupposti** dell'espropriazione sono individuati dall'art. 42, co. 3, Cost., secondo il quale l'espropriazione è consentita:

– ***nei casi previsti dalla legge***.
  Si tratta di una riserva di legge **relativa** e non assoluta. La legge indica i *soggetti titolari* del potere espropriativo, gli *interessi* per il cui soddisfacimento è consentito espropriare, i *beni espropriabili*, i *soggetti beneficiari* e le *regole procedimentali* da osservare;
– ***per motivi di interesse generale***.
  È necessario che la legge indichi le ragioni per le quali si può far luogo all'espropriazione. Al riguardo, l'art. 834 c.c. ammette l'espropriazione per *"causa di pubblico interesse"*, ma richiede che la stessa debba essere *"legalmente dichiarata"*.
  Tale dichiarazione (c.d. **dichiarazione di pubblica utilità**) può essere *espressa* o *tacita*;
– ***a fronte del pagamento di un indennizzo***.
  La determinazione effettiva dell'indennizzo ha costituito da subito oggetto di articolato confronto, non precisando la Costituzione che l'indennizzo dovesse essere "giusto". All'esito del procedimento di esproprio, **la P.A. acquisisce il bene del privato**.

▶ 9.5. Il procedimento di esproprio: ambito oggettivo, soggetti coinvolti, fasi della procedura

A. Ambito oggettivo

L'espropriazione incide nella maggior parte dei casi sulla **proprietà di beni immobili**; può riguardare, *ex* art. 1, d.P.R. n. 327 del 2001, anche **diritti reali limitati su immobili**, quali la servitù o l'uso. Non tutti i beni immobili possono essere oggetto del procedimento espropriativo. Ai fini dell'espropriazione i beni si possono classificare in:

a) **beni non espropriabili**, che sono *ex* art. 4, co. 1, d.P.R. n. 327 del 2001, quelli appartenenti al demanio pubblico, fino alla pronuncia di sdemanializzazione;
b) **beni espropriabili solo a determinate condizioni**, quali i *beni appartenenti al patrimonio indisponibile, i beni immobili di proprietà della Santa Sede* e gli *edifici aperti al culto*;
c) **beni espropriabili**, di cui l'art. 7, d.P.R. n. 327 del 2001 fornisce un elenco tassativo.

B. I soggetti coinvolti

Quanto ai soggetti coinvolti nella procedura espropriativa, ai sensi dell'art. 3, d.P.R. n. 327 del 2001, vi intervengono a diverso titolo:

- l'**espropriato**: il **soggetto passivo** dell'espropriazione. La procedura espropriativa è condotta nei confronti di chi risulta proprietario dai registri catastali;
- l'**autorità espropriante**: la **P.A.** titolare del potere di espropriare, che cura il relativo procedimento o il **soggetto privato** al quale sia attribuito il potere di espropriare da una disposizione di legge;
- il **beneficiario dell'espropriazione**: il soggetto pubblico o privato in favore del quale è emesso il decreto d'esproprio e sul quale, generalmente, grava l'obbligo di pagare l'indennità d'esproprio;

- il **promotore dell'espropriazione:** il soggetto pubblico o privato che richiede l'espropriazione.

C. Le fasi della procedura espropriativa

Le fasi del procedimento espropriativo, come disciplinato dagli artt. 8 e 23, d.P.R. n. 327 del 2001, comprendono:

1. **Vincolo preordinato all'esproprio**: individua in modo puntuale il luogo interessato dalla realizzazione di un'opera pubblica o di pubblica utilità. Il vincolo può discendere dall'approvazione del piano urbanistico generale o da una sua variante oppure da qualsiasi atto che comporti una variante al piano urbanistico. Esso costituisce **condizione di efficacia** della dichiarazione di pubblica utilità e **decade dopo cinque anni**. Una volta decaduto, il vincolo può essere reiterato motivatamente, rinnovando la procedura di approvazione degli strumenti urbanistici.
2. **Dichiarazione di pubblica utilità.** È previsto quale modello unico la dichiarazione di pubblica utilità *implicita*: gli atti che comportano la dichiarazione di pubblica utilità sono l'approvazione del progetto definitivo dell'opera pubblica o di qualunque altro strumento urbanistico o di altro provvedimento ai quali la normativa vigente riconosca tale effetto. La stessa si configura come atto presupposto rispetto al successivo decreto di esproprio e costituisce un provvedimento autonomo idoneo, in quanto tale, a determinare immediatamente effetti lesivi nella sfera giuridica dei terzi e, pertanto, direttamente ed autonomamente impugnabile. Essa deve prevedere il termine finale per l'emanazione del decreto d'esproprio. In mancanza, il termine è fissato dall'art. 13, co. 4, d.P.R. n. 327 del 2001, in cinque anni.
3. **Determinazione in via provvisoria dell'indennità**: è proposta dal **promotore** dell'espropriazione ai proprietari interessati, che possono presentare osservazioni scritte e depositare documenti. Si apre così una fase sub-procedimentale in contraddittorio tra le parti che può portare alla conclusione dell'accordo di **cessione volontaria** del bene, destinato così a sostituire il provvedimento unilaterale (art. 45, co. 1, d.P.R. n. 327 del 2001); al privato spetta, in tal caso, un maggiore corrispettivo rispetto all'indennità di esproprio.
4. **Decreto d'esproprio:** può essere emanato sulla base della sola determinazione in via provvisoria dell'indennità, senza la necessità di procedere preventivamente al pagamento o al prescritto deposito cauzionale. Competente ad emanare il decreto d'esproprio è il soggetto espropriante. Il decreto di esproprio svolge quindi una funzione di riepilogo dell'intera vicenda espropriativa. Il suo effetto principale consiste nel produrre il **trasferimento** del diritto dell'espropriando nella sfera giuridica del beneficiario; la sua efficacia è subordinata al prodursi di una duplice condizione legale, costituita dalla sua **notifica** e dalla sua **esecuzione.**

▶ 9.6. L'indennità di esproprio

La disciplina dell'indennità d'espropriazione è stata a più riprese incisa dal legislatore e dalla giurisprudenza, italiana ed europea. In particolare, il dibattito è stato influenzato dal peculiare statuto riservato, nel sistema sovranazionale delle fonti, al diritto di proprietà privata, secondo l'orientamento espresso dalla **Corte Europea dei diritti dell'uomo** in ordine all'interpretazione dell'art. 1 del primo Protocollo addizionale alla CEDU, che assicura un'indennità di espropriazione, di regola, di **entità pari al valore venale del bene**, salvo che ricorrano obiettivi legittimi di pubblica utilità, come quelli perseguiti dalle misure di riforma economica o di giustizia sociale, tali da giustificare un rimborso inferiore al valore commerciale effettivo.

All'esito di una lunga evoluzione giurisprudenziale legislativa, il quadro complessivo può essere così sintetizzato:

- per **le aree edificabili**, l'indennità di espropriazione va tendenzialmente commisurata al **valore venale del bene.** Quando l'espropriazione è finalizzata ad attuare interventi di riforma economico-sociale, l'indennità è ridotta del 25 per cento. Nei casi in cui è stato concluso l'accordo di cessione, o quando esso non è stato concluso per fatto non imputabile all'espropriato ovvero perché a questi è stata offerta un'indennità provvisoria che, attualizzata, risulta inferiore agli otto decimi in quella determinata in via definitiva, l'indennità è aumentata del 10 per cento.

- per le **aree non edificabili**, l'indennità definitiva è determinata in base al criterio del **valore agricolo**, tenendo conto delle colture effettivamente praticate sul fondo e del valore dei manufatti edilizi legittimamente realizzati, anche in relazione all'esercizio dell'azienda agricola, senza valutare la possibile o l'effettiva utilizzazione diversa da quella agricola.
- **aree legittimamente edificate**: misura del valore venale del bene
- **aree destinate ad opere private di pubblica utilità**: allorché le opere non rientrino nell'ambito dell'edilizia residenziale pubblica, convenzionata o agevolata, l'indennità di esproprio è determinata nella misura corrispondente al valore venale del bene.

Capitolo 11
La giustizia amministrativa

SOMMARIO

1. La tutela giurisdizionale: i ricorsi amministrativi

I **ricorsi amministrativi** sono i rimedi giuridici previsti dall'ordinamento per la tutela c.d. giustiziale (o in via amministrativa) del privato nei confronti della pubblica amministrazione: questi, unitamente agli strumenti della tutela giurisdizionale garantita dall'art. 113 Cost., costituiscono il complessivo sistema di giustizia amministrativa.
A differenza dei rimedi giurisdizionali, i ricorsi amministrativi sono decisi dalla stessa P.A. all'esito di un **procedimento amministrativo di secondo grado** attivato ad istanza dell'interessato.
L'istanza del privato, che dà impulso al procedimento di riesame, può essere qualificata come ricorso amministrativo solo al ricorrere dei requisiti minimi previsti dalla legge (**d.P.R. n. 1199/1971**) per la sua proposizione.
Quella offerta in via amministrativa è una tutela **alternativa o, comunque, ulteriore** rispetto a quella giurisdizionale garantita a livello costituzionale e viene fatta rientrare nella categoria della c.d. **autodichia**.

2. Le tipologie di ricorsi amministrativi

Il d.P.R. n. 1199 del 1971 prevede tre tipi di ricorsi amministrativi:

1. il **ricorso in opposizione**; proponibile nei soli limitatissimi casi previsti dalla legge e deciso dalla stessa Autorità che ha adottato l'atto impugnato (es. ricorso al Provveditore degli studi, previsto dall'art. 2, l. 9 agosto 1978, n. 463, in materia di graduatorie provvisorie per il conferimento degli **incarichi di supplenze al personale docente** scolastico). A differenza della mera istanza di riesame, anch'essa indirizzata all'Autorità che ha adottato il provvedimento, l'opposizione **sospende e riapre il termine per il ricorso giurisdizionale**;
2. il **ricorso gerarchico**; che a sua volta, può essere: **proprio**, quando ha carattere generale ed è deciso dall'Autorità gerarchicamente superiore a quella che ha adottato il provvedimento impugnato; **improprio**, quando ha, invece, carattere eccezionale ed è deciso da un organo che ha un potere di vigilanza, ma non di supremazia gerarchica, sull'organo che ha emanato l'atto. La decisione intervenuta sul ricorso gerarchico può essere impugnata, in sede giurisdizionale, dal ricorrente o da parte di altri soggetti interessati, fatta eccezione per l'autorità che ha adottato il provvedimento base, rispetto alla quale la decisione assume carattere vincolante;
3. il **ricorso straordinario al Capo dello Stato**; che ha carattere generale ed è deciso con

decreto dal Presidente della Repubblica, su proposta del Ministero competente conforme al **parere (obbligatorio e vincolante) del Consiglio di Stato**. L'eventuale decisione di accoglimento produce l'effetto di annullare *ex tunc* il provvedimento impugnato e obbliga l'amministrazione al ripristino dello ***status quo ante***; contro il decreto è ammesso il ricorso in sede giurisdizionale, ma solo per *errores in procedendo*.

4. Il **ricorso gerarchico**, sia proprio che improprio, e il **ricorso in opposizione**, sono proponibili, di regola entro il termine decadenziale di 30 giorni, solo avverso atti non definitivi, per far valere sia vizi di legittimità che vizi di merito (c.d. ricorsi ordinari); sono entrambi rimedi **facoltativi** rispetto ai ricorsi giurisdizionali, con la conseguenza che il ricorrente in sede amministrativa può, qualora sia ancora nei termini, proporre ricorso giurisdizionale, con conseguente rinuncia alla definizione del primo gravame, che diviene improcedibile.
5. Il **ricorso straordinario** è invece ammesso, entro il termine decadenziale di 120 giorni, solo avverso provvedimenti definitivi della p.a., per far valere esclusivamente vizi di legittimità: è un rimedio **alternativo** rispetto al ricorso giurisdizionale, con la conseguenza che, in ossequio al principio del *ne bis in idem*, l'esperimento di entrambi i rimedi comporta l'inammissibilità di quello proposto per secondo.

3. La tutela giurisdizionale

Il sistema italiano di tutela giurisdizionale è caratterizzato da una **doppia giurisdizione** (c.d. doppio binario), nella quale il riparto di giurisdizione, tra giudice ordinario e giudice amministrativo, è principalmente affidato alla consistenza di *diritto soggettivo* o di *interesse legittimo* della posizione soggettiva dedotta in giudizio dal cittadino nei confronti dell'amministrazione (artt. 24, 103 e 112 Cost.):

- laddove venga in rilievo la lesione di un *diritto soggettivo*, la giurisdizione appartiene al **giudice ordinario (G.O.)**, il quale può solo disapplicare l'atto amministrativo che risulti illegittimo;
- nel caso in cui emerga la lesione di un *interesse legittimo*, la giurisdizione spetta al **giudice amministrativo (G.A.)**, che può annullare gli atti amministrativi illegittimi (giurisdizione di legittimità) e, nei casi espressamente previsti dalla legge, sostituirli o riformarli (giurisdizione di merito), salvo le ipotesi di giurisdizione esclusiva, in cui il sindacato del G.A. si estende anche ai diritti soggettivi.

4. La tutela giurisdizionale innanzi al giudice ordinario

L'ambito della giurisdizione del G.O., in relazione agli atti amministrativi, è determinata dagli ancora vigenti artt. 2, 4 e 5 della l. n. 2248 del 1865, all. E, abolitrice del contenzioso amministrativo (c.d. L.A.C.).
L'art. 2 L.A.C. pone i cc.dd. **limiti esterni** della giurisdizione ordinaria devolvendole "tutte le cause per contravvenzioni e tutte le materie nelle quali si faccia questione d'un diritto civile o politico, comunque vi possa essere interessata la Pubblica amministrazione, e ancorché siano emanati provvedimenti del potere esecutivo o dell'autorità amministrativa". In deroga all'art. 2 L.A.C., non sono affidate alla sfera cognitiva del G.O. le materie attribuite alla giurisdizione di giudici speciali, quali la Corte dei Conti in ambito pensionistico, o alle Commissioni tributarie o i casi di arbitraggi obbligatori, nonché le controversie involgenti diritti soggettivi affidate alla giurisdizione esclusiva del G.A.
Gli artt. 4 e 5 L.A.C., presupponendo già risolto il riparto di giurisdizione in favore del G.O., pongono invece i cc.dd. **limiti interni**, individuando i poteri di cognizione e di decisione dallo stesso esercitabili.
Quanto ai **poteri di cognizione**, il G.O. può conoscere degli effetti dell'atto "in relazione

all'oggetto" dedotto in giudizio. Ne deriva che la pronuncia del giudice non ha efficacia *erga omnes*, ma vale soltanto per il caso deciso ed *inter partes*. Il giudizio ha ad oggetto non già la legittimità dell'atto in quanto tale, ma la lesione di un diritto prodotta da un atto amministrativo, sicché il G.O. si disinteressa dell'atto in sé, non avendo la sua sorte alcuna rilevanza al di fuori del processo. Quanto all'ampiezza del sindacato del G.O. sull'atto amministrativo, lo stesso può essere di sola legittimità, senza estendersi al merito.
Quanto ai **poteri di decisione**, il G.O. può soltanto **disapplicare** l'atto amministrativo illegittimo: non può, in altre parole, incidere direttamente sull'atto, annullandolo, revocandolo o modificandolo. Se ne fa discendere il divieto per il G.O. di ordinare un *facere* alla P.A.; divieto, peraltro, che non trova applicazione quando siano in contestazione: atti paritetici posti in essere dalla P.A. *iure privatorum*; comportamenti meramente materiali della P.A.; condotte poste in essere *sine titulo*.
Disapplicare significa per il G.O. considerare l'atto amministrativo illegittimo come se non esistesse (*tamquam non esset*) ai fini della decisione della causa, e dunque conoscerne senza efficacia di giudicato: al di fuori di tale ambito, cioè, l'atto conserva la sua validità ed efficacia.

5. La tutela giurisdizionale innanzi al giudice amministrativo

L'ambito della tutela giurisdizionale amministrativa è determinato dall'art. 7 del codice del processo amministrativo (c.p.a.) che devolve alla giurisdizione del G.A. le controversie nelle quali si faccia questione di interessi legittimi e, nelle particolari materie indicate dalla legge, di diritti soggettivi concernenti l'esercizio o il mancato esercizio del potere amministrativo, riguardanti: provvedimenti e atti; accordi; comportamenti riconducibili anche mediatamente all'esercizio di tale potere.

▶ 5.1. Organi della giustizia amministrativa

Sono organi della giustizia amministrativa:
- i **tribunali amministrativi regionali (T.A.R.)**, che giudicano in primo grado: istituiti con la l. 6 dicembre 1971, n. 1034, hanno di regola sede nel capoluogo di regione; trovano specifico fondamento costituzionale nell'art. 125 Cost. e non sono dotati di funzioni consultive;
- il **Consiglio di Stato**, che giudica in grado di appello: istituito nel 1831, si compone oggi di sei sezioni giurisdizionali (Sezioni II, III, IV, V, VI e VII), che compiono, ai sensi degli artt. 103 Cost. e 6 c.p.a., il giudizio di appello sulle sentenze dei T.A.R. su ricorso dei privati o dell'Amministrazione soccombenti in primo grado, e di una sezione consultiva (Sezione I) che svolge la funzione consultiva prevista dall'art. 100 Cost. sotto forma di pareri;
- il **Consiglio di Giustizia amministrativa per la Regione siciliana**, a cui sono attribuite le stesse funzioni – consultive e giurisdizionali – del Consiglio di Stato in ordine agli atti delle autorità della Regione siciliana.

▶ 5.2. Le articolazioni della giustizia amministrativa

La giurisdizione amministrativa si articola in:
- **giurisdizione generale di legittimità**; ha **carattere generale** ed ha ad oggetto le controversie relative ad atti, provvedimenti o omissioni delle pubbliche amministrazioni, comprese quelle relative al risarcimento del danno per lesione di interessi legittimi ed agli altri diritti patrimoniali conseguenziali, pure se introdotte in via autonoma. La l. n. 205/2000 (e ora il c.p.a.) ha ampliato i poteri del giudice con riferimento sia alla disponibilità dei mezzi di prova (generalizzando il potere del G.A. di disporre consulenza tecnica), sia alla capacità decisionale (potendo il G.A. valutare la risarcibilità del danno causato dall'atto illegittimo della P.A. e condannare l'amministrazione ad un obbligo di reintegrazione in forma specifica).
- **giurisdizione esclusiva**; ha **carattere eccezionale**, poiché limitata ai soli casi indicati dalla legge, e si ha quando il legislatore, ai sensi dell'art. 103 Cost., devolve, in particolari materie, al G.A. la cognizione in via principale delle controversie a prescindere dalla circostanza che si

deduca la lesione di interessi legittimi o di diritti soggettivi. Una ricognizione (non esaustiva perché fa salve ulteriori previsioni di legge) di materie devolute alla giurisdizione esclusiva del G.A. si trova nell'art. 133 c.p.a. A titolo esemplificativo, si segnalano le controversie in materia di: diritto di accesso ai documenti amministrativi; urbanistica ed edilizia, concernente tutti gli aspetti dell'uso del territorio; rapporti di lavoro del personale in regime di diritto pubblico.
- **giurisdizione estesa al merito**; anche questa ha **carattere eccezionale** e si ha quando al G.A. è consentito sindacare non solo la legittimità, ma anche il merito (l'opportunità) dell'atto amministrativo, se del caso annullandolo, riformandolo o sostituendolo. Una ricognizione tassativa dei casi di giurisdizione di merito si trova nell'art. 134 c.p.a. che contempla cinque ipotesi: a) l'attuazione delle pronunce giurisdizionali esecutive o del giudicato nell'ambito del giudizio di cui al Titolo I del Libro IV (giudizio di ottemperanza); b) gli atti e le operazioni in materia elettorale, attribuiti alla giurisdizione amministrativa; c) le sanzioni pecuniarie la cui contestazione è devoluta alla giurisdizione amministrativa, comprese quelle applicate dalle Autorità amministrative indipendenti, nonché le sanzioni alternative *ex* art. 123 c.p.a.; d) le contestazioni sui confini degli enti territoriali; e) il diniego di rilascio di nulla osta cinematografico.

▶ 5.3. Le azioni esperibili innanzi al G.A.

Il Codice del processo in attuazione dei principi costituzionali e comunitari in materia di pienezza ed effettività della tutela giurisdizionale, ha ampliato le tecniche di tutela dell'interesse legittimo mediante l'introduzione del principio della pluralità delle azioni. Le azioni amministrative che il privato può attivare innanzi al G.A. sono:
- **azione di annullamento**; è uno strumento di tutela accordato al privato contro il cattivo uso del potere da parte della P.A., consistente nell'annullamento dell'atto amministrativo in relazione ai vizi di incompetenza, violazione di legge ed eccesso di potere. Ai sensi dell'art. 29 c.p.a., l'azione di annullamento si propone nel termine di decadenza di sessanta giorni, che decorre dalla notificazione, comunicazione o piena conoscenza dell'atto e per gli atti per i quali non è richiesta la notifica individuale, dal giorno in cui sia scaduto il termine per la pubblicazione dell'atto se prevista dalla legge;
- **azione di condanna al risarcimento del danno**; l'art. 30 c.p.a. riconosce la tutelabilità risarcitoria dei danni da lesione di interesse legittimo, sperimentabile anche autonomamente, senza essere condizionata sul piano processuale dalla previa impugnativa dell'atto amministrativo. È esperibile entro il termine decadenziale di 120 giorni;
- **azione avverso il silenzio-inadempimento**; l'art. 31 c.p.a. prevede l'azione avverso l'inerzia non qualificata della pubblica amministrazione, volta ad ottenere l'accertamento dell'inadempimento della p.a. e l'ordine di provvedere, ovvero, quando si tratti di attività vincolata o quando non residuino ulteriori margini di esercizio della discrezionalità, l'accertamento della fondatezza della pretesa dedotta in giudizio e la conseguente condanna dell'amministrazione resistente all'adozione del provvedimento richiesto dal privato. L'azione può essere proposta fintanto che perdura l'inadempimento e, comunque, non oltre un anno dalla scadenza del termine di conclusione del procedimento;
- **azione di nullità**; la nullità *ex* art. 21-*septies* l. n. 241/1990, può essere fatta valere mediante azione di nullità, esperibile di regola entro il termine di decadenza di centoottanta giorni, ai sensi dell'art. 31, co. 4, c.p.a. La nullità dell'atto può essere sempre opposta dalla parte resistente o essere rilevata d'ufficio dal giudice;
- **azione di esatto adempimento**; essa si traduce in una domanda di condanna ad un *facere* specifico e, quindi, all'adozione di un determinato provvedimento. L'art. 34, co. 1, lett. c), c.p.a. prevede che tale azione di condanna possa essere esercitata contestualmente all'azione di annullamento del provvedimento di diniego o all'azione avverso il silenzio ed entro limiti di cui all'art. 31, co. 3, c.p.a.

6. Il processo amministrativo

Il processo amministrativo ha trovato una **compiuta ed unitaria disciplina** con il Codice del processo amministrativo, approvato con d.lgs. 2 luglio 2010, n. 104, ed entrato in vigore il 16 settembre 2010.

Successivamente, con il d.lgs. 11 novembre 2011, n. 195, è stato approvato il **primo decreto correttivo** al Codice e, con il d.lgs. 14 settembre 2012, n. 160, il **secondo correttivo**, i quali hanno novellato la disciplina di alcuni istituti processuali. Per tutto quanto non espressamente disciplinato dallo stesso Codice, l'art. 39, comma 1, c.p.a. rinvia alle disposizioni dettate dal Codice di procedura civile.

▶ 6.1. I principi

Quanto ai **principi** cui si ispira il processo, il c.p.a. indica:
- all'art. 1, **la pienezza e l'effettività della tutela**; ivi è sancito che *"La giurisdizione amministrativa assicura una tutela piena ed effettiva secondo i principi della Costituzione e del diritto europeo."*;
- corollario del principio di effettività e il **principio di concentrazione delle tutele**, enunciato dall'art. 7, comma 7, c.p.a.;
- all'art. 2, i principi di **parità delle parti**, **contraddittorio** e **giusto processo** ex art. 111 Cost., nonché il principio della **ragionevole durata del processo**. I **principi** di **imparzialità** e **terzietà** sono presidiati dagli istituti dell'astensione e della ricusazione, di cui agli artt. 17 e 18 c.p.a. Il legislatore ordinario, adeguandosi all'orientamento espresso dalla Corte europea dei diritti dell'uomo, ha poi provveduto a dettare una disciplina specifica in tema di **equa riparazione in caso di violazione del termine ragionevole del processo** con la legge n. 89 del 2001 (c.d. *legge Pinto*). La domanda è proponibile con ricorso al Presidente della Corte d'appello del distretto in cui ha sede il giudice innanzi al quale si è svolto il primo grado del processo presupposto e può essere proposta, a pena di decadenza, entro sei mesi dal momento in cui la decisione che conclude il procedimento è divenuta definitiva;
- sempre all'art. 2 si colloca il **divieto di abuso del processo**. Sul versante processuale tale principio si traduce, tra l'altro, nel respingere le doglianze formulate dal ricorrente in relazione ad un dato di fatto dipendente dal suo stesso comportamento (c.d. divieto di *venire contra factum proprium*; v. ***Cons. St., A.P., 28 luglio 2017, n. 4***).;
- all'art. 3, il **dovere di motivazione** e il principio della **sinteticità degli atti** in un'ottica di snellimento e celerità del processo;

Tra i **principi civilistici** applicabili anche al processo amministrativo, si segnalano: il *principio della domanda*; il *principio del contraddittorio*; il *principio dell'impulso processuale di parte*; il *principio di non contestazione*; il *principio dell'economia processuale*; il *principio dell'oralità*.

In particolare, il processo amministrativo si connota per l'applicazione del **principio della domanda**: *nemo iudex sine actore*. Il giudice, nel decidere la controversia, si dovrà attenere alle allegazioni delle parti (sulla portata del principio dispositivo, v. *Cons. St., A.P., 13 aprile 2015, n. 4*).

Il **principio dispositivo** è enunciato nel Codice non tra i principi generali, bensì nel corpo dell'art. 34, comma 1, in tema di pronunce di merito, a mente del quale il giudice si esprime *"nei limiti della domanda"*. Al contempo, il fondamento di tale basilare principio può rinvenirsi negli artt. 99 e 112 c.p.c., direttamente applicabili al giudizio amministrativo in ragione del rinvio esterno recato dall'art. 39 comma 1 c.p.a.

Intimamente connesso al principio della domanda è il **principio di corrispondenza tra chiesto e pronunciato**, in base al quale il G.A. deve necessariamente statuire su ogni profilo della domanda, senza possibilità di pretermetterne alcun aspetto, né convertirne gli elementi costitutivi. È coessenziale al principio della domanda di parte, altresì, il **principio della *causa petendi***, che individua tale elemento costitutivo della domanda quale criterio di riparto di giurisdizione tra G.O. e G.A.

▶ 6.2. Le parti del rapporto processuale

Il processo amministrativo è un **processo di parti**, retto dal **principio dispositivo**, nel quale il giudice adito, che non dispone di poteri inquisitori, non è legittimato ad accertare d'ufficio la legittimità o l'illegittimità del provvedimento della P.A. intimata, ma solo a verificare la fondatezza o l'infondatezza delle censure proposte dal ricorrente e delle eccezioni dedotte dal resistente (*Cons. St., A.P., 27 aprile 2015, n. 5*). Le parti si distinguono in: **necessarie** (ricorrente, amministrazione e soggetti alla stessa equiparati o, comunque, tenuti al rispetto dei principi del procedimento amministrativo, controinteressati); **eventuali** (cointeressati e interventori). Dunque, sono parti nel processo amministrativo:

1. il **ricorrente**, che adisce il giudice per la tutela di una propria posizione giuridica di interesse

legittimo o, nei casi di giurisdizione esclusiva, anche di diritto soggettivo. A ricorrere può essere anche una P.A. avverso gli atti posti in essere da altro soggetto pubblico e in ipotesi invasivi della sua sfera di competenze;

2. il **resistente**, ossia la P.A. che ha adottato l'atto impugnato o nei cui confronti il ricorrente fa valere una pretesa. Se ad essere impugnato è un atto complesso, tutte le P.A. che hanno partecipato alla sua adozione devono essere evocate in giudizio, ma non anche quelle che hanno partecipato solo alle fasi prodromiche, rilasciando un parere, salvo che l'atto emanato in queste fasi sia autonomamente lesivo, nel qual caso lo stesso dovrà essere impugnato evocando in giudizio la P.A. che lo ha adottato (si veda, in merito, Cons. St., A.P., 18 maggio 2018, n. 8);
3. i **controinteressati**, cioè coloro che dal provvedimento hanno tratto un vantaggio e che hanno interesse a partecipare al giudizio al fine di conservarlo. La qualità di controinteressato presuppone la presenza di un elemento, c.d. *sostanziale*, consistente nella titolarità di un interesse qualificato alla conservazione dell'atto impugnato, di natura uguale e contraria a quella del ricorrente, e c.d. *formale*, ossia l'indicazione nominativa del titolare di detto interesse nel testo del provvedimento, o quanto meno la sua facile identificabilità *aliunde* (Cons. St., sez. IV, 12 aprile 2017, n. 1701). Ai fini dell'ammissibilità del ricorso, è sufficiente la **notifica ad uno solo** dei controinteressati, salvo l'onere di procedere all'**integrazione del contraddittorio**, su ordine del giudice (art. 27, co. 2, c.p.a.), a pena di improcedibilità *ex* artt. 49, co. 3, e 35, co. 1, lett. c), c.p.a., nei termini perentori dallo stesso fissati ai fini della notifica e del deposito della prova dell'avvenuto adempimento. L'art. 49, co. 2, dispone che l'integrazione non deve essere ordinata nel caso in cui il ricorso sia manifestamente irricevibile, inammissibile, improcedibile o infondato;
4. i **cointeressati**, cioè coloro che hanno un interesse analogo a quello del ricorrente all'annullamento dell'atto impugnato. Gli stessi sono tenuti a presentare ricorso autonomo, salva la possibilità di chiederne la riunione a quello già pendente. Non essendo parti necessarie del processo, nel caso in cui rimangano inerti, non possono avvantaggiarsi degli effetti dell'eventuale accoglimento del ricorso, salvo che l'atto impugnato non abbia natura indivisibile (Cons. *St., A.P., 20 dicembre 2017, n. 11*);
5. gli **interventori**. L'art. 28 c.p.a. distingue due forme di intervento: l'**intervento volontario**, esperito da coloro che hanno un interesse solo mediato e riflesso all'annullamento (intervento *ad adiuvandum*) o alla conservazione (intervento *ad opponendum)* dell'atto impugnato e l'**intervento *jussu judicis***, previsto dall'art. 28, co. 3. *Cons. St., A.P., 3 luglio 2017, n. 3*, ha precisato che non è sufficiente a consentire l'intervento *ad adiuvandum* la sola circostanza per cui il proponente l'istanza d'intervento sia parte di un giudizio in cui venga in rilievo una *quaestio iuris* analoga a quella controversa nel giudizio principale.

▶ 6.2.1. La legittimazione e l'interesse

Il processo amministrativo è un processo ad istanza di parte. Per tale ragione, al fine di poter instaurare un valido giudizio, occorre la presenza di due requisiti:

- la **legittimazione a ricorrere**, intesa quale titolarità di una situazione soggettiva meritevole di tutela alla stregua dell'ordinamento giuridico sostanziale;
- l'interesse **a ricorrere**, che, in base all'art. 100 c.p.c., consiste nella utilità concreta o nel vantaggio che il ricorrente può conseguire attraverso l'instaurazione del giudizio. L'interesse al ricorso presuppone sia la **sussistenza di una lesione**, effettiva e concreta alla sfera patrimoniale del ricorrente; sia il **vantaggio**, anche solo potenziale, derivante dall'annullamento del provvedimento impugnato. L'interesse a ricorrere deve essere caratterizzato dai **requisiti** di *personalità*, *attualità* e *concretezza*.

▶ 6.3. L'articolazione del processo

▶ 6.3.1. La fase introduttiva

Il processo amministrativo si instaura con il **ricorso**, ossia con l'**istanza rivolta al giudice** (***vocatio***

judicis) affinché annulli, sulla base dei motivi proposti, il provvedimento impugnato, ovvero accerti l'esistenza di un diritto rivendicato dal ricorrente e negato o, comunque, illegittimamente compromesso o pregiudicato dall'amministrazione intimata.
Il ricorso va proposto al **giudice competente** per *grado*, *territorio* e *materia*. Quanto alla **competenza per grado**, competenti a giudicare in *primo grado* sono i Tar, mentre il Consiglio di Stato è organo di *ultimo grado* della giurisdizione amministrativa. Una delle principali novità del c.p.a. è rappresentata dall'introduzione del **principio dell'inderogabilità della competenza (anche territoriale) del giudice di primo grado** e dalla possibilità riconosciuta a quest'ultimo di sollevare la questione di competenza d'ufficio.
Ai sensi dell'art. 29 c.p.a., il ricorso deve essere **notificato** entro il termine decadenziale di **sessanta giorni** (per i giudizi annullatori, art. 41, co. 2). Il termine per impugnare il provvedimento amministrativo decorre dalla piena conoscenza dell'atto e dei suoi effetti (Cons. St., A.P., 20 dicembre 2017, n. 11*)*. Differenti i termini da rispettare nell'intentare **specifiche azioni: 120 giorni per l'azione di condanna al risarcimento** (art. 30 c.p.a.), 1 anno per l'azione avverso il silenzio della P.A. (art. 31 c.p.a).

▶ 6.3.2. La costituzione

Ai sensi dell'art. 46, co. 1, c.p.a., le parti intimate possono **costituirsi** in giudizio entro **sessanta giorni** dal perfezionamento nei loro confronti della notificazione del ricorso, depositando memorie, istanze e documenti. Pur nel silenzio della norma, sembra potersi ritenere che detto termine ha carattere ordinatorio (cfr. *Cons. St., A.P., 25 febbraio 2013, n. 5*), con la conseguenza che la costituzione può avvenire **fino all'udienza di discussione**. In tale ultima ipotesi, però, la parte potrà espletare solo **difese orali**, atteso che, ai sensi dell'art. 73 c.p.a., il **deposito dei documenti** è consentito fino a *quaranta giorni* liberi prima dell'udienza, quello delle **memorie** fino a *trenta giorni* liberi e delle **repliche** ai nuovi documenti e alle nuove memorie depositate in vista dell'udienza fino a *venti giorni* liberi prima dell'udienza stessa.

▶ 6.3.3. Il giudizio cautelare

L'effettività della tutela, principio ispiratore di tutti i riti passati in rassegna, non può prescindere da un'adeguata tutela cautelare, punto nevralgico del processo amministrativo ordinario e di quelli speciali. Con la disciplina dettata dalla l. n. 205 del 2000, è stato definitivamente consacrato in via legislativa il **principio di atipicità ed elasticità** delle tecniche di tutela cautelare utilizzabili nel processo amministrativo, originariamente limitate alla sola sospensiva dell'esecuzione dell'atto impugnato. Invero, l'art. 3, l. n. 205 del 2000 (ora confluito con modificazioni nell'art. 55 c.p.a.) dispone che il giudice amministrativo può adottare, sempre che ricorrano i presupposti richiesti, le *"misure cautelari, compresa l'ingiunzione a pagare una somma, che appaiono, secondo le circostanze, più idonee ad assicurare interinalmente gli effetti della decisione sul ricorso"*. I **presupposti** delle misure cautelari indicati dall'art. 55, co. 9, c.p.a. sono: il c.d. ***periculum in mora***, ossia un *"**pregiudizio grave e irreparabile** derivante dall'esecuzione dell'atto impugnato, o dal comportamento inerte dell'amministrazione, durante il tempo necessario a giungere ad una decisione sul ricorso"*; il c.d. ***fumus boni iuris***, ossia l'indicazione, nell'imposta motivazione dell'ordinanza cautelare, dei *"profili che, ad un sommario esame, inducono a una **ragionevole previsione sull'esito del ricorso**"*. Ulteriore condizione per la pronuncia cautelare è che il giudice adito sia **munito di giurisdizione e di competenza**. Inoltre, affinché la domanda cautelare possa essere esaminata, è necessario che il ricorrente abbia presentato **istanza di fissazione d'udienza**, salvo che quest'ultima debba essere fissata d'ufficio.
Le **caratteristiche** ontologiche dei provvedimenti cautelari sono state tradizionalmente individuate nella:
- *strumentalità* della misura cautelare, che ha **natura servente rispetto alla decisione di merito**, di volta in volta anticipandone provvisoriamente gli effetti;
- *interinalità*, ossia la naturale **provvisorietà degli effetti** che la misura cautelare può produrre; effetti destinati a consolidarsi solo in conseguenza del successivo accoglimento nel merito del ricorso.

Il codice del processo amministrativo distingue tra:
- **tutela cautelare collegiale: in questo caso, il** giudice può *fissare la data di trattazione del merito*; *accogliere l'istanza cautelare* (in questo caso deve fissare l'udienza di trattazione del merito); *respingere l'istanza cautelare*; *definire nel merito la causa* con sentenza in forma semplificata, al ricorrere delle condizioni individuate dall'art. 60 c.p.a.;

- **tutela cautelare monocratica**: destinata ad anticipare le determinazioni di competenza collegiale. Tale misura può essere richiesta, in corso di causa, **contestualmente alla domanda cautelare** o con **autonoma istanza** notificata alle controparti. Il **Presidente** del Consiglio di Stato, al pari del Presidente del Tar o della sezione cui il ricorso è assegnato, può decidere personalmente con **decreto monocratico**. Il presupposto per l'esercizio dei poteri presidenziali è costituito dall'esistenza di un pregiudizio di ***"estrema gravità ed urgenza*** *tale da non consentire neppure la dilazione fino alla data della camera di consiglio"* (art. 56, co. 1);
- **tutela cautelare *ante causam***: prevista dall'art. 61 c.p.a. consente di ottenere la sospensione dell'atto impugnato **prima ancora che il ricorso sia notificato**. La concessione di tale misura è invocabile solo nel **giudizio di primo grado**. Presupposti per la concessione della misura sono: la *notifica dell'istanza cautelare*; l'*eccezionale gravità e urgenza*; la *competenza del giudice adìto*. Non è, dunque, sufficiente che la gravità e l'urgenza siano "estreme" (presupposto della misura monocratica *ex* art. 56); esse devono apparire **"eccezionali"**.

► 6.3.4. Lo speciale regime introdotto dall'art. 3, d.l. 7 luglio 2022, n. 85, abrogato e confluito nell'art. 12 *bis*, l. 5 agosto 2022, n. 108, per il contenzioso PNRR

Un regime processuale speciale è stato introdotto dall'art. 3, d.l. 7 luglio 2022, n. 85, abrogato e confluito nell'art. 12 *bis*, l. 5 agosto 2022, n. 108, con l'obiettivo di assicurare una accelerazione nella definizione del merito dei giudizi vertenti su qualsiasi **procedura amministrativa riguardante interventi finanziati in tutto o in parte con le risorse previste dal PNRR**.
Quanto all'**ambito applicativo**, la disciplina speciale si applica alle controversie per le quali risulti, anche sulla base di quanto rappresentato dalle amministrazioni o dalle altre parti del giudizio, che il ricorso abbia ad oggetto qualsiasi procedura amministrativa che riguardi interventi finanziati in tutto o in parte con le risorse previste dal PNRR. E' al riguardo fatto obbligo alle pubbliche amministrazioni di rappresentare che il ricorso ha ad oggetto una procedura amministrativa riguardante gli interventi finanziati in tutto o in parte con le risorse previste dal PNRR.
Per tali giudizi, il legislatore del 2022 detta **regole del tutto peculiari**.
In primo luogo, quanto ai criteri di cui tener conto nella valutazione della domanda cautelare, oltre che nel fissare l'udienza di merito, .si prescrive che il giudice motivi espressamente sulla compatibilità della misura e della data dell'udienza con il rispetto dei termini previsti dal PNRR.
Quanto alle regole processuali in senso stretto, instaurato il contraddittorio e celebrata la camera di consiglio per la domanda cautelare, **in caso di accoglimento**, il tribunale amministrativo regionale, con la medesima ordinanza, fissa la data di discussione del merito alla prima udienza successiva alla scadenza del termine di trenta giorni dalla data di deposito dell'ordinanza, disponendo, altresì, il deposito dei documenti necessari e l'acquisizione delle eventuali altre prove occorrenti.
Diversamente, **in caso di rigetto dell'istanza cautelare e di sua riforma in appello**, il Consiglio di Stato ne ordina la trasmissione al T.A.R. per la fissazione dell'udienza di merito nel rispetto dei trenta giorni come previsti per il giudizio di primo grado, decorrenti, in questo caso, dalla data di ricevimento dell'ordinanza da parte della segreteria del tribunale amministrativo regionale, che ne dà avviso alle parti.
Nel caso in cui l'udienza di merito non si svolga entro i termini sopra indicati, la misura cautelare perde efficacia, anche qualora sia diretta a determinare un nuovo esercizio del potere da parte della pubblica amministrazione.
Per i suddetti giudizi si applicano, in ogni caso, gli **articoli 119, comma 2**, e 120, comma 9, del c.p.a.. Il comma 2 dell'art. 119 c.p.a. prevede il dimezzamento dei termini ordinari salvo, nei giudizi di primo grado, quelli per la notificazione del ricorso introduttivo, del ricorso incidentale e dei motivi aggiunti, nonché quelli di cui all'articolo 62, comma 1, e quelli espressamente disciplinati dallo stesso art. 119 c.p.a.
L'art. 120 c.p.a., nel disciplinare il rito in materia di contratti pubblici, prevede, al comma 9, l'obbligo per il giudice di depositare la sentenza con la quale definisce il giudizio entro quindici giorni dall'udienza di discussione. Quando la stesura della motivazione è particolarmente complessa, il giudice pubblica soltanto il dispositivo nel termine dei quindici giorni, indicando anche le domande eventualmente accolte e le misure per darvi attuazione, depositando la sentenza entro trenta giorni dall'udienza.

▶ 6.4. La fase istruttoria

Nella **fase istruttoria**, resta fermo il principio dispositivo attenuato dal metodo acquisitivo. Spetta alle parti l'onere di fornire gli **elementi di prova** che siano nella loro disponibilità riguardanti i fatti posti a fondamento delle domande e delle eccezioni (art. 64, co. 1, c.p.a.); il giudice, infatti, salvi i casi previsti dalla legge, deve porre a fondamento della decisione le prove proposte, nonché i fatti non specificatamente contestati dalle parti costituite (art. 64, co. 1, c.p.a.). È fatta salva la possibilità per il giudice di disporre, anche d'ufficio, **l'acquisizione di informazioni e documenti utili** che siano nella disponibilità della P.A. (art. 64, co. 3, c.p.a.), disponendo **incombenti istruttori**. L'art. 63 generalizza il ricorso alla **prova testimoniale**, seppure solo in forma scritta. Si può fare ricorso a tutti i mezzi di prova del processo civile, **esclusi il giuramento e l'interrogatorio formale**. Una disciplina dettagliata è prevista per la **verificazione** (art. 66) e la **consulenza tecnica d'ufficio** (art. 67).

▶ 6.5. Estinzione

Il giudizio può concludersi per una causa diversa dalla decisione di merito. Costituiscono, infatti, **cause di estinzione** del giudizio:

- **a.** la sua mancata prosecuzione o riassunzione nel termine perentorio fissato dalla legge o assegnato dal giudice;
- **b.** la *perenzione* del ricorso (artt. 81, 82 c.p.a. e 1 dell'all.to 3), per mancata presentazione dell'istanza di fissazione di udienza;
- **c.** la *rinuncia* al ricorso (e non a singoli motivi dello stesso), ai sensi dell'art. 84 c.p.a.

▶ 6.6. Udienza

Ai sensi dell'art. 71, co. 1, c.p.a., per la trattazione nel merito del ricorso, è necessario che una delle parti costituite presenti la **domanda di fissazione di udienza**. Non è necessaria la presentazione di detta domanda: per i casi in cui è stata già svolta una fase istruttoria, allorquando è il giudice che nella stessa ordinanza interlocutoria fissa la successiva fase di trattazione del merito, e per le cause relative all'affidamento di gare pubbliche (art. 120, co. 6). Inoltre, ai sensi dell'art. 87, co. 2 e 3, c.p.a., non è necessaria la domanda di fissazione d'udienza per i giudizi: in materia di *silenzio*; in materia di *accesso* ai documenti amministrativi; di *ottemperanza*; di *opposizione* ai decreti che pronunciano l'estinzione o l'improcedibilità del giudizio. La mancata presentazione della domanda di fissazione di udienza entro un anno comporta l'estinzione del processo per **perenzione.** La parte più interessata alla trattazione nel merito della causa può presentare una o più **istanze di prelievo** (art. 71, co. 2) con le quali sollecitare il Presidente del Tribunale (o della Sezione presso la quale la causa è stata incardinata) a fissare la data dell'udienza di discussione.

Regola generale è che le cause devono essere trattate in **pubblica udienza**, ferme restando alcune eccezioni specificamente previste dalla normativa vigente. Alcuni giudizi vanno tuttavia trattati **in camera di consiglio**. Tra questi i giudizi: cautelari (art. 55); relativi all'esecuzione delle misure cautelari collegiali (art. 59); in materia di competenza del giudice adito (art. 15); in materia di silenzio (art. 117); in materia di accesso ai documenti amministrativi e di violazione degli obblighi di trasparenza amministrativa (v. l'art. 87, co. 2, lett. c) e l'art. 116); in materia di ottemperanza (art. 114); di opposizione ai decreti che pronunciano l'estinzione o l'improcedibilità del giudizio (art. 85); di correzione di errore materiale di sentenza (art. 86).

▶ 6.7. Decisione del ricorso

Il giudizio si conclude con la pronuncia del giudice adito, che può essere resa con strumenti giuridici diversi: sentenza, ordinanza o decreto.

Ai sensi dell'art. 74 c.p.a., la **sentenza in forma semplificata** può essere adottata nel caso in cui si ravvisi la *manifesta fondatezza* o la *manifesta irricevibilità, inammissibilità, improcedibilità o infondatezza* del ricorso. La **motivazione della sentenza** può consistere in un sintetico riferimento al punto di fatto o di diritto ritenuto risolutivo ovvero, se del caso, ad un precedente conforme.

Le sentenze possono essere di **merito** o di **rito**. Le **sentenze di merito** sono quelle che pronunciano sulla pretesa sostanziale formulata dal ricorrente, **accogliendola o rigettandola** *in tutto* o *in parte*. Le

sentenze di rito sono, invece, quelle che definiscono il giudizio decidendo su **questioni pregiudiziali** (art. 35 c.p.a.). La causa è definita in rito, e non nel merito, se il ricorso è: *irricevibile*, per notifica o deposito tardivo; *inammissibile*, quando è carente l'interesse o sussistono altre ragioni ostative ad una pronuncia sul merito; *improcedibile*, quando nel corso del giudizio sopravviene il difetto di interesse delle parti alla decisione, o non sia stato integrato il contraddittorio nel termine assegnato, ovvero sopravvengano altre ragioni ostative ad una pronuncia sul merito.

▶ 6.8. I mezzi di impugnazione

I **mezzi di impugnazione** nel processo amministrativo sono disciplinati nel Libro III del Codice. Essi sono:

- l'**appello**, esperibile avverso le decisioni di primo grado. Competente è il Consiglio di Stato in sede giurisdizionale;
- la **revocazione**, rimedio eccezionale esperibile contro le sentenze emesse dal giudice di primo grado e contro le sentenze di appello, nei casi, modi e termini previsti dagli artt. 395 e 396 c.p.c. (artt. 106 e 107 c.p.a.). Deve essere proposta dinanzi allo stesso giudice che ha pronunciato la sentenza impugnata;
- l'**opposizione di terzo**, mezzo di impugnazione di carattere straordinario – proponibile, cioè, anche avverso sentenze già passate in giudicato – esperibile nei casi tassativamente previsti dalla legge da chi non è stato parte del processo a conclusione del quale la sentenza è stata emanata. L'art. 108, co. 1, c.p.a. disciplina la c.d. **opposizione di terzo ordinaria**, che può essere proposta avverso una sentenza del giudice di primo o di secondo grado pronunciata fra altri soggetti, anche se passata in giudicato, da un soggetto che si ritiene essere stato leso dalla predetta decisione, adottata a conclusione di un giudizio al quale non è stato chiamato a partecipare. Il comma 2 dell'art. 108 c.p.a. disciplina, invece, l'**opposizione di terzo c.d. revocatoria**, esperibile da aventi causa e creditori di una delle parti avverso la sentenza effetto di dolo o collusione a loro danno)
- il **ricorso per cassazione per i soli motivi inerenti alla giurisdizione** (art. 91 c.p.a.).

▶ 6.9. Il giudizio di ottemperanza

Il **giudizio di ottemperanza** è lo strumento da attivare per ottenere l'esecuzione di una sentenza pronunciata nei confronti della P.A. sulla quale grava, quindi, l'obbligo di conformarsi. Si tratta della più importante ipotesi di **giurisdizione estesa al merito** attribuita al giudice amministrativo, potendo quest'ultimo **sostituirsi alla P.A. inadempiente** nell'adozione dei provvedimenti necessari a dare attuazione alla pronuncia giurisdizionale non eseguita, direttamente o – come di regola avviene – a mezzo di **commissario *ad acta***. Ai sensi degli artt. 59 e 112 c.p.a., se la P.A. non ottempera in tutto o in parte alle misure cautelari concesse, ovvero alla sentenza di primo grado del Tar non sospesa dal Consiglio di Stato, l'interessato può esperire il rimedio in esame.
Le **pronunce sindacabili** in sede di ottemperanza ai sensi dell'art. 112, co. 2, lett. *a-e*), al fine di ottenerne l'attuazione, sono: le *sentenze del giudice amministrativo passate in giudicato*; le *sentenze esecutive* e gli *altri provvedimenti esecutivi del giudice amministrativo*; le *sentenze passate in giudicato* e gli *altri provvedimenti ad esse equiparati del giudice ordinario*, al fine di ottenere l'adempimento dell'obbligo della pubblica amministrazione di conformarsi al giudicato; le *sentenze passate in giudicato* e gli *altri provvedimenti ad esse equiparati per i quali non sia previsto il rimedio dell'ottemperanza*, al fine di ottenere l'adempimento dell'obbligo della P.A. di conformarsi alla decisione; i *lodi arbitrali esecutivi divenuti inoppugnabili* al fine di ottenere l'adempimento dell'obbligo della Pubblica amministrazione di conformarsi, per quanto riguarda il caso deciso, al giudicato.
Per l'azionabilità del rimedio si richiede:

- una *decisione passata in giudicato* (anche una pronuncia esecutiva, un lodo arbitrale esecutivo inoppugnabile);
- la *necessità di un provvedimento dell'amministrazione*, non essendo azionabile il rimedio in esame allorché l'esecuzione del giudicato non passi per l'adozione di un atto dell'amministrazione, come nel caso di sentenze c.d. *autoesecutive*;
- la *successiva inottemperanza*.

La pronuncia che definisce il giudizio di ottemperanza può essere di **rito** o di **merito**. Trattandosi di

un'ipotesi di giurisdizione di merito (art. 134, co. 1, lett. a, c.p.a.), il giudice dell'ottemperanza dispone di poteri estremamente ampi, potendosi **sostituire all'amministrazione** inadempiente nell'adozione dei provvedimenti necessari a dare attuazione al giudicato, anche qualora ciò implichi l'adozione di atti a contenuto discrezionale.
Si suole distinguere, a proposito delle possibili decisioni del giudice dell'ottemperanza, tra: *misure intimidatorie* (ordini o inviti rivolti alla P.A.); *repressive* (annullamento dell'atto già adottato); *sanzionatorie* (denuncia al giudice contabile della condotta di inadempimento); *sostitutive*, in via diretta o indiretta.

Nella prassi, tuttavia, il G.A. non adotta direttamente i provvedimenti attuativi, ma concede alla P.A. un **termine per provvedere**, nominando un **commissario *ad acta*** per l'ipotesi di ulteriore inerzia della P.A. L'art. 21 c.p.a. include il commissario *ad acta* tra gli **ausiliari del giudice**, risolvendo così il contrasto formatosi nella vigenza della pregressa disciplina in relazione alla sua **natura giuridica** e al regime **di impugnazione dei suoi provvedimenti**. Gli **atti** posti in essere dal commissario *ad acta* hanno pertanto natura giurisdizionale e, quindi, non sono autonomamente impugnabili dinanzi al G.A. in sede di legittimità, ma **reclamabili dinanzi allo stesso giudice dell'ottemperanza**. I terzi estranei al giudicato possono invece impugnare gli atti del commissario *ad acta* ai sensi dell'articolo 29, con il rito ordinario (art. 114, co. 6 c.p.a.).
Secondo ***Cons. St., A.P., 25 maggio 2021, n. 8***, il commissario ad acta deve considerarsi investito di un **potere di natura autenticamente giurisdizionale**, finalizzato all'esecuzione della pronuncia del giudice e diverso da quello di cui è titolare l'amministrazione inadempiente. Ciò comporta che, anche a seguito dell'insediamento e della nomina del commissario, **l'amministrazione non perda il potere di provvedere**.

▶ 6.10. I riti speciali

Al rito ordinario si affiancano i c.d. **riti speciali**, ai quali il Codice del processo amministrativo ha dedicato una disciplina organica, tesa a razionalizzare le molteplici forme di tutela differenziata.
I riti speciali sono quelli in materia di: **accesso** (art. 116); **silenzio inadempimento** (art. 117): procedimento per **decreto ingiuntivo** (art. 118); procedimenti relativi a **settori di particolare rilevanza** (art. 119); **contratti pubblici** (artt. 120-125); contenzioso elettorale (artt. 126-132); azione per l'efficienza della pubblica amministrazione.
Di particolare rilievo è il c.d. **rito abbreviato** di cui all'art. 119 c.p.a., connotato da termini dimezzati ed esperibile nelle sole materie tassativamente indicate dal menzionato art. 119 c.p.a.
Caratteristica principale del rito speciale è che **tutti i termini processuali ordinari sono dimezzati**. Fanno **eccezione** i termini riguardanti: la *notifica dell'atto introduttivo del giudizio di primo grado*, che resta di sessanta giorni; la *notifica dei motivi aggiunti in primo grado*, che resta di sessanta giorni; la *notifica del ricorso incidentale di primo grado*, che resta di sessanta giorni; la *notifica dell'appello avverso le ordinanze cautelari del giudice di primo grado*, che resta di trenta giorni dalla notificazione dell'ordinanza, o di sessanta giorni dalla sua pubblicazione.
Alla luce dell'art. 32 c.p.a., il **rapporto tra riti speciali e rito ordinario** è regolato dal principio generale di **prevalenza di quest'ultimo**, a meno che una delle domande non segua il binario del rito abbreviato, ipotesi in cui trova applicazione quest'ultimo.

Sezione III
Contratti pubblici

SOMMARIO

Capitolo 1
I contratti della P.A. Il nuovo Codice dei contratti pubblici (d.lgs. 31 marzo 2023, n. 33): struttura del codice, novità, regime transitorio, *governance*

SOMMARIO

1. Premessa. La capacità di diritto privato della pubblica amministrazione. Le tradizionali classificazioni dei contratti della P.A.

La pubblica amministrazione, nel perseguire gli interessi pubblici alla stessa affidati, può utilizzare moduli differenti, ossia può procedere attraverso:
- provvedimenti amministrativi;
- moduli consensuali di esercizio del potere (accordi *ex* art. 11 l. n. 241 del 1990);
- contratti.

Quando agisce in posizione di supremazia, l'Amministrazione esercita il proprio potere pubblico attraverso l'emanazione di un provvedimento amministrativo, a carattere unilaterale e destinato a produrre effetti nei confronti del destinatario anche in assenza (o contro) la sua volontà; diversamente, quando spende la propria capacità di diritto privato stipulando un contratto, essa si spoglia di detta posizione di supremazia per assumerne una di **parità rispetto al privato contraente**. Detto principio della **piena capacità di diritto privato della pubblica amministrazione**, consacrato all'art. 1, co. 1-*bis*, l. n. 241 del 1990, a mente del quale *"la Pubblica amministrazione, nell'adozione di atti di natura non autoritativa, agisce secondo le norme del diritto privato, salvo che la legge disponga diversamente"*, trova, tuttavia, un limite rappresentato dal vincolo di "**funzionalizzazione**" che caratterizza entrambe le forme dell'agire amministrativo, esclusivamente volto al perseguimento dell'interesse pubblico sotteso.
Diverse le tradizionali classificazioni in uso dei contratti pubblici.
Una prima distingue tra **contratti attivi** e **contratti passivi**, a seconda che comportino rispettivamente un'entrata ovvero una spesa per l'amministrazione contraente.
Si distingue, inoltre, tra:
- **contratti ordinari** o di diritto comune (ad esempio compravendita, locazione, assicurazione ecc.), tramite i quali l'amministrazione agisce *iure privatorum* per il perseguimento dell'interesse pubblico cui è preposta;
- **contratti di diritto speciale**, caratterizzati per la peculiarità del settore cui si riferiscono (si pensi, ad esempio, ai contratti di trasporto ferroviario), assoggettati ad una legislazione speciale integrativa delle norme di diritto comune;
- **contratti di diritto pubblico** o a oggetto pubblico, nei quali la pubblica amministrazione, pur assumendo la qualità di contraente, mantiene una posizione di supremazia rispetto alla

controparte e ciò si riverbera sulla disciplina interna dei contratti medesimi, condizionati dalla mancanza di parità fra i contraenti, da una sostanziale commisstione tra attività provvedimentale (a monte) e attività privatistica e dal tendenziale assolvimento, da parte del contratto stipulato, dell'interesse pubblico perseguito con esso.

2. Evoluzione normativa in materia di contratti pubblici

Prima del recente Codice dei contratti pubblici approvato con **d. lgs. 31 marzo 2023, n. 36**, tale ultima categoria di contratti, per la intuitiva importanza che essi rivestono, è stata oggetto di particolari attenzioni da parte del legislatore, sia nazionale che europeo e numerosi e variegati sono stati gli interventi normativi che si sono succeduti negli anni, i quali hanno trovato un primo coordinamento a partire dal **d.lgs. 12.04.2006, n. 163**, recante il **Codice dei contratti pubblici**, con il relativo **Regolamento di attuazione** di cui al **D.P.R. 05.10.2010, n. 207**.
A seguito dell'intervento del legislatore europeo, con la **L. 28.01.2016, n. 11** è stata conferita al Governo la delega a recepire le Direttive n. 2014/23/UE, sull'aggiudicazione dei contratti di concessione, n. 2014/24/UE sugli appalti pubblici e n. 2014/25/UE sulle procedure d'appalto degli enti erogatori nei settori dell'acqua, dell'energia, dei trasporti e servizi postali e, in attuazione della detta delega, è stato approvato il **d.Lgs. 18.04.2016, n. 50**, recante il **nuovo Codice dei contratti pubblici**, con il dichiarato fine di procedere ad un riordino sistematico della materia contrattualistica. Detto codice si componeva di **220 articoli**, suddistinti in sei Parti (a sua volta frazionate in Titoli):
- la **Parte I (artt. 1-34)** indicava l'ambito di applicazione, i principi e le disposizioni comuni, afferenti la fase preliminare di una procedura, la fase di programmazione, pianificazione e progettazione di un appalto e le modalità di affidamento, e ancora i principi comuni applicabili a tutti i tipi di affidamento, al RUP, alle fasi della procedura e ai controlli sugli atti;
- la **Parte II (artt. 35-163)** conteneva la disciplina dei contratti di appalto per lavori, servizi e forniture;
- la **Parte III (artt. 164-178)** era, invece, integralmente dedicata ai contratti di concessione;
- la **Parte IV (artt. 179-199)** riguardava le figure del partenariato pubblico privato e del contraente generale (inclusa la disciplina dell'*in house*);
- la **Parte V (artt. 200-203)** conteneva disposizioni sulla gestione, pianificazione e programmazione relativi a infrastrutture e insediamenti prioritari per lo sviluppo del Paese;
- la **Parte VI (artt. 204-220)**, infine, racchiudeva le norme finali e transitorie, comprensive di quelle sul contenzioso – rispetto al quale era ribadita la giurisdizione del G.A., con espresso rinvio alle norme del processo amministrativo – di quelle relative alla disciplina dei rimedi alternativi alla tutela giurisdizionale (come l'accordo bonario, l'arbitrato e i pareri ANAC in fase precontenziosa) e dei poteri e competenze dell'ANAC, del Ministero delle Infrastrutture e dei Trasporti, del Consiglio Superiore dei Lavori pubblici e della Cabina di regia. Seguivano le norme finali e gli allegati.

Il nuovo codice, già l'anno successivo alla sua emanazione, è stato oggetto di numerose modifiche ad opera:
- del **d.lgs. n. 56/2017, n. 56** (cosiddetto **decreto correttivo al Codice**);
- del **d.l. n. 32/2019** (cosiddetto **decreto sblocca cantieri**), convertito in **l. n. 55/2019, n. 55,** che ha disposto una sospensione in via sperimentale dell'efficacia fino al 31.12.2020 (successivamente prorogato al 31.12.2021 con il **d.l n. 76/2020** (cosiddetto **decreto semplificazioni 2020**), convertito in **l. n. 120/2020**);
- del **d.l. n. 76/2020**, che ha introdotto ulteriori misure di incentivo per gli investimenti e numerose ulteriori disposizioni volte alla semplificazione ed allo snellimento delle procedure di gara, alla tutela della trasparenza ed alla lotta alla corruzione.

► 2.1. Il PNRR (Piano Nazionale di Ripresa e Resilienza) e la successiva legge 21 giugno 2022, n. 78 di "*Delega al Governo in materia di contratti pubblici*".

Nel giugno 2021 è stato approvato dalla Commissione Europea il **Piano Nazionale di Ripresa e Resilienza** (PNRR), contenente il programma con cui il Governo italiano ha stabilito di gestire i fondi

pervenuti attraverso lo strumento della ***Next generation Eu*** per contenere e risanare le perdite causate dalla pandemia e rilanciare l'economia.
Detto piano ha una struttura articolata in sei missioni, organizzate in componenti, ognuna delle quali comprende una serie di misure relative a **riforme normative** (che spaziano dalla transizione ecologica e digitale, alla sanità, alla scuola, ai trasporti, alla giustizia, alla semplificazione e concorrenza) o a **investimenti economici,** da sviluppare e condurre a termine entro scadenze predeterminate, nell'arco temporale dal 2021 al 2026. Tra le riforme normative di maggior rilievo rientra certamente quella relativa alla "***Semplificazione in materia di contratti pubblici***", considerata obiettivo essenziale per l'efficiente realizzazione di infrastrutture e per il rilancio dell'attività edilizia, semplificazione, peraltro, che deve considerarsi estesa non solo la fase di affidamento, ma anche a quelle di pianificazione, programmazione e progettazione.
Con **l. n. 78/2022** è stata approvata la "***Delega al Governo in materia di contratti pubblici***", in forza della quale il Governo è stato delegato ad adottare, entro sei mesi dalla data di entrata in vigore della medesima legge, *"(...) uno o più* ***decreti legislativi recanti la disciplina dei contratti pubblici****, anche al fine di adeguarla al diritto europeo e ai principi espressi dalla giurisprudenza della Corte costituzionale e delle giurisdizioni superiori, interne e sovranazionali, e di razionalizzare, riordinare e semplificare la disciplina vigente in materia di contratti pubblici relativi a lavori, servizi e forniture, nonché al fine di evitare l'avvio di procedure di infrazione da parte della Commissione europea e di giungere alla risoluzione delle procedure avviate"*. A tal fine sono stati indicati ben **31 criteri direttivi**, tra i quali, a titolo esemplificativo:

- il **divieto di *gold plating*** attraverso la garanzia di una *"stretta aderenza alle direttive europee, mediante l'introduzione o il mantenimento di livelli di regolazione corrispondenti a quelli minimi richiesti dalle direttive stesse"*;
- la **revisione delle competenze dell'Autorità nazionale anticorruzione**, al fine di **rafforzarne le funzioni di vigilanza** sul settore e di supporto alle stazioni appaltanti;
- la **ridefinizione e razionalizzazione della disciplina dei sistemi di qualificazione** delle stazioni appaltanti e degli operatori economici, al fine di conseguire la loro riduzione numerica, nonché l'accorpamento e la riorganizzazione delle stesse;
- l'individuazione di **criteri premiali** per l'aggregazione di impresa, diretti a favorire la partecipazione da parte delle micro e piccole imprese;
- la **suddivisione degli appalti in lotti** sulla base di criteri qualitativi o quantitativi, con obbligo di motivare la decisione di non procedere a detta suddivisione e con divieto di accorpamento artificioso dei lotti;
- la **semplificazione della disciplina applicabile ai contratti sottosoglia**, nel rispetto dei principi di pubblicità, trasparenza, concorrenzialità, rotazione, non discriminazione e proporzionalità;
- la semplificazione delle procedure finalizzate alla realizzazione di investimenti in tecnologie verdi e digitali, in innovazione e ricerca;
- la **riduzione e certezza dei tempi relativi alle procedure di gara**, alla stipula dei contratti, anche attraverso contratti-tipo predisposti dall'ANAC, e all'esecuzione degli appalti ovvero attraverso la digitalizzazione e l'informatizzazione delle procedure;
- la **razionalizzazione e semplificazione delle cause di esclusione**, al fine di rendere le regole di partecipazione chiare e certe;
- l'individuazione delle ipotesi in cui le stazioni appaltanti possono ricorrere ad **automatismi nella valutazione delle offerte** e la tipizzazione dei casi in cui si potrà ricorrere al solo criterio del prezzo o del costo;
- la programmazione dei lavori e la modernizzazione del Consiglio superiore dei lavori pubblici.

In attuazione della delega, è stato approvato il **d. lgs 31.03.2023 n. 36**, recante il **nuovo codice dei Contratti pubblici**.

3. Il Nuovo codice dei contratti pubblici (d. lgs 31.03.2023 n. 36). Innovatività, immediata esecutività e regime transitorio

Come detto, il d.lgs. n. 50/2016 ha rappresentato fino ad oggi la **fonte principale di disciplina dei**

contratti pubblici, integrato dalla legge sul procedimento amministrativo e dal diritto privato e, a livello sub-primario, da provvedimenti *lato sensu* normativi quali le linee guida ANAC, in sostituzione del previgente regolamento di esecuzione ed attuazione.
Il **nuovo Codice dei contratti pubblici (d. lgs 31.03.2023 n. 36,** d'ora in avanti **nuovo Codice del 2023** o **nuovo Codice**) è intervenuto in materia, presentando sin dai primi articoli **profili fortemente innovativi**, a partire dalla sua impostazione. Esso si compone di **229 articoli**, distinti in **cinque libri** (cui si aggiungono **36 allegati**); il **primo libro** contiene i principi generali e, poi una parte relativa ai profili della digitalizzazione del ciclo di vita dei contratti e delle fasi di programmazione e progettazione; il **secondo e il terzo** sono dedicati, rispettivamente, agli appalti nei settori ordinari e nei settori speciali; il **quarto** contiene, invece, norme specifiche in tema di concessioni e di partenariato pubblico-privato; nel **quinto libro** sono, infine, contenute le norme in materia di contenzioso e di *governance*, unitamente alle disposizioni finali e transitorie.
Quanto ai **contenuti**, tra le principali novità vi è senza dubbio l'introduzione, nella prima parte del Codice, di ben **dieci principi generali**. Con riferimento alla **impostazione**, il nuovo Codice non rinvia a ulteriori provvedimenti attuativi ed è **immediatamente autoesecutivo**.
Con riguardo, infine, all'**efficacia nel tempo**, il nuovo Codice entra in vigore con i relativi Allegati il 1° aprile 2023, ma è **efficace solo a partire dal 1° luglio 2023**. E', infatti, prevista una **fase transitoria di tre mesi**, sicché il d.lgs. 50/2016, abrogato dal 1° luglio 2023, continua da quella data ad applicarsi esclusivamente ai *procedimenti in corso*, con conseguente **convivenza delle due discipline**. Nella trattazione che segue si terrà, quindi, ancora conto della disciplina dettata dal d.lgs. n. 50/2016, dando tuttavia atto delle principali novità introdotte dal **nuovo Codice del 2023**.

► 3.1. Il nuovo sistema delle fonti

Come già accennato, in risposta ad un dichiarato intento semplificatore l'emanazione del Codice dei contratti pubblici del 2016 compendiava l'intera materia dei contratti pubblici in un unico testo normativo composto di 220 articoli, destinati a tener luogo degli oltre 610 articoli in precedenza contemplati dal combinato disposto del precedente Codice approvato con d.lgs. 163/2006 e il relativo regolamento di esecuzione ed attuazione, approvato con D.P.R. 207/2010. Con il Codice del 2016, infatti, alla normativa secondaria di consistenza regolamentare erano state sostituite le **Linee guida Anac**. Senonché, il d.l. n. 32/2019, c.d. "Sblocca Cantieri", convertito in l. 55/2019, ha disposto la reintroduzione di un nuovo regolamento unico di attuazione ed esecuzione, mai tuttavia approvato.
Quanto alle **Linee guida Anac**, costituenti una grande innovazione della legislazione del 2016, le stesse hanno suscitato un vivace dibattito, relativo in primo luogo alla collocazione da riconoscere loro nel sistema delle fonti del diritto. Deve farsi menzione, al riguardo, al **parere del Consiglio di Stato n. 855/2016**, reso sullo schema di decreto legislativo, il quale ha individuato **tre diverse tipologie di atti attuativi del Codice**:

a) quelli adottati con **decreto del Ministro delle infrastrutture e trasporti**, su proposta dell'ANAC, previo parere delle competenti Commissioni parlamentari. Si tratta di veri e propri **atti normativi a natura regolamentare**;
b) quelli adottati con delibera dell'ANAC a carattere **vincolante** *erga omnes*, e, in particolare, le linee guida, considerate **atti di regolazione delle Autorità indipendenti** e ricondotte, quindi, non alla categoria dei regolamenti in senso proprio, ma a quella degli atti amministrativi generali e, appunto, 'di regolazione' (si veda anche Cons. St., parere n. 782/2017, n. 782);
c) quelli adottati con delibera dell'ANAC a **carattere non vincolante**, ritenute in giurisprudenza strumenti di "*regolazione flessibile*", con funzione ricognitiva di principi di carattere generale e di ausilio interpretativo alle amministrazioni cui sono rivolte (si veda Cons. St., Sez. Cons., n. 1614/2021).

Il sistema delle fonti cambia in modo significativo con il **nuovo Codice del 2023**. Prevede, infatti, oggi l'**art. 225 ultimo co.** che *"a decorrere dalla data in cui il codice acquista efficacia, in luogo dei regolamenti attuativi del decreto legislativo n. 50 del 2016, laddove non diversamente previsto, e delle linee guida dell'ANAC si applicano le relative disposizioni del codice e dei suoi allegati"*. Sono gli **allegati al Codice del 2023**, pertanto, ad **assorbire e sostituire**, nel nuovo sistema delle fonti, i regolamenti attuativi e le linee guida ANAC. Il nuovo Codice del 2023, in altri termini **non rinvia ad ulteriori**

provvedimenti attuativi, potendo definirsi come fonte di regolazione della disciplina **completa ed autoesecutiva,** in tal modo garantendo sia una netta semplificazione della disciplina e una piena conoscenza della stessa tramite la fornita visione d'insieme che ne deriva, sia ancora la possibilità di un adeguamento automatico alle eventuali future modifiche della normativa europea. Ciò risponde ad una precisa scelta legislativa, quella di redigere un codice, come si legge nella Relazione, che "racconti la storia" delle procedure di gara, accompagnando amministrazioni e operatori economici passo dopo passo, dalla fase iniziale della programmazione e progettazione sino all'aggiudicazione e all'esecuzione del contratto; ed a ciò risponde la stessa struttura del codice, che, come visto, parte dai principi (generali), prosegue disciplinando il contratto di appalto in tutte le fasi – a cui fa seguire due libri afferenti ai settori speciali ed alle concessioni, sino ad oggi oggetto di direttive autonome e del rinvio alle regole sull'appalto – per concludere, infine, con i rimedi e con il regime dell'**autoesecutività**.

▶ 3.2. La disciplina intertemporale

L'**art. 229, co. 1** del nuovo Codice del 2023 fissa l'**entrata in vigore** dello stesso al **1° aprile 2023**, distinguendo tale data da quella di **acquisto dell'efficacia**, fissata dal successivo comma 2 al **1° luglio 2023**, data a partire dalla quale è abrogato il d.lgs. n. 50/2016.

Ai sensi del precedente **art. 225**, il quale contiene un'articolata disciplina transitoria e di coordinamento, a decorrere dalla data in cui il Codice acquista efficacia (1° luglio 2023), in luogo dei regolamenti attuativi del d.lgs n. 50/2016, laddove non diversamente previsto, e delle linee guida dell'ANAC, si applicano le relative disposizioni del Codice e dei suoi allegati, specificando il successivo **art. 226, co. 2** che, a decorrere dalla predetta data, le disposizioni precedenti continuano ad applicarsi esclusivamente ai **procedimenti in corso**, per tali intendendosi:

a) le procedure e i contratti per i quali i bandi o avvisi con cui si indice la procedura di scelta del contraente siano stati **pubblicati prima della data in cui il codice acquista efficacia**;

b) in caso di contratti senza pubblicazione di bandi o avvisi, le procedure e i contratti in relazione ai quali, alla data in cui il codice acquista efficacia, siano stati **già inviati gli avvisi a presentare le offerte**;

c) per le **opere di urbanizzazione a scomputo** del contributo di costruzione, oggetto di convenzioni urbanistiche o atti assimilati comunque denominati, i procedimenti in cui le **predette convenzioni o atti siano stati stipulati prima della data in cui il codice acquista efficacia**;

d) per le **procedure di accordo bonario, di transazione e di arbitrato**, le procedure relative a controversie aventi a oggetto contratti pubblici, per i quali i bandi o gli avvisi siano stati pubblicati prima della data in cui il codice acquista efficacia, ovvero, in caso di mancanza di pubblicazione di bandi o avvisi, gli avvisi a presentare le offerte siano stati inviati prima della suddetta data.

Norma di chiusura è, infine, costituita dall'art. **227, rubricato "a*ggiornamenti*"**, il quale, nell'introdurre la cosiddetta "clausola di rinforzo", dispone che "*ogni intervento normativo incidente sulle disposizioni del codice e dei suoi allegati, o sulle materie dagli stessi disciplinate, è attuato mediante esplicita modifica, integrazione, deroga o sospensione delle specifiche disposizioni in essi contenute*".

4. Libri I e II. Ambito di applicazione e norme definitorie

Caratteristica fondamentale del **Nuovo Codice del 2023** è l'aver dedicato un intero ed autonomo *corpus normativo* (la **Parte I del Libro I**) alla codificazione di principi riguardanti **tutta la materia dei contratti pubblici;** ciò a differenza di quanto accaduto con il d.lgs n. 50/2016, ove una pur non esaustiva elencazione dei principi valevoli in tale ambito è contenuta all'art. 3. In generale può dirsi che attraverso la codificazione dei principi, il legislatore ha inteso favorire, rispetto al passato, una più ampia **libertà di iniziativa** e **di autoresponsabilità** delle stazioni appaltanti e degli enti concedenti, valorizzandone **autonomia e discrezionalità** (amministrativa e tecnica) in un settore, quale quello dei contratti pubblici, in cui la rigidità e l'eccessivo dettaglio della relativa disciplina ha creato incertezze, ritardi ed inefficienze, mirando a realizzare, fra gli altri, i seguenti obiettivi:

a) ribadire che **la concorrenza è uno strumento** il cui fine è realizzare al meglio l'obiettivo di un appalto aggiudicato ed eseguito in funzione del preminente interesse della committenza (e della collettività) (art. 1, co. 2);

b) **accentuare e incoraggiare lo spazio valutativo e i poteri di iniziativa delle stazioni appaltanti,** per contrastare, in un quadro di rinnovata fiducia verso l'azione dell'amministrazione, il fenomeno della cd. "burocrazia difensiva", che può generare ritardi o inefficienze nell'affidamento e nell'esecuzione dei contratti (art. 2, co. 2).

Essa si articola in due titoli distinti:

- **Titolo I**, dedicato ai **principi generali** veri e propri (risultato, fiducia, accesso al mercato, buona fede e tutela dell'affidamento, solidarietà e sussidiarietà orizzontale, auto-organizzazione amministrativa, autonomia negoziale, conservazione dell'equilibrio contrattuale, tassatività delle cause di esclusione, applicazione dei contratti collettivi di lavoro);
- **Titolo II**, che contiene, invece, i **principi comuni a tutti i Libri del codice** in materia di campo di applicazione, di responsabile unico dell'intervento e di fasi della procedura di affidamento.

Vengono, poi, definiti l'ambito di applicazione del Codice medesimo, che risulta oggi indicato all'art. 13 (norma di apertura del **Titolo III**), i **contratti a cui si applicano le disposizioni del codice** e **i contratti esclusi.**

Quanto alle **definizioni dei soggetti, dei contratti e delle procedure,** è, come detto, l'**Allegato I.1** a contenerle in un unico quadro, così concretizzando il carattere della semplificazione, che ha ispirato il legislatore del Codice. Il legislatore ha, infatti, voluto procedere ad una classificazione sistematica, suddividendo le definizioni (prima racchiuse in un'unica disposizione) in **tre macrocategorie**: a) soggetti cui il codice si applica (**art. 1**); b) contratti che il codice disciplina (**art. 2**); c) procedure e strumenti di cui possono avvalersi le stazioni appaltanti e gli enti concedenti (**art. 3**). Si rinvia al capitolo successivo per la relativa trattazione.

Il **Libro II** del Nuovo codice 2023, intitolato *"dell'appalto"* contiene, raccolte unitariamente (**Titolo I**), l'insieme delle norme riferite ai **contratti sottosoglia**, con riguardo alla procedura di affidamento, ai principi applicabili, alle modalità di individuazione del contraente e dell'affidatario, ai vari meccanismi di gara (disciplinati in termini difformi dai contratti soprasoglia), gli indici delle offerte anomale, le garanzie delle offerte, ecc. Segue, poi il *corpus* di norme relative alle **procedure di affidamento** e si conclude (Parte VII, artt. 127 - 131) con una serie di disposizioni che disciplinano l'**affidamento dei servizi sociali** e di quelli ad essi assimilati, raggruppandoli sulla base dell'identità di scopo cui i servizi sono rivolti nei cosiddetti **settori ordinari**.

5. Libri III e IV. I settori speciali, il partenariato pubblico-privato e le concessioni

Peculiari innovazioni si registrano in relazione agli **appalti operanti nei settori speciali** (acqua, gas, trasporti, porti e aeroporti, energia, elettricità, servizi postali), cui è oggi dedicato un libro *ad hoc* del nuovo codice, il quale, sebbene ricalchi in qualche modo, sia pure con significative differenze, la precedente disciplina contenuta negli artt. 114-121 del d.lgs. n. 50/2016, è dotato dei caratteri di **completezza, uniformità e autonomia**. Norma di apertura è l'art. 141 (rubricato *"Ambito e norme applicabili"*), il quale delimita, in modo sostanzialmente completo, l'ambito soggettivo di applicazione del Libro III e le disposizioni generali degli altri Libri applicabili ai settori speciali, in conformità alla direttiva 2014/25/UE; caratteri peculiari sono la semplificazione delle modalità di attribuzione dei diritti speciali o esclusivi – ai cui titolari (imprese pubbliche o privati) è attribuita una serie di "poteri di autorganizzazione" – e l'espressa esclusione, in favore delle stazioni appaltanti o degli enti concedenti, dell'obbligo di specifica motivazione per il caso di suddivisione in lotti; ciò in aderenza a quanto indicato all'art. 65 Direttiva 2014/25/UE ed alle finalità di salvaguardia dell'autonomia decisionale degli operatori di tali delicati settori. Le Parti successive sono, infine, dedicate alle **procedure di scelta del contraente** nei settori speciali e risulta in gran parte imposta dal diritto unionale, che delinea gli specifici obblighi procedurali da ottemperare per addivenire a detta scelta, ma in un'ottica più aperta di valorizzazione delle esigenze di flessibilità nell'aggiudicazione, procedere ad una sostanziale equiparazione delle diverse procedure di scelta del contraente, confermando l'eccezionalità della procedura negoziata senza previa pubblicazione del bando e dell'obbligo motivazione in caso di scelta.

Nel libro **IV** trovano collocazione i principali strumenti di realizzazione e di finanziamento delle opere pubbliche **diversi dall'appalto**. Viene in rilievo, in primo luogo, la nuova figura di "**partenariato pubblico-**

privato" (di seguito: PPP), rispetto alla quale il nuovo codice, riprendendo, come illustra la Relazione, la formulazione di matrice europea, ha operato una profonda revisione sistematica della materia, partendo già dalla descrizione contenuta nell'**art. 174,** che definisce con il termine PPP un'**operazione economica,** che può realizzarsi attraverso diversi "tipi" contrattuali, tra i quali spicca la concessione, in virtù dei quali il *partner* privato fornisce un servizio al pubblico, **"in luogo" ma sotto il controllo del *partner* pubblico** e comunque assumendo su di sé in modo significativo la **copertura dei fabbisogni finanziari** e la **gestione del rischio operativo**.

L'obiettivo prefissato dal legislatore, come si legge nella Relazione illustrativa, è stato quello di rendere il PPP più attrattivo per amministrazioni, operatori economici ed investitori istituzionali ed è stato perseguito:

a) sul piano della certezza del diritto, fornendo un quadro chiaro del riparto dei rischi;
b) sul piano della specializzazione degli enti concedenti, a cui è stata data la possibilità di avvalersi di un organismo consultivo;
c) sul piano della maggiore flessibilità e semplificazione delle procedure (anche attraverso la digitalizzazione);
d) attraverso la riduzione del c.d. 'rischio regolatorio';
e) prestando maggiore attenzione agli aspetti legati all'esecuzione del PPP.

Su queste basi si è operata un'inversione sistematica rispetto al precedente impianto normativo: le disposizioni generali in materia di PPP precedono, infatti, la disciplina delle figure contrattuali tipiche, quali: la concessione, la locazione finanziaria, il contratto di disponibilità e la finanza di progetto.

È stato, inoltre, ribadito il **principio di atipicità e non esclusività** delle forme contrattuali partenariali. In forza della capacità generale di diritto privato, l'amministrazione può, infatti, forgiare anche schemi diversi da quelli nominati, purché aderenti, nei contenuti, alla regolazione pubblicistica contenuta nel libro IV.

Sempre sul piano sistematico sono stati meglio precisati i **rapporti tra concessione e finanza di progetto** a cui sono dedicati gli artt. 193 ss. e, a differenza che nell'impianto codicistico del 2016, sono state limate le differenze e positivamente stabilito che il medesimo contratto di concessione può essere finanziato sia in *corporate financing* sia in *project financing*, nel quale ultimo caso, in ragione delle peculiarità di tale operazione economica, sono state comunque riservate alla finanza di progetto norme specifiche in tema di aggiudicazione ed esecuzione del contratto. Ancora sul piano sistematico, richiamando la **distinzione tra PPP di tipo puramente contrattuale e PPP di tipo istituzionalizzato**, il nuovo Codice si occupa precipuamente delle forme di partenariato del primo tipo, rinviando al **testo unico sulle società partecipate** (d.lgs 19.08.2016, n. 175) e alle altre norme speciali di settore per quanto riguarda il PPP istituzionalizzato.

6. Libro V. Il contenzioso, gli strumenti alternativi alla tutela giurisdizionale e la nuova *Governance*

Nel rinviare sul punto per approfondimenti al capitolo dedicato, in questa sede basti dire che il libro **V**, con cui si chiude il nuovo codice dei contratti, contiene nella sua Parte I, le norme afferenti la fase "patologica" del rapporto contrattuale, la quale può sfociare in un **contenzioso giudiziale** ed in tal senso l'**art. 209** rinviando al Codice del processo amministrativo, contiene le modifiche da apportare allo stesso in conseguenza della modifica legislativa *de qua*.

Importanti innovazioni in ambito contenzioso sono rappresentate, da un lato, *ex* **art. 124 c.p.a.** come sostituito dall'art. 209 del nuovo Codice, dall'**estensione della cognizione del giudice** anche alle azioni risarcitorie e all'azione di rivalsa **proposte dalla stazione appaltante** nei confronti dell'operatore economico che, violando i doveri di buona fede e correttezza, ha concorso a determinare un esito della gara illegittimo, dall'altro lato dall'introduzione (sempre nell'art. 124 co. 3 c.p.a) di un vero e proprio "**obbligo processuale**" posto in capo alla parte danneggiante, la quale su richiesta del Giudice, è tenuta a "*formulare una proposta risarcitoria*" alla parte danneggiata, con le relative conseguenze in punto di spese di lite in caso di mancata formulazione della proposta ovvero di un suo eccessivo squilibrio o significativa differenza con l'importo liquidato in sentenza. Con un dichiarato intento deflattivo del contenzioso, il Codice esalta, tuttavia, agli articoli successivi, gli **strumenti alternativi alla tutela giurisdizionale**, rappresentati:

- dall'**accordo bonario per i lavori** (art. 210);
- **per i servizi e forniture** (art. 211), dalla **transazione** (art. 212), la quale, comunque, è espressamente prevista come rimedio residuale ("*nell'ipotesi in cui non risulti possibile esperire*

altri rimedi alternativi all'azione giurisdizionale"), segue le regole civilistiche ed è nulla se non stipulata per iscritto;
- dall'**arbitrato** e dalle **camere arbitrali** (artt. 213, 214), anche in questo caso, però, solo limitatamente alle controversie inerenti ai diritti soggettivi (non anche a quelle attinenti a interessi legittimi) e derivanti dall'esecuzione di tutte le tipologie di contratti pubblici (relativi a lavori, servizi e forniture) ad esclusione di quelli dell'area della procedura ad evidenza pubblica;
- dall'intervento, non solo in funzione consultiva, del **Collegio consultivo tecnico (CCT)** al fine di dare attuazione al criterio direttivo della legge delega concernente "*estensione e rafforzamento dei metodi di risoluzione delle controversie alternativi al rimedio giurisdizionale, anche in materia di esecuzione del contratto*".

La Parte II del Libro V del nuovo Codice è, invece, dedicata alla ***Governance*** del settore dei contratti pubblici, intesa sia come **attività di direzione e controllo** sia come l'insieme delle istituzioni e degli organi che presiedono alla **definizione degli obiettivi e delle strategie da perseguire**; talli "soggetti" sono: la **Cabina di regia** (art. 221), **l'ANAC** (art. 222) e il **Ministero delle Infrastrutture e dei Trasporti** (art. 223).

▶ 6.1. La cabina di regia

Il nuovo **art. 221** conferma le funzioni e le finalità della struttura, mantenendo l'impostazione generale già seguita dal previgente assetto codicistico (art. 212 d.lgs n. 50/2016), conferendogli, tuttavia, una rinnovata centralità, finalizzata al potenziamento della struttura, a cui compete il **ruolo di struttura nazionale di riferimento per la cooperazione con la Commissione europea** (co. 7) per quanto riguarda l'applicazione della normativa settoriale e l'adempimento degli obblighi di assistenza e di cooperazione reciproca tra gli Stati membri.

Importanti ulteriori compiti affidati alla Cabina di regia sono quelli di: sovrintendere alla **digitalizzazione del sistema dei contratti pubblici** (ferme le funzioni dell'ANAC); monitorare l'attuazione delle misure contenute nel codice, sostenendone l'esecuzione e individuandone eventuali criticità e a tal fine è prevista l'istituzione da parte della Cabina stessa, per i primi due semestri dalla data di acquisto dell'efficacia del codice, di una struttura denominata "***sportello unico di supporto tecnico***" (cd. **help desk**); coordinare l'adozione, da parte dei soggetti competenti, dei regolamenti attuativi e degli atti di indirizzo, nonché il loro riordino in allegato al codice; esaminare le proposte di modifiche normative nella materia disciplinata dal codice e contribuire all'effettuazione delle analisi e verifiche di impatto dei provvedimenti adottati.

▶ 6.2. L'Autorità Nazionale Anticorruzione (ANAC)

L'**art. 222** dispone il riordino e la revisione delle competenze dell'**Autorità nazionale anticorruzione**, già elencate dall'art. 213 del d.lgs. n. 50/2016, in attuazione del criterio contenuto nell'art. 1, co. 2, lett. b), della l. delega, che ha stabilito la "*revisione delle competenze dell'Autorità nazionale anticorruzione in materia di contratti pubblici, al fine di rafforzarne le funzioni di vigilanza sul settore e di supporto alle stazioni appaltanti*".

Con riguardo alle funzioni dell'ANAC, se, come detto, non è più previsto il potere dell'Autorità di adottare le linee guida, le quali sono oggi confluite e assorbite dal nuovo codice, stante l'autoesecutività e completezza che lo connota, il nuovo impianto normativo l'ANAC mantiene, invece, le **funzioni di analisi e verifica** dell'impatto della regolamentazione ai fini del rispetto del divieto cd. *gold plating* ed estende il suo **ruolo di supporto** alle stazioni appaltanti, esercitato mediante la stipula di appositi protocolli d'intesa ovvero nella fase di predisposizione degli atti di gara o nella gestione della procedura di gara ed anche alla fase dell'esecuzione del contratto.

Il nuovo codice ha, altresì, dotato l'ANAC di **poteri sanzionatori più efficaci** in modo da garantire il rispetto delle regole di buona amministrazione e, di conseguenza, il corretto funzionamento del mercato di riferimento; la relativa disciplina è rimessa al potere regolamentare dell'Autorità. Allo stesso modo, risultano ampliati i **poteri di vigilanza** sul versante dell'esecuzione dei contratti, non più limitati alla verifica del rispetto del principio di economicità dei contratti pubblici, ma diretti anche ad accertare che dall'esecuzione degli stessi non derivi un pregiudizio per l'Erario ovvero a verificare la correttezza stessa dell'esecuzione.

▶ 6.3. Il Ministero delle Infrastrutture e dei Trasporti

Non sono state apportate sostanziali variazioni ai contenuti essenziali ed ai compiti affidati al **Ministero delle infrastrutture e dei trasporti (MIT)**, il quale è il soggetto istituzionale titolare della funzione di promozione delle attività amministrative e tecniche necessarie alla celere progettazione e all'approvazione delle infrastrutture strategiche e degli insediamenti produttivi prioritari per lo sviluppo del Paese, effettuando, in collaborazione con le Regioni o le Province autonome interessate, le attività di supporto necessarie per la vigilanza sulla realizzazione delle infrastrutture.
In applicazione del principio di leale collaborazione con gli enti territoriali interessati, il Ministero (tra le altre competenze): promuove e riceve le proposte delle Regioni o Province autonome e degli altri enti aggiudicatori; promuove e propone intese quadro tra Governo e singole Regioni o Province autonome, al fine del congiunto coordinamento e realizzazione delle infrastrutture; promuove la redazione dei progetti di fattibilità delle infrastrutture da parte dei soggetti aggiudicatori, anche attraverso eventuali intese o accordi procedimentali tra i soggetti comunque interessati; provvede, eventualmente in collaborazione con le Regioni, le Province autonome e gli altri enti interessati, alle attività di supporto al CIPE per la vigilanza sull'affidamento da parte dei soggetti aggiudicatori e di verifica dello stato della realizzazione delle infrastrutture; ove necessario, collabora alle attività istruttorie dei soggetti aggiudicatori o degli enti interessati con azioni di indirizzo e supporto; cura l'istruttoria sui progetti di fattibilità e definitivi per la sottoposizione alle deliberazioni del CIPE, proponendo allo stesso le eventuali prescrizioni per l'approvazione del progetto. Il MIT assicura, inoltre, il supporto e l'assistenza necessari alle stazioni appaltanti per l'applicazione della disciplina di settore.

Capitolo 2
Il Codice dei contratti pubblici. Ambito di applicazione, soggetti, principi generali, digitalizzazione e accesso

SOMMARIO

1. L'Ambito di applicazione del nuovo Codice e le norme definitorie.

L'**ambito di applicazione del nuovo Codice del 2023** risulta oggi indicato all'**art. 13** (norma di apertura del Titolo III del Libro I), il quale, riprendendo la tripartizione classica dei contratti conclusi dalla pubblica amministrazione, stabilisce a quali di essi è applicabile la disciplina contenuta in esso, rinviando per la definizione di ciascuno (co. 6) all'**allegato I.1**
Tra i **contratti a cui si applicano le disposizioni del codice**, l'art. 13 individua *in primis* al co. 1, i **contratti di appalto e di concessione**; tramite il rinvio operato dal co. 7, le disposizioni del codice si applicano, altresì, all'**aggiudicazione dei lavori pubblici da realizzarsi da parte di soggetti privati**, titolari di permesso di costruire o di un altro titolo abilitativo, che assumono in via diretta l'esecuzione delle opere **di urbanizzazione a scomputo** totale o parziale del contributo previsto per il rilascio del permesso, ovvero eseguono le relative opere in regime di convenzione; la norma rinvia poi all'**allegato I.12** per individuare le modalità di affidamento delle opere di urbanizzazione a scomputo.

▶ 1.1. Ambito soggettivo: (definizioni di) Soggetti e Contratti

Significativa è l'introduzione delle **nozioni omnicomprensive di "*stazione appaltante*"** ed "***ente concedente***" – rispettivamente alle lett. a) e b) dell'**art. 1**, ove è indicato:

- per **"*stazione appaltante*"**, "*qualsiasi soggetto, pubblico o privato, che affida contratti di appalto di lavori, servizi e forniture e che è comunque tenuto, nella scelta del contraente, al rispetto del codice*";
- per **"*ente concedente*"**, "*qualsiasi amministrazione aggiudicatrice o ente aggiudicatore, ovvero altro soggetto pubblico o privato, che affida contratti di concessione di lavori o di servizi e che è comunque tenuto, nella scelta del contraente, al rispetto del codice*"; così consentendo di introdurre un riferimento unitario che, anche coerentemente con la disciplina processualistica (codice del processo amministrativo, art. 133, lett. e), n. 1), definisce i contorni dell'obbligo di seguire la procedura di evidenza pubblica per l'affidamento del contratto, a prescindere dalla forma giuridica e dalla natura dell'ente che di volta in volta viene in considerazione.

Altra sostanziale novità attiene alla nuova definizione della **parte privata** del contratto, che viene qualificata non più come "*affidatario*", ma come (più genericamente) "**operatore economico**".
Sul piano della definizione dei **contratti**, la norma di riferimento è l'**art. 2**, la quale chiarisce anzitutto, che i "***contratti pubblici***" sono contratti a tutti gli effetti, espressione dell'autonomia negoziale della pubblica amministrazione, sottoposti come tali nella fase esecutiva al diritto privato, salvo le deroghe espressamente previste dal codice; **contratti pubblici** sono, pertanto, tutti quei contratti stipulati da soggetti che rivestono la qualità di stazioni appaltanti ed enti concedenti, mentre la circostanza che per la conclusione degli stessi sia necessario il previo esperimento di una fase di evidenza pubblica non ne fa venire meno la natura negoziale. La detta norma ribadisce, altresì, la tradizionale distinzione tra **contratti a titolo oneroso** e **contratti a titolo gratuito** (rispettivamente lett.f e g), rilevante ai fini dell'applicazione della procedura di gara e del livello di dettaglio della disciplina regolante la procedura applicabile (soggiacendo i contratti gratuiti economicamente interessati solo ai principi generali e non all'intera disciplina del codice).

▶ 1.2. Ambito oggettivo: (definizioni di) Appalti e Concessioni

L'art. 2 dell'Allegato I.1, del **nuovo Codice del 2023**, alle lett. b) e c), definisce rispettivamente:
- i **contratti di appalto**, intesi come contratti a titolo oneroso stipulati per iscritto tra uno o più operatori economici e una o più stazioni appaltanti e aventi per oggetto l'esecuzione di lavori, la fornitura di beni o la prestazione di servizi;
- i **contratti di concessione**, ossia i contratti a titolo oneroso stipulati per iscritto a pena di nullità in virtù dei quali una o più amministrazioni aggiudicatrici o uno o più enti aggiudicatori affidano l'esecuzione di lavori o la fornitura e la gestione di servizi a uno o più operatori economici, ove il corrispettivo consista unicamente nel diritto di gestire i lavori o i servizi oggetto dei contratti o in tale diritto accompagnato da un prezzo.

La distinzione tra appalto e concessione è individuata nel c.d. **"rischio di gestione"**; invero il corrispettivo consiste unicamente nel diritto di gestire l'opera o in tale diritto accompagnato da un prezzo (nella *concessione di lavori*) o nel diritto di gestire i servizi o in tale diritto accompagnato da un prezzo (nella *concessione di servizi*). La concessione instaura, così, un **rapporto trilaterale** tra amministrazione, concessionario ed utenti.
Due, ancora, i tratti fondamentali dell'appalto pubblico. Sul piano *soggettivo*, rilevano le nozioni di **appaltatore** e di **amministrazione aggiudicatrice**. L'**appaltatore** può essere, per gli appalti di servizi e forniture, il *"prestatore di servizi o forniture"*, quindi una persona fisica o giuridica, ed anche un ente pubblico, salvi i limiti di compatibilità fra oggetto dell'appalto ed i fini istituzionali dell'ente; deve essere, inoltre, per quanto riguarda i lavori, un *"imprenditore"*, con esclusione quindi degli enti pubblici. L'**amministrazione aggiudicatrice** coincide sostanzialmente con la figura di **organismo di diritto** pubblico (per la cui disamina si rinvia a Parte II, Cap. 1, § 12.2.1.)
Gli appalti possono avere ad **oggetto**:
- **lavori**, ossia l'esecuzione di lavori, ma anche, unitamente a questa, la loro progettazione (si pensi ai lavori di manutenzione delle strade o di costruzione di ospedali o di restauro di immobili di pregio storico);
- **forniture**, cioè l'acquisto, la locazione finanziaria, la locazione o l'acquisto a riscatto, con o senza opzione per l'acquisto, di prodotti (per esempio, siringhe, aghi o farmaci per ospedali; computer per uffici; vestiario per le forze di polizia);
- **servizi**, nozione residuale che comprende le prestazioni diverse dai lavori e dalle forniture (per esempio, portierato, pulizia degli edifici, informatizzazione dell'ente).

▶ 1.2.1. Il contratto di disponibilità

Diverso tanto dall'appalto quanto dalla concessione è il **contratto di disponibilità** con il quale sono affidate, dietro corrispettivo e a rischio e spese dell'affidatario, la costruzione e la messa a disposizione a favore dell'amministrazione aggiudicatrice di un'opera, che **resta di proprietà privata,** ma che è **destinata all'esercizio di un pubblico servizio**. L'affidatario, quindi, mette a disposizione dell'amministrazione la costante fruibilità dell'opera, garantendone la manutenzione oltre che la gestione dei servizi connessi. L'art. 1 dell'Allegato I.1, alla **lett. i)**, ridefinisce il contratto di disponibilità, eliminando e sostituendo espressioni atecniche quali "*messa a disposizione*", "*parametri di* *funzionalità*", adoperando categorie già codificate per l'appalto e locazione; quale novità rispetto allo schema tipo, si chiarisce, inoltre, già nella definizione, la possibilità che il "*godimento*" dell'immobile sia oggetto di successivo trasferimento anche a titolo di proprietà, dietro versamento di un **corrispettivo "*ulteriore*"** (ossia in aggiunta al "*canone di disponibilità*" connesso alla prestazione volta a garantire il "*miglior godimento*" dell'opera).

▶ 1.3. I contratti esclusi

Quanti **ai contratti esclusi**, il co. 2 dell'art. 13 indica, invece:

- i **contratti esclusi a norma delle direttive comunitarie**;
- i **contratti attivi** e i **contratti a titolo gratuito**, ancorchè da essi la P.A. possa trarne beneficio (lett. *"anche qualora essi offrano opportunità di guadagno economico, anche indiretto"*), evidenziando così l'essenzialità del carattere della corrispettività delle prestazioni. Una precisazione è, tuttavia d'obbligo: secondo, infatti, il co. 5 anche per detti contratti a titolo gratuito l'affidamento deve avvenire tenendo conto dei principi di cui agli artt. 1 (principio del risultato), 2 (principio della fiducia) e 3 (principio dell'accesso al mercato, che rinvia ai principi di concorrenza, imparzialità e non discriminazione, pubblicità e trasparenza, proporzionalità);
- allo stesso modo, **esclusi** dall'ambito di operatività del nuovo codice sono, secondo il co. 3, i **contratti di società** e le **operazioni straordinarie che non comportino nuovi affidamenti di lavori, servizi e forniture,** chiarendo, comunque che la disposizione non ha effetto abrogante sulle norme del d.lgs. 19.08.2016, n. 175 in materia di scelta del socio privato, che prevedono l'utilizzo di procedure ad evidenza pubblica (art.17, co. 1, d.lgs. n. 175/2016) e di cessione di quote o di azioni, per le quali è previsto il rispetto dei principi di pubblicità, trasparenza e non discriminazione e solo in casi eccezionali, ove l'offerta sia particolarmente conveniente, la negoziazione diretta con un singolo acquirente (art. 10, co. 2, d.lgs. n. 175/2016).

2. Le soglie di rilevanza europea (e il principio del divieto di frazionamento artificioso)

Le disposizioni del Codice dei contratti disciplinano, invero, sia i contratti **di rilevanza europea o sopra soglia**, che i contratti cosiddetti **sotto soglia**, il cui *discrimen* è determinato dall'**importo stimato del contratto al netto dell'IVA. I** primi sono quei contratti il cui valore stimato (al netto dell'IVA) è pari o superiore a determinate soglie economiche e che non rientrano tra i contratti esclusi; i secondi sono quei contratti il cui valore stimato al netto dell'IVA è inferiore alle dette soglie economiche. La determinazione economica delle dette soglie è oggi contenuta all'art. 14 del **nuovo Codice del 2023** (nel precedente impianto, invece, era l'art. 35 d.lgs n. 50/2016 a riportarle). Secondo la stessa impostazione codicistica, le dette soglie sono soggette a **rideterminazione periodica** mediante provvedimento della Commissione europea (co. 3); oggi le stesse sono riportate ai primi due commi dell'art. 14 e sono le seguenti:

a) **per i settori ordinari**: **euro 5.382.000** per gli **appalti pubblici di lavori e per le concessioni**; **euro 140.000** per gli **appalti pubblici di forniture, di servizi e per i concorsi pubblici di progettazione** aggiudicati dalle amministrazioni aggiudicatrici che sono autorità governative centrali; se gli appalti pubblici di forniture sono aggiudicati da amministrazioni aggiudicatrici operanti nel settore della difesa, questa soglia si applica solo agli appalti concernenti i prodotti menzionati nell'allegato III alla Dir. 2014/24/UE; **euro 215.000** per gli **appalti pubblici di forniture, di servizi e per i concorsi pubblici di progettazione aggiudicati** da amministrazioni aggiudicatrici sub-centrali; tale soglia si applica anche agli appalti pubblici di forniture aggiudicati dalle autorità governative centrali che operano nel settore della difesa, allorché tali appalti concernono prodotti non menzionati nell'allegato III alla Dir. 2014/24/UE; **euro 750.000** per gli **appalti di servizi sociali e di altri servizi specifici** elencati all'allegato XIV alla Dir. 2014/24/UE.
b) **per i settori speciali**: **euro 5.382.000** per gli **appalti di lavori**; **euro 431.000** per gli **appalti di forniture, di servizi e per i concorsi pubblici di progettazione**; **euro 1.000.000** per i **contratti di servizi, per i servizi sociali e altri servizi specifici** elencati all'allegato XIV alla Dir. 2014/24/UE

Quanto al calcolo del valore stimato di un appalto pubblico di lavori, servizi e forniture, come anticipato, esso si basa sull'importo totale pagabile, al netto dell'IVA, valutato dall'amministrazione aggiudicatrice

o dall'ente aggiudicatore. Nel calcolo bisogna tenere conto dell'importo massimo stimato, compresa qualsiasi forma di eventuali opzioni o rinnovi del contratto esplicitamente stabiliti nei documenti di gara; allo stesso modo, rientra nel detto calcolo anche l'ipotesi in cui un'amministrazione aggiudicatrice o un ente aggiudicatore preveda premi o pagamenti per i candidati o gli offerenti.
Il co. 6 dell'art. 14 esplicita, infine, un principio di portata generale, ossia il **principio del divieto di frazionamento artificioso**, a mente del quale **un appalto non può essere frazionato per evitare l'applicazione delle norme del codice** e solo ragioni oggettive possono giustificare l'operazione di suddivisione. Nello stesso senso è stabilito che la scelta del metodo per il calcolo del **valore stimato** di un appalto o concessione – la quale deve avvenire al momento dell'invio dell'avviso di indizione di gara o del bando di gara o, nei casi in cui non sia prevista un'indizione di gara, nel momento di avvio della procedura di affidamento del contratto – non può essere fatta per evitare l'applicazione delle disposizioni del codice relative alle soglie europee.

3. I principi in tema di aggiudicazione ed esecuzione degli appalti. I super-principi e gli altri principi generali

Come accennato nel capitolo precedente, mentre il d.lgs n. 50/2016 non contiene una parte iniziale dedicata ai principi generali, ben differente è l'approccio del **nuovo Codice del 2023**, che dedica una parte generale (la **Parte I del Libro I**) alla codificazione di principi riguardanti l'**intera materia dei contratti pubblici,** così da giungere alla creazione di un vero e proprio **sistema normativo**, nell'ambito del quale, come si legge nella Relazione illustrativa al Codice, i principi *"rendono intellegibile il disegno armonico, organico e unitario sotteso al codice rispetto alla frammentarietà delle sue parti, e consentono al tempo stesso una migliore comprensione di queste, connettendole al tutto (cfr. Cons. Stato, Ad. plen. 7 maggio 2013, n. 13)"*.
Nel nuovo quadro normativo, tuttavia, si distingue una **chiara gerarchia** tra un primo gruppo di principi, contenuti nei primi tre articoli del codice, definititi **"super-principi"**, e i restanti contenuti agli artt. 5 – 11; i primi, ossia i principi del **risultato** (art. 1), della **fiducia** (art. 2) e dell'**accesso al mercato** (art. 3) rivestono **carattere "super-primario"**, posto che, come stabilito all'art. 4, *"le disposizioni del codice si interpretano e si applicano in base ai principi di cui agli articoli 1, 2 e 3"*. La Relazione Illustrativa, sul punto, evidenzia che, nel dubbio interpretativo, la soluzione ermeneutica da privilegiare è quella che sia funzionale a realizzare il risultato amministrativo, che sia coerente con la **fiducia sull'amministrazione**, sui suoi funzionari e sugli operatori economici e che permetta di favorire il più ampio accesso al mercato degli operatori economici.

▶ 3.1. Il principio del risultato

L'art. 1 del nuovo Codice, al co. 1, codifica il **principio del risultato**, che deve essere perseguito dalle stazioni appaltanti e dagli enti concedenti, inteso come affidamento ed esecuzione del contratto con la **massima tempestività** e il **migliore rapporto possibile tra qualità e prezzo**, nel rispetto dei principi di **legalità**, **trasparenza** e **concorrenza**, considerati i più importanti limiti alla scelta della pubblica amministrazione in relazione al contraente e nella selezione delle offerte.
La norma valorizza lo stretto **legame strumentale** sussistente **tra raggiungimento del risultato e tutela della concorrenza** tra gli operatori economici, concorrenza che assume oggi il significato di mezzo funzionale a conseguire il miglior risultato possibile nell'affidare ed eseguire i contratti, nell'ottica della migliore soddisfazione dell'interesse pubblico (co. 2); risultato che si realizza attraverso la **trasparenza**, la semplicità e celerità nella corretta applicazione delle regole del Codice. Secondo il codice, il principio del risultato è, ancora, qualificato come *"**parametro prioritario** per l'esercizio del potere discrezionale e per l'individuazione della regola del caso concreto"* (co. 4), con ciò confermandosi come **criterio-guida** utilizzato, come espressamente indicato, anche per valutare la responsabilità del personale che svolge funzioni amministrative o tecniche nelle fasi di programmazione, progettazione, affidamento ed esecuzione dei contratti.

▶ 3.2. Il principio della fiducia e la nuova disciplina della responsabilità erariale nel settore dei contratti pubblici. La copertura assicurativa

Il **principio della fiducia** rappresenta una svolta rispetto alla logica fondata sulla sfiducia per l'azione

dei pubblici funzionari. Con una netta inversione di rotta rispetto alla logica fondata sulla sfiducia (se non sul "sospetto") per l'azione dei pubblici funzionari, si intende oggi attribuire "**fiducia**" al funzionario pubblico, con l'obiettivo di favorire la sua iniziativa in seno all'amministrazione.
Come oggi espressamente previsto all'art. 2, co. 1, l'attribuzione e l'esercizio del potere nel settore dei contratti pubblici si fonda sul principio della **reciproca fiducia** nell'azione legittima, trasparente e corretta dell'amministrazione, dei suoi funzionari e degli operatori economici. Spiega, al riguardo, la Relazione illustrativa, che il principio della fiducia fa già da presupposto a molti istituti del codice, anche di derivazione europea (dal soccorso istruttorio al c.d. *self-cleaning*) e d'altro canto, la fiducia è legata a doppio filo a **legalità, trasparenza e correttezza**, rappresentando, sotto questo profilo, una versione evoluta del **principio di presunzione di legittimità dell'azione amministrativa**. Non si tratta, tuttavia, di "regalare la fiducia" a funzionari che non la meritano, né tanto meno di incidere sull'intensità del sindacato giurisdizionale, quanto piuttosto di dettare una regola chiara: ogni stazione appaltante ha la responsabilità delle gare e deve svolgerle non solo rispettando la legalità formale, ma tenendo sempre presente che ogni gara è funzionale a realizzare un'opera pubblica (o ad acquisire servizi e forniture) nel modo più rispondente agli interessi della collettività. Il raggiungimento di questo risultato implica il superamento di ogni forma di inerzia e l'esercizio effettivo della discrezionalità di cui la P.A. dispone. Ciò presuppone la fiducia dell'ordinamento giuridico sulle scelte compiute dalla P.A., alla quale, in assenza di detta fiducia, non si attribuirebbe il potere. Ogni conferimento di potere (specie se di natura discrezionale) presuppone, infatti, la fiducia dell'ordinamento giuridico verso l'organo destinatario dell'attribuzione: esplicitare a livello normativo questo presupposto culturale e giuridico promuove il senso di appartenenza dell'Amministrazione allo Stato-comunità, scongiura l'inerzia, valorizza le capacità e orienta verso il rispetto della legalità sostanziale.
Alla fiducia è comunque collegato il principio del risultato; secondo il co. 2 dell'art. 2, infatti, la fiducia che viene riconosciuta ai pubblici funzionari non è incondizionata, ma costituisce una sorta di contropartita di ciò che l'ordinamento si aspetta dall'azione amministrativa, ossia la realizzazione del risultato declinato dall'art. 1. La norma chiarisce che il principio della fiducia implica un **ampliamento dei poteri valutativi e della discrezionalità della P.A.** Come indicato nella Relazione Illustrativa, tale **valorizzazione dei poteri discrezionali del funzionario pubblico** è, inoltre, in linea (nell'ottica del superamento della c.d. "*paura della firma*") con la **nuova formulazione dell'art. 323 cod. pen.** (ad opera del d.l. n. 76/2020), che ai fini dell'integrazione del reato di abuso d'ufficio richiede che l'atto sia adottato *"in violazione di specifiche regole di condotta espressamente previste dalla legge o da atti aventi forza di legge e dalle quali non residuano margini di discrezionalità"*, così definitivo **superando quell'orientamento giurisprudenziale** che, attraverso la valorizzazione dei principi generali di buon andamento e imparzialità, aveva in passato ricondotto nel campo di applicazione dell'abuso d'ufficio anche l'**eccesso di potere**, con conseguente sindacato da parte del giudice penale delle scelte discrezionali del pubblico ufficiale.
Sempre in questa direzione, il co. 3 contiene una **perimetrazione del concetto di colpa grave** rilevante ai fini della **responsabilità amministrativa** dei soggetti sottoposti alla giurisdizione della Corte dei conti e a tal fine individua, nell'ambito delle attività svolte nelle fasi di programmazione, progettazione, affidamento ed esecuzione dei contratti, ai fini della responsabilità amministrativa, la **colpa grave** nelle ipotesi di:

- **violazione di norme di diritto** e degli auto-vincoli amministrativi;
- **"palese" violazione di regole di condotta** (prudenza, perizia, diligenza e omissione di cautele, verifiche ed informazioni preventive ecc).

A chiusura, la norma specifica, altresì, che *"**non costituisce colpa grave** la violazione o l'omissione determinata dal riferimento a indirizzi giurisprudenziali prevalenti o a pareri delle autorità competenti"*.
Come chiarito dalla relazione illustrativa, la scelta di definire normativamente il perimetro della colpa grave nasce dall'esigenza di rendere meno labile il confine tra colpa grave e colpa lieve e, dunque, eliminare il più possibile incertezze interpretative.
Il co. 4, infine, al fine di promuovere la fiducia nell'azione legittima, trasparente e corretta dell'amministrazione, prevede che le stazioni appaltanti e gli enti concedenti adottano azioni per la **copertura assicurativa dei rischi per il personale**, nonché per **riqualificare le stazioni appaltanti** e per **rafforzare e dare valore alle capacità professionali dei dipendenti**, compresi i piani di formazione (art. 15, co. 7).

▶ 3.3. Il Principio dell'accesso al mercato

Secondo l'art. 3 del nuovo Codice del 2023, le stazioni appaltanti e gli enti concedenti favoriscono l'**accesso al mercato degli operatori economici** nel rispetto dei **principi di concorrenza, imparzialità, non discriminazione, pubblicità, trasparenza e proporzionalità**. I principi citati sono raggruppabili in due aree apparentemente distinte: una riconducibile al diritto comunitario (**concorrenza, non discriminazione, trasparenza, pubblicità**); l'altra più attinente alla correttezza del comportamento della pubblica amministrazione nell'uso delle pubbliche risorse e di imparzialità dell'azione amministrativa (**imparzialità**). Nella disposizione, tuttavia, le due prospettive si intersecano con il fine di tutelare la trasparenza e la correttezza dell'azione della pubblica amministrazione.
Il **principio di accesso al mercato** risponde all'esigenza di garantire la conservazione e l'implementazione di un mercato concorrenziale, idoneo ad assicurare agli operatori economici pari opportunità di partecipazione e, quindi, di accesso alle procedure ad evidenza pubblica destinate all'affidamento di contratti pubblici. Esso rappresenta a sua volta un risultato che le stazioni appaltanti e gli enti concedenti devono perseguire attraverso la funzionalizzazione dei principi più generali richiamati. Più in particolare, **la correttezza** si ricollega al principio dell'affidamento, poi esplicitato all'art. 5 e si sostanzia nell'esigenza di reciproca lealtà tra tutti gli operatori che ruotano attorno ad una procedura di evidenza pubblica; **l'imparzialità e la non discriminazione**, principi che trovano un diretto fondamento nell'art. 97 Cost. e nei principi europei in materia di tutela della concorrenza e libera circolazione, impongono alle stazioni appaltanti e agli enti concedenti di assicurare la parità di trattamento fra gli operatori economici, sempre nell'ottica del miglior risultato possibile nell'affidamento e nell'esecuzione dei contratti pubblici; **la pubblicità e la trasparenza** determinano per le stazioni appaltanti e gli enti concedenti l'obbligo di rendere quanto più visibile e controllabile dall'esterno il proprio operato con lo scopo sia di permettere una valutazione sulla legalità dell'azione amministrativa sia di incentivare la partecipazione degli operatori economici alle procedure di evidenza pubblica; infine, **la proporzionalità** richiede alle stazioni appaltanti e agli enti concedenti, in generale, di adottare, nell'esercizio del loro potere discrezionale, la soluzione più congrua che comporti il minor sacrificio possibile di tutti gli interessi, pubblici e privati, coinvolti e, in particolare nella fase di accesso al mercato, obbliga le stazioni appaltanti e gli enti concedenti a predisporre la documentazione di gara in modo tale da permettere la maggiore partecipazione possibile tra gli operatori economici, con un occhio particolare per le imprese di piccole e media dimensione.

▶ 3.4. Gli altri principi generali: buona fede, tutela dell'affidamento, autonomia contrattuale, gestione delle sopravvenienze, tassatività delle cause di esclusione e massima partecipazione.

Tra i più importanti principi di carattere generale, il **nuovo Codice del 2023** richiama espressamente (art. 5) i principi di **buona fede** e di **tutela dell'affidamento**, imponendo che nella procedura di gara le stazioni appaltanti, gli enti concedenti e gli operatori economici devono comportarsi **reciprocamente** nel rispetto dei detti principi. Tale disposizione, che invero, non è innovativa, si pone in linea con la giurisprudenza sia dell'Adunanza Plenaria che delle Sezioni Unite e con il modello generale stabilito dalla l. n. 241/1990 (art. 1, co. 2-*bis*), mirando ad introdurre, sulla falsariga delle norme civilistiche in tema di buona fede e correttezza (artt. 1175, 1337 e 1375 c.c.), una **norma specifica sull'obbligo reciproco di correttezza** (per l'amministrazione e per l'operatore economico) che a maggior ragione si giustifica nell'ambito delle procedure ad evidenza pubblica per la loro chiara valenza **precontrattuale**. Il legislatore specifica, altresì, che i superiori obblighi valgono **anche prima dell'aggiudicazione**, sussistendo già un affidamento dell'operatore economico sul legittimo esercizio del potere e sulla conformità del comportamento amministrativo al principio di buona fede.
Quanto al **principio di autonomia contrattuale**, come già detto nel capitolo precedente, nel curare gli interessi pubblici che la legge le affida la Pubblica Amministrazione agisce anche con modalità di condotta disciplinate dal diritto privato, essendole riconosciuta una **generale capacità di diritto privato**, che la abilita a concludere ogni tipo di contratto, sempre che sia compatibile con le finalità istituzionali assegnate al singolo ente. In tal senso si richiama l'art. 1, co. 1 *bis*, l. 7 agosto 1990, n. 241, che prevede, appunto, che *"la Pubblica amministrazione, nell'adozione di atti di natura non autoritativa, agisce* ***secondo le norme del diritto privato,*** *salvo che la legge disponga diversamente.*

Fondamentale importanza assume, al riguardo, l'art. 8 del **nuovo Codice del 2023** che al co. 1, nell'enunciare il **principio di autonomia contrattuale**, prevede che, nel perseguire le proprie finalità istituzionali, le pubbliche amministrazioni sono dotate di autonomia contrattuale e possono concludere **qualsiasi contratto, anche gratuito**, salvi i divieti espressamente previsti dal codice e da altre disposizioni di legge. La relazione illustrativa, sul punto, segnala che il comma in esame recepisce "*una costante giurisprudenza (cfr. Cass. Sez. Un. 12 maggio 2008, n. 11656), che riconosce alla pubblica amministrazione una generale capacità negoziale, salvo i divieti previsi dalla legge*". È ormai pacifico, infatti, che il principio di tipicità dei provvedimenti amministrativi non si estende ai contratti, per i quali vige l'opposto principio di atipicità (art. 1322 c.c.), ribadendo, in tal modo, il **principio di tassatività della limitazione della capacità negoziale**.
In attuazione del criterio direttivo di cui alla lett. l) della legge delega ("*divieto di prestazione gratuita dell'attività professionale, salvo che in casi eccezionali e previa motivazione*"), il co. 2 dell'art. 5 dispone, tuttavia, che le prestazioni d'opera intellettuale non possono essere rese dai professionisti gratuitamente, salvo che in casi eccezionali e previa adeguata motivazione, mentre al secondo periodo precisa che, fatti salvi i predetti casi eccezionali, la pubblica amministrazione garantisce comunque l'applicazione del **principio dell'equo compenso**. In maniera del tutto innovativa rispetto al passato, però, è stata introdotta una disciplina relativa alle **donazioni**, cioè ai contratti animati da spirito di liberalità e privi di interesse economico, anche indiretto, da parte del donante, stabilendo la generale possibilità per la pubblica amministrazione di **ricevere per donazione**, **senza obbligo di gara**, beni o prestazioni rispondenti all'interesse pubblico. Vengono, in tal modo, regolamentati gli atti di mecenatismo che incrementano il patrimonio del soggetto pubblico, spesso sotto il profilo storico, culturale e artistico (ad es. la donazione di un bene di valore artistico da parte di una persona fisica o giuridica). Come illustrato nella Relazione di accompagno al codice, nel caso di tali donazioni è l'**assenza di qualunque interesse economico** per la P.A. a determinare una netta demarcazione rispetto ai contratti a titolo gratuito (es. sponsorizzazioni) disciplinati all'art. 13, co. 2 e 5, del codice (il quale rinvia, per le definizioni, all'Allegato I.1) e giustifica l'esenzione dall'obbligo di gara per la selezione del contraente, che sarebbe, del resto, incompatibile con la natura liberale dell'atto.
Ulteriore innovazione prevista dal **Nuovo Codice del 2023** è contenuta all'art. 9, che ha dettato una disciplina generale da applicare per la **gestione delle sopravvenienze straordinarie e imprevedibili**, tali da determinare una sostanziale alterazione nell'equilibrio contrattuale originario o da fare venir meno, in parte o temporaneamente, l'interesse del creditore alla prestazione. Viene, in tal modo, disciplinato compiutamente un **rimedio manutentivo del contratto**, maggiormente conforme all'interesse dei contraenti – e dell'amministrazione in particolare – in considerazione dell'inadeguatezza della tutela meramente demolitoria apprestata dall'art. 1467 c.c. Viene, al riguardo, sancito il **diritto alla rinegoziazione secondo buona fede** delle condizioni contrattuali a favore della parte svantaggiata, su cui grava il relativo **onere della prova**, in presenza di **condizioni particolari**, ossia: la ricorrenza di **eventi straordinari e imprevedibili**; la **non volontarietà** dell'assunzione dei rischi concretizzati da tali eventi da parte del soggetto pregiudicato dagli stessi; la produzione, in conseguenza di tali eventi, di una **alterazione rilevante dell'originario equilibrio del contratto,** non riconducibile alla normale alea, alla ordinaria fluttuazione economica e al rischio di mercato. E' stata, comunque, introdotta (nel rispetto di quanto indicato nella legge delega) una **clausola di invarianza finanziaria**, in quanto la rinegoziazione non altera il finanziamento complessivo dell'opera, risultando ammessa nei limiti dello stanziamento di bilancio originario.
Infine, in attuazione della legge delega, il Nuovo Codice del 2023 contiene altresì un esplicito riferimento (art.10) ai principi di valenza generale che recepiscono gli orientamenti espressi dalla giurisprudenza, di **tassatività delle cause di esclusione** previste esclusivamente dal Codice medesimo e di **massima partecipazione**, così affermando il **divieto di introdurre cause di esclusione con fonte regolamentare o con la *lex specialis*** del bando di gara e imponendo la nullità delle "clausole ulteriori" di esclusione che si pongano in contrasto con le cause previste dalla legge e con il connesso divieto per le stazioni appaltanti di introdurre cause di esclusioni ulteriori. Al riguardo, recependo l'orientamento espresso dall'Adunanza Plenaria (cfr. n. 22 del 2020), viene specificato che le clausole nulle "*si considerano non apposte*", in tal modo chiarendo che trattasi di una **nullità parziale** limitata alla clausola e che non si estende all'intero atto.

▶ 3.5. I principi relativi alla fase di affidamento: concorrenza, parità di trattamento, non discriminazione, trasparenza, tempestività, pubblicità, suddivisione in lotti e rotazione.

Sebbene non si trovino collocati nel Libro I tra i principi generali elencati ai primi articoli, è bene già in questa sede accennare a quelli che, con riferimento alla **fase dell'affidamento**, sono da considerarsi principi altrettanto generali, derivanti dai **principi fondamentali del TFUE** di libera concorrenza, parità di trattamento, non discriminazione, trasparenza, proporzionalità e pubblicità – cui si aggiungono quelli di tempestività, suddivisione in lotti e rotazione – che caratterizzano il procedimento ad evidenza pubblica e che hanno trovato una precipua collocazione anche nel **nuovo Codice del 2023**. Se già di alcuni si è parlato sopra, trattandosi (pure) di principi generali, in questa sede si pone l'attenzione su quelli "non espressamente codificati", tra cui, ad esempio, il **principio di tempestività**, a cui fa espressa menzione l'art. 1 quando stabilisce che le stazioni appaltanti e gli enti concedenti perseguono il risultato dell'affidamento del contratto e della sua esecuzione *"con la massima tempestività"*.
Anche il **principio di pubblicità** non è espressamente enucleato nel Nuovo Codice, ma è indubbia la sua **grande rilevanza** nelle procedure di aggiudicazione, in quanto, da un lato, mira alla realizzazione della **parità di trattamento** e della **massima partecipazione** alla procedura, dall'altro lato concretizza il fine della **massima trasparenza**, in ossequio ai principi costituzionali di imparzialità e buona amministrazione. Esso assume carattere trasversale e informa tutta la disciplina della c.d. evidenza pubblica, ad iniziare dalla fase preliminare all'indizione della gara, atteso l'obbligo di pubblicazione del bando, fino al termine della gara, concretizzandosi nel qual caso con l'obbligo di comunicarne l'esito a tutti i partecipanti entro un termine ragionevole. Applicazione particolare è costituita dalla regola della **pubblicità delle sedute della commissione giudicatrice**, la cui violazione, secondo la giurisprudenza, costituisce una violazione sostanziale tale da invalidare l'intera procedura, senza che occorra la prova di un'effettiva manipolazione della documentazione prodotta.
Peculiari della fase di affidamento sono, infine, il principio di **rotazione degli inviti e degli affidamenti**, previsto oggi dall'art. 49 del **Nuovo Codice del 2023** (che riprende l'art. 36, co. 1 d.lgs n. 50/2016) – che lo indica come regola generale per i **contratti di importo inferiore alle soglie di rilevanza europea**, così da assicurare un'effettiva concorrenza tra gli aspiranti e "incanalare" la discrezionalità riconosciuta all'amministrazione nell'individuazione degli operatori economici da invitare alla procedura negoziata per gli affidamenti sottosoglia e negli affidamenti diretti. (Si rinvia, per approfondimenti, al cap. V) – e il **principio della suddivisione in lotti**, di cui all'art. 58, in forza del quale, per garantire la effettiva partecipazione delle micro, piccole e medie imprese anche di prossimità, gli appalti sono **di regola** suddivisi in lotti funzionali, prestazionali o quantitativi (per le relative definizioni si veda l'Allegato I.1) in conformità alle categorie o specializzazioni nel settore dei lavori, servizi e forniture. La stazione appaltante può, tuttavia, limitare il numero massimo di lotti per i quali è consentita l'aggiudicazione al medesimo concorrente (c.d. **vincolo di aggiudicazione**) per ragioni connesse alle caratteristiche della gara e all'efficienza della prestazione, oppure per ragioni inerenti al relativo mercato, che, in ogni caso, devono essere indicati nel bando o nell'avviso di indizione della gara.
Infine, sempre al fine di favorire la massima partecipazione alla gara, non può non accennarsi **al principio di equivalenza**, previsto dall'art. 68, co 7 d.lgs 50/2016, in base al quale l'amministrazione non può escludere quelle offerte che prevedano la fornitura di beni con caratteristiche equivalenti a quelli di cui al bando di gara, con onere della prova a carico dell'offerente. Il **nuovo Codice del 2023** non prevede analoga disposizione. Tuttavia, l'ammissibilità dell'offerta avente specifiche tecniche equivalenti rispetto a quelle poste a base di gara è implicitamente prevista da una serie di disposizioni, tra cui l'art. 90, co. 1, lett. d), il quale dispone che le stazioni appaltanti comunicano, entro cinque giorni dall'adozione, tra le altre, la **decisione di non equivalenza** o conformità dell'offerta.

▶ 3.6. Gli (altri) Istituti e clausole comuni nelle procedure di aggiudicazione

Parlando di principi generali non può non farsi riferimento alla **parte II del libro II** del nuovo Codice, la quale contiene disposizioni "trasversali", tra esse eterogenee e comuni all'appalto, raggruppate nella parte intermedia del Libro II, immediatamente dopo la unitaria disciplina dei contratti cosiddetti **sottosoglia**. Trattasi, come si legge nella Relazione illustrativa al Codice, di disposizioni di rilevante importanza e di notevole impatto – anche e soprattutto economico – sulla disciplina del contratto pubblico, direttamente previste dalla legge delega. È il caso, ad esempio delle **clausole sociali**, la cui

disciplina è oggi trasfusa nell'art. 57 del **Nuovo codice del 2023** che, peraltro, risponde alle medesime esigenze solidaristiche di integrazione sociale e professionale delle persone con disabilità o svantaggiate che hanno trovato menzione nell'art. 61. In conformità alle direttive della legge delega – forte anche della larga applicazione di tale istituto in fase emergenziale – è oggi previsto un vero e proprio **obbligo** per le stazioni appaltanti di inserire nei bandi di gara, avvisi e inviti, specifiche "clausole sociali" con le quali sono richieste, come requisiti necessari dell'offerta, misure orientate a garantire la stabilità del personale impiegato; sempre coerentemente con il criterio della delega, si è specificato che le clausole sociali debbano garantire le **stesse tutele** economiche e normative **anche per i lavoratori in subappalto** rispetto ai dipendenti dell'appaltatore e contro il lavoro irregolare.
Al tema del "***Green Public Procurement***" è, invece, dedicato il co. 2 dell'art. 57, il quale ripropone la disciplina già contenuta nell'art. 34 del d.lgs. n. 50/2016 relativa ai cosiddetti **Criteri Ambientali Minimi** (CAM), che sono sostanzialmente degli indicatori tecnici, definiti per specifiche categorie di appalti e concessioni, cui le stazioni appaltanti e gli enti concedenti devono attenersi inserendole nella documentazione progettuale e di gara, al fine di contribuire "*al conseguimento degli obiettivi ambientali previsti dal Piano d'azione per la sostenibilità ambientale dei consumi nel settore della pubblica amministrazione*"; detti criteri, in particolare quelli premianti, debbono essere valutati anche ai fini della stesura dei documenti di gara per l'applicazione del criterio dell'offerta economicamente più vantaggiosa.
Del pari, sono state indicate dal Legislatore delegante le direttrici di intervento con riguardo alla disposizione della **suddivisione in lotti** (**art. 58**), di cui si è parlato sopra, nonchè di quella relativa agli **accordi quadro** (**art. 59**); sempre la legge-delega ha poi indicato "*il regime obbligatorio della **revisione prezzi***" (**art. 60**).

▶ 3.6.1. L'accordo quadro

Secondo la nuova formulazione (art. 59 del **nuovo Codice** 2023, che rinvia per la sua definizione all'art. 2, lett. n dell'Allegato I.1) **l'accordo quadro** è l'accordo concluso tra una o più stazioni appaltanti e uno o più operatori economici, il cui **scopo** è quello di **stabilire le clausole relative agli appalti da aggiudicare durante un dato periodo**, in particolare per quanto riguarda i prezzi e, se del caso, le quantità previste. Tale istituto viene utilizzato di regola per **lavori di manutenzione**, in particolare, quella non programmabile, o per servizi e forniture reiterate, caratterizzati da esigenze variabili nel tempo che non sarebbero definibili agevolmente prima della realizzazione dell'appalto; in un'ottica di massima semplificazione (*in primis*, lessicale), viene poi stabilita la **durata massima di efficacia** degli accordi quadro, che è di **quattro anni** e disposto l'obbligo di indicare il **valore stimato dell'intera operazione contrattuale**. Una volta stipulato l'accordo quadro, le condizioni in esso indicate non possono subire modifiche sostanziali e l'aggiudicazione dei contratti di appalto basati su detto accordo deve avvenire secondo gli **schemi-tipo** prefissati dal Legislatore; vengono, infatti, definite diverse modalità di esecuzione negoziale degli accordi quadro, a seconda del fatto che essi siano stati conclusi con **un solo operatore economico**, ovvero con **più operatori**: solo nel secondo caso (e solo qualora l'accordo quadro non contenga tutti i termini che disciplinano la prestazione dei lavori, dei servizi e delle forniture) diverse modalità di riapertura, totale o parziale, del **confronto competitivo**.

4. Il conflitto di interessi

Collegata alla nuova disciplina del principio della fiducia è la modifica sostanziale della norma relativa al **conflitto di interessi**, rispetto alle previsioni contenute nell'art. 42 d.lgs. n. 50/2016. In particolare, secondo l'art. 16 del **nuovo Codice del 2023** si ha conflitto d'interessi quando un soggetto che, a qualsiasi titolo, interviene con compiti funzionali nella procedura di aggiudicazione o nella fase di esecuzione degli appalti o delle concessioni e ne può **influenzare, in qualsiasi modo,** il risultato, gli esiti e la gestione, ha direttamente o indirettamente un interesse finanziario, economico o altro interesse personale che può essere percepito come una minaccia concreta ed effettiva alla sua imparzialità e indipendenza nel contesto della procedura di aggiudicazione o nella fase di esecuzione.
In caso di sussistenza di una di tali ipotesi è, peraltro, previsto un **obbligo di comunicazione** alla stazione appaltante o all'ente concedente della situazione di conflitto e **di astensione** dal partecipare alla procedura di aggiudicazione e all'esecuzione.
Rispetto alla norma contenuta nel Codice previgente, la disposizione specifica che il conflitto di interessi può riguardare **qualsiasi soggetto**, anche non formalmente lavoratore dipendente della

stazione appaltante o dell'ente concedente. E' inoltre previsto, al co. 2, che la percepita minaccia all'imparzialità e indipendenza deve essere provata da chi invoca il conflitto sulla base di presupposti specifici e documentati, con riferimento a interessi effettivi, la cui soddisfazione sia conseguibile solo subordinando un interesse all'altro; ciò in ossequio al "*...principio della fiducia e per preservare la funzionalità dell'azione amministrativa*".

5. La digitalizzazione del ciclo di vita dei contratti

A conclusione della breve analisi dei principi afferenti alla materia contrattuale pubblica, non può non farsi cenno, per la sua portata di carattere altrettanto generale, ai **principi di trasparenza, economicità, funzionalità ed efficienza,** oggi richiamati espressamente all'art. 19 del **nuovo Codice del 2023**, i quali sottendono l'obiettivo, individuato nel PNRR, della **digitalizzazione della pubblica amministrazione**, la quale, come si legge nella Relazione illustrativa al codice, rappresenta la vera grande sfida dei prossimi anni per realizzare, in chiave moderna, la riforma del sistema economico-sociale e per il rilancio del Paese.

Proprio in aderenza agli obiettivi del PNRR la legge delega n. 78/2022 ha delineato i **principi** che innervano le disposizioni in tema di digitalizzazione – e che oggi sono contenuti nella Parte II del Libro I – volti alla: riduzione e certezza dei tempi relativi alle procedure di gara, alla stipula dei contratti e all'esecuzione degli appalti; piena attuazione della "**Banca dati nazionale dei contratti pubblici**" e del "**fascicolo virtuale dell'operatore economico**"; graduale trasformazione digitale dell'attività amministrativa per ogni tipologia di contratto, così da ottimizzare i tempi e ridurre i costi.

Secondo le indicazioni del PNRR, obiettivo primario è quello di realizzare, **entro il 31 dicembre 2023** un sistema (o **Ecosistema) nazionale di approvvigionamento digitale** (*e-procurement*), cui oggi è dedicato l'art. 22 del **nuovo Codice del 2023**, così da rinnovare e snellire i rapporti tra amministrazioni pubbliche e operatori e realizzare "*la digitalizzazione completa delle procedure di acquisto fino all'esecuzione del contratto (Smart Procurement)* e di cui faranno parte: l'Anagrafe delle persone fisiche e giuridiche, l'**Indice delle pubbliche amministrazioni**, la **Banca dati dei codici unici di progetto**; il **Registro delle imprese**, la **Banca dati delle amministrazioni pubbliche**, il **Sistema informativo sulle operazioni degli enti pubblici**, l'**Archivio informatico nazionale delle opere pubbliche** e le **ulteriori banche dati** individuate con decreto del Presidente del Consiglio dei Ministri, sentite l'ANAC e l'Agenzia per l'Italia digitale (AgID), per accrescere il grado di digitalizzazione delle procedure e garantire la migliore applicazione de principi di semplificazione e trasparenza.

▶ 5.1. La Banca nazionale dei contratti pubblici e l'Anagrafe degli operatori economici partecipanti agli appalti

Al fine di assicurare la concreta attuazione del principio di trasparenza, l'art. 20 stabilisce l'**obbligo di pubblicità** delle informazioni e degli atti relativi ai contratti pubblici; alla realizzazione di tale fine è preposta oggi la **Banca dati nazionale dei contratti pubblici** (art. 27), istituita presso l'ANAC, la quale è individuata come unico collettore nazionale (*e-Sender*) per realizzare la pubblicità legale in ambito europeo, così attuandosi anche il **principio dell'invio unico delle informazioni** dei dati; in attuazione del principio di pubblicità, è, altresì, stabilito che per la trasparenza dei contratti pubblici **fanno fede i dati trasmessi** alla Banca dati nazionale dei contratti pubblici, la quale assicura la **tempestiva pubblicazione** sul proprio portale dei dati ricevuti, anche attraverso la **Piattaforma unica per la trasparenza** e la periodica pubblicazione degli stessi in formato aperto. In particolare, sono pubblicati: la struttura proponente, l'oggetto del bando, l'elenco degli operatori invitati a presentare offerte, l'aggiudicatario, l'importo di aggiudicazione, i tempi di completamento dei lavori, servizi o forniture e l'importo delle somme liquidate. La norma *de qua* non è ancora attiva: sarà, infatti, l'ANAC, con proprio provvedimento da adottare entro 60 giorni dalla data di entrata in vigore del codice, d'intesa con il Ministero delle infrastrutture e dei trasporti, a stabilire tempi e modalità di attuazione di tale norma.

Sempre nell'ottica della massima trasparenza e pubblicità, è di nuova istituzione l'**Anagrafe degli operatori economici partecipanti agli appalti,** pure creata presso l'ANAC grazie ai dati e alle informazioni acquisite tramite la Banca dati nazionale dei contratti pubblici e ai servizi erogati mediante il **fascicolo virtuale dell'operatore economico** di cui all'art. 24. Finalità di tale Anagrafe, come indicato dall'art. 31, sarà quella di censire gli operatori economici a qualunque titolo coinvolti nei contratti pubblici, nonché i soggetti, le persone fisiche e i titolari di cariche ad essi riferibili; i relativi dati saranno resi disponibili a tutti i soggetti cooperanti nell'ambito dell'**ecosistema nazionale di e-*procurement***, attraverso le piattaforme digitali e per i trattamenti e le finalità legate alla gestione del ciclo di vita dei contratti pubblici.

► 5.2. Strumenti centralizzati e procedure elettroniche

Numerosi sono gli strumenti descritti dal nuovo Codice del 2023, ma direttamente ripresi dalle corrispondenti figure previste dalla Direttiva 2014/24/UE (e già presente nel testo del previgente art. 55 dlgs. n. 50/2016), volti a semplificare e informatizzare le procedure di gara; tra questi rientrano i **sistemi dinamici di acquisizione,** le **aste e i cataloghi elettronici**.
Il **sistema dinamico di acquisizione,** secondo la definizione codicistica (art. 32), è un **procedimento interamente elettronico,** aperto per tutto il periodo di efficacia a qualsiasi operatore economico che soddisfi i criteri di selezione, attraverso i quali le stazioni appaltanti possono procedere ad **acquisti di uso corrente**. Detto procedimento può essere diviso in categorie definite di prodotti, lavori o servizi sulla base delle caratteristiche dell'appalto da eseguire, le quali possono comprendere un riferimento al quantitativo massimo ammissibile degli appalti specifici successivi o a un'area geografica specifica in cui gli appalti saranno eseguiti, in tal modo intendendosi garantire **maggiore trasparenza e concorrenzialità** grazie alla possibilità di ingresso di nuovi fornitori durante tutto il periodo di validità del bando, nonché una maggiore flessibilità nel soddisfare esigenze specifiche delle stazioni appaltanti. Al contempo, al fine di garantire adeguata tutela giurisdizionale agli operatori economici partecipanti, è espressamente sancito l'obbligo di rispettare, nell'ambito della procedura in parola, il termine sospensivo di **35 giorni** tra l'aggiudicazione e la stipula del contratto (***stand still period***), come previsto dalla direttiva 2007/66/CE e recepito all'art. 32, co. 9, D.lgs. n. 50/2016.
L'**asta elettronica** è, invece, un **processo elettronico per fasi successive**, che precede la fase di aggiudicazione dell'appalto, al quale le stazioni appaltanti possono ricorrere per **classificare le offerte** mediante un trattamento automatico; scopo dell'utilizzo di tale procedura è quello di consentire agli operatori economici di **presentare nuovi prezzi** modificati al ribasso o **nuovi valori** riguardanti alcuni elementi delle offerte. Il procedimento *de quo*, cui oggi è dedicato l'art. 33 del **Nuovo Codice del 2023** è ammesso in caso di: **procedure aperte; procedure ristrette; procedure competitive con negoziazione**; **procedure negoziate precedute da un'indizione di gara**; in occasione della **riapertura del confronto competitivo** fra le parti di un accordo quadro; di indizione di gare per appalti da aggiudicarsi attraverso un **sistema dinamico di acquisizione**. Non possono, invece, essere oggetto di aste elettroniche gli appalti di servizi e di lavori che hanno per oggetto prestazioni intellettuali, i quali non possono essere classificati in base ad un trattamento automatico. E' comunque sempre previsto che le stazioni appaltanti debbano manifestare l'intenzione di **ricorrere a un'asta elettronica nei documenti di gara**, ossia nel bando di gara, nell'invito a confermare interesse o, per i settori speciali, nell'invito a presentare offerte e che, prima di procedere all'asta, debbano effettuare una **valutazione completa delle offerte** conformemente ai criteri di aggiudicazione adottati; conseguentemente, gli operatori economici che hanno presentato offerte ammissibili sono **invitati simultaneamente, per via elettronica**, a partecipare all'asta utilizzando le modalità di connessione indicate nell'invito; a conclusione dell'asta elettronica la stazione appaltante **aggiudica** l'appalto in funzione dei risultati di questa e sulla base degli elementi contenuti nell'offerta:

- esclusivamente **sulla base dei prezzi**, quando l'appalto viene aggiudicato mediante il criterio del prezzo più basso;
- **sulla base dei prezzi o dei nuovi valori** degli elementi dell'offerta, quando l'appalto è aggiudicato mediante il criterio dell'offerta economicamente più vantaggiosa per qualità/prezzo o costo/efficacia.

In modo sostanzialmente identico è regolato il procedimento di gara per **cataloghi elettronici**, di cui all'art. 34 del Nuovo Codice del 2023, utilizzabile dalla stazione appaltante nel caso in cui sia richiesto l'uso di mezzi di comunicazione elettronici e tramite il quale le stesse chiedono che le offerte siano presentate sotto forma di catalogo elettronico o che includano un catalogo elettronico (oltra, eventualmente ad altri documenti, a completamento dell'offerta); detti cataloghi elettronici devono essere predisposti dai candidati o dagli offerenti per la partecipazione a una determinata procedura di appalto in conformità alle specifiche tecniche e al formato stabiliti dalle stazioni appaltanti.

6. L'accesso agli atti ed il principio di riservatezza

Come noto, l'accesso agli atti è l'istituto mediante il quale si garantisce ai soggetti interessati di prendere visione e di estrarre copia di documenti relativi ad un procedimento di cui sono parte; esso trova la sua fonte normativa primaria negli **artt. 22 e ss. L. 241/1990**, che si occupano del diritto di **accesso "documentale"** ossia quello che rileva nell'ambito del procedimento amministrativo e che presuppone che l'istante sia titolare di una **posizione differenziata e qualificata** all'ostensione del documento, caratterizzata da un interesse *"diretto, concreto ed attuale"* corrispondente ad una situazione giuridicamente tutelata e collegata ai documenti ai quali è chiesto l'accesso; con ciò evidenziandosi il carattere di **necessaria "strumentalità"** del documento richiesto rispetto alla tutela di una posizione giuridica soggettiva dell'istante.
Diversa è invece la disciplina contenuta all'**art. 5 D.lgs n. 33/2013** dedicato al cosiddetto **accesso "civico"**, strumento attraverso cui viene estesa l'accessibilità a tutti gli atti amministrativi che sottendano un interesse pubblico alla loro ostensione, al dichiarato fine di tutelare e valorizzare il principio di trasparenza dell'attività amministrativa tramite un **controllo diffuso dei consociati**. All'interno di tale categoria si distingue, poi, tra **accesso civico semplice,** che ha ad oggetto i documenti che l'Amministrazione ha l'obbligo (non assolto) di pubblicare sul proprio sito istituzionale, e **accesso civico generalizzato** o universale, che invece prescinde dall'inadempimento di tale obbligo.
In materia di contratti pubblici, **l'art. 53 d.lgs. n. 50/2016** ha introdotto un **regime derogatorio e speciale** rispetto alla disciplina sopra descritta. Occorre, innanzitutto, considerare il possibile **oggetto** della richiesta di accesso agli atti in tema di appalti pubblici, accesso che verrà evidentemente sollecitato dal concorrente rimasto escluso dall'aggiudicazione e che dovrà, quindi, riguardare gli atti amministrativi adottati nello svolgimento della procedura (verbali di sedute, provvedimenti di esclusione ed altri), ma anche l'offerta dell'aggiudicatario e dei documenti ad essa connessi (offerta tecnica e/ offerta economica); sennonchè, tali ultime informazioni a contenuto tecnico o commerciale, sono state dal legislatore espressamente escluse dall'accesso, quando esse *"...costituiscano, secondo motivata e comprovata dichiarazione dell'offerente, segreti tecnici o commerciali"* (cfr. art. 53 co. 5). Al fine, però, di contemperare detto diritto alla segretezza con il diritto, costituzionalmente garantito, alla tutela giurisdizionale ed il diritto di difesa, in relazione a dette ipotesi, è comunque *"...consentito l'accesso al concorrente ai fini della difesa in giudizio dei propri interessi in relazione alla procedura di affidamento del contratto"*.
Occorre, infine, evidenziare come, nella vigenza del Codice di cui al D.lgs n. 50/2016, la giurisprudenza sia stata per molto tempo divisa sull'applicabilità dell'istituto dell'accesso civico generalizzato in materia di appalti pubblici; ciò fin quando è intervenuta una decisione dell'**Adunanza Plenaria del Consiglio di Stato n. 10 del 02.04.2020 n. 10** che, valorizzando le finalità dell'istituto, da rinvenirsi nello *"scopo di favorire forme diffuse di controllo sul perseguimento delle funzioni istituzionali e sull'utilizzo delle risorse pubbliche e di promuovere la partecipazione al dibattito pubblico"* (art. 5, co. 2, d.lgs. n. 33/2013), ha confermato l'esperibilità dell'accesso civico generalizzato anche nella materia dei contratti pubblici

▶ 6.1. Le novità del nuovo codice del 2023

Al fine di allineare lo svolgimento della procedura di accesso all'utilizzo delle piattaforme di *eprocurement* il nuovo Codice introduce sostanziali modifiche alla disciplina sull'accesso e sulla riservatezza in tema di contratti pubblici.
Tra le novità più importanti si segnala (art. 35) l'obbligo per le stazioni appaltanti di assicurare l'accesso alle procedure di affidamento e di esecuzione dei contratti pubblici **in modalità digitale**, mediante **acquisizione diretta** dei dati e delle informazioni inseriti nelle piattaforme.
Ad esso si affianca il riconoscimento per tutti i cittadini della possibilità di richiedere, attraverso l'istituto dell'**accesso civico generalizzato**, la documentazione di gara nei limiti consentiti e disciplinati dall'art. 5-*bis* d.lgs. 14 marzo 2013, n. 33. Allo stesso modo, nel rinnovato impegno di raggiungere una sempre maggiore trasparenza della procedura, è stata prevista la possibilità da parte dei partecipanti, di chiedere alla stazione appaltante di avere contezza non solo di quanto dichiarato dai partecipanti in sede di presentazione delle offerte, ma anche di come la stessa stazione appaltante abbia fatto la

sua scelta, anche al fine di comprendere se siano stati rispettati i principi basilari della "evidenza pubblica" e cioè la *par condicio* dei partecipanti e la concorrenza; a tal uopo sono **resi disponibili a tutti** i candidati ed offerenti non definitivamente esclusi **tutti i documenti contenenti l'offerta dell'operatore economico risultato aggiudicatario, i verbali di gara** e gli atti, i dati e le informazioni presupposti all'aggiudicazione (art. 36 co. 1).
Ulteriore novità è, infine, rappresentata dalla possibilità per le stazioni appaltanti, al momento della pubblicazione sulla piattaforma dell'offerta dell'aggiudicataria, di dare indicazioni in merito alle eventuali **richieste di oscuramento delle offerte** per cui queste si intenderanno valutate anche per le eventuali parti segrete presenti, per come indicate dall'operatore economico in sede di presentazione dell'offerta ai sensi dell'art. 35, co. 4, lett. a); in tal modo, al fine di procedere ad una velocizzazione delle procedure di gara, la stazione appaltante già nella fase procedimentale della valutazione delle offerte ha, infatti, modo di considerare la sussistenza e la rilevanza delle ragioni di segretezza dichiarate dai partecipanti per la presenza di segreti tecnici o commerciali, potendo, già in quella fase, valutare se l'offerta, nel caso in cui dovesse risultare selezionata, potrà essere ostesa a tutti i partecipanti, nella sua interezza oppure andranno mantenute coperte, perché ritenute segrete, le parti indicate.

Capitolo 3
La fase propedeutica alla gara

SOMMARIO

Sezione I ▶ Pianificazione, programmazione e progettazione

1. La programmazione

La **pianificazione** e la **programmazione** costituiscono il momento decisionale in cui le amministrazioni pubbliche fissano i propri obiettivi e le modalità con cui andranno realizzati, ai fini del rispetto dei criteri della massima efficienza ed economicità e per il raggiungimento del miglior risultato. Sarà poi la successiva fase di **progettazione** a dare concretezza a tali obiettivi di massima. A tali fasi sono dedicate la Parte III e IV del Libro I del **Nuovo codice del 2023**, che, sebbene siano state redatte in linea di continuità con il precedente impianto, registrano alcune rilevanti **novità** rispetto al passato.
Innanzitutto, è oggi previsto (art. 37) l'**obbligo di programmazione triennale** e non più biennale anche per gli acquisti di beni e servizi; ciò nel chiaro intento di allineare l'orizzonte temporale della programmazione degli acquisiti a quella dei lavori nonché degli atti di programmazione economico-finanziaria (DUP e bilancio di previsione). Viene, inoltre, inserito un riferimento ai principi contabili tramite l'espressa indicazione della previa **necessità di stanziamento delle risorse a bilancio** (che ha natura autorizzatoria della pesa). A esigenze di semplificazione sono, poi, orientate le previsioni per cui l'obbligo di inserimento nel programma triennale è previsto solo per gli interventi di importo **pari o superiore alla soglia di 150.000 euro** (140.000 per servizi e forniture) (co. (co. 2 e 3), nonché per i **lavori superiori a 1 milione di euro** previa approvazione del documento di fattibilità delle alternative progettuali e nell'elenco annuale previa approvazione del documento di indirizzo della progettazione. L'obbligo di redazione di siffatto documento viene escluso per i lavori di manutenzione ordinaria e straordinaria, di qualunque importo, per i quali la redazione è rimessa alla discrezionalità dell'amministrazione. Ulteriori significativi momenti di semplificazione e accelerazione delle procedure sono realizzati attraverso la previsione dell'inserimento dell'elenco delle opere prioritarie direttamente nel **Documento di economia e finanza (DEF)**, a valle di un confronto tra Regioni e Governo; la **riduzione dei termini per la progettazione** e l'istituzione da parte del Consiglio superiore dei lavori pubblici di un comitato speciale appositamente dedicato all'esame di tali progetti; un meccanismo di superamento del dissenso qualificato nella conferenza di servizi mediante l'approvazione con decreto del Presidente del Consiglio dei Ministri e la **valutazione in parallelo** dell'interesse archeologico.
Una assoluta novità nel panorama codicistico è rappresentata, infine, dall'art. 38 che disciplina un procedimento dedicato alla localizzazione delle opere di interesse statale, uniformando, coordinando e semplificando le previsioni contenute in svariati atti normativi in conformità con i criteri e gli indirizzi della legge delega (art. 2 lett. o), mentre al successivo art. 39 viene enucleata una disciplina semplificata sulla programmazione e la progettazione delle infrastrutture strategiche e di preminente interesse nazionale.

▶ 1.1. Il dibattito pubblico

Al fine di favorire la partecipazione di tutti i potenziali interessati, è stato introdotto nel nuovo codice un articolo dedicato al cosiddetto **dibattito pubblico**, istituto, questo, già previsto dall'art. 22 d.lgs. n. 50/2016, rubricato *"trasparenza nella partecipazione di portatori di interessi e dibattito pubblico"*, che aveva demandato al decreto del Presidente del Consiglio dei Ministri, tra l'altro, la fissazione dei criteri per l'individuazione delle opere oggetto di dibattito pubblico. Conformemente a tale previsione, era stato emanato il **D.P.C.M. 76/2018,** regolamento recante modalità di svolgimento, tipologie e soglie dimensionali delle opere sottoposte a dibattito pubblico; il decreto ha individuato anche le categorie di opere sulle quali non si effettua il dibattito pubblico (art. 3) e ha istituito, ai sensi dell'art. 22, co. 2 del d.lgs. n. 50/2016, presso il Ministero delle Infrastrutture e dei trasporti la **Commissione nazionale per il dibattito pubblico**, cui è stato affidato *"il compito di raccogliere e pubblicare informazioni sui dibattiti pubblici in corso di svolgimento o conclusi e di proporre raccomandazioni per lo svolgimento del dibattito pubblico sulla base dell'esperienza maturata"*.
Con riguardo al **procedimento**, spetta all'amministrazione aggiudicatrice o all'ente aggiudicatore individuare, in base ai propri ordinamenti, il soggetto che può indire il dibattito pubblico, che deve essere svolto nelle **fasi iniziali dell'elaborazione di un progetto di un'opera o di un intervento**; esso ha un termine prestabilito di durata, ossia **4 mesi**, che decorrono dalla pubblicazione del dossier del progetto elaborato dall'amministrazione aggiudicatrice o dall'ente aggiudicatore, i quali, sia per la progettazione sia per la gestione del dibattito pubblico, possono avvalersi, su loro richiesta, di un **coordinatore del dibattito pubblico** individuato dal Ministero competente; dell'avvio deve essere dato avviso anche sul sito della Commissione nazionale per il dibattito pubblico. Nei 30 giorni successivi alla scadenza del termine di durata per il dibattito pubblico, il coordinatore presenta all'amministrazione aggiudicatrice o all'ente aggiudicatore e alla Commissione su citata una relazione sull'andamento della procedura, cui segue, entro i successivi 2 mesi, il **dossier conclusivo** redatto dall'amministrazione o dall'ente (a cui è allegata la relazione). Concluso il dibattito pubblico, gli esiti dello stesso e le osservazioni raccolte sono valutate in sede di predisposizione del progetto definitivo e sono discusse in sede di conferenza di servizi relativa all'opera da realizzare.
In linea di continuità con la disciplina suddetta, ma anche nella prospettiva di conferire – su rinnovate basi – una legittimazione di diritto positivo all'istituto in questione, la legge delega al nuovo codice ha previsto, tra i principi ed i criteri direttivi, la *"revisione e semplificazione della normativa primaria in materia di programmazione, localizzazione delle opere pubbliche e dibattito pubblico, al fine di rendere le relative scelte maggiormente rispondenti ai fabbisogni della comunità, nonché di rendere più celeri e meno conflittuali le procedure finalizzate al raggiungimento dell'intesa fra i diversi livelli territoriali coinvolti nelle scelte stesse"* (art. 1, co. 2, lett. o) della legge 78/2022); oggi, pertanto, la relativa disciplina trova collocazione nell'art. 40 del **nuovo Codice del 2023**, che a sua volta richiama l'Allegato I.6, il quale riprende i contenuti del vigente D.P.C.M. 76/2018, ma, nel contempo, **sopprime la Commissione nazionale per il dibattito pubblico**, mentre individua le opere soggette a dibattito pubblico obbligatorio, le esclusioni, il procedimento di indizione, i compiti e le funzioni sia del responsabile del dibattito che della stazione appaltante, nonché lo svolgimento di tale procedura fino alla sua conclusione.

2. La progettazione

In generale può dirsi che l'**attività di progettazione** mira ad assicurare: il soddisfacimento dei fabbisogni della collettività; la qualità architettonica e tecnico funzionale dell'opera; la conformità alle norne ambientali, urbanistiche e di tutela dei beni culturali e paesaggistici, nonché il rispetto di quanto previsto dalle norme in materia di tutela della salute e della sicurezza; il rispetto dei vincoli idrogeologici, sismici e forestali nonché degli altri vincoli esistenti; il risparmio, l'efficientamento e il recupero energetico nella realizzazione e nella successiva vita dell'opera, nonché la valutazione del ciclo di vita e della manutenibilità delle opere; la compatibilità con le preesistenze archeologiche; la razionalizzazione delle attività di progettazione e delle connesse verifiche attraverso il progressivo uso di metodi e strumenti elettronici specifici quali quelli di modellazione per l'edilizia e le infrastrutture; la compatibilità geologica, geomorfologica, idrogeologica dell'opera; l'accessibilità e adattabilità secondo quanto previsto dalle disposizioni vigenti in materia di barriere architettoniche. Tutte queste peculiari esigenze sono alla base dei contenuti dei **livelli progettuali** indicati dal Codice tradizionalmente in **3 distinti momenti**: progetto di fattibilità tecnica ed economica, progetto definitivo e progetto esecutivo. Anche in tema di progettazione il nuovo Codice non manca di essere innovativo; sempre in un'ottica di semplificazione ed accelerazione, viene, infatti, ridotto il numero degli attuali tre livelli di progettazione a **due soli livelli** costituiti dal **progetto di fattibilità tecnica ed economica** – il quale sostituisce il **progetto preliminare e quello definitivo** – e dal **progetto esecutivo.**

Il progetto di fattibilità tecnica ed economica deve indicare tra più soluzioni quella che presenta il miglior rapporto tra costi e benefici per la collettività, tenuto conto delle specifiche esigenze da soddisfare e prestazioni da fornire. Esso deve essere preceduto dalla compilazione del **documento di fattibilità delle alternative progettuali** nel caso di lavori pubblici di importo pari o superiore alla soglia europea. In esso il progettista sviluppa le indagini e gli studi necessari per la definizione degli aspetti fondamentali della progettazione, gli elaborati grafici per l'individuazione delle caratteristiche dimensionali, volumetriche, tipologiche, funzionali e tecnologiche dei lavori da realizzare e le relative stime economiche. Ove necessario, già il progetto di fattibilità tecnica ed economica deve consentire l'avvio della procedura espropriativa, ed è redatto tenendo conto dello svolgimento di svariate indagini ambientali, geologiche, idrogeologiche, idrologiche, idrauliche, geotecniche, sismiche, storiche, paesaggistiche, urbanistiche ecc...

Come detto, nel previgente impianto codicistico era altresì previsto un **progetto definitivo**, ove venivano compiutamente individuati i lavori da realizzare, nel rispetto del progetto di fattibilità, nonchè tutti gli elementi necessari ai fini del rilascio delle prescritte autorizzazioni e approvazioni, la definizione definitiva del limite di spesa per la realizzazione e del cronoprogramma.

Il **progetto esecutivo**, infine (redatto in conformità al progetto definitivo) definisce i lavori da realizzare, il relativo costo previsto e il cronoprogramma, indicato in maniera analitica avuto riguardo a forma, tipologia, qualità, dimensione e prezzo. Il progetto esecutivo deve essere, altresì, corredato da apposito piano di manutenzione dell'opera e delle sue parti in relazione al ciclo di vita. È il progetto esecutivo che di regola deve essere **posto a base di gara** e, pertanto, il suo contenuto deve garantire la rispondenza dell'opera ai requisiti di qualità prestabiliti, il rispetto dei tempi e dei costi previsti.

▶ 2.1. La "progettazione semplificata"

In un'ottica di semplificazione, già nel Codice del D.lgs n. 50/2016 il comma 3bis dell'art. 23, aveva previsto la futura emanazione di un D.M. per disciplinare la **progettazione semplificata degli interventi di manutenzione ordinaria** fino a un importo di 2.500.000 euro. Fino all'emanazione di detto decreto, lo stesso Codice all'art. 216, co. 4, ha stabilito la possibilità che i contratti di lavori di manutenzione ordinaria potessero essere affidati sulla base del progetto definitivo costituito almeno da una relazione generale, dall'elenco dei prezzi unitari delle lavorazioni previste, dal computo metrico-estimativo, dal piano di sicurezza e di coordinamento con l'individuazione analitica dei costi della sicurezza da non assoggettare a ribasso, **prescindendo dall'avvenuta redazione e approvazione del progetto esecutivo**, **ad esclusione** degli interventi di manutenzione che prevedono il rinnovo o la sostituzione di parti strutturali delle opere, ossia di quelli di **manutenzione straordinaria**. Secondo la definizione che si ricava dal Codice, per opere di **manutenzione ordinaria** debbono intendersi, fermo restando quanto stabilito dal D.P.R. 380/2001 e dal D.Lgs. 42/2004, "*le opere di riparazione, rinnovamento e sostituzione necessarie per eliminare il degrado dei manufatti e delle relative pertinenze, al fine di conservare lo stato e la fruibilità di tutte le componenti, degli impianti e delle opere connesse, mantenendole in condizioni di valido funzionamento e di sicurezza, senza che da ciò derivi una modificazione della consistenza, salvaguardando il valore del bene e la sua funzionalità*"; per **manutenzione straordinaria** si intendono, invece, "*le opere e le modifiche necessarie per rinnovare e sostituire parti anche strutturali dei manufatti e delle relative pertinenze, per adeguarne le componenti, gli impianti e le opere connesse all'uso e alle prescrizioni vigenti e con la finalità di rimediare al rilevante degrado dovuto alla perdita di caratteristiche strutturali, tecnologiche e impiantistiche, anche al fine di migliorare le prestazioni, le caratteristiche strutturali, energetiche e di efficienza tipologica, nonché per incrementare il valore del bene e la sua funzionalità*".

Già con il decreto "sblocca cantieri" si era stabilito che per gli anni dal 2019 al 2023 le suddette disposizioni afferenti la progettazione semplificata si applicassero **anche ai contratti di lavori di manutenzione straordinaria**, ad esclusione degli interventi di manutenzione straordinaria che

prevedono il rinnovo o la sostituzione di parti strutturali delle opere o di impianti. Con il **nuovo Codice del 2023**, in un'ottica ulteriormente semplificatoria, si è specificato che per gli interventi di manutenzione ordinaria e straordinaria possa **omettersi la redazione del progetto di fattibilità tecnica** ed economica a condizione che il progetto esecutivo contenga tutti gli elementi previsti per il livello omesso.
Ulteriore novità si rinviene, nella crescente **valorizzazione dell'uso di tecnologie digitali** per l'attività di progettazione (art. 43); già, invero, con l'art. 23 del Codice del D.lgs n. 50/20216, tra gli obiettivi legati alla progettazione vi era anche quello di favorire il progressivo utilizzo di strumenti elettronici, come la **modellazione per l'edilizia e le infrastrutture**, nel cui ambito rientra il cosiddetto ***Building information modeling*** (**BIM**), che è un documento contenente informazioni riguardanti l'edificio o le sue parti come: la localizzazione geografica, la geometria, le proprietà dei materiali e degli elementi tecnici, le fasi di realizzazione, le operazioni di manutenzione, e consente di integrare in un modello le informazioni utili in ogni fase della progettazione, da quella architettonica a quella esecutiva.

▶ 2.2. L'appalto integrato

In tema di progettazione non può non farsi cenno al tema dell'**appalto integrato,** consistente nell'**affidamento congiunto della progettazione esecutiva e dell'esecuzione dei lavori** ad un unico operato economico, istituto questo che, salvo determinati casi, è stato dapprima generalmente vietato.
L'appalto integrato si caratterizza per il contributo di idee nelle soluzioni progettuali da parte dell'appaltatore, tenuto ad apportarlo nel rispetto dei profili strutturali e morfologici dell'opera pubblica, delineata nelle linee essenziali nel progetto preliminare posto a base di gara.
Si distingue, al riguardo, tra **appalto integrato "semplice" e appalto integrato "complesso".** Sebbene in entrambi i casi il contratto abbia ad oggetto la progettazione esecutiva e l'esecuzione dei lavori, nell'appalto integrato c.d. "complesso" il progetto definitivo viene presentato in sede di offerta.
Di recente, nell'ottica di realizzare tempestivamente gli interventi connessi al PNRR o finanziati con i fondi europei, il Legislatore è intervenuto a modificare questa originaria impostazione, **derogando all'iniziale limitazione** ed in tal senso importanti novità si registrano nel **nuovo Codice del 2023**, che sostanzialmente liberalizza detto strumento, stabilendo come uniche eccezioni all'utilizzo di tale procedura gli appalti aventi ad oggetto opere di manutenzione ordinaria sprovvisti di progetto esecutivo.
Da un generale **divieto di appalto integrato** – vietato in ragione della disciplina contenuta nell'art. 59, co. 1, d.lgs. n. 50/2016 (salve le specifiche esclusioni) – si è, pertanto, passati, dapprima ad una **sospensione fino al 30 giugno 2023** per effetto dell'art. 1, co. 1, lett. b) della l. n. 55/2019, come modificata dall'art. 8, co. 7 del d.l. n. 76/2020, convertito nella l. 120/2020, ed ancora, per effetto del differimento previsto dall'art. 52, co. 1, lett. a) della l. n. 108/2021 (va, peraltro, considerato che per gli appalti nell'ambito del PNRR/PNC l'affidamento di progettazione ed esecuzione è ammesso sulla base di quanto previsto dall'art. 48, co. 5 del d.l. n. 77/2021, convertito nella l. n. 108/2021).
Successivamente, la stessa legge delega ha affidato al legislatore delegato il compito di individuare le "*ipotesi in cui le stazioni appaltanti* ***possono ricorrere all'affidamento congiunto della progettazione e dell'esecuzione dei lavori****, fermi restando il possesso della necessaria qualificazione per la redazione dei progetti nonché l'obbligo di indicare nei documenti di gara o negli inviti le modalità per la corresponsione diretta al progettista, da parte delle medesime stazioni appaltanti, della quota del compenso corrispondente agli oneri di progettazione indicati espressamente in sede di offerta dall'operatore economico, al netto del ribasso d'asta*" (art. 1, co. 2, lett. ee).
Da qui l'introduzione nel nuovo codice dell'art. 44 **di apposita disciplina in forza della quale:**

- negli appalti di lavori, con la decisione di contrarre, la stazione appaltante o l'ente concedente, se qualificati, può stabilire che il contratto abbia per oggetto la progettazione esecutiva e l'esecuzione dei lavori sulla base di un progetto di fattibilità tecnico-economica approvato. Tale facoltà non può essere esercitata per gli appalti di opere di manutenzione ordinaria (co. 1);
- la stazione appaltante o l'ente concedente motiva la scelta con riferimento alle esigenze tecniche, tenendo sempre conto del rischio di eventuali scostamenti di costo nella fase esecutiva rispetto a quanto contrattualmente previsto (co. 2);
- quando il contratto è affidato in forma integrata, gli operatori economici devono possedere i requisiti prescritti per i progettisti, oppure avvalersi di progettisti qualificati, da indicare

nell'offerta, o partecipare in raggruppamento con soggetti qualificati per la progettazione. La qualificazione per la progettazione comprende anche l'uso di metodi e strumenti digitali per la gestione informativa mediante modellazione (co. 3);
- l'offerta è valutata con il criterio dell'offerta economicamente più vantaggiosa, individuata sulla base del miglior rapporto qualità/prezzo. L'offerta ha ad oggetto sia il progetto esecutivo che il prezzo, e indica distintamente il corrispettivo richiesto per la progettazione e per l'esecuzione dei lavori (co. 4).

▶ 2.3. Gli incentivi alle funzioni tecniche, i concorsi di progettazione e i concorsi di idee

Ulteriori figure peculiari che si innestano in tema di progettazione sono gli **incentivi per funzioni tecniche,** oggi dettagliatamente disciplinati dall'art. 45 (che rinvia all'Allegato I.10 per l'elenco delle attività da incentivare) che ne individua le condizioni di corretta erogazione, al fine dell'incremento delle professionalità interne all'amministrazione e del risparmio di spesa grazie mancato ricorso a professionisti esterni.
Particolare attenzione è pure riferita dal legislatore ai **concorsi di progettazione**, cui è dedicato il successivo art. 46, che tuttavia, rinvia alla disciplina contenuta nelle direttive comunitarie sugli appalti pubblici e sui settori speciali; la norma prevede che il concorso di progettazione possa svolgersi in una o due fasi: nel primo caso, che costituisce la regola, il concorso è direttamente finalizzato all'acquisizione di un progetto con un livello di approfondimento corrispondente a quello del progetto di fattibilità tecnica ed economica; nel secondo caso, che costituisce una soluzione opzionabile da parte della stazione appaltante o dell'ente concedente mediante **adeguata motivazione**, la prima fase è diretta a selezionare le migliori proposte ideative, mentre la seconda fase (che si svolge tra i concorrenti selezionati nella prima) è finalizzata all'acquisizione del progetto di fattibilità tecnica ed economica. In caso di concessione, la proposta deve comprendere uno studio economico finanziario per la realizzazione e gestione dell'opera.
Dai concorsi di progettazioni si distinguono, infine, i **concorsi di idee**, a cui possono partecipare i soggetti indicati dall'art. 46, ossia oltre i soggetti ammessi ai concorsi di progettazione, anche i lavoratori subordinati abilitati all'esercizio della professione e iscritti all'ordine professionale secondo l'ordinamento nazionale di appartenenza, con esclusione dei dipendenti della stazione appaltante o dell'ente concedente che bandisce il concorso. L'idea o le idee premiate sono **acquisite in proprietà dalla stazione appaltante** o dall'ente concedente, previa eventuale definizione degli assetti tecnici, e possono essere poste a base di un concorso di progettazione o di un appalto di servizi di progettazione, a cui possono partecipare i premiati qualora in possesso dei relativi requisiti soggettivi.

3. La verifica di progettazione

In tema di progettazione, positiva codificazione ha ottenuto la **verifica della progettazione**, a cui deve essere sottoposto ogni progetto; tale verifica, prevista oggi all'art. 42, che specifica le modalità di espletamento e ne individua l'oggetto, è demandata ad un unico organo, ha luogo **durante lo sviluppo della progettazione** in ciascuno dei suoi livelli e termina con la **verifica del progetto esecutivo** prima dell'inizio dei lavori.
Come si vedrà nei paragrafi successivi, è alla figura del RUP (oggi **Responsabile del progetto**) che viene demandata la verifica di progettazione; il co. 2 chiarisce al riguardo che il RUP, se non effettua personalmente la verifica, ne segue lo sviluppo parallelamente alla progettazione, garantendo il contraddittorio tra il soggetto che esegue la verifica e il progettista, il tutto a comprova della **centralità della sua funzione di controllo procedimentale e sostanziale**. Per la medesima finalità, è prevista l'incompatibilità dell'attività di verifica con lo svolgimento delle funzioni tecniche nell'ambito della procedura (attività di progettazione, di coordinamento della relativa sicurezza, di direzione dei lavori e di collaudo). All'esito della verifica viene redatto l'**atto di validazione**, sottoscritto dal responsabile del relativo procedimento e indicato nel bando o nella lettera di invito (co. 4). La norma, inoltre, definisce puntualmente il contenuto dell'atto di validazione, stabilendo che debbano essere indicati gli esiti della verifica, il riferimento al rapporto conclusivo del soggetto preposto alla verifica e le eventuali controdeduzioni del progettista. Ulteriori disposizioni in tema di verifica di progettazione sono, infine, contenute nell'Allegato I.7., che disciplina i contenuti e le modalità di verifica nonché i soggetti che vi provvedono, chiarendo, sul piano contabile-finanziario, che gli oneri conseguenti all'accertamento

della rispondenza agli elaborati progettuali sono ricompresi nelle risorse stanziate per la realizzazione delle opere.

4. Il Consiglio superiore dei lavori pubblici

Norma di chiusura del Libro I del Nuovo Codice del 2023 e, in specie, delle norme sulla programmazione, è l'**art. 47** dedicato al **Consiglio superiore dei lavori pubblici, massimo organo tecnico consultivo dello Stato**, dotato di autonomia organizzativa e funzionale e incardinato presso il **Ministero delle Infrastrutture e dei Trasporti.** Procedendo ad una radicale semplificazione, la norma suddetta indica le **funzioni** attribuite a detto organo, mentre si rinvia all'**Allegato I.11** quanto alle norme sull'organizzazione e sul funzionamento del Consiglio, in ciò riprendendo la disciplina già contenuta nel D.P.R. 27 aprile 2006 n. 204, ma semplificandola e aggiornandola anche in relazione alle nuove attribuzioni e competenze *medio tempore* intervenute.
Quanto alle **funzioni del Consiglio,** quelle principali sono oggi indicate al co. 3 dell'art. 47, che si riferisce in particolare alla funzione di **emissione di pareri**, i quali, per quanto attiene alla materia dei contratti pubblici, possono essere di **due tipi**:

a) **di carattere obbligatorio** sui **progetti definitivi**, ovvero, nei casi previsti dalla legge, sui **progetti preliminari**, **di lavori pubblici di competenza statale**, o comunque finanziati per almeno il 50 % dallo Stato, di importo superiore ai 25 milioni di euro, sui piani portuali, ovvero relativi all'informatica ed alle infrastrutture tecnologiche a servizio del trasporto combinato terrestre e marittimo, dei sistemi portuali, degli interporti e della logistica, onde garantire l'interoperabilità delle tecnologie e delle piattaforme software e agevolare l'accesso alle infrastrutture di trasporto;
b) **di carattere facoltativo**, su richiesta delle amministrazioni competenti, sulle linee fondamentali dell'assetto del territorio nazionale, sulle linee generali della programmazione delle grandi reti di interesse nazionale, sui piani aeroportuali e sulle vie di navigazione di interesse nazionale, sui programmi di lavori pubblici, sui progetti delle opere pubbliche o di interesse pubblico, ai sensi delle disposizioni vigenti sulle costruzioni ed infrastrutture strategiche, sui progetti delle altre amministrazioni pubbliche.

In entrambi i casi (di parere obbligatorio o facoltativo) il parere richiesto deve essere emesso dal Consiglio **entro quarantacinque giorni** dalla trasmissione del progetto, decorsi i quali esso si intende reso in senso favorevole (silenzio-assenso).
Sebbene non espressamente indicato nel Codice dei contratti, occorre infine precisare che il Consiglio superiore dei lavori pubblici svolge anche importanti **funzioni consultive** (preminentemente in favore dell'**Autorità per la vigilanza sui lavori pubblici**, per le questioni di ordine tecnico e per ogni altra questione per la quale l'Autorità ritiene di richiedere il parere del Consiglio superiore) e può anche **esprimere pareri** sui testi delle norme tecniche, delle circolari e delle linee guida afferenti le materia trattate – rispetto alle quali cura anche la predisposizione delle norme tecniche fondamentali sulla sicurezza minima delle costruzioni da osservarsi su tutto il territorio nazionale – e sulle questioni comunque pertinenti le materie di sua competenza.

Sezione ii ▶ I soggetti delle procedure di evidenza pubblica

5. Premessa

Prima di entrare nel dettaglio delle procedure di evidenza pubblica, che verranno trattate al capitolo successivo, è necessario specificare l'ambito soggettivo e quindi, richiamare, da un lato, i **soggetti del sistema dei contratti pubblici**, ovvero **le stazioni appaltanti e gli operatori economici** cui si è accennato al capitolo precedente, dall'altro le **figure** che, all'interno della stazione appaltante (o della centrale di committenza) sono preposte alle varie fasi della procedura medesima, ossia al RUP (oggi responsabile unico di progetto e non più di procedimento) ed ai suoi collaboratori, quali, *in primis* il Direttore del lavori, rinviando per ulteriori approfondimenti al cap. V relativo alla fase di esecuzione del contratto.

6. Le stazioni appaltanti e le centrali di committenza

Con l'intento di provvedere alla *"ridefinizione e rafforzamento della disciplina in materia di qualificazione delle stazioni appaltanti, afferenti ai settori ordinari e ai settori speciali, al fine di conseguire la loro* ***riduzione numerica****, nonché l'accorpamento e la riorganizzazione delle stesse ...",* come dichiarato nella legge delega, gli artt. 62 e 63 del **Nuovo codice del 2023**, "sostitutivi" degli artt. 37, 38 e 39 del d.lgs.n. 50/2016, disciplinano il composito sistema soggettivo dei contratti pubblici dal lato delle stazioni appaltanti, con l'indicazione delle attività che tali soggetti possono porre in essere e del ruolo che rivestono le **centrali di committenza qualificate** e le **stazioni appaltanti qualificate** in relazione alla finalità di aggregazione e qualificazione della domanda pubblica. E', infatti, oggi previsto che tutte le procedure di affidamento superiori alla soglia degli affidamenti diretti per servizi e forniture nonché a quella (di euro 5.000,00) per i lavori, possono essere gestite esclusivamente dalle **stazioni appaltanti qualificate** ossia da quelle che sono inserite nell'apposito elenco istituito e gestito dall'ANAC, che ne stabilisce altresì le modalità attuative e di aggiornamento, sulla base dei livelli di qualificazione; l'art. 63 co. 2, al riguardo, distingue, a seconda delle fasce di importo dei servizi e delle forniture, tra **qualificazione base, qualificazione intermedia e qualificazione avanzata** e indica, per ciascun livello, i requisiti (di qualificazione) per la progettazione e l'affidamento sulla base dei parametri ivi indicati e specificati all'Allegato II.4.
Medesime indicazioni sono previste per le **Centrali di committenza**, anch'esse necessariamente iscritte negli elenchi appositi gestiti dall'ANAC e anch'esse definite qualificate in relazione ai compiti assunti, indicati dall'art.62 co. 7 – i quali variano da attività di progettazione e affidamento, a attività di implementazione di convenzioni e accordi quadro o di sistemi dinamici di acquisizione e mercati elettronici di negoziazione – che possono essere svolte da queste in favore di stazioni appaltanti qualificate e non qualificate.
Come precisato in un comunicato ANAC del 17 maggio 2023, in base al nuovo Codice del 2023, la qualificazione delle stazioni appaltanti diventerà obbligatoria dal prossimo **1° luglio 2023**, con il blocco del rilascio del CIG (codice identificativo gara) per le stazioni appaltanti non qualificate. Al fine di razionalizzare l'avvio del sistema ed evitare disservizi, si è tuttavia consentita la presentazione della domanda di iscrizione all'elenco delle stazioni appaltanti qualificate e delle centrali di committenza **già a partire dal 1°giugno u.s.**, ferma restando la decorrenza degli effetti dell'iscrizione dal 1° luglio 2023.

7. Gli operatori economici

Gli **operatori economici** sono i soggetti che aspirano a stipulare i contratti di affidamento di lavori, servizi e forniture e trovano oggi una compiuta disciplina negli artt. 65, 66, 67, 68 e 69 del **nuovo Codice del 2023** (con rinvio all'art. 1, lett. l), dell'**Allegato I.1**). Al di là dell'allocazione codicistica, tuttavia, le norme suddette non sono sostanzialmente difformi dalle precedenti contenute nel d.lgs n. 50/2016, salvo che in relazione all'Istituto del ***Raggruppamento temporaneo di imprese*** che, in ragione della sentenza della Corte di giustizia, sez. IV, 28 aprile 2022, in causa C-642/20 è oggi definito in maniera unitaria, senza ricorrere agli istituti del raggruppamento orizzontale e del raggruppamento verticale.
Quanto alla definizione di "operatore economico", se il nuovo codice, da un lato, ne amplia la platea con il riferimento agli "***operatori economici stabiliti in altri Stati membri****, costituiti conformemente alla legislazione vigente nei rispettivi Paesi*", dall'altro lato ne definisce i contorni, fornendo un elenco esaustivo dei soggetti che vi rientrano, tra cui, a titolo esemplificativo: gli imprenditori individuali, anche artigiani, e le società, anche cooperative; i consorzi fra società cooperative di produzione e lavoro o tra imprese artigiane ovvero i consorzi stabili, costituiti anche in forma di società consortili, tra imprenditori individuali, anche artigiani, società commerciali, società cooperative di produzione e lavoro; i raggruppamenti temporanei di concorrenti, costituiti o costituendi dai soggetti di cui sopra; le aggregazioni tra le imprese aderenti al contratto di rete; i soggetti che abbiano stipulato il contratto di gruppo europeo di interesse economico (GEIE).

▶ 7.1. I consorzi

Previsioni particolari sono previste per **i consorzi.** Al riguardo si deve continuare a distinguere tra

consorzi ordinari e **consorzi non necessari,** cui è dedicato l'art. 67 del **nuovo Codice del 2023;** tra i primi, per cui valgono le medesime regole valevoli per i raggruppamenti temporanei di imprese di cui al successivo art. 68, rientrano quelli indicati dall'art. 65, co. 2, lett. b), c) e d) ossia i:

- "***consorzi fra società cooperative*** *di produzione e lavoro costituiti a norma della legge 25 giugno 1909, n. 422 e del decreto legislativo del Capo provvisorio dello Stato 14 dicembre 1947, n. 1577*" (lett. b);
- "***consorzi tra imprese artigiane*** *di cui alla legge 8 agosto 1985, n. 443*" (lett. c);
- "***consorzi stabili****, costituiti anche in forma di società consortili ai sensi dell'articolo 2615-ter del codice civile, tra imprenditori individuali, anche artigiani, società commerciali, società cooperative di produzione e lavoro; i consorzi stabili sono formati da non meno di tre consorziati che, con decisione assunta dai rispettivi organi deliberativi, abbiano stabilito di operare in modo congiunto nel settore dei contratti pubblici di lavori, servizi e forniture per un periodo di tempo non inferiore a cinque anni, istituendo a tal fine una comune struttura di impresa*" (lett. d). Ad essi si aggiungono i consorzi stabili costituiti per affidamenti dei servizi attinenti all'ingegneria e all'architettura, ai quali pure si riferisce l'art. 66, co. 1, lett. g) ossia "*i consorzi stabili di società di professionisti e di società di ingegneria, anche in forma mista, formati da non meno di tre consorziati che abbiano operato nei settori dei servizi di ingegneria e architettura*".

Viene invece rimessa ad un (emanando) regolamento di attuazione la disciplina specifica dei requisiti di capacità tecnica e finanziaria dei consorzi predetti occorrenti ai fini dell'ammissione alle procedure di affidamento di contratti pubblici (co. 1), il quale andrà ad integrare quanto già indicato oggi nell'**Allegato II.12**.

Quanto alle caratteristiche dei **consorzi stabili**, contenute nel nuovo art. 67, esse sono frutto dell'elaborazione giurisprudenziale raggiunta in materia, che ha rimarcato la natura durevole del rapporto sotteso alla "***comune struttura d'impresa***" raggiunta con i consorzi, che sono a tutti gli effetti un nuovo e peculiare soggetto giuridico, rispondendo alla seguente descrizione (di): "*operatori economici dotati di autonoma personalità giuridica, costituiti in forma collettiva e con causa mutualistica, che operano in base a uno S. rapporto organico con le imprese associate, il quale si può giovare, senza necessità di ricorrere all'avvalimento, dei requisiti di idoneità tecnica e finanziaria delle consorziate stesse, secondo il criterio del '****cumulo alla rinfusa****'* "(cfr. Cons. Stato, sez. V, 2 febbraio 2021, n. 964).

Altra importante novità, contenuta nel co. 3 dell'art. 67, sta nella disposta necessità che i suddetti requisiti generali prescritti ai fini dell'affidamento siano **attestati**, oltre che dal consorzio stabile, **anche dalle consorziate esecutrici** indicate in gara e **dalle esecutrici che prestano i requisiti**, così recependo quanto evidenziato dalla giurisprudenza in materia, in analogia con quanto è disposto per l'avvalimento.

Con riguardo alle altre categorie di consorzi indicate dalla norma in commento, il nuovo Codice, aderendo all'opinione della sostanziale equiparazione tra i **consorzi di cooperative** e i **consorzi tra imprese artigiane,** ne ha disposto l'assimilazione ai fini della attestazione dei requisiti generali e speciali; con una disciplina *ad hoc*, diversa da quella prevista per i consorzi stabili, il co. 5 dell'art. 67 ha, poi, stabilito che i detti consorzi possono partecipare alle procedure di gara **qualificandosi in proprio** e riconoscendo loro, al contempo, la possibilità di far valere i mezzi nella disponibilità delle consorziate che li costituiscono.

▶ 7.2. I raggruppamenti e le associazioni temporanee di imprese (RTI e ATI)

In un'ottica di massima apertura alla partecipazione, l'art. 48, d.lgs. n. 50/2016 consente la **partecipazione associata alla gara**, riconoscendo l'accesso ai **raggruppamenti temporanei di imprese** (RTI) o **associazioni temporanee di imprese** (ATI), costituenti schemi organizzativi con cui più imprese pattuiscono di associarsi (o consorziarsi) e così concorrere congiuntamente ai fini dell'acquisizione di una specifica commessa pubblica. Prima del **nuovo Codice del 2023**, ove le dette figure hanno trovato una compiuta ed organica disciplina all'art. 68, che se ne occupa unitamente ai **consorzi ordinari di concorrenti a essi assimilati,** si soleva distinguere tra:

- **raggruppamento orizzontale** quando le riunioni di concorrenti sono finalizzate a realizzare i lavori della stessa categoria (art. 48, co. 1) o ad eseguire il medesimo tipo di prestazione nell'appalto di fornitura o servizi (art. 48, co. 2);

- **raggruppamento verticale** quando la suddivisione è qualitativa (art. 48, co. 1) o quando il mandatario esegua le prestazioni di servizi o di forniture indicate come principali anche in termini economici e i mandanti quelle indicate come secondarie (art. 48, co. 2).

Sul piano del regime della responsabilità, nei RTI orizzontali ciascuna delle imprese riunite è **responsabile solidalmente** nei confronti della stazione appaltante, mentre nei RTI verticali le mandanti rispondono ciascuna per le prestazioni assunte e la mandataria risponde in via solidale con ciascuna delle imprese mandanti in relazione alle rispettive prestazioni secondarie. La Corte di giustizia (sez. IV, 28 aprile 2022 in causa C-642/20), ha, tuttavia, sostenuto che uno Stato membro non può predeterminare le modalità esecutive all'interno del raggruppamento (**principio di neutralità delle forme giuridiche**). In base a detta pronuncia, si è ritenuto che l'art. 83, co. 8, d.lgs. n. 50/2016 – laddove impone all'impresa mandataria del raggruppamento di operatori economici di eseguire le prestazioni "*in misura maggioritaria*" rispetto a tutti i membri del raggruppamento – fissi una condizione più rigorosa di quella prevista dalla direttiva 2014/24. Pertanto, in sede di elaborazione del nuovo Codice si è deciso di demandare la possibilità di intervenire sulle modalità esecutive dei raggruppamenti e dei relativi partecipanti alle sole stazioni appaltanti, essendo invece agli Stati membri consentito intervenire, in alcuni casi, sui soli requisiti di qualificazione.

Il **nuovo Codice del 2023**, all'art. 68, recependo tali indicazioni, non ha quindi riproposto la distinzione fra raggruppamenti verticali e orizzontali, e la relativa disciplina, volta proprio a regolamentare le modalità di esecuzione dell'appalto da parte dei raggruppamenti, così alleggerendo e semplificando la relativa disciplina; le principali novità introdotte concernono, infatti, la partecipazione alle procedure, la regolamentazione delle quote assegnate ai componenti del raggruppamento ai fini della qualificazione e della esecuzione del contratto e il conseguente regime di responsabilità nei confronti della stazione appaltante. Sulla base del nuovo impianto, pertanto, la presentazione dell'offerta da parte del raggruppamento (o del consorzio) – anche se non ancora costituito – avviene sulla base di un **mandato collettivo** (definito dal co. 1 *mandato collettivo speciale con rappresentanza*), le cui determinazioni "interne" sono lasciate alla volontà dei soggetti partecipanti, legati tra loro, e nei confronti della stazione appaltante, da un vincolo di **responsabilità solidale** di tutti partecipanti alla compagine; ancorché non vi siano vincoli di sorta – evidenziando anzi il co. 3, con particolare riguardo ai raggruppamenti, che gli RTI **non possono essere obbligati ad assumere una forma specifica ai fini della partecipazione a una procedura di affidamento** di contratti pubblici, in applicazione del principio di neutralità delle forme giuridiche di cui all'art. 19, par. 2, della Direttiva 2014/24/UE – è comunque necessario indicare in sede di offerta le quote di esecuzione delle prestazioni fra i partecipanti al raggruppamento, ciò al fine di distinguere dette situazioni da quelle afferenti l'avvalimento, come chiarito nella Relazione illustrativa.

Sebbene sostanzialmente libere, giusta il richiamo alla regola generale di cui al co. 3, è comunque possibile che alle RTI o alle ATI (o consorzi ordinari) venga richiesta nei documenti di gara **una determinata forma giuridica** da assumere **in relazione alle specifiche esigenze e caratteristiche dell'appalto** da affidare e possono essere determinate le modalità con cui i raggruppamenti ottemperano ai requisiti speciali richiesti per l'affidamento, purché ciò sia proporzionato e giustificato da motivazioni obiettive.

8. Dal Responsabile Unico di procedimento al Responsabile Unico di Progetto

Sempre in tema di attività preparatoria (e, in particolare, di progettazione) e prima di entrare nel dettaglio delle procedure di affidamento, è bene porre l'attenzione sin d'ora, con riguardo all'aspetto soggettivo delle stesse, al **responsabile** o **RUP** il cui ruolo è, sin dalla precedente versione del codice, sempre stato centrale. Il nuovo Codice del 2023, sebbene ne mantenga l'importanza e la trasversalità, innova profondamente detta **figura**, che diviene **Responsabile "di progetto"** (o di "**intervento**", complessivamente considerato) e non di più di "procedimento", essendo egli oggi deputato (art. 15, co. 1) a **sovrintendere a tutte le fasi di programmazione, progettazione, affidamento ed esecuzione** di ciascuna procedura soggetta al codice. Si tratta, infatti, secondo le indicazioni della Relazione illustrativa, del **responsabile di una serie di "fasi" preordinate alla realizzazione di un "progetto", o un "intervento pubblico"** (fasi per il cui espletamento si potrà prevedere, come si dirà, la nomina di un "responsabile di fase", a sostegno dell'attività del RUP), le quali integrano distinti procedimenti tra loro connessi; in questo senso, si è voluta rimarcare la differenza rispetto alla figura del responsabile del

(singolo) procedimento prevista dalla l. n. 241/90, peraltro non necessariamente coincidente con una persona fisica (cfr. art. 4, l. n. 241 del 1990).
Quanto alla sua **nomina** (co. 2), il RUP viene nominato nel primo atto di avvio dell'intervento pubblico da realizzare, tra i dipendenti assunti anche a tempo determinato della stazione appaltante o dell'ente concedente, preferibilmente in servizio presso l'unità organizzativa titolare del potere di spesa, in possesso dei **requisiti di cui all'allegato I.2** (che ne disciplina in maniera analitica anche le diverse funzioni con riferimento alle diverse fasi della procedura) e di **competenze professionali** adeguate in relazione ai compiti al medesimo affidati, nel rispetto dell'inquadramento contrattuale e delle relative mansioni. In corso di approvazione vi è stata una modifica al testo originario: mentre, infatti, la precedente formulazione prevedeva che il RUP fosse nominato dal responsabile dell'unità organizzativa titolare del potere di spesa, nel testo definitivo il relativo potere è stato attribuito più in generale alle stazioni appaltanti e agli enti concedenti; è stata altresì soppressa, in quanto causa di controversie sui riparti di competenze interne alle amministrazioni, la previsione contenuta nel codice di cui al d.lgs. n. 50/2016 secondo cui "*laddove sia accertata la carenza nell'organico della suddetta unità organizzativa, il RUP è nominato tra gli altri dipendenti in servizio*", potendo, come detto, oggi il RUP essere nominato anche tra i dipendenti assunti a tempo determinato; non è stata, invece, accolta la richiesta formulata in sede di Conferenza Unificata di individuare il RUP anche tra liberi professionisti esterni al perimetro della pubblica amministrazione, onde evitare, come osserva la Relazione Illustrativa, potenziali conflitti di interesse e un aggravamento dei costi per l'erario.
È stato, altresì, individuato un "**meccanismo di chiusura**" che assicura sempre l'individuazione del RUP, attraverso la previsione secondo cui, in caso di mancata nomina del RUP nell'atto di avvio dell'intervento pubblico, l'incarico è svolto dal **medesimo responsabile dell'unità organizzativa titolare del potere di spesa**. Resta, infine, ferma la previsione secondo la quale l'**ufficio di RUP è obbligatorio** e non può essere rifiutato.

▶ 8.1. Il Responsabile di fase

Sebbene, come detto, il Codice ribadisca la centralità e l'unicità della figura del RUP, l'art. 15 co. 4 prevede comunque la possibilità per le stazioni appaltanti di nominare un **Responsabile di fase,** per le fasi di programmazione, progettazione ed esecuzione e uno per la fase di affidamento. Tale opzione, come evidenziato nella Relazione illustrativa, introducendo un **principio di "responsabilità per fasi"**, presenta il vantaggio di evitare un'eccessiva concentrazione in capo al RUP di compiti e responsabilità operative, spesso di difficile gestione nella pratica. In caso di nomina dei responsabili di fase rimangono comunque in capo al RUP gli **obblighi (e le connesse responsabilità) di supervisione, coordinamento, indirizzo e controllo**, mentre sono ripartiti in capo ai primi i compiti e le responsabilità delle singole fasi a cui sono preposti.

▶ 8.2. Le funzioni del RUP. L'Allegato I.2 e le norme di dettaglio

Al fine di **assicurare il risultato finale**, vengono ridisegnate le **funzioni del RUP** quale figura centrale del procedimento, in funzione del quale gli vengono attribuiti compiti e facoltà anche "innominate", enumerate dall'**Allegato I.2** cui il co. 5 espressamente rinvia. La relativa specificazione non è tassativa ed assorbe le linee guida n. 3 dell'ANAC.
Tra le norme relative alla disciplina di dettaglio, l'Allegato I.2.: elenca i compiti del RUP in rapporto alla esigenza di conseguire gli obiettivi connessi alla realizzazione dell'intervento pubblico nel rispetto dei tempi e dei costi programmati, della qualità richiesta, della sicurezza e della salute dei lavoratori, e quelli specifici del **Direttore dei lavori** e del **Direttore dell'esecuzione** nell'attuazione delle prestazioni contrattuali; indica gli **ulteriori requisiti di professionalità** imposti dalla complessità e dalla natura dei contratti da affidare, le ipotesi di incompatibilità tra le funzioni del RUP e le ulteriori funzioni tecniche e, in particolare, l'importo massimo e la tipologia dei lavori, servizi e forniture per i quali il RUP può coincidere con il progettista o con il direttore dell'esecuzione del contratto, le coperture assicurative da prevedere con oneri a carico dell'amministrazione, gli obblighi formativi delle amministrazioni nei confronti del RUP e, ancora, le ipotesi e le modalità di affidamento degli incarichi di supporto al RUP ovvero la possibilità per quest'ultimo di affidarli direttamente, sotto la propria responsabilità di risultato.
E', altresì, previsto che le stazioni appaltanti e gli enti concedenti istituiscano una **struttura di supporto**

al RUP, destinando per gli incarichi di assistenza al medesimo risorse finanziarie non superiori all'1% dell'importo posto a base di gara per l'affidamento diretto; sempre in un'ottica di efficienza (ai fini del raggiungimento del miglior risultato); potrà, a tal uopo, essere adottato un **piano di formazione** per il personale che svolge funzioni relative alle procedure in materia di acquisiti di lavori, servizi e forniture in coerenza con il programma degli acquisiti di beni e servizi e del programma dei lavori pubblici.
Peculiare incarico affidato oggi al RUP è, ancora, la possibilità di far parte anche della **Commissione di Gara**, cui è dedicato l'art. 93; in coerenza con il **principio della fiducia** nell'operato dell'amministrazione e dei suoi funzionari, è oggi stata codificata la **regola della composizione interna, cui può far parte anche il RUP**. Si è stabilito, poi, che a **presiedere la commissione** non debba essere necessariamente un dirigente, ma un dipendente dotato di adeguato inquadramento giuridico e di competenze professionali idonee e che la stessa commissione giudicatrice possa essere chiamata dal responsabile del procedimento a svolgere **attività di supporto ai fini della verifica dell'anomalia dell'offerta**.

9. Il Direttore dei lavori

Il **Direttore dei lavori**, come meglio si vedrà a proposito dell'esecuzione dei contratti, è figura centrale della fase successiva alla stipula del contratto, ossia della **fase di esecuzione**; egli, infatti:

- è preposto al **controllo tecnico, contabile e amministrativo** dell'esecuzione dell'intervento affinché i lavori siano eseguiti a regola d'arte e in conformità al progetto e al contratto;
- ha la responsabilità del coordinamento e della supervisione dell'attività di tutto l'ufficio di direzione dei lavori;
- interloquisce con l'esecutore in merito agli aspetti tecnici ed economici del contratto;
- ha la specifica responsabilità dell'accettazione dei materiali, sulla base anche del controllo quantitativo e qualitativo degli accertamenti ufficiali delle caratteristiche meccaniche e in aderenza alle disposizioni delle norme tecniche per le costruzioni vigenti.
- verifica periodicamente il possesso e la regolarità da parte dell'esecutore e del subappaltatore della documentazione prevista dalla legge vigenti in materia di obblighi nei confronti dei dipendenti provvedendo se del caso alla segnalazione al RUP, dell'inosservanza, da parte dell'esecutore, delle norme sul subappalto;
- cura la costante verifica di validità del programma di manutenzione, dei manuali d'uso e dei manuali di manutenzione, modificandone e aggiornandone i contenuti a lavori ultimati;

Al Direttore dei lavori sono anche demandati adempimenti relativi alla **fase preliminare della procedura di gara;** già prima dell'avvio della procedura di scelta del contraente, il direttore dei lavori, infatti, fornisce al RUP l'**attestazione dello stato dei luoghi**, evidenziando: l'accessibilità delle aree e degli immobili interessati dai lavori secondo le indicazioni risultanti dagli elaborati progettuali; l'assenza di impedimenti alla realizzabilità del progetto, successivi agli accertamenti effettuati prima dell'approvazione del progetto stesso.
Altro importante compito affidato al direttore dei lavori è la **consegna dei lavori**, previa disposizione del RUP; in tal caso, sarà il direttore dei lavori a dover comunicare con un congruo preavviso all'esecutore il giorno e il luogo in cui deve presentarsi, munito del personale idoneo, nonché delle attrezzature e dei materiali necessari per eseguire, se occorre, il tracciamento dei lavori secondo i piani, profili e disegni di progetto. La consegna dei lavori deve risultare da apposito **verbale, redatto in contraddittorio con l'esecutore e sottoscritto da entrambi** il quale viene poi trasmesso al RUP; dalla data di redazione del verbale decorre utilmente il termine per il compimento dei lavori dedotti in contratto.
Ove l'esecutore non si presenti, senza giustificato motivo, nel giorno fissato dal direttore dei lavori per la consegna, la stazione appaltante avrà facoltà di risolvere il contratto, incamerando la cauzione, ovvero di fissare una nuova data per la consegna, ferma restando la decorrenza del termine contrattuale dalla data della prima convocazione. Se, invece, la consegna avviene in ritardo per causa imputabile alla stazione appaltante, l'esecutore può chiedere di recedere dal contratto. Nel caso in cui, ancora, iniziata la consegna, questa sia sospesa dalla stazione appaltante per ragioni non di forza maggiore, la sospensione non può durare oltre 60 giorni. Trascorso inutilmente tale termine, l'esecutore può recedere dal contratto.
Il direttore dei lavori può provvedere alla **consegna parziale** dei lavori se il capitolato speciale d'appalto

lo prevede in relazione alla natura dei lavori da eseguire oppure nei casi di temporanea indisponibilità delle aree e degli immobili. In queste ipotesi, la data di consegna a tutti gli effetti di legge è quella dell'ultimo verbale di consegna parziale redatto dal direttore dei lavori. Egli, può, altresì provvedere alla **consegna d'urgenza** dei lavori, nel qual caso il verbale di consegna deve indicare anche le lavorazioni che l'esecutore deve immediatamente eseguire, comprese le opere provvisionali.
Il direttore dei lavori non può procedere alla consegna dei lavori quando riscontra delle differenze fra le condizioni locali e il progetto esecutivo; nel qual caso dovrà riferire immediatamente al RUP, indicando le cause e l'importanza delle differenze riscontrate rispetto agli accertamenti effettuati in sede di redazione del progetto esecutivo e delle successive verifiche e proponendo i provvedimenti da adottare.
Il ritardo nella consegna dei lavori per causa imputabile al direttore dei lavori comporta responsabilità amministrativo-contabili di questi nei confronti della stazione appaltante, ma tale ritardo è valutabile da quest'ultima ai fini della performance, se il direttore fa parte del personale interno alla stessa.

▶ 9.1. La contabilità dei lavori

Le norme per la **tenuta della contabilità dei lavori** e per la compilazione dei documenti contabili da parte del Direttore dei lavori sono contenute nel **D.M. 49/2018**; al direttore dei lavori è, innanzitutto, fatto obbligo di tenere la contabilità dei lavori mediante l'uso di **strumenti elettronici specifici**, ossia di piattaforme, anche telematiche, interoperabili a mezzo di formati aperti non proprietari, e ciò allo scopo di favorire la concorrenza tra i fornitori di tecnologie. È, tuttavia, prevista la possibilità di utilizzare la **contabilità semplificata** per i lavori di importo inferiore a 40.000 euro; è necessario però che il direttore dei lavori prima verifichi la corrispondenza del lavoro svolto con quanto fatturato, tenendo conto dei lavori effettivamente eseguiti. In tale ipotesi, inoltre, il certificato di regolare esecuzione può essere sostituito con l'apposizione del visto del direttore dei lavori sulle fatture di spesa.
Quanto ai **documenti contabili**, che sono predisposti e tenuti dal direttore dei lavori o dai direttori operativi o dagli ispettori di cantiere (se delegati dal direttore stesso), essi devono essere firmati contestualmente alla compilazione rispettando la cronologia di inserimento dei dati. Essi sono:

- il **giornale dei lavori**, in cui sono annotati per ciascun giorno almeno: 1) l'ordine, il modo e l'attività con cui progrediscono le lavorazioni; 2) la qualifica e il numero degli operai impiegati; 3) l'attrezzatura tecnica impiegata per l'esecuzione dei lavori; 4) l'elenco delle provviste fornite dall'esecutore, documentate dalle rispettive fatture quietanzate, nonché quant'altro interessi l'andamento tecnico ed economico dei lavori, ivi compresi gli eventuali eventi infortunistici; 5) l'indicazione delle circostanze e degli avvenimenti relativi ai lavori che possano influire sui medesimi, inserendovi le osservazioni meteorologiche e idrometriche, le indicazioni sulla natura dei terreni e quelle particolarità che possono essere utili; 6) le disposizioni di servizio e gli ordini di servizio del RUP e del direttore dei lavori; 7) le relazioni indirizzate al RUP; 8) i processi verbali di accertamento di fatti o di esperimento di prove; 9) le contestazioni, le sospensioni e le riprese dei lavori; 10) le varianti ritualmente disposte, le modifiche od aggiunte ai prezzi;
- i **libretti di misura delle lavorazioni e delle provviste**, che contengono la misurazione e classificazione delle lavorazioni effettuate dal direttore dei lavori;
- il **registro di contabilità**, che contiene le trascrizioni delle annotazioni presenti nei libretti delle misure, nonché le domande che l'esecutore ritiene di fare e le motivate deduzioni del direttore dei lavori;
- lo **stato di avanzamento lavori (SAL)**, che riassume tutte le lavorazioni e tutte le somministrazioni eseguite dal principio dell'appalto;
- il **conto finale dei lavori**, compilato dal direttore dei lavori a seguito della certificazione dell'ultimazione degli stessi e trasmesso al RUP unitamente ad una relazione, in cui sono indicate le vicende alle quali l'esecuzione del lavoro è stata soggetta, allegando tutta la relativa documentazione.

Al conto finale, il direttore dei lavori allega:

- il verbale o i verbali di consegna dei lavori;
- gli atti di consegna e riconsegna di mezzi d'opera, aree o cave di prestito concessi in uso.

all'esecutore;
- le eventuali perizie di variante, con gli estremi della intervenuta approvazione; gli eventuali nuovi prezzi ed i relativi verbali di concordamento, atti di sottomissione e atti aggiuntivi, con gli estremi di approvazione e di registrazione;
- gli ordini di servizio impartiti;
- la sintesi dell'andamento e dello sviluppo dei lavori con l'indicazione delle eventuali riserve e la menzione delle eventuali transazioni e accordi bonari intervenuti, nonché una relazione riservata relativa alle riserve dell'esecutore non ancora definite;
- i verbali di sospensione e ripresa dei lavori e il **certificato di ultimazione dei lavori** con l'indicazione dei ritardi e delle relative cause;
- gli eventuali sinistri o danni a persone, animali o cose con indicazione delle presumibili cause e delle relative conseguenze;
- i processi verbali di accertamento di fatti o di esperimento di prove;
- le richieste di proroga e le relative determinazioni del RUP, nel caso in cui l'esecutore per cause a lui non imputabili non sia in grado di ultimare i lavori nel termine fissato;
- gli atti contabili, ossia i libretti delle misure e il registro di contabilità;
- in generale tutto ciò che può interessare la storia cronologica dell'esecuzione, aggiungendo tutte le notizie tecniche ed economiche che possono agevolare il collaudo.

Capitolo 4
Le procedure di affidamento

SOMMARIO

Sezione I ▶ Le procedure di evidenza pubblica

1. La procedura di affidamento

Una volta terminata la fase di programmazione e progettazione e individuata la Stazione appaltante, si avvia il momento vero e proprio di **affidamento**, che a sua volta, nelle procedure ad evidenza pubblica si articola nelle seguenti **fasi**:

- **delibera a contrarre;**
- **bando di gara;**
- **procedura di scelta del contraente;**
- **atto di aggiudicazione e stipula del contratto;**
- **approvazione ed eventuali controlli del contratto stipulato.**

A tale riguardo un primo richiamo va fatto agli artt. 17 e 18 del **nuovo Codice del 2023** che recano la disciplina delle principali fasi delle procedure di affidamento, nonché del contratto e della sua stipulazione, in tal modo sostituendo in particolare gli artt. 32 e 33, d.lgs. n. 50/2016.

Anche in tale ambito peculiari sono state le modifiche introdotte al nuovo Codice, le quali si sono informate a **tre direttrici** principali:

a) le procedure di selezione **devono essere concluse nei termini prestabiliti** (indicati nell'Allegato I.3), il cui superamento costituisce **silenzio-inadempimento** e rileva anche al fine della verifica del rispetto del **dovere di buona fede**, anche in pendenza di contenzioso;

b) **non è prevista** (né giustificata) la **sospensione della procedura** o dell'aggiudicazione in pendenza di un contenzioso (salvi i poteri cautelari del giudice amministrativo e quelli di autotutela della stazione appaltante);

c) **la verifica dei requisiti va effettuata dopo la proposta di aggiudicazione** e l'aggiudicazione

disposta dall'organo competente è **immediatamente efficace**.
In particolare, quanto all'**obbligo del rispetto dei termini contingentati** di cui all'art. 17 co. 3, detta norma rinvia all'Allegato I.3 (efficace fino all'intervento di un futuro regolamento emanato ad hoc) ove sono previsti dei termini in misura differenziata a seconda del tipo di affidamento previsto e al tipo di criterio di aggiudicazione. Per fare un esempio, ove venga utilizzato il **criterio dell'offerta economicamente più vantaggiosa** basato sul miglior rapporto tra qualità e prezzo o sul costo del ciclo di vita, i relativi termini di conclusione saranno (in caso di):

- **procedura aperta**: nove mesi;
- **procedura ristretta**: dieci mesi;
- **procedura competitiva con negoziazione**: sette mesi;
- **procedura negoziata senza previa pubblicazione di un bando di gara**: quattro mesi;
- **dialogo competitivo**: sette mesi;
- **partenariato per l'innovazione**: nove mesi.

Se invece viene utilizzato il **criterio del minor prezzo**, i termini saranno più **ristretti**, ossia:

- procedura aperta: cinque mesi;
- procedura ristretta: sei mesi; ecc.

Si noti, al riguardo, che i termini, seppur opportunamente distinti per criteri di aggiudicazione, non vengono invece differenziati in relazione al valore dell'appalto o al superamento o meno delle soglie europee; si ritiene, pertanto, che vadano applicati indifferentemente.
I termini decorrono **dalla pubblicazione del bando di gara** o dall'invio degli inviti a offrire, fino all'aggiudicazione alla miglior offerta, e non possono essere sospesi neanche in pendenza di contenzioso sulla procedura se non a seguito di provvedimento cautelare del giudice amministrativo. Tuttavia, ove la stazione appaltante o l'ente concedente debba effettuare la procedura di **verifica dell'anomalia**, i termini sopraindicati sono prorogati per il periodo massimo di **un mese**; allo stesso modo, in presenza di **circostanze eccezionali** il RUP, con proprio atto motivato, può prorogare i termini suddetti per un periodo massimo di **tre mesi**. In presenza di **ulteriori situazioni imprevedibili** di oggettiva difficoltà che rendono non sostenibili i tempi procedimentali sotto il profilo dell'organizzazione amministrativa e della particolare complessità della procedura, certificate dal RUP, quest'ultimo, con proprio atto, può prorogare i termini suddetti per **ulteriori tre mesi.**
La verifica dei requisiti va disposta **prima dell'aggiudicazione** (art. 17 co. 5); a tal fine l'organo preposto alla valutazione delle offerte prepara la **proposta di aggiudicazione** alla migliore offerta non anomala. L'organo competente a disporre l'aggiudicazione esamina la proposta, e, se la ritiene legittima e conforme all'interesse pubblico, dopo aver **verificato il possesso dei requisiti** in capo all'offerente, dispone l'aggiudicazione, che è **immediatamente efficace**.
Si supera quindi la pregressa disciplina (art. 32 co. 7 d.lgs. n. 50/2016) che prevedeva di regola l'efficacia dell'aggiudicazione dopo la verifica dei requisiti, e delineava una sequenza procedimentale praticamente inversa, ossia: 1) proposta di aggiudicazione; 2) aggiudicazione; 3) verifica dei requisiti; 4) aggiudicazione efficace. Ora, invece, la sequenza diventa: 1) **proposta di aggiudicazione**; 2) **verifica dei requisiti**; 3) **aggiudicazione immediatamente efficace**. A tal fine, peraltro, e per ribadire la finalità acceleratoria della disciplina, non è previsto che in pendenza di un contenzioso sulla procedura, la stessa o l'aggiudicazione vengano sospesi, salvi i poteri cautelari del giudice amministrativo e/o i poteri di autotutela della stazione appaltante, da esercitarsi da parte del responsabile del procedimento all'uopo competente.

▶ 1.1. Gli atti preparatori

Una novità dal punto di vista sistematico che si riscontra nel **nuovo Codice del 2023** è la presenza, ancora una volta, di un *corpus* di norme organico (artt. 77-82) volto a regolamentare la fase precedente allo svolgimento delle procedure di affidamento, con il fine anche di fornire alla stazione appaltante degli ausili nella propria attività. Si tratta, *in primis*, dell'istituto delle **consultazioni preliminari di mercato** che possono essere utilizzate anche per la scelta della procedura di gara e possono essere compiute attraverso *"informazioni, consulenze, relazioni e ogni altra documentazione idonea, anche di natura tecnica"* anche nella pianificazione e nello svolgimento della procedura di appalto, purché non si violino i principi di concorrenza, di non discriminazione e di trasparenza.
Si colloca pure in un momento antecedente all'apertura della procedura di gara vera e propria, la

previsione posta in capo alla stazione appaltante di rendere nota entro il 31 dicembre di ogni anno l'intenzione di bandire per l'anno successivo appalti pubblicando sul proprio sito istituzionale un **avviso di pre-informazione** recante le informazioni di cui all'allegato II.6; detto avviso, peraltro, per gli appalti di importo pari o superiore alle soglie di cui all'art. 14 (soglie europee), è pubblicato dall'Ufficio delle pubblicazioni dell'Unione europea o dalla stazione appaltante sul proprio sito istituzionale e comunicato all'ANAC (per la registrazione presso la Banca dati nazionale dei contratti pubblici).

2. La decisione di contrarre e gli altri documenti di gara

La **delibera (o "decisione") di contrarre** è l'atto con il quale la P.A., esponendo le *ragioni di pubblico interesse* che sostengono la determinazione amministrativa, esprime l'intento di stipulare un contratto di un certo tipo e contenuto. Al riguardo, l'art. 17 co. 1 del **nuovo Codice del 2023**, sostituendo in modo non sostanzialmente innovativo l'art. 32, comma 2, d. lgs. n. 50/2016, prescrive che, ***"prima dell'avvio*** *delle procedure di affidamento dei contratti pubblici"*, le stazioni appaltanti e gli enti concedenti adottino **apposito atto diretto ad esternare la volontà di contrarre** e a dare atto degli **elementi essenziali del contratto** e dei **criteri di selezione degli operatori** economici e delle offerte.
Ancorché non espressamente prescritto dall'art. 17, si ritiene che la decisione di contrarre (o, eventualmente, ulteriore provvedimento attuativo e ad essa conseguenziale) debba contenere il richiamo ai **documenti di gara** (ove vengono disciplinati nel dettaglio "*gli elementi essenziali del contratto e i criteri di selezione degli opera- tori economici e delle offerte*"), che, ai sensi dell'art. 82 del codice, sono costituiti, in particolare da:

a) il **bando, l'avviso di gara o la lettera d'invito**; il **disciplinare di gara** (il quale, secondo l'art. 87, fissa le regole per lo svolgimento del procedimento di selezione delle offerte);
b) il **capitolato speciale** (che definisce i contenuti del futuro rapporto contrattuale tra l'aggiudicatario e la stazione appaltante);
c) le **condizioni contrattuali proposte**.

Allo stesso modo, si ritiene che la decisione di contrarre debba contenere una **espressa motivazione**, ove si tratti di scelta discrezionale, circa l'individuazione della procedura di affidamento tra quelle previste dall'art.70, la quale scelta debba comunque tenere in considerazione il **principio di massima tempestività**, i tempi di conclusione delle procedure stabiliti nell'Allegato I.3, nonché il criterio di aggiudicazione (ove non sussista un obbligo di adozione di un determinato criterio, quale ad esempio, quello dell'offerta economicamente più vantaggiosa). Ciò si ricava da molteplici disposizioni del codice, che espressamente richiamano la decisione di contrarre relativamente all'esternazione di **obblighi motivazionali** (si veda, ad esempio, l'art. 44 in tema di appalto integrato, il quale prevede l'obbligo di motivare il riscorso a tale forma di appalto già nella decisione di contrarre).

▶ 2.1. Il bando di gara

Alla delibera a contrarre segue il **bando di gara**, con il quale, in *attuazione della delibera a contrarre*, la P.A. indice la gara *"rendendo nota l'intenzione di aggiudicare un appalto pubblico"*. Norme peculiari, di espressa derivazione europea, sono previste in relazione ai contenuti di bandi e avvisi, redatti secondo la disciplina eurounitaria, mediante il rinvio all'Allegato II.6, a sua volta riproduttivo dell'allegato V alla Dir. n. 2014/24/UE. In particolare, è richiesto che la stazione appaltante individui nel bando di gara un termine di durata della procedura, per agevolare una miglior prevedibilità dei tempi amministrativi e sono fissati precisi **oneri di pubblicità** che, *"salvo diversa previsione di legge"* possono, altresì prevedere differenti livelli di diffusione (si vedano al riguardo gli **artt. 84 e 85** che disciplinano rispettivamente la pubblicazione dei bandi a livello europeo e a livello nazionale). Poiché, come si vedrà nel paragrafo seguente, diverse sono le modalità di affidamento cui l'amministrazione può optare, in caso di procedure ristrette, nel dialogo competitivo, nei partenariati per l'innovazione e nelle procedure competitive con negoziazione, le stazioni appaltanti, in luogo del bando di gara, emettono un **invito**, che inoltrano attraverso le piattaforme di approvvigionamento digitale ai candidati selezionati a presentare le rispettive offerte o a negoziare o, nel caso di dialogo competitivo, a partecipare al dialogo. Allo stesso modo si procede, in caso di indizione di gara tramite un avviso di pre-informazione.

3. La scelta del contraente: le procedure di selezione

Il nuovo Codice dei contratti pubblici dedica una apposita Parte, la IV, del Libro II alla disciplina delle procedure di selezione del contraente-operatore economico da parte della Stazione appaltante, con una prima, importante, indicazione letterale contenuta all'art. 70 co.1 che equipara tra loro le varie procedure di scelta del contraente (restando esclusa solo la procedura negoziata senza previa pubblicazione, stante il carattere eccezionale di tale procedura). Ciò detto, il Codice distingue le **procedure di selezione** del contraente in:

▶ 3.1. Procedure aperte e procedure ristrette

La **procedura aperta** (**asta pubblica**) è la procedura in cui ogni operatore economico interessato può presentare un'offerta in risposta a un avviso di indizione di gara (art. 71). Le offerte presentate devono essere complete delle informazioni richieste dall'amministrazione aggiudicatrice per la selezione qualitativa, non essendovi nelle procedure aperte una preventiva selezione delle imprese da invitare. È prevista dal nuovo art. 71 l'abbreviazione dei **termini (minimi)** per la presentazione delle offerte, che passano da 35 a **30 giorni,** come conseguenza dell'impiego delle procedure telematiche come modalità ordinaria di svolgimento delle gare. Detto termine, che deve essere determinato dalla stazione appaltante, può essere ridotto a **15 giorni** per motivate ragioni di urgenza.
La **procedura ristretta** è, invece, quella procedura in cui qualsiasi operatore economico può chiedere di partecipare in risposta a un avviso di indizione di gara (presentando una domanda di partecipazione e **fornendo le informazioni richieste dall'amministrazione** aggiudicatrice ai fini della selezione qualitativa), ma in cui possono presentare un'offerta solo gli operatori invitati dalle stazioni appaltanti, a seguito della valutazione da parte delle stesse delle informazioni fornite (art. 72). In pratica, nella procedura ristretta l'accertamento dei requisiti previsti nell'atto d'indizione della gara è effettuato al momento della **preselezione**, con la valutazione delle domande di partecipazione, cui segue l'invito a presentare l'offerta. Anche in tale ipotesi il termine minimo per presentare le offerte è di **30 giorni** dalla data dell'invito, ma la stazione appaltante può stabilire un **termine diverso, di concerto con i candidati**, ovvero per ragioni di urgenza, un termine non inferiore a **10 giorni** dalla data dell'invito.

▶ 3.2. Procedure competitive con negoziazione, dialogo competitivo e partenariato per l'innovazione

La **procedura competitiva con negoziazione** è la procedura in cui qualsiasi operatore economico può presentare una domanda di partecipazione in risposta a un avviso di indizione di gara, fornendo le informazioni richieste dall'amministrazione aggiudicatrice per la selezione qualitativa, ma solo gli operatori economici invitati possono presentare un'offerta iniziale, la quale costituisce la base per la successiva negoziazione tra le parti al fine di migliorarne il contenuto (art. 73). Proprio il fatto che le offerte iniziali formano oggetto di trattative tra coloro che le hanno presentate e l'ente appaltante differenzia questo tipo di procedura con quelle aperte o ristrette, in cui non vi è negoziazione ma le offerte vengono giudicate in base ai criteri fissati nel bando di gara. Le amministrazioni aggiudicatrici, tuttavia, possono aggiudicare appalti sulla base delle offerte iniziali senza negoziazione se previsto nel bando di gara o nell'invito a confermare interesse;
Il **dialogo competitivo** è la procedura in cui qualsiasi operatore economico può chiedere di partecipare in risposta a un bando di gara o a un avviso di indizione di gara, ma (anche in questo caso) le stazioni appaltanti avviano un dialogo solo con gli operatori che, sulla base delle informazioni fornite, vengono invitati. Il dialogo è finalizzato all'individuazione e alla definizione dei mezzi più idonei a soddisfare le necessità dell'amministrazione, che vengono esplicitate nel bando di gara o nell'avviso di indizione, unitamente ai requisiti da soddisfare, al criterio (finale) di aggiudicazione, alla durata indicativa della procedura, nonché ad eventuali premi o incentivi (art. 74). Concluso il dialogo i partecipanti sono invitati a presentare le offerte finali, che devono contenere tutti gli elementi richiesti e necessari per l'esecuzione del progetto. Le offerte presentate possono essere, su richiesta della stazione appaltante, chiarite, precisate e perfezionate, ma tali chiarimenti e precisazioni *"non possono avere l'effetto di modificare gli aspetti essenziali dell'offerta o dell'appalto (...) qualora le variazioni rischino di falsare la concorrenza o di avere un effetto discriminatorio*.

Il **partenariato per l'innovazione**: si ricorre a tale procedura quando l'esigenza di sviluppare prodotti, servizi o lavori innovativi e di acquistare successivamente le forniture, i servizi o i lavori che ne risultano non può essere soddisfatta ricorrendo a soluzioni già disponibili sul mercato, e a condizione che essi corrispondano ai livelli di prestazioni e ai costi massimi concordati tra le stazioni appaltanti e i partecipanti (art. 75).

► 3.3. Procedure negoziate senza la previa pubblicazione del bando

La **procedura negoziata senza la previa pubblicazione di un bando di gara**: è quella procedura, di carattere **eccezionale** (art. 70 co. 2), i cui caratteri sono tassativamente indicati dall'**art. 76;** secondo la nuova formulazione di tale scelta l'amministrazione deve dare motivatamente conto nel primo atto della procedura in relazione alla specifica situazione di fatto e alle caratteristiche dei mercati potenzialmente interessati e delle dinamiche che li caratterizzano, e **nel rispetto dei principi (generali) di cui agli artt. 1, 2 e 3**. A tali fini le stazioni appaltanti tengono conto degli **esiti delle consultazioni di mercato** eventualmente eseguite. Vengono, poi, dettagliatamente e **tassativamente** indicati i casi in cui le stazioni appaltanti possono ricorrere a una procedura di tale tipo (co. 2), all'esito della quale esse individuano gli operatori economici da consultare sulla base di informazioni riguardanti le caratteristiche di qualificazione economica e finanziaria e tecniche e professionali desunte dal mercato, e selezionano almeno tre (prima erano 5) operatori.

► 3.4. Gli ulteriori meccanismi di affidamento: accordo quadro, aste elettroniche e *project financing*

Ulteriori **nuovi meccanismi** di affidamento sono:

- **l'accordo quadro** concluso tra una stazione appaltante ed uno o più operatori economici, i quali, selezionati con gara, si impegnano ad applicare talune clausole (per lo più riguardanti il prezzo del bene o servizio da fornire e le caratteristiche tecniche degli stessi) nel concludere i contratti di appalto con le singole amministrazioni; tale meccanismo consente, pertanto, alla stazione appaltante di individuare uno o più fornitori vincolati a determinate condizioni, da osservare nel concludere i singoli contratti con le amministrazioni che decideranno di acquistare quei beni o servizi. Si rinvia per approfondimenti al **cap. 2, par. 6.2.**
- **le aste elettroniche** espletate mediante l'utilizzo di mezzi informatici e telematici, idonei a snellire le procedure concorsuali assicurando la razionalizzazione della spesa pubblica. Si rinvia per approfondimenti al **cap. 2, par. 8.3.2.**
- ***project financing***: riguarda prevalentemente il settore dei lavori pubblici e consiste in una complessa operazione negoziale plurilaterale, in base alla quale un soggetto privato (cd. **promotore**) propone alla P.A. la **realizzazione di un'opera di pubblico interesse o di pubblica utilità**, accollandosi il relativo onere economico. Il vantaggio che trae il privato dall'operazione sta nel fatto che, dopo aver realizzato l'opera a proprio carico, ottiene dalla P.A. il diritto di gestirla.

4. I requisiti di partecipazione, il soccorso istruttorio e la selezione dei partecipanti

Fra le questioni da sempre più dibattute in tema di contratti pubblici e sulle quali si sono registrati i maggiori contenziosi, rientrano sicuramente quelle afferenti i **requisiti di partecipazione** degli operatori economici (aspiranti aggiudicatari) e le relative **cause di esclusione**, disciplinate dall'**art. 80** del d.lgs. n. 50/2016 e oggi nel **nuovo Codice 2023** sostituite da un ***corpus* di norme**, composto da cinque distinti articoli, collocati nel Titolo IV del Libro II (in particolare, nel Capo II, mentre il Capo I è costituito da un unico articolo, l'art. 93, dedicato alla **Commissione esaminatrice**, con indicazione delle finalità, composizione e cause di esclusione, modalità di riunione ecc..). Detta opzione sistematica, come si legge nella Relazione, si è resa opportuna a fini di **semplificazione echiarificazione** e per garantire maggior **certezza,** consentendo agli operatori economici ed alle stazioni appaltanti ed enti concedenti di meglio orientarsi in una materia (quella delle cause di esclusione) sulla quale sulla quale si è concentrata la maggior parte del contenzioso in materia di contratti pubblici. Così, all'originaria formulazione dell'art. 80, che in più occasioni si è dimostrata incompleta e confusa, si sono sostituiti gli **artt. 94 – 98** integralmente nuovi, che si riferiscono ciascuno ad un aspetto "patologico" (o potenzialmente tale) della disciplina delle cause di esclusione e che, già a partire dalla loro rubrica e dalla terminologia utilizzata, dimostrano l'intento chiarificatore sotteso.

▶ 4.1. Cause di esclusione automatica

L'**art. 94** individua oggi le **cause di esclusione automatica**, rispetto alle quali non v'è spazio per alcun margine valutativo della stazione appaltante, come evidenziato in numerose decisioni della Corte di giustizia e della giurisprudenza nazionale (che appunto hanno parlato di "automaticità" della esclusione).
Innanzitutto, è causa di esclusione la **condanna con sentenza definitiva o decreto penale di condanna divenuto irrevocabile**, per alcuni reati specificamente indicati dal co. 1 (lett. a-h). A titolo di esempio, si menzionano: i delitti, consumati o tentati per associazione per delinquere (art. 416 c.p.) e associazione di tipo mafioso (416bis c.p.); i delitti, consumati o tentati, di concussione (art. 317 c.p.), di corruzione per l'esercizio della funzione (art. 318 c.p.) e per atti contrari ai doveri d'ufficio (art. 319 c.p.); corruzione in atti giudiziari (art. 319ter c.p.) turbata libertà degli incanti (art. 353 c.p.), turbata libertà del procedimento di scelta del contraente (art. 353bis c.p.), astensione dagli incanti (art. 354 c.p.), inadempimento di contratti di pubbliche forniture (art. 355 c.p.) e frode nelle pubbliche forniture (art. 356 c.p.); false comunicazioni sociali (artt. 2621 e 2622 c.c.); i delitti, consumati o tentati, commessi con finalità di terrorismo, anche internazionale, e di eversione dell'ordine costituzionale reati terroristici o reati connessi alle attività terroristiche; i delitti di riciclaggio di proventi di attività criminose o finanziamento del terrorismo (artt. 648-*bis*, 648-*ter* e 648-*ter* c.p.), di sfruttamento del lavoro minorile e altre forme di tratta di esseri umani; ogni altro delitto da cui derivi, quale pena accessoria, l'incapacità di contrattare con la pubblica amministrazione.
Il riferimento alla **sentenza di applicazione della pena su richiesta delle parti** ai sensi dell'articolo 444 c.p.p., che nella bozza originaria era presente all'alinea del comma 1 dell'art. 94, è stato soppresso nell'articolato definitivo, al dichiarato fine di coordinare lo schema di decreto legislativo con le novità introdotte dal decreto legislativo 10 ottobre 2022, n. 150 (c.d. riforma Cartabia) sugli effetti extra-penali delle sentenze ex art. 444 c.p.p., che ha novellato il comma 1-bis dell'articolo 445 c.p.p. prevedendo che *"se non sono applicate pene accessorie, non producono effetti le disposizioni di leggi, diverse da quella penale, che equiparano la sentenza prevista dall'art. 444 comma 2, c.p.p. alla sentenza di condanna"*.

A tali cause, il co. 2 (corrispondente al co. 2 dell'art. 80 d.lgs n. 50/2016) aggiunge la sussistenza di **cause di decadenza, di sospensione o di divieto ovvero di un tentativo di infiltrazione mafiosa**, ai sensi del Codice antimafia (artt. 67 e 84, co. 4, d.Lgs. 159/2011); tuttavia, e questa è una delle più importanti novità del nuovo impianto normativo, specifica che "*La causa di esclusione di cui all'articolo 84, comma 4, del codice di cui al decreto legislativo n. 159 del 2011* ***non opera*** *se, entro la data dell'aggiudicazione, l'impresa sia stata* ***ammessa al controllo giudiziario ai sensi dell'articolo 34-bis*** *del medesimo codice*", ciò in armonia con la generale disciplina sul ***self-cleaning*** di matrice europea (quest'ultima contenuta ai co. 2-6 dell'art. 96, come appresso si dirà).
Ancora il co. 5 raggruppa **ulteriori cause di esclusione obbligatoria** che prima si rinvenivano "sparse" nell'art. 80 d.lgs. n. 50/2016 e in particolare, sono state inserite:

- alla lett. c) una specifica causa di esclusione obbligatoria riguardante la **categoria di appalti PNRR**;
- alla lett. d) la causa di esclusione relativa alle **procedure concorsuali,** che opera quando l'operatore economico sia sottoposto a fallimento o si trovi in stato di liquidazione coatta o di concordato preventivo o nei cui riguardi sia in corso un procedimento per la dichiarazione di una di tali situazioni, "*fermo restando quanto previsto dall'art.* ***95 del codice della crisi di impresa e dell'insolvenza****, di cui al d.lgs. 12 gennaio 2019, n. 14, dall'art. 186-bis, co. 5, del regio decreto 16 marzo 1942, n. 267 e dall'art. 124 del presente codice. L'esclusione* ***non opera*** *se, entro la data dell'aggiudicazione,* ***sono stati adottati i provvedimenti di cui all'articolo 186-bis, comma 4****, del regio decreto n. 267 del 1942 e all'articolo 95, commi 3 e 4, del codice di cui al*

decreto legislativo n. 14 del 2019, a meno che non intervengano ulteriori circostanze escludenti relative alle procedure concorsuali". Tale ultima indicazione è il frutto, ancora una volta delle argomentazioni della giurisprudenza, che anche di recente (si vedano **Ad. plen. nn. 9/2021 e 11/2021**) aveva valorizzato la necessità che l'autorizzazione di cui all'art. 186-bis, co. 4 alla partecipazione alla gara pubblica intervenga entro il momento dell'aggiudicazione della stessa e che, nel caso intervenga detta autorizzazione, la valutazione (di non esclusione) che deve operare la stazione appaltante non è discrezionale.

Infine, ultima causa di esclusione automatica è prevista dal co. 6, che corrisponde alla prima parte co. 4 dell'art. 80 d.lgs. n. 50/2016,riguarda l'operatore economico che ha commesso **violazioni gravi, definitivamente accertate**, degli obblighi relativi al **pagamento delle imposte e tasse o dei contributi previdenziali**, secondo la legislazione italiana o quella dello Stato in cui sono stabiliti; la norma dopo aver rinviato all'Allegato II.10 per l'elencazione delle gravi violazioni, (ancora una volta), indica una eccezione alla esclusione, disponendo che *"il presente comma **non si applica** quando l'operatore economico ha ottemperato ai suoi obblighi pagando o impegnandosi in modo vincolante a pagare le imposte o i contributi previdenziali dovuti, compresi eventuali interessi o sanzioni, oppure quando il debito tributario o previdenziale sia comunque integralmente estinto, purché l'estinzione, il pagamento o l'impegno si siano perfezionati anteriormente alla scadenza del termine di presentazione dell'offerta".*

I **soggetti destinatari** di tali disposizioni di esclusione automatica, nei cui confronti è stata emessa la sentenza o il decreto di condanna oppure applicata la misura interdittiva, sono elencati dal co. 3, riproduttivo del medesimo comma dell'art. 80 d.lgs. n. 50/2016, ossia: l'operatore economico; il titolare o il direttore tecnico, se si tratta di impresa individuale; un socio amministratore o il direttore tecnico, se si tratta di società in nome collettivo; i soci accomandatari o il direttore tecnico, se si tratta di società in accomandita semplice; i membri del consiglio di amministrazione cui sia stata conferita la legale rappresentanza, ivi compresi gli institori e i procuratori generali; i componenti degli organi con poteri di direzione o di vigilanza o i soggetti muniti di poteri di rappresentanza, di direzione o di controllo; il direttore tecnico o il socio unico; l'**amministratore di fatto** nelle ipotesi di cui alle lettere precedenti. Tale ultima indicazione ha carattere innovativo rispetto al testo precedente ed è il frutto delle indicazioni fornite dalla giurisprudenza sia nazionale che europea. Dal detto elenco, sono, invece, state espunte le indicazioni ai **soggetti cessati**, in quanto non presenti nella Direttiva 2014/24/UE e il riferimento al socio di maggioranza in caso di società con un numero di soci pari o inferiore a quattro.

▶ 4.1.1. Cause di esclusione non automatica

Tra le **cause di esclusione non automatica**, cui sono dedicati gli **artt. 95, 97 e 98**, rientrano quelle che in passato erano qualificate come **cause facoltative di esclusione** e disciplinate in massima parte al co. 5 dell'art. 80 d.lgs. n. 50/2016 (ed in parte al co. 4 che, come detto sopra, nel suo complesso raggruppava sia una causa obbligatoria di esclusione, che una "facoltativa", aventi la medesima "causale" ossia l'omesso pagamento di imposte, tasse e/o contributi previdenziali).

Secondo l'**art. 95**, si ravvisano casi di esclusione (non automatica ma comunque) doverosa nelle ipotesi in cui la stazione appaltante **accerti** nei confronti di un operatore economico la sussistenza:

a) di **gravi infrazioni alle norme in materia di salute e di sicurezza sul lavoro** nonché agli **obblighi in materia ambientale, sociale e del lavoro** stabiliti dalla normativa europea e nazionale, dai contratti collettivi o dalle disposizioni internazionali elencate nell'allegato X alla direttiva 2014/24/UE;

b) di una **situazione di conflitto di interesse** di cui all'art. 16 non diversamente risolvibile;

c) di una **distorsione della concorrenza** derivante dal precedente coinvolgimento degli operatori economici nella preparazione della procedura d'appalto che non possa essere risolta con misure meno intrusive;

d) **rilevanti indizi** tali da far ritenere che le offerte degli operatori economici siano imputabili ad un unico centro decisionale a cagione di accordi intercorsi con altri operatori economici partecipanti alla stessa gara;

e) di un **illecito professionale grave**, commesso dall'offerente e che sia tale da rendere **dubbia la sua integrità o affidabilità**; la norma rinvia all'**art. 98** per l'elencazione tassativa dei **gravi illeciti professionali**, nonché dei mezzi adeguati a dimostrare i medesimi.

Allo stesso modo (ed in parallelo con la disposizione precedente di cui all'art. 94), l'operatore economico sarà escluso (co. 2) in caso di **gravi violazioni non definitivamente accertate** agli obblighi relativi al pagamento di imposte e tasse o contributi previdenziali, meglio indicate nell'allegato II.10; in via eccezionale è comunque previsto che "*il presente comma* ***non si applica*** *quando l'operatore economico ha ottemperato ai suoi obblighi pagando o impegnandosi in modo vincolante a pagare le imposte o i contributi previdenziali dovuti, compresi eventuali interessi o sanzioni, oppure quando il debito tributario o previdenziale sia comunque integralmente estinto, purché l'estinzione, il pagamento o l'impegno si siano perfezionati anteriormente alla scadenza del termine di presentazione dell'offerta, oppure nel caso in cui l'operatore economico abbia compensato il debito tributario con crediti certificati vantati nei confronti della pubblica amministrazione*". Allo stesso modo, l'esclusione non si applica (co. 3) "*e il divieto di aggiudicare non si applica*" quando: il reato è stato depenalizzato; è intervenuta la riabilitazione; nei casi di condanna a una pena accessoria perpetua, questa è stata dichiarata estinta ovvero il reato è stato dichiarato estinto dopo la condanna, ovvero, ancora, la condanna è stata revocata.

▶ 4.2. Disciplina dell'esclusione e verifica del possesso dei requisiti

Il Codice detta una disciplina procedimentale comune a tutti gli eventi che conducono alla esclusione dell'operatore economico, oggi unificata all'art. 96, con cui sono stati indicati gli **oneri di comunicazione** degli eventi idonei a condurre alla esclusione in capo agli operatori economici ed è stato disciplinato in modo organico il cosiddetto ***"self-cleaning"*** ossia la possibilità per "*l'operatore economico che si trovi in una delle situazioni di cui all'articolo 94, a eccezione del comma 6, e all'articolo 95, a eccezione del comma 2*" di "*fornire prova del fatto che le misure da lui adottate sono* ***sufficienti a dimostrare la sua affidabilità***", come oggi recita il co. 6 dell'art. 96, i cui contorni sono stati "dilatati" rispetto alla precedente versione, in armonia con la disciplina comunitaria.
La norma *de qua*, dopo aver al co. 1 dichiarato il principio generale che "regola" tutte le cause di esclusione (riproponendo, immutata, la disposizione di cui al co. 6 dell'art. 80 d.lgs. n. 50/2016) – ossia che le cause escludenti (salvo il disposto dei commi successivi) possono operare **in qualunque momento della procedura d'appalto**, in presenza di una delle situazioni di cui agli artt. 94 e 95. I co. da 2 a 6 - prevedecome detto, la "nuova" versione allargata del *self cleaning* aderente alla Direttiva 24/2014/UE. Si prevede, in particolare, l'onere dell'operatore economico di **comunicare tempestivamente** il verificarsi della causa di esclusione e delle misure adottate (con riferimento a queste ultime: salvo che ciò sia impossibile, ad esempio perché ha avuto notizia della causa di esclusione stessa in epoca assai prossima alla scadenza del termine di presentazione dell'offerta). Altro onere di comunicazione è, invece, previsto in capo alla Stazione appaltante, che al fine di garantire il contraddittorio è tenuta a comunicare all'operatore economico se le misure proposte siano state ritenute insufficienti o intempestive. È stata, inoltre, inserita una disposizione di chiusura che mira ad evitare che la conclusione della procedura possa essere ritardata a cagione dell'adozione delle misure da parte dell'operatore economico ("*in nessun caso l'aggiudicazione può subire dilazioni a cagione dell'adozione delle misure*").
Sono poi analiticamente disciplinati i **termini di efficacia della detta esclusione**, che potrà anche essere "*in perpetuo*" o comunque variare a seconda della durata della pena accessoria della incapacità di contrattare con la pubblica amministrazione (da sette anni, nei casi previsti dall'art. 317-*bis*, co. 1 c.p. ovvero cinque anni, salvo che sia intervenuta riabilitazione); per le cause di esclusione di cui all'art. 95 variano, invece da tre anni (decorrenti dalla commissione del fatto, nel caso di cui all'art. 95, co. 1, lettera a) alla "*sola gara cui la condotta si riferisce*" (negli altri casi); quanto alla **decorrenza** di tali termini, in generale (e in aderenza al testo della direttiva) si è stabilito che il periodo triennale di "possibile" rilevanza decorra dalla commissione della condotta, ove invece la situazione escludente discenda dalla avvenuta emissione di un provvedimento sanzionatorio irrogato dall'AGCM o da altra Autorità di settore, detto periodo decorre dalla data del provvedimento sanzionatorio.
La sussistenza delle cause di esclusione automatiche dovrà essere **accertata automaticamente** attraverso la **consultazione del fascicolo virtuale dell'operatore economico** di cui all'art. 24, la consultazione degli altri documenti allegati dallo stesso, nonché tramite l'interoperabilità con la **piattaforma digitale nazionale dati** di cui all'art. 50-*ter* del CAD e con le banche dati delle pubbliche amministrazioni. Allo stesso modo (ossia sempre attraverso il fascicolo virtuale dell'operatore) si dovrà procedere per la verifica della sussistenza dei motivi di esclusione non automatica di cui all'art. 95 e del possesso dei requisiti di partecipazione di cui agli artt. 100 e 103.

▶ 4.3. I requisiti di ordine speciale

Ulteriori **criteri di selezione**, qualificati dal nuovo Codice come **requisiti di ordine speciale**, che devono essere posseduti dai concorrenti e dagli stessi comprovati, sono previsti all'art.100 del nuovo Codice (che riproduce l'art. 83 d.lgs. n. 50/2016). Essi riguardano esclusivamente: i requisiti di **idoneità professionale**; la **capacità economica e finanziaria** e le **capacità tecniche e professionali**.
Fermo restando che, in ossequio ai principi di proporzionalità, efficienza e massima partecipazione, le stazioni appaltanti possono richiedere esclusivamente *"requisiti di partecipazione **proporzionati e attinenti all'oggetto dell'appalto**"* (co. 2), ai fini della verifica del possesso dei **requisiti di idoneità professionale**, i concorrenti alle gare devono essere iscritti nel registro della camera di commercio, industria, artigianato e agricoltura o nel registro delle commissioni provinciali per l'artigianato, o presso i competenti ordini professionali *"per un'**attività pertinente anche se non coincidente** con l'oggetto dell'appalto"*; è questa una delle novità più rilevanti dell'impianto del nuovo Codice, evidentemente volta a consentire la massima partecipazione alle procedure di gare da parte degli operatori economici.
Ulteriori novità riguardano, ai fini della verifica della sussistenza dei requisiti di capacità economica e finanziaria e di capacità tecniche e professionali, la scelta di disciplinare anche la **qualificazione** degli operatori economici per gli appalti di forniture e servizi, così da allineare la disciplina della qualificazione per gli appalti di servizi e forniture a quella degli appalti di lavori e dar vita ad un sistema tendenzialmente unitario in funzione di semplificazione sia per quanto riguarda la partecipazione alla gara da parte degli operatori economici, sia per quanto riguarda il controllo da parte delle stazioni appaltanti.
La relativa **attestazione di qualificazione** verrà rilasciata una volta accertate le condizioni di cui al co. 5, ossia:

a) essere iscritti nel registro della camera di commercio, industria, artigianato e agricoltura o nel registro delle commissioni provinciali per l'artigianato o presso i competenti ordini professionali per un'attività, prevista dall'oggetto sociale e compresa nella categoria per la quale è richiesta l'attestazione;
b) non essere incorsi nelle cause di esclusione nel triennio precedente alla data della domanda di rilascio o di rinnovo dell'attestazione di qualificazione;
c) essere in possesso di certificazioni di sistemi di qualità conformi alle norme europee e alla vigente normativa nazionale, rilasciate da soggetti accreditati – dai **nuovi organismi di diritto privato autorizzati dall'ANAC**, che andranno a sostituire le società organismo di attestazione (SOA).

Per consentire l'immediata operatività del nuovo Codice il terzo periodo del co. 4 prevede che il sistema di qualificazione per gli esecutori di lavori pubblici, articolato in rapporto alle categorie di opere ed all'importo delle stesse, è disciplinato dall'allegato II.12 che, per quanto qui di interesse, riproduce sostanzialmente le disposizioni di cui agli articoli da 60 a 91 del d.P.R. n. 207 del 2010, riallineate e rese coerenti con le nuove disposizioni del Codice. Di tale allegato è poi prevista l'abrogazione e la sostituzione con un corrispondente **regolamento** che verrà emanato su proposta del Ministro delle infrastrutture e dei trasporti, sentita l'ANAC e che andrà a disciplinare sia la procedura per ottenere l'attestazione di qualificazione e per il suo rinnovo, sia la procedura di conseguimento dell'autorizzazione all'esercizio dell'attività di qualificazione degli operatori economici, nonché la qualificazione degli operatori economici per gli appalti di servizi e forniture e il regime sanzionatorio (co. 10).

▶ 4.4. Il soccorso istruttorio

Una delle questioni peculiari in ambito di procedure di affidamento attiene alla possibilità per la stazione appaltante di consentire, attraverso il cosiddetto **soccorso istruttorio**, la regolarizzazione della domanda presentata dai concorrenti per l'ipotesi in cui manchi o difetti una dichiarazione. Il legislatore del **nuovo Codice del 2023** ha disciplinato la detta fattispecie all'art. 102, in linea con la precedente disciplina contenuta nell'art. 83, d.lgs. n. 50/2016, ma, con maggiore chiarezza e puntualità rispetto alla precedente versione, dispone oggi l'**obbligo** per la stazione appaltante di attivare il soccorso istruttorio, sia per **integrare la documentazione trasmessa**, sia allo scopo di **sanare eventuali omissioni, inesattezze ed irregolarità** (senza distinzione tra irregolarità essenziali e non

essenziali). Viene, quindi, esteso il soccorso istruttorio fino ad includere anche situazioni prima escluse, con il limite, però, che il soccorso istruttorio **non può riguardare profili dell'offerta** ovvero superare l'assoluta incertezza sull'identità dell'operatore economico che ha presentato l'offerta.
Ulteriore, rilevante, novità è costituita dalla possibilità per l'operatore economico di **rettificare un proprio errore materiale** in cui sia incorso nella elaborazione dell'offerta (ad es. una incongruenza tra importi unitari e importo complessivo dell'offerta economica) prima che la stessa sia esaminata e, in particolare, **fino al giorno fissato per l'apertura delle buste contenenti l'offerta**; nel qual caso la richiesta di rettifica deve essere avanzata con le stesse modalità previste per la presentazione della domanda e può avvenire (e questo è l'altro elemento di novità) anche oltre il termine per la presentazione dell'offerta (purchè prima dell'apertura delle buste)

▶ 4.5. Requisiti di partecipazione nell'avvalimento

Il contratto di **avvalimento** è un contratto atipico assimilabile al mandato, per mezzo del quale l'impresa ausiliaria pone a disposizione dell'impresa partecipante alla gara la propria azienda, intesa notoriamente quale complesso di beni organizzato per l'esercizio delle attività di impresa (cfr. art. 2555 c.c.). Il contratto di avvalimento rientra nella categoria dei contratti di prestito, con il quale l'impresa ausiliaria si obbliga, dietro corrispettivo, nei confronti del concorrente ausiliato a fornire i requisiti ed a mettere a disposizione le risorse necessarie per tutta la durata dell'appalto. Si parla anche di "qualificazione indiretta".
Rispetto all'impianto previgente, il **nuovo Codice del 2023** incentra la disciplina dell'avvalimento sul contratto vero e proprio piuttosto che sul mero sistema del prestito dei requisiti.
Nello specifico, l'art. 104 del nuovo Codice del 2023, lo definisce il contratto con il quale una o più imprese ausiliarie si obbligano **a mettere a disposizione** di un operatore economico che concorre in una procedura di gara dotazioni tecniche e risorse umane e strumentali per tutta la durata dell'appalto; esso è concluso in **forma scritta a pena di nullità** con indicazione specifica delle risorse messe a disposizione dell'operatore economico ed è, inoltre, normalmente oneroso, salvo che risponda anche a un interesse dell'impresa ausiliaria, e può essere concluso a prescindere dalla natura giuridica dei legami tra le parti. Sempre dal punto di vista generale, deve dirsi che l'avvalimento può essere **di garanzia** o **tecnico-operativo**. Nell'avvalimento **di garanzia**, l'impresa ausiliaria garantisce con il proprio patrimonio l'esatto adempimento delle obbligazioni che la società concorrente dovrà affrontare per eseguire l'appalto facendo sorgere così un'ipotesi di responsabilità solidale tra i due soggetti. L'avvalimento **tecnico operativo**, invece, costituisce l'ipotesi classica in cui l'impresa ausiliaria mette direttamente a disposizione della concorrente le proprie risorse materiali (strutture, strumentazione, risorse umane) e immateriali (*know how*) per consentire la corretta esecuzione dell'appalto. L'operatore economico e l'impresa ausiliaria sono comunque **responsabili in solido** nei confronti della stazione appaltante in relazione alle prestazioni oggetto del contratto. Gli obblighi previsti dalla normativa antimafia a carico dell'operatore economico si applicano anche nei confronti del soggetto ausiliario, in ragione dell'importo dell'appalto posto a base di gara.
Nonostante il *favor* del legislatore per le forme di partecipazione (così da garantire l'ingresso nel mercato anche delle piccole e micro imprese), l'avvalimento **non può comunque essere utilizzato per supplire alla carenza di qualsiasi requisito in capo al concorrente**, essendo il suo ambito applicativo limitato ai **requisiti oggettivi di ordine speciale, economico-finanziari e tecnico-organizzativi**, ivi compresa l'attestazione SOA per i lavori pubblici purché in quest'ultimo caso, tra l'impresa che si avvale dei requisiti e l'impresa ausiliaria esista un rapporto di controllo.
La norma specifica, infine, che il contratto di avvalimento è **normalmente oneroso**, salvo che risponda anche a un **interesse dell'impresa ausiliaria**, ponendosi nel solco dei principi già espressi dalla giurisprudenza amministrativa (cfr. tra tutte Cons. Stato, V, 242/2016 secondo cui "*Il contratto di avvalimento, anche se generalmente oneroso, deve ritenersi validamente prestato anche a titolo non oneroso ed anche se manchi il corrispettivo in favore dell'ausiliario, ma a condizione che dal testo contrattuale emerga chiaramente l'interesse, direttamente o indirettamente patrimoniale, che ha guidato l'ausiliario ad assumere senza corrispettivo gli obblighi derivanti dal contratto in questione e le relative responsabilità.*").

▶ 4.5.1. E nel subappalto

A differenza di quanto avviene per il raggruppamento temporaneo di imprese e perl'avvalimento, il **subappalto** non rileva già nella fase di partecipazione e non interferisce con la disciplina dei requisiti tecnici e morali richiesti per l'aggiudicazione, se non per il fatto che, nell'ambito degli stringenti limiti in cui è consentito il ricorso allo stesso ai sensi dell'**art. 119** del nuovo Codice del 2023, la stazione appaltante già nel progetto e nel bando di gara deve precisare quali saranno le prestazioni subappaltabili. Per il resto il subappalto attiene alle **vicende esecutive** dell'appalto aggiudicato. Nel subappalto, infatti, le prestazioni sono eseguite dal subappaltatore attraverso il complesso organizzato di beni e persone che costituisce la sua azienda; si realizza pertanto un'eccezione alla regola, pure contenuta nell'art. 119 co. 1 (e prima ancora nell'art. 105, co. 1 d.lgs. n. 50/2016), secondo la quale i soggetti affidatari dei contratti pubblici sono tenuti ad eseguire in proprio le opere ed i lavori.

5. La selezione delle offerte, l'aggiudicazione e la stipula del contratto

In conformità a quanto stabilito nel documento di indizione della gara, i soggetti interessati presentano la propria **offerta**, la quale, conformemente ai parametri comuni elaborati dalla giurisprudenza, deve essere **unica, certa, seria, completa, immodificabile** (salvo il soccorso istruttorio) e **vincolante** per il proponente per il periodo di tempo indicato nel bando o nell'invito; ciò in ossequio ai principi di imparzialità e trasparenza dell'agire amministrativo, di tutela della concorrenza e di parità di trattamento tra gli operatori economici.

▶ 5.1. Le garanzie per la partecipazione alle procedure

Ai sensi dell'art. 106 del **nuovo Codice** (che ricalca l'art. 93, d.lgs. n. 50/2016) l'offerta deve essere corredata da una garanzia fideiussoria, denominata **garanzia provvisoria**, pari al **2%** (ma riducibile al 1% o aumentabile sino al 4% su motivata disposizione della Stazione appaltante) del valore **complessivo della procedura** indicato nel bando di gara o nell'invito (non più al solo "prezzo base", come indicato nella precedente versione), sotto forma di **cauzione o di fideiussione**, a scelta dell'offerente. In entrambi i casi sono previsti **oneri formali**: anzitutto, la garanzia deve essere conforme allo schema tipo di cui all'art. 117, comma 12; la fideiussione, inoltre, deve essere obbligatoriamente **emessa e firmata digitalmente** e deve essere, altresì, verificabile telematicamente presso l'emittente ovvero gestita mediante ricorso a piattaforme digitali specificate mentre la polizza cauzionale deve essere **nativa digitale**. E' stato, invece, eliminato l'obbligo, previsto fino alla precedente versione, di corredare l'offerta con l'impegno di un fideiussore a rilasciare la garanzia definitiva, così riducendo gli oneri a carico degli operatori e facendo venire meno una causa di esclusione.
Quanto all'**efficacia della garanzia**, questa è fissata in **almeno 180 giorni**, periodo che copre la mancata sottoscrizione del contratto dopo l'aggiudicazione dovuta ad ogni fatto riconducibile all'affidatario o all'adozione di informazione interdittiva antimafia (emessa ai sensi degli artt. 84 e 91 del Codice antimafia) ed è **svincolata automaticamente** al momento della sottoscrizione del contratto medesimo; essa perde comunque efficacia alla scadenza del termine di **30 giorni** dall'aggiudicazione. Per espressa indicazione normativa, l'ultimo comma della norma in esame dispone che lo stesso **non si applica** *"agli appalti di servizi aventi ad oggetto la redazione della progettazione e del piano di sicurezza e coordinamento e ai compiti di supporto alle attività del RUP"*. Allo stesso modo – e rinviando la trattazione al capitolo successivo – la norma *de qua* non si applica neppure alle **procedure sottosoglia**, rispetto alle quali l'art. 53 prevede che di regola, la stazione appaltante non richiede le garanzie provvisorie di cui all'art. 106 salvo che, nelle procedure negoziate ovvero ordinarie, in considerazione della tipologia e specificità della singola procedura, ricorrano particolari esigenze che ne giustifichino la richiestale esigenze particolari, nel qual caso esse sono indicate nella decisione di contrarre oppure nell'avviso di indizione della procedura o in altro atto equivalente. Ove sia richiesta, l'ammontare della garanzia provvisoria non può comunque superare l'**1%** dell'importo previsto nell'avviso o nell'invito per il contratto oggetto di affidamento.

▶ 5.1.1. Le garanzie definitive

Parlando di garanzie, appare opportuno accennare già in questa sede all'ulteriore garanzia, denominata "garanzia definitiva" (per distinguerla da quella di cui all'art. 106), disciplinata all'art. 117, richiesta all'appaltatore al momento della sottoscrizione del contratto; anche in questo caso egli potrà, a sua scelta, emettere la garanzia sotto forma di cauzione o fideiussione con le modalità previste dall'art. 106 e la stessa dovrà essere pari al 10 % dell'importo contrattuale. Una importante innovazione in tale ambito è prevista al co. 4, che, negli appalti di lavori, attribuisce all'appaltatore la possibilità di richiedere prima della stipulazione del contratto di **sostituire la garanzia definitiva** con l'applicazione di una **ritenuta a valere sugli stati di avanzamento** pari al 10 % degli stessi (tuttavia, per motivate ragioni di rischio dovute a particolari caratteristiche dell'appalto o a specifiche situazioni soggettive dell'esecutore dei lavori, la stazione appaltante **può opporsi** alla sostituzione della garanzia). Analogamente alla garanzia provvisoria, agli appaltatori che optano per la prestazione di garanzia fideiussoria, è previsto l'obbligo della stipulazione di polizze native digitali, emesse e sottoscritte digitalmente e gestite da apposite piattaforme. Anche in tal caso, infine, per gli appalti sottosoglia, l'art. 53, co. 4 prevede che, in casi debitamente motivati, è facoltà della stazione appaltante non richiedere la garanzia definitiva per l'esecuzione dei contratti; ove richiesta, la garanzia definitiva sarà pari al 5 % dell'importo contrattuale.

▶ 5.2. Principi generali e criteri di aggiudicazione

Alla presentazione delle offerte segue l'**aggiudicazione,** che è l'atto finale dei procedimenti di gara pubblica, mediante il quale, in base alle risultanze della gara, è accertato e proclamato il vincitore.
All'aggiudicazione la stazione appaltante procede applicando i **criteri di aggiudicazione** previsti dal bando. Al riguardo, ancora una volta in modo innovativo rispetto al passato, il nuovo Codice propone una disciplina organica delle norme contenenti detti criteri, le quali si aprono con una dichiarazione di carattere generale, contenuta all'art. 107 che definisce, appunto, i **principi generali in materia di selezione** degli offerenti, prevedendo, *in primis*, che gli appalti sono aggiudicati sulla base dei criteri stabiliti conformemente agli artt. da 108 a 110, **previa verifica della sussistenza di alcuni presupposti**. In particolare, l'offerta deve essere conforme ai requisiti, alle condizioni e ai criteri indicati nel bando di gara o nell'invito a confermare interesse, nonché nei documenti di gara e deve provenire da un offerente che non è escluso e che possiede i requisiti di cui all'art. 100 e, se del caso, dell'art. 103. Inoltre, mentre i primi due commi della norma in questione sono sostanzialmente riproduttivi dell'art. 54 della Direttiva 2014/24/UE e risultano invariati rispetto al testo dell'art. 95 d.lgs. n. 50/2016, il **co. 3** introduce a regime l'istituto (frutto della dichiarata volontà di semplificazione di cui alla legge delega) dell'**inversione procedimentale**, prevedendo che nelle **procedure aperte**, la stazione appaltante può decidere che le offerte siano esaminate **prima** della verifica dell'idoneità degli offerenti; tale facoltà può essere esercitata se prevista dagli atti di gara e, qualora la stazione appaltante decida di avvalersi di tale possibilità, deve garantire che la verifica dell'assenza dei motivi di esclusione e del rispetto dei criteri di selezione sia effettuata in maniera imparziale e trasparente.
Quanto ai **criteri di aggiudicazione**, essi sono individuati nel **prezzo più basso** e nell'**offerta economicamente più vantaggiosa,** accordando il Legislatore netta preferenza al secondo. A differenza del criterio del prezzo più basso, che impone all'Amministrazione di scegliere l'offerta che contiene il maggior ribasso rispetto al prezzo indicato nel bando senza che la stessa possa valutare altri elementi dell'offerta stessa, in particolare quelli relativi alla qualità della prestazione da eseguire, il criterio dell'offerta economicamente più vantaggiosa, invece, impone alla stazione appaltante di valutare oltre alla componente economica dell'offerta (il prezzo offerto, ma anche le singole voci che concorrono a comporlo tra cui i costi della manodopera e i costi interni per la sicurezza del lavoro), la sua **parte tecnica**, contenente le indicazioni relative alla qualità della prestazione, ai tempi di esecuzione della stessa, agli eventuali servizi aggiuntivi che i partecipanti propongono rispetto a quelli minimi richiesti dal bando.

▶ 5.3. Le offerte anormalmente basse

Per ***offerte anomale*** si intendono quelle che, in quanto **troppo basse rispetto all'entità delle prestazioni** richieste dal bando, suscitano il sospetto della scarsa serietà dell'offerente e di una possibile non

corretta esecuzione della prestazione contrattuale, essendo dubbio che le stessa possano assicurare all'imprenditore un profitto (o un adeguato profitto). A fronte di offerte siffatte è imposta alla stazione appaltante **un'attenta verifica della loro serietà**, volta a valutare se l'offerta nel suo complesso (e non già in ogni singolo elemento) sia seria ed attendibile e trovi rispondenza nella realtà di mercato ed aziendale. Il procedimento amministrativo di individuazione delle offerte anomale nelle pubbliche gare si configura pertanto come un **subprocedimento**, collocato dopo la fase dell'apertura delle buste e prima dell'aggiudicazione dell'appalto.
Lo stesso si articola in **quattro distinti momenti**:

1) l'individuazione delle offerte sospettate di anomalia (*primo momento*);
2) la richiesta delle giustificazioni dell'offerta da parte dell'amministrazione aggiudicatrice (*secondo momento*);
3) la presentazione dei chiarimenti, precisazioni e degli eventuali elementi giustificativi dell'offerta da parte della ditta la cui offerta è stata sospettata di anomalia (*terzo momento*);
4) la verifica e valutazione delle giustificazioni e dei chiarimenti da parte dell'amministrazione aggiudicatrice (*quarto momento*).

La valutazione dell'anomalia delle offerte è espressione di **discrezionalità tecnica** dell'amministrazione. Il corretto svolgimento del procedimento di verifica, inoltre, se, da un lato, presuppone l'assenza di preclusioni alla presentazione di giustificazioni ancorate al momento della scadenza del termine di presentazione delle offerte, dall'altro lato, deve svolgersi nel rispetto del principio di immodificabilità dell'offerta, il quale convive con la sicura modificabilità delle giustificazioni e l'ammissibilità di giustificazioni sopravvenute e di compensazioni tra sottostime e sovrastime che rendano l'offerta nel suo complesso affidabile al momento dell'aggiudicazione e a tale momento dia garanzia di una seria esecuzione del contratto. Con il **nuovo Codice del 2023** si sono introdotte delle consistenti modifiche all'istituto dell'offerta anomala, oggi normato dall'art. 110 che ha ridisegnato la relativa disciplina, nell'ottica di semplificarne i passaggi e responsabilizzare le stazioni appaltanti nella scelta del sistema di anomalia e nella sua applicazione, tenendo in considerazione l'eterogeneità delle situazioni concrete. Al tempo stesso, anche in considerazione della differente qualificazione richiesta per lo svolgimento di procedure relative a contratti di importo superiore e inferiore alle soglie europee, si è optato per una **disciplina differenziata tra i due sistemi**. Sono, pertanto, eliminate dall'articolo le disposizioni dedicate alle procedure sottosoglia (per le quali si veda la sezione II).
E', pertanto, oggi previsto che le stazioni appaltanti valutino, sulla base di un **giudizio tecnico**, la **congruità, serietà, sostenibilità e realizzabilità della migliore offerta** che, in base ad elementi specifici appaia anormalmente bassa (co. 1). Si specifica, poi, che la stazione appaltante è tenuta, nel bando o nell'avviso con cui si indice una gara, a indicare, compatibilmente con le disposizioni del codice, gli elementi specifici in base ai quali svolgere il giudizio di valutazione dell'anomalia di una data offerta. Il legislatore non ha, quindi, predeterminato una soglia di valutazione *ex ante* di anomalia, ma ha rimesso la relativa indicazione alle stazioni appaltanti, le quali nella loro discrezionalità potranno pertanto utilizzare, nei limiti in cui siano compatibili con le altre disposizioni dell'articolo e del codice, i criteri previsti dal d.lgs. n. 50/2016 ovvero i criteri e i parametri previsti all'allegato II.2, ovvero ancora i diversi e nuovi criteri o parametri individuati dalle stesse stazioni appaltanti. Qualunque sia il criterio scelto dalla stazione appaltante è comunque necessario seguire il procedimento descritto all'art. 110 e, in particolare, la regola in base alla quale l'esclusione dell'operatore economico potrà avvenire solo ed esclusivamente **nel rispetto del contraddittorio procedimentale** ivi previsto, in conformità con le previsioni di diritto europeo; in ogni caso, anche al fine di valutare se sottoporre a giudizio di anomalia una determinata offerta, così come nella predisposizione dei criteri, la stazione appaltante può fondare la propria determinazione su **parere del collegio consultivo tecnico** di cui all'art. 218.
Quanto al **contraddittorio procedimentale**, esso si sviluppa richiedendo per iscritto al concorrente la presentazione di spiegazioni sul prezzo o sui costi proposti nelle offerte, entro un termine non superiore a **15 giorni**. Fermo il rispetto di quello massimo previsto dalla legge, il **termine** deve comunque essere **congruo e ragionevole** in relazione alla complessità delle spiegazioni richieste e delle altre esigenze che potranno venire in rilievo nel caso specifico (co. 2). Le **spiegazioni** fornite dal concorrente possono riguardare: l'economia del processo di fabbricazione dei prodotti, dei servizi prestati o del metodo di costruzione; le soluzioni tecniche prescelte o le condizioni eccezionalmente

favorevoli di cui dispone l'offerente per fornire i prodotti, per prestare i servizi o per eseguire i lavori; l'originalità dei lavori, delle forniture o dei servizi proposti dall'offerente. Non sono, invece, ammesse giustificazioni in relazione a trattamenti salariali minimi inderogabili stabiliti dalla legge o da fonti autorizzate dalla legge, nonché in relazione agli oneri di sicurezza di cui alla normativa vigente.
Conclusa la fase di valutazione dell'anomalia dell'offerta, la stazione appaltante **esclude** l'offerta se le spiegazioni fornite non giustificano adeguatamente il livello di prezzi o di costi proposti oppure se l'offerta è anormalmente bassa in quanto non rispetta gli obblighi in materia ambientale, sociale e del lavoro stabiliti dalla normativa europea e nazionale, dai contratti collettivi o dalle disposizioni internazionali di diritto del lavoro ovvero in tema di subappalto ai sensi dell'art. 119.

▶ 5.4. Avvisi relativi agli appalti aggiudicati

Una volta definita l'aggiudicazione di un contratto pubblico o concluso un accordo quadro, le Stazioni appaltanti hanno l'obbligo di inviare un **avviso** secondo le modalità di pubblicazione di cui all'art. 84, conforme all'Allegato II.6, relativo ai risultati della procedura di aggiudicazione, entro **30 giorni** dalla conclusione del contratto o dalla conclusione dell'accordo quadro (art.111). L'avviso di aggiudicazione deve contenere un'indicazione specifica se la gara è stata indetta mediante un avviso di pre-informazione e se la stazione appaltante ha deciso che non aggiudicherà ulteriori appalti nel periodo coperto dall'avviso medesimo; in caso di accordi quadro conclusi ai sensi dell'art. 59, invece, le stazioni appaltanti sono esentate dall'obbligo di inviare un avviso sui risultati della procedura di aggiudicazione di ciascun appalto basato su tale accordo e raggruppano gli avvisi sui risultati della procedura d'appalto per gli appalti fondati sull'accordo quadro su base trimestrale. In tale caso, inviano gli avvisi raggruppati entro 30 giorni dalla fine di ogni trimestre.
Medesimi obblighi di avvisi (nei medesimi termini) sono, poi, previsti in confronti dell'**Ufficio delle pubblicazioni dell'Unione europea**; le stazioni appaltanti possono, tuttavia, raggruppare gli avvisi su base trimestrale. In tal caso, inviano gli avvisi raggruppati al più tardi 30 giorni dopo la fine di ogni trimestre.
Unica eccezione a tali obblighi pubblicitari e disposta al co. 5 dell'art. 111, che prevede che, fermo restando quanto disposto dagli artt. 35 e 36, talune informazioni relative all'aggiudicazione dell'appalto o alla conclusione dell'accordo quadro possono non essere pubblicate qualora la loro divulgazione ostacoli l'applicazione della legge, sia contraria all'interesse pubblico, pregiudichi i legittimi interessi commerciali di un particolare operatore economico, pubblico o privato, oppure possa arrecare pregiudizio alla concorrenza leale tra operatori economici.

▶ 5.5. La proposta di aggiudicazione

Confermando la novità introdotta dal d. lgs. n. 50/2016, il nuovo Codice, come sopra accennato, non distingue tra aggiudicazione provvisoria e definitiva, prevedendo all'art. 17 che *"l'organo preposto alla valutazione delle offerte predispone la proposta di aggiudicazione alla migliore offerta non anomala"*. La **proposta di aggiudicazione**, in quanto priva di contenuto decisorio e provvedimentale, è destinata ad essere assorbita nell'atto terminale della procedura, cioè l'aggiudicazione, che resta così l'unico provvedimento autonomamente impugnabile. La proposta di aggiudicazione, quindi, fa nascere una **mera aspettativa** in capo all'interessato alla positiva definizione del procedimento, in quanto in essa non si individua il provvedimento conclusivo della procedura di evidenza pubblica, avendo per sua natura un'efficacia destinata ad essere superata dal provvedimento di aggiudicazione.
Ai sensi dell'art. 17, co. 5, del nuovo Codice l'organo competente a disporre l'aggiudicazione esamina la proposta, e, *se la ritiene legittima e conforme all'interesse pubblico*, dopo aver verificato il possesso dei requisiti in capo all'offerente, dispone l'aggiudicazione, che è immediatamente efficace. Così disponendo, il nuovo Codice semplifica la disciplina in precedenza dettata, con riferimento alla **fase di controllo sulla proposta di aggiudicazione**, dall'art. 33, d. lgs. n. 50 del 2016. Quest'ultima disposizione prevedeva, infatti, che la proposta di aggiudicazione fosse soggetta ad approvazione dell'organo competente secondo l'ordinamento della stazione appaltante e nel rispetto dei termini dallo stesso previsti, individuando come *dies a quo* per la decorrenza degli stessi il ricevimento della proposta di aggiudicazione da parte dell'organo competente. Il d. lgs. n. 50 del 2016, dunque, stabiliva un termine generale entro il quale sottoporre ad approvazione la proposta di aggiudicazione, pari a trenta giorni in mancanza di espressa previsione da parte delle stazioni appaltanti. Prevedeva espressamente

inoltre che, in caso di richieste di chiarimenti o documenti da parte della stazione appaltante, tale termine fosse interrotto e iniziasse nuovamente a decorrere solo quando i chiarimenti o i documenti pervenissero all'organo richiedente. Per evitare una stasi procedimentale era infine previsto un meccanismo di silenzio-assenso in forza del quale, decorsi i termini stabiliti dalla stazione appaltante o, in assenza, il termine generale di 30 giorni, la proposta di aggiudicazione si intendesse comunque approvata. Questa disciplina così dettagliata non è riproposta dall'art. 17, co. 5, del nuovo Codice che, tuttavia, ribadisce che all'organo preposto a disporre l'aggiudicazione compete una valutazione *di legittimità e conformità all'interesse pubblico della proposta di aggiudicazione*, oltre che la verifica circa il possesso dei requisiti in capo all'offerente.
Quanto al tipo di valutazione rimessa all'ente competente all'approvazione, il nuovo Codice - come per vero già in passato la giurisprudenza- ne riconosce una certa ampiezza, concependola come verifica sia della legittimità dell'intero *iter* procedimentale, che del merito, cioè dell'effettiva convenienza del contratto finale.
L'aggiudicazione, inoltre, una volta disposta, è **immediatamente efficace**, e dalla sua adozione decorrono i termini previsti dall'art. 18, comma 2, per la stipula del contratto.

6. La stipula del contratto

All'aggiudicazione segue la **stipula del contratto**. L'art. 18 del **nuovo Codice del 2023** disciplina **forme e termini di conclusione del contratto**, nonché le conseguenze della relativa inosservanza.
Quanto alla **forma**, il contratto è stipulato, **a pena di nullità**, in forma scritta ai sensi dell'Allegato I.1, art. 3, lett. b), in **modalità elettronica** secondo le norme vigenti per ciascuna stazione appaltante, in forma pubblica amministrativa a cura dell'Ufficiale rogante della stazione appaltante con atto pubblico notarile informatico oppure mediante scrittura privata. In caso di procedura negoziata oppure per gli affidamenti diretti, mediante corrispondenza secondo l'uso commerciale, consistente in un apposito scambio di lettere, anche tramite posta elettronica certificata o strumenti analoghi negli altri Stati membri. I capitolati e il computo metrico estimativo, richiamati nel bando o nell'invito, fanno parte integrante del contratto (art. 18, co. 1).
Quanto ai **termini**, divenuta efficace l'aggiudicazione e fatto salvo l'esercizio dei poteri di autotutela, la stipula del contratto deve aver luogo **entro i successivi 60 giorni** anche in pendenza di contenzioso. È fatta eccezione:

a) per le ipotesi di ***stand still* sostanziale**, disciplinate dallo stesso art. 18, co. 4, e per gli appalti sottosoglia, per i quali la stipulazione deve intervenire senza dilazioni (art. 55, co. 2);
b) nel caso di un diverso termine previsto nel bando o nell'invito a offrire;
c) nell'ipotesi di differimento concordato con l'aggiudicatario e motivato in base all'interesse della stazione appaltante o dell'ente concedente, compatibilmente con quello generale alla sollecita esecuzione del contratto.

Qualora nei termini indicati il contratto non sia concluso per **fatto della stazione appaltante o dell'ente concedente** l'aggiudicatario alternativamente può: fare constatare il ***silenzio inadempimento*** ovvero notificare ***atto unilaterale di scioglimento*** da ogni vincolo contrattuale, nel qual caso non gli spetta alcun indennizzo ma solo il rimborso delle spese contrattuali (art. 18, co. 5).
È stata a lungo controversa la consistenza della posizione giuridica che fa capo al privato nel **lasso di tempo intercorrente tra l'aggiudicazione e la stipula del contratto.** Chi depone per una soluzione in termini *di diritto soggettivo* attribuisce al privato la facoltà di agire per la conclusione del contratto *ex* art. 2932 c.c. (azione esperibile innanzi al giudice ordinario, a meno che si versi in un caso di giurisdizione esclusiva); di converso, la qualificazione della posizione in termini di *interesse legittimo* potrebbe abilitare l'aggiudicatario ad esperire innanzi al giudice amministrativo l'azione avverso il silenzio *ex* artt. 31 e 117 c.p.a. La giurisprudenza largamente maggioritaria opina nel secondo senso, valorizzando la natura dell'aggiudicazione, qualificata come "*provvedimento amministrativo ampliativo della sfera soggettiva del destinatario che, per effetto della stessa, così come diviene titolare di un interesse legittimo oppositivo alla sua conservazione, diviene al contempo titolare di un interesse legittimo pretensivo alla stipulazione del contratto, sicché nessuna posizione di diritto soggettivo a detta stipula può essere riconosciuta all'impresa aggiudicataria*".
La mancata stipula del contratto dovuta a **fatto dell'aggiudicatario** può, invece, costituire motivo di **revoca dell'aggiudicazione** (co. 6). Il mancato rispetto del termine di stipulazione per fatto

dell'aggiudicatario costituisce quindi sopravvenuto motivo di pubblico interesse a tal scopo. Poiché però l'esercizio dell'autotutela, in particolare della revoca, non è obbligatorio, le parti potranno comunque addivenire ad una stipulazione tardiva se corrisponde all'interesse pubblico. La mancata o tardiva stipula del contratto al di fuori delle ipotesi di cui ai precedenti commi costituisce violazione del dovere di buona fede, anche in pendenza di contenzioso (co. 7).

▶ 6.1. L'avvio di esecuzione e lo *stand still*, sostanziale e processuale

Stipulato il contratto prende avvio la **fase dell'esecuzione**. Ai sensi dell'art. 17 del **nuovo Codice del 2023**, tuttavia, l'**esecuzione del contratto non ancora stipulato può essere egualmente iniziata** con determina motivata della stazione appaltante e dell'ente concedente (co. 8). L'esecuzione è inoltre **sempre iniziata prima della stipula** se ricorrono eventi oggettivamente **imprevedibili** per evitare situazioni di pericolo per persone, animali, cose, per l'igiene e la salute pubblica, per il patrimonio storico, artistico, culturale, ovvero nei casi in cui la mancata esecuzione immediata della prestazione dedotta nella gara determinerebbe un grave danno all'interesse pubblico che è destinata a soddisfare, ivi compresa la perdita di finanziamenti dell'Unione europea (co. 9).
Il nuovo Codice – pure intervenendo (come per vero già in precedenza il citato d.l. n. 76/2020) con l'intento di velocizzare anche le fasi dell'affidamento che si pongono a valle dell'aggiudicazione e, in particolare, definendo i termini entro i quali il contratto va concluso - fa espressamente salvo il termine di ***stand still*** **sostanziale** (prima previsto dall'art. 32, co. 9, d.lgs. n. 50/2016) e quello di ***stand still*** **processuale** (finora previsto dall'art. 32, co. 11, d.lgs. n. 50/2016). Ai sensi dell'art. 18, co. 3, del nuovo Codice (che ricalca il precedente già richiamato art. 32, co. 9, d.lgs. n. 50/2016), il contratto non può comunque essere stipulato **prima di 35 giorni** dall'invio dell'ultima delle comunicazioni del provvedimento di aggiudicazione. Tale termine dilatorio non si applica nei casi:

a) di procedura in cui è stata presentata o ammessa una sola offerta e non sono state tempestivamente proposte impugnazioni del bando o della lettera di invito, o le impugnazioni sono già state respinte con decisione definitiva;
b) di appalti basati su un accordo quadro;
c) di appalti specifici basati su un sistema dinamico di acquisizione; d) di contratti di importo inferiore alle soglie europee, ai sensi dell'articolo 55, comma 2.

Il termine di *stand still* è stato così coordinato con il termine di ricorso giurisdizionale, in modo che quando viene adito il giudice il contratto non è ancora stipulato; tanto al fine di far sì che, quando il giudice è chiamato a pronunciarsi, tutto è ancora impregiudicato, essendo la situazione a bocce ferme, ossia *res ad huc integra*.
Lo stesso art. 18, al successivo co. 4, prevede che **se è proposto ricorso avverso l'aggiudicazione con contestuale domanda cautelare, il contratto non può essere stipulato dal momento della notificazione dell'istanza cautelare** alla stazione appaltante o all'ente concedente **fino alla pubblicazione del provvedimento cautelare** di primo grado o del dispositivo o della sentenza di primo grado, in caso di decisione del merito all'udienza cautelare. L'effetto sospensivo cessa quando, in sede di esame della domanda cautelare, il giudice si dichiara incompetente ai sensi dell'articolo 15 c.p.a o fissa con ordinanza la data di discussione del merito senza pronunciarsi sulle misure cautelari con il consenso delle parti, valevole quale implicita rinuncia all'immediato esame della domanda cautelare. La disposizione *de qua* ricalca il precedente art. 32, co. 11, d.lgs. n. 50/2016, che tuttavia prevedeva un termine ultimo di 20 giorni dalla notificazione dell'istanza cautelare alla stazione appaltante quale limite al divieto di stipulazione contrattuale.
La **violazione dei c.d. obblighi di *stand still*** dà luogo ad una pluralità di conseguenze, quali l'insorgenza di responsabilità risarcitoria e l'irrogazione di sanzioni alternative *ex* art. 123 c.p.a.; al contrario, la giurisprudenza esclude che la violazione degli obblighi di *stand still* possa essere da sola sufficiente alla dichiarazione di inefficacia del contratto, richiedendo *"l'art. 121, co. 1, lett. c), c.p.a., a tale ultimo fine, che ricorrano, oltre al mancato rispetto del termine dilatorio (...) le seguenti due ulteriori condizioni: che la violazione "abbia privato il ricorrente della possibilità di avvalersi di mezzi di ricorso prima della stipulazione del contratto"; che tale violazione, "aggiungendosi a vizi propri dell'aggiudicazione definitiva, abbia influito sulle possibilità del ricorrente di ottenere l'affidamento"*.(cfr. **Cons. St., sez. V, 15.11.2022 n. 9995**; conf. **Cons. St., Sez. V, 23.03.2015, n. 1565**).

Sezione II ▶ Le procedure sottosoglia

7. Premessa

La Parte I del Libro II del nuovo codice, totalmente innovativa rispetto alla precedente versione, contiene, raccolte unitariamente, l'insieme delle norme riferite ai **contratti sottosoglia**, riguardanti i punti qualificanti della procedura di affidamento, i principi applicabili, le modalità di individuazione del contraente e dell'affidatario, i vari meccanismi di gara (disciplinati in termini difformi dai contratti sopra-soglia), gli indici delle offerte anomale, le garanzie delle offerte, ecc. Si tratta, come si legge nella Relazione illustrativa, di una significativa innovazione rispetto al d.lgs. n. 50/2016, nel quale le previsioni proprie del sottosoglia erano sparse nell'intera disciplina codicistica, che consente una più agevole individuazione della normativa applicabile ai contratti di importo inferiore alle soglie europee e un più diretto apprezzamento del complessivo regime giuridico differenziale che connota questo settore della contrattualistica, settore che, a conferma della sua rilevante importanza anche pratica, dai dati Eurostat disponibili vale da solo all'incirca l'80 per cento della spesa complessiva per appalti e concessioni. In attuazione dei principi di cui alla legge delega n. 78/2022, n. 78 (in particolare di quelli contenuti nell'art. 1, co. 2, lett. e), che indica l'obiettivo di semplificazione nonché i principi cui deve ispirarsi la regolazione dei contratti di importi inferiori alle soglie europee, e lett. t), è stato dato ampio spazio alle **misure di semplificazione** con connesse previsioni di maggiore trasparenza, prevedendo l'estensione a regime di gran parte degli istituti di semplificazione coniati nella fase emergenziale.
La disciplina dei contratti sottosoglia si completa poi con le norme di portata generale, applicabili a **tutti gli affidamenti** posti in essere dalle stazioni appaltanti (pensiamo ai principi applicabili agli affidamenti di ogni importo) e con quelle contenute negli Allegati, cui le norme del codice fanno rinvio, come in materia di elenchi e indagini di mercato e di metodi per la determinazione della soglia di anomalia delle offerte.

▶ 7.1. L'interesse transfrontaliero

Una prima peculiare innovazione introdotta nel tessuto normativo del nuovo Codice è quella di cui all'art. 48 co. 2, il quale prevede il regime giuridico differenziale che la stazione appaltante deve applicare agli affidamenti di importo inferiore alle soglie europee quando **accerti la sussistenza di un interesse transfrontaliero**; nel qual caso essa non potrà esimersi dall'applicare le *procedure ordinarie*. Tale previsione è il frutto dell'elaborazione giurisprudenziale della Corte di giustizia dell'Unione europea, secondo la quale gli appalti di valore inferiore alle soglie UE, pur non soggetti alle norme specifiche delle direttive sugli appalti pubblici, devono essere aggiudicati in modo trasparente e competitivo se presentano un interesse transfrontaliero certo.

8. Il principio di rotazione

Regola generale per i **contratti di importo inferiore alle soglie di rilevanza europea** è costituita dal **principio di rotazione degli inviti e degli affidamenti**, previsto dall'art. 49, co. 1 – che riprende l'art. 36, co. 1 d.lgs. n. 50/2016 – al dichiarato fine di assicurare un'effettiva concorrenza tra gli aspiranti e "incanalare" la discrezionalità riconosciuta all'amministrazione nell'individuazione degli operatori economici da invitare alla procedura negoziata per gli affidamenti sottosoglia e negli affidamenti diretti.
In continuità con la disciplina pregressa e con le previsioni delle Linee Guida ANAC, è oggi imposto il rispetto del principio di rotazione **già nella fase degli inviti**, con lo scopo di evitare, come si legge nella Relazione, che il gestore uscente, forte della conoscenza della commessa da realizzare acquisita nella precedente gestione, possa agevolmente prevalere sugli altri operatori economici. In tal senso, si è stabilito: il **divieto di affidamento o aggiudicazione** di un appalto al contraente uscente nei casi in cui due consecutivi affidamenti abbiano a oggetto una commessa rientrante nello stesso settore merceologico, oppure nella stessa categoria di opere, oppure nello stesso settore di servizi (co. 2); la possibilità per la stazione appaltante di **ripartire gli affidamenti in fasce** in base al valore economico

e di applicherà la rotazione con riferimento a ciascuna fascia (co. 3).
Vengono, inoltre, previste alcune **eccezioni**: a norma del co. 4, in **casi motivati**, con riferimento alla struttura del mercato e alla effettiva assenza di alternative, nonché di accurata esecuzione del precedente contratto, **il contraente uscente può essere reinvitato o essere individuato quale affidatario diretto**. La disposizione, rispetto alla disciplina delle Linee Guida ANAC n. 4, risulta **innovativa** nella parte in cui, a determinate condizioni, consente di reinvitare l'uscente alla successiva procedura negoziata mentre, in riferimento agli affidamenti diretti, riproduce sostanzialmente la disciplina di cui al punto 3.7 delle Linee Guida. Ancora, secondo il disposto del co. 5, per i **contratti affidati con le procedure di cui all'art. 50, co. 1, lett. c), d) ed e)** (procedure negoziate senza bando, previa consultazione di un numero di operatori economici individuati in base ad indagini di mercato od elenchi, varabile in base all'importo del contratto) le stazioni appaltanti **non applicano il principio di rotazione** quando l'indagine di mercato sia stata effettuata senza porre limiti al numero di operatori economici in possesso dei requisiti richiesti da invitare alla successiva procedura negoziata, poiché, in questo caso, come evidenziato anche dalla giurisprudenza, la finalità di evitare il consolidamento di rendite di posizione in capo al gestore uscente non viene in rilievo allorché la stazione appaltante decida di non introdurre alcuno sbarramento al numero degli operatori da invitare alla procedura negoziata all'esito dell'indagine di mercato.

9. Le soglie e le relative procedure. Dalla fase emergenziale alla codificazione

Di nuovo conio è pure l'art. 50 del **Codice del 2023**, che disciplina le procedure per l'affidamento dei contratti pubblici di lavori, servizi e forniture di importo inferiore alle soglie di rilevanza europea riprendendo nella sostanza, con alcune modifiche lessicali e alcune puntualizzazioni contenutistiche innovative, il testo dell'art. 1, co. 2, D.L. n. 76/2020, emanato in piena pandemia da COVID-19. In particolare, al co. 1 sono confermati i seguenti profili della disciplina dei contratti sottosoglia, già propri della pregressa disciplina:

a) salvezza della normativa in materia di aggregazioni e centralizzazione delle committenze e di qualificazione delle stazioni appaltanti e delle centrali di committenza;
b) per quanto concerne gli **appalti di lavori**: 1) **affidamento diretto** per lavori di importo **inferiore a 150.000 euro**, anche senza consultazione di più operatori economici; 2) **procedura negoziata senza bando, previa consultazione di almeno cinque operatori economici**, per i lavori di importo **da 150.000 euro a un milione di euro**; 3) **procedura negoziata senza bando, previa consultazione di almeno dieci operatori** per lavori di importo **da un milione di euro fino alle soglie europee**.
c) per quanto concerne gli **appalti di servizi e forniture**: 1) **affidamento diretto** di servizi e forniture, compresi i servizi di ingegneria e architettura e l'attività di progettazione, di importo **inferiore a 140.000 euro**, anche senza consultazione di più operatori economici; 2) **procedura negoziata senza bando, previa consultazione di almeno cinque operatori economici** per l'affidamento di servizi e forniture, ivi compresi i servizi di ingegneria e architettura e l'attività di progettazione, di importo **da 140.000 euro fino alle soglie di cui all'art. 14**.

▶ 9.1. L'affidamento diretto e la procedura negoziata senza bando

Il **nuovo Codice** introduce per la prima volta la definizione di **affidamento diretto** inserendola all'art. 3 co. 1, lett d) dell'Allegato I.1, a mente del quale è "*d) "affidamento diretto", l'affidamento del contratto senza una procedura di gara, nel quale, anche nel caso di previo interpello di più operatori economici, **la scelta è operata discrezionalmente** dalla stazione appaltante o dall'ente concedente nel rispetto dei criteri qualitativi e quantitativi previsti dal codice*". Detta norma riceve poi un'ulteriore specificazione nell'art. 17, co. 2 che, regolamentando le "*fasi delle procedure di affidamento*" conferma solo per gli affidamenti diretti, la possibilità di adottare una "***decisione di contrarre semplificata***".
E' stata, invece, riproposta la previsione, enucleata in fase emergenziale, del d.l. n. 76/2020 secondo cui, nonostante la mancanza di necessario confronto competitivo, deve essere assicurato che siano scelti soggetti in possesso di **documentate esperienze pregresse**, anche individuati tra coloro che risultano iscritti in elenchi o albi istituiti dalla stazione appaltante; con una differenza (non solo

lessicale): il testo del d.l. si riferisce propriamente a *"**esperienze analoghe** a quelle oggetto di riferimento»* mentre il testo codificato fa riferimento a *"**esperienze pregresse idonee** all'esecuzione delle prestazioni contrattuali oggetto di affidamento"*, dove la preferenza per il richiamo a *"esperienze idonee"* piuttosto che a *"esperienze analoghe"* attiene alla scelta di **ampliare il margine valutativo della stazione appaltante**, che può apprezzare attività precedenti dell'operatore economico in ambiti anche non strettamente analoghi all'oggetto della gara, tuttavia pur sempre idonei a garantite la buona riuscita dell'affidamento.
Il nuovo assetto normativo ha pure previsto una **procedura negoziata nel soprasoglia**, in ipotesi di lavori di importo **pari o superiore a un milione di euro** e fino alle soglie europee; nel qual caso la stazione appaltante, in luogo del ricorso alla procedura negoziata senza bando, può utilizzare le procedure ordinarie, ma *"**previa adeguata motivazione**"*; tale indicazione segna le distanze con la precedente versione contenuta nel d.l n. 76/2020 (art. 1, co. 2), che non contemplava il possibile ricorso alle procedure ordinarie, imponendo l'utilizzo delle procedure semplificate. La soluzione adottata dal legislatore del 2023 è, pertanto, una **soluzione mediana**, costituita dalla possibilità per le stazioni appaltanti, per gli appalti di lavori soprasoglia di importo più significativo, di impiegare (anche) le procedure ordinarie, *"previa adeguata motivazione"*. Si tratta cioè non di libera opzione, ma della possibilità di accedere alle più complesse procedure ordinarie in esito a una specifica motivazione delle ragioni tecniche che, nel singolo caso, rendono preferibile – effettuato il dovuto bilanciamento degli interessi pubblici in gioco – l'utilizzo del più garantistico, ma più complesso, procedimento ordinario di gara.

▶ 9.2. I criteri per l'aggiudicazione

Nell'ambito delle **procedure negoziate sottosoglia**, l'art. 50 detta peculiari statuizioni anche con riferimento ai **criteri di selezione utilizzabili per l'aggiudicazione** stabilendo, al co. 4, il **principio di libera scelta** da parte delle stazioni appaltanti circa l'utilizzo del **criterio dell'offerta economicamente più vantaggiosa** ovvero del **criterio del prezzo più basso**. Tale libertà di scelta appare funzionale alla conformazione delle regole di gara alle peculiarità di ciascun oggetto contrattuale, in modo tale da garantire il risultato migliore nell'ottica del soddisfacimento dell'interesse del committente. Si tratta, peraltro, di opzione normativa già seguita dal d.lgs. n. 50/2016 (all'art. 36, co. 9-*bis*) e anche dalla normativa del periodo emergenziale (art. 1, co. 3 d.l. n. 76/2020).
Con riferimento ai **contratti ad alta intensità di manodopera** (per i quali *"il costo della manodopera è pari o superiore al 50 per cento dell'importo complessivo dei corrispettivi"*, secondo la definizione dell'art. 2 lett. e dell'Allegato I.1 del nuovo codice), il co. 4 impone invece alle stazioni appaltati l'utilizzo dell'**offerta economicamente più vantaggiosa**, onde evitare i costi sociali che potrebbero derivare da una concorrenza basata solamente sul prezzo. Anche in questo caso, si tratta di conferma di previsione già contenuta sia nella disciplina codicistica che in quella emergenziale.

▶ 9.3. Le procedure sottosoglia delle imprese pubbliche operanti nei settori speciali

L'art. 50 co. 5 stabilisce che le imprese pubbliche che operano nell'ambito definito dagli artt. da 146 a 152 (v. *infra*) applichino ai contratti sottosoglia la disciplina stabilita nei rispettivi regolamenti, la quale, se i contratti presentano un interesse transfrontaliero certo, deve essere conforme ai principi del Trattato UE a tutela della concorrenza. I soggetti che operano negli stessi settori in virtù di diritti speciali o esclusivi applicano la disciplina stabilita nei rispettivi regolamenti, la quale deve sempre essere conforme ai predetti principi del Trattato UE. La norma, quindi, non sembra consentire alle imprese pubbliche che esercitano in uno dei settori speciali (che costituisce l'unico presupposto applicativo per essere assoggettate alla relativa normativa prevista dagli artt. 153 ss. del codice, anche quando il servizio o l'attività siano state acquisite mediante una procedura di evidenza pubblica), che intendano affidare a terzi appalti strumentali allo svolgimento di una delle predette attività, di utilizzare strumenti di acquisizione più flessibili e semplificati come quelli previsti nei co. da 1 a 3 dell'art. 50 (si pensi alla previsione dell'affidamento diretto per lavori fino a 150.000 euro, procedura che si sottrae ai principi pro concorrenziali del Trattato e quindi non sarebbe utilizzabile, stando al vigente art. 36, comma 8, *cit.*, dalle imprese pubbliche, né dai privati titolari di diritti speciali ed esclusivi).
La regola della conformità ai principi del Trattato è, invece, ribadita, per i contratti sottosoglia affidati da soggetti titolari di **diritti speciali ed esclusivi** (ossia *«concessi dallo Stato o dagli enti locali ovvero*

da altre amministrazioni pubbliche attraverso atti di carattere legislativo, regolamentare o amministrativo, adeguatamente pubblicati [...]» (secondo la definizione di cui all'art. 1, Allegato I.1 al codice) anche quando si tratti di contratti che non presentano interesse transfrontaliero.

10. La disciplina di dettaglio. Gli Allegati II.1 e II.2

L'**art. 50 co. 2** dispone che gli operatori economici da invitare alle procedure per l'affidamento degli appalti sottosoglia sono individuati attraverso il ricorso ad **indagini di mercato** o **elenchi** *"gestiti con le modalità previste nel presente Allegato"*, rinviando all'**Allegato II.1.**
Come si legge nella norma di apertura (art. 1 co. 1) la disciplina in esame si applica alle procedure negoziate per l'**affidamento di contratti di lavori di importo pari o superiore a 150.000** e per l'**affidamento di contratti di servizi e forniture di importo pari o superiore a 140.000,00 euro** e inferiore alle soglie di rilevanza comunitaria; principio generale ispiratore della **gestione** degli elenchi e delle indagini di mercato è il **principio di rotazione** ex art. 49 del codice (co. 2).
L'indagine di mercato prende avvio con la **determina a contrarre** (ovvero con atto equivalente secondo l'ordinamento della singola stazione appaltante) che contiene, oltre ad una serie di elementi specificamente indicati, anche l'indicazione dei criteri per l'individuazione degli operatori da invitare alla procedura negoziata allorché la stazione appaltante intende operare uno sbarramento in ordine al numero degli stessi. A questa segue **l'avviso di avvio dell'indagine di mercato**, che indica il valore dell'affidamento, gli elementi essenziali del contratto, i requisiti di idoneità professionale, i requisiti minimi di capacità economica/finanziaria e le capacità tecniche e professionali richieste ai fini della partecipazione, il numero minimo ed eventualmente massimo di operatori che saranno invitati alla procedura, i criteri di selezione degli operatori economici e le modalità per comunicare con la stazione appaltante.
In ordine alle **modalità di conduzione** di tali indagini, si riconosce alle stazioni appaltanti il potere di dettare, nelle forme previste dai rispettivi ordinamenti, una disciplina più specifica (co. 3) e comunque secondo le modalità ritenute più idonee in conformità ai principi di adeguatezza e proporzionalità e tenendo, in particolare, conto dell'esigenza di rispettare il termine massimo, previsto dal codice, per l'affidamento degli appalti sottosoglia tramite procedura negoziata. I **risultati** delle indagini devono, poi, essere formalizzati dalla stazione appaltante con apposito provvedimento
Agli **elenchi** è, invece, dedicato l'art. 3 dell'Allegato II.1, che li concepisce come modalità, alternativa alle indagini di mercato, di selezione degli operatori da invitare alla procedura negoziata. Tali elenchi sono costituiti a seguito di **avviso pubblico** pubblicato sul sito istituzionale dell'ente e sulla **Banca dati nazionale dei contratti pubblici** dell'ANAC., il quale deve indicare i requisiti di carattere generale che gli operatori economici devono possedere, la modalità di selezione degli operatori economici da invitare, le categorie e fasce di importo in cui l'amministrazione intende suddividere l'elenco e gli eventuali requisiti minimi richiesti per l'iscrizione, parametrati in ragione di ciascuna categoria o fascia di importo.
Caratteristica fondamentale è che detti elenchi sono **aperti ed aggiornati** (con modalità di revisione periodica pure indicate nell'Allegato); ne consegue che l'iscrizione degli operatori provvisti dei requisiti richiesti è consentita senza limitazioni temporali (co. 2). Quanto alle modalità di utilizzo, è stato previsto un rinvio ai criteri valevoli per le indagini di mercato, ferma restando l'esigenza che tali criteri, a garanzia della trasparenza della procedura, siano predeterminati già nella determina a contrarre.

▶ 10.1. L'offerta anomala e il meccanismo di esclusione automatica

Peculiare disciplina è prevista in caso di **anomalia dell'offerta** ove i contratti di importo inferiore alle soglie di rilevanza europea relativi ad appalti di lavori o servizi siano aggiudicati con il criterio del prezzo più basso e non presentino un interesse transfrontaliero certo; nel qual caso, le stazioni appaltanti, in deroga all'art. 110, prevedono negli atti di gara l'**esclusione automatica delle offerte che risultino anomale**, *"qualora il numero delle offerte ammesse sia pari o superiore a cinque"; ratio* di tale previsione è quella di evitare che la concorrenza tra offerte competitive eccessivamente a basso prezzo vada a discapito della qualità del prodotto o del servizio fornito, giusta le indicazioni contenute nella direttiva europea 2014/24/EU sulla gestione del rischio di anomalia delle offerte. Ciò ha spinto il legislatore del nuovo Codice, ai fini di velocizzare e semplificare il processo di gestione del rischio di

anomalia, a mantenere un sistema di esclusione automatica, seppur limitatamente a quelle situazioni con un numero di offerte sufficientemente elevato (almeno cinque) e per cui il processo di valutazione dell'anomalia sia più lungo e costoso per le stazioni appaltanti in ragione della maggior complessità intrinseca dei contratti (quindi, per appalti di lavori e servizi, ma non di forniture).
La disciplina di cui all'art. 54 ha **portata generale** ed è applicabile alle ipotesi di procedura negoziata, ma anche ove si ricorra alla procedura ordinaria, nel caso previsto dall'art. 50, co. 1, lett. d). La norma, invece, non troverà applicazione qualora sussista un **interesse transfrontaliero certo**, dal momento che, al ricorrere di tale ipotesi, l'art. 48, co. 2, prevede che si seguano le procedure ordinarie, come visto sopra.
Portata innovativa ha, poi, la disciplina dettata dal co. 2 dell'art. 54 che dispone l'obbligo per le stazioni appaltanti di prevedere negli atti di indizione della procedura da aggiudicare con il criterio del prezzo più basso, oltre alla citata opzione per l'esclusione automatica delle offerte, anche il **metodo matematico di determinazione della soglia di anomalia**, individuato – a scelta delle medesime stazioni appaltanti – tra uno dei **tre** indicati nell'Allegato II.2; tale scelta è affidata alla discrezionalità della stazione appaltante e non prevede motivazione, ma l'unica condizione prevista è quella di indicare negli atti indittivi il metodo prescelto.

▶ 10.2. *Stand still* e stipula del contratto

L'art. 55, norma di chiusura della parte in questione, prevede il termine di **30 giorni** per la stipula del contratto, specificando, altresì, che tale termine decorre dall'aggiudicazione (a prescindere dal controllo dei requisiti).
Il co. 2 stabilisce, invece, che **i termini dilatori previsti dall'art. 18, co. 3 e 4, non si applicano agli affidamenti sottosoglia**. La disposizione, muovendo dall'art. 32, co. 10 d.lgs. n. 50/2016, propone una norma di carattere fortemente innovativo, escludendo l'applicazione, in tutti gli affidamenti di contratti sottosoglia, dei termini dilatori sia di natura procedimentale che processuale, che si ricollega alla norma sui termini per la stipula del contratto e alla norma in tema di ordinaria esecuzione anticipata del contratto, nell'intento di disegnare un micro-sistema normativo, finalizzato alla **riduzione dei tempi di definizione degli affidamenti e di avvio dell'esecuzione**. In questa prospettiva, la norma (insieme alle altre richiamate) costituisce attuazione del principio direttivo contenuto nell'art. 1, co. 2, lett. *m)*, della legge delega, volto alla *"riduzione e certezza dei tempi relativi alle procedure di gara, alla stipula dei contratti"*, che a sua volta risponde agli obiettivi del Piano nazionale di ripresa e resilienza (PNRR) in materia di contratti pubblici, tra i quali viene espressamente contemplato quello di *"ridurre i tempi tra pubblicazione del bando e aggiudicazione dell'appalto"* (M1C1-69 - T2-2021, già in parte attuato con il decreto-legge 31 maggio 2021, n. 77)

Capitolo 5
L'esecuzione del contratto e la (eventuale) fase patologica

SOMMARIO

Sezione I ► La fase di esecuzione del contratto

1. Premessa

All'esecuzione del contratto è dedicata, ancora una volta tramite una disciplina unitaria e completa, la Parte VI del Libro II il Titolo V (artt. 113 - 126) del nuovo Codice del 2023, che ha riordinato e sostituito varie previsioni già contenute, in ordine sparso, negli artt. 101, 102 e 111, d.lgs. n. 50/2016, dando concretezza alle esigenze di semplificazione e snellimento normativo sottese alla legge delega e guardando precipuamente a: i **soggetti**, cui è dedicato l'art. 114 (*ex* 101) ed ove sono previste le figure professionali necessarie per lo svolgimento dell'attività esecutiva da parte delle stazioni appaltanti qualificate; l'**oggetto**, disciplinato dall'art. 115 (*ex* 111) ove sono previste le attività di direzione, controllo e contabilitàe dall'art. 116 (*ex* 102) disciplinante le attività di collaudo e verifica di conformità; le norme tecniche e descrittive sono, invece, racchiuse negli **Allegato I.9 e II.14** cui le norme codicistiche rinviano.
Disposizione di apertura, che esprime il *favor* dell'intero impianto normativo per il **(principio del) raggiungimento del massimo soddisfacimento dell'interesse pubblico**, è quella contenuta all'art. 113 co. 1 (riproduttiva di medesima disposizione nel codice precedente), secondo cui agli esecutori del contratto le stazioni appaltanti possono richiedere dei **requisiti particolari** (che possono attenere in particolare a esigenze sociali o ambientali), purché detti requisiti siano compatibili con il diritto europeo e con gli altri principi generali previsti dal Codice (tra gli altri, parità di trattamento, trasparenza, proporzionalità), precisati nel bando di gara, nell'invito o nel capitolato d'oneri. I concorrenti da parte loro devono in sede di offerta dichiarare che accettano i requisiti particolari.

2. Direzione dei lavori e dell'esecuzione. Il RUP ed i suoi collaboratori

Spetta al **RUP** (oggi Responsabile Unico di Progetto e non più o non solo di Procedimento) dirigere l'esecuzione dei contratti pubblici (lavori, servizi e forniture) e controllare i livelli di qualità delle prestazioni (art. 114, co.1). Nella fase dell'esecuzione, egli si avvale delle competenze di determinati soggetti, dei quali accerta il corretto ed effettivo assolvimento delle funzioni a essi affidate.; in particolare, egli si avvale: del **direttore dell'esecuzione del contratto** o del **direttore dei lavori**, del **coordinatore in materia di salute e sicurezza** (di cui al d.lgs. 81/2008), nonché del **collaudatore** o verificatore della conformità. Il RUP assume anche di norma l'incarico di **direttore dell'esecuzione** del contratto di servizi o di forniture e in tale veste egli provvede al coordinamento, alla direzione e al controllo tecnico-contabile dell'esecuzione del contratto stipulato dalla stazione appaltante, assicurando la regolare esecuzione da parte dell'esecutore, in conformità ai documenti contrattuali.

▶ 2.1. La direzione dei lavori

Prima dell'avvio delle procedure per l'affidamento, le stazioni appaltanti, **su proposta del RUP**, devono individuare un **direttore dei lavori**, il quale svolgerà le funzioni di coordinamento, direzione e controllo tecnico-contabile dell'esecuzione dei contratti (*"anche mediante metodi e strumenti di gestione informativa digitale"*) e potrà essere coadiuvato, in relazione alla complessità dell'intervento, da un **ufficio di direzione dei lavori**, costituito da uno o più **direttori operativi** e da **ispettori di cantiere**, ed eventualmente dalle figure previste nell'**Allegato I.9;** le attività e i compiti demandati loro sono, invece, descritti nell'**Allegato II.14,** cui rinvia l'art. 114 co. 5., alleggerendo così notevolmente la struttura della norma. In questa sede basti dire che figura centrale rimane sempre il **RUP**, il quale impartisce al direttore dei lavori le **disposizioni di servizio**, contenenti le indicazioni necessarie a garantire la regolarità dei lavori e l'ordine da seguirsi nella loro esecuzione (se non regolato dal contratto). Con le disposizioni di servizio il RUP stabilisce anche, in relazione all'importanza dei lavori, con quale cadenza il **direttore dei lavori** dovrà presentare un rapporto sulle principali attività di cantiere e sull'andamento delle lavorazioni. Quest'ultimo opera, invece, in autonomia in relazione al **controllo tecnico, contabile e amministrativo** dell'esecuzione dell'intervento.
Una novità del Codice del 2023 è prevista per il caso di contratti di importo non superiore a 1 milione di euro e comunque in assenza di lavori complessi e di rischi di interferenze, per i quali, il direttore dei lavori, se in possesso dei requisiti richiesti dalla normativa vigente sulla sicurezza, svolge anche le funzioni di **coordinatore per la sicurezza in fase di esecuzione**; al contrario, per i lavori di maggiore entità (così come per il caso di lavori complessi e per il caso di rischi di interferenze), dovrà procedersi alla nomina di un soggetto diverso dal direttore dei lavori quale coordinatore per la sicurezza in fase esecutiva (CSE), così evidenziandosi espressamente l'autonomia di quest'ultima figura, da intendersi sia nei confronti del direttore dei lavori che nei confronti del RUP. Ulteriore novità è contenuta al co. 6 ove è stata codifica la regola dell'affidamento "interno" da parte delle stazioni appaltanti che sono amministrazioni pubbliche, dell'**attività di direzione dei lavori ai propri dipendenti**, salvo che non sia diversamente previsto nel bando di gara per la progettazione; ove, invece, *"le amministrazioni di cui al primo periodo non dispongano delle competenze o del personale necessario ovvero nel caso di lavori complessi o che richiedano professionalità specifiche, ovvero qualora la stazione appaltante non sia una amministrazione pubblica, l'incarico è affidato con le modalità previste dal codice"*.
Sempre per esigenze di semplificazione e coordinamento, il legislatore del nuovo Codice, inoltre, ha specificato (co. 7) che per i **contratti aventi ad oggetto servizi e forniture**, le funzioni e i compiti del direttore dell'esecuzione sono svolti, **di norma, dal RUP**, che provvede, anche con l'ausilio di uno o più direttori operativi individuati dalla stazione appaltante in relazione alla complessità dell'appalto, al coordinamento, alla direzione e al controllo tecnico contabile e amministrativo dell'esecuzione del contratto, assicurando la regolare esecuzione da parte dell'esecutore, in conformità ai documenti contrattuali; nell'Allegato II.14 sono, invece, individuati i contratti di servizi e forniture di particolare importanza, per qualità o importo delle prestazioni, per cui il direttore dell'esecuzione **deve essere diverso dal RUP**.

▶ 2.2. Controllo tecnico, contabile e amministrativo del Direttore dei lavori

Come detto è il **direttore dei lavori** a presiedere alle operazioni di direzione, controllo e contabilità dei lavori, le cui modalità sono oggi individuate dall'Allegato II.14, cui rinvia l'art. 115, che tuttavia indica "la via" da seguire, ossia *"mediante le piattaforme digitali di cui all'articolo 25, in modo da garantirne trasparenza e semplificazione"*.
Le principali funzioni affidate al Direttore dei lavori in **fase di esecuzione dei lavori** sono:

- l'**accettazione dei materiali**, con l'obbligo di eseguire i prescritti controlli e le prove previste dalla normativa nazionale ed europea e dal capitolato speciale di appalto, potendo egli rifiutare i materiali e i componenti deperiti dopo l'introduzione in cantiere o che per qualsiasi causa non sono conformi alla normativa tecnica o alle caratteristiche tecniche indicate nei documenti allegati al contratto; nel qual caso l'esecutore sarà tenuto a rimuoverli e sostituirli a sue spese. Una volta superati i detti controlli i materiali e i componenti vengono accettati con la loro posa in opera, restando comunque salvo il potere di verifica in sede di collaudo;
- Il **controllo periodico** sullo stato di consistenza dei lavori eseguiti, così da fornire al RUP l'ausilio necessario per accertare la sussistenza delle condizioni per eventuali modifiche o varianti, dei contratti di appalto in corso di validità;
- **la verifica del rispetto degli obblighi dell'esecutore e del subappaltatore**, tramite: accessi in cantiere (attraverso cui verifica la presenza delle imprese subappaltatrici autorizzate e dei subcontraenti, che non sono subappaltatori, i cui nominativi sono stati comunicati alla stazione appaltante); controlli sulla effettiva esecuzione delle prestazioni affidate ai subappaltatori nel rispetto della normativa vigente e del contratto stipulato; verifica delle contestazioni dell'esecutore sulla regolarità dei lavori eseguiti dal subappaltatore, determinando, ai fini della sospensione dei pagamenti all'esecutore, la misura della quota corrispondente alla prestazione oggetto di contestazione;
- **la gestione delle contestazioni su aspetti tecnici e delle riserve**, attenendosi alla disciplina prevista dalla stazione appaltante e riportata nel capitolato speciale e la **gestione dei sinistri**, rispetto ai quali il Direttore dei lavori ha l'obbligo di stendere una relazione descrittiva del fatto e delle presunte cause, da trasmettere con urgenza al RUP, adottando, al contempo, gli opportuni provvedimenti per ridurre le conseguenze dannose;
- in caso di **sospensione dei lavori, l'accertamento**, attraverso visite periodiche al cantiere, delle condizioni delle opere e la presenza di manodopera e macchinari nella misura strettamente necessaria per evitare danni e facilitare la ripresa dei lavori;
- **l'accertamento** in contraddittorio con l'esecutore dell'avvenuta ultimazione dei lavori (come da questi comunicato) e l'emissione (tempestiva) del **certificato di ultimazione dei lavori**, da inviare al RUP, che, a sua volta, ne rilascia copia conforme all'esecutore. In ogni caso, alla scadenza del contratto, il direttore dei lavori deve redigere in contraddittorio con l'esecutore un verbale di constatazione sullo stato dei lavori, e ciò anche ai fini dell'applicazione delle penali previste nel contratto nel caso di ritardata esecuzione.
- il **controllo amministrativo contabile**, consistente nel controllo della spesa derivante dall'esecuzione dell'opera o dei lavori, attraverso la compilazione dei documenti contabili, che sono atti pubblici a tutti gli effetti di legge, con i quali si realizza l'accertamento e la registrazione dei fatti producenti spesa. A tal fine provvede a classificare e misurare le lavorazioni eseguite, nonché a trasferire i rilievi effettuati sul registro di contabilità e per le conseguenti operazioni di calcolo che consentono di individuare il progredire della spesa. Secondo il principio di costante progressione della contabilità, le predette attività di accertamento dei fatti producenti spesa devono essere eseguite contemporaneamente al loro accadere e, quindi, devono procedere di pari passo con l'esecuzione. Il direttore dei lavori provvede all'accertamento e alla registrazione di tutti i fatti da cui deriva una spesa contestualmente al loro accadere. E ciò perché egli deve essere sempre in grado di rilasciare gli stati d'avanzamento dei lavori entro il termine fissato nella documentazione di gara e nel contratto, ai fini dell'emissione dei certificati per il pagamento degli acconti da parte del RUP e controllare lo sviluppo dei lavori e impartire tempestivamente le debite disposizioni per la relativa esecuzione entro i limiti dei tempi e delle somme autorizzate.

L'**esecutore dei lavori** dovrà uniformarsi alle disposizioni e agli ordini di servizio del direttore dei lavori senza poterne sospendere o ritardare il regolare sviluppo; egli potrà, tuttavia, esprimere delle **riserve** le quali devono, però, essere spiegate ed iscritte con le modalità e nei termini previsti dall'Allegato II.14, **a pena di decadenza** dal diritto di fare valere; così facendo, il legislatore ha inteso ribadire la sanzione della decadenza dai diritti a contenuto patrimoniale dell'esecutore come conseguenza della mancata iscrizione o esplicitazione delle riserve, preferendo inserirla nella normativa primaria e rinviando all'allegato II.14 per la disciplina unitaria di modalità e termini.

▶ 2.2.1. Il Direttore dell'esecuzione del contratto per servizi e forniture

Così come il Direttore dei lavori, anche il **Direttore dell'esecuzione del contratto per servizi e forniture**, riceve dal RUP le disposizioni di servizio volte a garantire la regolarità dell'esecuzione del servizio o della fornitura; al RUP egli dovrà poi periodicamente presentare un rapporto sull'andamento delle principali attività di esecuzione del contratto. Come il Direttore dei lavori anche il Direttore dell'esecuzione gode di ampi margini di autonomia nelle attività di coordinamento, direzione e controllo tecnico-contabile dell'esecuzione del contratto, affidate allo stesso; tra i compiti affidati, si citano:

- **l'attività di controllo** della corretta esecuzione del contratto stipulato dalla stazione appaltante – condotta per tutta la durata del rapporto e realizzata con criteri di misurabilità della qualità oggettivi – al fine della verifica del rispetto dei tempi stabiliti e delle prescrizioni contenute nei documenti contrattuali e nelle condizioni offerte in sede di aggiudicazione o affidamento, tramite analitica valutazione della qualità del servizio o della fornitura (ossia, conformità a tutti gli standard qualitativi richiesti nel contratto o nel capitolato o alle condizioni migliorative contenute nell'offerta), dell'adeguatezza delle prestazioni e del raggiungimento degli obiettivi, del rispetto dei tempi e delle modalità di consegna, della soddisfazione del cliente o utente finale, del rispetto da parte dell'esecutore degli obblighi in materia ambientale, sociale e del lavoro stabiliti dalla normativa europea e nazionale e dai contratti collettivi. Gli esiti del controllo debbono risultare da apposito processo verbale, da inoltrare al RUP, il quale, in ogni caso, deve essere informato tempestivamente di eventuali ritardi, disfunzioni o inadempimenti rispetto alle prescrizioni contrattuali, anche al fine dell'applicazione delle penali inserite nel contratto ovvero della risoluzione dello stesso per inadempimento nei casi consentiti;
- **l'avvio dell'esecuzione del contratto**, predisposto sulla base delle disposizioni del RUP, fornendo all'esecutore tutte le istruzioni e le direttive necessarie e redigendo apposito verbale firmato anche dall'esecutore. Nel caso in cui sia consentita l'esecuzione anticipata, il direttore dell'esecuzione indica nel verbale di avvio quanto predisposto o somministrato dall'esecutore per il rimborso delle relative spese;
- **la verifica del rispetto degli obblighi dell'esecutore e del subappaltatore**;
- la **gestione delle contestazioni e delle riserve**, rispetto alle quali si attiene alla relativa disciplina prevista dalla stazione appaltante e riportata nel capitolato d'appalto;
- il **controllo sulle modifiche, variazioni e varianti contrattuali**, proponendo al RUP quelle eventualmente necessarie e indicandone i motivi in apposita relazione ovvero disponendo modifiche di dettaglio non comportanti aumento o diminuzione dell'importo contrattuale e comunicandole al RUP;
- la decisione sulla **sospensione dell'esecuzione**, indicando nel verbale da compilare e inoltrare al RUP l'imputabilità delle ragioni della sospensione e le prestazioni già effettuate. Una volta cessate le cause della sospensione, il direttore dell'esecuzione lo comunica al RUP affinché quest'ultimo disponga la ripresa dell'esecuzione e indichi il nuovo termine contrattuale. Entro cinque giorni dalla ripresa dell'esecuzione effettuata dal RUP, il direttore dell'esecuzione procede alla redazione del verbale di ripresa dell'esecuzione del contratto, che deve essere sottoscritto anche dall'esecutore e deve riportare il nuovo termine contrattuale indicato dal RUP. Il direttore dell'esecuzione trasmette tale verbale al RUP entro cinque giorni dalla data della relativa redazione;
- **la gestione dei sinistri**;
- **l'accertamento** in contraddittorio con l'esecutore dell'avvenuta ultimazione dei lavori (come da questi comunicato) e l'emissione (tempestiva) del **certificato di ultimazione delle prestazioni lavori**, da inviare al RUP, che, a sua volta, ne rilascia copia conforme all'esecutore;
- il **controllo amministrativo contabile**, consistente nel controllo della spesa legata all'esecuzione del servizio o della fornitura, attraverso la tenuta della contabilità del contratto, compilando con precisione e tempestività i documenti contabili, con i quali si realizza l'accertamento e la registrazione

▶ 2.3. Collaudo e verifica di conformità

Come detto, è il RUP ad essere tenuto al controllo dell'esecuzione del contratto, congiuntamente al

direttore dei lavori per i lavori, soggetti **a collaudo**, mentre sarà coadiuvato dal **direttore dell'esecuzione del contratto per i servizi e forniture**, soggette a **verifica di conformità**.
All'esito del controllo vengono rilasciati rispettivamente il **certificato di collaudo** e il **certificato di verifica di conformità**. Oggi detti "momenti" sono regolati dall'**art. 116**, che riprende sostanzialmente l'art. 102 d.lgs. n. 50/2016. **Scopo** di tali controlli è quello di certificare che l'oggetto del contratto sia stato realizzato in termini di prestazioni, obiettivi e caratteristiche tecniche, economiche e qualitative ed eseguito nel rispetto delle previsioni contrattuali e delle pattuizioni concordate in sede di aggiudicazione o affidamento.
Quanto ai **tempi di esecuzione**, in linea generale, il collaudo finale o la verifica di conformità devono avvenire **entro sei mesi** dall'ultimazione dei lavori o delle prestazioni, mentre per i lavori di particolare complessità tale termine può essere elevato a un anno (ma anche ridotto in presenza di opere o servizi di limitata complessità, purché ciò sia dedotto nella lettera d'incarico). A questi segue l'emissione del **certificato di collaudo o di conformità**. Tali documenti hanno carattere provvisorio e divengono definitivi entro due anni dalla loro emissione. Decorso tale termine il collaudo s'intende tacitamente approvato se l'atto formale di approvazione non viene emesso entro due mesi dalla scadenza del termine. Infine, coordinando la normativa de qua con quella civilistica in tema di (scoperta dei) vizi nell'appalto, viene ribadito che (co. 3) in linea generale, l'appaltatore risponde per le difformità e i vizi dell'opera o delle prestazioni, ancorchè riconoscibili e purché denunciati dalla stazione appaltante prima che il certificato di collaudo sia definitivo.
Con riguardo all'**aspetto soggettivo** delle attività di collaudo, le stazioni appaltanti che siano anche pubbliche amministrazioni devono nominare tra i propri dipendenti o tra quelli di altre amministrazioni **da uno a tre componenti** in possesso di qualificazione rapportata alla tipologia e alla caratteristica del contratto, nonché dei requisiti di moralità, competenza e professionalità. Tra i dipendenti (interni o esterni) nominati per il collaudo deve essere selezionata un'unità per la redazione del collaudo statico; è altresì previsto il ricorso a professionalità esterne, in caso di provate carenze di organico della stazione appaltante e delle altre amministrazioni pubbliche ovvero nei casi di particolare complessità tecnica. Si ribadisce, infine, l'elenco dei soggetti, già presente nel precedete codice, ai quali **non possono** essere affidati incarichi di collaudo e di verifica di conformità, tra cui: magistrati ordinari, amministrativi e contabili, avvocati e procuratori dello Stato, in attività di servizio e, per appalti di lavori pubblici di importo pari o superiore alle soglie di rilevanza europea, a quelli in quiescenza nella regione o nelle regioni dove è stata svolta l'attività di servizio; i dipendenti appartenenti ai ruoli della pubblica amministrazione in servizio oppure in trattamento di quiescenza, per appalti di lavori pubblici di importo pari o superiore alle soglie di rilevanza europea ubicati nella regione o nelle regioni dove è svolta per i dipendenti in servizio oppure è stata svolta per quelli in quiescenza, l'attività di servizio; coloro che nel triennio antecedente hanno avuto rapporti di lavoro autonomo o subordinato con gli operatori economici a qualsiasi titolo coinvolti nell'esecuzione del contratto o che hanno comunque svolto o svolgono attività di controllo, verifica, progettazione, approvazione, autorizzazione, vigilanza o direzione sul contratto da collaudare ovvero, ancora, che hanno partecipato alla procedura di gara.
Con riguardo, infine, alle **modalità tecniche di esecuzione,** esse sono disciplinate dall'Allegato II.14., cui rinvia il co. 7 dell'art. 116 e vengono pubblicizzate dalla stazione appaltante nel **capitolato**; salvo motivate esigenze, le attività di verifica di conformità sono svolte durante l'esecuzione dei contratti a prestazioni periodiche o continuative e al loro termine sono redatti, per i beni del patrimonio culturale, un consuntivo scientifico predisposto dal direttore dei lavori, l'aggiornamento del piano di manutenzione e della eventuale modellazione informativa dell'opera realizzata di cui all'art. 43 per la successiva *"gestione del ciclo di vita"*; una relazione tecnico-scientifica, oltre agli accertamenti di laboratorio e alle verifiche tecniche obbligatorie inerenti alle attività oggetto del contratto.

3. Le modifiche dei contratti in corso di esecuzione

Il tema della **modifica dei contratti pubblici durante la fase di esecuzione** è da sempre stato uno dei più spinosi dal punto di vista dei risvolti e delle conseguenze che esso comporta, stante anche la diffusione nella pratica e la necessità oggettiva di sopperire alle eventuali **esigenze sopravvenute** della Stazione appaltante.
In modo, ancora una volta, sistematico ed innovativo, il nuovo Codice del 2023 interviene in materia, già regolata puntualmente dal Ddlgs. 50/2016, introducendo alcune modifiche sostanziali, poste in

attuazione del criterio della legge delega volto ad **ampliare la portata delle varianti in corso d'opera**, pur nei limiti fissati dal diritto europeo, al fine di realizzare, come si legge nella Relazione illustrativa, il delicato bilanciamento, posto a fondamento del criterio di delega, tra le regole comunitarie sulla concorrenza (che impongono la corrispondenza fra l'appalto eseguito e quello messo in gara) e le esigenze sopravvenute della stazione appaltante che richiedono una modifica del contratto senza la quale l'interesse che sta alla base della stipula verrebbe ad essere in vario modo frustrato, in particolare negli appalti di lavori in riferimento alla necessità di realizzare l'opera pubblica.
Se da un lato l'art. 60 disciplina le clausole di revisione dei prezzi, dall'altro con l'art. 120 il legislatore del 2023 si dedica alle ulteriori ipotesi di sopravvenienze in corso di esecuzione, esprimendo il ***favor* per la modificabilità del contratto**, alle condizioni ivi indicate e ciò in diretta applicazione del **principio di necessaria rinegoziazione** espresso dall'art. 9 del nuovo Codice, fra i principi cosiddetti "super-generali" (secondo il co. 8 dell'art. 120, "*il contratto è sempre modificabile ai sensi dell'articolo 9 e nel rispetto delle clausole di rinegoziazione contenute nel contratto*"). A tale riguardo, il nuovo Codice esplicita al co. 13 che, fatta salva l'ipotesi di rinegoziazione di cui al co. 8, le modifiche e le varianti in corso di esecuzione del contratto **devono essere autorizzate dal RUP**, con le modalità previste dall'ordinamento della stazione appaltante di appartenenza. Di esse, poi, deve essere data adeguata pubblicità.

▶ 3.1 Modifiche ammesse e non ammesse

Quanto alle **modifiche o varianti ammesse** senza ricorrere ad una nuova procedura di affidamento, queste sono quelle descritte nel co. 1 dell'art. 120, che le ammette ("*sempre che, nelle ipotesi previste dalle lettere a) e c), nonostante le modifiche, la struttura del contratto o dell'accordo quadro e l'operazione economica sottesa possano ritenersi inalterate*"):

a) se le modifiche sono state **previste nei documenti di gara iniziali** in clausole chiare, precise e inequivocabili, che possono consistere anche in clausole di opzione;
b) per la **sopravvenuta necessità** di lavori, servizi o forniture, supplementari da parte del contraente originale che si sono resi necessari e non erano inclusi nell'appalto iniziale, ove un cambiamento del contraente risulti, al contempo, impraticabile per motivi economici o tecnici ovvero comporti per l'amministrazione aggiudicatrice o l'ente aggiudicatore notevoli disguidi o una consistente duplicazione dei costi;
c) per le **varianti in corso d'opera**, da intendersi come modifiche resesi necessarie in corso di esecuzione dell'appalto per effetto di circostanze impreviste e imprevedibili per l'amministrazione aggiudicatrice o per l'ente aggiudicatore; per espressa previsione normativa "*rientrano in tali circostanze nuove disposizioni legislative o regolamentari o provvedimenti sopravvenuti di autorità o enti preposti alla tutela di interessi rilevanti*";
d) se un **nuovo contraente sostituisce l'aggiudicatario** a causa di una delle seguenti circostanze: 1) le modifiche soggettive implicanti la sostituzione del contraente originario sono previste in clausole chiare, precise e inequivocabili dei documenti di gara; 2) all'aggiudicatario succede, per causa di morte o insolvenza o a seguito di ristrutturazioni societarie, che comportino successione nei rapporti pendenti, un altro operatore economico che soddisfi gli iniziali criteri di selezione, purché ciò non implichi ulteriori modifiche sostanziali al contratto e non sia finalizzato ad eludere l'applicazione del codice, fatto salvo quanto previsto dall'articolo 124; 3) nel caso in cui la stazione appaltante assume gli obblighi del contraente principale nei confronti dei suoi subappaltatori.

Nei casi suddetti e disciplinati alle lett. b) e c), il contratto può essere modificato solo se l'eventuale aumento di prezzo non ecceda il 50% del valore del contratto iniziale. In caso di più modifiche successive (ammissibili), la limitazione si applica al valore di ciascuna modifica; parimenti si potrà procede alla modifica, se il valore della modifica è al di sotto di entrambi i seguenti valori: le soglie fissate all'art. 14; il 10% del valore iniziale del contratto per i contratti di servizi e forniture; il 15% del valore iniziale del contratto per i contratti di lavori; in caso di più modifiche successive, il valore è accertato sulla base del valore complessivo del contratto al netto delle successive modifiche.
Ancora, tra le modifiche ammesse (il Codice, al co. 5, parla di modifiche ***consentite***) rientrano quelle **non sostanziali**, considerate tali le modifiche al progetto proposte dalla stazione appaltante o dall'appaltatore con le quali, nel rispetto della funzionalità dell'opera, si **assicurino risparmi** rispetto

alle previsioni iniziali, da utilizzare in compensazione per far fronte alle variazioni in aumento dei costi delle lavorazioni ovvero si **realizzino soluzioni equivalenti o migliorative** in termini economici, tecnici o di tempi di ultimazione dell'opera.
Di contro le **modifiche sostanziali**, come tali **non ammesse,** sono quelle che alterano considerevolmente la struttura del contratto o dell'accordo quadro e l'operazione economica sottesa ovvero se:

a) la modifica introduce condizioni che, se fossero state contenute nella procedura d'appalto iniziale, avrebbero consentito di ammettere candidati diversi da quelli inizialmente selezionati o di accettare un'offerta diversa da quella inizialmente accettata, oppure avrebbero attirato ulteriori partecipanti alla procedura di aggiudicazione;
b) la modifica cambia l'equilibrio economico del contratto o dell'accordo quadro a favore dell'aggiudicatario in modo non previsto nel contratto iniziale;
c) la modifica estende notevolmente l'ambito di applicazione del contratto;
d) un nuovo contraente sostituisce quello cui la stazione appaltante aveva inizialmente aggiudicato l'appalto in casi diversi da quelli previsti dal co. 1, lett. d).

▶ 3.2. Modifiche "imposte": il quinto d'obbligo

Altra modifica in corso di esecuzione è costituita dalla c.d. **regola del quinto** secondo cui,qualora in corso di esecuzione si renda necessario un aumento o una diminuzione delle prestazioni **fino a concorrenza del quinto dell'importo del contratto**, la stazione appaltante può imporre all'appaltatore l'esecuzione alle stesse condizioni previste nel contratto originario. In tal caso l'appaltatore non può far valere il diritto alla risoluzione del contratto. Detta regola del quinto (cosiddetto d'obbligo), già presente nel vecchio codice, assolve ad una duplice funzione: per un verso, limita il diritto potestativo della stazione appaltante di apportare modifiche al contratto; per altro verso, predetermina il contenuto della prestazione cui è tenuto l'appaltatore, nel senso che tale contenuto va riferito ad un importo che può oscillare tra i 4/5 ed i 6/5 dell'importo originariamente stabilito in contratto.

4. Vicende particolari in corso di esecuzione

Stipulato il contratto, e fatte salve le ipotesi in cui è possibile procedere a delle modifiche del programma contrattuale, l'appaltatore ha l'obbligo di eseguirlo (ossia di realizzare i lavori, prestare i servizi ed effettuare le forniture) secondo i termini, le condizioni e le prescrizioni indicati in esso. È possibile, tuttavia, che non si giunga, per fatto o meno dell'appaltatore, ad una corretta esecuzione delle obbligazioni contrattuali o che si verifichino delle **situazioni patologiche** tali da poter incidere sulla sua efficacia o (addirittura) invalidare. Tali situazioni si verificano nelle ipotesi di: **sospensione, risoluzione e recesso** del contratto.

▶ 4.1. La sospensione dell'esecuzione

La sospensione dell'esecuzione è disciplinata dall'art. 121 del **nuovo Codice del 2023,** il quale riprende sostanzialmente la disciplina di cui al precedente art. 107, d.lgs. 50/2016, procedendo però ad uno snellimento della norma, le cui disposizioni di dettaglio sono ora previste nell'**Allegato II.14** e inserendo, quale elemento di novità, la **previa acquisizione**, da parte del RUP, del **parere del Collegio consultivo tecnico** (ove costituito) in relazione alla proposta di sospensione di contratti per lavori diretti alla realizzazione di opere pubbliche di importo pari o superiore alle soglie europee di cui all'art. 14 nelle ipotesi di cui ai co. 3 e 8. La sospensione è disposta **per il tempo strettamente necessario** e, cessate le cause che ne hanno dato origine, il RUP dispone la ripresa dell'esecuzione e indica il nuovo termine contrattuale (co. 4); stante la natura strettamente necessaria di tale termine e per evitare che i tempi si dilatino oltremodo, è altresì previsto (co. 7) che quando la sospensione supera il **quarto del tempo contrattuale complessivo**, il RUP ne dà avviso all'ANAC, la quale, in caso di mancata o tardiva comunicazione, può irrogare una sanzione amministrativa alla stazione appaltante ai sensi dell'art. 222, co.13.
Essa può, innanzitutto, essere disposta a cura del **Direttore dei Lavori** in tutti i casi in cui ricorrano **circostanze speciali**, **imprevedibili** al momento della stipulazione del contratto, che impediscono in

via temporanea che i lavori procedano utilmente a regola d'arte; nel qual caso il Direttore dei lavori dovrà redigere (anzi, ***compilare***) un **verbale di sospensione**, che deve essere trasmesso al RUP **entro 5 giorni** dalla sua redazione. Nel detto verbale, come disciplinato analiticamente nell'Allegato II.14, devono essere indicate, tra le altre, le ragioni che hanno determinato l'interruzione dei lavori, lo stato di avanzamento degli stessi e delle opere la cui esecuzione rimanga interrotta, indicando le cautele adottate al fine della ripresa dell'intervento e della sua ultimazione senza eccessivi oneri e la consistenza del personale impiegato e dei mezzi d'opera esistenti in cantiere al momento della sospensione.

Il RUP può, comunque, disporre la sospensione per **ragioni di necessità o di pubblico interesse**, ma detto provvedimento dovrà essere preceduto dal parere del **Collegio consultivo tecnico** (ove costituito) nelle ipotesi di cui ai co. 3 e 8, come sopra detto.

Il Codice prevede, altresì, l'ipotesi di **sospensione parziale** dell'esecuzione (co. 6), che si verifica quando successivamente alla consegna dei lavori insorgano, per **cause imprevedibili o di forza maggiore**, circostanze che **impediscano parzialmente** il regolare svolgimento dei lavori: in tal caso, l'esecutore è tenuto a proseguire le parti di lavoro eseguibili, mentre si provvede alla sospensione parziale dei lavori non eseguibili, dandone atto in apposito verbale.

▶ 4.1.1. Contestazioni, oneri e richieste dell'esecutore

L'esecutore può opporsi o fare **contestazioni** sulla sospensione dei lavori, nelle ipotesi di cui ai co. 1, 2 e 6, ma esse devono essere iscritte, a pena di decadenza, nei verbali di sospensione e di ripresa dei lavori. Nel caso di sospensioni totali o parziali dei lavori disposte dalla stazione appaltante per cause diverse suddette, è, invece, previsto che l'esecutore possa chiedere, previa iscrizione a pena di decadenza, di specifica **riserva**, il **risarcimento dei danni subiti**, quantificato sulla base di quanto previsto dall'art. 1382 c.c. e secondo criteri individuati nell'Allegato II.14, tra cui si citano: i maggiori oneri per spese generali infruttifere, la lesione dell'utile, il mancato ammortamento di beni strumentali inutilizzati e le retribuzioni inutilmente corrisposte.

Ove, per cause a lui non imputabili, l'esecutore non sia in grado di ultimare i lavori nel termine fissato nel contratto, lo stesso può richiederne, con congruo anticipo rispetto alla scadenza del termine contrattuale, la **proroga**, sulla quale decide il RUP, sentito il direttore dei lavori (ovvero previo parere del Collegio consultivo Tecnico nei casi previsti), **entro trenta giorni** dal suo ricevimento. Al contrario (e salvo il caso della ottenuta proroga), l'esecutore **è obbligato** a ultimare i lavori nel termine stabilito dagli atti contrattuali, decorrente dalla data del verbale di consegna oppure, in caso di consegna parziale, dall'ultimo dei verbali di consegna; egli, peraltro, come si preoccupa di evidenziare il co. 9 ultimo periodo, **non ha diritto** allo scioglimento del contratto né ad alcuna indennità qualora i lavori, per qualsiasi causa non imputabile alla stazione appaltante, non siano ultimati nel termine contrattuale e qualunque sia il maggior tempo impiegato. Dell'ultimazione dei lavori egli deve dare **comunicazione per iscritto** al **Direttore dei lavori**, il quale procede subito alle necessarie constatazioni in contraddittorio.

▶ 4.2. La risoluzione

La **risoluzione** è disciplinata dall'art. 124 del nuovo Codice del 2023, che, però la tratteggia sulla falsariga della precedente versione di cui all'art. 108, Dd,lgs. n. 50/2016 (che a sua volta riprendeva l'art. 73 della direttiva 24/2014/UE), introducendo, però al co. 1, un inciso chiarificatore per il quale le stazioni appaltanti possono procedere alla risoluzione del contratto ***"senza limiti di tempo"*** e procedendo al solito snellimento della struttura normativa, essendo state spostate nell'Allegato II.14 le previsioni di dettaglio.

La risoluzione del contratto **può** essere disposta dalla stazione appaltante quando: il contratto ha subito una **modifica sostanziale** che richiede una nuova procedura di appalto; sono state **superate le soglie di modificabilità** del contratto previste dalle disposizioni del Codice; l'aggiudicatario si è trovato, al momento dell'aggiudicazione dell'appalto in una delle situazioni di cui all'art. 94 (di esclusione automatica) e avrebbe dovuto essere **escluso** dalla procedura di appalto o di aggiudicazione della concessione; l'appalto non avrebbe dovuto essere aggiudicato in considerazione di una **grave violazione** degli obblighi derivanti dai trattati, o di una sentenza passata in giudicato perviolazione del Codice.

Il contratto di appalto **può**, inoltre, essere risolto per **grave inadempimento delle obbligazioni contrattuali** da parte dell'appaltatore, tale da compromettere la buona riuscita delle prestazioni; nel qual caso, il direttore dei lavori o il direttore dell'esecuzione (se nominato), una volta accertato il grave inadempimento, avvia in contraddittorio con l'appaltatore il procedimento di contestazione, oggi disciplinato dall'Allegato II.14, all'esito del quale, la Stazione appaltante, su proposta del RUP, dichiara **risolto il contratto con atto scritto** comunicato all'appaltatore. Allo stesso modo può procedersi, qualora l'esecuzione delle prestazioni dovute dall'appaltato sia ritardata per sua negligenza; in tale ipotesi, il direttore dei lavori (o dell'esecuzione se nominato), gli assegna un termine che, salvo i casi d'urgenza, non può essere inferiore a dieci giorni, per eseguire le prestazioni, scaduto il quale viene redatto il processo verbale in contraddittorio e qualora l'inadempimento permanga, la stazione appaltante risolve il contratto.
Ulteriori specifiche ipotesi in cui la stazione appaltante **deve** risolvere un contratto pubblico durante il periodo di efficacia dello stesso, si hanno nel caso in cui, **nei confronti dell'appaltatore** sia intervenuta la **decadenza dell'attestazione di qualificazione** per aver prodotto falsa documentazione o dichiarazioni mendaci ovvero un provvedimento definitivo che dispone l'applicazione di una o più misure di prevenzione di cui al Codice delle leggi antimafia e delle relative misure di prevenzione o sentenza di condanna passata in giudicato per i reati di cui al Capo II del Titolo IV della Parte V del Libro II del nuovo Codice.
In tutti i casi di risoluzione del contratto l'appaltatore ha diritto soltanto al pagamento delle prestazioni relative ai lavori, servizi o forniture regolarmente eseguiti.
Con riguardo alle conseguenze della risoluzione, tali indicazioni sono oggi contenute, come detto nell'Allegato II.14 e non più nel tessuto del codice, ove invece è stato riportato l'ultimo co. dell'art. 108, D.lgs 50/2016, divenuto oggi co. 8 dell'art. 120 che, in caso di risoluzione del contratto, impone all'appaltatore l'obbligo di provvede al **ripiegamento dei cantieri già allestiti** e allo sgombero delle aree di lavoro e relative pertinenze nel termine assegnato dalla stazione appaltante; in caso di mancato rispetto del termine, la stazione appaltante provvederà d'ufficio, addebitando all'appaltatore i relativi oneri e spese.

▶ 4.3. Il recesso

Con riferimento al **recesso**, l'art. 123 del nuovo del Codice dei contratti, riprendendo la disciplina del previgente art. 109 d.lgs. 50/2016, prevede la possibilità per la stazione appaltante di recedere dal contratto in qualunque momento previo il pagamento dei lavori eseguiti o delle prestazioni relative ai servizi e alle forniture eseguiti, nonché delvalore dei materiali utili esistenti in cantiere nel caso di lavoro o in magazzino nel caso di servizi o forniture, oltre al decimo dell'importo delle opere, dei servizi o delle forniture noneseguite.
L'esercizio del diritto di recesso deve essere preceduto da una formale comunicazione all'appaltatore da darsi con un preavviso non inferiore a venti giorni, decorsi i quali la stazione appaltante prende in consegna, i lavori, i servizi, o forniture ed effettua il collaudo definitivo e verifica la regolarità dei servizi e delle forniture. Il recesso rappresenta l'unico strumento che consente alla stazione appaltante di sciogliersi dal vincolo contrattuale per ragioni di opportunità una volta stipulato il contratto con l'aggiudicatario, non potendo la stessa ricorrere al generale potere di revoca di cui all'art. 21 quinquies della L. 241/1990. L'*A. P. n. 14/2014* ha chiarito, infatti, che con la stipula del contratto si esaurisce la fase pubblicistica retta dai poteri amministrativi e si avvia una fase in cui la pubblica amministrazione si trova in una posizione di parità con il contraente(cfr. *supra, cap. 7.3., VII focus giurisprudenziale*).
Al fine di snellire la disposizione, il comma 3 dell'art. 123 del nuovo Codice rinvia all'allegato II.14 la disciplina sul rimborso dei materiali, la facoltà di ritenzione della stazione appaltante e gli obblighi di rimozione e sgombero dell'appaltatore, già contenuta nei commi da 4 a 6 dell'art. 109 d.lgs. 50/2016.

5. Anticipazioni e penali

Sempre in tema di esecuzione, in un'ottima di semplificazione e snellimento delle procedure – oltre che per venire incontro alla platea di operatori economici, fortemente colpita dalle conseguenze economiche della pandemia da Covid-19 – il legislatore del Nuovo Codice ha inteso inserire in un'unica norma, l'art. 125, le disposizioni sul **regime delle anticipazioni del corrispettivo** – che di regola è **pari**

al 20% dell'intero prezzo pattuito, ma oggi può essere incrementato discrezionalmente dalle stazioni appaltanti **fino al 30%** – e sul **pagamento degli acconti,** i quali sono effettuati nel termine di **trenta giorni** decorrenti dall'adozione di ogni **stato di avanzamento**, salvo che sia espressamente concordato nel contratto un diverso termine, comunque non superiore a **sessanta giorni** e purché ciò sia oggettivamente giustificato dalla natura particolare del contratto o da talune sue caratteristiche. In conseguenza dell'adozione di ogni stato di avanzamento e comunque entro e non oltre **sette giorni** dalla loro emissione, il RUP emette il **certificato di pagamento** e, previa **verifica della regolarità contributiva** dell'esecutore e dei subappaltatori, lo invia alla stazione appaltante, la quale procede al pagamento; a sua volta l'esecutore emette fattura al momento dell'adozione del certificato di pagamento. L'eventuale superamento dei suddetti termini ovvero l'ingiustificato ritardo nell'emissione dei certificati di pagamento può costituire motivo di valutazione del RUP ai fini della corresponsione dell'incentivo ai sensi dell'art. 45. Si procede allo stesso modo (e sostanzialmente con i medesimi termini) per la **rata di saldo**, rispetto alla quale il co.9 espressamente richiama le previsioni del d.lgs. n. 231/2002 (**interessi di mora**) nel caso di ritardo nei pagamenti. Medesime previsioni sono estese ai contratti di servizi e forniture a carattere periodico o continuativo.
Con riferimento ai **termini di esecuzione,** sono confermate le previsioni già contenute nel Codice del 2016, relative alle previsioni di **penali per il ritardo** nell'esecuzione delle prestazioni contrattuali da parte dell'appaltatore, le quali saranno commisurate ai giorni di ritardo e proporzionali rispetto all'importo del contratto o delle prestazioni contrattuali; al contrario, è possibile per la stazione appaltante prevedere (nel bando o avviso di gara), in caso di ultimazione anticipata dei lavori, il riconoscimento di un **premio di accelerazione** per ogni giorno di anticipo, determinato sulla base degli stessi criteri stabiliti per il calcolo della penale e corrisposto a seguito dell'approvazione da parte della stazione appaltante del certificato di collaudo.

Sezione II ▶ La fase patologica, il contenzioso e gli strumenti deflattivi dello stesso

6. Premessa: la tutela del contraente nella fase patologica del contratto

Come visto nel cap. I, il libro V del **nuovo Codice del 2023** disciplina in maniera organica la cosiddetta **fase "patologica" del rapporto contrattuale**, per la cui tutela il contraente ha la possibilità di intraprendere una doppia strada: o iniziare un **contenzioso giudiziale** innanzi al Giudice Amministrativo (che ne ha la giurisdizione esclusiva) ovvero utilizzare uno degli **strumenti alternativi alla tutela giurisdizionale**, che il Legislatore del 2023, con un dichiarato intento deflattivo del contenzioso, indica analiticamente **agli artt. 210 e ss.** e che, per la collocazione assunta e l'organicità della disciplina, assumono una notevole rilevanza in quanto applicabili a tutti gli appalti, a rilevanza comunitaria e sottosoglia.

7. I rimedi alternativi alla tutela giurisdizionale

Sebbene anche nel Codice del 2016 si ritrovi una disciplina unitaria relativa agli **strumenti stragiudiziali di definizione** delle potenziali liti che possono insorgere in materia di contratti pubblici, con il nuovo Codice del 2023 detti strumenti vengono, non solo potenziati, ma anche arricchiti di nuove peculiari figure. Si tratta di: l'**accordo bonario per i lavori** (art. 210) o **per i servizi e forniture** (art. 211), la **transazione** (art. 212), l'**arbitrato** e (l'intervento delle) **camere arbitrali** (artt. 213, 214), nonché, infine, dell'intervento, non solo in funzione consultiva, del **Collegio consultivo tecnico (CCT)** e dell'**ANAC**.
La legge delega ha infatti previsto, al secondo comma lett. ll) quale criterio direttivo: *"l'estensione e rafforzamento dei metodi di risoluzione delle controversie alternativi al rimedio giurisdizionale, anche in materia di esecuzione del contratto"*. Si tratta peraltro dello stesso criterio già inserito nella legge delega n. 11 del 2016, ma mai completamente attuato.
Si tratta anche di un **obiettivo del PNRR**, ove si legge testualmente che «*uno degli elementi essenziali per garantire una maggiore efficienza della giustizia civile è legato alla definizione di strumenti alternativi al processo per la risoluzione delle controversie*». Anche nel settore della contrattualistica pubblica, il PNRR prevede come obiettivo l'incentivazione dei meccanismi alternativi di risoluzione delle

controversie in fase di esecuzione dei contratti pubblici (M1C1-69 (Milestone) Riforma 1.10).
Ciò detto, prima di analizzare nel dettaglio tali **strumenti alternativi alla tutela giurisdizionale**, si ritiene opportuno evidenziare le **novità** più rilevanti del nuovo impianto normativo, che sono:

- la conferma dell'**obbligo di costituzione del Collegio consultivo tecnico** per i lavori diretti alla realizzazione delle opere pubbliche di importo pari o superiore alle soglie di rilevanza europea e di forniture e servizi di importo pari o superiore a 1 milione di euro;
- l'attribuzione di un **criterio di residualità e sussidiarietà della transazione** nell'ambito dell'esecuzione dei contratti pubblici, rispetto agli altri rimedi alternativi all'azione giurisdizionale;
- la specificazione dell'ambito di operatività dell'**arbitrato** in materia di contratti pubblici, limitata alle sole **controversie inerenti ai diritti soggettivi**;
- l'eliminazione, nel **precontenzioso ANAC** dell'inciso che rendeva il parere vincolante per le parti che avessero preventivamente acconsentito ad attenersi a quanto in esso stabilito e la limitazione, per l'operatore economico che abbia richiesto il parere e vi abbia aderito, ad impugnarlo "*esclusivamente per violazione delle regole di diritto relative al merito della controversia*".

▶ 7.1. L'accordo bonario per i lavori

L'**accordo bonario** è disciplinato dall'art. 210 del **nuovo Codice del 2023** e riguarda i lavori affidati da amministrazioni aggiudicatrici ed enti aggiudicatori, ovvero dai concessionari. Secondo la disposizione si ricorre all'accordo bonario quando, in seguito all'**iscrizione di riserve** sui documenti contabili – ossia, come anche visto sopra, di domande, reclami o contestazioni con cui l'esecutore del contratto esprime alla stazione appaltante il proprio dissenso circa la contabilizzazione dei lavori o si oppone e contesta il contenuto degli atti di direzione o controllo dell'appalto – l'importo economico dell'opera possa **variare tra il 5% ed il 15% dell'importo contrattuale**. L'accordo eventualmente raggiunto non potrà che essere **omnicomprensivo** (principio espresso dal co. 2) e riguardare tutte le riserve iscritte fino al momento dell'avvio del procedimento, attraendo a sé ulteriori e successive riserve, fermo restando, in ogni caso, il rispetto del limite massimo complessivo del 15 % dell'importo del contratto di cui al co. 1; sono inoltre esclusi dall'applicazione del meccanismo dell'accordo bonario, non potendo essere oggetto di riserva, gli aspetti progettuali che siano stati oggetto di verifica ai sensi dell'art. 42.
Figura centrale in ambito di accordo bonario è il **RUP**, a cui, innanzitutto, è imposto l'**obbligo di attivare detto strumento prima dell'approvazione del certificato di collaudo** ovvero della verifica di conformità o del certificato di regolare esecuzione ai fini della risoluzione delle eventuali riserve iscritte – che gli devono, infatti, essere immediatamente comunicate – a prescindere dal loro importo. Al RUP è pure affidata la **preliminare valutazione** circa l'ammissibilità e la non manifesta infondatezza delle riserve, al fine di un calcolo effettivo e reale del raggiungimento del limite del 15% dell'importo del contratto; egli può anche optare per l'**utilizzo di un esperto per la formulazione della proposta motivata** di accordo bonario, ma nel qual caso dovrà rispettare stringenti termini procedimentali.
Quanto al **procedimento**, è previsto, in ossequio al **principio di completezza istruttoria e di necessaria copertura finanziaria**, che la proposta di accordo bonario sia sempre preceduta da verifiche in contraddittorio con il soggetto che le ha formulate e da un'eventuale istruttoria (tramite audizioni, raccolta di dati e informazioni e acquisizione di eventuali altri pareri) e valutata la disponibilità di idonee risorse economiche; una volta redatta , essa deve essere trasmessa al dirigente competente della stazione appaltante e al soggetto che ha formulato le riserve e, ove accettata, in un termine celere e predefinito di 45 giorni deve essere trasfusa in un **verbale sottoscritto dalle parti**, a cui è espressamente attribuita natura di transazione. Sulla somma riconosciuta in sede di accordo bonario è inoltre statuito un chiaro meccanismo di computo degli **interessi legali** a decorrere dal sessantesimo giorno successivo alla data di accettazione dell'accordo medesimo da parte della stazione appaltante. è infine chiarito che, in caso di rifiuto della proposta da parte del soggetto che ha formulato le riserve ovvero di inutile decorso del termine di accettazione, possono essere aditi gli arbitri o l'autorità giudiziaria ordinaria.
Con un articolo separato, l'art. 211, il legislatore ha introdotto un'espressa clausola di estensione, subordinata ad una valutazione di compatibilità, della disciplina di cui all'art. 210 anche ai **contratti di**

fornitura di beni di natura continuativa o periodica e ai contratti di servizi, laddove insorgano controversie in fase esecutiva circa l'esatta esecuzione delle prestazioni dovute.

▶ 7.2. La transazione

La **transazione** è oggi disciplinata dall'**art. 212** del nuovo Codice del 2023, che la definisce (come nella precedente versione di cui all'art. 208, d.lgs. n. 50/2016) come il rimedio esperibile per risolvere le **controversie relative a diritti soggettivi derivanti dall'esecuzione dei contratti pubblici di lavori, servizi, forniture**, nel rispetto del codice civile.
Il nuovo Codice conferma inoltre il ruolo "residuale" della transazione, che rimane circoscritta alle **"sole"** ed **"esclusive"** ipotesi in cui "***non risulti possibile esperire altri rimedi alternativi all'azione giurisdizionale***" e, ovviamente, alle sole controversie relative a *diritti soggettivi* (derivanti dall'esecuzione di contratti pubblici).
Essa deve sempre avere **forma scritta a pena di nullità** e può essere formulata sia su proposta del soggetto aggiudicatario, sia dal dirigente competente, **sentito il RUP**; ove il valore dell'importo oggetto di concessione o rinuncia sia superiore a 100.000 euro, ovvero a 200.000 euro in caso di lavori pubblici, deve essere, altresì, **acquisito il parere dell'Avvocatura dello Stato**, qualora si tratti di Amministrazioni centrali ovvero quello di un legale interno alla struttura o, in mancanza di legale interno, del funzionario più elevato in grado competente per il contenzioso, qualora si tratti di amministrazioni sub centrali.

▶ 7.3. L'arbitrato

L'arbitrato trova, come detto, applicazione per le **controversie su diritti soggettivi**, derivanti dall'esecuzione dei contratti pubblici relativi a lavori, servizi, forniture, concorsi di progettazione e di idee (comprese quelle conseguenti al mancato raggiungimento dell'accordo bonario). Esso, inoltre, si applica anche alle controversie relative a concessioni e appalti pubblici di opere, servizi e forniture in cui sia parte una società a partecipazione pubblica ovvero una società controllata o collegata a una società a partecipazione pubblica, ai sensi dell'art. 2359 c.c., o che comunque abbiano ad oggetto opere o forniture finanziate con risorse a carico dei bilanci pubblici.
In particolare, l'art. 213 del **nuovo Codice del 2023** (che ricalca, ancora una volta il precedente art. 209 d.lgs. n. 50/2016) subordina il deferimento agli arbitri delle dette controversie alla "*previa autorizzazione motivata da parte dell'organo di governo dell'amministrazione*" e l'eventuale inserimento della detta **clausola compromissoria** senza la preventiva autorizzazione, nel bando o nell'avviso con cui è indetta la gara, ovvero, per le procedure senza bando, nell'invito, comporta la **nullità della stessa**. A sua volta, l'atto con cui viene indetta la gara (bando, avviso o invito), deve contenere l'indicazione della presenza nel contratto di una clausola compromissoria, che l'aggiudicatario può ricusare, con l'effetto di non farla inserire nel contratto, comunicando tale volontà alla stazione appaltante **entro 20 giorni** dalla conoscenza dell'aggiudicazione. Resta sempre vietato il compromesso. Viene, inoltre, disciplinata in modo dettagliato la procedura di nomina degli arbitri (demandando alla **Camera arbitrale** un ruolo primario) al fine di garantire la professionalità dei soggetti prescelti, nonché il rispetto dei **principi di pubblicità e di rotazione**, stabilendo altresì una chiara incompatibilità tra le funzioni arbitrali e una serie di soggetti che direttamente o indirettamente abbiano partecipato alla fase di evidenza pubblica o della fase esecutiva ovvero che abbiano avuto pregresse tipologie di rapporti professionali con le parti ovvero che siano magistrati ordinari, amministrativi contabili e militari in servizio, avvocati e procuratori dello Stato in servizio, nonché magistrati e giudici tributari; l'eventuale violazione delle disposizioni in tema di nomina degli arbitri è sanzionato con la **nullità del lodo.**
Con riferimento al **procedimento**, viene, innanzitutto, codificato il **principio di libertà delle parti nella scelta della sede del collegio arbitrale**, prevedendo altresì che, laddove non sia espressa alcuna indicazione al riguardo ovvero se non vi sia accordo fra le parti, la sede è automaticamente stabilita presso la sede della Camera arbitrale. Si applicano, per quanto non disciplinato dal codice dei contratti pubblici, le disposizioni del **codice di procedura civile** e si afferma espressamente l'**ammissibilità di tutti i mezzi di prova** ivi previsti, con esclusione del giuramento in tutte le sue forme; precise disposizioni sono, poi, indicate circa la sottoscrizione, il deposito, l'efficacia del lodo e il versamento di una somma a carico delle parti e a cura deli arbitri all'ANAC, sancendo inoltre che il deposito del lodo in materia di contratti pubblici presso la Camera arbitrale deve precedere il deposito presso la

cancelleria del tribunale di cui all'art. 825 c.p.c.
Quanto al regime delle impugnazioni del lodo, viene confermata la sua **ampia impugnabilità**, tanto per motivi di nullità, quanto per violazione delle regole di diritto relative al merito della controversia; la facoltà d'impugnazione è sottoposta a **due termini decadenziali**: un possibile **termine breve di 90 giorni,** decorrente dall'eventuale notificazione del lodo e un **termine lungo di 180 giorni** decorrente dal deposito del lodo presso la Camera arbitrale. L'impugnazione si svolge innanzi la Corte d'appello territorialmente competente con un rito caratterizzato da celerità e speditezza, con possibilità, altresì, di sospensione dell'efficacia esecutiva del lodo, che deve essere seguita da un ancor più rapida definizione della controversia.

▶ 7.3.1. La Camera arbitrale presso l'ANAC

L'art. 214 del **nuovo Codice del 2023** ha istituito la **Camera arbitrale presso l'Autorità nazionale anticorruzione**, il quale è oggi organo centrale e indefettibile nella costituzione dei collegi arbitrali e nello svolgimento dei singoli procedimenti arbitrali. La sua **struttura** è formata da un **Presidente** e un da **consiglio arbitrale**, i quali si avvalgono di una struttura di segreteria con personale fornito dall'ANAC; i co. 2- 7 stabiliscono, altresì, requisiti e modalità di nomina dei suoi componenti, i requisiti di questi e la durata del loro mandato, fissato in **un quinquennio**. Alla Camera arbitrale è anche attribuito il rilevante ruolo della formazione e della tenuta dell'albo degli arbitri per i contratti pubblici, della redazione del codice deontologico degli arbitri camerali e dell'annuale rilevazione dei dati emergenti dal contenzioso in materia di contratti pubblici, da trasmettere all'ANAC e alla Cabina di regia di cui all'art. 221. E', infine, previsto, in ossequio al **principio di trasparenza**, che deve essere pubblicato sul sito *internet* dell'ANAC dell'elenco degli arbitrati in corso e definiti, dei loro dati, dei nominativi e dei compensi degli arbitri e dei periti.

▶ 7.4. Il Collegio consultivo tecnico

Ulteriore strumento deflattivo del contenzioso, introdotto in attuazione del criterio direttivo della legge delega concernente *"estensione e rafforzamento dei metodi di risoluzione delle controversie alternativi al rimedio giurisdizionale, anche in materia di esecuzione del contratto"*, è rappresentato dalla costituzione del **Collegio Consultivo Tecnico**, cui sono dedicati gli artt. 215-219 del nuovo Codice. L'istituto, temporaneamente introdotto dal **d.l. 76/2020,** è confermato come **rimedio generale** per dirimere sul nascere i possibili contenziosi tra committente e appaltatore che rischierebbero di pregiudicare l'esecuzione tempestiva e a regola d'arte del contratto di appalto. Sostanzialmente, infatti, le norme mettono a regime il sistema già disegnato dagli artt. 4 e 5 del d.l. 76/2020, come integrato dalle linee guida predisposte dal Consiglio superiore dei lavori pubblici e approvate con decreto del Ministro delle infrastrutture e mobilità sostenibili del 17.01.2022.
La creazione, **obbligatoria per gli appalti sopra soglia**, di un organismo consultivo e di mediazione e conciliazione destinato ad accompagnare l'esecuzione del contratto sin dal momento iniziale e per tutta la sua durata, è volta appunto ad evitare che dispute e contrasti che possono insorgere tra le parti ritardino o ostacolino l'esatto adempimento della prestazione contrattuale. Compito principale del CCT è, infatti, quello di svolgere la funzione di assistenza per la rapida risoluzione delle controversie o delle dispute tecnica di qualsivoglia natura che possono insorgere nell'esecuzione del contratto. Rimane in facoltà delle parti decidere se limitare il Collegio consultivo tecnico ad una funzione soltanto consultiva o attribuire alle sue decisioni valore di determinazione direttamente costitutiva di diritti e obblighi in capo alle parti. In ogni caso, l'inosservanza delle pronunce (pareri o determinazioni) del Collegio consultivo tecnico è valutata ai fini della responsabilità del soggetto agente per danno erariale e costituisce, salvo prova contraria, grave inadempimento degli obblighi contrattuali; l'osservanza delle determinazioni del CCT, invece, è causa di esclusione della responsabilità del soggetto agente per danno erariale, salvo il dolo.

▶ 7.5. Il parere precontenzioso dell'ANAC

Accanto ai suddetti strumenti deflattivi, particolare importanza assume l'attività dell'Autorità Nazionale Anticorruzione (ANAC) in materia di contratti pubblici, in questa sede rappresentata dal **parere precontenzioso** (obbligatorio), già previsto dall'art. 211 d.lgs. n. 50/2016 ed oggi significativamente innovato, in funzione del rafforzamento dei metodi alterativi al ricorso giudiziale (ADR) anche in materia di esecuzione del contratto. Secondo la nuova formulazione (art. 220), il parere di precontenzioso viene espresso **su richiesta** della stazione appaltante, dell'ente concedente o di una o più delle altre parti; a differenza che nel passato è oggi consentito all'operatore economico (non anche alla stazione appaltante o ente concedente) che abbia richiesto il parere e vi abbia aderito di impugnarlo *"esclusivamente per violazione delle regole di diritto relative al merito della controversia"* ossia per profili sostanziali e non anche per vizi formali o procedurali. Ulteriori novità sono rappresentate dall'abrogazione della norma che imponeva al giudice, in caso di rigetto del ricorso avverso il parere, di valutare il comportamento della parte ricorrente ai sensi e per gli effetti dell'art. 26 del c.p.a. e dall'obbligo, per la stazione appaltante o l'ente concedente che non intendano conformarsi al parere, di comunicare entro quindici giorni le relative motivazioni alle parti interessate e all'ANAC, che può proporre ricorso contro tale determinazione negativa.

8. La tutela giurisdizionale. Il riparto di giurisdizione

Come si è visto, l'attività contrattuale della P.A., pur costituendo manifestazione della capacità di diritto privato, è disciplinata sia da norme riconducibili all'ordinamento pubblicistico che dal diritto privato, a seconda della "fase" di riferimento, in cui si svolge il rapporto contrattuale: nella prima, **anteriore alla stipula**, vengono comprese tutte quelle attività inerenti la procedura di gara fino all'approvazione del contratto, **domina il diritto pubblico**; nella seconda, **successiva** alla stipulazione del contratto medesimo e, quindi, relativa alla sua esecuzione, **prevale il diritto privato** (anche se è a dirsi che, anche in questa seconda fase è possibile che insorgano situazioni che richiedono la valutazione del pubblico interesse, potendo generare nuove determinazioni della P.A).
Alla superiore distinzione corrisponde la distinzione di giurisdizione, con l'individuazione del giudice competente a dirimere le controversie che dovessero eventualmente insorgere, potendo, in linea generale, dirsi che per le controversie relative alla **fase anteriore alla stipula** del contratto è competente il **Giudice Amministrativo**, mentre per quelle che concernono la **fase esecutiva** del contratto è competente il **Giudice Ordinario.** Tale ripartizione è il risultato dell'evoluzione giurisprudenziale che ha interessato entrambi i fronti e ritrova una efficace sintesi nelle parole rese dalla **Suprema Corte di Cassazione a Sezioni Unite** con la pronuncia del 31.10.2019 n. 28211 che ha precisato che per le procedure di evidenza pubblica tese alla ricerca dell'aggiudicatario del contratto "*è solo la parte che tocca comunque **l'esercizio del potere amministrativo** che può essere legittimamente devoluta alla **giurisdizione esclusiva del comparto TAR-Consiglio di Stato**, dovendo ritenersi attribuite alla **giurisdizione civile** le controversie ogniqualvolta non si determini l'intreccio tra diritti privati e interessi/poteri pubblici, giacché in questa seconda fase, pur strettamente connessa con la precedente, e ad essa consequenziale, che ha inizio subito dopo l'incontro delle volontà delle parti e prosegue con tutte le vicende in cui si articola la sua esecuzione, i contraenti - pubblica amministrazione e privato - si trovano in una **posizione paritetica** e le rispettive situazioni soggettive si connotano del carattere, rispettivamente, di diritti soggettivi ed obblighi giuridici a seconda delle posizioni assunte in concreto. Sicché è proprio il **momento di costituzione di detto rapporto giuridico di diritto comune** a divenire lo **spartiacque fra le due giurisdizioni**, quale primo atto appartenente a quella ordinaria, nel cui ambito rientra con la disciplina posta dall'art. 1321 c.c. e segg.; e che perciò, comprende non soltanto quella positiva sui requisiti (art. 1325 c.c. e segg.) e gli effetti (art. 1372 c.c. e segg.), ma anche l'intero spettro delle patologie ed inefficacie negoziali, siano esse inerenti alla struttura del contratto, siano esse estranee e/o alla stessa sopravvenute*". A questo orientamento assolutamente pacifico si è uniformato anche il **giudice amministrativo** (si citano, tra le più recenti, Consiglio di Stato sez. III – 07.07.2022, n. 5651; T.A.R. Campania sez. V - Napoli, 07.09.2022, n. 5648; T.A.R. Lombardia sez. I - Brescia, 21.03.2022, n. 270).

► 8.1. La tutela giurisdizionale innanzi al G.A.

Come noto, l'**art. 133 C.p.a.** prevede che rientrano nella **giurisdizione esclusiva del giudice amministrativo** le controversie relative (lett. e del comma 1):

- a **procedure di affidamento di pubblici lavori, servizi, forniture**, svolte da soggetti comunque tenuti, nella scelta del contraente o del socio, all'applicazione della normativa comunitaria ovvero al rispetto dei procedimenti di evidenza pubblica previsti dalla normativa statale o regionale, ivi incluse quelle risarcitorie e con estensione della giurisdizione esclusiva alla dichiarazione di inefficacia del contratto a seguito di annullamento dell'aggiudicazione ed alle sanzioni alternative;

- al **divieto di rinnovo tacito dei contratti pubblici di lavori, servizi, forniture**, relative alla clausola di revisione del prezzo e al relativo provvedimento applicativo nei contratti ad esecuzione continuata o periodica, nell'ipotesi di cui all'art. 115, d.lgs. n.163/2006 nonché quelle relative ai provvedimenti applicativi dell'adeguamento dei prezzi ai sensi dell'art. 133, co. 3 e 4 c.p.a;

Dal punto di vista processuale, le regole del processo amministrativo sono contenute agli **art. 119 e s.s. c.p.a.** che definiscono un vero e proprio **rito speciale autonomo in materia di appalti,** il quale è stato recentemente arricchito a seguito delle modifiche apportante dall'**art. 209** del **nuovo Codice del 2023** connesse alle modifiche legislative ivi introdotte.

Importanti innovazioni in ambito contenzioso sono rappresentate come si vedrà nei paragrafi successivi:

- dalla "definitiva" applicazione delle **innovazioni in rito** introdotte dal D.L. 76/2020 (modifica dell'art. 120 c.p.a);
- dalla disciplina della **sopravvenuta inefficacia del contratto** per gravi violazioni (modifica dell'art. 121 c.p.a);
- dall'**estensione della cognizione del G.A.** anche alle **azioni risarcitorie** e all'**azione di rivalsa proposte dalla stazione appaltante** nei confronti dell'operatore economico che, violando i doveri di buona fede e correttezza, ha concorso a determinare un esito della gara illegittimo (con la modifica dell'art. 124 c.p.a);
- dall'introduzione (sempre nell'art. 124 co. 3 c.p.a) di un vero e proprio **"obbligo processuale"** posto in capo alla parte danneggiante, la quale su richiesta del Giudice, è tenuta a "*formulare una proposta risarcitoria*" alla parte danneggiata, con le relative conseguenze in punto di spese di lite in caso di mancata formulazione della proposta ovvero di un suo eccessivo squilibrio o significativa differenza con l'importo liquidato in sentenza.

▶ 8.2. Il rito speciale appalti

Oggi, come detto, il rito speciale appalti è disciplinato dall'art. 120 c.p.a. (d.lgs. 2 luglio 2010, n. 104)come sostituito dall'art. 209 del nuovo codice del 2023. Richiamato l'ambito di giurisdizione del G.A. in materia di appalti, di cui all'art. 133 c.p.a., detto rito è, innanzitutto, caratterizzato dal **principio dell'immediatezza della tutela processuale**, che si concretizza nella previsione di **precisi tempi procedimentali**, caratterizzati da speditezza e volti ad accelerare il processo. Esso, inoltre, è l'**unico possibile mezzo di impugnazione** degli atti (impugnabili) della procedura di gara – e la competenza funzionale del T.A.R. è **inderogabile** (art. 14 c.p.a.) – non essendo più, ammissibile la proposizione del ricorso straordinario al Presidente della Repubblica (art. 120, co. 1, c.p.a.).

Quanto ai **termini processuali**, gli stessi sono **dimezzati** rispetto a quelli ordinari: il ricorso, principale o incidentale, e i motivi aggiunti (proponibile anche avverso i nuovi atti relativi alla medesima procedura di gara) devono, infatti, essere notificati **entro 30 giorni** (e non 60) decorrenti, per il ricorso principale e per i motivi aggiunti, dalla ricezione della comunicazione degli atti lesivi, o, per i bandi e gli avvisi con cui si indice una gara autonomamente lesivi, dalla pubblicazione degli stessi, ovvero, in ogni altro caso, dalla conoscenza dell'atto. Con riguardo al ricorso incidentale, la decorrenza del termine parte dalla ricevuta notificazione del ricorso principale (art. 42 c.p.a.). Tutti gli altri termini processuali ordinari sono dimezzati ex art. 119, co. 2, c.p.a. Nell'ipotesi in cui sia mancata la pubblicità del bando, il relativo ricorso non può comunque essere più proposto **decorsi 30 giorni dal giorno successivo alla data di pubblicazione dell'avviso di aggiudicazione** (sempre che quest'ultimo contenga la motivazione dell'atto con cui la stazione appaltante ha deciso di affidare un contratto senza la preventiva pubblicazione di un bando); nel caso in cui siano omessi gli avvisi o le informazioni oppure se essi non sono conformi alle prescrizioni richieste, il ricorso non può comunque essere proposto **decorsi sei mesi dal giorno successivo alla data di stipulazione del contratto** (art. 120 c.p.a.). Con riguardo, invece, alle **modalità di notifica** del ricorso, in caso di impugnazione dell'aggiudicazione definitiva, la notifica del ricorso giurisdizionale deve essere effettuata, **oltre che all'Avvocatura di Stato, anche,**

direttamente, alla stazione appaltante nella sua sede reale, in data non anteriore alla notifica presso l'Avvocatura, cosicché l'amministrazione sia immediatamente resa edotta della situazione controversa e possa evitare l'eventuale stipulazione del contratto in pendenza di contenzioso o, comunque, del termine dilatorio per la stipulazione (art. 120, co. 4, c.p.a.).

Il **procedimento** al giudice amministrativo è regolato dal già richiamato art. 120 c.p.a, come recentemente modificato dal D.L. 76/2020; esso segue le fasi del rito processuale ordinario, ma con alcune rilevanti peculiarità, che riguardano:

- la previsione che tutti gli scritti difesivi, gli atti processuali delle parti ed i provvedimenti del giudice debbano presentare il **requisito della sinteticità** (co. 10) e che qualora le parti richiedano congiuntamente di limitare la decisione all'esame di un'unica questione, nonché in ogni altro caso compatibilmente con le esigenze di difesa di tutte le parti in relazione alla complessità della causa, il giudizio è di norma definito in esito all'udienza cautelare ove ne ricorrano i presupposti; in mancanza il giudizio viene comunque definito con **sentenza in forma semplificata** ad una udienza fissata d'ufficio e da tenersi entro 45 giorni dalla scadenza del termine per la costituzione delle parti diverse dal ricorrente (co. 6);
- la previsione che il giudice decide interinalmente sulla **domanda cautelare** anche se ordina adempimenti istruttori, se concede termini a difesa, o se solleva o vengono proposti incidenti processuali (co. 8) e che, nella sua decisione, egli debba tener conto di quanto stabilito dagli artt. 121, co. 1 e 122 c.p.a. e delle **esigenze imperative connesse a un interesse generale all'esecuzione del contratto**, dandone conto nella motivazione (co. 8ter) e che l'efficacia delle misure cautelari, ove predisposte, possa essere subordinata alla prestazione, anche mediante fideiussione, di una **cauzione di importo commisurato al valore dell'appalto** (co. 8bis).
- la previsione che il **deposito della sentenza** che definisce il giudizio debba avvenire **entro 15 giorni dall'udienza di discussione** ovvero al più **entro 30 giorni** dall'udienza, quando la stesura della motivazione è particolarmente complessa, ma nel qual caso il dispositivo dovrà essere depositato entro il primo termine e dovrà indicare le domande eventualmente accolte e le misure per darvi attuazione (co. 9);
- la previsione che il G.A., in caso di annullamento dell'aggiudicazione definitiva, si pronuncia sulla **inefficacia del contratto e sulle sanzioni alternative applicabili**.

9. La sorte del contratto in caso di annullamento dell'aggiudicazione

Una delle questioni più spinose nella pratica connessa all'annullamento dell'aggiudicazione intervenuta con pronuncia giudiziale (ovvero in sede di autotutela o di controllo), attiene alla **sorte del contratto *medio tempore* stipulato**; a seguito dell'intervento normativo ad opera del d.Lgs. n. 53/2010, oggi la questione può dirsi "risolta" con l'affermazione nell'art. 133 c.p.c. che è il giudice (G.A.) che annulla l'aggiudicazione a dover dichiarare l'**inefficacia del contratto** e a decidere in merito alle **sanzioni alternative da applicare**, attribuendo, quindi, ad esso un ampio potere discrezionale. Sono state in conseguenza modificate le norme del codice del processo e le disposizioni del Codice dei contratti pubblici inerenti detta problematica sono stati trasposti, rispettivamente, negli artt. **121, 122, 123 e 124** c.p.a, come riscritti dall'**art. 209 del nuovo codice del 2023.**

▶ 9.1. L'inefficacia del contratto per gravi violazioni

Il contratto è inefficace qualora l'amministrazione commetta **gravi violazioni**, che sono specificatamente individuate all'**art. 121** c.p.c. e che ricorrono:

a) se l'aggiudicazione definitiva è avvenuta **senza previa pubblicazione del bando o avviso** con cui si indice una gara nella Gazzetta Ufficiale (dell'Unione europea o della Repubblica italiana), quando tale pubblicazione è prescritta dal Codice dei contratti;
b) se l'aggiudicazione definitiva è avvenuta **con procedura negoziata senza bando o con affidamento in economia fuori dai casi consentiti** e questo abbia determinato l'omissione della pubblicità del bando o avviso con cui si indice una gara nella Gazzetta Ufficiale (dell'Unione europea o della Repubblica italiana), quando tale pubblicazione è prescritta dal

Codice dei contratti;

c) se il contratto è stato stipulato **senza rispettare il termine dilatorio** (di *stand still*), qualora tale violazione abbia privato il ricorrente della possibilità di avvalersi di mezzi di ricorso prima della stipulazione del contratto e sempre che tale violazione, aggiungendosi a vizi propri dell'aggiudicazione definitiva, abbia influito sulle possibilità del ricorrente di ottenere l'affidamento;

d) se il contratto e stato stipulato **senza rispettare la sospensione obbligatoria** del termine per la stipulazione derivante dalla **proposizione del ricorso giurisdizionale** avverso l'aggiudicazione definitiva, qualora tale violazione, aggiungendosi a vizi propri dell'aggiudicazione definitiva, abbia influito sulle possibilità del ricorrente di ottenere l'affidamento.

In tutte le ipotesi di gravi violazioni, è **rimessa al giudice**, oltre alla dichiarazione di inefficacia del contratto a seguito dell'annullamento dell'aggiudicazione definitiva, anche **la scelta tra la privazione di effetti retroattiva o soltanto limitata a quelle prestazioni ancora da eseguire** alla data della pubblicazione del dispositivo.

Completano la disciplina le possibili **deroghe all'inefficacia del contratto**; *in primis*, ancorché in presenza di dette violazioni, il contratto resta efficace *"qualora venga accertato che il rispetto di* ***esigenze imperative*** *connesse ad un interesse generale imponga che i suoi effetti siano mantenuti"*, tra le quali rientrano quelle imprescindibili di carattere tecnico o di altro tipo, tali da rendere evidente che i residui obblighi contrattuali possono essere rispettati solo dall'esecutore attuale; non costituiscono, invece, esigenze imperative gli interessi economici legati direttamente al contratto, che comprendono fra l'altro i costi derivanti dal ritardo nell'esecuzione del contratto stesso, dalla necessità di indire una nuova procedura di aggiudicazione, dal cambio dell'operatore economico e dagli obblighi di legge risultanti dalla dichiarazione di inefficacia (art. 121, co 3, c.p.a.). **Ulteriori deroghe** sono previste con riguardo alle ipotesi in cui la grave violazione è legata alla **mancata pubblicità della gara** (lett. a) e b) art. 121 co. 1 c.p.a.); nel qual caso l'inefficacia non si applica quando l'amministrazione:

a) abbia, con **atto motivato anteriore all'avvio della procedura** di affidamento, dichiarato di ritenere che la procedura senza previa pubblicazione del bando o avviso con cui si indice una gara nella Gazzetta Ufficiale (dell'Unione europea o della Repubblica italiana) sia consentita dal Codice dei contratti pubblici;

b) abbia pubblicato, rispettivamente per i contratti di rilevanza comunitaria e per quelli sottosoglia, nella Gazzetta Ufficiale dell'Unione europea ovvero nella Gazzetta Ufficiale della Repubblica italiana un **avviso volontario per la trasparenza preventiva**, in cui manifesta l'intenzione di concludere il contratto;

c) non abbia concluso il contratto prima dello scadere di un termine di almeno 10 giorni decorrenti dal giorno successivo alla data di pubblicazione dell'avviso.

Nelle ipotesi in cui il contratto non venga dichiarato inefficace nonostante la sussistenza di violazioni ovvero nelle ipotesi in cui l'inefficacia è temporalmente limitata, ilk G.A. potrà comunque applicare delle **sanzioni alternative** di cui all'art. 123.

► 9.1.1. L'inefficacia del contratto negli altri casi

Accanto alle superiori ipotesi più gravi, in presenza delle quali il contratto è sicuramente inefficace, il Codice del processo amministrativo detta un'ulteriore norma (non modificata dalla recente riforma del codice dei contratti), afferente all'ipotesi in cui il contratto sia stato stipulato all'esito di una procedura pur viziata, ma non per gravi violazioni. L'art. 122 c.p.c. dispone, infatti, che *"Fuori dei casi indicati dall'articolo 121, comma 1, e dall'articolo 123, comma 3, il giudice che annulla l'aggiudicazione definitiva* ***stabilisce se dichiarare inefficace il contratto****, fissandone la decorrenza, tenendo conto, in particolare, degli interessi delle parti, dell'effettiva possibilità per il ricorrente di conseguire l'aggiudicazione alla luce dei vizi riscontrati, dello stato di esecuzione del contratto e della possibilità di subentrare nel contratto, nei casi in cui il vizio dell'aggiudicazione non comporti l'obbligo di rinnovare la gara e la domanda di subentrare sia stata proposta"*

Viene, pertanto, rimessa alla discrezionalità del giudice che annulla l'aggiudicazione definitiva la decisione in ordine alla possibilità di dichiarare inefficace il contratto, fissandone, in tal caso, la decorrenza. Egli tuttavia, nel prendere tale decisione, dovrà tener conto (e conseguentemente motivare) di una serie di fattori, afferenti la sfera individuale e contestuale, ossia: degli **interessi delle parti**, dell'**effettiva possibilità per il ricorrente di conseguire l'aggiudicazione** alla luce dei vizi riscontrati, dello **stato di esecuzione del contratto** e della **possibilità di subentrare nel contratto**, da parte del ricorrente, nei casi in cui il vizio dell'aggiudicazione non comporti l'obbligo di rinnovare la gara e la relativa domanda sia stata proposta.

► 9.2. Le sanzioni alternative all'inefficacia

Pur in presenza di gravi violazioni, ove il contratto rimanga efficace ovvero qualora si sia in presenza di un'inefficacia circoscritta temporalmente, il Codice del processo amministrativo disciplina all'art. 123 la possibilità per il G.A. di **applicare, alternativamente o cumulativamente**, delle sanzioni, che possono essere di due tipi:

- la **sanzione pecuniaria** nei confronti della stazione appaltante, di importo dallo 0,5% al 5% del valore del contratto, inteso come prezzo dell'aggiudicazione;
- la **riduzione della durata del contratto**, ove possibile, in una percentuale variabile da un minimo del dieci per cento ad un massimo del cinquanta per cento della durata residua alla data di pubblicazione del dispositivo;

Le sanzioni alternative si applicano, oltre che nell'ipotesi menzionata, anche quando il contratto è stato stipulato senza rispettare il termine dilatorio stabilito per la stipulazione ovvero senza rispettare la sospensione della stipulazione derivante dalla proposizione del ricorso giurisdizionale avverso l'aggiudicazione definitiva, quando la violazione non abbia privato il ricorrente della possibilità di avvalersi di mezzi di ricorso prima della stipulazione del contratto e non abbia influito sulle possibilità del ricorrente di ottenere l'affidamento.

► 9.3. La tutela in forma specifica e per equivalente

L'ultima norma in considerazione è l'art. 124 c.p.a., che attribuisce al G.A., qualora non dichiari l'inefficacia del contratto, la scelta tra la privazione degli effetti del contratto e relativa decorrenza ovvero il **risarcimento per equivalente** del danno subito e provato; ciò sempre in considerazione gli interessi coinvolti nei casi concreti.
L'articolo in commento è stato, come detto in premessa, oggetto di modifica da parte dell'art. 209 del nuovo Codice del 2023, che ha introdotto un inciso al co. 1 l'estensione della cognizione del G.A. "anche delle azioni risarcitorie e di quelle di rivalsa proposte dalla stazione appaltante nei confronti dell'operatore economico che, con un comportamento illecito, ha concorso a determinare un esito della gara illegittimo". L'innovazione *de qua*, come si legge nella Relazione, punta a **rafforzare la tutela risarcitoria sia del terzo pretermesso**, leso dall'aggiudicazione illegittima – il quale può agire direttamente, oltre che nei confronti della stazione appaltante, anche nei confronti dell'operatore economico che, contravvenendo ai doveri di buona fede, ha conseguito una aggiudicazione illegittima – **sia della stessa stazione appaltante**, che può agire in rivalsa nei confronti di quest'ultimo o dell'eventuale terzo concorrente che abbia concorso con la sua condotta scorretta a determinare un esito della gara illegittimo. La nuova disposizione, peraltro, si raccorda e rimanda all'**art. 5** del nuovo Codice del 2023, rubricato "*Principi di buona fede e di tutela dell'affidamento*", ove al co. 4, si prevede che "*Ai fini dell'azione di rivalsa della stazione appaltante o dell'ente concedente condannati al risarcimento del danno a favore del terzo pretermesso, resta ferma la concorrente responsabilità dell'operatore economico che ha conseguito l'aggiudicazione illegittima con una condotta contraria ai doveri di buona fede*".
Altra disposizione innovativa è contenuta al co. 3 dell'art. 124 c.p.c. e riguarda il **meccanismo di liquidazione del danno**, che è quello di cui all'art. 34, co. 4 c.p.a ("*4. In caso di condanna pecuniaria, il giudice può, in mancanza di opposizione delle parti, **stabilire i criteri in base ai quali il debitore deve proporre a favore del creditore il pagamento di una somma entro un congruo termine**. Se le parti non giungono ad un accordo, ovvero non adempiono agli obblighi derivanti dall'accordo concluso, con il ricorso previsto dal Titolo I del Libro IV, possono essere chiesti la determinazione della somma dovuta ovvero l'adempimento degli obblighi ineseguiti*"). In particolare, viene previsto che il G.A., ai sensi dell'art. 34, co. 4, individua i criteri di liquidazione del danno e assegna un termine entro il quale la parte danneggiante deve formulare una proposta risarcitoria, aggiungendo però che "*la **mancata***

***formulazione della proposta** nel termine assegnato o la **significativa differenza** tra l'importo indicato nella proposta e quello liquidato nella sentenza resa sull'eventuale **giudizio di ottemperanza** costituiscono **elementi valutativi ai fini della regolamentazione delle spese di lite** in tale giudizio, fatto salvo quanto disposto dall'articolo 91, primo comma, del codice di procedura civile"*. La disposizione crea disincentivi economici nei confronti della parte danneggiante la quale, manchi di formulare una proposta transattiva o la determini in misura incongrua rispetto alla reale entità del danno suscettibile di ristoro; ciò con l'intento di incrementare il grado di **speditezza e di effettività della tutela risarcitoria per equivalente** e di favorire la rapida definizione del tema risarcitorio nell'ambito dell'unico giudizio di cognizione, evitando l'attivazione del secondo giudizio di ottemperanza previsto dall'art. 34, co. 4 c.p.a, per il caso del mancato accordo tra le parti. Al contempo, si lascia intatta la devoluzione della questione al giudice dell'ottemperanza, nel caso in cui le parti non riescano a raggiungere un accordo, in modo tale da preservare la pluralità degli sbocchi (giudiziali e stragiudiziali) attraverso i quali può trovare soluzione il contrasto sulla quantificazione del ristoro.

Capitolo 6
I principali contratti atipici

SOMMARIO

1. I contratti atipici e il vincolo di scopo

Come si è visto, la piena e generale capacità di diritto privato della pubblica amministrazione e l'autonomia negoziale riconosciutale, oggi espressamente indicata dal **nuovo Codice del 2023**, all'**art. 8**, determinano indubbiamente la possibilità per la P.A. di stipulare anche **contratti atipici**, ossia contratti il cui schema-tipo non è previsto dalla legge (o anche, in questo caso, i contratti che il legislatore prevede senza però attribuire alla P.A. il potere di stipularli) ma è comunque dalla stessa "autorizzato", purché "*siano diretti a realizzare interessi meritevoli di tutela secondo l'ordinamento giuridico*", come recita l'art. 1322 co. 2 c.c. e, per il caso delle P.A. purché però essi siano **strettamente funzionali alla realizzazione del fine pubblico perseguito dall'ente**. E', infatti, ormai principio pacifico che nel nostro ordinamento, la funzionalizzazione del ruolo del soggetto pubblico comporta che tutta l'attività privatistica della P.A., esplicata attraverso contratti tipici o atipici, presuppone che venga **rispettato il cd. vincolo di scopo**, ossia la strumentalità del contratto rispetto al fine pubblico che deve essere perseguito dall'ente.
Ciò detto, i principali contratti atipici stipulabili dalla P.A. sono: il **contratto di brokeraggio, i contratti di sponsorizzazione e di tesoreria, il contratto di leasing finanziario.**

2. Il contratto di brokeraggio

Il **contratto di brokeraggio** si instaura tra l'assicurando (che non si esclude possa essere una P.A.) e un professionista-imprenditore, per lo svolgimento di una **prestazione di contenuto misto**, in parte di consulenza e in parte di intermediazione **nel mercato assicurativo**, individuato all'art. 106, D.Lgs. 209/2005 (come modificato dal d.lgs. 68/2018), per il quale il professionista si impegna a svolgere un'**attività di distribuzione assicurativa e riassicurativa**, consistente nel proporre prodotti assicurativi e riassicurativi, nel prestare assistenza o consulenza, nel compiere altri atti preparatori relativi alla conclusione di tali contratti, nella conclusione di tali contratti, ovvero nella collaborazione alla gestione o all'esecuzione, segnatamente in caso di sinistri, dei contratti stipulati.
Si tratta, come pacificamente indicato da dottrina e giurisprudenza, di un **contratto oneroso**, essendo posta a carico della P.A., sotto forma di compenso indiretto – attraverso un caricamento nel premio assicurativo della provvigione del broker – la percentuale dovuta al broker per la sua attività di intermediazione; lo stesso è quindi assoggettato alle **regole pubblicistiche** dettate per l'affidamento degli appalti di servizi dal Codice dei contratti pubblici; allo stesso modo, guardando alla **natura dell'attività del broker**, essa è (altrettanto) pacificamente considerata di **carattere imprenditoriale**, come tale può essere inquadrata come oggetto di un **appalto di servizi** (di consulenza, mediazione ed assicurativo) e sottoposta alla relativa procedura di evidenza pubblica.

3. Il contratto di sponsorizzazione

Il **contratto di sponsorizzazione** è un particolare accordo, in base alla quale un soggetto, cosiddetto **sponsorizzato** o *sponsee*, assume, **normalmente dietro corrispettivo**, l'obbligo di associare a proprie attività il nome o il segno distintivo di altro soggetto, detto **sponsorizzatore** o *sponsor*, divulgandone così l'immagine o il marchio presso il pubblico. Perle sue caratteristiche, tale contratto è qualificato in dottrina e giurisprudenza come **atipico, consensuale, a titolo oneroso e a prestazioni corrispettive**.
Il **quadro normativo** di riferimento in materia di contratti di sponsorizzazione prevede chele Pubbliche

amministrazioni possano stipulare contratti di sponsorizzazione con soggetti privati, purché però sussistano i presupposti della **finalizzazione al perseguimento dell'interesse pubblico**, dell'**esclusione di conflitti di interessi** tra attività pubblica e privata e della realizzazione di un **risparmio di spesa**.
Guardando al **ruolo rivestito dalla pubblica amministrazione**, si distingue tra **due tipi di sponsorizzazione:**

- si avrà **sponsorizzazione passiva**, quando la P.A. è il soggetto sponsorizzato e lo sponsor pubblicizza la propria immagine o marchio attraverso l'attività dell'amministrazione, pagandole un corrispettivo o partecipando alle spese dell'iniziativa pubblica. In tale ipotesi, la P.A. ottiene un **vantaggio economico** quantificabile nel **risparmio di spesa**, conseguito attraverso il corrispettivo pagato dallo sponsor. Tale contratto, non essendo catalogabile tra i contratti passivi quanto piuttosto tra quelli attivi, in quanto comporta un vantaggio economico e patrimoniale direttamente quantificabile per la P.A., che realizza un risparmio di spesa, **resta fuori dalla disciplina comunitaria e nazionale sugli appalti pubblici**;
- si avrà **sponsorizzazione attiva**, invece, quando la P.A. riveste il ruolo dello *sponsor*, promuovendo un'attività o una persona ed ottenendone a vantaggio un **ritorno di immagine**. Anche in questo caso si esclude che possa imporsi all'amministrazione il ricorso a procedure concorsuali.

Quanto alla normativa di riferimento, l'art. 43, L. 449/1997 già consentiva alle pubbliche amministrazioni di stipulare contratti di sponsorizzazione ed accordi di collaborazione con soggetti privati ed associazioni, senza fini di lucro, al fine di favorire l'innovazione dell'organizzazione amministrativa e di realizzare maggiori economie, nonché una migliore qualità dei servizi prestati. In tale contesto, le iniziative da realizzare devono essere dirette al perseguimento di interessi pubblici, devono escludere forme di conflitto di interesse tra l'attività pubblica e quella privata e devono comportare risparmi di spesa rispetto agli stanziamenti disposti (ad esempio, rientrano tra le iniziative perseguibili quelle finalizzate a favorire l'assorbimento delle emissioni di anidride carbonica dall'atmosfera). Con l'entrata in vigore del **d.lgs. n. 50/2016**, il contratto di sponsorizzazione non ha mutato il suo carattere di contratto atipico, tuttavia, **l'art. 19** lo ha espressamente preso in considerazione, sancendo che l'affidamento di contratti di sponsorizzazione di lavori, servizi o forniture per importi superiori **a quarantamila euro**, mediante dazione di danaro o accollo del debito, o altre modalità di assunzione del pagamento dei corrispettivi dovuti, è soggetto esclusivamente alla **previa pubblicazione sul sito internet della stazione appaltante di apposito avviso**. Trascorso il periodo di pubblicazione, il contratto può essere liberamente negoziato, purché nel rispetto dei principi di imparzialità e di parità di trattamento fra gli operatori che abbiano manifestato interesse, fermo restando il rispetto dell'articolo 80. Nel caso in cui lo *sponsor* invece intenda realizzare i lavori, prestare i servizi o le forniture direttamente a sua cura e spese, impone di verificare il possesso dei requisiti degli esecutori alla stregua dei principi e dei limiti europei in materia. In tal caso non trovano applicazione le disposizioni nazionali e regionali in materia di contratti pubblici ad eccezione di quelle sulla qualificazione dei progettisti e degli esecutori.
La disciplina prevista dall'art. 19 è estesa dall'art. 151, d.lgs. n. 50 del 2016 ancheai contratti di **sponsorizzazione in materia di beni culturali**. Medesima disposizione si ritrova oggi nel **nuovo Codice del 2023**, che all'**art. 134**, si occupa della collaborazione tra pubblico e privato nello svolgimento di attività finalizzate alla **tutela e alla valorizzazione dei beni culturali**, di regola svolte nelle forme della sponsorizzazione e del partenariato e nella formulazione proposta, queste forme di collaborazione vengono ricondotte dal co. 1, tramite rinvio alla disciplina comune, all'ampia categoria dei **contratti gratuiti** recepita nel codice (art. 8, co. 1).

4. Il contratto di tesoreria

Il **servizio di tesoreria**, definito dall'art. 209 d.lgs. n. 267/2000 è dato dal **complesso di operazioni legate alla gestione finanziaria dell'ente locale** e finalizzate, in particolare, alla riscossione delle entrate, al pagamento delle spese, alla custodia di titoli e valori ed agli adempimenti connessi.
Per quanto attiene all'affidamento del servizio di tesoreria, questo viene effettuato mediante le **procedure ad evidenza pubblica** stabilite nel regolamento di contabilità di ciascun ente, con modalità che rispettino i princìpi della concorrenza; ciò anche in considerazione delle peculiarità e della delicatezza delle funzioni del Tesoriere, che è un **agente contabile esterno**, tenuto a rendere il conto

giudiziale inerente alla propria gestione.
Nel silenzio del legislatore, **natura giuridica** e conseguente disciplina applicabile a tale tipologia di contratti sono state enucleate dalla giurisprudenza che, nella vigenza del vecchio Codice dei contratti del 2006, ha qualificato l'affidamento del servizio di tesoreria come una **concessione di servizi**, assoggettata alla disciplina del Codice dei contratti pubblici solo nei limiti specificati dall'art. 30 ossia nel rispetto dei soli principi soli principi desumibili dal Trattato e dalla normativa generale in materia di contratti pubblici.
Anche nella vigenza del codice del 2016, il contratto *de quo* ha continuato ad essere qualificato come **concessione di servizi,** "*in quanto il sottostante contratto è gratuito, nulla l'amministrazione essendo tenuta a corrispondere quale corrispettivo delle prestazioni rese dal tesoriere. Gli istituti bancari, normalmente, partecipano alle gare per l'aggiudicazione dei servizi di tesoreria, non per trarre benefici direttamente dalla gestione del servizio di tesoreria, quanto piuttosto per ampliare la propria clientela, per sviluppare i propri servizi e la propria attività nelle aree in cui si svolge il servizio stesso e per le conseguenti ricadute positive in termini pubblicitari e di immagini, ciò traducendosi, ancorché in via mediata ed indiretta, in indubbi benefici strutturali, oltre che di natura economica, questi ultimi derivanti dalla gestione dei flussi finanziari dell'ente*" (T.A.R. Campania sez. I - Salerno, 04/12/2017, n. 1700). Si ricorda tuttavia, che altra parte della giurisprudenza ha riqualificato l'affidamento in questione anche come **appalto di servizi** nell'ipotesi in cui sia previsto un compenso diretto della stazione appaltante verso chi svolge il servizio di tesoreria e non sia previsto il coinvolgimento di soggetti terzi (gli utenti); nel qual caso il sistema di gara non può essere più inquadrato nella concessione ma deve essere qualificato come autentico appalto di servizi.

5. Il leasing pubblico

Il **leasing** o **locazione finanziaria** è il contratto con il quale una parte, dietro corrispettivo di un canone periodico determinato in relazione al recupero del prezzo ed al conseguimento di un utile, concede il godimento di un bene all'altra, con facoltà di questa, alla scadenza del termine fissato, di restituirlo o di acquistarlo per una specificata somma residua. Si suole distinguere tra **leasing operativo**, in cui si realizza un'operazione bilaterale, venendo a coincidere nello stesso soggetto le figure di produttore e locatore e **leasing finanziario**, in cui si attua, invece, un rapporto trilaterale, essendo coinvolte, oltre al soggetto utilizzatore, l'impresa venditrice del bene e la società di leasing, che, dopo aver acquistato il bene da quest'ultima, lo concede in godimento all'utilizzatore.
Quando si parla di ***leasing* pubblico** in realtà non si discute di una *species* diversa rispetto all'ordinario **contratto di *leasing***, risultando il termine "pubblico" conseguenza della circostanza che il contratto in questione è applicato da una pubblica amministrazione, ei confronti della quale, tuttavia, la sfera applicativa del contratto di *leasing* risulta più ristretta rispetto a quanto si registra nell'attività imprenditoriale privata, essendo limitata alla fattispecie di ***leasing* finanziario**. La sua applicazione, inoltre, risulta ulteriormente circoscritta nella prassi ai **beni immobili**, riguardando prevalentemente opere pubbliche da realizzare ed integrando così la figura del cd. ***leasing in costruendo***, che si ha quando la società di *leasing* costruisce l'opera pubblica e contestualmente l'affitta, concedendo alla Pubblica amministrazione, che quindi assume la veste di locataria-utilizzatrice, la facoltà di riscattare, al termine della locazione, il bene fatto costruire.
Ammessa la possibilità per la P.A. di stipulare un contratto di *leasing*, la relativa procedura per la scelta del contraente dovrà essere organizzata come **procedura ad evidenza pubblica**, posto che il Codice dei contratti pubblici ha ricondotto alla nozione di "**appalti pubblici**" quelli "*aventi ad oggetto l'acquisto, la locazione finanziaria, la locazione o l'acquisto a riscatto, con o senza opzione per l'acquisto, di prodotti*".
Anche in **nuovo Codice del 2023** ha riconosciuto espressamente la locazione finanziaria, cui è dedicato l'**art. 196** prevede, infatti, che (co. 1) "*per finanziare la realizzazione, l'acquisizione e il completamento di opere pubbliche o di pubblica utilità gli enti concedenti possono stipulare contratti di locazione finanziaria (leasing)*, con ciò confermando che la stipulazione di un contratto di *leasing* può perseguire lo scopo di reperire il finanziamento **non solo per la realizzazione** (c.d. *leasing in costruendo*) **ma anche per l'acquisizione ovvero il completamento di opere già esistenti** che assumono la qualificazione di opere pubbliche o di pubblica utilità. Per come si legge nella Relazione illustrativa, il contratto in esame ha, infatti, la sua ragione economico-sociale nell'**obiettivo di realizzare lavori pubblici avvalendosi della possibile sinergia tra un soggetto costruttore e un soggetto finanziatore**". In conformità alle suddette finalità,

il co. 2 reca la definizione del contratto di locazione finanziaria, che è quell'accordo mediate il quale "*la società di locazione finanziaria acquista da un operatore economico un bene esistente o da realizzare e lo cede in godimento, per un determinato periodo di tempo, alla pubblica amministrazione a fronte del pagamento di un canone periodico fisso e comprensivo di eventuali servizi accessori*".
Se lo schema di contratto prevede il trasferimento del rischio operativo, ai sensi dell'art. 177, si applicano, per quanto non previsto, le norme sulle **concessioni e sugli altri contratti di partenariato pubblico-privato**; la corretta allocazione dei rischi, infatti, è un elemento cruciale del *leasing* immobiliare *in costruendo* sia sotto il profilo della qualificazione dell'operazione come partenariato pubblico-privato sia per assicurare l'esecuzione e la fruizione dell'opera nei tempi e secondo le modalità pattuite. Il contratto dovrà disciplinare, pertanto, in maniera espressa detto profilo. Diversamente trovano applicazione le disposizioni sugli **appalti**. Si conferma, altresì, la necessità che per l'aggiudicazione del contratto di locazione finanziaria l'ente concedente debba porre a base di gara almeno un **progetto di fattibilità**, comprensivo del piano finanziario. L'aggiudicatario predispone i successivi livelli progettuali ed esegue l'opera". Ai sensi del comma 10 del citato art. 196, "*il contratto prevede la facoltà di riscatto anticipato*".
Una peculiare disposizione è quella contenuta al co 6. dell'art. 196, ove per agevolare e incentivare il contratto di locazione finanziaria, è stata inserita una più precisa formulazione della disciplina delle sostituzioni per inadempimento o apertura della liquidazione giudiziale, stabilendo che il dissenso dell'ente concedente può essere motivato solo con riferimento alla non idoneità o mancanza di qualificazione del soggetto indicato in sostituzione, e quindi solo per ragioni obiettive, concretamente verificabili.
Quanto al regime da applicare all'opera oggetto della locazione finanziaria, viene ribadito che essa segue il regime di **opera pubblica a tutti gli effetti** (cioè **a fini "*urbanistici, edilizi ed espropriativi*"**); ciò per evitare che l'opera rimanga in capo ad un soggetto privato che, alla scadenza del contratto ed in assenza di riscatto, possa poi liberamente disporne, specie se i canoni già pagati coprano quasi integralmente il valore delle opere. Ovviamente in questi casi, il canone di *leasing* andrà modulato in maniera adeguata alla natura e alla funzione del bene, e alla necessità del suo riscatto al termine del periodo di locazione. In alternativa, è possibile che la stazione appaltante individui *ex ante* un'area di sua proprietà ovvero un'area da sottoporre ad esproprio, sulla quale far costruire l'opera, prevedendo la successiva costituzione del diritto di superficie in favore dell'aggiudicatario.
Quanto alla **facoltà di riscatto** è, infine, previsto (co. 10) che il contratto debba prevedere l'esercizio della **facoltà di riscatto anticipato**, in tal modo, risultando meglio garantiti gli interessi pubblici connessi al contratto di locazione finanziaria.

Sezione VI
Elementi di diritto processuale civile

SOMMARIO

Capitolo 1
Principi e disposizioni generali

SOMMARIO:

Sezione I ▶ L'attività giurisdizionale civile

1. La giurisdizione civile: definizione caratteri e tipi

La giurisdizione civile è una *parte* (o *porzione*) della giurisdizione ordinaria. Quest'ultima costituisce, insieme alle giurisdizioni speciali, il **potere giurisdizionale** generale, inteso quale potere dello Stato distinto dal potere legislativo e dal potere esecutivo, esercitato dai **giudici ordinari** (art. 1 c.p.c.) e precisamente:
- il giudice di pace,
- il tribunale ordinario,
- la corte d'appello,
- la corte suprema di cassazione.

I giudici ordinari esercitano non solo la giurisdizione civile ma l'intera funzione giurisdizionale generale (art. 102, comma 1, Cost.), non essendo di norma consentita l'istituzione di **giudici straordinari** o **speciali** (art. 102, comma 2, primo periodo, Cost.).
Peraltro, come si vedrà più ampiamente nel corso del presente capitolo, la stessa Costituzione ammette, entro certi limiti, la presenza di **giudici speciali** (art. 103 Cost.; VI disp. trans. e fin.).

2. La definizione dell'attività giurisdizionale civile dal punto di vista funzionale

Dal punto di vista funzionale, l'attività giurisdizionale civile può essere definita come l'**attività strumentale alla tutela in via secondaria o sostitutiva dei diritti soggettivi** (resa attraverso provvedimenti giudiziari) **in ipotesi di insufficienza della tutela primaria** (posta dalle norme sostanziali).
Tale definizione si desume dal codice civile (l'art. 2907 c.c. stabilisce che *"alla tutela giurisdizionale dei diritti provvede l'autorità giudiziaria ordinaria"*) e trova fondamento nella Costituzione, il cui art. 24, primo comma, dispone che *"tutti possono agire in giudizio per la tutela dei propri diritti ed interessi legittimi"*.

▶ 2.1. Le modalità funzionali della tutela giurisdizionale civile

Il presupposto della tutela giurisdizionale civile è l'**insufficienza** della norma sostanziale a proteggere autonomamente il diritto soggettivo da essa riconosciuto. A seconda dei presupposti che la fondano, si distinguono **tre** modalità funzionali di tutela giurisdizionale civile.
- **Funzione costitutiva**: presuppone, in capo al soggetto attivo, la titolarità di un **diritto potestativo**, ossia di un diritto a realizzare modificazioni giuridiche in senso ampio (costituzione, modificazione o estinzione di situazioni giuridiche). Il provvedimento giudiziale, dunque, si qualifica come **costitutivo** e può essere alternativamente: a) come **necessario** quando il provvedimento del giudice costituisce il mezzo obbligato attraverso il quale quelle modificazioni possono essere realizzate (ad es. art. 1441 c.c.); ovvero **non necessario**, quando l'effetto costitutivo avrebbe potuto essere raggiunto senza l'intervento giurisdizionale (ad es. art. 2932 c.c.). La funzione costitutiva è attuabile *nei soli casi espressamente previsti dalla legge* (art. 2908 c.c.).
- **Funzione di mero accertamento**: presuppone, in capo al soggetto attivo, la titolarità di un diritto soggettivo non rientrante nel novero dei diritti potestativi, sia che si tratti di un **diritto assoluto** (es.: diritto di proprietà) sia che si tratti di un **diritto relativo** (es.: diritto di credito). La tutela giurisdizionale serve, in questo caso, non già a reintegrare l'ordinamento violato ma a rimuovere la situazione di *obiettiva incertezza* circa la sussistenza del diritto.
- **Funzione di condanna**: presupposto fondamentale di questa modalità di tutela giurisdizionale non è soltanto la titolarità, in capo al soggetto attivo, di un **diritto soggettivo** (assoluto o

relativo) non rientrante nel novero dei diritti potestativi, ma anche l'avvenuta **lesione** di tale diritto da parte del soggetto passivo. In tal caso il titolare può ricorrere al giudice per chiedere non solo l'accertamento (mero) della sussistenza del suo diritto, ma anche un *quid pluris* consistente nella sua **reintegrazione** ad opera del soggetto passivo.

L'attività di condanna, che è un'attività di cognizione, sovente è seguita dall'attività di esecuzione forzata che si rende necessaria quando il condannato non esegue spontaneamente il provvedimento del giudice.
La condanna in alcuni casi può essere:
- **generica** (art. 278 c.p.c.) quando, essendo stata raggiunta la prova sull'esistenza del diritto ma non ancora sulla quantità della prestazione dovuta, il giudice emana una sentenza limitata all'accertamento del diritto, riservando ad una seconda e successiva fase processuale la determinazione della quantità della prestazione;
- **in futuro**, che ricorre unicamente quando prevista dal legislatore(ad es. nella pronuncia di licenza per finita locazione intimata prima della scadenza del contratto *ex* art. 657 c.p.c. per il pagamento dei canoni che scadranno dopo la proposizione della domanda);
- **con riserva**, che ricorre quando eccezionalmente la legge consente al giudice di pronunciare una condanna rinviando l'esame delle eccezioni ad un secondo momento (ad es. l'eccezione di compensazione *ex* art. 35 c.p.c., il giudice della domanda principale, non essendo competente per valore anche per l'eccezione di compensazione, si pronuncia sulla domanda attorea e rimette le parti al giudice competente per la decisione sulla compensazione.

3. La definizione dell'attività giurisdizionale civile dal punto di vista strutturale

La funzione generale della giurisdizione civile si esplica attraverso *diversi tipi di attività*, le quali sono tutte coordinate al raggiungimento dell'obiettivo finale, consistente nella tutela del diritto soggettivo azionato.
La prima di queste attività è l'**attività di cognizione** (Libro Secondo c.p.c.) che si sostanzia in un'attività finalizzata all'accertamento dei fatti di causa allegati dalle parti, all'interpretazione delle norme pertinenti alla situazione concreta e alla successiva enunciazione della *regola specifica* destinata ad integrare la regola generica posta dalla norma giuridica, accogliendo la domanda di tutela del diritto o rigettandola.
L'**attività di esecuzione** (Libro Terzo c.p.c.), è invece strumentale all'*attuazione coattiva del titolo esecutivo* (giudiziale o stragiudiziale) mediante l'ausilio dell'organizzazione giudiziaria (giudice e ufficiale giudiziario). detta attività viene esperita quando vi è certezza sui diritti e sugli obblighi, ma non vi è esecuzione spontanea da parte del debitore della prestazione.
L'attività cautelare (Libro Quarto c.p.c.), volta ad ovviare al pericolo che durante il tempo necessario per fare valere ordinariamente il diritto, questo possa essere irrimediabilmente compromesso.
In particolare, al ricorrere dei presupposti previsti dal legislatore - *fumus boni iuris* e *periculum in mora* - il giudice può concedere un provvedimento di carattere provvisorio per salvaguardare la fruttuosità della azione già proposta o da proporre (**misura cautelare conservativa**) o in grado di anticipare gli effetti della decisione di merito (**misura cautelare anticipatoria**).
L'attività cautelare non ha, dunque, una funzione autonoma ma ha una funzione **strumentale** rispetto a quella della cognizione e dell'esecuzione.

4. La giurisdizione volontaria

Dall'attività giurisdizionale civile in senso proprio quale attività strumentale alla tutela dei diritti soggettivi, si distingue nettamente la **giurisdizione c.d. volontaria**, nella quale il provvedimento giudiziale, invocato per la realizzazione (non di diritti ma) di **interessi** di una o anche di più persone **tra le quali non vi è controversia** (*jurisdictio inter volentes*), produce **effetti costitutivi** di una specifica **situazione giuridica**. Tale situazione può consistere in uno ***status*** (ad es., le sentenze dichiarative di assenza) o in un **potere** (ad es., i decreti di autorizzazione del giudice tutelare), oppure produce **effetti costitutivi o modificativi di un determinato rapporto giuridico** (ad es., il decreto per l'iscrizione nel registro delle imprese), o, ancora, produce **effetti estintivi di un precedente rapporto** (ad es., l'omologazione della separazione consensuale tra coniugi).

5. La giurisdizione oggettiva

Si qualificano di "**giurisdizione oggettiva**" quei procedimenti che si caratterizzano per la maggiore incisività dei poteri attribuiti al giudice, tanto da condurre ad un'attenuazione della portata applicativa del principio dispositivo inteso sia in senso formale sia – soprattutto- in senso materiale. Proprio in considerazione delle peculiarità strutturali che caratterizzano questo genere di procedimenti si usa qualificarli come "processi inquisitori ad impulso di parte" in quanto, sebbene di norma la domanda venga introdotta dalla parte, ivi incluso il P.M., al giudice sono attribuiti consistenti poteri di intervento (es. attenuazione del principio dell'impulso di parte all'attività processuale; attribuzione al giudice del potere di prendere iniziative di natura probatoria).
Rientrano nell'alveo della giurisdizione oggettiva procedimenti speciali, quale quello di interdizione, di inabilitazione, di assenza, di morte presunta, di querela di falso.

6. I limiti della giurisdizione civile

Individuata la nozione di giurisdizione civile come potere esercitato dai giuridici ordinari volto alla tutela dei diritti, occorre anche individuare i **limiti** di essa. Tali limiti vanno considerati: 1) con riguardo ai **giudici stranieri**; 2) con riguardo a giudici dello Stato diversi dai giudici ordinari (i **giudici speciali**); 3) con riguardo ad **altri organi dello Stato di natura non giurisdizionale** (la pubblica amministrazione).

▶ 6.1. I limiti derivanti dalla giurisdizione dei giudici stranieri

In via **generale**, il criterio di collegamento utilizzato dal legislatore è quello del **domicilio** o della **residenza** (art. 3, comma 1, L. n. 218/1995): ai fini della sussistenza della giurisdizione italiana, dunque, assume rilevanza la circostanza che il convenuto abbia il domicilio o la residenza in Italia o che comunque vi abbia un rappresentante autorizzato a stare in giudizio (art. 77, comma 2, c.p.c.); inoltre, la giurisdizione italiana sussiste, in applicazione dei criteri stabiliti dalla Convenzione di Bruxelles del 27 settembre 1968 (oggi sostituita, con riferimento agli Stati Membri dell'Unione Europea dal **regolamento UE 1215/2012**), concernente la competenza giurisdizionale e l'esecuzione delle decisioni in materia civile e commerciale, anche in mancanza dei predetti criteri di collegamento, infine, la giurisdizione italiana sussiste se sia stata **convenzionalmente accettata** o se il convenuto compaia nel processo senza eccepire il difetto di giurisdizione nel primo atto difensivo (art. 4, comma 1, L. n. 218/1995).
Specularmente, la giurisdizione del giudice italiano può essere derogata in favore del giudice straniero, purché (art. 4, commi 2 e 3, L. n. 218/1995):

- vi sia prova scritta della deroga;
- la controversia riguardi diritti disponibili;
- il giudice straniero non abbia declinato la giurisdizione e possa conoscere la causa

▶ 6.2. I limiti derivanti dalla giurisdizione dei giudici speciali e dalle attribuzioni della pubblica amministrazione

I giudici ordinari sono i titolari non solo della giurisdizione civile, ma della funzione giurisdizionale in generale, non essendo di norma consentita l'istituzione di giudici straordinari o speciali, ma soltanto

l'istituzione di sezioni specializzate per determinate materie presso gli stessi organi giudiziari ordinari (art. 102 Cost.).
Questa regola generale trova tuttavia un limite nelle stesse ulteriori disposizioni della Costituzione, la quale, da un lato, prevede la conservazione dei giudici speciali preesistenti, ancorché con la necessità di procedere alla loro **revisione** (VI disp. trans. e fin.) e, dall'altro lato, provvede direttamente all'individuazione della giurisdizione di taluni specifici giudici speciali, identificati nel **Consiglio di Stato e negli altri organi di giustizia amministrativa**, nella **Corte dei Conti** e nei **tribunali militari** (art. 103 Cost.).

A) Rapporti tra giurisdizione ordinaria e giurisdizione amministrativa
I confini tra la giurisdizione ordinaria e quella amministrativa sono già tracciati dalla stessa Costituzione, secondo la quale i giudici amministrativi *"hanno giurisdizione per la tutela nei confronti della pubblica amministrazione degli interessi legittimi e, in particolari materie indicate dalla legge, anche dei diritti soggettivi"* (art. 103, comma 1, Cost.).
Dunque, la linea di demarcazione tra le due giurisdizioni risiede, in via di principio, nella natura della situazione giuridica soggettiva di cui si invoca la tutela (criterio del ***petitum* sostanziale**, per cui diritto soggettivo=giurisdizione giudice ordinario; interesse legittimo=giurisdizione giudice amministrativo), tranne che per specifiche materie, nelle quali si prescinde da tale natura e l'attribuzione della giurisdizione viene effettuata dalla legge **in via esclusiva** (ad es., la materia del pubblico impiego, salvo determinate eccezioni, per il giudice ordinario; la materia urbanistica ed edilizia, per il giudice amministrativo).

B) Rapporti tra i giudici ordinari e gli altri giudici speciali
Oltre ai giudici amministrativi (Tribunali Amministrativi Regionali e Consiglio di Stato, quali giudici, rispettivamente, di primo e secondo grado), l'ordinamento processuale conosce ulteriori giudici speciali, cui è attribuita la giurisdizione in relazione a **specifiche materie**, così integrandosi ulteriori limiti alla giurisdizione civile ordinaria. Questi giudici speciali sono:

- la **Corte dei Conti**, la quale ha giurisdizione in materia di **contabilità pubblica** nonché in materia di **pensioni** civili, militari e di guerra (art. 103 Cost.);
- il **Tribunale superiore delle acque pubbliche**, il quale ha giurisdizione sulle impugnative dei **provvedimenti amministrativi in materia di acque pubbliche** (R.D. 11 dicembre 1933, n. 1775 e successive modificazioni);
- i **Commissari per la liquidazione degli usi civici**, i quali hanno giurisdizione sulle controversie relative all'accertamento e alla liquidazione degli usi civici (legge 16 giugno 1927, n. 1766 e successive modificazioni);
- le **Corti di Giustizia Tributaria di primo e secondo grado**, le quali hanno giurisdizione sulle controversie aventi ad oggetto tributi (d.lgs. 31 dicembre 1992, n. 546 e successive modificazioni);
- la **Corte Costituzionale**, la cui giurisdizione (che non è limitata alle controversie relative alla *legittimità costituzionale delle leggi e degli atti aventi forza di legge*, ma involge altresì i *conflitti di attribuzione* tra i poteri dello Stato, tra lo Stato e regioni e tra le regioni, nonché i giudizi sulle *accuse promosse contro il Presidente della Repubblica* a norma della Costituzione e, infine, i *giudizi sull'ammissibilità del referendum abrogativo*) si differenzia nettamente da quella di tutti gli altri giudici speciali, anche se, sotto il profilo classificatorio, anche esso rientra nella categoria.

Dai giudici speciali vanno distinte le **Sezioni specializzate**, le quali, sotto il profilo *strutturale*, non sono organi giudiziari autonomi ma **articolazioni degli organi giudiziari ordinari**, caratterizzate da una peculiare composizione (magistrati togati e laici) e deputate alla trattazione di **particolari materie**. Tra le altre, si menzionano qui le **Sezioni specializzate agrarie**, i **Tribunali per i minorenni**, le **Sezioni speciali per i minorenni** delle Corti di Appello e le **Sezioni specializzate in materia di impresa**.

C) I limiti della giurisdizione in relazione alle attribuzioni della pubblica amministrazione
L'ambito della giurisdizione dei giudici ordinari è limitato anche dalle attribuzioni della pubblica amministrazione (c.d. **conflitto di attribuzione**).

Sezione II ▶ Il diritto processuale civile: fonti di regolazione e principi generali

1. Il diritto processuale civile: nozione

Il **diritto processuale civile** è l'insieme ordinato delle **norme processuali civili**.
Le **norme processuali** (o **formali**) sono quelle norme che, a differenza delle **norme sostanziali** (o **materiali**), non si occupano di regolare *direttamente* e *in via primaria* le relazioni tra i soggetti giuridici, ma predispongono uno strumento (il processo) per regolare quelle relazioni *in via secondaria* e *sostitutiva* (attraverso l'esercizio dell'attività giurisdizionale) allorché la regola primaria sia stata violata o sia comunque di per sé insufficiente.
Le **norme processuali civili,** quindi, sono quelle norme processuali che attendono alla predisposizione del **processo civile**, attraverso la disciplina del complesso ordinato degli **atti** e delle **attività** in cui esso si svolge, e dei loro *presupposti*, del loro *contenuto* e dei loro *effetti*.

2. Le fonti del diritto processuale civile ed i principi fondamentali: A) la costituzione, B) le fonti sovranazionali e C) la legge

A) La Costituzione non contiene norme processuali civili in senso stretto; ciò nonostante, stabilisce taluni fondamentali principi sia sul diritto dei privati alla **difesa in giudizio** e al **contraddittorio**, sia sulle modalità con cui lo Stato deve assicurare l'**esercizio della funzione giurisdizionale**.

B) Il diritto processuale civile è influenzato anche dalle fonti sovranazionali, tra le quali ha assunto particolare rilevanza la **Convenzione Europea per la salvaguardia dei Diritti Umani e delle libertà fondamentali (Convenzione EDU)**.
Nella specie, l'art. 6, paragrafo 1, prevede il **diritto ad un processo equo**, che si specifica:

- ***a.*** nel **diritto al contraddittorio**;
- ***b.*** nel **diritto al rispetto del termine ragionevole** entro il quale il processo deve celebrarsi e concludersi.

C) Principalmente però il processo civile è regolato dalla legge ordinaria, vale a dire dal codice di procedura civile approvato con R.D. 28 ottobre 1940, n. 1443 ed è entrato in vigore il 21 aprile 1942. Esso è diviso in 4 libri:

- **il libro I (Disposizioni generali: artt. 1-162)** contiene la disciplina dei principi e delle disposizioni generali che regolano l'attività giurisdizionale civile e il processo civile;
- **il libro II (Il processo di cognizione: artt. 163-473-*ter*)** contiene la disciplina organica del processo ordinario di cognizione, nei due gradi di merito e in quello di legittimità, oltre alla regolazione dei mezzi di impugnazione ordinari e straordinari e del processo del lavoro;
- **il libro III (Il processo di esecuzione: artt. 474-632)** contiene la disciplina dell'esecuzione forzata e delle opposizioni esecutive;
- **il libro IV (I procedimenti speciali: artt. 633-840-*sexiesdecies*)** contiene la disciplina dei più importanti e tradizionali procedimenti speciali, nonché dell'arbitrato.

I criteri ispiratori del processo civile si identificano nei principi dell'**oralità**, dell'**immediatezza** e della **concentrazione**.
L'attuale impianto processual civilistico è stato riformato dal D.Lgs. n. 149/2022 applicabile ai procedimenti pendenti dopo il 28 febbraio 2023.

C1) Numerose norme processuali sono contenute in altri codici, pur deputati alla disciplina del

diritto sostanziale. In particolare:
- il **codice civile** contiene norme processuali soprattutto nel Libro VI (*Della tutela dei diritti*: artt. 2643-2969), ma anche negli altri Libri (in particolare, nel Libro I, *Delle persone e della famiglia*, è contenuta parte significativa della disciplina di diversi procedimenti speciali, che integra quella prevista dal codice di procedura civile: ad es., in materia di interdizione e inabilitazione, artt. 414 e ss.);
- il **codice della navigazione**, approvato con R.D. 30 marzo 1942, n. 327, contiene un intero libro (il Libro IV) dedicato alle *"Disposizioni processuali"*.

C2) Numerose sono, infine, le **leggi speciali** che contengono norme processuali di settore, completando l'ordinamento processuale civile nel suo complesso (es. le leggi sulla **cambiale** e sull'**assegno**; la legge **fallimentare**; la legge sul **divorzio**).

3. L'efficacia della legge processuale

A) L'efficacia della legge processuale nello spazio
L'efficacia della legge processuale nello spazio è di norma disciplinata dalla regola della ***lex fori***, che costituisce un principio generale di diritto internazionale privato, secondo cui **il processo è regolato dalla legge dello Stato in cui esso si svolge** (Convenzione di Lugano del 16 settembre 1988; art. 12, L n. 218/1995).

B) L'efficacia della legge processuale nel tempo
Ogni atto processuale è di norma regolato dalla legge in vigore al tempo in cui esso viene posto in essere (principio del ***tempus regit actum***), trovando applicazione anche nell'ordinamento processuale l'art. 11, comma 1, disp. prel. c.c. (cc.dd. "*preleggi*").
Per evitare un indebito pregiudizio ai diritti e alle facoltà delle parti, di solito il legislatore usa accompagnare ogni riforma processuale con una specifica **disciplina transitoria**, stabilendo, in deroga al principio del *tempus regit actum*, il *dies a quo* dell'applicazione delle nuove norme processuali.

4. I principi di rango costituzionale

In considerazione della finalità pubblica dell'attività giurisdizionale, quale strumento di tutela dei diritti, la Costituzione pone diversi principi volti ad assicurarne l'equità e l'imparzialità del processo.
- **Diritto di azione e di difesa** (art. 24, commi 1 e 2, Cost.): il diritto fondamentale alla tutela giurisdizionale e, nell'ambito di questa, alla tutela giurisdizionale civile quale tutela dei diritti soggettivi. Al *diritto di agire* in giudizio fa da contraltare il *diritto di resistere* nell'ambito del processo tramite il diritto di non difendersi (rimanendo *contumaci*), di opporre "mere" *difese*, di sollevare *eccezioni* e di proporre *domande riconvenzionali*.
- **Patrocinio a spese dello Stato** (art. 24, comma 3, Cost.): il diritto di azione e di difesa dei soggetti economicamente deboli è altresì assicurato ponendo a carico dello Stato i costi del difensore dei *cittadini meno abbienti* (artt. 74 e ss. D.P.R. 30 maggio 2002, n. 115).
- **Principio del giudice naturale** (art. 25 Cost.): pone una *riserva assoluta* di legge rinforzata nella individuazione del giudice competente a conoscere la causa *prima* che questa sia iniziata, volta ad assicurare la terzietà e l'imparzialità del giudizio.
- **Principio dell'indipendenza del giudice** (art. 101 Cost.): anch'esso volto ad assicurare la terzietà e l'imparzialità del giudizio, sottoponendo il giudice esclusivamente alla legge e mettendolo, così, al riparo da eventuali interferenze del potere esecutivo.
- **Unicità della giurisdizione** (art. 102 Cost.): la funzione giurisdizionale deve essere esercitata *da magistrati ordinari* istituiti e regolati dalle norme sull'ordinamento giudiziario

e non possono essere istituiti *giudici straordinari* o *giudici speciali* ma possono soltanto istituirsi, presso gli organi giudiziari ordinari, *sezioni specializzate* per determinate materie

- **Principio del giusto processo** (art. 111 Cost.): pone una *riserva assoluta* di legge nella determinazione delle norme processuali che garantiscano l'effettività della tutela giurisdizionale anche tramite specifiche disposizioni che assicurino la decisione in tempi ragionevoli (comma 2). Sono corollari del giusto processo civile il principio del contraddittorio (comma 2), l'obbligo di motivazione dei provvedimenti giurisdizionali (comma 6), la ricorribilità per cassazione delle sentenze pronunciate dal giudice (comma 7)

▶ 4.1. I principi previsti dalla legge

A differenza dei principi anzidetti , gli altri requisiti strutturali dell'attività di cognizione non trovano fondamento diretto nella Costituzione ma sono previsti dalla legge: la conseguenza è che solo i primi costituiscono elementi indefettibili di ogni tipo di attività giurisdizionale, mentre gli altri, pur essendo normalmente presenti, possono anche mancare.

1. **Principio del giudicato** (art. 2909 c.c., 324 c.p.c.): volto garantire la certezza delle statuizioni giurisdizionali e la certezza dei rapporti giuridici. La *cosa giudicata* consiste nell'incontrovertibilità della regola specifica enunciata dal giudice in relazione alla fattispecie concreta, la quale non può formare oggetto di un nuovo esame, finché rimanga invariata. Essa rende *immutabili* anche le conseguenze o le premesse immediatamente e direttamente correlate alla pronuncia. In particolare, si distinguono:
   - la "*cosa giudicata sostanziale*" che allude alla prerogativa di ogni provvedimento definitivo di cristallizzare l'accertamento in esso contenuto tra le parti, i loro eredi o aventi causa (art. 2909 c.c.) e "*cosa giudicata in senso formale*" secondo cui la pronuncia diviene definitiva e "passa in giudicato" una volta decorsi infruttuosamente i termini per ricorrere ai mezzi ordinari di impugnazione o una volta esauriti i *gradi di giudizio* (art. 324 c.p.c.);
   - il limite *soggettivo* del giudicato, ossia l'inefficacia della sentenza nei confronti di chi – ad eccezione del contumace – di chi è rimasto estraneo al giudizio, dal limite *oggettivo* del giudicato, in virtù del quale sono cosa giudicata unicamente le questioni affrontate – anche implicitamente – per risolvere la controversia e non quelle trattate *incidenter tantum*.
2. **Principio della domanda** (art. 99 c.p.c.): secondo cui, chi vuole fare valere un diritto in giudizio, deve proporre domanda al giudice competente. In altri termini, in linea generale la tutela giurisdizionale al verificarsi dei suoi presupposti *è rimessa interamente alla volontà della parte interessata* e non può essere attivata officiosamente dal giudice. Tra le *eccezioni di rilievo* si segnalano quelle previste dalla legge fallimentare (art. 6, R.D. n. 267/1942, n. 267) ed in materia di volontaria giurisdizione (art 336 c.c.) e consistono nel riconoscimento di poteri di iniziativa d'ufficio al giudice volti alla tutela degli interessi pubblici immanenti a tali procedure.
3. **Principio dell'impulso di parte**: la disponibilità del processo civile è in linea generale lasciata alle parti che, pertanto, dovranno confermare la loro volontà di addivenire a una decisione nel corso del procedimento tramite il loro comportamento processuale, in mancanza ciò determinerà l'estinzione del processo (art. 310 c.p.c.). A tal fine le parti:
   - hanno l'*onere di costituirsi in giudizio e di partecipare alle udienze*, così confermando il loro interesse alla pronuncia da parte del giudice (artt. 181, 307, 309, 630, 631 c.p.c.);
   - possono *rinunciare agli atti del giudizio*, dietro domanda dell'attore e accettazione delle altre parti costituite (artt. 306, 629 c.p.c.);
   - hanno l'*onere di riassumere il giudizio* entro il termine assegnato dal giudice o previsto dalla legge quando un evento ne abbia determinato l'arresto, quali, ad esempio, la dichiarazione di incompetenza del giudice adito (art. 50 c.p.c.) o l'interruzione del giudizio per morte di una delle parti (art. 299, 300 c.p.c.).
4. **Principio dispositivo** (art. 115 c.p.c.): in base al quale il giudice per accertare la sussistenza dei fatti allegati dalle parti può di regola utilizzare *soltanto le prove indicate dalle parti medesime*, non potendo avvalersi di strumenti di prova disposti d'ufficio. Tra le eccezioni a detto principio si segnalano i *fatti notori*, ossia le nozioni di fatto desunte dalla comune

esperienza che sono entrate a far parte della cultura media della collettività. Non rientrano in esse le nozioni di natura tecnica e le conoscenze personali del giudice (c.d. *scienza privata*), né i fatti non espressamente contestati dalle altre parti costituite (art. 115, comma 1, c.p.c.). Quest'ultima ipotesi, infatti, costituisce una deroga al diverso **principio del riparto dell'onere della prova** (art. 2697 c.c.), secondo cui ciascuna parte deve dare prova dei fatti posti a fondamento delle rispettive domande ed eccezioni. L'onere di contestazione non riguarda la parte contumace, ma sussiste esclusivamente nei confronti della parte **costituita** perché soltanto questa, scegliendo di interloquire nel processo, può ritenersi tenuta a prendere posizione sui fatti allegati dall'altra parte (cfr. l'art. 167, primo comma).

5. **Corrispondenza tra il chiesto e il pronunciato** (art. 112 c.p.c.): che attribuisce unicamente alle parti il potere di tracciare il perimetro del giudizio e, quindi, di fissare il c.d. *thema decidendum*, con riferimento alla domanda con la quale si incardina il giudizio, nonché alle ulteriori domande che la parte intende sottoporre all'attenzione del decidente, siano esse delle domande riconvenzionali o delle eccezioni in senso stretto. Il giudice, pertanto, deve pronunciare su tutto l'ambito del diritto affermato dalla parte che propone la domanda (incorrendo nel vizio di *omessa pronuncia* ove omettesse di decidere su di esso) e non oltre quello specifico diritto (incorrendo altrimenti nel vizio di *ultrapetizione*). Il giudice è invece libero di determinare quale sia la norma da applicare al caso concreto, che può anche essere diversa da quella indicata dalle parti ("*iura novit Curia*").
6. **Pronuncia secondo diritto** (art. 113 c.p.c.): se da un lato, il giudice può scegliere liberamente la norma applicabile senza essere vincolato dalle allegazioni delle parti, dall'altro lato egli deve necessariamente utilizzare, come regola di giudizio, una norma giuridica. Vi sono, tuttavia, alcune ipotesi previste dalla legge che consentono al giudice di dare luogo a una **pronuncia secondo equità**, ossia una decisione fondata su criteri di prudenza e di opportunità dettati dalla sua coscienza, e precisamente:
   - nei giudizi dinanzi al *giudice di pace*, quando il valore della causa non ecceda i 1.100 euro e sempre che non si tratti di cause relative a *contratti conclusi mediante moduli o formulati* (artt. 113, comma 2, c.p.c. e 1342 c.c.);
   - nei casi in cui le parti *richiedano concordemente* al giudice di pronunciarsi secondo equità, sempre che la causa verta su *diritti disponibili* (art. 114 c.p.c.);
   - nell'arbitrato, dove è riconosciuta alle parti la facoltà di disporre che gli arbitri decidano secondo equità (art. 822 c.p.c.)

Sezione III ▶ Il rapporto giuridico processuale

1. Nozione e struttura del rapporto giuridico processuale

Il **rapporto giuridico processuale** è il rapporto **trilaterale** che si instaura tra il soggetto che propone la domanda di tutela giurisdizionale (attore), il soggetto nei cui confronti la domanda è proposta (convenuto) e il soggetto che deve rendere la tutela (giudice).
La **validità** del rapporto giuridico processuale è subordinata alla presenza di due **presupposti processuali** dotati di *natura estrinseca*, perché devono sussistere *prima* della proposizione della domanda ed indipendentemente da essa, e condizionano la possibilità per il giudice di pronunciarsi sul merito della controversia. Essi sono:

- la **competenza** del giudice;
- la **capacità processuale** delle parti (c.d. ***legitimatio ad processum***) che costituisce una specificazione della capacità di agire sostanziale e si acquista, di norma, con la maggiore età, ai sensi dell'art. 2 c.c.

Qualora non ricorrano i presupposti processuali, il giudice deve concludere il procedimento con una sentenza di mero rito che dia riscontro del deficit riscontrato (**pronuncia di rito**).

2. Il soggetto attivo del rapporto processuale. L'azione

La posizione giuridica dell'attore si sostanzia nel **diritto di azione**, che trova fondamento diretto nella Costituzione, ossia il **diritto ad un provvedimento sul merito**, che può assumere sia carattere favorevole sia carattere sfavorevole, secondo che, all'esito dell'accertamento giudiziale, risulti sussistente o insussistente il diritto soggettivo sostanziale vantato.
La prestazione che forma oggetto del diritto di azione consiste nella **tutela giurisdizionale di merito** da parte dell'organo dello Stato (il giudice) istituzionalmente preposto a fornire la tutela giurisdizionale.

▶ 2.1. Le condizioni dell'azione

Le cc.dd. **condizioni dell'azione** determinano la stessa possibilità che il processo pervenga ad una pronuncia sul merito; sono elementi inerenti al contenuto della domanda e precisamente:

1. **Possibilità giuridica** (o **esistenza del diritto**); ricorre allorché, a prescindere dalla fondatezza o meno delle affermazioni dell'attore, esiste nell'ordinamento una norma che contempli *in astratto* il diritto di cui si è invocata la tutela. Ad esempio, è priva del requisito della possibilità giuridica la domanda di risoluzione di un contratto poiché ritenuto dalla parte semplicemente non più conveniente.
2. **Interesse ad agire** (art. 100 c.p.c.); ricorre allorché dall'eventuale provvedimento giudiziale favorevole la parte trarrebbe una **concreta utilità giuridica** consistente nell'acquisizione di un bene della vita. Anche questa condizione deve essere valutata avuto riguardo esclusivamente a quanto affermato dalla parte, a prescindere dalla fondatezza.
3. **Legittimazione ad agire** (art. 81 c.p.c.); ricorre sul piano attivo, tutte le volte in cui **il diritto fatto valere con la domanda giudiziale sia stato affermato come proprio dell'attore**, nonché, sul piano passivo, tutte le volte in cui la persona contro cui si fa valere il diritto sia stata indicata come soggetto passivo di esso. Tale regola va incontro a due ordini di eccezioni:
   a) la regola è valida quando si agisce nel processo "*in nome proprio*", sicché è escluso che si possa profilare un difetto di *legitimatio ad causam* nelle ipotesi di **rappresentanza**, allorché, appunto, si fa valere un diritto altrui *in nome altrui*;
   b) in secondo luogo, fanno eccezione alla regola i "*casi espressamente previsti dalla legge*", nei quali si consente di agire in giudizio in nome proprio per la tutela di diritti altrui: si tratta delle ipotesi di **sostituzione processuale**.

Il difetto di legittimazione attiva o passiva è **rilevabile, anche d'ufficio, in ogni stato e grado del giudizio** (salva la formazione del giudicato interno) e comporta l'emissione di una **pronuncia di mero rito**, volta a dichiarare l'**inammissibilità** della domanda.

▶ 2.2. I tipi di azione: azioni costitutive, di mero accertamento, di condanna

Parallelamente alle modalità di tutela giurisdizionale invocata, le **azioni di cognizione** si distinguono in:

1. **azioni di mero accertamento**, sul presupposto della sussistenza dello stato di incertezza derivante dalla **contestazione** di un diritto e tendenti ad ottenere sentenze di mero accertamento o meramente dichiarative;
2. **azioni di condanna**, sul presupposto della **lesione** di un diritto e tendenti ad ottenere sentenze di condanna;
3. **azioni costitutive**, sul presupposto di un **diritto a conseguire modificazioni giuridiche** realizzabili attraverso il provvedimento del giudice;
4. **azioni cautelari**, sul presupposto che l'attesa di un decisione sul merito della causa determini un pregiudizio grave e irreparabile e tendenti ad ottenere un provvedimento interinale.

Al riguardo, va precisato che, ai fini dell'esercizio dell'azione, è sufficiente che i presupposti della tutela sussistano **in chiave di affermazione**, mentre la verifica dell'**esistenza effettiva** di essi attiene al merito e determina l'accoglimento o il rigetto della domanda.

▶ 2.3. Gli elementi identificativi dell'azione e i limiti del giudicato

Come si è veduto, l'istituto della **cosa giudicata** consente di coordinare due esigenze contrapposte: l'esigenza di assicurare la **certezza dei rapporti giuridici** (**cosa giudicata in senso sostanziale**; art. 2909 c.c.) e l'esigenza che l'accertamento giurisdizionale sia, per quanto possibile, **immune da errori** (**cosa giudicata in senso formale**; art. 324 c.p.c.).
L'effettività dell'istituto della cosa giudicata in senso sostanziale e formale è assicurata rispettivamente dai principi del:

- ***ne bis in idem***: secondo cui ogni domanda è proponibile *solo una sola volta*;
- **doppio grado di giurisdizione**: da cui discende che non è possibile proporre domande nuove nel grado di appello.

L'applicazione dei suddetti principi pone l'esigenza di individuare gli **elementi identificativi dell'azione**.
Infatti, se dal confronto tra due azioni risulta che vi è **identità** ne consegue l'impossibilità di esercitarla più di una volta.
Se dal confronto risulta la **diversità**, ne consegue l'impossibilità di proporle, per la prima volta, in grado di appello.
Nell'ipotesi di **parziale coincidenza** tra questi elementi si parlerà, invece, di **connessione**, la quale rileva ai fini della modificazione della competenza del giudice, come si vedrà a suo tempo.
Gli elementi identificativi dell'azione sono:

1. ***Personae***. ossia le **parti** (attore e convenuto) del rapporto giuridico processuale.

L'efficacia soggettiva del giudicato riguarda non solo *"le parti"* ma anche i loro *"eredi"* e gli *"aventi causa"* (art. 2909 c.c.), nonché nei casi previsti dalla legge in cui, seppure in presenza di più legittimati, la domanda può essere formulata una sola volta (ad es. art. 1109 c.c.), nei casi di estensione previsti dalla legge (ad es. art. 1306 c.c.), nei casi di *pregiudizialità-dipendenza* (ad es. la posizione passata in giudicato dell'appaltatore si riflette sull'eventuale futura questione relativa al subappaltatore), nelle controversie relative allo status delle persone.

2. ***Petitum***. È l'oggetto della domanda. Esso assume due diverse connotazioni:
   - ***petitum* immediato**: si tratta del **provvedimento** che viene richiesto al giudice (sentenza di condanna, sentenza di accertamento, sentenza costitutiva, ecc.);
   - ***petitum* mediato**: si tratta del **bene della vita** che viene richiesto al convenuto (la consegna di una cosa; il pagamento di una somma di denaro, ecc.).

Per aversi identità di azioni occorre che coincidano entrambi gli aspetti del *petitum*.

3. ***Causa petendi***. È il titolo giustificativo della domanda. Si tratta quindi del **diritto soggettivo sostanziale** affermato (ad es., diritto di proprietà, diritto di credito) che costituisce il fondamento della richiesta del bene della vita e del provvedimento giudiziale.

Pertanto, si parlerà di identità tra azioni nel caso di identità dei suddetti tre elementi.
L'individuazione degli elementi oggettivi (*petitum* e *causa petendi*) è altresì necessaria per identificare i **limiti oggettivi del giudicato**. Ai sensi del più volte citato art. 2909 c.c., ciò che fa stato è **l'accertamento** compiuto nella sentenza passata in giudicato; in proposito deve evidenziarsi che:

a) per **accertamento** deve intendersi l'**insieme degli effetti della pronuncia**, e dunque non solo l'accertamento in senso stretto (accertamento mero) ma anche gli ulteriori effetti della sentenza (ad es. gli effetti costitutivi);
b) l'**ambito dell'accertamento** che fa stato deve essere circoscritto in relazione al *petitum* (mediato ed immediato) richiesto e alla *causa petendi* allegata; non sono dunque coperte dal giudicato le questioni che riguardino pretese diverse o che siano fondate su un diverso titolo giustificativo;
c) nel caso in cui la sentenza abbia statuito su questioni logicamente pregiudiziali relative all'esistenza, validità e natura giuridica del rapporto che ne costituisce il presupposto, il

giudicato si estende anche alle questioni pregiudiziali, che non possono più essere messe in discussione in successivi processi.

3. Il soggetto passivo del rapporto processuale e l'articolazione delle sue difese

Avuto riguardo alla possibile diversa **intensità** delle difese del convenuto, nonché alla crescente misura con cui esse allargano, nei limiti di quanto dall'ordinamento consentito, l'oggetto del processo oltre i confini fissati dall'attore, si possono distinguere quattro diverse ipotesi. Esaminiamole analiticamente.

A) L'inerzia del convenuto
L'ipotesi dell'**inerzia** o **non-difesa** si verifica allorché il convenuto, regolarmente citato, non si costituisca in giudizio, scegliendo consapevolmente di non partecipare attivamente al processo. L'inerzia del convenuto dà luogo ad una specifica situazione processuale, denominata **contumacia**.

B) Le "mere" difese
Anziché restare inerte, il convenuto può scegliere di partecipare attivamente al processo, costituendosi in giudizio e proponendo difese.
Si parla di **"mere" difese** allorché il convenuto si difende **nei limiti dei fatti affermati dall'attore**, senza allargare l'oggetto del processo a fatti ulteriori.
Le "mere" difese possono investire esclusivamente profili di diritto ma, quand'anche concernano profili di fatto, non si traducono nell'allegazione di fatti nuovi e diversi, ma si risolvono semplicemente nella **negazione** dei fatti costitutivi del diritto esercitato dall'attore. Infatti, alla proposizione della "mera" difesa consegue la richiesta di **rigetto** della domanda attorea.

C) Le eccezioni
Il convenuto che abbia scelto di partecipare attivamente al processo può svolgere un'attività difensiva più ampia, sollevando **eccezioni**, che possono attenere tanto al *rito* quanto al *merito*. Si distinguono pertanto:

- **eccezioni processuali o di rito** (ad es. il rilievo difensivo volto ad evidenziare il difetto di giurisdizione o di competenza del giudice);
- **eccezioni sostanziali o di merito** (ad es. il rilievo difensivo volto a negare i fatti costitutivi del diritto vantato dall'attore).

In tale ampia accezione, le eccezioni sostanziali sono comprensive delle "mere" difese attinenti al merito, sicché, all'interno di esse, occorre ulteriormente distinguere tra:

- **eccezioni di merito in senso improprio** in realtà "mere" difese, in quanto circoscritte all'interno dei fatti costitutivi del diritto allegati dall'attore);
- **eccezioni di merito in senso proprio** con cui il convenuto non si limita alla semplice negazione dei fatti costitutivi del diritto affermati dall'attore ma allarga l'oggetto del processo a *fatti ulteriori* e *diversi*, impeditivi, modificativi od estintivi del diritto medesimo (art. 2697, comma 2, c.c.).

Le eccezioni di merito in senso proprio **sul piano processuale** rientrano nella disciplina contenuta nell'art. 112, seconda parte, c.p.c., e pertanto possono distinguersi due categorie, entrambe implicitamente contemplate dalla norma in parola:

- **eccezioni di merito rilevabili d'ufficio**: hanno ad oggetto fatti impeditivi, modificativi od estintivi del diritto dell'attore che, ove emersi nel corso del processo, possono essere rilevati dal giudice anche se non siano stati eccepiti dal convenuto (ad es., pagamento, risoluzione consensuale del contratto, interruzione di prescrizione);

- **eccezioni di merito non rilevabili d'ufficio (cc.dd. eccezioni in senso proprio e stretto)**: hanno ad oggetto fatti impeditivi, modificativi od estintivi del diritto dell'attore che possono essere rilevati solo se tempestivamente eccepiti dal convenuto (ad es., prescrizione, compensazione, incompetenza per territorio non rilevabile d'ufficio *ex* art. 28 c.p.c.).

D) La domanda riconvenzionale

Il convenuto può spingere la sua difesa sino alla formulazione di una propria ed autonoma domanda, e cioè di una **domanda riconvenzionale**, purché questa dipenda "*dal titolo dedotto in giudizio dall'attore* – abbia, cioè, la medesima *causa petendi* della domanda principale – *o da quello che già appartiene alla causa come mezzo di eccezione*" (art. 36 c.p.c.).
Con la proposizione della domanda riconvenzionale il convenuto, dunque, chiede l'emissione, nei suoi confronti, di una pronuncia funzionale alla tutela di un proprio (affermato) diritto.
Dalla domanda riconvenzionale occorre poi tenere distinta la c.d. **eccezione riconvenzionale**. Attraverso tale eccezione, il convenuto prospetta una difesa (ad es., allegando l'esistenza di un proprio diritto) che, pur ampliando il tema della controversia, paralizza la pretesa avversaria. Essa è dunque finalizzata esclusivamente alla reiezione della domanda dell'attore (si pensi, ad es., all'eccezione di compensazione). In questo senso, l'eccezione riconvenzionale rientra tra le eccezioni in senso *proprio*.

E) La domanda di accertamento incidentale.

Si ha una **domanda di accertamento incidentale** quando, per paralizzare la domanda attorea, il convenuto chiede l'accertamento dell'esistenza o dell'inesistenza di un rapporto giuridico diverso da quello già dedotto dalla controparte, ma logicamente connesso, proponendo così una domanda autonoma.
Il convenuto, infatti, mediante la domanda incidentale eccede dal perimetro tracciato dalla domanda dell'attore in quanto involge un rapporto altro e diverso, al fine di difendersi nel giudizio.
L'accertamento può riguardare:

- un **rapporto pregiudiziale** a quello su cui si fonda la domanda attorea *ex* art. 34 c.p.c. (es. il convenuto in una causa per alimenti che chiede l'accertamento dello stato di parentela);
- un rapporto incompatibile con quello dedotto dall'attore e **preliminare** (es. il convenuto in una causa di rivendica della proprietà che chiede l'accertamento del suo diritto di pegno).

L'accertamento viene effettuato *incidenter tantum* per cui, fuori dai casi in cui la legge dispone l'accertamento con effetto di giudicato, la decisione ha effetti soltanto ai fini del giudizio (art. 34 c.p.c.).

F) Preliminari di merito e pregiudiziali di merito.

Le **preliminari di merito** (art. 187, comma 2, c.p.c.) sono questioni dedotte mediante un'eccezione in senso proprio con cui si introduce **un fatto impeditivo, modificativo o estintivo** della pretesa azionata con la domanda principale e dal cui accoglimento deriverebbe l'esclusione, totale o parziale, della necessità di accertamento del merito (ne è un esempio la prescrizione).
Le **questioni pregiudiziali di merito** (art. 34 c.p.c.) costituiscono un **passaggio necessario nell'*iter* logico decisionale**, in quanto hanno una priorità logico-giuridica rispetto ad un'altra questione "dipendente". Esse hanno una natura autonoma tale per cui potrebbero essere trattate in un distinto giudizio (es. la domanda di accertamento del rapporto di parentela in relazione alla domanda di condanna del convenuto agli alimenti).
Le **questioni pregiudiziali di rito** (art. 187, comma 3, c.p.c.) riguardano presupposti processuali la cui mancanza impedisce al giudice l'indagine sul merito della domanda (giurisdizione, competenza e condizioni dell'azione).

Sezione IV ▶ Il giudice e i suoi ausiliari

1. Il difetto di giurisdizione nei confronti della pubblica amministrazione, del giudice amministrativo e dei giudici speciali

Nel processo civile, si definisce difetto di giurisdizione la mancanza di potere giurisdizionale in capo al giudice ordinario, in quanto tale potere è attribuito dalla legge a un giudice diverso (amministrativo, speciale, straniero), ovvero perché la controversia appartiene a funzioni esclusive della pubblica amministrazione rispetto alle quali nessun giudice ha potere giurisdizionale.
La riforma attuata con il D.Lgs. n. 149/2022 ha innovato la disciplina contenuta nell'art. 37 c.p.c. in tema di rilevabilità del difetto di giurisdizione. Infatti, mentre la precedente formulazione disponeva che fosse rilevabile in qualunque stato e grado del processo, la novella prevede oggi un regime più articolato, ispirato ad esigenze di celerità.
In particolare:

- nei confronti della **pubblica amministrazione**, è rilevabile *anche d'ufficio in ogni stato e grado del processo*. Inoltre, la pubblica amministrazione, che non sia parte in causa, può chiedere che la Corte suprema di cassazione pronunci il difetto di giurisdizione del giudice ordinario (artt. 41, comma 2, c.p.c.; art. 368 c.p.c.);
- nei confronti del **giudice amministrativo o dei giudici speciali**, è rilevabile *anche d'ufficio solo nel giudizio di primo grado*. Nei giudizi di impugnazione deve essere eccepito dalle parti *con specifico motivo*. In ogni caso, l'attore non può denunciare in sede di impugnazione il difetto di giurisdizione del giudice da lui adito (art. 37 c.p.c.);
- nei confronti del **giudice straniero**, è rilevabile *in ogni stato e grado del processo su eccezione del convenuto* che non abbia espressamente o tacitamente accettato la giurisdizione italiana, nonché *d'ufficio quando il convenuto sia contumace, nel caso di azione reale avente ad oggetto beni collocati all'estero ovvero la giurisdizione italiana sia esclusa da una norma internazionale* (art. 11 L. n. 218/1995).

2. Le questioni di giurisdizione. La *translatio judicii* e la *perpetuatio iurisdictionis*

La questione di giurisdizione, analogamente a quella di competenza, costituisce una **questione pregiudiziale di rito**.
A tal fine il giudice, se ritiene che la questione sulla giurisdizione possa definire il giudizio dinanzi a sé, può deciderla con sentenza *separatamente* oppure *unitamente* al merito (art. 187, commi 2 e 3, c.p.c.; art. 279, comma 2, nn. 1 e 4, c.p.c.).
La decisione sulla questione di giurisdizione può formare oggetto di autonoma impugnativa, e dunque dapprima di **appello** e successivamente di **ricorso per cassazione**.
La Corte di Cassazione decide le questioni di giurisdizione, non solo in seguito a ricorso proposto avverso le *sentenze* pronunciate in grado di appello o in unico grado dai giudici ordinari (art. 360, n. 1, c.p.c.), ma anche in seguito a ricorso proposto avverso le *decisioni* in grado di appello o in unico grado del **giudice amministrativo** o dei **giudici speciali** (art. 362, comma 1, c.p.c.).
Sulle questioni di giurisdizione la Corte di Cassazione decide, di norma, a **Sezioni Unite**.
In sede di decisione delle questioni di giurisdizione assumono particolare rilevanza – rispettivamente, sotto il profilo *processuale* e sotto il profilo *sostanziale* – due istituti: la ***translatio judicii*** e la ***perpetuatio iurisdictionis***.

- La ***translatio judicii*** costituisce un meccanismo processuale destinato ad operare nell'ipotesi in cui venga riscontrato il difetto di giurisdizione, al fine di consentire la **proseguibilità del giudizio nel passaggio dal giudice che ha negato la propria**

giurisdizione al giudice indicato come munito di giurisdizione. Alla luce dell'**art. 59 della l. n. 69/2009**: 1) il giudice che dichiara il proprio difetto di giurisdizione ha l'obbligo di **indicare** il giudice nazionale che ritiene munito di giurisdizione, ove esistente; 2) la causa deve essere riassunta dinanzi al giudice indicato, pena l'estinzione del processo, nel termine perentorio di tre mesi dal passaggio in giudicato della sentenza dichiarativa del difetto di giurisdizione, e **sono fatti salvi gli effetti sostanziali e processuali della precedente domanda**, ferme restando le preclusioni e le decadenze intervenute *prima* della domanda medesima; 3) in ogni caso di riproposizione della domanda davanti al giudice munito di giurisdizione, le prove precedentemente raccolte possono essere valutate come **argomenti di prova**.
- La ***perpetuatio iurisdictionis*** costituisce un criterio sostanziale di decisione secondo cui la giurisdizione si determina con riguardo alla legge vigente e allo stato di fatto esistente **al momento della proposizione della domanda**, non assumendo rilevanza, rispetto ad essa, le sopravvenienze di diritto di fatto (art. 5 c.p.c.).

3. Il regolamento di giurisdizione

Per **esigenze di economia processuale**, l'ordinamento predispone un istituto che consente di adire **preventivamente** le Sezioni Unite della Corte di Cassazione, ottenendo l'immediata decisione della questione di giurisdizione senza dovere attendere la pronuncia del giudice del merito.
Questo istituto è il **regolamento di giurisdizione** *ex* art. 41 c.p.c.

a) ***I presupposti.*** Ai sensi dell'art. 41, primo comma, c.p.c. *"finché la causa non sia decisa nel merito in primo grado, ciascuna parte può chiedere alla Sezioni unite della Corte di cassazione che risolvano le questioni di giurisdizione di cui all'articolo 37"*. L'istituto può essere utilizzato solo **finché non sia intervenuta una decisione di merito**. Il regolamento di giurisdizione, pertanto, non solo **non ha carattere impugnatorio** ma **non tollera l'emissione di alcuna precedente pronuncia, né sulla giurisdizione né sul merito**, essendo deputato alla risoluzione in via **preventiva** delle questioni di giurisdizione.
b) ***Le forme.*** L'art. 41, primo comma, c.p.c. prevede che *"l'istanza si propone con ricorso a norma degli articoli 364 e seguenti."*. Si applicano, dunque, le normali forme del giudizio dinanzi alla Corte di Cassazione, la quale decide a **Sezioni Unite**, con **ordinanza** in camera di consiglio (art. 375, n. 4, c.p.c.).
c) ***Gli effetti.*** La proposizione dell'istanza di giurisdizione non introduce un nuovo grado di giudizio ma apre soltanto una **parentesi** nel giudizio di primo grado destinata a chiudersi con l'ordinanza delle Sezioni Unite con cui viene decisa la questione di giurisdizione.

Al fine di evitare l'uso **strumentale** e **dilatorio** dell'istituto, la proposizione del regolamento non comporta **automaticamente** la sospensione del processo; il giudice del merito dispone in tal senso soltanto *"se non ritiene l'istanza manifestamente inammissibile o la contestazione della giurisdizione manifestamente infondata"* (art. 367 c.p.c. per rinvio da art. 41, comma 1, c.p.c.).
Se il giudice di merito ha sospeso il processo e la pronuncia della Corte di Cassazione ha confermato la giurisdizione di quest'ultimo, le parti sono onerate di riassumere il giudizio entro **sei mesi** dalla comunicazione dell'ordinanza (art. 367, comma 2, c.p.c.).

4. Nozione. La competenza come frazione della giurisdizione

La competenza consiste nella **frazione della giurisdizione spettante ad ogni singolo giudice ordinario**. Pertanto, mentre la giurisdizione si individua nei rapporti tra (tutti) i giudici ordinari e i giudici speciali, la competenza si individua nei rapporti tra i singoli giudici ordinari.

Al fine di individuare il **tipo** di giudice competente, sono stabiliti i criteri di determinazione della competenza in senso c.d. **verticale**, e cioè i criteri della **materia** e del **valore**.
Al fine di individuare, all'interno del tipo, lo **specifico** giudice competente, è stabilito il criterio di determinazione della competenza in senso c.d. **orizzontale**, e cioè il criterio del **territorio**.
Come per la giurisdizione, anche la competenza si determina in base allo stato di diritto e di fatto sussistenti al momento della proposizione della domanda (art. 5 c.p.c.)

5. La competenza per materia e per valore

La legge prevede la **coordinata** applicazione dei criteri della **materia** e del **valore** per ripartire **verticalmente** la competenza tra i **diversi tipi** di giudici-uffici giudiziari, ed in particolare tra il **giudice di pace** e il **tribunale**.
Il criterio della materia ha riguardo alla **natura** del diritto azionato o del bene che costituisce l'oggetto del diritto medesimo; il criterio del valore ha riguardo al **valore economico** dell'oggetto della domanda, e precisamente del *petitum mediato* (bene della vita) avuto di mira dall'attore.
Nell'applicazione fattane dal legislatore, i due criteri **si integrano a vicenda**, anche se quello della **materia** assume una rilevanza **specifica** e **prevalente**, mentre quello del **valore** trova applicazione in via **residuale** (la competenza si determina in base al valore quando non vi è una regola specifica che stabilisca la competenza in base alla materia).

A) La competenza del giudice di pace
A seguito della riforma attuata con il D.Lgs. n. 149/2022, il giudice di pace è competente per le cause relative a:
- beni mobili di valore non superiore a **diecimila euro**, quando dalla legge non sono attribuite alla competenza di altro giudice (art. 7, comma 1, c.p.c.);
- risarcimento del danno prodotto dalla circolazione dei veicoli e dei natanti il cui valore sia contenuto entro il limite dei **venticinquemila euro** (art. 7, comma 2, c.p.c.),
- **senza limiti di valore**: 1) per le cause relative ad apposizione di termini ed osservanza delle distanze nel piantamento degli alberi e delle siepi; 2) per le cause relative alla misura e modalità d'uso dei servizi di condominio di case; 3) per le cause in materia di immissioni limitatamente ai rapporti tra proprietari detentori di immobili adibiti a civile abitazione (con esclusione, dunque, degli immobili adibiti a produzione industriale); 4) per le cause relative agli interessi od accessori da ritardato adempimento di prestazioni previdenziali o assistenziali (art. 7, comma 3, c.p.c.);
- opposizione all'ordinanza-ingiunzione (art. 6, comma 3 D.Lgs. n. 150/2011) ad eccezione dei casi la cui competenza è riservata al tribunale (art. 6, commi 4 e 5, D.Lgs. n. 150/2011).

Con il **decreto legislativo 13 luglio 2017, n. 116** il legislatore ha inteso promuovere una riforma strutturale della magistratura onoraria. Pertanto, a decorrere dal ***31 ottobre 2025***, la competenza del giudice di pace sarà estesa alle seguenti cause in materia di (art. 27 D.Lgs. n. 116/2017):
- beni mobili, fino a trentamila euro, se non attribuite ad altro giudice;
- risarcimento del danno da veicoli e natanti, fino a cinquantamila euro;
- condominio negli edifici, come definite ai sensi dell'art. 71-*quater* disp. att. c.c.;
- distanze nelle piantagioni e scavi, nonché dei muri, fossi e siepi interposti tra fondi;
- luci e vedute, ad eccezione di distanze per l'apertura di luci, vedute e balconi, per l'apertura di vedute laterali o oblique e distanze delle costruzioni dalle vedute;
- stillicidio e acque;
- occupazione e invenzione;
- specificazione, unione e commistione;
- enfiteusi e servitù prediali;

- impugnazione del regolamento e delle deliberazioni dell'assemblea della comunione;
- usucapione dei beni immobili e dei diritti reali immobiliari, riordinamento della proprietà rurale, accessione e superficie di valore non superiore a quindicimila euro.

Quando una causa di competenza del giudice di pace è proposta, contro la stessa parte, **congiuntamente ad un'altra causa di competenza del tribunale**, le relative domande, anche in assenza di altre ragioni di connessione, sono proposte innanzi al tribunale affinché siano decise nello stesso processo.

Inoltre, sempre a decorrere dal 31 ottobre 2025, la competenza del giudice di pace sarà estesa:

- ai procedimenti di espropriazione forzata relativi a cose mobili, **purché non si proceda contestualmente all'espropriazione dell'immobile che le contiene**, nel qual caso sarà competente il tribunale (art. 15-*bis* c.p.c.);
- ai procedimenti di rimozione dei sigilli in tema di successioni (artt. 763 e ss. c.p.c.), chiamata all'eredità (art. 485 c.c.), pubblicazione del testamento olografo e segreto (artt. 620 e 621 c.c.), scelta della persona cui consegnare i documenti della comunione ereditaria (art. 736 c.c.), autorizzazione alla vendita delle cose in custodia (art. 1211 c.c.), deposito della cosa venduta (art. 1514 c.c.) ed esecuzione coattiva per inadempimento del compratore (art. 1515 c.c.), apertura forzata della cassette di sicurezza (art. 1841 c.c.), autorizzazione alla riparazione di sponde e argini (art. 915 c.c.).

B) La competenza del tribunale

La competenza del Tribunale si caratterizza come competenza **generale** e **residuale** (art. 9, comma 1, c.p.c.).

Il Tribunale è altresì esclusivamente competente: **1)** per le cause in materia di **imposte** e **tasse** (salva la competenza delle commissioni tributarie); **2)** per le cause relative allo **stato** e alla **capacità** delle persone e ai **diritti onorifici**; **3)** per la **querela di falso**; **4)** per l'**esecuzione forzata**; **5)** per ogni causa di **valore indeterminabile** (art. 9, comma 2, c.p.c.).

C) La determinazione del valore ai fini della competenza

Salvi i casi in cui il bene sia costituito da una somma di denaro, la quantificazione del valore economico della controversia è stabilito tramite i **criteri di valutazione** previsti dagli artt. 10 e ss. c.p.c., i quali stabiliscono una *regola generale*, valevole per tutte le controversie, e diverse *regole particolari*, integrative di quella generale.

La **regola generale** (art. 10, comma 1, c.p.c.) dispone che il valore della causa si determina dalla domanda e, in particolare, dal *petitum mediato*, ossia il *bene della vita* invocato dall'attore, oltre che - ove proposte - dal *petitum* della domanda di accertamento di una questione pregiudiziale con efficacia di giudicato (art. 34 c.p.c.) e della domanda riconvenzionale (art. 36 c.p.c.).

Nell'ipotesi in cui nel medesimo processo siano proposte più domande contro la stessa parte (c.d. **cumulo oggettivo**: art. 104 c.p.c.), esse *"si sommano tra loro, e gli interessi scaduti, le spese e i danni anteriori alla proposizione si sommano col capitale"* (art. 10, secondo comma, c.p.c.).

Le **regole particolari**, con carattere *integrativo* dell'esaminata regola generale, riguardano:

1. **le cause relative a rapporti obbligatori** (artt. 11 e 12, comma 1, c.p.c.): il valore si determina in base a quella parte del rapporto che è in contestazione e, se è chiesto l'adempimento per quote di un'obbligazione da parte di più persone o contro più persone, il valore si determina dall'intera obbligazione;
2. **le cause di divisione** (art. 12, comma 3, c.p.c.): il valore si determina da quello della massa attiva da dividersi;
3. **le cause relative a prestazioni alimentari e a rendite** (art. 13 c.p.c.): con riguardo alle prime il valore si determina in base all'ammontare delle somme dovute per due anni; con riguardo alle seconde il valore si determina cumulando venti annualità o cumulando le annualità domandate sino a un massimo di dieci;

4. **le cause relative a somme di denaro e a beni mobili** (art. 14 c.p.c.): il valore si determina in base alla *somma indicata* o al *valore dichiarato* dall'attore;
5. **le cause relative alla proprietà e agli altri diritti reali immobiliari** (art. 15 c.p.c.): l'intera materia è devoluta alla competenza del Tribunale, pertanto i criteri ivi fissati allo stato non hanno rilevanza;
6. **le cause relative all'esecuzione forzata (art. 17 c.p.c.)**: in tale materia, occorre distinguere tra il *processo esecutivo* e i *processi di cognizione scaturenti dalle opposizioni*:
   - in relazione al primo, la competenza spetta interamente al tribunale fino al 31 ottobre 2025. Da tale data, come si è visto, l'espropriazione forzata di *cose mobili* diverrà di competenza del giudice di pace, mentre rimarrà di competenza del tribunale l'espropriazione forzata di *immobili* e *crediti* (art. 15-bis c.p.c.);
   - in relazione ai secondi, il valore si determina: *a)* nelle *opposizioni all'esecuzione*, in base all'importo del credito per cui si procede; *b)* nelle *opposizioni di terzi*, in base al valore dei beni controversi; *c)* nelle *controversie sorte in sede di distribuzione*, in base al valore del maggiore tra i crediti contestati.

6. La competenza per territorio

La competenza per territorio è determinata da due tipologie di criteri:

- **soggettivi**, che individuano i cc. dd. **fori generali** delle persone fisiche e delle persone giuridiche;
- **oggettivi**, che individuano i cc.dd. **fori speciali**, **esclusivi** o **facoltativi**, per determinate categorie di controversie.

A) I fori generali

I fori generali hanno una valenza meramente **residuale**, ossia soltanto ove non siano stabilite regole specifiche in relazione alle diverse tipologie di controversie, che prevalgono in ragione del principio di specialità.

- **Foro generale delle persone fisiche** (art. 18 c.p.c.): è determinato *in via principale*, dal luogo della ***residenza*** o del *domicilio* del *convenuto*; *in via subordinata* (per l'ipotesi in cui i luoghi predetti siano sconosciuti), dal luogo della *dimora* del convenuto medesimo; *e in via ulteriormente subordinata*, dal luogo della *residenza dell'attore*.
- **Foro generale delle persone giuridiche** (art. 19 c.p.c.): è determinato dal luogo della *sede* della persona giuridica, nonché, in alternativa, dal luogo in cui la persona giuridica ha uno *stabilimento* e un *rappresentante* autorizzato a stare in giudizio per l'oggetto della domanda.

B) I fori speciali esclusivi

I fori speciali esclusivi, individuati mediante applicazione di criteri di collegamento essenzialmente oggettivi, *prevalgono* su quelli generali.

- **Foro per le cause relative a diritti reali su beni immobili** (art. 21, comma 1, c.p.c.): dal luogo in cui si trova il bene immobile o l'azienda.
- **Foro per le azioni possessorie e per le denunce di nuova opera e di danno temuto** (art. 21, secondo comma, c.p.c.): dal luogo nel quale è avvenuto il fatto denunciato.
- **Foro per le cause ereditarie** (art. 22 c.p.c.): dal luogo di apertura della successione, che coincide con il luogo dell'ultimo domicilio del defunto (art. 456 c.c.).
- **Foro per le cause tra soci e condomini** (art. 23 c.p.c.): rispettivamente, dal luogo in cui ha *sede* la società e dal luogo in cui si trovano i *beni comuni* o la maggior parte di essi.
- **Foro per le cause relative alle gestioni tutelari e patrimoniali** (art. 24 c.p.c.): dal *luogo di esercizio della tutela o dell'amministrazione*.

- **Foro della pubblica amministrazione** (art. 25 c.p.c.; art. 6 R.D. n. 1611/1933): dal luogo dove ha sede l'*ufficio dell'Avvocatura dello Stato* nel cui distretto si trova il giudice che sarebbe competente secondo le regole ordinarie.
- **Foro dell'esecuzione forzata e delle opposizioni all'esecuzione** (artt. 26 e 27 c.p.c.):

a) per l'esecuzione forzata su cose mobili o immobili, dal luogo in cui le cose si trovano, salva l'applicazione dell'art. 21, comma 1, c.p.c. nell'ipotesi in cui le cose immobili soggette all'esecuzione siano comprese nelle circoscrizioni di più tribunali;

b) per l'esecuzione forza su autoveicoli, motoveicoli, rimorchi, dal luogo in cui il *debitore* ha la residenza, il domicilio, la dimora o la sede;

c) per l'espropriazione forzata di crediti, dal luogo in cui il debitore ha la residenza, il domicilio, la dimora o la sede; se però il debitore è una di quelle *pubbliche amministrazioni* di cui all'art. 413, comma 5, c.p.c., è competente, salvo quanto disposto dalle leggi speciali, dal luogo dove il *terzo debitore* ha la residenza, il domicilio, la dimora o la sede (art. 26-*bis* c.p.c.);

d) per l'esecuzione forzata degli obblighi di fare (art. 2931 c.c.) e di non fare (art. 2933 c.c.) dal luogo in cui l'obbligo deve essere adempiuto;

e) per le cause di opposizione all'esecuzione dal luogo dell'esecuzione, salva la disposizione dell'art. 480, terzo comma, c.p.c.;

f) per le cause di opposizione agli atti esecutivi è competente il giudice davanti al quale si svolge l'esecuzione.

- **Foro per le cause in cui sono parte i magistrati** (art. 30-*bis* c.p.c.): la competenza è del giudice, egualmente competente per materia, che ha sede nel capoluogo del distretto determinato ai sensi dell'art. 11 c.p.p.
- **Foro per le cause in materia di proprietà industriale, concorrenza e rapporti societari in cui è parte una società con sede all'estero** L'art. 10 D.L. n. 145/2013 individua distretti competenti in via inderogabile per le controversie riguardanti società con sede all'estero, nelle materie di cui al D.Lgs. n. 168/2003.
- **Foro per le controversie devolute alle sezioni specializzate in materia di immigrazione**. L'art. 4 D.L. n. 13/2017 individua i criteri di ripartizione della competenza territoriale tra le sezioni specializzate in materia di immigrazione per le controversie ad esse devolute.

C) I fori speciali facoltativi.

I fori speciali facoltativi sono individuati come *fori alternativamente competenti*, per modo che le regole che li prevedono si applicano *in alternativa* alle norme sui fori generali.

- **Foro facoltativo per le cause relative a diritti di obbligazione** (art. 20 c.p.c.): individuato dal **luogo in cui è sorta** (*forum obligationis*) **o deve eseguirsi** (*forum destinatae solutionis*) **l'obbligazione** dedotta in giudizio.
- **Foro del domicilio eletto** (art. 30 c.p.c.): individuato dal *luogo del domicilio speciale*, eletto per iscritto dal convenuto per determinati atti o affari (art. 47 c.c.).

7. Competenza derogabile e inderogabile

In linea generale, la competenza non può essere derogata per accordo delle parti, salvo che nei casi stabiliti dalla legge (art. 6 c.p.c.). A tal fine, la **competenza per territorio** può essere derogata per accordo delle parti, salvo che (art. 28 c.p.c.):

- per le cause in cui è previsto a pena di nullità l'intervento necessario del pubblico ministero (art. 70, comma 1, nn. 1, 2, 3, 5);
- per i casi di esecuzione forzata, di opposizione alla stessa, di procedimenti cautelari e possessori, di procedimenti in camera di consiglio e per ogni altro caso in cui l'inderogabilità sia disposta espressamente dalla legge.

Si delinea, in tal modo, nitidamente la distinzione tra la competenza derogabile e la competenza inderogabile:

- la **competenza per territorio è derogabile convenzionalmente**, tranne nei casi sopra elencati, in quanto prevista nell'interesse delle parti;
- la **competenza per materia e valore è inderogabile**, in quanto prevista a presidio dell'interesse pubblico che determinate cause siano decise da un giudice specifico; l'eventuale *accordo derogatorio* delle parti sarebbe **nullo** e, come tale, improduttivo di effetti.

8. Disciplina della rilevabilità dell'incompetenza

La differenza tra competenza derogabile e inderogabile riverbera anche nel regime di rilevabilità della questione di incompetenza. Infatti, in caso di competenza derogabile, il difetto di competenza non può essere rilevato d'ufficio, ma *solo su eccezione di parte*; invece, nella competenza inderogabile, il difetto di competenza può essere rilevato *su eccezione di parte o anche d'ufficio*.

In particolare:

- nel caso in cui la questione di competenza sia rilevabile *unicamente dalla parte* (ossia il convenuto, atteso che l'attore ha scelto unilateralmente il giudice proponendo l'azione), l'eccezione deve essere sollevata, a pena di decadenza, nella comparsa di risposta tempestivamente depositata ai sensi degli artt. 166 e 167 c.p.c. e, se si tratta di incompetenza per territorio, deve contenere l'indicazione del giudice che la parte ritiene competente (art. 38, comma 1, c.p.c.);
- ove la questione sia rilevabile *anche* d'ufficio, **il giudice potrà sollevarla a pena di decadenza** non oltre la prima udienza di comparizione delle parti e trattazione di cui all'art. 183 c.p.c. (art. 38, comma 3, c.p.c.)

9. Forma dei provvedimenti sulla competenza e relativa impugnazione. Il regolamento di competenza

Anche la questione della competenza integra una **questione pregiudiziale di rito** che il giudice può discrezionalmente scegliere di decidere *separatamente* dal merito o *unitamente* a quest'ultimo.
Tuttavia, la statuizione sulla questione di competenza assume una **forma diversa** a seconda che la questione medesima sia decisa *da sola* o *unitamente* al merito. In particolare:

1. nel caso in cui in cui il giudice pronunci *solo* sulla competenza separatamente dal merito, emette **ordinanza** (art. 279, comma 1, c.p.c.), impugnabile unicamente dinanzi alla Corte di cassazione, saltando la fase dell'appello, con uno specifico mezzo di impugnazione denominato **regolamento necessario di competenza** (art. 42 c.p.c.).
2. nell'ipotesi in cui la questione di competenza venga decisa *unitamente* al merito, eventualmente in forma implicita, il giudice emette, di regola, **sentenza** (artt. 187, comma 3, e 279, comma 2, n. 3, c.p.c.). In tal caso, le statuizioni sulla competenza possono *alternativamente* essere impugnate tramite **appello** (quando, insieme al capo della pronuncia riguardante la competenza, siano impugnati i capi relativi al merito), oppure direttamente dinanzi alla Corte di cassazione tramite **regolamento facoltativo di competenza** (art. 43 c.p.c.).

La proposizione del regolamento necessario o facoltativo di competenza determina la sospensione del procedimento in corso dal giorno in cui è depositato il ricorso notificato (art. 48 c.p.c.). Nel caso in cui il regolamento facoltativo di competenza sia stato proposto prima dell'appello, il termine per la proposizione di quest'ultimo è sospeso fino alla comunicazione dell'ordinanza che regola la competenza (art. 43, comma 3, c.p.c.)

Il regolamento di competenza **non è proponibile contro i provvedimenti del giudice di pace** (art. 46 c.p.c.).

10. La riassunzione della causa dinanzi al giudice dichiarato competente e il regolamento di competenza d'ufficio

Sia nel caso in cui le parti aderiscano all'indicazione del giudice dichiaratosi incompetente, che nel caso in cui la competenza sia stata individuata dalla Corte di Cassazione a seguito di regolamento di competenza, il processo deve essere riassunto, **a pena di estinzione**, nel termine di tre mesi, salvo che un termine diverso sia stabilito dal giudice (art. 50 c.p.c.).
A seguito della riassunzione, analogamente a quanto si è veduto in tema di giurisdizione, il processo **continua** dinanzi al nuovo giudice (c.d. *translatio judicii*), con conseguente **conservazione degli effetti sostanziali e processuali della domanda**.
Nell'ipotesi in cui la rituale riassunzione segua ad un'*ordinanza dichiarativa dell'incompetenza del giudice adìto* questa diviene **incontestabile** quanto all'incompetenza dichiarata e alla competenza del giudice indicato (art. 44 c.p.c.). Tuttavia, se si tratta di *incompetenza per materia o di incompetenza per territorio inderogabile* (art. 28 c.p.c.), il giudice della riassunzione che si ritenga a sua volta incompetente solleva d'ufficio il conflitto di competenza (art. 45 c.p.c.) tramite il **regolamento di competenza d'ufficio** (art. 47, comma 4 c.p.c.), dinanzi alla Corte di Cassazione.

11. Modificazioni della competenza per ragioni di litispendenza e continenza

A) Litispendenza
Si verifica nell'ipotesi in cui le domande *identiche* vengano proposte *contemporaneamente* (la seconda domanda viene formulata *quando è ancora pendente* la prima) dinanzi a *giudici diversi*, (art. 39, comma 1, c.p.c.).
In tal caso, il giudice *in concreto* competente a decidere la causa nel merito è il giudice adìto per primo (art. 39, comma 3, c.p.c.), mentre quello adìto successivamente deve, in qualunque stato e grado del processo e anche d'ufficio, dichiarare con **ordinanza** la litispendenza e disporre la **cancellazione della causa dal ruolo**.
L'ordinanza dichiarativa della litispendenza è impugnabile con il regolamento necessario di competenza (art. 42 c.p.c.).

B) Continenza
Si ha **continenza** quando due cause intercorrono tra gli stessi soggetti (*personae)* e hanno la stessa *causa petendi,* ma sono caratterizzate da una differenza soltanto parziale nel *petitum* di tipo meramente quantitativo.
Se il giudice preventivamente adìto (art. 39, comma 3, c.p.c.) è competente anche per la causa proposta successivamente, il giudice di questa dichiara con **ordinanza** la continenza e fissa un termine perentorio entro il quale le parti debbono riassumere la causa davanti al primo giudice; se, invece, il giudice preventivamente adìto non è competente anche per la causa successivamente proposta, la dichiarazione della continenza e la fissazione del termine sono da lui pronunciate (art. 39, comma 2, c.p.c.).
La continenza può essere rilevata d'ufficio e l'ordinanza che la dichiara può essere impugnata con **regolamento di competenza** (art. 42 c.p.c.).

12. Modificazioni della competenza per ragioni di connessione

Si ha **connessione** allorché vi sia una **comunanza solo parziale** degli elementi identificativi dell'azione, sicché le cause non sono identiche ma non sono neppure completamente diverse, potendo avere in comune, alternativamente, i soggetti (*personae*), il titolo (*causa petendi*) o l'oggetto (*petitum*).

Le ipotesi di connessione previste dal codice sono:

1. **Connessione soggettiva e conseguente cumulo oggettivo** (art. 104 c.p.c.): si verifica nel caso di pluralità di domande che devono essere proposte *dallo stesso soggetto contro lo stesso soggetto* e che non sono altrimenti connesse, non presentando alcuna comunanza nel titolo e nell'oggetto
2. **Connessione oggettiva non qualificata e conseguente cumulo soggettivo** (artt. 103 e 33 c.p.c.): si verifica nel caso dipluralità di domande con comunanza nell'oggetto o nel titolo ma non nei soggetti
3. **Connessione oggettiva qualificata per accessorietà** (art. 31 c.p.c.): l'accessorietà è quella particolare fattispecie di connessione oggettiva o soggettiva tra due cause, in forza della quale la decisione su una di esse (causa accessoria) dipende dalla decisione sull'altra (causa principale).
4. **Connessione oggettiva qualificata per garanzia** (art. 32 c.p.c.): si ha connessione per **garanzia** quando il soggetto contro il quale viene proposta una domanda (domanda principale) propone a sua volta un'altra domanda nei confronti di un terzo (domanda di garanzia) chiedendo che sia da questi risarcito del pregiudizio derivante dalla sua eventuale soccombenza.
5. **Connessione qualificata per pregiudizialità** (art. 34 c.p.c.): per questioni pregiudiziali l'art. 34 c.p.c. (a differenza della diversa accezione utilizzata dagli artt. 187 e 279 c.p.c.) fa riferimento alle questioni (non di rito ma) di merito che, pur potendo costituire oggetto di autonomo accertamento, si inseriscono nell'iter logico-giuridico della decisione sulla domanda principale.
6. **Connessione qualificata per compensazione** (art. 35 c.p.c.): si verifica quando è opposto in compensazione un credito che è *contestato* e che *eccede la competenza per valore* del giudice adito.
7. **Connessione qualificata per riconvenzione** (art. 36 c.p.c.): si verifica quando viene proposta una domanda riconvenzionale che *eccede la competenza per materia o per valore* del giudice adìto con la domanda principale.

13. Provvedimenti del giudice in caso di connessione

Nel caso in cui le cause, che presentano profili di connessione, siano state introdotte davanti a *giudici diversi*, il giudice competente (dinanzi al quale la causa deve essere riassunta nel termine perentorio fissato con **ordinanza**) viene individuato mediante applicazione del **criterio della prevenzione**, salvo che si tratti di *connessione per accessorietà*, nel qual caso è competente il giudice della **causa principale**, ancorché adìto successivamente (art. 40, comma 1, c.p.c.).
Peraltro, la connessione non può essere eccepita dalle parti né rilevata d'ufficio dopo la prima udienza né la riassunzione può essere ordinata quando lo stato della causa principale o preventivamente proposta non consenta l'esauriente trattazione e decisione delle cause connesse (art. 40, comma 2, c.p.c.).

14. Connessione tra cause assoggettate a riti diversi

Nel caso in cui la connessione si manifesti tra cause assoggettate a riti differenti, la trattazione congiunta può avere luogo solo nelle ipotesi degli artt. 31, 32, 34, 35 e 36 c.p.c. (art. 40, comma 3, c.p.c.).
In tali casi: *1)* se le cause connesse, cumulativamente proposte o successivamente riunite, sono assoggettate *in parte al rito ordinario o semplificato e in parte a riti speciali*, devono essere trattate e decise con il **rito ordinario o semplificato**, salva l'applicazione del solo **rito speciale del lavoro** quando una di esse rientri tra quelle indicate negli artt. 409 e 442 c.p.c.; *2)* se, invece, le cause sono assoggettate *a differenti riti speciali*, devono essere trattate e decise col rito previsto per

quella tra esse in ragione della quale viene determinata la **competenza** o, in subordine, col rito previsto per la causa di **maggior valore**; *3)* se una delle cause è stata trattata con un rito diverso da quello divenuto applicabile ai sensi della disciplina esaminata *sub 1)*, il giudice provvede a norma degli artt. 426, 427 e 439 c.p.c.

15. Gli istituti posti a garanzia dell'imparzialità del giudice: astensione e ricusazione

Il **principio del contraddittorio** si specifica anche nel diritto di svolgere tutte le attività processuali in condizioni di **parità** con le altre parti, e cioè nel diritto all'**imparzialità**, **terzietà** ed **equidistanza** del giudice (art. 111, comma 2, Cost.).
L'**imparzialità** del giudice, funzionale alla realizzazione del **giusto processo** (art. 111, comma 1, Cost.), è tutelata dal legislatore mediante la previsione di strumenti di reazione attivabili dallo stesso giudice o dalle parti per il caso in cui l'equidistanza del decidente e la sua terzietà possano essere vulnerate.
Questi strumenti sono l'**astensione** (**obbligatoria** o **facoltativa**) con la quale il giudice si spoglia della competenza a decidere, nonché la **ricusazione**, che invece può essere attivata dalla parte che dubiti della imparzialità del decidente.

A) L'astensione
Si distingue tra astensione **obbligatoria** (art. 51, comma 1, c.p.c.) e astensione **facoltativa** (art. 51, comma 2, c.p.c):
- l'**astensione è obbligatoria** se il giudice: *1)* ha interesse nella causa o in altra vertente su identica questione di diritto; *2)* egli stesso, o la moglie, è parente fino al quarto grado o è convivente o commensale abituale di una delle parti o di alcuno dei difensori; *3)* gli stesso o la moglie ha causa pendente o grave inimicizia o rapporti di credito o debito con una delle parti o alcuno dei difensori; *4)* ha dato consiglio o prestato patrocinio nella causa, o ha deposto in essa come testimone, oppure ne ha conosciuto come magistrato in altro grado di giudizio o ne ha conosciuto come arbitro o, ancora, vi ha prestato assistenza come consulente tecnico; *5)* è tutore, curatore, amministratore di sostegno, procuratore, agente o datore di lavoro di una delle parti, oppure è amministratore o gerente di un ente (associazione, comitato, società) o stabilimento che ha interesse nella causa;
- l'**astensione è facoltativa** quando – al di fuori di quelli sopra indicati – *esistano gravi ragioni di convenienza*.

L'astensione avviene su iniziativa spontanea del giudice ed è autorizzata dal capo dell'ufficio, che provvede all'assegnazione della causa ad altro giudice.

B) La ricusazione
I **motivi di ricusazione** coincidono con i motivi di astensione obbligatoria (art. 52, comma 1, c.p.c.).
La ricusazione, si propone con *ricorso di parte*. Sulla ricusazione del giudice di pace decide il presidente del tribunale; sulla ricusazione di uno dei componenti del tribunale (oppure della Corte di Appello o della Corte di Cassazione) decide il collegio del quale non può far parte il giudice ricusato (art. 53, comma 1, c.p.c.); la decisione viene pronunciata con *ordinanza non impugnabile* (art. 53, comma 2, c.p.c.).

16. La responsabilità civile del giudice

A) Generalità
Diversamente dalla ricusazione e dall'astensione, l'istituto della responsabilità civile del giudice

opera *in via successiva*, e cioè dopo la posizione in essere, da parte del magistrato, **nell'esercizio delle funzioni**, di un *comportamento*, un *atto* o un *provvedimento* che abbia cagionato ad altri un danno ingiusto.
I limiti di tale responsabilità sono individuati dalla **L. n. 117/1988** e concernono tanto gli **aspetti sostanziali** della responsabilità **(presupposti, danni risarcibili)** quanto gli **aspetti processuali**.
I limiti sia *sostanziali* sia *aspetti processuali* non trovano applicazione nell'ipotesi in cui il danno derivi da **una condotta non riconducibile all'esercizio delle funzioni giurisdizionali** né nell'ipotesi in cui il danno derivi da un **fatto costituente reato** (art. 13 l. n. 117/1988), ipotesi nelle quali la responsabilità è regolata dalle norme ordinarie.

B) Aspetti sostanziali
Sotto il profilo sostanziale, la responsabilità viene limitata: **a)** ai danni derivanti da comportamenti, atti o provvedimenti posti in essere con **dolo o colpa grave**; **b)** ai danni derivanti da **diniego di giustizia**; **c)** nell'uno e nell'altro caso, fatte salve le specifiche ipotesi di cui si dirà, non può comunque dar luogo a responsabilità l'attività di **interpretazione di norme di diritto** né quella di **valutazione del fatto e delle prove** (art. 2, commi 1 e 2, l. n. 117/1988).
L'area dei pregiudizi risarcibili comprende oggi tutti i danni patrimoniali che siano conseguenza dei comportamenti, degli atti e dei provvedimenti aventi i caratteri sopra esaminati,.

C) Gli aspetti processuali
Ulteriori limiti alla responsabilità civile del giudice, nell'esercizio delle funzioni, emergono dagli **aspetti processuali** della disciplina (artt. 4-8 L. n. 117/1988) L'azione infatti può essere proposta solo nei confronti dello Stato e dopo che siano stati esperiti tutti i mezzi di impugnazione ed è soggetta al termine decadenziale di tre anni.

17. Gli ausiliari del giudice

Gli **ausiliari del giudice in senso ampio** si distinguono in **due categorie**:

1. **Gli uffici complementari,** che costituiscono *articolazioni interne della struttura giudiziaria* e a cui sono preposte persone fisiche titolari di un *rapporto subordinato di impiego con lo Stato* e sono costituiti da:
   - **cancelliere**, che si occupa della *documentazione* delle attività proprie e di quelle degli organi giudiziari e delle parti; *compila il processo verbale* di tutti gli atti che compie; attende all'*iscrizione delle cause a ruolo*; *forma il fascicolo d'ufficio* per ogni affare e provvede alla *conservazione dei fascicoli di parte*; riceve il *deposito* degli atti di parte e dei provvedimenti del giudice; *assiste* il giudice in udienza e, in generale, in tutti gli atti nei quali deve essere formato processo verbale; *sottoscrive* i provvedimenti del giudice insieme a quest'ultimo; provvede alle *comunicazioni* degli atti e al *rilascio di copie ed estratti autentici* dei documenti (artt. 57 e 58);
   - **ufficiale giudiziario**, che, assume un ruolo centrale nel processo di esecuzione (*v., Parte III*); anche nel processo di cognizione, tuttavia, svolge funzioni importanti di *assistenza* del giudice in udienza e *notificazione degli atti* (art. 59 c.p.c.);

2. Gli **ausiliari in senso stretto**, che sono *estranei all'organizzazione degli uffici giudiziari* e sono persone fisiche che *occasionalmente*, sulla base di specifici rapporti di prestazione d'opera, vengono incaricate dal giudice dello svolgimento di particolari attività e sono costituiti da:
   - **consulente tecnico**, nominato dal giudice quando è necessario compiere accertamenti che richiedono *competenze tecniche*: in tal caso, il giudice, di norma, sceglie il consulente tra persone iscritte in *albi speciali* (art. 61 c.p.c.);
   - **custode**, nominato dal giudice ai fini della *conservazione e amministrazione dei beni pignorati o sequestrati* (art. 65 c.p.c.);

- **"altri" ausiliari**, previsti genericamente dall'art. 68 c.p.c., tra i quali si segnalano l'**interprete** (da nominarsi nei casi in cui il giudice debba sentire una persona che non parla la lingua italiana o una persona *sorda*), il **traduttore** (da nominarsi allorché debba essere tradotto un atto o un documento redatto in lingua straniera), lo **stimatore** (da nominarsi quando debba essere determinato il valore di beni mobili o immobili) e il **notaio** (cui, in particolare, possono essere delegate le operazioni di vendita nell'espropriazione forzata mobiliare e immobiliare: artt. 534-*bis* e 591-*bis* c.p.c.). Il giudice può sempre richiedere l'assistenza della **forza pubblica** (art. 68, comma 3, c.p.c.).

Sezione V ▶ Le parti e i difensori

1. Nozione di parte

La qualifica di "**parte processuale**" si assume nel momento in cui viene proposta una domanda giudiziale dalla quale origina un processo; essa deriva unicamente dal semplice fatto di aver proposto una causa o di essere stato evocato in giudizio.
Pertanto, la posizione non è legata all'effettiva titolarità attiva o passiva della pretesa giuridica fatta valere, profilo questo che attiene all'indagine nel merito, né, affinché sussista, è necessaria l'affermazione astratta della titolarità che riguarda il diverso presupposto della *legitimatio ad causam* (che è una condizione dell'azione). Allo stesso modo, il concetto di parte processuale non è legato neppure alla *legitimatio ad processum*, ossia al presupposto processuale che attiene alla capacità concreta di esercitare il diritto.
Il soggetto che propone la domanda è denominato **attore**, mentre quello nei cui confronti la domanda è proposta è definito **convenuto**. Quando però la domanda è proposta con ricorso le parti sono identificate rispettivamente come **ricorrente** e **resistente**.

2. La capacità processuale

La **capacità processuale** (art. 75 c.p.c.) è una specificazione della **capacità di agire** generale: è l'*attitudine ad esercitare personalmente i propri diritti all'interno del processo e a porre in essere personalmente gli atti processuali*, e cioè l'*attitudine ad agire ed essere convenuti personalmente in giudizio*. Essa *si acquista* con la maggiore età (art. 2 c.c.), salvo casi particolari (ad es. in materia di lavoro) in cui si acquista ad un'età inferiore, o di provvedimenti privativi (art. 32 c.p., art. 414 c.c) o limitativi (art. 414 c.c.) della capacità di agire.
La capacità processuale integra un **presupposto processuale**, il quale deve *preesistere* alla domanda e la cui mancanza impone al giudice di fermarsi ad una pronuncia sul rito: ciò distingue la *legitimatio ad processum* dalla *legitimatio ad causam* (legittimazione ad agire) che integra una **condizione dell'azione** e costituisce un requisito *intrinseco* alla domanda.

3. La rappresentanza processuale

Anche il processo conosce l'istituto della rappresentanza allorché si tratti di *ovviare al difetto di capacità processuale* di una delle parti (rappresentanza processuale legale) oppure di consentire di agire o resistere in giudizio alla parte che *non voglia compiere personalmente gli atti del processo* (rappresentanza processuale volontaria).

A) La rappresentanza processuale legale

Con riferimento alla capacità di agire processuale, i soggetti *privi* (minori, interdetti) o *limitati* (emancipati, inabilitati) sono rispettivamente **rappresentati o assistiti**, nel processo, dalle stesse persone (genitori, tutori, curatori) cui spetta la rappresentanza o l'assistenza nel campo sostanziale; Parimenti, la promozione del giudizio è subordinata ad un'autorizzazione del giudice tutelare o del tribunale nei medesimi casi in cui questa è prevista nel campo sostanziale (art. 75, comma 2, c.p.c.).

B) La rappresentanza processuale delle persone giuridiche e degli enti non riconosciuti

Anche con riguardo alle persone giuridiche e agli enti non riconosciuti, il codice attribuisce la legittimazione processuale agli stessi soggetti dotati del potere di rappresentanza dell'ente in ambito sostanziale (art. 75, comma 3, c.p.c.).

Quando la legittimazione processuale è attribuita alla persona fisica titolare di un **organo** della persona giuridica (ad es.: amministratore della società), si suole parlare di **rappresentanza processuale organica**.

C) Il curatore speciale

Se manca la persona a cui spetta la rappresentanza, l'assistenza oppure la rappresentanza della persona giuridica, *può* essere nominato (su istanza del pubblico ministero, di qualunque altra parte in causa che vi abbia interesse, dello stesso interessato o dei suoi prossimi congiunti) un **curatore speciale** cui è attribuita una legittimazione processuale **provvisoria** finché subentri il titolare del potere rappresentativo; il curatore speciale *può* essere nominato, quando vi sono *ragioni di urgenza*, anche se non manca la persona a cui spetta la rappresentanza o l'assistenza, e *deve* essere senz'altro nominato quando vi è conflitto di interessi tra rappresentante e rappresentato; alla nomina provvede il giudice con *decreto*, assunte le opportune informazioni e sentite possibilmente le persone interessate (artt. 78, 79 e 80 c.p.c.).

A seguito dell'entrata in vigore della riforma attuata con il D.Lgs. n. 149/2022, la disciplina per la nomina del curatore speciale del minore è oggi regolata dagli artt. 473-*bis* e ss. c.p.c.

D) La rappresentanza processuale volontaria

La rappresentanza processuale volontaria, si articola su due punti fondamentali, consistenti: 1) nella necessità dell'attribuzione di un potere di rappresentanza anche sostanziale in ordine al *rapporto dedotto in giudizio*; 2) nella necessità di espresso conferimento *per iscritto* (art. 77, comma 1, c.p.c.).

La norma va incontro a due eccezioni: nell'ipotesi in cui il rappresentante ponga in essere **atti urgenti** o chieda **misure cautelari** (art. 77, comma 1, ultima parte, c.p.c.) e nell'ipotesi in cui il rappresentante sia il **procuratore generale di persona che non ha residenza o domicilio nello Stato** o sia l'**institore** preposto dal titolare all'esercizio di un'impresa commerciale (art. 77, comma 2, c.p.c.; art. 2204, comma 2, c.c.).

4. Nozione di difensore e di difesa in senso tecnico. Il patrocinio

I difensori sono ausiliari delle parti che, in quanto tecnici del diritto, svolgono la **difesa tecnica**, che costituisce una specificazione del più ampio diritto costituzionale alla difesa, previsto dall'art. 24, comma 1, Cost., nonché una specificazione del diritto al contraddittorio.

L'attività del difensore prende il nome di "**patrocinio**" (art. 82 c.p.c.) e ha un duplice contenuto, articolandosi nell'attività di ***"ministero"*** e nell'attività di ***"assistenza"***.

Oggi entrambe le attività (essendo stata soppressa la figura del *procuratore legale*) sono svolte dall'unica figura professionale dell'avvocato, ferma restando la facoltà della parte di cumularle in un unico difensore o di affidarle a difensori diversi.

5. La regola generale della necessità del patrocinio del difensore e sue limitazioni

Il ricorso al difensore nel processo non costituisce una facoltà ma è previsto *obbligatoriamente* dalla legge, in quanto, in via generale, la parte non può stare in giudizio personalmente tranne che nei seguenti casi:

- nei giudizi dinanzi al giudice di pace, se il valore della causa non eccede i 1.100 euro (art. 82, comma 1, c.p.c.);
- nei restanti giudizi dinanzi al giudice di pace, dietro autorizzazione del giudice, tenuto conto della natura e dell'entità della causa (art. 82, comma 2, c.p.c.);
- in tutti i giudizi in cui la parte (o il suo rappresentante processuale) ha la qualità necessaria per esercitare l'ufficio del difensore dinanzi al giudice adito (art. 86 c.p.c.);
- nel processo del lavoro, se il valore della causa non eccede i 129,11 euro (art. 417, comma 1, c.p.c.)

6. Il contenuto del patrocinio. Il *ministero* del difensore

L'attività che si riconduce al *"ministero"* del difensore consiste nel compiere e ricevere, nell'interesse della parte stessa, tutti gli atti del processo che dalla legge non sono ad essa espressamente riservati (art. 84, comma 1, c.p.c., ad es. l'interrogatorio libero artt. 117, 185, 420 c.p.c.), o che comportano la disposizione del diritto in contesa, se non ne ha ricevuto mandato speciale (art. 84, comma 2, c.p.c.).

Il *"ministero"* del difensore consiste, dunque, nel **compimento** e nella **ricezione** degli **atti del processo**.

Il difensore agisce non solo *"nell'interesse"* della parte (come dispone la norma in esame) ma anche **nel nome** della parte medesima: gli effetti del compimento degli atti e della ricezione degli stessi si producono direttamente sulla sfera giuridica della parte;

La complessiva *situazione soggettiva* attribuita al difensore mediante tale conferimento di poteri si suole indicare con l'espressione ***jus postulandi***.

▶ 6.1. La procura

Lo *jus postulandi* viene conferito al difensore con la **procura alle liti** (art. 83 c.p.c.). La procura alle liti è un **negozio giuridico unilaterale** con cui il difensore viene investito del potere di rappresentare la parte in giudizio.

A) Forme e tipi

La procura deve essere conferita *per iscritto*, con **atto pubblico** o **scrittura privata autenticata** (art. 83, comma 2, c.p.c.).

Essa può essere **generale** (**alle liti**: quando ha ad oggetto, in via *indeterminata*, tutte le possibili liti) o **speciale** (**alla lite**: quando ha ad oggetto la *singola* lite).

La procura speciale può essere apposta **in calce** o **a margine** degli *atti con i quali la parte fa il suo ingresso nel processo* nonché della *memoria di nomina del nuovo difensore*, in aggiunta o in sostituzione di quello precedentemente designato: in questi casi l'autografia della sottoscrizione deve essere **certificata dal difensore**.

La procura si considera apposta *in calce* anche se rilasciata su *foglio separato* che sia però congiunto materialmente all'atto cui si riferisce, o su documento informatico separato sottoscritto con firma digitale e congiunto all'atto cui si riferisce mediante strumenti informatici individuati con apposito decreto del Ministero della giustizia.

La procura speciale *si presume* conferita *soltanto per un determinato grado del processo* quando nell'atto non è espressa volontà diversa (art. 83, comma 4, c.p.c.).

La procura può essere sempre revocata, anche per fatti concludenti, in ogni momento; il difensore può parimenti rinunciarvi. In entrambi i casi si tratta di atti recettizi, tuttavia la revoca o la rinuncia non hanno effetto nei confronti delle altre parti del processo finché il difensore non viene sostituito (art. 85 c.p.c.)

B) Mancanza e invalidità della procura

La **mancanza** o **invalidità** della procura alle liti comporta che l'attività del difensore *non può spiegare effetti nella sfera giuridica della parte*.

La legge prevede una **deroga** al principio per cui l'attività processuale posta in essere dal difensore senza procura non produce effetti sulla sfera giuridica della parte: tale deroga riguarda unicamente *il difensore dell'attore*, al quale la procura può essere rilasciata anche *in data posteriore alla notificazione dell'atto introduttivo, del primo o del secondo grado, nonché di qualsiasi altro atto diretto ad instaurare il regolare contraddittorio (ad es. l'atto di riassunzione), purché anteriormente alla costituzione della parte rappresentata* (art. 125, comma 2, c.p.c.).

7. L'*assistenza* del difensore

L'**assistenza** consiste nello *svolgimento di argomentazioni difensive, orali e scritte, funzionali a sostenere le ragioni della parte e a determinare il convincimento del giudice*.
Mentre dunque il ministero è inquadrabile in una funzione più propriamente di *rappresentanza*, l'assistenza è inquadrabile in una funzione più propriamente *difensiva*, integrando l'attività in cui si estrinseca la **difesa professionale**. Inoltre, l'attività di ministero viene compiuta non solo per conto ma anche **nel nome** della parte; invece, nello svolgimento dell'attività di assistenza, l'avvocato parla e scrive **in nome proprio**, sebbene a favore della parte.

▶ 7.1. Il consulente tecnico di parte

La parte ha la facoltà di farsi assistere, oltre che da uno o più avvocati, anche da un consulente tecnico (art. 87 c.p.c.) la cui opportunità si profila quando la decisione della causa investa la soluzione di **problemi tecnici**.
In questi casi, come il giudice si avvale di un consulente tecnico (artt. 61 e ss.; 191 e ss. c.p.c.), comunemente definito *consulente tecnico d'ufficio* (CTU), la parte può avvalersi, con funzioni di assistenza per l'attività difensiva dell'avvocato, di un consulente tecnico comunemente definito *consulente tecnico di parte* (CTP).

8. I doveri delle parti e dei difensori. il dovere di lealtà e probità.

Con riferimento al contegno processuale, le parti e i loro difensori hanno il dovere di comportarsi in giudizio con lealtà e probità (art. 88, comma 1, c.p.c.).
A tal fine, si distinguono:
- le condotte che, pur non violando norme specifiche, recano comunque turbamento alla regolare applicazione del principio del contraddittorio;
- le condotte che si traducono in un ingiustificato e inutile dispendio di attività processuale e in richieste superflue con conseguente violazione del diritto fondamentale alla ragionevole durata del processo.

▶ 8.1. Il divieto di espressioni sconvenienti od offensive

Altro dovere delle parti e dei difensori è quello di evitare negli atti e nei discorsi pronunciati dinanzi al giudice espressioni sconvenienti od offensive (art. 89, comma 1, c.p.c.)
La violazione di tale precetto comporta la cancellazione delle frasi sconveniente od offensive dagli scritti difensivi e la possibilità per il giudice di assegnare alla persona offesa una somma a titolo di risarcimento per tutti i tipi di danni, qualora le frasi offensive non riguardino l'oggetto della causa (art. 89, comma 2, c.p.c.). La responsabilità del risarcimento è in capo alla parte, anche qualora l'espressione sanzionata sia stata pronunciata o scritta dal difensore, con facoltà di rivalersi su quest'ultimo.

9. La responsabilità delle parti. Il carico delle spese processuali

Le spese del processo si distinguono in due categorie:
a) **le spese in senso stretto**, che attengono principalmente agli *oneri fiscali* e ai *diritti di*

cancelleria (oggi sostanzialmente coincidenti con il *contributo unificato di iscrizione a ruolo*, dovuto, per ogni grado di giudizio), nonché ai *compensi degli ausiliari* e degli *uffici complementari* (ad es.: i compensi degli ufficiali giudiziari);

b) **il compenso al difensore**, che deve essere pattuito al momento del conferimento dell'incarico professionale (art. 9, comma 4, D.L. n. 1/2012).

Per l'attività processuale vale il principio per cui colui che compie l'attività, è tenuto a sopportarne – almeno provvisoriamente – il costo, *anticipando* le spese necessarie.
Alla regola che prevede l'onere dell'anticipazione delle spese, si fa eccezione, ovviamente, nell'ipotesi in cui la parte sia stata ammessa al **patrocinio a spese dello Stato**: in questa ipotesi le spese sono anticipate dall'erario o prenotate a debito, ai sensi degli artt. 74 e ss. del D.P.R. n. 115/2002.

A) La condanna al rimborso. La regola della soccombenza

La ripartizione del carico delle spese in applicazione della regola dell'anticipazione è *provvisoria*: quella *definitiva* viene infatti compiuta nella sentenza con cui si chiude la controversia e dipende dall'esito di quest'ultima, in quanto il carico delle spese viene distribuito in base alla diversa regola della **soccombenza** (art. 91, comma 1, c.p.c.).
L'obbligo in capo alla parte soccombente forma oggetto di una **pronuncia di condanna** integrante uno specifico **capo** della sentenza, avente natura **accessoria** rispetto al capo contenente la pronuncia principale, ma comunque **autonomamente eseguibile**.
In caso di **pluralità di parti soccombenti**, il giudice condanna ciascuna di esse alle spese in proporzione del rispettivo *interesse* nella causa e può anche pronunciare condanna solidale di tutte o di alcune tra esse, quando hanno interesse comune; se la sentenza non statuisce sulla ripartizione delle spese, questa si fa per *quote uguali* (art. 97 c.p.c.).
Regole specifiche sono previste per il processo di esecuzione (art. 95 c.p.c.) e per il processo cautelare (art. 669-*septies* c.p.c.) per adattare la regola generale alle peculiarità di tali procedimenti.

B) La liquidazione

La condanna al rimborso delle spese non è una condanna *generica* ma una **condanna specifica**, in quanto la somma che forma oggetto dell'obbligazione di rimborso viene specificamente **liquidata** dal giudice (art. 91, comma 1, c.p.c.).
L'attività di liquidazione viene compiuta dal giudice avendo riguardo sia alle **spese in senso stretto**, che la parte vittoriosa ha anticipato per il compimento e la ricezione degli atti processuali, sia al **compenso** che essa ha pagato al proprio difensore.

C) I temperamenti alla regola della soccombenza: irripetibilità e compensazione

Poiché la rigorosa applicazione della regola della soccombenza nel caso concreto potrebbe condurre a risultati iniqui o ingiusti, la legge attribuisce al giudice un **potere discrezionale** di temperare l'applicazione della regola della soccombenza, riducendo o, addirittura, escludendo l'obbligo di rimborso delle spese del giudizio, tramite gli istituti dell'**irripetibilità** e della **compensazione**.

- L'istituto dell'**irripetibilità** trova applicazione:

a) quando manchi il presupposto dell'*anticipazione* delle spese ad opera della parte vittoriosa (ad es.: in caso di contumacia della parte vittoriosa);

b) quando la parte vincitrice ha sostenuto spese che il giudice ritiene eccessive o superflue, e dunque sproporzionate in relazione alle reali esigenze difensive (art. 92, comma 1, c.p.c.).

- L'istituto della **compensazione** trova applicazione (art. 92, comma 2, c.p.c.):

a) quando manchi il presupposto della soccombenza di una delle parti, in quanto la stessa sia *"reciproca"*;

b) quando, nella causa siano state trattate questioni di assoluta novità o siano state oggetto di mutamento della giurisprudenza.

D) La distrazione
Ove il difensore dichiari nel corso del giudizio di non avere riscosso compensi e di avere anticipato le spese in senso stretto, (c.d. **antistatario**) può chiedere che il giudice, nel condannare la parte soccombente alle spese del giudizio, **distragga** in suo favore le spese *anticipate* e gli onorari *non riscossi*, (art. 93, comma 1, c.p.c.).
Peraltro, finché il difensore non abbia conseguito il rimborso che gli è stato attribuito, la parte può chiedere, con le forme stabilite per la correzione delle sentenze, la revoca del provvedimento di **distrazione**, fornendo la prova di avere soddisfatto il credito del difensore per gli onorari e le spese (art. 93, comma 2, c.p.c.).

▶ 9.1. La responsabilità processuale aggravata o per c.d. *lite temeraria*

Sebbene tutelato a livello costituzionale (art. 24 Cost.) il diritto di agire e resistere soggiace comunque al principio di **buona fede** e di divieto di **abuso** del diritto.
Pertanto, ove la parte agisca pur essendo consapevole dell'infondatezza della propria domanda (ad es.: per ragioni meramente emulative), ovvero, specularmente, resista (ad es.: per ragioni puramente dilatorie) pur essendo consapevole della fondatezza della domanda avversaria, incorre nella responsabilità aggravata (art. 96 c.p.c.).

A) La struttura
La fattispecie di responsabilità aggravata (anche detta **responsabilità per *lite temeraria***) è una fattispecie a struttura complessa, in quanto presuppone l'integrazione di diversi **elementi costitutivi**, che consistono:

a) nella **soccombenza** (che per consolidato orientamento giurisprudenziale deve essere *totale* e non parziale);
b) nella condotta processuale connotata, sul piano soggettivo, dal **dolo** (*mala fede*) o dalla **colpa grave** (violazione di *diligenza minima*);
c) nel **danno**, che deve essere provato dall'istante sia in relazione alla *sussistenza* (*an debeatur*) sia in relazione al concreto *ammontare* (*quantum debeatur*), salva la liquidazione equitativa, ai sensi dell'art. 1226 c.c., quando la prova del preciso ammontare sia impossibile o notevolmente difficile.

Indipendentemente dalla sussistenza degli elementi soggettivi e oggettivi della fattispecie, il giudice può condannare la parte soccombente al pagamento in favore della controparte di una somma equitativamente determinata (art. 96, comma 3, c.p.c.).

B) Ipotesi specifiche di responsabilità processuale
Accanto alla fattispecie generale contemplata dall'art. 96, comma 1 c.p.c., vi sono **ipotesi specifiche** di responsabilità processuale e precisamente nei casi in cui:

- la parte abbia, senza la normale prudenza, domandato l'esecuzione di un provvedimento cautelare, trascritto una domanda giudiziale, iscritto ipoteca giudiziale, iniziato o compiuto l'esecuzione forzata, per la tutela di un diritto dichiarato inesistente (art. 96, comma 2, c.p.c.);
- il creditore procedente abbia agito in malafede su beni di proprietà od oggetto di diritti reali di terzi (art. 2920 c.p.c.);
- il creditore istante abbia chiesto con colpa la dichiarazione di fallimento, successivamente revocata (art. 147 D.P.R. n. 115/2002).

C) La condanna al pagamento di una somma alla cassa delle ammende
Con la riforma attuata dal D.Lgs. n. 149/2022 è ora previsto che, nelle ipotesi di responsabilità aggravata di cui all'art. 96, commi 1, 2 e 3, c.p.c., il giudice può condannare il soccombente al pagamento di una somma compresa tra 500 e 5.000 euro in favore della cassa delle ammende (art. 96, comma 4, c.p.c.).

La norma ha evidenti finalità deflattive, intendendo colpire ulteriormente la parte che abbia abusato del diritto di difesa.

10. La pluralità delle parti. Il litisconsorzio necessario

Il fenomeno processuale può manifestarsi in forme più complesse, caratterizzate da una **pluralità di parti**, che può essere *originaria* (**litisconsorzio**) o *successiva* (**intervento**).
Il litisconsorzio si definisce **necessario** quando la decisione non può pronunciarsi che in confronto di più parti, che pertanto devono agire o essere convenute nel medesimo processo (art. 102, comma 1, c.p.c.). Ciò presuppone che il rapporto giuridico sostanziale dedotto in giudizio abbia *carattere plurisoggettivo e natura unitaria o inscindibile* (cfr. art. 331 c.p.c.).
Ove il giudice rilevi la presenza di litisconsorti necessari non evocati in giudizio, ordina l'integrazione del contraddittorio nel termine da questo stabilito (art. 102, comma 2, c.p.c.). Nel caso in cui le parti non osservino l'ordine di integrazione del contraddittorio, il processo si estingue (art. 307, comma 3, c.p.c.).
Nel caso in cui anche il giudice trascuri la necessarietà del litisconsorzio e l'ordine di integrazione del contraddittorio non venga emesso, la sentenza pronunciata al termine del giudizio è *inutiliter data*, improduttiva di effetti non soltanto nei confronti dei litisconsorti pretermessi, ma anche nei confronti delle parti presenti nel processo.
La mancata integrazione del contraddittorio nei confronti dei litisconsorti necessari pretermessi determina uno dei casi di rimessione della causa al primo giudice da parte del giudice di appello (art. 354, comma 1, c.p.c.).

▶ 10.1. Il litisconsorzio facoltativo

In assenza dei presupposti del litisconsorzio necessario, quando tra più cause esiste comunque connessione per l'oggetto o per il titolo, oppure quando la decisione dipende dalla risoluzione di identiche questioni, si è in presenza di **litisconsorzio facoltativo** (art. 103 c.p.c.), distinto in **proprio** e **improprio**.

A) Il litisconsorzio facoltativo proprio
Sussiste quando tra una pluralità di cause ricorre la **connessione oggettiva** (identità di *petitum* o di *causa petendi*) che, come si è veduto, dà luogo al c.d. **cumulo soggettivo**, e cioè alla *possibilità* che le diverse parti agiscano o siano convenute nel medesimo processo, con conseguenze anche sulla competenza (art. 33 c.p.c.).
L'esempio tipico è quello dei **condebitori solidali**.

B) Il litisconsorzio facoltativo improprio
Sussiste quando, pur non ricorrendo tra le varie cause alcuna connessione in senso proprio, tuttavia esse *abbiano in comune una o più questioni* la cui soluzione sia necessaria per la decisione di tutte.

▶ 10.2. L'intervento volontario

La pluralità successiva delle parti si integra nelle fattispecie dell'intervento (nelle due forme di *intervento volontario* e di *intervento coatto*).
L'**intervento volontario** è disciplinato dall'art. 105 c.p.c. e si articola, a sua volta, in **tre tipi**: l'intervento *principale* (o *ad excludendum*), l'intervento *adesivo autonomo* (o *litisconsortile*), l'intervento *adesivo dipendente* (o *adesivo* o *ad adiuvandum*).

A) L'intervento principale e l'intervento adesivo autonomo
I primi due tipi di intervento volontario sono contemplati dal primo comma dell'art. 105 c.p.c., il quale dispone che *"ciascuno può intervenire in un processo tra altre persone per far valere, in confronto di tutte le parti o di alcune tra di esse, un diritto relativo all'oggetto o dipendente dal titolo dedotto nel processo medesimo"*.

- I **caratteri comuni** a questi due tipi di intervento riguardano la **legittimazione attiva** (c.d.

legittimazione ad intervenire), i cui presupposti consistono:

a) nella titolarità (affermata) di un proprio autonomo *diritto soggettivo*;
b) nell'inerenza di tale diritto all'*oggetto* (*petitum*) o nella sua dipendenza dal *titolo* (*causa petendi*) già dedotto nel processo.

In quanto il terzo interveniente fa valere un *autonomo diritto soggettivo*, distinto da quello delle parti originarie, può dirsi che esercita un'autonoma azione o che propone un'**autonoma domanda**.
Quanto ai **caratteri differenziali**:

- nel caso dell'**intervento principale** (o *ad excludendum*), il diritto soggettivo di cui si afferma titolare il terzo interveniente viene fatto valere *"in confronto di tutte le parti"* originarie. Si tratta, dunque, di un diritto **incompatibile** con quello vantato dalle altre parti del processo che sono, tutte, legittimate passive rispetto alla domanda formulata dall'interveniente;
- nel caso dell'**intervento adesivo autonomo** (o *litisconsortile*), il diritto soggettivo di cui si afferma titolare il terzo non viene fatto valere nei confronti di tutte le parti originarie ma soltanto *"di alcune di esse"*. Si tratta, dunque, di un diritto **identico** a quello già vantato da una (o da talune) delle parti originarie nei confronti delle altre (ad es. il terzo danneggiato dal medesimo fatto illecito cagionato dal convenuto).

B) L'intervento adesivo dipendente

Il terzo tipo di intervento volontario è contemplato dal secondo comma dell'art. 105 c.p.c., a mente del quale il terzo *"può altresì intervenire per sostenere le ragioni di alcuna delle parti, quando vi ha un proprio interesse"*.
Il terzo, dunque, non assume nel processo una posizione *autonoma* ma una posizione **subordinata** a quella della parte adiuvata, in quanto dall'accertamento del diritto da questa vantato consegue anche un vantaggio in capo all'interveniente (ad es., il subconduttore non può vantare autonomi diritti nei confronti del locatore principale ma, avendo *interesse* alla continuazione del rapporto locatizio, può spiegare, nella causa per finita locazione tra il proprietario e il conduttore originario, un intervento adesivo dipendente, sostenendo le ragioni del secondo nei confronti del primo).

Le **forme** con le quali si attua l'intervento volontario (artt. 267 e 268 c.p.c.) saranno esaminate in sede di illustrazione della disciplina del processo di cognizione.

▶ 10.3. L'intervento coatto

L'intervento coatto si ha quando il terzo non interviene spontaneamente nel processo ma viene *chiamato* nello stesso a seguito della richiesta di una delle parti (**intervento coatto a istanza di parte**) o dell'ordine del giudice (**intervento coatto *iussu iudicis***).

A) L'intervento coatto a istanza di parte

È disciplinato dall'art. 106 c.p.c., secondo il quale *"ciascuna parte può chiamare nel processo un terzo al quale ritiene comune la causa o dal quale pretende essere garantita"*.
Ai sensi della norma in esame, la *legittimazione alla chiamata del terzo* si basa, alternativamente, sulla (affermata) **comunanza della causa** al terzo oppure sulla **connessione per garanzia** che deve intercorrere (naturalmente, sempre in chiave di affermazione) tra la domanda originaria e la domanda formulata nei confronti del terzo chiamato.
La nozione di **comunanza della causa** è formula piuttosto generica, nella quale si prestano a rientrare non solo le ipotesi di *connessione oggettiva* vera e propria (e quindi tutte le altre ipotesi di connessione oggettiva diverse dalla connessione qualificata per garanzia) ma anche le ipotesi in cui si profili comunque un **interesse** alla partecipazione del terzo al processo anche solo per la sussistenza di *ragioni pratiche* che rendono opportuno estendere gli effetti dell'accertamento giudiziale al terzo medesimo.

- Un'ipotesi particolare di chiamata di terzo si ha nella c.d. ***laudatio auctoris***, che ricorre allorché il convenuto, al fine di ottenere la sua liberazione dalla pretesa dell'attore, chiami in giudizio un terzo indicandolo come il vero soggetto passivo del rapporto dedotto in giudizio dall'attore e come unico obbligato nei confronti di quest'ultimo (ad es.: Caio, convenuto in giudizio da Tizio per l'adempimento di una obbligazione, afferma di non essere il vero debitore e indica come tale il terzo Sempronio).

B) L'intervento coatto *iussu iudicis*
È disciplinato dall'art. 107 c.p.c., secondo il quale *"il giudice, quando ritenga opportuno che il processo si svolga in confronto di un terzo al quale la causa è comune, ne ordina l'intervento"*.
Destinatarie dell'ordine del giudice sono le parti e non il terzo, il quale, essendo estraneo al processo, non potrebbe ricevere alcun ordine.
Va inoltre precisato che, a seguito dell'ordine del giudice, sorge in capo alle parti l'**onere** di provvedere alla citazione del terzo, pena la cancellazione della causa dal ruolo e la conseguente estinzione del giudizio (art. 270 c.p.c.).

11. Le vicende relative alle parti. L'estromissione

L'**estromissione** si ha quando una delle parti esce dal processo prima della sua conclusione a seguito di un provvedimento del giudice che la esclude dalla lite.
Il codice prevede la possibilità dell'estromissione solo con riferimento a **due specifiche fattispecie**, l'una concernente il *garantito*, l'altra concernente l'*obbligato*.

1. **L'estromissione del garantito**. La prima ipotesi di estromissione è disciplinata dall'art. 108 c.p.c., il quale prevede che se il garante compare e accetta di assumere la causa in luogo del garantito, quest'ultimo può chiedere di essere estromesso dal processo, sempre che le altre parti non si oppongano. L'estromissione viene disposta dal giudice con **ordinanza** ma la sentenza di merito, successivamente pronunciata nel giudizio, è efficace anche nei confronti dell'estromesso.
2. **L'estromissione dell'obbligato**. La seconda ipotesi di estromissione è disciplinata dall'art. 109 c.p.c., il quale prevede che, quando la controversia concerne l'individuazione, tra più parti, di quella cui spetta una certa prestazione e l'obbligato (che non contesta il proprio debito) si dichiara pronto ad eseguirla a favore dell'avente diritto, il giudice può ordinare il deposito della cosa o della somma dovuta e, dopo il deposito, può estromettere l'obbligato dal processo. Anche in questo caso, sebbene non sia espressamente previsto, la sentenza di merito deve ritenersi efficace nei confronti dell'estromesso, il quale non ha contestato la propria obbligazione.

▶ 11.1. La successione

La **successione**, come fattispecie processuale, costituisce la conseguenza di una vicenda successoria di diritto sostanziale coinvolgente una delle parti, in quanto presuppone il **subingresso di un terzo nei rapporti giuridici di cui la parte era titolare**.
Si distingue tra il subingresso del terzo che riguarda la *totalità* dei rapporti giuridici facenti capo alla parte (**successione nel processo**, *ex* art. 110 c.p.c.) e il subingresso del terzo che riguarda lo *specifico* diritto che costituisce oggetto del processo (**successione a titolo particolare nel diritto controverso ex** art. 111 c.p.c.).

A) La successione nel processo
Presuppone, a livello sostanziale, una *successione a titolo universale* nei diritti e nelle altre situazioni giuridiche soggettive della parte, in conseguenza della *morte* della parte (se si tratta di persona fisica) o della sua *estinzione* (se si tratta di persona giuridica).
In queste ipotesi, il successore a titolo universale (erede, socio, ecc.), in quanto succede nella titolarità di *tutti* i rapporti giuridici spettanti alla persona fisica defunta o alla persona giuridica estinta, subentra anche nella titolarità del rapporto giuridico processuale (art. 110 c.p.c.).

B) La successione a titolo particolare nel diritto controverso
Presuppone, a livello sostanziale, una *successione a titolo particolare* nello *specifico* diritto che costituisce oggetto del processo, ciò che si verifica in conseguenza del trasferimento del diritto per atto *tra vivi* (ad es.: alienazione) o della sua trasmissione *per causa di morte* (legato).
Da un lato, la disciplina processuale presuppone la *piena validità ed efficacia degli atti di trasferimento del diritto*, benché compiuti in pendenza del processo e quindi della controversia su di esso. Dall'altro

lato, tuttavia, tali atti sono resi *inopponibili*, nel processo, all'altra parte, la quale non è onerata di riassumere il processo nei confronti nel successore a titolo particolare.
Per questo motivo, la disciplina della successione a titolo particolare prevede, come regola tendenziale, quella per cui il processo deve proseguire tra le **parti originarie** (art. 111 c.p.c.).
Ciò vale anche per l'ipotesi di successione a titolo particolare *mortis causa*, in quanto il processo è proseguito dal successore universale o nei suoi confronti (art- 111, comma 2, c.p.c.).
Peraltro, al successore a titolo particolare viene riconosciuto un potere di **intervento**, l'esercizio del quale consente all'alienante o al successore a titolo universale di essere *estromesso* dal processo, sempre che vi sia il consenso delle altre parti (art. 111, comma 3, c.p.c.).
La sentenza pronunciata contro l'alienante o il successore universale *"spiega sempre i suoi effetti anche contro il successore a titolo particolare"*, il quale è, dunque, altresì legittimato all'impugnazione (art. 111, comma 4, c.p.c.). A tale efficacia, il successore a titolo particolare si sottrae in due sole ipotesi: *a)* quando il diritto trasferito abbia ad oggetto una **cosa mobile** e l'acquirente ne abbia acquistato il possesso in **buona fede** sulla base di un **titolo idoneo** al trasferimento della proprietà (art. 1153 c.c.); *b)* quando, trattandosi di diritto avente ad oggetto un **bene immobile**, abbia trascritto l'atto di acquisto prima della **trascrizione** della domanda giudiziale (art. 2653 c.c.).

Sezione VI ▶ Il pubblico ministero

1. La funzione del pubblico ministero nel processo civile

Nei procedimenti in cui sussiste esigenza di tutela dell'interesse pubblico, il legislatore, pur escludendo la scelta estrema di prevedere il c.d. **processo ufficioso puro**, ha fatto ricorso ad uno strumento particolare, consistente nell'inserimento, all'interno del processo civile e con poteri di iniziativa analoghi a quelli delle parti private, di un **magistrato**, il **pubblico ministero**, al quale, sul piano ordinamentale, è attribuita la funzione di vigilare sull'osservanza delle leggi, sulla pronta e regolare amministrazione della giustizia, nonché sulla tutela dei diritti dello Stato, delle persone giuridiche e degli incapaci (art. 73 R.D. n. 12/1941).
Sul *piano strutturale*, il pubblico ministero opera nel processo civile come una delle parti, e cioè utilizzando, *tecnicamente*, gli stessi istituti previsti per le parti private; sul *piano funzionale*, invece, il pubblico ministero, pur operando nel processo come parte, esercita, all'interno di esso e nei limiti dello specifico oggetto del giudizio nel quale agisce o interviene, le attribuzioni di pubblico interesse connesse con la sua posizione ordinamentale.

2. I diversi ruoli del pubblico ministero nel processo civile

Al variare dell'intensità dell'esigenza di tutela dell'interesse pubblico varia anche il ruolo che il pubblico ministero può assumere nel processo civile, potendosi distinguere, sotto tale profilo, **tre** diverse posizioni.

A) Il pubblico ministero attore

Il pubblico ministero assume il ruolo di **attore** nei casi in cui l'esigenza di tutela dell'interesse pubblico assume la massima intensità. In questi casi viene prevista, in favore del pubblico ministero, **la legittimazione ad esercitare l'azione** (e i conseguenti poteri processuali) *in sostituzione* del titolare del diritto oppure *in via esclusiva*, onde ottenere la tutela dell'interesse pubblico ad esso sottostante.
Le ipotesi in cui la legge attribuisce al pubblico ministero tale legittimazione ad agire sono tassative (art. 69 c.p.c.).
Possono ricordarsi: la dichiarazione di morte presunta (art. 58 c.c.); l'impugnazione del matrimonio contratto in violazione delle disposizioni sugli impedimenti matrimoniali (artt. 117 e 119 c.c.); l'interdizione e l'inabilitazione (art. 417 c.c.); l'ispezione di società (art. 2409 c.c.); il

fallimento (art. 6 L.F.); la dichiarazione dello stato di adottabilità nell'adozione dei minori (artt. 8 e 9 l. n. 184/1983).

B) Il pubblico ministero interventore necessario
Anche i **casi** in cui il pubblico ministero assume questo ruolo sono tassativi (art. 70, commi 1 e 2, c.p.c.) e comportano l'obbligo per il giudice di ordinare la **comunicazione degli atti processuali** al pubblico ministero a pena di **nullità insanabile e rilevabile d'ufficio, salva la formazione del giudicato** (artt. 158 e 161 c.p.c.).

C) Il pubblico ministero interventore facoltativo
Infine, il pubblico ministero può partecipare in ogni altra causa in cui ravvisi un pubblico interesse (art. 70, comma 3, c.p.c.).
In questi casi, il giudizio circa la sussistenza dell'interesse pubblico non viene formulato – *ex ante* e in via generale – dalla legge, ma viene affidato, di volta in volta, al pubblico ministero, il quale, dopo che la singola causa è stata proposta, valuta se l'accertamento giudiziale è strumentale soltanto alla tutela dell'interesse privato delle parti o se viene coinvolto anche un interesse superiore.

3. I poteri del pubblico ministero nel processo civile

I poteri del pubblico ministero nel processo civile variano a seconda che egli sia dotato della legittimazione ad **agire** o della (sola) legittimazione ad **intervenire**.

1. **I poteri del P.M. dotato della legittimazione ad agire.** Quando è dotato della legittimazione ad agire (artt. 69 e 70, comma 1, n. 1, c.p.c.) il pubblico ministero è **titolare di un'azione autonoma** e può esercitare tutti i poteri propri della parte, in posizione di **autonomia** rispetto alle parti private (art. 72 c.p.c.).
2. **I poteri del P.M. dotato della (sola) legittimazione ad intervenire.** Quando è dotato della sola legittimazione ad intervenire (sia nelle ipotesi di intervento necessario diverse da quelle previste dall'art. 70, comma 1, n. 1, c.p.c., sia nelle ipotesi di intervento facoltativo di cui all'art. 70, comma 3, c.p.c.), il pubblico ministero non è **titolare di un'azione autonoma**. Pertanto, può compiere solo le attività tecniche di parte che non incidono sull'impulso processuale e sul *thema decidendum* (art. 72, comma 2, c.p.c.). Tuttavia, il pubblico ministero ha il potere di impugnare le sentenze relative a **cause matrimoniali**, nonché le sentenze che **dichiarano l'efficacia o l'inefficacia di sentenze straniere relative a cause matrimoniali**, salvo che si tratti di sentenze di *separazione personale dei coniugi* (art. 72, commi 3 e 4, c.p.c.).

Il pubblico ministero interventore *necessario* ha, infine, il potere di proporre la **revocazione** della sentenza quando sia stata pronunciata senza che egli sia stato sentito o quando sia l'effetto della collusione posta in opera dalle parti per frodare la legge (art. 397 c.p.c.).

Va, infine, ricordato che al pubblico ministero si applicano le norme sull'astensione dei giudici, ma non quelle sulla ricusazione (art. 73 c.p.c.).

Sezione VII ▶ Gli atti processuali

1. Nozione di atto processuale. Distinzioni

L'atto processuale *in senso proprio* può definirsi come *l'atto, posto in essere da uno dei soggetti del processo, che si inserisce nella dinamica processuale, producendo l'effetto di far nascere, in*

capo ad altri soggetti del processo, situazioni soggettive (in particolare, poteri e oneri) aventi ad oggetto la posizione in essere di altri atti processuali, dando così l'impulso all'ulteriore proseguimento del giudizio verso il provvedimento conclusivo.
Gli atti processuali, quali atti inseriti nella dinamica processuale, si distinguono dai **documenti** che vengono esibiti nel processo (aventi funzione documentativa, certificativa o attestativa) e dagli atti giuridici **preparatori** del processo (si pensi, ad es., alla procura alle liti) o **coordinati** al processo (si pensi, ad es., all'atto con cui viene conferito al difensore il potere di compiere atti dispositivi del diritto in contesa).
Nell'ambito degli atti processuali in senso proprio, infine, assume rilevanza la distinzione tra **atti processuali in senso stretto** e **provvedimenti**, intendendosi per questi ultimi gli *atti del giudice con funzione decisoria o ordinatoria*.

2. Gli elementi costitutivi degli atti processuali. La forma

L'atto processuale mira alla realizzazione dello **scopo obiettivo** ad esso preventivamente assegnato nella dinamica processuale (ad es.: l'atto di citazione ha lo scopo di mettere il convenuto nella condizione di conoscere il contenuto della domanda).
Gli unici elementi rilevanti per la legge processuale vengono, dunque, ad essere quelli della *forma* e del *contenuto*.
Se l'atto processuale viene posto in essere nel rispetto dei requisiti di forma-contenuto previsti dalla legge (o, per lo meno, nel rispetto dei **requisiti minimi** necessari per l'assolvimento della sua funzione), esso è in grado di raggiungere lo scopo cui è destinato e, di conseguenza, è un atto *valido* (art. 156, commi 2 e 3, c.p.c.).
Il giudizio di validità dell'atto processuale dipende, pertanto, unicamente dall'*esito del controllo* sul rispetto delle forme, non richiedendosi invece alcun sindacato né sull'intenzione soggettiva dell'autore e sul processo di formazione della sua volontà né sulla funzione individuale (causa) concretamente attribuita all'atto.

3. La disciplina generale della forma degli atti processuali. Il principio della strumentalità delle forme o della congruità delle forme allo scopo

La disciplina della forma degli atti (art. 121 c.p.c.) è improntata ai principi di:
- **strumentalità delle forme** secondo cui l'atto, salvo i casi espressamente previsti dalla legge, deve avere *tutti* e *soltanto* i requisiti formali che siano effettivamente necessari per assolvere alla **funzione** cui è destinato nel processo;
- **sinteticità** introdotto nel processo civile dalla riforma attuata con D.Lgs. n. 149/2022.

▶ 3.1. Le regole sull'uso della lingua italiana, sull'udienza, sul processo verbale e sul contenuto minimo degli atti di parte

Il codice pone alcune regole con riguardo agli **atti in generale**:
1. è previsto **l'obbligo dell'uso della lingua italiana** con l'eventuale assistenza di un interprete per chi non conosce la lingua (art. 122 c.p.c.) o debba essere sentito un *sordo* o un *muto* (art. 124 c.p.c.);
2. le **udienze** possono svolgersi in presenza (art. 127 c.p.c.), oppure tramite collegamento audiovisivo (art. 127-*bis* c.p.c.) o a trattazione scritta (art. 127-*ter* c.p.c.). Tali ultime due modalità sono consentite solo se non è richiesta la presenza di soggetti diversi dai difensori, dalle parti, dal pubblico ministero o dagli ausiliari del giudice. Le udienze pubbliche (art. 128 c.p.c.) possono svolgersi anche tramite collegamento audiovisivo;
3. il **processo verbale** è la forma di *documentazione scritta necessaria* per tutti gli atti del processo compiuti in forma *orale*, anche quando si tratti di atti posti in essere fuori dall'udienza (art. 126 c.p.c.);

4. la citazione, il ricorso, la comparsa, il controricorso, il precetto, salvo quanto disposto da norme specifico per ciascun atto, devono contenere il seguente **contenuto minimo**: l'ufficio giudiziario, le parti e il relativo codice fiscale, l'oggetto (*petitum*), le ragioni della domanda (*causa petendi*) e le conclusioni o l'istanza. Tanto nell'originale quanto nelle copie da notificare, devono essere sottoscritti dalla parte, se essa sta in giudizio personalmente, oppure dal difensore che indica il proprio codice fiscale.

▶ 3.2. I termini. La decadenza e le preclusioni

Il termine processuale può definirsi come **il periodo di tempo entro il quale deve essere (o prima della scadenza del quale non può essere) compiuto un atto processuale**.

A) Classificazioni

A seconda del criterio utilizzato, sono possibili diverse distinzioni dei termini processuali:

- avuto riguardo al **criterio funzionale**, può distinguersi tra **termini acceleratori** (o **finali**) e **termini dilatori**: si hanno i primi quando il legislatore prevede che l'atto processuale *deve* essere compiuto *entro* un certo tempo (ad. es. artt. 325 e 327 c.p.c.); si hanno i secondi quando il legislatore prevede che l'atto processuale non *può* essere compiuto se non *dopo* che sia trascorso un certo periodo di tempo (ad es. art. 163-*bis* c.p.c.);
- avuto riguardo agli **effetti della loro inosservanza**, può distinguersi tra **termini perentori** e **termini ordinatori**: i primi sono *improrogabili* (art. 153 c.p.c.) e la loro scadenza l'**automatica decadenza** dalla facoltà del compimento dell'atto processuale (ad es. art. 102, comma 2, c.p.c.); i secondi sono *modificabili* (art. 154 c.p.c.) e la loro inosservanza determina la decadenza dalla facoltà del compimento dell'atto in base alla **valutazione discrezionale** del giudice (ad es. art. 297, comma 4, c.p.c.).
- Avuto riguardo alla loro **origine**, può distinguersi tra termini **legali**, ossia previsti dalla legge, e termini **giudiziari**, stabiliti dal giudice nei soli casi in cui la legge lo permette espressamente (art. 152, comma 1, c.p.c.).

B) La decadenza e le preclusioni

La **decadenza** processuale può dunque essere definita come l'*estinzione di una facoltà processuale in conseguenza della scadenza del termine finale previsto per il suo esercizio* e va *rilevata d'ufficio*.

In alcuni casi, pur non essendo previsto un termine finale in senso proprio, è stabilito che l'atto processuale debba essere compiuto in un determinato momento o fase processuale: così, ad es., la domanda riconvenzionale deve essere proposta, a pena di *decadenza*, nella comparsa di risposta (art. 167 c.p.c.). In questi casi si parla di **preclusione**, per indicare l'*estinzione della facoltà processuale in conseguenza del mancato compimento dell'atto nel momento per esso previsto dalla legge*.

C) La rimessione in termini

La parte che dimostra di essere incorsa in decadenze per causa ad essa non imputabile può chiedere al giudice di essere rimessa in termini (art. 153, comma 2, c.p.c.). Sull'istanza di rimessione il giudice decide previa delibazione della verisimiglianza dei fatti allegati e ammissione, all'occorrenza, della prova dell'impedimento (art. 294, commi 2 e 3, c.p.c.).

D) Il computo dei termini

La disciplina del computo dei termini è contenuta nell'art. 155 c.p.c.:

- per i termini a *mesi* o ad *anni* si osserva il calendario comune;
- per i termini a *giorni* o ad *ore* si escludono dal computo il giorno e l'ora iniziali (*dies a quo non computatur in termino*) mentre si computa il giorno o l'ora finale (*dies ad quem*);
- nel termine si computano anche i giorni *festivi* ma, se è festivo il giorno della scadenza, questa è prorogata di diritto al primo giorno seguente non festivo;
- la proroga si applica anche ai termini per il compimento degli atti processuali svolti fuori dall'udienza che scadono nella giornata del *sabato*, ma resta fermo il regolare svolgimento delle udienze e di ogni altra attività giudiziaria, anche svolta da ausiliari, nella giornata del sabato, che ad ogni effetto è considerata lavorativa.

I termini qualificati dalla legge come **liberi** (ad es.: art. 163-*bis*, comma 1, c.p.c.) vanno computati escludendo il *dies a quo* e il *dies ad quem* e sono rispettati anche se l'ultimo giorno è festivo, non trovando applicazione, rispetto ad essi, la proroga sopra indicata.

E) La sospensione dei termini nel periodo feriale
Ai sensi dell'art. 1 della L. n. 742/1969, come **modificato** dal d.l. 12 settembre 2014, n. 132 *con efficacia dall'anno 2015*, il decorso dei termini processuali è sospeso *di diritto* **dal 1° al 31 agosto** di ciascun anno (in precedenza la sospensione andava dal 1° agosto al 15 settembre).
Ove il decorso abbia inizio durante il periodo di sospensione, l'inizio stesso è differito alla fine di questo periodo.
L'art. 3 della stessa legge prevede, tuttavia, che l'art. 1 non si applica alle cause e ai procedimenti indicati dall'art. 92 dell'ordinamento giudiziario, nonché alle controversie previste dagli artt. 429 e 459 (oggi 409 e 442) del codice di procedura civile.

4. Il processo civile telematico (PCT)

Il processo civile telematico (PCT) è un progetto del Ministero della Giustizia per la realizzazione di un sistema informatico che possa automatizzare i flussi informativi e documentali tra i soggetti che operano nell'ambito del processo civile (parti, giudice, cancelleria). Le prime basi del PCT sono state poste con il **D.P.R. n. 123/2001** ("Regolamento recante disciplina sull'uso di strumenti informatici e telematici nel processo civile, nel processo amministrativo e nel processo dinanzi alle sezioni giurisdizionali della Corte dei conti"). L'introduzione del PCT, dunque, non va ad incidere sulla struttura processuale (adempimenti, termini, contenuto di atti, produzioni, ecc.) ma riguarda essenzialmente i sistemi di scambio degli atti (ad es., la notificazione, l'iscrizione a ruolo, il processo verbale, la sentenza) perché l'attività telematica possa configurarsi, come precisato nella relazione di accompagnamento al citato regolamento, quale modalità alternativa, per le parti, a quella ordinaria su supporto cartaceo – oltre che in forza del principio generale di libertà delle forme di cui all'art. 121 c.p.c. – in virtù della già avvenuta equiparazione normativa dei documenti informatici e telematici a quelli tradizionali.

L'art. 2 d.P.R. n. 123/2001, aveva disposto, infatti, che gli atti del processo civile possono essere formati, comunicati e trasmessi attraverso documenti informatici.
▪ Il quadro normativo fissato nel 2001 è stato in parte modificato ad opera del **d.l. n. 193/2009** che, in particolare, ha introdotto il concetto di comunicazione e notificazione telematica a mezzo posta elettronica certificata sia per il processo civile sia per il processo penale. La l. n. 69/2009 ha poi previsto che la trasmissione della procura alle liti debba necessariamente avvenire per via informatica e con sottoscrizione digitale (art. 83, terzo comma, c.p.c.).
▪ Il rinnovamento del quadro normativo fissato nel 2001 è proseguito con il regolamento adottato con **D.M. 21 febbraio 2011, n. 44**, modificato dal D.M. 3 aprile 2013, n. 48, con cui sono state stabilite le regole tecniche per l'adozione nel processo civile e nel processo penale delle tecnologie dell'informazione e della comunicazione in attuazione dei principi fissati dal Codice dell'Amministrazione Digitale (d.lgs. n. 82/2005). Si tratta di disposizioni molto importanti che disciplinano nel dettaglio l'utilizzo della posta elettronica certificata (PEC) nel processo, le attività di trasmissione degli atti informatici nonché i pagamenti telematici e i servizi che transitano dai punti di accesso.
▪ L'**art. 16-*bis* del d.l. n.179/2012** (convertito in l. n. 228/2012), introdotto dalla l. n. 228/2012, reiteratamente modificato con i decreti legge n.90/2014 (convertito in l. n.114/2014), n. 132/2014 (convertito in l. n. 162/2014), n. 83/2015 (convertito in l. n. 132/2015.) e n. 59/2016 (convertito in l. n.119/2016.), ha previsto (art. 16-*bis*, co.1) che a decorrere dal **30 giugno 2014** nei procedimenti civili, contenziosi o di volontaria giurisdizione, innanzi al tribunale, **il deposito degli atti processuali e dei documenti da parte dei difensori delle parti precedentemente costituite** (quindi non degli atti introduttivi ma di quelli ad essi successivi) ha luogo

esclusivamente con modalità telematiche, nel rispetto della normativa anche regolamentare concernente la sottoscrizione, la trasmissione e la ricezione dei documenti informatici. Allo stesso modo si procede per il deposito degli atti e dei documenti da parte dei soggetti nominati o delegati dall'autorità giudiziaria. Le parti provvedono, con le medesime modalità, a depositare gli atti e i documenti provenienti dai soggetti da esse nominati.

■ A seguito della riforma attuata con il D.Lgs. n. 149/2022, la disciplina è stata riordinata ed è ora contenuta nel Titolo V-*ter* disp. att. c.p.c., per cui per tutti i procedimenti instaurati davanti al giudice di pace, al tribunale, alla corte d'appello e alla corte di cassazione dopo il **28 febbraio 2023** il deposito dei documenti e di tutti gli altri atti avviene con modalità telematiche.

Il giudice, ove rilevino ragioni specifiche (art. 196-*quater*, comma 2, disp. att. c.p.c.), e il capo dell'ufficio, nel caso in cui i sistemi informatici del dominio giustizia non funzionino e sussista una situazione di urgenza (art. 196-*quater*, comma 4, disp. att. c.p.c.), possono autorizzare il deposito con modalità non telematiche.

Pertanto, gli *atti del processo in formato elettronico* sono firmati digitalmente e depositati telematicamente nel fascicolo informatico (art. 196-*quinquies*, comma 1, disp. att. c.p.c.). Nel caso di provvedimento collegiale, l'atto è firmato digitalmente sia dal magistrato estensore che dal presidente (art. 196-*quinquies*, comma 2, disp. att. c.p.c.).

Il *deposito con modalità telematiche* si perfeziona nel momento in cui viene generata la conferma della trasmissione telematica ed è considerato tempestivo se detta conferma è generata entro il giorno di scadenza (art. 196-*sexies*, disp. att. c.p.c.).

Con decreto del Ministero della Giustizia sono stabilite le misure per l'acquisizione di copia cartacea e per la riproduzione su supporto analogico degli atti depositati con modalità telematiche (art. 196-*septies*, disp. att. c.p.c.).

Le copie informatiche degli atti processuali presenti nel fascicolo informatico equivalgono agli originali anche se prive di sottoscrizione digitale del cancelliere che ne attesti la conformità. A tal fine, chi deve fare uso di tali atti al di fuori del processo nel quale sono stati formati, ne certifica direttamente la conformità all'originale. Tuttavia, tali disposizioni non si applicano agli atti processuali con cui il giudice autorizza il prelievo di somme di denaro (art. 196-*octies*, disp. att. c.p.c.).

Lo stesso potere di certificazione di conformità all'originale è previsto per gli atti formati fuori dal processo telematico che debbano essere inseriti nel fascicolo telematico o trasmessi all'ufficiale giudiziario (art. 196-*novies* e 196-*decies* disp. att. c.p.c.).

Sono state, infine, inserite specifiche disposizioni per le udienze in collegamento audiovisivo a distanza. In particolare, le modalità di svolgimento devono poter assicurare il contraddittorio tra le parti e la riservatezza, ove l'udienza non sia pubblica.

Nel verbale deve essere dato atto della dichiarazione di identità dei presenti. Questi ultimi devono:

- dichiarare che non sono presenti – né tramite collegamento, né nei luoghi da cui avviene il collegamento – soggetti non legittimati ad assistere all'udienza;
- mantenere attiva la funzione video per tutta la durata del collegamento;
- astenersi dal registrare l'udienza.

Il luogo da cui si collega il magistrato è considerata aula d'udienza e quest'ultima si considera tenuta nell'ufficio giudiziario dinanzi al quale è pendente il procedimento (art. 196-*duodecies*, disp. att. c.p.c.).

5. I provvedimenti in generale

La legge processuale conosce tre tipi di provvedimenti (**sentenza**, **ordinanza** e **decreto**) e prescrive in quali casi il giudice provvede nell'uno o nell'altro modo (art. 131, comma 1, c.p.c.).

In mancanza di prescrizioni, i provvedimenti sono dati in qualsiasi forma idonea al raggiungimento del loro *scopo* (art. 131, comma 2, c.p.c.), in conformità al principio della *strumentalità delle forme*.

6. La sentenza

La **sentenza** è il provvedimento che assolve tipicamente alla **funzione decisoria** sul *rito* o sul *merito* della causa. Si tratta di un provvedimento, di norma, non revocabile né modificabile dal giudice che lo ha emesso, ma riformabile soltanto attraverso l'esperimento dei mezzi di impugnazione previsti dalla legge, e dunque idoneo ad assumere l'efficacia della cosa giudicata (art. 2909 c.c.)

A) Classificazioni

Avuto riguardo al contenuto decisorio della sentenza sono possibili diverse classificazioni.

- **Sentenza di accoglimento e sentenza di rigetto** rispettivamente nelle ipotesi in cui la domanda venga ritenuta fondata o infondata.
- **Sentenza di mero accertamento, di condanna e costitutiva** per cui la prima si limita a dichiarare la sussistenza di un diritto soggettivo, la seconda ordina la reintegrazione dell'ordinamento violato, ponendo i presupposti per la successiva attività di esecuzione forzata; la terza realizza direttamente la modificazione giuridica che costituisce l'oggetto di un diritto potestativo o che attua direttamente un diritto di natura non potestativa, tenendo luogo del comportamento dovuto dal soggetto passivo.
- **Sentenza definitiva e sentenza non definitiva** rispettivamente quando la sentenza assolve **totalmente** alla funzione decisoria, definendo il giudizio, oppure solo **parzialmente** (ad es. nel caso di sentenza di **condanna generica**, con la quale il giudice accerta la sussistenza dell'obbligazione, riservandosi al prosieguo del giudizio la determinazione dell'ammontare della prestazione dovuta artt. 278 e 279, comma 2, n. 4, c.p.c.).

B) La forma della sentenza

La sentenza – che deve recare l'intestazione *"Repubblica Italiana"* ed essere pronunciata *"In nome del popolo italiano"* – deve contenere:

1. l'indicazione del giudice che l'ha pronunciata;
2. l'indicazione delle parti e dei loro difensori;
3. le conclusioni del pubblico ministero e quelle delle parti;
4. la concisa esposizione delle ragioni di fatto e di diritto della decisione;
5. il dispositivo, la data della deliberazione e la sottoscrizione del giudice.

La mancanza del requisito: (i) *sub 1)* determina la *nullità* della sentenza soltanto quando l'indicazione del giudice non sia comunque desumibile dalla sentenza; (ii) *sub 2)* determina *nullità* solo quando l'omessa o inesatta indicazione di una delle parti riveli una violazione del principio del **contraddittorio**; (iii) *sub 3)* non determina nullità sempreché il giudice abbia tenuto conto delle conclusioni delle parti.

Particolarmente rilevante è il requisito *sub 4)*, atteso che l'obbligo di motivazione assume rilevanza anche a livello costituzionale (art. 111, comma 6., Cost.).

Quanto, infine, al requisito *sub 5)*, la mancanza della **sottoscrizione del giudice** determina l'**inesistenza** del provvedimento (arg. *ex* art. 161, comma 2, c.p.c.).

C) Pubblicazione e comunicazione della sentenza

Ai sensi dell'art. 133 c.p.c., *pubblicazione* avviene mediante *deposito* della sentenza nella cancelleria del giudice che l'ha pronunciata; il cancelliere dà atto del deposito in calce alla sentenza, apponendovi la data e la firma.

La *comunicazione* viene compiuta dal cancelliere entro cinque giorni dal deposito.

3. L'ordinanza.

L'**ordinanza** è il provvedimento che assolve tipicamente alla **funzione ordinatoria** *interna* al

processo, e cioè ad una funzione strumentale all'ulteriore trattazione della causa, salvi i casi particolari in cui la legge prevede la pronuncia dell'ordinanza in funzione decisoria (ad es., nel procedimento per convalida di sfratto: artt. 663 e 665 c.p.c.).
L'emissione dell'ordinanza presuppone, di norma, un previo **contraddittorio** e richiede al giudice una **motivazione** che, peraltro, deve essere **succinta** (art. 134 c.p.c.)

7. Il decreto

Anche il **decreto** assolve ad una funzione *interna* al processo di carattere latamente **ordinatorio**, salve le ipotesi eccezionali in cui la legge prescrive la pronuncia di questo tipo di provvedimento in funzione decisoria (ad es., il decreto ingiuntivo *ex* art. 641 c.p.c.). Esso, inoltre, diversamente dall'ordinanza, non presuppone il **contraddittorio** tra le parti (*inaudita altera parte*) e, conseguentemente, non richiede la **motivazione** se questa non è prescritta espressamente dalla legge (art. 135 c.p.c.).
Viene pronunciato d'ufficio o su istanza, anche verbale, della parte.
Nei casi in cui l'ordinanza o il decreto presentino un contenuto decisorio sono governati da un regime *sostanziale* per molti versi analogo a quello della sentenza, sia sotto il profilo dell'**obbligo di motivazione** sia sotto il profilo della **ricorribilità per cassazione** (art. 111, comma 7, Cost.).

8. Profili sistematici e generali

Sotto il **profilo soggettivo**, diversamente dai provvedimenti, che sono atti del giudice, le comunicazioni e le notificazioni sono atti degli **uffici complementari** che coadiuvano il giudice nello svolgimento della propria attività.
Le *comunicazioni* (disciplinate dall'art. 136 c.p.c.) sono atti generalmente propri del **cancelliere**, mentre le *notificazioni* (disciplinate dagli artt. 137-151 c.p.c.) sono atti generalmente propri dell'**ufficiale giudiziario**.
Sotto il **profilo oggettivo-funzionale**, comunicazioni e notificazioni condividono la comune funzione di essere atti processuali strumentali a consentire la **conoscenza** di *altri* atti processuali.
Nell'ambito di questa finalità comune, comunicazioni e notificazioni si distinguono in quanto le prime sono funzionali a portare la semplice *notizia* dell'atto, eventualmente mediante riproduzione di una parte di esso (ad es., la comunicazione della sentenza come si è veduto, avviene mediante consegna o trasmissione di biglietto contenente il dispositivo: art. 133, secondo comma, c.p.c.), mentre le seconde sono funzionali alla *consegna dell'atto nella sua interezza*, mediante recapito al destinatario di una *copia conforme all'originale* (art. 137, secondo comma, c.p.c.).

9. Le comunicazioni

Ai sensi dell'art. 136, primo comma c.p.c., *"il cancelliere, con biglietto di cancelleria, fa le comunicazioni che sono prescritte dalla legge o dal giudice al pubblico ministero, alle parti, al consulente, agli altri ausiliari del giudice e ai testimoni, e dà notizia di quei provvedimenti per i quali è disposta dalla legge tale forma abbreviata di comunicazione"*.
Per quanto concerne le **modalità delle comunicazioni**, esse sono disciplinate dal secondo e dal terzo comma dell'art. 136 c.p.c., ai quali sono state apportate profonde modificazioni dalla l. n. 183/2011 (legge di stabilità 2012), nel quadro dell'obiettivo generale consistente nell'introduzione dell'impiego **della posta elettronica certificata** nel processo civile.
Dispongono i nuovi secondo e terzo comma dell'art. 136 che *"il biglietto è consegnato dal cancelliere al destinatario, che ne rilascia ricevuta, ovvero trasmesso a mezzo posta elettronica certificata, nel rispetto della normativa, anche regolamentare, concernente la sottoscrizione, la*

trasmissione e la ricezione dei documenti informatici" e che, *"salvo che la legge disponga diversamente, se non è possibile procedere ai sensi del comma che precede, il biglietto viene trasmesso a mezzo telefax, o è rimesso all'ufficiale giudiziario per la notifica"*.
Dunque, la modalità prioritaria da seguire per la comunicazione, in alternativa alla **consegna materiale** del biglietto al destinatario, è la **trasmissione a mezzo posta elettronica certificata** e, solo quando ciò non sia possibile, si può utilizzare, in via meramente subordinata, la **trasmissione a mezzo telefax** o la via della **notifica per il tramite dell'ufficiale giudiziario**.

10. Le notificazioni

Le notificazioni sono atti generalmente posti in essere dall'**ufficiale giudiziario** o dall'**avvocato** (nei casi e nei modi previsti dalla legge, art. 137, comma 6, c.p.c., introdotto dalla riforma attuata con D.Lgs. n. 149/2022) e hanno l'effetto della **conoscenza legale** dell'atto notificato da parte del destinatario.
Pertanto:

- se la notificazione viene compiuta nel rispetto delle forme prescritte dalla legge, l'atto notificato si presume conosciuto dal destinatario indipendentemente dalla conoscenza effettiva;
- se la notificazione non viene compiuta (o viene compiuta in violazione delle forme prescritte dalla legge), l'atto si presume non conosciuto dal destinatario anche quando questi ne abbia avuto in altro modo la conoscenza effettiva, in quanto la notificazione non ammette equipollenti.

Le notificazioni devono essere effettuate tra le ore 7.00 e le ore 21.00 (art. 147 c.p.c.). La riforma attuata con il D.Lgs. n. 149/2022 ha previsto che le notifiche a mezzo posta elettronica certificata possono eseguirsi in qualunque orario, differenziando il momento in cui si perfezionano per il notificante quando viene generata la ricevuta di accettazione, mentre per il destinatario nel momento in cui viene generata la ricevuta di consegna. Se la ricevuta di consegna è generata tra le ore 21 e le ore 7 del mattino successivo, la notificazione per il destinatario si intende perfezionata alle ore 7 (art. 147, commi 2 e 3, c.p.c.).
Le notificazioni possono essere compiute in diverse **forme**, analiticamente disciplinate dal codice di procedura civile negli artt. 138 e ss c.p.c. e precisamente:

1. ***notificazione in mani proprie*** (art. 138 c.p.c.): è la forma principale di notificazione e si esegue mediante *consegna diretta della copia dell'atto nelle mani del destinatario*, presso la casa di abitazione oppure, se ciò non è possibile, ovunque esso venga trovato nell'ambito della circoscrizione dell'ufficio giudiziario al quale l'ufficiale giudiziario è addetto. Se il destinatario rifiuta di ricevere la copia, l'ufficiale giudiziario ne dà atto nella relazione e la notificazione si considera fatta in mani proprie;
2. ***notificazione nella residenza, nella dimora o nel domicilio*** (art. 139 c.p.c.): se non avviene in mani proprie, la notificazione deve essere fatta nel comune di *residenza* del destinatario, ricercandolo nella casa di abitazione o dove ha l'ufficio o esercita l'industria o il commercio. Se il destinatario non viene reperito in uno di questi luoghi, l'ufficiale giudiziario consegna copia dell'atto a una *persona di famiglia* o *addetta alla casa*, *all'ufficio* o *all'azienda*, purché non minore di quattordici anni e non palesemente incapace. In mancanza delle persone predette, l'ufficiale giudiziario consegna la copia dell'atto al *portiere dello stabile* dove è l'abitazione, l'ufficio o l'azienda e, quando anche il portiere manca, a un *vicino di casa* che accetti di riceverla.

Quando la copia è consegnata al portiere o al vicino di casa, tale circostanza viene indicata nella relazione di notifica specificando le modalità con cui ne è stata accertata l'identità. Da ultimo, l'ufficiale giudiziario dà atto della consegna dà notizia al destinatario dell'avvenuta notificazione dell'atto, a mezzo di lettera raccomandata.

Quando non è noto il comune di residenza, la notificazione si fa nel comune di *dimora* e, se anche questa è ignota, nel comune di *domicilio*, osservate, in quanto possibile, le regole sopra illustrate,

3. ***notificazione in caso di irreperibilità, incapacità o rifiuto di ricevere la copia*** (art. 140 c.p.c.): se non è possibile eseguire la consegna per *irreperibilità*, *incapacità* o *rifiuto* delle persone indicate nell'art. 139 c.p.c., il successivo art. 140 dispone che l'ufficiale giudiziario *a) deposita* la copia nella *casa comunale* del luogo dove la notificazione deve eseguirsi, *b) affigge avviso del deposito* in busta chiusa e sigillata alla porta dell'abitazione o dell'ufficio o dell'azienda del destinatario e *c) spedisce* al destinatario *raccomandata con avviso di ricevimento* per dargliene notizia;
4. ***notificazione a persona di residenza, dimora o domicilio sconosciuti*** (art. 143 c.p.c.): se non sono conosciuti la residenza, la dimora e il domicilio del destinatario, l'ufficiale giudiziario esegue la notificazione mediante deposito di copia dell'atto nella *casa comunale dell'ultima residenza* o, se questa è ignota, in quella del *luogo di nascita* del destinatario o, ancora (se anche il luogo di nascita è ignoto), mediante *consegna al pubblico ministero*. La notificazione si ha per eseguita nel ventesimo giorno successivo a quello in cui sono compiute le formalità prescritte;
5. ***notificazione presso il domiciliatario*** (art. 141 c.p.c.): la notificazione degli atti a chi ha eletto domicilio presso una persona o un ufficio può essere fatta mediante consegna di copia alla persona o al capo dell'ufficio in qualità di *domiciliatario*, nel luogo indicato nell'elezione;
6. ***notificazione all'estero*** (art. 142 c.p.c.): le notificazioni all'estero si eseguono nei modi consentiti dalle **convenzioni internazionali** e, per gli Stati dell'Unione Europea, dal **Regolamento 13 novembre 2007, n. 1393**, sostitutivo del **Regolamento 29 maggio 2000, n. 1348**;
7. ***notificazione alle persone giuridiche*** (art. 145 c.p.c.): le notificazioni alle persone giuridiche (nonché le notificazioni alle associazioni non riconosciute, ai comitati e alle società prive di personalità giuridica) si eseguono nella loro *sede* mediante consegna di copia dell'atto al rappresentante o alla persona incaricata di ricevere le notificazioni o, in mancanza, ad altra persona addetta alla sede stessa ovvero al portiere dello stabile in cui è la sede. La notificazione può anche eseguirsi (per le persone giuridiche, ai sensi degli artt. 139, 140 e 141 c.p.c., mentre per le associazioni non riconosciute, i comitati e le società prive di personalità giuridica il rispetto di queste forme non è richiesto) alla *persona fisica che rappresenta l'ente* qualora nell'atto da notificare ne sia indicata la qualità e siano specificati residenza, domicilio e dimora abituale. In caso di impossibilità della notifica nel rispetto delle modalità suindicate, è possibile l'utilizzazione delle forme previste dagli artt. 140 e 143 c.p.c., purché la notifica sia fatta alla persona fisica che rappresenta l'ente e non già all'ente in forma impersonale;
8. ***notificazione alle amministrazioni dello Stato*** (art. 144 c.p.c.): le notificazioni alle amministrazioni dello Stato si eseguono in persona del Ministro *pro tempore*, presso gli uffici dell'**Avvocatura dello Stato** nel cui distretto ha sede l'autorità giudiziaria dinanzi alla quale pende il processo;
9. ***notificazione a militari in attività di servizio*** (art. 146 c.p.c.): quando il destinatario è un militare in attività di servizio, la notifica deve essere effettuata *in mani proprie* o, se ciò non accade, mediante consegna di copia dell'atto al *pubblico ministero*, che ne cura l'invio al comandante del corpo al quale il militare appartiene;
10. ***notificazione a mezzo del servizio postale*** (art. 149 c.p.c. e L. n. 890/1982): L'ufficiale giudiziario può eseguire la notificazione anche a mezzo del servizio postale, mediante invio di piego raccomandato con avviso di ricevimento (che costituisce prova dell'eseguita notificazione), salvo che il giudice disponga o la parte richieda che la notificazione sia eseguita personalmente. L'ufficiale giudiziario *deve* avvalersi del servizio postale per la notificazione degli atti da eseguirsi fuori del comune ove ha sede l'ufficio, salvo che la parte chieda che la notificazione sia eseguita di persona.

11. ***notificazione a mezzo di posta elettronica certificata eseguita dall'ufficiale giudiziario*** (art. 149-bis c.p.c.): a seguito della riforma attuata con il D.Lgs. n. 149/2022, tale forma di notificazione è obbligatoria quanto il destinatario sia tenuto per legge a munirsi di un indirizzo di posta elettronica certificata o di un servizio di recapito certificato qualificato risultante da pubblici elenchi, oppure nel caso in cui il destinatario abbia eletto domicilio digitale ai sensi dell'art. 3-*bis*, comma 1-*bis*, D.Lgs. n. 82/2005. La notificazione avviene con la trasmissione ai suddetti indirizzi della copia informatica dell'atto (se del caso, previa estrazione della copia dal documento cartaceo) e della relazione di notifica, entrambe sottoscritte digitalmente, tramite posta elettronica certificata.
12. La notifica si intende perfezionata nel momento in cui il gestore del servizio di posta elettronica certificata rende disponibile il documento informatico nella casella di posta elettronica certificata del destinatario.
13. ***notificazioni eseguite dagli avvocati*** (L n. 53/1994);si è attribuita agli avvocati la facoltà di effettuare la notificazione degli atti, senza la necessaria intermediazione degli ufficiali giudiziari. L'avvocato può avvalersi di tre differenti modalità di notificazione:
    - a mezzo del servizio postale,
    - mediante consegna diretta della copia ad altro avvocato iscritto nello stesso albo del notificante e che sia domiciliatario di una parte,
    - a mezzo di posta elettronica certificata.

I primi due metodi sono consentiti all'avvocato che 1) sia iscritto all'albo; 2) abbia ottenuto l'autorizzazione dal proprio Consiglio dell'Ordine; 3) sia dotato di apposito registro cronologico, vidimato e conforme al modello stabilito dal Ministero della Giustizia con D.M. 27 maggio 1994; 4) sia munito di procura alle liti *ex* art. 83 c.p.c.
La notifica a mezzo posta elettronica certificata è consentita, invece, a tutti gli avvocati iscritti all'albo che siano muniti di procura alle liti, ed è oggi divenuta la forma di notificazione principale e prioritaria. Infatti, a seguito della riforma attuata con il D.Lgs. n. 149/2022, l'ufficiale giudiziario esegue la notificazione su richiesta dell'avvocato solo quando quest'ultimo dichiari che la notificazione tramite posta elettronica certificata non sia stata possibile o non abbia avuto esito positivo per cause non imputabili al destinatario (art. 137, comma 7, c.p.c.).

14. ***notificazione per pubblici proclami*** (art. 150 c.p.c.): può essere autorizzata dal capo dell'ufficio giudiziario dinanzi al quale si procede, su istanza della parte interessata e sentito il pubblico ministero, quando la notificazione nelle forme ordinarie è sommamente difficile per il *rilevante numero dei destinatari* o per la *difficoltà di identificarli tutti*. Tale forma di notificazione non è ammessa nei procedimenti davanti al giudice di pace;
15. ***notificazione con forme particolari ordinate dal giudice*** (art. 151 c.p.c.): il giudice, infine, può prescrivere, anche d'ufficio, con decreto in calce all'atto, che la notificazione sia eseguita con una forma diversa da quelle previste dalla legge (ad es. con telegramma), per esigenze di maggiore celerità, di riserva o di tutela della dignità o, comunque, quando ricorrono circostanze particolari che consigliano in tal senso.

11. I vizi che determinano la nullità degli atti processuali. Il principio di tassatività e la sanatoria

In ambito processuale l'unica forma di invalidità prevista dall'ordinamento è la **nullità**, determinata dalla **mancanza dei requisiti di forma** (intesa nel senso di *forma-contenuto*) stabiliti dalla legge per ciascun atto processuale.
Trova, inoltre, applicazione il c.d. **principio di tassatività**, per cui gli atti processuali incorrono in nullità soltanto nei casi previsti dalla legge (art. 156, comma 1, c.p.c.). Tale principio è tuttavia temperato dalla possibilità di dichiarare la nullità dell'atto la cui mancanza dei requisiti formali impedisca il raggiungimento dello scopo (art. 156, comma 2, c.p.c.).
Al contrario, il raggiungimento in concreto dello scopo cui l'atto è finalizzato ne esclude la nullità

(art. 156, comma 3, c.p.c.), anche nel caso in cui sia integrata una fattispecie di nullità prevista dalla legge.
Si assiste, in questi casi, a una sanatoria con **efficacia retroattiva** o ***ex tunc***.

12. Classificazione delle nullità. Nullità relative e assolute. Nullità sanabili e insanabili. La sanatoria per *"convalidazione soggettiva"*

Si suole distinguere le nullità degli atti processuali in **nullità relative** e **nullità assolute**, identificando le prime in quelle che possono essere rilevate solo *su istanza di parte* e le seconde in quelle che possono essere rilevate dal giudice anche *d'ufficio* (art. 157, comma 1, c.p.c.).
La circostanza che le nullità relative dipendono dalla mancanza di un requisito di forma stabilito a tutela di un interesse specifico della parte giustifica la previsione, a carico della parte interessata, dell'*onere* di sollevare l'eccezione *"nella prima istanza o difesa successiva all'atto o alla notizia di esso"* (art. 157, comma 2, c.p.c.).
Si distinguono pertanto **nullità sanabili** e **insanabili**: le prime possono farsi valere entro gli specifici limiti temporali sopra indicati, sono suscettibili di *sanatoria con efficacia ex tunc*; le seconde possono essere rilevate *in ogni stato e grado del processo* senza alcuna preclusione, e non sono suscettibili di sanatoria.
Tutte le nullità relative sono sanabili, ma non tutte le nullità assolute sono insanabili perché in casi specifici la legge prevede che il giudice possa rilevarle, bensì d'ufficio, ma solo entro un certo stato o grado del giudizio, con conseguente sanatoria se il rilievo non avviene entro quello stato o entro quel grado.
Tra le **nullità assolute** e **insanabili** figura quella, prevista dall'art. 158 c.p.c., *"derivante da vizi relativi alla costituzione del giudice o all'intervento del pubblico ministero"*.
Anche le nullità assolute e insanabili, peraltro, sono suscettibili di sanatoria ai sensi dell'art. 161, comma 1, c.p.c.

13. Le conseguenze della nullità

Alla nullità conseguono l'**estensione (o propagazione) del vizio** e la **conversione dell'atto nullo**.
Il regime dell'estensione del vizio è regolato in modo che la nullità di un atto non comporta quella degli atti precedenti, né degli atti successivi che ne siano indipendenti (art. 159, comma 1, c.p.c.).
Il **rapporto di dipendenza** tra due o più atti processuali ricorre quando l'atto precedente sia non solo cronologicamente anteriore, ma anche **indispensabile** per la realizzazione di quello che segue, mentre non è sufficiente che il primo provvedimento, affetto da nullità, abbia creato soltanto l'*occasione* per l'emissione del successivo.
La regola della propagazione del vizio opera anche all'interno del medesimo atto, nell'ipotesi di **nullità parziale** (art. 159, comma 2, c.p.c.).
Il regime di conversione dell'atto nullo consente che tale atto possa comunque produrre gli altri effetti ai quali è idoneo (art. 159, comma 3, c.p.c.).
Tale regola trova fondamento nel **principio di economia processuale**, consentendo all'atto nullo di convertirsi in un atto diverso del quale abbia i requisiti formali e sostanziali e, conseguentemente, di produrre gli effetti propri di tale diverso atto.

14. La pronuncia sulla nullità. La rinnovazione degli atti nulli

Di norma, sulla nullità dell'atto processuale pronuncia, con **sentenza**, lo stesso giudice che procede, a seguito del rilievo d'ufficio (se si tratta di nullità assoluta) o della tempestiva eccezione sollevata dalla parte interessata (se si tratta di nullità relativa).
Con tale pronuncia il giudice dispone, se possibile, la rinnovazione degli atti ai quali la nullità si estende (art. 162, comma 1, c.p.c.) in virtù del **principio di economia processuale**.

La rinnovazione ha generalmente **carattere retroattivo**. Le spese per la rinnovazione degli atti e il risarcimento del danno sono posti in capo al responsabile.

15. La nullità della notificazione

Per la notificazione sono previste (art. 160 c.p.c.) specifiche **cause** di nullità e precisamente:

1. se non sono osservate le disposizioni circa la persona alla quale deve essere consegnata la copia;
2. se vi è incertezza assoluta sulla persona a cui è fatta;
3. se vi è incertezza assoluta sulla data di notificazione.

Sono comunque applicabili anche alle notificazioni sia le ordinarie cause di nullità previste per gli altri atti processuali (art. 156 c.p.c.) sia il regime di sanatoria (art. 157 c.p.c.).
Si distinguono i vizi di notificazione comportanti **nullità sanabile** dai quelli comportanti la **nullità radicale** o l'**inesistenza giuridica**, non suscettibile di sanatoria.
Ricorrono i primi quando, nonostante l'inosservanza delle formalità e prescrizioni di legge, la notificazione sia tuttavia materialmente avvenuta mediante rilascio di copia in luogo e a persona che presentano **un qualche collegamento con il destinatario**.
Ricorrono i secondi quando la consegna dell'atto sia avvenuta a persona ed in luogo che **non hanno alcun collegamento con il destinatario** ovvero nell'ipotesi in cui **non vi sia stata alcuna consegna dell'atto da notificare**.

16. La nullità della sentenza e la conversione dei vizi di nullità in motivi di impugnazione

Nei casi in cui sia la sentenza ad essere affetta da nullità (vuoi per un vizio che la riguardi direttamente, vuoi per effetto della propagazione della nullità di un atto antecedente) la parte interessata ha l'*onere* di impugnarla con il mezzo per essa previsto, cosicché i vizi di nullità si convertono in altrettanti motivi di gravame (art. 161 c.p.c.). Consegue da ciò che se l'onere di impugnazione non viene assolto, lasciandosi decorrere invano i relativi termini, la nullità, che inficiava la sentenza, resta definitivamente *sanata* (a seguito del **passaggio in giudicato**), non essendovi altro modo di farla valere.

17. L'inesistenza giuridica e l'irregolarità

Si parla di **inesistenza giuridica** quando i vizi che affliggono l'atto processuale sono tali da determinare una *radicale difformità* tra l'atto compiuto e il modello astratto previsto dal legislatore.
L'ipotesi legislativamente prevista è quella della mancata sottoscrizione della sentenza da parte del giudice; fattispecie che il Legislatore considera talmente grave da averla espressamente sottratta alla disciplina della nullità (art. 161, comma 2, c.p.c.), con la conseguenza da impedirne il passaggio in giudicato.
L'inesistenza giuridica è ravvisabile non solo con riguardo alla sentenza ma anche con riguardo agli altri atti processuali; in relazione alla sentenza, poi, essa è ravvisabile non soltanto nell'ipotesi espressamente prevista di difetto della sottoscrizione del giudice, ma in tutti i casi in cui il vizio incida sulla stessa configurabilità di una sentenza come tale (ad es., sentenza proveniente da un organo privo di potere giurisdizionale).
L'inesistenza può *sempre* essere fatta valere – oltre che mediante l'esperimento degli **ordinari mezzi di impugnazione** e oltre che in via di **eccezione** o in sede di **opposizione all'esecuzione** – anche attraverso l'esercizio della c.d. ***actio nullitatis***, e cioè di un'*autonoma azione di accertamento*, non soggetta a termini di prescrizione o decadenza.
La figura dell'**irregolarità** ricorre, al contrario, quando l'atto presenta vizi che non sono così gravi da dar luogo a nullità, in quanto l'atto conserva comunque l'idoneità al raggiungimento dello scopo.

Capitolo 2
Il processo di cognizione

SOMMARIO:

Sezione I ▶ Il procedimento davanti al tribunale

1. Le fasi del processo e la funzione della fase introduttiva

Il codice articola il processo di cognizione davanti al tribunale in **tre fasi** che non hanno una vera e propria autonomia, ma ognuna di esse raggruppa gli atti processuali che rispondono alla medesima funzione. Per questo si distingue tra:

1. la *fase introduttiva*, caratterizzata dalla proposizione della domanda e dall'incardinamento del giudizio;
2. la *fase istruttoria* (in senso ampio), in cui viene discussa la causa e viene svolta l'attività di raccolta e valutazione delle prove;
3. la *fase decisoria*, all'esito della quale il giudice emana il provvedimento conclusivo.

2. L'atto di citazione e i termini per comparire

Di norma l'attore introduce la domanda all'autorità giudiziaria per la tutela di un proprio diritto con **atto di citazione**, redatto e sottoscritto dal difensore nelle forme di cui all'art. 125 c.p.c., L'atto di citazione, assolve:

- **a)** la funzione legata alla necessità di chiamare in giudizio il soggetto nei confronti del quale è rivolta la domanda (c.d. ***vocatio in ius***);
- **b)** la funzione di chiarire al giudice i termini della domanda di tutela giurisdizionale (c.d. ***editio actionis***).

▶ 2.1. Contenuto dell'atto di citazione

L'art. 163, comma 3, c.p.c., nel testo vigente a seguito della riforma attuata con il D.Lgs. n. 149/2022, precisa che l'atto di citazione deve contenere:

- l'indicazione del tribunale davanti al quale la domanda è proposta;
- il nome, il cognome, la residenza e il codice fiscale dell'attore, del convenuto e delle persone che rispettivamente li rappresentano o li assistono;
- la determinazione della cosa oggetto della domanda (*petitum* c.d. mediato, ossia la concreta utilità che la parte intende conseguire);
- l'indicazione dell'assolvimento degli oneri relativi alle *condizioni di procedibilità* della domanda, se applicabili;
- l'esposizione *chiara e specifica* dei fatti e degli elementi di diritto costituenti le ragioni della domanda (*causa petendi*), con le relative conclusioni (*petitum* c.d. immediato, che è il provvedimento che si chiede al giudice per poi ottenere il bene in concreto);
- l'indicazione *specifica* dei mezzi di prova dei quali l'attore intende valersi e in particolare dei documenti che offre in comunicazione;
- il nome e il cognome del procuratore e l'indicazione della procura, qualora questa sia stata già rilasciata;
- l'indicazione del giorno dell'udienza di comparizione; l'invito al convenuto a costituirsi nel termine di *settanta giorni* prima dell'udienza indicata ai sensi e nelle forme stabilite dall'art. 166 c.p.c. e a comparire, nell'udienza indicata, dinanzi al giudice designato ai sensi dell'art. 168-*bis* c.p.c., con l'avvertimento che la costituzione oltre i suddetti termini implica le decadenze di cui agli artt. 38 e 167 c.p.c. (citazione a comparire in senso stretto o *vocatio in ius*), che la difesa tecnica tramite avvocato è obbligatoria in tutti i giudizi davanti al tribunale, fatta eccezione per i casi previsti dall'art. 86 c.p.c. p da leggi speciali e che, sussistendone i requisiti, è possibile presentare istanza per l'ammissione al patrocinio a spese dello Stato.

▶ 2.2. I termini per comparire

L'art. 163 *bis* c.p.c., nel testo vigente a seguito della riforma attuata con il D.Lgs. n. 149/2022, prevede che l'attore debba fissare l'udienza in modo tale da lasciare al convenuto un termine di almeno **centoventi giorni liberi** (**centocinquanta** se il convenuto si trova all'estero). Trattandosi di termini liberi, il *dies a quo* non è computato.
Il **termine per comparire** previsto per legge ha lo scopo di consentire il contraddittorio scritto tra le parti, tramite il deposito delle memorie integrative previste dall'art. 171-*ter* c.p.c., nella fase antecedente all'udienza di prima comparizione.
Se nel giorno fissato per la comparizione il giudice istruttore designato **non tiene udienza**, la comparizione delle parti è d'ufficio rimandata all'udienza immediatamente successiva tenuta dal giudice (art. 168-*bis*, comma 4, c.p.c.), ma *ciò non si riflette sui termini di comparizione e di deposito delle memorie* integrative che devono essere contati avendo sempre come riferimento la data indicata originariamente nell'atto.
Nel caso in cui il giudice, **per esigenze di ruolo** o se necessario **quando pronuncia i provvedimenti di cui all'art. 171-*bis*, comma 1, c.p.c.**, differisce l'udienza con provvedimento adottato dopo la scadenza del termine di costituzione del convenuto , i soli termini per il deposito delle memorie integrative sono computati considerando l'udienza fissata dal giudice (art. 171-*bis*, commi 2 e 3) .

3. La notificazione della citazione e gli effetti della domanda

L'atto di citazione è **notificato al convenuto nelle forme degli artt. 137 e ss. c.p.c.** Dal perfezionamento della notifica decorrono gli **effetti processuali** (ad es. la litispendenza) e **sostanziali** (ad es. l'interruzione della prescrizione) **della domanda**.

4. La nullità della citazione

Il codice prevede specifiche ipotesi di nullità dell'atto di citazione relative alla *vocation in ius* (art. 164, comma 1, c.p.c.) e alla *editio actionis* (art. 164, comma 4. c.p.c.) e precisamente:

A) Vizi della *vocatio in ius*
- se è omessa o risulta assolutamente incerta l'indicazione del giudice o delle parti di cui all'art. 163, nn. 1 e 2, c.p.c.;
- se manca l'indicazione della data dell'udienza di comparizione;
- se è stato assegnato un termine a comparire inferiore a quello stabilito dalla legge;
- se manca l'avvertimento previsto dall'art. 163, n. 7. c.p.c.

B) Vizi dell'*editio actionis*
- se è omesso o risulta assolutamente incerto l'oggetto della domanda (art. 163, n. 3, c.p.c.);
- se manca l'esposizione dei fatti posti a fondamento dell'azione (art. 163, n. 4, c.p.c.);
- se manca l'individuazione del *petitum* immediato.

d) *se il convenuto si costituisce*, la sua costituzione **sana i vizi** della citazione e, restano salvi gli effetti sostanziali e processuali dal momento della notifica; tuttavia, se deduce l'inosservanza dei termini a comparire o la mancanza dell'avvertimento di cui all'art. 163, n. 7, c.p.c., oppure se sussiste uno dei vizi relativi all'*editio actionis*, il giudice fissa una nuova udienza nel rispetto dei termini di cui all'art. 163-*bis* c.p.c. e ordina all'attore, se necessario, di integrare la domanda entro un termine perentorio. In tale ultimo caso, restano ferme le decadenze maturate e salvi i diritti quesiti anteriormente all'integrazione;

e) *se il convenuto non si costituisce* in giudizio, il giudice, rilevata la nullità della citazione, ne dispone d'ufficio la **rinnovazione entro un termine perentorio**; la rinnovazione sana i vizi e gli effetti sostanziali e processuali della domanda si producono sin dal momento della prima notificazione; se però la rinnovazione non viene eseguita, il giudice ordina la cancellazione della causa dal ruolo e il processo si estingue a norma dell'art. 307, terzo comma, c.p.c.

5. La costituzione dell'attore

L'attore, entro *dieci giorni* dalla notificazione della citazione al convenuto, deve costituirsi in giudizio, depositando in cancelleria la *nota d'iscrizione a ruolo* e il *proprio fascicolo* contenente l'originale della citazione, la procura e i documenti offerti in comunicazione (art. 165, comma 1, c.p.c.).
Se la citazione è notificata a **più persone**, l'originale della citazione deve essere inserito nel fascicolo entro dieci giorni dall'*ultima* notificazione; in ogni caso, la costituzione deve perfezionarsi (senza deposito dell'originale) entro dieci giorni decorrenti dalla *prima* notificazione (art. 165, comma 2, c.p.c.).

6. La costituzione del convenuto e la comparsa di risposta

A seguito della riforma attuata con il D.Lgs. n. 149/2022, il convenuto deve costituirsi almeno *settanta giorni* prima dell'udienza di comparizione fissata nell'atto di citazione.
Nella comparsa di risposta il convenuto deve: indicare le proprie *generalità* e il *codice fiscale*; proporre tutte le sue *difese* prendendo posizione *in modo chiaro e specifico* sui fatti posti dall'attore a fondamento della domanda; indicare i *mezzi di prova* di cui intende valersi e i *documenti* che offre in comunicazione; formulare le *conclusioni*.
Sono inoltre previste alcune rigide preclusioni che maturano con la comparsa di risposta. In tale atto, infatti, il convenuto deve, **a pena di decadenza**:

- proporre le *domande riconvenzionali*;
- proporre le *eccezioni non rilevabili d'ufficio*;
- dichiarare che intende *chiamare un terzo* e chiedere al giudice lo spostamento della prima udienza.

Se è omesso o risulta assolutamente incerto l'oggetto o il titolo della domanda riconvenzionale, il giudice, rilevata la nullità, fissa al convenuto un termine perentorio per integrarla. Restano in ogni caso ferme le decadenze maturate e salvi i diritti acquisiti *anteriormente* all'integrazione (art. 167, comma 2, c.p.c.).

7. Gli adempimenti successivi alla costituzione delle parti

A) L'iscrizione della causa a ruolo e la formazione del fascicolo d'ufficio

Ai sensi dell'art. 168, comma 1, c.p.c., all'atto della costituzione dell'attore, o, se questi non si è costituito, all'atto della costituzione del convenuto, su presentazione della nota d'iscrizione a ruolo, il cancelliere iscrive la causa nel ruolo generale degli affari contenziosi civili.
Contestualmente all'iscrizione a ruolo, il cancelliere forma il *fascicolo d'ufficio* contente tutti gli atti di parte e d'ufficio del procedimento (art. 168, comma 2, c.p.c.).

B) La designazione del giudice istruttore e la c.d. immutabilità

Una volta formato il fascicolo d'ufficio, il cancelliere lo presenta al presidente del tribunale, il quale designa il giudice istruttore davanti al quale le parti debbono comparire (art. 168-*bis*, comma 1).
Se, nel giorno fissato per la comparizione, il giudice istruttore designato non tiene udienza, la comparizione delle parti è d'ufficio rimandata all'udienza immediatamente successiva tenuta da questo (art. 168-*bis*, comma 4, c.p.c.).

Ai sensi dell'art. 174, comma 1, c.p.c., il giudice designato è investito di tutta l'istruzione della causa e della relazione al collegio.
Il giudice istruttore designato ha sempre la facoltà di differire la data della prima udienza. Il differimento può essere fatto fino ad un *massimo di quarantacinque giorni* (art. 171-*bis*, comma 3, c.p.c.).

C) Notificazioni e comunicazioni nel corso del procedimento
Dopo la costituzione in giudizio tutte le notificazioni e le comunicazioni si fanno al procuratore costituito (art. 170 c.p.c.). Se la parte si è costituita personalmente, si fanno nella residenza dichiarata o nel domicilio eletto che può essere anche telematico (art. 165, comma 1, ultimo periodo, c.p.c.).

8. La ritardata o mancata costituzione delle parti

Se una parte si è costituita entro il termine rispettivamente a lei assegnato (artt. 165 e 166 c.p.c.), l'altra parte può costituirsi successivamente, ma restano ferme per il convenuto le decadenze di cui all'art. 167 c.p.c. (art. 171, comma 2, c.p.c.).
Tuttavia, la parte che non si costituisce entro il termine dell'art. 166 c.p.c. è dichiarata *contumace* con ordinanza del giudice istruttore (art. 171, comma 2, c.p.c.).
Quando invece **nessuna delle parti si costituisce** nei termini stabiliti, si applica la disciplina dell'estinzione del giudizio di cui all'art. 307, commi 1 e 2, c.p.c.

9. Le verifiche preliminari. Le memorie integrative

Con la riforma attuata con il D.Lgs. n. 149/2022, l'attività preparatoria precedentemente demandata all'udienza di prima comparizione e trattazione (art. 183 c.p.c.) è stata **anticipata al periodo intercorrente tra il termine per la costituzione delle parti e detta udienza**.
Le nuove disposizioni mirano ad accelerare i procedimenti giurisdizionali di cognizione, imponendo al giudice e alle parti di risolvere tutte le questioni relative all'instaurazione del contraddittorio e alla definizione in via cartolare prima dell'udienza *ex* art. 183 c.p.c. che darà avvio alla fase istruttoria.

▶ 9.1. Le verifiche preliminari

In particolare, il nuovo art. 171-*bis* c.p.c. prevede che, scaduto il termine per la costituzione del convenuto (art. 166 c.p.c.) il giudice, *entro i successivi quindici giorni* verifica la regolarità del contraddittorio e, se necessario, pronuncia i provvedimenti per:

- l'integrazione del contraddittorio (art. 102, comma 2, c.p.c.);
- l'integrazione della citazione o la rinnovazione della notifica (art. 164, commi 2, 3, 5 e 6, c.p.c.);
- l'integrazione della comparsa di risposta o la chiamata del terzo (art. 167, commi 2 e 3, c.p.c.);
- la dichiarazione di contumacia della parte non costituita (art. 171, comma 3, c.p.c.);
- la sanatoria del difetto di rappresentanza o autorizzazione (art. 182 c.p.c.);
- la fissazione di una nuova udienza per consentire la chiamata del terzo (art. 269, comma 2, c.p.c.);
- il procedimento di contumacia (artt. 291 e 292 c.p.c.).

Nel medesimo termine, il giudice indica alle parti le questioni, rilevabili d'ufficio, di cui ritiene opportuna la trattazione, ivi incluse le condizioni di procedibilità della domanda e la sussistenza dei presupposti per procedere con il rito semplificato.

▶ 9.2. Le memorie integrative

Il successivo art. 171-ter c.p.c. (anch'esso introdotto dalla riforma attuata con il D.Lgs. n. 149/2022) prevede un *triplice termine a ritroso*, precedentemente contemplato dall'art. 183, comma 6, nn. 1, 2 e 3, c.p.c. *ante* riforma, per la definizione del *thema decidendum* e il *thema probandum*. In particolare, le parti, **a pena di decadenza**, possono depositare memorie integrative:

- **almeno 40 giorni prima dell'udienza**, per a) *proporre nuove* domande ed eccezioni che sono *conseguenti* alla domanda riconvenzionale o delle eccezioni del convenuto o del terzo, b) *precisare o modificare* le domande, eccezioni e conclusioni *già proposte*, c) proporre la richiesta di chiamata del terzo *da parte dell'attore*, se l'esigenza è sorta *a seguito* delle difese del convenuto (art. 171-*ter*, n. 1, c.p.c.);
- **almeno 20 giorni prima dell'udienza**, per a) *replicare* alle domande e alle eccezioni *nuove o modificate* dalle altre parti, b) proporre eccezioni che sono la *conseguenza* delle domande nuove formulate entro il termine precedente, c) indicare i mezzi di prova ed effettuare le produzioni documentali (art. 171-*ter*, n. 2, c.p.c.);
- **almeno 10 giorni prima dell'udienza**, per a) *replicare* alle eccezioni nuove, b) indicare la *prova contraria* (art. 171-*ter*, n. 3, c.p.c.).

Con le memorie integrative le parti possono, inoltre, interloquire sulle questioni che il giudice ha indicato ai sensi dell'art. 171-*bis* c.p.c. Ove il giudice abbia fissato una nuova udienza come conseguenza di uno dei provvedimenti di cui all'art. 171-*bis*, commi 2 e 3, c.p.c., i termini a ritroso dell'art. 171-*ter* c.p.c. decorrono dalla data di tale nuova udienza.

10. Premessa. La fase istruttoria in senso ampio e le sue sottofasi

Dopo la fase introduttiva, ha inizio la *fase di istruzione*, la cui funzione tipica è di rendere la causa *matura* per la decisione, ossia di acquisire tutti gli elementi necessari per la definizione del giudizio. L'istruzione comprende dunque tutte quelle attività processuali che vengono compiute fino a che il giudice non ritiene di poter concludere il processo con una pronuncia definitiva. In tal senso, a seguito della riforma attuata con il D.Lgs. n. 149/2022, risulta utile distinguere all'interno di questa fase **tre sottofasi**:

1. **trattazione della causa**, dedicata alla individuazione e discussione delle questioni rilevanti ai fini della definizione della controversia;
2. **istruzione in senso proprio** (o **istruzione probatoria**), che costituisce il momento della raccolta e della valutazione delle prove;
3. **rimessione della causa in decisione**, che segna il passaggio dall'istruzione alla fase decisoria.

11. Il giudice istruttore e i suoi poteri

La soluzione adottata dagli ideatori del codice era stata quella
Tutti i provvedimenti del giudice istruttore, salvo che la legge disponga altrimenti, assumono la forma dell'**ordinanza** (art. 176 c.p.c.).
Le ordinanze non possono mai pregiudicare la decisione della causa (art. 177 c.p.c.). La loro efficacia è sempre provvisoria. Inoltre, le ordinanze si caratterizzano per la loro **modificabilità** e **revocabilità** Esse, infatti, possono essere sempre modificate o revocate dal giudice che le ha pronunciate, tranne nei casi stabiliti dalla legge (art. 177, comma 2, c.p.c.).
Il **reclamo** è oggi previsto solo contro le ordinanze con cui il giudice istruttore *dichiara l'estinzione* del processo di cui all'art. 178, commi 3, 4 e 5, c.p.c. In questo caso, il reclamo deve essere proposto nel termine perentorio di dieci giorni. Su di esso provvede il collegio nei quindici giorni successivi in camera di consiglio con *sentenza*, se lo respinge, o con *ordinanza non impugnabile*, se lo accoglie (art. 308 c.p.c.).

12. La trattazione della causa. Udienza di prima comparizione e trattazione

Con la riforma attuata con il D.Lgs. n. 149/2022, parte le attività *preparatorie* tese ad accertare

l'integrità del contraddittorio e a individuare le posizioni fatte valere dalle parti è stata anticipata alla fase antecedente l'udienza di prima comparizione e trattazione.
Le attività riservate in tale udienza possono essere riassunte come segue.

A) La mancata comparizione delle parti
In ossequio al principio dell'iniziativa delle parti, queste ultime sono onerate di comparire in udienza (art. 181 c.p.c.). In particolare:

a) se non compare il *convenuto già costituito*, il processo può senz'altro proseguire; si rammenta che, in base alla riforma attuata con il D.Lgs. n. 149/2022, in caso di mancata costituzione la sua *contumacia* è dichiarata nel corso delle verifiche preliminari (art. 171-*bis* c.p.c.);

b) se non compare l'*attore già costituito*, il giudice fissa una nuova udienza, della quale il cancelliere dà comunicazione all'attore; se questi non compare nemmeno alla nuova udienza, il giudice ordina che la causa sia cancellata dal ruolo e dichiara l'**estinzione del processo** (art. 181, comma 2, c.p.c.). Il rinvio e l'estinzione del processo non possono essere disposti se il convenuto chiede che si proceda in assenza dell'attore;

c) se *nessuna delle parti* compare alla prima udienza, il giudice fissa un'udienza successiva, che il cancelliere comunica alle parti costituite; se nessuna delle parti compare alla nuova udienza, il giudice ordina che la causa sia cancellata dal ruolo e dichiara l'**estinzione del processo** (art. 181, comma 1, c.p.c.).

B) L'interrogatorio libero, il tentativo di conciliazione e la proposta di conciliazione
A seguito della riforma attuata con il D.Lgs. n. 149/2022, le parti **devono presentarsi personalmente** all'udienza di prima comparizione e trattazione (art. 183, comma 1, c.p.c.) per essere interrogate liberamente dal giudice sui fatti allegati e per provocarne eventualmente la conciliazione (art. 183, comma 3, c.p.c.). La mancata comparizione personale delle parti senza giustificato motivo costituisce comportamento valutabile ai sensi dell'art. 116 c.p.c.
La comparizione personale delle parti per il loro interrogatorio ed eventuale conciliazione può essere disposta, **dietro richiesta congiunta di queste**, in qualunque momento dell'istruzione, compatibilmente con il *calendario del processo* (art. 185 c.p.c.).
In tutti i casi in cui è prevista la comparizione personale delle parti, queste parti possono farsi rappresentare da un **procuratore generale o speciale** il quale deve essere a conoscenza dei fatti della causa.
Se il tentativo di conciliazione ha esito positivo, si forma processo verbale che costituisce *titolo esecutivo* (art. 185, comma 3, c.p.c.).
Il giudice, fino al momento in cui fissa l'udienza di rimessione della causa in decisione, può formulare alle parti ove possibile, avuto riguardo alla natura del giudizio, al valore della controversia e all'esistenza di questioni di facile e pronta soluzione di diritto, una **proposta transattiva o conciliativa** (art. 185-*bis* c.p.c.).

C) Il rinvio per la chiamata del terzo da parte dell'attore
Ove l'attore, con la memoria integrativa *ex* art. 171-*ter*, n. 1, c.p.c. abbia chiesto di essere autorizzato alla chiamata di un terzo, il giudice istruttore valuta la richiesta nel corso dell'udienza di prima comparizione e trattazione.
Se la richiesta è accolta, il giudice fissa una nuova udienza per consentire la citazione del terzo nel rispetto dei termini dell'art. 163-*bis* c.p.c.. In tal caso, ferme le preclusioni già maturate per le parti, decorrono nuovamente da tale udienza i termini di cui all'art. 171-*ter* c.p.c.

D) La rimessione della causa per la decisione
Nel corso dell'udienza di prima comparizione e trattazione il giudice istruttore può ritenere che la causa sia **matura per la decisione** senza necessità di svolgere attività istruttoria. In tal caso il giudice rimette la causa al collegio per la decisione (art. 187, comma 1, c.p.c.).

Il giudice istruttore, se ritiene che possa definire il giudizio, può parimenti rimettere la causa per la decisione dellle **questioni preliminari merito** (ad es. eccezione di prescrizione del credito fatto valere dall'attore) e le **questioni pregiudiziali** (di giurisdizione, di competenza, di merito), ma può anche disporre che siano decise unitamente al merito (art. 187, commi 2 e 2, c.p.c.).
In tutti i casi suddetti, il giudice fissa un'udienza per la rimessione dell'*intera causa* al collegio. A seguito della riforma attuata con il D.Lgs. n. 149/2022, il giudice concede alle parti (che possono rinunciarvi) i seguenti *termini a ritroso perentori*:

- **fino a 60 giorni prima dell'udienza**, per la precisazione delle conclusioni che le parti intendono sottoporre al collegio nei limiti del thema decidendum cristallizzato dalle memorie integrative dell'art. 171-*ter* c.p.c.;
- **fino a 30 giorni prima dell'udienza**, per il deposito delle comparse conclusionali;
- **fino a 15 giorni prima dell'udienza**, per il deposito delle memorie di replica.

Il collegio quando definisce il giudizio provvede con *sentenza*, fatta eccezione per le questioni di competenza su cui decide con *ordinanza*. Se invece rigetta l'eccezione, non definendo il giudizio, pronuncia *sentenza non definitiva* e impartisce con *ordinanza* distinti provvedimenti per l'ulteriore istruzione della causa (art. 279, comma 2, n. 4, c.p.c.).

E) L'ammissione delle prove. Il giudizio di ammissibilità e rilevanza. Il calendario del processo.
Se la causa non è matura per la decisione e non sussistono questioni pregiudiziali o preliminari che possano definirla, all'udienza di prima comparizione e trattazione il giudice provvede sulle istanze istruttorie formulate dalle parti.
A tal fine, il giudice valuta:

- l'**ammissibilità** della prova, per verificare se questa è consentita dalla legge (ad es., art. 2722 c.c.);
- la **rilevanza** della prova, per controllare se la circostanza oggetto della prova può fornire un contributo effettivo e non superfluo al giudizio di merito.

Il giudice può disporre d'ufficio mezzi di prova e, a tal fine, le parti possono dedurre mezzi di prova che si rendano necessari in elazione a quelli disposti d'ufficio depositando memorie e repliche, entro termini perentori disposti dal giudice (art. 183, comma 5, c.p.c.).
In ogni caso, il giudice – tenuto conto della natura, urgenza e complessità della causa – predispone con ordinanza il calendario delle udienze successive fino a quella di rimessione della causa al collegio (art. 183, comma 4, c.p.c.).

F) Il passaggio dal rito ordinario al rito semplificato di cognizione
A seguito della riforma attuata con il D.Lgs. n. 149/2022, il giudice nell'udienza di prima comparizione e trattazione, ove rilevi la *sussistenza dei requisiti per la trattazione della causa con il rito semplificato* (art. 281-*decies* e ss. c.p.c.), sentite le parti, dispone con **ordinanza non impugnabile** la prosecuzione del giudizio con detto rito, ammettendo e assumendo, ove necessario, i mezzi di prova rilevanti per la decisione ai sensi dell'art. 281-*duodecies* c.p.c. (art. 183-*bis* c.p.c.).

G) Le ordinanze di accoglimento e di rigetto della domanda
La riforma attuata con il D.Lgs. n. 149/2022 ha introdotto un nuovo strumento di definizione delle controversie che abbiano a oggetto **diritti disponibili** e in relazione alle quali si manifesta la fondatezza o la pretestuosità delle domande. In particolare, il giudice su *istanza di parte*:

- *nel corso del giudizio di primo grado*, quando i fatti costitutivi di *tutte* le domande dell'attore sono provati e le difese del convenuto appaiono manifestamente infondate, può pronunciare **ordinanza di accoglimento della domanda**, *provvisoriamente esecutiva* (art. 183-*ter*, c.p.c.);
- *all'esito dell'udienza di prima comparizione e trattazione*, quando *tutte* le domande sono manifestamente infondate ovvero rispetto a esse a) è omesso o incerto il *petitum* e la

nullità non è stata sanata, b) persiste la mancanza dell'esposizione dei fatti a seguito della rinnovazione della citazione (art. 183-*quater* c.p.c.).

In entrambi i casi l'ordinanza è reclamabile ai sensi dell'art. 669-*ter* c.p.c. e **non acquista efficacia di giudicato** ai sensi dell'art. 2909 c.c., né la sua autorità può essere invocata in altri processi. Con la medesima ordinanza il giudice liquida le spese di lite.
Se l'ordinanza non è reclamata o il reclamo è respinto, definisce il giudizio e *non è ulteriormente impugnabile*. Se il reclamo è accolto, il giudizio prosegue dinanzi a un magistrato diverso da quello che ha emesso l'ordinanza reclamata.

▶ 12.1. Le ordinanze di condanna a carattere anticipatorio

Il codice prevede ulteriori ordinanze anticipatorie di condanna, accomunate dal fatto che con esse il giudice istruttore, prima della decisione definitiva, può pronunciare una **condanna immediatamente esecutiva**.
Diversamente dalle ordinanze di accoglimento e di rigetto della domanda, quelle in esame non definiscono il giudizio che, dunque, può proseguire. Tuttavia, in caso di estinzione del giudizio, *tali ordinanze conservano la loro efficacia*.

A) L'ordinanza per il pagamento di somme non contestate (art. 186-*bis* c.p.c.)
Fino al momento della precisazione delle conclusioni, su istanza di parte il giudice istruttore può disporre, fino al momento della precisazione delle conclusioni, il pagamento delle *somme non contestate dalle parti costituite*.
Pertanto, tale tipologia di ordinanza:
- non può essere emessa nei confronti della parte contumace;
- è limitata al pagamento di somme.

Si tratta di un provvedimento che ha natura *provvisoria*, tenuto conto che il terzo comma dell'art. 186-*bis* c.p.c. dispone che è soggetto alla disciplina delle ordinanze revocabili di cui agli artt. 177, primo e secondo comma, e 178, primo comma, c.p.c.
Secondo quanto stabilisce l'art. 186-*bis*, secondo comma, c.p.c., l'ordinanza costituisce **titolo esecutivo** e **conserva la sua efficacia in caso di estinzione** del processo.

B) L'ordinanza di ingiunzione (art. 186-*ter* c.p.c.)
Fino al momento della precisazione delle conclusioni, su istanza di parte, il giudice può pronunciare ordinanza ingiunzione di pagamento o di consegna, sussistendo i presupposti che consentono la pronuncia del decreto ingiuntivo (artt. .
I presupposti per l'emanazione e la disciplina di questo tipo di ordinanza sono simili a quelli del **decreto ingiuntivo** (artt. 633 e ss.) ossia che l'istante:
a) vanti un credito relativo ad una *somma di denaro liquida ed esigibile*, ad una *determinata quantità di cose mobili fungibili* o alla *consegna di cose mobili determinate* (art. 633, comma 1, n. 1, e comma 2, c.p.c.);
b) ne dia *prova scritta* (art. 634 c.p.c.).

L'ordinanza è **provvisoriamente esecutiva** ove ricorrano i presupposti di cui all'art. 642 c.p.c., nonché, laddove la controparte non sia rimasta contumace, quelli di cui all'art. 648, comma 1, c.p.c. (art. 186-*ter*, comma 2, c.p.c.).
Il provvedimento anticipatorio di ingiunzione può essere emesso **anche nei confronti della parte dichiarata contumace**. In questo caso, però, l'ordinanza deve essere notificata al contumace a pena di inefficacia e deve contenere l'espresso avvertimento che, qualora la parte non si costituisca entro il termine di venti giorni dalla notifica, il provvedimento diverrà esecutivo (art. 186-*ter*, comma 5, c.p.c.).
Il regime dell'**efficacia** è invece il medesimo a cui è assoggettata l'ordinanza *ex* art. 186-*bis* c.p.c., per cui si applica la disciplina delle ordinanze revocabili di cui agli artt. 177 e 178, primo 1, c.p.c.
L'ordinanza *ex* art. 186-*ter* c.p.c. dichiarata esecutiva costituisce anche **titolo per l'iscrizione dell'ipoteca giudiziale**.

C) L'ordinanza successiva alla chiusura dell'istruzione (art. 186-*quater* c.p.c.)
Esaurita l'istruzione, il giudice, su istanza della parte che ha proposto domanda di condanna al pagamento di somme ovvero alla consegna o al rilascio di beni, può disporre con ordinanza il pagamento, ovvero la consegna o il rilascio, **nei limiti per cui ritiene già raggiunta la prova**, provvedendo altresì sulle spese processuali.
L'ordinanza è **titolo esecutivo** ed è **revocabile con la sentenza** che definisce il giudizio (art. 186-*quater*, comma 2, c.p.c.).
Se dopo la pronuncia dell'ordinanza il processo *si estingue*, l'ordinanza acquista l'efficacia della **sentenza impugnabile** sull'oggetto dell'istanza (art. 186-*quater*, comma 3, c.p.c.).
In ogni caso, se entro *trenta giorni* dalla pronuncia dell'ordinanza la parte intimata non notifica all'altra parte e un ricorso in cui dichiara la volontà che sia pronunciata sentenza definitiva, l'ordinanza acquista l'efficacia della sentenza impugnabile sull'oggetto dell'istanza (art. 186-*quater*, comma 4, c.p.c.).

13. La rimessione della causa al collegio o in decisione. Le ipotesi di rimessione

La rimessione della causa al collegio è divenuta un'ipotesi eccezionale per le cause appositamente individuate dall'art. 50-*bis* c.p.c.
La rimessione implica un trasferimento di tutta la causa dal giudice istruttore al collegio con contestuale passaggio di tutti i poteri esercitabili sul procedimento ancora in corso (art. 189, comma 2, c.p.c.).
La rimessione al collegio è sempre subordinata alla valutazione del giudice sulla *maturità* della causa per la decisione; quando cioè si hanno tutti gli elementi necessari e sufficienti per esprimere un giudizio nel merito. Sono tre le ipotesi codificate:

1. ***rimessione immediata*** (art. 187, comma 1, c.p.c.);
2. ***rimessione su questioni pregiudiziali o preliminari*** (art. 187, commi 2 e 3, c.p.c.);
3. ***rimessione all'esito dell'istruzione*** (art. 188 c.p.c.).

▶ 13.1. Modalità della rimessione

A seguito della riforma attuata con il D.Lgs. n. 149/2022, quando il giudice istruttore, quando intende rimettere la causa al collegio, fissa dinanzi a sé l'udienza di rimessione e assegna alle parti, salvo che non vi rinuncino, i seguenti termini (art. 189, comma 1, c.p.c.):

- fino a 60 giorni prima dell'udienza per il deposito di note contenenti la precisazione delle conclusioni che le parti intendono sottoporre al collegio nei limiti di quelle formulate negli atti introduttivi o nelle memorie integrative *ex* art. 171-*ter* c.p.c.;
- fino a 30 giorni prima dell'udienza per il deposito delle comparse conclusionali;
- fino a 15 giorni prima dell'udienza per il deposito delle memorie di replica.

All'udienza così fissata, il giudice istruttore rimette la decisione della causa al collegio.
Tuttavia, se il giudice istruttore ritiene che la causa *possa essere decisa davanti al collegio a seguito di discussione orale*, fissa l'udienza davanti al collegio e assegna termini consecutivi:

- non superiori a 30 giorni per il deposito di note contenenti la precisazione delle conclusioni;
- non superiori a 15 giorni per le note conclusionali.

▶ 13.2. Casi di rimessione parziale

Con l'espressione "*rimessione parziale*" si fa riferimento a quelle ipotesi in cui viene devoluta al collegio la decisione non sull'intera causa, ma solo su una questione o causa collegata alla causa principale. Manca una disciplina unitaria dal momento che si tratta di casi eccezionali e tassativi previsti dal legislatore al ricorrere di particolari presupposti. Essi sono:

1. la **querela di falso in via incidentale** (art. 225 c.p.c.);
2. la **verificazione della scrittura privata in via incidentale** (art. 220 c.p.c.).

Il procedimento di rimessione parziale è lo stesso di quella totale.

14. Nozione di prova. L'onere della prova e suoi temperamenti. Il principio di tipicità dei mezzi di prova e le c.d. prove atipiche

L'*istruzione in senso proprio* (o *istruzione probatoria*) ha **natura eventuale**, tenuto conto che il giudice potrebbe ritenere anticipatamente la causa matura per la decisione. Laddove invece si renda necessaria la verifica dei fatti allegati dalle parti, questa sottofase diventa la sede in cui raccogliere tutti gli elementi utili per la decisione del giudice sulle questioni controverse.
Le prove, pertanto, sono i mezzi processuali tramite i quali le parti del giudizio danno *dimostrazione della realtà dei fatti che portano a sostegno delle rispettive domande*.
La regola del riparto dell'onere della prova prevede che chi vuol far valere un diritto in un giudizio deve provare i fatti che ne costituiscono il fondamento (art. 2697, comma 1, c.p.c.). Specularmente, se l'altra parte vuol far valere fatti modificativi, impeditivi di tali diritti (c.d. **eccezioni di merito in senso proprio**), deve provare i fatti che ne sono il fondamento (art. 2697, comma 2, c.p.c.).
La regola generale conosce dei temperamenti, e precisamente:

- le **presunzioni legali** (artt. 2727 e 2728 c.c.). Si tratta di quelle conseguenze che la legge o il giudice trae da un fatto noto per risalire ad un fatto ignorato.
- l'**esenzione pattizia per i diritti disponibili** (art. 2698 c.c.). Le parti convenzionalmente possono sempre regolamentare in maniera libera l'assetto relativo alla ripartizione dell'onere probatorio, purché l'accordo abbia ad oggetto diritti *disponibili*, purché non renda troppo gravoso l'esercizio del diritto;
- la **non contestazione** (art. 115, comma 1, c.p.c.). I fatti in relazione a quali non vi è *specifica contestazione* sono ritenuti incontroversi e dunque pacifici in funzione della decisione;
- i **fatti notori** (art. 115, comma 2, c.p.c.). Le nozioni di fatto desunte dalla comune esperienza che sono entrate a far parte della cultura media della collettività (c.d. *fatti notori*) possono essere posti a fondamento della decisione del giudice senza bisogno di prova (non rientrano in questa categoria né le *nozioni di natura tecnica* né le specifiche conoscenze personali del giudice: c.d. *scienza privata*).
- il **criterio di vicinanza della prova**. Si tratta di un temperamento, di origine giurisprudenziale, in virtù del quale l'onere di fornire la prova viene addossato alla parte che ha la maggiore facilità di reperirla.

Il codice disciplina una serie di mezzi di prova di cui il giudice si può avvalere ai fini della decisione. Si parla allora di *tipicità dei mezzi di prova* per sintetizzare il concetto in base al quale l'attività istruttoria può concernere solo quelle prove che sono configurate legalmente.
Al di fuori dei mezzi di prova espressamente tipizzati, si trovano tutti gli altri strumenti di convincimento. Tali strumenti sono perciò definiti **prove atipiche**, ritenute ammissibili purché astrattamente idonee a concorrere all'accertamento dei fatti di causa.

15. La disciplina generale dei mezzi di prova. Classificazioni

Le prove possono distinguersi secondo vari criteri, che si basano sugli aspetti di ammissibilità, efficacia e modalità di assunzione.

A) Classificazioni con riguardo alle modalità con cui la prova entra nel processo
Una classificazione fondamentale si basa sul momento in cui in mezzi di prova si formano, distinguendosi tra:

- **prove precostituite**, che si formano fuori e, in genere, prima del processo, e che entrano in esso attraverso un atto di esibizione o di produzione (ad es., le *prove documentali*);

- **prove costituende**, che si formano solamente nel processo mediante l'attività di assunzione probatoria (ad es., le *prove testimoniali*).

B) Classificazioni con riguardo all'efficacia

Il criterio discretivo della differenza di efficacia tra mezzi di prova ha dato luogo a varie classificazioni:

- **prove liberamente apprezzabili**, che possono essere valutate dal giudice secondo il suo prudente apprezzamento (art. 116, comma 1, c.p.c.);
- **prove legali**, che vincolano il giudice al loro risultato probatorio, (ad es., *confessione*, *giuramento*).
- **prove dirette**, idonee a far conoscere immediatamente il fatto da provare;
- **prove indirette**, che hanno per oggetto un fatto diverso (c.d. *indizio*) da cui si può risalire per via logica al fatto principale (artt. 2727 e ss. c.c.), purché siano gravi, precise e concordanti.
- **prove piene**, che sono quelle, normalmente richieste dalla legge, in grado di conferire certezza al fatto provato;
- **prove di verosimiglianza**, in virtù delle quali il fatto affermato appare solo *credibile* o *verosimile* (ad es., il *fumus boni iuris*).
- **prove in senso proprio**, che sono quelle alle quali la legge assegna piena efficacia probatoria;
- **argomenti di prova**, che non hanno autonomo valore probatorio ma offrono al giudice elementi per valutare altre prove (art. 116, comma 2, c.p.c.).

C) Classificazioni con riguardo all'ammissibilità.

Con riferimento all'aspetto dell'ammissibilità, le prove si classificano in:

- **prove ammissibili ad istanza di parte**, che sono la regola;
- **prove ammissibili d'ufficio**, che costituiscono l'eccezione del già esaminato principio di cui all'art. 115 c.p.c.
- **prove lecite**, ossia rispettose del dettato legale;
- **prove illecite**, che non solo sono atipiche, ma tendono altresì ad aggirare preclusioni o divieti previsti da norme sostanziali e non sono dunque generalmente ammissibili.

16. I singoli mezzi di prova. Le prove precostituite o documenti. Atto pubblico e scrittura privata

La prova documentale consiste in quell'oggetto materiale che risulta idoneo a rappresentare o a dare conoscenza di un fatto. Ai fini probatori, il documento assume rilievo sia per il suo **contenuto** (c.d. *fatto intrinseco*), sia per la sua **provenienza** (c.d. *fatto estrinseco*).

A) L'atto pubblico

L'atto pubblico è il documento redatto, con le *richieste formalità*, da un notaio o da altro *pubblico ufficiale* autorizzato ad attribuirgli pubblica fede nel luogo dove l'atto è formato (art. 2699 c.c.). Se mancano questi requisiti, il documento, se è stato comunque sottoscritto dalle parti, è equiparato alla scrittura privata (art. 2701 c.c.).
L'atto pubblico fa **piena prova, fino a querela di falso** (art. 2700 c.c.):

- della *provenienza* del documento dal pubblico ufficiale che lo ha formato;
- delle *dichiarazioni* delle parti;
- degli *altri fatti* che il pubblico ufficiale attesta avvenuti in sua presenza o da lui compiuti.

B) La scrittura privata

La scrittura privata è qualsiasi documento sottoscritto dalla parte ma privo dell'attestazione di

un pubblico ufficiale.
L'**art. 2702 c.c.** stabilisce che la scrittura privata fa **piena prova, fino a querela di falso**, della *provenienza* delle dichiarazioni (quindi solo per il *fatto estrinseco*) da chi l'ha sottoscritta, se colui contro il quale la scrittura è prodotta ne **riconosce la sottoscrizione** oppure se questa è **legalmente considerata come riconosciuta**.
Si considera legalmente riconosciuta la **sottoscrizione autenticata** dal notaio o da altro pubblico ufficiale a ciò autorizzato (art. 2703 c.c.).
La parte, anche contumace, contro la quale è prodotta la scrittura privata, se intende disconoscerla, è tenuto a negare formalmente la propria scrittura o la propria sottoscrizione (art. 214 c.p.c.). La conseguenza diretta del mancato disconoscimento è il **riconoscimento tacito** (art. 215 c.p.c.).
Il documento non disconosciuto farà, dunque, piena prova nei termini fissati dall'art. 2702 c.c. Se invece la parte onerata assolve tempestivamente al disconoscimento, la scrittura si ha per non riconosciuta, salvo l'apposito giudizio di *verificazione*
Il codice civile detta regole specifiche sull'efficacia probatoria di *alcuni tipi di scritture private* (artt. 2705-2711 c.c.), delle **riproduzioni meccaniche** (art. 2712 c.c.), delle **copie degli atti** (artt. 2714-2719 c.c.) e degli **atti di ricognizione o rinnovazione** (art. 2720 c.c.).

C) Il documento informatico
Il valore probatorio del documento informatico è disciplinato dal D.Lgs. n. 82/2005, c.d. ***Codice dell'Amministrazione Digitale*** (di seguito "CAD").
In particolare, se:
- è apposta una *firma elettronica*, sul piano probatorio è *liberamente valutabile* in giudizio;
- è sottoscritto con *firma elettronica avanzata*, *qualificata* o *digitale*, formato nel rispetto delle regole tecniche che garantiscano l'identificabilità dell'autore, l'integrità e l'immodificabilità del documento, ha l'*efficacia prevista dall'art. 2702 c.c.*;
- è apposta una firma digitale o di un altro tipo di firma elettronica qualificata basata su un *certificato elettronico revocato*, *scaduto* o *sospeso* equivale a mancata sottoscrizione.

Con il **D.Lgs. n. 110/2010** il legislatore ha introdotto la nozione di *atto pubblico informatico*, che ha l'efficacia probatoria dell'atto pubblico *ex* art. 2700 c.c

▶ 16.1. Il giudizio di verificazione della scrittura privata disconosciuta e la querela di falso

La verificazione della scrittura privata e la querela di falso costituiscono due procedimenti finalizzati ad una valutazione più approfondita di una prova documentale.

A) La verificazione della scrittura privata
La parte che intende valersi di una scrittura che è stata formalmente disconosciuta deve chiederne la verificazione (art. 216 c.p.c.), nel termine previsto per le deduzioni istruttorie, proponendo i mezzi di prova che ritiene utili e producendo o indicando le scritture che possono servire per la comparazione (c.d. **verificazione incidentale**).
L'istanza di verificazione può anche proporsi **in via principale** con citazione (art. 216, comma 2, c.p.c.). Sull'istanza di verificazione si pronuncia sempre il collegio (art. 220 c.p.c.), qui da intendersi quale organo giudicante e quindi riferito sia al collegio che al giudice unico, in quanto questa ipotesi non rientra tra quelle previste dall'art. 50-*bis* c.p.c.

B) La querela di falso
La querela di falso è l'istanza con cui si chiede di accertare la falsità di un determinato documento. La falsità consiste in una difformità tra la realtà e la rappresentazione che un documento fa di essa. A tal proposito, si distingue tra:
- **falsità materiale**, che investe il documento nella sua *materialità estrinseca*;

- **falsità ideologica**, che involge il *contenuto intrinseco* del documento attraverso un'enunciazione difforme dal vero.

La querela costituisce l'unico strumento idoneo a contestare le risultanze probatorie dell'atto pubblico o della scrittura privata riconosciuta, autenticata o verificata.
La querela può proporsi tanto *in via principale* quanto in corso di causa (c.d. querela di falso *incidentale*) in qualunque stato e grado di giudizio, finché la verità del documento non sia stata accertata con sentenza passata in giudicato (art. 221, comma 1).
Il giudizio sulla querela, per la delicatezza delle questioni che implica, è riservato alla **competenza del tribunale** (art. 9, comma 2, c.p.c.).
Inoltre, nel procedimento di querela di falso è **obbligatorio** l'intervento nel processo del **pubblico ministero**.
La querela deve essere proposta personalmente dalla parte oppure a mezzo di procuratore speciale (art. 221, comma 2, c.p.c.).
Quando è proposta querela in via incidentale, il giudice istruttore interpella la parte che ha prodotto il documento per sapere se intende valersene in giudizio. Se la risposta è negativa, il documento non è utilizzabile in causa. Se invece la parte dichiara di volersi avvalere del documento contestato, il giudice, se ritiene il documento rilevante, autorizza la presentazione della querela nella stessa udienza o in una successiva (art. 222 c.p.c.). Quindi, ammette i mezzi istruttori che ritiene idonei e dispone i modi e i termini della loro assunzione.
A seguito della riforma attuata con il D.Lgs. n. 149/2022, sulla querela di falso **decide il tribunale in composizione monocratica** (art. 225 c.p.c.).

▶ 16.2. L'ingresso dei documenti nel processo. Produzione ed esibizione. La richiesta di informazioni alla pubblica amministrazione

I documenti possono entrare nel processo, ai fini della loro valutazione da parte del giudice, tramite:
- la **produzione**, ossia l'inserimento del documento nel *fascicolo di parte* al momento della costituzione (artt. 165 e 166 c.p.c.) o in un momento successivo. La produzione può infatti avvenire anche in qualsiasi udienza davanti al giudice istruttore, purché entro i termini stabiliti per le deduzioni istruttorie;
- l'**esibizione**, su ordine del giudice e dietro istanza di parte nei confronti dell'altra parte o di un terzo (art. 210 c.c.). Il rifiuto della parte, senza giustificato motivo, di esibire il documento può costituire argomento di prova;
- la **richiesta di informazioni alla PA**, che è tenuta a trasmetterle entro 60 giorni (art. 213 c.p.c.).

17. Le prove *costituende*. La confessione

La confessione consiste nella dichiarazione, anche in forma scritta, che una parte fa della verità di **fatti ad essa sfavorevoli** e **favorevoli all'altra parte** (art. 2730 c.c.).
Quanto all'**oggetto** specifico della confessione, questa può riguardare soltanto i *fatti della causa*, indipendentemente dalla loro natura costitutiva, modificativa, impeditiva od estintiva.
Autore della confessione può essere soltanto la *parte personalmente* (art. 229 c.p.c.).
Per quanto riguarda l'**efficacia probatoria della confessione**, occorre distinguere a seconda della sede in cui essa viene raccolta. Ed infatti:
- la ***confessione giudiziale***, resa in giudizio, quale esperimento di prova costituenda, forma *piena prova* contro colui che l'ha fatta,;
- la ***confessione stragiudiziale***, che può avvenire al di fuori del giudizio *verbalmente* o *per iscritto*, se è resa alla parte o a chi la rappresenta ha la stessa efficacia probatoria di quella giudiziale (*prova legale*); se invece è fatta ad un terzo o se è contenuta in un testamento, è liberamente apprezzata dal giudice (art. 2735, comma 1, c.c.).

Nei casi in cui la confessione ha natura di prova legale, la sua efficacia è però condizionata da

due fattori:
- la confessione deve vertere su *diritti disponibili* (art. 2733 c.c.);
- la confessione non è efficace se non proviene da persona *capace di disporre* del diritto a cui i fatti confessati si riferiscono (art. 2731 c.c.).

In ogni caso, l'art. 2732 c.c. stabilisce che la confessione non può essere revocata se non si prova che è stata determinata da errore di fatto o da violenza.
Ai sensi dell'art. 228 c.p.c., la confessione giudiziale può essere *spontanea* o può essere *provocata mediante interrogatorio formale*.

A) La confessione giudiziale spontanea e l'interrogatorio libero
La confessione spontanea è quella che rende liberamente la parte in ogni momento del processo. Essa può essere contenuta in qualsiasi atto processuale (art. 229 c.p.c.), salvo il caso dell'**interrogatorio libero** di cui all'art. 117 c.p.c. che può essere utilizzato dal giudice al solo fine di ricevere chiarimenti in ordine alle ragioni addotte dalle parti.

B) L'interrogatorio formale
L'interrogatorio formale è invece il mezzo di prova diretto a *provocare* la confessione giudiziale. Esso è soggetto alla regola della disponibilità delle prove di cui all'art. 115 c.p.c., per cui può essere disposto solo **su istanza di parte**, nel rispetto dei termini stabiliti dal codice (pertanto, non oltre la memoria di cui all'art. 171-*ter*, n. 2, c.p.c.).
L'interrogatorio deve essere dedotto per **articoli separati e specifici**, con riguardo a precise e singole circostanze di fatto sulla verità delle quali è chiamato a rispondere l'interrogato (art. 230 c.p.c.).
La parte interrogata deve rispondere *personalmente* (art. 231 c.p.c.), se **non si presenta** all'udienza fissata per l'interrogatorio o **si rifiuta** di rispondere senza giustificato motivo, il giudice, valutato ogni altro elemento di prova, può ritenere come ammessi i fatti dedotti nell'interrogatorio (art. 232, comma 1, c.p.c.).

▶ 17.1. Il giuramento

Il giuramento è una prova costituenda e proviene dalla parte alla quale i fatti dichiarati sono favorevoli. Esso consiste nella dichiarazione resa in forma solenne con cui una parte afferma la verità di un fatto.
Il giuramento può essere di **due specie** (art. 2736 c.c.):
- il ***giuramento decisorio***, che è quello che *una parte deferisce* all'altra (che a sua volta può *riferirlo* alla controparte) per farne dipendere la *decisione totale o parziale* della causa;
- il ***giuramento suppletorio***, che è quello che è *deferito d'ufficio dal giudice* a una delle parti al fine di decidere la causa quando la domanda o le eccezioni *non sono pienamente provate*, ma non sono del tutto sfornite di prova, oppure quello che è deferito *al fine di stabilire il valore* della cosa domandata, se non si può accertarlo altrimenti (c.d. giuramento *estimatorio*).

L'**efficacia probatoria** del giuramento è quella propria attribuita alla *prova legale*, ma ha un'intensità peculiare. Ed infatti, il giuramento non si limita a rafforzare il convincimento del giudice su un fatto ma, a seguito del suo compimento, si deve ritenere *vittoriosa la parte che ha giurato* e soccombente l'altra parte (art. 2738, comma 1, c.c.).
Ogni atto relativo al giuramento deve essere effettuato dalla parte *personalmente*. Inoltre, l'art. 2737 c.c. richiama per il deferimento del giuramento tutte le **condizioni di capacità** stabilite per la **confessione** dall'art. 2731 c.c.
Con riguardo alle modalità di assunzione, il codice di rito prevede due procedimenti diversi.

A) L'assunzione del giuramento decisorio
Il deferimento del giuramento decisorio può avvenire in **qualunque stato della causa** davanti al *giudice istruttore* (e quindi prima della rimessione in decisione), con dichiarazione fatta all'udienza dalla parte o dal procuratore munito di mandato speciale (art. 233 c.p.c.). Esso deve essere formulato in **articoli**

separati in modo chiaro e specifico.
Finché non abbia dichiarato di essere pronta a giurare, la parte alla quale il giuramento decisorio è stato deferito può riferirlo all'avversario (art. 234 c.p.c.). È questo l'atto di **riferimento**, che consente alla parte che sarebbe tenuta al giuramento di riversare sull'altra parte tale incombenza. In questo modo, la parte sfidata a giurare sfida a sua volta il deferente.
Se la parte alla quale il giuramento decisorio è deferito **non si presenta** senza giustificato motivo all'udienza all'uopo fissata o, comparendo, **si rifiuta di prestarlo** o non lo riferisce all'avversario, *soccombe* rispetto alla domanda o al punto di fatto oggetto del giuramento (art. 239 c.p.c.); allo stesso modo, soccombe la parte avversaria, se rifiuta di prestare il giuramento che le è riferito.

B) L'assunzione del giuramento suppletorio
Ai sensi dell'art. 2736 c.c., il giuramento suppletorio è **deferibile d'ufficio**. Inoltre, l'art. 240 c.p.c. precisa che nelle cause riservate alla decisione collegiale tale giuramento può essere deferito esclusivamente dal collegio.
In relazione all'assunzione del giuramento suppletorio trovano applicazione tutte le disposizioni previste in tema di giuramento decisorio (art. 243 c.p.c.), fatta eccezione per la **possibilità di riferimento** che è espressamente **esclusa** dall'art. 242 c.p.c.
Con riguardo al giuramento **estimatorio**, che abbiamo visto essere una particolare sottospecie del suppletorio, l'art. 241 c.p.c. specifica che può essere deferito dal collegio a una delle parti, soltanto se non è possibile accertare altrimenti il valore della cosa. In questo caso, il collegio deve anche determinare la somma fino a concorrenza della quale il giuramento avrà efficacia.

▶ 17.2. La prova testimoniale

La testimonianza rientra tra le principali figure di prove costituende e consiste nella **narrazione dei fatti di causa** che un **terzo**, **estraneo agli interessi** che le parti fanno valere nel processo, compie al giudice nel rispetto di **determinate forme**.
Il codice non conferisce alla prova testimoniale un alto grado di attendibilità per cui la legge, da una parte, fissa significative **limitazioni all'ammissibilità** della testimonianza; dall'altra parte, attribuisce a questo mezzo di prova un'efficacia debole, rendendolo **liberamente apprezzabile dal giudice**.

A) Limiti all'ammissibilità
Il codice civile pone una serie di limiti che possono essere legati a questioni di *forma*, di *valore* e di *formazione* del documento di cui si deve dimostrare l'esistenza. Più precisamente:

a) è esclusa l'esperibilità della prova testimoniale in relazione ad un atto per il quale è richiesta la **forma scritta *ad substantiam***; o ***ad probationem***, salvo il caso in cui la parte abbia senza sua colpa perduto il documento che gli forniva la prova (art. 2725 c.c.);
b) la prova per testimoni di un contratto, di un pagamento o di una remissione di debito non è ammessa quando il **valore** dell'oggetto eccede *2,58 euro*; l'autorità giudiziaria può consentire la prova oltre tale limite, tenuto conto della qualità delle parti, della natura del contratto e di ogni altra circostanza (artt. 2721 e 2726 c.c.);
c) è inammissibile la prova testimoniale che ha per oggetto **patti aggiunti o contrari** al contenuto di un documento, per i quali si alleghi che la stipulazione è stata **anteriore o contemporanea** (art. 2722 c.c.); se invece si allega che, *dopo* la formazione di un documento, è stato stipulato un patto aggiunto o contrario al contenuto di esso, l'autorità giudiziaria può consentire la prova per testimoni soltanto se appare verosimile che siano state fatte aggiunte o modificazioni verbali (art. 2723 c.c.).

La prova per testimoni è ammessa in ogni caso (art. 2724 c.c.):

1) quando vi è un *principio di prova scritta*, che è costituito da qualsiasi scritto, proveniente dalla persona contro la quale è diretta la domanda o dal suo rappresentante, che faccia apparire verosimile il fatto allegato;
2) quando il contraente è stato nell'*impossibilità morale o materiale* di procurarsi una prova scritta;
3) quando il contraente ha *senza sua colpa perduto il documento* di prova.

B) Deduzione ed ammissione della prova testimoniale

La prova per testimoni deve essere dedotta mediante indicazione specifica delle persone da interrogare e dei fatti, formulati in **articoli separati**, sui quali ciascuna di esse deve essere interrogata. L'istanza di ammissione della prova testimoniale, proponibile da ciascuna delle parti, segue le regole generali stabilite per le richieste istruttorie e deve essere presentata nei termini fissati dall'art. 171-*ter* c.p.c.

La parte può anche **rinunciare** all'audizione dei testimoni da essa indicati, tuttavia tale rinuncia non ha effetto se le altre parti non vi aderiscono e se il giudice non vi consente (art. 245, comma 2, c.p.c.).

Il testimone, di regola, ha il **dovere di deporre**. In caso di mancata comparizione, il giudice istruttore può disporre l'accompagnamento coattivo del teste e lo può condannare ad una pena pecuniaria (art. 255 c.p.c.). Se il testimone, presentandosi, si rifiuta di giurare o di deporre senza giustificato motivo, o se vi è fondato sospetto che egli non abbia detto la verità o sia stato reticente, il giudice istruttore lo può denunciare al pubblico ministero (art. 256 c.p.c.).

Tuttavia, la legge configura delle ipotesi in cui la persona chiamata a testimoniare **può astenersi** dal farlo. Si tratta dei casi, richiamati dall'art. 249 c.p.c., in cui è riconosciuta la facoltà di astensione per i testimoni nel processo penale *ex* artt. 200 e ss. c.p.p.

Inoltre, l'art. 246 c.p.c. dispone che non possono essere assunte come testimoni le persone aventi nella causa un *interesse* che potrebbe legittimare la loro partecipazione al giudizio. Pertanto, è **incapace a testimoniare** qualsiasi soggetto per il quale può presumersi una parzialità (e quindi un'inattendibilità) tale da consentire il suo intervento nel processo.

C) Assunzione dei testimoni

Una volta fissata l'udienza per l'assunzione dei testimoni, la parte deve chiedere all'ufficiale giudiziario di provvedere ad intimare ai testimoni di comparire all'udienza. L'**intimazione** deve essere fatta almeno *sette giorni* prima dell'udienza nelle modalità fissate all'art. 250 c.p.c.

In assenza di intimazione, se il testimone non compare, il giudice può dichiarare, anche d'ufficio, la parte decaduta dalla prova, a meno che l'altra parte dichiari di avere interesse all'audizione.

I testimoni devono essere interrogati *separatamente* (art. 251, comma 1, c.p.c.). Il giudice avverte il testimone dell'obbligo di dire la verità e delle conseguenze penali delle dichiarazioni false o reticenti e lo interroga sui fatti oggetto dei capitoli. Può altresì rivolgergli, d'ufficio o su istanza di parte, tutte le domande che ritiene utili a chiarire i fatti medesimi (art. 253 c.p.c.). In ogni caso, è vietato alle parti e al pubblico ministero interrogare direttamente i testimoni.

D) La testimonianza scritta

Il giudice, su **accordo delle parti**, *può* disporre di assumere la deposizione chiedendo al testimone di fornire per iscritto e nel termine fissato le risposte ai quesiti sui quali deve essere interrogato (art. 257-*bis* c.p.c.). Il giudice, con il medesimo provvedimento, dispone che la parte che ha richiesto l'assunzione predisponga il **modello di testimonianza** sugli articoli ammessi, nelle forme stabilite dall'art. 103-*bis* disp. att., e lo faccia notificare al testimone.

Il testimone, quindi, rende la deposizione compilando il modello di testimonianza. Una volta compilato il modello, questo deve essere sottoscritto dal testimone e **spedito** in busta chiusa o **consegnato** alla cancelleria del giudice.

In ogni caso, il giudice, esaminate le risposte o le dichiarazioni, può sempre disporre che il testimone sia chiamato a deporre davanti a lui o davanti al giudice delegato.

▶ 17.3. Le modalità di assunzione delle prove costituende

Le parti possono assistere *personalmente* all'assunzione dei mezzi di prova (art. 206 c.p.c.) e di essa si deve sempre redigere **processo verbale** sotto la direzione del giudice istruttore, il quale, oltre a riportare il contenuto delle dichiarazioni rese davanti a lui, può descrivere il contegno delle parti e dei testimoni (art. 207 c.p.c.).

Se la parte che ha dedotto la prova *non* si presenta all'udienza fissata per la sua assunzione, il giudice la dichiara **decaduta dal diritto di farla assumere**, a meno che l'altra parte presente non ne chieda comunque l'esperimento (art. 208, comma 1, c.p.c.).

Nel caso in cui i mezzi di prova debbano essere assunti *al di fuori della circoscrizione del tribunale*, il giudice istruttore **delega** a procedervi il giudice istruttore del luogo (art. 203, primo comma, c.p.c.).

▶ 17.4. L'ispezione giudiziale e il rendimento dei conti

A) L'ispezione giudiziale

L'ispezione giudiziale è un mezzo di prova **esperibile d'ufficio** dal giudice e costituisce lo strumento probatorio per acquisire piena conoscenza di un oggetto, un luogo o una parte del corpo.
Il giudice può ordinare alle *parti* e ai *terzi* di consentire sulla loro persona o sulle cose in loro possesso le ispezioni che appaiono **indispensabili** per conoscere i fatti della causa (art. 118 c.p.c). L'ispezione non può però essere ammessa se da essa derivi *grave danno* per la parte o per il terzo o se costringa alla *violazione di uno dei segreti* previsti negli artt. 351 e 352 c.p.p. (ora artt. 200 e ss. c.p.p.).
Se la parte si rifiuta di eseguire tale ordine senza giusto motivo, il giudice la condanna a una pena pecuniaria da euro 500 a 3.000 e può desumere da questo rifiuto argomenti di prova. Se a rifiutarsi è invece il terzo, il giudice lo può condannare ad una pena pecuniaria da euro 250 a 1.500.
Il giudice istruttore nel corso dell'ispezione può essere assistito, quando occorre, da un consulente tecnico (art. 259 c.p.c.). Con riguardo all'**ispezione corporale**, questa deve essere eseguita con ogni cautela diretta a garantire il rispetto della persona (art. 260 c.p.c.).
Per accertare se un fatto sia o possa essersi verificato in un dato modo, il giudice, ai sensi dell'art. 261, secondo comma, c.p.c., può ordinare di procedere alla riproduzione del fatto stesso, facendone eventualmente eseguire la rilevazione fotografica o cinematografica (c.d. **esperimento giudiziale**).

B) Il rendimento dei conti

Il rendimento dei conti è una prova costituenda, ma ha la struttura di un vero e proprio procedimento che può inserirsi *incidentalmente* nel corso del processo.
L'art. 263 c.p.c. stabilisce che se il giudice ordina la **presentazione di un conto**, questo deve essere depositato in cancelleria con i documenti giustificativi, almeno cinque giorni prima dell'udienza fissata per la discussione di esso. Se la parte *non intende accettare* il conto depositato deve impugnarlo e specificare le partite che contesta (art. 264, comma 1, c.p.c.); se poi nel corso della successiva discussione non viene raggiunto un accordo tra le parti, si procederà all'assunzione dei mezzi istruttori, secondo le regole ordinarie sull'onere della prova.
Quando la parte tenuta al rendiconto *non lo presenta* o rimane *contumace*, il giudice può ammettere il creditore a determinare le somme a lui dovute con **giuramento suppletorio-estimatorio** *ex* art. 241 c.p.c.

18. La consulenza tecnica d'ufficio e l'esame contabile

La **consulenza tecnica** *non* è un mezzo di prova poiché non determina direttamente il convincimento del giudice in ordine al verificarsi o meno dei fatti esaminati, bensì offre un **ausilio di natura tecnica** sul quale l'organo decidente si può basare per meglio comprendere alcune vicende che sono oggetto della causa.
Pertanto, la consulenza tecnica può essere richiesta e sollecitata dalle parti in ogni momento del processo, poiché, non trattandosi di mezzo di prova, non soggiace ad alcun regime preclusivo.
La scelta del consulente deve essere fatta tra le persone iscritte in *albi speciali* (art. 61 c.p.c.). Il consulente così selezionato ha l'*obbligo* di prestare il suo ufficio, a meno che il giudice riconosca un giusto motivo di astensione (art. 63 c.p.c.). Il consulente può comunque essere *ricusato* dalle parti per gli stessi motivi fissati dall'art. 51.
La **nomina** del consulente tecnico avviene con *ordinanza* (art. 191 c.p.c.); nella medesima ordinanza, il giudice indica i **quesiti** (alla cui formulazione possono contribuire anche le parti) a cui dovrà rispondere il consulente e fissa l'udienza nella quale il consulente deve comparire per prestare il **giuramento** di bene e fedelmente adempiere le funzioni affidategli (art. 193 c.p.c.).
Il consulente compie le indagini che gli sono affidate dal giudice e fornisce, in udienza e in camera di consiglio, i chiarimenti che il giudice gli richiede (art. 62 c.p.c.). Assiste alle udienze alle quali è invitato dal giudice istruttore e può essere autorizzato a domandare chiarimenti alle parti, ad assumere informazioni da terzi e a eseguire piante, calchi e rilievi (art. 194).
Anche quando il giudice dispone che il consulente compia indagini da solo, le parti possono intervenire alle operazioni in persona e a mezzo dei propri consulenti tecnici e dei difensori. I

consulenti di parte sono nominati nel termine fissato dall'ordinanza con cui il giudice nomina il consulente tecnico. Questi, oltre ad assistere alle operazioni del consulente del giudice, possono partecipare all'udienza e alla camera di consiglio ogni volta che vi interviene il consulente del giudice, per dare chiarimenti, potendo redigere memorie e svolgere osservazioni tecniche (art. 201 c.p.c.).
La relazione scritta del consulente d'ufficio, prima di essere presentata al giudice, deve essere sottoposta al contraddittorio delle parti, (art. 195 c.p.c.) e precisamente:

1. la relazione scritta deve essere trasmessa dal consulente alle parti costituite nel termine stabilito dal giudice con l'ordinanza di nomina di cui all'art. 193 c.p.c.;
2. le parti devono quindi trasmettere al consulente le proprie osservazioni sulla relazione nel termine fissato nella stessa ordinanza *ex* art. 193 c.p.c.;
3. il consulente deve infine depositare in cancelleria la relazione, le osservazioni delle parti e una sintetica valutazione sulle stesse entro il termine sempre fissato dall'ordinanza *ex* art. 193 c.p.c.

Un'ipotesi peculiare di consulenza tecnica è l'**esame contabile** che si caratterizza per il fatto che al consulente sono attribuiti *poteri particolari* e *più ampi*. Il giudice istruttore dispone l'esame contabile quando è necessario esaminare documenti contabili e registri (art. 198 c.p.c.). Al consulente contabile può essere attribuito dal giudice il compito di *tentare la conciliazione* tra le parti, con la conseguenza che, se le parti si conciliano, si redige processo verbale della conciliazione, a cui il giudice conferisce con decreto efficacia di *titolo esecutivo* (art. 199 c.p.c.).

19. La fase decisoria. L'eventuale discussione, la deliberazione e la pubblicazione della sentenza

La fase decisoria è la terza ed ultima fase del processo di cognizione. In essa sono riunite tutte le attività dirette alla pronuncia del provvedimento che definisce il giudizio.
L'organo che domina la fase decisoria è il **collegio**. composto da tre membri (il *presidente*, il *giudice istruttore* e un *terzo giudice*), che deposita la sentenza entro 60 giorni dall'udienza di rimessione (art. 275, comma 1, c.p.c.).
A seguito della riforma attuata con D.Lgs. n. 149/2022, se le parti chiedono che si proceda alla discussione orale nella nota di precisazione delle conclusioni (art. 275, comma 2, c.p.c.), il presidente provvede revocando l'udienza di rimessione e fissando la data di udienza di discussione davanti al collegio da tenersi entro 60 giorni (art. 275, comma 3, c.p.c.).
All'udienza così fissata il giudice istruttore fa la relazione orale della causa e, dopo la relazione, il presidente ammette le parti alla discussione. La sentenza è quindi depositata in cancelleria entro i *sessanta giorni* successivi (art. 275, comma 4, c.p.c.).
Alla **deliberazione** della decisione si procede in segreto nella *camera di consiglio* (art. 276, comma 1, c.p.c.).
La **motivazione** della sentenza consiste nella *succinta esposizione dei fatti rilevanti* della causa e delle *ragioni giuridiche* della decisione, anche con riferimento a precedenti conformi (art. 118 disp. att. c.p.c.).

20. I provvedimenti del collegio

Il collegio, nel deliberare sul merito, deve decidere tutte le domande proposte e le relative eccezioni, definendo il giudizio (L'art. 277, comma 1, c.p.c.).
Tuttavia, il collegio *può* **limitare la decisione** ad alcune domande, se riconosce che per esse soltanto non sia necessaria un'ulteriore istruzione (art. 277, comma 2, c.p.c.). In questo caso, quindi, il collegio non risolve l'intero giudizio ma emette un provvedimento che assume le forme di una sentenza *non definitiva*.

Allo stesso modo, il collegio può scindere la decisione qualora sia già accertata la sussistenza di un diritto (l'*an* della controversia), ma sia ancora controversa la quantità della prestazione dovuta (il *quantum*), il collegio, su istanza di parte, può limitarsi a pronunciare con sentenza la **condanna generica** alla prestazione, disponendo con ordinanza che il processo prosegua per la liquidazione (art. 278 c.p.c.).
Il collegio, in sede di decisione, può emettere *sentenze definitive*, *sentenze non definitive* e *ordinanze* (art. 279 c.p.c.).

A) Le sentenze definitive
La sentenza è definitiva quando con essa si definisce risolutivamente il giudizio. Il collegio pronuncia sentenza definitiva quando definisce il giudizio:
1) decidendo questioni di *giurisdizione* (e quindi dichiarando il proprio difetto di giurisdizione);
2) decidendo questioni *pregiudiziali* di rito o questioni *preliminari* di merito (ovviamente, accogliendo l'eccezione);
3) decidendo totalmente il merito.

B) Le sentenze non definitive
Il collegio pronuncia sentenza non definitiva, per cui il giudizio proseguirà fino all'emanazione di una sentenza definitiva, quando:
1) *respinge* l'eccezione di difetto di giurisdizione;
2) *rigetta* eccezioni aventi ad oggetto questioni *pregiudiziali* attinenti al processo o questioni *preliminari* di merito;
3) *non* definisce il giudizio e impartisce distinti provvedimenti per l'ulteriore istruzione della causa (rientrano in questo gruppo la sentenza parziale e quelle di condanna generica e provvisionale);
4) decide solo alcune delle cause fino a quel momento riunite, e con distinti provvedimenti dispone la separazione delle altre cause (artt. 103, comma 2, e 104, comma 2, c.p.c.).

C) Le ordinanze
Con l'ordinanza il collegio, senza definire il giudizio, provvede su questioni relative alla *prosecuzione dell'istruzione* della causa, rimettendola al giudice istruttore, oppure si pronuncia su questioni di *competenza* (art. 279, comma 3, c.p.c.).
Le ordinanze del collegio non possono mai pregiudicare la decisione della causa. Salvo diversa disposizione di legge, queste sono *modificabili* e *revocabili* dallo stesso collegio e *non* sono soggette a mezzi di impugnazione (art. 279, comma 4, c.p.c.).
Il collegio, quando ne ravvisa la necessità, possa, *anche d'ufficio*, disporre la riassunzione davanti a sé di uno o più mezzi di prova (art. 281 c.p.c.).

21. L'efficacia esecutiva della sentenza

La *sentenza di primo grado* è **provvisoriamente esecutiva** tra le parti (art. 282 c.p.c.). Debbono ritenersi esecutive non solo le sentenze in cui la condanna sia oggetto della decisione principale, ma anche le pronunce di *condanna implicita*, purché l'esigenza di eseguire la sentenza scaturisca dalla stessa funzione che il titolo è destinato a svolgere (ad es., la *condanna alle spese*).
A seguito della riforma attuata con D.Lgs. n. 149/2022, il giudice di appello può ordinare la **sospensione dell'esecutività** della pronuncia impugnata o della sua esecuzione eventualmente già iniziata, quando sussistono l'impugnazione appare *manifestamente fondata* o se dall'esecuzione possa derivare un *danno grave e irreparabile* (art. 283, comma 1, c.p.c.). L'istanza di sospensione può essere riproposta se si verificano mutamenti di circostanze, che devono essere specificamente indicati a pena di inammissibilità (art. 283, comma 2, c.p.c.).

22. La correzione delle sentenze e delle ordinanze

Si parla di **errore materiale** quando il provvedimento del giudice contiene nel testo un errore o un'omissione dovuti ad una svista che non riguarda l'*iter* logico-giuridico seguito dal giudice.
Per emendare questo tipo di errori, è previsto un procedimento a carattere *amministrativo* a cui si può far ricorso laddove l'errore da sanare consista in una disattenzione del redattore (c.d. "*lapsus calami*") che sia rilevabile *ictu oculi* (art. 287 c.p.c.).
Se *tutte le parti concordano* nel chiedere la stessa correzione, il giudice provvede con *decreto*, altrimenti il giudice, fissa con decreto l'udienza di comparizione all'esito della quale provvede con *ordinanza* (art. 288, secondo comma, c.p.c.).
Il provvedimento istruttorio che non contenga la fissazione dell'udienza successiva o del termine entro il quale le parti debbono compiere gli atti processuali va **integrato**, su istanza di parte o d'ufficio, entro il termine perentorio di sei mesi dall'udienza in cui il provvedimento fu pronunciato oppure dalla sua notificazione o comunicazione se prescritte (art. 289 c.p.c.).

23. La disciplina del processo davanti al giudice monocratico

Tutte le cause che non rientrano nelle ipotesi rimesse alla decisione del collegio devono essere decise da un giudice unico (art. 50-*ter* c.p.c.).
Nel procedimento davanti al tribunale in composizione monocratica si osservano, *in quanto applicabili*, le disposizioni dei capi precedenti, laddove non risultino derogate dalle disposizioni del Capo III-*bis* (art. 281-*bis* c.p.c.).

A) I poteri istruttori

Il giudice può disporre *d'ufficio* la prova testimoniale formulandone i capitoli, quando le parti nell'esposizione dei fatti si sono riferite a persone che appaiono in grado di conoscere la verità (art. 281-*ter* c.p.c.). La norma codifica, dunque, una delle eccezioni al principio generale di disponibilità delle prove sancito dall'art. 115 c.p.c.

B) La fase decisoria

Spettano al giudice istruttore, che è anche organo decidente, **tutti i poteri riservati al collegio** nella fase decisoria (art. 281-*quater* c.p.c.).
A seguito della riforma attuata con D.Lgs. n. 149/2022, il giudice può scegliere alternativamente:

1. **trattazione scritta o mista (art. 281-*quinquies* c.p.c.)**: il giudice rimette dinanzi a sé la decisione e assegna alle parti i termini di cui all'art. 189 c.p.c.. All'udienza trattiene la causa in decisione e deposita la sentenza nei successivi 30 giorni.
   a) Se però una delle parti richiede la discussione orale, il giudice, assegna i termini di cui all'art. 189, nn. 1 e 2, c.p.c., fissa l'udienza per tale discussione non oltre trenta giorni dalla scadenza del termine per il deposito delle comparse; la sentenza è quindi depositata entro i trenta giorni successivi all'udienza di discussione.
2. **trattazione orale (art. 281-*sexies* c.p.c.)**. se non dispone la trattazione scritta, il giudice, fatte precisare le conclusioni, può ordinare la discussione orale della causa nella stessa udienza o, su istanza di parte, in un'udienza successiva e pronunciare sentenza al termine della discussione, oppure entro 30 giorni da detta udienza.

24. Rapporti tra collegio e giudice monocratico

A seguito della riforma attuata con D.Lgs. n. 149/2022, se **il collegio** rileva che una causa, rimessa davanti a lui per la decisione, deve essere decisa dal tribunale in composizione monocratica, **rimette la causa davanti al giudice istruttore** con *ordinanza non impugnabile* perché provveda alla decisione come giudice monocratico. Quest'ultimo deposita la sentenza

entro i successivi 30 giorni.
Se è invece **il giudice monocratico** a rilevare che una causa, riservata per la decisione davanti a sé, la rimette al collegio per la decisione, comunicandolo alle parti con ordinanza (art. 281-*octies*, comma 1, c.p.c.). Queste ultime possono chiedere, nel termine di 10 giorni, la fissazione dell'udienza di discussione davanti al collegio (art. 281-*octies*, comma 2, c.p.c.).
Nel caso di connessione tra una causa su cui deve decidere il collegio e una causa riservata al giudice monocratica, il giudice istruttore deve ordinare la riunione delle cause e, all'esito dell'istruttoria, le rimette, a norma dell'art. 189 c.p.c., al collegio, il quale pronuncia su tutte le domande, a meno che disponga la separazione (art. 281-*nonies*, comma 1, c.p.c.). Ove le cause siano assoggettate a riti diversi, si applica il rito previsto per la causa riservata al collegio.
La **mancata osservanza delle regole di ripartizione** non rilevata dall'organo decidente non costituisce un vizio di costituzione del giudice (art. 50-*quater* c.p.c.). Si configura invece un'ipotesi di **nullità sanabile** ai sensi dell'art. 161, primo comma, c.p.c.

25. Introduzione

Con la riforma attuata con il D.Lgs. n. 149/2022 è stato introdotto il procedimento semplificato di cognizione, che ha sostituito il procedimento sommario di cognizione disciplinato dagli artt. 702-*bis* e ss., ora abrogati.
Anche il procedimento semplificato di cognizione si caratterizza per la sua *finalità acceleratoria* in quanto volto a garantire la sollecita formazione di una decisione su controversie che presentano un basso grado di complessità.

26. La domanda e la costituzione delle parti

Il giudizio (**anche nelle cause in cui il tribunale giudica in composizione collegiale**) può essere introdotto tramite procedimento semplificato di cognizione ogni volta che la domanda si basi su prova documentale o è prevedibile che richieda un'istruzione non complessa (art. 281-*decies* c.p.c.).
Inoltre, la causa può *sempre* essere introdotta con il procedimento semplificato di cognizione nelle cause in cui il tribunale giudica in composizione monocratica.
La domanda si propone con **ricorso**, sottoscritto a norma dell'art. 125 c.p.c., che deve contenere le indicazioni di cui ai nn. da 1 a 6 e l'avvertimento di cui al n. 7 del terzo comma dell'art. 163 c.p.c (art. 281-*undecies*, comma 1, c.p.c.).
Il giudice fissa con decreto l'udienza di comparizione delle parti, assegnando il termine per la costituzione del convenuto, che deve avvenire non oltre dieci giorni prima dell'udienza. Il ricorso deve essere notificato, unitamente al decreto di fissazione dell'udienza, al convenuto almeno 40 giorni liberi (60 giorni liberi, nel caso in cui il convenuto risieda all'estero) prima della data fissata per la sua costituzione (art. 281-*undecies*, comma 2, c.p.c.).
La **costituzione in giudizio del convenuto**, mediante deposito di comparsa di risposta, avviene nelle stesse forme stabilite per il procedimento ordinario; operano anche qui le decadenze fissate per le domande riconvenzionali e per le eccezioni non rilevabili d'ufficio (art. 281-*undecies*, comma 3, c.p.c.).
Qualora il convenuto intenda **chiamare in garanzia un terzo** deve, a pena di decadenza, farne dichiarazione nella comparsa di costituzione e chiedere al giudice designato lo spostamento dell'udienza. (art. 281-*undecies*, comma 4, c.p.c.).

27. Il procedimento

All'udienza fissata, se il giudice ritiene che per la domanda principale o per quella riconvenzionale non ricorrono i presupposti dell'art. 281-decies c.p.c., dispone con ordinanza non impugnabile la

prosecuzione del giudizio con il rito ordinario, fissando l'udienza *ex* art. 183 c.p.c., da cui decorrono i termini per le memorie integrative *ex* art. 171-*ter* c.p.c. (art. 281-*duodecies*, comma 1, c.p.c.)
Alla medesima udienza l'attore può essere autorizzato alla chiamata del terzo, se l'esigenza è sorta dalle difese del convenuto (art. 281-*duodecies*, comma 2, c.p.c.), ed entrambe le parti possono proporre eccezioni che siano conseguenza della domanda riconvenzionale e delle eccezioni proposte dalle parti (art. 281-*duodecies*, comma 3, c.p.c.).
Il giudice, se richiesto e se sussiste giustificato motivo, può concedere alle parti i seguenti termini consecutivi (art. 281-*duodecies*, comma 4, c.p.c.):

- non superiore a 20 giorni per precisare le domande, eccezioni e conclusioni, nonché per indicare i mezzi di prova e produrre documenti;
- non superiore a 10 giorni per replicare e indicare la prova contraria.

Se non ritiene la causa matura per la decisione, il giudice ammette i mezzi di prova rilevanti e procede alla sua assunzione (art. 281-*duodecies*, comma 5, c.p.c.).
La decisione avviene tramite rimessione ai sensi dell'art. 281-*sexies* c.p.c., per il giudice in composizione monocratica, e ai sensi dell'art. 275-*bis* c.p.c., per il giudice in composizione collegiale. La sentenza è impugnabile nei modi ordinari (art. 281-*terdecies* c.p.c.).

28. L'intervento di terzi

Il fenomeno processuale può manifestarsi anche in forme complesse caratterizzate dall'ingresso nel processo di altre parti, oltre quelle originarie, che intervengono o posso essere chiamate nella causa.

▶ 28.1. L'intervento volontario

Con l'intervento volontario *ex* art. 105 c.p.c., il terzo fa valere un autonomo diritto soggettivo, distinto dalle posizioni di cui sono titolari le parti originarie (*intervento principale o adesivo autonomo*) oppure, più semplicemente, sostiene le ragioni di una delle parti originarie (*intervento adesivo dipendente*).
A seguito della riforma attuata con il D.Lgs. n. 149/2022, il terzo deve costituirsi depositando in cancelleria una **comparsa** formata a norma dell'art. 167 c.p.c. (art. 267 c.p.c.)
Il terzo può intervenire finché il giudice non ha fissato l'udienza di rimessione della causa in decisione. Egli comunque non può compiere atti che al momento dell'intervento non sono più consentiti ad alcuna altra parte, a meno che sia comparso ai fini dell'integrazione necessaria del contraddittorio (art. 268 c.p.c.).

▶ 28.2. L'intervento coatto

Si ha intervento coatto quando il terzo viene *chiamato* in giudizio in virtù di una richiesta di una delle parti o di un ordine del giudice. In questa ipotesi, dunque, il terzo assume la veste di *convenuto* e la sua chiamata in causa presenta le forme dell'**atto di citazione**.

A) L'intervento coatto a istanza di parte
A seguito della riforma attuata con il D.Lgs. n. 149/2022, il convenuto e l'attore – a pena di decadenza – devono dichiarare di voler chiamare il terzo rispettivamente nella comparsa di risposta e nella prima memoria integrativa di cui all'art. 171-*ter* c.p.c. (art. 269, commi 2 e 3, c.p.c.).
In entrambi i casi il giudice, se concede l'autorizzazione, fissa una nuova udienza per consentire la citazione del terzo nel rispetto dei termini dell'art. 163-*bis* c.p.c.
La chiamata avviene tramite citazione a comparire all'udienza fissata dal giudice (art. 269, comma 1, c.p.c.) e il terzo deve costituirsi almeno settanta giorni prima di detta udienza (art. 271 c.p.c.) dalla quale decorrono nuovamente i termini di cui all'art. 171-*ter* c.p.c. (art. 269, comma 5 c.p.c.).

B) L'intervento coatto *iussu iudicis*
La chiamata del terzo ad opera del giudice *ex* art. 107 c.p.c. può essere ordinata *in ogni momento* per

un'udienza che il giudice fissa appositamente (art. 270, comma 1, c.p.c.). Se nessuna delle parti provvede alla citazione del terzo, il giudice provvede con ordinanza non impugnabile alla cancellazione della causa dal ruolo (art. 270, comma 2, c.p.c.).

29. Riunione e separazione

La riunione può essere ordinata quando sono pendenti davanti allo stesso giudice più processi. Nella riunione, i diversi procedimenti si svolgono davanti allo *stesso giudice*, inteso quale stesso **ufficio giudiziario**. A tal proposito si distingue:

- **a)** con riguardo all'ipotesi in cui più procedimenti relativi alla **stessa causa** pendono davanti allo stesso giudice, l'art. 273 c.p.c. dispone che il giudice, anche d'ufficio, *debba* ordinarne la riunione;
- **b)** quando invece pendono davanti allo stesso giudice più procedimenti relativi a **cause connesse**, il giudice, anche d'ufficio, *può* (non deve) disporne la riunione (art. 274, primo comma, c.p.c.).

Il giudice può disporre, nel corso dell'istruzione (artt. 103, comma 2, e 104, comma 2, c.p.c.) o nella fase decisoria (art. 279, comma 2, n. 5, c.p.c.), la **separazione di cause** proposte nel medesimo procedimento per **connessione** *ex* art. 103 c.p.c. o per **cumulo soggettivo** *ex* art. 104 c.p.c.

30. Il procedimento in contumacia

Quando una parte decide di non costituirsi, ciò determina la contumacia, quale situazione di inattività processuale, che deve essere dichiarata dal giudice previo riscontro dei suoi presupposti. In tal caso il processo prosegue con alcuni accorgimenti volti a garantire un nucleo minimo del diritto di difesa del contumace.
Se entrambe le parti non si costituiscono, invece, il giudice ordina la cancellazione della causa dal ruolo e il processo, se non viene riassunto nel termine perentorio di tre mesi, si estingue (artt. 171 e 307 c.p.c.).
A seguito della riforma attuata con il D.Lgs. n. 149/2022, la contumacia viene dichiarata dal giudice nel corso delle verifiche preliminari di cui all'art. 171-*bis* c.p.c..

A) Contumacia dell'attore
Se l'attore non si costituisce in giudizio, il giudice dichiara la sua contumacia, dispone che la causa sia cancellata dal ruolo e il processo si estingue. Tuttavia, se il convenuto ne fa richiesta, il giudice ordina che sia proseguito il giudizio e dà le disposizioni di cui all'art. 187 c.p.c. (art. 290 c.p.c.).

B) Contumacia del convenuto
La dichiarazione di contumacia del convenuto è subordinata alla verifica di eventuali vizi comportino la nullità della notificazione dell'atto di citazione. In caso positivo, il giudice fissa all'attore un termine perentorio per rinnovarla (art. 291 c.p.c.). Se l'ordine di rinnovazione della citazione non è eseguito, il giudice ordina la cancellazione della causa dal ruolo e il processo si estingue. La rinnovazione impedisce ogni decadenza e, se il convenuto non si costituisce il giudice lo dichiara contumace.

▶ 30.1. Notificazione e comunicazione di atti al contumace

Dichiarata la contumacia, il processo si svolge nelle forme ordinarie. Tuttavia, sono da notificare personalmente al contumace (art. 292 c.p.c.):

- **a)** l'ordinanza che ammette l'*interrogatorio* o il *giuramento*;

b) le comparse contenenti *domande nuove* o *riconvenzionali*;
c) il *verbale* in cui si dà atto della produzione della *scrittura privata* non indicata in atti notificati in precedenza;
d) il *decreto ex* art. 789 c.p.c., con il quale viene fissata l'udienza di discussione del *progetto di divisione*;
e) le *sentenze* che definiscono parzialmente o integralmente il giudizio.

Tutti gli altri atti non sono soggetti a notificazione e si intendono comunicati con il deposito in cancelleria.

▶ 30.2. La costituzione tardiva del contumace

Il contumace può costituirsi tardivamente *in ogni momento del procedimento* fino all'udienza di precisazione delle conclusioni (art. 293 c.p.c.). Il codice di rito prevede delle disposizioni di favore nei confronti del contumace e precisamente:
- il principio di non contestazione (art. 115 c.p.c.) opera solo nei confronti delle parti *costituite*;
- il contumace che si costituisce può disconoscere le scritture prodotte contro di lui alla prima udienza o nel termine assegnato dal giudice (art. 293, comma 3, c.p.c.);
- il contumace può chiedere la rimessione in termini ove dimostri che la nullità della citazione o della sua notificazione gli hanno impedito di avere conoscenza del processo, oppure che la mancata costituzione sia dipesa da causa a lui non imputabile (art. 294 c.p.c.).

31. La sospensione del processo

La sospensione provoca l'arresto dello svolgimento del processo al verificarsi di un determinato evento e fino alla sua cessazione. Durante la sospensione non possono essere compiuti atti del procedimento e sono interrotti i termini in corso, che ricominciano a decorrere dal giorno della nuova udienza fissata nel provvedimento di sospensione (art. 298 c.p.c.).

A) Sospensione necessaria (art. 295 c.p.c.).
Il giudice dispone che il processo sia sospeso in ogni caso in cui egli stesso o altro giudice deve risolvere una controversia dalla cui definizione dipende la decisione della causa. La sospensione, quindi, viene disposta in ragione della necessità che i fatti siano conosciuti e decisi secondo diritto nello stesso modo per evitare che possa crearsi un contrasto tra giudicati.
Il provvedimento con cui il giudice dichiara la sospensione necessaria del processo (e non anche quello che nega tale sospensione) può essere impugnato soltanto con *regolamento di competenza* (art. 42 c.p.c.).

B) Sospensione su istanza delle parti (art. 296 c.p.c.)
Il giudice istruttore, su istanza di *tutte* le parti, qualora sussistano giustificati motivi, *può* disporre, per una sola volta, che il processo rimanga sospeso per un periodo non superiore a *tre mesi*, fissando l'udienza per la prosecuzione del processo medesimo.

C) Sospensione c.d. impropria
Si tratta di casi in cui la stasi processuale è solo relativa poiché il procedimento si arresta di fronte al giudice originario ma prosegue in un'altra sede davanti ad un altro giudice. Rientrano in questa categoria i casi di sospensione derivante:
- dalla proposizione del *regolamento di competenza*;
- dalla proposizione del *regolamento di giurisdizione*;
- dalla proposizione della domanda di *ricusazione*;
- dalla rimessione alla Corte Costituzionale di *questione di legittimità costituzionale*;
- dal *rinvio pregiudiziale alla Corte di Giustizia dell'Unione Europea* per una questione interpretativa su una norma dell'Unione.

Una volta venuto meno il motivo per cui è stata disposta la sospensione, nel caso di sospensione necessaria, o allo scadere del termine fissato dal giudice, nel caso di sospensione su istanza delle parti, il processo deve essere ripreso. Possono allora verificarsi due eventualità:

1. se il giudice con il provvedimento di sospensione **ha fissato anche l'udienza** in cui il processo deve proseguire, le parti devono semplicemente comparire a quell'udienza; se non compaiono si seguono le regole fissate dall'art. 309 c.p.c.;
2. se, invece, il giudice dichiarando la sospensione **non ha provveduto a fissare l'udienza**, occorre che le parti provvedano a formulare apposita istanza di riassunzione nella forma del ricorso (art. 297 c.p.c.).

32. L'interruzione del processo

Gli effetti dell'interruzione sul processo sono i medesimi che si producono con la sospensione: in entrambi i casi si verifica l'arresto dello svolgimento del processo a causa di un determinato evento (art. 304 c.p.c.)

L'elemento distintivo tra i due istituti risiede invece nelle cause che provocano l'arresto dell'*iter* processuale. Ed infatti, gli eventi che determinano l'interruzione non riguardano il *thema decidendum* bensì incidono sull'*effettività del contraddittorio* e precisamente (artt. 299-301 c.p.c.):

1. la *morte della parte* o eventi ad essa assimilabili, quali l'*estinzione* della persona giuridica o la *morte presunta* o la *scomparsa* della persona fisica.
2. la *perdita della capacità processuale della parte* per interdizione, inabilitazione, dichiarazione di assenza o dichiarazione di fallimento;
3. la *morte*, la *perdita della capacità processuale del rappresentante legale della parte* o la *cessazione della rappresentanza legale*;
4. la *morte*, la *radiazione* dall'albo o la *sospensione* del difensore-procuratore della parte.

a) Il fenomeno interruttivo non opera nel *processo esecutivo*, per la differente struttura procedimentale, né nel *giudizio di cassazione*, poiché è dominato dall'impulso d'ufficio.

▶ 32.1. L'operatività dell'interruzione

Per determinare il momento esatto in cui l'interruzione produce i suoi effetti occorre distinguere a seconda del soggetto colpito dall'evento interruttivo.

A) Eventi riguardanti la parte o il rappresentante legale

Se l'evento si verifica ***prima*** che la parte si sia costituita, il processo è interrotto automaticamente a meno che coloro ai quali spetta di proseguire il processo si costituiscano volontariamente oppure l'altra parte provveda a citarli in riassunzione, osservati i termini di cui all'art. 163-*bis* c.p.c. (art. 299 c.p.c).

Se invece l'evento si verifica ***dopo*** la costituzione della parte in giudizio, l'interruzione opera dal momento in cui l'evento è dichiarato in udienza o notificato alle altre parti ad opera del procuratore della parte colpita dall'evento interruttivo, salvo che avvenga la costituzione volontaria dei soggetti a cui spetta di proseguire il processo o la riassunzione dell'altra parte (art. 300, commi 1 e 2, c.p.c.). Se però la parte si è costituita *personalmente*, il processo si interrompe al momento dell'evento (art. 300, comma 3, c.p.c.).

Nel caso in cui l'evento riguardi la parte che è stata dichiarata *contumace*, l'interruzione opera da quando il fatto interruttivo è documentato dall'altra parte o è notificato o certificato dall'ufficiale giudiziario nella relazione di notificazione di uno dei provvedimenti che devono essere notificati al contumace a norma dell'art. 292 c.p.c. (art. 300, comma 4, c.p.c.)

B) Eventi riguardanti il procuratore

Quando l'evento interruttivo colpisce il difensore-procuratore, venendo a mancare il soggetto in grado di svolgere le difese per conto della parte, l'interruzione produce i suoi effetti immediatamente come nelle ipotesi di cui all'art. 299 c.p.c. (art. 301 c.p.c.).

▶ 32.2. La prosecuzione e la riassunzione del processo

Sono due le modalità che il codice prevede per la prosecuzione del processo:

1. ***costituzione spontanea* (art. 302 c.p.c.)**. Il processo prosegue se i soggetti legittimati si costituiscono in luogo della parte colpita dall'evento interruttivo; se non è fissata alcuna udienza, la parte può chiedere con ricorso al giudice la fissazione dell'udienza e l'istante deve poi notificare il ricorso e il decreto alle altre parti;
2. ***citazione in riassunzione* (art. 303 c.p.c.)**. Se i soggetti legittimati a costituirsi nel processo non si attivano, l'altra parte può chiedere la fissazione dell'udienza, notificando quindi il ricorso e il decreto a coloro che debbono costituirsi per proseguirlo.

La prosecuzione o la riassunzione devono avvenire entro il termine perentorio di *tre mesi* che decorre dal momento in cui la parte ha avuto *conoscenza legale* dell'interruzione (art. 305 c.p.c.). La mancata riassunzione nel termine comporta l'estinzione del giudizio.

33. L'estinzione del processo

Poiché il rito civile è governato dall'impulso di parte, il codice prevede **due fattispecie** in cui il processo si estingue senza pervenire a una sentenza che definisca il giudizio.

A) L'estinzione per rinuncia agli atti del giudizio
In primo luogo, il processo si estingue per rinuncia agli atti del giudizio dietro **accordo di tutte le parti costituite**. L'accettazione e la rinuncia non sono però efficaci se contengono riserve o condizioni (art. 306 c.p.c.).

B) L'estinzione per inattività delle parti
In secondo luogo, il processo si estingue quando le parti non compiano determinati atti, la cui omissione denota il venir meno di un interesse alla prosecuzione del giudizio. Il codice distingue due gruppi di ipotesi.

1. I casi in cui l'estinzione è disposta dopo la cancellazione della causa dal ruolo (art. 171, comma 1, e 270, comma 2, c.p.c.) qualora la causa non venga riassunta nel termine di tre mesi.
2. I casi in cui l'estinzione si verifica automaticamente quando le parti devono provvedere alla rinnovazione della citazione, alla prosecuzione o riassunzione del giudizio o all'integrazione del contraddittorio e non lo fanno nel termine perentorio fissato dalla legge o dal giudice (ad es. art. 309 c.p.c.).

▶ 33.1. La dichiarazione di estinzione ed i suoi effetti

L'estinzione **opera di diritto** ed è dichiarata, con *ordinanza* del giudice istruttore oppure con *sentenza* del collegio (art. 307, comma 4, c.p.c.).
La sentenza del collegio è impugnabile con i mezzi ordinari. Se, invece, all'estinzione vi provvede il tribunale in composizione monocratica con ordinanza, può essere proposto **reclamo** nei modi di cui all'art. 178, commi 3, 4 e 5, c.p.c. (art. 308 c.p.c.).
L'estinzione del processo **non estingue l'azione** (art. 310 c.p.c.), che può benissimo essere riproposta in un altro processo. L'estinzione colpisce invece tutti gli atti compiuti, rendendoli inefficaci, ma non tocca le sentenze di merito pronunciate nel corso del processo.

Sezione II ▶ Il procedimento davanti al giudice di pace

1. L'istituzione del giudice di pace

La figura del *giudice di pace* è stata introdotta dalla **L. n. 374/1991** per la risoluzione delle cause di minor valore e di semplice valutazione.

2. La disciplina del procedimento

Il procedimento davanti al giudice di pace è retto dalle norme relative al tribunale in composizione monocratica, in quanto applicabili (art. 311 c.p.c.).
Il giudice di pace decide secondo *equità* quando il valore della causa non eccede 1.100 euro, salvo che si tratti di causa derivante da rapporti giuridici relativi a contratti conclusi secondo le modalità di cui all'art. 1342 c.c. (art. 113 c.p.c.). Si rammenta che dal 31 ottobre 2025 il valore della causa per la decisione equitativa aumenterà a 2.500 euro (art. 27 D.Lgs. n. 11/2017).

A) La fase introduttiva

A seguito della riforma attuata con D.Lgs. 149/2022, la domanda davanti al giudice di pace si propone nelle forme del procedimento semplificato di cognizione, anche *verbalmente* (art. 316 c.p.c.).
Davanti al giudice di pace le parti possono stare in giudizio *personalmente* nelle cause il cui valore non eccede *millecento euro* o se sono comunque autorizzate dal giudice di pace (art. 82 c.p.c.) e **possono farsi rappresentare** da persona munita di mandato scritto in calce alla citazione o in atto separato (art. 317 c.p.c.).
Il giudice fissa con decreto l'udienza di comparizione delle parti con i termini previsti dall'art. 281-*undecies* c.p.c.
L'attore si costituisce depositando il ricorso (o il verbale nel caso di domanda proposta oralmente), la procura (se necessaria) e il decreto di fissazione udienza con la prova della loro avvenuta notifica.
Il convenuto si costituisce mediante deposito della comparsa di risposta (che deve contenere a pena di decadenza eventuali domande riconvenzionali e la richiesta di spostamento dell'udienza per la citazione del terzo) e della procura (se necessaria).

B) La fase istruttoria

Alla **prima udienza** il giudice di pace *interroga liberamente* le parti e tenta la conciliazione (art. 320, comma 1, c.p.c.). La mancata comparizione personale delle parti non è in alcun modo sanzionabile.
Se la conciliazione non riesce, il giudice procede secondo quanto previsto dall'art. 281-*duodecies*, commi 2, 3 e 4, c.p.c. e assume i mezzi istruttori che ritiene necessari per la decisione della causa (art. 320, comma 2, c.p.c.).

C) La fase decisoria

Il giudice di pace, quando ritiene matura la causa per la decisione, procede ai sensi dell'art. 281-*sexies* c.p.c. La sentenza, quindi, è depositata in cancelleria entro *quindici giorni* dalla discussione (art. 321 c.p.c.).

D) L'appello della sentenza del giudice di pace

Le sentenze pronunciate dal giudice di pace secondo equità a norma dell'art. 113 c.p.c. sono appellabili esclusivamente per *violazione delle norme sul procedimento*, per *violazione di norme costituzionali o comunitarie* oppure dei *principi regolatori della materia* (art. 339, comma 2, c.p.c.).
Tutte le altre sentenze del giudice di pace sono invece appellabili senza limiti.

3. La conciliazione in sede non contenziosa

Al giudice di pace sono attribuite anche *funzioni conciliative*, in sede non contenziosa per tutte le questioni salvo che queste abbiano ad oggetto *diritti indisponibili*.
L'istanza è proposta anche *verbalmente* al giudice di pace competente per territorio (art. 322 c.p.c.).
Nell'ipotesi in cui la conciliazione abbia esito positivo, l'efficacia del processo verbale varia a seconda che la controversia rientri o meno nella competenza del giudice di pace. Se, infatti, la controversia è compresa tra quelle di cui all'art. 7 c.p.c., il processo verbale di conciliazione costituisce *titolo esecutivo* a norma dell'articolo 185, comma 3, c.p.c. Invece, negli altri casi, il processo verbale ha solamente valore di *scrittura privata* riconosciuta in giudizio.

Sezione III ▶ Le impugnazioni

1. Natura e funzione dell'impugnazione

Si definisce *impugnazione* quel potere di iniziativa riconosciuto alle parti per contestare, in tutto o in parte, un provvedimento emesso all'esito di un precedente processo. Con l'impugnazione, quindi, si introduce **un nuovo momento processuale** teso a rinnovare il giudizio su una controversia già discussa per confermare, modificare o rimuovere il provvedimento con cui era stata definito il primo grado.
La nozione di impugnazione utilizzata dal codice agli artt. 323 e ss. c.p.c. si riferisce ai rimedi volti a effettuare un nuovo controllo esclusivamente sulle *sentenze*.

2. Effetti della mancata impugnazione: la cosa giudicata

Se la parte non esercita il potere di impugnazione, lasciando decorrere il termine perentorio previsto ai fini della sua proposizione, implicitamente rinuncia all'impugnazione e accetta il provvedimento, che pertanto *passa in giudicato*.
In particolare, si intende passata in giudicato la sentenza che non è più soggetta né a regolamento di competenza, né ad appello, né a ricorso per cassazione, né a revocazione per i motivi di cui l'art. 395, n. 4 e 5, c.p.c. (***cosa giudicata formale***, art. 324 c.p.c.).
Sul piano sostanziale, la conseguenza è che l'accertamento contenuto nella sentenza passata in giudicato *fa stato* a ogni effetto tra le parti, i loro eredi o aventi causa, obbligandoli a considerare incontrovertibile l'accertamento del diritto e ad osservare la statuizione del giudice alla stregua di una legge valida esclusivamente nei loro confronti (***cosa giudicata sostanziale***, art. 2909 c.c.).
Si deve poi distinguere tra **giudicato interno** e **giudicato esterno**. Il giudicato interno consiste nel passaggio in giudicato che si forma in un processo e esplica la sua efficacia nel medesimo processo. Diversamente, il giudicato esterno si forma in un processo diverso e produce i suoi effetti in altri processi tra le stesse parti.

3. Condizioni dell'impugnazione

Come ogni azione, anche per porre in essere l'atto impugnatorio vi sono delle condizioni:

1. ***Interesse ad impugnare.*** È il corrispettivo dell'interesse ad agire nel giudizio di primo grado. L'interesse ad impugnare è collegato all'insoddisfazione che di norma corrisponde alla posizione di *soccombenza* nel giudizio di primo grado.
2. ***Legittimazione ad impugnare.*** Fatta eccezione per l'opposizione di terzo *ex* art. 404

c.p.c., possono proporre impugnazione *solo i soggetti che sono stati parti, anche contumaci,* nel giudizio conclusosi con il provvedimento che si impugna.

3. ***Impugnabilità del provvedimento.*** Occorre, infine, che sia riconosciuta dalla legge la *possibilità giuridica di impugnare* un determinato provvedimento e siano indicati i mezzi di impugnazione che le parti hanno a disposizione contro di esso.

Il difetto di uno di questi requisiti, oltre a quelli specifici previsti per ciascun tipo di impugnazione, determina l'*inammissibilità* dell'impugnazione.

4. Tipi di impugnazione

L'art. 323 c.p.c. fornisce un elenco tassativo dei mezzi di impugnazione:

- il *regolamento di competenza*, nei casi previsti dalla legge;
- l'*appello*;
- il *ricorso per Cassazione*;
- la *revocazione*;
- l'*opposizione di terzo*.

Tali mezzi di impugnazione si classificano:

a) In base alle *ragioni dell'impugnazione*:
- mezzi **a critica vincolata**, per far valere vizi specifici del provvedimento impugnato (ad es., il ricorso per cassazione);
- mezzi **a critica libera**, per far valere vizi ed errori comprensivi della semplice ingiustizia nel merito (ad es., l'appello).
- In base ai *rapporti con la cosa giudicata*:
- mezzi **ordinari**, che finché sono proponibili impediscono il passaggio in giudicato della sentenza *ex* art. 324 c.p.c. (ad es., l'appello);
- mezzi **straordinari**, che sono proponibili indipendentemente dal passaggio in giudicato della sentenza (ad es., la revocazione straordinaria).
- In base alla *struttura del giudizio*:
- mezzi **rescindenti**, in cui la fase di annullamento della sentenza viziata (*iudicium rescindens*) è anteriore e autonoma rispetto a quella in cui si pronuncia il provvedimento sostitutivo (*iudicium rescissorium*) (ad es., il giudizio di cassazione);
- mezzi **sostitutivi o devolutivi**, che impongono comunque una nuova decisione sulla lite (ad es., l'appello).

5. Termini e decadenza

Il termine per le impugnazioni ha carattere *perentorio* e la sua decorrenza dà luogo alla decadenza dall'impugnazione. In particolare, sono previsti (art. 325 c.p.c.):

- 30 giorni, per proporre l'appello, la revocazione e l'opposizione di terzo revocatoria;
- 60 giorni per proporre il ricorso per cassazione e la revocazione contro le sentenze della Corte di Cassazione.

I termini decorrono dalla *notificazione della sentenza* (art. 326 c.p.c.) presso il procuratore costituito per la controparte (artt. 285 e 170 c.p.c.).
Tuttavia, nelle ipotesi di revocazione di cui all'art. 395, n. 1, 2, 3 e 6, c.p.c., dell'art. 397 c.p.c. e in caso di opposizione di terzo revocatoria, il termine decorre dal giorno in cui è stato scoperto il dolo o la falsità o la collusione, è stato recuperato il documento, è passata in giudicato la sentenza che ha accertato il dolo del giudice oppure dal momento in cui il pubblico ministero ha

avuto conoscenza della sentenza.
Qualora la notificazione della sentenza non sia effettuata, il codice prevede un *termine* c.d. *lungo* di *sei mesi* che decorre dalla pubblicazione della sentenza (art. 327 c.p.c.).
L'impugnazione deve essere notificata alla controparte nel domicilio dichiarato all'atto della notificazione della sentenza (art. 330 c.p.c.) In mancanza, si notifica a norma dell'art. 170 c.p.c. presso il procuratore costituito o nella residenza dichiarata o nel domicilio eletto per il giudizio.
A prescindere dalla decorrenza del termine, la parte decade dall'impugnazione se presta **acquiescenza** ai sensi dell'art. 329 c.p.c. L'acquiescenza consiste nell'accettazione espressa della sentenza oppure in atti incompatibili con la volontà di avvalersi delle impugnazioni ammesse dalla legge.

6. Il litisconsorzio nel giudizio di impugnazione

Per evitare che contro la stessa sentenza vengano introdotti più giudizi di impugnazione, il codice modella la disciplina del litisconsorzio secondo il **principio dell'unitarietà del procedimento di impugnazione**. Al riguardo il codice disciplina due diverse situazioni:

A) Cause inscindibili
Se la sentenza pronunciata tra più parti in causa inscindibile o in cause tra loro dipendenti non è stata impugnata nei confronti di tutte, il giudice ordina l'integrazione del contraddittorio fissando il termine nel quale la notificazione deve essere fatta e, se è necessario, l'udienza di comparizione (art. 331 c.p.c.).
Tipiche ipotesi di cause inscindibili sono quelle legate al *litisconsorzio necessario ex* art. 102, all'*intervento volontario ex* art. art. 105, all'*intervento su istanza di parte ex* art. 106 o *per ordine del giudice ex* art. 107.
Cause tra loro dipendenti sono quelle controversie collegate tra loro in virtù di un nesso di *pregiudizialità* o di *garanzia propria*.
La drastica conseguenza per la mancata integrazione del contraddittorio nel termine fissato consiste nella dichiarazione di *inammissibilità* dell'impugnazione (art. 331, comma 2, c.p.c.).

B) Cause scindibili
Se l'impugnazione di una sentenza pronunciata in cause scindibili è stata proposta soltanto da alcuna delle parti o nei confronti di alcuna di esse, il giudice ne ordina la notificazione alle altre, in confronto delle quali l'impugnazione non è preclusa o esclusa, fissando il termine nel quale la notificazione deve essere fatta e, se è necessario, l'udienza di comparizione (art. 332 c.p.c.).
Sono «cause scindibili» quelle cause che sono state trattate insieme in primo grado per motivi di connessione oggettiva legati ad ipotesi di *litisconsorzio facoltativo*.
Se la notificazione ordinata dal giudice non avviene, il processo rimane *sospeso* fino a che non siano decorsi i termini previsti dagli artt. 325 e 327, primo comma, c.p.c. (per attendere che le altre parti decadano dai mezzi di impugnazione ordinari).

7. Pluralità di impugnazioni e impugnazioni incidentali

Tutte le impugnazioni proposte separatamente contro la stessa sentenza devono essere riunite, anche d'ufficio, in un solo processo (art. 335 c.p.c.).
Se la parte nei cui confronti è proposta l'impugnazione intende a sua volta impugnare la medesima sentenza. dovrà proporre, a pena di decadenza, la sua impugnazione *in via incidentale* nello stesso processo (art. 333 c.p.c.). Tuttavia, il *convenuto* e *dei soggetti chiamati ad integrare il contraddittorio per le cause inscindibili o tra loro dipendenti ex art. 331 c.p.c.*, possono proporre impugnazione incidentale anche dopo la scadenza del termine; in tal caso, l'impugnazione incidentale tardiva seguirà le sorti dell'impugnazione principale e quindi, se l'impugnazione principale verrà dichiarata inammissibile o improcedibile, quella incidentale perde ogni efficacia.

8. L'impugnazione di sentenze non definitive e l'impugnazione parziale

L'impugnazione delle sentenze non definitive può essere differita, per poter procedere contestualmente anche contro la sentenza definitiva, qualora la parte soccombente ne faccia **riserva** (artt. 340 e 361 c.p.c.).
Nel caso di accoglimento di un'**impugnazione parziale** gli effetti di questa si producono anche sulle parti della sentenza dipendenti dalla parte riformata o cassata, nonché sugli atti dipendenti da questa (c.d. **effetto espansivo interno**) (art. 336 c.p.c.).

9. Vicende anormali

Quando l'autorità di una sentenza è invocata in un diverso processo, questo *può* essere sospeso se tale sentenza è impugnata (art. 337, comma 2, c.p.c.). Si configura così una sospensione processuale legata all'eventualità che la questione ritenuta pregiudiziale sia stata già decisa con sentenza.
L'**estinzione** del processo di impugnazione si verifica negli stessi casi previsti per il giudizio ordinario di primo grado, ma determina il passaggio in giudicato la sentenza impugnata, impedendo così la riproposizione dell'impugnazione (art. 338 c.p.c.).

10. Caratteri dell'appello

L'appello può qualificarsi come un mezzo di impugnazione **ordinario a critica libera**, che implica il *riesame dell'intera controversia* e non solo della sentenza impugnata. Da qui il carattere *sostitutivo* o *devolutivo* di questo rimedio dal momento che il giudice dell'appello conosce delle medesime questioni affrontate nel processo di primo grado. Tuttavia, le domande e le eccezioni non accolte nella sentenza di primo grado, che non siano espressamente riproposte in appello, si intendono *rinunciate* (art. 346 c.p.c.).

11. Le sentenze appellabili

Possono essere impugnate con appello le **sentenze pronunciate in primo grado**, purché l'appello non sia escluso dalla legge o dall'accordo delle parti a norma dell'art. 360, comma 2, c.p.c. (art. 339 c.p.c.).
È inappellabile la sentenza pronunciata secondo equità a norma dell'art. 114.
Le sentenze del giudice di pace pronunciate secondo equità a norma dell'art. 113, secondo comma, c.p.c. sono invece appellabili ma solo per violazione delle norme sul procedimento, per violazione di norme costituzionali o comunitarie ovvero dei principi regolatori della materia.
Le **sentenze non definitive**, sono appellabili qualora la parte soccombente ne faccia *riserva*, a pena di decadenza, entro il termine per appellare ma, in ogni caso, non oltre la prima udienza dinanzi al giudice istruttore successiva alla comunicazione della sentenza stessa (art. 340 c.p.c.).

12. L'oggetto dell'appello

Oggetto del giudizio di appello può essere solo quello del giudizio di primo grado. Pertanto, il codice **vieta** la proposizione di **domande nuove** (c.d. divieto di *ius novorum*) che, se proposte, devono essere dichiarate inammissibili (art. 345 c.p.c.).
Si definisce nuova la domanda in cui viene a mutare anche uno solo degli elementi propri dell'azione: il mutamento può dunque riguardare i soggetti (*personae*), il provvedimento richiesto (*petitum*) o le ragioni sottese alla domanda (*causa petendi*).
Il divieto si estende anche alle **nuove eccezioni** che *non siano rilevabili d'ufficio*.

Non sono ammessi **nuovi mezzi di prova** e la produzione di **nuovi documenti**, a meno chela parte dimostri di non aver potuto proporli o produrli nel giudizio di primo grado per causa ad essa non imputabile. Può invece sempre deferirsi il **giuramento decisorio** (art. 354, comma 3, c.p.c.).

13. Il procedimento

A seguito della riforma attuata con il D.Lgs. n. 149/2022, la trattazione dell'appello promosso davanti alla corte d'appello è trattata dal giudice istruttore ed è deciso collegialmente. L'appello al tribunale è trattato e deciso dal *giudice monocratico* (art. 350, comma 1, c.p.c.).

A) La competenza
L'appello contro le sentenze del giudice di pace si propone al tribunale in composizione monocratica. La corte d'appello è invece competente sulle sentenze emesse dal tribunale (art. 341 c.p.c.).

B) Introduzione del giudizio e costituzione delle parti
L'appello si propone con il medesimo atto introduttivo previsto per il giudizio in primo grado: l'**atto di citazione**, che deve contenere gli stessi requisiti fissati all'art. 163 c.p.c. (art. 342 c.p.c.)
A seguito della riforma attuata con il D.Lgs. n. 149/2022, a pena di *inammissibilità*, l'appello deve essere motivato e deve indicare in modo chiaro e specifico:
1) il capo della decisione impugnata che si intende appellare;
2) le censure proposte alla ricostruzione dei fatti compiuta dal giudice di primo grado;
3) le violazioni di legge denunciate e la loro rilevanza ai fini della decisione impugnata.
Tra il giorno della citazione e quello della prima udienza di trattazione devono intercorrere termini liberi non minori di 90 giorni (150 se il luogo della notificazione si trova all'estero).
La parte appellata si costituisce quindi con **comparsa di risposta**, con cui, oltre alle domande ed eccezioni non accolte in primo grado, può proporre, a pena di decadenza, **appello incidentale** (art. 343 c.p.c.).
La mancata costituzione dell'appellante nei termini comporta l'*improcedibilità* dell'appello (art. 348, comma 1, c.p.c.), dichiarato con sentenza oppure con ordinanza reclamabile nel caso in cui sia stato nominato un giudice istruttore.
Se invece l'appellante, regolarmente costituito, non compare alla prima udienza, viene fissata una nuova udienza. Se anche a questa udienza l'appellante non compare, l'appello è dichiarato improcedibile anche d'ufficio.

C) L'inammissibilità o manifesta infondatezza dell'appello
A seguito della riforma attuata con il D.Lgs. n. 149/2022, quando sia ravvisata l'inammissibilità o la manifesta infondatezza dell'appello, il giudice dispone la discussione orale della causa ai sensi dell'art. 350-*bis* c.p.c. (art. 348-*bis*, comma 1, c.p.c.).
Si procede in tal modo se, ove proposto, anche l'appello incidentale appaia inammissibile o manifestamente infondato. In mancanza, il giudice procede alla trattazione di tutte le impugnazioni comunque proposte contro la sentenza (art. 348-*bis*, comma 2, c.p.c.).

D) La fase di trattazione
Nella prima udienza di trattazione il giudice istruttore (o il giudice monocratico, se l'appello è proposto davanti al tribunale):

- verifica la regolare costituzione del giudizio, e, quando occorre, ordina l'integrazione di esso o la notificazione prevista dall'art. 332 c.p.c., dichiara la contumacia del convenuto oppure dispone che si rinnovi la notificazione dell'atto di appello;
- quando ricorre l'ipotesi dell'art. 348-*bis* c.p.c., oppure in caso di manifesta fondatezza dell'appello, di ridotta complessità o urgenza della causa, sentite le parti, dispone la discussione orale ai sensi dell'art. 350-*bis* c.p.c.;

- procede al tentativo di conciliazione tra le parti e provvede sulle richieste istruttorie.

Sempre alla prima udienza, il collegio, su relazione del giudice istruttore (per gli appelli alla corte d'appello), o il giudice monocratico (per gli appelli al tribunale) può provvedere con *ordinanza non impugnabile* sull'istanza di **sospensione dell'esecuzione provvisoria** della sentenza appellata di cui all'art. 283 c.p.c. (art. 351 c.p.c.). Sul punto, si deve ricordare che, la sospensione è subordinata alla verifica della manifesta fondatezza dell'appello.
La parte può, con ricorso al giudice, chiedere che la decisione sulla sospensione sia pronunciata **prima dell'udienza** di comparizione. Il presidente del collegio (o il giudice monocratico), con *decreto* in calce al ricorso, ordina la comparizione delle parti in camera di consiglio davanti al giudice istruttore (o davanti allo stesso giudice monocratico). Con il medesimo decreto, se ricorrono giusti motivi di urgenza, può essere disposta provvisoriamente l'immediata sospensione dell'efficacia esecutiva o dell'esecuzione della sentenza. In questo caso, all'udienza in camera di consiglio il collegio (o il tribunale) conferma, modifica o revoca il decreto con ordinanza non impugnabile.

E) La fase decisoria
A seguito della riforma attuata con il D.Lgs. n. 149/2022, esaurita l'attività prevista negli artt. 350 e 351 c.p.c., l'eventuale **assunzione di una prova** oppure la rinnovazione totale o parziale dell'assunzione già avvenuta in primo grado sono disposte con *ordinanza*, e a tal fine procede il giudice istruttore (se si tratta di appello dinanzi alla corte d'appello).
Se, invece, non si provvede all'assunzione probatoria, la rimessione della causa avviene nei due modi che seguono.

1) Decisione a seguito di discussione orale (art. 350-*bis* c.p.c.): nei casi di cui agli artt. 348-*bis* e 350, comma 3, c.p.c.:
- per gli appelli davanti al tribunale, il giudice monocratico fa precisare le conclusioni, ordina la discussione orale e pronuncia la sentenza al termine della discussione, secondo lo schema dell'art. 281-*sexies* c.p.c.;
- per gli appelli davanti alla corte d'appello, il giudice istruttore fa precisare le conclusioni e fissa l'udienza per la discussione davanti al collegio, assegnando un termine antecedente a detta udienza per le note conclusionali.
- In tutti i casi la sentenza è motivata in forma sintetica.

2) Decisione a seguito di trattazione scritta (art. 352 c.p.c.): nelle rimanenti ipotesi, il giudice istruttore o monocratico fissa davanti a sé l'udienza di rimessione della causa in decisione e assegna i seguenti termini perentori:
- un termine non superiore a 60 giorni prima dell'udienza per il deposito di note scritte contenenti la sola precisazione delle conclusioni;
- un termine non superiore a 30 giorni prima dell'udienza per il deposito delle comparse conclusionali;
- un termine non superiore a 15 giorni prima dell'udienza per il deposito di note di replica.

All'udienza la causa è trattenuta in decisione e, da avanti alla corte d'appello, il giudice istruttore riserva la decisione al collegio.

14. Gli effetti della sentenza

La sentenza di appello, costituendo a tutti gli effetti un provvedimento conclusivo del secondo grado di giudizio, si sostituisce alla sentenza pronunciata in primo grado, di cui si determina dunque la caducazione. Si parla allora di sentenza di *conferma*, quando il giudice d'appello ritiene corrette le conclusioni a cui è giunto il giudice di prime cure, e di sentenza di *riforma*, quando la

sentenza appellata viene modificata dal giudice di secondo grado.
A seguito della riforma attuata con il D.Lgs. n. 149/2022, l'art. 354 c.p.c. elenca i casi *tassativi* di **rimessione al giudice di primo grado**. Essi sono:

a) la *nullità della notificazione dell'atto di citazione* di primo grado;
b) il *difetto di contraddittorio* per mancata integrazione o estromissione;
c) la *nullità della sentenza di primo grado per mancanza di sottoscrizione*.

Quando rileva un'ipotesi di rimessione, il giudice pronuncia sentenza con la quale rimanda le parti davanti al primo giudice. Le parti devono riassumere il processo nel termine perentorio di *tre mesi* dalla notificazione della sentenza o, in mancanza di notificazione, entro sei mesi dalla pubblicazione. Trattandosi di ipotesi tassative, negli altri casi – ivi inclusa l'ipotesi in cui il giudice di primo grado abbia negato la propria giurisdizione – il giudice d'appello non può mai provvedere alla rimessione e deve giudicare sul merito, ammettendo le pati a compiere le attività che sarebbero precluse e ordina, in quanto possibile, la rinnovazione degli atti *ex* art. 356 c.p.c.
Come quella di primo grado, anche la sentenza di appello ha **efficacia esecutiva** (art. 373 c.p.c.).

15. Funzione e caratteri del ricorso per cassazione

Il ricorso per cassazione è un mezzo di impugnazione **ordinario** ma, a differenza dell'appello, **non ha effetto sostitutivo**. Con il ricorso per cassazione, infatti, non si chiede un nuovo esame della controversia nel merito ma si possono solo far valere errori nell'attività del procedere e del giudicare. Si parla dunque di un giudizio **a critica vincolata**, dal momento che la cognizione del giudice di cassazione è limitata a vizi determinati.
Il rimedio della cassazione si configura come rimedio *di legittimità* che introduce un processo *di diritto* volto esclusivamente a verificare se i giudici nel precedente giudizio hanno applicato correttamente la legge.
Esso assolve anche alla seconda funzione della Corte di Cassazione di assicurare l'uniforme interpretazione della legge e il rispetto dei limiti delle giurisdizioni (art. 65 R.D. n. 12/1941).
A tal fine, il codice prevede che dietro richiesta del procuratore generale presso la Corte di Cassazione, o d'ufficio la medesima Corte enunci *nell'interesse della legge* il **principio di diritto** al quale il giudice di merito avrebbe dovuto attenersi, anche se le parti non hanno proposto ricorso nei termini di legge o vi hanno rinunciato, ovvero il ricorso sia stato dichiarato inammissibile (art. 363 c.p.c.).
Inoltre, a seguito della riforma attuata con il D.Lgs. n. 149/2022, il giudice di merito può disporre con ordinanza, sentite le parti, il rinvio pregiudiziale degli atti alla Corte di cassazione per la risoluzione di questioni esclusivamente di diritto, quando ricorrono le seguenti condizioni:

- la questione è necessaria alla definizione anche parziale del giudizio e non è stata ancora risolta dalla Corte di cassazione;
- la questione presenta gravi difficoltà interpretative;
- la questione è suscettibile di porsi in numerosi giudizi.

Ciò consente alla Corte di cassazione di pronunciare immediatamente il principio di diritto cui dovrà attenersi il giudice di merito ed evita alle parti di dover attendere l'esito del ricorso per cassazione e il successivo giudizio di rinvio.

16. I provvedimenti ricorribili in cassazione

Possono essere impugnate con ricorso per cassazione (art. 360 c.p.c.):

- le *sentenze pronunciate in grado d'appello* dal tribunale o dalla Corte d'appello;
- le *sentenze pronunciate in unico grado* dal tribunale o dalla Corte d'appello;

- le sentenze appellabili del tribunale, se le parti sono d'accordo per omettere l'appello (c.d. *omisso medio* o ricorso *per saltum*), ma in tale caso l'impugnazione può proporsi soltanto per violazione o falsa applicazione delle norme di diritto (art. 360, comma 2, c.p.c.);
- i provvedimenti, *anche in forma diversa da quella della sentenza*, che, alla luce dell'interpretazione dell'art. 111, settimo comma, Cost., incidano sui *diritti soggettivi*, abbiano *natura decisoria* e siano *definitivi*.

Contro le **sentenze non definitive** il ricorso per cassazione può essere differito, qualora la parte soccombente ne faccia *riserva*, a pena di decadenza, entro il termine per la proposizione del ricorso (art. 361 c.p.c.).
Nel termine ordinario di sessanta giorni, possono essere impugnate con ricorso per cassazione anche le decisioni in grado d'appello o in unico grado del giudice amministrativo o di un **giudice speciale**, per motivi attinenti alla giurisdizione del giudice stesso (art. 362, comma 1, c.p.c.).
Inoltre, possono essere denunciati *in ogni tempo* con ricorso per cassazione:

1. i conflitti *positivi o negativi* di giurisdizione **tra giudice amministrativo e giudici speciali, o tra questi e i giudici ordinari**;
2. i conflitti *negativi* di attribuzione **tra la pubblica amministrazione e il giudice ordinario**;

A seguito della riforma attuata con il D.Lgs. n. 149/2022, sono altresì impugnabili per revocazione le sentenze dei giudici ordinari passate in giudicato, il cui contenuto sia stato dichiarato dalla Corte europea dei diritti dell'uomo contrario alla Convenzione ovvero a uno dei suoi Protocolli (art. 362, comma 3, c.p.c.).
Si ricorda, infine, che la Corte di Cassazione è competente a giudicare sul ricorso per **regolamento di giurisdizione** e sul ricorso per **regolamento di competenza.**

17. I motivi di ricorso

Con il ricorso per cassazione si fanno valere vizi specificamente determinati dalla legge. A tal proposito, l'art. 360 c.p.c. enumera i singoli motivi che possono essere dedotti nel ricorso, e precisamente:

a) *i motivi attinenti alla giurisdizione (art. 360, n. 1, c.p.c.)*, con cui si fa riferimento sia all'ipotesi di difetto di giurisdizione sia all'ipotesi contraria, in cui il giudice della sentenza impugnata si sia erroneamente dichiarato carente di giurisdizione;

b) *la violazione delle norme sulla competenza, quando non è prescritto il regolamento di competenza (art. 360, n. 2, c.p.c.)*, quando è stata erroneamente dichiarata la competenza del giudice adito o, viceversa, quando l'errore risiede nella dichiarazione di incompetenza;

c) *la violazione o falsa applicazione di norme di diritto e dei contratti e accordi collettivi nazionali di lavoro (art. 360, n. 3, c.p.c.)*, quando il giudice ritiene esistente una norma che non esiste o nega l'esistenza di una norma esistente oppure compie un'errata interpretazione della norma o un'errata qualificazione del fatto giuridico (violazione), oppure ha applicato la norma a un fatto da questa non contemplato (falsa applicazione);

d) *la nullità della sentenza o del procedimento (art. 360, n. 4, c.p.c.)*, con riguardo a tutti i motivi di nullità degli atti processuali anteriori alla sentenza e quelli propri del provvedimento conclusivo;

e) *l'omesso esame circa un fatto decisivo per il giudizio che è stato oggetto di discussione tra le parti (art. 360, n. 5, c.p.c.)*, in relazione ad un fatto che, se fosse stato tenuto presente, avrebbe portato ad una conclusione diversa da quella poi adottata.

Quest'ultimo motivo, ad esclusione delle controversie di cui all'art. 70, comma 1 c.p.c., non è utilizzabile in tutte le ipotesi in cui la sentenza d'appello abbia confermato la decisione di primo di grado (c.d. *doppia conforme*) (art. 360, comma 4, c.p.c., novellato dalla riforma attuata con il D.Lgs. n. 149/2022).

18. L'introduzione del giudizio

Nel processo davanti alla Corte di Cassazione **manca del tutto la fase istruttoria**, dal momento che l'accertamento dei fatti si è ormai cristallizzato con la pronuncia di secondo grado. Inoltre, una volta instaurato il contraddittorio, il giudizio di cassazione è sottoposto ad *impulso d'ufficio*. Pertanto, non può più operare il fenomeno dell'interruzione.

A) Il ricorso
L'atto introduttivo ha la forma del **ricorso**. Esso è rivolto unicamente alla Corte di Cassazione (art. 365 c.p.c.) ed è quindi privo della *vocatio in ius* tipica dell'atto di citazione. Tuttavia, come la citazione, il ricorso deve essere notificato alla controparte (*resistente*) prima del suo deposito.
La **notificazione** del ricorso deve avvenire nel termine di *sessanta giorni* dalla notifica della sentenza o, se la sentenza non è notificata, nel termine lungo di *sei mesi* dalla pubblicazione (artt. 325 e 327 c.p.c.).
Il ricorso **deve contenere**, *a pena di inammissibilità* (art. 366 c.p.c., novellato dalla riforma attuata con il D.Lgs. n. 149/2022): 1) l'indicazione delle *parti*; 2) l'indicazione della *sentenza o decisione impugnata*; 3) l'esposizione chiara dei *fatti della causa essenziali per l'illustrazione dei motivi di ricorso*; 4) la chiara e sintetica esposizione dei *motivi* per i quali si chiede la cassazione, con l'indicazione delle norme di diritto su cui si fondano; 5) l'indicazione della *procura*, se conferita con atto separato e, nel caso di ammissione al gratuito patrocinio, del relativo decreto; 6) la specifica indicazione, per ciascuno dei motivi degli *atti processuali, dei documenti e dei contratti o accordi collettivi* sui quali il ricorso si fonda e l'illustrazione del contenuto rilevante degli stessi.
Il ricorso, *a pena d'inammissibilità*, deve essere **sottoscritto** da un avvocato iscritto nell'*apposito albo*, munito di procura speciale.
A seguito della riforma attuata con il D.Lgs. n. 149/2022, il domicilio ai fini del ricorso è solo quello digitale e le comunicazioni della cancelleria e le notificazioni tra avvocati dovranno essere effettuati esclusivamente tramite PEC.
Inoltre, il ricorso deve essere **depositato telematicamente**, *a pena di improcedibilità*, presso la cancelleria della Corte entro venti giorni dall'ultima notificazione alle parti contro le quali è proposto (art. 369, comma 1, c.p.c.).
A seguito di detta riforma, il ricorrente non è più onerato di chiedere la trasmissione del fascicolo relativo al giudizio oggetto di ricorso per cassazione.
Nel giudizio di cassazione non possono prodursi atti e documenti che non sono stati prodotti nei precedenti gradi del processo (art. 372, comma 1, c.p.c.), ad eccezione gli atti e i documenti che riguardano la nullità della sentenza impugnata e l'ammissibilità del ricorso, che possono essere prodotti fino a 15 giorni prima dell'udienza o dell'adunanza in camera di consiglio (art. 372, comma 2, c.p.c.).
Il ricorso per cassazione **non ha effetto sospensivo** della sentenza impugnata. Tuttavia, soltanto se una parte ne fa istanza e qualora dall'esecuzione possa derivare grave e irreparabile danno, il giudice che ha pronunciato la sentenza impugnata può disporre con *ordinanza non impugnabile* che l'esecuzione sia sospesa (art. 373 c.p.c.).

B) Il controricorso
La parte contro la quale il ricorso è diretto, se intende contraddire, deve farlo mediante controricorso, per la cui **forma** si osserva, in quanto è possibile, la disciplina stabilita per il ricorso dagli artt. 365 e 366 c.p.c.
Il controricorso deve essere depositato entro *quaranta giorni* dalla notificazione del ricorso (art. 370 c.p.c., novellato dalla riforma attuata con il D.Lgs. n. 149/2022).
Se il resistente vuole a sua volta ricorrere contro la sentenza impugnata per motivi diversi da quelli dedotti dal ricorrente, deve proporre il **ricorso incidentale** nel medesimo atto contenente il controricorso (art. 371, comma 1, c.p.c.). Per resistere al ricorso incidentale il ricorrente principale può depositare un controricorso (art. 371, comma 4, c.p.c.).

19. La fase decisoria

A seguito della riforma attuata con il D.Lgs. n. 149/2022, la fase decisoria si svolge ordinariamente in camera di consiglio e, in particolare, definisce il giudizio, *sia a sezioni unite che a sezione semplice*, con **ordinanza** quando deve (art. 375, comma 2, c.p.c.):

- dichiarare l'inammissibilità del ricorso principale e di quello incidentale;
- dichiarare l'improcedibilità del ricorso;
- pronunciarsi sulle istanze di regolamento di competenza e di giurisdizione;
- pronunciarsi sui casi di correzione di errore materiale;
- pronunciarsi sui ricorsi per revocazione e opposizione di terzo;
- in ogni altro caso in cui non pronuncia in pubblica udienza.

Il procedimento in pubblica udienza è, dunque, limitato ai casi in cui la corte debba pronunciarsi (art. 375, comma 1, c.p.c.):

- su questioni di diritto di particolare rilevanza;
- per la revocazione di sentenze di cui sia stata accertata la contrarietà alla Convenzione europea dei diritti dell'uomo (art. 391-*quarter* c.p.c.).

In tali casi la corte definisce il giudizio con **sentenza**.
La decisione dei ricorsi è affidata dal primo presidente alle **sezioni unite** quando si tratti di questioni attinenti (art. 374 c.p.c.):

- alla giurisdizione (art. 360, comma 1, n. 1. c.p.c.);
- ai conflitti di attribuzione con la pubblica amministrazione, di giurisdizione tra giudici speciali o tra giudice amministrativo e giudici speciali, nonché nei casi di revocazione per contrarietà della sentenza alla Convenzione europea dei diritti dell'uomo (art. 362 c.p.c.);
- a questioni di diritto decise *in senso difforme* dalle sezioni semplici e su quelli che presentano una questione di massima *di particolare importanza*.

In tutti gli altri casi la Corte pronuncia a **sezione semplice**. Ma se la sezione semplice ritiene di non condividere il principio di diritto enunciato dalle sezioni unite, rimette a queste ultime, con ordinanza motivata, la decisione del ricorso (art. 374, terzo comma, c.p.c.)

▶ 19.1. Il procedimento in camera di consiglio e la decisione accelerata

A seguito della riforma attuata con il D.Lgs. n. 149/2022, il procedimento in camera di consiglio si articola come segue (art. 380-*bis*.1 c.p.c.):

- la fissazione del ricorso in camera di consiglio è comunicata alle parti e al pubblico ministero almeno 60 giorni prima;
- il pubblico ministero può depositare osservazioni fino a 20 giorni prima dell'adunanza in camera di consiglio;
- le parti possono depositare sintetiche memorie illustrative fino a 10 giorni prima dell'adunanza;
- la corte decide senza l'intervento delle parti e del pubblico ministero con ordinanza depositata contestualmente o nei successivi 60 giorni.

Nei casi in cui la corte ravvisi l'inammissibilità, improcedibilità o manifesta infondatezza del ricorso, e non è ancora stata fissata la data della decisione, il presidente della sezione o un consigliere da lui delegato può formulare una sintetica proposta di definizione del giudizio con (art. 380-*bis* c.p.c.).
Entro i successivi 40 giorni, la parte ricorrente tramite difensore *munito di procura speciale*, può chiedere la decisione. In tal caso il giudizio si svolge secondo il procedimento in camera di

consiglio sopra illustrato e, se è definito conformemente alla proposta di definizione, si applicano le condanne per lite temeraria (art. 96, commi 3 e 4, c.p.c.).
Ove non pervenga richiesta di decisione, il ricorso si intende rinunciato e la corte provvede con **decreto** (arg. art. 391, comma 1, ultimo periodo, c.p.c.).

▶ 19.2. Il procedimento in pubblica udienza

Nei casi in cui la corte decide in pubblica udienza, il procedimento si svolge come segue:

- la data di udienza è comunicata alle parti e al pubblico ministero almeno 60 giorni prima (art. 377, comma 2, c.p.c.);
- il pubblico ministero può depositare osservazioni fino a 20 giorni prima dell'udienza (art. 378, comma 1, c.p.c.);
- le parti possono depositare sintetiche memorie illustrative fino a 10 giorni prima dell'udienza (art. 378, comma 2, c.p.c.);
- l'udienza si svolge sempre in presenza, il relatore espone sinteticamente le questioni, dopodiché prende la parola prima il pubblico ministero per esporre le sue conclusioni e successivamente le parti. Non sono ammesse repliche (art. 379 c.p.c.);
- la corte decide in camera di consiglio e la sentenza è depositata nei successivi 90 giorni.

20. I contenuti della decisione

Se il ricorso viene accolto la sentenza della Corte cassa la sentenza impugnata. Se il ricorso è stato proposto per il motivo di cui all'art. 360, comma 1, n. 3, c.p.c. e in ogni altro caso in cui è risolta una questione di diritto di particolare importanza, la corte enuncia il relativo principio di diritto (art. 384, comma 1, c.p.c.).
Inoltre, se la corte ritiene di porre a fondamento della decisione una questione rilevata d'ufficio, assegna alle parti un termine non inferiore a 20 e non superiore a 60 giorni per il deposito in cancelleria di osservazioni (art. 384, comma 3, c.p.c.).

A) Cassazione senza rinvio
La Corte cassa senza rinvio quando ritiene che non sia possibile o non sia opportuno dare luogo ad un nuovo giudizio sul provvedimento impugnato.

B) Cassazione con rinvio
La Corte cassa con rinvio quando, a fronte dell'eliminazione del provvedimento impugnato, il processo deve proseguire davanti ad altro giudice per la fase rescissoria. Ai sensi dell'art. 383 c.p.c., si ha cassazione con rinvio:

a) quando la Corte accoglie il ricorso *per motivi diversi da quelli di cui all'art. 382 c.p.c.*, rinviando la causa ad altro giudice di grado pari a quello che ha pronunciato la sentenza cassata;
b) se la Corte riscontra una *nullità del giudizio di primo grado* per la quale il giudice d'appello avrebbe dovuto a norma degli artt. 353 e 354 c.p.c. rimettere le parti al primo giudice, rinvia la causa a quest'ultimo.

21. Il giudizio di rinvio

Con il giudizio di rinvio si apre una nuova fase (*rescissoria*) dell'originario processo che prosegue di fronte ad un giudice del medesimo grado di quello che ha pronunciato la sentenza oggetto di cassazione.
L'atto introduttivo del giudizio di rinvio è un **atto di citazione in riassunzione** che deve essere notificato personalmente a norma degli artt. 137 e ss. c.p.c. entro *tre mesi* dalla pubblicazione della sentenza della Corte di cassazione (art. 392 c.p.c.). La mancata notificazione nel termine

perentorio dà luogo all'estinzione dell'intero processo (art. 393 c.p.c.).
L'oggetto della cognizione del giudizio di rinvio trova i suoi limiti nella pronuncia di cassazione (art. 384 c.p.c.).
In sede di rinvio si osservano le norme stabilite per il procedimento davanti al giudice al quale la Corte ha rinviato la causa. Le parti conservano la **stessa posizione processuale** che avevano nel procedimento in cui fu pronunciata la sentenza cassata (art. 394 c.p.c.).
La sentenza con cui si conclude il giudizio di rinvio potrà essere impugnata seguendo regole previste per il grado in cui è emanata.

22. La correzione degli errori materiali o di calcolo

I casi di correzione sono gli stessi che sono previsti per il procedimento ordinario di cui agli artt. 287 e ss. c.p.c.: *omissioni, errori materiali o errori di calcolo*.
Il procedimento può essere promosso non solo per le sentenze della Corte di Cassazione ma anche per le ordinanze *ex* art. 380-*bis*. 1, c.p.c. e i decreti *ex* art. 380-*bis* c.p.c.
La correzione va richiesta con **ricorso** ai sensi degli artt. 365 e ss. c.p.c. e il giudizio si svolge in camera di consiglio.

23. La revocazione e i provvedimenti impugnabili

La revocazione è un mezzo di impugnazione che può avere **sia carattere ordinario sia carattere straordinario** ma, in ogni caso, è proponibile solo in ipotesi tassative previste dal codice.
Possono essere impugnate con revocazione le **sentenze pronunciate in grado di appello o in unico grado** (art. 395 c.p.c.) nonché le sentenze, ordinanze e decreti della Corte di cassazione (art. 391-*bis* c.p.c.).. Non si può quindi proporre revocazione contro le *sentenze ancora appellabili*, ma è ammessa l'eventuale **concorrenza tra il procedimento di cassazione e quello di revocazione**. In tal caso la proposizione della revocazione non sospende il termine per proporre il ricorso per cassazione o il procedimento relativo.
Sono inoltre impugnabili per revocazione:

- il *decreto ingiuntivo* divenuto esecutivo per mancata opposizione per i motivi di cui ai nn. 1, 2, 5 e 6 dell'art. 395 c.p.c. (art. 656 c.p.c.);
- l'*ordinanza di convalida di licenza per finita locazione, di sfratto per finita locazione* e *di sfratto per morosità* che sia l'effetto di un errore di fatto o del dolo di una delle parti in danno dell'altra (Corte Cost. n. 558/1989; n. 51/1995);
- il *lodo arbitrale* per i motivi di cui ai nn. 1, 2, 3 e 6 dell'art. 395 c.p.c. (art. 831 c.p.c.).

▶ 23.1. Casi di revocazione

La revocazione è un mezzo a critica vincolata, per cui può essere proposta solo nei casi tassativamente indicati dall'art. 395 c.p.c. Si distingue tra revocazione *ordinaria* o *straordinaria* a seconda dei vizi che si fanno valere. Nei casi di revocazione ordinaria, tali vizi sono desumibili direttamente dalla sentenza che si intende impugnare, mentre quelli deducibili nei casi di revocazione straordinaria possono emergere anche dopo diverso tempo.

A) Revocazione straordinaria
È prevista la revocazione straordinaria:

a) *se la sentenza è l'effetto del dolo di una delle parti in danno dell'altra* (art. 395, n. 1, c.p.c.): è il raggiro posto in essere da una parte nel corso del processo idoneo a compromettere l'accertamento dei fatti;

b) *se si è giudicato in base a prove riconosciute o comunque dichiarate false dopo la sentenza oppure che la parte soccombente ignorava essere state riconosciute o dichiarate tali prima della sentenza* (art. 395, n. 2, c.p.c.): si richiede che la falsità delle prove risulti da un riconoscimento di tutte le parti o da un accertamento giudiziale contenuto in una sentenza passata in giudicato;

c) *se dopo la sentenza sono stati trovati uno o più documenti decisivi che la parte non aveva potuto produrre in giudizio per causa di forza maggiore o per fatto dell'avversario* (art. 395, n. 3, c.p.c.): si deve trattare di documenti capaci di sconvolgere l'impianto probatorio tanto da condurre ad un diverso esito del giudizio;

d) *se la sentenza è effetto del dolo del giudice, accertato con sentenza passata in giudicato* (art. 395, n. 6, c.p.c.): si fa riferimento ai comportamenti dolosi del giudice di natura psicologica, quando cioè il giudice ordisce un inganno per emettere una sentenza ingiusta;

e) *se il contenuto della sentenza è in contrasto con una sentenza della Corte internazionale di giustizia, anche se successivamente emessa* (art. 3, comma 2, L. n. 5/2013): in questo caso l'impugnazione può essere proposta anche per difetto di giurisdizione civile;

f) *se il contenuto della sentenza è stato dichiarato dalla Corte europea dei diritti dell'uomo contrario alla Convenzione per la salvaguardia dei diritti dell'uomo e delle libertà fondamentali o ad uno dei suoi Protocolli* (art. 391-*quater* c.p.c.): quest'ultimo caso di revocazione, introdotto dalla riforma attuata con D.Lgs. n. 149/2022, è esperibile quando la violazione abbia pregiudicato i diritti di stato della persona e l'equa indennità eventualmente accordata dalla Corte europea non sia idonea a compensare le conseguenze della violazione.

Ai sensi dell'art. 327 c.p.c., il **termine** di trenta giorni per proporre la revocazione straordinaria decorre dal giorno in cui è stato scoperto il dolo, la falsità o la collusione, è stato recuperato il documento decisivo o è passata in giudicato la sentenza che ha accertato la falsità delle prove o il dolo del giudice. Nel caso sub f) il termine è di 60 giorni decorrenti dalla comunicazione o, in mancanza, dalla pubblicazione della sentenza della Corte europea dei diritti dell'uomo.

B) Revocazione ordinaria

La revocazione è invece ordinaria:

a) *se la sentenza è l'effetto di un errore di fatto risultante dagli atti o documenti della causa (art. 395, n. 4, c.p.c.)*: vi è questo errore quando la decisione è fondata sulla supposizione di un fatto la cui verità è incontrastabilmente esclusa, oppure quando è supposta l'inesistenza di un fatto la cui verità è positivamente stabilita, e tanto nell'uno quanto nell'altro caso se il fatto non costituì un punto controverso sul quale la sentenza ebbe a pronunciare;

b) *se la sentenza è contraria ad altra precedente avente fra le parti autorità di cosa giudicata, purché non abbia pronunciato sulla relativa eccezione (art. 395, n. 5, c.p.c.).*

C) La revocazione del pubblico ministero

Il codice prevede un'ulteriore ipotesi di revocazione proponibile dal solo pubblico ministero nelle cause in cui il suo intervento è obbligatorio a norma dell'art. 70 comma 1, c.p.c. In questo senso, l'art. 397 c.p.c. dispone che il pubblico ministero può ricorrere all'impugnazione per revocazione:

1. quando la sentenza è stata pronunciata senza che egli sia stato sentito;
2. quando la sentenza è l'effetto della collusione posta in opera dalle parti per frodare la legge.

Infine, il procuratore generale presso la corte di cassazione può promuovere la revocazione nel caso previsto dall'art. 391-*quater* c.p.c.

▶ 23.2. Il procedimento di revocazione

La **competenza** a decidere sulla revocazione spetta allo *stesso giudice che ha pronunciato la sentenza impugnata* (art. 398, comma 1 c.p.c.).

La revocazione si propone con **atto di citazione** e per il procedimento si osservano le norme stabilite per lo svolgimento del giudizio di fronte al giudice adito (art. 400 c.p.c.).

Se **viene accolta** la domanda, il giudice *revoca* la sentenza impugnata. Si chiude così la fase *rescindente* del giudizio. Quanto alla fase *rescissoria*, il giudice della revocazione con la medesima sentenza decide il merito della causa e dispone l'eventuale restituzione di ciò che è stato conseguito con la sentenza revocata (art. 402, comma 1, c.p.c.).

La sentenza emessa all'esito del giudizio di revocazione si sostituisce a quella revocata ed è sottoponibile a tutti i mezzi di impugnazione, fatta eccezione della revocazione (art. 403 c.p.c.).

24. L'opposizione di terzo

L'opposizione è un mezzo di impugnazione **straordinario** proponibile da chi **non era parte** in causa nel processo in cui è stata pronuncia la sentenza impugnata. Questa eccezione è legata al fatto che, salvi i limiti di cui all'art. 2909 c.c. sulla non estensione del giudicato nei confronti di terzi estranei alla causa, può darsi che una sentenza pregiudichi *indirettamente* gli interessi del terzo.

Possono essere impugnate con opposizione di terzo:

- la *sentenza di merito passata in giudicato o comunque che abbia efficacia esecutiva* (art. 404 c.p.c.);
- il *decreto ingiuntivo* divenuto esecutivo per mancata opposizione *ex* art. 647 c.p.c. ma solo nei casi previsti dall'art. 404, secondo comma, c.p.c. (art. 656 c.p.c.);
- l'*ordinanza di convalida di licenza per finita locazione, di sfratto per finita locazione e di sfratto per morosità* (Corte Cost. n. 167/1984; n. 237/1985; n. 192/1995);
- il *lodo arbitrale* (art. 831 c.p.c.).

▶ 24.1. Tipi di opposizione

L'opposizione di terzo è prevista in due forme ognuna delle quali ha la propria natura giuridica e i propri presupposti.

A) Opposizione ordinaria (art. 404 comma 1, c.p.c.)

L'opposizione ordinaria è quella che può proporre il terzo quando una sentenza *pregiudica i suoi diritti*.
Con questo tipo di opposizione si fanno valere le stesse ragioni che il terzo avrebbe potuto dedurre con un *intervento* nel processo conclusosi con la sentenza impugnata.
Non vi sono termini per proporre l'opposizione ordinaria.

B) Opposizione revocatoria (art. 404, comma 2, c.p.c.)

Gli aventi causa e i creditori di una delle parti possono proporre opposizione revocatoria quando la sentenza è l'effetto di *dolo o collusione a loro danno*.
L'opposizione revocatoria va proposta entro *trenta giorni* dal momento in cui è stato scoperto il dolo o la collusione (art. 326 c.p.c.).

▶ 24.2. Il procedimento di opposizione

Il giudice competente sulla domanda di opposizione è *lo stesso giudice che ha pronunciato la sentenza impugnata* (art. 405, primo comma, c.p.c.).
L'opposizione si propone con **atto di citazione** e il procedimento si svolge con l'osservanza delle regole proprie del giudizio davanti al giudice adito (art. 406 c.p.c.).
Il terzo può fare istanza di sospensione dell'esecuzione della sentenza e il giudice provvede in camera di consiglio con ordinanza secondo le modalità stabilite dall'art. 373 c.p.c. (art. 407 c.p.c.).
La sentenza che decide sull'opposizione può essere impugnata con tutti i mezzi che sarebbero ammessi contro la sentenza opposta.
Per il procedimento contro i provvedimenti pronunciati dalla Corte di Cassazione si rinvia a già detto sulla revocazione.

Capitolo 3
Il processo di esecuzione

SOMMARIO:

Sezione I ► Caratteri generali del processo di esecuzione

1. I presupposti del processo esecutivo. Struttura e principi

Il processo esecutivo, di cui al Libro III del codice di rito, viene promosso in tutti quei casi in cui il debitore non esegua spontaneamente l'obbligo risultante da un particolare titolo (*esecutivo*) che non abbisogna di ulteriori accertamenti giudiziali. Oggetto dell'azione esecutiva è la realizzazione in concreto della pretesa cristallizzata in quel titolo.

Sul piano strutturale, il processo di esecuzione forzata adotta varie forme che rispondono alle diverse esigenze legate alle modalità di attuazione richieste per ogni diritto sostanziale che si fa valere.

I **soggetti principali** dell'attività processuale esecutiva sono essenzialmente quattro:

1. il *creditore*, quale promotore dell'azione e delle successive operazioni;
2. il *debitore*, che subisce il processo ma non ne è parte (salvo in caso di opposizione);
3. l'*ufficiale giudiziario*, quale organo deputato all'esecuzione in senso stretto, la cui attività si caratterizza per atti che incidono sulla realtà materiale e corrispondo alle c.d. operazioni;
4. il *giudice*, sotto il controllo del quale si svolge l'intero processo, la cui attività è per lo più ordinatoria e assume in genere le forme dell'ordinanza o del decreto.

2. La competenza

Per quanto riguarda l'**ufficiale giudiziario**, l'art. 106 D.P.R. 15 dicembre 1959, n. 1229 stabilisce

che, salvo specifiche eccezioni, egli compie con attribuzione esclusiva gli atti del proprio ministero nell'ambito della circoscrizione dove ha sede l'ufficio al quale è addetto.
Quanto alla competenza del **giudice**, richiamandosi alle norme del Libro I, occorre distinguere:

- in relazione al *valore* (art. 17 c.p.c.);
- in relazione alla *materia*, è sempre competente il tribunale, che giudica in composizione monocratica, salvi i casi di cui all'art. 50-*bis* c.p.c. Tuttavia, dal 31 ottobre 2025 il giudice di pace sarà competente nei casi previsti dal D.Lgs. n. 116/2017;
- in relazione al *territorio*, la competenza spetta al giudice del luogo in cui si trovano i beni (art. 26, comma 1, c.p.c.); qualora l'immobile sia compreso in più circoscrizioni giudiziarie, è competente ogni giudice nella cui circoscrizione si trova una parte dell'immobile (art. 21 c.p.c.); il giudice dell'espropriazione forzata di crediti si stabilisce in base al luogo in cui il debitore ha la residenza, il domicilio, la dimora o la sede (art. 26-*bis*, comma 2 c.p.c.); se però il debitore rientra nel novero di quelle pubbliche amministrazioni di cui all'art. 413, comma 5, c.p.c., è competente, salvo quanto disposto dalle leggi speciali, il giudice del luogo dove il *terzo debitore* ha la residenza, il domicilio, la dimora o la sede (art. 26-*bis*, comma 1 c.p.c.); sull'esecuzione forzata degli obblighi di fare e di non fare decide il giudice del luogo dove l'obbligo deve essere adempiuto (art. 26, comma 3 c.p.c.); mentre l'esecuzione forzata su autoveicoli, motoveicoli e rimorchi è competente il giudice del luogo in cui il debitore ha la residenza, il domicilio, la dimora o la sede (art. 26, comma 2, c.p.c.).

3. I tipi di esecuzione forzata

La classificazione dei tipi di processo esecutivo non dipende solo dal diverso diritto azionato ma ha anche a che fare con le modalità concrete di attuazione.
Da questo punto di vista, si parla di esecuzioni in *forma generica*, che prevedono una fase di trasformazione del credito in denaro, ed esecuzioni in *forma specifica*, che non richiedono tale trasformazione.
All'interno di queste categorie si distingue ulteriormente tra:

1. ***Espropriazione* (esecuzione in forma generica).** È l'unico procedimento in forma generica ed è diretto a sottrarre al debitore quei beni di valore sufficiente a soddisfare le pretese del creditore, previa trasformazione degli stessi in denaro a mezzo di vendita coattiva. Al suo interno si divide in: *a) espropriazione mobiliare presso il debitore* (artt. 513-542 c.p.c.); *b) espropriazione mobiliare presso terzi* (artt. 543-554 c.p.c.); *c) espropriazione immobiliare* (artt. 555-598 c.p.c.); *d) espropriazione di beni indivisi* (artt. 599-601 c.p.c.); *e) espropriazione contro il terzo proprietario* (artt. 602-604 c.p.c.).
2. ***Esecuzione per consegna di cose mobili o rilascio di beni immobili* (esecuzione in forma specifica).** Promuove questo procedimento il creditore che vuole ottenere la disponibilità materiale di un determinato bene mobile o immobile (artt. 605-611 c.p.c.);
3. ***Esecuzione forzata degli obblighi di fare o di non fare* (esecuzione in forma specifica).** Con esso il creditore consegue l'esatta prestazione di fare o l'eliminazione di quanto fatto in violazione di un obbligo di non fare (art. 612-614-*bis* c.p.c.).

4. La funzione degli atti preparatori

L'azione esecutiva è condizionata dall'accertamento di un diritto. Tale accertamento deve essere contenuto in quel particolare titolo denominato *titolo esecutivo*, idoneo a rappresentare e documentare la posizione giuridica che si intende far valere. Ma il titolo esecutivo non basta. Occorre infatti un atto con il quale venga manifestata l'intenzione di avviare una procedura esecutiva. Questo atto è il *precetto*.
Il titolo esecutivo insieme al precetto, dunque, rientrano nella categoria degli atti preparatori al

processo esecutivo. Preparatori, perché devono essere compiuti prima dell'inizio dell'esecuzione o, meglio, perché senza di essi l'esecuzione non può essere avviata.

5. Il titolo esecutivo

L'esecuzione forzata non può avere luogo se non in virtù di un titolo esecutivo (art. 474 c.p.c.). Il titolo esecutivo deve riguardare un diritto *certo*, *liquido* ed *esigibile*. In particolare:

- il requisito della **certezza** fa riferimento all'assenza di dubbi in ordine all'esistenza del credito;
- il requisito della **liquidità** concerne la determinatezza del credito nel suo ammontare, espresso in una misura specifica;
- il requisito dell'**esigibilità** esclude che il credito possa essere sottoposto a condizione o a termine o comunque, se sottoposto a condizione o a termine, la condizione deve essersi già verificata e il termine già scaduto.

A) I tipi

I titoli esecutivi ai quali l'ordinamento conferisce un sufficiente grado di certezza per fondare l'esecuzione forzata sono divisi in tre gruppi (art. 474, comma 2, c.p.c.).

I titoli del primo gruppo sono definiti *giudiziali*, in quanto relativi ad un accertamento svolto in sede di processo di cognizione e sono:

1. le *sentenze, i provvedimenti e gli altri atti ai quali la legge attribuisce espressamente efficacia esecutiva*.

I titoli degli altri due gruppi sono invece definiti *stragiudiziali*, poiché si riferiscono ad un accertamento del diritto cui si è giunti per una via diversa da quella del giudizio di cognizione. In particolare sono:

2. *le scritture private autenticate, relativamente alle obbligazioni di somme di denaro in esse contenute, le cambiali, nonché gli altri titoli di credito ai quali la legge attribuisce espressamente la sua stessa efficacia*
3. *gli atti ricevuti da notaio o da altro pubblico ufficiale autorizzato dalla legge a riceverli*

Tuttavia, l'esecuzione forzata per consegna o rilascio non può aver luogo che in virtù dei titoli esecutivi di cui ai numeri 1) e 3) (art. 474, comma 3, c.p.c.). Pertanto, la scrittura privata autenticata non costituisce un valido titolo per agire per questo tipo di esecuzione.

Inoltre, in virtù del Regolamento UE, n. 805/2004, opera con efficacia esecutiva anche il **titolo esecutivo europeo** (T.E.E.): si tratta di quell'atto o provvedimento, giudiziale o stragiudiziale, relativo solo a crediti pecuniari non contestati, che, all'esito di una procedura di certificazione davanti all'autorità giudiziaria dello Stato di origine, può essere eseguito in tutti gli Stati membri dell'Unione, senza necessità di una dichiarazione di esecutività.

B) La forma del titolo esecutivo

A seguito della riforma attuata con il D.Lgs. n. 149/2022, i titoli esecutivi non devono più essere muniti di formula esecutiva.

In particolare, per valere come titolo per l'esecuzione forzata per la parte a favore della quale è stata pronunciata la sentenza o stipulata l'obbligazione, o per i suoi successori, è sufficiente il rilascio di **una copia conforme all'originale** (art. 475 c.p.c.).

Pertanto, il titolo è messo in esecuzione da tutti gli ufficiali giudiziari che ne siano richiesti, con l'assistenza del pubblico ministero e in concorso con la forza pubblica, quando ne siano legalmente richiesti (art. 474, comma 4, c.p.c.).

C) La notificazione

Se la legge non dispone altrimenti, l'esecuzione forzata deve essere preceduta dalla notificazione del titolo in copia conforme all'originale (art. 479 c.p.c.). Lo strumento della notificazione segue il regime ordinario di cui agli artt. 137 e ss. c.p.c. ma la notificazione deve essere fatta alla parte **personalmente** (art. 479, comma 2, c.p.c.).

6. Il precetto

Il precetto consiste nell'*intimazione* (rivolta al debitore) di adempiere l'obbligo risultante dal titolo esecutivo entro un termine non minore di dieci giorni, con l'avvertimento che, in mancanza, si procederà a esecuzione forzata (art. 480 c.p.c.).
Il precetto deve contenere a pena di **nullità** (art. 480, comma 2) l'indicazione delle parti, della data di notificazione del titolo esecutivo o la trascrizione integrale del titolo stesso, quando è richiesta dalla legge.

Il precetto deve inoltre contenere:

- la dichiarazione di residenza o l'elezione di domicilio della parte istante nel comune in cui ha sede il giudice competente per l'esecuzione;
- l'avvertimento che il debitore può, con l'ausilio di un organismo di composizione della crisi o di un professionista nominato dal giudice, porre rimedio alla situazione di sovraindebitamento concludendo con i creditori un accordo di composizione della crisi o proponendo agli stessi un piano del consumatore.

Il precetto è un **atto recettizio** e spiega la sua efficacia solo una volta che è portato a conoscenza del destinatario. La notificazione del precetto, sottoscritto *ex* art. 125 c.p.c., deve essere fatta alla parte *personalmente*. Esso può anche essere redatto di seguito al titolo esecutivo ed essere notificato insieme con questo (art. 479, comma 2, c.p.c.).
Se nel termine di novanta giorni dalla sua notificazione non è iniziata l'esecuzione, il precetto **perde efficacia** (art. 481 c.p.c.). Scaduto tale termine, dunque, la notificazione non è più valida e per promuovere l'esecuzione occorrerà redigere un nuovo precetto da rinotificare.
L'esecuzione forzata non può essere iniziata prima che sia decorso il termine (non inferiore a dieci giorni) indicato nel precetto e, in ogni caso, prima che siano decorsi dieci giorni dalla notificazione di esso. Tuttavia, il presidente del tribunale competente per l'esecuzione o un giudice da lui delegato, se vi è pericolo nel ritardo, può autorizzare l'**esecuzione immediata**, subordinandola o meno alla prestazione di una cauzione (art. 482 c.p.c.).

Sezione II ► L'espropriazione

1. La struttura del procedimento

L'espropriazione è una forma di esecuzione *generica* (o *indiretta*) e riguarda normalmente il denaro del debitore e i suoi beni più facilmente convertibili in denaro a mezzo di vendita coattiva. La struttura del procedimento si conforma alle modalità attraverso le quali si realizzano l'attività di sottrazione dei beni e le successive operazioni di vendita per la trasformazione dei beni in denaro. Pertanto, la disciplina si articola nelle varie fasi di:

a) pignoramento;
b) intervento dei creditori;
c) vendita forzata o assegnazione;
d) distribuzione della somma ricavata.

Se questa è la struttura generale, il codice predispone poi tre discipline integrative che variano a seconda dell'oggetto dell'espropriazione. Pertanto, si parla di:

a) ***espropriazione mobiliare presso il debitore***, per crediti di denaro o altri beni mobili rinvenibili nei luoghi appartenenti al debitore;

b) ***espropriazione mobiliare presso terzi***, per crediti di denaro del debitore o per altri beni mobili appartenenti al debitore ma non nella sua disponibilità;

c) ***espropriazione immobiliare***, per beni immobili.

Il creditore è libero di scegliere il tipo di procedimento espropriativo che ritiene più opportuno, non essendo vincolato dalla legge a seguire un determinato ordine di priorità. L'unico limite è fissato dall'art. 2911 c.c. che impone al creditore che è titolare di una *garanzia reale* di sottoporre a esecuzione primariamente i beni gravati dal pegno, dall'ipoteca o dal privilegio speciale.
Il creditore può anche valersi **cumulativamente** dei diversi mezzi di espropriazione forzata previsti dalla legge. Tuttavia, su opposizione del debitore, il giudice dell'esecuzione, con ordinanza non impugnabile, può limitare l'espropriazione al mezzo che il creditore sceglie o, in mancanza, a quello che il giudice stesso determina (art. 483 c.p.c.).

2. Il giudice dell'esecuzione

L'espropriazione è diretta da un giudice (art. 484 c.p.c.), denominato *giudice dell'esecuzione*, a cui si applicano le disposizioni di cui agli artt. 174 (sull'immutabilità del giudice) e 175 (sui poteri direttivi e ordinatori) c.p.c.
Il codice, dunque, avvicina la posizione del giudice dell'esecuzione a quella del giudice istruttore. Tuttavia, l'attività del giudice dell'esecuzione presenta **differenze sostanziali** rispetto all'attività tipica del giudice istruttore. Questo perché il processo esecutivo si svolge in assenza di contraddittorio in un contesto in cui occorre una programmazione di tipo pratico (non c'è un vero giudizio in cui dover risolvere controversie giuridiche). Salvo i casi in cui venga introdotta un'opposizione, l'attività del giudice dell'esecuzione ha natura *ordinatoria* (si trasferiscono diritti sui beni pignorati, si stabiliscono tempi e modi delle vendite) e si esplica essenzialmente in una serie di atti e **operazioni** che richiedono solo valutazioni di *opportunità pratica*.

3. Il fascicolo dell'esecuzione, notificazioni e comunicazioni

Per ogni procedimento di espropriazione, il cancelliere forma un fascicolo telematico, nel quale sono inseriti tutti gli atti compiuti dal giudice, dal cancelliere e dall'ufficiale giudiziario, e gli atti e documenti depositati dalle parti e dagli eventuali interessati (art. 488 c.p.c.). Ciò avviene solo dopo che l'espropriazione abbia avuto inizio con il pignoramento.
In particolare, a seguito della novella del **D.L. n. 132/2014**, compiute le operazioni di pignoramento di competenza dell'ufficiale giudiziario, questi consegna senza ritardo al creditore il processo verbale, il titolo esecutivo e il precetto.
È quindi il creditore che *deve* depositare nella cancelleria del tribunale competente per l'esecuzione la nota di iscrizione a ruolo, con copie conformi degli atti (la cui conformità è attestata dall'avvocato del creditore), entro quindici giorni dalla consegna, pena l'inefficacia del pignoramento (art. 518, comma 6, c.p.c.).
In relazione agli atti di espropriazione che possono interessare il pubblico (si pensi, ad esempio, ai casi di vendita forzata) è inoltre previsto un apposito **regime di pubblicità**, a mezzo di avviso da inserire sul portale del Ministero della Giustizia (l'art. 490 c.p.c.).

4. Il pignoramento

Fatta eccezione per l'ipotesi di cui all'art. 502 c.p.c. (espropriazione delle cose date in pegno o soggette ad ipoteca), l'espropriazione forzata **si inizia col pignoramento** (art. 491 c.p.c.).

Il pignoramento assolve alla funzione di vincolare i beni espropriati per evitare che il debitore possa alienarli o comunque disporne. Pertanto, l'effetto ultimo del pignoramento è quello di rendere *inefficaci* gli atti di disposizione compiuti dal debitore dopo che siano stati pignorati. Si tratta, però, di un'*inefficacia* c.d. *relativa*: l'eventuale atto di disposizione del debitore rimane valido ma è privo di effetti solo nei confronti del creditore procedente e degli intervenuti. Restano però salvi gli effetti del *possesso di buona fede* per i mobili non iscritti in pubblici registri (art. 2913 c.c.).

Quanto agli **atti anteriori** al pignoramento, di regola essi prevalgono sul pignoramento. Gli artt. 2914 e ss. c.c., però, individuano una serie di atti che si sottraggono a questo regime e quindi non hanno effetto in pregiudizio del creditore pignorante e dei creditori che intervengono nell'esecuzione, sebbene anteriori al pignoramento.

Il pignoramento è un atto posto in essere *dall'ufficiale giudiziario*. Per il suo compimento è però necessario che il creditore faccia **apposita istanza** ed esibisca il titolo esecutivo ed il precetto *ritualmente notificati*.

Da un punto di vista oggettivo, il pignoramento si estrinseca in un'**ingiunzione** formale che l'ufficiale giudiziario rivolge al debitore di **astenersi** da qualunque atto diretto a *sottrarre* alla garanzia del credito esattamente indicato i beni che si assoggettano alla espropriazione e i frutti di essi (art. 492, comma 1, c.p.c.).

Il pignoramento deve anche contenere:

- l'invito rivolto al debitore a **dichiarare la propria residenza** o a **eleggere domicilio** in uno dei comuni del circondario in cui ha sede il giudice competente per l'esecuzione, da effettuarsi presso la cancelleria del giudice (art. 492, comma 1, c.p.c.);
- l'avvertimento al debitore che, ai sensi dell'art. 495 c.p.c., può chiedere la **sostituzione** delle cose o dei crediti pignorati con una somma di denaro pari all'importo dovuto, sempre che egli depositi in cancelleria, prima che sia disposta la vendita o l'assegnazione, la relativa istanza unitamente ad una somma non inferiore ad un *quinto* (art. 492, comma 2, c.p.c.);
- l'avvertimento che, a norma dell'art. 615, comma 2, terzo periodo, c.p.c. l'opposizione è inammissibile se è proposta dopo che è stata disposta la vendita o l'assegnazione a norma degli artt. 530, 552 e 569 c.p.c., salvo che sia fondata su fatti sopravvenuti ovvero che l'opponente dimostri di non aver potuto proporla tempestivamente per causa a lui non imputabile (art. 492, comma 3, c.p.c.).

▶ 4.1. Le ulteriori attività

Se i beni pignorati appaiono **insufficienti** per la soddisfazione del creditore procedente oppure quando per essi si profila una lunga durata della liquidazione, l'ufficiale giudiziario invita il debitore ad indicare altri beni utilmente pignorabili (art. 492, comma 4, c.p.c.).

Qualora, a seguito dell'intervento di altri creditori, i beni pignorati siano divenuti insufficienti, il creditore procedente ha la facoltà di indicare agli intervenuti l'esistenza di altri beni del debitore utilmente pignorabili e di invitarli ad estendere il pignoramento se sono forniti di titolo esecutivo o, altrimenti, ad anticipare le spese necessarie per l'estensione (art. 492, comma 6 c.p.c.; art. 499, comma 4,c.p.c.).

Laddove il debitore sia un imprenditore commerciale, l'ufficiale giudiziario, previa istanza del creditore procedente, con spese a carico di questi, invita il debitore a indicare il luogo in cui sono tenute le **scritture contabili** (art. 492, comma 7, c.p.c.)

La ricerca dei beni da pignorare può avvenire anche telematicamente tramite l'interrogazione di banche dati (art. 492-*bis* c.p.c.). In particolare, a seguito della riforma attuata con il D.Lgs. n. 149/2022, è stata prevista una disciplina diversificata:

- se il precetto è stato notificato e il termine dilatorio dell'art. 482 c.p.c. è trascorso, l'ufficiale giudiziario procede alla ricerca telematica su istanza del creditore (art. 492-*bis*, comma 1, c.p.c.);

- se il precetto non è ancora stato notificato o non è trascorso il termine dilatorio dell'art. 482 c.p.c., la ricerca deve essere autorizzata dal presidente presidente del tribunale del luogo in cui il debitore ha la residenza, il domicilio, la dimora o la sede (art. 492-*bis*, comma 2, c.p.c.);
- il termine di efficacia del precetto è sospeso fino al rigetto dell'istanza o al completamento delle ricerche da parte dell'ufficiale giudiziario (art. 492-*bis*, comma 3, c.p.c.). Tali informazioni devono essere menzionate nel pignoramento (art. 492, comma 8, c.p.c.).

L'ufficiale giudiziario, se lo ritiene necessario, può anche richiedere l'assistenza della **forza pubblica**.

Più creditori possono con *unico pignoramento* colpire il medesimo bene o compiere *pignoramenti successivi*, ognuno dei quali ha effetto indipendente, anche se è unito ad altri in unico processo (art. 493 c.p.c.).

Il debitore può evitare il pignoramento di somme o cose versando nelle mani dell'ufficiale giudiziario la somma per cui si procede (aumentato di due decimi in caso di pignoramento di beni) e l'importo delle spese (art. 494 c.p.c.).

Una volta eseguito il pignoramento, prima che sia disposta la vendita o l'assegnazione, il debitore ha ancora a disposizione due facoltà:

1. ***Conversione del pignoramento*** (art. 495 c.p.c.). Può chiedere di sostituire alle cose o ai crediti pignorati una somma di denaro pari, oltre alle spese di esecuzione, all'importo dovuto al creditore pignorante e ai creditori intervenuti, comprensivo del capitale, degli interessi e delle spese.
2. ***Riduzione del pignoramento*** (art. 496 c.p.c.). Quando il valore dei beni pignorati è superiore all'importo delle spese e dei crediti, su istanza del debitore o anche d'ufficio, il giudice, sentiti il creditore pignorante e i creditori intervenuti, può disporre che il pignoramento sia ridotto.

Il pignoramento **perde efficacia** se entro *quarantacinque giorni* dal suo compimento non sia stata richiesta l'assegnazione o la vendita (art. 497 c.p.c.).

In ogni caso, quando risulta che non è più possibile conseguire un ragionevole soddisfacimento delle pretese dei creditori, anche tenuto conto dei costi necessari per la prosecuzione della procedura, delle probabilità di liquidazione del bene e del presumibile valore di realizzo, è disposta la chiusura anticipata del processo esecutivo (art. 164-*bis* disp. att. c.p.c.).

5. L'intervento dei creditori

In base alla regola della c.d. ***par condicio creditorum***, i creditori hanno uguale diritto di essere soddisfatti sui beni del debitore (art. 2741 c.c.).

Sul piano sostanziale, la regola soffre solo di una deroga consistente nelle **cause legittime di prelazione** (privilegi, pegni e ipoteche), per cui i creditori titolari di cause legittime di prelazione sono preferiti in via prioritaria rispetto agli altri creditori (*chirografari*).

Su un piano formale, la distribuzione del denaro ricavato dalla vendita coattiva dei beni oggetto di pignoramento è diretta a vantaggio, oltre che del creditore procedente, dei soli creditori che siano intervenuti nell'espropriazione.

Per evitare che al processo espropriativo non prendano parte i creditori che hanno un diritto di prelazione sui beni pignorati, questi creditori, qualora la prelazione risulti da pubblici registri, devono essere avvertiti dell'espropriazione in corso (art. 498 c.p.c.).

L'intervento può avvenire tramite:

1. **unione dei pignoramenti**, nel caso dei creditori pignoranti contemporanei (art. 523 c.p.c.) o del creditore pignorante successivo sul medesimo bene (art. 524 c.p.c.). In entrambe le ipotesi i pignoramenti trovano luogo in unico processo e tutti gli atti sono

raccolti nel medesimo fascicolo.

2. **partecipazione alla distribuzione della somma ricavata**, tramite il deposito di un ricorso (art. 499, comma 2, c.p.c.). Possono intervenire nel processo di espropriazione solo (art. 499, comma 1, c.p.c.):

a) i creditori muniti di *titolo esecutivo*;

b) i creditori che, al momento del pignoramento, avevano eseguito un *sequestro* sui beni pignorati;

c) i creditori che, al momento del pignoramento, avevano un diritto di *pegno* o un diritto di *prelazione risultante da pubblici registri*;

d) i creditori che, al momento del pignoramento, erano titolari di un credito di somma di denaro risultante dalle *scritture contabili*.

I creditori *privi* di titolo esecutivo devono notificare al debitore, entro i dieci giorni successivi al deposito, copia del ricorso (art. 499, comma 3, c.p.c.).
Il giudice, con la stessa ordinanza con cui dispone la vendita o l'assegnazione, fissa l'**udienza di comparizione** del debitore e dei creditori privi di titolo esecutivo (art. 499, comma 5, c.p.c.), affinché il primo *dichiari* quali tra i crediti per i quali hanno avuto luogo gli interventi intenda riconoscere in tutto o in parte. Se il debitore non compare, si intendono riconosciuti tutti i crediti.
I creditori intervenuti i cui crediti siano stati riconosciuti dal debitore partecipano alla distribuzione della somma ricavata nei limiti della parte riconosciuta (art. 499, comma 6, c.p.c.). Al contrario, i creditori titolari dei crediti disconosciuti dal debitore hanno solo il diritto, ai sensi dell'art. 510, terzo comma, c.p.c., all'accantonamento delle somme che ad essi spetterebbero, purché ne facciano istanza e dimostrino di avere proposto, nei trenta giorni successivi all'udienza, l'azione necessaria affinché essi possano munirsi del titolo esecutivo.
L'intervento è *tempestivo* se il ricorso è depositato in data anteriore all'udienza in cui il giudice dispone la vendita o l'assegnazione. Tale tempestività consente al creditore di **partecipare al ricavato** dell'espropriazione e, inoltre, dà diritto di **provocare i singoli atti** dell'espropriazione (art. 500 c.p.c.). Quando invece l'intervento è effettuato *tardivamente* esso dà solamente diritto di partecipare a quella parte di ricavato che residua dalla soddisfazione del creditore pignorante, dei creditori privilegiati e di quelli intervenuti tempestivamente.

6. La vendita forzata e l'assegnazione

Il pignoramento perde efficacia se nei *quarantacinque giorni* che decorrono dal suo compimento non viene presentata istanza di assegnazione o di vendita (art. 497 c.p.c.). Il termine è sospeso in caso di proposizione di opposizione agli atti esecutivi (art. 628 c.p.c.) e può, comunque, essere sospeso d'ufficio dal giudice (art. 623 c.p.c.).
L'istanza non può essere proposta prima che siano passati *dieci giorni* dal pignoramento (art. 501 c.p.c.). Sono legittimati a proporla il creditore procedente e i creditori intervenuti tempestivamente muniti di titolo esecutivo.
A seguito della presentazione dell'istanza, il giudice dell'esecuzione stabilisce le modalità con cui avverrà la vendita forzata dei beni pignorati o la loro assegnazione.
La **vendita forzata** ha come scopo quello di trasformare in denaro i beni assoggettati a pignoramento. Questa operazione può avvenire *con incanto* (è la c.d. asta, con successive offerte di acquisto in aumento) o *senza incanto* (art. 503 c.p.c.).
L'**assegnazione** consiste invece nel conferimento diretto del bene pignorato al creditore. Si tratta dunque di una sorta di *datio in solutum* che si basa sulla relazione tra il valore del bene e l'entità del credito preteso e deve tenere conto anche dell'eventuale intervento di altri creditori. In questo senso, se il valore del bene è superiore al credito, il creditore assegnatario sarà tenuto a versare in parte il valore della cosa assegnata.
Tra gli effetti della vendita e dell'assegnazione, occorre necessariamente menzionare quello *traslativo*: i beni venduti o assegnati passano nella proprietà dell'acquirente o dell'assegnatario.

Si parla inoltre di un effetto *estintivo* in ragione del fatto che, con il decreto di trasferimento del bene, il giudice ordina anche la cancellazione delle trascrizioni dei pignoramenti e le iscrizioni di ipoteche.

7. La distribuzione della somma ricavata

Quanto proviene a titolo di prezzo o conguaglio delle cose vendute o assegnate, di rendita o provento delle cose pignorate, di multa e risarcimento di danno da parte dell'aggiudicatario costituisce la somma da distribuire (art. 509 c.p.c.).
In caso di **intervento** di altri creditori, la somma è distribuita tra i creditori, previo accantonamento delle somme che spetterebbero ai creditori intervenuti privi di titolo esecutivo i cui crediti non siano stati in tutto o in parte riconosciuti dal debitore (art. 510, comma 2, c.p.c.).
A tal fine viene predisposto un progetto di distribuzione che può essere formato su accordo dei creditori e approvazione del giudice (c.d. **distribuzione amichevole**); se invece non vi è accordo, è il giudice che deve formare il progetto (c.d. **distribuzione giudiziale**).
In sede di riparto, la priorità assoluta è riservata alle **spese di giustizia** (c.d. *prededucibili*); quindi, devono essere soddisfatti prima i **creditori con diritto di prelazione** (a prescindere dal momento del loro intervento) e poi i creditori **chirografari *tempestivi***; da ultimo, i creditori **chirografari *tardivi*** concorrono sulla somma che sopravanza.
Se in sede di distribuzione sorgono **controversie** tra i creditori concorrenti o tra creditore e debitore o terzo assoggettato all'espropriazione, sentite le parti e compiuti i necessari accertamenti, provvede con *ordinanza impugnabile*, eventualmente anche sospendendo il procedimento (art. 512 c.p.c.). Contro il provvedimento di sospensione è ammesso reclamo *ex* art. 669-*terdecies* c.p.c. (art. 624, comma 2, c.p.c.).

8. Il pignoramento mobiliare

L'espropriazione mobiliare presso il debitore riguarda crediti di denaro o altri beni mobili rinvenibili nei luoghi appartenenti al debitore.
L'ufficiale giudiziario, munito del titolo esecutivo e del precetto, può ricercare (**fase della ricerca**) le cose da pignorare *nella casa del debitore* e *negli altri luoghi a lui appartenenti* (art. 513 c.p.c.).
Una volta individuati i beni del debitore, l'ufficiale giudiziario deve scegliere (**fase della scelta**), per assoggettarle a pignoramento, quelle cose che ritiene di più facile e pronta liquidazione, nel limite di un presumibile valore di realizzo pari all'importo del credito precettato aumentato della metà (art. 517 c.p.c.).
L'ufficiale giudiziario rivolge al debitore l'ingiunzione di cui all'art. 492 c.p.c. (**fase dell'ingiunzione**) di non sottrarre le cose scelte alla garanzia del credito.
Delle sue operazioni l'ufficiale giudiziario redige processo verbale nel quale dà atto dell'ingiunzione e descrive le cose pignorate, nonché il loro stato, mediante rappresentazione fotografica ovvero altro mezzo di ripresa audiovisiva (**fase dell'apprensione**) (art. 518 c.p.c.).
Quanto alla **custodia** dei beni pignorati, l'ufficiale giudiziario consegna al cancelliere del tribunale il denaro, i titoli di credito e gli oggetti preziosi colpiti dal pignoramento. Per la conservazione delle altre cose, l'ufficiale giudiziario provvede, quando il creditore ne fa richiesta, trasportandole presso un luogo di pubblico deposito oppure affidandole a un custode diverso dal debitore; nei casi di urgenza, può affidare la custodia ad istituti autorizzati (art. 520 c.p.c.). Della custodia possono essere incaricati il creditore o il suo coniuge, non senza il consenso del debitore; ed anche il debitore stesso o persone della sua famiglia con lui conviventi, ma occorre che il creditore dia il suo consenso (art. 521 c.p.c.).
In ogni caso, il soggetto nominato custode ha diritto ad un compenso e non può fare uso delle cose pignorate senza l'autorizzazione del giudice dell'esecuzione e deve presentare il conto della sua gestione a norma dell'art. 593 c.p.c.

Nel caso di **autoveicoli, motoveicoli e rimorchi, il** pignoramento viene eseguito mediante notificazione al debitore e successiva trascrizione di un atto nel quale si indicano esattamente, con gli estremi richiesti dalla legge speciale per la loro iscrizione nei pubblici registri, i beni e i diritti che si intendono sottoporre ad esecuzione, e gli si fa l'ingiunzione prevista nell'art. 492 (art. 521-*bis* c.p.c.).

▶ 8.1. Il pignoramento successivo

Se l'ufficiale giudiziario trova un **pignoramento già iniziato** da altro ufficiale giudiziario, continua le operazioni insieme con lui (c.d. *unione dei pignoramenti*) e si redige un *unico* processo verbale (art. 523 c.p.c.).
Se invece al momento della ricerca delle cose, si rinviene un **pignoramento già compiuto**, l'ufficiale giudiziario ne dà atto nel processo verbale e quindi procede al pignoramento degli altri beni o fa constare nel processo verbale che non ve ne sono. Il processo verbale è depositato in cancelleria e, se ciò avviene prima del termine per intervenire nel pignoramento anteriore (art. 525 c.p.c.) è inserito nel fascicolo formato in base al detto pignoramento diventando un unico procedimento. In caso contrario, il deposito del verbale del secondo pignoramento vale come intervento tardivo sui beni già colpiti dal pignoramento anteriore, mentre per i beni ulteriori individuati dall'ufficiale del secondo pignoramento si procede in separato giudizio (art. 524 c.p.c.).

▶ 8.2. Beni pignorabili e non pignorabili

Oggetto del pignoramento possono essere beni determinati che afferiscono al patrimonio del debitore ma anche i beni di un terzo, quando sono vincolati a garanzia del credito o quando sono oggetto di un atto che è stato revocato perché compiuto in pregiudizio del creditore (art. 2910 c.c.,).
Quanto ai beni che non sono pignorabili, il codice distingue tra:
a) ***cose mobili assolutamente impignorabili*** (art. 514 c.p.c.): le cose dichiarate impignorabili da speciali disposizioni di legge; le cose sacre e quelle che servono all'esercizio del culto; l'anello nuziale, i vestiti, la biancheria, i letti, gli utensili da cucina; ecc.
b) ***cose mobili relativamente impignorabili*** (art. 515 c.p.c.): sono pignorabili, in mancanza di altri mobili, le cose, che il proprietario di un fondo vi tiene per il servizio e la coltivazione del medesimo; gli strumenti, gli oggetti e i libri indispensabili per l'esercizio della professione, dell'arte o del mestiere del debitore possono essere pignorati nei limiti di un quinto, quando il presumibile valore di realizzo degli altri beni rinvenuti dall'ufficiale giudiziario o indicati dal debitore non appare sufficiente per la soddisfazione del credito.
c) ***cose pignorabili in alcune circostanze di tempo*** (art. 516 c.p.c.): i frutti non ancora raccolti o separati dal suolo non possono essere pignorati separatamente dall'immobile a cui accedono, se non nelle ultime sei settimane anteriori al tempo ordinario della loro maturazione; i bachi da seta possono essere pignorati solo quando sono nella maggior parte sui rami per formare il bozzolo.

9. L'intervento dei creditori

Valgono qui le **norme generali dettate dagli artt. 498 e ss. c.p.c.**

10. La vendita e l'assegnazione

Per l'espropriazione mobiliare, l'assegnazione può essere richiesta sin da subito per i titoli di credito e le altre cose il cui valore risulta dal listino di borsa o di mercato (art. 529 c.p.c.).
L'assegnazione degli altri beni è invece subordinata all'esito negativo di due successivi incanti (uno solo per gli oggetti d'oro e d'argento), il secondo dei quali deve essere fissato al prezzo inferiore di un quinto rispetto al precedente (art. 538 c.p.c.).
Decorso il termine di dieci giorni dal pignoramento, il creditore pignorante e ognuno dei creditori intervenuti muniti di titolo esecutivo possono chiedere la distribuzione del danaro e la vendita dei beni.

A seguito del deposito dell'istanza, il giudice dell'esecuzione fissa l'**udienza per l'audizione delle parti** (art. 530, comma 1, c.p.c.). All'udienza le parti devono proporre, a pena di decadenza, le opposizioni agli atti esecutivi. Se non vi sono opposizioni o se su di esse si raggiunge l'accordo delle parti comparse, il giudice dell'esecuzione dispone con *ordinanza* l'assegnazione o la vendita (art. 530, terzo comma, c.p.c.). Se invece le parti propongono **opposizioni** il giudice decide su di esse con *sentenza* e dispone con *ordinanza* l'assegnazione o la vendita.
Quanto alle forme della vendita dei beni pignorati, il giudice dell'espropriazione può disporre che questa avvenga **con incanto** oppure **senza incanto (o a mezzo di commissionario)**
Se l'aggiudicatario non paga il prezzo, si procede immediatamente ad un nuovo incanto (c.d. *rivendita*), a spese e sotto la responsabilità dell'aggiudicatario inadempiente.
Nel caso in cui il valore dei beni pignorati non superi ventimila euro (c.d. *piccola espropriazione*) e non siano intervenuti creditori fino alla presentazione del ricorso, il giudice provvede con decreto per l'assegnazione o la vendita (art. 525, comma 2, c.p.c.).
Al contrario, se vi sono altri creditori, questi hanno termine per intervenire tempestivamente entro la data di presentazione del ricorso per la vendita e l'assegnazione su cui provvede il giudice con ordinanza, sentiti i creditori intervenuti (art. 530 c.p.c.).
Nel caso di beni mobili iscritti in pubblici registri, le operazioni di vendita con incanto o senza incanto può essere **delegato** dal giudice ad un istituto autorizzato, ad un notaio, ad un avvocato o ad un commercialista, iscritti nei relativi elenchi di cui all'art. 179-*ter* disp. att. c.p.c. (art. 534-*bis* c.p.c.).
Le parti e gli interessati possono, con ricorso allo stesso giudice, proporre **reclamo** contro gli atti del professionista o del commissionario con il procedimento di cui all'art. 669-*terdecies* c.p.c. (art. 534-*ter* c.p.c.).

11. La distribuzione della somma ricavata

Valgono le **norme generali dettate dagli artt. 509 e ss. c.p.c.**

12. Il pignoramento presso terzi

L'espropriazione mobiliare presso terzi riguarda crediti che il debitore ha verso terzi o beni mobili che non sono nella sua disponibilità ma in possesso di terzi. Occorre quindi *impedire* al terzo di pagare il credito o consegnare il bene al debitore esecutato e di *verificare* l'esistenza del rapporto di debito o la disponibilità dei beni.
Pertanto, il pignoramento avviene a mezzo di **un atto scritto complesso** notificato, a cura dell'ufficiale giudiziario, al terzo e al debitore a norma degli art. 137 e ss. c.p.c. (art. 543 c.p.c.).
L'atto deve contenere:

1. l'*ingiunzione* al debitore di cui all'art. 492 c.p.c.;
2. l'indicazione del credito per il quale si procede, del titolo esecutivo e del precetto;
3. l'indicazione, almeno generica, delle cose o delle somme dovute e l'*intimazione* al terzo di non disporne senza ordine di giudice;
4. la dichiarazione di residenza o l'elezione di domicilio nel comune in cui ha sede il tribunale competente nonché l'indicazione dell'indirizzo di posta elettronica certificata del creditore procedente;
5. la *citazione* del debitore a comparire davanti al giudice competente, con l'invito al terzo a comunicare la *dichiarazione* di cui all'articolo 547 c.p.c. (per chiarire di quali cose o di quali somme è debitore o si trova in possesso e quando ne deve eseguire il pagamento o la consegna) al creditore procedente entro dieci giorni; con l'avvertimento al terzo che in caso di mancata comunicazione della dichiarazione e qualora il terzo non compaia all'udienza di comparizione o, sebbene comparso, non renda la dichiarazione, il credito pignorato si considererà non contestato ai fini del procedimento in corso e

dell'esecuzione fondata sul provvedimento di assegnazione (art. 543, comma 1, c.p.c.).
Il creditore deve depositare nella cancelleria del tribunale competente per l'esecuzione la nota di iscrizione a ruolo, con copie conformi dell'atto di citazione, del titolo esecutivo e del precetto, entro trenta giorni dalla consegna da parte dell'ufficiale giudiziario, pena l'inefficacia del pignoramento (art. 543, comma 4, c.p.c.). Inoltre, sempre a pena di inefficacia del pignoramento, il creditore deve notificare al debitore e al terzo, entro la data di udienza di comparizione indicata nell'atto di pignoramento, l'avviso di avvenuta iscrizione a ruolo del pignoramento (art. 543, comma 5, c.p.c.).
Dal momento della notificazione, il terzo è soggetto agli obblighi che la legge impone al *custode* con riguardo alle cose e alle somme da lui dovute (art. 546 c.p.c.).
In relazione all'espropriazione presso terzi, il codice individua le seguenti categorie di crediti impignorabili (art. 545 c.p.c.):

a) *crediti assolutamente impignorabili*: crediti alimentari (tranne che per causa di alimenti, e sempre con l'autorizzazione del tribunale o di un giudice da lui delegato), crediti aventi per oggetto sussidi di grazia o di sostentamento a persone comprese nell'elenco dei poveri oppure sussidi dovuti per maternità, malattie o funerali da casse di assicurazione, da enti di assistenza o da istituti di beneficenza (art. 545, comma 2, c.p.c.);

b) *crediti relativamente pignorabili*: le somme dovute dai privati a titolo di stipendio, di salario o di altra indennità relative al rapporto di lavoro o di impiego, comprese quelle dovute a causa di licenziamento, possono essere pignorate per crediti alimentari, nella misura autorizzata dal tribunale o da un giudice da lui delegato, e nella misura di un quinto, per i tributi dovuti allo Stato, alle province e ai comuni, ed in eguale misura per ogni altro credito (art. 545, commi 3 e 4, c.p.c.); sono altresì relativamente pignorabili le somme di cui all'art. 545, commi 6, 7 e 8 c.p.c., nei limiti ivi indicati.

Il pignoramento eseguito sulle somme in violazione dei divieti ed oltre i limiti è parzialmente inefficace e tale inefficacia può essere rilevata dal giudice anche d'ufficio (art. 545, comma 5, c.p.c.).

13. La dichiarazione del terzo

In virtù dell'atto di pignoramento, il terzo, in base alla disciplina odierna, è tenuto ad inviare una dichiarazione al creditore procedente a mezzo raccomandata o trasmessa a mezzo di posta elettronica certificata per specificare (art. 547 c.p.c.):

1. di quali *cose* o di quali *somme* è debitore o si trova in possesso e quando ne deve eseguire il pagamento o la consegna;
2. i *sequestri* precedentemente eseguiti presso di lui e le cessioni che gli sono state notificate o che ha accettato.

A seguito delle modifiche introdotte dalla L. n. 228/2012 e dal D.L. n. 132/2014, oggi l'accertamento dell'obbligo del terzo è svolto in forma semplificata, senza necessità di introdurre un giudizio di cognizione ordinario.
Qualora il terzo non renda la dichiarazione, dovrà renderla comparendo in un'apposita udienza, fissata dal giudice con ordinanza da notificare al terzo almeno dieci giorni prima della nuova udienza (art. 548 c.p.c.).
In caso di non comparizione o di comparizione senza dichiarazione, il credito pignorato, nell'ammontare o nei termini indicati dal creditore, si considererà *non contestato* ai fini del procedimento in corso (artt. 543 e 548 c.p.c.). Pertanto il giudice provvederà all'assegnazione e vendita dei beni e dei crediti dovuti dal terzo (art. 548, comma 2, c.p.c.).
Il terzo può impugnare nelle forme e nei termini di cui all'art. 617, comma 1, c.p.c. l'ordinanza di assegnazione di crediti, se prova di non averne avuto tempestiva conoscenza per irregolarità

della notificazione o per caso fortuito o forza maggiore (art. 548, comma 3, c.p.c.).
Se la dichiarazione del terzo è oggetto di contestazioni o se, a seguito della mancata dichiarazione del terzo, non è possibile l'esatta identificazione del credito o dei beni del debitore in possesso, le questioni sono risolte con *ordinanza* dal giudice dell'esecuzione, su istanza di parte, compiuti i necessari accertamenti nel contraddittorio tra le parti e con il terzo (art. 549 c.p.c.). Anche tale ordinanza è **impugnabile** nelle forme e nei termini di cui all'art. 617 c.p.c.

3. L'intervento dei creditori, la vendita, l'assegnazione e la distribuzione del ricavato.

Si osservano le disposizioni applicabili all'espropriazione presso il debitore.

14. Il pignoramento immobiliare e l'intervento dei creditori

L'espropriazione immobiliare riguarda *diritti reali di godimento* e *beni immobili* e si distingue dall'espropriazione mobiliare anche per le esigenze di pubblicità connesse al diverso oggetto dell'esecuzione.
Il **soggetto preposto alla scelta** dei diritti e beni da aggredire è creditore, che deve sapere quali beni immobili appartengono al debitore e se il loro valore è in grado di soddisfare il credito per cui si procede, con l'unico limite imposto al creditore ipotecario di pignorare altri beni se non sottopone a pignoramento prima gli immobili gravati dall'ipoteca (art. 2911 c.c.).
Il pignoramento immobiliare richiede la formazione di un **atto complesso**. Un atto, che risponda alla *triplice esigenza* di:

1. scegliere ed individuare i beni da pignorare;
2. provvedere all'ingiunzione nei confronti del debitore;
3. garantire che il pignoramento abbia idonea pubblicità.

Pertanto, il pignoramento immobiliare si esegue mediante **notificazione** al debitore e successiva **trascrizione** (ad opera dell'ufficiale giudiziario o del creditore) di un atto nel quale gli si indicano esattamente, con gli estremi richiesti dal codice civile per l'individuazione dell'immobile ipotecato, i beni e i diritti immobiliari che si intendono sottoporre a esecuzione (art. 555 c.p.c.).
In questo modo, il pignoramento produce i suoi effetti in momenti diversi a seconda dei soggetti destinatari. Più precisamente:

a) nei confronti del *debitore*, il pignoramento è perfetto con la **notificazione**;
b) nei confronti dei *terzi*, il vincolo processuale sui beni scatta solo al momento della **trascrizione**.

Il deposito nella cancelleria del tribunale competente è a cura del creditore della nota di iscrizione a ruolo e delle copie conformi dell'atto di pignoramento, della nota di trascrizione presso i registri immobiliari, del titolo esecutivo e del precetto è a cura del creditore entro quindici giorni dalla consegna (art. 557 c.p.c.).
Per quanto concerne l'**intervento dei creditori**, valgono qui le regole generali previste per le altre forme di espropriazione.

15. La custodia

Con il pignoramento il debitore è costituito **custode** dei beni pignorati e di tutti gli accessori, comprese le pertinenze, e i frutti senza diritto a compenso (art. 559, comma 1, c.p.c.).
A seguito della riforma attuata con il D.Lgs. n. 149/2022, il giudice, entro quindici giorni dal deposito dell'istanza di vendita, salvo che la sostituzione nella custodia non sia di alcuna utilità, nomina il custode giudiziario scelto tra i soggetti di cui all'art. 179-*ter* disp. att. c.c. contestualmente alla nomina dello stimatore (art. 559, comma 2, c.p.c.).
Il custode deve rendere conto della sua gestione secondo le regole di cui all'art. 593 c.p.c. Il giudice provvede alla sostituzione del custode in caso di inosservanza degli obblighi su di lui

incombenti (art. 559, comma 4, c.p.c.).
Inoltre, il custode nominato ha il dovere di vigilare affinché il debitore e il nucleo familiare conservino il bene pignorato con la diligenza del buon padre di famiglia e ne mantengano e tutelino l'integrità (art. 559, comma 4, c.p.c.). Il debitore e i familiari che con lui convivono non perdono il possesso dell'immobile e delle sue pertinenze sino al decreto di trasferimento (art. 559, comma 3, c.p.c.). Tuttavia, il debitore deve consentire che l'immobile sia visitato da potenziali acquirenti, secondo le modalità stabilite nell'ordinanza del giudice dell'esecuzione (art. 559, comma 6, c.p.c.) e adempiere agli obblighi di manutenzione e agli altri obblighi imposti dalla legge, pena la liberazione coatta (art. 559, comma 9, c.p.c.).
L'ordine di liberazione può essere attuato dal custode senza l'osservanza delle formalità di cui agli artt. 605 e ss. (art. 559, comma 10, c.p.c.); il giudice può autorizzarlo ad avvalersi della forza pubblica e nominare ausiliari ai sensi dell'articolo 68.
Dopo la notifica o la comunicazione del decreto di trasferimento, il custode, su istanza dell'aggiudicatario o dell'assegnatario, provvede all'attuazione dell'ingiunzione di rilascio del bene, decorsi sessanta giorni e non oltre centoventi giorni dalla predetta istanza, con le modalità previste per l'ordine di liberazione.

16. La vendita

Decorso il termine di dieci giorni dalla notificazione del pignoramento, il creditore pignorante e ognuno dei creditori intervenuti muniti di titolo esecutivo possono chiedere la vendita dell'immobile pignorato (art. 567 c.p.c.).
Nell'espropriazione immobiliare, l'istanza di vendita non è alternativa a quella di assegnazione, dal momento che l'assegnazione può essere richiesta solo all'esito negativo della vendita con incanto.
Il creditore che intende presentare istanza di vendita deve provvedere, entro *quarantacinque giorni* dal pignoramento, a depositare l'estratto del catasto nonché i certificati delle iscrizioni e trascrizioni relative all'immobile pignorato effettuate nei venti anni anteriori alla trascrizione del pignoramento, oppure un certificato notarile che attesti tali informazioni (art. 567, comma 2, c.p.c.). Il termine può essere prorogato di ulteriori quarantacinque giorni, su istanza dei creditori per giusti motivi, o d'ufficio dal giudice se rileva che la documentazione non è completa. Dal mancato rispetto del termine consegue l'inefficacia del pignoramento (art. 567, comma 3, c.p.c.).
A seguito dell'istanza di vendita, il giudice dell'esecuzione, entro quindici giorni dal deposito della documentazione, nomina l'**esperto** che presta giuramento in cancelleria mediante sottoscrizione del verbale di accettazione e fissa l'udienza per la comparizione delle parti e dei creditori di cui all'art. 498 c.p.c. che non siano intervenuti (art. 569, comma 1, c.p.c.).
Almeno trenta giorni prima di detta udienza, i creditori hanno l'onere di indicare l'ammontare del credito residuo, comprensivo degli interessi maturati e le spese sostenute. In mancanza, il credito resta fissato in quello indicato nell'atto di pignoramento e negli atti di intervento.
L'esperto deve inviare ai creditori procedenti o intervenuti e al debitore copia della *relazione di stima* che presenterà al giudice in udienza (art. 173-*bis* disp. att. c.p.c).
All'udienza le parti possono fare osservazioni circa il tempo e le modalità della vendita, e debbono proporre, a pena di decadenza, le opposizioni agli atti esecutivi, se non sono già decadute dal diritto di proporle (art. 569, comma 2, c.p.c.).

▶ 16.1. La vendita diretta

A seguito della riforma attuata con il D.Lgs. n. 149/2022, è stato introdotto il nuovo istituto della vendita diretta, che consente al debitore, almeno dieci giorni prima dell'udienza di cui all'art. 569 c.p.c., di chiedere al giudice di disporre la vendita dell'immobile pignorato a un prezzo non inferiore a quello indicato dalla relazione di stima (art. 568-*bis*, comma 1, c.p.c.).
A tal fine, deve essere depositata unitamente all'istanza anche l'offerta di acquisto e una cauzione pari a un decimo del prezzo offerto. L'istanza deve essere notificata almeno cinque giorni prima

dell'udienza, a cura dell'offerente o del debitore, ai creditori procedenti e intervenuti (art. 568-*bis*, comma 2, c.p.c.). L'offerta è irrevocabile, salvo quanto si dirà, e l'istanza non può essere formulata più di una volta (art. 568-*bis*, comma 4, c.p.c.).

Se il prezzo indicato nella relazione di stima:

- è maggiore di quello offerto, il giudica fissa un termine di 10 giorni per integrare l'offerta e la cauzione. In caso di mancata integrazione, il giudice dichiara inammissibile l'istanza e procede con la vendita forzata. Ove l'offerta venga integrata, il giudice procede come al punto seguente (art. 569-*bis*, commi 3 e 4, c.p.c.)
- se il prezzo indicato nella relazione di stima non è maggiore di quello offerto, il giudice aggiudica l'immobile all'offerente (art. 568-*bis*, comma 4, c.p.c.). Tuttavia, se i creditori fanno opposizione, fissa un termine non superiore a 45 giorni per la pubblicità dell'offerta pervenuta, un termine di 90 giorni la presentazione di ulteriori offerte e aggiudica l'immobile al miglior offerente (art. 569-*bis*, comma 5, c.p.c.).

▶ 16.2. La vendita forzata

Nel caso in cui il giudice disponga con ordinanza la vendita forzata questa avviene preliminarmente **senza incanto**.

A tal fine, il giudice fissa un termine non inferiore a novanta giorni, e non superiore a centoventi, entro il quale possono essere proposte offerte d'acquisto *ex* art. 571 c.p.c. (art. 569, comma 3, c.p.c.). Con la medesima ordinanza, il giudice stabilisce le modalità con cui deve essere prestata la cauzione, se la vendita è fatta in uno o più lotti, il prezzo base determinato a norma dell'art. 568 c.p.c., l'offerta minima, il termine, non superiore a centoventi giorni dall'aggiudicazione, entro il quale il prezzo deve essere depositato, con le modalità del deposito e fissa, al giorno successivo alla scadenza del termine, l'udienza per la deliberazione sull'offerta e per la gara tra gli offerenti di cui all'articolo 573 c.p.c.

Il giudice dispone invece la vendita **con incanto** *ex* art. 576 c.p.c. solo quando ritiene probabile che la vendita con tale modalità possa aver luogo ad un prezzo superiore della metà rispetto al valore del bene, determinato a norma dell'art. 568 (art. 569, comma 3, c.p.c.).

Se vi sono **opposizioni** il tribunale le decide con *sentenza inappellabile* e quindi il giudice dispone la vendita con *ordinanza*.

▶ 16.3. La vendita senza incanto

Chiunque, eccetto il debitore, può, personalmente o a mezzo di procuratore legale, presentare un'**offerta per l'acquisto** dell'immobile pignorato. L'offerente deve presentare nella cancelleria dichiarazione contenente l'indicazione del prezzo, del tempo e modo del pagamento e ogni altro elemento utile alla valutazione dell'offerta (art. 571, comma 1, c.p.c.). L'offerta è irrevocabile, salvo che (art. 571, comma 3, c.p.c.): *1)* il giudice ordini l'incanto; *2)* siano decorsi centoventi giorni dalla sua presentazione ed essa non sia stata accolta.

Nel caso in cui venga presentata **una sola offerta**, il giudice sente le parti e i creditori iscritti non intervenuti (art. 572 c.p.c.). Se l'offerta è pari o superiore al valore dell'immobile stabilito nell'ordinanza di vendita, la stessa è senz'altro accolta. Se il prezzo offerto è inferiore rispetto al prezzo stabilito nell'ordinanza di vendita in misura non superiore ad un quarto, il giudice può far luogo alla vendita quando ritiene che non vi sia seria possibilità di conseguire un prezzo superiore con una nuova vendita e non sono state presentate istanze di assegnazione ai sensi dell'articolo 588 c.p.c. (art. 572, commi 2 e 3, c.p.c.). Il nuovo incanto verrà disposto alle condizioni e con i termini fissati con l'ordinanza pronunciata ai sensi dell'art. 569 c.p.c.

Se vi sono **più offerte**, il giudice invita gli offerenti a una gara sull'offerta più alta (art. 573 c.p.c.). Se il prezzo offerto all'esito della gara è inferiore al valore dell'immobile stabilito nell'ordinanza di vendita, il giudice non fa luogo alla vendita quando sono state presentate istanze di assegnazione e procede in tal senso (art. 573, comma 2 c.p.c.).

Una volta che è stata disposta la vendita, il giudice con *decreto* stabilisce il modo del versamento del prezzo e il termine, dalla comunicazione del decreto, entro il quale deve farsi il versamento (art. 574 c.p.c.). A versamento avvenuto, pronuncia il *decreto ex* art. 586 c.p.c. con cui trasferisce la proprietà del bene.

▶ 16.4. La vendita con incanto

Nei casi in cui la vendita senza incanto dia esito negativo, il giudice, con ordinanza resa pubblica dal cancelliere *ex* art. 490 c.p.c., dispone la vendita con incanto e stabilisce, sentito quando occorre un esperto, i termini e le modalità (art. 576 c.p.c.).
Chiunque, fatta eccezione per il debitore, può, personalmente o a mezzo di procuratore legale, partecipare all'incanto dell'immobile pignorato (art. 579 c.p.c.). Per offrire all'incanto è necessario avere prestato *cauzione* (art. 580 c.p.c.).
L'incanto ha luogo davanti al giudice dell'esecuzione, tramite offerte al rialzo e l'immobile è aggiudicato all'ultimo offerente laddove siano trascorsi **tre minuti** dalla sua offerta senza che ne sia seguita un'altra maggiore.
L'aggiudicazione non è però definitiva. Ed infatti, avvenuto l'incanto, possono ancora essere fatte offerte di acquisto depositate in cancelleria entro il termine perentorio di dieci giorni, purché il prezzo offerto superi di un quinto quello raggiunto nell'incanto (art. 584 c.p.c.).
Il giudice, verificata la regolarità delle offerte, indice la gara, della quale il cancelliere dà pubblico avviso e comunicazione all'aggiudicatario, fissando il termine perentorio entro il quale possono essere fatte ulteriori offerte. Alla gara possono partecipare anche gli offerenti che avevano preso parte al precedente incanto, purché integrino la propria cauzione.
Se nessuno degli offerenti in aumento partecipa alla gara, l'aggiudicazione diventa *definitiva*.
Una volta che è stato versato del prezzo, il giudice pronuncia *decreto* con il quale **trasferisce il bene espropriato** all'aggiudicatario, ordinando che si cancellino le trascrizioni dei pignoramenti e le iscrizioni ipotecarie. Il decreto contiene anche l'**ingiunzione** al debitore o al custode di rilasciare l'immobile venduto e costituisce **titolo per la trascrizione** della vendita sui libri fondiari e **titolo esecutivo** per il rilascio.
Se invece il prezzo non è depositato nel termine stabilito, il giudice con decreto dichiara la decadenza dell'aggiudicatario, pronuncia la perdita della cauzione a titolo di multa e quindi dispone un **nuovo incanto** (art. 587 c.p.c.). Se il prezzo che si ricava da tale nuovo incanto, unito alla cauzione confiscata, risulta inferiore a quello dell'incanto precedente, l'aggiudicatario inadempiente è tenuto al pagamento della differenza.

▶ 16.5. La delega delle operazioni di vendita ad un professionista

Il giudice può, sentiti gli interessati, delegare ad un notaio, ad un avvocato oppure ad un commercialista, iscritti nei relativi elenchi di cui all'articolo 179-*ter* delle disp. att. c.p.c., il compimento delle operazioni di vendita diretta, con incanto o senza incanto (art. 591-*bis* c.p.c.).
Se nel corso delle operazioni di vendita insorgono difficoltà, il professionista delegato ha il potere di risolverle direttamente ma può anche rivolgersi al giudice dell'esecuzione, il quale provvede con *decreto* (art. 591-*ter*, comma 1, c.p.c.).
A seguito della riforma attuata con il D.Lgs. n. 149/2022, contro il decreto nonché contro gli atti del professionista delegato può proporsi **reclamo,** ai sensi dell'art. 669-*terdecies* c.p.c., entro 20 giorni dal compimento dell'atto o dalla sua conoscenza. Sul reclamo decide il giudice dell'esecuzione con ordinanza impugnabile tramite l'opposizione *ex* art. 617 c.p.c. (art. 591-*ter*, commi 2 e 3, c.p.c.).

17. L'assegnazione e l'amministrazione giudiziaria

Se la vendita con incanto ha esito negativo per mancanza di offerte, si può procedere all'**assegnazione**. Più precisamente, può farsi luogo all'assegnazione se, nel termine di dieci giorni prima dell'udienza fissata per la vendita, sono state presentate una o più istanze di assegnazione (art. 588 c.p.c.). L'istanza di assegnazione può essere proposta da ogni creditore e deve contenere l'offerta di pagamento di una somma non inferiore a quella prevista nell'art. 506 c.p.c. ed al prezzo base stabilito per l'esperimento di vendita per cui è presentata.
Il giudice provvede sulle istanze fissando il termine entro il quale l'assegnatario deve versare l'eventuale conguaglio e, avvenuto il versamento, pronuncia il decreto di trasferimento.
Se non vi sono domande di assegnazione o se decide di non accoglierle, il giudice

dell'esecuzione dispone l'amministrazione giudiziaria oppure pronuncia nuova ordinanza perché si proceda ad incanto, sempre che ritenga che la vendita con tale modalità possa aver luogo ad un prezzo superiore della metà rispetto al valore del bene, determinato a norma dell'articolo 568 (art. 591 come modificato dal **d.l. n. 83/2015**).
Pertanto, all'esito negativo della vendita, quando la via dell'assegnazione non è percorribile, si consente la possibilità di ordinare l'**incanto**, per il quale il giudice può altresì stabilire diverse condizioni di vendita e diverse forme di pubblicità, fissando un prezzo base *inferiore al precedente fino al limite di un quarto*.
Inoltre, il codice prevede un'ulteriore alternativa costituita dall'**amministrazione giudiziaria** degli immobili sottoposti ad espropriazione (art. 592 c.p.c.). Si tratta di una misura provvisoria che consente di evitare una vendita nell'immediato in attesa che il nuovo incanto o l'assegnazione avvengano in condizioni più idonee. L'amministrazione giudiziaria dell'immobile è disposta per un tempo non superiore a tre anni e affidata a uno o più creditori o a un istituto all'uopo autorizzato, oppure allo stesso debitore se tutti i creditori vi consentono.
L'amministratore è tenuto al *rendiconto* di gestione ai sensi dell'art. 593 c.p.c.

18. La distribuzione della somma ricavata

A seguito della riforma attuata con il D.Lgs. n. 149/2022 sono stati ampliati i poteri del professionista delegato in sede di distribuzione della somma ricavata dalla vendita.
In particolare, il professionista procede a:
- formare il progetto (anche parziale) di distribuzione da sottoporre al giudice dell'esecuzione (art. 596, commi 1 e 2, c.p.c.);
- convocare dinanzi a sé le parti per la discussione sul progetto di distribuzione (art. 596, comma 2, c.p.c.). La mancata comparizione comporta l'approvazione del progetto (art. 597 c.p.c.);
- pagare le singole quote ai creditori (art. 598 c.p.c.).

Tali attività, se lo ritiene opportuno, possono essere svolte direttamente dal giudice, al quale rimangono in ogni caso i poteri di controllo sul progetto di distribuzione elaborato dal professionista e la risoluzione delle controversie sorte in sede di distribuzione secondo quanto previsto dall'art. 512 c.p.c.

19. L'espropriazione di beni indivisi

L'espropriazione di beni indivisi ha per oggetto la **quota (ideale)** appartenente al debitore di un bene indiviso, anche quando non tutti i comproprietari sono obbligati verso il creditore. A tal proposito, il pignoramento deve essere notificato anche agli altri comproprietari, ai quali è fatto divieto di lasciare separare dal debitore la sua parte delle cose comuni senza ordine di giudice (art. 599 c.p.c.).
Il giudice dell'esecuzione, su istanza del creditore pignorante o dei comproprietari e sentiti tutti gli interessati, può procedere all'espropriazione in tre modi diversi (art. 600 c.p.c.):

1. ***Separazione.*** Il giudice provvede, quando è possibile, alla separazione della quota in natura spettante al debitore.
2. ***Vendita della quota.*** Qualora la separazione in natura non sia chiesta o non sia possibile, il giudice dispone che si proceda alla vendita della quota indivisa ad un prezzo pari o superiore al valore della stessa, se la ritiene probabile.
3. ***Divisione.*** Se non è chiesta o non è possibile la separazione in natura e non risulta probabile la vendita della quota, il giudice dispone che si proceda alla divisione a norma del codice civile. Se si deve procedere alla divisione, l'esecuzione è sospesa finché sulla divisione stessa non sia intervenuto un accordo fra le parti o pronunciata una sentenza avente i requisiti di cui all'art. 627 c.p.c. Una volta eseguita la divisione, possono avere luogo la vendita o l'assegnazione dei beni secondo le regole generali dell'espropriazione.

20. L'espropriazione contro il terzo proprietario

L'espropriazione contro il terzo proprietario riguarda un bene gravato da pegno o da ipoteca per un *debito altrui*, oppure un bene la cui alienazione da parte del debitore è stata revocata per frode (art. 602 c.p.c.). In altre parole, è una forma di espropriazione che coinvolge un *terzo* che è responsabile patrimonialmente per il debito del debitore.
L'espropriazione in questione, dunque, colpisce un **soggetto diverso dal debitore**. Ma nel momento in cui gli atti esecutivi sono diretti verso tale soggetto, questi smette di essere terzo e diventa *parte* nel processo esecutivo. Pertanto, titolo esecutivo e precetto debbono essere notificati anche al terzo (art. 603 c.p.c.). Allo stesso modo, il pignoramento e in generale gli atti dell'espropriazione si compiono nei confronti del terzo, al quale si applicano tutte le disposizioni relative al debitore (art. 604 c.p.c.), tranne il divieto di cui all'art. 579, primo comma, c.p.c. Ed inoltre, ogni volta che deve essere sentito il debitore, è sentito anche il terzo.

Sezione III ▶ L'esecuzione in forma specifica

1. L'esecuzione per consegna o rilascio

L'esecuzione per consegna o rilascio rientra tra quei tipi di esecuzione forzata c.d. *in forma specifica* in quanto non è prevista una fase in cui i beni pignorati debbano essere trasformati in denaro. Essa è infatti volta a far conseguire la **disponibilità materiale** di un determinato bene mobile o immobile al creditore
Questo tipo di procedure si caratterizzano per la mancanza del giudice dell'esecuzione, tranne in casi eccezionali e appositamente codificati e precisamente:

- in caso di difficoltà che non ammettono dilazione (art. 610 c.p.c.);
- la liquidazione delle spese del procedimento (art. 611 c.p.c.).

L'esecuzione può avere luogo solo in virtù dei titoli esecutivi **giudiziali** e degli **atti ricevuti da notaio o altro pubblico ufficiale** (art. 474, comma 2, c.p.c.). Inoltre, il precetto deve contenere, oltre alle indicazioni di cui all'art. 480 c.p.c., anche la *descrizione sommaria* dei beni stessi (art. 605, comma 1, c.p.c.).
In ogni caso, il processo esecutivo si estingue se la parte istante, prima della consegna o del rilascio, **rinuncia** con atto da notificarsi alla parte esecutata e da consegnarsi all'ufficiale giudiziario procedente (art. 608-*bis* c.p.c.).

▶ 1.1. Il procedimento per la consegna di cose mobili

Il procedimento viene promosso dal creditore presentando una richiesta, anche oralmente, all'ufficiale giudiziario, previa esibizione di titolo esecutivo e precetto ritualmente notificati.
Decorso il termine indicato nel precetto, l'ufficiale giudiziario, munito del titolo esecutivo e del precetto, si reca sul luogo in cui le cose si trovano e le ricerca a norma dell'art. 513 c.p.c. Dopo averle rinvenute, l'ufficiale giudiziario consegna le cose alla parte istante o a persona da lei designata (art. 606 c.p.c.).
Se le cose da consegnare risultano pignorate, la consegna non può avere luogo e la parte istante deve far valere le sue ragioni mediante opposizione a norma degli artt. 619 e ss. c.p.c.

▶ 1.2. Il procedimento per il rilascio di un immobile

L'esecuzione inizia con la **notifica dell'avviso** con il quale l'ufficiale giudiziario comunica almeno dieci giorni prima alla parte, che è tenuta a rilasciare l'immobile, il giorno e l'ora in cui procederà (art. 608, comma 1, c.p.c.).

Nel giorno e nell'ora stabiliti, l'ufficiale giudiziario, munito del titolo esecutivo e del precetto, si reca sul luogo dell'esecuzione e, facendo uso, quando occorre, dei poteri a lui consentiti dall'art. 513 c.p.c., *immette* la parte istante o una persona da lei designata nel possesso dell'immobile. Le chiavi dell'immobile sono consegnate al creditore e l'ufficiale giudiziario *ingiunge* agli eventuali detentori di riconoscere il nuovo possessore (art. 608, comma 2, c.p.c.).
Qualora nell'immobile si trovino cose mobili appartenenti alla parte l'ufficiale giudiziario provvede ad intimare alla parte tenuta al rilascio o a colui al quale risulta che i beni appartengono l'*asporto* entro un termine perentorio all'uopo assegnato (art. 609 c.p.c.).
Se l'asporto non viene eseguito nel termine, si procede alla *vendita coattiva* per la rifusione – dietro istanza di parte – delle spese e dei compensi per la custodia, per l'asporto e per la vendita. In mancanza, è disposto lo *smaltimento* o la *distruzione* (art. 609, comma 2, c.p.c.).
Se le cose risultano pignorate o sequestrate, l'ufficiale giudiziario deve dare immediatamente notizia dell'avvenuto rilascio al creditore su istanza del quale fu eseguito il pignoramento o il sequestro e al giudice dell'esecuzione per l'eventuale sostituzione del custode (art. 609, comma 7, c.p.c.).

2. L'esecuzione forzata degli obblighi di fare o di non fare

L'oggetto del procedimento è una prestazione (un *facere* o un *non facere*). Ricorre a questo tipo di esecuzione il titolare di un diritto che, a fronte di un obbligo di fare non adempiuto, chiede che questo sia eseguito a spese dell'obbligato (art. 2931 c.c.) o che, se non è adempiuto un obbligo di non fare, pretende che sia distrutto a spese dell'obbligato ciò che è stato fatto in violazione dell'obbligo (art. 2933 c.c.).
Titoli esecutivi sulla base dei quali può procedersi sono le **sentenze di condanna** (art. 612 c.p.c.), da intendersi come qualunque provvedimento giudiziale che contenga un dispositivo di condanna, ivi incluso il **verbale di conciliazione** redatto all'esito di tale procedimento di mediazione.
Il creditore, dopo la notificazione del precetto, deve chiedere con *ricorso* al giudice dell'esecuzione che siano determinate le modalità dell'esecuzione (art. 612, comma 1, c.p.c.). E' competente il tribunale del luogo in cui l'obbligazione deve essere adempiuta (art. 26 c.p.c.).
Il giudice dell'esecuzione può provvedere solo una volta che ha sentito la parte obbligata, garantendo così il contraddittorio. Quindi, con *ordinanza* designa l'ufficiale giudiziario che dovrà procedere all'esecuzione e le persone che debbono provvedere al compimento dell'opera non eseguita o alla distruzione di quella compiuta.
Il contenuto dell'ordinanza è pertanto variabile in ordine alle diverse modalità che il giudice stabilirà di adottare per l'esecuzione specifica (art. 612, comma 2, c.p.c.). Nel caso in cui sorgano difficoltà nel corso dell'esecuzione, il giudice provvede con *decreto* (art. 613 c.p.c.).

3. Le misure di coercizione indiretta

L'obbligazione infungibile è di per sé **incoercibile** e impedisce al creditore di ottenere l'utilità oggetto del suo diritto, consentendo di acquisire solo un'utilità equivalente.
Pertanto, nel caso di provvedimento di **condanna** all'adempimento di **obblighi diversi dal pagamento** di somme di denaro, il giudice, salvo che ciò sia manifestamente iniquo, fissa, su richiesta di parte, la somma di denaro dovuta dall'obbligato per ogni **violazione** o **inosservanza** successiva ovvero per ogni **ritardo nell'esecuzione** del provvedimento (art. 614-*bis* c.p.c.).
A seguito della riforma attuata con il D.Lgs. n. 149/2022, l'ambito della disposizione è stato ampliato, prevedendo che anche il giudice dell'esecuzione sia munito di tale potere di disporre misure di coercizione indiretta anche in presenza di titoli esecutivi diversi dai provvedimenti di condanna e a prescindere da una richiesta in tal senso da parte del creditore (art. 614-*bis*, comma 2, c.p.c.).
L'ammontare della somma è determinato tenuto conto del valore della controversia, della natura della prestazione, del danno quantificato o prevedibile e di ogni altra circostanza utile, ivi incluso

il vantaggio che l'obbligato trae dal suo inadempimento.
Il provvedimento di condanna costituisce **titolo esecutivo** per il pagamento delle somme dovute per ogni violazione o inosservanza. E ciò, quindi, anche quando la condanna di base non abbia ancora efficacia esecutiva.

Sezione IV ▶ Le opposizioni nel processo esecutivo

1. Le opposizioni in generale

Con l'opposizione, il debitore o un terzo lamentano la lesione di un loro diritto direttamente derivante dal procedimento esecutivo.
Il procedimento attivato attraverso l'opposizione si caratterizza per una propria **autonomia** poiché presuppone un autonomo atto introduttivo per promuovere un giudizio distinto da quello sull'esecuzione. Un giudizio autonomo ma in ogni caso *funzionalmente coordinato* con il processo esecutivo. E ciò, da una parte, perché l'opposizione è rivolta a contestare gli atti del processo esecutivo, senza i quali non potrebbe essere promossa; dall'altra parte, perché la decisione sull'opposizione incide necessariamente sull'esecuzione. L'accoglimento dell'opposizione può portare perfino all'eliminazione del titolo esecutivo, travolgendo così l'intera procedura che su di esso si fonda.
Il codice distingue due categorie di opposizioni a seconda del soggetto legittimato a proporle:

1) ***opposizioni del debitore e del terzo assoggettato all'esecuzione.*** Si tratta delle opposizioni proponibili da chi è soggetto passivo nel processo esecutivo e si suddividono a loro volta in:
   a) opposizione all'esecuzione (artt. 615 e 616 c.p.c.);
   b) opposizione agli atti esecutivi (artt. 617 e 618 c.p.c.).
2) ***opposizioni di terzi.*** Sono le opposizioni proponibili da soggetti estranei al processo esecutivo ma che vantano diritti sui beni oggetto dell'esecuzione (artt. 619-622 c.p.c.).

L'opposizione costituisce l'unica sede in cui il soggetto ai cui appartengono i beni esecutati può far valere le proprie ragioni e contrastare la pretesa esecutiva del creditore.
Sono caratteristiche processuali comuni a tutti i tipi di opposizione: la *pretesa* posta alla base della domanda, che può riguardare la sostanza o la forma dell'esecuzione; la necessità che il procedimento sia introdotto su *istanza di parte*, non essendo esperibile d'ufficio; la possibilità che l'istaurazione del giudizio di cognizione provochi la *sospensione* del processo esecutivo.

2. L'opposizione all'esecuzione

L'opposizione all'esecuzione è volta a contestare il diritto della parte istante a procedere ad esecuzione forzata (art. 615 c.p.c.). Con essa, dunque, si pone una *questione di merito* in ordine alla legittimità sostanziale dell'esecuzione (l'***an*** del processo esecutivo).
L'opposizione può avere ad oggetto:

1. l'*inesistenza*, originaria o sopravvenuta (ad es., per via di una riforma in appello della sentenza), del **titolo esecutivo** o la sua *inidoneità* a fondare l'esecuzione (ad es., un titolo stragiudiziale per l'esecuzione di un obbligo di fare);
2. il *difetto di legittimazione*, attiva o passiva, dei **soggetti** dell'esecuzione (ad es., si nega la qualità di debitore);
3. l'*impignorabilità* dei **beni** esecutati (ad es., viene sottoposto ad esecuzione un bene di cui all'art. 514 c.p.c.).

Legittimati a proporre l'opposizione all'esecuzione sono tutti coloro che subiscono l'esecuzione, ossia il debitore e il terzo assoggettato all'esecuzione. Ne consegue che il creditore procedente è legittimato passivamente.
Per la proposizione dell'opposizione non è fissato alcun termine; questa però non può essere presentata dopo la pronuncia che chiude il processo esecutivo.
Con riferimento ai **titoli giudiziali**, occorre tenere presente che in questi casi la contestazione nel merito in sede di opposizione trova un limite invalicabile nel *giudicato*. In tal caso, l'opposizione può fondarsi solo su fatti impeditivi o estintivi verificatisi *dopo il passaggio in giudicato*.
Se si tratta invece di sentenze esecutive, ma *non ancora passate in giudicato*, non possono comunque essere fatte valere con l'opposizione tutte quelle eccezioni, di rito e di merito, che possono essere sollevate davanti al giudice dell'impugnazione.

A) L'opposizione ad esecuzione non ancora iniziata
Quando ancora non è iniziata la procedura esecutiva, si può proporre opposizione al precetto con **atto di citazione** da proporre al giudice competente per materia o valore e per territorio a norma dell'art. 27 c.p.c. (competenza inderogabile *ex* art. 28 c.p.c.). L'atto introduttivo di questo giudizio segue dunque le forme *ordinarie* e si svolge così un ordinario giudizio di cognizione.
Il giudice può, concorrendo gravi motivi, *sospendere* su istanza di parte l'**efficacia esecutiva** del titolo (art. 615 c.p.c.). Contro l'ordinanza che provvede sull'istanza di sospensione è ammesso reclamo *ex* art. 669-*terdecies* c.p.c.
Il giudizio si conclude con **sentenza** che è **assoggettabile agli ordinari mezzi di impugnazione**.

B) L'opposizione dopo l'inizio dell'esecuzione
Quando è iniziata l'esecuzione e prima che sia stata disposta la vendita o l'assegnazione, l'opposizione si propone con **ricorso** al *giudice dell'esecuzione* stessa (art. 615, comma 2, c.p.c.). L'opposizione può essere proposta dopo che la vendita o l'assegnazione solo se fondata su fatti sopravvenuti ovvero l'opponente dimostri di non aver potuto proporla tempestivamente per causa a lui non imputabile.
Il giudice fissa con *decreto* l'udienza di comparizione delle parti davanti a sé e il termine perentorio per la notificazione del ricorso e del decreto.
All'udienza così fissata si applicano le norme del procedimento camerale di cui agli artt. 737 e ss. c.p.c. (art. 185 disp. att. c.p.c.). In questa udienza il giudice decide sull'eventuale istanza di sospensione del processo esecutivo, potendola accogliere se concorrono gravi motivi (art. 624 c.p.c.).
Conclusasi l'udienza *camerale*, il giudice dell'esecuzione fissa un termine perentorio per l'introduzione del giudizio di merito dell'opposizione con le modalità previste in ragione della materia e del rito. Pertanto, il processo esecutivo e quello di opposizione procederanno in modo autonomo su due binari paralleli.
Nel processo di opposizione il creditore convenuto si costituisce con comparsa di risposta, potrà svolgere le sue attività di difesa e anche proporre domanda riconvenzionale. Se rinuncia al precetto ciò non produce l'estinzione del giudizio di opposizione, ma viene a cessare la materia del contendere.
Il procedimento si conclude con **sentenza impugnabile nelle forme ordinarie**.

C) Effetti della pronuncia conclusiva
La sentenza con cui si conclude il processo di opposizione può essere di accoglimento o di rigetto della domanda. Più precisamente:

- **a)** se la sentenza *rigetta l'opposizione*, il processo esecutivo riprende il suo corso e il giudice potrà condannare l'opponente al risarcimento del danno se risulta che questi abbia agito con mala fede o colpa grave;
- **b)** se la sentenza *accoglie l'opposizione*, l'esecuzione si ha per caducata e diventano invalidi tutti gli atti esecutivi compiuti, cessandone gli effetti.

3. L'opposizione agli atti esecutivi

L'opposizione agli atti esecutivi ha ad oggetto l'*irregolarità formale* degli atti dell'esecuzione (art. 617 c.p.c.). Con essa, dunque, si contesta il ***quomodo*** dell'esecuzione, imponendo un controllo di legittimità sugli atti.
In particolare, l'opposizione agli atti esecutivi è volta a contestare la regolarità formale:

1. del *titolo esecutivo* (ma non la nullità, per la quale si ricadrebbe nell'ambito dell'opposizione all'esecuzione);
2. del *precetto* (sono invece qui ricomprese anche le ipotesi di nullità e mancanza del precetto);
3. della *notificazione del titolo esecutivo e del precetto*;
4. dei *singoli atti dell'esecuzione*.

A questi vizi codificati la giurisprudenza aggiunge anche le censure in ordine all'*opportunità* e alla *congruità* degli atti esecutivi.
Legittimati a proporre opposizione agli atti esecutivi sono il debitore, il terzo assoggettato all'esecuzione, ma anche il creditore procedente e gli intervenuti. Legittimato *passivo* è il soggetto che ha compiuto l'atto posto in contestazione.
Per l'opposizione agli atti esecutivi è previsto un **termine di decadenza** di *venti giorni* (art. 617 c.p.c.), che decorre dalla notificazione o dal momento in cui si ha conoscenza legale del compimento dell'atto che si intende opporre. Decorre invece dal compimento del primo atto dell'esecuzione quando si fa valere un difetto della notificazione del titolo esecutivo o del precetto o comunque un vizio che era impossibile far valere prima dell'inizio dell'esecuzione.
La competenza è attribuita al giudice che sarebbe competente in sede di esecuzione ai sensi dell'art. 480, comma 3, c.p.c.
Nel caso in cui l'*esecuzione non sia ancora iniziata*, quando dunque si contesta la regolarità formale del precetto o del titolo esecutivo (essendo questi atti prodromici all'esecuzione), l'opposizione deve farsi con **atto di citazione**.
Quando, invece, l'*esecuzione è già stata iniziata*, l'opposizione si propone con **ricorso** al *giudice dell'esecuzione*. Il giudice fissa con decreto l'udienza di comparizione delle parti davanti a sé e il termine perentorio per la notificazione del ricorso e del decreto, e dà, nei casi urgenti, i provvedimenti opportuni. L'udienza si svolge nelle forme camerali *ex* art. 737 e ss. (art. 185 disp. att. c.p.c.), e il giudice dà con ordinanza i provvedimenti che ritiene indilazionabili oppure *può sospendere* la procedura (art. 618 c.p.c.). Quindi, fissa un termine perentorio per l'introduzione del giudizio di merito, previa iscrizione a ruolo a cura della parte interessata.
Il giudizio di merito si svolge in tutto e per tutto secondo le regole del **giudizio ordinario di cognizione**. Tuttavia, diversamente che nel caso di opposizione all'esecuzione, la causa è decisa nel merito con **sentenza non impugnabile**, ma *ricorribile in Cassazione ex* art. 111, comma 7, Cost.
In caso di *accoglimento* dell'opposizione, il giudice dichiara la nullità degli atti contestati, con l'eventuale dichiarazione di invalidità degli atti da essi dipendenti *ex* art. 159 c.p.c. nonché, eventualmente, dell'intero processo esecutivo.
Se invece il giudice *rigetta* la domanda, se non è stata disposta la sospensione dell'esecuzione, il processo esecutivo prosegue senza bisogno di un atto di riassunzione.

4. Le opposizioni in materia di lavoro, previdenza ed assistenza

Per quanto concerne la materia di lavoro, previdenza ed assistenza, le opposizioni all'esecuzione e agli atti esecutivi seguono le regole fissate per il processo del lavoro sia in ordine alla competenza sia in ordine al rito. Tuttavia, in parziale deroga a questo regime, laddove il procedimento esecutivo sia già stato introdotto resta ferma la competenza funzionale del giudice dell'esecuzione adito.

In ogni caso, rimane salva la distinzione tra opposizioni proposte prima dell'esecuzione ed opposizioni successive all'esecuzione.

A) Opposizioni ad esecuzione non ancora iniziata
Quando ancora non è iniziata la procedura esecutiva, si può proporre opposizione al precetto con **ricorso** da proporre al tribunale in funzione di giudice del lavoro competente per materia ai sensi degli artt. 413 e 444 c.p.c.
Il giudizio è interamente regolato dalle norme dettate per il rito speciale del lavoro.

B) Opposizioni dopo l'inizio dell'esecuzione
Quando è iniziata l'esecuzione, l'opposizione si propone con **ricorso** al *giudice dell'esecuzione* stessa.
Il giudice fissa con *decreto* l'udienza di comparizione delle parti davanti a sé e il termine perentorio per la notificazione del ricorso e del decreto.
L'udienza così fissata si svolge nelle forme del procedimento camerale di cui agli artt. 737 e ss. c.p.c. (art. 185 disp. att. c.p.c.). In questa udienza il giudice decide sull'eventuale istanza di sospensione del processo esecutivo, potendola accogliere se concorrono gravi motivi (art. 624 c.p.c.).
Conclusasi l'udienza *camerale*, la causa viene rimessa davanti al giudice del lavoro competente assegnando un termine perentorio per la riassunzione della causa.

5. L'opposizione del terzo nel processo esecutivo

L'opposizione è esperibile da un soggetto che, pur non essendo giuridicamente parte nel processo esecutivo, viene *di fatto* coinvolto in esso (art. 619 c.p.c.). Con questo rimedio, dunque, il terzo lamenta il suo illegittimo coinvolgimento nell'esecuzione che, se fosse portata a compimento, lederebbe i suoi diritti sui beni esecutati.
E' legittimato a proporre questo tipo di opposizione il terzo che pretende avere la *proprietà o altro diritto reale* sui beni pignorati. In particolare, le posizioni giuridiche sulla base delle quali si può fondare l'opposizione del terzo sono:

1. la *proprietà* del bene;
2. un *diritto reale di godimento su cosa altrui*;
3. il *diritto di pegno*;
4. un *diritto su cose incorporali* (ad es., il diritto all'immagine);
5. il *possesso* sul bene.

Sono legittimati passivi il creditore procedente, i creditori intervenuti e il debitore o il terzo assoggettato all'esecuzione. L'opposizione del terzo dà luogo ad un *litisconsorzio necessario* fra tutti questi soggetti. Inoltre, come per le opposizioni ex artt. 615 e 617 c.p.c., con questo tipo di opposizione si instaura un **giudizio ordinario di cognizione**, che si svolge autonomamente rispetto al processo esecutivo.
Per la proposizione della domanda di opposizione **non sono previsti termini preclusivi**.
Tuttavia, per assicurare la certezza delle posizioni che vengono acquisite per effetto dell'espropriazione, la legge fissa un **termine finale** per proporre l'opposizione individuato nella vendita o l'assegnazione (art. 619, comma 1, c.p.c.). L'eventuale opposizione *tardiva*, proposta oltre il suddetto termine, non è priva di effetti, ma i diritti del terzo potranno essere fatti valere solo sulla somma ricavata (art. 620 c.p.c.), nella misura in cui questa non sia stata ancora distribuita.
L'atto introduttivo del giudizio di opposizione di terzo ha la forma del **ricorso** da presentare davanti al *giudice dell'esecuzione*.
Il giudice fissa con decreto l'udienza di comparizione delle parti davanti a sé e il termine perentorio per la notificazione del ricorso e del decreto (art. 619, comma 2, c.p.c.). L'udienza si

svolge nelle forme camerali (art. 185 disp. att. c.p.c.) all'esito della quale il giudice può confermare, modificare o revocare l'eventuale provvedimento sospensivo o disporre la sospensione dell'esecuzione.
Se all'udienza le parti raggiungono un **accordo** il giudice ne dà atto con ordinanza, adottando ogni altra decisione idonea ad assicurare, se del caso, la prosecuzione del processo esecutivo oppure ad estinguere il processo, statuendo altresì in questo caso anche sulle spese (art. 619, comma 3, c.p.c.). Altrimenti, il giudice provvede ai sensi dell'art. 616 c.p.c., fissando un termine perentorio per l'introduzione del giudizio di merito.
In relazione all'*attività istruttoria*, il codice pone una significativa **limitazione probatoria** per evitare il pericolo di collusione tra il debitore esecutato e il terzo opponente. Infatti, il terzo opponente *non può provare con testimoni* il suo diritto sui beni mobili pignorati nella casa o nell'azienda del debitore, a meno che l'esistenza del diritto stesso sia resa verosimile dalla professione o dal commercio esercitati dal terzo o dal debitore (621 c.p.c.).
Il processo di opposizione di terzo si conclude, alla stregua dell'opposizione all'esecuzione, con **sentenza impugnabile nelle forme ordinarie**.
In caso di sentenza di **accoglimento**, se la pretesa vantata dal terzo riguarda tutti i beni, l'accoglimento dell'opposizione travolge tutti gli atti esecutivi e la procedura si ha per caducata. Quando, invece, solo alcuni beni sono stati assoggettati illegittimamente al pignoramento, si procede alla *separazione* di questi beni e il processo esecutivo prosegue per gli altri.

Sezione V ▶ Sospensione ed estinzione del processo esecutivo

1. La sospensione dell'esecuzione

Per effetto della sospensione, nessun atto esecutivo può essere compiuto, salvo diversa disposizione del giudice dell'esecuzione (art. 626 c.p.c.). Sono altresì interrotti i termini per il compimento di atti posteriori al provvedimento che dispone la sospensione.
Diversamente che nel processo di cognizione, nel processo esecutivo la sospensione è legata esclusivamente a **ragioni di mera opportunità** rimesse alla *discrezionalità* del giudice.
Salve le ipotesi in cui la sospensione sia disposta dalla legge o dal giudice davanti al quale è impugnato il titolo esecutivo (ad es. artt. 283, 373, 401 e 407 c.p.c.), l'esecuzione forzata non può essere sospesa che con provvedimento del *giudice dell'esecuzione*.
Il processo esecutivo può essere facoltativamente sospeso:

a) se è proposta *opposizione all'esecuzione* (art. 624, comma 1, c.p.c.);
b) se è proposta *opposizione di terzo* (art. 624, comma 2, c.p.c.);
c) se è proposta *opposizione agli atti esecutivi* (art. 618 c.p.c.);
d) se, nell'espropriazione presso terzi, *il terzo non renda la dichiarazione ex* art. 547 c.p.c. o sorgano contestazioni (artt. 548 e 549 c.p.c.).

L'istanza di sospensione ha la forma del **ricorso** e può essere presentata anche verbalmente. Il giudice, sentite le parti interessate, provvede con *ordinanza* (art. 625 c.p.c.).
Tuttavia, nei casi di urgenza, la sospensione può essere pronunciata *inaudita altera parte* con *decreto*; quindi, nel decreto il giudice fissa l'udienza di comparizione delle parti, nella quale il provvedimento sarà confermato, modificato o revocato con ordinanza.
Contro l'ordinanza con cui è disposta la sospensione è ammesso **reclamo** ai sensi dell'art. 669-*terdecies* c.p.c. (art. 624, comma 2, c.p.c.). Se l'ordinanza non viene reclamata o viene confermata in sede di reclamo, e il giudizio di merito non è stato introdotto nel termine perentorio assegnato ai sensi dell'art. 616 c.p.c., il giudice dell'esecuzione dichiara, anche d'ufficio, con ordinanza, l'estinzione del processo e ordina la cancellazione della trascrizione del

pignoramento, provvedendo anche sulle spese. Questa ordinanza è reclamabile ai sensi dell'art. 630, comma 3, c.p.c.
E' anche possibile che la sospensione sia ordinata **su istanza di tutte le parti e dietro favorevole apprezzamento del giudice** (art. 624-*bis* c.p.c.). L'istanza può essere proposta venti giorni prima della scadenza del termine per il deposito delle offerte di acquisto o, nel caso in cui la vendita senza incanto non abbia luogo, fino a quindici giorni prima dell'incanto. In questo caso la sospensione può essere disposta fino a 24 mesi, ed entro dieci giorni dalla scadenza del termine la parte interessata deve presentare istanza per la fissazione dell'udienza in cui il processo deve proseguire.
Una volta cessata la causa di sospensione, il processo esecutivo deve essere riassunto con ricorso nel termine perentorio fissato dal giudice dell'esecuzione. Sul ricorso provvede il giudice dell'esecuzione con ordinanza reclamabile al collegio *ex* art. 630 c.p.c.
In ogni caso, la riassunzione non può avvenire alla scadenza di sei mesi dal passaggio in giudicato della sentenza di primo grado o dalla comunicazione della sentenza d'appello che rigetta l'opposizione (art. 627 c.p.c.).

2. L'estinzione

Di norma il processo esecutivo si estingue all'atto del raggiungimento del suo scopo oppure quando non risulta possibile l'attuazione coattiva.
La legge, tuttavia, prevede anche altre ipotesi di estinzione che articola secondo il modello previsto nel giudizio ordinario di cognizione.
Pertanto, seguendo lo schema del rito ordinario, si distinguono due tipi di estinzione:

1. ***Estinzione per rinuncia*** (art. 629 c.p.c.). Il processo esecutivo si estingue se, prima dell'aggiudicazione o dell'assegnazione, il creditore pignorante e quelli intervenuti *muniti di titolo esecutivo* rinunciano agli atti. Se è avvenuta la vendita, occorre che rinuncino agli atti tutti i creditori concorrenti, compresi quelli privi di titolo esecutivo. Per le modalità della rinuncia, si applicano, ove possibile, le disposizioni dell'art. 306 c.p.c.;

2. ***Estinzione per inattività delle parti*** (artt. 630-631 c.p.c.). Il processo esecutivo si estingue quando le parti non lo proseguono o non lo riassumono nel termine perentorio stabilito dalla legge o dal giudice (ad es., la mancata riassunzione del processo esecutivo sospeso *ex* art. 627 c.p.c.). L'estinzione può altresì prodursi per la *mancata comparizione delle parti* con il medesimo meccanismo previsto dall'art. 309 c.p.c. In questo senso, se nel corso del processo esecutivo nessuna delle parti si presenta all'udienza, fatta eccezione per quella in cui ha luogo la vendita, il giudice dell'esecuzione fissa un'udienza successiva di cui il cancelliere dà comunicazione alle parti. Se nessuna delle parti si presenta alla nuova udienza, il giudice dichiara con ordinanza l'estinzione del processo esecutivo.

La mancanza sopravvenuta dei presupposti dell'esecuzione frustra inevitabilmente qualsiasi atto processuale successivo. Pertanto, il venir meno del titolo esecutivo, il perimento dei beni pignorati o l'accoglimento dell'opposizione all'esecuzione sono ulteriori ipotesi di estinzione dell'esecuzione, in quanto impediscono la prosecuzione del processo.
L'estinzione **opera di diritto** e può essere dichiarata, **anche d'ufficio**, con *ordinanza* del giudice dell'esecuzione, non oltre la prima udienza successiva al verificarsi della stessa.
Contro l'ordinanza che dichiara l'estinzione (sia per rinuncia che per inattività delle parti) o rigetta la relativa eccezione il debitore, il creditore pignorante oppure gli altri creditori intervenuti possono proporre **reclamo** nel termine perentorio di venti giorni dall'udienza o dalla comunicazione dell'ordinanza e con l'osservanza delle forme di cui all'art. 178 commi 3, 4 e 5, c.p.c. Il collegio provvede in camera di consiglio con *sentenza* (art. 630, comma 2, c.p.c.). Per il reclamo, sono dunque previste le stesse modalità con cui avviene il controllo sul corrispondente

provvedimento nel giudizio ordinario.
Se l'estinzione del processo esecutivo si verifica prima dell'aggiudicazione o dell'assegnazione, essa rende inefficaci gli atti compiuti. Se invece avviene dopo l'aggiudicazione o l'assegnazione, la somma ricavata è consegnata al debitore (art. 632 c.p.c.).
Gli effetti dell'estinzione su eventuali *opposizioni pendenti* variano a seconda della natura delle opposizioni. Nel giudizio di opposizione agli atti esecutivi, con l'estinzione del processo esecutivo, cessa la materia del contendere. Viceversa, se è in contestazione il «*se*» dell'esecuzione, il giudizio di opposizione può proseguire autonomamente, tenuto conto che assolve alla funzione di cognizione in ordine ai rapporti tra creditore, debitore ed eventualmente un terzo.
Con l'ordinanza con cui si dichiara l'estinzione è disposta sempre la cancellazione della trascrizione del pignoramento e con la medesima ordinanza il giudice dell'esecuzione provvede alla liquidazione delle spese sostenute dalle parti, se richiesto, e alla liquidazione dei compensi spettanti all'eventuale delegato ai sensi dell'art. 591-*bis* c.p.c.
Avvenuta l'estinzione del processo, il custode rende al debitore il conto, che è discusso e chiuso davanti al giudice della esecuzione.
Quanto alle spese del processo estinto, si applica la disposizione dell'art. 310, ultimo comma, c.p.c., in base alla quale queste restano a carico delle parti che le hanno anticipate.
In ogni caso di estinzione o di chiusura anticipata del processo esecutivo avvenuta dopo l'aggiudicazione, anche provvisoria, o l'assegnazione, restano fermi nei confronti dei terzi aggiudicatari o assegnatari gli effetti di tali atti. Dopo il compimento degli stessi atti, l'istanza per la conversione del pignoramento non è più ammissibile (art. 187-*bis* disp. att. c.p.c.).

Capitolo 4
I procedimenti in camera di consiglio

SOMMARIO:

Sezione I ▶ I procedimenti speciali in generale

1. I procedimenti speciali disciplinati nel Libro IV del codice di procedura civile e la tradizionale classificazione in quattro gruppi

Il legislatore processuale civile italiano ha manifestato storicamente una spiccata tendenza alla "specializzazione" dei riti.
A fronte della profonda eterogeneità dei numerosi riti riuniti nel Libro IV la dottrina tradizionale è possibile classificare i procedimenti speciali disciplinati dal codice in **quattro gruppi**.

A) Procedimenti sommari di cognizione con prevalente funzione esecutiva
Si tratta di procedimenti nei quali le esigenze di rapidità dell'accertamento giudiziale sono particolarmente penetranti e prevalgono, almeno inizialmente, sulle esigenze di ricerca della verità materiale.
In questo gruppo rientrano il **procedimento d'ingiunzione** e il **procedimento per convalida di sfratto**.

B) Procedimenti con funzione cautelare
Sono procedimenti caratterizzati da una struttura sommaria volta, non già ad una pronuncia di merito di accertamento del diritto, ma all'emissione di misure *strumentali* (provvedimenti *cautelari*) per salvaguardare la fruttuosità del successivo accertamento di merito.
Vi rientrano i **procedimenti cautelari** e **possessori**.

C) Procedimenti di cognizione non sommari per la tutela di particolari posizioni soggettive
Si tratta di procedimenti a cognizione piena, ma tuttavia governati da riti che divergono da quello ordinario, in ragione della *specialità* delle **posizioni soggettive sostanziali**.
In questo gruppo rientrano il **rito unico in materia di persone, minorenni e famiglie** (oggi disciplinato nel Libro II del codice, a seguito della riforma attuata con il D.Lgs. n. 149/2022), il **giudizio di divisione** e quello per la **liberazione degli immobili dalle ipoteche**.

D) Procedimenti in camera di consiglio
Si tratta dei procedimenti appartenenti alla c.d. **giurisdizione volontaria**, caratterizzati, sul piano funzionale, dall'essere finalizzati alla tutela di *interessi* che non assurgono a veri e propri diritti soggettivi e dall'assenza di un contrasto tra le parti (*jurisdictio inter volentes*), nonché, sul piano strutturale, dal carattere necessariamente *costitutivo* del provvedimento e dall'assoggettamento alle *forme camerali*.

Sezione II ▶ I procedimenti sommari di cognizione con prevalente funzione esecutiva

1. Funzione e struttura del procedimento

Il procedimento d'ingiunzione ha la **funzione** di vertere alla *formazione anticipata di una pronuncia di condanna finalizzata a consentire, nel più breve tempo possibile, l'inizio dell'esecuzione forzata*.
La **struttura** del procedimento è articolata in *due fasi*:

1. la **prima fase**, *necessaria* e a *cognizione sommaria*, che si caratterizza per un

accertamento rapidissimo condotto sulle sole prove – che devono presentare connotati di particolare attendibilità – proposte dal ricorrente; e si conclude con un provvedimento (**decreto ingiuntivo**) emesso **senza previa integrazione del contraddittorio** con colui che è indicato come debitore (*inaudita altera parte*) e destinato a divenire **titolo esecutivo** in assenza di tempestiva opposizione da parte di quest'ultimo.

2. la **seconda fase**, *eventuale* e a *cognizione piena*, che si svolge come un ordinario processo di cognizione nel rispetto del principio del **contraddittorio** (c.d. *contraddittorio differito*) e si conclude con una **sentenza**.

2. Le condizioni di ammissibilità

Le condizioni di ammissibilità del procedimento riguardano (art. 633 c.p.c.):

a) il **diritto fatto valere** che può essere solo un credito consistente nel pagamento di una *somma di danaro liquida* o la consegna di una *quantità determinata di cose fungibili*, o di una *cosa mobile determinata*;

b) **la natura della prova** che deve essere **scritta** e comprende (art. 634 c.p.c.): le **polizze** e **promesse unilaterali** per scrittura privata; i **telegrammi**; gli **estratti autentici delle scritture contabili** relativi a crediti di imprenditori e *lavoratori autonomi* (art. 15 **L. n. 81/2017**). Per gli onorari dei soggetti esercenti professioni per la quale esiste una tariffa legalmente approvata (avvocati, notai) è sufficiente la **parcella sottoscritta dal creditore corredata dal parere della competente associazione professionale**.

3. Il procedimento. La fase sommaria (c.d. fase monitoria)

La fase sommaria è introdotta con **ricorso**, depositato in cancelleria insieme ai documenti che costituiscono la prova scritta del credito, e contenente, oltre ai requisiti di cui all'art. 125 c.p.c., l'indicazione delle prove che si producono (artt. 638 e 639 c.p.c.).
La **competenza** appartiene al giudice di pace o, in composizione monocratica, al tribunale che sarebbe competente per la domanda proposta in via ordinaria.
Il giudice rigetta o accoglie la domanda *inaudita altera parte*, in particolare:

a) il **decreto motivato di rigetto** può essere pronunciato o perché la domanda non è accoglibile o perché non è sufficientemente giustificata sotto il profilo probatorio: in quest'ultima ipotesi, prima di pronunciare il rigetto, il giudice dispone che il cancelliere ne dia notizia al ricorrente, invitandolo a provvedere alla prova, e solo se il ricorrente non risponde all'invito (o non ritira il ricorso), emette la pronuncia negativa.

Il decreto di rigetto non pregiudica la riproposizione della domanda, anche in via ordinaria.

b) Il **decreto motivato di accoglimento** (c.d. **decreto ingiuntivo**) viene pronunciato – entro *trenta giorni* dal deposito del ricorso in calce al quale è steso – nell'ipotesi in cui la domanda *appaia* fondata e ricorrano le condizioni sopra illustrate riguardanti il diritto e la prova di esso.

Con tale decreto il giudice *ingiunge* all'altra parte di pagare la somma o consegnare la cosa o la quantità di cose chieste, nel termine di *quaranta giorni* dalla notificazione, con l'espresso avvertimento che nello stesso termine può essere proposta opposizione e che, in mancanza di opposizione, si procederà ad esecuzione forzata.
Il decreto ingiuntivo acquista **efficacia esecutiva** in seguito alla scadenza del termine per proporre opposizione senza che questa sia stata proposta. Tuttavia:

- se il *credito è fondato su cambiale, assegno, atto ricevuto da notaio o da altro pubblico ufficiale autorizzato* il giudice, su richiesta del creditore, *deve* autorizzare la **provvisoria esecuzione** del decreto (art. 642, comma 1, c.p.c.);
- se il credito non presenta le caratteristiche suindicate ma vi è *pericolo di grave*

pregiudizio nel ritardo oppure il ricorrente produce *documentazione sottoscritta dal debitore* comprovante il diritto fatto valere, oppure se il debitore non ha risposto o ha rifiutato l'invito alla stipulazione di una convenzione di negoziazione assistita (art. 4 D.L. n. 132/2014) il giudice *può* autorizzare la provvisoria esecuzione, eventualmente imponendo al ricorrente una cauzione (art. 642 c.p.c.).

Copia autentica del ricorso e del decreto deve essere notificata, a cura del ricorrente, al debitore (art. 643 c.p.c.).
La **notificazione del ricorso e del decreto ingiuntivo** è un *onere* del ricorrente perché, ove non sia eseguita nel termine di 60 giorni dalla pronuncia, il decreto diventa inefficace, anche se la domanda può essere riproposta (art. 644 c.p.c.).

▶ 3.1. La fase (eventuale) di opposizione

L'opposizione si propone, di norma, con **atto di citazione** notificato al creditore.
La **competenza** spetta all'ufficio giudiziario al quale appartiene il giudice che ha emesso il decreto (art. 645, comma 1, c.p.c.).
Il giudizio di opposizione ha la **natura di fase (eventuale) del giudizio di primo grado** e si svolge secondo le comuni regole del procedimento ordinario dinanzi al giudice adìto (art. 645, comma 2, c.p.c.), concludendosi con una sentenza soggetta agli ordinari mezzi di gravame.
Nel giudizio di opposizione, l'opponente, pur essendo formalmente attore, è *sostanzialmente* convenuto, per modo che l'onere di provare l'esistenza del credito spetta, secondo le regole generali, all'opposto, convenuto in senso formale, ma attore *in senso sostanziale*.
Oltre ai casi (previsti dall'art. 642 c.p.c.) in cui il giudice *può* o *deve* autorizzare l'esecuzione provvisoria *immediata* del decreto al momento della pronuncia, vi sono dei casi in cui il giudice ha la *facoltà* di concedere, provvedendo in prima udienza, con ordinanza non impugnabile, l'**esecuzione provvisoria in pendenza del giudizio di opposizione** e precisamente quando: l'*opposizione non sia fondata su prova scritta o di pronta soluzione* e nell'ipotesi in cui la parte che la chiede offra *cauzione per l'ammontare delle eventuali restituzioni, spese e danni* (art. 648 c.p.c.).
Inoltre, il giudice *deve* concedere l'**esecuzione provvisoria parziale** del decreto opposto limitatamente alle somme non contestate, salvo che l'opposizione sia proposta per vizi procedurali.
D'altra parte, sempre in pendenza del giudizio di opposizione e sempre con ordinanza non impugnabile, il giudice, *se ricorrono gravi motivi*, su richiesta dell'opponente, può anche disporre la **sospensione dell'esecuzione provvisoria** concessa al momento della pronuncia del decreto a norma dell'art. 642 c.p.c. (art. 649 c.p.c.).
Nel caso di **estinzione del giudizio di opposizione**, ai sensi degli artt. 306 e ss. c.p.c., si verificano conseguenze analoghe all'estinzione del procedimento di impugnazione (art. 338 c.p.c.): il decreto ingiuntivo diventa definitivo e assume l'efficacia del **giudicato**.
Il giudizio di opposizione può concludersi anche con la **conciliazione**.
Quando non si verifichino estinzione o conciliazione, il giudizio di opposizione esita verso la sua conclusione naturale, che è quella della **sentenza**, la quale può essere:

a) **di rigetto**, per ragioni di rito o per ragioni di merito; il rigetto dell'opposizione comporta la **conferma** del decreto ingiuntivo che, se non ne è già munito, acquista efficacia esecutiva (art. 653, comma 1, c.p.c.); in seguito al passaggio in giudicato della sentenza di rigetto, il decreto ingiuntivo diviene definitivo e assume, a sua volta, l'efficacia della **cosa giudicata**;
b) **di accoglimento parziale**, nell'ipotesi in cui il credito azionato sussista solo in parte, il giudice disponga la **revoca** del decreto e il titolo esecutivo è costituito dalla sentenza che lo sostituisce (art. 653, comma 2, c.p.c.);
c) **di accoglimento totale**, per ragioni di rito o per ragioni di merito; esso comporta la **revoca** del decreto ingiuntivo, che *perde ogni efficacia*, compresa quella esecutiva eventualmente concessa.

▶ 3.2. La mancata opposizione (o mancata costituzione dell'opponente) e il passaggio in giudicato del decreto ingiuntivo

Qualora il debitore ingiunto non proponga opposizione nei termini, il decreto che non ne sia già

provvisto ai sensi dell'art. 642 c.p.c., acquista **efficacia esecutiva** (art. 647 c.p.c.).
Si parla, in tal caso di passaggio in giudicato in via diretta, che consente l'esperibilità dei **mezzi di gravame straordinari** della revocazione straordinaria e dell'opposizione di terzo revocatoria nei confronti del decreto ingiuntivo (art. 656 c.p.c.).
La legge eccezionalmente consente l'**opposizione tardiva** (cioè dopo la scadenza del termine perentorio di 40 giorni dalla notificazione del decreto), quando l'intimato provi di non avere avuto tempestiva conoscenza del decreto per *irregolarità della notificazione*, o per *caso fortuito* o *forza maggiore*, e sempre che non siano decorsi dieci giorni dal primo atto di esecuzione (art. 650 c.p.c.).

4. Il procedimento d'ingiunzione europeo

Con Regolamento CE n. 1896/2006, è stato introdotto il procedimento ingiuntivo europeo (IPE), ammissibile per le controversie in materia civile o commerciale **transfrontaliere** (nelle quali almeno una delle parti ha domicilio o residenza in uno Stato diverso da quello in cui si trova il giudice adìto), che hanno ad oggetto **crediti di natura contrattuale**, già *liquidi* ed *esigibili*.
La disciplina del **procedimento** è assai scarna e riguarda soltanto la **fase monitoria** (in relazione alla quale si prevede che il provvedimento è pronunciato dall'autorità competente del singolo Stato membro sulla base del contenuto del modulo di domanda allegato al regolamento e può essere opposto nel termine di 30 giorni dalla notifica), non anche la **fase di opposizione**, che viene lasciata alla regolazione dei singoli Stati.

5. Le condizioni dell'azione

Il procedimento per convalida di sfratto è dettato in relazione a **tre diverse fattispecie** sostanziali.

A) L'intimazione di licenza (o disdetta) prima della scadenza della locazione (art. 657, comma 1, c.p.c.)
Quando, nell'ambito di un rapporto di locazione il cui termine finale *non è ancora scaduto* ed indipendentemente da un fatto idoneo alla risoluzione, il locatore intenda intimare disdetta al conduttore al fine di evitare la tacita rinnovazione del contratto alla scadenza del termine.

B) L'intimazione di sfratto dopo la scadenza della locazione (art. 657, comma 2, c.p.c.)
Quando, nell'ambito di un rapporto di locazione, il cui termine finale *è già scaduto* e nel quale non opera la tacita rinnovazione, il locatore intenda intimare lo sfratto al conduttore al fine di tornare in possesso del bene locato.

C) L'intimazione di sfratto per morosità (art. 658 c.p.c.)
Quando, nell'ambito di un rapporto di locazione in cui si è verificato il fatto idoneo alla risoluzione consistente nell'inadempimento del conduttore all'obbligo di pagamento del canone (c.d. **morosità**), il locatore intenda ottenere contemporaneamente la risoluzione del contratto per inadempimento, la conseguente condanna al rilascio dell'immobile e l'ulteriore condanna al pagamento dei canoni scaduti.

La competenza per il procedimento di intimazione di licenza o di sfratto è **inderogabile** e spetta al tribunale del **luogo in cui si trova la cosa** locata sia nella fase sommaria che in quella ordinaria (art. 447-*bis* e 661 c.p.c.).

6. Il procedimento

In tutti i casi, il procedimento si apre con un'intimazione del locatore al rilascio dell'immobile con contestuale citazione del conduttore per la convalida (art. 660 c.p.c.).

La citazione deve contenere l'invito a comparire nell'udienza indicata, l'avvertimento che se il conduttore non compare o, comparendo, non si oppone, il giudice convalida la licenza o lo sfratto ai sensi dell'art. 663 c.p.c. È previsto un **termine libero** (non minore di 20 giorni) tra il giorno della notificazione dell'intimazione e quello dell'udienza ed è sufficiente la sola comparizione personale dell'intimato ai fini dell'opposizione e del compimento delle attività previste dagli articoli da 663 a 666 c.p.c..
Nel caso in cui l'intimante ometta di comparire all'udienza, cessano gli effetti processuali dell'intimazione (art. 662 c.p.c.)

A) Mancata comparizione o mancata opposizione dell'intimato
Se il conduttore, ricevuta la regolare notifica della intimazione, omette di comparire o, pur comparendo, omette di formulare opposizione (c.d. *opposizione tempestiva*), il giudice convalida la licenza o lo sfratto (art. 663, comma 1, c.p.c.).
Nel caso di sfratto per mancato pagamento del canone, la convalida è subordinata all'attestazione in giudizio del conduttore che la morosità persiste (art. 663, comma 3, c.p.c.).
L'ordinanza di convalida, *se emessa nel rispetto dei ricordati presupposti di legge* (processuali e sostanziali), è **impugnabile** solo con la c.d. **opposizione tardiva** di cui all'art. 668 c.p.c.

B) Comparizione ed opposizione dell'intimato con eccezioni non fondate su prova scritta
Quando l'intimato compaia e formuli opposizione sollevando eccezioni *non fondate su prova scritta* il giudice emana **ordinanza non impugnabile di rilascio immediatamente esecutiva, con riserva delle eccezioni del convenuto** nel corso della fase ordinaria del procedimento (art. 665 c.p.c.) e dispone la prosecuzione del procedimento secondo il rito speciale di cui all'art. 447-*bis* c.p.c. (art. 667 c.p.c.).
C) Comparizione ed opposizione dell'intimato con contestazione sull'ammontare dei canoni
Quando l'intimato compaia e formuli opposizione negando la propria morosità e contestando l'ammontare dei canoni preteso dall'intimante, il giudice può emettere un'**ordinanza con cui con cui dispone il pagamento della somma non controversa** (art. 666 c.p.c.).
In questo caso, la condanna al rilascio può conseguire soltanto alla non ottemperanza all'ordine di pagamento.

D) Comparizione ed opposizione dell'intimato al fuori dei casi precedenti
Quando l'intimato compaia e formuli opposizione senza che si integrino i casi particolari di cui agli artt. 665 e 666 c.p.c., il giudice si limiterà ad emettere il *provvedimento di mutamento del rito*, che segna il passaggio dalla fase sommaria alla fase ordinaria.

In tutti i casi in cui l'intimato compaia e proponga opposizione questa può essere formulata con comparsa di risposta o verbalmente in udienza (art. 660, comma 6, c.p.c.).
A seguito dell'opposizione e dell'eventuale emanazione dei provvedimenti di cui agli artt. 665 e 666 c.p.c., il giudice dispone il mutamento del rito e la prosecuzione del giudizio nelle forme del rito speciale locatizio (artt. 667 e 426 c.p.c.) analogo al rito del lavoro (art. 447-*bis* c.p.c.).

Sezione III ▶ I procedimenti con funzione cautelare

1. I caratteri tipici dei procedimenti cautelari

Tali procedimenti presentano una **funzione strumentale** dal momento che sono finalizzati non già a una compiuta pronuncia di merito, ma all'emissione di un provvedimento volto a salvaguardare la **fruttuosità della successiva cognizione o esecuzione.**

Strettamente correlata con la funzione strumentale è la **natura provvisoria** della misura cautelare. Il provvedimento pronunciato all'esito di un giudizio cautelare è infatti sempre *modificabile* o *revocabile* laddove si riscontrino mutamenti nelle circostanze in virtù delle quali era stato emesso.
La disciplina generale si articola in *tre fasi*:

1. La **prima fase**, a *cognizione sommaria*, viene instaurata su domanda del ricorrente per ottenere la pronuncia di un provvedimento; con tale provvedimento il giudice, valutata la sussistenza dei presupposti dell'azione cautelare, autorizza la misura richiesta oppure rigetta la domanda.
2. La **seconda fase** è quella di *attuazione* e presenta gli stessi caratteri dell'esecuzione forzata.
3. La **terza fase**, eventuale, è quella legata ai *controlli* sul provvedimento; la legge riconosce infatti la possibilità di ottenere la revoca o la modifica del provvedimento cautelare oppure di proporre reclamo contro di esso.

2. La domanda e la competenza

La domanda cautelare si propone con **ricorso** (art. 669-*bis* c.p.c.) nel quale l'interessato deve indicare il provvedimento che si richiede e, nel caso di domanda proposta *ante causam*, gli elementi relativi alla successiva azione di merito (art. 669-*ter* c.p.c.). Inoltre, deve essere dimostrata la sussistenza delle condizioni proprie dell'azione cautelare:

- ***fumus boni iuris***: occorre che vi sia almeno la parvenza circa l'esistenza del diritto che si intende far valere;
- ***periculum in mora***: la misura può essere concessa solo alla luce di un pericolo di pregiudizio grave ed irreparabile al quale il ritardo può esporre il diritto che si assume leso.

Nel predisporre le regole sulla **competenza**, il codice distingue due ipotesi:

- nel caso di proposizione della domanda cautelare anteriormente all'introduzione della causa nel merito (***ante causam***), il ricorso deve essere presentato al giudice competente a conoscere il merito e, se questo è il giudice di pace, l'istanza deve essere proposta al tribunale (art. 669-*ter*, comma 2, c.p.c.);
- nel caso di proposizione in corso di causa (***lite pendente***), è competente lo stesso giudice di merito (art. 669-*quater*, comma 1 c.p.c.). Se la causa pende davanti al giudice di pace, è competente il tribunale. Infine, in pendenza dei termini per proporre impugnazione, la domanda si propone al giudice che ha pronunciato la sentenza.

3. Il procedimento

Il procedimento può svolgersi in contradditorio o *inaudita altera parte*.
Nel procedimento in contradditorio, il giudice, all'esito del deposito della domanda in cancelleria, con decreto in calce al ricorso fissa la data dell'udienza e il termine per la notificazione, a cura dell'istante, del ricorso e del decreto alla controparte.
Il giudice, sentite le parti, omessa ogni formalità non essenziale al contradditorio, procede nel modo che ritiene più opportuno agli atti di istruzione indispensabili in relazione ai presupposti e ai fini del provvedimento richiesto. Il procedimento si conclude con **ordinanza** succintamente motivata (art. 669-*sexies*, comma 1, c.p.c).
Quando la convocazione della controparte potrebbe pregiudicare l'attuazione del provvedimento, il giudice provvede *inaudita altera parte* con **decreto motivato**, assunte ove occorra sommarie informazioni (art. 669-*sexies*, comma 2, c.p.c.). Nello stesso decreto viene fissata l'udienza di comparizione delle parti entro un termine non superiore a quindici giorni ed è assegnato

all'istante un termine perentorio non superiore a otto giorni per la notificazione del ricorso e del decreto. All'udienza, il giudice con ordinanza conferma, modifica o revoca i provvedimenti emanati con decreto.

4. Vicende del provvedimento cautelare

In caso di esito negativo, l'ordinanza con cui il giudice pronuncia l'incompetenza non preclude la riproposizione della domanda; diversamente, il provvedimento di rigetto consente tale riproposizione solo nel caso in cui si verifichino *mutamenti nelle circostanze o vengano dedotte nuove ragioni di fatto o di diritto* (art. 669-*septies*, comma 1, c.p.c.). Se il ricorso è proposto prima dell'inizio della causa, il giudice pronuncia definitivamente sulle spese (art. 669-*septies*, comma 2, c.p.c.).
In caso di accoglimento, l'efficacia dell'ordinanza emessa nel procedimento cautelare *ante causam* è condizionata all'introduzione del giudizio di merito entro il termine perentorio non superiore a sessanta giorni (art. 669-*octies*, commi 1 e 2, c.p.c.). La mancata osservanza del termine per l'introduzione del giudizio di merito determina l'inefficacia del provvedimento cautelare. Allo stesso modo, il provvedimento perde efficacia allorché il giudizio di merito si estingua. Al verificarsi di queste ipotesi, il giudice che ha emesso il provvedimento, su ricorso della parte interessata, convocate le parti con decreto in calce al ricorso, dichiara, con **ordinanza** avente efficacia esecutiva, che il provvedimento è divenuto inefficace e dà le disposizioni necessarie per ripristinare la situazione precedente (art. 669-*novies* c.p.c.).
Tuttavia, per i provvedimenti di cui all'art. 700 c.p.c., delle denunce di nuova opera o danno temuto, i provvedimenti cautelari a contenuto *anticipatorio* e di sospensione delle delibere assembleari, vige un regime di **strumentalità c.d. attenuata**, per cui rimangano efficaci anche qualora non venisse introdotto il giudizio di merito (art. 669-*octies*, comma 6, c.p.c.). Parimenti, i provvedimenti in questione conservano la loro efficacia nel caso in cui il giudizio di merito si dovesse estinguere (art. 669-*octies*, comma 8, c.p.c).

▶ 4.1. La revoca e la modifica

Se si verificano mutamenti nelle circostanze o si allegano fatti anteriori di cui è acquisita conoscenza successivamente al provvedimento cautelare, nel corso del giudizio di merito su istanza di parte (con ricorso depositato in cancelleria ovvero a verbale) e salvo che sia stato proposto reclamo (che ha quindi portata prevalente). Il giudice può modificare o revocare il provvedimento già emesso.

▶ 4.2. Il reclamo

Diversamente, il reclamo è il rimedio volto a contestare l'originaria ammissibilità del provvedimento, sia esso di accoglimento o di rigetto.
Deve essere proposto, nel termine perentorio di **quindici giorni** dalla pronuncia in udienza ovvero dalla comunicazione o dalla notificazione se anteriore (art. 669-*terdecies* c.p.c.), dinanzi al collegio (per i provvedimenti del giudice monocratico del tribunale) o ad altra sezione della Corte d'appello o in mancanza alla Corte d'appello più vicina (per i provvedimenti della Corte d'appello).

Le circostanze e i motivi sopravvenuti al momento della proposizione dell'istanza cautelare devono essere dedotti nel reclamo. Il tribunale può sempre assumere informazioni e acquisire nuovi documenti.

La decisione del collegio, solo dopo che siano state convocate le parti, deve essere pronunciata non oltre venti giorni dal deposito del ricorso con **ordinanza non impugnabile,** che *conferma, modifica o revoca* il provvedimento cautelare oppure *concede la misura cautelare*, se oggetto del reclamo è un provvedimento negativo.
Contro detta non può essere proposto ricorso per Cassazione *ex* art. 111 Cost. né regolamento di competenza o di giurisdizione; l'ordinanza può però essere oggetto di revoca o modifica ai sensi dell'art. 669-*decies* c.p.c.

L'art. 669-*duodecies* c.p.c. regola l'attuazione di tutte le misure cautelari, fatta eccezione per i provvedimenti di sequestro, per i quali si applicano le disposizioni di cui agli artt. 677 e ss. c.p.c.
Per le modalità di esecuzione il codice distingue a seconda dell'oggetto del provvedimento cautelare:

a) i provvedimenti aventi ad oggetto **somme di denaro** sono attuati osservando le forme del pignoramento fissate agli artt. 491 e ss. c.p.c.;
b) i provvedimenti aventi ad oggetto ***obblighi di consegna, rilascio, fare o non fare*** sono eseguiti sotto il controllo del giudice che ha emanato il provvedimento cautelare il quale ne determina anche le modalità di attuazione e, ove sorgano difficoltà o contestazioni, dà con ordinanza i provvedimenti opportuni, sentite le parti.

Ogni altra questione deve essere proposta nel giudizio di merito.

5. Tipi di sequestro

Il sequestro è la tipica misura cautelare con natura **conservativa**. Con riguardo alla funzione, occorre distinguere:

1. ***Sequestro giudiziario strumentale all'esecuzione diretta o al sequestro di beni*** (art. 670, comma 1, n. 1, c.p.c.): ha ad oggetto beni mobili o immobili, aziende o altre universalità di beni di cui è controversa la proprietà o il possesso. Il giudice lo può autorizzare quando risulta opportuno provvedere alla loro custodia o alla loro gestione temporanea.
2. ***Sequestro giudiziario strumentale alla cognizione o al sequestro di prove*** (art. 670, comma 1, n. 2, c.p.c.): riguarda libri, registri, documenti, modelli, campioni e ogni altra cosa da cui si pretende desumere elementi di prova, quando è controverso il diritto all'esibizione o alla comunicazione. La misura può essere concessa laddove sia opportuno provvedere alla loro custodia temporanea, in vista di futuri eventuali provvedimenti giurisdizionali.
3. ***Sequestro conservativo*** (art. 671 c.p.c.): può essere richiesto dal creditore in relazione ai beni mobili o immobili del debitore o alle somme o cose a lui dovute quando sussiste il pericolo o il fondato timore di perdere la garanzia del credito. Il codice dispone che questo provvedimento può essere autorizzato ed eseguito nei limiti del pignoramento.
4. ***Sequestro c.d. liberatorio*** (art. 687 c.p.c.): concerne le somme o le cose che il debitore ha offerto o messo comunque a disposizione del creditore per la sua liberazione, quando è controverso l'obbligo o il modo del pagamento o della consegna o l'idoneità della cosa.

6. Il procedimento

Si applicano le disposizioni generali degli artt. 669-*bis* – 669-*novies* c.p.c., integrate dalle norme specifiche per i sequestri.
In particolare, è prevista una specifica ipotesi di *perdita di efficacia del provvedimento* ove questo non sia eseguito entro trenta giorni dalla pronuncia (art. 675 c.p.c.).
Nei casi di sequestro giudiziario, il giudice nomina il custode, stabilisce le modalità, i criteri e i limiti dell'amministrazione delle cose sequestrate (art. 676 c.p.c.).
La **fase di attuazione** ha una regolamentazione autonoma e precisamente:

- il ***sequestro giudiziario*** si esegue secondo le norme dell'*esecuzione per consegna e rilascio* (art. 605 e ss. c.p.c.), in quanto applicabili (art. 677 c.p.c.);
- il ***sequestro conservativo* sui *mobili* e sui *crediti*** si esegue secondo le norme stabilite per il *pignoramento presso il debitore o presso terzi* (art. 678 c.p.c.);
- il ***sequestro conservativo* sugli *immobili*** si esegue con la *trascrizione* del provvedimento presso l'ufficio del conservatore dei registri immobiliari del luogo in cui i beni sono situati (art. 679 c.p.c.).

Infine, nel valutare il **completamento della funzione cautelare** dobbiamo ancora distinguere tra i tipi principali di sequestro, in quanto:

- nel *sequestro giudiziario su cose determinate* (art. 670, n. 1, c.p.c.), se viene riconosciuto il diritto del sequestrante sulle cose oggetto della misura cautelare, questi ottiene un titolo autonomo di possesso sulle cose;
- nel *sequestro giudiziario di libri, documenti e altre prove* (art. 670, n. 2, c.p.c.), la funzione cautelare trova compiuta realizzazione al momento della chiusura del processo, trattandosi di misura strumentale proprio alla cognizione;
- nel *sequestro conservativo*, invece, l'art. 686 c.p.c. prevede che questo **si converte** in pignoramento al momento in cui il creditore sequestrante ottiene sentenza di condanna esecutiva.

7. Le situazioni tutelate

La denuncia di nuova opera e la denuncia di danno temuto (c.d. *azioni nunciative*) sono strumenti cautelari che hanno carattere **anticipatorio**. Con queste si intende arrestare il verificarsi di un pregiudizio o impedire *ab initio* il sorgere del pericolo di danno. Il danno deve essere antigiuridico (*contra ius*), in quanto derivante da un fatto illecito, contrario all'ordinamento.
Le azioni previste sono la ***denuncia di nuova opera*** (art. 1171 c.c.) e la ***denuncia di danno temuto*** (art. 1172 c.c.).
La differenza sostanziale tra le due azioni risiede nell'elemento oggettivo dal quale si assume possa derivare un pericolo. Nel caso della denuncia di nuova opera, infatti, si fa valere il rischio legato ad una *nuova opera*, una nuova attività. Viceversa, la denuncia di danno temuto è posta a tutela di situazioni di pericolo relativo a *cose già esistenti*.

8. Il procedimento

Alle azioni enunciative si applicano le disposizioni generali di cui agli artt. 669-*bis* e ss. c.p.c. Dalla loro natura anticipatoria, però, consegue la sottoposizione al regime di **strumentalità attenuata**, in base al quale la mancata introduzione del giudizio di merito o la successiva estinzione dello stesso non incidono sull'efficacia del provvedimento cautelare (art. 669-*octies*, comma 6, c.p.c.).
La domanda ha la forma del **ricorso**. Se la parte alla quale è fatto divieto di compiere l'atto dannoso o di mutare lo stato di fatto contravviene all'ordine, il giudice, su ricorso della parte interessata, può disporre con ordinanza che sia ripristinato lo stato precedente delle cose a spese del contravventore (art. 691 c.p.c.).

9. Nozione

I procedimenti di istruzione preventiva rispondono all'esigenza di assicurare l'assunzione di un mezzo di prova quando ancora non è stato introdotto il giudizio o comunque in un momento antecedente all'ammissione dei mezzi istruttori indicati dalle parti.
L'assunzione preventiva dei mezzi di prova non pregiudica le questioni relative alla loro ammissibilità e rilevanza, né impedisce la loro rinnovazione nel giudizio di merito (art. 698, comma 2, c.p.c.).
Il codice prevede:

1. ***l'assunzione preventiva di testimoni*** (art. 692 c.p.c.): quando si ha fondato motivo di temere che siano per mancare uno o più testimoni le cui deposizioni possono essere necessarie in una causa da proporre;
2. ***l'accertamento tecnico e l'ispezione giudiziale*** (art. 696 c.p.c.): possono essere richiesti

quando si ha urgenza di far verificare, prima del giudizio, lo stato di luoghi o la qualità o la condizione di cose, le cause e i danni relativi all'oggetto della verifica. L'accertamento tecnico e l'ispezione giudiziale, se ne ricorre l'urgenza, possono essere disposti anche sulla persona dell'istante e, se questa vi consente, sulla persona nei cui confronti l'istanza è proposta;

3. ***la consulenza tecnica preventiva con finalità conciliative*** (art. 696-*bis* c.p.c.): al di fuori dei presupposti di urgenza fissati per l'accertamento tecnico *ex* art. 696 c.p.c., può essere richiesto l'espletamento di una consulenza tecnica in via preventiva, ai fini dell'accertamento e della relativa determinazione dei crediti derivanti dalla mancata inesatta esecuzione di obbligazioni contrattuali o da fatto illecito. L'art. 696-*bis* c.p.c. dispone che il consulente, prima di provvedere al deposito della relazione, tenti, ove possibile, la conciliazione delle parti.

10. Il procedimento

Ai procedimenti di istruzione preventiva si applicano le disposizioni generali degli artt. 669-*bis* e ss. c.p.c.; anzi, per meglio dire, si applicano solo alcune delle disposizioni generali e, in particolare, l'art. 669-*septies* c.p.c., per quanto concerne il rigetto della domanda, e trovano applicazione anche gli artt. 669-*terdecies* e 669-*quinquies* c.p.c.
Tutti gli altri aspetti del procedimento di istruzione preventiva sono assoggettati alla **disciplina autonoma** risultante dagli **artt. 692 e ss. c.p.c.**
La domanda può essere proposta sia anteriormente anche in corso di causa e durante l'interruzione o la sospensione del giudizio (art. 699 c.p.c.).
In corso di causa, sull'istanza provvede il giudice istruttore. Se invece la proposizione dell'istanza è anteriore al giudizio, è competente il giudice che sarebbe competente per la causa di merito. In ogni caso, può essere competente anche il giudice di pace, senza necessaria devoluzione al tribunale.
La domanda si propone con ricorso, nel quale devono essere indicati i motivi dell'urgenza ed i fatti sui quali devono essere interrogati i testimoni, nonché l'esposizione sommaria delle domande o eccezioni alle quali la prova è preordinata (art. 693, comma 3, c.p.c.).
Il presidente del tribunale (o il giudice di pace) fissa, con decreto, l'udienza di comparizione e stabilisce il termine perentorio per la sua notificazione. Quindi, all'udienza, assunte, quando occorre, sommarie informazioni, provvede con ordinanza e, se ammette l'esame testimoniale, fissa l'udienza per l'assunzione e designa il giudice che deve procedervi (art. 695 c.p.c.); se invece la domanda riguarda l'accertamento tecnico o l'ispezione giudiziale, viene nominato un consulente tecnico e viene fissata la data di inizio delle operazioni peritali. Nell'assunzione preventiva dei mezzi di prova si applicano, in quanto possibile, gli artt. 191 e ss. c.p.c.

11. Caratteri, contenuti e ambito di applicazione dei provvedimenti d'urgenza

I provvedimenti di urgenza (art. 700 c.p.c.) si caratterizzano per la:

- ***sussidiarietà***, in quanto sono richiedibili solo nel caso in cui non sussistano i presupposti per ottenere le altre misure cautelari previste dal codice: ad es., opposizione contro un titolo esecutivo giudiziale sulla base di censure per le quali non è ammessa l'opposizione *ex* art. 615 c.p.c.;
- ***atipicità***, che è legata alla previsione generica che ammette tutti gli strumenti che risultino idonei ad assicurare provvisoriamente gli effetti della decisione sul merito.

I provvedimenti d'urgenza sono **ammissibili** allorché il *periculum in mora* assume peculiari caratteristiche: la norma richiede infatti l'allegazione e la dimostrazione di un pregiudizio imminente e irreparabile che minaccia il diritto azionato durante il tempo occorrente per farlo

valere in via ordinaria:
- l'**imminenza** è legata alla contiguità del pericolo, alla sua attualità;
- l'**irreparabilità** è data da una valutazione prognostica e concreta da parte del giudice in ordine alla difficoltà di ripristinare lo stato delle cose al momento della domanda.

12. Il procedimento

L'istanza si propone con ricorso e il procedimento segue le disposizioni generali degli artt. 669-*bis* e ss. c.p.c.). Il giudice, valutata la fondatezza della domanda (*fumus boni iuris*) e la sussistenza del pericolo grave e irreparabile (*periculum in mora*) adotta i provvedimenti più idonei per assicurare la futura decisione nel merito.

Tali provvedimenti perdono efficacia con l'emanazione della sentenza che decide il merito della causa. Tuttavia, tali provvedimenti soggiacciono al regime di **strumentalità attenuata** di cui all'art. 669-*octies*, comma 6, c.p.c. Pertanto, non perdano la loro efficacia nel caso in cui il giudizio di merito non sia introdotto o venga dichiarato estinto.

13. I procedimenti possessori e le azioni possessorie

I procedimenti possessori sono disciplinati in via generale dalle norme dei procedimenti cautelari con rinvio agli artt. 669-*bis* e ss. c.p.c. (art. 703 c.p.c.) e sono volte alla tutela del possesso. Più precisamente:

a) con l'***azione di reintegrazione*** (art. 1168 c.c.), chi è stato violentemente od occultamente spogliato del possesso, *entro l'anno dal sofferto spoglio*, chiede contro l'autore di esso di recuperare i beni sottratti e di essere reintegrato nel loro possesso;

b) con l'***azione di manutenzione*** (art. 1170 c.c.), chi è stato molestato nel possesso di un immobile, di un diritto reale sopra un immobile o di un'universalità di mobili, *entro l'anno dalla turbativa*, intende ottenere la cessazione delle molestie o turbative; l'azione è concessa anche contro lo spoglio non violento o non clandestino.

14. Il procedimento

Come detto, il procedimento segue le norme generali dei procedimenti cautelati alle quali si aggiungono le seguenti particolarità.
Anzitutto, l'ordinanza di accoglimento o rigetto della domanda è reclamabile ai sensi dell'art. 669-*terdecies* c.p.c. (art. 703, comma 3, c.p.c.).
Inoltre, a seguito della pronuncia cautelare, la prosecuzione del giudizio di merito è subordinata alla richiesta di fissazione udienza di una delle parti, da formularsi entro il termine perentorio di 60 giorni dalla comunicazione del provvedimento che ha deciso sul reclamo ovvero, in difetto, del provvedimento che ha deciso sulla domanda possessoria. (art. 703, comma 4, c.p.c.). Il giudizio di merito si conclude con sentenza.
Il giudice competente a decidere sulla domanda possessoria proposta *ante causam* è quello individuato dall'art. 21 c.p.c., ossia il tribunale del luogo nel quale è avvenuto il fatto denunciato (art. 703, comma 1, c.p.c.), a meno che non sia già stato introdotto il giudizio petitorio, nel qual caso la domanda deve essere proposta dinanzi a questi (art. 704, comma 1, c.p.c.).
Tuttavia, se si agisce per la reintegrazione nel possesso, la domanda può essere proposta dinanzi al giudice competente per il giudizio possessorio. Esaurita la fase cautelare, il giudizio di merito dovrà essere proseguito su iniziativa delle parti dinanzi al giudice del petitorio (art. 704, comma 2, c.p.c.).

Sezione IV ▶ Il rito unico in materia di persone, minorenni e famiglie

1. Nozioni generali

A seguito della riforma attuata con il D.Lgs. n. 149/2022 è stato introdotto un nuovo rito unico in materia di persone, minorenni e famiglie, ad eccezione (art. 473-*bis* c.p.c.):

- procedimenti volti alla dichiarazione di adottabilità;
- procedimenti di adozione dei minori di età;
- procedimenti attribuiti alla competenza delle sezioni specializzate in materia di immigrazione, protezione internazionale e libera circolazione dei cittadini dell'Unione europea;
- altri procedimenti per cui la legge indica un rito specifico.

▶ 1.1. I poteri del giudice

Nei procedimenti soggetti al nuovo rito unico, il tribunale giudica in composizione collegiale, salva la possibilità di delegare la trattazione e l'istruzione a uno dei componenti del collegio (art. 473-*bis*.1, comma 1, c.p.c.) e, nelle cause aventi ad oggetto la responsabilità genitoriale, a un giudice onorario, ad esclusione dell'ascolto del minore, l'assunzione di testimonianze e degli altri atti riservati al giudice (art. 473-*bis*.1, comma 2, c.p.c.).
Il nuovo rito attribuisce al giudice poteri officiosi di nomina del curatore speciale, adozione di provvedimenti in deroga all'art. 112 c.p.c., ammissione di mezzi di prova in deroga ai limiti posti dal codice civile, purché nel rispetto del contraddittorio e del diritto alla prova contraria (art. 473-*bis*.2, comma 1, c.p.c.) e di indagine patrimoniale (art. 473-*bis*.2, comma 2, c.p.c.).
Parimenti, al pubblico ministero è riconosciuto il potere di assumere informazioni, acquisire atti e svolgere accertamenti finalizzati all'adozione delle determinazioni previste dalla legge (art. 473-*bis*.3 c.p.c.).

▶ 1.2. Disposizioni relative ai minori

Data la crescente rilevanza della partecipazione del minore in questo tipo di procedimenti, è stata razionalizzata e potenziata la relativa disciplina. Pertanto, è oggi previsto un vero e proprio **diritto all'ascolto** del minore che abbia compiuto 12 anni, e anche di età inferiore ove sia capace di discernimento. Le sue opinioni devono essere tenute in considerazione dal giudice ai fini della decisione (art. 473-*bis*.4, comma 1, c.p.c.).
Tuttavia, il giudice, con provvedimento motivato. non procede all'ascolto se è in contrasto con l'interesse del minore, superfluo, impossibile per ragioni fisiche o psichiche del minore o se il minore abbia manifestato la volontà di non essere ascoltato (art. 473-*bis*.4, comma 2, c.p.c.).
Inoltre, nei procedimenti in cui si prende atto di un accordo dei genitori relativo alle condizioni di affidamento dei figli, il giudice procede all'ascolto solo se necessario (art. 473-*bis*.4, comma 3, c.p.c.).
L'ascolto del minore è condotto dal giudice, eventualmente avvalendosi di esperti o altri ausiliari (art. 473-*bis*.5, comma 1, c.p.c.). A tal fine il giudice indica i temi oggetto di ascolto e i genitori, gli altri esercenti la responsabilità genitoriale, i difensori e il curatore speciale possono proporre ulteriori argomenti e temi di approfondimento. La loro partecipazione all'ascolto deve essere autorizzata dal giudice (art. 473-*bis*.5, comma 2, c.p.c.). In ogni caso deve essere effettuata registrazione audiovisiva dell'ascolto e, ove questa non sia possibile, il verbale deve descrivere dettagliatamente il contegno del minore (art. 473-*bis*.5, comma 4, c.p.c.).
Nel caso in cui il minore rifiuti di incontrare uno o entrambi dei genitori, l'ascolto viene effettuato senza ritardo. Allo stesso modo si procede nel caso in cui siano allegate o segnalate condotte di un genitore che ostacolino il mantenimento di un rapporto equilibrato e continuativo con l'altro genitore o la conservazione di rapporti significativi con gli ascendenti e i parenti di ciascun ramo genitoriale (art. 473-*bis*.6 c.p.c.).
La riforma ha altresì razionalizzato i poteri del giudice in ordine alla **nomina del tutore e curatore del**

minore, che può essere disposta quando il giudice dispone anche temporaneamente la sospensione o la decadenza dalla responsabilità genitoriale di *entrambi i genitori*. Inoltre è ora espressamente determinato il contenuto del relativo provvedimento di nomina (art. 473-*bis*.7, comma 2, c.p.c.).
Il giudice nomina, con provvedimento succintamente motivato, un curatore speciale, a pena di nullità degli atti del procedimento quando (art. 473-*bis*.8 c.p.c.):

- il pubblico ministero abbia chiesto la decadenza dalla responsabilità genitoriale di entrambi i genitori, o in cui uno dei genitori abbia chiesto la decadenza dell'altro;
- in caso di adozione di provvedimenti ai sensi dell'art. 403 c.c. o di affidamento del minore ai sensi degli artt. 2 e ss. L. n. 184/1983;
- dai fatti emersi nel procedimento venga alla luce una situazione di pregiudizio per il minore tale da precluderne l'adeguata rappresentanza processuale da parte di entrambi i genitori;
- ne faccia richiesta il minore che abbia compiuto quattordici anni;
- i genitori appaiono per gravi ragioni temporaneamente inadeguati a rappresentare gli interessi del minore.

Le disposizioni relative ai figli minori si applicano, in quanto compatibili, anche ai figli maggiorenni portatori di handicap grave (art. 473-*bis*.9 c.p.c.).

2. Il procedimento

Nei procedimenti che riguardano l'adozione di provvedimenti nei confronti del minore il tribunale competente è quello del luogo dove il minore ha la residenza abituale (art. 473-*bis*.11, comma 1 c.p.c.).
Nel gli altri casi, è competente il tribunale del luogo dove il convenuto ha la residenza e, se questi è irreperibile, del luogo dove ha la residenza l'attore (art. 473-*bis*.11, comma 2 e art. 473-*bis*.47 c.p.c.).

▶ 2.1. La fase introduttiva

La domanda si propone con **ricorso**, nel quale devono essere indicati, tra gli altri, i fatti e gli elementi di diritto su cui si fonda la domanda, le conclusioni e i mezzi di prova di cui l'attore intende avvalersi (art. 473-*bis*.12, comma 1 c.p.c.).
Nel caso di ricorso proposto dal pubblico ministero, questi deve allegare i documenti relativi agli accertamenti svolti e alle informazioni assunte, nonché i provvedimenti relativi al minore emessi dall'autorità giudiziaria o da altra pubblica autorità (art. 473-*bis*.13, comma 3, c.p.c.). Se il pubblico ministero ha formulato richiesta di allontanamento del minore, nel ricorso devono essere indicati eventuali parenti entro il quarto grado che abbiano mantenuto rapporti significativi con lo stesso (art. 473-*bis*.13, comma 4, c.p.c.).
Depositato il ricorso, il presidente del tribunale entro 3 giorni designa il relatore e fissa l'udienza di comparizione delle parti, assegnando il termine di costituzione del convenuto che deve avvenire almeno 30 giorni prima dell'udienza (art. 473-*bis*.14, comma 2, c.p.c.). Il ricorso e il decreto di fissazione udienza sono notificati al convenuto a cura dell'attore almeno 60 giorni liberi prima dell'udienza (art. 473-*bis*.14, comma 5, c.p.c.).
Il convenuto si costituisce con comparsa di risposta formulando a pena di decadenza le proprie difese, conclusioni e istanze istruttorie (art. 473-*bis*.16 c.p.c.).
Successivamente sono riconosciuti i seguenti termini (art. 473-*bis*.17 c.p.c.):

- *fino a 20 giorni prima dell'udienza*, l'**attore** può depositare memoria per prendere posizione sui fatti allegati dal convenuto, nonché a pena di decadenza modificare o precisare le domande e conclusioni già formulate, proporre domande che siano conseguenza delle difese del convenuto, indicare mezzi di prova e produrre documenti. Nello stesso termine l'attore deve altresì produrre la documentazione reddituale nel caso in cui il convenuto abbia formulato domande di contributo economico;
- *fino a 10 giorni prima dell'udienza*, il **convenuto** può depositare memoria per modificare o precisare le domande e conclusioni già formulate, proporre domande che siano

conseguenza delle difese dell'attore nella prima memoria, indicare mezzi di prova e documenti anche a prova contraria;
- *fino a 5 giorni prima dell'udienza*, l'**attore** può depositare un'ulteriore memoria per le sole indicazioni di prova contraria rispetto ai mezzi istruttori dedotti dal convenuto nella memoria di cui al punto che precede.

In ogni caso, le decadenze non operano in relazione ai **diritti indisponibili**, inoltre le parti possono sempre introdurre nuove domande e mezzi di prova relativi *all'affidamento e al mantenimento dei figli minori*. Infine, le parti possono proporre nuove domande di contributo economico e relativi mezzi di prova *in favore proprio e dei figli maggiorenni non indipendenti economicamente* nella prima difesa utile e fino al momento della precisazione delle conclusioni che si verificano mutamenti nelle circostanze o a seguito di nuovi accertamenti istruttori (art. 473-*bis*.19 c.p.c.)
I terzi possono intervenire entro il termine per la costituzione del convenuto, salvo che intervengano volontariamente per l'integrazione necessaria del contraddittorio (art. 473-*bis*.20 c.p.c.).

▶ 2.2. L'udienza di comparizione delle parti e l'istruzione probatoria

All'udienza il collegio o il giudice delegato verifica la regolarità del contraddittorio. Salvi i casi in cui il ricorso sia stato promosso dal pubblico ministero, il procedimento **si estingue** se l'attore non compare (art. 473-*bis*.21, comma 1, c.p.c.).
Le parti devono comparire personalmente (art. 473-*bis*.21, comma 2 c.p.c.). e il giudice ne tenta la **conciliazione**. In caso la conciliazione riesca, il giudice emette i provvedimenti temporanei e urgenti che si rendano necessari e rimette la causa in decisione (art. 473-*bis*.21, comma 3, c.p.c.).
Se la conciliazione non riesce, il giudice adotta comunque con ordinanza i provvedimenti temporanei e urgenti che ritiene opportuni, anche relativi all'obbligo di versare un contributo economico con facoltà di farne retroagire gli effetti alla data della domanda (art. 473-*bis*.22, comma 1, c.p.c.).
L'ordinanza costituisce titolo esecutivo e titolo per l'iscrizione dell'ipoteca giudiziale e *conserva i suoi effetti, anche nel caso in cui il processo dovesse estinguersi*, finché non viene sostituita da altro provvedimento (art. 473-*bis*.22, comma 2, c.p.c.).
Con la medesima ordinanza il giudice provvede sulle istanze istruttorie e predispone il calendario del processo (art. 473-*bis*.22, comma 3, c.p.c.). Altrimenti, se ritiene la causa matura per la decisione, fa precisare le conclusioni e discutere la causa per trattenerla in decisione (art. 473-*bis*.22, comma 4, c.p.c.).
I provvedimenti temporanei e urgenti possono essere modificati dal giudice in presenza di fatti sopravvenuti o nuovi accertamenti istruttori (art. 473-*bis*.23 c.p.c.).
Tali provvedimenti nonché quelli che in corso di causa:
a) sospendono o introducono sostanziali limitazioni alla responsabilità genitoriale,
b) prevedono sostanziali modificazioni dell'affidamento e della collocazione dei minori ovvero
c) ne dispongono l'affidamento a soggetti diversi dai genitori.

Sono reclamabili con ricorso da proporre dinanzi alla Corte d'Appello entro 10 giorni dalla pronuncia in udienza o, se pronunciati fuori udienza, dalla comunicazione (art. 473-*bis*.24 c.p.c.).
Avverso i provvedimenti che definiscono il reclamo nei casi di cui alle lettere a), b) e c) è ammesso **ricorso per cassazione** *ex* art. 111 Cost.
Norme specifiche per la particolarità delle materie disciplinate dal rito sono previste per la consulenza tecnica d'ufficio (art. 473-*bis*.25 c.p.c.), la nomina di un esperto su richiesta delle parti (art. 473-*bis*.26 c.p.c.) e l'intervento dei servizi sociali o sanitari nel procedimento a tutela dei minori (art. 473-*bis*.27 c.p.c.).

▶ 2.3. La trattazione e la decisione

Esaurita l'istruzione, il giudice fissa l'udienza di rimessione della causa in decisione e assegna i seguenti termini (art. 473-*bis*.28 c.p.c.):
- un termine *non superiore a 60 giorni prima dell'udienza* per il deposito di note contenenti la precisazione delle conclusioni;

- un termine *non superiore a 30 giorni prima dell'udienza* per il deposito delle comparse conclusionali;
- un termine *non superiore a 15 giorni prima dell'udienza* per il deposito delle memorie di replica.

All'udienza, la causa è rimessa in decisione. Il giudice delegato si riserva di riferire al collegio e quest'ultimo deposita la sentenza nei 60 giorni successivi.
Tutti i provvedimenti relativi alla tutela dei minori e in materia di contributi economici, incluse le sentenze, possono essere modificati in ogni tempo su istanza di parte (art. 473-*bis*.29 c.p.c.).

▶ 2.4. L'appello

L'appello si propone con ricorso il cui contenuto è analogo a quello relativo al rito ordinario (art. 473-*bis*.30 c.p.c.). Il presidente della Corte d'Appello con decreto nomina il relatore, fissa l'udienza di comparizione e trattazione, nonché il termine entro il quale l'appellante deve notificare il ricorso e il decreto all'appellato (art. 473-*bis*.31 c.p.c.). Quest'ultimo deve costituirsi *almeno 30 giorni prima dell'udienza* mediante comparsa, con cui può proporre, a pena di decadenza, appello incidentale (art. 473-*bis*.31, comma 1, c.p.c.).
L'appellante può depositare memoria di *replica almeno 20 giorni prima dell'udienza* e l'appellato può a sua volta replicare con memoria da depositare *almeno 10 giorni prima dell'udienza* (art. 473-*bis*.32 c.p.c.). Il pubblico ministero interviene nel giudizio depositando le proprie conclusioni *almeno 10 giorni prima dell'udienza* (art. 473-*bis*.33 c.p.c.).
All'udienza, il giudice delegato fa la relazione orale della causa e quest'ultima, a seguito della discussione delle parti, viene trattenuta in decisione dal collegio (art. 473-*bis*.34 c.p.c.). Su richiesta delle parti il collegio può assegnare un termine per **note difensive** e rinviare la causa ad altra udienza. La sentenza è depositata entro 60 giorni dall'udienza (art. 473-*bis*.34, comma 3, c.p.c.)
In ogni caso, il giudice dell'appello può emanare i provvedimenti indifferibili di cui all'art. 473-*bis*.15 c.p.c. o quelli temporanei e urgenti di cui all'art. 473-*bis*.22 c.p.c. Può con ordinanza ammettere nuove prove (art. 473-*bis*.34, comma 4, c.p.c.).
In deroga al regime delle preclusioni di cui all'art. 345 c.p.c., sono ammesse domande, eccezioni e mezzi di prova nuovi che riguardino **diritti indisponibili** (art. 473-*bis*.35 c.p.c.).

3. L'attuazione dei provvedimenti

La riforma attuata con il D.Lgs. n. 149/2022, su impulso delle pronunce della Corte europea dei diritti dell'uomo, ha introdotto nuove norme specificamente rivolte ad assicurare l'attuazione dei provvedimenti impartiti nel corso e all'esito del nuovo rito.
In particolare, sono ora previste le seguenti disposizioni:

- **garanzie a tutela del credito** (art. 473-*bis*.36 c.p.c.) per cui i provvedimenti, anche temporanei, in materia di contributo economico in favore della prole o delle parti sono immediatamente esecutivi e costituiscono titolo per l'iscrizione dell'ipoteca giudiziale. Il giudice può imporre idonea garanzia personale o reale al debitore. Il creditore cui spetta il contributo economico può chiedere al giudice il sequestro dei beni mobili, immobili e crediti del debitore;
- **pagamento diretto del terzo** (art. 473-*bis*.37 c.p.c.), in caso di inadempimento del debitore per 30 giorni, il creditore può notificare il provvedimento o l'accordo in cui è stabilita la misura dell'assegno al terzo che è tenuto a corrispondere periodicamente somme di denaro al debitore, con richiesta di versare direttamente al creditore le somme dovute. In caso di inadempimento del terzo, il creditore ha azione esecutiva diretta nei suoi confronti;
- **attuazione dei provvedimenti sull'affidamento** (art. 473-*bis*.38 c.p.c.) è soggetta a una specifica disciplina che consente al giudice di emanare, anche d'ufficio, i provvedimenti urgenti nell'interesse del minore. In ogni caso, il giudice deve tentare la conciliazione tra

le parti e, in mancanza, dispone con ordinanza i provvedimenti più opportuni, avendo riguardo all'interesse del minore. Il potere del giudice può giungere fino ad autorizzare l'uso della forza pubblica, purché essa sia assolutamente indispensabile e al fine di tutelare la salute psicofisica del minore;

- **provvedimenti in caso di inadempienze o violazioni** (art. 473-*bis*.39 c.p.c.), che comportano, oltre al risarcimento dei danni, l'ammonizione del genitore inadempiente, l'applicazione di misure di coercizione indiretta tramite il pagamento di una somma di denaro per ogni giorno di ritardo o per ogni violazione, il pagamento di una sanzione amministrativa pecuniaria da euro 75 a euro 5.000.

4. Le disposizioni speciali

Oltre alle disposizioni generali del nuovo rito, la riforma attuata con il D.Lgs. n. 149/2022 prevede per taluni procedimenti delle norme specifiche, in ragione della particolarità delle situazioni o degli interessi da tutelare.

▶ 4.1. Procedimenti in materia di violenza domestica o di genere

La disciplina è applicabile quando siano allegati **abusi familiari** o condotte di **violenza domestica** da una parte nei confronti dell'altra o nei confronti di figli minori. Il codice non prevede un'elencazione di condotte, cosicché è *possibile intervenire in presenza di ogni forma di violenza* (fisica, economica e psicologica) come previsto dalla Convenzione di Istanbul.

Gli artt. 473-*bis*.40 e ss. c.p.c. prevedono che il procedimento si svolga celermente, con accentuati poteri officiosi del giudice per l'acquisizione dei mezzi di prova, anche oltre i limiti di ammissibilità previsti dal codice civile, e per la ricerca di informazioni sull'esistenza di ulteriori procedimenti di abuso e violenza presso le autorità competenti.
Al fine di tutelare la vittima degli abusi, *le parti non sono tenute a comparire personalmente* e il giudice può adottare le cautele ritenute opportune per evitare contatti diretti tra le parti. Inoltre, il giudice si astiene dall'invitare le parti a rivolgersi a un mediatore familiare ed è fatto divieto di iniziare un percorso di mediazione familiare quando sia stata pronunciata sentenza o sia pendente un procedimento per condotte di abuso familiare.

▶ 4.2. Procedimenti di separazione, di scioglimento degli effetti civili del matrimonio o dell'unione civile, di regolamentazione dell'esercizio della responsabilità genitoriale e di modifica delle relative condizioni

L'assoggettamento al rito unico ha fatto venire meno l'udienza presidenziale prevista in precedenza.
Le nuove norme prevedono che le parti alleghino al ricorso e alla comparsa di risposta i documenti di cui all'art. 473-*bis*.12, comma 3 c.p.c. e precisamente: le dichiarazioni dei redditi degli ultimi tre anni; la documentazione attestante la titolarità di diritti reali su beni immobili, beni mobili registrati e quote sociali; gli estratti conto dei rapporti bancari e finanziari relativi agli ultimi tre anni.
Inoltre, nel caso di **figli minori**, dovrà essere allegato il piano genitoriale contenente gli impegni e le attività quotidiane dei figli relative alla scuola, al percorso educativo, alle attività extrascolastiche, alle frequentazioni abituali e alle vacanze normalmente godute.
E' possibile presentare un **ricorso cumulativo** della domanda di separazione e scioglimento o cessazione degli effetti civili del matrimonio. La seconda domanda diventerà procedibile decorso il termine previsto dalla legge e previo passaggio in giudicato della sentenza che ha dichiarato la separazione.
Le parti possono presentare ricorso con **domanda congiunta**, che implica un alleggerimento dell'onere probatorio a carico delle parti, in quanto non è richiesta la produzione della documentazione economica prevista per il ricorso in via contenziosa. Le parti possono regolamentare con il ricorso, in tutto o in parte, i loro rapporti economici e possono avvalersi della facoltà di sostituire l'udienza con il deposito di note scritte.

Il collegio provvede con sentenza all'omologazione degli accordi intervenuti tra le parti. Se gli accordi sono in contrasto con l'interesse dei figli, il collegio convoca le parti indicando le modificazioni da adottare. In caso di inidonea soluzione, rigetta la domanda.

▶ 4.3. Procedimenti di interdizione, inabilitazione e di nomina di amministratore di sostegno

La domanda si propone con ricorso e il provvedimento conclusivo ha la forma della sentenza.
Legittimati ad agire sono lo stesso interdicendo o inabilitando, il coniuge, la persona stabilmente convivente, i parenti entro il quarto grado, gli affini entro il secondo grado, il tutore o curatore ovvero il pubblico ministero (art. 417 c.c.).
Giudice competente sulla domanda per interdizione o inabilitazione è il tribunale del luogo dove la persona nei confronti della quale è proposta ha residenza o domicilio (art. 473-*bis*.52 c.p.c.). Nel ricorso debbono essere esposti i fatti sui quali la domanda è fondata e debbono essere indicati il nome e il cognome e la residenza del coniuge o del convivente di fatto, dei parenti entro il quarto grado, degli affini entro il secondo grado e, se vi sono, del tutore o curatore dell'interdicendo o dell'inabilitando (art. 473-*bis*.52, comma 2, c.p.c.).
Anche per questo tipo di procedimenti è stata soppressa la struttura bifasica. In base alle nuove disposizioni introdotte dal D.Lgs. n. 149/2022, a fronte della proposizione del ricorso, il presidente nomina il giudice relatore e fissa l'udienza di comparizione davanti a questo del ricorrente, dell'interdicendo o dell'inabilitando e delle altre persone indicate nel ricorso, le cui informazioni ritenga utili (art. 473-*bis*.53 c.p.c.).
All'udienza si svolge l'esame dell'interdicendo o dell'inabilitando diretto ad accertare le sue facoltà mentali. A tal fine, il giudice sente il parere delle altre persone citate, interrogandole sulle circostanze che ritiene rilevanti ai fini della decisione e può disporre, anche d'ufficio, l'assunzione di ulteriori informazioni esercitando tutti i poteri istruttori previsti dall'art. 419 c.c. (art. 473-*bis*.54 c.p.c.). L'interdicendo e l'inabilitando possono stare in giudizio e compiere da soli tutti gli atti del procedimento (art. 473-*bis*.55 c.p.c.). Dopo l'esame, il giudice può nominare, anche d'ufficio, un tutore o un curatore provvisorio (e la nomina può parimenti essere revocata d'ufficio).
La domanda di interdizione e inabilitazione viene decisa con sentenza, che può essere impugnata da tutti coloro che avrebbero avuto diritto di proporre la domanda, anche se non hanno partecipato al giudizio, e dal tutore o curatore nominato con la stessa sentenza. L'interdizione e l'inabilitazione possono comunque essere in ogni tempo oggetto di revoca (artt. 429 c.c.; art. 473-*bis*.57 c.p.c.).Ai procedimenti in materia di amministrazione di sostegno si applicano, in quanto compatibili, le norme previste per i procedimenti di interdizione e inabilitazione (art. 473-*bis*.58 c.p.c.). I decreti del giudice tutelare sono reclamabili ai sensi dell'art. 739 c.p.c. dinanzi al tribunale in composizione collegiale. Il decreto che decide il reclamo è, a sua volta, impugnabile con ricorso per cassazione.

▶ 4.4. Procedimenti per la dichiarazione di assenza e morte presunta

Nel caso in cui una persona sia scomparsa dal luogo del suo ultimo domicilio o residenza e siano trascorsi *due anni* dall'ultima notizia, i presunti successori legittimi e chiunque ragionevolmente creda di avere diritti sui beni dello scomparso possono domandare al tribunale dell'ultimo domicilio o dell'ultima residenza che ne sia dichiarata l'**assenza** (artt. 48 e 49 c.c.) per essere immessi nel possesso temporaneo dei beni (art. 50 c.c.).
Quando sono trascorsi *dieci anni* dal giorno dell'ultima notizia dell'assente, il tribunale, anche su istanza del pubblico ministero, può con *sentenza* dichiarare la **morte presunta** dell'assente nel giorno a cui risale l'ultima notizia (art. 58 c.c.).
Il procedimento si introduce con **ricorso** che, nel caso di morte presunta, può essere proposto anche dal *pubblico ministero* (art. 58 c.c.) e deve essere *pubblicato* nella Gazzetta Ufficiale della Repubblica e in due giornali (art. 473-*bis*.62, comma 2, c.p.c.). La causa è trattata davanti ad un giudice designato dal presidente del tribunale (art. 473-*bis*.62, comma 5, c.p.c). L'**istruttoria è libera**: il giudice interroga le persone comparse sulle circostanze che ritiene rilevanti e assume, quando occorre, ulteriori informazioni. Quindi, il giudice riferisce in *camera di consiglio* per i provvedimenti del tribunale, che decide con *sentenza* (art. 724 c.c.). La sentenza che dichiara l'assenza o la morte presunta è sottoposta ad un **particolare regime di pubblicità** previsto dall'art. 473-*bis*.63 c.p.c.

▶ 4.5. Disposizioni relative a minori interdetti e inabilitati

A tutela dei particolari interessi dei minori, interdetti e inabilitati, sono previste le disposizioni speciali che seguono.
Tutti i provvedimenti che li riguardano sono pronunciati in camera di consiglio (art. 473-*bis*.64, comma 1, c.p.c.) e, ove sia necessario il parere del giudice tutelare, questo deve essere allegato al ricorso o acquisito d'ufficio dal giudice (art. 473-*bis*.64, commi 2 e 3, c.p.c.).
La vendita dei beni appartenenti a minori, interdetti e inabilitati avviene per **pubblico incanto** (art. 473-*bis*.65 c.p.c.), svolto a cura:

- di un ufficiale giudiziario in caso di beni mobili
- di un cancelliere o di un notaio in caso di beni immobili.

In caso di esito negativo dell'incanto, il giudice può revocare l'autorizzazione alla vendita, disporre una nuova vendita a un prezzo inferiore, oppure autorizzare la vendita a **trattativa privata** (art. 473-*bis*.66, c.p.c.).

▶ 4.6. Sostituzione dell'amministratore del patrimonio familiare

La domanda per i provvedimenti di sostituzione dell'amministratore del patrimonio familiare si propone con ricorso (art. 473-*bis*.68 c.p.c.). Il presidente del tribunale fissa con decreto un giorno per la comparizione degli interessati davanti a sé o a un giudice da lui designato. Dopo l'audizione delle parti, il collegio decide in **camera di consiglio** *con ordinanza non impugnabile*.

▶ 4.7. Ordini di protezione contro gli abusi familiari

Il procedimento di emanazione degli ordini di protezione contro gli abusi familiari, ossia le condotte del coniuge o di altro convivente che sia causa di grave pregiudizio all'integrità fisica o morale ovvero alla libertà dell'altro coniuge o convivente (art. 342-*bis* c.c.) segue il rito unificato per i procedimenti in materia di persone, minorenni e famiglie introdotto dal D.Lgs. n. 149/2022, con le seguenti particolarità
Anzitutto, è previsto che il procedimento possa essere avviato anche nel caso in cui la convivenza tra l'autore delle condotte e la vittima sia cessata (art. 473-*bis*.69, comma 1, c.p.c.). Nell'ipotesi in cui la condotta arrechi pregiudizio ai minori, i provvedimenti possano essere adottati dal Tribunale per i minorenni anche su istanza del pubblico ministero (art. 473-*bis*.69, comma 2, c.p.c.).
La domanda si propone, anche dalla parte personalmente, con ricorso al tribunale del luogo di residenza o di domicilio dell'istante, che provvede in camera di consiglio in composizione monocratica (art. 473-*bis*.71, comma 1, c.p.c.).
Il presidente del tribunale designa il giudice a cui è affidata la trattazione del ricorso. Il giudice, sentite le parti, procede nel modo che ritiene più opportuno agli atti di istruzione necessari, disponendo, ove occorra, anche per mezzo della polizia tributaria, indagini sui redditi, sul tenore di vita e sul patrimonio personale e comune delle parti, e provvede con decreto motivato immediatamente esecutivo (art. 473-*bis*.71, comma 2, c.p.c.).
Il giudice, quindi, provvede con decreto motivato immediatamente esecutivo con cui stabilisce la durata dell'ordine di protezione e determina le modalità di attuazione (art. 473-*bis*.70, c.p.c.).
In caso di urgenza, è ammessa l'emanazione dell'ordine inaudita altera parte, da confermare, modificare o revocare all'udienza appositamente fissata (art. 473-*bis*.71, comma 3, c.p.c.).
Il decreto può essere impugnato con reclamo al tribunale entro i termini previsti dall'art. 739, comma 2, c.p.c.

Sezione V ▶ I procedimenti in camera di consiglio e altri procedimenti speciali

1. I procedimenti in camera di consiglio e la loro funzione nell'attuale ordinamento processuale

Il rito camerale è chiamato a svolgere una **duplice funzione**: da una parte, rimane un valido modello processuale per svolgere quell'attività di *gestione di un negozio o di un affare* definita giurisdizione volontaria; dall'altra parte, in conseguenza del ridimensionamento della portata del giudicato, può essere oggi utilizzato anche per procedimenti funzionali alla tutela di *veri e propri diritti soggettivi nell'ambito di vicende contenziose*.
I procedimenti in camera di consiglio sono oggetto di una normativa frastagliata e disordinata, taluni trovando regolamentazione nel codice di procedura civile, altri nel codice civile, altri ancora nella legislazione speciale. A fronte di ciò, il legislatore ha inserito nel Titolo II del Libro IV del codice di rito un Capo VI ("*Disposizioni comuni ai procedimenti in camera di consiglio*"), con l'intenzione di offrire una disciplina unitaria per tali procedimenti. In realtà le disposizioni di cui agli artt. 737 – 742-*bis* c.p.c. sono tutt'altro che complete ed esaustive. Pertanto, la disciplina del Capo VI si applica a tutti i procedimenti camerali ma deve essere integrata con le disposizioni previste per ogni singolo procedimento.
Questa disciplina per essere considerata costituzionalmente legittima deve essere interpretata in modo che il rito camerale, quale che sia la funzione in concreto svolta, conformi la propria struttura alle garanzie del **contraddittorio**. Le norme sul procedimento camerale vanno quindi interpretate nel senso che debba:

- **a)** consentirsi la **comparizione delle parti in camera di consiglio** perché interloquiscano tra loro ed espongano le rispettive ragioni in posizione di reciproca parità;
- **b)** consentirsi alle parti medesime l'**esercizio del diritto alla prova**;
- **c)** ritenersi concreto l'obbligo di **motivazione** del decreto, perché il giudice renda conto dei risultati del contraddittorio.

2. La domanda e la competenza

Ai sensi dell'art. 737 c.p.c., la domanda si propone con **ricorso** in forma scritta (oppure *orale*, nei casi urgenti ex art. 43 disp. att. c.c.), da presentare al giudice senza previa notificazione.
Competente a decidere sul ricorso è di regola il tribunale in composizione *collegiale*, ma l'art. 50-*bis*, secondo comma, c.p.c. fa salva una diversa ipotesi normativa. In alcuni casi, infatti, il codice consente che possa giudicare anche il giudice di pace (ad es., artt. 772, secondo comma, e 778, primo comma, c.p.c.) o il presidente del tribunale (ad es., art. 2016 c.c.) in composizione monocratica.
Per quanto riguarda la competenza per **territorio**, non vi è un criterio generale, ma si deve far ricorso alla disciplina speciale di ogni singolo procedimento. In ogni caso, l'art. 28 c.p.c. dispone che si tratta di competenza territoriale *inderogabile*.

3. Il procedimento

Il presidente nomina tra i componenti del collegio un relatore a cui è affidato l'incarico di riferire in camera di consiglio (art. 738 c.p.c.). Il relatore ha la **piena discrezionalità** sui mezzi istruttori (può disporre quelli che ritiene opportuni per assumere le necessarie informazioni e può valutare l'esigenza che al procedimento partecipino altri interessati). Se deve essere sentito il pubblico ministero, gli atti sono a lui previamente comunicati ed egli stende le sue conclusioni in calce al

provvedimento del presidente.
Il procedimento si conclude con **decreto motivato**, salvo che la legge disponga diversamente (art. 737 c.p.c.).
Il decreto può essere impugnato con **reclamo** da proporre nel termine perentorio di *dieci giorni* dalla comunicazione del decreto se è dato in confronto di una sola parte, o dalla notificazione se è dato in confronto di più parti (art. 739, comma 2).
Legittimate a proporre il reclamo sono le parti. Anche il pubblico ministero può proporre reclamo ma esclusivamente contro i decreti del giudice tutelare e contro quelli del tribunale per i quali è necessario il suo parere (art. 740).
Competente a decidere sul reclamo contro i decreti del giudice tutelare è il tribunale in camera di consiglio in composizione monocratica quando il provvedimento ha contenuto patrimoniale o gestorio, e in composizione collegiale negli altri casi (art. 739, comma 1, c.p.c.); sul reclamo del decreto del tribunale giudica la Corte d'appello in camera di consiglio.
Il decreto emesso all'esito del giudizio di reclamo non è impugnabile (art. 739, comma 3, c.p.c.).
Ai sensi dell'art. 741 c.p.c., i decreti acquistano efficacia quando sono decorsi i termini per proporre reclamo. Tuttavia, in casi eccezionali d'urgenza, il giudice può disporre che il decreto abbia efficacia immediata.
La mutevolezza e l'instabilità delle posizioni fatte valere nei procedimenti camerali impediscono che il provvedimento conclusivo sia idoneo a passare in giudicato. In questo senso, caratteristiche precipue di questo provvedimento sono la *modificabilità* e *revocabilità*. Ed infatti, l'art. 742 c.p.c. dispone che i decreti possono essere in ogni tempo modificati o revocati. Sull'istanza decide il giudice che ha pronunciato il provvedimento. Restano però salvi i diritti acquistati in buona fede dai terzi in forza di convenzioni anteriori alla modificazione o alla revoca.

4. Il giudizio di divisione

I coeredi (art. 713 c.c.) così come i partecipanti ad una comunione (art. 1111 c.c.) possono sempre domandare la divisione. Il procedimento di divisione (o di *scioglimento delle comunioni*, come lo definisce il codice civile), dunque, ha ad oggetto, una volta *accertata* l'esistenza del diritto alla divisione del comunista o erede ricorrente, l'*attuazione* in concreto di quel diritto.
Trattandosi di un'azione che riguarda beni che appartengono a più soggetti, si versa qui in un'ipotesi di **litisconsorzio necessario**. Pertanto, l'art. 784 c.p.c. dispone che le domande di divisione debbono proporsi in confronto di *tutti* gli eredi o condomini e dei creditori opponenti.
Inoltre, la mutevolezza dell'oggetto sostanziale fa sì che il procedimento si modelli in relazione alla situazione che si può venire a creare. In questo senso, si distinguono **due sub-procedimenti**: il primo, un vero e proprio **giudizio di cognizione**, *quando sorgono contestazioni* sul diritto alla divisione; il secondo, con **forme più snelle e celeri**, se il diritto *non risulta controverso*.
La domanda si propone nei confronti di tutti i soggetti interessati con **atto di citazione**.
Instaurato il contraddittorio, all'udienza il giudice, se non vi sono contestazioni, dispone la divisione con *ordinanza* (art. 785 c.p.c.). Altrimenti, il giudice decide sulle questioni pregiudiziali *ex* art. 187 c.p.c. Quindi pronuncia *sentenza definitiva*, se il diritto alla divisione risulta inesistente; se invece si accerta la sussistenza del diritto, il giudice emette *sentenza non definitiva* e dispone che si proceda alla divisione con separata ordinanza.
Possono così avere inizio le **operazioni di divisione** a cui può provvedere il giudice direttamente o a mezzo di un professionista all'uopo delegato (art. 786 c.p.c.). Le modalità di svolgimento sono simili a quelle previste nell'espropriazione. Ai sensi dell'art. 789 c.p.c., il giudice istruttore predispone un progetto di divisione che deposita in cancelleria e fissa con decreto l'udienza di discussione del progetto.
In assenza di contestazioni sul progetto, il giudice istruttore lo dichiara esecutivo con *ordinanza non impugnabile*. Qualora invece sorgano contestazioni, la causa è definita con *sentenza* a norma dell'art. 187 c.p.c.
Nel caso in cui il giudice deleghi ad un professionista la predisposizione del progetto di divisione,

occorre su di esso il consenso espresso degli interessati. Se si raggiunge un accordo, il professionista ne redige processo verbale che varrà quale atto negoziale per attuare la divisione. Se invece le parti non si accordano, il professionista trasmette il processo verbale al giudice istruttore. Il giudice, quindi, fissa l'udienza di comparizione delle parti ed emette i provvedimenti di sua competenza *ex* art. 187 (art. 791).

Il **d.l. n. 69/2013**, convertito con modificazioni nella l. n. 98/2013 (*c.d. Decreto del fare*), ha aggiunto l'**art. 791-*bis* c.p.c.** Secondo questa nuova disposizione, se non vi è controversia sul diritto alla divisione e sulle quote né sussistono altre questioni pregiudiziali, gli eredi o condomini e gli eventuali creditori e aventi causa che hanno notificato o trascritto l'opposizione alla divisione possono, con **ricorso congiunto** al tribunale competente per territorio, chiedere la nomina di un notaio ovvero di un avvocato aventi sede nel circondario al quale demandare le operazioni di divisione.

Il procedimento è regolato dagli artt. 737 e ss. c.p.c. Contro il progetto di divisione redatto dal professionista le parti o altri interessati possono proporre opposizione con *ricorso* al Tribunale. Al termine delle operazioni, il professionista incaricato deposita in cancelleria il progetto che viene dichiarato esecutivo dal giudice con *decreto*.

5. La liberazione degli immobili dalle ipoteche

L'art. 2889 c.c. dispone che il terzo acquirente dei beni ipotecati, che ha trascritto il suo titolo e non è personalmente obbligato a pagare i creditori ipotecari, ha facoltà di liberare i beni da ogni ipoteca iscritta anteriormente alla trascrizione del suo titolo di acquisto. L'acquirente deve allora notificare ai creditori iscritti, nel domicilio da essi eletto, e al precedente proprietario un atto nel quale dichiara di offrire ai creditori il prezzo stipulato nel contratto o il valore dei beni (art. 2890 c.c.).

Il procedimento di cui agli artt. 792 e ss. c.p.c. presuppone dunque l'avvenuta notificazione dell'offerta. L'acquirente, quindi, deve chiedere, con **ricorso** al presidente del tribunale competente per l'espropriazione, la determinazione dei modi per il deposito del prezzo offerto. Sull'istanza il presidente provvede con *decreto*.

L'acquirente deve poi depositare nei modi prescritti dal presidente del tribunale il prezzo offerto e presentare nella cancelleria il certificato del deposito e altra documentazione tecnica. Quindi, il presidente designa un giudice per il procedimento e fissa l'udienza di comparizione (art. 793 c.p.c.).

Il giudice, all'udienza, verificata della regolarità degli atti, dispone con *ordinanza* la cancellazione delle ipoteche iscritte anteriormente alla trascrizione del titolo dell'acquirente e quindi provvede alla distribuzione del prezzo a norma degli artt. 596 e ss. c.p.c. (art. 795 c.p.c.).

Sezione VI ▶ Il processo del lavoro e il rito speciale per i licenziamenti

1. Caratteri generali e fasi del processo del lavoro

Il processo del lavoro, analogamente al processo ordinario, si caratterizza per essere un processo a **cognizione piena** volto ad un **accertamento definitivo sul merito**, destinato ad assumere l'incontrovertibilità della cosa giudicata.

Esso, tuttavia, presenta sensibili differenze rispetto al processo ordinario, che ne giustificano la qualificazione come **rito speciale** e precisamente:

- disciplina della trattazione maggiormente ispirata ai **principi di concentrazione, immediatezza ed oralità**, al fine di rendere più snella la procedura e di ridurre i tempi della decisione;

- inasprimento del **sistema di preclusioni**, sia con riguardo alle domande e alle relative eccezioni sia con riguardo alle richieste di prova e alle produzioni documentali;
- rafforzamento dei **poteri istruttori officiosi** del giudice, al fine di contemperare il *principio dispositivo* con le esigenze, di natura *inquisitoria*, di ricerca della verità materiale.

Anche nel rito del lavoro possono individuarsi **tre fasi**: 1) quella **introduttiva**, 2) quella **istruttoria** (a sua volta divisa in *trattazione*, *istruzione in senso proprio* e *discussione*) e 3) quella **decisoria**.

2. L'ambito di applicazione

La specialità del processo del lavoro trova fondamento nella *natura delle situazioni soggettive coinvolte e nel fisiologico squilibrio nei rapporti di forza intercorrenti tra le parti* (lavoratore e datore di lavoro), che conferiscono preminente rilevanza all'esigenza di consentire la rapida definizione del giudizio e l'effettivo accertamento della verità materiale.
Infatti, la disciplina del processo del lavoro si applica alle controversie nelle quali la domanda trova titolo in (art. 409 c.p.c.):

1. rapporti di lavoro subordinato privato, anche se non inerenti all'esercizio di un'impresa;
2. rapporti di mezzadria, di colonia parziaria, di compartecipazione agraria, di affitto a coltivatore diretto, nonché rapporti derivanti da altri contratti agrari, salva la competenza delle sezioni specializzate agrarie;
3. rapporti di agenzia, di rappresentanza negoziale ed altri rapporti di collaborazione che si concretino in una prestazione di opera continuativa e coordinata, prevalentemente personale, anche se non a carattere subordinato;
4. rapporti di lavoro dei dipendenti di enti pubblici che svolgono esclusivamente o prevalentemente attività economica;
5. rapporti di lavoro dei dipendenti di enti pubblici ed altri rapporti di lavoro pubblico, sempreché non siano devoluti dalla legge ad altro giudice.

3. La competenza

Con riguardo alla competenza, trovano applicazione i criteri della *materia* (quale criterio *verticale*) e del *territorio* (quale criterio *orizzontale*).
La competenza per materia è attribuita in via inderogabile al tribunale che giudica in composizione monocratica in funzione del giudice del lavoro (art. 413, comma 1, c.p.c.).
La competenza per territorio è disciplinata secondo due **fori alternativi**. Il ricorrente può infatti adire o il tribunale *"nella cui circoscrizione è sorto il rapporto"* oppure quello nella cui circoscrizione *"si trova l'azienda o una sua dipendenza alla quale è addetto il lavoratore o presso la quale egli prestava la sua opera al momento della fine del rapporto"* (art. 413, comma 2, c.p.c.).
Tale ultima competenza *"permane dopo il trasferimento dell'azienda o la cessazione di essa o della sua dipendenza, purché la domanda sia proposta entro sei mesi dal trasferimento o dalla cessazione"* (art. 413, comma 3, c.p.c.).
La competenza per territorio è, *tendenzialmente* **inderogabile**, in quanto *"sono nulle le clausole derogative della competenza per territorio"* (art. 413, comma 8 c.p.c.). Tuttavia, l'eccezione di incompetenza, a pena di decadenza, deve essere eccepita dal convenuto nella sua memoria di costituzione o dal giudice alla prima udienza.

4. I passaggi tra rito ordinario e rito speciale

La proposizione della domanda **nelle forme del rito ordinario**, anziché in quelle del rito del lavoro non pone un problema di competenza, riguardando unicamente il criterio di ripartizione interna

degli affari nell'ambito del singolo tribunale.
In tal caso, il giudice fissa con ordinanza l'udienza dell'art. 420 c.p.c. e il termine perentorio entro il quale le parti dovranno integrare, se necessario, gli atti introduttivi (art. 426 c.p.c.).
Parimenti, allorché venga proposta **nelle forme del rito speciale** una domanda afferente ad un rapporto soggetto al rito ordinario, il giudice adotta gli atti necessari per il mutamento del rito e la rimessione al giudice competente (art. 427 c.p.c.).

5. La fase introduttiva. Il ricorso e la memoria difensiva. L'intervento volontario del terzo

Nel rito del lavoro la domanda si introduce con *ricorso* depositato direttamente presso la cancelleria del giudice, lasciandosi la fissazione dell'udienza ad un successivo *decreto* che viene notificato al convenuto unitamente al ricorso.
Il contenuto del **ricorso** è disciplinato dettagliatamente dall'art. 414 c.p.c.
Il ricorso è **depositato** nella cancelleria del giudice competente insieme con i documenti in esso indicati (art. 415, comma 1, c.p.c.). Il giudice, entro cinque giorni dal deposito del ricorso, emette il **decreto** di fissazione dell'udienza di discussione (art. 415, comma 1, c.p.c.). Tra il giorno del deposito del ricorso e l'udienza di discussione non devono decorrere più di *sessanta giorni* (art. 415, comma 3, c.p.c.). Il ricorso, unitamente al decreto di fissazione dell'udienza deve essere notificato al convenuto, a cura del ricorrente, entro *dieci giorni* dalla data di pronuncia del decreto (art. 415, comma 4, c.p.c.) e tra la data di notificazione e l'udienza deve intercorrere un termine **perentorio** non inferiore a trenta giorni (art. 415, comma 5, c.p.c.).
A sua volta, il convenuto ha l'*onere* di costituirsi in giudizio almeno *dieci giorni* prima dell'udienza, depositando in cancelleria una **memoria difensiva**, nella quale devono essere proposte, a pena di decadenza, le eventuali *domande riconvenzionali* e le *eccezioni processuali e di merito non rilevabili d'ufficio*. Nella stessa memoria il convenuto deve prendere specifica posizione sui fatti affermati dall'attore a fondamento della domanda, proporre tutte le sue difese in fatto e in diritto ed indicare specificamente, a pena di decadenza, i *mezzi di prova* dei quali intende avvalersi ed in particolare dei *documenti* che deve contestualmente depositare (art. 416 c.p.c.).
Nell'ipotesi in cui, con la memoria difensiva, abbia proposto una **domanda riconvenzionale**, il convenuto, con istanza contenuta nella stessa memoria e *a pena di decadenza* dalla riconvenzionale medesima, deve chiedere al giudice che, a modifica del decreto pedissequo al deposito del ricorso introduttivo, pronunci, *non oltre cinque giorni*, un nuovo decreto per la fissazione dell'udienza (art. 418, comma 1, c.p.c.); lo **spostamento della prima udienza**. Tra la proposizione della domanda riconvenzionale e l'udienza di discussione non devono decorrere più di *cinquanta giorni* (art. 418, commi 2 e 5). Il decreto che fissa l'udienza è notificato al ricorrente, *a cura dell'ufficio*, unitamente alla memoria difensiva, entro *dieci giorni* dalla data in cui è stato pronunciato (art. 418, comma 3). Tra la data di notificazione del decreto al ricorrente e quella dell'udienza di discussione deve intercorrere un termine non minore di *venticinque giorni* (art. 418, commi 4 e 5).
Nel processo del lavoro è consentito alla parte di **stare in giudizio personalmente quando il valore della causa non eccede i 129,11 euro** e la domanda può essere proposta anche *verbalmente* davanti al giudice che ne fa redigere processo verbale (art. 417 c.p.c.).

6. La fase istruttoria

Esaurita la fase introduttiva, nella prima udienza, il giudice procede all'**interrogatorio libero** delle parti, nel **tentativo di conciliazione** e nella formulazione di una **proposta transattiva o conciliativa** (art. 420, comma 1, primo periodo c.p.c.).
A tal fine, seppur munite di difensori, le parti devono comparire personalmente. L'ingiustificata mancata comparizione delle parti, nonché il rifiuto ingiustificato della proposta transattiva o

conciliativa, costituiscono comportamento valutabile dal giudice ai fini del giudizio (art. 420, comma 1, secondo periodo, c.p.c.).
Se il tentativo di conciliazione riesce o viene accettata la proposta transattiva o conciliativa formulata dal giudice, viene redatto un **verbale di conciliazione** che è sottoscritto dalle parti, dai difensori, dal giudice e dal cancelliere, con cui si pone fine al processo. Il verbale di conciliazione ha efficacia di **titolo esecutivo** (art. 420, comma 3, c.p.c.).
Le altre attività nelle quali (eventualmente) si articola la trattazione in prima udienza sono:

1. *l'autorizzazione alla chiamata in causa*, che il convenuto deve avere chiesto già nel proprio atto introduttivo (art. 420, comma 9, c.p.c.),
2. *l'autorizzazione alla modificazione di domande, eccezioni e conclusioni* ***già formulate*** su richiesta delle parti, se ricorrono gravi motivi (art. 420, comma 1, ultimo periodo, c.p.c.). Non è possibile introdurre domande o eccezioni che non siano state formulate nel ricorso o nella memoria di costituzione tempestivamente depositata;
3. *l'ammissione dei mezzi di prova* già proposti dalle parti e quelli che le parti non abbiano potuto proporre prima (art. 420, comma 5, c.p.c.). In quest'ultimo caso, è attribuito all'altra parte il diritto di dedurre mezzi di prova **ulteriori**, che si rendano necessari in relazione a quelli ammessi (art. 420, comma 7, c.p.c.), entro il termine perentorio di cinque giorni;
4. *l'assunzione dei mezzi di prova* segue la disciplina del rito ordinario. A tal fine, **su richiesta delle parti**, possono essere assunte informazioni e osservazioni dalle associazioni sindacali da queste indicate (art. 421, comma 2, c.p.c.);
5. *poteri istruttori officiosi del giudice* che gli consentono di disporre d'ufficio in qualsiasi momento l'ammissione di ogni mezzo di prova, *anche fuori dei limiti stabiliti dal codice civile*, ad eccezione del giuramento decisorio (art. 421, comma 2, c.p.c.). Il giudice, su **istanza di parte**, dispone l'accesso ai luoghi di lavoro e l'esame dei testimoni nel luogo stesso (art. 421, comma 3, c.p.c.). Ove lo ritenga necessario, può ordinare la comparizione, per interrogarle liberamente sui fatti della causa, anche di quelle persone che siano incapaci di testimoniare (art. 421, comma 4 c.p.c.);
6. *le pronunce di condanna in via provvisoria* possono essere disposte in ogni stato e grado del processo per il pagamento di somme di denaro (art. 423 c.p.c.). Sono disposte con ordinanza, che costituisce **titolo esecutivo**, nel caso di somme non contestate, oppure di quanto il giudice ritenga accertato e provato. In tale secondo caso l'ordinanza può essere emessa solo su **istanza del lavoratore**;
7. *la discussione*, in ossequio al criterio ispiratore dell'**oralità del rito**. Tuttavia, se il giudice lo ritiene necessario, su richiesta delle parti, concede alle stesse un termine non superiore a dieci giorni per il deposito di **note difensive**, rinviando la causa all'udienza immediatamente successiva alla scadenza del termine (art. 429, comma 2, c.p.c.).

7. La fase decisoria. Pronuncia e deposito della sentenza

Subito dopo l'esaurimento della discussione orale, *nella medesima udienza* il giudice, udite le conclusioni delle parti, pronuncia sentenza con cui definisce il giudizio, dando lettura del dispositivo e della esposizione delle ragioni di fatto e di diritto della decisione.
In caso di particolare complessità della controversia, il giudice fissa nel dispositivo un termine, non superiore a sessanta giorni, per il deposito della sentenza (art. 429, comma 1, c.p.c.). Il cancelliere dà immediata comunicazione alle parti della sentenza depositata fuori udienza (art. 430 c.p.c.).
Nel caso in cui la definizione della controversia sia subordinata alla risoluzione pregiudiziale di una questione relativa a un contratto o accordo collettivo nazionale, il giudice decide separatamente tale questione con sentenza impugnabile unicamente con ricorso in cassazione da esperire entro sessanta giorni (art. 420-*bis* c.p.c.).

Quando pronuncia la sentenza di condanna al pagamento di somme di denaro per crediti di lavoro, il giudice deve determinare, oltre gli interessi nella misura legale, il maggior danno eventualmente subito dal lavoratore per la diminuzione di valore del suo credito, condannando al pagamento della somma relativa con decorrenza dal giorno della maturazione del diritto (art. 429, comma 3, c.p.c.).
Quando sia provato il diritto, ma non sia possibile determinare la somma dovuta, il giudice può liquidarla in via **equitativa** (art. 432, comma 3, c.p.c.).
Le sentenze che pronunciano condanna a favore del datore di lavoro o a favore del lavoratore per crediti derivanti dai rapporti di cui all'articolo 409 sono **provvisoriamente esecutive**. Il giudice d'appello può disporre la **sospensione** dell'esecuzione quando ricorrano **gravi motivi** (art. 431 c.p.c.).

8. L'appello

Le sentenze emesse dal tribunale in funzione di giudice del lavoro sono appellabili dinanzi alla **Corte di appello**. Sono **inappellabili** (e dunque sono impugnabili soltanto con ricorso per cassazione) le sentenze che hanno deciso una controversia di valore non superiore a 25,82 euro (art. 440 c.p.c.).
L'appello si propone con **ricorso** (art. 433, comma 1, c.p.c.). Il ricorso, oltre che contenere le indicazioni prescritte nell'art. 414, deve essere **motivato**. A seguito della riforma attuata con il D.Lgs. n. 149/2022 l'appello deve indicare, a pena di *inammissibilità*, in modo chiaro, sintetico e specifico (art, 434, comma 1, c.p.c.):

a) il capo della decisione di primo grado che viene impugnato;
b) le censure proposte alla ricostruzione dei fatti compiuta dal giudice di primo grado;
c) le violazioni di legge denunciate e la loro rilevanza ai fini della decisione impugnata.

Il ricorso deve essere **depositato** nella cancelleria della Corte di appello entro trenta giorni dalla notificazione della sentenza, oppure entro quaranta giorni nel caso in cui la notificazione abbia dovuto effettuarsi all'estero (art. 434, comma 2, c.p.c.).
La fissazione dell'udienza, la notificazione del ricorso e la costituzione dell'appellato sono regolate dagli artt. 435 e 436 c.p.c. e seguono la medesima struttura del giudizio di primo grado.
L'eventuale **appello incidentale**, va proposto, *a pena di decadenza*, nella memoria di costituzione, che deve essere notificata, a cura dell'appellato, alla controparte *almeno dieci giorni prima dell'udienza*. (art. 436 c.p.c.).
Nei casi di inammissibilità, improcedibilità o manifesta fondatezza o infondatezza dell'appello (artt. 348, 348-*bis* e 350 c.p.c.), il collegio, sentiti i difensori delle parti, pronuncia sentenza in forma sintetica dandone lettura in udienza (art. 436-*bis* c.p.c.).
Non sono ammesse nuove domande ed eccezioni. **Neppure sono ammessi nuovi mezzi di prova**, salvo che il collegio, *anche d'ufficio*, li ritenga indispensabili ai fini della decisione. In tal caso, il collegio fissa, entro venti giorni, l'udienza nella quale devono essere assunte e deve essere pronunciata la sentenza (art. 437, commi 2 e 3, c.p.c.).
Il collegio pronuncia **sentenza**, dando lettura del dispositivo nella stessa udienza (art. 437, comma 1, c.p.c.). La sentenza deve essere depositata in cancelleria entro sessanta giorni dalla pronuncia. La sentenza è **esecutiva** secondo le disposizioni di cui all'art. 431.

9. Meccanismi alternativi di definizione della controversia. La conciliazione e l'arbitrato

A) La conciliazione
Nel sistema delineato dal **d.lgs. n. 80/1998**, per chi voleva proporre un ricorso relativo ad uno dei rapporti di cui all'art. 409 c.p.c. era **obbligatorio** il tentativo di conciliazione e la sua

promozione **era condizione di procedibilità** della domanda giudiziale.
Il nuovo sistema introdotto dalla l. n. 183/2010 ha mutato la precedente impostazione. La promozione del tentativo di conciliazione non è più l'oggetto di un obbligo (*recte*: onere) ma è l'oggetto di una **facoltà** attribuita alla parte, la quale *può* esperire un *previo* tentativo di conciliazione dinanzi alla **commissione di conciliazione istituita presso la Direzione provinciale del lavoro** (art. 410 c.p.c.).
Se la conciliazione riesce, viene redatto il **processo verbale di conciliazione**, dichiarato esecutivo con decreto del giudice. Se, invece, non si raggiunge l'accordo, la commissione di conciliazione deve formulare una proposta per la bonaria definizione della controversia. Se la proposta non è accettata, i termini di essa sono riassunti nel verbale con indicazione delle valutazioni espresse dalle parti. Delle risultanze della proposta formulata dalla commissione e non accettata senza adeguata motivazione il giudice tiene conto in sede di giudizio (art. 411 c.p.c.).
L'ultima parte dell'art. 411 prevede una disciplina specifica per **il tentativo di conciliazione svoltosi in sede sindacale**.

B) L'arbitrato
La l. n. 183/2010, riscrivendo gli artt. 412, 412-*ter* e 412-*quater* c.p.c., ha notevolmente ampliato l'ambito di applicazione dell'istituto, prevedendo diverse forme di arbitrato:

1. una prima forma è quella dell'**arbitrato devoluto alla commissione di conciliazione,** prevista dal "nuovo" art. 412 c.p.c.
2. una seconda forma è quella dell'**arbitrato con le modalità previste dai contratti collettivi**, disciplinato dal "nuovo" art. 412-*ter* c.pc..
3. una terza forma è quella dell'**arbitrato devoluto ad un collegio di conciliazione e arbitrato irrituale**, composto secondo i criteri stabiliti dall'art. 412-*quater* c.p.c..
4. i commi 10 e 11 dell'art. 31 della l. n. 183/2010 prevedono, infine, anche una quarta forma di arbitrato, sulla base di una **clausola compromissoria** (che deve essere certificata a norma degli artt. 75 e ss. d.l. n. 276/2003), a condizione che ciò sia previsto da accordi interconfederali o contratti collettivi di lavoro stipulati dalle organizzazioni dei datori di lavoro e dei lavoratori comparativamente più rappresentative sul piano nazionale.

10. Cenni sulle controversie in materia di previdenza ed assistenza obbligatorie e sulle controversie in materia locatizia

Il rito del lavoro è applicabile nei procedimenti relativi a controversie derivanti dall'applicazione delle norme riguardanti le **assicurazioni sociali**, gli **infortuni sul lavoro**, le **malattie professionali**, gli **assegni familiari** nonché **ogni altra forma di previdenza ed assistenza obbligatorie**, salve talune disposizioni particolari previste dal Capo II del Titolo IV del Libro II del codice (artt. 442-447 c.p.c.).
In particolare, le disposizioni del suddetto Capo II attengono:

1. ***alla competenza***: le controversie in esame sono di competenza del tribunale, in funzione di giudice del lavoro, nella cui circoscrizione ha la **residenza** l'attore (art. 444 c.p.c.);
2. ***all'istruttoria***: con riguardo alle controversie in materia di *invalidità civile*, *cecità civile*, *sordità civile*, *handicap* e *disabilità* (nonché di *assegno di invalidità* e *pensione di inabilità*), si prevede altresì un **accertamento tecnico preventivo obbligatorio** delle condizioni sanitarie legittimanti la pretesa fatta valere, il cui espletamento costituisce *condizione di procedibilità* della domanda. Espletato l'accertamento, in assenza di contestazione delle conclusioni del consulente nel termine perentorio non superiore a trenta giorni all'uopo assegnato dal giudice, questi **omologa con decreto** l'accertamento tecnico e il decreto viene notificato agli enti competenti; nei casi di mancato accordo, invece, la parte che abbia dichiarato di contestare le conclusioni del consulente tecnico

deve depositare, entro il termine perentorio di trenta giorni dalla formulazione della dichiarazione di dissenso, il **ricorso introduttivo del giudizio,** che si conclude con sentenza **inappellabile** (art. 445-*bis* c.p.c.).

La *tendenziale* applicabilità del rito del lavoro è prevista anche per le controversie in materia di **locazione e di comodato di immobili urbani** e per quelle in materia di **affitto di aziende** (art. 447-*bis*, comma 1, c.p.c.); l'estensione non riguarda, tuttavia, oltre ad altre specifiche norme, quelle sulla competenza (art. 413 c.p.c.), sui poteri istruttori officiosi del giudice (art. 421, dal secondo al quarto comma, c.p.c.) e sull'esecutorietà della sentenza (art. 432 c.p.c.). Questi aspetti sono disciplinati autonomamente dal secondo, terzo e quarto comma dell'art. 447-*bis* c.p.c.

11. Il rito speciale per i licenziamenti previsto dalla c.d. *"Riforma Cartabia"*

A seguito della riforma attuata con il D.Lgs. n. 149/2022 e l'abrogazione della L. n. 92/2012 (c.d. *legge Fornero*), tutte le controversie relative ai licenziamenti sono assoggettate al rito del lavoro con la previsione di particolari disposizioni al fine di imprimerne un'ulteriore accelerazione.
In particolare, le nuove disposizioni prevedono (art. 441-*bis* c.p.c.):

- la priorità della trattazione e decisione di tali controversie rispetto alle altre pendenti sul ruolo del giudice (comma 1);
- la possibilità per il giudice di ridurre i termini del procedimento della metà, fermo restando che tra la data di notificazione del ricorso al convenuto o al terzo e la data di udienza deve intercorrere un termine non inferiore a venti giorni (comma 2);
- le domande connesse e riconvenzionali possono essere trattate congiuntamente o disgiuntamente alle domande di reintegrazione nel posto di lavoro, in relazione alle esigenze di celerità prospettate dalle parti. A tal fine il giudice riserva particolari giorni, anche ravvicinati, nel calendario delle udienze (comma 4);
- i giudizi di appello e di cassazione sono decisi tenendo conto delle medesime esigenze di celerità e concentrazione (comma 5).

Detto rito si applica anche per il licenziamento del socio della cooperativa e, in tal caso, il giudice decide anche delle questioni relative al rapporto associativo e sul rapporto associativo, nei casi in cui il licenziamento sia derivato dalla cessazione del rapporto associativo (art. 441-*ter* c.p.c.). Nei casi di licenziamento discriminatorio, oltre che con il suddetto rito, è sempre possibile introdurre la domanda con i riti speciali contemplati dalle leggi speciali (art. 38 D.Lgs. n. 198/2006 e art. 28 D.Lgs. n. 150/2011), ma è preclusa la duplicazione dei giudizi (art. 441-*quater* c.p.c.).

Sezione VII ▶ I principali procedimenti disciplinati dalla legislazione speciale

1. L'attuazione della riduzione dei riti. Il D.Lgs. n. 150/2011

Per porre rimedio all'incontrollata proliferazione di diversi e numerosi procedimenti speciali, il legislatore, invertendo radicalmente la sua precedente tendenza, è intervenuto per la *"riduzione"* e la *"semplificazione"* dei riti civili di cognizione devoluti alla giurisdizione ordinaria e regolati dalla legislazione speciale. Su questa linea, è stato dunque emanato il D.Lgs. n. 150/2011 che ha raggruppato i numerosi ed eterogenei procedimenti disciplinati dalla legislazione speciale in **tre categorie**:

a. le controversie regolate dal rito del lavoro

- **b. le controversie regolate dal rito semplificato di cognizione,**
- **c. le controversie regolate dal rito ordinario di cognizione**

Il Capo I, intitolato *"Disposizioni generali"*, reca le **disposizioni comuni ad ognuna delle prime due categorie**. Precisamente:

- con riguardo alle **controversie disciplinate dal rito del lavoro**, l'art. 2 prevede che non si applicano, salvo che siano espressamente richiamati, gli artt. 413, 415, comma 7, 417, 417-*bis*, 420-*bis*, 421, comma 1, 425, 426, 427, 429, comma 3, 431, commi 1-4 e 6, 433, 438, comma 2, e 439 c.p.c. Salvo che sia diversamente disposto, i poteri istruttori previsti dall'art. 421, comma 2, c.p.c. non vengono esercitati al di fuori dei limiti previsti dal codice civile;
- con riguardo alle **controversie disciplinate dal rito semplificato di cognizione**, l'art. 3 prevede che non si applica l'art. 281-*duodecies*, comma 1, c.p.c.

L'art. 4, D.Lgs. n. 150/2011 prevede le modalità generali per il **mutamento di rito** nel caso di errore nella scelta dello stesso. Quando una controversia viene promossa in forme diverse da quelle previste dal D.Lgs. n. 150/2011, il giudice dispone il mutamento del rito con *ordinanza*, che viene pronunciata *anche d'ufficio*, ma *non oltre la prima udienza* di comparizione delle parti. Quando invece la controversia rientra tra quelle per le quali il D.Lgs. n. 150/2011 prevede l'applicazione del *rito del lavoro*, il giudice fissa l'udienza di cui all'art. 420 c.p.c. e il termine perentorio entro il quale le parti devono provvedere all'eventuale integrazione degli atti introduttivi mediante deposito di memorie e documenti in cancelleria.
Gli *effetti sostanziali e processuali della domanda* si producono secondo le norme del rito seguito prima del mutamento e che restano ferme le *decadenze* e le *preclusioni* maturate.
L'art. 5, infine, prevede una disciplina generale della **sospensione dell'efficacia esecutiva del provvedimento impugnato**, stabilendo che nei casi in cui il D.Lgs. n. 150/2011 prevede la predetta sospensione, il giudice vi provvede, se richiesto e sentite le parti, con *ordinanza non impugnabile* allorché ricorrano *gravi motivi e circostanziate ragioni esplicitamente indicate nella motivazione*.

2. Il riconoscimento delle sentenze straniere

La L. n. 218/1995, di riforma del sistema italiano di diritto internazionale privato, ha abrogato gli artt. 796, 797, 798 e 799 c.p.c. e ha introdotto un'applicazione generalizzata dei principi della Convenzione di Bruxelles del 1968, in base ai quali vige la regola dell'automaticità del riconoscimento delle sentenze civili straniere.
Pertanto, la sentenza straniera è riconosciuta in Italia senza che sia necessario il ricorso ad alcun procedimento purché (art. 64 L. n. 218/1995):

- **a)** il giudice che l'ha pronunciata *poteva conoscere* della causa secondo i principi sulla competenza giurisdizionale propri dell'ordinamento italiano;
- **b)** l'atto introduttivo del giudizio è stato *portato a conoscenza* del convenuto e non sono stati violati i diritti essenziali della difesa;
- **c)** le *parti si siano costituite* in giudizio secondo la legge del luogo dove si è svolto il processo;
- **d)** sia *passata in giudicato* secondo la legge del luogo in cui è stata pronunciata;
- **e)** *non sia contraria ad altra sentenza* pronunciata da un giudice italiano passata in giudicato;
- **f)** *non penda un processo* davanti a un giudice italiano per il medesimo oggetto e fra le stesse parti, che abbia avuto inizio prima del processo straniero;
- **g)** le sue disposizioni non producano effetti contrari all'*ordine pubblico*.

Il controllo di questi presupposti è **successivo ed eventuale**. Più precisamente, può essere attivato un giudizio di accertamento sulla sentenza straniera (art. 67 L. n. 218/1995):

1. in caso di contestazione dei requisiti di cui all'art. 64 l. n. 218/1995;
2. quando sia necessario procedere ad esecuzione forzata.

Il giudizio può essere promosso da *chiunque vi abbia interesse* con atto di citazione davanti alla Corte d'appello. si applica il **rito semplificato di cognizione** (art. 30 D.Lgs. n. 150/2011.
Per quanto riguarda il riconoscimento delle sentenze emesse da autorità giudiziarie di Stati membri dell'**Unione Europea**, trova applicazione il **regolamento UE 1215** (che ha sostituito il regolamento CE n. 44/2001), che ribadisce il principio del riconoscimento internazionale automatico.

3. Il procedimento di equa riparazione in caso di violazione del termine ragionevole del processo (*ex Legge Pinto*)

La L. n. 89/2001 (c.d. "*Legge Pinto*") ha introdotto un procedimento per ottenere la riparazione dei danni, *patrimoniali* e *non patrimoniali*, subiti per il mancato rispetto del termine ragionevole di un giudizio di cui all'**art. 6, par.1, della Convenzione europea dei diritti umani e delle libertà fondamentali**, e costituzionalizzato nell'art. 111 Cost.
Si considera rispettato il **termine ragionevole** se il processo non eccede la durata di: *tre anni* in primo grado; *due anni* in secondo grado; *un anno* nel giudizio di legittimità. In ogni caso, si considera comunque rispettato il termine ragionevole se il giudizio viene definito in modo irrevocabile in un tempo non superiore a *sei anni* (art. 2, commi 2-*bis* e 2-*ter* L. n. 89/2001).
La domanda di equa riparazione è inammissibile se il ricorrente non ha esperito i **rimedi preventivi** all'irragionevole durata del processo. Nei processi civili costituiscono rimedi preventivi: l'introduzione del giudizio nelle forme del procedimento semplificato di cognizione di cui agli artt. 281-*decies* e ss. c.p.c.; la richiesta di passaggio dal rito ordinario al rito semplificato a norma dell'art. 183-*bis* c.p.c.; entro l'udienza di trattazione e comunque almeno sei mesi prima che siano trascorsi i summenzionati termini di cui all'art. 2, comma 2-*bis* L. n. 89/2001; nelle cause in cui non si applica il rito semplificato di cognizione, ivi comprese quelle in grado di appello, la proposizione di istanza di decisione a seguito di trattazione orale a norma dell'art. 281-*sexies* c.p.c., almeno sei mesi prima che siano trascorsi i termini di cui all'art. 2, comma 2-*bis* della l. n. 89/2001.
La forma della domanda di equa riparazione, da proporsi a pena di decadenza entro *sei mesi* dal momento in cui la decisione che conclude il procedimento è divenuta definitiva, è quella del **ricorso** da presentare al presidente della Corte di appello del distretto in cui ha sede il giudice innanzi al quale si è svolto il primo grado del processo presupposto (art. 3, comma 1, L. n. 89/2001).
Entro trenta giorni dal deposito del ricorso, il presidente della Corte di Appello, o un magistrato della corte a tal fine designato, si pronuncia con *decreto motivato*, potendo invitare il ricorrente alle eventuali integrazioni probatorie di cui all'art. 640 c.p.c. (art. 3, comma 4, l. n. 89/2001).
Se accoglie il ricorso, il giudice ingiunge all'amministrazione contro cui è stata proposta la domanda di pagare senza dilazione la somma liquidata a titolo di equa riparazione, autorizzando in mancanza la provvisoria esecuzione.
Il ricorso, unitamente al decreto che accoglie la domanda di equa riparazione, è **notificato** per copia autentica al soggetto nei cui confronti la domanda è proposta (art. 5 L. n. 89/2001).
La parte contro cui è emanato il decreto per il pagamento della somma a titolo di equa riparazione e il ricorrente, nel caso in cui venga rigettata la domanda, possono fare **opposizione** davanti alla Corte d'appello, che segue le forme del procedimento camerale.

4. I procedimenti previsti dal Codice del consumo e le azioni collettive introdotte dalla Legge n. 31/2019

La disciplina organica delle azioni collettive viene riportata all'interno del codice di procedura civile al Titolo VIII-*bis* del Libro Quarto.
Nello specifico, vengono previste due tipologie di azioni: l'azione di classe e l'azione inibitoria.

A) L'azione di classe
L'azione di classe è posta a tutela di **diritti *individuali omogenei*** (art. 840-*bis* c.p.c.). In particolare:

- sono legittimati attivi ciascun componente della classe, e le **organizzazioni** o **associazione** senza scopo di lucro, i cui obiettivi statutari comprendano la tutela dei predetti diritti e che sia iscritta in un elenco pubblico istituito presso il Ministero della giustizia;
- sono legittimati passivi le imprese, enti gestori di servizi pubblici o di pubblica utilità, relativamente ad atti e comportamenti posti in essere nello svolgimento delle loro rispettive attività;
- la domanda si propone con **ricorso** esclusivamente davanti alla **sezione specializzata in materia di impresa** competente per il luogo ove ha sede la parte *resistente* (art. 840 *ter* c.p.c.), che decide con ordinanza sull'**ammissibilità** della domanda;
- con tale ordinanza il tribunale fissa un termine perentorio per l'**adesione** all'azione medesima da parte dei soggetti portatori di diritti individuali omogenei (art. 840 *quinquies* c.p.c.);
- il tribunale, omessa ogni formalità non essenziale al contraddittorio, procede nel modo che ritiene più opportuno agli atti di istruzione rilevanti in relazione all'oggetto del giudizio;
- con la **sentenza che accoglie** l'azione di classe, il tribunale adotta i provvedimenti di cui all'art. 840 *sexies* c.p.c. e possono aderirvi i soggetti portatori di diritti individuali omogenei che non l'abbiano fatto prima (art. 840-*sexies* c.p.c.);
- decorso il termine per le adesioni, il resistente deposita una memoria contenente le sue difese, mentre il rappresentante comune degli aderenti predispone il progetto dei diritti individuali omogenei degli aderenti, rassegnando per ciascuno le sue motivate conclusioni, e lo deposita (art. 840-*octies* c.p.c.);
- il **giudice delegato** decide con **decreto** *motivato* (art. 840 *octies*). proposta **opposizione** con ricorso da depositare nel termine perentorio di *trenta giorni* dalla comunicazione del provvedimento presso la cancelleria del tribunale.

B) L'azione inibitoria collettiva
Chiunque abbia interesse alla pronuncia di una inibitoria di atti e comportamenti, posti in essere in pregiudizio di una pluralità di individui o enti, può agire per ottenere l'ordine di cessazione o il divieto di reiterazione della condotta omissiva o commissiva (art. 840-*sexiesdecies* c.p.c.). I punti salienti della disciplina sono:

- la legittimazione attiva e la legittimazione passiva sono le medesime previste per l'azione di classe;
- la domanda si propone con le forme del procedimento camerale, regolato dagli articoli 737 e ss. c.p.c., in quanto compatibili, esclusivamente dinanzi alla **sezione specializzata in materia di impresa** competente per il luogo dove ha sede la parte resistente. Il ricorso è notificato al pubblico ministero;
- con la condanna alla cessazione della condotta omissiva o commissiva, il tribunale può, su istanza di parte, adottare i provvedimenti di cui all'articolo 614-*bis* c.p.c., anche fuori dei casi ivi previsti.

5. La legge n. 24/2017 sulla responsabilità professionale del personale sanitario

La legge disciplina la sicurezza delle cure sanitarie, la responsabilità civile e penale dell'esercente la professione sanitaria e la responsabilità civile della struttura in cui esso opera ed introduce rilevanti novità.
Sul piano processuale, la L. n. 24/2017 prevede una pluralità di azioni esercitabili dal paziente danneggiato dall'inesatto adempimento di una prestazione medica.
Più in particolare, il paziente danneggiato esercitare:

1. **l'azione di risarcimento del danno contrattuale** nei confronti della struttura sanitaria o sociosanitaria (art. 7, comma 1);
2. **l'azione di risarcimento del danno extracontrattuale** nei confronti dell'esercente la professione sanitaria (art. 7, comma 3);
3. **l'azione diretta nei confronti dell'assicuratore** della responsabilità civile della *struttura sanitaria* o sociosanitaria (art. 12, comma 1).
4. **l'azione diretta nei confronti dell'assicuratore** della responsabilità civile dell'*esercente la professione sanitaria fuori della struttura*, legato al paziente da un contratto d'opera professionale.

Sezione VIII ► La mediazione e l'arbitrato

1. Nozione e tipi

La mediazione è l'attività svolta da un **terzo imparziale** (mediatore) e **finalizzata ad assistere** due o più soggetti nella ricerca di un accordo amichevole per la composizione di una controversia (art. 1 D.Lgs. n. 28/2010). Per il risultato positivo della mediazione (ossia l'avvenuta composizione della controversia), la stessa norma utilizza invece il termine "*conciliazione*".
L'istituto è stato oggetto di diverse novità in virtù della riforma attuata con il D.Lgs. n. 149/2022.
Per acquisire la qualifica di mediatore è necessario frequentare un corso, tenuto da **organismi di mediazione** (pubblici o privati) iscritti in un apposito registro del Ministero della giustizia, e superare una prova di valutazione finale. Gli **avvocati** iscritti all'albo sono mediatori *di diritto*.
I tipi di mediazione sono:

1) **Mediazione *facoltativa*** (art. 2 D.Lgs. n. 28/2010) È quella a cui può accedere chiunque per la conciliazione di una controversia civile e commerciale, purché abbia ad oggetto **diritti disponibili**.
2) **Mediazione *delegata*** (art. 5-*quater* D.Lgs. n. 28/2010) Si tratta dell'ipotesi in cui il giudice ritenga opportuno rimettere le parti davanti ad un mediatore. Il giudice ha il potere di *imporre* la mediazione, anche in sede di giudizio di appello, valutata la natura della causa, lo stato dell'istruzione e il comportamento delle parti.
3) **Mediazione *obbligatoria*** (art. 5 D.Lgs. n. 28/2010) L'esperimento del procedimento di mediazione costituisce **condizione di procedibilità** per l'esercizio di un'azione giudiziaria relativa ad una controversia in determinate materie (condominio, diritti reali, divisione, successioni ereditarie, patti di famiglia, locazione, comodato, affitto di aziende, risarcimento del danno derivante da responsabilità medica e sanitaria da diffamazione con il mezzo della stampa o con altro mezzo di pubblicità, contratti assicurativi, bancari e finanziari, cui sono state aggiunte con la riforma attuata con D.Lgs. n. 149/2022 i contratti di associazione in partecipazione, consorzio, franchising, opera, rete, somministrazione, società di persone e subfornitura).

Inoltre, la mediazione è obbligatoria quando sia prevista da apposita clausola contrattuale o statutaria (art. 5-*sexies* D.Lgs. n. 28/2010).
In ogni caso, il procedimento di mediazione non può costituire condizione di procedibilità né il giudice può mai disporlo: a) nei procedimenti per ingiunzione; b) nei procedimenti per convalida di licenza o sfratto; c) nei procedimenti di consulenza tecnica preventiva; d) nei procedimenti possessori; e) nei procedimenti di opposizione o incidentali di cognizione relativi all'esecuzione forzata; f) nei procedimenti in camera di consiglio; g) nell'azione civile esercitata nel processo penale; h) nell'azione inibitoria di cui all'art. 37 D.Lgs. n. 206/2005 (Codice del Consumo).
Tuttavia, a seguito della riforma attuata con il D.Lgs. n. 149/2022, quando l'azione è stata introdotta con **decreto ingiuntivo**, nel procedimento di opposizione l'onere di presentare la domanda di mediazione grava sulla parte che ha proposto ricorso per decreto ingiuntivo (art. 5-*bis* D.Lgs. n. 28/2010). Il giudice alla prima udienza provvede sulle istanze di concessione e sospensione della provvisoria esecuzione se formulate e, accertato il mancato esperimento del tentativo obbligatorio di mediazione, fissa la successiva udienza dopo la scadenza del termine per la mediazione. Se la mediazione non è esperita, il giudice dichiara l'improcedibilità della domanda proposta con il ricorso per decreto ingiuntivo, revoca il decreto opposto e provvede sulle spese.

2. Il procedimento

Il procedimento di mediazione ha una durata non superiore a **tre mesi** prorogabili dopo l'instaurazione per ulteriori tre mesi dietro accordo scritto delle parti (art. 6 D.Lgs. n. 28/2010).
La **domanda di mediazione** è presentata mediante il deposito di un'istanza presso l'organismo di mediazione nel luogo del giudice territorialmente competente per la controversia.
A seguito del deposito della domanda, il responsabile dell'organismo designa un mediatore e fissa il primo incontro tra le parti non prima di 20 giorni e non oltre 40 giorni dal deposito della domanda. La domanda e la data del primo incontro sono comunicate all'altra parte, a cura dell'organismo di mediazione.
Nei casi di mediazione obbligatoria le parti *devono* partecipare al procedimento di mediazione con l'**assistenza dell'avvocato** (art. 8, comma 5, D.Lgs. n. 28/2010).
Nel primo incontro il mediatore chiarisce alle parti la funzione e le modalità di svolgimento della mediazione e si adopera affinché le parti raggiungano un accordo di conciliazione (art. 8, comma 6, D.Lgs. n. 28/2010). Nelle controversie che richiedono specifiche competenze tecniche l'organismo può nominare uno o più **mediatori ausiliari**. Inoltre, il mediatore può avvalersi di **esperti** iscritti negli albi dei consulenti presso i tribunali.
Il procedimento si svolge **senza formalità** presso la sede dell'organismo di mediazione o nel luogo indicato dal regolamento di procedura dell'organismo. A seguito della riforma attuata con il D.Lgs. n. 149/2020, la mediazione può anche svolgersi in modalità telematica (art. 8-*bis* D.Lgs. n. 28/2010).
Dalla mancata partecipazione senza giustificato motivo al procedimento di mediazione, il giudice nel successivo giudizio può desumere argomenti di prova ex art. 116, comma 2, c.p.c. (art. 12-*bis* D.Lgs. n. 28/2010).
Inoltre, a seguito della riforma attuata con il D.Lgs. n. 149/2022, quando la mediazione costituisce condizione di procedibilità, il giudice:

- *condanna* la parte costituita che non ha partecipato al primo incontro senza giustificato motivo al versamento all'entrata del bilancio dello Stato di una somma di importo corrispondente al doppio del contributo unificato dovuto per il giudizio (art. 12-*bis*, comma 2, D.Lgs. n. 28/2010). Nel caso in cui il provvedimento sia adottato nei confronti di una Pubblica Amministrazione, questo deve essere trasmesso al pubblico ministero presso la sezione giurisdizionale della Corte dei conti, e all'autorità di vigilanza competente (art. 12-*bis*, comma 4, D.Lgs. n. 28/2010;

- *può condannare* la parte soccombente che non ha partecipato alla mediazione al pagamento in favore della controparte di una somma equitativamente determinata in misura non superiore nel massimo alle spese del giudizio maturate dopo la conclusione del procedimento di mediazione (art. 12-*bis*, comma 3, D.Lgs. n. 28/2010).

3. Gli esiti del procedimento di mediazione

Se è raggiunto un **accordo amichevole**, il mediatore forma processo verbale al quale è allegato il testo dell'accordo medesimo (art. 11 D.Lgs. n. 28/2010) e che può avere efficacia di titolo esecutivo nonché di titolo per l'iscrizione di **ipoteca giudiziale**.
Quando l'accordo non è raggiunto, il mediatore può formulare una *proposta di conciliazione*. In ogni caso, il mediatore è tenuto a formulare una proposta di conciliazione se le parti gliene fanno concorde richiesta in qualunque momento del procedimento.
La proposta di conciliazione viene comunicata alle parti per iscritto. Le parti fanno pervenire al mediatore, per iscritto ed entro sette giorni, l'accettazione o il rifiuto della proposta. In mancanza di risposta nel termine, la proposta si considera *rifiutata*.
Solo se tutte le parti aderenti alla mediazione sono assistite da un avvocato, l'accordo che sia stato sottoscritto dalle parti e dagli stessi avvocati costituisce **titolo esecutivo** per l'esecuzione forzata nonché per l'iscrizione di ipoteca giudiziale (art. 12, comma 1, D.Lgs. n. 28/2010). In tutti gli altri casi, l'accordo allegato al verbale acquista efficacia esecutiva solo se giudizialmente **omologato** (art. 12, comma 1-bis, D.Lgs. n. 28/2010).
Se la **conciliazione non riesce**, il mediatore forma processo verbale con l'indicazione della proposta, dando atto della mancata partecipazione di una delle parti al procedimento di mediazione. In questa ipotesi:

a) quando il provvedimento che definisce il giudizio **corrisponde interamente** al contenuto della proposta, il giudice esclude la *ripetizione* delle spese sostenute dalla parte vincitrice che ha rifiutato la proposta, riferibili al periodo successivo alla formulazione della stessa, e la condanna al *rimborso* delle spese sostenute dalla parte soccombente relative allo stesso periodo (art. 13, comma 1, D.Lgs. n. 28/2010).

b) quando il provvedimento che definisce il giudizio **non corrisponde interamente** al contenuto della proposta, il giudice, se ricorrono gravi ed eccezionali ragioni, *può* nondimeno escludere la ripetizione delle spese sostenute dalla parte vincitrice per l'indennità corrisposta al mediatore e per il compenso dovuto all'esperto (art. 13, comma 2, D.Lgs. n. 28/2010).

4. Nozione e tipi

Nell'esercizio dei propri poteri di **autonomia negoziale**, le parti possono attribuire ad uno o più arbitri il potere di giudicare e risolvere una controversia, avente ad oggetto diritti disponibili attraverso una decisione (*lodo*) **vincolante**, resa al termine di un processo nel rispetto delle garanzie del contraddittorio e della parità delle parti. Nell'arbitrato, dunque, a differenza della mediazione, si attribuisce a un soggetto terzo (oppure ad un collegio) il potere di decidere secondo diritto (o equità).
Gli artt. 806 e ss. c.p.c. prevedono due tipi di arbitrato: l'arbitrato *rituale* e l'arbitrato *irrituale*:

a) il lodo pronunciato all'esito dell'**arbitrato rituale** ha la stessa efficacia della sentenza pronunciata dall'autorità giudiziaria (art. 824-*bis* c.p.c.);

b) viceversa, attraverso l'**arbitrato irrituale** le parti possono convenire di far decidere la controversia da arbitri il cui lodo avrà efficacia *contrattuale* (art. 808-*ter* c.p.c.). In questo caso le parti conferiscono agli arbitri un mandato non per decidere su una controversia ma per regolamentare un negozio.

Le parti possono convenire di ricorrere ad arbitri attraverso tre tipi di negozi:

1. **Compromesso.** È un contratto con il quale le parti si accordano affinché la controversia *già insorta* sia decisa da arbitri. Per la sua validità è necessaria la forma scritta (art. 807, comma 2, c.p.c.).
2. **Clausola compromissoria.** Attraverso tale clausola, inserita nel contratto che stipulano o in un atto separato, le parti si accordano affinché le controversie che potrebbero nascere in futuro dal contratto medesimo siano decise da arbitri, purché si tratti di controversie che possono formare oggetto di convenzione d'arbitrato. Le condizioni di validità della clausola compromissoria sono le stesse previste per il compromesso (art. 808 c.p.c.).
3. **Convenzione di arbitrato.** Si tratta di un negozio giuridico, stipulato nella stessa forma del compromesso, attraverso cui le parti stabiliscono che siano decise da arbitri le controversie future relative ad uno o più rapporti non contrattuali determinati (art. 808-*bis* c.p.c.).

5. Nomina e ricusazione degli arbitri

Qualora a norma della convenzione d'arbitrato gli arbitri debbano essere nominati dalle parti, ciascuna di esse, con atto notificato per iscritto, rende noto all'altra gli arbitri che essa nomina (art. 810, comma 1, c.p.c.). Trascorso inutilmente il termine per la nomina, la parte può chiedere con ricorso al presidente del tribunale di procedere alla nomina dell'arbitro (art. 810, comma 2, c.p.c.). In tal caso, la nomina avviene nel rispetto di criteri che assicurano trasparenza, rotazione ed efficienza (art. 810, comma 3, c.p.c.).
Gli arbitri devono accettare la nomina per iscritto indicando, a pena di nullità, ogni circostanza rilevante ai fini della ricusazione (art. 813, comma 1, c.p.c.).
Il procedimento di **ricusazione** degli arbitri può aver luogo nei casi elencati dall'art. 815 c.p.c. La ricusazione è proposta mediante *ricorso* al presidente del tribunale.

6. Rapporti con l'autorità giudiziaria e sospensione

A seguito della riforma attuata con il D.Lgs. n. 149/2022, in tutte le ipotesi in cui la competenza a decidere della controversia sia declinata dall'arbitro in favore del giudice, o viceversa, il processo prosegue dinanzi all'organo competente se viene riassunto entro tre mesi dalla pronuncia della sentenza o del lodo che ha dichiarato l'incompetenza (art. 819-*quater*, commi 1 e 2 c.p.c.). In caso contrario il processo si estingue (art. 819-*quater*, comma 4, c.p.c.). In ogni caso, la domanda di arbitrato produce gli effetti sostanziali della domanda giudiziale, anche ai fini della riassunzione del giudizio (art. 816-*bis*.1 c.p.c.).
La sentenza del giudice in merito alla sua competenza rispetto agli arbitri è impugnabile con **regolamento di competenza**. È possibile eccepire l'incompetenza del giudice solo nella comparsa di risposta; la mancata eccezione radica la competenza del giudice per quella controversia.
Il codice prevede ipotesi di **sospensione del procedimento obbligatoria** (art. 819-*bis* c.p.c.) e ipotesi di **sospensione facoltativa** (art. 816-*sexies* c.p.c.).

7. Svolgimento del processo

Lo svolgimento del procedimento arbitrale può essere regolato con atto scritto anteriore al giudizio relativamente alle norme da osservare e alla lingua dell'arbitrato. Mancando un tale atto gli arbitri provvederanno nel modo ritenuto più opportuno. In ogni caso, gli arbitri devono assicurare il rispetto **principio del contraddittorio**, concedendo alle parti ragionevoli ed equivalenti possibilità di difesa (art. 816-*bis* c.p.c.).
Se nel giudizio arbitrale sorgono **questioni pregiudiziali** di merito *ex* art. 34 c.p.c., gli arbitri

possono deciderle senza autorità di giudicato.
Ta gli atti di **istruzione probatoria**, in particolare gli arbitri possono assumere testimonianze e chiedere al presidente del tribunale di ordinare al testimone che si rifiuti di comparire, di presentarsi davanti al collegio arbitrale (art. 816-*ter* c.p.c.). Possono inoltre nominare consulenti tecnici e chiedere informazioni alla pubblica amministrazione.
È sempre ammesso l'**intervento del terzo** a norma del secondo comma dell'art. 105 c.p.c. Al di fuori di tale ipotesi, gli interventi possono aver luogo con il consenso degli arbitri, del terzo e delle parti (art. 816-*quinquies* c.p.c.).
A seguito della riforma attuata con il D.Lgs. n. 149/2022, le parti possono attribuire agli arbitri in via esclusiva poteri cautelari (art.818, comma 1, c.p.c.). Resta ferma la competenza del giudice per la concessione di misure cautelari prima dell'accettazione dell'incarico da parte degli arbitri (art. 818, comma 2, c.p.c.).
Contro i provvedimenti cautelari degli arbitri è ammesso reclamo dinanzi alla Corte d'Appello nei casi di nullità di cui all'art. 829 c.p.c. e per contrarietà all'ordine pubblico (art. 818-*bis* c.p.c.). Sull'attuazione delle misure cautelari vigila il tribunale nel cui circondario è la sede dell'arbitrato (art. 818-*ter* c.p.c.).

8. Il lodo

In mancanza di diversa indicazione delle parti, gli arbitri devono decidere entro **240 giorni** dall'accettazione della nomina (art. 820 c.p.c.).
Gli arbitri decidono secondo diritto, salvo che le parti non dispongano che la decisione possa avvenire secondo equità (art. 822, comma 1, c.p.c.). Le parti possono indicare le norme o la legge straniera applicabili alla decisione (art. 822, comma 2, c.p.c.).
L'art. 823 c.p.c. stabilisce i requisiti che deve contenere il lodo. L'esecutività è dichiarata dal tribunale con decreto reclamabile dinanzi alla Corte d'Appello, previa istanza depositata unitamente al lodo e l'atto contenente la convenzione di arbitrato (art. 825 c.p.c.).
Il lodo può essere impugnato dinanzi alla Corte d'Appello, indipendentemente dal suo deposito, per nullità, revocazione ed opposizione di terzo. In particolare:

A) Nullità (artt. 828 e ss c.p.c.): nei casi previsti dall'art. 829 c.p.c., entro novanta giorni dalla notificazione o entro un anno dalla data dell'ultima sottoscrizione. La Corte può anche sospendere l'efficacia del lodo su istanza di parte quando ricorrano gravi motivi (art. 830 c.p.c.).

B) Revocazione (art. 831, comma 1, c.p.c.) nei soli casi di revocazione straordinaria (art. 395, nn. 1, 2, 3 e 6, c.p.c.). Qualora le ipotesi di revocazione abbiano luogo durante il giudizio di nullità, il termine per la revocazione (trenta giorni dalla conoscenza del vizio) è sospeso sino alla decisione sulla nullità.

C) Opposizione di terzo (art. 831, comma 2, c.p.c.) nei casi previsti all'art. 404 c.p.c.
Inoltre, entro un anno dalla comunicazione ciascuna parte può chiedere la **correzione** del lodo per errore materiale o di calcolo in cui siano incorsi gli arbitri o quando questo manchi delle indicazioni di cui all'art. 823, nn. 1-4, c.p.c. Entro sessanta giorni dall'istanza gli arbitri provvedono, sentite le parti. Nel caso in cui ciò non avvenga l'istanza è proposta al tribunale del luogo dove è avvenuto il deposito o dove ha sede l'arbitrato.

9. L'arbitrato societario

A seguito della riforma attuata con il D.Lgs. n. 149/2022, le norme relative all'arbitrato societario sono state trasfuse all'interno del codice di procedura civile.
In particolare, il nuovo Capo VI-*bis* del Libro IV dispone che:
- gli atti costitutivi delle società, ad eccezione di quelle che fanno ricorso al mercato del

capitale di rischio, possono prevedere la devoluzione ad arbitri delle controversie insorte tra soci e tra soci e la società che abbiano ad oggetto diritti disponibili attinenti al rapporto sociale. L'introduzione e la soppressione di tali clausole devono essere approvate dai soci che rappresentino almeno due terzi del capitale sociale (art. 838-*bis* c.p.c.);
- la domanda di arbitrato proposta contro la società è depositata presso il registro delle imprese e il relativo lodo è vincolante per la società. Gli arbitri possono disporre la sospensione cautelare delle delibere societarie impugnate (art. 838-*ter* c.p.c.);
- gli arbitri devono decidere secondo diritto, anche quando la clausola compromissoria li autorizzi a decidere secondo equità (art. 838-*quater* c.p.c.);
- i contrasti tra coloro che hanno il potere di amministrazione delle società a responsabilità limitata o delle società di persone possono essere deferiti a uno o più terzo, se previsto nell'atto costitutivo (art. 838-*quinquies* c.p.c.).

Sezione IX ▶ Trasferimento in sede arbitrale e negoziazione assistita

1. Premessa

Il D.L. n. 132/2014, ha introdotto istituti eterogenei volti, da una parte, a prevedere la possibilità di devoluzione in sede arbitrale di procedimenti pendenti dinanzi all'autorità giudiziaria e, dall'altra parte, ad incentivare il ricorso a procedure alternative alla risoluzione delle controversie nel processo ordinario.
Si tratta dunque di disposizioni che mirano dichiaratamente alla riduzione del contenzioso civile.

2. Il trasferimento in sede arbitrale dei processi pendenti davanti all'autorità giudiziaria

Nelle cause civili dinanzi al tribunale o in grado d'appello pendenti le parti possano richiedere con istanza congiunta di promuovere un procedimento arbitrale a norma degli artt. 806 e ss. c.p.c. (art. 1 del D.L. n. 132/2014). Deve però trattarsi di cause che hanno ad oggetto diritti disponibili e che non vertono in materia di lavoro, previdenza e assistenza sociale. Inoltre, per poter presentare istanza occorre che la causa non sia stata ancora assunta in decisione.
Il giudice, verificata la sussistenza delle condizioni per la *translatio*, dispone la **trasmissione del fascicolo** al presidente del consiglio dell'ordine degli avvocati competente (quello del circondario in cui ha sede il tribunale o la Corte d'appello) ai fini della nomina del collegio arbitrale. Gli arbitri possono essere nominati concordemente dalle parti o dal presidente del consiglio dell'ordine. Essi devono essere individuati esclusivamente tra gli avvocati iscritti da almeno cinque anni nell'albo dell'ordine circondariale che non hanno subito negli ultimi cinque anni condanne definitive comportanti la sospensione dall'albo (art. 1, comma. 2 D.L. n. 132/2014).
Il procedimento poi prosegue davanti agli arbitri secondo le regole fissate dagli **artt. 806 e ss. c.p.c.** ma restano fermi gli effetti sostanziali e processuali prodotti dal momento della proposizione della domanda giudiziale (art. 1, comma. 3 D.L. n. 132/2014).
La **durata massima** del procedimento è di *centoventi giorni* dall'accettazione del collegio, termine ultimo entro il quale deve essere pronunciato il lodo. È però concessa agli arbitri la facoltà, previo accordo tra le parti, di richiedere che il termine per il deposito del lodo sia prorogato di ulteriori trenta giorni.
Quando la trasmissione è disposta in grado d'appello e il procedimento arbitrale non si conclude con la pronuncia del lodo entro centoventi giorni, il processo deve essere **riassunto** dalle parti entro il termine perentorio dei successivi sessanta giorni.

Se il processo è riassunto il lodo non può essere più pronunciato. Se invece nessuna delle parti procede alla riassunzione nel termine, il procedimento si estingue e si applica l'art. 338 c.p.c. (passaggio in giudicato della sentenza impugnata).
Le parti sono altresì tenute alla riassunzione del processo quando, a norma dell'art. 830 c.p.c., è stata dichiarata la nullità del lodo pronunciato entro il termine di centoventi giorni o, in ogni caso, entro la scadenza di quello per la riassunzione; in questo caso il termine per la riassunzione è di sessanta giorni dal passaggio in giudicato della sentenza di nullità.

3. La procedura di negoziazione assistita da uno o più avvocati

La procedura si fonda sulla **"convenzione di negoziazione assistita"** ossia un accordo sottoscritto dalle parti in lite mediante il quale le stesse convengono di *cooperare in buona fede e con lealtà per risolvere in via amichevole una controversia* (art. 2 D.L. n. 132/2014).
La convenzione è redatta, *a pena di nullità*, in forma scritta (art. 2, comma 4, D.L. n. 132/2014) e deve contenere: a) il termine concordato dalle parti per l'espletamento della procedura, in ogni caso non inferiore ad un mese e non superiore a tre mesi, prorogabile per ulteriori trenta giorni su accordo tra le parti; b) l'oggetto della controversia che non può riguardare diritti indisponibili né può vertere in materia di lavoro (art. 2, comma 3, D.L. n. 132/2014).
A seguito della riforma attuata con il D.Lgs. n. 149/2022, la convenzione può precisare (art. 2, comma 2-*bis*, D.L. n. 132/2014):

a) la possibilità di acquisire dichiarazioni di terzi su fatti rilevanti in relazione all'oggetto della controversia;
b) la possibilità di acquisire dichiarazioni della controparte sulla verità di fatti ad essa sfavorevoli e favorevoli alla parte nel cui interesse sono richieste;
c) la possibilità di svolgere la negoziazione con modalità telematiche;
d) la possibilità di svolgere gli incontri con collegamenti audiovisivi a distanza

La convenzione è conclusa con l'assistenza di uno o più avvocati, che certificano le sottoscrizioni apposte ad essa (art. 2, comma 6, D.L. n. 132/2014), mediante utilizzo di un modello elaborato dal Consiglio nazionale forense (art. 2, comma 7-*bis*, D.L. n. 132/2014.

Si distinguono:
A) La negoziazione cd. volontaria.
La procedura di negoziazione volontaria presuppone l'intenzione comune delle parti di addivenire ad una risoluzione stragiudiziale della controversia tra loro pendente. In questo senso, la situazione più naturale che può venirsi a creare è quella in cui le parti si accordino spontaneamente per stipulare una **convenzione di negoziazione**.
La stipulazione della convenzione può però anche avvenire mediante **adesione all'invito** formulato da una delle parti. Ai sensi dell'art. 4, tale invito deve: indicare l'oggetto della controversia (non vertente su diritti indisponibili o in materia di lavoro); contenere l'avvertimento che la mancata risposta all'invito entro trenta giorni dalla ricezione o il suo rifiuto può essere valutato dal giudice ai fini delle spese del giudizio e di quanto previsto dagli art. 96 e 642, comma 1, c.p.c.; contenere la certificazione dell'autografia della firma apposta all'invito ad opera dell'avvocato che formula l'invito.
Dal momento della comunicazione dell'invito o da quello della sottoscrizione della convenzione si producono sulla **prescrizione** i medesimi effetti scaturenti dalla domanda giudiziale (art. 8). Dalla stessa data è impedita, per una sola volta, la decadenza; ma, se l'invito è rifiutato o non è accettato nel termine, la domanda giudiziale deve essere proposta entro il medesimo termine di decadenza decorrente dal rifiuto, dalla mancata accettazione nel termine o dalla dichiarazione di mancato accordo certificata dagli avvocati.
Stipulata la convenzione, inizia l'**attività di negoziazione** vera e propria. Il procedimento è privo di fasi o formalismi predeterminati: le parti devono essere messe nella condizione di poter illustrare le proprie posizioni e vengono sollecitate dagli avvocati a confrontarsi correttamente e

a collaborare per il raggiungimento di un accordo.
È fatto obbligo agli avvocati e alle parti di comportarsi con lealtà e di tenere **riservate le informazioni** ricevute (art. 9, co. 2). In ogni caso, le dichiarazioni rese e le informazioni acquisite nel corso del procedimento non possono essere utilizzate nel giudizio avente in tutto o in parte il medesimo oggetto.
Se la **negoziazione non riesce**, viene redatta una dichiarazione di mancato accordo che è certificata dagli avvocati designati (art. 4, co. 3).
Se invece viene **raggiunto un accordo**, questo deve essere sottoscritto dalle parti e dagli avvocati che le assistono, i quali certificano l'autografia delle firme e la conformità dell'accordo alle norme imperative e all'ordine pubblico (art. 5, co. 2). L'accordo costituisce titolo esecutivo e titolo per l'iscrizione di ipoteca giudiziale (art. 5, co. 1).

B) La negoziazione cd. obbligatoria
Alla stregua di quanto già previsto dal d.lgs. n. 28/2010 in materia di mediazione obbligatoria, la nuova legge individua una serie di controversie per le quali la negoziazione assistita costituisce **condizione di procedibilità**. Stando al dettato dell'art. 3 d.l. n. 132/2014, chi intende esercitare in giudizio un'azione in materia di *risarcimento del danno da circolazione di veicoli e natanti* o proporre in giudizio una domanda di pagamento a qualsiasi titolo di *somme non eccedenti 50.000 euro*, ad eccezione delle controversie assoggettate alla disciplina della c.d. mediazione obbligatoria, deve esperire tramite il suo avvocato un procedimento di negoziazione assistita quale condizione di procedibilità.
L'improcedibilità deve essere eccepita dal convenuto, a pena di decadenza, o rilevata d'ufficio dal giudice, non oltre la prima udienza.
Il giudice, quando rileva che la negoziazione assistita è già iniziata, ma non si è conclusa, fissa la successiva udienza dopo la scadenza del termine previsto dalle parti nella convenzione stessa per la durata della procedura di negoziazione. Parimenti, quando la negoziazione non è stata esperita, il giudice assegna alle parti il termine di quindici giorni per la comunicazione dell'invito a stipulare la convenzione e, contestualmente, fissa la successiva udienza dopo la scadenza del termine previsto dalle parti nella convenzione stessa.
In ogni caso, la condizione di procedibilità **si considera avverata** se l'invito non è seguito da adesione o se è seguito da rifiuto entro trenta giorni dalla sua ricezione ovvero, ancora, quando è decorso il periodo di tempo previsto dalle parti nella convenzione per la durata della procedura di negoziazione (art. 3, co. 2).
L'esperimento della negoziazione non preclude mai la **concessione di provvedimenti urgenti e cautelari** né la trascrizione della domanda giudiziale (art. 3, co. 4).
La procedura di negoziazione non può però mai costituire condizione di procedibilità:
a) nei procedimenti per ingiunzione, inclusa l'opposizione;
c) nei procedimenti di consulenza tecnica preventiva ai fini della composizione della lite, di cui all'art. 696-*bis* c.p.c.;
d) nei procedimenti di opposizione o incidentali di cognizione relativi all'esecuzione forzata;
e) nei procedimenti in camera di consiglio;
f) nell'azione civile esercitata nel processo penale.

C) La negoziazione per le soluzioni consensuali di separazione personale, di cessazione degli effetti civili o di scioglimento del matrimonio, di modifica delle condizioni di separazione o di divorzio
La negoziazione per le soluzioni consensuali di separazione personale, di cessazione degli effetti civili o di scioglimento del matrimonio, di modifica delle condizioni di separazione o di divorzio costituisce un'ipotesi tipizzata di negoziazione volontaria per la quale il legislatore ha inteso prevedere delle disposizioni aggiuntive specifiche. Per questo, possono ritenersi applicabili le norme di cui agli artt. 2, 8 e 9 d.l. n. 132/2014, in relazione a forma, durata e riservatezza.

Diversamente, non appare compatibile la disciplina in ordine al silenzio e al rifiuto di aderire all'invito prevista dall'art. 4.

L'accordo concluso all'esito della negoziazione produce i **medesimi effetti dei provvedimenti giudiziari** che definiscono i procedimenti di separazione personale, di cessazione degli effetti civili del matrimonio, di scioglimento del matrimonio e di modifica delle condizioni di separazione e di divorzio, senza bisogno di omologazione giudiziale.

La procedura si diversifica sensibilmente a seconda che si sia in presenza o meno di **figli minori, figli maggiorenni incapaci o portatori di handicap gravi**. Ed infatti, in mancanza di essi, l'accordo raggiunto deve essere trasmesso al procuratore della Repubblica presso il tribunale competente, il quale, se non ravvisa irregolarità, comunica agli avvocati il nullaosta per gli adempimenti previsti dalla legge.

Invece, in presenza o meno di figli minori, figli maggiorenni incapaci o portatori di handicap gravi, l'accordo raggiunto deve essere trasmesso entro il termine di dieci giorni al procuratore della Repubblica presso il tribunale competente, il quale, quando ritiene che l'accordo risponda all'interesse dei figli, lo autorizza. In caso contrario il procuratore della Repubblica lo trasmette, entro cinque giorni, al presidente del tribunale, che fissa, entro i successivi trenta giorni, la comparizione delle parti e provvede senza ritardo (art. 6, co. 2).

Sezione V
Elementi di diritto tributario

SOMMARIO

I. Parte generale

Capitolo 1
Finanza pubblica e diritto tributario

SOMMARIO:

1. Finanza pubblica. Tipologie di servizi pubblici e distinzione tra diritto tributario e diritto finanziario. - **2.** Diritto tributario: nozione, oggetto, rapporti con altri rami dell'ordinamento.

1. Finanza pubblica. Tipologie di servizi pubblici e distinzione tra diritto tributario e diritto finanziario

La **finanza pubblica** è il complesso di attività che un ordinamento, nelle sue più varie articolazioni (Stato, Regioni, Città Metropolitane, Comuni, etc.), pone in essere per reperire le risorse necessarie al suo funzionamento istituzionale, nell'interesse del singolo e della collettività.
Lo scopo della finanza pubblica è quello di soddisfare i bisogni collettivi, garantendo, così, il benessere e la pacifica convivenza della collettività, attraverso un'efficiente **gestione dei pubblici servizi**. Tali servizi possono essere resi a beneficio *(i)* o dell'intera collettività senza l'individuazione di un bisogno specifico e, in tal caso, assumono il nome di *servizi pubblici generali* (ci si riferisce, ad esempio, alla garanzia della difesa e della sicurezza dei cittadini); *(ii)* o, ancora, dell'intera collettività con contemporanea individuazione di un bisogno specifico di alcuni (ad esempio, l'istruzione, destinata direttamente a coloro i quali la ricevono e, indirettamente, all'intera collettività); *(iii)* o, infine, di singoli fruitori effettivi dei servizi che, in tal caso, assumono il nome di *servizi pubblici speciali* (sono tali, ad esempio, i servizi ferroviari, postali, etc.).
Per poter provvedere alla gestione dei pubblici servizi, lo Stato richiede alla collettività di contribuire alle spese da sostenere per la loro erogazione, attraverso l'imposizione o di **tributi** (specie per i servizi pubblici generali e indivisibili) o di **prezzi pubblici** (specie nei servizi speciali).

Orbene, tanto premesso, occorre sottolineare sin da subito la differenza che esiste tra *(i)* **diritto tributario**, che, come si vedrà *infra*, rappresenta quella parte che si occupa della fase di acquisizione delle risorse (in specie, rappresentate dai tributi) e dei rapporti giuridici ad essa connessi; e *(ii)* **diritto finanziario**, che si occupa più specificatamente della fase di allocazione delle entrate pubbliche.

2. Diritto tributario: nozione, oggetto, rapporti con altri rami dell'ordinamento

Il **diritto tributario** è la scienza giuridica che ha ad oggetto lo studio dei principi e delle norme pubblicistiche che si occupano dell'istituzione, della disciplina e dell'attuazione dei tributi, che rappresentano la principale forma di entrata pubblica *di diritto pubblico* (insieme alle espropriazioni, le sanzioni pecuniarie e altre entrate coattive di natura non tributaria).
Le entrate pubbliche, in specie, si distinguono in due macro-categorie, cioè le:

i. *entrate di diritto privato* (dette anche entrate originarie), che derivano dallo svolgimento, diretto o indiretto, di attività economiche e dalla gestione, utilizzo e alienazione del patrimonio dell'ente pubblico, e;

ii. *entrate di diritto pubblico* (dette anche entrate derivate), che derivano dall'esercizio di poteri autoritativi, siano essi impositivi o sanzionatori.

Il diritto tributario si occupa *(i)* di queste ultime entrate (e, in particolar modo, dei tributi); *(ii)* di come viene esercitato il potere impositivo all'interno dell'obbligazione tributaria – la quale ha ad oggetto il pagamento di una somma di denaro, di cui il singolo è debitore nei confronti dell'ente pubblico –; nonché *(iii)* del rapporto giuridico d'imposta che intercorre tra contribuente ed ente impositore, nell'ambito del quale l'imposizione fiscale costituisce una delle principali espressioni della sovranità statale.
Il diritto tributario è una branca del diritto che si interfaccia con molti altri settori:

- con quello del *diritto amministrativo*, ad esempio per ciò che attiene l'accertamento, inteso sia come atto che come attività;
- con quello del *diritto costituzionale*, fissando la Costituzione i principi fondanti dell'imposizione fiscale;
- con quello *privatistico*, sorgendo l'imposizione tributaria da un rapporto giuridico di imposta e facendo, il diritto tributario, talvolta utilizzo di istituti di origine privatistica (si pensi all'individuazione della residenza fiscale ai sensi dell'art. 2 del TUIR, che rimanda ai concetti di residenza e domicilio civilistici);
- con quello del *diritto internazionale* e *unionale*, trovando applicazione alla materia tributaria sia le convenzioni internazionali, sia le fonti unionali;
- con quello *penalistico*, in ragione dell'applicazione dei principi fondanti il diritto penale anche all'apparato sanzionatorio penale-tributario (con richiamo ai principi di personalità, o agli istituti del cumulo, ect…).

Capitolo 2
Il sistema delle fonti del diritto tributario italiano

SOMMARIO:

1. La classificazione delle fonti. - **2.** Le fonti sovranazionali del diritto tributario. - **2.1.** Fonti di diritto internazionale: consuetudini, convenzioni, CEDU. - **2.2.** Fonti di diritto unionale: trattati, regolamenti, direttive, decisioni, raccomandazioni, sentenze CGE, principi. - **3.** Le fonti nazionali e infranazionali del diritto tributario. - **3.1.** I principi costituzionali in materia tributaria. - **3.2.** Fonti di primo grado del diritto tributario: leggi e atti aventi forza di legge. - **3.3.** Fonti di secondo grado del diritto tributario: i regolamenti.

1. La classificazione delle fonti

L'elencazione delle fonti del diritto è contenuta nell'art. 1 delle disposizioni sulla legge in generale che precedono il Codice Civile (d'ora innanzi, "preleggi") e deve essere integrata da ulteriori fonti in essa non contemplate, quali le fonti europee e quelle locali.
Partendo da tale base normativa, poi, le **fonti del diritto tributario** devono essere ulteriormente specificate, stante la non ammissibilità degli usi e l'incidenza delle leggi di ratifica delle convenzioni internazionali. In via di prima approssimazione, e secondo la logica del criterio gerarchico, il sistema delle fonti del diritto tributario può essere così delineato:

1. Costituzione e leggi costituzionali – Trattati e fonti derivate dell'Unione europea;
2. Leggi di ratifica delle convenzioni internazionali;
3. Leggi ordinarie e anti aventi forza di legge;
4. Regolamenti.

Tali fonti, poi, possono essere tradizionalmente raggruppate e distinte a seconda della loro provenienza, tra ***fonti sovranazionali*** e ***fonti nazionali*** e ***infranazionali***. Tale ordine verrà mantenuto nell'esposizione che seguirà.

2. Le fonti sovranazionali del diritto tributario

L'art. 117, co. 1, Cost. dispone che la potestà legislativa, dello Stato e delle Regioni, è esercitata nel rispetto dei vincoli derivanti dagli obblighi internazionali, oltre che dall'ordinamento comunitario.
Ciò comporta che: *(i)* la rilevanza costituzionale degli impegni contratti in ambito internazionale fa sì che le leggi di ratifica delle convenzioni internazionali risultino sovraordinate rispetto alle altre leggi ordinarie, collocandosi in una posizione sub-costituzionale, o intermedia, tra Costituzione e leggi ordinarie; *(ii)* i Trattati e le fonti derivate dell'Unione europea, trovando fondamento anche nell'art. 11 Cost. (quindi in una norma che è collocata nella parte iniziale della Costituzione, dedicata ai principi), prevalgono gerarchicamente sia sulle leggi ordinarie, sia sulla Costituzione e sulle leggi costituzionali, pur sempre nel rispetto dei "principi fondamentali" dell'ordinamento costituzionale e dei diritti inalienabili della persona umana (cd. teoria dei contro-limiti).

▶ 2.1. Fonti di diritto internazionale: consuetudine, convenzioni, CEDU

Le fonti normative prodotte dalla comunità internazionale sono:

- **la consuetudine**: sebbene rappresenti una fonte del diritto internazionale riconosciuta dalla stessa Costituzione all'art. 10, in ambito tributario non è dato rinvenire norme di diritto internazionale consuetudinario realmente rilevanti;

- **le convenzioni internazionali** e le norme in esse contenute (c.d. diritto internazionale pattizio): queste entrano a far parte degli ordinamenti giuridici degli Stati contraenti all'esito di un procedimento di ratifica dei trattati internazionali, che l'art. 80 Cost. prevede debba avvenire con legge ordinaria. Tra le convenzioni (che possono essere bilaterali o multilaterali a seconda che siano sottoscritte da due o più Stati) di particolare rilievo fiscale, si ricordano le convenzioni contro le doppie imposizioni, quelle per la previsione o l'eliminazione dei dazi e quelle aventi ad oggetto la lotta all'evasione, l'elusione e le frodi internazionali;
- **la CEDU**: questa deve essere ricompresa tra le convenzioni internazionali che, per effetto di ratifica, divengono norme interposte. Per effetto delle modifiche apportate al Trattato sull'Unione europea dal Trattato di Lisbona del 2007, i diritti fondamentali della CEDU siano entrati a far parte del diritto dell'Unione alla stregua di principi generali.

▶ 2.2. Fonti di diritto unionale: trattati, regolamenti, direttive, decisioni, raccomandazioni, sentenze CGE, principi

Le fonti normative tributarie prodotte dall'Unione Europea trovano spazio nel nostro ordinamento in forza dell'art. 11 Cost. Tale norma rappresenta la base fondamentale per il riconoscimento dell'efficacia del diritto unionale nel nostro ordinamento: con la sottoscrizione dei Trattati dell'Unione europea, l'Italia ha acconsentito alla limitazione della propria sovranità nelle materie oggetto dei trattati medesimi. Le fonti europee sono:

- **i Trattati istitutivi dell'Unione Europea**, che sono *fonti primarie*. I trattati attualmente in vigore sono il Trattato sull'Unione europea (TUE), il Trattato sul funzionamento dell'Unione europea (TFUE), la Carta dei diritti fondamentali dell'Unione europea, il Trattato che istituisce la Comunità europea dell'energia atomica;
- **i regolamenti e le direttive** sono *fonti derivate*. I regolamenti hanno portata generale, sono obbligatori in tutti i loro elementi, con efficacia diretta all'interno degli Stati e non sono necessarie forme di implementazione e recepimento. Le direttive, invece, impongono agli Stati membri di raggiungere un determinato risultato, attraverso leggi interne di recepimento. Le direttive pongono agli Stati dei limiti e delle condizioni e riconoscono margini di discrezionalità ai legislatori nazionali. Solo nel caso di direttive c.d. *self executing*, si possono configurare taluni ambiti di efficacia diretta;
- **le decisioni** riguardano casi specifici e sono obbligatorie per i destinatari in esse indicati;
- **le raccomandazioni, i pareri e le altre fonti derivate**;
- **le sentenze della CGE** che hanno effetto diretto negli ordinamenti degli Stati membri.

Oltre a tali fonti, devono essere tenuti in considerazione i **principi generali dell'Unione europea**. Questi di distinguono in:

1. **principi propri**, cioè i principi esplicitamente affermati nelle fonti del diritto europeo (specie i Trattati) e desumibili dall'attività interpretativa della Corte di Giustizia dell'Unione europea. Sono tali il divieto di aiuti di Stato, il divieto di abuso del diritto, il principio di effettività, il diritto al contraddittorio, e i principi che delineano le cd. libertà fondamentali (di circolazione dei lavoratori, di stabilimento, di servizi, di movimento dei capitali, da cui la Corte di Giustizia ha tratto i divieti di non restrizione e di non discriminazione rivolti ai legislatori nazionali);
2. **principi comuni**, cioè quei principi elaborati dalla Corte di Giustizia dell'Unione europea, sulla base delle tradizioni giuridiche nazionali. Tra i principi comuni, quelli maggiormente rilevanti in ambito tributario sono il principio di certezza del diritto, il principio di tutela del legittimo affidamento e il principio di proporzionalità.

3. Le fonti nazionali e infranazionali del diritto tributario

▶ 3.1. I principi costituzionali in materia tributaria

La fonte primaria del diritto tributario è la Costituzione.
I principi costituzionali specificatamente riguardanti la materia tributaria sono:

- **art. 3 Cost.**: principio di uguaglianza fiscale, secondo il quale a fronte di una medesima capacità contributiva vi deve essere uguale imposizione; a fronte di una diversa capacità contributiva vi deve essere una tassazione differenziata;
- **art. 23 Cost.**: principio della **riserva di legge relativa** in materia tributaria (si rimanda al § 3.3 di questo capitolo e al Capitolo 4) *in forza del quale nessuna prestazione tributaria può essere imposta se non in base alla legge*;
- **art. 53 Cost.**: principio della **capacità contributiva** (co. 1) e principio di **progressività** (co. 2) del sistema tributario (si rimanda al Capitolo 5);
- **art. 75 Cost., co. 2**: **divieto di referendum abrogativo** per le leggi tributarie e di bilancio. La *ratio* è di evitare che uno strumento di democrazia diretta possa operare in un settore così delicato e "impopolare" a discapito dell'utilità sociale del tributo;
- **art. 81 Cost.**: principio del **pareggio di bilancio** (cd. "Fiscal Compact");
- **art. 117 Cost.**: potestà legislativa (v. § 3.3);
- **art. 119 Cost.**: **autonomia finanziaria delle Regioni e degli altri Enti territoriali.** L'art. 119 riconosce alle Regioni e agli altri enti territoriali **l'autonomia finanziaria di entrata** (oltre che di spesa) e risorse autonome, potendo stabilire ed applicare i tributi in armonia con la Costituzione e *"secondo i principi di coordinamento della finanza pubblica e del sistema tributario"*. Gli enti territoriali possono altresì disporre di compartecipazioni al gettito dei tributi erariali *"riferibili al loro territorio"*. Il sistema prevede, per le **Regioni a Statuto ordinario**, che lo Stato, tramite la legge, debba determinare i principi fondamentali di coordinamento del sistema tributario che la Regione deve rispettare nell'esercizio del potere impositivo; mentre per le **Regioni a Statuto speciale**, i cui statuti assumono rango costituzionale, è possibile istituire tributi propri con il solo limite della *"armonia"* con i principi del sistema tributario statale ed, ovviamente, di quello europeo.

▶ 3.2. Fonti di primo grado del diritto tributario: leggi e atti aventi forza di legge

Sono fonti di primo grado del diritto tributario:

- la **legge** (artt. 71-74 Cost): tali norme disciplinano la formazione della legge ordinaria secondo l'*iter* parlamentare;
- gli **atti aventi forza di legge** (decreti-legge e decreti legislativi, rispettivamente disciplinati agli artt. 76 e 77 Cost.). Tali atti sono emanati dal Governo e la previsione costituzionale del controllo parlamentare preventivo (mediante la delega) o successivo (mediante la conversione) permette di ritenere rispettato il principio della riserva di legge di cui all'art. 23 Cost. La diffusione dei decreti legislativi in materia tributaria è collegata alla complessità e al tecnicismo che caratterizzano la materia fiscale, che richiedono spesso una fase iniziale di definizione e approfondimento da parte del Governo. Le ragioni di straordinaria necessità ed urgenza che, invece, giustificano il ricorso al decreto legge spesso sono fatte coincidere con le esigenze di carattere finanziario e, dunque, con l'interesse dello Stato (c.d. interesse fiscale) ad una continua e sicura acquisizione delle risorse finanziarie.
- **le leggi regionali** (art. 117 Cost.).

La **potestà legislativa in materia tributaria** spetta allo Stato e alle Regioni (art. 117) e, in particolare *(i)* lo Stato ha potestà esclusiva (co. 2) in relazione alla disciplina del *"sistema tributario e contabile dello Stato"*, dell'*"armonizzazione dei bilanci pubblici"* e della *"perequazione delle risorse finanziarie"*; *(ii)* mentre le Regioni hanno potestà legislativa concorrente (co. 3) per quanto attiene il *"coordinamento della finanza pubblica e del sistema tributario"* e residuale (co. 4) per materie esclusivamente collegati al territorio della Regione. Ai comuni e alle province spetta solo una potestà regolamentare.

▶ 3.3. Fonti di secondo grado del diritto tributario: i regolamenti

Il legislatore potenzialmente potrebbe disciplinare la materia tributaria esclusivamente con atti normativi di primo grado (e in tal caso non troverebbero spazio le fonti di secondo grado). Nella prassi, raramente tale situazione si viene a concretizzare e pertanto viene fatto ampio uso delle fonti subprimarie per disciplinare gli aspetti tecnici della disciplina.

Ai sensi dell'art. 23 Cost., nel rapporto tra fonte primaria e fonte secondaria:

i. la legge deve individuare il contenuto minimo della norma tributaria, laddove per contenuto minimo si intende la disciplina delle norme sostanziali (o impositrici), che disciplinano il presupposto, i soggetti attivi e passivi, la base imponibile e l'aliquota (la quale può essere stabilita anche entro limiti minimi e massimi e devoluta la sola specificazione alla fonte secondaria);

ii. le fonti secondarie possono, o intervenire a regolare la disciplina sostanziale ma esclusivamente per definire l'aspetto quantitativo del prelievo entro i limiti fissati dalla legge, o intervenire – non essendo, questo, aspetto coperto da riserva di legge – nell'ambito delle norme formali/procedimentali (salvo che tali norme siano in grado di incidere sull'*an* e sul *quantum* del prelievo fiscale).

Le fonti normative secondarie sono rappresentate dai **regolamenti** che possono essere:

1. *statali* (governativi, ministeriali, interministeriali, a seconda del soggetto che li delibera; vedi *infra*);
2. *regionali* e *locali*: in relazione a tali regolamenti, oltre al profilo gerarchico, devono essere compiute valutazioni sulla competenza normativa nell'ambito della più generale autonomia tributaria degli enti territoriali diversi dallo Stato.

I **regolamenti statali** sono disciplinati, in generale, dall'art. 17, l. n. 400/1988 che individua sei tipologie di regolamenti: esecutivi, attuativi, integrativi, autonomi o indipendenti, di organizzazione, delegati. Nel diritto tributari le uniche fonti regolamentari ammesse sono i:

- **regolamenti esecutivi**, cioè quelli che disciplinano in dettaglio l'esecuzione di leggi e atti aventi forza di legge;
- **regolamenti attuativi e integrativi**, cioè quelli che completano ed integrano le norme di principio di leggi e atti aventi forza di legge;
- **regolamenti delegati**, cioè quelli che si inseriscono in un processo legislativo (cd. di "delegificazione") nel quale la legge dispone l'abrogazione di norme vigenti con fissazione di regole di carattere generale e, contestualmente, autorizza l'esercizio della potestà regolamentare. Questi regolamenti non possono essere emanati, *ex* art. 17, co. 2, l. n. 400/1988, nelle materie coperte da riserva assoluta di legge. Pertanto, in campo fiscale, data la riserva solo relativa, simili tipologie di regolamenti sono ammesse, ovviamente nel rispetto del perimetro fissato dall'art. 23 Cost.

Nel diritto tributario, invece, sono *(i) inammissibili* i regolamenti che intervengono su materie in cui manchi la regolamentazione legislativa (autonomi o indipendenti); *(ii) non realmente diffusi* i regolamenti organizzativi, tuttavia astrattamente compatibili con l'art. 23 Cost.

Capitolo 3
L'efficacia nello spazio e nel tempo delle norme tributarie e la loro interpretazione

SOMMARIO:

1. Efficacia della norma tributaria nello spazio e nel tempo e il principio di irretroattività

Le norme tributarie soggiacciono a regole peculiari, riguardanti in primo luogo l'efficacia delle stesse nello spazio e nel tempo.
Quanto all'**efficacia nello spazio**, la legge tributaria ha carattere **territoriale**, per cui essa ha effetto mediamente nel territorio dello Stato. Il legislatore è sempre libero di esplicare il proprio potere impositivo al di fuori del territorio statale, stabilendo che al ricorrere di un determinato presupposto, la forza economica a questo collegata sia tassabile in Italia (come ad esempio nel caso del possesso di un bene all'estero). Tale profilo può generare problemi di doppia imposizione. Le leggi regionali e degli altri enti locali hanno efficacia nell'ambito dei confini dell'ente locale che le ha emanate.
Quanto all'**efficacia nel tempo**, vige il principio di irretroattività della norma tributaria, destinata quindi a valere solo per il futuro.
Il principio di irretroattività della norma tributaria:

- si fonda sull'art. 73, co. 3, Cost., in base al quale le leggi sono pubblicate subito dopo la promulgazione ed entrano in vigore il quindicesimo giorno successivo alla loro pubblicazione;
- è conforme all'art. 10 delle preleggi, per effetto del quale le leggi e i regolamenti divengono obbligatori dopo quindici giorni dalla pubblicazione;
- è ribadito nell'art. 11 delle preleggi, che prevede che la legge non dispone che per l'avvenire e non ha effetto retroattivo;
- è confermato nell'art. 3, co. 1, dello Statuto dei diritti del contribuente (l. n. 212/2000), a mente del quale le disposizioni tributarie non hanno effetto retroattivo.

Il principio di irretroattività, in ambito sanzionatorio, è corollario del principio di legalità di cui all'art. 25 Cost., per cui la condotta sanzionata deve essere successiva all'introduzione della norma che la sanziona: non è pertanto consentito introdurre norme sanzionatorie *ex post*, per reprimere condotte già consumate in precedenza.

2. La cessazione dell'efficacia della norma tributaria: abrogazione, incostituzionalità, disapplicazione

L'efficacia della norma tributaria è soggetta alle medesime regole e principi che governano, in generale, l'efficacia delle norme giuridiche.
A volte è la stessa previsione di legge che prevede la durata di validità delle disposizioni in essa contenute (si pensi ad esempio a norme di agevolazione e/o esenzione fiscale). In questo caso

si parla di **legge a termine**, proprio a significare che all'interno della stessa previsione normativa è indicato il periodo determinato di efficacia della stessa. Al contrario, quando la legge non prevede un termine, questa è efficace a tempo indeterminato **(legge non a termine).**
L'efficacia della norma, sia essa a tempo determinato o indeterminato, può venire meno nel caso in cui o (*i*) intervenga una nuova legge ad abrogarla espressamente o indirettamente; o (*ii*) questa venga dichiarata incostituzionale dalla Corte Costituzionale.
Nel primo caso, si parla di **abrogazione**, che si verifica allorquando una norma viene sostituita in tutto o in parte da un'altra norma che interviene successivamente a disciplinare la stessa materia. L'abrogazione, ai sensi dell'art. 15 delle preleggi, avviene per effetto di *leggi posteriori per dichiarazione espressa del legislatore, o per incompatibilità tra le nuove disposizioni e le precedenti o perché la nuova legge regola l'intera materia già regolata dalla legge anteriore*. L'abrogazione, dunque, può essere:

- *espressa*, quando una norma successiva espressamente abroga la precedente;
- *tacita*, quando viene emanata una norma successiva che prevede norme incompatibili con quella precedente;
- *implicita*, quando viene emanata una norma successiva che prevede norme che ridisciplinano interamente la materia;
- avvenire per il tramite di referendum abrogativo.

La nuova legge può contenere anche delle norme transitorie che si occupano di disciplinare l'entrata in vigore in una certa data.
La cessazione dell'efficacia di una norma può avvenire anche a seguito della sua **declaratoria di incostituzionalità** stabilita con sentenza della Corte Costituzionale. In questo caso gli effetti della norma tributaria cessano *ex tunc* e, quindi, viene meno anche l'originaria obbligazione tributaria di pagamento: il pagamento effettuato diviene indebito in quanto privo di una causa giustificatrice.
Altro rispetto all'abrogazione e all'incostituzionalità della norma tributaria è la sua **disapplicazione**, che si verifica nel caso in cui la disposizione interna contrasti con una norma europea, che ha effetto diretto nell'ordinamento nazionale.

3. L'interpretazione della norma tributaria

L'**interpretazione** è il procedimento logico attraverso il quale si individua e si chiarisce il significato testo normativo (c.d. disposizione), estraendo dallo stesso la regola giuridica (c.d. norma).
L'operazione interpretativa deve essere condotta alla stregua dell'art. 12 delle preleggi e, anche in materia tributaria, occorre assegnare rilievo al "significato proprio delle parole secondo la connessione di esse" e alla "intenzione del legislatore". Tali sono i criteri **letterale**, **teleologico** e **sistematico** che si ritiene debbano concorrere insieme.
Importante è, altresì, l'**interpretazione adeguatrice** che assegna alla norma un significato più adeguato ai principi costituzionali e unionali, evitando così l'illegittimità della disposizione.
Si parla, invece, di **norme di interpretazione autentica** quando una fonte di produzione di una norma giuridica contiene l'interpretazione di una disposizione emanata in precedenza; è un intervento normativo in senso proprio che dispiega i propri effetti *erga omnes* ed *ex tunc*, cioè dal momento della entrata in vigore della norma previgente interpretata.
Perplessità sussistono sull'applicabilità dell'**interpretazione analogica**, in base alla quale una fattispecie concreta, che non risulta regolata da una specifica disposizione, può essere definita avendo riguardo alle disposizioni che regolano casi simili o materie analoghe (art. 12, co. 2 preleggi); l'analogia è in ogni caso esclusa, *ex* art. 14 preleggi, per le norme sanzionatorie tributarie.
È poi frequente ritrovare, nella legislazione fiscale, riferimenti ad istituti e concetti tipici di altre branche del diritto: (*i*) se la norma tributaria si limita a richiamare l'istituto, il significato da

attribuire è lo stesso che viene riconosciuto nel settore di origine; *(ii)* se la norma tributaria richiama l'istituto attribuendogli una propria originale definizione, allora vale quest'ultimo significato.
Gli atti interpretativi dell'Amministrazione finanziaria sono:

- **circolari**: atti amministrativi a rilevanza interna, redatti da organi gerarchicamente sovraordinati e indirizzati a organi gerarchicamente subordinati con lo scopo di indirizzare l'attività di quest'ultimi;
- **risoluzioni**: atti particolari contenenti risposte a determinati quesiti relativi a casi specifici;
- **istruzioni**: relative alle esatte modalità di compilazione di determinati atti tributari (esempio dichiarazioni dei redditi e modulistica fiscale);
- **pareri**: espressi a seguito di specifiche istanze presentate all'amministrazione finanziarie o previste da normative vigenti.

Capitolo 4
Il principio della riserva di legge relativa in materia tributaria e le prestazioni patrimoniali imposte: i tributi e i suoi principali modelli

SOMMARIO:

1. Il principio della riserva di legge relativa in materia tributaria e le prestazioni personali e patrimoniali imposte

In base all'**art. 23 Cost.** nessuna prestazione personale o patrimoniale può essere imposta se non in base alla legge.
Ciò comporta che la norma tributaria ha come fonte di produzione primaria la legge – la quale può creare, modificare ed estinguere norme tributarie –: si riserva al Parlamento (salvo quanto detto per i decreti legge e legislativo) la **tutela della libertà individuale** e la tutela della **integrità patrimoniale**, cioè la tutela di valori fondamentali per la persona.
Le **prestazioni imposte** sono enunciate nell'art. 23 Cost. e sono coperte dalla riserva di legge relativa. Tali prestazioni si caratterizzano per la sussistenza di due elementi:

i. l'elemento della **coattività**, cioè dell'esercizio della potestà di impero (o *ius imperi*) da parte dello Stato per ottenere la prestazione, che rende quest'ultima obbligatoria in virtù del potere supremo dello Stato esercitato sui consociati di una determinata comunità, attraverso l'emanazione di un atto autoritativo. Secondo la Corte Costituzionale si definisce prestazione imposta quella prestazione «stabilita come obbligatoria a carico di una persona senza che la volontà di questo vi abbia concorso» (tra tutte, Sent. C. cost. n. 4/1957 e n. 55/1963).
ii. l'elemento della **decurtazione patrimoniale**, cioè l'attitudine della disciplina normativa a produrre un'ablazione (o un impoverimento) del patrimonio del privato. Ciò è determinato dal sorgere di una obbligazione pecuniaria (come è l'obbligazione tributaria), che può comportare un sacrificio patrimoniale definitivo (come nel caso dei tributi), o anche solo temporaneo o parziale.

Le prestazioni imposte enunciate nell'art. 23 Cost. possono essere:

- **personali**: sono le prestazioni tipiche di diritto amministrativo; non sono parametrate sulla base del reddito e/o patrimonio del soggetto che le deve espletare, né tantomeno l'attività richiesta ha un connotato strettamente economico (esempi sono costituiti dall'obbligo di sottoporsi a vaccinazione o ad altri trattamenti sanitari e il previgente obbligo di prestare il servizio di leva militare);
- **patrimoniali**: sono le prestazioni tipiche di diritto tributario; l'attività richiesta ha un contenuto essenzialmente economico e in taluni casi parametrato sulla base del reddito e/o

patrimonio del soggetto che le deve espletare (rientrano ad esempio i tributi e le obbligazioni assunte contrattualmente con lo Stato frutto di determinazioni autoritative).

La riserva di legge in materia tributaria ha **carattere relativo** (la norma, infatti, usa l'espressione *"in base"* alla legge e non la locuzione *"in forza di una legge"*, come nella riserva penale) e non assoluto: ciò significa che entro determinati limiti e posta la base legislativa, la materia tributaria può essere disciplinata anche da **fonti normative secondarie**. Come già evidenziato al Capitolo 2, il contenuto minimo della norma tributaria deve essere necessariamente stabilito dalla legge, mentre i regolamenti possono solo determinare il *quantum* del prelievo (base imponibile ed aliquote) entro criteri e limiti fissati dalla legge e la disciplina procedimentale (salvo quando si tratti di disposizioni che abbiano un indiretto effetto sostanziale). Infine, per quanto attiene alle norme sanzionatorie, si osserva che per le sanzioni tributarie penali vale la riserva assoluta di legge (art. 25 Cost.) e che per la giurisprudenza costituzionale le sanzioni amministrative tributarie costituiscono una prestazione patrimoniale imposta.

2. I tributi e i principali modelli di prestazioni patrimoniali imposte

I **tributi** sono prestazioni patrimoniali imposte che l'ente pubblico può imporre coattivamente e che sono finalizzate al concorso alle spese pubbliche. Il rapporto tra prestazione patrimoniale imposta e tributo si pone in termini di insieme-sottoinsieme (o di genere-specie), nel senso che il tributo rientra nel concetto di prestazione imposta, che però risulta più ampio, ricomprendendo anche altri istituti. I tributi sono *entrate derivate coattive* pretese dallo Stato attraverso l'esercizio del potere impositivo, per mezzo delle quali vengono perseguiti sia fini fiscali (acquisizione delle risorse), sia fini extrafiscali o di politica economica (distribuzione del reddito, stabilità e sviluppo economico).
I principali modelli di tributo sono:

- **imposta** (§ 2.1);
- **tassa** (§ 2.2);
- **contributo fiscale**: è la prestazione patrimoniale imposta, dovuta allo Stato in ragione di un beneficio indiretto ricevuto che prescinde dalla richiesta di un determinato servizio (esempio è costituito dai contributi di bonifica, di miglioria o oneri di urbanizzazione).

Il tributo si compendia di una **fattispecie sostanziale (statica)** e di una **fattispecie procedimentale (dinamica)**, che attiene alle modalità di attuazione del prelievo, attraverso l'esercizio dei poteri attribuiti all'amministrazione finanziaria.

Quanto alla **fattispecie sostanziale**, questa è individuata dalle norme impositrici di fonte primaria (legge e atti aventi forza di legge) in base all'art. 23 Cost., che individuano gli **elementi costitutivi** del tributo. In specie, si parla di:

i. *presupposto del tributo*, definito come quella situazione di fatto o di diritto al verificarsi della quale si rende dovuto il tributo e che esprime la forza economica del singolo posta a base del prelievo.

Il presupposto di imposta può essere ampliato o ristretto e si parla di:

- **ampliamento del presupposto** in caso di:
  - **equiparazione**, cioè di varianti della fattispecie tipica di imposizione che ampliano il presupposto di imposta, e in caso di
  - **fattispecie surrogatorie o supplementari**, cioè di fattispecie individuate dal legislatore in ragione di un diverso regolamento negoziale o per la loro attitudine a integrare, tramite un procedimento indiretto, risultati vietati;

- **restringimento del presupposto** in caso di:
  - **agevolazioni**: ogni tipo di norma che, in deroga a quanto previsto in via ordinaria, riduce il carico dell'imposta (prevedendo aliquote ridotte o riduzioni della base imponibile) senza annullare l'obbligo impositivo;
  - **esenzioni**: norma che sottrae all'imposizione situazioni (**esenzione oggettiva**) o soggetti (**esenzione soggettiva**) che, altrimenti, in assenza di una specifica deroga, ricadrebbero nell'ambito di applicazione della norma generale;
  - **esclusione d'imposta**: a differenza dell'esenzione, le norme hanno la funzione di delimitare i confini del presupposto tipico d'imposta chiarendo i limiti di applicabilità del tributo **senza derogare agli enunciati di carattere generale**;
  - **regimi fiscali sostitutivi (o imposte sostitutive)**: si configurano quali meccanismi che sottraggono talune fattispecie all'ordinario regime impositivo per assoggettarle ad altro regime impositivo.

ii. *soggetti attivo* e *passivo*, il primo rappresentato dallo Stato o dall'ente pubblico dotato di potestà impositiva, mentre il secondo dal contribuente ovvero dal soggetto che deve pagare l'imposta (i soggetti verranno compiutamente analizzati *infra*, al Capitolo 6);

iii. *base imponibile*, cioè la ricchezza, espressa in termini monetari, sulla quale viene applicata l'aliquota e che costituisce l'espressione quantitativa del presupposto,

iv. *aliquota*, ovvero la percentuale che, applicata alla base imponibile, permette di determinare il *quantum* del tributo. L'aliquota può essere proporzionale, progressiva, regressiva.

Benché, in generale, il diritto tributario abbia ad oggetto il solo momento acquisitivo delle risorse pubbliche – mentre la destinazione finanziaria dell'entrata tributaria normalmente resta irrilevante nello studio giuridico del tributo –, vi sono dei casi nei quali, invece, la destinazione finanziaria assume rilievo quale parte integrante del tributo. Si fa riferimento ai *tributi di scopo*, cioè tributi specificamente finalizzati dalla legge al sostenimento di spese appositamente individuate (si pensi all'imposta di soggiorno). Il tributo di scopo può essere una imposta o una tassa, di cui assume la struttura normativa tipica di questi, a cui si aggiunge l'ulteriore vincolo giuridico della destinazione finanziaria.

▶ 2.1. L'imposta: definizione, funzione e fondamento, elementi costitutivi e classificazione

L'**imposta** è la prestazione patrimoniale dovuta allo Stato in ragione esclusiva del suo esercizio del potere di imposizione, senza alcuna relazione specifica con un determinato servizio o una determinata attività dell'ente pubblico a favore del consociato – a differenza che nelle tasse, come si vedrà *infra* –. Il prelevamento coattivo di ricchezza effettuato persegue unicamente lo scopo di procacciare i mezzi necessari alla produzione di servizi pubblici indivisibili, che avvantaggiano la collettività nel suo insieme. Sono imposte ad esempio l'IRPEF, l'IRES, l'IVA.
Ne deriva che la **funzione** dell'imposta è quella di fare concorrere alle spese pubbliche tutti coloro che sono interessati all'esistenza e al funzionamento dello Stato e degli altri enti pubblici
Alle imposte si applica il principio del **sacrificio** e il limite costituzionalmente previsto dall'art. 53 della capacità contributiva: la forza economica del singolo, rilevante ai fini della tassazione, è espressa dai c.d. "fatti-indice" (quali, tra gli altri, il reddito, il patrimonio e il consumo) che le singole leggi d'imposta assumono quali presupposti dei diversi tributi.
Gli **elementi costitutivi** dell'imposta sono:

i. il *presupposto del tributo*, definito come quella situazione di fatto o di diritto al verificarsi della quale si rende dovuto il tributo e che esprime la forza economica del singolo posta a base del prelievo;

ii. il *soggetto attivo*, rappresentato dallo Stato o dall'ente pubblico dotato di potestà impositiva;

iii. il *soggetto passivo*, che coincide con il contribuente ovvero con il soggetto che deve pagare l'imposta;
iv. la *base imponibile*, cioè la ricchezza, espressa in termini monetari, sulla quale viene applicata l'aliquota e che costituisce l'espressione quantitativa del presupposto,
v. l'*aliquota*, ovvero la percentuale che, applicata alla base imponibile, permette di determinare il *quantum* del tributo.

Nell'ambito delle imposte, si usa distinguere tra:

1. **imposte dirette e imposte indirette**. La differenza risiede nel fatto che nelle prime la forza economica è manifestata direttamente da reddito e patrimonio, quali fatti-indice che costituiscono l'oggetto del tributo; mentre nelle seconde la forza economica è espressa in via indiretta da fatti-indice quali il consumo, il compimento di atti giuridici, ect..., che disvelano (non direttamente, bensì) indirettamente una capacità economica sottostante;
2. **imposte personali e imposte reali**. La differenza risiede nel fatto che, nelle prime, la capacità contributiva è valutata in senso soggettivo, in quanto si tiene conto della complessiva situazione personale e familiare del soggetto (come ad esempio nell'IRPEF); mentre, nelle seconde, la capacità contributiva è valutata in senso oggettivo, senza prendere in esame il soggetto di imposta (come ad esempio nelle imposte ipotecarie e catastali);
3. **imposte fisse e imposte variabili**. La differenza, qui, è collegata al metodo di calcolo delle imposte. Nelle imposte fisse, vi è una predeterminazione nell'ammontare e non sono modificate in base alla ricchezza, alla produzione o al prezzo; nelle imposte variabili, invece, si registra una modifica dell'ammontare al variare della base imponibile. Le imposte variabili, poi, possono essere a loro volta classificate in imposte **proporzionali**, **progressive** e **regressive** a seconda che l'aliquota rispettivamente, cresca in maniera proporzionale, cresca in maniera più che proporzionale o decresca al crescere della base imponibile;
4. **imposte a struttura aperta e imposte a struttura chiusa**. Nelle fattispecie a struttura aperta, il tempo incide nella loro formazione, in quanto vengono prese in considerazione le fluttuazioni economiche in aumento e in diminuzione che si realizzano in un arco temporale definito periodo d'imposta. Tali fattispecie determinano i c.d. **tributi periodici**. Ad ogni periodo d'imposta corrisponde una **obbligazione tributaria autonoma** (esempi di fattispecie a struttura aperta sono costituiti dall'IRPEF e dall'IRES). Nelle fattispecie a struttura chiusa, invece, il tempo non incide nella loro formazione, in quanto viene presa in considerazione la situazione economica del contribuente in un determinato momento temporale, senza che eventi passati e futuri possano determinare modifiche. Tali fattispecie determinano i c.d. **tributi istantanei** (esempi di fattispecie a struttura chiusa sono costituti dall'imposta di registro e dall'imposta di bollo).

▶ 2.2. La tassa: definizione, funzione ed elementi costitutivi

La **tassa** è la prestazione patrimoniale imposta dovuta allo Stato in ragione della fruizione (o della possibilità di fruire) in modo individuale di un servizio pubblico, di un atto pubblico o di una attività pubblica richiesti dal contribuente: per tale ragione viene individuato un **assetto giuridico di tipo para-commutativo**, in quanto il prelievo si giustifica essenzialmente nel beneficio attribuito al soggetto a favore del quale il servizio è predisposto. Ciò non significa che vi sia un rapporto di sinallagmaticità tra la tassa e il servizio prestato al singolo e non è possibile parlare di controprestazione in senso proprio (a differenza che per i prezzi pubblici).
Alle tasse si applica il principio del **beneficio** e il loro importo non copre necessariamente i costi del servizio reso. La causa giustificatrice della tassa non è solo espressa dal beneficio attribuito al singolo, ma anche dalla sua forza economica, nel rispetto del principio di capacità contributiva (art. 53 Cost.).
La coattività, più debole rispetto all'imposta, permane nelle modalità di erogazione, contenuto del servizio e corrispettivo richiesto, stabilito unilateralmente dallo Stato. Lo stesso servizio può essere erogato anche da privati (non si tratta infatti di un monopolio): in tal caso si parla di "prezzo", il quale deve necessariamente coprire i costi sostenuti e ricomprendere, in caso di attività lucrativa, il profitto

(mentre l'ammontare della tassa è sempre o quasi sempre inferiore al prezzo del servizio). Esempi di tasse sono costituiti dalle tasse universitarie o da quelle sulle concessioni governative.
Gli **elementi costitutivi** della tassa sono:

i. il *presupposto*: a differenza dell'imposta, il suo necessario presupposto si rinviene nell'adempimento di un servizio pubblico che concerne il contribuente;
ii. i *soggetti passivi*: sono i soggetti che sono tenuti a corrispondere la tassa a fronte del servizio richiesto allo Stato o all'ente pubblico di un servizio speciale e divisibile;
iii. i *soggetti attivi*: lo Stato o l'ente pubblico che forniscono un servizio al singolo contribuente.

3. Il monopolio fiscale

I **monopoli fiscali** rientrano nell'ambito dei monopoli di diritto e determinano la produzione e vendita esclusiva di beni e/o servizi in capo allo Stato, il quale fissa il prezzo di vendita.
Pur non rientrando nei tributi, le richieste da parte dei contribuenti di prodotti sotto il regime di monopolio generano obbligazioni assunte contrattualmente con lo Stato sottoposte a coazione e, pertanto, la dottrina le ricomprende nelle prestazioni patrimoniali imposte. Oltre al fatto che quanto pagato dal privato è superiore tanto al costo della produzione del bene, quanto alla quota parte di utile che spetterebbe ad un imprenditore privato: in questo modo il contribuente paga un tributo.
In Italia i monopoli, anche per l'adesione alla Comunità europea e ad i suoi stringenti limiti di garanzia delle libertà economiche fondamentali, si sono progressivamente ridotti. Attualmente sono vigenti i monopoli dei giochi e dei tabacchi, sottoposti al controllo dell'Agenzia delle Dogane e dei Monopoli – Area Monopoli.

Capitolo 5
I principi di capacità contributiva e di progressività del sistema tributario italiano

SOMMARIO:

1. Il principio di capacità contributiva (art. 53 Cost., co. 1)

In base all'**art. 53 Cost., co. 1**, tutti sono tenuti a concorrere alle spese pubbliche in ragione della loro capacità contributiva.
Il principio in esame è diretta applicazione:

- dei **doveri di solidarietà (art. 2 Cost.)**: doveri inderogabili di solidarietà economica e sociale imposti dall'art. 2 Cost. per cui tutti devono contribuire a tutte le spese pubbliche, siano esse indivisibili o divisibili, con imposizione di un maggiore sacrificio in capo a coloro che manifestano una maggiore forza economica;
- del **principio di uguaglianza sostanziale (art. 3 Cost.)**: ciascuno deve contribuire alle spese pubbliche in ragione delle proprie sostanze cioè della propria **capacità e forza economica.**

La **capacità contributiva** è la causa giustificatrice del prelievo tributario, nonché regola di determinazione dell'*an* e del *quantum* di quest'ultimo; è la manifestazione di ricchezza idonea a far concorrere un soggetto alle spese pubbliche. I fatti indice di capacità contributiva sono identificati tradizionalmente nel reddito, nel patrimonio, nel consumo e nell'attività giuridica. Si ritiene che vi sia spazio per individuare ulteriori fatti-indice (Corte cost. n. 89/1979) a condizione che siano fatti idonei ad esprimere una specifica forza economica del soggetto, come tali rilevabili e misurabili in denaro.

▶ 1.1. Caratteristiche della capacità contributiva

I **caratteri** della capacità contributiva sono:

- **personalità**: la manifestazione di ricchezza oggetto di imposizione fiscale deve essere personale; il contribuente deve rispondere fiscalmente esclusivamente del proprio patrimonio e reddito e non di quello di altri (principio per alcuni parzialmente eroso dall'introduzione delle figure della parasoggettività tributaria);
- **attualità**: la manifestazione di ricchezza oggetto di imposizione fiscale deve essere presente al momento dell'imposizione; tale carattere di natura temporale preclude l'introduzione di tributi che colpiscono patrimoni e redditi futuri e potenziali e, in linea di principio, anche quelli passati ed esauriti (il principio di irretroattività della norma tributaria è stato compresso dalla Corte costituzionale che, in applicazione del criterio di ragionevolezza, ammette la possibilità per il legislatore di introdurre tributi che vadano a colpire ricchezze passate i cui effetti si presumono ancora permanenti nel presente);
- **effettività, concretezza o oggettiva determinabilità**: il fatto rivelatore della capacità contributiva deve essere effettivo e non apparente o fittizio, concretamente valutabile o determinabile

economicamente in modo oggettivo (esempio tassazione degli immobili e criterio della rendita catastale).

I requisiti della capacità contributiva sono individuati:

- **nella concezione soggettiva**: indici direttamente rivelatori di ricchezza del contribuente. Esempio: IRPEF e reddito;
- **nella concezione oggettiva**: qualsiasi fatto economico anche indirettamente rivelatore della ricchezza del contribuente. Esempio: IRAP e valore della produzione netta.

▶ 1.2. Funzione e ambito di applicazione della capacità contributiva

La **capacità contributiva**:

- si riferisce a **tutti**, cioè non solo ai cittadini italiani, ma anche agli stranieri e agli apolidi che manifestano una capacità contributiva idonea a configurare un collegamento rilevante con il territorio dello Stato, e non solo alle persone fisiche, ma anche a quelle giuridiche. Da ciò si desume il principio della generalità o dell'universalità del tributo;
- rappresenta un **limite** per il legislatore nella creazione di nuovi tributi in una duplice direzione: *(i)* per un verso, a non assoggettare a tassazione il singolo a prescindere dalla (e oltre la) sua capacità contributiva (**limite assoluto**); *(ii)* per altro verso, ad assoggettare ad imposizione, nella medesima misura, tutti coloro che manifestano la medesima capacità contributiva (**limite relativo**);
- rappresenta una **garanzia** del contribuente contro l'arbitrio del legislatore;
- trova diretta applicazione nelle **imposte** e può essere considerato come parametro di riferimento nella creazione di altri modelli tributari;
- realizza una selezione delle fattispecie che obbliga il legislatore ad ancorare l'imposizione ad un **criterio economico di ricchezza** e non a condizioni o status personali (ad esempio oggi sarebbero incostituzionali tributi in passato vigenti quali l'imposta sulla barba in Russia o l'imposta sui celibi in Italia);
- rende incostituzionale quella tassazione che grava sul c.d. **minimo vitale** (non prestabilito dalla Costituzione e la cui determinazione è lasciata alla valutazione discrezionale del legislatore), ossia che priva il singolo delle risorse economiche necessarie per soddisfare i bisogni essenziali suoi e della sua famiglia (Corte Cost. n. 97/1968).

2. Il principio di progressività del sistema tributario italiano (art. 53 Cost., co. 2)

Ai sensi dell'**art. 53 Cost., co. 2**, il sistema tributario è informato a criteri di progressività.
Tale principio impone che l'imposizione cresca in **misura più che proporzionale** al crescere della forza economica del soggetto, determinando un maggior carico fiscale per i soggetti più abbienti e un minor carico per quelli meno abbienti. La progressività, quindi, rafforza la matrice solidaristica del principio di capacità contributiva e persegue una finalità di redistribuzione della ricchezza.
L'art. 53, co. 2, Cost. non impone che ogni tributo debba essere progressivo, ma richiede che il **sistema nel suo complesso** abbia carattere progressivo (Corte cost. n. 2/2006). La progressività del sistema tributario italiano è, attualmente, garantita esclusivamente (o quasi) dall'Irpef (progressività per scaglioni). È per tale ragione che si è posto il dibattito degli ultimi anni in merito alla possibile revisione dell'Irpef in termini di flat tax (imposta piatta, ossia con una sola aliquota) o dual tax (imposta con due aliquote).
Il principio costituzionale di progressività si caratterizza per:

- **funzione redistributiva della ricchezza**: comporta una redistribuzione della ricchezza stessa, con riduzione del divario tra le situazioni economiche dei consociati

- **funzione di equità fiscale**: la progressività realizza al meglio gli obiettivi di giustizia ed equità fiscale a cui gli ordinamenti democratici devono ispirarsi
- **principio programmatico**: il principio della progressività non è una norma cogente che si applica indistintamente a tutti i tributi ma una norma di natura programmatica che si riferisce al sistema tributario nel suo complesso. Non è quindi incostituzionale la previsione di singoli tributi ispirati a principi diversi dalla progressività (si pensi all'IRES, tributo proporzionale).

I principali sistemi tributari di tassazione possono utilizzare il criterio di:

- **proporzionalità**: l'ammontare dell'imposta cresce in relazione direttamente proporzionale all'aumentare dell'imponibile; l'aliquota risulta essere costante (es.: un tributo proporzionale è l'IRES);
- **regressività**: quando l'aliquota media non cresce in maniera proporzionale all'imponibile ma decresce;
- **progressività**: ha un impatto superiore sui soggetti che mostrano una maggiore attitudine alla contribuzione; nelle imposte progressive l'aliquota aumenta con il crescere della base imponibile. La progressività può realizzarsi attraverso **varie modalità**:
  i. *progressività per classi*, che si realizza quando ad ogni classe imponibile corrisponde un'aliquota costante, che cresce passando da una classe più bassa ad una classe più alta. Ad esempio: classe con base imponibile pari a 200 e applicazione dell'aliquota al 10%; classe con base imponibile pari a 300 e applicazione dell'aliquota al 15%;
  ii. *progressività continua,* che si realizza quando l'aliquota aumenta in maniera continua con l'aumentare della base imponibile fino a un massimo, raggiunto il quale l'aliquota rimane costante;
  iii. *progressività per scaglioni*, che si realizza quando per ogni scaglione di imponibile è prevista una determinata aliquota applicabile. È il sistema adottato in Italia per l'IRPEF; l'art. 11 del TUIR (Testo unico imposte sui redditi) prevede i seguenti scaglioni di reddito: a) fino a 15.000 euro, 23%; b) oltre 15.000 euro e fino a 28.000 euro, 25%; c) oltre 28.000 euro e fino a 50.000 euro, 35%; d) oltre 50.000 euro, 43%;
  iv. *progressività per detrazioni*, che si realizza quando si colpisce con un'aliquota costante la base imponibile, dopo aver detratto da questa un ammontare fisso. Si ponga l'esempio di un'aliquota fissa pari al 20% e di una detrazione pari a 100: se la base imponibile è pari a 100, il soggetto non pagherà niente (100-100 = 0; 20% di 0 = 0); se la base imponibile è pari a 200, il soggetto pagherà 20 (200-100 = 100; 20% di 100 = 20); se la base imponibile è pari a 400, il soggetto pagherà 60 (400-100 = 300; 20% di 300 = 60).

Capitolo 6
I soggetti dell'obbligazione tributaria

SOMMARIO:

1. L'obbligazione tributaria (*rinvio*)

L'**obbligazione tributaria** è il vincolo giuridico di diritto pubblico che lega il contribuente (titolare di una situazione giuridica soggettiva passiva di obbligo all'adempimento) e l'ente impositore (titolare di una situazione giuridica attiva di diritto all'adempimento). Tale obbligazione è stata costruita sulla relativa nozione civilistica di obbligazione, dalla quale diverge, però, tanto per la natura legale della fonte, quanto per la fase di attuazione; ne consegue che saranno applicabili le disposizioni di cui agli artt. 1173 ss. c.c. se e in quanto compatibili. In particolare, l'obbligazione tributaria presenta (rispetto a quella civilistica) talune peculiarità e, in specie, si evidenzia come:

- sia una ***obligatio ex lege***, in quanto l'obbligazione tributaria sorge in base alla legge che istituisce il tributo, in armonia con il principio della riserva di legge;
- il contenuto della prestazione sia **complesso**, per ciò che l'obbligazione tributaria certamente è qualificabile come una obbligazione di tipo pecuniario, consistendo nella dazione di una somma di denaro in favore dello Stato (salvo casi eccezionali nei quali la prestazione può consistere, in via alternativa e in presenza di determinati presupposti, in una cessione di un bene – es. opere d'arte e beni culturali – o in una prestazione in natura – es. baratto amministrativo). Tuttavia, oltre alla prestazione pecuniaria, vi sono anche altre prestazioni finalizzate al corretto adempimento dell'obbligazione tributa ria (si pensi agli obblighi di dichiarazione, di fatturazione, documentali);
- sia **bilaterale** (salvi i casi di parasoggettività tributaria), in quanto l'obbligazione si compone di due soggetti, uno attivo (l'ente impositore), l'altro passivo (il contribuente).

Quanto alla **nascita** dell'obbligazione tributaria, la dottrina si è sempre divisa tra chi sostiene:

i. la cd. **teoria dichiarativa**, secondo la quale la nascita dell'obbligazione tributaria si collega direttamente al verificarsi in concreto della fattispecie astratta prevista dalla norma tributaria e gli atti di accertamento emanati dall'amministrazione finanziaria hanno efficacia meramente dichiarativa del rapporto di imposta. Il compito dell'amministrazione finanziaria, dunque, viene definito in termini di mero accertamento di rapporti interamente regolati dalla legge;
ii. la cd. **teoria costitutiva**, secondo la quale il realizzarsi del presupposto d'imposta non determina da solo il sorgere dell'obbligazione tributaria, in quanto appare necessaria la verifica di questo da parte dell'amministrazione finanziaria, L'obbligazione sorge quindi con l'accertamento tributario (ed il relativo atto impositivo di avviso di accertamento) e prima di questo momento non può pretendersi il pagamento di quanto dovuto dal contribuente, non esistendo nemmeno un rapporto di debito-credito tra Stato e cittadino. L'atto di accertamento ha, dunque, natura di provvedimento amministrativo con efficacia costitutiva del rapporto d'imposta.

Tanto detto in generale, si è già parlato di come gli **elementi costitutivi** del tributo siano:

i. il *presupposto*, definito come quella situazione di fatto o di diritto al verificarsi della quale si rende dovuto il tributo e che esprime la forza economica del singolo posta a base del prelievo;
ii. il *soggetto attivo*, rappresentato dallo Stato o dall'ente pubblico dotato di potestà impositiva;
iii. il *soggetto passivo*, che coincide con il contribuente ovvero con il soggetto che deve pagare l'imposta;
iv. la *base imponibile*, cioè la ricchezza, espressa in termini monetari, sulla quale viene applicata l'aliquota e che costituisce l'espressione quantitativa del presupposto,
v. l'*aliquota*, ovvero la percentuale che, applicata alla base imponibile, permette di determinare il *quantum* del tributo.

Orbene, rinviando ai capitoli precedenti (in particolare al Capitolo 4) lo studio degli elementi del presupposto del tributo e dalla misura dello stesso (applicazione dell'aliquota alla base imponibile), in questo capitolo ci occuperemo in maniera approfondita dei soggetti, attivi e passivi, dell'obbligazione tributaria.

2. I soggetti del rapporto tributario

▶ 2.1. Soggettività attiva: l'articolazione dell'amministrazione finanziaria

I **soggetti attivi** del rapporto tributario sono i titolari della situazione giuridica soggettiva attiva dell'obbligazione tributaria, cioè sono i creditori che hanno il diritto di ottenere dal contribuente l'adempimento dell'obbligazione pecuniaria.

Il soggetto attivo non è soltanto lo Stato, ma tutti i titolari del **potere di imposizione** (si vedano ad esempio gli enti locali), cioè del potere del soggetto attivo di *dare attuazione al tributo* attraverso l'esercizio delle attività di accertamento, di liquidazione, di riscossione e di comminazione delle sanzioni amministrative. La potestà impositiva, dunque, appartiene al titolare del credito tributario (in generale all'amministrazione finanziaria) e consiste nella *possibilità di verificare l'esatta applicazione delle norme tributarie* da parte dei contribuenti e nell'esercitare i relativi poteri amministrativi.

Il potere di imposizione non deve essere confuso con il **potere (potestà) normativo**, che consiste, invece, nella *possibilità di istituire e disciplinare* i tributi e che compete agli organi legislativi in base alla riserva di legge *ex* art. 23 Cost.

In generale, per **amministrazione finanziaria** si intende globalmente la Pubblica Amministrazione titolare del potere attuativo dell'obbligazione tributaria e a cui la legge attribuisce il potere amministrativo di accertare e riscuotere i tributi.

Nell'ampio concetto di amministrazione finanziaria, un ruolo di sicura importanza deve essere riconosciuto alle **Agenzie fiscali**.

Tra queste, per i tributi erariali, l'**Agenzia delle Entrate** – ente dotato di personalità giuridica di diritto pubblico e di autonomia organizzativa e patrimoniale, cui sono attribuiti di compiti di accertamento e riscossione dei principali tributi statali (IRPEF, IRES, IVA, IRAP, etc.) – svolge un ruolo fondamentale. A far corso dal 2012 (con il d.l. n. 95/2012, convertito con modificazioni dalla l. n. 135/2012) l'Agenzia delle Entrate ha incorporato l'Agenzia del Territorio, competente a svolgere tra le altre funzioni i servizi relativi al catasto.

L'Agenzia delle Entrate si compone di una **struttura centrale**, con sede a Roma, che svolge compiti di programmazione, indirizzo, controllo e coordinamento, la quale si suddivide a sua volta in **direzioni centrali** (accertamento, normativa, affari legali, etc.) territorialmente suddivise in:

i. **direzioni regionali** delle entrate, con un ruolo di coordinamento e supervisione degli uffici periferici territoriali e con funzioni operative ed interpretative;
ii. **direzioni provinciali** delle entrate gestiscono l'applicazione dei tributi amministrati

dall'Agenzia e provvedono all'attuazione del singolo rapporto tributario, in base alla competenza territoriale (individuata dal domicilio fiscale del contribuente).

L'Agenzia delle Entrate è sottoposta all'indirizzo e alla vigilanza del **Ministero dell'Economia e Finanze** (MEF), il quale che svolge un ruolo politico, di generale programmazione e indirizzo in materia fiscale.
Dell'amministrazione finanziaria fa parte anche la **Guardia di finanza**, che è un corpo militare dello Stato, alle dipendenze del MEF. La legge di ordinamento n. 189/1959 e il d.lgs. n. 68/2001 individuano i compiti della Guardia di Finanza che consistono, tra gli altri, nella prevenzione, ricerca e denunzia delle evasioni e delle violazioni finanziarie, nella vigilanza sull'osservanza delle disposizioni di interesse politico-economico e nella sorveglianza in mare per fini di polizia finanziaria. La Guardia di finanza possiede gli stessi poteri istruttori spettanti all'Agenzia delle Entrate, con la quale, infatti, deve cooperare e coordinarsi; a differenza dell'Agenzia delle Entrate, però, non possiede poteri di accertamento (e di riscossione) del tributo.
La riscossione dei tributi viene affidata nel nostro sistema al c.d. **agente della riscossione**. Si tratta di società concessionarie del servizio di riscossione coattiva che, fino al 2017, era Equitalia Servizi per la Riscossione S.p.A. (società con capitale pubblico partecipata della stessa Agenzia per il 51% e dall'Inps per il 49%). Con d.l. n. 193/2016, convertito con modificazioni dalla l. n. 225/2016, a decorrere dal 1° luglio 2017 le società del Gruppo Equitalia sono state sciolte. Al fine di garantire la continuità e la funzionalità delle attività di riscossione, è stato istituito un ente pubblico economico, denominato **Agenzia delle Entrate-Riscossione**, sottoposto all'indirizzo e alla vigilanza del Ministro dell'economia e delle finanze.
All'interno dell'amministrazione finanziaria si annoverano, altresì, le **Agenzia delle Dogane e dei Monopoli**, ente con personalità giuridica di diritto pubblico competente a svolgere i servizi relativi all'amministrazione, alla riscossione e al contenzioso dei diritti doganali e alla gestione dei monopoli fiscali; con il D.L. n. 95/2012 convertito con modificazioni dalla L. 7 agosto 2012, n. 135, l'Agenzia delle Dogane **ha incorporato la previgente Amministrazione Autonoma dei Monopoli di Stato** assumendo la nuova denominazione.
Infine, merita di essere menzionata anche l'**Agenzia del Demanio.** Si tratta di un ente pubblico economico che persegue l'obiettivo di soddisfare l'interesse pubblico, adottando criteri di economicità nella gestione del patrimonio immobiliare dello Stato. L'Agenzia ha svolto un ruolo chiave nel c.d. federalismo demaniale.

▶ 2.2. Soggettività passiva: il contribuente di diritto e il contribuente di fatto. Il domicilio e la residenza fiscale

I **soggetti passivi** sono i **debitori dell'obbligazione tributaria** – della quale l'ente pubblico è creditore – e sono i soggetti tenuti al suo adempimento.
Per meglio comprendere in base a quali criteri normativi è possibile attribuire al soggetto passivo la responsabilità per il debito tributario, occorre preliminarmente chiarire che **la soggettività tributaria presuppone quella di diritto comune**. Ciò comporta che solo al soggetto che sia giuridicamente in grado di essere titolare di situazioni attive e passive può imputarsi la capacità contributiva e può riconoscersi la titolarità del debito di imposta.
Ciononostante, molto spesso il legislatore ha effettuato delle scelte che vanno in senso opposto:

i. *talvolta* attribuendo soggettività passiva anche a taluni centri di imputazione non dotati della soggettività civilistica (ci si riferisce, per esempio, al *trust*);
ii. *talaltra* non attribuendo soggettività passiva a centri di imputazione che invece risultano soggetti di diritto comune, qualora ciò appaia maggiormente coerente con la struttura dello specifico tributo (si pensi all'applicazione del principio di trasparenza nelle società di persone).

Inoltre, anche nella materia tributaria, la **capacità di agire** (ossia la capacità di compiere atti che abbiano degli effetti/conseguenze giuridiche) viene regolata secondo le norme del codice civile e, quindi, si acquisisce con la maggiore età. Ciò significa che, per compiere atti in materia tributaria occorre avere compiuto diciotto anni di età; allo stesso tempo, i minori e gli incapaci devono essere

necessariamente rappresentati. Si parla in questo caso di **rappresentanza necessaria**, per distinguerla dalla **rappresentanza volontaria**, che si ha in tutti i casi in cui un soggetto capace voglia (non necessiti di) farsi assistere nelle questioni inerenti al rapporto tributario. Ammessi alla rappresentanza volontaria sono, ad esempio, i commercialisti, gli avvocati, i funzionari del CAF, etc. Questi non rispondono del pagamento del tributo, ma sono obbligati solidalmente per il pagamento delle sanzioni.
All'interno della "macro-categoria" della soggettività passiva (al pari di quella della soggettività attiva) è possibile rintracciare più figure di soggetti passivi, la più importante delle quali resta quella del **contribuente**, cioè il soggetto che manifesta quell'indice di capacità contributiva oggetto del tributo. Accanto al contribuente, però, è possibile rinvenire altre figure soggettive, le quali vengono coinvolte nel rapporto tributario nell'ottica di meglio garantire l'interesse dello Stato (c.d. interesse fiscale) ad una pronta e sicura attuazione del tributo. Ci si riferisce, in specie, alle figure del **sostituto e responsabile d'imposta** (meglio analizzate *infra*, al § 2.3. e al § 2.4.).
Il **contribuente** è il debitore principale dell'obbligazione tributaria, in quanto è il soggetto che realizza e manifesta l'indice di capacità contributiva da sottoporre a tassazione. Si distingue tra:

- **contribuente di diritto**, è il soggetto obbligato per legge al versamento del tributo, cioè tenuto ad adempiere a prescindere dalla possibilità di trasferire su soggetti terzi l'onere impositivo;
- **contribuente di fatto**, è il soggetto che, pur non essendo individuato dalla legge come soggetto passivo tenuto al versamento del tributo (e, quindi, pur essendo un soggetto estraneo al rapporto tributario, che invece fa capo al contribuente di diritto), è tenuto ad adempiere, in quanto è stato trasferito a suo carico l'onere impositivo. Si realizza così il fenomeno della **traslazione del tributo**, la quale può essere:
    i. **normativa o giuridica**, quando il trasferimento dell'onere finanziario è imposto dalla stessa disciplina legislativa del tributo, che concorre alla individuazione della capacità contributiva oggetto del tributo, delineando compiutamente la fattispecie impositiva. L'esempio tipico è quello dell'IVA, nell'assolvimento della quale vi è una scissione tra il contribuente di diritto (soggetto passivo in senso proprio) che è l'operatore economico, e quello di fatto è il consumatore finale;
    ii. **meramente economica**, quando la traslazione dell'onere finanziario da parte del contribuente di diritto avviene in modo occulto attraverso un incremento del corrispettivo richiesto all'acquirente del bene o del servizio;
    iii. **pattizia**, quando la traslazione è prevista contrattualmente dalle parti. Si parla più propriamente di **accollo del debito d'imposta** (di cui all'art. 8, l. n. 212/2000), il quale, però, non determina alcun mutamento nel rapporto giuridico tributario (l'accollante – contribuente di fatto – non si sostituisce all'accollato – contribuente di diritto; tant'è che un eventuale accertamento dovrà essere rivolto all'accollato e non all'accollante: Cass., SS.UU., n. 28162/2008).

Nei rapporti con l'amministrazione finanziaria, ogni soggetto viene identificato con un codice alfa-numerico denominato **codice fiscale** composto da 16 cifre per le persone fisiche e 11 per gli altri soggetti. Tutti i dati dei contribuenti sono raccolti e ordinati dall'**anagrafe tributaria** su scala nazionale, insieme ai dati e alle notizie risultanti dalle dichiarazioni e dalle denunce presentate agli uffici dell'amministrazione finanziaria e dai relativi accertamenti, nonché insieme ai dati e alle notizie che possono comunque assumere rilevanza ai fini tributari.
Ogni contribuente ha un proprio **domicilio fiscale** in un Comune dello Stato italiano, nel quale vengono inviate tutte le comunicazioni e notificazioni inerenti la sua posizione tributaria. Il domicilio fiscale è fondamentale per individuare la competenza territoriale dell'amministrazione finanziaria nell'esercizio del potere impositivo, la competenza dell'Ufficio che deve procedere all'azione di accertamento e di riscossione, la competenza della Direzione Regionale per le istanze di interpello, etc. Si distingue tra:

- **persone fisiche residenti**: le persone fisiche residenti nel territorio dello Stato hanno il domicilio fiscale nel comune nella cui anagrafe sono iscritte;
- **persone fisiche non residenti**: le persone fisiche non residenti hanno il domicilio fiscale nel comune in cui si è prodotto il reddito o, se il reddito è prodotto in più comuni, nel comune in

cui si è prodotto il reddito più elevato;
- **cittadini italiani non residenti**: i cittadini italiani, che risiedono all'estero in forza di un rapporto di servizio con la pubblica amministrazione, nonché tutti quelli cancellati dalle anagrafi delle popolazioni residenti, hanno il domicilio fiscale nel comune di ultima residenza nello Stato;
- **soggetti diversi dalle persone fisiche**: i soggetti diversi dalle persone fisiche hanno il domicilio fiscale nel comune in cui si trova la loro sede legale o, in mancanza, la sede amministrativa; se anche questa manchi, essi hanno il domicilio fiscale nel comune ove è stabilita una sede secondaria o una stabile organizzazione e in mancanza nel comune in cui esercitano prevalentemente la loro attività.

Ogni cittadino può indicare alla pubblica amministrazione un proprio indirizzo di PEC (posta elettronica certificata) quale **domicilio digitale** (ai sensi dell'art. 3-*bis*, del d.lgs. n. 82/2005). Ciò consente una più facile comunicazione tra i cittadini e le pubbliche amministrazioni. L'indirizzo è inserito nell'ANPR (anagrafe nazionale della popolazione residente) e viene reso disponibile a tutte le pubbliche amministrazioni.
Se il domicilio fiscale attiene al momento procedimentale del rapporto tributario, al contrario, la **residenza fiscale** attiene a quello sostanziale, in quanto individua un criterio di collegamento con il territorio statale, che giustifica l'imposizione secondo il principio dell'utile mondiale (un soggetto residente è tassato in Italia per tutti i redditi da esso prodotto indipendentemente dal luogo di produzione, mentre un soggetto non residente è tassato in Italia per i soli redditi ivi prodotti). Rimandando ai Capitoli 14 e 15 la corretta individuazione dei criteri di determinazione della residenza fiscale, basti qui rilevare come ai fini delle imposte dirette, le persone fisiche si considerano residenti in Italia (art. 2 TUIR):

- se per la maggior parte del periodo di imposta sono iscritte nelle anagrafi della popolazione residente o hanno nel territorio dello Stato il domicilio o la residenza ai sensi del codice civile;
- salvo prova contraria, i cittadini italiani cancellati dalle anagrafi della popolazione residente ed emigrati in Stati o territori aventi un regime fiscale privilegiato, individuati con decreto del Ministero delle finanze da pubblicare nella Gazzetta Ufficiale.

▶ 2.3. La parasoggettività tributaria: il sostituto d'imposta

Se tradizionalmente l'obbligazione tributaria si struttura come bilaterale (contribuente soggetto passivo ed ente impositore soggetto attivo), talvolta la legge individua delle figure, cd. **parasoggetti tributari** (in specie, il sostituto e il responsabile di imposta), che intervengono nel rapporto giuridico d'imposta per garantire una maggiore certezza e velocità nella riscossione del tributo. La struttura dell'obbligazione tributaria prevede, dunque, la presenza di tre soggetti, cioè *(i)* l'ente pubblico creditore; *(ii)* il contribuente che realizza il presupposto d'imposta; e *(iii)* il sostituto/responsabile.
Il **sostituto d'imposta** è il soggetto che, in forza di disposizioni di legge, è obbligato al pagamento del tributo *in luogo di altri*, anche a titolo di acconto con obbligo di rivalsa, per fatti o situazioni a questi riferibili (art. 64, co. 1 del d.P.R. n. 600/1973). Esempio di scuola è quello del datore di lavoro che si sostituisce al lavoratore nel pagamento delle imposte da quest'ultimo dovute. Nella sostituzione tributaria, l'obbligazione tributaria è posta a carico di un soggetto (**sostituto**) diverso da colui il quale ha realizzato il presupposto del tributo (**sostituito**).
L'obbligazione di cui è titolare il sostituto nei confronti dell'ente pubblico creditore è **autonoma** e ha ad oggetto la medesima obbligazione tributaria gravante sul contribuente.
Si ritiene che lo strumento della sostituzione tributaria – che prevede che il sostituto, che è il soggetto che non manifesta l'indice di capacità contributiva imposto dall'art. 53, co. 1, Cost. e, ciononostante è tenuto al pagamento del tributo – sia **costituzionalmente legittimo** (in relazione all'art. 53 Cost.) essenzialmente per due ordini di ragioni:

1. la prima è che è uno strumento che permette di perseguire il **c.d. interesse fiscale**, per una sicura attuazione del tributo, in quanto minimizza il rischio di evasione fiscale;
2. la seconda è data dalla **obbligatorietà della rivalsa preventiva**, cioè dello strumento che permette di assicurare il rispetto della personalità della capacità contributiva e di addossare in capo al sostituito/contribuente il peso economico del tributo, in un momento antecedente

rispetto a quello dell'adempimento da parte del sostituto. Questo, infatti, effettua una **ritenuta *alla fonte*** direttamente sulle somme da versare al sostituito.

A seconda della ritenuta che si applica (a titolo d'imposta o a titolo d'acconto) vi può essere una:

- **sostituzione a titolo d'imposta**, nella quale il sostituto, con l'effettuazione della ritenuta, **esaurisce definitivamente il prelievo tributario** dovuto dal sostituito, soggetto percettore del reddito (es. banca per alcune tipologie di redditi di capitale), in quanto esaurisce il rapporto giuridico tra quest'ultimo e il soggetto attivo. Il sostituito non deve versare nient'altro all'Erario a saldo di quanto già precedentemente versato. In questo modo si determina una sostituzione integrale da parte del sostituto;
- **sostituzione a titolo di acconto**, nella quale il sostituto opera una ritenuta **a mero titolo di acconto** dell'imposta dovuta; in questo caso, il sostituito dovrà procedere al pagamento del saldo finale (es. datore di lavoro per redditi di lavoro dipendente), perché l'effettuazione della ritenuta da parte del sostituto non esaurisce il rapporto tributario tra contribuente ed ente creditore. Le somme prelevate a titolo di ritenuta rappresentano un acconto dell'imposta dovuta, così calcolata in sede di dichiarazione. L'eventuale eccedenza verrà pagata a saldo dal contribuente, previo scomputo delle somme già pagate con gli acconti.

Nel caso in cui il sostituto non adempia correttamente ai propri obblighi si realizzano delle situazioni patologiche:

i. **sostituto non effettua la ritenuta**: non si è in presenza di alcun effetto sostitutivo e, quindi, il contribuente non ha versato alcunché a titolo d'acconto. In caso di accertamento, l'amministrazione finanziaria può recuperare il tributo non versato sia in capo al sostituito, sia in capo al sostituto, limitatamente all'ammontare della ritenuta effettuata e non versata;
ii. **sostituto effettua la ritenuta ma non la versa**: l'amministrazione finanziaria potrà procedere alla riscossione del debito tributario solo nei confronti del sostituto.

▶ 2.4. (...*segue*) il responsabile d'imposta

Il **responsabile d'imposta** è il soggetto che, in forza di disposizioni di legge, è obbligato al pagamento dell'imposta *insieme con altri*, per fatti o situazioni esclusivamente riferibili a questi (art. 64, co. 3, del d.P.R. n. 600/1973) con diritto di rivalsa. Esempio di scuola è quello del notaio.
Nella responsabilità tributaria, il presupposto d'imposta è riferibile ad un unico soggetto (**obbligato principale**), ma è prevista la responsabilità solidale di un altro soggetto (**coobbligato dipendente**) detto responsabile d'imposta che realizza una solidarietà passiva dipendente: il responsabile d'imposta ha diritto di rivalsa nei confronti del debitore principale (es. è responsabile d'imposta il notaio per l'imposta di registro; il cancelliere per il contributo unificato).
L'obbligazione del responsabile si *aggiunge* a quella del contribuente e non si determina alcun effetto (parziale o totale) di sostituzione. Ciò comporta che si realizza un ampliamento **dei soggetti chiamati all'adempimento** dell'obbligazione tributaria e dei patrimoni da sottoporre eventualmente ad esecuzione, il che evidenzia una spiccata funzione di **garanzia del credito erariale**.
L'istituto della responsabilità è – al pari di quello della sostituzione – costituzionalmente legittimo (art. 53 Cost.) per le medesime ragioni illustrate nel paragrafo precedente.

▶ 2.5. La solidarietà tributaria

Nel diritto tributario, può esservi **solidarietà passiva**, in virtù della quale più debitori sono obbligati tutti per la medesima prestazione, in modo che ciascuno possa essere costretto all'adempimento per la totalità, e l'adempimento da parte di uno libera gli altri (art. 1292 ss. c.c., con gli opportuni adattamenti).
La solidarietà tributaria può essere di due tipi, paritetica e dipendente.
Si parla di **solidarietà passiva paritetica** quando il presupposto del tributo è posto in essere da una pluralità di soggetti, tutti obbligati all'adempimento della medesima obbligazione tributaria (es. eredi

nell'imposta di successione). I coobbligati passivi sono tutti debitori *principali*, perché contitolari dell'indice di capacità contributiva oggetto del tributo.
Si parla, invece, di **solidarietà passiva dipendente**, quando il presupposto è riferibile ad un unico soggetto (obbligato principale) ma è prevista la responsabilità solidale di un altro soggetto (obbligato dipendente), in virtù di un diverso titolo giuridico. Tale ultimo soggetto può rivalersi sul debitore principale (come ad esempio accade nella responsabilità tributaria). In questo caso non vi è unicità dell'obbligazione tributaria, ma vi è un'obbligazione principale e una dipendente.
La differenza principale tra solidarietà paritetica e dipendente sussiste nei **rapporti interni** tra i coobbligati passivi, in quanto il coobbligato dipendente che adempie ha diritto di regresso per l'intero verso l'obbligato principale, mentre nella solidarietà paritetica il regresso si realizza *pro quota*.
Dal punto di vista **procedimentale**, i rapporti tra soggetto attivo e singoli condebitori non vengono gestiti in maniera unitaria e, quindi, l'atto impositivo notificato a solo uno dei condebitori produce effetti solo nei suoi confronti, non potendosi realizzare una ipotesi cd. di "supersolidarietà" tra i soggetti passivi. Tale soluzione, però, se da un lato permette di garantire il pieno **diritto di difesa** di ogni singolo condebitore, dall'altro lato, fa emergere il **rischio di una definizione diversificata** e non omogenea dei vari rapporti obbligatori. Per tale motivo sono stati adottati dei temperamenti:

i. il giudicato favorevole ottenuto da solo uno dei condebitori può avere effetto anche nei confronti degli altri condebitori (sempre che non abbiano già adempiuto o non abbiano subito gli effetti di un previo giudicato negativo);
ii. è possibile l'utilizzo dello strumento processuale del litisconsorzio;
iii. è possibile chiedere all'amministrazione finanziaria di annullare in autotutela gli atti la cui persistenza determinerebbe una diversificata definizione del debito tributario.

▶ 2.6. Successione del debito d'imposta

Alla morte di un contribuente, gli aventi causa del *de cuius*, nel caso in cui diventino eredi (quindi dopo l'accettazione dell'eredità), subentrano in tutte le posizioni attive e passive che facevano capo al dante causa. Si determina, in questo modo, un caso di *successione a titolo universale* nel rapporto obbligatorio tributario. In questo modo, se la struttura oggettiva del rapporto obbligatorio rimane la medesima, l'evento successorio determina una modifica di tipo soggettivo.
Nelle ipotesi di successione ereditaria si applicano i principi generali previsti dalle norme di diritto civile, pertanto, ai sensi dell'art. 752 c.c., **gli eredi del soggetto passivo d'imposta devono adempiere alle obbligazioni tributarie del *de cuius* in proporzione delle quote ereditate**. Questo principio civilistico trova talune deroghe nella disciplina fiscale, in specie:

- nell'art. 65 del d.P.R. n. 600/1973, che prevede che gli eredi rispondano in solido delle obbligazioni tributarie il cui presupposto si è verificato anteriormente alla morte del dante causa; o
- nell'art. 35-*bis* del d.P.R. n. 633/1972, che prevede che gli obblighi in materia di IVA possono essere adempiuti dagli eredi entro sei mesi da tale data.

Per effetto dell'art. 8, d.lgs. n. 472/1997, in base al quale anche le sanzioni amministrative rispondono al principio della responsabilità personale, la successione *mortis causa* non determina una responsabilità degli aventi causa per il pagamento delle sanzioni tributarie amministrative dovute dal *de cuius*.

Capitolo 7
Lo Statuto dei diritti del contribuente

SOMMARIO:

1. Lo Statuto dei diritti del contribuente

Lo **Statuto dei diritti del contribuente** (d'ora innanzi anche solo "Statuto"), introdotto dalla legge n. 212 del 27 luglio 2000, contiene i ***principi generali dell'ordinamento tributario*** (art. 1, co. 1), volti a disciplinare il rapporto obbligatorio tributario, attraverso il riconoscimento:

i. di taluni diritti fondamentali e garanzie ai contribuenti nel rapporto con l'amministrazione finanziaria e più in generale con l'ente impositore, al fine di tutelare il contribuente contro comportamenti iniqui e vessatori; e
ii. di veri e propri vincoli e limiti in capo
   - sia all'amministrazione finanziaria, in quanto lo Statuto contiene norme che enunciano principi sull'attuazione del rapporto giuridico d'imposta, sulla collaborazione con il contribuente e sulle attività amministrative e di indagine finanziaria,
   - sia al legislatore, in quanto contiene norme sulla produzione normativa (chiarezza, trasparenza ed efficacia temporale) e sull'interpretazione autentica, con l'intento di creare ordine all'interno delle eterogenee norme tributarie (eterogenee anche in ragione della loro collocazione asistematica nei vari testi legislativi).

I tre grandi destinatari dello Statuto, dunque, sono proprio i contribuenti (si veda meglio *infra* al § 4), l'amministrazione finanziaria (si veda meglio *infra* al § 3) e il legislatore (si veda meglio *infra* al § 2).

La **clausola di auto-qualificazione** contenuta nel summenzionato art. 1, co. 1 dello Statuto (in base alla quale le norme ivi contenute costituiscono principi generali dell'ordinamento tributario) ha indotto la dottrina a interrogarsi sulla efficacia di tali norme e sulla collocazione di queste nella gerarchia delle fonti. Ma, benché i principi ivi enunciati siano espressione/attuazione dei principi costituzionali e, in particolare, degli articoli 3, 23, 53 e 97 Cost., lo Statuto ha natura di **legge ordinaria** e non di legge costituzionale, con la conseguenza che non è possibile tacciare una norma di incostituzionalità alla luce dello Statuto (Corte cost. n. 247/2011). In ogni caso, deve riconoscersi allo Statuto una priorità assiologica (o ermeneutica) sulle altre norme tributarie, proprio in ragione della cristallizzazione dei principi generali dell'ordinamento fiscale, che permette che lo stesso rappresenti una linea guida per l'interpretazione e l'applicazione della norma tributaria. Inoltre, **non ha natura programmatica**, avendo le norme dello Statuto immediata applicazione.

Lo Statuto contiene, altresì, una **clausola di stabilità**, in quanto l'art. 1, co. 1 specifica che le

norme statutarie possono essere derogate o modificate solo espressamente e mai da leggi speciali.
Lo stesso art. 1 specifica, inoltre, come le norme dello Statuto si applichino anche ai **tributi locali**, in quanto gli enti locali dovevano provvedere, entro sei mesi dalla data di entrata in vigore dello Statuto, ad adeguare i rispettivi statuti e gli atti normativi da essi emanati ai principi dettati dalla legge n. 212/2000.

2. Norme dello Statuto rivolte al legislatore

Lo Statuto si rivolge primariamente al legislatore, dettando regole e principi di produzione normativa a tutela dei diritti del contribuente.
In primo luogo, viene sancita l'**eccezionalità delle norme interpretative**, in quanto in materia tributaria queste possono essere introdotte solo in casi eccezionali e con legge ordinaria; tali norme vengono espressamente qualificate come disposizioni di interpretazione autentica (art. 1).
Inoltre, viene richiesta espressamente **chiarezza e trasparenza**, dovendo le leggi che contengono disposizioni tributarie menzionarne l'oggetto nel titolo ed essere redatte secondo criteri che permettano di comprenderne immediatamente il contenuto precettivo. Le leggi e gli atti aventi forza di legge che non hanno un oggetto tributario, invece, non possono contenere disposizioni di carattere tributario, fatte salve quelle strettamente inerenti all'oggetto della legge medesima. I richiami di altre disposizioni contenuti nei provvedimenti normativi in materia tributaria, poi, devono indicare anche il contenuto sintetico della disposizione alla quale si intende fare rinvio. Le disposizioni modificative di leggi tributarie debbono essere introdotte riportando il testo conseguentemente modificato (art. 2).
Fondamentale, poi, è il **principio irretroattività delle norme tributarie**, in base al quale le disposizioni tributarie non hanno effetto retroattivo. Viene specificato che, relativamente ai tributi periodici, le modifiche introdotte si applicano solo a partire dal periodo d'imposta successivo a quello in corso alla data di entrata in vigore delle disposizioni che le prevedono e che, comunque, le disposizioni tributarie non possono prevedere adempimenti a carico dei contribuenti la cui scadenza sia fissata anteriormente al sessantesimo giorno dalla data della loro entrata in vigore o dell'adozione dei provvedimenti di attuazione in esse espressamente previsti. I termini di prescrizione e di decadenza per gli accertamenti di imposta non possono essere prorogati (art. 3).
L'art. 4, invece, si occupa dei **limiti all'utilizzo del decreto-legge in materia tributaria**, prevedendo come non si possa disporre con decreto-legge l'istituzione di nuovi tributi, né si possa estendere l'applicazione di tributi esistenti ad altre categorie di soggetti.
Infine, merita di essere considerato anche l'art. 9, rubricato **rimessione in termini**, a mente del quale il Ministro delle finanze, con decreto da pubblicare nella Gazzetta Ufficiale, rimette in termini i contribuenti interessati, nel caso in cui il tempestivo adempimento di obblighi tributari è impedito da cause di forza maggiore. Con proprio decreto il Ministro delle finanze, sentito il Ministro del tesoro, del bilancio e della programmazione economica, può, inoltre, sospendere o differire il termine per l'adempimento degli obblighi tributari a favore dei contribuenti interessati da eventi eccezionali ed imprevedibili. La ripresa dei versamenti dei tributi sospesi o differiti avviene, senza applicazione di sanzioni, interessi e oneri accessori relativi al periodo di sospensione, anche mediante rateizzazione fino a un massimo di diciotto rate mensili di pari importo, a decorrere dal mese successivo alla data di scadenza della sospensione.

3. Norme dello Statuto rivolte all'Amministrazione finanziaria

Lo Statuto si rivolge, altresì, come detto, all'amministrazione finanziaria dettando regole e principi riguardanti l'attuazione del rapporto giuridico d'imposta, la collaborazione con il contribuente e le attività amministrative e di indagine finanziaria.
Tra le principali norme rivolte all'amministrazione finanziaria si ricorda l'art. 5, rubricato **informazione del contribuente**, in base al quale l'amministrazione deve assumere idonee iniziative volte

a consentire la completa e agevole conoscenza delle disposizioni legislative e amministrative vigenti anche curando la predisposizione di testi coordinati e mettendo gli stessi a disposizione dei contribuenti presso ogni ufficio impositore e assumendo idonee iniziative di informazione elettronica, aggiornate in tempo reale. L'amministrazione finanziaria deve portare a conoscenza dei contribuenti tempestivamente e con i mezzi idonei tutte le circolari e le risoluzioni da essa emanate, nonché ogni altro atto o decreto che dispone sulla organizzazione, sulle funzioni e sui procedimenti.

Il successivo art. 6 si occupa della **conoscenza degli atti**. Si prescrive che l'amministrazione deve assicurare l'effettiva conoscenza da parte del contribuente degli atti a lui destinati e deve provvedere comunque a comunicarli nel luogo di effettivo domicilio del contribuente, quale desumibile dalle informazioni in possesso della stessa amministrazione o di altre amministrazioni pubbliche indicate dal contribuente, ovvero nel luogo ove il contribuente ha eletto domicilio speciale ai fini dello specifico procedimento cui si riferiscono gli atti da comunicare. La norma prosegue chiarendo che gli atti sono in ogni caso comunicati con modalità idonee a garantire che il loro contenuto non sia conosciuto da soggetti diversi dal loro destinatario. L'amministrazione finanziaria, poi, deve assumere iniziative volte a garantire che i modelli di dichiarazione, le istruzioni e, in generale, ogni altra propria comunicazione siano messi a disposizione del contribuente in tempi utili e siano comprensibili anche ai contribuenti sforniti di conoscenze in materia tributaria e che il contribuente possa adempiere le obbligazioni tributarie con il minor numero di adempimenti e nelle forme meno costose e più agevoli. Al contribuente non possono, in ogni caso, essere richiesti documenti ed informazioni già in possesso dell'amministrazione finanziaria o di altre amministrazioni pubbliche indicate dal contribuente.

L'art. 7, invece, si occupa della **chiarezza e motivazione degli atti**, specificando come ogni atto dell'amministrazione deve essere motivato in conformità all'art. 3 della l. n. 241/90, attraverso l'indicazione dei presupposti di fatto e delle ragioni giuridiche che hanno determinato la decisione dell'amministrazione. Viene specificato, altresì, che se nella motivazione si fa riferimento ad un altro atto, questo deve essere allegato all'atto che lo richiama (**cd. motivazione *per relationem***). Inoltre, si evidenzia come gli atti dell'amministrazione finanziaria e dei concessionari della riscossione devono tassativamente indicare: l'ufficio presso il quale è possibile ottenere informazioni complete in merito all'atto notificato o comunicato e il responsabile del procedimento; l'organo o l'autorità amministrativa presso i quali è possibile promuovere un riesame anche nel merito dell'atto in sede di autotutela; le modalità, il termine, l'organo giurisdizionale o l'autorità amministrativa cui è possibile ricorrere in caso di atti impugnabili.

Fondamentale, infine, è l'art. 10, rubricato **tutela dell'affidamento e della buona fede**. La norma chiarisce come i rapporti tra contribuente e amministrazione debbano essere improntati al principio della collaborazione e della buona fede; il che comporta che non sono irrogate sanzioni né richiesti interessi moratori al contribuente, qualora egli si sia conformato a indicazioni contenute in atti dell'amministrazione finanziaria, ancorché successivamente modificate dall'amministrazione medesima, o qualora il suo comportamento risulti posto in essere a seguito di fatti direttamente conseguenti a ritardi, omissioni od errori dell'amministrazione stessa.

La norma specifica, infine – con una previsione che si rivolge anche al legislatore – che le sanzioni non sono comunque irrogate quando la violazione dipende da obiettive condizioni di incertezza sulla portata e sull'ambito di applicazione della norma tributaria o quando si traduce in una mera violazione formale senza alcun debito di imposta; in ogni caso non determina obiettiva condizione di incertezza la pendenza di un giudizio in ordine alla legittimità della norma tributaria. Le violazioni di disposizioni di rilievo esclusivamente tributario non possono essere causa di nullità del contratto.

Il principio di buona fede comporta, altresì, che l'amministrazione finanziaria: *(i)* ritiri in autotutela gli atti ritenuti illegittimi; *(ii)* informi il contribuente delle circostanze dalle quali possa derivare per lui il disconoscimento di un credito; *(iii)* renda edotto il contribuente delle ragioni della pretesa impositiva; etc.

4. Norme dello Statuto rivolte al contribuente

Infine, le norme dello Statuto sono rivolte anche al contribuente, cristallizzando in capo allo stesso il riconoscimento di diritti fondamentali e di garanzie nel rapporto con l'ente impositore. In particolare, l'art. 8 si occupa di tutelare **l'integrità patrimoniale del contribuente**, prevedendo che:

i. l'obbligazione tributaria può essere estinta anche per **compensazione**,
ii. è ammesso **l'accollo** del debito d'imposta altrui senza liberazione del contribuente originario;
iii. le disposizioni tributarie **non possono stabilire né prorogare termini di prescrizione** oltre il limite ordinario stabilito dal codice civile;
iv. l'amministrazione finanziaria è tenuta a rimborsare il costo delle fideiussioni che il contribuente ha dovuto richiedere per ottenere la sospensione del pagamento o la rateizzazione o il rimborso dei tributi e che il rimborso va effettuato quando sia stato definitivamente accertato che l'imposta non era dovuta o era dovuta in misura minore rispetto a quella accertata; e
v. **l'obbligo di conservazione di atti e documenti**, stabilito a soli effetti tributari, non può eccedere il termine di dieci anni dalla loro emanazione o dalla loro formazione.

Inoltre, lo Statuto riconosce molti altri diritti al contribuente. In questa sede ci si limita solo ad elencarli, in quanto o sono stati già analizzati nella trattazione che precede, o saranno oggetto di approfondimento nei paragrafi e nei capitoli che seguono. Ci si riferisce in specie:

- al **principio dell'affidamento, della buona fede ed errore del contribuente**, in base al quale i rapporti tra contribuente e amministrazione sono improntati al principio della collaborazione e della buona fede (art. 10; si veda il precedente § 3);
- alla **nuova disciplina dell'abuso del diritto** (art. 10-*bis*; si veda il successivo § 5);
- al **diritto di interpello tributario** (art. 11; si veda il successivo § 6);
- ai **diritti e garanzie del contribuente sottoposto a verifiche fiscali** (art. 12; si rimanda a quanto si dirà nel Capitolo 9);
- al **garante del contribuente** (art. 13; si veda il successivo § 7).

5. Abuso del diritto in materia tributaria: evoluzione normativa; differenza con elusione e legittimo risparmio di imposta; caratteristiche principali dell'abuso di cui all'art. 10-*bis*; altre disposizioni antielusive

L'articolo 1 del d.lgs. n. 128 del 5 agosto 2015 sulla certezza del diritto, in attuazione della legge di delega n. 23/2014, ha introdotto l'art. 10-*bis* nello Statuto dei diritti del contribuente rubricato "***Disciplina dell'abuso del diritto o elusione fiscale***". Per effetto della nuova disposizione, abuso del diritto ed elusione fiscale sono unificati in un unico concetto a valenza generale, con riguardo a tutti i tributi. La riforma del 2015 è stata attuata in ottemperanza alla raccomandazione europea 2012/772/UE sulla pianificazione fiscale aggressiva, la quale sollecitava l'introduzione di una norma generale antiabuso (oggi contenuta proprio nell'art. 10-*bis*). Tale riforma ha abrogato allo stesso tempo la vigente norma antielusiva contenuta nell'art. 37-*bis* del D.P.R. n. 600/1973 (applicabile in passato solo per l'accertamento delle imposte sui redditi ad un numero chiuso di operazioni) stabilendo altresì che le disposizioni che lo richiamano si intendono riferite all'articolo 10-*bis*, in quanto compatibili.
Prima di analizzare nel dettaglio la nuova disciplina statutaria in materia di elusione/abuso, bisogna ricordare come l'elusione si collochi in una **posizione intermedia** tra:

i. **illegittimo risparmio d'imposta**, che rappresenta la scelta (lecita) del contribuente di applicare, tra i regimi opzionali diversi offerti dalla legge e tra le operazioni comportanti un diverso carico fiscale, il regime tributario e le operazioni ad esso più favorevole (comportamento lecito), senza che questo sia considerata elusione (si parla di ammessa pianificazione fiscale;
ii. **l'evasione**, che si realizza con la diretta violazione di norme tributarie (comportamento illecito), attraverso l'occultamento e/o l'artificiosa alterazione del presupposto di imposta e della base imponibile.

L'**elusione**, dunque può definirsi come quel comportamento volto ad *aggirare* obblighi o divieti, in quanto chi elude pone in essere un comportamento astrattamente legittimo ma privo di valide ragioni economiche diverse dal mero risparmio d'imposta.

	Analogie	Differenze
Analogie e differenze tra elusione ed evasione	• Comportamenti grazie ai quali il contribuente mira ad ottenere un illecito risparmio d'imposta • Si tratta di comportamenti illeciti e come tali perseguiti dall'Amministrazione finanziaria	• Comportamento apparentemente lecito che non trasgredisce direttamente le norme tributarie (elusione) • Comportamento caratterizzato dall'assenza di valide ragioni economiche e finalizzato unicamente al risparmio d'imposta tramite raggiri ai divieti o obblighi tributari (elusione) • Condotta tenuta in diretta violazione di leggi tributarie (evasione)

Occorre specificare come l'individuazione dell'elusione fiscale (e la sua distinzione rispetto all'evasione) richieda un'attività interpretativa e di qualificazione della fattispecie concreta non sempre agevole. È anche in tale ottica che è stata prevista la possibilità per il contribuente di presentare un'apposita istanza di interpello antiabusiva preventiva, con lo scopo di chiedere un parere all'Agenzia delle Entrate circa la eventuale natura abusiva o meno delle operazioni che si intendono realizzare (art. 10-*bis*, co. 5, che richiama l'art. 11, co. 1, lett. c) dello Statuto; si rimanda per maggiori approfondimenti al § 6).
Ad ogni modo, nella definizione oggi fornita dall'art. 10-*bis* dello Statuto (si vedano, in particolare, i commi 1-4), configura in generale abuso del diritto il ***compimento di una o più operazioni prive di sostanza economica che, pur nel rispetto formale delle norme fiscali realizzano essenzialmente vantaggi fiscali indebiti***. Gli elementi costitutivi dell'abuso del diritto sono, dunque:

- il compimento di **operazioni prive di sostanza economica**, cioè fatti, atti e contratti, anche tra loro collegati, inidonei a produrre effetti significativi diversi dai vantaggi fiscali; sono indici di mancanza di sostanza economica, in particolare, la non coerenza della qualificazione delle singole operazioni con il fondamento giuridico del loro insieme e la non conformità dell'utilizzo degli strumenti giuridici a normali logiche di mercato;
- il **conseguimento di vantaggi fiscali indebiti**, cioè di indebiti benefici, anche non immediati, realizzati in contrasto con le finalità delle norme fiscali o con i principi dell'ordinamento tributario.

Da quanto precede emerge che l'abuso del diritto è escluso nei casi di **operazioni giustificate da valide ragioni extrafiscali**, cioè in presenza di quelle operazioni che trovano giustificazione in ragioni non marginali, anche di ordine organizzativo o gestionale, che rispondono a finalità di miglioramento strutturale o funzionale dell'impresa ovvero dell'attività professionale del

contribuente.
L'elusione/abuso viene contrastata attraverso:

1. l'**inopponibilità** delle operazioni abusive all'amministrazione finanziaria, la quale ne disconosce i vantaggi determinando i tributi sulla base delle norme e dei principi elusi e tenuto conto di quanto versato dal contribuente per effetto di dette operazioni;
2. la **tecnica della riqualificazione** del rapporto, in base alla quale viene superata la forma apparente del contratto e viene applicata la disciplina elusa (**principio della prevalenza della sostanza sulla forma**) attraverso la valorizzazione della sostanza economica e giuridica dell'operazione.

Oltre alla norma antiabusiva generale di cui all'art. 10-*bis,* meritano di essere richiamate **altre norme tributarie** che rispondono a logiche antiabusive. Ci si riferisce, in specie:

1. all'art. 2, co. 2-*bis* del d.P.R. 917/1986 – TUIR – (disposizione di contrasto al fenomeno del trasferimento fittizio di residenza fiscale all'estero), in base al quale si considerano residenti, salvo prova contraria (presunzione relativa di residenza), in Italia i cittadini italiani cancellati dalle anagrafi della popolazione residente e trasferiti in Stati c.d. "*black list;*
2. all'art. 73, co. *5-bis* e *5-ter*, TUIR (disposizione di contrasto al fenomeno c.d. dell'esterovestizione delle società ed enti), in base al quale si presume la sede dell'amministrazione in Italia, salvo prova contraria, qualora la società (o l'ente) possieda una partecipazione di controllo in una società di capitali residente in Italia, e, contestualmente, sia a sua volta controllata da soggetti residenti nel territorio dello Stato oppure sia amministrata da un organo formato in prevalenza da consiglieri residenti nel territorio italiano. Sarà cura di quest'ultimo dimostrare il contrario (cioè fornire la prova contraria) al fine di evitare un aumento della tassazione del proprio reddito;
3. all'art. 167 TUIR (in materia di società estere partecipate; cd. CFC), che prevede una disciplina antielusiva relativa alle imprese estere controllate o collegate, che mira ad attrarre a tassazione in Italia (luogo di residenza del soggetto che detiene il controllo, *ex* art. 2359 c.c., della società residente in un paradiso fiscale) i redditi prodotti da quest'ultima;
4. all'art. 30 della l. n. 724/1994, il quale prevede una particolare normativa per le cd. società di comodo o non operative, che persegue il fine di scoraggiare la costituzione di società di mero godimento di beni e che in realtà non esplicano alcuna attività produttiva;
5. all'art. 20, del d.P.R. n. 131/1986 in materia di imposta di registro che, nell'originaria formulazione, prevedeva che *L'imposta è applicata secondo la intrinseca natura e gli effetti giuridici, degli atti presentati alla registrazione, anche se non vi corrisponda il titolo o la forma apparente*.
   La Corte di Cassazione aveva interpretato la norma nel senso di permettere all'Amministrazione finanziaria (e ai giudici) la riqualificazione degli atti giuridici, singoli o connessi, in modo tale che risultasse dovuta l'imposta di registro non già sull'atto singolo o su ognuno degli atti inseriti in una sequenza negoziale, ma sull'*operazione* nel suo complesso; ciò, sull'assunto che la scelta del legislatore fosse stata quella di privilegiare, nella contrapposizione fra la *intrinseca natura e gli effetti giuridici* il primo termine. Sulla base di tale interpretazione, erano state, ad esempio, qualificate quali cessioni di aziende, le cessioni frazionate di *singoli beni* assoggettate dai contraenti all'imposta sul valore aggiunto (ipotesi della cessione cosiddetta *spezzatino*).
   Con l'art. 1, co. 87, lett. a) della l. n. 205/2017 (legge di bilancio 2018), il legislatore ha modificato la norma, introducendo una seconda parte all'art. 20, con la quale ha specificando che, contrariamente a quanto affermato dalla Suprema Corte, l'imposta di

registro deve essere misurata *sulla base degli elementi desumibili dall'atto medesimo, prescindendo da quelli extratestuali e dagli atti ad esso collegati, salvo quanto disposto dagli articoli successivi*. L'art. 1, co. 1084, della l. n. 145/2018 (legge di bilancio 2019) ha affermato che tale norma deve essere intesa quale norma di interpretazione autentica (quindi con efficacia *ex tunc*).

▶ 5.1. Procedura di accertamento dell'abuso del diritto

Nella vigenza del previgente art. 37-*bis* del d.P.R. n. 600/1973, la procedura di accertamento dell'elusione era particolare. Era, infatti previsto, a pena di nullità dell'avviso di accertamento eventualmente notificato, l'obbligo del contradditorio: l'amministrazione finanziaria, infatti, doveva invitare il contribuente a spiegare le ragioni dell'ipotizzato comportamento elusivo (cioè della sussistenza o meno delle valide ragioni economiche) e, nel successivo avviso di accertamento, doveva dare conto delle ragioni del contribuente. Si parlava di motivazione rafforzata in quanto l'amministrazione finanziaria era obbligata a spiegare, in esito al contradditorio, le ragioni per cui non riteneva valide le giustificazioni addotte dal contribuente.
La **procedura di accertamento** di cui all'art. 10-*bis* dello Statuto (in particolare, commi 6 ss.) ricalca – generalizzandola – grandemente la procedura di cui al summenzionato (ormai abrogato) art. 37-*bis*. Anche in questo caso di tratta di un procedimento generale speciale (derogatorio rispetto a quello attivabile ai sensi del d.P.R. n. 600/1973), attivabile in tutti i casi in cui l'amministrazione finanziaria ritenga di aver individuato un'operazione elusiva e per tutte le imposte (e quindi, non solo più per le imposte sui redditi e per l'IVA).
Innanzitutto, è previsto che l'Agenzia non possa emettere direttamente un avviso di accertamento, ma questo debba essere preceduto, a pena di nullità, dalla notifica al contribuente di una **richiesta di chiarimenti** da fornire entro il termine di sessanta giorni, in cui sono indicati i motivi per i quali si ritiene configurabile un abuso del diritto, senza pregiudizio dell'ulteriore azione accertatrice nei termini stabiliti per i singoli tributi. La richiesta di chiarimenti è notificata dall'amministrazione finanziaria ai sensi dell'articolo 60 del d.P.R. n. 600/1973, entro il termine di decadenza previsto per la notificazione dell'atto impositivo. Tra la data di ricevimento dei chiarimenti ovvero di inutile decorso del termine assegnato al contribuente per rispondere alla richiesta e quella di decadenza dell'amministrazione dal potere di notificazione dell'atto impositivo intercorrono non meno di sessanta giorni. In difetto, il termine di decadenza per la notificazione dell'atto impositivo è automaticamente prorogato, in deroga a quello ordinario, fino a concorrenza dei sessanta giorni.
L'atto impositivo è specificamente motivato (**motivazione rafforzata**), a pena di nullità, in relazione alla condotta abusiva, alle norme o ai principi elusi, agli indebiti vantaggi fiscali realizzati, nonché agli eventuali chiarimenti forniti dal contribuente.
L'amministrazione finanziaria ha **l'onere di dimostrare** la **sussistenza della condotta abusiva**, non rilevabile d'ufficio, in relazione agli elementi previsti. Il contribuente ha l'onere di dimostrare l'esistenza delle **ragioni extrafiscali**.
Infine, in sede di accertamento, l'abuso del diritto può essere configurato solo se i vantaggi fiscali non possono essere disconosciuti contestando la violazione di specifiche disposizioni tributarie.
Le operazioni abusive **non** danno luogo a **fatti punibili** ai sensi delle leggi penali tributarie. Resta ferma l'applicazione delle sanzioni amministrative tributarie.

6. L'interpello tributario: caratteristiche generali e tratti comuni

In attuazione del principio di **leale collaborazione** tra amministrazione finanziaria e contribuente, si riconosce a quest'ultimo il diritto di interpellare la prima al fine di ottenere chiarimenti sull'**interpretazione** di qualsiasi norma tributaria applicabile a una **fattispecie concreta e personale** o sulla valutazione di determinate condotte e/o operazioni.
Prima della sistematizzazione dell'istituto dell'interpello ad opera dello Statuto dei diritti dei contribuenti (art. 11), così come riformato con il d.lgs. n. 156/2015, l'interpello era disciplinato in maniera disorganica, tanto nell'art. 21, della l. n. 413/1991 (interpello antielusivo), quanto nell'art. 37-*bis* del d.P.R. n. 600/1973 (interpello disapplicativo) ed era uno strumento poco usato dai

contribuenti. L'articolo 11 dello Statuto – il quale originariamente prevedeva soltanto l'interpello ordinario e che, a seguito della novella apportata dal d.lgs. n. 156/2015, disciplina le quattro tipologie di interpello ordinario, probatorio, antiabuso, disapplicativo - ha invece reso lo strumento di portata generale.

L'art. 11 individua delle caratteristiche comuni a tutte le tipologie di interpello ivi individuate.

Innanzitutto, l'interpello ha una **funzione preventiva**, in quanto l'istanza deve essere presentata dal contribuente prima di porre in essere il comportamento che potrebbe attivare i poteri di controllo dell'amministrazione finanziaria. L'amministrazione, infatti, è chiamata a rendere un parere qualificato in relazione a un caso specifico e in una fase precedente rispetto a quella di adempimento dell'obbligazione tributaria. Tale risposta è in grado di ingenerare un **legittimo affidamento** in capo al contribuente e degli obblighi in capo alla stessa amministrazione. È espressamente previsto, infatti, che sono **nulli gli atti impositivi o sanzionatori** emanati dall'Amministrazione finanziaria nei casi in cui il contribuente si sia uniformato alle indicazioni contenute nel parere di risposta all'interpello o si sia affidato al silenzio assenso creatosi sulla soluzione da lui fornita. Ciò comporta, altresì, che la risposta fornita dall'amministrazione finanziaria vincola la stessa (e in generale tutti gli uffici fiscali), *pro futuro* nella sua successiva attività accertatrice, unicamente nei confronti del soggetto istante e al caso prospettato. Si specifica, però, che la risposta dell'Ufficio è, sì, vincolante per le amministrazioni fiscali, ma non anche per il contribuente, il quale potrebbe decidere di discostarsene nell'adempimento dell'obbligazione tributaria.

Alla luce degli artt. 2 e 3 del d.lgs. n. 156/2015, legittimati a presentare istanza di interpello tutti i contribuenti, anche non residenti, e, in generale, a coloro che sono tenuti a porre in essere adempimenti tributari in virtù di fattispecie di sostituzione e responsabilità d'imposta. Le istanze sono **presentate** con consegna *brevi manu*, o spedizione a mezzo posta raccomandata AR, o per via telematica mediante PEC, alla Direzione Regionale dell'Agenzia delle Entrate competente (sulla base del domicilio fiscale dell'istante) e devono contenere: *(i)* l'indicazione del soggetto istante; *(ii)* l'indicazione del tipo di istanza; *(iii)* la descrizione puntuale e circostanziale della fattispecie; *(iv)* le disposizioni di cui si chiede l'interpretazione, applicazione o disapplicazione; *(v)* la sottoscrizione; *(vi)* l'esposizione chiara e univoca della **soluzione interpretativo proposta** dal contribuente.

La previsione dell'indicazione di una soluzione interpretativa è di fondamentale importanza in relazione all'eventuale mancanza di una risposta da parte dell'Ufficio nei termini di 120 giorni dalla presentazione dell'istanza nei casi di interpello probatorio, antiabuso e disapplicativo e di 90 giorni, nell'interpello ordinario (termini aumentati nel caso in cui l'amministrazione finanziaria abbia richiesto documentazione integrativa, in quanto la risposta dovrà essere comunicata entro 60 giorni dalla ricezione della stessa). È previsto, infatti, che, in se l'amministrazione finanziaria non risponde nei suddetti termini, si forma il c.d. **silenzio-assenso** di matrice amministrativista, in base al quale il silenzio equivale a condivisione, da parte dell'amministrazione, della soluzione interpretativa prospettata dal contribuente nella istanza.

Non possono essere presentate istanze idonee ad interferire con l'esercizio di poteri accertativi, né la presentazione delle istanze di interpello può avere effetto sulle scadenze previste dalle norme tributarie, né sulla decorrenza dei termini di decadenza e non comporta interruzione o sospensione dei termini di prescrizione.

È potere dell'Amministrazione finanziaria quello di **rettificare la risposta fornita** o fornire tardivamente la sua soluzione interpretativa con valenza – in caso di impossibilità da parte del contribuente di porre in essere il comportamento – esclusivamente per gli eventuali comportamenti futuri dell'istante.

L'amministrazione provvede alla pubblicazione mediante la forma di circolare o di risoluzione delle risposte rese nei casi in cui:

- un numero elevato di contribuenti abbia presentato istanze aventi ad oggetto la stessa questione o questioni analoghe fra loro,
- il parere sia reso in relazione a norme di recente approvazione o per le quali non siano stati resi chiarimenti ufficiali,

- siano segnalati comportamenti non uniformi da parte degli uffici,
- nonché in ogni altro caso in cui ritenga di interesse generale il chiarimento fornito.

Resta ferma, in ogni caso, la comunicazione della risposta ai singoli istanti.
Le **risposte alle istanze di interpello non sono impugnabili** (art. 6 del d.lgs. n. 156/2015), eccezion fatta per quelle relative agli interpelli cd. disapplicativi per le quali, in sede di ricorso proposto avverso l'eventuale successivo atto impositivo, il contribuente può far valere le doglianze riferibili alla risposta.

▶ 6.1. Interpello ordinario (Art. 11, co. 1, lett. a), della l. n. 212/2000)

Ciascun contribuente può richiedere, per iscritto, all'ufficio competente dell'Agenzia delle Entrate, un **parere interpretativo** sull'applicabilità di talune norme ad un **caso concreto, attuale e personale**, ove ricorrano condizioni di obiettiva incertezza di una o più norme tributarie e/o sulla corretta qualificazione giuridica di talune fattispecie.
La norma permette di individuare due diverse tipologie di interpello ordinario, in specie:

i. l'**interpello interpretativo** (o ordinario puro), se l'interpello ha ad oggetto la richiesta di parere sulla corretta interpretazione della norma tributaria (restano pertanto esclusi gli atti non aventi carattere normativo);
ii. l'**interpello qualificatorio**, se oggetto dell'istanza è la corretta identificazione/qualificazione giuridica della fattispecie concreta, funzionale alla individuazione delle norme applicabili.

Lo stesso art. 11, al co. 4, specifica che non ricorrono condizioni di obiettiva incertezza quando l'amministrazione ha compiutamente fornito la soluzione per fattispecie corrispondenti a quella rappresentata dal contribuente mediante circolari, risoluzioni o altri atti pubblicati e divulgati ai sensi dell'art. 5, co. 2 dello Statuto (riguardante le *informazioni al contribuente*).

▶ 6.2. Interpello probatorio (Art. 11, co. 1, lett. b), della l. n. 212/2000)

L'Amministrazione finanziaria viene investita di un quesito sulla sussistenza delle condizioni e la valutazione della idoneità degli elementi probatori richiesti dalla legge per l'adozione di specifici regimi fiscali nei casi espressamente previsti. La richiesta è azionabile unicamente nei casi previsti dall'art. 7 del d.lgs. n. 156/2015 ed è onere del contribuente fornire nell'istanza ogni elemento utile di valutazione.
Esempio tipico di interpello probatorio è quello che coinvolge le società di comodo: l'art. 30, della l. n. 724/1994 prevede espressamente che, in presenza di oggettive situazioni per le quali i soggetti che abbiano reso impossibile il conseguimento di ricavi, degli incrementi di rimanenze e dei proventi, la società interessata può chiedere la disapplicazione delle disposizioni antielusive mediante istanza di interpello ex art. 11, co. 1, lett. *b)* dello Statuto dei diritti dei contribuenti (interpello probatorio). Altri esempi si rinvengono per le istanze di interpello c.d. CFC (*Controlled Foreign Companies*) *ex* art. 167 TUIR e per le istanze di interpello per l'accesso al consolidato mondiale ai sensi dell'art. 132 TUIR.

▶ 6.3. Interpello antiabuso (Art. 11 comma 1 lett. c della l. n. 212/2000)

L'amministrazione finanziaria viene investita di un quesito sulla applicazione della disciplina dell'abuso del diritto ad una specifica fattispecie, ai sensi dell'art. 10-*bis* dello Statuto.

▶ 6.4. Interpello disapplicativo (Art. 11, co. 2, della l. n. 212/2000)

L'amministrazione finanziaria viene investita di un quesito sulla disapplicazione di norme tributarie che, allo scopo di contrastare comportamenti elusivi, limitano deduzioni, detrazioni, crediti d'imposta, o altre posizioni soggettive del soggetto passivo altrimenti ammesse dall'ordinamento tributario. Il contribuente in questo interpello deve fornire la dimostrazione che nella particolare fattispecie tali effetti elusivi non possono verificarsi. Nei casi in cui non sia stata resa risposta favorevole, resta

comunque ferma la possibilità per il contribuente di fornire tale dimostrazione anche ai fini dell'accertamento in sede amministrativa e contenziosa. Ne sono un esempio i casi di riporto delle perdite (*ex* art. 84 TUIR), anche nei casi di operazioni straordinarie (artt. 172 ss. TUIR).
È l'unica forma di **interpello obbligatorio**, cioè di un interpello che, ferma restando la natura e gli effetti della risposta dell'amministrazione, deve essere obbligatoriamente (e non facoltativamente) presentato dall'istante ai fini dell'ottenimento di un parere favorevole circa l'accesso a un regime derogatorio agevolativo rispetto a quello generalmente applicabile.

▶ 6.5. Altre tipologie di interpello

Oltre alle tipologie di interpello menzionate nell'art. 11 dello Statuto, si segnala l'esistenza anche dell'interpello sui nuovi investimenti e dell'interpello internazionale.
Quanto alla prima tipologia, l'interpello sui nuovi investimenti (o interpello speciale), disciplinato dall'art. 2, del d.lgs. n. 147/2015, è rivolto alle imprese che intendono effettuare nel territorio dello Stato investimenti del valore non inferiore a quindici milioni di euro, con rilevanti e durature ricadute occupazionali. Tali imprese possono presentare istanza di interpello in merito al trattamento fiscale del loro piano di investimento e delle eventuali operazioni straordinarie che si ipotizzano per la sua realizzazione, ivi inclusa, ove necessaria, la valutazione circa l'esistenza o meno di un'azienda. Possono formare oggetto dell'istanza anche la valutazione preventiva circa l'eventuale assenza di abuso del diritto fiscale o di elusione, la sussistenza delle condizioni per la disapplicazione di disposizioni antielusive e l'accesso ad eventuali regimi o istituti previsti dall'ordinamento tributario. Con riferimento ai tributi non di competenza dell'Agenzia delle Entrate, quest'ultima provvede ad inoltrare la richiesta dell'investitore agli enti di competenza che rendono autonomamente la risposta
L'istanza di interpello deve essere presentata all'Agenzia delle Entrate, che è tenuta a rispondere entro 120 giorni (prorogabili, se viene richiesta documentazione integrativa, di ulteriori 90 giorni), con possibile formazione del silenzio-assenso.
Il contenuto della risposta vincola l'Agenzia delle Entrate, in relazione al piano di investimento descritto nell'istanza, nei confronti di tutti i soggetti coinvolti nell'investimento, e resta valida fino a che sono invariate le circostanze di fatto e di diritto sulla base delle quali è stata resa o desunta la risposta.
L'**interpello internazionale** (o accordi preventivi per le imprese con attività internazionale), invece, è una tipologia di interpello riservata alle imprese con attività internazionale. Rappresenta una forma avanzata di *tax compliance*, in quanto prevede la partecipazione dell'istante alla fase istruttoria posta in essere dall'amministrazione e la conclusione, ad esito della procedura, di un accordo di interpello tra i due soggetti (art. 31-*ter*, d.P.R. n. 600/1973, introdotto dall'art. 1, d.lgs. n. 147/2015).
L'accordo preventivo può avere ad oggetto la definizione concordata riguardante: *(i)* i metodi di calcolo della base imponibile per talune fattispecie transnazionali di impresa; *(ii)* la valutazione preventiva della sussistenza o meno dei requisiti che configurano una stabile organizzazione in Italia; *(iii)* l'applicazione di norme riguardanti l'attribuzione di utili e perdite nei rapporti con la stabile organizzazione; *(iv)* l'applicazione di norme concernenti l'erogazione o la percezione di dividendi, interessi e royalties e altri componenti reddituali a o da soggetti non residenti.
Gli accordi preventivi sono vincolanti per il contribuente e per l'Amministrazione finanziaria per il periodo d'imposta nel corso del quale sono stipulati e per i quattro periodi d'imposta successivi, salvo mutamenti delle circostanze di fatto o di diritto rilevanti ai fini degli accordi sottoscritti e risultanti dagli stessi.

7. Garante del contribuente e i suoi poteri

L'art. 13 dello Statuto del contribuente prevede che presso ogni Direzione Regionale dell'Agenzia delle Entrate sia istituito il Garante del contribuente. Si tratta di un organo monocratico che non appartiene in senso stretto all'amministrazione finanziaria e che non è dotato di poteri autoritativi; opera in piena autonomia e viene scelto e nominato dal Presidente della Corte di Giustizia Tributaria di secondo grado.
Possono essere nominati Garante del contribuente:

- magistrati, professori universitari e notai, sia in servizio o già collocati a riposo;
- avvocati, dottori commercialisti e ragionieri e, in questo caso il Garante è scelto dal Presidente della Corte tra una terna formata, per ciascuna Direzione Regionale, dai rispettivi ordini di appartenenza.

L'incarico ha durata quadriennale ed è rinnovabile tenendo presenti professionalità, produttività ed attività già svolta. Per ogni Garante il compenso mensile lordo è fissato in euro 2.788,87. Al Garante del contribuente che risiede in un comune diverso da quello in cui ha sede l'organo compete il rimborso delle spese di trasferta previsto dalle norme vigenti per la partecipazione alle relative sedute. Analogo trattamento compete per gli accessi in uffici finanziari situati in comuni diversi da quelli in cui ha la residenza il Garante. Le funzioni di segreteria e tecniche sono assicurate dagli uffici delle Direzioni Regionali delle Entrate presso cui il Garante è istituito
Il Garante non ha il potere di emanare decisioni vincolanti per l'amministrazione, né ha alcuna potestà amministrativa o giurisdizionale. Il Garante, anche sulla base di segnalazioni inoltrate per iscritto dal contribuente o da qualsiasi altro soggetto interessato che lamenti disfunzioni, irregolarità, scorrettezze, prassi amministrative anomale o irragionevoli o qualunque altro comportamento suscettibile di incrinare il rapporto di fiducia tra cittadini e amministrazione finanziaria, può esercitare alcuni poteri. In particolare, il Garante del contribuente può:

- rivolgere richieste di documenti o chiarimenti agli uffici finanziari sulla base di segnalazioni inoltrate dal contribuente nei casi di disfunzioni o irregolarità amministrative; gli uffici sono tenuti a rispondere entro trenta giorni; il Garante inoltra l'esito della propria attività alla Direzione Regionale competente;
- attivare le procedure di autotutela, quando lo ritiene opportuno;
- rivolgere raccomandazioni ai dirigenti degli uffici ai fini della tutela del contribuente e della migliore organizzazione dei servizi;
- accedere agli uffici finanziari al fine di controllare il corretto svolgimento delle attività di assistenza e informazione al contribuente, nonché l'agibilità degli spazi aperti al pubblico;
- richiamare gli uffici al rispetto dei termini procedimentali, in particolare, in materia di rimborsi;
- presentare una relazione annuale al Parlamento e al Governo per fornire dati e notizie sullo stato dei rapporti tra fisco e contribuenti nel campo della politica fiscale.

Inoltre, il Garante ha l'obbligo di presentare, con cadenza semestrale, al Ministro dell'Economia e delle Finanze una relazione nella quale rende conto della propria attività ed individua gli aspetti critici rilevati.

Capitolo 8
Il procedimento tributario, la dichiarazione dei redditi e il rimborso

SOMMARIO:

1. Procedimento tributario e la necessaria partecipazione dei soggetti passivi

Analogamente al procedimento amministrativo, il **procedimento tributario** si compone di una serie di fasi attuative del tributo, alcune necessarie e altre eventuali, finalizzate all'adempimento dell'obbligazione tributaria e, quindi, alla riscossione del tributo.
Rispetto al procedimento amministrativo – i cui principi ritraibili dalla l. n. 241/1990, infatti, sono mutuati –, il procedimento tributario però presenta talune ovvie **peculiarità**:

i. si caratterizza per la presenza di una **pluralità** modelli procedimentali (e non un unico procedimento amministrativo);
ii. vi sono anche atti provenienti dai soggetti passivi, quindi provenienti da soggetti estranei all'amministrazione finanziaria.

Il procedimento tributario, dunque, si caratterizza per una **forte partecipazione del contribuente**, il quale è onerato:
i. all'adempimento di doveri di natura formale (si pensi, ad esempio, ai soggetti obbligati alla tenuta delle scritture contabili; alla presentazione della dichiarazione);
ii. al versamento dell'imposta individuata e liquidata.

Questo a rappresentare che il fisiologico dipanarsi del procedimento tributario vede nella partecipazione e nei comportamenti dei soggetti passivi (non solo il contribuente, ma anche i para-soggetti) un ruolo necessario e fondamentale, mentre **nell'intervento dell'amministrazione un ruolo secondario ed eventuale**, che diventa tanto più necessario, quanto più il contribuente non adempie ai propri obblighi.
Intervento che può essere *(i)* di controllo e verifica rispetto al corretto adempimento da parte dei soggetti passivi degli obblighi su di loro incombenti; *(ii)* di accertamento; *(iii)* di riscossione, in caso di mancato versamento diretto da parte dei contribuenti di quanto dovuto; *(iv)* di esercizio del potere sanzionatorio. Tale intervento è eventuale in quanto non è riservato ad ogni consociato, ma è effettuato sulla base di criteri selettivi e indici di "pericolosità fiscale" annualmente individuati con decreti ministeriali.
La sempre più crescente esigenza di incrementare la partecipazione del contribuente si è manifestata negli ultimi anni anche attraverso, non solo, il rafforzamento dell'**obbligo del contraddittorio** procedimentale con il contribuente (non solo nell'ambito dei tributi armonizzati), ma anche, la previsione di **modelli procedimentali cd. collaborativi**, nei quali vi è una cooperazione tra contribuente e amministrazione anche in un momento precedente rispetto a quello dell'adempimento dell'obbligo fiscale.

2. Dichiarazione tributaria: caratteristiche comuni e peculiarità di ogni singola imposta

La **dichiarazione tributaria** rappresenta il principale momento di collaborazione tra fisco e contribuente; attraverso la dichiarazione il contribuente comunica all'amministrazione finanziaria la propria situazione reddituale e patrimoniale, liquidando contestualmente il tributo dovuto (**c.d. autoliquidazione dell'imposta**). È l'atto con il quale il contribuente porta a conoscenza dell'amministrazione finanziaria gli elementi considerati ai fini della determinazione della base imponibile e dell'imposta relativi all'anno precedente (ad esempio, la dichiarazione 2021 ha ad oggetto il reddito prodotto nel corso dell'anno 2020).
È un **atto di tipo formale**: ciò significa che la dichiarazione deve essere presentata con i requisiti di forma, le modalità e i tempi stabiliti dalla legge (che sono diversi a seconda del tipo di imposta che viene in gioco), deve essere sottoscritta dal soggetto passivo o da chi è titolato per la presentazione. La presentazione della dichiarazione d'imposta rappresenta per il contribuente un **obbligo**, al cui inadempimento l'ordinamento reagisce con la comminazione di sanzioni amministrative.
Da quanto detto, emergono talune peculiarità delle dichiarazioni:

- **unicità**, in quanto la dichiarazione deve contenere l'indicazione di tutti i redditi del soggetto;
- **obbligatorietà**, in quanto esiste un autonomo obbligo di redazione e presentazione della dichiarazione in capo a tutti i contribuenti tranne quelli espressamente esclusi dalla legge;
- **perentorietà**, dovendo essere presentata nei termini temporali stabiliti dalla legge;
- **periodicità**, in quanto alcune tipologie di dichiarazione hanno carattere periodico (come ad esempio, la dichiarazione dei redditi ai fini IRPEF che deve essere presentata ogni anno).

Negli anni sono state elaborate diverse teorie sulla **natura giuridica** della dichiarazione:

- *dichiarazione di scienza*, in quanto si tratterebbe di una mera dichiarazione ricognitiva dei presupposti d'imposta (teoria ritenuta valida per le dichiarazioni dei sostituti d'imposta ma limitativa per le altre);
- *atto dovuto e atto obbligato*, essendo la dichiarazione considerata "obbligata" in ragione della fonte dell'obbligo (la legge) o del dovere (foro interno – coscienza morale). Tale teoria, però, limitano la natura giuridica a fonti totalmente interne o esterne al contribuente, non cogliendo il momento di collaborazione e il fenomeno globalmente inteso;
- *confessione stragiudiziale*, per ciò che si tratterebbe di una fattispecie assimilabile a quella disciplinata dall'art. 2730 c.c., in quanto nella dichiarazione il contribuente comunica fatti a sé sfavorevoli perché svelano l'esistenza di una situazione debitoria nei confronti del fisco;
- *negozio giuridico unilaterale recettizio a rilievo bilaterale.* Secondo tale teoria la dichiarazione dei redditi viene considerata un negozio giuridico unilaterale, in quanto sottoscritta dal contribuente (il quale si assume la responsabilità del contenuto inserito) che per produrre effetti deve essere portata a conoscenza dell'amministrazione finanziaria, con effetti sia dal lato attivo dell'obbligazione tributaria (accertamento, riscossione) che dal lato passivo (adempimenti, pagamento del debito, eventuale istanza di rimborso).

Si ritiene, comunque, che la dichiarazione tributaria sia una **dichiarazione di scienza** (in quanto in essa il soggetto passivo fornisce dati e informazioni diretti alla quantificazione del debito tributario, attraverso l'individuazione del presupposto, della base imponibile), cui si innestano (eventuali) **elementi di tipo negoziale** (per ciò che in essa il soggetto passivo può effettuare delle scelte; si pensi, ad esempio alla destinazione dell'8 e del 5 per mille).

La dichiarazione in taluni casi deve essere **sempre presentata** anche se il presupposto del tributo non si è verificato: sono tenuti alla presentazione annuale della dichiarazione, anche se non hanno prodotto redditi, i soggetti obbligati alla tenuta delle scritture contabili (come imprenditori e lavoratori autonomi) e, in generale, i soggetti IRES e le società di persone; del pari, devono presentarla i soggetti passivi IVA, anche se non hanno effettuato operazioni imponibili.
In altri casi, invece, il contribuente è **esonerato dalla presentazione** della dichiarazione, ad esempio se ha prodotto esclusivamente redditi esenti o redditi soggetti a ritenuta alla fonte a titolo d'imposta o redditi fondiari inferiori ad un dato importo, ove non obbligato a tenere le scritture contabili (art. 1, co. 4, d.P.R. n. 600/73).
In generale, si distingue tra: *(i)* **dichiarazione nulla** quando non è redatta secondo i modelli ministeriali e quando non è sottoscritta; *(ii)* dichiarazione valida ma soggetta a sanzioni amministrative, se è presentata entro 90 giorni dallo scadere del termine; *(iii)* **dichiarazione omessa**, se non è presentata affatto o è presentata oltre 90 giorni dalla scadenza; *(iv)* **dichiarazione infedele**, quando un reddito netto non è indicato nel suo esatto ammontare; *(v)* **dichiarazione incompleta**, quando è omessa l'indicazione di una fonte reddituale.
Occorre analizzare la specificità della dichiarazione in relazione alle singole imposte, in quanto per ciascuna di esse la normativa di riferimento prevede delle regole particolari e degli specifici obblighi formali.

▶ 2.1. Specificità della dichiarazione in relazione alle imposte principali

Iniziando dalle **imposte sui redditi e dall'IRAP**, la previsione di riferimento è quella di cui al d.P.R. n. 322/1998, il quale prevede, all'art. 1, che le dichiarazioni presentate ai fini di tali imposte devono essere redatte, a pena di nullità, su modelli conformi a quelli approvati con provvedimento amministrativo, da pubblicare nella Gazzetta Ufficiale (così come richiesto anche dall'art. 6 dello Statuto dei diritti del contribuente). Il comma 3 del medesimo art. 1 prevede, sempre a pena di nullità, la necessaria sottoscrizione della dichiarazione da parte del contribuente o di chi ne ha la rappresentanza legale o negoziale.
Tra i modelli conformi resi disponibili si ricordano: lo specifico **Modello 730**, reso disponibile per i titolari di redditi di lavoro dipendente e pensione; la **dichiarazione dei redditi precompilata**, utilizzabile dalle persone fisiche e avente il pregio di essere (appunto) precompilata con i dati già dichiarati in passato dallo stesso contribuente il quale, nel caso in cui non apporti modifiche a tale dichiarazione, non sarà sottoposto a controlli documentali e sarà esentato da taluni obblighi di esibizione e conservazione di documenti. Nel 2016 è stata eliminata la **dichiarazione unificata**, che consentiva di dichiarare nello stesso documento sia le imposte dirette (IRPEF, IRES) sia l'IVA.
Le dichiarazioni devono essere **presentate con termini** che variano al variare del modello di dichiarazione e, in generale, il modello 730 deve essere presentato entro il mese di luglio, mentre gli altri modelli di dichiarazione entro la fine del mese di novembre.
I **termini di versamento**, invece, sono disciplinati dall'art. 17 del d.P.R. n. 435/2001 e, in generale:

- il versamento del saldo dovuto dalle persone fisiche e dalle società e associazioni di cui all'art. 5 del TUIR è effettuato entro il 30 giugno dell'anno di presentazione della dichiarazione stessa (con la particolarità che le società o associazioni di cui all'art. 5 TUIR, nel caso di liquidazione oppure di operazioni straordinarie, effettuano i predetti versamenti entro l'ultimo giorno del mese successivo a quello di scadenza del termine di presentazione della dichiarazione). Tali versamenti possono essere effettuati entro il trentesimo giorno successivo ai termini ivi previsti, maggiorando le somme da versare dello 0,40% a titolo di interesse corrispettivo;
- il versamento del saldo dovuto dalle persone giuridiche è effettuato entro l'ultimo giorno del sesto mese successivo a quello di chiusura del periodo d'imposta. I soggetti che in base a disposizioni di legge approvano il bilancio oltre il termine di quattro mesi dalla chiusura dell'esercizio, versano il saldo dovuto entro l'ultimo giorno del mese successivo a quello di approvazione del bilancio;

- i versamenti di acconto per IRPEF, IRES e IRAP dovuti ai sensi della l. n. 97/1977 sono effettuati in due rate salvo che il versamento da effettuare alla scadenza della prima rata non superi euro 103.

Con la dichiarazione, come detto, il contribuente dichiara il presupposto e la base imponibile dell'annualità precedente e, sulla base di questo, si determina l'imposta da versare. Sulla base del risultato della dichiarazione, il contribuente versa: *(i)* il **saldo** e *(ii)* gli **acconti** per l'anno corrente calcolati sulla base dell'imposta emersa dalla dichiarazione riferita all'anno precedente, con il cd. metodo "storico". Ad esempio: con la dichiarazione del 2022, si calcola l'imposta dovuta a saldo in relazione al periodo di imposta 2021 e, sulla base del metodo storico, gli acconti da versare per il 2022 (il cui esatto ammontare e il saldo sarà calcolato con la dichiarazione 2023). Tale sistema, che risponde ad esigenze di garanzia e di tutela dell'interesse fiscale, determina un **perenne sfasamento** tra l'anno della dichiarazione e l'anno del concreto versamento che fa sì che, al momento del saldo, si possano verificare due diverse situazioni:

i. una situazione di *imposta negativa*, se gli acconti versati su base storica superano l'ammontare dell'imposta definitiva. In questo caso il contribuente vanterà un **diritto di credito** nei confronti dell'erario;
ii. una situazione di *imposta positiva*, se gli acconti non superano l'ammontare dell'imposta definitiva. In questo caso il contribuente sarà **debitore** nei confronti dell'erario.

Prima di procedere alle altre imposte, occorre evidenziare come incombano degli obblighi dichiarativi anche in capo ai sostituti di imposta (datori di lavoro, banche, etc.), i quali devono presentare apposita **dichiarazione annuale (cd. Modello 770)**, nella quale indicano tutte le ritenute effettuate. Ai sensi dell'art. 4, co. 3-*bis*, del d.P.R. n. 322/1998, i sostituti d'imposta che effettuano le ritenute sui redditi sono tenuti alla trasmissione telematica all'Agenzia delle Entrate dei dati fiscali e contributivi dei sostituiti, nonché gli ulteriori dati necessari per l'attività di liquidazione e controllo dell'amministrazione finanziaria e degli enti previdenziali e assicurativi, entro il 31 ottobre di ciascun anno. I soggetti tenuti ad operare la ritenuta alla fonte, inoltre, devono rilasciare il **Modello CU**, con il quale si indicano l'ammontare complessivo delle somme corrisposte e il valore delle ritenute operate e delle detrazioni di imposta effettuate.
Con riferimento all'**IVA**, invece, i soggetti passivi IVA sono tenuti ad una serie di obblighi formali e dichiarativi di natura fiscale.
In primo luogo, vanno ricordati gli **obblighi dichiarativi**, quali quelli della presentazione:

- della **dichiarazione d'inizio attività** (art. 35, d.P.R. n. 633/1972), con la quale il soggetto passivo deve comunicare l'inizio della propria attività entro 30 giorni, la natura dell'attività svolta, i propri dati identificativi. A seguito di tale dichiarazione, l'Agenzia delle Entrate attribuisce al contribuente un numero di P.IVA;
- della **dichiarazione di variazione e cessazione** dell'attività, da presentarsi entro 30 giorni dal realizzarsi dell'evento;
- della **dichiarazione di imposta in senso proprio**. Con riferimento a quest'ultima, deve segnalarsi come, con cadenza mensile o trimestrale, debba essere liquidata l'imposta (nel rapporto *IVA a debito* determinata dalle operazioni imponibili effettuate e *IVA a credito* dovuta a seguito dell'esercizio del diritto alla detrazione); con la conseguenza che, la **dichiarazione annuale IVA** altro non è che un riepilogo degli adempimenti già eseguiti in corso d'anno. Tale dichiarazione deve essere presentata nei mesi di febbraio-aprile dell'ano successivo a quello cui si riferisce; deve essere presentata **telematicamente**, deve essere redatta in conformità al modello approvato con provvedimento amministrativo da pubblicare nella Gazzetta Ufficiale.

Altro obbligo formale importante è, ovviamente, quello della **fatturazione** delle operazioni rientranti nell'ambito applicativo IVA. Il cedente o il prestatore del servizio devono emettere fattura in duplice copia, di cui una deve essere consegnata o spedita al cessionario o committente del servizio. La fattura deve contenere i dati identificativi delle parti, il loro numero di partita Iva, l'aliquota, l'imponibile e l'imposta applicata, la descrizione della natura, qualità e quantità dei beni e dei servizi formanti oggetto dell'operazione (art. 21, d.P.R. n. 633/1972). Talvolta, la fattura deve essere emessa dal cessionario/committente (se operatore economico), per effetto di un sistema di **inversione contabile** o *reverse charge*. Le fatture, poi, devono essere annotate dal soggetto passivo entro il giorno 15 del mese successivo a quello di effettuazione delle operazioni e devono essere ordinate in base a numerazione progressiva e data di emissione, nell'apposito registro delle fatture (art. 23, d.P.R. n. 633/1972).

Nell'**imposta di registro**, invece, vi è un **obbligo formale di registrazione dell'atto**, che ha un effetto sostitutivo di quello propriamente dichiarativo tipico delle altre imposte. L'art. 10 del TUR, infatti, prevede che i soggetti tenuti all'obbligo formale della richiesta di registrazione all'Ufficio dell'Agenzia delle Entrate, la quale liquida contestualmente l'imposta e richiede il pagamento.

Quanto alle imposte **ipotecarie e catastali**, la legge prevede che si applichino, per quanto non diversamente disposto, le norme previste in materia di imposta di registro e di imposta sulle successioni e sulle donazioni.

Infine, la d**ichiarazione di successione** deve essere presentata dagli eredi, dai chiamati all'eredità e dai legatari, dagli immessi nel possesso temporaneo dei beni dell'assente, dagli amministratori dell'eredità, dai curatori delle eredità giacenti, dagli esecutori testamentari, entro 12 mesi dalla data di apertura della successione che coincide, generalmente, con la data del decesso del contribuente. In caso di pluralità di soggetti, la dichiarazione deve essere sottoscritta, a pena di nullità, da almeno uno di essi, ma comunque gli altri rispondono in solido.

La dichiarazione può essere presentata direttamente dal contribuente tramite i **servizi telematici**, tramite un intermediario abilitato o presso l'ufficio competente dell'Agenzia delle Entrate.

Sulla base della **dichiarazione di successione** presentata dal soggetto passivo, l'Ufficio **liquida** l'imposta sulle successioni dovuta. In presenza di diritti reali immobiliari, il contribuente, prima di presentare la dichiarazione di successione, deve autoliquidare le relative imposte ipotecaria e catastale, di bollo, le tasse ipotecarie e i tributi speciali.

▶ 2.2. Trasmissione della dichiarazione tributaria: gli intermediari abilitati

Le dichiarazioni dei redditi devono necessariamente essere trasmesse all'amministrazione finanziaria per **via telematica** direttamente dal contribuente o da parte di soggetti detti intermediari abilitati a ciò espressamente autorizzati. Sono **esonerati** dall'invio telematico unicamente i contribuenti persone fisiche che non hanno la possibilità di utilizzare il Modello 730.

Tra i soggetti abilitati alla trasmissione telematica delle dichiarazioni tramite il portale dell'Agenzia delle Entrate denominato *Entratel* si distingue tra:

- **professionisti** iscritti negli albi dei dottori commercialisti, dei ragionieri, dei consulenti del lavoro, dei periti commerciali;
- **C.A.F.**, cioè i centri di assistenza fiscale che svolgono la loro attività dietro autorizzazione del Ministero dell'economia e delle finanze e hanno la funzione di assistenza per i lavoratori dipendenti, pensionati e altre tipologie di contribuenti. Si distingue tra:
  - **C.A.F. per lavoratori dipendenti**: che svolgono la loro attività di assistenza e trasmissione per via telematica delle dichiarazioni solo nei confronti dei possessori di reddito di lavoro dipendente e assimilati come i pensionati;
  - **C.A.F. imprese**: sulla base di un'apposita autorizzazione possono essere istituiti C.A.F. che svolgono la loro attività nei confronti di imprese sia individuali che collettive organizzate sotto forma di società di persone o di capitali;
- **associazioni professionali e società di servizi**;
- soggetti che svolgono abitualmente **attività di consulenza**;
- **associazioni sindacali di categoria**.

Non vi è più l'obbligo di allegazione – alla dichiarazione depositata – dei documenti giustificativi (cd. pezze d'appoggio) dei costi deducibili (ad esempio, delle spese mediche), delle ritenute subite, dei crediti di imposta, etc. L'eliminazione dell'obbligo di allegazione, però ha imposto l'obbligo di conservazione della documentazione, almeno fino al 31 dicembre del quinto anno successivo a quello di presentazione della dichiarazione (e in generale fino a quando l'amministrazione non decade dal potere di accertare la posizione del contribuente).

▶ 2.3. Fattispecie a rilevanza penale della dichiarazione dei redditi (rinvio)

L'obbligo dichiarativo, per le ragioni più sopra illustrate, rappresenta il perno intorno al quale ruota il sistema di autoliquidazione dell'imposta da parte del contribuente e, molto spesso, costituisce la base di partenza dell'amministrazione finanziaria per i propri controlli e accertamenti. Per tali ragioni l'ordinamento ha previsto una serie di reazioni al mancato rispetto degli obblighi dichiarativi da parte del contribuente.

Rimandando al Capitolo 10 per una compiuta disamina delle sanzioni tributarie, si richiamano qui brevemente le principali fattispecie a rilevanza penale della dichiarazione:

- quella della **dichiarazione fraudolenta** è la fattispecie che si realizza quando il contribuente, al fine di evadere le imposte sui redditi o sul valore aggiunto:
  - o si avvale di fatture o altri documenti per operazioni inesistenti, indicando in una delle dichiarazioni relative a dette imposte elementi passivi fittizi (art. 2 del d.lgs. 74/2000);
  - oppure compie operazioni simulate oggettivamente o soggettivamente o si avvale di documenti falsi o di altri mezzi fraudolenti idonei ad ostacolare l'accertamento e ad indurre in errore l'amministrazione finanziaria, indicando in una delle dichiarazioni relative a dette imposte elementi attivi per un ammontare inferiore a quello effettivo od elementi passivi fittizi o crediti e ritenute fittizi, quando, congiuntamente:
    a) l'imposta evasa è superiore, con riferimento a taluna delle singole imposte, a euro trentamila;
    b) l'ammontare complessivo degli elementi attivi sottratti all'imposizione, anche mediante indicazione di elementi passivi fittizi, è superiore al cinque per cento dell'ammontare complessivo degli elementi attivi indicati in dichiarazione, o comunque, è superiore a euro un milione cinquecentomila, ovvero qualora l'ammontare complessivo dei crediti e delle ritenute fittizie in diminuzione dell'imposta, è superiore al cinque per cento dell'ammontare dell'imposta medesima o comunque a euro trentamila (art. 3 del d.lgs. 74/2000);
- quella della **dichiarazione infedele** è la fattispecie che si realizza quando il contribuente indica elementi attivi per un ammontare inferiore a quello effettivo o elementi passivi inesistenti, quando, congiuntamente: a) l'imposta evasa è superiore, con riferimento a taluna delle singole imposte, a 100.000 euro; b) l'ammontare complessivo degli elementi attivi sottratti all'imposizione, anche mediante indicazione di elementi passivi inesistenti, è superiore al dieci per cento dell'ammontare complessivo degli elementi attivi indicati in dichiarazione o, comunque, è superiore a 2 milioni di euro (art. 4 del d.lgs. 74/2000);
- quella della **dichiarazione omessa** è la fattispecie che si realizza quando il contribuente non presenta la dichiarazione, essendovi obbligato, quando l'imposta evasa è superiore, con riferimento a taluna delle singole imposte ad 50.000 euro. Non si considera omessa la dichiarazione presentata entro novanta giorni dalla scadenza del termine o non sottoscritta o non redatta su uno stampato conforme al modello prescritto (art. 5 del d.lgs. n. 74/2000).

▶ 2.4. La rettificabilità della dichiarazione: dichiarazione correttiva e dichiarazione integrativa

La dichiarazione può essere **rettificata** (o emendata o ritrattata) nel caso in cui emerga per il contribuente l'esigenza *(i)* di indicare *fatti nuovi* non precedentemente indicati in dichiarazione; *(ii)* o di *riqualificare* i fatti già dichiarati, nel caso in cui tali fatti abbiano un impatto sull'esattezza del debito di imposta così come quantificato in dichiarazione.

In generale, il contribuente che intenda emendare la dichiarazione può presentare: o una **dichiarazione correttiva**, che comporta la presentazione di una nuova dichiarazione, entro il termine ordinario di presentazione della stessa, al fine di correggere qualsiasi errore od omissione della dichiarazione presentata *ab origine*; o una **dichiarazione integrativa**, con la quale si rettifica o si integra una dichiarazione (sia *a favore* sia *a sfavore*) quando ormai risultano decorsi i termini di presentazione della dichiarazione stessa.

Con particolare riferimento alla **dichiarazione integrativa**, il riferimento normativo è quello di cui al d.P.R. n. 322/1998 (per le imposte sui redditi, IVA e IRAP) che ammette l'integrazione della dichiarazione entro i termini stabiliti per l'accertamento, ossia entro il 31 dicembre del quinto anno successivo a quello di presentazione della dichiarazione originaria (art. 2, co. 8, d.P.R. n. 322/1998).

L'integrazione della dichiarazione si dice ***a sfavore*** quando da essa emerge un maggior debito di imposta (perché, ad esempio, erano originariamente stati indicati costi non deducibili). Tale rettifica permette al contribuente di beneficiare di una riduzione delle sanzioni tributarie applicabili, mediante l'istituto del ravvedimento operoso.
La rettifica, al contrario, è ***a favore***, quando il contribuente intende recuperare un pagamento di imposta effettuato in eccesso, chiedendone la restituzione all'amministrazione finanziaria o con rimborso oppure usando il credito in compensazione (§ 3).
La presentazione di una dichiarazione integrativa (a favore o a sfavore) ha un impatto *dilatorio* sui **termini di decadenza** dell'azione accertativa, in quanto è previsto che questi debbano iniziare ad essere conteggiati a partire dall'anno di presentazione della dichiarazione integrativa. Si determina, dunque, uno **slittamento del *dies a quo*** per il calcolo dei termini decadenziali (e ciò vale tanto per l'accertamento, quanto per la liquidazione e il controllo formale), però, non dell'intera dichiarazione, ma unicamente per il controllo dei soli elementi oggetto di correzione.

3. Il rimborso

Il **rimborso** è un procedimento volto a soddisfare un credito vantato dal contribuente nei confronti dell'ente impositore, con un'inversione dei ruoli di soggetto attivo creditore (contribuente) e soggetto passivo debitore (ente impositore).
Questo ha un evidente impatto anche sul **processo tributario**, in quanto nell'eventuale ricorso proposto dal contribuente avverso il rifiuto di rimborso, questo (il contribuente) riveste il ruolo di attore in senso sostanziale (laddove, in generale, come si dirà, riveste il ruolo di attore in senso formale) e, per l'effetto, grava su di lui l'onere di allegare e provare i fatti a fondamento del proprio diritto; al contrario, l'ente impositore riveste il ruolo di convenuto sostanziale (laddove, in generale, come si dirà, riveste il ruolo di convenuto in senso formale) e, per l'effetto, incombe su di lui solo l'onere di replicare alle affermazioni dell'attore e di provare le eventuali eccezioni.
Il rimborso può avere un'**origine**:

i. *fisiologica*, come ad esempio avviene nell'IRPEF se, a in sede di dichiarazione, il contribuente dovesse accorgersi che l'imposta dovuta a saldo è inferiore alla somma pagata a titolo di acconti durante l'anno;
ii. *patologica*, quando si verificano mal funzionamenti nell'imposta nella fase di attuazione del tributo, ad esempio, come detto nel paragrafo precedente, nel caso di rettifica a favore della dichiarazione dei redditi; o, quando viene meno *ex post* la legge sulla cui base si fondava il prelievo (si pensi a una declaratoria di incostituzionalità della norma, che ha effetti retroattivi).

Bisogna comunque sempre tenere a mente che il rimborso non può avvenire nel caso di **rapporti esauriti**, cioè nel caso in cui il rapporto obbligatorio tributario non possa più essere messo in discussione (ad esempio, perché è stato definito con sentenza passata in giudicato). La *ratio* evidente è quella di volere garantire certezza del diritto.
Esistono due differenti modalità di rimborso, una a **istanza di parte** e l'altra su iniziativa **d'ufficio**.

A) Nel primo caso – **rimborso su istanza di parte** – l'avvio della procedura di rimborso deve essere stimolata dal contribuente, attraverso:

- la presentazione di una specifica **istanza di rimborso**, la quale deve presentare un contenuto minimo imprescindibile, che consenta all'ufficio di valutare la fondatezza o meno della domanda e, conseguentemente, di decidere se concedere o meno il rimborso;
- all'**ente impositore (debitore)**, legittimato passivo a ricevere l'istanza di rimborso. Tale soggetto, come ovvio, sarà diverso a seconda dell'imposta della quale si richiede il rimborso (ad esempio, l'istanza di rimborso in materia di IMU andrà chiesta al Comune a cui

è stata versata; l'istanza di rimborso in materia di imposta di registro va presentata all'ufficio che ha eseguito la registrazione);
- entro precisi **termini decadenziali**, decorsi i quali il diritto non può più essere esercitato. In via generale, e in mancanza di disposizioni specifiche per ogni singola imposta, il rimborso deve essere richiesto entro **due anni dal pagamento**, ovvero, se posteriore, dal giorno in cui si è verificato il presupposto per la restituzione (art. 21, co. 2, d.lgs. n. 546/1992). Da tale momento (cioè presentata l'istanza di rimborso entro tale termine) decorre l'ordinario termine di prescrizione per l'esercizio del diritto.

L'ente impositore che riceve la domanda ha 90 giorni di tempo per rispondere al contribuente e, in difetto di riscontro, si forma un **silenzio-rifiuto** al rimborso, eventualmente impugnabile dinanzi alle Corti di Giustizia Tributaria nel termine decadenziale di dieci anni (a differenza del rifiuto espresso che si impugna nel termine di 60 giorni).
L'ente impositore potrebbe anche accogliere solo parzialmente l'istanza; in questo caso si determina un **rigetto parziale implicito** in relazione alla parte della richiesta non rimborsata, il quale, se del caso, il contribuente dovrà impugnare nel termine di 60 giorni dinnanzi al giudice tributario.
Il rimborso, inoltre, può essere **sospeso**, ad esempio nel caso in cui sia stato notificato al contribuente creditore un atto di contestazione o di irrogazione della sanzione, o provvedimento con il quale vengono accertati maggiori tributi, ancorché non definitivi. La sospensione del rimborso rappresenta una **garanzia** per l'ente impositore sulla solvibilità del contribuente in relazione a tale credito.

B) Nel secondo caso – **rimborso d'ufficio** – l'avvio della procedura di rimborso è fatta d'ufficio da parte dell'ente creditore. Rappresenta l'eccezione e si ha tutte le volte nelle quali incombe in capo all'Ufficio un vero e proprio obbligo di provvedere alla restituzione delle somme indebitamente percepite, tassativamente previsto. Si ha rimborso d'ufficio, ad esempio, *quando emergono errori materiali o duplicazioni dovuti all'ufficio delle imposte, questo provvede ad effettuare il rimborso delle maggiori somme iscritte a ruolo* (art. 41, d.P.R. n. 602/1973).

▶ 3.1. La compensazione dell'imposta

Il credito del contribuente può essere soddisfatto anche attraverso la **compensazione dell'imposta**.
La compensazione è una **modalità alternativa al rimborso** che, al pari di questo, permette al contribuente di soddisfare il proprio credito. Può essere utilizzato, però, unicamente per il pagamento di altre imposte.
La compensazione può essere:
i. *verticale*, nel caso in cui il credito sia utilizzato in compensazione per pagare imposte dello stesso tipo ma di anni diversi (il credito dell'anno x viene compensato con il debito dell'anno x+1);
ii. *orizzontale,* nel caso in cui il credito sia utilizzato in compensazione per pagare imposte di tipo diverso ma dello stesso anno.

Il grande vantaggio della compensazione rispetto al rimborso è che il contribuente non deve attendere il vaglio positivo e la successiva autorizzazione al rimborso da parte dell'ente impositore (debitore): potrebbe essere soggetto a controlli *ex post,* ma intanto il contribuente può utilizzare immediatamente il credito per abbassare il proprio debito tributario. Il contribuente, infatti, procede **autonomamente alla compensazione** utilizzando il credito direttamente in dichiarazione o mediante l'F24 per pagare altre impose.
Considerata l'alternatività tra tali strumenti, la scelta di utilizzare l'uno piuttosto che l'altro spetta solo al contribuente che, in sede dichiarazione, decide come utilizzare il proprio credito. Si tratta, in ogni caso, di una **scelta revocabile** e, quindi, il contribuente che abbia scelto di richiedere a rimborso, ad esempio, l'IRAP, può successivamente richiedere che il proprio credito sia usato in compensazione (presentando una dichiarazione integrativa entro 120 giorni dalla scadenza del termine ordinario di presentazione e salvo che il rimborso non sia già stato erogato; art. 2, comma 8-*ter*, d.P.R. n. 322/1998). Non è però prevista normativamente la soluzione contraria, cioè la possibilità di scegliere il rimborso in luogo di una compensazione già richiesta.

Capitolo 9
L'accertamento tributario

SOMMARIO:

1. I poteri istruttori degli uffici finanziari

L'**istruttoria** rappresenta una fase del procedimento tributario nella quale il ruolo dell'amministrazione è quello di indagare, al fine di acquisire dati ed elementi utili per potere esercitare la propria funzione impositiva ed eventualmente notificare un atto di imposizione al contribuente. L'istruttoria, dunque, si pone quale fase del procedimento funzionale all'effettuazione degli accertamenti tributari, in quanto mira a verificare le veridicità e la fondatezza degli elementi e dei dati indicati dal contribuente con la dichiarazione.
L'attività istruttoria non è condotta unicamente dall'Agenzia delle Entrate (alla quale sola compete, invece, l'accertamento vero e proprio), ma anche dalla **Guardia di finanza**, in qualità di Polizia tributaria. Gli uffici finanziari così individuati controllano le dichiarazioni presentate dai contribuenti e dai sostituti d'imposta, ne rilevano l'eventuale omissione e provvedono alla liquidazione delle imposte o maggiori imposte dovute. A tal fine vigilano sull'osservanza degli obblighi relativi alla tenuta delle scritture contabili e degli altri obblighi e provvedono all'irrogazione delle sanzioni pecuniarie e alla presentazione del rapporto all'autorità giudiziaria per le violazioni sanzionate penalmente (cd. obbligo di denuncia penale).
Fondamentale per l'espletamento delle attività istruttorie è l'**anagrafe tributaria** (istituita e disciplinata dal d.P.R. n. 605/1973), che rappresenta il principale sistema informativo elettronico nel quale sono immagazzinate le principali notizie che riguardano i contribuenti. Tali informazioni (reperibili attraverso il numero di P.IVA o il CF del contribuente a seconda che sia esso una persona giuridica o una persona fisica) permettono accertamenti incrociati e facilitano l'azione accertatrice dell'amministrazione finanziaria ed è per tale ragione che esistono molteplici disposizioni che impongono alle varie pubbliche amministrazioni, enti pubblici, aziende private e cittadini, di comunicare all'anagrafe i dati mano a mano raccolti (artt. 6 e 7, del d.P.R. n. 605/1973).
La competenza spetta all'ufficio distrettuale nella cui circoscrizione è il domicilio fiscale del soggetto obbligato alla dichiarazione alla data in cui questa è stata o avrebbe dovuto essere presentata (art. 31 d.P.R. n. 600/1973).
I principali poteri degli uffici finanziari sono (art. 32, del d.P.R. n. 600/1973):

- procedere all'esecuzione di accessi, ispezioni e verifiche ai sensi dell'art. 33 del d.P.R. n. 600/1973;

- invitare i contribuenti, indicandone il motivo, a comparire di persona o per mezzo di rappresentanti per fornire dati e notizie rilevanti ai fini dell'accertamento nei loro confronti, anche relativamente ai rapporti ed alle operazioni, i cui dati, notizie e documenti siano stati acquisiti;
- invitare i contribuenti, indicandone il motivo, a esibire o trasmettere atti e documenti rilevanti ai fini dell'accertamento nei loro confronti;
- inviare ai contribuenti questionari relativi a dati e notizie di carattere specifico rilevanti ai fini dell'accertamento nei loro confronti nonché nei confronti di altri contribuenti con i quali abbiano intrattenuto rapporti, con invito a restituirli compilati e firmati;
- richiedere agli organi e alle Amministrazioni dello Stato, agli enti pubblici non economici, alle società ed enti di assicurazione ed alle società ed enti che effettuano istituzionalmente riscossioni e pagamenti per conto di terzi la comunicazione, anche in deroga a contrarie disposizioni legislative, statutarie o regolamentari, di dati e notizie relativi a soggetti indicati singolarmente o per categorie;
- richiedere copie o estratti degli atti e dei documenti depositati presso i notai, i procuratori del registro, i conservatori dei registri immobiliari e gli altri pubblici ufficiali;
- richiedere alle imprese tenute alla contabilità dati e notizie relativi ai rapporti intercorsi in un determinato periodo con clienti, fornitori, lavoratori autonomi, indicati singolarmente o per categorie, etc.

▶ 1.1. Accessi, ispezioni e verifiche fiscali e le garanzie per il contribuente (art. 12, l. n. 212/2000).

Per **accesso** si intende l'ingresso e la permanenza dei funzionari fiscali in immobili nella disponibilità del contribuente (locali ove viene svolta o si suppone venga svolta l'attività del contribuente) e anche contro la sua volontà. L'accesso di impiegati dell'amministrazione finanziaria e della Guardia di Finanza deve essere **autorizzato** da un soggetto/organo – il quale rilascia apposita autorizzazione che ne indica lo scopo – che varia al variare del luogo in cui l'accesso deve essere effettuato e, generalmente, viene effettuato nei locali destinati all'esercizio di attività commerciali, agricole, artistiche o professionali, nonché in quelli utilizzati dagli enti non commerciali, o anche negli immobili adibiti ad abitazione per procedere ad ispezioni documentali, verificazioni e ricerche e ad ogni altra rilevazione ritenuta utile per l'accertamento dell'imposta e per la repressione dell'evasione e delle altre violazioni. In particolare:

- gli impiegati che eseguono l'accesso devono essere muniti di autorizzazione rilasciata dal capo dell'ufficio da cui dipendono;
- per accedere in locali che siano adibiti anche ad abitazione (c.d. ad uso promiscuo) è necessaria anche l'autorizzazione del procuratore della Repubblica,
- l'accesso nei locali destinati all'esercizio di arti o professioni dovrà essere eseguito in presenza del titolare dello studio o di un suo delegato;
- l'accesso in locali diversi da quelli sopra citati può essere eseguito, previa autorizzazione del procuratore della Repubblica, soltanto in caso di gravi indizi di violazioni delle norme del presente decreto, allo scopo di reperire libri, registri, documenti, scritture ed altre prove delle violazioni (si veda anche art. 52, co. 1, d.P.R. n. 633/1972).

La normativa di riferimento prevede che in ogni caso sia necessaria l'autorizzazione del procuratore della Repubblica o dell'autorità giudiziaria più vicina per procedere, durante l'accesso, a **perquisizioni personali e all'apertura coattiva** di pieghi sigillati, borse, casseforti, mobili, ripostigli e simili e per l'esame di documenti e la richiesta di notizie relativamente ai quali è eccepito il segreto professionale, ferma restando la norma di cui all'art. 103 del codice di procedura penale.
Se sono riscontrate violazioni, l'accesso si conclude con la redazione di un **processo verbale di constatazione** (PVC) nel quale sono sintetizzate le attività compiute, indicate le violazioni che si ritengono essere state realizzate e si dà evidenza delle prove acquisite. Dal PVC deve risultare la descrizione delle ispezioni e delle rilevazioni eseguite, le richieste fatte al contribuente o a chi lo rappresenta e le

risposte ricevute. Il verbale deve essere sottoscritto dal contribuente o da chi lo rappresenta ovvero indicare il motivo della mancata sottoscrizione. Il contribuente ha diritto di averne copia. Tale verbale (PVC) non è autonomamente impugnabile dinanzi agli organi di giustizia tributaria, avendo natura meramente endoprocedimentale ed è **atto pubblico**, quindi fa piena prova, sino a querela di falso della provenienza dei pubblici ufficiali che lo hanno formato, degli atti o fatti avvenuti in loro presenza o dagli stessi compiuti.
L'accesso non è mai fine a sé stesso e può essere finalizzato:

i. a un'**ispezione**, cioè all'esame di un determinato documento o di un determinato materiale, il quale (esame) può estendersi *tutti libri, registri, documenti e scritture che si trovano nei locali*, o
ii. a una **verifica**, con la quale si intende l'insieme delle attività poste in essere, volte al controllo della correttezza dell'autoliquidazione dell'imposta da parte del contribuente e dell'adempimento delle norme tributarie.

In particolare, l'**ispezione documentale** si estende a tutti i libri, registri, documenti e scritture, compresi quelli la cui tenuta e conservazione non sono obbligatorie, che si trovano nei locali in cui l'accesso viene eseguito, o che sono comunque accessibili tramite apparecchiature informatiche installate in detti locali.
I libri, registri, scritture e documenti di cui è rifiutata l'esibizione non possono essere presi in considerazione a favore del contribuente ai fini dell'accertamento in sede amministrativa o contenziosa. Per rifiuto di esibizione si intendono anche la dichiarazione di non possedere i libri, registri, documenti e scritture e la sottrazione di essi alla ispezione.
I documenti e le scritture possono essere sequestrati soltanto se non è possibile riprodurne o farne constare il contenuto nel verbale, nonché in caso di mancata sottoscrizione o di contestazione del contenuto del verbale. I libri e i registri non possono essere sequestrati; gli organi procedenti possono eseguirne o farne eseguire copie o estratti, possono apporre nelle parti che interessano la propria firma o sigla insieme con la data e il bollo d'ufficio e possono adottare le cautele atte ad impedire l'alterazione o la sottrazione dei libri e dei registri.
Per **indagini bancarie**, invece, si intendono quelle richieste effettuate dagli uffici e dalla Guardia di finanza, previa autorizzazione rispettivamente della Direzione regionale delle entrate e del Comandante di zona, alle banche e a Poste italiane S.p.A. (art. 32, d.P.R. n. 600/1973) e aventi ad oggetto dati, notizie e documenti relativi a qualsiasi rapporto intrattenuto o a qualsiasi operazione effettuata, ivi compresi i servizi prestati, con i loro clienti, nonché alle garanzie prestate da terzi o dagli operatori finanziari sopra indicati e le generalità dei soggetti per i quali gli stessi operatori finanziari abbiano effettuato le suddette operazioni e servizi o con i quali abbiano intrattenuto rapporti di natura finanziaria.
Qualora i dati richiesti non vengano forniti o si abbia il sospetto che siano inesatti, l'Ufficio può disporre l'accesso presso la banca o l'ufficio postale per rilevare direttamente i dati in questione. Delle richieste e degli accessi la banca o l'ufficio postale deve dare tempestiva notizia al contribuente.
Si tratta di un **potere di indagine molto ampio**, posto che possono essere svolte senza il limite del segreto bancario e si può estendere a tutte le operazioni effettuate dal cliente e a tutti i movimenti riguardanti specifici rapporti bancari, senza che l'amministrazione finanziaria sia obbligata a motivare le ragioni delle proprie indagini.
Lo Statuto dei diritti del contribuente prevede una serie di **garanzie** per il soggetto che subisce l'accesso, l'ispezione o la verifica. In particolare, è previsto che l'accesso di regola, non può durare più di 30 giorni lavorativi (art. 12, co. 5, l. n. 212/2000), che può essere prorogato di altri 30 giorni in casi di particolare complessità dell'indagine individuati e motivati dal dirigente dell'ufficio; è previsto altresì che entro 60 giorni dalla notifica del PVC il contribuente può comunicare all'ufficio osservazioni e richieste (art. 12, co. 7, l. n. 212/2000).
Più in generale, lo Statuto prevede che devono essere rispettate le esigenze dell'attività economica; che il contribuente deve essere informato delle ragioni e dell'oggetto della verifica nonché dei diritti ed obblighi ad essa connessi, con specifico riferimento al diritto di difesa tecnica; che su richiesta, l'esame contabile può essere effettuato presso gli uffici finanziari ovvero presso il professionista di fiducia; che devono essere verbalizzati le osservazioni e i rilievi del contribuente e del professionista che lo assiste.

▶ 1.2. Vizi dell'attività istruttoria

Nell'esercizio dei propri poteri istruttori, può accadere che l'amministrazione finanziaria e la Guardia di finanza *(i)* compiano atti o attività illegittime, tali da viziare l'attività istruttoria nonché l'eventuale atto impositivo finale; ovvero *(ii)* cagionino comunque, pur in assenza di quest'ultimo, un danno al soggetto sottoposto a indagine fiscale.
Si parla in tal senso di **vizio istruttorio**, intendendo ogni violazione delle regole che disciplinano l'esercizio dell'attività istruttoria di acquisizione di elementi informativi fiscalmente rilevanti, ad esempio, perché, l'attività esercitata dall'autorità finanziaria si discosta dal modello predeterminato dalla legge. La normativa di riferimento per il vizio istruttorio è quella di cui alla disciplina generale delle **invalidità di diritto amministrativo** di cui alla l. n. 241/1990 (nullità e annullabilità).
In particolare, il vizio può inficiare:

- il *singolo atto di indagine*, il quale può essere affetto da nullità se è stato emesso in situazioni di difetto assoluto di attribuzione (si pensi all'ipotesi di un'autorizzazione istruttoria rilasciata da un organo amministrativo del tutto privo di poteri nella materia tributaria, come ad es. la Polizia di Stato), o può essere annullabile se ricorrono le classiche ipotesi di eccesso di potere, violazione di legge e incompetenza;
- la validità della *complessiva attività dell'amministrazione*, ad esempio nell'ipotesi di un accesso nei locali del contribuente, con compimento delle conseguenti verifiche, senza le necessarie autorizzazioni.

Posto che nel processo tributario non è possibile ottenere una tutela immediata e diretta avverso le predette illegittimità, la tutela del contribuente avverso tali vizi sarà di tipo differito e il vizio dell'attività istruttoria potrà essere valorizzato solo con l'impugnazione dell'atto impositivo il cui fondamento si rinviene proprio su quell'attività viziata. Ad ogni modo, l'atto impositivo così emanato non è invalido ma le prove illegittimamente acquisite sono **inutilizzabili** (in quanto prove acquisite in violazione delle disposizioni del d.P.R. n. 600/1973, art. 33, e del d.P.R. n. 633/1972, artt. 52 e 63); con la conseguenza che, in mancanza di altre prove, l'avviso (valido) diviene infondato, in quanto indimostrata la pretesa impositiva ivi contenuta. Il vizio istruttorio realizza un vizio dell'atto impositivo, in termini di **carenza probatoria**.

2. Controlli dell'amministrazione finanziaria: accertamento come attività

I controlli sono l'attività svolta dall'amministrazione finanziaria al fine di verificare l'esatto adempimento degli obblighi tributari da parte dei contribuenti. In questo ambito, si parla in generale di *accertamento* come *attività* (distinguendolo dall'accertamento come *atto*) per descrivere l'attività procedimentale di controllo posta in essere dall'amministrazione finanziaria sulla posizione fiscale del contribuente, propedeutica all'eventuale emissione di un atto contenente una vera e propria pretesa impositiva.
L'attività di accertamento e di controllo fiscale si distingue in prima battuta tra:

- **controlli cartolari**, cioè controlli aventi ad oggetto la mera regolarità formale della dichiarazione, effettuati mediante procedure automatizzate o sulla base di un mero riscontro documentale o cartolare delle dichiarazioni (si distingue in tale ambito tra liquidazione automatica e controllo formale, di cui agli artt. 36-*bis* e 36-*ter* del d.P.R. n. 600/1973);
- **controlli sostanziali**, cioè controlli aventi ad oggetto l'esattezza e la fedeltà della dichiarazione, che consistono nell'accertamento, mediante specifici poteri d'indagine, della correttezza e veridicità delle dichiarazioni. Esiste una procedura a monte per determinare i **criteri di selezione dei contribuenti** da sottoporre a controllo sostanziale. Il MEF, infatti, ogni tre anni adotta un atto di indirizzo per il conseguimento degli obiettivi di politica fiscale, che persegue lo scopo di indirizzare tutte le Agenzie fiscali in merito ai controlli da porre in essere con linee guida che sono il frutto di una complessa analisi metodologica su base economico-sociale operata mediante l'analisi degli elementi ritraibili dalle

banche dati (ad esempio, l'Anagrafe Tributaria), con l'ausilio di attività di intelligence e di controllo economico del territorio.

Nell'ambito dei controlli sostanziali, occorre distinguere tra:

- **accertamento in rettifica**, il quale presuppone la previa presentazione di una valida dichiarazione da parte del contribuente. Nell'ambito di tali accertamenti, l'amministrazione procede dunque alla *rettifica* della dichiarazione, analizzando la posizione fiscale del contribuente partendo dai dati da esso dichiarati. L'accertamento in rettifica tiene conto delle particolarità di ogni singolo contribuente e, soprattutto, degli oneri formali e dichiarativi che incombono in capo allo stesso.
  Si distingue, infatti, tra:
  i. *accertamento in rettifica delle persone fisiche;*
  ii. *accertamento in rettifica dei soggetti obbligati alla tenuta delle scritture contabili;*
  e, all'interno di tali macro-categorie, sono previste varie tipologie accertative che permettono, in taluni casi, un controllo presuntivo della posizione fiscale del contribuente allorquando abbia manifestato di non correttamente adempiere ai propri obblighi. L'estensione dei poteri concessi all'amministrazione finanziaria si giustifica in ragione del fatto che (e tale discorso vale in generale nel rapporto contribuente-fisco) tanto più il contribuente si manifesta ostile verso il corretto adempimento delle proprie obbligazioni, quanto più i poteri dell'amministrazione si espandono (con un effetto di ampliamento e restringimento dei poteri *a fisarmonica*).
  E allora, ad esempio – ma tali profili verranno approfonditi meglio *infra* –, nell'ambito degli accertamenti in rettifica delle persone fisiche, l'amministrazione può accertare sinteticamente il reddito globale del contribuente attraverso l'utilizzo delle presunzioni (cd. redditometro) se il reddito dichiarato da quest'ultimo si discosti sensibilmente da quello accertato (almeno il 20%); o ancora, nell'ambito degli accertamenti in rettifica dei soggetti obbligati alla tenuta delle scritture contabili, nel caso in cui la contabilità depositata non sia attendibile, l'amministrazione può accertare la posizione del contribuente utilizzando presunzioni anche semplicissime, cioè prive dei requisiti di gravità, precisione e concordanza di cui all'art. 2727 c.c. (accertamento induttivo puro), in quanto il contribuente ha dimostrato di discostarsi grandemente dalle prescrizioni normative previste. Tale ultima tipologia di accertamento si avvicina all'accertamento d'ufficio;
- **accertamento d'ufficio**, il quale presuppone che il contribuente non abbia presentato alcuna dichiarazione o l'abbia presentata oltre i termini consentiti (dichiarazione ultra-tardiva, cioè presentata oltre 90 giorni dopo il termine consentito per la presentazione). Nell'ambito di tale accertamento sono riconosciuti all'amministrazione ampi poteri di indagine, con utilizzo di presunzioni anche semplicissime per la ricostruzione della base imponibile e la ricostruzione di quanto dovuto al contribuente, in quanto questa non ha una dichiarazione da cui partire (da rettificare). L'accertamento d'ufficio è una tipologia di accertamento che comporta l'ampliamento dei poteri dell'amministrazione a prescindere dalla tipologia di contribuente che deve essere sottoposto a controllo e, quindi, ha una portata applicativa generalizzata.

3. Controlli cartolari

▶ 3.1. Liquidazione automatica (art. 36-*bis*)

Il controllo automatico è previsto dagli art. **36-*bis*** del d.p.r. 600/73 (ai fini delle imposte dirette) e **54-*bis*** del d.p.r. 633/72 (ai fini IVA) e ha carattere di mera **liquidazione automatizzata** della dichiarazione presentata dal contribuente. Specificatamente per le imposte dirette, avvalendosi di procedure

automatizzate, l'Amministrazione finanziaria procede, **entro l'inizio del periodo di presentazione delle dichiarazioni relative all'anno successivo**, alla liquidazione delle imposte, dei contributi e dei premi dovuti, nonché dei rimborsi spettanti in base alle dichiarazioni presentate dai contribuenti e dai sostituti d'imposta. Questo termine non è a pena di decadenza, ma è interpretato dalla giurisprudenza come meramente **ordinatorio**. L'unico termine di decadenza perentorio previsto per tali procedure è quello che riguarda la (eventuale) notifica della cartella di pagamento, la quale deve avvenire (a pena di decadenza, appunto) entro il 31 dicembre del terzo anno successivo a quello di presentazione della dichiarazione.
L'Amministrazione finanziaria, con tale procedura automatica, provvede a:

- correggere gli errori materiali e di calcolo commessi dai contribuenti nella determinazione degli imponibili, delle imposte, dei contributi e dei premi;
- correggere gli errori materiali commessi dai contribuenti nel riporto delle eccedenze delle imposte, dei contributi e dei premi risultanti dalle precedenti dichiarazioni;
- ridurre le detrazioni d'imposta indicate in misura superiore a quella prevista dalla legge ovvero non spettanti sulla base dei dati risultanti dalle dichiarazioni;
- ridurre le deduzioni dal reddito esposte in misura superiore a quella prevista dalla legge;
- ridurre i crediti d'imposta esposti in misura superiore a quella prevista dalla legge ovvero non spettanti sulla base dei dati risultanti dalla dichiarazione;
- controllare la rispondenza con la dichiarazione e la tempestività dei versamenti delle imposte, dei contributi e dei premi dovuti a titolo di acconto e di saldo e delle ritenute alla fonte operate in qualità di sostituto d'imposta;

cioè provvede a correggere errori che sono *ictu oculi* percepibili dal controllo della sola dichiarazione, senza che siano necessari a tal fine apprezzamenti o valutazioni da parte dell'amministrazione finanziaria. Per le stesse ragioni – cioè l'automaticità del controllo e l'evidenza dell'errore – gli Uffici non possono contestare con questa procedura la fondatezza o veridicità della dichiarazione del contribuente.
Per i **redditi soggetti a tassazione separata** (che non concorrono alla determinazione della base imponibile Irpef, e la cui imposta è determinata separatamente), l'art. 1, co. 412, l. n. 311/2004 prevede che l'Agenzia delle Entrate procede alla liquidazione dell'imposta dovuta sui redditi soggetti a tassazione separata mediante la procedura di cui all'art. 36-*bis*, d.P.R. n. 600/1973.
Per l'analisi del procedimento, comune al controllo formale, si rinvia al § 3.3.

▶ 3.2. Controllo formale (art. 36-*ter*)

Il **controllo formale** è previsto dall'art. **36-*ter*** del d.P.R. n. 600/1973 (non è previsto analogo controllo in materia di IVA) e prevede che gli uffici periferici dell'amministrazione finanziaria debbano procedere, **entro il 31 dicembre del secondo anno successivo a quello di presentazione**, al controllo formale delle dichiarazioni presentate dai contribuenti e dai sostituti d'imposta, sulla base dei criteri selettivi fissati dal Ministro delle finanze, tenendo anche conto di specifiche analisi del rischio di evasione e delle capacità operative dei medesimi uffici. Il controllo sulla correttezza della dichiarazione non è più meramente intrinseca, bensì estrinseca, in quanto la stessa viene controllata anche sulla base della verifica di elementi esterni. Ci si riferisce, in specie ai documenti (cd. pezze d'appoggio) per i quali è venuto meno l'obbligo di allegazione al momento di presentazione della dichiarazione, ma non anche quello di conservazione della stessa, e che attestano la spettanza delle deduzioni, crediti di imposta, etc. Il controllo formale, pertanto, ha ad oggetto il riscontro *ex post* di tale documentazione e, quindi, della spettanza degli elementi che hanno concorso a determinare l'imposta dovuta dal contribuente.
L'amministrazione finanziaria, con il controllo formale, provvede a:

- escludere in tutto o in parte lo scomputo delle ritenute d'acconto non risultanti dalle dichiarazioni dei sostituti d'imposta, dalle comunicazioni di cui all'art. 20, co. 3, del d.P.R. n. 605/1973, o dalle certificazioni richieste ai contribuenti ovvero delle ritenute risultanti in misura inferiore a quella indicata nelle dichiarazioni dei contribuenti stessi;

- escludere in tutto o in parte le detrazioni d'imposta non spettanti in base ai documenti richiesti ai contribuenti o agli elenchi di cui all'art. 78, co. 25, della l. n. 413/1991;
- escludere in tutto o in parte le deduzioni dal reddito non spettanti in base ai documenti richiesti ai contribuenti o agli elenchi menzionati nella lettera b);
- determinare i crediti d'imposta spettanti in base ai dati risultanti dalle dichiarazioni e ai documenti richiesti ai contribuenti;
- liquidare la maggiore imposta sul reddito delle persone fisiche e i maggiori contributi dovuti sull'ammontare complessivo dei redditi risultanti da più dichiarazioni o certificati di cui all'art. 1, co. 4, lettera d), presentati per lo stesso anno dal medesimo contribuente;
- correggere gli errori materiali e di calcolo commessi nelle dichiarazioni dei sostituti d'imposta.

L'amministrazione finanziaria può chiede al contribuente i chiarimenti o la documentazione necessaria al fine di riscontrare quanto indicato dal contribuente nella dichiarazione dei redditi. Questo, salvo che si tratti di documenti relativi ad informazioni già disponibili per l'amministrazione. Diversamente dalla liquidazione automatica, il coinvolgimento del contribuente o del sostituto d'imposta può avvenire prima che il controllo giunga a compimento.
Per l'analisi del procedimento, comune alla liquidazione automatica, si rinvia al § 3.3.

▶ 3.3. Tratti procedurali comuni dei controlli cartolari

Il tratto comune delle due tipologie di controllo cartolare risiede nel fatto che l'esito del controllo **è direttamente iscritto a ruolo** e portato in riscossione coattiva, previa notifica della cartella di pagamento (ma non di un avviso motivato).
Questo potrebbe determinare un grave pregiudizio per le ragioni del contribuente che, una volta ricevuta la notifica della cartella, potrebbe subire la riscossione senza nemmeno conoscere le motivazioni della pretesa impositiva. Per tali ragioni l'art. 6, co. 5, dello Statuto dei diritti del contribuente impone che l'esito del controllo cartolare sia previamente comunicato al contribuente. In particolare, quando dai controlli cartolari emerge un risultato diverso rispetto a quello indicato nella dichiarazione, ovvero, dai controlli eseguiti dall'ufficio, emerge un'imposta o una maggiore imposta, l'esito è comunicato al contribuente o al sostituto d'imposta – con l'indicazione dei motivi che hanno dato luogo alla rettifica degli imponibili, delle imposte, delle ritenute alla fonte, dei contributi e dei premi dichiarate –, attraverso l'invio di una formale **comunicazione di irregolarità**, per evitare la reiterazione di errori e per consentire la regolarizzazione degli aspetti formali. Il contribuente acquisisce, così, contezza delle ragioni dell'Ufficio. La predetta comunicazione è prevista a pena di **nullità** del ruolo. Inoltre il contribuente è invitato, mediante **avviso bonario**, a versare la somma non versata in sede di autoliquidazione; in tal modo è evitata l'iscrizione a ruolo e la sanzione è ridotta ad un terzo (art. 3 d.lgs. n. 462/1997).
Ricevuta la comunicazione, quindi, il contribuente o il sostituto di imposta **entro trenta giorni** possono: *(i)* **fornire chiarimenti** all'amministrazione finanziaria e segnalare eventuali dati ed elementi non considerati o valutati erroneamente in sede di controllo; *(ii)* **pagare quanto richiesto** con un abbattimento delle sanzioni ad un terzo. Nel caso in cui il contribuente non paghi e i suoi chiarimenti non siano ritenuti meritevoli di accoglimento, l'amministrazione finanziaria procedere a **iscrivere a ruolo** le somme.
L'art. 3-*bis* del d.lgs. n. 462/1997 ha introdotto la possibilità di pagare le somme iscritte a ruolo con le procedure di liquidazione automatica e controllo formale **rateizzando** l'importo dovuto in un massimo di 20 rate. L'art. 15-*ter* del d.P.R. n. 602/1973 prevede che il mancato pagamento della prima rata entro il termine di trenta giorni dal ricevimento della comunicazione, o di una delle rate successive entro il termine di scadenza del pagamento della rata successiva, determina la decadenza dal beneficio della rateizzazione, l'iscrizione a ruolo dell'importo ancora a debito, nonché l'applicazione in misura piena delle sanzioni.

4. Controlli sostanziali

L'amministrazione finanziaria, nella ricostruzione del reddito del contribuente, deve adottare metodi differenziati a seconda della soggettività giuridica del soggetto passivo, della presenza della

dichiarazione e della completezza dei suoi dati. Tali controlli possono anche essere in aggiunta rispetto ai controlli cartolari. Come anticipato al superiore § 2, sono controlli che hanno ad oggetto l'esattezza e la fedeltà della dichiarazione e che vengono eseguiti sulla base di precisi criteri selettivi stabiliti in accordo tra MEF e agenzie fiscali.
Nei sotto-paragrafi che seguono verranno illustrate le principali caratteristiche dei diversi modelli di accertamento, mentre verrà dedicato un paragrafo *ad hoc* (il n. 5) all'accertamento d'ufficio, stante la particolarità e la portata applicativa generalizzata dello stesso, pur restando ricompreso questo nella macro-categoria degli accertamenti/controlli sostanziali.

▶ 4.1. Accertamento in rettifica per le persone fisiche

L'accertamento in rettifica (un accertamento, quindi, che presuppone la corretta presentazione della dichiarazione da parte del contribuente) delle persone fisiche è disciplinato dall'art. 38, del d.P.R. n. 600/1973 e può essere di due tipi: analitico o sintetico.
Tale norma presenta una struttura che risente dell'impianto previgente (in vigore fino al 1991) ove l'accertamento sintetico era possibile solo in via "residuale" e "di secondo grado", in caso di insufficienza e inapplicabilità dell'accertamento analitico. Con la L. n. 431/1991, l'accertamento sintetico ha assunto una sua totale autonomia, non risultando più subordinato alla previa effettuazione dell'accertamento analitico.
In generale, il comma 1 dell'art. 38 cit. prevede che è possibile procedere alla rettifica quando:

1. *il reddito complessivo dichiarato risulta inferiore a quello effettivo* [accertato] *o*
2. *non sussistono o non spettano, in tutto o in parte, le deduzioni dal reddito o le detrazioni d'imposta indicate nella dichiarazione.*

Vediamo adesso i singoli metodi di accertamento.

▶ 4.1.1. Accertamento analitico

L'accertamento analitico è disciplinato dai commi 2 e 3 dell'art. 38 d.p.r. n. 600/1973 ed è il metodo di accertamento seguito quando il reddito complessivo dichiarato risulta inferiore a quello effettivo o non sussistono o non spettano, in tutto o in parte, le deduzioni dal reddito o le detrazioni d'imposta indicate nella dichiarazione.
Ai sensi del comma 2, la rettifica deve essere fatta con un **unico atto** agli effetti delle imposte sui redditi e con riferimento analitico ai redditi IRPEF delle varie categorie di cui all'art. 6 TUIR.
Il comma 3 specifica che l'incompletezza, la falsità e l'inesattezza dei dati indicati nella dichiarazione possono essere desunte *(i)* dalla dichiarazione stessa e dai relativi documenti, *(ii)* dal confronto con le dichiarazioni relative ad anni precedenti e *(iii)* da altri dati e notizie acquisiti in sede istruttoria, anche sulla base di presunzioni semplici, purché queste siano gravi, precise e concordanti.
Si ricostruisce il reddito analiticamente, secondo le regole proprie di ciascuna categoria reddituale (ogni categoria reddituale costituisce un addendo e tutti gli addendi devono essere sommati tra loro per ricostruire il reddito complessivo). Si deve fare espressamente riferimento ai quadri e ai righi della dichiarazione che vengono analizzati e modificati negli importi.

▶ 4.1.2. Accertamento sintetico

L'accertamento sintetico è disciplinato dai commi 4-5 dell'art. 38 cit. ed è un metodo di accertamento che permette di ricostruire il **reddito complessivo in modo globale** (somma finale), non i singoli addendi (singoli redditi art. 6).
Esistono due diversi metodi sintetici, uno di tipo *deduttivo* e uno di tipo *induttivo*.
Il metodo di tipo ***deduttivo*** è quello di cui al comma 4 e si basa sulle ***spese di qualsiasi genere sostenute*** *nel corso del periodo di imposta* (principio di cassa). In base a ciò, vi è la presunzione che la differenza positiva tra le spese sostenute e il reddito dichiarato costituisca reddito imponibile sottratto a tassazione. Si guarda, pertanto, non a come viene prodotto il reddito, ma a come viene spesa la ricchezza. Tale previsione è stata novellata con il d.l. n. 78/2010 e, nella versione previgente, il co. 4

faceva riferimento "*elementi e circostanze di fatto certi*". Si è realizzato, così, il superamento della differenza tra spese di consumo (importo individuato in maniera presuntiva) e spese di incremento patrimoniale (importo individuato in modo oggettivo e documentale e ripartito pro quota in 5 anni) che era previsto prima, in quanto oggi tutte le spese sono valorizzate nello stesso modo e non vi è distinzione tra spese ordinarie o straordinarie.
Lo stesso comma 4, poi, prevede che sia ammessa la **prova contraria** da parte del contribuente, il quale è ammesso a provare che il finanziamento sia avvenuto: [1] con redditi diversi da quelli posseduti nello stesso periodo d'imposta (quindi con risparmi accumulati in anni precedenti); [2] o con redditi esenti o soggetti a ritenuta alla fonte a titolo di imposta o, comunque, legalmente esclusi dalla formazione della base imponibile (quindi con redditi che legittimamente non sono stati inclusi in dichiarazione; in giurisprudenza sono stati inclusi anche i redditi assoggettati a tassazione separata); [3] per il tramite di soggetti diversi (quindi origine non reddituale); oppure con atti di liberalità, successioni ereditarie, vincite; [4] l'ammontare della spesa addebitata al contribuente è diversa.
La prova che deve fornire il contribuente è una **prova libera**, in quanto non deve dimostrare che quella disponibilità economica è servita effettivamente a effettuare quella spesa sinteticamente individuata, ma è sufficiente la sola dimostrazione dell'esistenza di quella disponibilità.
Il metodo di tipo ***induttivo***, invece, è previsto al comma 5, il quale prevede che la determinazione sintetica del reddito complessivo può essere altresì fondata sul contenuto induttivo di **elementi indicativi di capacità contributiva** individuato mediante:

i. l'analisi di campioni significativi di contribuenti (con un evidente parallelismo con gli allora studi di settore – oggi ISA, cioè Indici Sintetici di Affidabilità – che collocano l'accertamento sintetico *nella scia degli accertamenti standardizzati*);
ii. differenziati anche in funzione del nucleo familiare e dell'area territoriale di appartenenza;
iii. con decreto del Ministero dell'Economia e delle Finanze da pubblicare nella Gazzetta Ufficiale con periodicità biennale, sentiti l'Istituto nazionale di statistica (ISTAT) e le associazioni maggiormente rappresentative dei consumatori per gli aspetti riguardanti la metodica di ricostruzione induttiva del reddito complessivo in base alla capacità di spesa e alla propensione al risparmio dei contribuenti.

Anche in tale caso è fatta salva per il contribuente la prova contraria.
I commi 6 e 7, invece, prevedono talune **garanzie per il contribuente**, in quanto è previsto che, da un lato, la determinazione sintetica del reddito complessivo di cui ai precedenti commi è ammessa a condizione che il reddito complessivo accertabile **ecceda di almeno un quinto quello dichiarato** (cioè il 20%, mentre nella previgente normativa, la discrasia doveva essere di un quarto e sussistere per almeno due periodi di imposta) e, dall'altro lato, che sia garantito il **contradditorio preventivo**. È previsto, infatti, che l'Ufficio, a pena di nullità dell'accertamento, abbia l'obbligo *(i)* di invitare il contribuente a comparire di persona o per mezzo di rappresentanti per fornire dati e notizie rilevanti ai fini dell'accertamento e, successivamente (qualora l'Ufficio ritenga non decisivi gli argomenti del contribuente, avvia procedimento di accertamento con adesione al fine di trovare un accordo con il contribuente) *(ii)* di avviare il procedimento di accertamento con adesione ai sensi dell'articolo 5 del decreto legislativo 19 giugno 1997, n. 218.

▶ 4.2. Accertamento in rettifica per i soggetti obbligati alla tenuta delle scritture contabili

I **destinatari di tale accertamento** sono i soggetti esercenti un'attività d'impresa, un'arte o una professione, cioè i possessori di redditi di lavoro autonomo e di redditi di impresa. Deve essere richiamato quanto detto al Capitolo 8 in merito agli obblighi formali e dichiarativi cui sono tenuti i contribuenti in relazione a ciascuna imposta. In questa sede basta qui ricordare come ai fini del reddito e ai fini Iva, è prescritta la tenuta di una speciale contabilità ed è questa ad essere oggetto di controllo: la **contabilità** è strumento di determinazione del presupposto (reddito o IVA) e bisogna verificare se detta contabilità è o meno complessivamente attendibile, anche attraverso l'utilizzo di presunzioni semplici e non solo attraverso dati certi (si pensi alla contabilità in nero).
Essendo la contabilità il fulcro del controllo, i metodi di accertamento che ricadono in tale schema si distinguono a seconda che la contabilità sia **attendibile** o **non attendibile**, valendo anche qui il principio di massima più sopra illustrato sull'ampiezza a fisarmonica dei poteri dell'Ufficio a seconda che il

contribuente si manifesti più o meno incline a rispettare gli obblighi su di lui incombenti.
Nell'ambito dei controlli in rettifica dei redditi di tali soggetti, oggetto di controllo sono le **singole poste attive/passive** del reddito di lavoro autonomo o di impresa e non i redditi globalmente intesi.

▶ 4.2.1. Accertamento nel caso di scritture contabili attendibili

▶ 4.2.1.1. Accertamento analitico contabile

Tale accertamento è disciplinato dall'art. 39, co. 1, lett. a, b e c, del d.P.R. n. 600/1973 (e dall'art. 54, del d.P.R. n. 633/72 per l'IVA) e consiste nell'analisi della contabilità e delle singole poste e nel suo raffronto con le indicazioni contenute nella dichiarazione, o con le informazioni desunte dall'esercizio dei poteri istruttori. L'Ufficio, sulla base di **prove dirette**, procede alla rettifica delle singole componenti di reddito di impresa o di lavoro autonomo.
Ai sensi dell'art. 39, co.1, del d.P.R. n. 600/1973, l'Ufficio procede con accertamento analitico contabile:

a) se gli elementi indicati nella dichiarazione non corrispondono a quelli del bilancio, del conto dei profitti e delle perdite e dell'eventuale prospetto di cui al comma 1 dell'art. 3 (indicante i ricavi, i costi, le rimanenze e gli altri elementi necessari per la determinazione del reddito d'impresa);
b) se non sono state esattamente applicate le disposizioni del titolo I, capo VI, del TUIR, cioè le disposizioni relative al reddito fi impresa e successive modificazioni;
c) se l'incompletezza, la falsità o l'inesattezza degli elementi indicati nella dichiarazione e nei relativi allegati risulta in modo **certo e diretto** dai verbali e dai questionari, dagli atti, documenti e registri esibiti, dalle dichiarazioni di altri soggetti, dai verbali relativi ad ispezioni eseguite nei confronti di altri contribuenti o da altri atti e documenti in possesso dell'ufficio.

Tale tipologia di accertamento, dunque, ricostruisce in modo fedele il reddito partendo dalla verifica della contabilità e la ricostruzione del reddito si fonda su **prove dirette e non presuntive**.
Non è sempre agevole comprendere quando procedere con accertamento analitico contabile o con accertamento analitico induttivo. La giurisprudenza è giunta a ritenere che la mera regolarità formale della contabilità non è elemento sufficiente per garantire l'accertamento analitico contabile e a precludere quello induttivo da parte dell'amministrazione. È stato, ad esempio, affermato come:

i. la regolarità formale delle scritture contabili non può, di per sé, costituire elemento idoneo ad inficiare le presunzioni utilizzate dall'Ufficio; se la contabilità è formalmente corretta ma **inattendibile**, l'atto di accertamento in rettifica dell'Amministrazione finanziaria motivato, che specifichi gli indici di inattendibilità di alcune poste di bilancio e che dimostri la loro astratta idoneità a rappresentare una capacità contributiva non dichiarata, deve considerarsi assistito da presunzione di legittimità circa l'operato degli accertatori (Cass. n. 9459/2017), e come
ii. sia ammesso l'accertamento induttivo in presenza di un comportamento assolutamente contrario ai canoni della corretta gestione imprenditoriale (c.d. **antieconomicità della gestione**, considerata sintomatica di possibili violazioni di disposizioni tributarie), che il contribuente non spieghi in alcun modo (Cass. n. 22185/2020).

▶ 4.2.1.2. Accertamento analitico induttivo

Tale accertamento è disciplinato dall'art. 39, co. 1, lett. d, del d.P.R. n. 600/1973 (e dall'art. 54, del d.P.R. n. 633/72 per l'IVA) e si sostanzia nella rettifica mediante **presunzioni semplici**, purché dotate dei requisiti di gravità, precisione e concordanza, di specifici elementi attivi o passivi del reddito e tale metodo di accertamento investe singole componenti dell'imponibile, dell'imposta o delle detrazioni. È accertamento che comprende anche gli accertamenti fondati sugli indici di affidabilità fiscale (cd. ISA).
Ai sensi dell'art. 39, co. 1, lett. d, del d.P.R. n. 600/1973, l'ufficio procede con l'accertamento induttivo:

d) se l'incompletezza, la falsità o l'inesattezza degli elementi indicati nella dichiarazione e nei relativi allegati risulta *(manca il riferimento agli elementi certi)* dall'ispezione delle scritture contabili e dalle altre verifiche ovvero dal controllo della completezza, esattezza e veridicità delle registrazioni contabili sulla scorta delle fatture e degli altri atti e documenti relativi all'impresa nonché dei dati e delle notizie raccolti dall'ufficio.
È previsto, altresì, che l'esistenza di attività non dichiarate o la inesistenza di passività dichiarate è desumibile anche sulla base di **presunzioni semplici**, purché queste siano gravi, precise e concordanti.

Tradizionalmente, ai sensi dell'art. 39, co. 1, lett. d), è stato possibile condurre gli accertamenti analitico-induttivo sulla base degli **studi di settore**, i quali consentivano di stimare **ricavi o compensi** (singole componenti di reddito) attribuiti ai contribuenti, attraverso analisi statistico-matematiche di dati in relazione allo specifico settore di riferimento. Su base statistica, ciascun contribuente veniva assegnato ad un *cluster*, che forniva i parametri di riferimento per valutare la coerenza e congruità del contribuente.
Gli studi di settore sono stati superati dall'introduzione degli **indici sintetici di affidabilità fiscale** (cd. ISA), i quali sono stati introdotti dal d.l. n. 50/2017 per superare le criticità degli studi di settore, introducendo un **giudizio in termini di affidabilità fiscale complessiva del contribuente**, in luogo di quello sulla congruità dei ricavi dichiarati. Gli ISA sono strumenti più adeguati e precisi, basati su un'analisi di dati e informazioni relativi a **più periodi d'imposta** (con una valutazione temporale, quindi, estesa su più esercizi) e rappresentano un nuovo strumento di *compliance*, inteso a favorire l'emersione spontanea della materia imponibile. I contribuenti vengono stimolati all'adempimento degli obblighi fiscali, attraverso la previsione di:

i. forme di comunicazione preventiva, rispetto alle scadenze fiscali, che rappresentano al contribuente il disallineamento rispetto a segnalatori di adeguatezza (normalità e coerenza) di indici parametrici di ordine economico-gestionale, specifico per i vari comparti di attività, così da suggerire l'opportunità di adeguarsi;
ii. **livelli di premialità per i contribuenti più affidabili**, consistenti:
   - nell'esclusione di talune metodologie di accertamento (la determinazione sintetica del reddito complessivo e gli accertamenti analitico induttivi *ex* art. 39, comma 1, lett. d), secondo periodo),
   - nella riduzione dei termini per gli accertamenti (di almeno un anno), nell'esonero dalla prestazione della garanzia per i rimborsi Iva, etc.

▶ 4.2.2. Accertamento nel caso di scritture contabili non attendibili: accertamento extracontabile (o induttivo puro)

L'amministrazione finanziaria può determinare globalmente il reddito d'impresa (o di lavoro autonomo) sulla base dei dati e delle notizie comunque raccolti o venuti a sua conoscenza, con facoltà di prescindere in tutto o in parte dalle risultanze del bilancio e dalle scritture contabili in quanto esistenti e di avvalersi anche di presunzioni prive dei requisiti di gravità, precisione e concordanza.
Tale accertamento avviene nei casi tassativamente previsti dall'art. 39, co. 2 del d.P.R. n. 600/1973, e cioè:

- quando il reddito d'impresa non è stato indicato nella dichiarazione;
- quando dal verbale di ispezione risulta che il contribuente non ha tenuto o ha comunque sottratto all'ispezione una o più scritture contabili prescritte, ovvero quando le scritture medesime non sono disponibili per causa di forza maggiore;
- quando le omissioni e le false o inesatte indicazioni accertate ovvero le irregolarità formali delle scritture contabili risultanti dal verbale d'ispezione sono così gravi, numerose e ripetute da rendere inattendibili nel loro complesso le scritture stesse per mancanza delle garanzie proprie di una contabilità sistematica. Le scritture ausiliarie di magazzino non si considerano irregolari se gli errori e le omissioni sono contenuti entro i normali limiti di tolleranza delle

quantità annotate nel carico o nello scarico e dei costi specifici imputati nelle schede di lavorazione;
- quando il contribuente non ha dato seguito agli inviti disposti dagli uffici;
- in caso di omessa presentazione dei modelli per la comunicazione dei dati rilevanti ai fini dell'applicazione degli studi di settore o di indicazione di cause di esclusione o di inapplicabilità degli studi di settore non sussistenti, nonché di infedele compilazione dei predetti modelli che comporti una differenza superiore al 15%, o comunque ad euro 50.000, tra i ricavi o compensi stimati applicando gli studi di settore sulla base dei dati corretti e quelli stimati sulla base dei dati indicati in dichiarazione.

La possibilità di utilizzare le presunzioni anche semplicissime avvicina questo modello accertativo a quello dell'accertamento d'ufficio, nel quale, come anticipato al superiore § 2, i poteri accertativi dell'amministrazione finanziaria si dilatano molto; ciò, in quanto, anche in questo caso, il contribuente ha dimostrato di essere distante dal corretto adempimento delle prescrizioni normative che impongono lui di evidenziare in modo corretto la materia imponibile e di non occultarla.

5. Accertamento d'ufficio

L'accertamento d'ufficio è la tipologia accertativa che, tra quelle ricomprese nell'ambito dei controlli sostanziali, più di tutte ammette l'estensione dei poteri concessi all'amministrazione finanziaria in ragione dell'ostilità manifestata dal contribuente verso il corretto adempimento delle proprie obbligazioni, consentendole di sostituirsi al contribuente nella determinazione della base imponibile e dell'imposta finale.
Rappresenta una modalità di svolgimento dell'azione dell'amministrazione finanziaria **generalizzata**, in quanto opera per tutti i contribuenti, a prescindere dal soggetto da accertare (sia esso persona fisica o soggetto obbligato alla tenuta delle scritture contabili), tutte le volte nelle quali manca una valida dichiarazione da rettificare.
In particolare, l'accertamento d'ufficio è disciplinato dall'art. 41, d.P.R. n. 600/1973 (e dall'art. 55, co. 1, d.P.R. n. 633/1972) ed è ammesso in **casi tassativamente previsti**, cioè quando vi è:

a) nullità della dichiarazione, perché non sottoscritta o non redatta sugli appositi modelli approvati con decreto del Ministero dell'Economia e delle Finanze;
b) nel caso di omessa presentazione della dichiarazione, cui è equiparato quello della presentazione ultra-tardiva ossia dopo 90 giorni.
   La giurisprudenza ha chiarito che la dichiarazione presentata, anche solo di un euro di imposta dichiarato, non può ritenersi omessa, ma infedele (Cass. n. 10688/2021).

Tali ipotesi sono **tassative** e l'amministrazione non può ricorrere all'accertamento d'ufficio al di fuori di esse.
L'accertamento d'ufficio si caratterizza per il **forte temperamento del rigore dimostrativo dell'amministrazione finanziaria**, che viene giustificato dalla particolare gravità della condotta del contribuente (che omette la dichiarazione e viola il principale obbligo su di lui incombente).
Con l'accertamento d'ufficio, infatti, l'agenzia è abilitata ad avvalersi di dati e notizie comunque raccolti nonché di **presunzioni c.d. semplicissime**. In particolare, l'Ufficio può:

- servirsi di qualsiasi elemento probatorio in suo possesso, utilizzando, in deroga alla regola generale, anche presunzioni prive dei requisiti di gravità, precisione e concordanza;
- **prescindere in tutto o in parte dalle risultanze della dichiarazione**, ove presentata, nonché dalle eventuali scritture contabili, sebbene regolarmente tenute;
- ma comunque l'amministrazione deve comunque tenere conto anche delle componenti negative di reddito emerse dagli accertamenti e, nel caso in cui non sia possibile accertare in modo puntuale i costi, questi debbono essere comunque determinati induttivamente.

6. Accertamento integrativo e accertamento parziale

Gli altri metodi di accertamento riguardano sia i percettori di reddito d'impresa e reddito di lavoro autonomo (cioè i soggetti obbligati alla tenuta delle scritture contabili), sia i non percettori di tali redditi e si riferiscono a tutte le tipologie di reddito.
Gli **altri metodi di accertamento** sono **l'accertamento integrativo** e **l'accertamento parziale**, i quali rappresentano, entrambi, una deroga al **principio di unitarietà dell'accertamento**, in base al quale la posizione fiscale del contribuente dovrebbe essere accertata e definita con un unico accertamento.

▶ 6.1. Accertamento integrativo

Con particolare riferimento all'**accertamento integrativo** (disciplinato dall'art. 43, co. 3, del d.P.R. n. 600/1973; e dall'art. 57, co. 4, del d.P.R. n. 633/1972), questo permette la possibilità di **integrare** l'accertamento originariamente notificato con l'emissione di un secondo accertamento che amplia la pretesa impositiva avanzata con il primo atto.
A conferma della regola dell'unitarietà dell'accertamento, l'accertamento integrativo è soggetto a **precise condizioni**:

i. l'atto integrativo deve essere **notificato entro il termine di decadenza previsto per l'accertamento originario**;
ii. sopravvenuta conoscenza di **nuovi elementi** che non erano già conosciuti né conoscibili con l'ordinaria diligenza (nuovi) e non erano nella disponibilità Agenzia (conoscenza sopravvenuta) al tempo del primo avviso;
iii. l'avviso deve essere **specificamente motivato**, a pena di nullità, in relazione ai predetti nuovi fatti e/o elementi.

Con riferimento alla *novità degli elementi*, questa viene generalmente interpretata *in senso ampio*, nel senso che "*possono essere costituiti da elementi non strettamente contabili tali ... da indurre una rivalutazione dei documenti contabili*" come ad esempio la contabilità in nero, che consente di rivedere e rileggere elementi già rettificati da un previo accertamento alla stregua della sola contabilità regolare.
Il potere dell'amministrazione finanziaria di integrare un precedente avviso non deve essere confuso con l'esercizio del potere di autotutela.
Il **potere di accertamento integrativo**, infatti, ha per presupposto un avviso di accertamento originariamente adottato, che continua ad esistere e non viene sostituito dal nuovo avviso accertamento, il quale integra l'oggetto e il contenuto del primitivo atto. Ciascun atto conserva la propria autonoma esistenza ed efficacia e il secondo permane insieme al primo avviso, senza sostituirsi definitivamente ad esso.
L'**atto di autotutela sostitutiva**, invece, presuppone l'esistenza di un **precedente atto di accertamento illegittimo** (ad esempio, in ragione di un qualsiasi vizio relativo alla forma, completezza, sottoscrizione, etc.) al quale si **sostituisce con innovazioni**: non costituisce un'integrazione di quest'ultimo, ma rappresenta una modalità di esercizio dell'ordinario potere di accertamento. A differenza dell'accertamento integrativo, dunque, l'atto di autotutela sostitutiva:

i. incontra solo i limiti temporali del termine decadenziale per la notifica degli avvisi di accertamento;
ii. non è richiesta la sopravvenuta conoscenza di nuovi elementi, ma può avvenire anche sulla base di una diversa e più approfondita valutazione di quelli già in possesso dell'Ufficio;
iii. quanto alla motivazione, solo per l'autotutela sostitutiva *in bonam partem* non è prevista una motivazione particolare (perché non integra una "nuova" pretesa tributaria, ma soltanto una pretesa).

▶ 6.2. Accertamento parziale

L'**accertamento parziale** (disciplinato dall'art. 41-*bis*, del d.P.R. n. 600/1973 e dall'art. 54, co. 4, del

d.P.R. n. 633/1972) consente all'amministrazione finanziaria di accertare l'imposta o la maggior imposta o il minore credito spettante, **senza precludere l'ulteriore azione accertativa** dell'amministrazione finanziaria.
In origine l'accertamento parziale era utilizzabile dall'amministrazione finanziaria solo se *(i)* vi era una provenienza **qualificata/estranea** delle segnalazioni sulla base delle quali procedere con l'accertamento; e *(ii)* queste segnalazioni erano **immediatamente utilizzabili,** senza la necessità di una loro valutazione/apprezzamento da parte, non essendo richiesta un'attività di valutazione ulteriore rispetto a quella originaria. Il caso di scuola in materia di accertamento parziale è quello dell'accertamento in capo ai soci di società di persone (trasparenza *ex* art. 5 TUIR) sulla base dell'accertamento notificato alla società: in questo caso è possibile procedere con l'accertamento del (solo) reddito di partecipazione dei soci, senza pregiudizio (tratto qualificante dell'accertamento parziale) per l'ulteriore azione accertatrice sugli altri redditi dei soci.
La prassi e il legislatore, però, hanno stravolto la teoria e si è arrivati ad un utilizzo "esasperato" dello strumento dell'accertamento parziale, in un'ottica di **semplificazione procedimentale** per l'amministrazione finanziaria, la quale si limita ad accertare porzioni di reddito, pur **non consumando il proprio potere di accertamento** (e utilizza accertamenti parziali anche quando dovrebbe usare ordinari). Lo stesso art. 41-*bis* è stato modificato, consentendo l'accertamento parziale anche sulla base dell'ordinaria attività istruttoria *ex* art. 32, d.P.R. n. 600/1973 ovvero *ex* art. 51, d.P.R. n. 633/1972, che, invece, dovrebbe fondare l'accertamento ordinario; con la conseguenza che la scelta tra accertamento ordinario e parziale diviene una scelta essenzialmente discrezionale dell'Ufficio. Il vantaggio (rispetto all'accertamento integrativo) è che se l'Ufficio intende integrare l'originaria pretesa **non è obbligato ad addurre la sopravvenuta conoscenza di nuovi elementi**.

7. Avviso di accertamento: accertamento come atto

L'avviso di accertamento è il provvedimento amministrativo sostanziale contenente la pretesa tributaria dell'amministrazione finanziaria; esso ha natura **vincolata** e non è mai caratterizzato da discrezionalità amministrativa ma, secondo alcuni, solo da **discrezionalità tecnica** ed ha natura autoritativa in quanto idoneo ad imporre al contribuente, in via unilaterale, la volontà dell'amministrazione finanziaria.
L'avviso di accertamento è un atto provvedimentale che, in ossequio al principio di legalità, è soggetto ad una serie di **prescrizioni formali**, che ne condizionano *(i)* la formazione, *(ii)* il contenuto, *(iii)* gli effetti.
Per ciò che attiene all'elemento della **formazione**, si deve fare riferimento alla **competenza** ad emettere l'atto impositivo, la quale può essere:

- *esterna*, cioè determinata in ragione del tributo oggetto di accertamento (ad esempio, per i tributi erariali la competenza è dell'Agenzia delle Entrate, per i tributi locali è dell'ente locale di riferimento);
- *interna*, cioè determinata, all'interno dell'ente impositore determinato con le regole di competenza esterna il singolo ufficio competente a condurre l'istruttoria tributaria, l'attività accertativa. Ad esempio, la competenza esterna per i tributi erariali appartiene all'Agenzia delle Entrate e, in particolare (competenza interna), all'ufficio dell'Agenzia delle Entrate nella cui circoscrizione di trova il domicilio fiscale del contribuente.

Quanto al **contenuto**, sono elementi dell'avviso di accertamento:

- l'*indicazione dell'autorità emanante* e dei *dati identificativi del contribuente*;
- la *parte motivazionale*, che contiene l'esposizione dei presupposti di fatto e delle ragioni di diritto sulla base delle quali viene fondata la pretesa tributaria.

  Quello della motivazione è un elemento fondamentale dell'atto (richiesto anche dall'art. 7 dello Statuto dei diritti del contribuente), perché permette di esplicitare le ragioni della pretesa impositiva e permette la difesa del contribuente.

La motivazione può anche essere *per relationem*, nel caso in cui la motivazione dell'atto è operata mediante il rinvio ad altri atti o documenti; oppure *rafforzata*, nel caso in cui debba dare contezza delle ragioni, circostanze ed elementi addotti dal contribuente in sede di contraddittorio procedimentale (ad esempio, in materia di abuso del diritto o a seguito della notifica del PVC). I vizi della motivazione possono condurre finanche alla nullità dell'avviso di accertamento;

- la *parte dispositiva*, contenente la richiesta dell'amministrazione finanziaria e la determinazione dell'imponibile;
- la *liquidazione dell'imposta*, che completa la parte dispositiva dell'atto;
- l'*irrogazione delle sanzioni;*
- l'*indicazione del responsabile del procedimento;*
- le *istruzioni sul pagamento del tributo*, comprensive anche della possibilità di prestare acquiescenza, di procedere con accertamento con adesione, di impugnare dinnanzi alla Corte di Giustizia tributaria competente;
- il *luogo e data* di emissione del provvedimento;
- la *sottoscrizione*, che è requisito previsto dall'art. 42 del d.p.r. n. 600/1973 a pena di nullità.

L'avviso di accertamento produce i propri **effetti** nei confronti del contribuente una volta che questo viene ad esso **notificato**. La notifica è quella procedura attraverso la quale la pretesa impositiva viene portata a conoscenza del contribuente, che è disciplinata dall'art. 60 del d.P.R. n. 600/1973 e dagli artt. 137 ss. c.p.c. in quanto compatibili.
Talvolta la notifica può essere inficiata da vizi. Il **vizio di notifica** non determina l'illegittimità dell'atto di accertamento, in quanto costituisce una condizione di mera efficacia dell'atto e non un elemento costitutivo del medesimo. Si ritiene pacificamente applicabile **l'art. 156 c.p.c.**, in ragione della quale la nullità di un atto non può essere pronunciata se lo stesso ha comunque raggiunto il proprio scopo (cioè la piena conoscenza dell'atto da parte del contribuente). L'art. 156 c.p.c. non torna comunque applicabile nel caso in cui la notifica sia inesistente.
L'avviso di accertamento deve essere notificato (e, più in generale, i poteri di accertamento degli uffici devono essere esercitati) entro perentori **termini decadenziali**. Non esiste una disciplina unitaria sui termini decadenziali e questi sono individuati da regole specifiche in relazione alle singole imposte. Nelle imposte principali (redditi, IVA, IRAP) viene previsto, dall'art. 43, del d.P.R. n. 600/1973 e dall'art. 57, del d.P.R. n. 633/1972, un doppio termine, e l'atto di accertamento deve essere notificato:

a) **entro il 31 dicembre del quinto anno successivo** a quello in cui è stata presentata la dichiarazione se si tratta di un accertamento in rettifica;
b) **entro il 31 dicembre del settimo anno successivo** a quello in cui la dichiarazione avrebbe dovuto essere presentata nel caso di un accertamento d'ufficio e, quindi, nei casi di dichiarazione omessa o nulla.

L'avviso di accertamento può essere affetto da **nullità**, nel caso in cui:

- manchi uno degli elementi essenziali più sopra descritti;
- sia viziato da difetto assoluto di attribuzione;
- sia adottato in violazione o elusione di giudicato;
- negli altri casi espressamente previsti dalla legge.

▶ 7.1. L'esecutività dell'avviso di accertamento

L'esecutività è quel carattere del provvedimento amministrativo che lo rende idoneo ad essere portato immediatamente ad esecuzione senza che sia necessario un provvedimento dell'Autorità Giudiziaria; **l'avviso di accertamento è divenuto esecutivo** in virtù dell'art. 29 del d.l. n. 78 del 31 maggio 2010

convertito nella legge n. 122 del 30 luglio 2010 (concentrazione della riscossione nell'accertamento, c.d. accertamento esecutivo, con evidente abbreviazione dei termini per procedere alla riscossione coattiva).
In virtù dell'art. 29 del d.l. 78/2010 (con decorrenza dal 1° ottobre 2011) **sono immediatamente esecutivi** gli avvisi di accertamento relativi esclusivamente alle **imposte sui redditi (IRPEF E IRES), all'IVA e all'IRAP** e delle connesse sanzioni. L'art. 1, co. 792, l. n. 160/2019 ha esteso (a decorrere dal 1° gennaio 2020) l'utilizzo dell'accertamento esecutivo anche con riguardo alle **entrate degli enti locali**. **La disciplina ricalca quella prevista per le entrate erariali**.
Ciò significa che non si utilizza più il ruolo, né la cartella di pagamento, ma unicamente l'avviso di accertamento (appunto, esecutivo), il quale svolge la funzione (oltre a quella di **atto impositivo**) anche quella di **titolo esecutivo** e di **precetto.** La concentrazione nell'accertamento esecutivo di tali tre funzioni comporta che:

a) quanto alla **funzione impositiva,** l'avviso di accertamento esecutivo deve avere il contenuto tipico dell'atto impositivo, a pena di nullità, così come più sopra illustrato (art. 42, d.P.R. n. 600/1973 e art. 56, d.P.R. n. 633/1972);
b) quanto alla **funzione di titolo esecutivo**, questa si verifica decorsi i termini per impugnare l'avviso (generalmente sessanta giorni dopo la notifica dell'avviso);
c) quanto alla **funzione di precetto**, questa si realizza in ragione del fatto che l'accertamento esecutivo contiene l'intimazione ad adempiere, con l'avvertimento che, in mancanza, si procederà ad esecuzione forzata, con affidamento/trasmissione dell'accertamento all'Agente della riscossione nei trenta giorni successivi. Della trasmissione (c.d. presa a carico) l'Agente della riscossione deve dare notizia al contribuente per avvisarlo dell'imminente inizio dell'azione esecutiva. Dopo l'affidamento, l'Agente della riscossione può procedere con atti conservativi o cautelari (es. iscrivere ipoteche o fermi), ma per procedere con il pignoramento, occorre invece attendere ulteriori 180 giorni.

L'eventuale fase della riscossione esattoriale coattiva viene, comunque, svolta sempre dall'Agente della riscossione (si rimanda al Capitolo 11), il quale agirà in base all'accertamento esecutivo (e non in base al ruolo).

Nel caso di **caso di grave pericolo per la riscossione** (ad esempio, in caso di sottrazione dei propri beni da parte del contribuente) si prevede un'accelerazione nella procedura di riscossione, similmente a quanto previsto dall'art. 15-*bis* del d.P.R. n. 602/1973, in tema di ruolo straordinario, con accelerazione dei termini per procedere all'esecuzione e una riscossione integrale e non *pro quota*.
Non sono, invece, immediatamente esecutivi tutti gli altri avvisi di accertamento relativi a (e, quindi, **non si utilizza l'accertamento esecutivo** in relazione a):

- imposte diverse da quelle menzionate;
- esiti delle liquidazioni automatiche di cui agli artt. 36-*bis* del d.P.R. n. 600/1973 e art. 54-*bis*, d.P.R. n. 633/1972, e dei controlli formali di cui all'art. 36-*ter* del d.P.R. n.600/1973;
- inadempimenti nei pagamenti delle somme dovute a seguito dell'attività di controllo dell'Agenzia delle Entrate, ossia per la riscossione delle rate non versate (sugli avvisi di irregolarità o nel caso di accertamento con adesione; cfr. art. 15-*ter*, d.P.R. n. 602/1973);
- riscossione delle sanzioni non connesse al tributo, ossia quelle constatate ed irrogate ai sensi dell'art. 16, d.lgs. n. 472/1997.

In questi casi si dovrà procedere secondo il sistema ordinario di iscrizione a ruolo, notifica della cartella di pagamento, eventuale esecuzione forzata.

Capitolo 10
Le sanzioni tributarie amministrative e penali

SOMMARIO:

1. Sanzioni tributarie

Le **sanzioni tributarie** rappresentano la reazione dell'ordinamento alla trasgressione di norme tributarie.
L'attività sanzionatoria è espressione del **potere punitivo** esercitato dall'amministrazione finanziaria a seguito della violazione di una norma tributaria, sostanziale o formale, da parte del contribuente, che **leda l'interesse fiscale**, o perché si realizza evasione d'imposta ovvero perché si ostacola l'esercizio del potere di controllo da parte dell'amministrazione finanziaria. In assenza di una simile lesione, la violazione è meramente formale e, come tale, non sanzionabile (art. 10, co. 3, l. n. 212/2000). Le violazioni della norma tributaria possono essere, infatti, di tre diversi tipi:

i. **violazioni sostanziali**, a cui segue il mancato pagamento di un tributo dovuto (evasione);
ii. **violazioni formali**, che pur non realizzando evasione, sono comunque un ostacolo al corretto esercizio del potere di controllo (ad esempio, tardiva fatturazione);
iii. **violazioni meramente formali**, che non impattano né in termini di evasione, né di ostacolo all'attività finanziaria.

Solo le prime due rilevano ai fini sanzionatori e poiché il sistema sanzionatorio tributario è ispirato, tra gli altri, al **principio di offensività**, la qualificazione delle violazioni in sostanziale, formale e meramente formale deve essere effettuata dall'amministrazione finanziaria **in concreto e a posteriori** (e non in astratto e *a priori*, sulla sola base delle caratteristiche proprie del fatto illecito), valutando caso per caso se gli illeciti commessi abbiano determinato un danno in termini di minor gettito ovvero di corretto svolgimento dell'azione di controllo.
L'esercizio del potere punitivo (e la successiva comminazione delle sanzioni) intende garantire l'effettività delle norme tributarie, nell'ottica di incentivare il tempestivo adempimento degli obblighi tributari da parte del contribuente.
Le sanzioni tributarie possono essere di due tipi a seconda della gravità della condotta da sanzionare:

- **amministrative**, se il legislatore prevede che la violazione tributaria costituisca mero illecito amministrativo punibile con **sanzioni pecuniarie** e con **sanzioni accessorie** (d.lgs. nn. 471, 472 e 473 del 1997);

- **penali** (solo per talune fattispecie impositive), se il legislatore prevede che alcuni illeciti abbiano carattere penale e debbano essere puniti con le sanzioni della **reclusione** o dell'**arresto** e della **multa** o dell'**ammenda** (d.lgs. n. 74 del 10 marzo 2000).

I paragrafi da 2 a 6 saranno dedicati alle sanzioni amministrative e il paragrafo 7 alle sanzioni penali.

2. Principi generali in tema di sanzioni: legalità, *favor rei*, personalità, e i loro corollari

Il sistema sanzionatorio amministrativo si rifà, per ciò che attiene ai principi generali, al modello sanzionatorio penale.
Tra i principi generali si ricorda il **principio di legalità** (art. 3, del d.lgs. n. 472/1997, ispirato all'art. 25 Cost.), da cui discendono i corollari:

- della **riserva assoluta di legge** (le sanzioni possono essere disposte solo dalla legge);
- della **tassatività dei fatti illeciti** (questi ultimi devono essere previsti in maniera precisa e puntuale dal legislatore);
- del **divieto di analogia** (non sono ammesse estensioni analogiche);
- dell'**irretroattività**, in base al quale nessuno può essere sottoposto a sanzioni se non in forza di una legge entrata in vigore prima del fatto commesso.

Fondamentale, per comprendere il principio di irretroattività è il **principio del *favor rei***, in base al quale, nel caso di successione di leggi nel tempo, deve essere applicata la legge più favorevole per il reo. Dal principio del *favor rei* discendono i corollari di:

- **retroattività dell'abrogazione dell'illecito**, in base alla quale l'abrogazione di un illecito retroagisce rendendo lecite anche quelle condotte tenute quando la norma sanzionatoria era vigente *ratione temporis*; non è ammessa, però, la ripetizione di quanto già versato;
- **retroattività della norma più favorevole**, in base alla quale la norma che prevede un trattamento sanzionatorio più favorevole della precedente retroagisce applicandosi anche a quelle condotte tenute nella vigenza della "vecchia" normativa; tale retroattività, però, non intacca il provvedimento di irrogazione anteriormente emesso e divenuto definitivo;
- **irretroattività della norma più sfavorevole**, in base alla quale se interviene una norma che prevede un trattamento sanzionatorio più gravoso la stessa si applicherà solo ai fatti commessi dal momento della sua entrata in vigore; per i fatti passati si applicherà la "vecchia" normativa più favorevole.

La giurisprudenza è concorde nel ritenere che il principio del *favor rei* possa essere applicato anche d'ufficio in ogni stato e grado del giudizio.
Ulteriore fondamentale principio di origine penalistica è il **principio di personalità**, in base al quale la responsabilità da sanzione è strettamente personale, con la conseguenza che:

i. in caso di violazione commessa da più persone si prevede la punibilità in concorso di queste (vedi *infra* § 2.2.);
ii. l'obbligazione al pagamento della sanzione non si trasmette agli eredi.

L'art. 4, del d.lgs. n. 472/1997 richiama, altresì, il **principio di imputabilità (e responsabilità) della condotta**, in base al quale non può essere punito chi al momento della condotta non aveva la capacità di intendere e di volere. Il soggetto è punibile per la condotta se è a questo addebitabile a titolo di **colpa o dolo**. Mentre la definizione di colpa è quella generale di cui all'art 43 c.p., quella di dolo è specificata

dall'art. 5 del d.lgs. n. 472/1997, il quale specifica che ai fini delle sanzioni tributarie, la condotta è dolosa quando mira a pregiudicare la determinazione dell'imponibile o dell'imposta ovvero ostacolare l'attività amministrativa di accertamento. È specificata, altresì, la **colpa grave**, richiesta in taluni casi, che si manifesta quando l'imperizia o la negligenza del comportamento sono indiscutibili ed è evidente la macroscopica inosservanza di elementari obblighi tributari.
Gli elementi costitutivi dell'illecito sono dunque due e devono sussistere:

- **un elemento oggettivo**, cioè una condotta, un comportamento **omissivo** o **commissivo** in cui si sostanzia l'illecito tributario; e
- **un elemento soggettivo**, in virtù del quale vi deve essere una attribuibilità psicologica della condotta al soggetto agente; essa presuppone, come anticipato, l'**imputabilità** del soggetto (cioè la sua capacità di intendere e di volere) e consiste nell'esistenza del dolo o della colpa.

▶ 2.1. Le cause di non punibilità

Per il tramite del principio di responsabilità della condotta, si mutua – ancora una volta dal sistema penalistico – la valenza, anche nell'ambito delle sanzioni amministrative, di **cause di non punibilità**. Queste cause di non punibilità, che sono previste dall'**art. 6 del d.lgs. 472/97**, individuano ipotesi nelle quali la responsabilità sanzionatoria non è addebitabile all'autore della condotta per ragioni riconducibili al venir meno dell'elemento soggettivo (quindi della responsabilità stessa della condotta) o al venir meno del profilo dell'offensività in concreto della condotte; in questi casi vi è una sostanziale **non imputabilità soggettiva** della condotta in capo all'autore materiale della stessa.
Le cause di non punibilità riconosciute dal summenzionato art. 6 sono:

- **errore di fatto**, in base al quale l'agente non è responsabile quando l'errore non è determinato da colpa e, quindi, vi è una incolpevole distorta percezione degli elementi costitutivi della fattispecie;
- **obiettiva incertezza** sulla portata e sull'ambito di applicazione delle disposizioni alle quali si riferiscono, nonché da indeterminatezza delle richieste di informazioni o dei modelli per la dichiarazione e per il pagamento. L'agente non è responsabile se risulta impossibile individuare in modo univoco l'esatta portata della norma giuridica applicabile al caso concreto, perché la disciplina normativa contiene una pluralità di prescrizioni, "oggettivamente" non facilmente interpretabili e non univoche nel contenuto. La giurisprudenza richiede che l'incertezza debba essere oggettiva e riscontrabile dal giudice;
- **fatto di terzo**, quando il contribuente dimostra che il pagamento del tributo non è stato eseguito per fatto denunciato all'autorità giudiziaria e addebitabile esclusivamente a terzi. L'agente non è quindi responsabile a fronte di sottrazione della materia imponibile non a lui addebitabile, perché realizzata ad esempio da professionisti cui si erano affidati;
- **forza maggiore**, in base alla quale un soggetto non è responsabile quando è costretto a compiere l'illecito a causa di un evento esterno imprevisto ed imprevedibile. A tale elemento di tipo oggettivo, la giurisprudenza aggiunge un requisito anche di natura *soggettiva*, consistente nell'obbligo dell'agente di evitare le conseguenze dell'evento esterno imprevisto;
- **inevitabile ignoranza della legge tributaria**, che si determina nel caso in cui il soggetto non avrebbe potuto conoscere le norme applicabili con la normale diligenza;
- **autore mediato**, in base al quale non risponde l'autore materiale ma solamente colui che con violenza o minaccia, inducendo altri in errore incolpevole o avvalendosi di persona incapace, anche in via transitoria, di intendere o volere, determina la violazione di una disposizione.

Oltre alle ipotesi già richiamate (compresa anche quella di non sanzionabilità della violazione meramente formale), l'art. 10 dello Statuto dei contribuenti prevede che non sono irrogate sanzioni al contribuente che abbia commesso la violazione conformandosi alle indicazioni ed ai pareri dell'amministrazione finanziaria o nel caso in cui il suo comportamento sia stato posto in essere a seguito di fatti direttamente conseguenti a ritardi, omissioni o errori dell'amministrazione stessa.

▶ 2.2. Concorso di persone

Diretta conseguenza del **principio di personalità** – in base al quale la responsabilità da sanzione è strettamente personale – è quello secondo cui, in caso di violazione commessa da più persone, non si applica il modello solidaristico, ma quello del concorso di persone.
Il **concorso di persone**, disciplinato all'art. 9 del d.lgs. n. 472/1997, si verifica quando un unico fatto illecito è compiuto congiuntamente, con azioni o omissioni, da più persone.
Nel caso di concorso di persone è prevista una:

- ***regola generale***, in base alla quale quando più persone concorrono in una violazione, ciascuna di esse soggiace alla sanzione per questa disposta; pertanto, ciascuno dovrà versare quanto previsto dalla norma sanzionatoria in maniera indipendente da quella degli altri soggetti (prima parte dell'art. 9);
- ***disciplina speciale***, in base alla quale quando la violazione consiste nell'omissione di un comportamento cui sono obbligati in solido più soggetti, è irrogata una sola sanzione e il pagamento eseguito da uno dei responsabili libera tutti gli altri, salvo il diritto di regresso (seconda parte dell'art. 9).

La prima parte dell'art. 9 richiama la normativa penale di cui all'art. 110 c.p., in base al quale è possibile sanzionare più persone tutte le volte che queste commettano un illecito o concorrano nella sua realizzazione. Il concorso può essere *(i)* **materiale**, nel caso in cui l'agente concorre materialmente alla fattuale realizzazione dell'illecito, o *(ii)* **morale**, nel caso in cui l'agente con la sua azione fa insorgere o supporta il proposito della realizzazione dell'illecito.
La seconda parte dell'art. 9, invece, descrive un'ipotesi – quella delle **condotte omissive** – nella quale, come detto, non si applica il regime del concorso, ma quello della **solidarietà**, con irrogazione di una sola sanzione e non di una sanzione per ogni coobbligato. L'unicità della sanzione negli illeciti omissivi è stata giustificata alla luce del principio di proporzionalità.

▶ 2.3. Determinazione delle sanzioni: proporzionalità

Ai sensi dell'art. 7, commi 1 e 2, del d.lgs. n. 472/1997, la **determinazione delle sanzioni** tra gli edittali minimi e massimi, in ossequio al principio di personalità, avviene tenendo in considerazione una serie di fattori, che valorizzano l'effettiva responsabilità del trasgressore, avendo riguardo a:

- la gravità della violazione, desunta anche dalla condotta dell'agente;
- l'opera da lui svolta per l'eliminazione o l'attenuazione delle conseguenze;
- la sua personalità e le condizioni economiche e sociali;
- i precedenti fiscali.

Il *quantum* della sanzione, dunque, deve tenere in considerazione tali parametri, nel rispetto del **principio di proporzionalità della sanzione** – che, secondo la lettura della Corte di Giustizia dell'Unione europea, impone che la sanzione effettivamente irrogata non debba eccedere quanto necessario per garantire l'esatta riscossione dell'imposta – specie nei casi nei quali si intenda comminare la sanzione stessa in misura superiore al minimo edittale.
La norma prosegue, al comma 3, prevedendo che la sanzione è aumentata fino alla metà nei confronti di chi, nei tre anni precedenti, sia incorso in altra violazione della stessa indole non già definita (**casi di recidiva**). Lo stesso comma 3 specifica che per violazioni della stessa indole si devono intendere le violazioni delle stesse disposizioni e quelle di disposizioni diverse che, per la natura dei fatti che le costituiscono e dei motivi che le determinano o per le modalità dell'azione, presentano profili di **sostanziale identità**. La norma non specifica, però, quale sia il momento a partire dal quale può scattare la recidiva: anche se la dottrina sostiene che occorra almeno la constatazione (con PVC) delle violazioni precedenti, posto che questa interrompe il concorso e la continuazione (art. 12, comma 6, d.lgs. n. 472/1997), la giurisprudenza si è orientata in senso maggiormente favorevole per il contribuente, ritenendo che per giustificare la recidiva è necessario che la violazione sia stata definitivamente accertata dal Giudice Tributario, ovvero sia divenuta definitiva per la mancata impugnazione della contestazione della violazione (Cass. n. 11831/2020).

Il suddetto comma 3 fa salvo quanto previsto all'art. 7 cit., comma 4, in base al quale nel caso in cui concorrano circostanze che rendono manifesta la sproporzione tra l'entità del tributo cui la violazione si riferisce e la sanzione, questa può essere ridotta fino alla metà del minimo.

3.Concorso di norme e il relativo trattamento sanzionatorio: cumulo materiale e giuridico

Il **concorso di norme** si verifica quando con una o più azioni od omissioni vengono realizzate più violazioni della normativa tributaria.
Si distingue tra:

- **concorso formale**, che si verifica quando un soggetto, con **una sola azione o omissione**, viola **più disposizioni**, anche relative a tributi diversi. Potendo riguardare più tributi, il concorso formale può essere:
  i. **omogeneo,** se l'azione o l'omissione coinvolge la stessa norma e, quindi, se con un'unica condotta viene violata più volte la stessa norma; oppure
  ii. **eterogeneo,** se le violazioni coinvolgono norme diverse e, quindi, se con un'unica azione od omissione vengono violate norme diverse;
- **concorso materiale**, che si verifica quando un soggetto, con **più azioni o omissioni**, commette più violazioni formali della **stessa disposizione**. Il concorso materiale, nel sistema tributario, è solo omogeneo ("stessa disposizione") e limitato alle sole violazioni formali non incidenti sulla determinazione dell'imponibile o sulla liquidazione del tributo.

Nelle ipotesi di concorso di norme, il legislatore si preoccupa di determinare il trattamento sanzionatorio in modo differenziato a seconda che si tratti di concorso materiale o formale. Quanto al trattamento sanzionatorio, si distingue tra:

- **cumulo materiale** delle sanzioni, in cui la sanzione finale è data dalla somma algebrica delle singole sanzioni, e
- **cumulo giuridico**, in cui si applica una sola sanzione (la più grave) aumentata da un quarto al doppio (art. 12 d.lgs. n. 472/1997). È espressamente specificato che il risultato di cui all'applicazione del cumulo giuridico non può essere superiore a quella del cumulo materiale. Il co. 7 dell'art. 12 cit. infatti, esprime la regola secondo cui si determinano le sanzioni in modo tale che siano meno gravose per il contribuente.
  Il cumulo giuridico il più delle volte permette di giungere ad un trattamento sanzionatorio più favorevole per il contribuente rispetto al cumulo materiale. È espressamente previsto (comma 1) che questo **possa applicarsi**:
  a. nel *concorso formale*, sia esso omogeneo o eterogeneo;
  b. nel *concorso materiale*, ma unicamente nel caso in cui la condotta si concretizza in più azioni od omissioni che violano una medesima disposizione di legge, purché esse si connettano ad obblighi di carattere formale, non incidenti, come tali, sulla determinazione dell'imponibile o sulla liquidazione anche periodica del tributo;
  c. nel caso di *continuazione* (art. 12, co. 2, del d.lgs. n. 472/1997), cioè nel caso in cui un soggetto, anche in tempi diversi, commette più violazioni che, nella loro progressione, pregiudicano o tendono a pregiudicare la determinazione dell'imponibile ovvero la liquidazione anche periodica del tributo (ad esempio l'omessa fatturazione si pone in progressione con la dichiarazione infedele).
  Nel **conteggio dell'unica sanzione** si procede in modo differente a seconda dei casi:
  a) nel caso di violazioni tutte relative al **medesimo tributo** e per il **medesimo periodo di imposta**, la sanzione è determinata ai sensi del comma 1 e, quindi si prende la sanzione prevista per la violazione più grave e la si aumenta da un quarto al doppio;
  b) nel caso di violazioni riferite a **più tributi** la sanzione è determinata ai sensi del

comma 3, cioè si considera quale sanzione base cui riferire l'aumento, quella più grave aumentata di un quinto;

c) nel caso di **violazioni della stessa indole** commessi in **più periodi di imposta**, la sanzione è determinata ai sensi del comma 5, cioè si considera la sanzione base aumentata dalla metà al triplo. Se l'ufficio non contesta tutte le violazioni o non irroga la sanzione contemporaneamente rispetto a tutte, quando in seguito vi provvede determina la sanzione complessiva tenendo conto delle violazioni oggetto del precedente provvedimento. Se più atti di irrogazione danno luogo a processi non riuniti o comunque introdotti avanti a giudici diversi, il giudice che prende cognizione dell'ultimo di essi ridetermina la sanzione complessiva tenendo conto delle violazioni risultanti dalle sentenze precedentemente emanate.

Il beneficio del cumulo giuridico – nelle ipotesi di concorso materiale – resta, invece, escluso nel caso in cui, con le varie violazioni viene realizzata un'evasione d'imposta. In caso di violazione di norme sostanziali, dunque, le sanzioni vanno sommate, salva l'applicazione dell'istituto della continuazione laddove sia configurabile il vincolo della progressione. Se le violazioni commesse risultano non ascrivibili ad una progressione, non torna applicabile il regime del cumulo giuridico e tali violazioni danno luogo a sanzioni distinte per ciascuna di esse (Circ. n. 180/E del 1998 dell'Agenzia delle Entrate).

Il comma 4 dell'art. 12 cit. precisa, inoltre, che le previsioni sul cumulo giuridico si applicano separatamente rispetto ai tributi erariali e ai tributi di ciascun altro ente impositore e, tra i tributi erariali, alle imposte doganali e alle imposte sulla produzione e sui consumi.

Il comma 6, invece, precisa che il concorso e la continuazione sono interrotti dalla constatazione della violazione.

Nei casi di accertamento con adesione, di mediazione tributaria e di conciliazione giudiziale, in deroga ai commi 3 e 5, le disposizioni sulla determinazione di una sanzione unica in caso di progressione si applicano separatamente per ciascun tributo e per ciascun periodo d'imposta.

La sanzione conseguente alla rinuncia, all'impugnazione dell'avviso di accertamento e alla definizione agevolata ai sensi degli articoli 16 e 17 del presente decreto non può stabilirsi in progressione con violazioni non indicate nell'atto di contestazione o di irrogazione delle sanzioni.

4. Ravvedimento operoso

Nel caso in cui il contribuente si ravveda dell'illecito tributario e proceda a regolarizzare spontaneamente la propria posizione fiscale (ai sensi dell'art. 13, del d.lgs. n. 472/1997), beneficia di un abbattimento delle sanzioni, **sempreché la violazione non sia stata già constatata** e comunque non siano iniziati accessi, ispezioni, verifiche o altre attività amministrative di accertamento delle quali l'autore o i soggetti solidalmente obbligati, abbiano avuto formale conoscenza.

Il **ravvedimento** si attua correggendo l'errore (ad esempio, presentando una dichiarazione integrativa) e versando (con F24) il maggior tributo dovuto nonché le sanzioni nella misura ridotta.

La **riduzione** delle sanzioni applicabili è **graduata a seconda della tempestività** con cui interviene il ravvedimento:

1. a 1/10 del minimo nei casi di mancato pagamento del tributo o di un acconto, se esso viene eseguito nel termine di trenta giorni dalla data della sua commissione;
2. a 1/9 del minimo se la regolarizzazione degli errori e delle omissioni, anche se incidenti sulla determinazione o sul pagamento del tributo, avviene entro novanta giorni dalla data dell'omissione o dell'errore, ovvero se la regolarizzazione delle omissioni e degli errori commessi in dichiarazione avviene entro novanta giorni dal termine per la presentazione della dichiarazione in cui l'omissione o l'errore è stato commesso;
3. a 1/8 del minimo, se la regolarizzazione degli errori e delle omissioni, anche se incidenti sulla determinazione o sul pagamento del tributo, avviene entro il termine per

la presentazione della dichiarazione relativa all'anno nel corso del quale è stata commessa la violazione ovvero, quando non è prevista dichiarazione periodica, entro un anno dall'omissione o dall'errore;
4. a 1/7 del minimo se la regolarizzazione degli errori e delle omissioni, anche se incidenti sulla determinazione o sul pagamento del tributo, avviene entro il termine per la presentazione della dichiarazione relativa all'anno successivo a quello nel corso del quale è stata commessa la violazione ovvero, quando non è prevista dichiarazione periodica, entro due anni dall'omissione o dall'errore;
5. a 1/6 del minimo se la regolarizzazione degli errori e delle omissioni, anche incidenti sulla determinazione o sul pagamento del tributo, avviene oltre il termine per la presentazione della dichiarazione relativa all'anno successivo a quello nel corso del quale è stata commessa la violazione ovvero, quando non è prevista dichiarazione periodica, oltre due anni dall'omissione o dall'errore;
6. a 1/5 del minimo se la regolarizzazione degli errori e delle omissioni, anche se incidenti sulla determinazione o sul pagamento del tributo, avviene dopo la constatazione della violazione ai sensi dell'articolo 24 della legge 7 gennaio 1929, n. 4, salvo che la violazione non rientri tra quelle indicate negli articoli 6, comma 3, o 11, comma 5, del decreto legislativo 18 dicembre 1997, n. 471;
7. a 1/10 del minimo di quella prevista per l'omissione della presentazione della dichiarazione, se questa viene presentata con ritardo non superiore a novanta giorni ovvero a 1/10 del minimo di quella prevista per l'omessa presentazione della dichiarazione periodica prescritta in materia di imposta sul valore aggiunto, se questa viene presentata con ritardo non superiore a trenta giorni;
8. in tema di sanzioni per omesso versamento, si prevede la riduzione alla metà della sanzione ordinaria per versamenti effettuati con un ritardo non superiore a 90 giorni. Inoltre, si prevede l'ulteriore riduzione per i versamenti effettuati con un ritardo non superiore a 15 giorni, a 1/15 per ogni giorno di ritardo (c.d. ravvedimento sprint).

Le **regole** in tema di ravvedimento operoso sono:

- il pagamento e la regolarizzazione con ravvedimento non precludono l'inizio o la prosecuzione di accessi, ispezioni, verifiche o altre attività amministrative di controllo e accertamento;
- il pagamento della sanzione ridotta deve essere eseguito contestualmente alla regolarizzazione del pagamento del tributo o della differenza, quando dovuti, nonché al pagamento degli interessi moratori calcolati al tasso legale con maturazione giorno per giorno;
- quando la liquidazione deve essere eseguita dall'ufficio, il ravvedimento si perfeziona con l'esecuzione dei pagamenti nel termine di sessanta giorni dalla notificazione dell'avviso di liquidazione;
- le singole leggi e atti aventi forza di legge possono stabilire ulteriori circostanze che importino l'attenuazione della sanzione.

5. Procedimento di irrogazione delle sanzioni

Il **procedimento sanzionatorio** si articola in una serie di fasi, alcune necessarie e altre eventuali, finalizzate alla irrogazione della sanzione da parte dell'amministrazione finanziaria. Accanto al procedimento ordinario di irrogazione delle sanzioni (art. 16, del d.lgs. n. 472/1997), vi è un ulteriore procedimento cd. semplificato o immediato (art. 17, co.1, del d.lgs. n. 472/1997) e, ancora, un ulteriore procedimento cd. super semplificato (art. 17, co. 3, del d.lgs. n. 472/1997).
Per ciò che attiene al **procedimento ordinario**, questo è riservato alle **sanzioni non connesse al tributo** e si identificano varie fasi della procedura sanzionatoria:

- **notifica al trasgressore dell'atto di contestazione**, il quale deve contenere, a pena di nullità, l'indicazione dei fatti contestati, degli elementi probatori e delle norme applicate, dei criteri che l'ufficio ritiene di seguire per la determinazione delle sanzioni e della loro entità nonché dei minimi edittali previsti dalla legge per le singole violazioni; deve altresì contenere l'invito al pagamento delle somme dovute nel termine previsto per la proposizione del ricorso;
- a seguito della notifica di tale atto, nei **successivi 60 giorni** può realizzarsi:
  i. **definizione in via breve**, nel caso in cui il contribuente decida di pagare entro 60 giorni dalla notifica dell'atto di contestazione, in questo modo beneficiando di una riduzione di un 1/3 della sanzione applicata e comunque non inferiore ad un terzo dei minimi edittali previsti per le violazioni più gravi relative a ciascun tributo; vengono escluse le sanzioni accessorie;
  ii. **produzione di deduzioni difensive**, nel caso in cui il contribuente non intenda definire in via breve. In questo caso può, entro 60 giorni, produrre deduzioni difensive. L'ufficio, nel **termine di decadenza di un anno dalla loro presentazione**, irroga, se del caso, le sanzioni con atto motivato a pena di nullità anche in ordine alle deduzioni medesime. In mancanza di queste deduzioni difensive, l'atto di contestazione si considera provvedimento di irrogazione;
  iii. **impugnazione dell'atto di contestazione**, nel caso in cui il contribuente decida di impugnare l'atto di contestazione entro 60 giorni dalla notifica, l'atto di contestazione si converte *ex lege* in atto di irrogazione e non possono essere prodotte deduzioni difensive all'Ufficio.

Nel diverso procedimento di irrogazione immediato (art. 17, co. 1, del d.lgs. n. 472/1997) – ammesso nel caso in cui vi siano sanzioni collegate al tributo cui si riferiscono –, l'amministrazione finanziaria procede alla loro irrogazione immediata senza previa contestazione. Le fasi della procedura – nell'ambito della quale non è prevista la presentazione di osservazioni – sono così riassumibili:

- **notifica al trasgressore dell'atto di irrogazione contestualmente all'avviso di accertamento**, solo nel caso in cui le sanzioni siano quantificate in misura percentuale al tributo. L'amministrazione finanziaria può omettere la fase della contestazione e irrogare la sanzione contestualmente all'avviso di accertamento;
- **acquiescenza delle solo sanzioni**, se il contribuente decide di pagare entro 60 giorni dalla notifica dell'atto le sanzioni beneficiando di una riduzione di un 1/3 della sanzione applicata ed esclusione delle sanzioni accessorie (e contestualmente impugnare l'atto per l'imposta). In caso di vittoria, non è possibile ripetere le somme versate a titolo di sanzioni;
- **impugnazione** dell'atto nella sua interezza, sia per ciò che attiene l'irrogazione delle sanzioni, sia per ciò che attiene la pretesa contenuta nello stesso accertamento.

Infine, vi è un ulteriore **procedimento cd. super-semplificato** (art. 17, co. 3, del d.lgs. n. 472/1997), che consiste nella diretta iscrizione a ruolo dell'importo dovuto a titolo di sanzione per ritardato o omesso versamento dei tributi, anche risultanti dai procedimenti di liquidazione automatica dell'imposta e di controllo formale della dichiarazione, previa comunicazione di irregolarità.
L'illecito amministrativo si estingue e quindi l'amministrazione finanziaria non può più procedere all'irrogazione della sanzione, nei casi di:

- **scadenza del termine di notifica**: l'amministrazione finanziaria può notificare l'atto di contestazione e l'atto di irrogazione entro il 31 dicembre del quinto anno dalla commissione della violazione; nel caso in cui la notifica venga effettuata tempestivamente ad almeno uno degli autori della violazione o dei soggetti obbligati in solido, il termine di

decadenza suddetto viene prorogato di un anno rispetto agli altri autori;
- **pagamento della sanzione**: il debito sanzionatorio si estingue in via ordinaria, mediante il pagamento dell'obbligazione;
- **prescrizione**: il diritto alla riscossione del credito relativo ad una sanzione, già irrogata, si prescrive nel termine di cinque anni a decorrere dal momento in cui è divenuto definitivo l'atto di irrogazione; in caso di impugnazione del provvedimento di irrogazione, viene interrotto il termine di prescrizione, che non corre sino alla definizione del procedimento;
- **morte dell'autore della violazione**: il decesso dell'autore della violazione comporta l'estinzione dell'illecito; la sanzione tributaria non si trasmette agli eredi.

6. Le singole sanzioni amministrative tributarie

In generale, le sanzioni amministrative tributarie possono essere di due tipi:

- **pecuniarie**, consistenti nel pagamento di una somma di denaro che, a seconda dei casi, può essere determinata in *misura fissa* o in *misura proporzionale* all'ammontare del tributo evaso o *può variare da un minimo ad un massimo*. Esse sono *improduttive di interessi* e *non trasmissibili agli eredi* del contribuente che ha commesso la violazione (art. 2, del d.lgs. n. 472/1997);
- **accessorie**, consistenti in misure aggiuntive rispetto a quelle pecuniarie, comminate nei casi espressamente previsti dalla legge e possono consistere, ad esempio, nell'interdizione dalla carica di amministratore, sindaco e revisore; nella sospensione dall'esercizio dell'attività di lavoro autonomo; e, in generale nella limitazione o nella perdita della capacità di assumere determinati incarichi (art. 21, del d.lgs. n. 472/1997). Hanno carattere afflittivo, talvolta più lesivo delle pene pecuniarie.

Con particolare riferimento alle **singole fattispecie sanzionatorie**, queste sono previste:
- dal d.lgs. n. 471/1997, con riferimento alle violazioni in materia di redditi, IVA e IRAP;
- dal d.lgs. n. 473/1997 – che è intervenuto con modifiche sulle singole imposte –, con riferimento alle violazioni in materia di imposta di registro e le altre imposte indirette.

Le fattispecie sanzionatorie previste sono molte e possono essere, senza esigenza di completezza, raggruppate in:

A. sanzioni in tema di dichiarazione, tra le quali si ricomprendono:
   1. *l'omessa presentazione della dichiarazione* (quando non viene presentata proprio la dichiarazione; artt. 1, co. 1, 2, co. 1, e 5 del d.lgs. n. 471/1997);
   2. *la dichiarazione infedele* (ad esempio, quando viene indicato un imponibile o un'imposta inferiori a quello accertato, oppure un credito superiore a quello spettante; artt. 1, co. 2, 2, co. 2, e 5, co. 4 del d.lgs. n. 471/1997);

B. sanzioni irrogate a fronte della *violazione degli obblighi inerenti la documentazione e registrazione delle operazioni imponibili IVA* (art. 6, co.1 del d.lgs. n. 471/1997);

C. sanzioni irrogate a fronte dell'*omesso o ritardato pagamento dell'imposta dichiarata* (art. 13, del d.lgs. n. 471/1997);

D. sanzioni irrogate a fronte dell'*utilizzo in compensazione di crediti non spettanti o inesistenti* (art. 13, co. 4, del d.lgs. n. 471/1997).

7. Sanzioni tributarie penali

I reati tributari sono disciplinati nel d.lgs. n. 74/2000 e successive modifiche; le principali figure sono costituite dalle fattispecie in materia di dichiarazione, di documentazione contabile e in tema di riscossione.

La **disciplina riguardante i reati tributari** presenta alcune peculiarità e, in specie:

- è applicabile solo in materia di imposte sui redditi ed Iva, con talune fattispecie che sono disciplinate al di fuori del d.lgs. n. 74/2000, ad esempio in materia di contrabbando doganale e di accise;
- descrivono un numero circoscritto di reati, in specie quelli più insidiosi, connotati da un alto grado di offensività;
- le fattispecie sono generalmente strutturate come delitti e come reati di danno (dove l'evento dannoso è l'evasione);
- sono puniti a titolo di dolo;
- sono previste soglie di punibilità (elemento costitutivo della fattispecie) parametrata al tributo evaso. Al di sotto della soglia non c'è rilevanza penale della condotta.

Le fattispecie penali previste dal d.lgs. n. 74/2000 possono essere raggruppate in tre sotto-categorie:

1. i delitti in materia di dichiarazione (artt. 2-5, d.lgs. n. 74/2000);
2. i delitti in materia di documenti (artt. 8 e 10);
3. i delitti in materia di omessi versamenti e pagamento (artt. 10-*bis*-*ter*-*quater* e 11).

▶ 7.1. Reati in materia di dichiarazione

Per **reati in materia di dichiarazione** si intendono le fattispecie di reato connesse alla dichiarazione dei redditi; per questi reati **è previsto il dolo specifico e il superamento di soglie di evasione** (salvo che nella fattispecie fraudolenta) e non sono comunque punibili a titolo di tentativo.

Il **decreto-legge 26 ottobre 2019, n. 124** convertito, con modificazioni, dalla legge 19 dicembre 2019, n. 157 e recante le disposizioni urgenti in materia fiscale e per esigenze indifferibili (cd. **decreto fiscale**) ha, all'art. 39, apportato numerose modifiche alla disciplina penale e responsabilità amministrativa degli enti, novellando profondamente il d.lgs. 74/2000 su temi chiave come la pena e le soglie di evasione.

▶ 7.2. Reati in materia di documentazione contabile

I **reati in materia di documentazione contabile** puniscono la mancata tenuta delle scritture contabili obbligatorie o la loro alterazione.

I reati in materia di documentazione contabile sono:

- **emissione di fatture o altri documenti per operazioni inesistenti (art. 8)**: è punito con la reclusione da quattro a otto anni chiunque, al fine di consentire a terzi l'evasione delle imposte sui redditi o sul valore aggiunto, emette o rilascia fatture o altri documenti per operazioni inesistenti; l'emissione o il rilascio di più fatture o documenti per operazioni inesistenti nel corso del medesimo periodo di imposta si considera come un solo reato; se l'importo non rispondente al vero indicato nelle fatture o nei documenti, per periodo d'imposta, è inferiore a euro centomila, si applica la reclusione da un anno e sei mesi a sei anni;
- **occultamento o distruzione di documenti contabili (art. 10)**: salvo che il fatto costituisca più grave reato, è punito con la reclusione da tre a sette anni chiunque, al fine di evadere le imposte sui redditi o sul valore aggiunto, ovvero di consentire l'evasione a terzi, occulta o distrugge in tutto o in parte le scritture contabili o i documenti di cui è obbligatoria la conservazione, in modo da non consentire la ricostruzione dei redditi o del volume di affari.

▶ 7.3. Reati in materia di riscossione dei tributi

I **reati in materia di riscossione dei tributi** si hanno nelle ipotesi in cui, nonostante la regolarità delle dichiarazioni e della tenuta dei libri contabili, non si adempie all'obbligazione tributaria evitando il

corretto versamento del tributo-riscossione.
I principali reati in materia di riscossione dei tributi sono:

- **omesso versamento di ritenute dovute o certificate (art. 10-*bis*)**: è punito con la reclusione da sei mesi a due anni chiunque non versa entro il termine previsto per la presentazione della dichiarazione annuale di sostituto di imposta ritenute dovute sulla base della stessa dichiarazione o risultanti dalla certificazione rilasciata ai sostituiti, per un ammontare superiore a 150.000 euro per ciascun periodo d'imposta;
- **omesso versamento di IVA (art. 10-*ter*)**: è punito con la reclusione da sei mesi a due anni chiunque non versa, entro il termine per il versamento dell'acconto relativo al periodo d'imposta successivo, l'imposta sul valore aggiunto dovuta in base alla dichiarazione annuale, per un ammontare superiore a euro 250.000 per ciascun periodo d'imposta;
- **indebita compensazione (art. 10-*quater*)**: è punito con la reclusione da sei mesi a due anni chiunque non versa le somme dovute, utilizzando in compensazione crediti non spettanti, per un importo annuo superiore a 50.000 euro; è punito con la reclusione da un anno e sei mesi a sei anni chiunque non versa le somme dovute, utilizzando in compensazione, crediti inesistenti per un importo annuo superiore ai 50.0000 euro;
- **sottrazione fraudolenta alla riscossione delle imposte (art. 11)**: è punito con la reclusione da sei mesi a quattro anni chiunque, al fine di sottrarsi al pagamento di imposte sui redditi o sul valore aggiunto ovvero di interessi o sanzioni amministrative relativi a dette imposte di ammontare complessivo superiore ad euro 50.000, aliena simulatamente o compie altri atti fraudolenti sui propri o su altrui beni idonei a rendere in tutto o in parte inefficace la procedura di riscossione coattiva; se l'ammontare delle imposte, sanzioni ed interessi è superiore ad euro 200.000 si applica la reclusione da un anno a sei anni. È punito con la reclusione da sei mesi a quattro anni chiunque, al fine di ottenere per sé o per altri un pagamento parziale dei tributi e relativi accessori, indica nella documentazione presentata ai fini della procedura di transazione fiscale elementi attivi per un ammontare inferiore a quello effettivo od elementi passivi fittizi per un ammontare complessivo superiore ad euro 50.000. Se l'ammontare di cui al periodo precedente è superiore ad euro 200.000 si applica la reclusione da un anno a sei anni.

► 7.4. Le pene accessorie (art. 12)

La condanna ad uno dei reati tributari comporta l'applicazione anche di pene accessorie di natura interdittiva.
L'istituto della **sospensione condizionale della pena** di cui all'articolo 163 c.p. non trova applicazione nei casi in cui ricorrano congiuntamente le seguenti condizioni:

- l'ammontare dell'imposta evasa sia superiore al 30% del volume d'affari;
- l'ammontare dell'imposta evasa sia superiore a tre milioni di euro.

Le sanzioni penali interdittive sono:

- **interdizione dagli uffici direttivi** delle persone giuridiche e delle imprese, per un periodo non inferiore a 6 mesi e non superiore a 3 anni;
- **incapacità a contrarre con la P.A.**, per un periodo non inferiore ad 1 anno e non superiore a 3 anni;
- **interdizione dalle funzioni di rappresentanza o assistenza in materia tributaria**, per un periodo non inferiore ad 1 anno e non superiore a 5 anni;
- **interdizione perpetua dall'ufficio di componente della Corte di Giustizia Tributaria**;
- **la pubblicazione della sentenza** a norma dell'art. 36 c.p.;
- **interdizione dai pubblici uffici**, prevista come pena accessoria solo per i reati di dichiarazione fraudolenta ed emissione di fatture o altri documenti per operazioni inesistenti per un periodo non inferiore ad 1 anno e non superiore a 3 anni.

▶ 7.5. La confisca (art. 12 *bis*)

Nel caso di condanna o di applicazione della pena su richiesta delle parti a norma dell'art. 444 c.p.p. per le fattispecie penali tributarie, è **sempre ordinata la confisca dei beni che ne costituiscono il profitto o il prezzo**, salvo che appartengano a persona estranea al reato, ovvero, quando essa non è possibile, la confisca di beni, di cui il reo ha la disponibilità, per un valore corrispondente a tale prezzo o profitto. La confisca non opera per la parte che il contribuente si impegna a versare all'erario anche in presenza di sequestro; nel caso di mancato versamento la confisca è sempre disposta.
L'art. 12-*ter*, introdotto dall'art. 39 del d.l. 26 ottobre 2019, n. 124 convertito, con modificazioni, dalla l. n. 19 dicembre 2019, n. 157 e recante le disposizioni urgenti in materia fiscale e per esigenze indifferibili (cd. decreto fiscale) ha previsto casi particolari di confisca.
Nei casi di condanna o di applicazione della pena su richiesta a norma dell'articolo 444 c.p.p. per i delitti di seguito indicati, si applica l'articolo 240-bis c.p. quando:

a) l'ammontare degli elementi passivi fittizi è superiore a euro duecentomila nel caso del delitto di dichiarazione fraudolenta mediante uso di fatture o altri documenti per operazioni inesistenti;
b) l'imposta evasa è superiore a euro centomila nel caso del delitto di dichiarazione fraudolenta mediante altri artifici;
c) l'importo non rispondente al vero indicato nelle fatture o nei documenti è superiore a euro duecentomila nel caso del delitto di emissione di fatture o altri documenti per operazioni inesistenti;
d) l'ammontare delle imposte, delle sanzioni e degli interessi è superiore a euro centomila nel caso del delitto di sottrazione fraudolenta al pagamento di imposte previsto dall'art. 11, co. 1;
e) l'ammontare degli elementi attivi inferiori a quelli effettivi o degli elementi passivi fittizi è superiore a euro duecentomila nel caso del delitto di sottrazione fraudolenta al pagamento di imposte previsto dall'art. 11, co. 2.

▶ 7.6. Le cause di non punibilità (art. 13)

Le cause di non punibilità escludono, nonostante la commissione del reato, l'applicazione della pena e delle eventuali sanzioni interdittive.
I reati di cui agli **articoli 10-*bis*, 10-*ter* e 10-*quater***, co. 1, **non sono** punibili se, prima della dichiarazione di apertura del dibattimento di primo grado, i debiti tributari, comprese sanzioni amministrative e interessi, sono stati estinti mediante **integrale pagamento degli importi dovuti**, anche a seguito delle speciali procedure conciliative e di adesione all'accertamento previste dalle norme tributarie, nonché del ravvedimento operoso.
I reati di cui agli articoli **2, 3, 4 e 5 non sono punibili** se i debiti tributari, comprese sanzioni e interessi, sono stati estinti mediante integrale pagamento degli importi dovuti, a seguito del ravvedimento operoso o della presentazione della dichiarazione omessa entro il termine di presentazione della dichiarazione relativa al periodo d'imposta successivo, sempreché il ravvedimento o la presentazione siano intervenuti prima che l'autore del reato abbia avuto formale conoscenza di accessi, ispezioni, verifiche o dell'inizio di qualunque attività di accertamento amministrativo o di procedimenti penali.

▶ 7.7. Circostanze del reato (art. 13-*bis* e 14)

Le **circostanze del reato** sono le circostanze previste specificamente per i reati tributari che possono essere applicate oltre a quelle comuni previste dal codice penale.
Le circostanze sono:

- **pagamento del debito tributario**: le pene sono diminuite fino alla metà e non si applicano le pene accessorie se, prima della dichiarazione di apertura del dibattimento del giudizio di primo grado, comprese sanzioni amministrative e interessi, sono stati estinti mediante integrale pagamento degli importi dovuti, anche a seguito delle speciali procedure conciliative e di adesione all'accertamento previste dalle norme tributarie;

- **reato nell'esercizio dell'attività di consulenza fiscale svolta da un professionista o da un intermediario finanziario o bancario**: le pene stabilite sono aumentate della metà se il reato è commesso dal concorrente nell'esercizio dell'attività di consulenza fiscale svolta da un professionista o da un intermediario finanziario o bancario attraverso l'elaborazione o la commercializzazione di modelli di evasione fiscale;
- **riparazione dell'offesa nel caso di estinzione del debito tributario per prescrizione o decadenza**: la pena principale è diminuita della metà e non si applicano le pene accessorie nel caso in cui il contribuente sia ammesso a pagare, prima della dichiarazione di apertura del dibattimento del giudizio di primo grado, nonostante l'inesigibilità del credito tributario da parte dell'Amministrazione finanziaria per l'intervenuta prescrizione o decadenza, una somma a titolo di equa riparazione dell'offesa recata all'interesse pubblico.

▶ 7.8. Violazioni dipendenti da interpretazione delle norme tributarie (art. 15)

Al di fuori dei casi in cui la punibilità è esclusa a norma dell'art. 47, terzo comma, del codice penale, non danno luogo a fatti penalmente perseguibili le violazioni di norme tributarie dipendenti da obiettive condizioni di incertezza sulla loro portata e sul loro ambito di applicazione.

▶ 7.9. La prescrizione dei reati tributari

Ai reati tributari si applicano le disposizioni in tema di prescrizione ordinariamente previsti per gli altri reati: ai sensi dell'art. 157 c.p., **i delitti in materia tributaria si prescrivono in un tempo non inferiore a sei anni** ma il comma 1-bis dell'art. 17, d.lgs. n. 74 del 2000, aggiunto dal d.l. n. 138 del 2011, precisa che ***"i termini di prescrizione per i delitti previsti dagli articoli da 2 a 10 del presente decreto sono elevati di un terzo"***. Il corso della prescrizione è interrotto, oltre che dagli atti indicati nell'art. 160 c.p., dal verbale di constatazione o dall'atto di accertamento delle relative violazioni.

Capitolo 11
La riscossione tributaria

SOMMARIO:

1. Riscossione esattoriale. I soggetti della riscossione

Il contribuente spontaneamente o in via coattiva, adempie all'obbligazione tributaria versando in favore dell'ente impositore quanto dovuto ai fini del pagamento del tributo; l'ente impositore, con la riscossione, pertanto realizza gli obiettivi di gettito.
La **riscossione** è disciplinata dal d.P.R. n. 602/1973 e successive modifiche e comprende **l'insieme di atti e di attività** che permettono all'Ente impositore di recuperare le somme dovute dal soggetto obbligato all'adempimento (il soggetto passivo) e di portare a compimento l'attuazione dell'obbligazione tributaria, anche in via coattiva.
La fase della riscossione è una **fase necessitata** e non deve mai mancare, il che significa che, se il contribuente non versa spontaneamente quanto da lui dovuto a titolo di imposta (e, quindi, non estingue immediatamente l'obbligazione tributaria), l'Ente creditore deve potersi sempre attivare in via coattiva, per il recupero di quanto non autonomamente versato.
Tale fase non si pone necessariamente alla fine del rapporto obbligatorio tributario, perché sempre più spesso si assiste a fenomeni di **anticipazione della riscossione** del tributo nel momento di realizzazione del presupposto, per rispondere ad esigenze finanziarie del bilancio dello Stato. Ad esempio, nelle imposte sui redditi, la riscossione si verifica anticipatamente attraverso il sistema **versamenti in acconto** o delle **ritenute d'acconto**, per effetto dei quali il contribuente paga durante l'anno di imposta e prima della dichiarazione degli acconti sull'imposta dovuta, che saranno poi detratti dal saldo liquidato in dichiarazione.
Titolari del potere di riscossione sono i **soggetti attivi** della riscossione che, con il tempo, hanno assunto una veste maggiormente pubblicistica. Per ciò che attiene le principali imposte, originariamente erano individuati in soggetti diversi dall'ente creditore, in quanto la riscossione era affidata ad un soggetto terzo (persona fisica o giuridica) generalmente privato, ritenuto maggiormente capace di gestire una fase gestoria e materiale nella quale non era necessario l'esercizio di poteri impositivi (in principio, tali soggetti erano individuati negli esattori e, poi, nei concessionari della riscossione). Una profonda innovazione (si delineano i primi contorni pubblicistici) di tale sistema si è realizzata con l'art. 3, d.l. n. 203/2005, con il quale è stata istituita Equitalia S.p.A. Tale ente era una società partecipata dall'Agenzia delle Entrate (51%) e dall'Inps (49%) e incaricata di svolgere il servizio di riscossione. Tale soggetto, dunque, stante la sua compagine societaria, ha assunto una veste sostanzialmente pubblica. È nel 2016 che tale evoluzione in chiave pubblicistica si è compiuta, allorquando, con l'art. 1, d.l. n. 193/2016, convertito dalla l. n. 225/2016, è stata prevista la soppressione di Equitalia e il subentro di **Agenzia delle Entrate-Riscossione**, ente pubblico economico sottoposto all'indirizzo e alla vigilanza del ministro del MEF.
Discorso diverso deve essere fatto per i **tributi locali**, la riscossione dei quali è curata direttamente dall'ente impositore (c.d. riscossione diretta) attraverso una società *in house*, o da soggetti iscritti in un apposito albo, ai sensi dell'art. 53, d.lgs. n. 446/1997, o, a scelta dell'ente impositore, anche dalla stessa Agenzia delle Entrate-Riscossione.

I **soggetti passivi** della riscossione, invece, sono i soggetti tenuti al pagamento delle somme pretese. Generalmente il soggetto passivo coincide con il contribuente, ma può coincidere anche con il coobbligato, il responsabile, e in generale un soggetto titolato al versamento.
Le imposte sui redditi, a norma dell'art. 1 del d.P.R. n. 602/1973, sono riscosse mediante:

i. **ritenuta**, che realizza la riscossione (d'acconto o d'imposta; si veda il § 2);
ii. **versamenti diretti del contribuente** al concessionario e alle sezioni di tesoreria provinciale dello Stato, che consistono nello spontaneo versamento da parte del contribuente delle somme dovute all'Erario (si veda il § 3);
iii. **iscrizione nei ruoli**, cioè la riscossione coattiva contro la volontà del contribuente (si veda il § 4).

A queste modalità vanno aggiunte:

iv. la riscossione in base all'**accertamento esecutivo** (si veda quanto richiamato *supra* al Capitolo 9, § 7.1.); e
v. la riscossione in base ad **ingiunzione fiscale,** che può essere utilizzata unicamente per i tributi degli enti locali (r.d. 14 aprile 1910, n. 639). L'ingiunzione fiscale, prima dell'introduzione dell'accertamento esecutivo (1° gennaio 2020), era utilizzata per la riscossione dei tributi locali, unicamente per gli enti locali che non si avvalevano della riscossione in base a ruolo, e aveva la funzione di titolo esecutivo e di precetto; adesso (a partire dal 1° gennaio 2020) è destinata a restare superata.

Le modalità di cui ai superiori punti *i.* e *ii.* sono **modalità fisiologiche** di adempimento dell'obbligazione tributaria, nella quale si realizza la normale **riscossione esattoriale**. Tutte le altre ipotesi individuano forme di riscossione che presuppongono un inadempimento del contribuente ed è in relazione a queste ultime che si parla di **riscossione esattoriale coattiva**, che rappresenta una **vicenda solo eventuale e patologica** nell'attuazione dei tributi, a seguito della quale si realizza il soddisfacimento coattivo del credito fiscale. Questa è disciplinata dal d.P.R. n. 602/1973 per tutte e tre le tipologie di situazioni patologiche (ruolo, accertamento esecutivo e ingiunzione fiscale) e presenta tratti comuni con l'esecuzione forzata di cui al codice di procedura civile (procedura esecutiva; pignoramento; espropriazione; vendita; etc.), dalla quale, però, se ne discosta per ciò che attiene:

- il **soggetto che conduce la procedura**, cioè l'Agente della riscossione, che è soggetto diverso e ulteriore rispetto all'ente impositore, il quale ultimo resta creditore della pretesa impositiva e non cede il credito all'Agente della riscossione, che interviene nella procedura di recupero solo quale incaricato alla riscossione coattiva;
- all'**intervento meramente eventuale del giudice** nell'esecuzione esattoriale, limitato alla sola ipotesi di opposizione (art. 57, d.P.R. n. 602/1973);
- a talune **semplificazioni** del modello di cui al codice di procedura civile (art. 72, d.P.R. n. 602/1973).

2. Ritenuta diretta (art. 2)

Le imposte sono pagate per **ritenuta diretta**, ai sensi dell'art. 2, d.P.R. n. 602/1973, nei casi indicati dalla legge e secondo le modalità previste dalle norme sulla contabilità generale dello Stato. L'art. 29, del d.P.R. n. 600/1973, specifica che la **ritenuta diretta** è una modalità particolare di riscossione delle imposte sul reddito, sulle somme erogate da amministrazioni dello Stato, che presenta la particolarità che il soggetto obbligato ad effettuare la ritenuta e l'ente impositore coincidono, in quanto tali soggetti sono l'amministrazione dello Stato o degli altri enti pubblici territoriali. Esempio di scuola è quella del dipendente pubblico, il quale subisce la ritenuta dalle amministrazioni dello Stato sulle retribuzioni ricevute. La ritenuta, quindi, non deve essere materialmente versata, ma vi è un semplice trasferimento delle somme dovute alla Tesoreria dello Stato, in base alle norme di contabilità pubblica.

3. Versamenti diretti (art. 3)

I **versamenti diretti** consistono in una modalità di pagamento per tutte le imposte da parte dei soggetti passivi (adempimento spontaneo dell'obbligazione tributaria).
I versamenti diretti possono essere conseguiti attraverso il **versamento spontaneo** del contribuente direttamente nelle casse dello Stato o degli altri enti pubblici territoriali tramite delega di pagamento ad una banca o a Poste Italiane. Il pagamento avviene attraverso la compilazione del modello F24 o F23, il quale assolve alla funzione di *(i)* delega di pagamento; *(ii)* giustificazione di pagamento; *(iii)* strumento per operare la **compensazione**, in quanto, nel caso in cui il contribuente risulti creditore e debitore nei confronti dello Stato (altri enti creditori pubblici territoriali), nei modelli di pagamento F23 o F24 può procedere a compensare poste attive e passive. In particolare, si distingue tra compensazione verticale (relativa allo stesso tributo) e compensazione orizzontale (relativa a tributi diversi).
L'intermediario finanziario, una volta effettuato il pagamento, rilascia al contribuente la **quietanza**, che ha efficacia liberatoria per il contribuente nei confronti dell'Erario.
Al momento del pagamento, come già detto nei Capitoli precedenti, si deve tenere conto delle somme già versate dal contribuente a titolo di **ritenuta** (ci si riferisce al fenomeno della sostituzione d'imposta; in questo caso un soggetto diverso dal contribuente effettua il pagamento in luogo di quest'ultimo).

4. La riscossione coattiva in base al ruolo

▶ 4.1. Ruolo (art. 12)

La **riscossione coattiva in base a ruolo** è la **procedura generalizzata** per tutte le entrate tributarie.
e non, dello Stato e degli altri enti pubblici, sulla cui base viene articolata l'intera disciplina della riscossione esattoriale. È disciplinata dal d.P.R. n. 602/1973, al quale fanno riferimento la riscossione in base ad accertamento esecutivo e in base all'ingiunzione fiscale.
Come già evidenziato al Capitolo 9, § 7.1., non si riscuotono coattivamente in base a ruolo le imposte cui torna applicabile l'accertamento esecutivo. In particolare, il ruolo **trova ancora applicazione** per:

- imposte diverse dai redditi, IVA e IRAP (per le quali si utilizza l'accertamento esecutivo);
- esiti delle liquidazioni automatiche di cui agli artt. 36-bis del d.P.R. n. 600/1973 e art. 54-bis, d.P.R. n. 633/1972, e dei controlli formali di cui all'art. 36-ter del d.P.R. n.600/1973;
- inadempimenti nei pagamenti delle somme dovute a seguito dell'attività di controllo dell'Agenzia delle Entrate, ossia per la riscossione delle rate non versate (sugli avvisi di irregolarità o nel caso di accertamento con adesione; cfr. art. 15-*ter*, d.P.R. n. 602/1973);
- riscossione delle sanzioni non connesse al tributo, ossia quelle constatate ed irrogate ai sensi dell'art. 16, d.lgs. n. 472/1997.

Ai sensi dell'art. 10, d.P.R. n. 602/1973, **il ruolo è un elenco dei debitori e delle somme da questi dovute**, formato dall'Ente impositore (creditore) ai fini della riscossione ad opera dell'Agente della riscossione. L'ufficio dell'amministrazione finanziaria competente forma ruoli distinti per ciascuno degli ambiti territoriali in cui i concessionari operano. In ciascun ruolo sono iscritte tutte le somme dovute dai contribuenti (sulla base degli avvisi) che hanno il domicilio fiscale in comuni compresi nell'ambito territoriale cui il ruolo si riferisce. La funzione del ruolo è quella di **titolo esecutivo** e legittima l'agente della riscossione a procedere con esecuzione forzata nei confronti del contribuente debitore. Tale titolo ha effetto **anche nei confronti di terzi** (c.d. efficacia *ultra vires* del ruolo), in quanto sulla base del ruolo, l'Agente della riscossione può notificare la cartella di pagamento anche al debitore semplice coobbligato del contribuente cui è intestata l'iscrizione a ruolo.
Ai sensi dell'art. 1, del d.m. n. 321/1999 e dell'art. 12, del d.P.R. n. 602/1073, il ruolo deve **contenere**: il

numero del codice fiscale del contribuente, la specie del ruolo, la data in cui il ruolo diviene esecutivo e il riferimento all'eventuale precedente atto di accertamento ovvero, in mancanza, la motivazione, anche sintetica, della pretesa; in difetto di tali indicazioni non può farsi luogo all'iscrizione. Il ruolo è sottoscritto, anche mediante firma elettronica, dal titolare dell'ufficio o da un suo delegato. Con la sottoscrizione il ruolo diviene esecutivo.
Quanto alla **motivazione del ruolo**, questo deve motivarsi solo quando non è preceduto da un precedente atto di accertamento, in quanto in questo caso la motivazione è già contenuta in questo atto. Il che significa che quando il ruolo non è preceduto da un atto, l'obbligo di motivazione del ruolo emerge con tutta la sua forza (ad esempio, procedure *ex* artt. 36-*bis* e 36-*ter*, d.P.R. n. 600/1973).
Le iscrizioni a ruolo possono essere effettuate:

- **a titolo definitivo (art. 14)**, quando le iscrizioni hanno come titolo le dichiarazioni dei contribuenti o gli accertamenti definitivi e riguardano la totalità dell'importo. Sono iscritte a titolo definitivo:
  - le imposte e le ritenute alla fonte liquidate ai sensi degli articoli 36-*bis* e 36-*ter* del d.P.R. n. 600/1973, al netto dei versamenti diretti risultanti dalle attestazioni allegate alle dichiarazioni;
  - le imposte, le maggiori imposte e le ritenute alla fonte liquidate in base ad accertamenti definitivi;
  - i redditi dominicali dei terreni e i redditi agrari determinati dall'ufficio in base alle risultanze catastali;
  - i relativi interessi, soprattasse e pene pecuniarie
- **a titolo non definitivo o provvisorio (art. 15)**, quando le imposte, i contributi ed i premi corrispondenti agli imponibili accertati dall'ufficio, nonché i relativi interessi, non sono ancora definitivi (perché il titolo di iscrizione è impugnato dinnanzi al giudice tributario). In questo caso sono iscritti a titolo provvisorio nei ruoli, dopo la notifica dell'atto di accertamento, per un terzo dell'ammontare corrispondente agli imponibili o ai maggiori imponibili accertati. L'importo residuo può essere riscosso solo dopo la sentenza del giudice di primo grado, nella misura fissata dall'art. 68, d.lgs. n. 546/1992.

Nella riscossione coattiva si distingue, pio, tra due diversi tipi di ruoli:

- **ruoli ordinari**, sono i ruoli formati in via ordinaria dall'Amministrazione finanziaria quando non sussiste un fondato pericolo per la riscossione, che possono essere riscossi secondo il meccanismo frazionato o per quote descritto;
- **ruoli straordinari**, sono i ruoli emessi quando sussiste un **fondato pericolo per la riscossione**; nei ruoli straordinari le imposte, gli interessi e le sanzioni sono iscritti per l'intero importo risultante dall'avviso di accertamento, **anche se non definitivo**. L'impiego del ruolo deve essere **motivato** in ordine alle ragioni per le quali vi è il fondato (giustificato e provato) pericolo per la riscossione (ad esempio, nel caso in cui il contribuente ponga in essere azioni distrattive del proprio patrimonio che mettono a rischio la fruttuosità della riscossione).

La **consegna del ruolo** è effettuata dall'Ufficio creditore al concessionario dell'ambito territoriale cui esso si riferisce, secondo le modalità indicate con decreto del Ministero delle finanze, di concerto con il Ministero del tesoro, del bilancio e della programmazione economica.
Il **d.l. 21 ottobre 2021, n. 146, c.d. Decreto Fiscale**, convertito, con modificazioni, dalla legge 17 dicembre 2021, n. 215, introducendo il nuovo comma 4-*bis* all'art. 12, ha dettato delle regole **sull'impugnazione** del ruolo:

- l'estratto di ruolo non è impugnabile;
- il ruolo e la cartella di pagamento che si assume invalidamente notificata sono suscettibili di diretta impugnazione nei soli casi in cui il debitore che agisce in giudizio dimostri che dall'iscrizione a ruolo possa derivargli un pregiudizio:
  - per la partecipazione a una procedura di appalto;
  - per la riscossione di somme allo stesso dovute dai soggetti pubblici (di cui all'art. 1,

comma 1, lettera a), del regolamento di cui al decreto del Ministro dell'economia e delle finanze 18 gennaio 2008, n. 40);
- per effetto delle verifiche in occasione dei pagamenti delle pubbliche amministrazioni;
- per la perdita di un beneficio nei rapporti con una pubblica amministrazione.

▶ 4.2. La cartella di pagamento

La **cartella di pagamento** è l'atto dell'Agente della riscossione (e non dell'Ente impositore, come nel caso del ruolo) che questo invia ai contribuenti per la riscossione dei crediti vantati dagli enti impositori e consiste nella parte del ruolo afferente a ciascun singolo contribuente (cd. estratto di ruolo); l'Agente della Riscossione forma la cartella di pagamento e la notifica al contribuente destinatario, entro i termini stabiliti dall'art. 25.
La cartella di pagamento, redatta in conformità al modello approvato con decreto del Ministero delle finanze, **contiene l'intimazione ad adempiere quanto risultante dal ruolo entro il termine di sessanta giorni dalla notificazione, con l'avvertimento che, in mancanza, si procederà ad esecuzione forzata**. In questo modo, la cartella di pagamento assolve al ruolo di **precetto**.
Il **contenuto** della cartella è specificato dall'art. 6, del d.m. 3 settembre 1999, n. 321 e la cartella deve riportare le medesime indicazioni prescritte per il ruolo e deve essere motivata. Una volta ricevuta la cartella, il debitore/contribuente ha **sessanta giorni di tempo per pagare**, anche in modo rateizzato, le somme iscritte a ruolo. In mancanza di pagamento, saranno dovuti, oltre alle somme iscritte a ruolo, anche gli interessi di mora su di esse calcolati e l'onere di riscossione (aggio) in misura piena; soprattutto, può essere avviata l'esecuzione forzata (art. 50, d.P.R. n. 602/1973).
In particolare, la cartella di pagamento deve indicare:

- il nominativo del **responsabile del procedimento** di riscossione coattiva;
- **la data di emissione** della cartella di pagamento;
- **l'invito** ad effettuare il pagamento entro 60 giorni, avvertendo che in mancanza si procederà ad esecuzione forzata;
- l'importo dovuto a **titolo di aggio**, che è la remunerazione che l'Agente della riscossione percepisce per la sua attività di riscossione. Il decreto legislativo n. 159/2015 ha stabilito che, a partire dai carichi affidati all'Agente della riscossione dal 1° gennaio 2016, l'aggio è sostituito dagli "**oneri di riscossione**", che sono dovuti per il funzionamento del servizio nazionale di riscossione, con una significativa riduzione dei costi per il cittadino. Infatti, in caso di pagamento effettuato entro 60 giorni dalla notifica della cartella, tali oneri sono pari al 3% delle somme riscosse; in caso di pagamento effettuato dopo 60 giorni dalla data di notifica della cartella, gli "oneri di riscossione", interamente a carico del debitore, sono pari al 6% dell'importo dovuto. Si deve osservare che la **legge di Bilancio 2022** ha introdotto le disposizioni necessarie per intervenire sulla remunerazione del servizio nazionale della riscossione: **si prevede l'abbandono dell'aggio a favore di una contribuzione a prevalente retribuzione pubblica**. A carico del debitore resteranno, invece, le spese relative alle procedure esecutive e cautelari e le spese di notifica della cartella di pagamento e degli eventuali ulteriori atti di riscossione.

  Le nuove disposizioni si applicano a decorrere dal 1° gennaio 2022 ma – fino al decreto attuativo del MEF – continuano ad applicarsi, in quanto compatibili, le disposizioni previgenti. Per i carichi affidati fino al 31 dicembre 2021 restano fermi l'aggio e gli oneri di riscossione dell'agente della riscossione nella misura e secondo la ripartizione previste dalle disposizioni vigenti fino alla data di entrata in vigore della legge di Bilancio.

L'Agente della riscossione **notifica la cartella di pagamento** al debitore iscritto a ruolo, ai sensi degli artt. 25 ss., d.P.R. n. 603/1973, anche con raccomandata con avviso di ricevimento, entro rigorosi **termini decadenziali,** diversificati in ragione del titolo di iscrizione a ruolo e, in specie, **entro il 31 dicembre**:

- del **terzo anno successivo** a quello di presentazione della dichiarazione, per le somme che risultano dovute a seguito dell'attività di liquidazione prevista dall'art. 36-*bis*, d.P.R. n.

600/1973;
- del **quarto anno successivo** per le somme dovute a seguito della liquidazione dell'imposta sui redditi soggetti a tassazione separata *ex* artt. 19 e 20 TUIR;
- del **quarto anno successivo** a quello di presentazione della dichiarazione, per le somme dovute a seguito dell'attività di controllo formale di cui all'art. 36-*ter*, d.P.R. n. 600/1973;
- del **secondo anno successivo** a quello in cui l'accertamento è divenuto definitivo, per le somme dovute in base agli accertamenti dell'Ufficio.

5. Attività cautelare

L'**attività cautelare** consiste nella possibilità di vincolare i beni del contribuente dopo la notifica della cartella di pagamento prima del pignoramento al fine di garantire la fruttuosità dell'azione esecutiva. Differenti sono le modalità e si ricordano l'*iscrizione ipotecaria*, il *fermo di beni mobili registrati* e il *blocco dei pagamenti*.
L'**ipoteca** è un diritto reale di garanzia del credito vantato dagli enti che hanno affidato all'Agente della riscossione l'incarico di recuperare le somme dovute dal debitore.
L'ipoteca può essere iscritta, previa comunicazione scritta, in presenza di debiti non inferiori a 20 mila euro, su uno o più immobili del debitore, per un importo pari al doppio del credito complessivo per cui l'Agenzia delle Entrate-Riscossione procede e (art. 77).
Il contribuente riceve, infatti, sempre un preavviso con il quale viene invitato a pagare le somme dovute entro 30 giorni. Trascorso tale termine senza che il debitore abbia dato seguito al pagamento delle somme dovute, oppure senza che ne abbia richiesto la rateizzazione, ovvero in mancanza di provvedimenti di sgravio o sospensione, si procede con l'iscrizione dell'ipoteca alla Conservatoria competente.
La cancellazione dell'ipoteca avviene a seguito del saldo integrale del debito. Dopo l'iscrizione di ipoteca, se il debito rimane insoluto o non rateizzato oppure non è oggetto di provvedimento di sgravio o sospensione – e se il bene rientra nelle condizioni previste dalla legge – l'Agenzia delle Entrate-Riscossione potrà procedere al pignoramento e alla vendita dell'immobile (vedi procedure esecutive).
Il **fermo amministrativo di beni mobili registrati** è l'atto con cui si dispone il blocco dei veicoli intestati al debitore (art. 86).
Prima dell'attivazione della procedura il debitore riceve la comunicazione di preavviso di fermo amministrativo. Con questo atto l'interessato è invitato a mettersi in regola nei successivi 30 giorni e viene informato che, in caso di mancato pagamento, si procederà all'iscrizione del fermo, sul veicolo corrispondente alla targa indicata. Il fermo non viene iscritto se il debitore dimostra, entro i suddetti 30 giorni, che il veicolo è strumentale all'attività di impresa o della professione da lui esercitata (decreto-legge n. 69/2013 c.d. "decreto del fare" convertito con modificazioni dalla legge n. 98/2013).
Trascorsi 30 giorni dalla notifica del preavviso di fermo amministrativo, senza che il debitore abbia dato seguito al pagamento delle somme dovute, oppure senza che ne abbia richiesto la rateizzazione, ovvero in mancanza di provvedimenti di sgravio o sospensione, si procede con l'iscrizione del fermo amministrativo al Pubblico registro automobilistico (PRA).
La cancellazione del fermo può essere effettuata solo dopo aver saldato integralmente il debito e ottenuto dall'Agente della riscossione il provvedimento di revoca da presentare al PRA. In caso di rateizzazione, al pagamento totale della prima rata del piano di rateizzazione, il debitore può richiedere all'Agente della riscossione la sospensione del provvedimento di fermo, al fine di poter circolare con il veicolo interessato. L'Agente della riscossione rilascerà, infatti, un documento contenente il proprio consenso all'annotazione della sospensione del fermo, che anche in questo caso il debitore dovrà presentare direttamente al PRA.
È prevista, inoltre, la misura del **blocco dei pagamenti**. Le pubbliche amministrazioni e le società a prevalente partecipazione pubblica prima di effettuare, a qualunque titolo, il pagamento di un importo superiore a cinquemila euro verificano, anche in via telematica, se il beneficiario è

inadempiente all'obbligo di versamento derivante dalla notifica di una o più cartelle di pagamento e, in caso affermativo, non procedono al pagamento. Con l'art 1, comma 986 della legge n. 208 del 27.12.2017, sono state introdotte nuove disposizioni che disciplinano il blocco dei pagamenti della Pubblica Amministrazione nei confronti del contribuente: la soglia di 10.000 euro originariamente prevista è stata ridotta a 5.000 euro; il termine di sospensione dei pagamenti è stato aumentato da 30 a 60 giorni.

6. Sospensione amministrativa del ruolo

La richiesta di pagamento contenuta nella cartella o nell'avviso può essere sospesa in via amministrativa o giudiziale. In particolare, ciò può avvenire in caso di:

- **prescrizione o decadenza** purché si siano verificati prima della formazione del ruolo;
- **provvedimento di sgravio**, cioè con l'emissione di un atto di autotutela dell'ente impositore con cui questo annulla l'atto impositivo emesso;
- **sospensione amministrativa o giudiziale**, cioè quelle ipotesi in cui l'ente impositore o il Giudice tributario sospendono in via cautelare l'atto impositivo in base al quale è stato formato il ruolo e quindi emessa la cartella;
- **mediazione**. La legge di stabilità del 2014 (l. del 27 dicembre 2013 n. 147) ha previsto che la presentazione dell'**istanza di mediazione** comporta la sospensione *ex lege* dell'esecuzione dell'atto impugnato per 90 giorni (Circolare 12.02.2014, n. 1/E).

▶ 6.1. Sospensione dei termini di versamento, dell'attività di notifica e dei pignoramenti nel periodo pandemico

Il **Decreto Cura Italia** (**D.L. n. 18/2020**), convertito con modificazioni dalla Legge n. 27/2020, recante "Misure di potenziamento del servizio sanitario nazionale e di sostegno economico per famiglie, lavoratori e imprese connesse all'emergenza epidemiologica da COVID-19", all'art. 68 **ha disposto le prime importanti novità in materia di riscossione**.
In particolare, il Decreto ha previsto:

i. la **sospensione dei termini di versamento di tutte le entrate tributarie e non tributarie derivanti da cartelle di pagamento, avvisi di accertamento e di addebito**, in scadenza nel periodo compreso tra l'8 marzo e il 31 maggio 2020;
ii. che i pagamenti sospesi dovranno essere effettuati entro il 30 giugno 2020 (mese successivo il periodo di sospensione).

Il **Decreto Rilancio (D.L. n. 34/2020)**, convertito con modificazioni dalla Legge n. 77/2020, recante "Misure urgenti in materia di salute, sostegno al lavoro e all'economia, nonché di politiche sociali, connesse all'emergenza epidemiologica da COVID-19", ha disposto la **sospensione, fino al 31 agosto 2020:**

i. **delle attività di notifica di nuove cartelle e degli altri atti di riscossione**; nonché,
ii. degli **obblighi derivanti dai pignoramenti presso terzi effettuati prima dell'entrata in vigore del decreto su stipendi, salario o altre indennità relative al rapporto di lavoro o impiego o dovuti a titolo di pensioni e trattamenti assimilati**.

Ne deriva che, a partire dalla data di entrata in vigore del decreto e fino al 31 agosto 2020, **le somme oggetto di pignoramento non devono essere sottoposte ad alcun vincolo di indisponibilità ed il soggetto terzo pignorato deve renderle fruibili al debitore**; ciò anche in presenza di assegnazione già disposta dal giudice dell'esecuzione.
Il **Decreto Rilancio** ha stabilito inoltre che, fino al 31 agosto 2020, sono **sospese le verifiche di inadempienza da parte delle Pubbliche Amministrazioni e delle società a prevalente partecipazione pubblica, da effettuarsi ai sensi dell'art. 48-*bis* del D.P.R. 602/1973, prima di disporre pagamenti –**

a qualunque titolo – di importo superiore a cinquemila euro. Le verifiche già effettuate restano prive di qualunque effetto se, alla data di entrata in vigore del "Decreto Rilancio", l'Agente della riscossione non ha notificato il pignoramento ai sensi dell'art. 72-*bis* del D.P.R. n. 602/1973; per le somme oggetto di tali verifiche, le Pubbliche Amministrazioni e le società a prevalente partecipazione pubblica, possono quindi procedere al pagamento in favore del beneficiario.
A causa del protrarsi dell'emergenza covid-19, il termine finale di sospensione è stato ripetutamente differito.
Il **Decreto Sostegni-*bis* (D.L. n. 73/2021)** pubblicato nella Gazzetta Ufficiale n. 123 del 25 maggio 2021, recante "Misure urgenti connesse all'emergenza da COVID-19, per le imprese, il lavoro, i giovani, la salute e i servizi territoriali", ha fissato al **30 giugno 2021 il termine "finale" di sospensione dell'attività di riscossione**. Sicché, i pagamenti dovuti, riferiti al periodo dall'8 marzo 2020 al 30 giugno 2021, dovranno essere effettuati entro il mese successivo alla scadenza del periodo di sospensione e, dunque, entro il 31 luglio 2021 (il pagamento sarà considerato tempestivo anche se effettuato entro il 2 agosto in quanto la scadenza fissata dal D.L. 73/2021 coincide con il sabato).
Il **Decreto Sostegni-*bis* ha altresì disposto**:

- la **sospensione fino al 30 giugno 2021 delle attività di notifica di nuove cartelle**, degli altri atti di riscossione nonché delle procedure di riscossione, cautelari ed esecutive, che non potranno essere iscritte o rese operative fino alla fine del periodo di sospensione;
- la **sospensione fino al 30 giugno degli obblighi derivanti dai pignoramenti presso terzi effettuati**, prima della data di entrata in vigore del decreto Rilancio (19/5/2020), su stipendi, salari, altre indennità relative al rapporto di lavoro o impiego, nonché a titolo di pensioni e trattamenti assimilati; le somme oggetto di pignoramento non sono, pertanto, sottoposte ad alcun vincolo di indisponibilità ed il soggetto terzo pignorato deve renderle fruibili al debitore; ciò anche in presenza di assegnazione già disposta dal giudice dell'esecuzione;
- che, cessati gli effetti della sospensione, **riprenderanno ad operare gli obblighi imposti al soggetto terzo debitore** (e quindi la necessità di rendere indisponibili le somme oggetto di pignoramento e di versamento all'Agente della riscossione fino alla concorrenza del debito).

Il **Decreto Lavoro e Imprese (D.L. n. 99/2021)** ha (*aveva*) differito al **31 agosto 2021** il termine di sospensione del versamento di tutte le entrate tributarie e non tributarie derivanti da cartelle di pagamento, avvisi di addebito e avvisi di accertamento affidati all'Agente della riscossione.
Il D.L. n. 99/2021 è stato, però, abrogato dall'art. 1, comma 3, **L. 23 luglio 2021, n. 106**, a decorrere dal 25 luglio 2021. A norma dell'art. 1, comma 3, citato, **restano** tuttavia **validi gli atti e i provvedimenti** adottati e sono fatti salvi gli effetti prodottisi e i rapporti giuridici sorti sulla base del D.L. n. 99.

7. Esecuzione forzata

Con la notifica della cartella di pagamento, si notifica al contribuente il titolo esecutivo (ovvero il ruolo che equivale a titolo esecutivo, o l'accertamento esecutivo o l'ingiunzione fiscale). La cartella, come detto, ha la funzione di precetto, poiché contiene l'intimazione di versare le somme con l'avvertimento che, in mancanza, si procederà a riscossione forzata. Infatti, in caso di inadempimento del contribuente si avvia, da parte dell'Agente della Riscossione, la procedura di esecuzione forzata quando è inutilmente decorso il termine di 60 giorni.
Con l'**esecuzione forzata** si sottraggono coattivamente al contribuente debitore taluni suoi beni per convertirli in denaro da destinare al soddisfacimento del credito tributario. Questa è disciplinata dal d.P.R. n. 602/1973 e dalle norme del codice di procedura civile in quanto compatibili (art. 49, comma 2, d.P.R. n. 602/1973). L'esecuzione forzata **non può iniziare**:

- in relazione alle somme iscritte a ruolo, prima di 60 giorni dalla notificazione della cartella di pagamento (art. 50, d.P.R. n. 602/1973);
- in relazione all'avviso di accertamento esecutivo, prima di 180 giorni dalla presa in carico da parte dell'Agente della riscossione; prima di quel momento possono essere adottate solo misure conservative e di garanzia (es. ipoteche).

Se l'espropriazione non è iniziata entro un anno dalla notifica della cartella di pagamento o dell'accertamento esecutivo, l'espropriazione deve essere preceduta dalla notifica di un nuovo avviso (**c.d. avviso di mora**), che contiene l'intimazione ad adempiere entro cinque giorni all'obbligo risultante dal ruolo.
Esistono tre diverse tipologie di espropriazione forzata che divergono a seconda del bene sottoposto ad esecuzione (mobile, immobile, diritti di credito vantati verso terzi o beni nella disponibilità di terzi, ma di proprietà del debitore), le quali possono essere scelte dall'Agente della riscossione secondo la sua preferenza.
Quando oggetto di esecuzione forzata sono i **beni mobili**, si parla di **pignoramento mobiliare** (artt. 62-71, d.P.R. n. 602/1973), il quale ha inizio con il **pignoramento**, che consiste nell'invito dell'Agente della riscossione al debitore di non porre in essere atti diretti a sottrarre i beni, esattamente indicati, alla garanzia patrimoniale del creditore. Tali beni vengono esattamente indicati in un atto notificato al debitore; in tale elenco non possono essere inclusi i beni impignorabili. Al pignoramento fa seguito la **vendita dei beni** mediante incanto.
Quando oggetto di esecuzione forzata sono i **beni immobili**, si parla di **pignoramento immobiliare** (artt. 76-85, d.P.R. n. 602/1973), il quale ha inizio con la **trascrizione** presso il conservatore dei registri immobiliari di un avviso di vendita con i riferimenti della descrizione dell'immobile e del credito per cui si procede, il giorno, il luogo e l'ora degli incanti (primo, secondo e terzo). Vi sono talune peculiarità rispetto all'espropriazione immobiliare civilistica, quale, ad esempio, la preclusione, per l'Agente della riscossione, di espropriare l'unico immobile di proprietà del debitore, adibito ad uso abitativo e dove lo stesso vi risieda anagraficamente. La vendita è effettuata mediante pubblico incanto.
Quando oggetto di esecuzione sono i **diritti di credito vantati nei confronti di terzi** o **beni nella disponibilità di terzi, ma di proprietà del debitore**, si parla di **pignoramento presso terzi** (artt. 72-75-*bis*, d.P.R. n. 602/1973), il quale, rispetto alla medesima procedura civilistica, presenta notevoli divergenze, quali, ad esempio, la sostituzione della citazione del terzo e del debitore a comparire davanti al giudice per rendere la dichiarazione richiesta (art. 547 c.p.c.) con il mero ordine al terzo, contenuto nell'atto di pignoramento, di adempiere direttamente all'Agente della riscossione.
Nell'ambito dell'esecuzione forzata tributaria, il giudice interviene unicamente nel caso in cui via sia **opposizione,** cioè venga interpellato dal debitore esecutato il giudice al fine di bloccare l'azione esecutiva intrapresa dall'Agente della riscossione. Il giudizio di opposizione segue le regole civilistiche e, in particolare, è possibile promuovere opposizione all'esecuzione (art. 615 c.p.c.); opposizione agli atti esecutivi (art. 617 c.p.c.); opposizione di terzo (art. 618 c.p.c.).

8. Rateizzazione

La **rateizzazione** è un importante strumento di gestione dei rapporti tributari che agevola il contribuente nel pagamento dei propri debiti di imposta, in quanto questo può essere dilazionato in più *tranches*; garantisce, inoltre, un più sicuro adempimento dell'obbligazione tributaria.
La scelta per la rateizzazione può essere fatta sia prima, che dopo l'eventuale attività di controllo. Nel primo caso – **rateizzazione senza previa attività di controllo** –, tale possibilità è riconosciuta – previa opzione in tal senso esercitata dal contribuente – dall'art. 20, d.lgs. n. 241/1997 per le somme dovute a titolo di saldo e di acconto delle imposte e dei contributi in base alla dichiarazione. Il pagamento deve essere completato entro il mese di novembre dello stesso anno.
Nel secondo caso – **rateazione a seguito di attività di controllo** –, tale possibilità è riconosciuta in vari casi:

1. per le somme dovute in base a **comunicazione di irregolarità** (*ex* art. 36-*bis* ed art. 36-*ter*, d.P.R. n. 600/ 1973 e art. 54-*bis*, d.P.R. n. 633/1972), per le quali l'art. 3-*bis*, del d.lgs. n. 462/1997 prevede una rateazione fino a 8 rate trimestrali di pari importo, per

somme fino a 5.000 euro e, per importi superiori, fino a venti rate trimestrali di pari importo. Il mancato pagamento di una delle rate diverse dalla prima entro il termine di pagamento della rata successiva comporta la decadenza del beneficio e l'iscrizione a ruolo dei residui importi dovuti a titolo di imposta, interessi e sanzioni in misura piena (art. 15-*ter*, d.P.R. n. 602/1973);

2. per le somme dovute a seguito di **accertamento con adesione** (art. 8, d.lgs. n. 218/1997) **e di acquiescenza all'accertamento** (art. 15, d.lgs. n. 218/1997). È prevista una rateizzazione in un massimo di otto rate trimestrali di pari importo ovvero di sedici rate trimestrali se le somme dovute superano € 50.000,00. Il perfezionamento è realizzato con il pagamento anche solo della prima rata. Il mancato pagamento di una delle rate diverse dalla prima entro il termine di pagamento della rata successiva comporta la decadenza del beneficio e l'iscrizione a ruolo dei residui importi dovuti a titolo di imposta, interessi e sanzioni in misura piena ed è dovuta la sanzione di cui all'art. 13 del d.lgs. n. 471/1997 aumentata della metà (quindi una sanzione del 45%), applicata sul residuo importo dovuto a titolo di imposta;
3. per le somme dovute a seguito di **acquiescenza alle sanzioni** (artt. 16 e 17, d.lgs. n. 472/1997). L'art. 24, co. 2, del d.lgs. n. 472/1997, prevede che l'Ufficio che ha applicato la sanzione può (eccezionalmente) permettere il pagamento in rate mensili fino a un massimo di trenta. In ipotesi di mancato pagamento anche di una sola rata, il debitore decade dal beneficio e deve provvedere al pagamento del debito residuo entro trenta giorni dalla scadenza della rata non adempiuta;
4. per le somme dovute a seguito di **ruoli (e degli accertamenti esecutivi)**, disciplinata dall'art. 19, d.P.R. n. 602/1973, fino ad un massimo di settantadue rate mensili, nei casi di difficoltà economica del debitore nell'assolvimento del debito tributario, la quale deve essere provata nel caso di debito che ecceda i 60 mila euro. Il mancato pagamento di 5 rate anche non consecutive comporta la decadenza del beneficio e l'iscrizione a ruolo dei residui importi dovuti a titolo di imposta, interessi e sanzioni in misura piena. Il nuovo carico può tuttavia essere nuovamente rateizzato, previo pagamento, all'atto della nuova istanza di rateizzazione, del pagamento delle rate scadute;
5. per le somme dovute agli **enti locali** (l. n. 160/2019). L'ente creditore o l'agente della riscossione, su richiesta del debitore, può rateizzare il debito fino a un massimo di settantadue rate mensili e sempre che il debitore versi in una situazione di temporanea e obiettiva difficoltà;
6. per le somme dovute per le **definizioni e le rottamazioni** previste dalla L. n. 197/2022 (legge di bilancio per il 2023) di cui si darà conto al Capitolo 13.

Capitolo 12
Il processo tributario

SOMMARIO:

1. Il processo tributario in generale: normativa di riferimento, natura e organi di giurisdizione

Il **processo tributario** è la sede giurisdizionale nella quale i contribuenti (ma nei gradi successivi al primo, anche gli enti impositori) trovano tutela a fronte di violazioni compiute nello svolgimento del rapporto tributario e nella quale si compongono i conflitti che insorgono tra tali soggetti.

La struttura del giudizio di primo grado (in base alla quale, come si dirà, il processo prende avvio sempre a seguito di ricorso presentato dal contribuente avverso un atto dell'ente impositore) rende (e in questa sede ci si limiterà a definirlo in questo modo) il processo tributario quale **processo di impugnazione**.

Il processo tributario è stato con gli anni più volte riformato e, tra le varie riforme, quelle che devono essere ricordate maggiormente sono:

1. quella di cui alla **legge delega n. 413/1991**, che ha fatto assumere alla giurisdizione tributaria una vera e propria connotazione giurisdizionale. In esecuzione di tale delega sono stati introdotti:
   - il **d.lgs. n. 545/1992**, che disciplina la fase statica del processo (ad esempio, gli organi);
   - il **d.lgs. n. 546/1992**, che disciplina la fase dinamica (processuale in senso stretto). L'art. 1, co. 2 del suddetto decreto prevede che sono applicabili al processo tributario anche le norme del codice di procedura civile, per quanto non disposto dalle norme del d.lgs. n. 546/1992 e in quanto con esse compatibili;
2. quella di cui alla **l. n. 130/2022**, che tra le atre, ha riformato la disciplina dei giudici tributari, qualificandoli per la prima volta quali veri e propri magistrati togati assunti con concorso pubblico; ha introdotto la figura del giudice monocratico; ha eliminato il divieto di prova testimoniale nel processo tributario; ha sensibilmente riformato l'istituto della conciliazione.

In generale, il processo tributario si articola in *(i)* **due gradi di giudizio di merito** (dinnanzi alle Corti di Giustizia Tributaria di primo e di secondo grado) e, *(ii)* **un giudizio (di sola legittimità) innanzi alla Suprema Corte di Cassazione,** in osservanza dell'art. 111 Cost., che prescrive che contro le sentenze è sempre ammesso il ricorso in Cassazione.
Da tale struttura processuale ne deriva che gli **organi della giurisdizione tributaria** (art. 1 d.lgs. n. 545/1992) sono:

- **Corte di Giustizia tributaria di primo grado**, quale organo giurisdizionale di merito di primo grado avente sede nel capoluogo di ogni provincia;
- **Corte di Giustizia tributaria di secondo grado**, quale organo giurisdizionale di merito di secondo grado o di grado d'appello avente sede nel capoluogo di ogni regione;
- **Corte di Cassazione**, quale giudice di legittimità posto al vertice degli organi giurisdizionali.

▶ 1.1. Composizione delle Corti di Giustizia Tributaria (d.lgs. n. 545/1992)

Come anticipato più sopra, la l. n. 130/2022 ha profondamente modificato la composizione degli organi della giurisdizione tributaria, da un lato introducendo la figura del *giudice monocratico*, e dall'altra, rendendo i giudici tributari dei magistrati (ciò, attraverso una riforma delle norme del d.lgs. n. 545/1992).
Quanto alla figura del **giudice monocratico**, la suddetta l. n. 130 ha inserito, all'art. 6 del d.lgs. n. 545/1992, i commi 1-*bis* e 1-*ter*, i quali prevedono che *I presidenti delle corti di giustizia tributaria di primo grado assegnano il ricorso al giudice monocratico nei casi previsti dall'articolo 4-bis del decreto legislativo 31 dicembre 1992, n. 546*, il quale fa riferimento alla competenza di tale figura per le cause di valore inferiore (originariamente ai 3.000 euro, ma esteso adesso) a 5.000 euro (dal d.l. n. 13/2023, per i ricorsi notificati a decorrere dal 1° luglio 2023), con l'esclusione delle cause di valore indeterminabile.
Il comma 1-*ter* prosegue affermando che *nel caso in cui il giudice, in composizione monocratica o collegiale, rilevi che la controversia ad esso assegnata avrebbe dovuto essere trattata dalla corte di giustizia tributaria in altra composizione, la rimette al presidente della sezione per il rinnovo dell'assegnazione.*
Quanto alle **Corti di giustizia di primo e secondo grado**, invece, la riforma ha avuto un impatto significativo anche di carattere ordinamentale, che deriva dall'avere creato una vera e propria magistratura tributaria, composta da giudici tributari professionali reclutati tramite concorso pubblico e qualificati dal nuovo art. 1-*bis* del d.lgs. n. 545/1992 come *magistrati tributari*. Tale norma ha, infatti, previsto che *la giurisdizione tributaria è esercitata dai magistrati tributari e dai giudici tributari nominati presso le corti di giustizia tributaria di primo e secondo grado, presenti nel ruolo unico nazionale di cui all'articolo 4, comma 39-bis, della legge 12 novembre 2011, n. 183, alla data del 1° gennaio 2022. 2. I magistrati tributari di cui al comma 1 sono reclutati secondo le modalità previste dagli articoli da 4 a 4-quater*.
Tali norme, in particolare, prevedono che la nomina a magistrato tributario si consegue mediante un **concorso per esami** consistente in una prova scritta, effettuata con le procedure di cui all'articolo 8 del regio decreto 15 ottobre 1925, n. 1860, e in una prova orale.
La **prova scritta** ha la prevalente funzione di verificare la capacità di inquadramento logico sistematico del candidato e consiste nello svolgimento di due elaborati teorici rispettivamente vertenti sul diritto tributario e sul diritto civile o commerciale, nonché in una prova teorico-pratica di diritto processuale tributario.
La **prova orale** verte su: a) diritto tributario e diritto processuale tributario; b) diritto civile e diritto processuale civile; c) diritto penale; d) diritto costituzionale e diritto amministrativo; e) diritto commerciale e fallimentare; f) diritto dell'Unione europea; g) diritto internazionale pubblico e privato; h) contabilità aziendale e bilancio; i) elementi di informatica giuridica; l) colloquio in una lingua straniera, indicata dal candidato all'atto della domanda di partecipazione al concorso, scelta fra le seguenti: inglese, spagnolo, francese e tedesco.

La riforma, poi, ha affrontato ulteriori tematiche, riguardanti *(i)* le modalità concorsuali; *(ii)* la disciplina transitoria; *(iii)* il transito alle nuove Corti di Giustizia tributaria dei giudici provenienti da altre magistrature.
In generale, quanto alla composizione delle Corti, si evidenzia come queste siano presiedute da un presidente (che presiede anche la prima sezione) e siano generalmente siano suddivise in più sezioni. A ciascuna **sezione** è assegnato un presidente, un vicepresidente e non meno di due magistrati o giudici tributari. Ogni **collegio giudicante** è presieduto dal presidente della sezione o dal vicepresidente e giudica con numero invariabile di tre votanti (art. 2).

2. Decreto processo (d.lgs. n. 546/1992). Oggetto della giurisdizione tributaria (art. 2). Il difetto di giurisdizione (art. 3)

L'**oggetto della giurisdizione tributaria** è stato profondamente modificato con la riforma del 2001 (l. n. 448/2001).
Prima di tale riforma, l'art. 2 individuava la giurisdizione tributaria attraverso:

- un'elencazione dei tributi, quali le imposte sui redditi, Iva, imposta di registro, imposta sulle successioni e donazioni, tributi locali, etc.;
- un generalizzato rinvio ad ogni altro tributo riservato dalla legge alla giurisdizione tributaria.

Successivamente alla riforma del 2001, quindi nella sua attuale formulazione, l'art. 2 individua una giurisdizione generalizzata in materia tributaria, con abbandono di una definizione "ad elenco" della giurisdizione tributaria e con la sostituzione di essa con una definizione generale, che attribuisce al giudice tributario tutte e solo le controversie che hanno ad oggetto i tributi. La riforma, pertanto, ha reso la giurisdizione tributaria una **giurisdizione esclusiva, valevole per le liti in materia di tributo**.
Ai sensi dell'art. 2, infatti, appartengono alla giurisdizione tributaria:

- tutte le **controversie** aventi ad oggetto **i tributi di ogni genere e specie comunque denominati, compresi quelli regionali, provinciali e comunali e il contributo per il Servizio sanitario nazionale, le sovrimposte e le addizionali, le relative sanzioni nonché gli interessi e ogni altro accessorio**;
- le controversie promosse dai singoli possessori concernenti l'intestazione, la delimitazione, la figura, l'estensione, il classamento dei terreni e la ripartizione dell'estimo fra i compossessori a titolo di promiscuità di una stessa particella, nonché le controversie concernenti la consistenza, il classamento delle singole unità immobiliari urbane e l'attribuzione della rendita catastale;
- le controversie attinenti l'imposta o il canone comunale sulla pubblicità e il diritto sulle pubbliche affissioni.

Restano **escluse** dalla giurisdizione tributaria soltanto le controversie riguardanti gli atti della esecuzione forzata tributaria successivi alla notifica della cartella di pagamento e, ove previsto, dell'avviso di cui all'art. 50 d.P.R. n. 602/1973, per le quali continuano ad applicarsi le disposizioni del medesimo decreto del Presidente della Repubblica.
Quelli delineati dall'art. 2 rappresentano i cd. ***limiti esterni*** della giurisdizione tributaria, ai quali devono essere aggiunti i cd. ***limiti interni***, individuati all'art. 19, il quale, nell'elencare gli atti impugnabili, segna un ulteriore limite alla giurisdizione (l'art. 19 verrà analizzato al § 7).
In caso di **difetto di giurisdizione**, questo nel processo tributario è rilevabile, anche d'ufficio, in ogni stato e grado del processo (art. 3, comma 1).
La norma di riferimento è l'art. 59, l. n. 69/2009, la quale prevede che **il giudice** che (non solo in ambito tributario) riscontri il proprio difetto di giurisdizione è tenuto ad indicare il giudice nazionale cui ritiene appartenga la giurisdizione; il processo deve essere riassunto dinnanzi a quel giudice nel termine di tre mesi, pena estinzione del giudizio.

3. Competenza (art. 4) e incompetenza (art. 5)

A differenza che per altri processi (ad esempio, quello civile), nel processo tributario esiste solo la **competenza per territorio** e non anche quella per materia e per valore.
Ai sensi dell'art. 4, le **Corti di Giustizia Tributaria di primo grado** sono competenti per le controversie proposte nei confronti degli enti impositori, degli agenti della riscossione e dei soggetti iscritti all'albo di cui all'articolo 53 del decreto legislativo 15 dicembre 1997, n. 446, che hanno sede nella loro circoscrizione. Se la controversia è proposta nei confronti di articolazioni dell'Agenzia delle Entrate, con competenza su tutto o parte del territorio nazionale, individuate con il regolamento di amministrazione di cui all'articolo 71 del decreto legislativo 30 luglio 1999, n. 300, è competente la corte di giustizia tributaria di primo grado nella cui circoscrizione ha sede l'ufficio al quale spettano le attribuzioni sul rapporto controverso.
Le **Corti di Giustizia tributaria di secondo grado** sono competenti per le impugnazioni avverso le decisioni delle Corti di Giustizia Tributaria di primo grado che hanno sede nella loro circoscrizione.
L'art. 5, invece, disciplina le ipotesi di **incompetenza del giudice tributario**, affermando che la competenza delle Corti di Giustizia Tributaria di primo e secondo grado è inderogabile e, l'eventuale incompetenza è rilevabile, anche d'ufficio, soltanto nel grado al quale il vizio si riferisce.
La sentenza con la quale si dichiara la propria incompetenza rende incontestabile l'incompetenza dichiarata e la competenza della Corte in essa indicata, ma solo se il processo viene riassunto.
La **riassunzione** del processo davanti alla Corte dichiarata competente deve essere effettuata a istanza di parte nel termine fissato nella sentenza o in mancanza nel termine di sei mesi dalla comunicazione della sentenza stessa. Se la riassunzione avviene nei termini suindicati il processo continua davanti alla nuova Corte, altrimenti si estingue.
Non si applicano le disposizioni del codice di procedura civile sui regolamenti di competenza.

4. Poteri delle Corti di giustizia tributaria (art. 7)

L'art. 7 del d.lgs. n. 546/1992 stabilisce che i **giudici tributari**, **nei limiti dei fatti dedotti dalle parti**, esercitano tutte le facoltà di accesso, richiesta dati, informazioni e chiarimenti conferite agli uffici finanziari dalle singole leggi d'imposta; quando occorre acquisire elementi conoscitivi di particolare complessità, possono richiedere apposite relazioni ad organi tecnici dell'amministrazione dello Stato o di altri enti pubblici compreso il Corpo della Guardia di finanza, ovvero disporre consulenza tecnica.
Nel processo tributario non è ammesso il giuramento. La Corte di Giustizia Tributaria, ove lo ritenga necessario, ai fini della decisione e anche senza l'accordo delle parti, può ammettere **la prova testimoniale**, che è assunta con le forme di cui all'art. 257-*bis* c.c. Nei casi in cui la pretesa tributaria sia fondata su verbali o altri atti facenti fede fino a querela di falso, la prova è ammessa solo su circostanze di fatto diverse da quelle attestate da pubblico ufficiale (art. 7, c. 4). Nella formulazione previgente alla riforma di cui alla l. n. 130/2022, la prova testimoniale non era ammessa nel processo tributario.
Le Corti di Giustizia Tributaria, se ritengono illegittimo un regolamento o un atto generale rilevante ai fini della decisione, non lo applicano (quindi lo disapplicano), in relazione all'oggetto dedotto in giudizio, salva l'eventuale impugnazione nella diversa sede competente.
La l. 130/2022 è intervenuta notevolmente anche su tale articolo, introducendo un comma 5-*bis* che, invero, è stato tacciato di "inutilità" da più parti della dottrina, perché parrebbe ribadire un concetto ormai ovvio sulla ripartizione dell'onere della prova nel processo tributario. Tale norma prevede che l'*amministrazione prova in giudizio le violazioni contestate con l'atto impugnato. Il giudice fonda la decisione sugli elementi di prova che emergono nel giudizio e annulla l'atto impositivo se la prova della sua fondatezza manca o è contraddittoria o se è comunque insufficiente a dimostrare, in modo circostanziato e puntuale, comunque in coerenza con la normativa tributaria*

sostanziale, le ragioni oggettive su cui si fondano la pretesa impositiva e l'irrogazione delle sanzioni. Spetta comunque al contribuente fornire le ragioni della richiesta di rimborso, quando non sia conseguente al pagamento di somme oggetto di accertamenti impugnati.
In ambito tributario si fa massiccio utilizzo delle **presunzioni** (art. 2727 c.c.), le quali costituiscono una prova indiretta, che permette di risalire alla dimostrazione di un fatto ignoto, partendo da un fatto noto.

5. Le parti nel processo tributario (art. 10), assistenza tecnica (art. 12) e litisconsorzio (art. 14)

Sono **parti del processo** colui il quale esercita l'azione, cioè che si rivolge al giudice per ottenere una pronuncia, e colui contro cui è esercitata l'azione.
Nel processo tributario di primo grado tali parti sono il:

- **ricorrente**, cioè il contribuente che esercita l'azione presentando al giudice tributario un **ricorso** nel quale chiede che l'organo giurisdizionale si pronunci riguardo un dato atto o comportamento (silenzio nel caso di istanza di rimborso) dell'amministrazione finanziaria. In primo grado il ricorrente è sempre e solo il contribuente (quale corollario della natura impugnatoria del processo tributario);
- **resistente**, cioè l'organo dell'amministrazione finanziaria che ha emanato l'atto o tenuto il comportamento (silenzio nel caso di istanza di rimborso) contestato dal contribuente nel ricorso.

  Nello specifico, sono parti nel processo dinanzi alle corti tributarie oltre al ricorrente, l'ufficio dell'Agenzia delle Entrate e dell'Agenzia delle dogane e dei monopoli di cui al decreto legislativo 30 luglio 1999, n. 300, gli altri enti impositori, l'agente della riscossione ed i soggetti iscritti nell'albo di cui all'articolo 53 del decreto legislativo 15 dicembre 1997, n. 446, che hanno emesso l'atto impugnato o non hanno emesso l'atto richiesto. Se l'ufficio è un'articolazione dell'Agenzia delle Entrate, con competenza su tutto o parte del territorio nazionale, individuata con il regolamento di amministrazione di cui all'articolo 71 del decreto legislativo 30 luglio 1999, n. 300, è parte l'ufficio al quale spettano le attribuzioni sul rapporto controverso.

Nei gradi successivo al primo si tiene conto della **regola della soccombenza**, tale per cui sarà ricorrente in appello (appellante) anche l'amministrazione finanziaria, nel caso in cui questa sia risultata soccombente in primo grado.
Le parti, diverse dagli enti impositori, dagli agenti della riscossione e dai soggetti iscritti nell'albo di cui all'articolo 53 del decreto legislativo 15 dicembre 1997, n. 446, devono essere assistite in giudizio da un **difensore abilitato**, salvo che per le controversie di valore fino a tremila euro, per le quali le parti possono stare in giudizio senza assistenza tecnica.
Per valore della lite si intende l'importo del tributo al netto degli interessi e delle eventuali sanzioni irrogate con l'atto impugnato; in caso di controversie relative esclusivamente alle irrogazioni di sanzioni, il valore è costituito dalla somma di queste.
Sono abilitati all'assistenza tecnica, se iscritti nei relativi albi professionali o nell'elenco tenuto dal MEF, tra gli altri: a) gli avvocati; b) i soggetti iscritti nella Sezione A commercialisti dell'Albo dei dottori commercialisti e degli esperti contabili; c) i consulenti del lavoro.
Quando l'oggetto della controversia riguarda più soggetti si parla di **litisconsorzio**, cioè dell'ipotesi in cui vi sono più parti ricorrenti o resistenti.
Il litisconsorzio può essere:

- ***necessario***, quando l'oggetto della controversia riguarda **inscindibilmente più soggetti** che, pertanto, devono essere necessariamente parti nello stesso processo. La controversia non può essere decisa limitatamente ad alcuni di essi; se il ricorso non è stato

proposto da o nei confronti di tutti i soggetti è ordinata l'integrazione del contraddittorio mediante la loro chiamata in causa entro un termine stabilito a pena di decadenza;
- ***facoltativo***, quando ci sono più soggetti destinatari dell'atto impugnato ma, **non trattandosi di un rapporto inscindibile**, i contribuenti possono esercitare l'azione in processi distinti o, facoltativamente, nello stesso processo.

6. Instaurazione del processo tributario e il ricorso: notifica, contenuto e termini di presentazione

Il processo tributario prende l'avvio con la **notifica del ricorso da parte del contribuente all'organo dell'amministrazione finanziaria** che ha emesso l'atto impugnato, entro il termine di sessanta giorni dalla notifica dell'atto da impugnare.
A far corso dal 1° luglio 2019, data di entrata in funzione del cd. PTT (Processo Tributario Telematico), i ricorsi devono essere **notificati telematicamente**, tramite l'invio di una PEC da parte del difensore abilitato. È comunque possibile notificare secondo le modalità analogiche previgenti (cioè a mezzo ufficiale giudiziario *ex* artt. 137 ss. c.p.c.; mezzo racc. AR; mediante consegna diretta) solo in caso di problemi al sistema o nei casi di cui all'art. 16-*bis*, commi 3 e 3-*bis* (si veda il successivo § 8).
Elementi essenziali del ricorso a pena di inammissibilità (art. 18):

- *indicazione della Corte di giustizia tributaria* cui è diretto;
- *identificazione della parte ricorrente*, cioè i dati del ricorrente e del suo legale rappresentante, della relativa residenza o sede legale o del domicilio eventualmente eletto nel territorio dello Stato, nonché del codice fiscale e dell'indirizzo di posta elettronica certificata;
- *identificazione dell'ufficio contro cui è diretto* cioè l'organo dell'Amministrazione finanziaria contro cui è diretto il ricorso;
- *indicazione dell'atto impugnato e dell'oggetto della domanda*, cioè il suo ***petitum***; si distingue tra *petitum* immediato, cioè la decisione che si chiede al giudice e *petitum* mediato, cioè il bene della vita che si intende ottenere con il ricorso;
- *indicazione dei motivi*, cioè la ***causa petendi***, le ragioni giuridiche e di fatto per cui si formula il *petitum*, cioè la richiesta al giudice.

Il ricorso deve essere sottoscritto dal difensore e contenere l'indicazione:

- della categoria di cui all'articolo 12 alla quale appartiene il difensore;
- dell'incarico a norma dell'articolo 12, comma 7, salvo che il ricorso non sia sottoscritto personalmente;
- dell'indirizzo di posta elettronica certificata del difensore.

Il ricorso è inammissibile se manca o è assolutamente incerta una delle suddette indicazioni, ad eccezione di quella relativa al codice fiscale e all'indirizzo di posta elettronica certificata, o non è sottoscritta.
Il ricorso non è altresì procedibile per quelle controversie di valore inferiori ai 50.000 euro per le quali è previsto l'obbligo del reclamo-mediazione, se non è stato esperito il relativo procedimento (si veda il Capitolo successivo).
Oltre a tali elementi essenziali del ricorso, il ricorso può contenere anche altri elementi non essenziali, che non sono richiesti a pena di inammissibilità. È **contenuto eventuale** del ricorso:

- l'**istanza di sospensione cautelare**, con la quale il ricorrente può chiedere che l'efficacia del provvedimento impugnato sia sospesa fino alla decisione purché indichi il ***fumus boni iuris*** (sussistenza della fondatezza del ricorso) ed il ***periculum in mora*** (esistenza di un pregiudizio grave ed irreparabile dall'esecuzione del provvedimento impugnato);

- l'**istanza di discussione in pubblica udienza**, necessaria se si vuole che il ricorso sia trattato in pubblica udienza, cioè con l'intervento dei difensori delle parti.

Quanto ai termini di presentazione del ricorso, questi sono **termini temporali** previsti dalla legge a **pena di inammissibilità** entro cui il ricorso deve essere presentato.
Il **ricorso** deve essere presentato:

- **entro 60 giorni** dal giorno di notifica del provvedimento impugnato. Scaduto tale termine il ricorso è inammissibile. Si evidenzia che tale termine viene esteso di 90 giorni (60+90=150 giorni) nel caso di proposizione da parte del contribuente, entro i termini ordinari di impugnazione dell'atto impugnando, di un'istanza di accertamento con adesione;
- **non prima di 90 giorni** nel caso in cui il contribuente abbia presentato un'istanza di rimborso. In questo caso, infatti, il contribuente deve attendere almeno 90 giorni dalla richiesta, scaduto questo termine l'istanza si intenderà rigettata (**silenzio-rifiuto**) e il contribuente potrà presentare ricorso entro il termine previsto da ciascuna legge d'imposta.

7. Gli atti impugnabili (art. 19; limiti interni della giurisdizione tributaria)

L'art. 19 del d.lgs. n. 546/1992 prevede un elenco *"tassativo"* di atti che possono essere impugnati davanti al giudice tributario.
Gli **atti impugnabili** sono:

- l'avviso di accertamento del tributo;
- l'avviso di liquidazione del tributo;
- il provvedimento che irroga le sanzioni;
- il ruolo e la cartella di pagamento;
- l'avviso di mora;
- l'iscrizione di ipoteca sugli immobili (di cui all'art. 77 del D.p.r. 29 settembre 1973, n. 602);
- il fermo di beni mobili registrati (di cui all'art. 86 del D.p.r. 29 settembre 1973, n. 602);
- gli atti relativi alle operazioni catastali (indicate nell'art. 2, comma 2, d.lgs. 546/1192);
- il rifiuto espresso o tacito della restituzione di tributi, sanzioni pecuniarie ed interessi o altri accessori non dovuti;
- il diniego o la revoca di agevolazioni o il rigetto di domande di definizione agevolata di rapporti tributari;
- la decisione di rigetto dell'istanza di apertura di procedura amichevole presentata ai sensi della direttiva (UE) 2017/1852 del Consiglio del 10 ottobre 2017 o ai sensi degli Accordi e delle Convenzioni internazionali per evitare le doppie imposizioni di cui l'Italia è parte ovvero ai sensi della Convenzione relativa all'eliminazione delle doppie imposizioni in caso di rettifica degli utili di imprese associate n. 90/436/CEE;
- ogni altro atto per il quale la legge ne preveda l'autonoma impugnabilità davanti alle corti di giustizia tributarie.

Nonostante l'elenco dell'art. 19, la giurisprudenza ne ha superato la tassatività e ha ammesso l'impugnabilità anche di atti non nominati, ma comunque aventi la medesima identità funzionale di quelli di cui all'art. 19 (ad esempio, è stata ammessa l'immediata impugnabilità dell'ingiunzione fiscale).
Tali atti devono contenere l'indicazione del termine entro il quale il ricorso deve essere proposto e della Corte di Giustizia Tributaria di primo e secondo grado competente, nonché delle relative forme da osservare ai sensi dell'art. 20.
Gli atti diversi da quelli indicati non sono impugnabili autonomamente. Si parla in tal caso di **tutela differita**, in quanto possono essere impugnati in uno con l'atto autonomamente impugnabile ad esso collegato (ad esempio, il PVC non è autonomamente impugnabile, ma, se viziato,

può essere impugnato insieme al successivo avviso di accertamento notificato al contribuente). La mancata notificazione di atti autonomamente impugnabili, adottati precedentemente all'atto notificato, infatti, ne consente l'impugnazione unitamente a quest'ultimo.
Ognuno degli atti autonomamente impugnabili può essere impugnato solo per vizi propri.

8. Costituzione in giudizio del ricorrente (art. 16-bis e 22) e iscrizione a ruolo della causa (art. 25)

L'**art. 22** prevede che il ricorrente, dopo aver notificato il ricorso alla parte resistente, deve costituirsi in giudizio entro 30 giorni presso la Corte di Giustizia Tributaria competente mediante deposito dell'originale del ricorso notificato a norma degli art. 137 e ss. c.p.c. ovvero copia del ricorso consegnato o spedito per posta o per p.e.c., con fotocopia della ricevuta di deposito o della spedizione per raccomandata a mezzo del servizio postale.
All'atto della costituzione in giudizio, il ricorrente deve depositare la nota di iscrizione al ruolo, contenente l'indicazione delle parti, del difensore che si costituisce, dell'atto impugnato, della materia del contendere, del valore della controversia e della data di notificazione del ricorso.
Unitamente al ricorso e ai documenti citati, il ricorrente deposita il proprio fascicolo, con l'originale o la fotocopia dell'atto impugnato, se notificato, ed i documenti che produce, in originale o fotocopia.
Tale norma deve essere coordinata con l'**art. 16-*bis***, il quale prevede che il deposito del ricorso debba avvenire in modalità telematica (attraverso upload sulla piattaforma SIGIT) per i ricorsi notificati a decorrere dal 1° luglio 2019. La norma, infatti prevede che le parti, i consulenti e gli organi tecnici indicati nell'art. 7, co. 2, notificano e depositano gli atti processuali i documenti e i provvedimenti giurisdizionali esclusivamente con modalità telematiche, secondo le disposizioni contenute nel decreto del MEF 23 dicembre 2013, n. 163, e nei successivi decreti di attuazione.
La stessa norma fa salve le modalità analogiche in casi eccezionali, cioè nei casi in cui:

- il Presidente della Corte di Giustizia Tributaria di primo e secondo grado o il Presidente di sezione con provvedimento motivato autorizzino il deposito con modalità diverse da quelle telematiche;
- i contribuenti stanno in giudizio senza assistenza tecnica ai sensi dell'articolo 12, comma 2. Questi soggetti hanno facoltà di utilizzare, per le notifiche e i depositi, le modalità telematiche indicate nel comma 3, previa indicazione nel ricorso o nel primo atto difensivo dell'indirizzo di posta elettronica certificata al quale ricevere le comunicazioni e le notificazioni.

Se la costituzione **non avviene** ovvero **è tardiva, il ricorso è inammissibile e l'inammissibilità è rilevabile d'ufficio** in ogni stato e grado del giudizio e non è sanata dalla costituzione del resistente (art. 22, comma 2).
A questo punto, successivamente alla costituzione in giudizio di parte ricorrente:

- la segreteria della Corte di Giustizia Tributaria **iscrive il ricorso** nel registro generale e forma il fascicolo d'ufficio del processo, sottoponendo al presidente della corte il fascicolo del processo appena formato; il presidente assegna il ricorso ad una delle sezioni;
- il presidente della sezione verifica che non sussistano **cause di inammissibilità.** Il Presidente della Sezione, se rileva che sussista una causa di inammissibilità, la dichiara con decreto impugnabile mediante reclamo innanzi alla Corte nella sua composizione collegiale;
- il Presidente di Sezione verifica che sussistano le condizioni per disporre la sospensione, l'interruzione o l'estinzione del processo e la dichiara con decreto impugnabile mediante reclamo innanzi la Corte nella sua composizione collegiale.

9. Costituzione in giudizio della parte resistente (artt. 23 e 27)

La parte resistente ha l'onere di costituirsi in giudizio, **entro sessanta giorni** dalla data in cui il ricorso è stato notificato, consegnato o ricevuto a mezzo del servizio postale, mediante deposito presso la segreteria della Corte di Giustizia Tributaria adita del proprio fascicolo contenente le controdeduzioni, in tante copie quante sono le parti in giudizio e i documenti offerti in comunicazione.
Nelle controdeduzioni la parte resistente **espone le sue difese** prendendo posizione sui motivi dedotti dal ricorrente e indica le prove di cui intende valersi, proponendo altresì le **eccezioni processuali e di merito che non siano rilevabili d'ufficio** e instando, se del caso, per la chiamata di terzi in causa.
A differenza di parte ricorrente (che non può costituirsi tardivamente, pena l'inammissibilità del ricorso), parte resistente può **costituirsi depositando controdeduzioni anche tardivamente**. La tardività nella costituzione, però, non è priva di conseguenze. Se si costituisce tardivamente, però il resistente non può promuovere le eccezioni (cioè i fatti impeditivi, modificativi o estintivi del diritto) processuali e di merito che non siano rilevabili d'ufficio (c.d. eccezioni in senso stretto) e non può nemmeno procedere con la chiamata di un terzo in causa.
Nel caso in cui il ricorso sia stato notificato a mezzo PEC e, quindi, il ricorrente si sia costituito tramite SIGIT, anche la costituzione di parte resistente avverrà utilizzando il SIGIT.

10. Riunione o separazione dei processi (art. 29)

In qualunque momento il **Presidente** della sezione dispone con decreto la riunione dei ricorsi assegnati alla sezione da lui presieduta che hanno lo stesso oggetto o sono fra loro connessi.
Se i processi pendono dinanzi a sezioni diverse della stessa Corte il presidente di questa, di ufficio o su istanza di parte o su segnalazione dei presidenti delle sezioni, determina con decreto la sezione davanti alla quale i processi devono proseguire, riservando a tale sezione di provvedere ai sensi del comma precedente.
Il collegio, se rileva che la riunione dei processi connessi ritarda o rende più gravosa la loro trattazione, può, con ordinanza motivata, disporne la separazione.

11. Deposito di documenti e memorie e trattazione dell'udienza (art. 32 e 33)

Le parti possono **depositare documenti fino a venti giorni** liberi prima della data di trattazione.
Fino a dieci giorni liberi prima della data di cui al precedente comma ciascuna delle parti può depositare **memorie illustrative** con le copie per le altre parti.
Nel solo caso di trattazione della controversia in camera di consiglio sono consentite **brevi repliche scritte fino a cinque giorni liberi prima** della data della camera di consiglio.
La trattazione può avvenire:

- *in camera di consiglio*, senza l'intervento dei difensori delle parti, se nessuna delle parti presenta istanza di trattazione in pubblica udienza;
- *in pubblica udienza*, se è stata presentata istanza di trattazione in pubblica udienza. In questo caso il Presidente di Sezione dispone che il giudice relatore relazioni sui fatti di causa, successivamente interviene il ricorrente ed infine la parte resistente.

12. I provvedimenti del giudice tributario

Il **giudice tributario** può emettere diversi provvedimenti.
In primo luogo, si pronuncia con **sentenza, ai sensi degli artt. 36 ss**. Tale è la decisione motivata con cui il collegio definisce la controversia.
La sentenza deve contenere l'indicazione della composizione del collegio, delle parti e dei loro

difensori se vi sono; la concisa esposizione dello svolgimento del processo; le richieste delle parti; la succinta esposizione dei motivi in fatto e diritto; il dispositivo; la data della deliberazione e la sottoscrizione del presidente e dell'estensore.
La sentenza è resa **pubblica**, nel testo integrale originale, mediante deposito nella segreteria della Corte di Giustizia Tributaria entro trenta giorni dalla data della deliberazione. Il segretario fa risultare l'avvenuto deposito apponendo sulla sentenza la propria firma e la data.
Il dispositivo della sentenza è comunicato alle parti costituite entro dieci giorni dal deposito.
Sono immediatamente esecutive le sentenze non definitive di condanna al pagamento di somme in favore dei contribuenti (rimborsi), nonché quelle sugli atti relative ad operazioni catastali (art. 69 d.lgs. n. 546/1992)
L'**ordinanza**, invece, è un provvedimento emanato a seguito di contraddittorio tra le parti in cui non viene risolto il giudizio ma che contiene decisioni di carattere strumentale o preparatorio.
Infine, il **decreto**, è il provvedimento emanato in assenza del contraddittorio delle parti con cui non viene definito il giudizio ma vengono risolte questioni organizzative del processo.

13. Le vicende anomale del processo

▶ 13.1. La sospensione del processo tributario (art. 39)

Le ipotesi di sospensione sono ricollegabili all'esigenza che siano risolte da un altro giudice questioni pregiudiziali al processo tributario.
Le **cause di sospensione** sono:

- **presentazione di querela del falso**, quando le parti ritengono che uno degli atti pubblici prodotti nel processo tributario sia falso. In questo caso le parti devono necessariamente presentare querela di falso al giudice ordinario in quanto il giudice tributario non può decidere la questione *incidenter tantum*. Anche in questo caso il processo tributario si sospende in attesa dell'esito della querela;
- **questioni attinenti lo stato o la capacità delle persone** qualora emerga un dubbio sullo stato o sulla capacità delle persone (salvo che si tratti della capacità di stare in giudizio) che costituiscono la parte in un processo tributario. Al pari dell'ipotesi della querela di falso, il giudice tributario non può pronunciarsi *incidenter tantum* e la relativa questione deve essere risolta dal giudice ordinario;
- **sospensione per pregiudizialità**, quando la stessa corte tributaria o altra corte devono risolvere una controversia dalla cui definizione dipende la decisione della causa;
- **sospensione dovuta alla presentazione dell'istanza di apertura di procedura amichevole**. In questo caso il processo è sospeso su richiesta del contribuente, nel caso in cui sia stata presentata un'istanza di apertura di procedura amichevole ai sensi della direttiva (UE) 2017/1852 del Consiglio del 10 ottobre 2017 (recante *Meccanismi di risoluzione delle controversie in materia fiscale nell'Unione europea*).

Ulteriori casi di sospensione sono:

- nel caso in cui il giudice tributario sollevi una **questione di legittimità costituzionale** alla Corte Costituzionale; in questo caso viene sospeso il processo in attesa della decisione della Consulta;
- nel caso in cui il giudice tributario sollevi una **questione sull'interpretazione di una norma comunitaria**, sottoponendola alla Corte di Giustizia; in questo caso il processo tributario viene sospeso in attesa della decisione della Corte;
- nel caso di **regolamento preventivo di giurisdizione**. Le parti del processo tributario, prima che intervenga una pronuncia da parte del giudice di primo grado, possono presentare regolamento preventivo di giurisdizione alla Corte di Cassazione al fine di chiarire eventuali dubbi sulla sussistenza della giurisdizione del giudice adito; in questo caso il giudice tributario **può** sospendere il processo.

▶ 13.2. L'interruzione del processo tributario (art. 40)

Si tratta dei casi nei quali il processo si interrompe a tutela di una parte che ha perso la sua capacità di stare in giudizio e che quindi non sarebbe in grado di esercitare consapevolmente il proprio diritto di difesa nel prosieguo della controversia.
Le **cause di interruzione** sono:

- **perdita della capacità di stare in giudizio di una delle parti**, quando per morte o per qualsiasi altra causa un soggetto perde la propria capacità di stare in giudizio; il processo si interrompe in attesa della nomina di un rappresentante processuale.
  L'interruzione in questo caso opera automaticamente al verificarsi dell'evento interruttivo solo nel caso in cui la parte stia in giudizio personalmente senza l'assistenza del difensore; altrimenti – nel caso in cui sia assistita dal difensore – opera se ed in quanto l'evento interruttivo venga comunicato e l'interruzione richiesta;
- **morte, radiazione o sospensione dall'albo del difensore** quando per morte, per radiazione o per sospensione dall'albo il difensore tecnico di una delle parti private è impedito nell'ulteriore svolgimento della sua assistenza tecnica.
  L'interruzione in questo caso opera automaticamente al verificarsi dell'evento interruttivo.

▶ 13.3. Disposizioni comuni su sospensione e interruzione (artt. 41, 42, 43)

La sospensione è disposta e l'interruzione è dichiarata dal presidente della sezione con decreto o dalla corte con ordinanza. Avverso il decreto del presidente è ammesso reclamo a sensi dell'art. 28.
Durante la sospensione e l'interruzione non possono essere compiuti atti del processo. I termini in corso sono interrotti e ricominciano a decorrere dalla presentazione dell'istanza di trattazione.
Dopo che è cessata la causa che ne ha determinato la sospensione il processo continua se entro sei mesi da tale data viene presentata da una delle parti istanza di trattazione al presidente di sezione della Corte. Se entro sei mesi da quando è stata dichiarata l'interruzione del processo la parte colpita dall'evento o i suoi successori o qualsiasi altra parte presentano istanza di trattazione al presidente di sezione della commissione, quest'ultimo provvede alla fissazione dell'udienza.

▶ 13.4. L'estinzione del processo tributario (artt. 44, 45 e 46).

L'**estinzione del processo tributario** riguarda quelle ipotesi in cui il processo viene meno senza che intervenga una pronuncia di merito del giudice tributario.
Le cause di estinzione sono:

- **Rinuncia al ricorso**.
  Il ricorrente può decidere di rinunciare al ricorso, quando vi è l'accordo della parte resistente costituita e in questo caso il giudice pronuncia l'estinzione del processo. Il ricorrente che rinuncia deve rimborsare le spese alle altre parti salvo diverso accordo fra loro. La rinuncia e l'accettazione, ove necessaria, sono sottoscritte dalle parti personalmente o da loro procuratori speciali, nonché, se vi sono, dai rispettivi difensori e si depositano nella segreteria della corte.
- **Inattività delle parti**.
  Il processo si estingue nei casi in cui le parti alle quali spetta di proseguire, riassumere o integrare il giudizio non vi abbiano provveduto entro il termine perentorio stabilito dalla legge o dal giudice che dalla legge sia autorizzato a fissarlo. Le spese del processo estinto restano a carico delle parti che le hanno anticipate. L'estinzione del processo per inattività delle parti è rilevata anche d'ufficio solo nel grado di giudizio in cui si verifica e rende inefficaci gli atti compiuti. L'estinzione è dichiarata dal presidente della sezione con decreto o dalla corte con sentenza. Avverso il decreto del presidente è ammesso reclamo.
- **Cessazione della materia del contendere**.
  Il giudizio si estingue, in tutto o in parte, nei casi di definizione delle pendenze tributarie previsti dalla legge e in ogni altro caso di cessazione della materia del contendere. La cessazione della materia del contendere è dichiarata con decreto del presidente o con

sentenza della corte. Il provvedimento presidenziale è reclamabile. Nei casi di definizione delle pendenze tributarie previsti dalla legge, le spese del giudizio estinto restano a carico della parte che le ha anticipate.

14. La sospensione cautelare (art. 47)

Il ricorrente, se dall'atto impugnato può derivargli **un danno grave ed irreparabile**, può chiedere alla Corte di Giustizia Tributaria di primo grado competente la **sospensione dell'esecuzione dell'atto** stesso con istanza motivata proposta nel ricorso o con atto separato notificato alle altre parti e depositato in segreteria.
Il presidente fissa con decreto la trattazione della istanza di sospensione per la prima camera di consiglio utile e comunque non oltre il trentesimo giorno dalla presentazione della medesima istanza, disponendo che ne sia data comunicazione alle parti almeno dieci giorni liberi prima. L'udienza di trattazione dell'istanza di sospensione non può, in ogni caso, coincidere con l'udienza di trattazione del merito della controversia.
In caso di eccezionale urgenza il presidente, previa delibazione del merito, può disporre con decreto motivato la provvisoria sospensione dell'esecuzione fino alla pronuncia del collegio.
Il collegio, sentite le parti in camera di consiglio e delibato il merito, provvede con **ordinanza motivata non impugnabile nella stessa udienza di trattazione dell'istanza**. Il dispositivo dell'ordinanza deve essere immediatamente comunicato alle parti in udienza.
La sospensione **può anche essere parziale e subordinata alla prestazione di garanzia**. La prestazione della garanzia è esclusa per i ricorrenti con *bollino di affidabilità fiscale*, cioè per i contribuenti soggetti alla disciplina di cui all'articolo 9-bis del decreto-legge 24 aprile 2017, n. 50, convertito, con modificazioni, dalla legge 21 giugno 2017, n. 96 (cd. ISA), ai quali sia stato attribuito un punteggio di affidabilità pari ad almeno 9 negli ultimi tre periodi d'imposta precedenti a quello di proposizione del ricorso per i quali tali punteggi siano disponibili.
Nei casi di sospensione dell'atto impugnato la trattazione della controversia deve essere fissata non oltre novanta giorni dalla pronuncia.
Gli effetti della sospensione cessano dalla data di pubblicazione della sentenza di primo grado.
In caso di mutamento delle circostanze la commissione su istanza motivata di parte può revocare o modificare il provvedimento cautelare prima della sentenza.
La sospensione può essere anche chiesta in secondo grado o in Cassazione, in entrambi i casi la competenza a decidere sulla sospensiva è la Corte di giustizia tributaria di secondo grado.

15. Le impugnazioni nel processo tributario in generale (art. 49, 50 e 51)

I **mezzi per impugnare** le sentenze delle Corti di Giustizia Tributaria di primo e di secondo grado sono l'appello, il ricorso per cassazione e la revocazione.
Alle impugnazioni delle sentenze delle Corti di Giustizia Tributaria di primo e secondo grado si applicano le disposizioni del titolo III, capo I, del libro II del codice di procedura civile, e fatto salvo quanto disposto nel d.lgs. n. 546/1992.
Se la legge non dispone diversamente, il **termine per impugnare** la sentenza della Corte di Giustizia Tributaria di primo e di secondo grado è:

- di 60 giorni, decorrente dalla sua notificazione ad istanza di parte (cd. *termine breve*), o
- di 6 mesi decorrenti dalla data di pubblicazione della sentenza che non sia stata notificata (cd. *termine lungo*).

Nel caso di revocazione per i motivi di cui ai numeri 1, 2, 3 e 6 dell'art. 395 c.p.c., il termine di 60 giorni decorre dal giorno in cui è stato scoperto il dolo o sono state dichiarate false le prove o è stato recuperato il documento o è passata in giudicato la sentenza che accerta il dolo del giudice.

Si distingue tra:
- **mezzi di impugnazione ordinari**, cioè l'appello, il ricorso in Cassazione e la revocazione ordinaria;
- **mezzi di impugnazione straordinari**, cioè le ipotesi particolari in cui, in via eccezionale, viene consentito di impugnare una sentenza già passata in giudicato (revocazione straordinaria).

L'interesse ad agire in caso di impugnazioni è dato dalla **soccombenza** della parte che si è vista rigettare integralmente o parzialmente la domanda proposta nel grado precedente.

▶ 15.1. Appello (artt. 52-61)

Le sentenze della Corte di Giustizia Tributaria di primo grado possono essere appellate presso la Corte di Giustizia Tributaria di secondo grado competente. L'appello è un mezzo di impugnazione che consente al giudice di secondo grado di **entrare nel merito della controversia** sostituendo la propria decisione a quella del giudice di primo grado. È un mezzo di impugnazione **devolutivo** e a **critica libera**, in quanto la cognizione del giudice si estende fino al merito della controversia, ovviamente pur sempre entro i limiti di quanto impugnato.
Il processo d'appello prevede la **presentazione dell'appello tramite ricorso**.
La parte **soccombente in primo grado** può presentare appello tramite ricorso da notificarsi alla controparte **entro 60 giorni dall'eventuale notifica** della sentenza o **entro 6 mesi dal deposito** della sentenza presso la segreteria della Corte tributaria di primo grado.
Il ricorso in appello deve contenere l'indicazione della Corte di Giustizia Tributaria di secondo grado a cui è diretto, dell'appellante e delle altre parti nei cui confronti è proposto, gli estremi della sentenza impugnata, l'esposizione sommaria dei fatti, l'oggetto della domanda ed i motivi specifici dell'impugnazione; l'appello non può quindi limitarsi a una doglianza generica o a riproporre unicamente il contenuto del ricorso in primo grado, dovendo indicare puntualmente le parti (i capi) della sentenza dei quali si richiede la riforma. Il ricorso in appello è inammissibile se manca o è assolutamente incerto uno di questi elementi o se non è sottoscritto.
In appello vi è il **divieto di proporre domande nuove** e, se proposte, sono dichiarate inammissibili d'ufficio e non sono ammissibili nemmeno nuove eccezioni che non siano rilevabili d'ufficio. Ciò in quanto non può essere ampliato il *thema decidendum* rispetto a quello evincibile dagli atti del primo grado (art. 57). Il giudice d'appello non può disporre nuove prove, salvo che non le ritenga necessarie ai fini della decisione o che la parte dimostri di non averle potute fornire nel precedente grado di giudizio per causa ad essa non imputabile. È invece consentita alle parti la produzione di **documenti nuovi** (art. 58).
L'appellante può chiedere alla Corte di Giustizia Tributaria di secondo grado di **sospendere** in tutto o in parte l'esecutività della sentenza impugnata, se sussistono gravi e fondati motivi. Il contribuente può comunque chiedere la sospensione dell'esecuzione dell'atto se da questa può derivargli un danno grave e irreparabile.
La disciplina della costituzione in giudizio di parte appellante e parte appellata ricalca grandemente quella dettata per il primo grado di giudizio.
La **costituzione dell'appellante** deve avvenire (dopo il 1° luglio 2019) telematicamente attraverso upload tramite il portale SIGIT (la norma fa riferimento al deposito presso la segreteria della Corte di Giustizia Tributaria di secondo grado) **entro 30 giorni** dalla notifica del ricorso in appello.
La **costituzione dell'appellato** avviene mediante deposito di controdeduzioni **entro 60 giorni**.
Entro questo stesso termine, a pena di decadenza, può presentare **appello incidentale**, cioè appellare a sua volta quelle eventuali parti della sentenza in cui risulta soccombente.
La differenza tra appello principale ed appello incidentale è una differenza essenzialmente cronologica, venendo la proposizione dell'appello incidentale cronologicamente dopo rispetto alla proposizione dell'appello principale. Essendo contenuto nelle controdeduzioni, l'appello incidentale va **depositato** e non notificato.
L'appello incidentale può essere di due tipi:

i. ***tempestivo***, se proposto dal resistente entro i termini (breve o lungo) di impugnazione della sentenza. In questo caso l'appello incidentale è autonomo rispetto a quello principale e l'eventuale inammissibilità di questo non coinvolge l'appello incidentale;

ii. ***tardivo***, se proposto oltre i termini di impugnazione della sentenza, ma pur sempre entro il termine di 60 giorni dalla notifica dell'appello. Nel caso di appello incidentale tardivo, l'autonomia tra appello incidentale ed appello principale viene meno.

La **trattazione** segue le medesime regole della trattazione del giudizio di primo grado. Se pronuncia sentenza, la Corte di Giustizia Tributaria di secondo grado entra nel merito della controversia, sostituendo la propria sentenza a quella del primo grado.
La Corte di Giustizia Tributaria di secondo grado, invece, **rimette la causa** al giudice del primo grado nei seguenti casi:

- quando dichiara la competenza declinata o la giurisdizione negata dal primo giudice;
- quando riconosce che nel giudizio di primo grado il contraddittorio non è stato regolarmente costituito o integrato;
- quando riconosce che la sentenza impugnata, erroneamente giudicando, ha dichiarato estinto il processo in sede di reclamo contro il provvedimento presidenziale;
- quando riconosce che il collegio della corte di giustizia tributaria di primo grado non era legittimamente composto;
- quando manca la sottoscrizione della sentenza da parte del giudice di primo grado.

▶ 15.2. Ricorso per Cassazione (artt. 62-63)

Avverso la sentenza della Corte di Giustizia Tributaria di secondo grado può essere proposto **ricorso per cassazione** per i motivi di cui ai numeri da 1 a 5 dell'art. 360, co. 1, c.p.c. (1. motivi attinenti alla giurisdizione; 2. violazione delle norme sulla competenza, quando non è prescritto il regolamento di competenza; 3. violazione o falsa applicazione delle norme di diritto e dei contratti e accordi collettivi nazionali di lavoro; 4. nullità della sentenza o del procedimento; 5. omesso esame di un fatto decisivo per il giudizio che è stato oggetto di discussione tra le parti).
Il **ricorso in Cassazione è un mezzo di impugnazione ordinario ma di sola legittimità** in cui la Corte può solamente valutare la legittimità (cioè la conformità a norme giuridiche) della sentenza impugnata senza poter affrontare questioni di merito.
Al **giudizio in Cassazione** si applica grandemente la disciplina del codice di procedura civile.
La parte soccombente in secondo grado può adire la Corte di Cassazione esclusivamente utilizzando i motivi di ricorso previsti all'art. 360 c.p.c. (si tratta di un **mezzo di impugnazione a critica vincolata**); il ricorso deve essere notificato alla controparte **entro 60 giorni dall'eventuale notifica** della sentenza o **entro 6 mesi dal deposito** della sentenza presso la segreteria della Corte di secondo grado.
L'eventuale **richiesta di sospensione (art. 62-*bis*),** in tutto o in parte, dell'esecutività della sentenza di secondo grado (allo scopo di evitare un danno grave e irreparabile) deve essere richiesta dalla parte che ha proposto ricorso per cassazione alla Corte di Giustizia Tributaria che ha pronunciato la sentenza impugnata. Il contribuente può comunque chiedere la sospensione dell'esecuzione dell'atto se da questa può derivargli un danno grave e irreparabile. Il presidente fissa con decreto la trattazione della istanza di sospensione per la prima camera di consiglio utile disponendo che ne sia data comunicazione alle parti almeno dieci giorni liberi prima. In caso di eccezionale urgenza il presidente può disporre con decreto motivato la sospensione dell'esecutività della sentenza fino alla pronuncia del collegio. Il collegio, sentite le parti in camera di consiglio, provvede con ordinanza motivata non impugnabile. La sospensione può essere subordinata alla prestazione della garanzia di cui all'articolo 69, comma 2.
La disciplina del giudizio **in Cassazione** segue, come già detto, grandemente la disciplina dettata dal codice di procedura civile (e infatti il decreto processo dedica solo due articoli al ricorso per Cassazione). Per tali ragioni ci limiteremo in questa sede unicamente a richiamare i principali adempimenti processuali, senza approfondirli ulteriormente. In particolare, è prevista:

- la **costituzione del ricorrente** presso la cancelleria della Corte di Cassazione entro 20 giorni dalla notifica;

- la **costituzione del resistente** mediante notifica di un controricorso entro 20 giorni dalla scadenza del termine di costituzione del ricorrente, entro questo stesso termine, a pena di decadenza, può presentare **ricorso incidentale**, cioè ricorrere a sua volta contro quelle eventuali parti della sentenza in cui risulta soccombente;
- che le regole della trattazione sono le medesime del processo di Cassazione civile;
- che la Corte di Cassazione **conferma** la sentenza impugnata, oppure **cassa (cioè annulla) la sentenza con rinvio o senza rinvio**. Quando la Corte di cassazione rinvia la causa alla Corte di Giustizia Tributaria di primo o di secondo grado la riassunzione deve essere fatta nei confronti di tutte le parti personalmente entro il termine perentorio di sei mesi dalla pubblicazione della sentenza nelle forme rispettivamente previste per i giudizi di primo e di secondo grado in quanto applicabili. Se la riassunzione non avviene entro il termine o si avvera successivamente ad essa una causa di estinzione del giudizio di rinvio l'intero processo si estingue. In sede di rinvio si osservano le norme stabilite per il procedimento davanti alla Corte di Giustizia Tributaria a cui il processo è stato rinviato. Le parti conservano la stessa posizione processuale che avevano nel procedimento in cui è stata pronunciata la sentenza cassata e non possono formulare richieste diverse da quelle prese in tale procedimento, salvi gli adeguamenti imposti dalla sentenza di cassazione.

L'art. 62, co. 2-*bis* disciplina il **ricorso per Cassazione *per saltum***, in base al quale, sull'accordo delle parti la sentenza della Corte di Giustizia Tributaria di primo grado può essere impugnata con ricorso per cassazione a norma dell'art. 360, primo comma, n. 3, c.p.c. (per violazione o falsa applicazione di norme di diritto).

▶ 15.3. Revocazione (artt. 64-67)

Le sentenze pronunciate in grado d'appello o in unico grado dalle Corti di Giustizia Tributaria di primo e di secondo grado possono essere impugnate ai sensi dell'articolo 395 c.p.c.
La **revocazione** può essere di due tipi:

i. ***ordinaria***:
   - se la sentenza è l'effetto di un errore di fatto risultante dagli atti o documenti della causa,
   - se la decisione è fondata sulla supposizione di un fatto la cui verità è incontrastabilmente esclusa,
   - oppure quando è supposta l'inesistenza di un fatto la cui verità è positivamente stabilita, e tanto nell'uno quanto nell'altro caso se il fatto non ha costituito un punto controverso sul quale la sentenza ebbe a pronunciare,
   - se la sentenza è contraria ad altra precedente avente fra le parti autorità di cosa giudicata, purché non abbia pronunciato sulla relativa eccezione;

ii. ***straordinaria***. Le sentenze per le quali è scaduto il termine per l'appello possono essere impugnate per i motivi di cui ai numeri 1, 2, 3 e 6 dell'art. 395 del codice di procedura civile purché la scoperta del dolo o della falsità dichiarata o il recupero del documento o il passaggio in giudicato della sentenza di cui al numero 6 dell'art. 395 del codice di procedura civile siano posteriori alla scadenza del termine suddetto; l'impugnazione si propone allo stesso giudice che ha emesso la sentenza, si tratta di un mezzo di impugnazione straordinario che, pertanto, può essere proposto avverso le sentenze passate in giudicato.
   È possibile agire in revocazione straordinaria:
   - se sono l'effetto del dolo di una delle parti in danno dell'altra (ipotesi che si verifica in caso di comportamento doloso, cioè consapevolmente lesivo del diritto e caratterizzato da raggiri);
   - se si è giudicato in base a prove riconosciute o comunque dichiarate false dopo la sentenza (tale ipotesi ricomprende il caso in cui la parte soccombente ignorava che tali prove fossero state riconosciute o dichiarate false prima della sentenza);
   - se dopo la sentenza sono stati trovati uno o più documenti decisivi, purché la parte non abbia potuto produrli in giudizio per causa di forza maggiore o per fatto

dell'avversario;
- se la sentenza è effetto del dolo del giudice, purché tale dolo venga accertato con sentenza passata in giudicato.

16. Giudizio di ottemperanza (art. 70)

La parte che vi ha interesse può chiedere l'**ottemperanza agli obblighi derivanti dalla sentenza della Corte di Giustizia Tributaria di primo o secondo grado passata in giudicato** mediante ricorso da depositare in doppio originale alla segreteria della Corte di Giustizia Tributaria di primo grado, qualora la sentenza passata in giudicato sia stata da essa pronunciata, e in ogni altro caso alla segreteria della Corte di Giustizia Tributaria di secondo grado.
Il ricorso è proponibile solo dopo la scadenza del termine entro il quale è prescritto dalla legge l'adempimento a carico dell'ente impositore, dell'agente della riscossione o degli altri soggetti degli obblighi derivanti dalla sentenza o, in mancanza di tale termine, dopo trenta giorni dalla loro messa in mora a mezzo di ufficiale giudiziario e fino a quando l'obbligo non sia estinto.
Il ricorso indirizzato al presidente della Corte di Giustizia Tributaria deve contenere la sommaria esposizione dei fatti che ne giustificano la proposizione con la precisa indicazione, a pena di inammissibilità, della sentenza passata in giudicato di cui si chiede l'ottemperanza, che deve essere prodotta in copia unitamente all'originale o copia autentica dell'atto di messa in mora eventualmente notificato.
La segreteria della corte da comunicazione del ricorso ai soggetti obbligati a provvedere all'attuazione della sentenza. Entro venti giorni da tale comunicazione, l'ufficio può trasmettere le proprie osservazioni alla corte, allegando la documentazione dell'eventuale adempimento.
Il presidente della Corte di Giustizia Tributaria, scaduto il termine, assegna il ricorso alla sezione che ha pronunciato la sentenza, il cui presidente fissa il giorno per la trattazione del ricorso in Camera di consiglio, che deve avvenire entro novanta giorni dal deposito del ricorso, di ciò viene data comunicazione alle parti almeno dieci giorni liberi prima a cura della segreteria.
Il collegio adotta con sentenza i provvedimenti indispensabili per l'ottemperanza in luogo dell'ufficio che li ha omessi e nelle forme amministrative per essi prescritti dalla legge, attenendosi agli obblighi risultanti espressamente dal dispositivo della sentenza e tenuto conto della relativa motivazione.
Il collegio, se lo ritiene opportuno, può delegare un proprio componente o nominare un commissario al quale fissa un termine congruo per i necessari provvedimenti attuativi e determina il compenso a lui spettante. Infine, eseguiti questi provvedimenti e preso atto di quelli emanati ed eseguiti dal componente delegato o dal commissario nominato, il collegio dichiara chiuso il procedimento con ordinanza.
Tutti i provvedimenti del giudizio di ottemperanza sono immediatamente esecutivi; **contro la sentenza dell'ottemperanza è ammesso soltanto ricorso in cassazione per inosservanza delle norme sul procedimento**.

Capitolo 13
L'accordo tra fisco e contribuente: i principali strumenti deflattivi del contenzioso tributario

SOMMARIO:

1. Accertamento con adesione (d.lgs. n. 218/1997)

L'**accertamento con adesione** rappresenta un accordo tra contribuente e ufficio disciplinato dal d.lgs. n. 218/1997 e successive modifiche, che può essere raggiunto sia prima dell'emissione di un avviso di accertamento, sia dopo. Questo è possibile sempre che il contribuente non presenti ricorso davanti al giudice tributario, in quanto l'accertamento con adesione rappresenta uno strumento deflattivo del contenzioso.

La procedura riguarda tutte le più importanti imposte dirette e indirette e può essere attivata tanto dal contribuente ((*i*) a seguito di accessi, verifiche o ispezioni o (*ii*) anche dopo la notifica di un avviso di accertamento) quanto dall'ufficio dell'Agenzia delle Entrate nella cui circoscrizione territoriale il contribuente ha il domicilio fiscale.

L'accertamento con adesione determina la:

- **sospensione del termine ad impugnare,** in quanto la proposta di accertamento con adesione (del contribuente o dell'amministrazione finanziaria) può essere effettuata sia prima che dopo la notifica dell'avviso di accertamento; in quest'ultimo caso si sospende il termine ad impugnare per 90 giorni (quindi il termine per notificare un eventuale ricorso non è più di 60 giorni dalla notifica dell'atto impugnato, ma di 150);
- **vincolatività dell'accordo**, in quanto l'accertamento con adesione resta vincolante per l'amministrazione finanziaria che non può più rettificare il reddito (tranne alcune ipotesi particolari) e per il contribuente che non può presentare ricorso.

  In particolare, l'art. 2, co. 4 del d.lgs. n 218/1997 prevede delle ipotesi particolari di ***ius poenitendi*** **dell'Amministrazione finanziaria** in cui quest'ultima può svolgere un'ulteriore azione accertatrice, ad esempio:
  - se sopravviene la conoscenza di nuovi elementi in base ai quali è possibile accertare un maggior reddito, superiore al cinquanta per cento del reddito definito e comunque non inferiore ad € 77.468,00;
  - se la definizione riguarda accertamenti parziali, come avviene per questi ultimi;
  - se la definizione riguarda i redditi derivanti da partecipazione nelle società o nelle associazioni indicate nell'art. 5 del TUIR, ovvero in aziende coniugali non gestite in forma societaria;
  - se l'azione accertatrice è esercitata nei confronti delle società o associazioni o dell'azienda coniugale di cui alla lettera c), alle quali partecipa il contribuente nei cui riguardi è intervenuta la definizione;

- **riduzione delle sanzioni**, in quanto si ha un beneficio per il contribuente che opta per l'accertamento con adesione, in considerazione del fatto che la sanzione tributaria viene ridotta ad un terzo del minimo.

Quanto alla natura dell'accertamento con adesione, c'è chi ritiene che abbia:

i. *natura di atto privato* simile alla *transazione*;
ii. *natura di atto autoritativo* cristallizzato in un documento, redatto nell'ambito di un modello procedimentale partecipato, che contiene l'adesione del contribuente.

2. Il reclamo-mediazione (art. 17-*bis* d.lgs. n. 546/1992)

Il c.d. **reclamo-mediazione** è un altro strumento deflattivo del contenzioso, che viene attivato al momento di presentazione del ricorso al ricorrere dei presupposti applicativi imposti normativamente. Mentre il reclamo è obbligatorio, la mediazione è solo eventuale.
La disciplina del reclamo-mediazione non trova applicazione nelle controversie relative agli atti volti al recupero di aiuti di Stato di cui all'articolo 47-*bis* del d.lgs. n. 546/1992.
La l. n. 130/2022, al fine di incentivare un corretto e responsabile utilizzo dell'istituto, ha introdotto all'art. 17-*bis* un comma 9-*bis*, il quale prevede che *in caso di rigetto del reclamo o di mancato accoglimento della proposta di mediazione formulata ai sensi del comma 5, la soccombenza di una delle parti, in accoglimento delle ragioni già espresse in sede di reclamo o mediazione, comporta, per la parte soccombente, la condanna al pagamento delle relative spese di giudizio. Tale condanna può rilevare ai fini dell'eventuale responsabilità amministrativa del funzionario che ha immotivatamente rigettato il reclamo o non accolto la proposta di mediazione.*

▶ 2.1. Il reclamo

Il **reclamo** è un'**istanza di riesame in autotutela** che il contribuente presenta all'amministrazione in uno con il ricorso.
L'art. 17-*bis* del d.lgs. n. 546/1992, rubricato "Il reclamo e la mediazione", è stato integralmente sostituito, in attuazione della legge delega n. 23/2014, dall'art. 9, co. 1, lett. l), del d.lgs. n. 156/2015. Oggetto di **reclamo obbligatorio sono tutte le controversie tributarie di valore non superiore a € 50.000** (nuova soglia che si applica agli atti impugnabili notificati a decorrere dal 1° gennaio 2018, in sostituzione dei precedenti € 20.000, così come modificato dall'art. 10, del d.l. 50/2017), indipendentemente dall'ente impositore coinvolto (prima poteva applicarsi solo nel caso di atti impugnati emessi dall'Agenzia delle Entrate).
Il **valore della controversia** si determina facendo riferimento all'importo del tributo al netto degli interessi e delle eventuali sanzioni irrogate con l'atto impugnato; in caso di controversie relative esclusivamente alle irrogazioni di sanzioni, il valore è costituito dalla somma di queste. Le controversie di valore indeterminabile non sono reclamabili.
Il reclamo deve essere presentato **entro il termine di presentazione del ricorso** (in quanto il procedimento di reclamo/mediazione è introdotto automaticamente con la presentazione del ricorso) **all'amministrazione che ha emanato l'atto**.
La norma prevede che *il ricorso produce anche gli effetti di un reclamo e può contenere una proposta di mediazione con rideterminazione dell'ammontare della pretesa*. Ciò significa che il reclamo **deve contenere le ragioni di fatto e di diritto** per cui si ritiene che l'atto impositivo sia illegittimo e **può contenere una motivata proposta di mediazione**, completa della rideterminazione dell'ammontare della pretesa.
Con la proposizione del ricorso si apre una **fase amministrativa** di durata pari a 90 giorni entro la quale deve svolgersi il procedimento di reclamo/mediazione. Il ricorso, infatti, non è procedibile fino alla scadenza del termine di novanta giorni dalla data di notifica del reclamo. Ciò significa che il contribuente non deve costituirsi in giudizio secondo gli ordinari 30 giorni di cui all'art. 22, ma non prima di 90 giorni ed entro 120 (90+30= 120).
La riscossione e il pagamento delle somme dovute in base all'atto oggetto di reclamo sono sospesi

fino alla scadenza del termine di costituzione, fermo restando che, in caso di mancato perfezionamento della mediazione, sono dovuti gli interessi previsti dalle singole leggi d'imposta.
L'Ufficio competente può:

- **accogliere il reclamo**, accettando la proposta formulata dal contribuente, anche parzialmente;
- **rigettare il reclamo.** In questo caso l'Ufficio se non intende accogliere il reclamo o l'eventuale proposta di mediazione, può formulare d'ufficio una propria proposta avuto riguardo all'eventuale incertezza delle questioni controverse, al grado di sostenibilità della pretesa e al principio di economicità dell'azione amministrativa.

▶ 2.2. La mediazione

Nelle controversie aventi ad oggetto un atto impositivo o di riscossione, la **mediazione si perfeziona con il versamento**, entro il termine di venti giorni dalla data di sottoscrizione dell'accordo tra le parti, delle somme dovute ovvero della prima rata. Per il versamento delle somme dovute si applicano le disposizioni, anche sanzionatorie, previste per l'accertamento con adesione.
Nelle controversie aventi per oggetto la restituzione di somme, la mediazione si perfeziona con la sottoscrizione di un accordo nel quale sono indicate le somme dovute con i termini e le modalità di pagamento. L'accordo costituisce titolo per il pagamento delle somme dovute al contribuente.
In caso di esito positivo della mediazione, **le sanzioni amministrative si applicano nella misura del 35% del minimo previsto dalla legge**. Sulle somme dovute a titolo di contributi previdenziali e assistenziali non si applicano sanzioni e interessi.
Sono **esclusi** dalla mediazione i tributi costituenti risorse proprie tradizionali dell'Unione Europea, di cui all'art. 2, § 1, lett. a), della decisione 2014/335/UE, Euratom del Consiglio, del 26 maggio 2014 (a norma dell'art. 17-bis del d.lgs. n. 546/1992, co. 1-*bis*).

3. La conciliazione giudiziale

La **conciliazione giudiziale** è uno **strumento deflattivo del contenzioso** che si colloca nella fase processuale: si sostanzia in un accordo fra le parti del processo avente ad oggetto la definizione totale o parziale della controversia. Il d.lgs. n. 156/2015 ha esteso la possibilità di ricorrere alla conciliazione giudiziale anche per le controversie soggette a reclamo/mediazione e per quelle pendenti in secondo grado.
La conciliazione giudiziale è disciplinata agli art. 48, 48-*bis*, 48-*bis*.1 e 48-*ter* del d.lgs. n. 546/1992, così come sensibilmente modificati dalla riforma di cui alla l. n. 130/2022.
La conciliazione può avvenire fuori udienza (§ 3.1.) o in udienza (§ 3.2.) o può essere proposta dalla Corte di Giustizia Tributaria (§ 3.3.).

▶ 3.1. La conciliazione giudiziale fuori udienza (art. 48)

Se in pendenza del giudizio le parti raggiungono un **accordo conciliativo**, presentano istanza congiunta sottoscritta personalmente o dai difensori per la definizione totale o parziale della controversia.
Se la data di trattazione è già fissata e sussistono le condizioni di ammissibilità, la Corte di Giustizia Tributaria pronuncia sentenza di cessazione della materia del contendere. Se l'accordo conciliativo è parziale, la Corte di Giustizia Tributaria dichiara con ordinanza la cessazione parziale della materia del contendere e procede alla ulteriore trattazione della causa.
Se la data di trattazione non è fissata, provvede con decreto il presidente della sezione.
La conciliazione si perfeziona con la sottoscrizione dell'accordo, nel quale sono indicate le somme dovute con i termini e le modalità di pagamento. L'accordo costituisce titolo per la riscossione delle somme dovute all'ente impositore e per il pagamento delle somme dovute al contribuente.

▶ 3.2. La conciliazione giudiziale in udienza (art. 48-*bis*)

Ciascuna parte fino a dieci giorni liberi prima dell'udienza, può presentare istanza per la conciliazione totale o parziale della controversia.

All'udienza la Corte di Giustizia Tributaria, se sussistono le condizioni di ammissibilità, invita le parti alla conciliazione rinviando eventualmente la causa alla successiva udienza per il perfezionamento dell'accordo conciliativo.
La conciliazione si perfeziona con la redazione del processo verbale nel quale sono indicate le somme dovute con i termini e le modalità di pagamento. Il processo verbale costituisce titolo per la riscossione delle somme dovute all'ente impositore e per il pagamento delle somme dovute al contribuente.
La Corte di Giustizia Tributaria dichiara con sentenza l'estinzione del giudizio per cessazione della materia del contendere.

▶ 3.3. Conciliazione proposta dalla Corte di Giustizia Tributaria (art. 48-*bis*.1)

Per le controversie soggette a reclamo ai sensi dell'articolo 17-bis la Corte di Giustizia Tributaria, ove possibile, può formulare alle parti una **proposta conciliativa**, avuto riguardo all'oggetto del giudizio e all'esistenza di questioni di facile e pronta soluzione.
La proposta può essere formulata in udienza o fuori udienza. Se è formulata fuori udienza, è comunicata alle parti. Se è formulata in udienza, è comunicata alle parti non comparse.
La causa può essere rinviata alla successiva udienza per il perfezionamento dell'accordo conciliativo. Ove l'accordo non si perfezioni, si procede nella stessa udienza alla trattazione della causa.
La conciliazione si perfeziona con la redazione del processo verbale, nel quale sono indicati le somme dovute nonché i termini e le modalità di pagamento. Il processo verbale costituisce titolo per la riscossione delle somme dovute all'ente impositore e per il pagamento delle somme dovute al contribuente.
Il giudice dichiara con sentenza l'estinzione del giudizio per cessazione della materia del contendere.
La proposta di conciliazione non può costituire motivo di ricusazione o astensione del giudice

▶ 3.4. Disposizioni comuni in tema di conciliazione (art. 48-*ter*)

Le sanzioni amministrative si applicano nella misura del 40% del minimo previsto dalla legge, in caso di perfezionamento della conciliazione nel corso del primo grado di giudizio e nella misura del 50% del minimo previsto dalla legge, in caso di perfezionamento nel corso del secondo grado di giudizio.
Il versamento delle somme dovute ovvero, in caso di rateizzazione, della prima rata deve essere effettuato entro venti giorni dalla data di sottoscrizione dell'accordo conciliativo o di redazione del processo verbale.
In caso di mancato pagamento delle somme dovute o di una delle rate, compresa la prima, entro il termine di pagamento della rata successiva, il competente ufficio provvede all'iscrizione a ruolo delle residue somme dovute a titolo di imposta, interessi e sanzioni, nonché della sanzione di cui all'articolo 13 del decreto legislativo 18 dicembre 1997, n. 471, aumentata della metà e applicata sul residuo importo dovuto a titolo di imposta.
Per il versamento rateale delle somme dovute si applicano, in quanto compatibili, le disposizioni previste per l'accertamento con adesione.

4. L'acquiescenza

Con l'**acquiescenza** il contribuente a cui è stato notificato, da parte dell'amministrazione finanziaria, un atto contenente una specifica pretesa impositiva, decide di non impugnare tale atto e di "accettare" la suddetta pretesa. La contropartita di tale rinuncia è una riduzione delle sanzioni.
L'art. 15 del d.lgs. n. 218/1997, infatti, prevede che le sanzioni irrogate sono ridotte a un terzo se il contribuente rinuncia ad impugnare l'avviso di accertamento o di liquidazione e a formulare istanza di accertamento con adesione, provvedendo a pagare, entro il termine per la proposizione del ricorso, le somme complessivamente dovute, tenuto conto della predetta riduzione.
In ogni caso la misura delle sanzioni non può essere inferiore ad un terzo dei minimi edittali previsti per le violazioni più gravi relative a ciascun tributo.
Il contribuente con l'acquiescenza provvede a **pagare**, entro il termine per la proposizione del ricorso avverso l'atto impositivo, le somme complessivamente dovute e liquidate nello stesso atto, comprensive delle sanzioni, ancorché in misura ridotta.
L'art. 17, co. 2, d.lgs. n. 472/1997 prevede un'ulteriore forma di acquiescenza, relativa alle **sole**

sanzioni amministrative, che consente al contribuente di definire in via agevolata le sanzioni irrogate con il pagamento di un importo pari ad un terzo della sanzione irrogata e comunque non inferiore ad un terzo dei minimi edittali previsti per le violazioni più gravi relative a ciascun tributo, entro il termine previsto per la proposizione del ricorso.
In tale ipotesi di acquiescenza, il contribuente mantiene la possibilità di impugnare l'avviso per contestare le maggiori imposte accertate dall'ufficio.

5. L'autotutela tributaria

L'amministrazione finanziaria, qualora si avveda dell'illegittimità di un atto impositivo da essa stessa emanato, può agire in **autotutela**, annullando gli atti illegittimi e revocando gli atti impositivi infondati.
Il potere di autotutela è esercitato dallo stesso ufficio che ha emanato l'atto e, in caso di inerzia, dalla Direzione Regionale dell'Agenzia delle Entrate competente.
Nonostante la derivazione amministrativa dell'istituto, in ambito fiscale esiste una **specifica disciplina** dettata all'art. 2-*quater*, d.l. n. 564/1994 e dal d.m. n. 37/1997, che prevede una serie di ipotesi, non tassative, al ricorrere delle quali l'amministrazione fiscale deve intervenire in autotutela, ad esempio, in caso di errore di persona, di errore logico o di calcolo, di errore materiale del contribuente facilmente riconoscibile.
L'autotutela è richiamata dall'art. 7, co. 2 dello Statuto dei diritti del contribuente, il quale espressamente fa riferimento alla possibilità, per il contribuente, di richiedere all'amministrazione il riesame della pretesa impositiva. In ogni caso, per agire in autotutela, l'amministrazione non necessita di un'istanza di parte, potendo anche agire d'ufficio.
Non ci sono dei termini decadenziali entro i quali esercitare il potere di autotutela ed è possibile farlo **anche in pendenza di giudizio, quanto l'atto è divenuto definitivo** (ad esempio perché non impugnato) e anche nel caso in cui sulla controversia sia intervenuta **sentenza passata in giudicato**, purché l'annullamento dell'atto da parte dell'ufficio si basi su motivi diversi da quelli su cui è intervenuto il giudicato.
Nel caso in cui il contribuente presenti istanza di annullamento in autotutela durante la pendenza del termine di sessanta giorni a sua disposizione per presentare ricorso avverso l'atto impositivo, l'eventuale presentazione dell'istanza in autotutela **non sospende i termini per l'impugnazione dell'atto** viziato.

6. Definizione agevolata e rottamazioni di cui alla l. n. 197/2022

La **definizione agevolata** prevede la possibilità estinguere i debiti iscritti a ruolo contenuti nelle cartelle di pagamento versando le somme dovute senza corrispondere le sanzioni e gli interessi di mora. Per le multe stradali non si pagano gli interessi di mora e le maggiorazioni previste dalla legge.
La l. n. 197/2022 ha previsto una serie di misure (definite come di "tregua fiscale"), idonee a permettere la definizione di talune posizioni fiscali. Qui di seguito si illustrano le principali misure e, in ogni caso, quelle ancora attivabili.

▶ 6.1. La c.d. Rottamazione-*quater*.

La rottamazione-*quater* è prevista all'art. 1, commi 231 ss. della legge di bilancio e riguarda i debiti già affidati all'Agente della riscossione.
In particolare, è previsto che *i debiti risultanti dai singoli carichi affidati agli agenti della riscossione dal 1° gennaio 2000 al 30 giugno 2022 possono essere estinti senza corrispondere le somme affidate all'agente della riscossione a titolo di interessi e di sanzioni* [...] [e] *le somme maturate a titolo di aggio* [...], *versando le somme dovute a titolo di capitale e quelle maturate a titolo di rimborso delle spese per le procedure esecutive e di notificazione della cartella di pagamento*.
Prosegue il comma 232 nel senso di specificare che il pagamento delle somme di cui al comma 231

debba (dovesse) essere effettuato:
(i) o in un'unica soluzione, entro il 31 luglio 2023; ovvero
(ii) nel numero massimo di diciotto rate, la prima e la seconda delle quali, ciascuna di importo pari al 10% delle somme complessivamente dovute ai fini della definizione, con scadenza rispettivamente il 31 luglio e il 30 novembre 2023 e le restanti, di pari ammontare, con scadenza il 28 febbraio, il 31 maggio, il 31 luglio e il 30 novembre di ciascun anno a decorrere dal 2024. In tale caso, la norma specifica la debenza degli interessi al tasso del 2% annuo, a decorrere dal 1° agosto 2023.
Il comma 242 specifica che il pagamento delle somme dovute per la definizione può essere effettuato: a) mediante domiciliazione sul conto corrente eventualmente indicato dal debitore; b) mediante moduli di pagamento precompilati; c) presso gli sportelli dell'agente della riscossione.
L'agente della riscossione rende disponibili ai debitori, nell'area riservata del proprio sito internet istituzionale, i dati necessari a individuare i carichi definibili; il contribuente che intenda procedere alla definizione di tali carichi deve (doveva) rendere, entro il 30 aprile 2023, **apposita dichiarazione**, con le modalità esclusivamente telematiche, nella quale deve, altresì, indicare:

a) il numero delle rate delle quali intende avvalersi per effettuare il pagamento;
b) l'eventuale pendenza di giudizi aventi ad oggetto i carichi in essa ricompresi, con contestuale assunzione dell'impegno a rinunciare agli stessi giudizi (i quali, previa presentazione di copia della dichiarazione e nelle more del pagamento delle somme dovute, vengono sospesi dal giudice).

I commi 238 e 239 specificano che, ai fini della determinazione dell'ammontare delle somme da versare, si tiene conto esclusivamente degli importi già versati a titolo di capitale compreso nei carichi affidati e a titolo di rimborso delle spese per le procedure esecutive e di notificazione della cartella di pagamento e che le somme relative ai debiti definibili, versate a qualsiasi titolo, anche anteriormente alla definizione, restano definitivamente acquisite e non sono rimborsabili.
Con i **d.l. nn. 34/2023 e 48/2023**, al fine di permettere un più ampio utilizzo dello strumento, sono stati prorogati i termini entro i quali presentare le domande ed effettuare i pagamenti. Il decreto prevede che il pagamento in un'unica soluzione possa essere effettuato non più entro il 31 luglio 2023, ma **entro il 31 ottobre 2023 ovvero nel numero massimo di diciotto rate**, la prima e la seconda delle quali, ciascuna di importo pari al 10% delle somme complessivamente dovute ai fini della definizione, **con scadenza rispettivamente**:

- il 31 ottobre (invece che il 31 luglio), e
- il 30 novembre 2023,
- e le restanti, di pari ammontare con scadenza il 28 febbraio, il 31 maggio, il 31 luglio e il 30 novembre di ciascun anno a decorrere dal 2024.

In caso di pagamento rateizzato, gli interessi al 2% annuo sono dovuti **a decorrere dal 1° novembre 2023** (e non più dal 1° agosto 2023).
La manifestazione della volontà di procedere alla definizione dovrà essere resa **entro il 30 giugno 2023** (e non più entro il 30 aprile 2023).
La comunicazione da parte dell'agente della riscossione delle somme dovute potrà avvenire entro il **30 settembre 2023** (e non più entro il 30 giugno).

▶ 6.2. La definizione delle liti pendenti

La legge n. 197/2022 ha introdotto, altresì, la misura, prevista all'art. 1, commi 186 ss., per porre fine alle liti pendenti al 31.12.2022.
In particolare, il comma 186 prevede che *le controversie attribuite alla giurisdizione tributaria in cui è parte l'Agenzia delle Entrate ovvero l'Agenzia delle dogane e dei monopoli, pendenti in ogni stato e grado del giudizio, compreso quello innanzi alla Corte di cassazione, anche a seguito di rinvio, alla data di entrata in vigore della presente legge, possono essere definite, a domanda del soggetto che ha proposto l'atto introduttivo del giudizio o di chi vi è subentrato o ne ha la legittimazione, con il pagamento di un importo pari al valore della controversia* (definito ai sensi dell'art 12, co. 2 del D.lgs. n. 546/1992 pari al

solo importo dovuto a titolo di imposta).
I commi 192 ss. (nella loro versione originaria) specifica(va)no che la definizione agevolata:

- si applica alle controversie in cui il ricorso in primo grado è stato notificato alla controparte entro la data di entrata in vigore della presente legge e per le quali alla data della presentazione della domanda di cui al comma 186 il processo non si sia concluso con pronuncia definitiva;
- si perfeziona(va) con la presentazione della domanda di cui al comma 195 e con il pagamento degli importi dovuti entro il 30 giugno 2023 o, nel caso in cui gli importi dovuti superano € 1.000 con pagamento rateale, in un massimo di venti rate trimestrali di pari importo, con decorrenza dal 1° aprile 2023 e da versare, rispettivamente, entro il 30 giugno 2023, il 30 settembre, il 20 dicembre e il 31 marzo di ciascun anno;
- sulle rate successive alla prima sono dovuti gli interessi legali calcolati dalla data del versamento della prima rata;
- nel caso di versamento rateale, la definizione agevolata si perfeziona con la presentazione della domanda di cui al comma 195 e con il pagamento degli importi dovuti con il versamento della prima rata entro il termine previsto del 30 giugno 2023.

Ai sensi del comma 195 (sempre nella prima versione normativa) *entro il 30 giugno 2023 per ciascuna controversia autonoma è presentata una distinta domanda di definizione agevolata esente dall'imposta di bollo ed effettuato un distinto versamento. Per controversia autonoma si intende quella relativa a ciascun atto impugnato.*
Dagli importi dovuti ai fini della definizione agevolata si scomputano quelli già versati a qualsiasi titolo in pendenza di giudizio.
Le controversie definibili non sono sospese, salvo che il contribuente faccia apposita richiesta al giudice, dichiarando di volersi avvalere della definizione agevolata. In tal caso il processo è sospeso e il contribuente ha l'onere di depositare, presso l'organo giurisdizionale innanzi al quale pende la controversia, copia della domanda di definizione e del versamento degli importi dovuti o della prima rata.
Le spese di lite vengono compensate.
Con i **d.l. n. 34/2023 e 48/2023**, al fine di permettere un più ampio utilizzo dello strumento, sono stati prorogati i termini entro i quali presentare le domande ed effettuare i pagamenti.
In particolare, il contribuente potrà presentare domanda di definizione agevolata **entro il 30 settembre 2023** (e non più entro il 30 giugno). È stato di conseguenza prorogato anche il termine per pagare gli importi dovuti, anche nel caso di rateizzazione, con la conseguenza che la prima rata dovrà essere versata entro il 30 settembre 2023.
Ne consegue a cascata la proroga anche delle date per il versamento delle altre rate secondo il seguente piano: le rate successive alla prima (al massimo venti) andranno pagate il 31 ottobre 2023, il 20 dicembre 2023 e le successive il 31 marzo, il 30 giugno, il 30 settembre e il 20 dicembre di ciascun anno.
Laddove il contribuente dichiari in giudizio di volersi avvalere della definizione, il processo resterà sospeso sino al 10 ottobre 2023 ed entro tale data occorrerà depositare in giudizio la domanda di definizione delle liti e il modello F24 attestante il versamento delle somme dovute o della prima rata al fine di domandare l'estinzione del giudizio.
L'Amministrazione finanziaria e gli Enti locali potranno notificare il diniego di definizione entro il 30 settembre 2024 (non più entro il 31 luglio 2024).
È stato inoltre prorogato il termine di sospensione per le impugnazioni e le riassunzioni che scadono dal 1° gennaio 2023 al 31 ottobre 2023 (e non più al 31 luglio 2023 come precedentemente previsto dalla Legge di Bilancio). Infine, è stato prorogato al 30 settembre 2023 altresì il termine per il perfezionamento della rinuncia agevolata dei giudizi tributari pendenti in cassazione nonché per la conciliazione giudiziale agevolata con riduzione delle sanzioni ad 1/18 del minimo.

▶ 6.3. Il Ravvedimento speciale

La l. n. 197/2022, all'art. 1, commi 174 ss. ha introdotto il cd. **ravvedimento operoso speciale** che si contrappone al ravvedimento ordinario per il fatto che:

- le somme devono (dovevano) essere pagate entro il 31 marzo 2023;
- le sanzioni sono ridotte, a prescindere dal periodo di imposta che si ravvede, a 1/18 del minimo;
- gli importi possono essere pagati in 8 rate.

Il d.l. n. 34/2023, ha **posticipato** il termine per il pagamento della prima rata (o di tutte le somme) dal 31 marzo 2023 al 30 settembre 2023.
In conseguenza della posticipazione di tale termine, sono state posticipate anche le date dei pagamenti delle rate successive, le quali adesso scadono il 31 ottobre 2023, il 30 novembre 2023, il 20 dicembre 2023, il 31 marzo 2024, il 30 giugno 2024, il 30 settembre 2024 e il 31 dicembre 2024. Permane il tasso del 2% sulle rate successive.
Non sono definibili con ravvedimento speciale quelle pretese che possono emergere da liquidazione automatica della dichiarazione (art. 36-*bis* del d.P.R. n. 600/1973 e art. 54-*bis* del d.P.R. n. 633/1972).
Per effetto del co 176, *La regolarizzazione non può essere esperita dai contribuenti per l'emersione di attività finanziarie e patrimoniali costituite o detenute fuori del territorio dello Stato.*
La norma ha creato non pochi dubbi interpretativi tra gli operatori del diritto ed è stato chiarito che:

i. *non sono ravvedibili le violazioni dell'art. 4 del DL 167/90 (omessa compilazione del quadro RW);*
ii. *può essere ravveduta la mancata dichiarazione di* ***redditi di fonte estera*** *quand'anche le relative somme avrebbero dovuto essere indicate nel quadro RW, comprese le violazioni in tema di IVIE/IVAFE.*

Per quanto riguarda la definizione delle violazioni formali, viene modificato il comma 167: ne deriva che le somme potranno essere pagate in unica soluzione entro il 31 ottobre 2023 (e non più entro il 31 marzo) o in due rate entro il 31 ottobre 2023 ed il 31 marzo 2024.

▶ 6.4. Stralcio

L'art. 1, commi 222-230, della l. n. 197/2022 prevede l'annullamento automatico, alla data del 31 marzo 2023, senza alcuna richiesta da parte del contribuente, dei singoli debiti affidati all'Agente della riscossione dalle amministrazioni statali, dalle agenzie fiscali e dagli enti pubblici previdenziali, dal 1° gennaio 2000 al 31 dicembre 2015, di importo residuo fino a 1000 euro.
L'importo viene calcolato dalla data di entrata in vigore della Legge ed è comprensivo di capitale, interessi per ritardata iscrizione a ruolo e sanzioni.
La norma stabilisce che, per gli enti creditori diversi dalle amministrazioni statali, dalle agenzie fiscali e dagli enti pubblici previdenziali:

- lo "Stralcio" riguarda esclusivamente le sanzioni e gli interessi, compresi gli interessi di mora. Il capitale, le somme maturate a titolo di rimborso delle spese per le procedure esecutive e le spese di notifica delle cartelle restano interamente dovuti;
- per quanto riguarda le sanzioni per violazioni del Codice della strada e le altre **sanzioni amministrative**, (diverse dalle sanzioni irrogate per violazioni tributarie o per violazione degli obblighi relativi ai contributi e ai premi dovuti agli enti previdenziali), lo "*Stralcio*" si applica limitatamente agli interessi, comunque denominati, e non annulla le sanzioni e le somme maturate a titolo di rimborso delle spese per le procedure esecutive e di notifica della cartella di pagamento.

La Legge prevede, inoltre, che gli enti creditori diversi dalle amministrazioni statali, dalle agenzie fiscali e dagli enti pubblici previdenziali, possano stabilire di non applicare lo "Stralcio" (cd. annullamento parziale) e, quindi, di evitare l'annullamento automatico previsto, adottando uno specifico provvedimento e comunicandolo all'Agente della riscossione entro il 31 gennaio 2023.
Dalla data di entrata in vigore della Legge e fino alla data dell'effettivo annullamento, stabilito dalla norma al 31 marzo 2023, è sospesa la riscossione dei debiti ricompresi nell'ambito applicativo dello "stralcio" compresi quelli iscritti a ruolo da enti creditori diversi dalle amministrazioni statali, dalle agenzie fiscali e dagli enti pubblici previdenziali.

Si precisa, infine, che la misura relativa allo "Stralcio" fino a 1000 euro non trova applicazione per le seguenti tipologie di carichi affidati all'Agente della riscossione:

- recupero degli aiuti di Stato considerati illegittimi dall'Unione Europea;
- crediti derivanti da condanne pronunciate dalla Corte dei conti;
- multe, ammende e sanzioni pecuniarie dovute a seguito di provvedimenti e sentenze penali di condanna;
- debiti relativi alle *"risorse proprie tradizionali"* dell'Unione Europea e all'imposta sul valore aggiunto riscossa all'importazione.

II. Parte speciale

Capitolo 14
L'imposta sul reddito delle persone fisiche

SOMMARIO:

1. IRPEF

L'**IRPEF** è l'imposta sul reddito delle persone fisiche, disciplinata dal d.p.r. 22 dicembre 1986 n. 917 (T.U.I.R., Testo unico delle imposte sui redditi), fonte normativa profondamente incisa, nel corso degli anni, da diversi interventi di riforma. Il **fatto-indice** espressivo della capacità contributiva che giustifica il concorso individuale alle spese pubbliche (art. 53 Cost.) che rileva ai fini di tale imposta è il **reddito** (che insieme al patrimonio rappresenta un **indice diretto** di capacità contributiva).
Il presupposto dell'imposta (comune sia all'IRPEF che all'IRES, cioè all'imposta sui redditi delle società di cui si darà conto nel Capitolo 15, stante il simile richiamo al medesimo concetto all'art. 72 TUIR) è il ***possesso di redditi*** *in denaro o in natura, rientranti nelle categorie indicate dall'art. 6* (art. 1). Il Testo unico, però, non contiene una definizione di reddito e la stessa deve ritrarsi in via interpretativa. Il concetto di reddito accolto dal legislatore tributario italiano corrisponde a quello di ***reddito prodotto,*** cioè il reddito fiscale è costituito dagli incrementi patrimoniali realizzati da un soggetto, nell'arco di un determinato periodo temporale, provenienti da specifiche fonti produttive. Emergono i seguenti elementi caratterizzanti del reddito fiscale, il quale può essere definito come:

A. **incremento di un patrimonio**, come confermato dalla regola di cui all'art. 6, co. 2, TUIR, secondo la quale le somme e le indennità percepite, anche in forma assicurativa, da un soggetto a titolo di risarcimento danni costituiscono redditi solo se conseguite in sostituzione di altri redditi (c.d. lucro cessante) e tali somme costituiscono redditi della stessa categoria di quelli sostituiti o perduti. Il soggetto deve avere la **disponibilità giuridica** di tale incremento, presupponendo il termine *possesso* contenuto negli artt. 1 e 72 TUIR una relazione qualificata con la fonte produttiva;
B. **flusso**, misurabile in un determinato periodo di tempo (periodo di imposta) per ciascuno dei quali viene individuata un'autonoma obbligazione tributaria; caratteristica, questa, che attribuisce *carattere periodico* di IRPEF (per la quale il periodo d'imposta corrisponde all'anno solare, ai sensi dell'art. 7 TUIR) e IRES (per la quale il periodo d'imposta è diversamente stabilito dalla legge o dall'atto costitutivo, art. 76 TUIR). Le singole componenti reddituali vengono imputate in uno specifico periodo di imposta, a seconda che

la determinazione del reddito risponda al **principio di competenza o di cassa**, a seconda che il componente reddituale attivo o passivo sia computato nel periodo di imposta in cui, rispettivamente, il credito o il debito è sorto, o in cui vi è stata l'effettiva erogazione;

C. **collegato ad una specifica fonte produttiva** la quale può essere rappresentata da un immobile (*redditi fondiari*); da un investimento mobiliare (*redditi di capitale*); da una attività (*redditi di lavoro autonomo, d'impresa, di lavoro subordinato*); dal compimento di un atto giuridico o di un fatto (*redditi diversi*). Con la conseguenza che l'incremento patrimoniale non riconducibile ad alcuna fonte non può considerarsi reddito fiscale.

L'IRPEF è improntata ai principi di **personalità, globalità, progressività**.
L'IRPEF è un'imposta **personale** in quanto, a differenza delle imposte reali, pone al centro il soggetto passivo del tributo, possessore del reddito, permettendo la valutazione di elementi soggettivi nel calcolo dell'imposta. È riconosciuta al contribuente, infatti, la possibilità di scomputare (dalla base imponibile e/o dall'imposta lorda) talune somme in grado di riflettere oneri, spese, carichi di famiglia, condizioni sociali. In questo modo, il carico fiscale è graduato anche in ragione della situazione personale.
L'IRPEF è, inoltre, un'imposta **globale e complessiva**, nel senso che tutti i redditi prodotti dal soggetto passivo confluiscono in un'unica base imponibile. Il reddito assoggettato ad imposizione (Irpef o Ires, quali imposte generali sul reddito) è quello complessivo del soggetto, formato cioè dalla somma dei redditi delle diverse categorie (e considerando le perdite), che viene imputato e tassato unitariamente.
L'IRPEF è, infine, **progressiva**, in quanto è improntata ai criteri di progressività, attuata attraverso scaglioni di reddito con aliquote crescenti all'aumentare della base imponibile. La *progressività* è sollecitata dalla *globalità*, in quanto la considerazione complessiva del reddito produce un carico impositivo ben maggiore di quello che si avrebbe se i singoli redditi fossero tassati separatamente.

2. Elementi strutturali del tributo

Sulla base delle considerazioni testé riportate, gli **elementi strutturali** dell'IRPEF possono essere così sintetizzati (salva l'opportuna specificazione nei paragrafi che seguono):

- **presupposto d'imposta** del reddito delle persone fisiche è il possesso di redditi in denaro o in natura rientranti nelle categorie indicate nell'articolo 6 TUIR (art. 1 TUIR) durante il periodo d'imposta (l'anno solare);
- **soggetti passivi** dell'imposta sono le persone fisiche, residenti e non residenti nel territorio dello Stato (art. 2 TUIR; si veda § 3.1.);
- **base imponibile** dell'imposta è costituita dal reddito complessivo del soggetto, formato per i residenti da tutti i redditi posseduti al netto degli oneri deducibili e per i non residenti soltanto da quelli prodotti nel territorio dello Stato (art. 3 TUIR);
- **aliquote** sono quattro e sono differenziate a seconda degli scaglioni di reddito di riferimento. Tali aliquote sono state di recente modificate dalla **Legge di Bilancio 2022** (L. n. 234/2021) che ha previsto che per il reddito:
  - da 0 a € 15.000, l'aliquota sia del 23%;
  - da € 15.001 a € 28.000, l'aliquota sia del 25%
  - da € 28.001 a € 50.000, l'aliquota del 35%
  - oltre € 50.000, l'aliquota del 43%.

3. Soggetti passivi

▶ 3.1. Criterio della residenza (Art. 2 TUIR)

La **residenza fiscale** è fondamentale per individuare il soggetto passivo di imposta in quanto individua un criterio di collegamento con il territorio statale, che giustifica l'imposizione secondo il **principio dell'utile mondiale**, in base al quale sono tassate:

1. le *persone fisiche residenti nel territorio italiano* per i redditi ovunque prodotti (principio dell'utile mondiale o *world-wide taxation principle*);
2. le *persone fisiche non residenti nel territorio italiano* per i soli redditi ivi prodotti (principio della localizzazione della fonte o *source taxation principle*).

In particolare, la residenza fiscale delle persone fisiche è disciplinata dall'art. 2, co. 2, TUIR, che prevede che si considerano **residenti**, ai fini delle imposte sui redditi, le persone fisiche che **per la maggior parte del periodo d'imposta** (criterio temporale):

a) sono iscritte nelle **anagrafi** della popolazione residente;
b) oppure hanno nello Stato il proprio **domicilio** ai sensi del codice civile, inteso quale luogo in cui una persona ha stabilito di fatto la **sede principale dei suoi affari ed interessi**, anche di carattere affettivo e familiare;
c) oppure hanno nello Stato la propria **residenza** ai sensi del codice civile, inteso quale luogo in cui una persona ha stabilito la propria **dimora abituale.**

Tali criteri sono tra loro **alternativi** e la sussistenza di uno solo dei criteri è sufficiente per radicare in Italia la residenza fiscale. Mentre il criterio della iscrizione anagrafica è di tipo formale, gli altri hanno natura sostanziale.
Per contrastare il fenomeno del trasferimento fittizio di residenza fiscale all'estero, il legislatore ha previsto (art. 2, comma 2-*bis*, TUIR) una **presunzione relativa di residenza** in Italia per i cittadini italiani cancellati dalle anagrafi della popolazione residente e trasferiti in Stati c.d. *"black list"*.
La declinazione del **principio di localizzazione della fonte del reddito**, in base al quale definire l'assoggettamento ad imposta di persone fisiche, società ed enti non residenti, è contenuta nell'art. 23 TUIR, che fissa differenti criteri a seconda delle singole **categorie reddituali**:

- il criterio della sussistenza in Italia dell'immobile (per i redditi fondiari);
- quello della corresponsione da parte di soggetti residenti in Italia (per i redditi di capitale);
- quello dell'esercizio dell'attività e della prestazione di lavoro in Italia (per i redditi di lavoro autonomo e di lavoro subordinato);
- quello dell'esercizio dell'attività in Italia tramite una stabile organizzazione (per i redditi di impresa).

Può accadere che un contribuente sia considerato fiscalmente residente in due diversi Stati (**cd. doppia residenza**) e che, quindi, potenzialmente questi Stati vogliano esercitare la propria potestà impositiva sullo stesso reddito appartenente al medesimo soggetto. Questo determinerebbe un fenomeno di **doppia imposizione**, il quale, benché non sia normativamente vietato, sicuramente avrebbe delle ripercussioni negative sui traffici e sugli spostamenti. Per tali ragioni, gli Stati generalmente sottoscrivono delle Convenzioni bilaterali contro le doppie imposizioni per arginare tale fenomeno, sulla falsa riga delle Convenzioni internazionali OCSE. Tali Convenzioni hanno il pregio di dirimere eventuali fenomeni di doppia imposizione (l'art. 4 contiene delle regole, *tie breack rules*) stabilendo quale Stato possa vantare la propria pretesa impositiva.

▶ 3.2. Redditi prodotti in forma associata: il principio di trasparenza (Art. 5, co. 1-3 TUIR)

I redditi delle società semplici, in nome collettivo e in accomandita semplice residenti nel territorio dello Stato sono **imputati a ciascun socio, indipendentemente dalla percezione, proporzionalmente alla sua quota di partecipazione agli utili**.
Le quote di partecipazione agli utili **si presumono proporzionate al valore dei conferimenti dei soci** se non risultano determinate diversamente dall'atto pubblico o dalla scrittura privata autenticata di costituzione o da altro atto pubblico o scrittura autenticata di data anteriore all'inizio del periodo d'imposta; se il valore dei conferimenti non risulta determinato, le quote si presumono uguali.

Si tratta del cosiddetto **principio di trasparenza**, il quale rappresenta un metodo di imposizione attraverso cui si realizza la diretta imputazione del presupposto ai singoli che compongono l'ente. Ciò determina la svalutazione della soggettività tributaria sostanziale della società di persone, la quale non risulta debitrice del tributo, pur continuando ad essere assoggettata ad obblighi di natura formale (obblighi dichiarativi, di tenuta delle scritture contabili, di sottoposizione ai poteri istruttori dell'Amministrazione finanziaria, etc.). Anche le perdite delle società di persone sono imputate per trasparenza a ciascun socio (art. 8, comma 2, TUIR).
L'imputazione del reddito per trasparenza rende fiscalmente irrilevante l'eventuale distribuzione degli utili, evitando quindi la doppia imposizione economica del reddito, e si determina una scissione tra momento della produzione del reddito e momento della imputazione.
Ai fini delle imposte sui redditi:

- le società di armamento sono equiparate alle società in nome collettivo o alle società in accomandita semplice secondo che siano state costituite all'unanimità o a maggioranza;
- le società di fatto sono equiparate alle società in nome collettivo o alle società semplici secondo che abbiano o non abbiano per oggetto l'esercizio di attività commerciali;
- le associazioni senza personalità giuridica costituite fra persone fisiche per l'esercizio in forma associata di arti e professioni sono equiparate alle società semplici, ma l'atto o la scrittura può essere redatto fino alla presentazione della dichiarazione dei redditi dell'associazione;
- si considerano residenti le società e le associazioni che per la maggior parte del periodo di imposta hanno la sede legale o la sede dell'amministrazione o l'oggetto principale nel territorio dello Stato. L'oggetto principale è determinato in base all'atto costitutivo, se esistente in forma di atto pubblico o di scrittura privata autenticata, e, in mancanza, in base all'attività effettivamente esercitata.

▶ 3.3. L'impresa familiare (Art. 5, co. 4-5 TUIR)

I **redditi delle imprese familiari** di cui all'articolo 230-*bis* c.c., limitatamente al 49% dell'ammontare risultante dalla dichiarazione dei redditi dell'imprenditore, **sono imputati a ciascun familiare, che abbia prestato in modo continuativo e prevalente la sua attività di lavoro nell'impresa, proporzionalmente alla sua quota di partecipazione agli utili**. La presente disposizione si applica a condizione:

- che i familiari partecipanti all'impresa risultino nominativamente, con l'indicazione del rapporto di parentela o di affinità con l'imprenditore, da atto pubblico o da scrittura privata autenticata anteriore all'inizio del periodo di imposta, recante la sottoscrizione dell'imprenditore e dei familiari partecipanti;
- che la dichiarazione dei redditi dell'imprenditore rechi l'indicazione delle quote di partecipazione agli utili spettanti ai familiari e l'attestazione che le quote stesse sono proporzionate alla qualità e quantità del lavoro effettivamente prestato nell'impresa, in modo continuativo e prevalente, nel periodo di imposta;
- che ciascun familiare attesti, nella propria dichiarazione dei redditi, di aver prestato la sua attività di lavoro nell'impresa in modo continuativo e prevalente.

Si intendono, per familiari, ai fini delle imposte sui redditi, **il coniuge, i parenti entro il terzo grado e gli affini entro il secondo grado.**

4. Schema di funzionamento dell'imposta e *no tax area*

L'IRPEF viene determinata sulla base di uno schema abbastanza articolato, che è costituito da molteplici fasi, che conducono alla determinazione dell'imposta netta, tenendo conto di una serie di elementi che rendono l'IRPEF un'imposta personale.
Tali fasi possono essere così sintetizzate.
In primo luogo si procede alla fase di **qualificazione giuridica dei redditi**, nell'ambito della quale i cespiti reddituali conseguiti nell'anno solare di riferimento devono essere qualificati in una delle sei categorie *ex* art. 6 TUIR e ricalcolati applicando le specifiche regole di determinazione

ciascuna di esse.
Ogni reddito costituisce un addendo che, sommato agli altri, permette di giungere alla **determinazione del reddito complessivo (base imponibile lorda)**, la quale, appunto, si ottiene sommando algebricamente i risultati ottenuti dalla qualificazione giuridica dei redditi.
Partendo dal valore della base imponibile lordo, determinata con le fasi precedenti, si giunge alla **determinazione della base imponibile netta**, attraverso lo scomputo dal reddito complessivo delle deduzioni o oneri deducibili (laddove per **deduzione** deve intendersi lo scomputo di quegli oneri il cui importo può essere sottratto dal reddito complessivo).
Si giunge, così, alla **determinazione dell'imposta lorda**, la quale viene calcolata applicando alla base imponibile netta le aliquote crescenti per scaglioni di reddito, così come più sopra richiamate al § 2.
Il passaggio successivo permette di giungere alla determinazione **dell'imposta netta**, in quanto dall'imposta lorda devono essere sottratte le detrazioni o oneri detraibili (laddove per **detrazione** si intende lo scomputo di quegli oneri il cui importo può essere sottratto dall'imposta lorda – e non dal reddito complessivo, come per le deduzioni –). Infine, avviene lo **scomputo di ritenute di acconto, crediti d'imposta e altre somme anticipate**, direttamente dall'imposta netta così determinata nelle fasi precedenti. A seguito dello scomputo di tali valori, si determina l'imposta che il contribuente sarà tenuto a versare.
Nel nostro ordinamento **non esiste una soglia minima reddituale non rilevante fiscalmente** (c.d. *no tax area*) fissata in termini generali per tutte le categorie. Ciononostante, la *no tax area* si ricava, solo per talune tipologie reddituali (es. redditi di pensione, di terreni e fondiari da abitazione principale; per redditi di lavoro dipendente e assimilati), anche valutando l'impatto delle specifiche detrazioni.

5. Le categorie di reddito (art. 6)

Le disposizioni del TUIR riguardanti le singole categorie reddituali svolgono la funzione di *(i) specificare gli elementi oggettivi e soggettivi del presupposto* in relazione alle singole fonti produttive, e di *(ii) prevedere analitiche regole di determinazione della base imponibile*, valevoli in linea di principio per tutte le imposte sui redditi (sia ai fini Irpef, sia ai fini Ires).
Vengono a delinearsi, così, una pluralità di basi imponibili (singoli addendi nel calcolo del reddito complessivo) corrispondenti alle diverse categorie di reddito, destinate a confluire in un'unica base imponibile finale.
A norma dell'art. 6 TUIR, nell'IRPEF sono previste sei categorie di reddito, che verranno analiticamente descritte nei paragrafi che seguono:

- redditi fondiari (artt. 25-43; § 6);
- redditi di capitale (artt. 44-48; § 7);
- redditi di lavoro dipendente (artt. 49-52; § 8);
- redditi di lavoro autonomo (artt. 53-54; § 9);
- redditi di impresa (artt. 55-66; § 10);
- redditi diversi (art. 67; § 11).

6. Redditi fondiari (artt. 25-43)

Sono **redditi fondiari** quelli inerenti ai terreni e ai fabbricati situati nel territorio dello Stato che sono o devono essere iscritti, con attribuzione di rendita, nel catasto dei terreni o nel catasto edilizio urbano.
Il reddito fondiario non è un reddito effettivo ma è determinato in misura forfettaria mediante l'applicazione di tariffe d'estimo fissate dalla legge e sottoposte a revisione periodica. Risulta essenziale, dunque, **l'iscrivibilità catastale**, che permette l'attribuzione della *rendita catastale*, la

quale determina la **redditività media ritraibile in condizioni normali** da tutti gli immobili che presentano le stesse caratteristiche oggettive. In assenza della rendita catastale, non è possibile produrre reddito fondiario. È stabilito, infatti che i redditi derivanti da immobili che non sono determinabili catastalmente, oppure da immobili situati all'estero, creano redditi diversi (art. 67, lett. e-f), TUIR).
La determinazione forfetaria rende il reddito fondiario un **reddito *medio ordinario***, che si calcola applicando le tariffe d'estimo stabilite, secondo la legge catastale, per ciascuna qualità, categoria, classe di immobile. Tale modalità di determinazione ha dato adito, soprattutto in passato, a **diversi dubbi di costituzionalità** alla luce del principio di effettività della capacità contributiva (art. 53 Cost.). Costituzionalità però, mai messa in discussione dalla Corte Costituzionale, la quale ha valorizzato *(i)* le caratteristiche intrinseche dell'immobile quale cespite produttivo; *(ii)* la tassazione catastale quale forma di incentivo e di semplificazione; *(iii)* la previsione di regole in grado di dare rilievo a situazioni di effettività.
Il **soggetto passivo**, ossia il contribuente cui imputare il reddito fondiario, è individuato facendo riferimento al **possesso dell'immobile**, da intendersi come titolo giuridico di proprietà o altro diritto reale di godimento (salvo che per il reddito agrario).
Ai sensi dell'art. 26 del TUIR, i **redditi fondiari concorrono**, indipendentemente dalla percezione, a formare il reddito complessivo dei soggetti che possiedono gli immobili a titolo di proprietà, enfiteusi, usufrutto o altro diritto reale, salvo quanto stabilito dall'art. 30, per il periodo di imposta in cui si è verificato il possesso.
I redditi derivanti da contratti di locazione di immobili ad uso abitativo, se non percepiti, non concorrono a formare il reddito, purché la mancata percezione sia comprovata dall'intimazione di sfratto per morosità o dall'ingiunzione di pagamento.
Ai canoni non riscossi dal locatore nei periodi d'imposta di riferimento e percepiti in periodi d'imposta successivi si applica l'articolo 21 in relazione ai redditi di cui all'articolo 17, comma 1, lettera n-*bis*). Per le imposte versate sui canoni venuti a scadenza e non percepiti come da accertamento avvenuto nell'ambito del procedimento giurisdizionale di convalida di sfratto per morosità è riconosciuto un credito di imposta di pari ammontare.
Nei casi di contitolarità della proprietà o altro diritto reale sull'immobile o di coesistenza di più diritti reali su di esso il reddito fondiario concorre a formare il reddito complessivo di ciascun soggetto per la parte corrispondente al suo diritto.
Se il possesso dell'immobile è stato trasferito, in tutto o in parte, nel corso del periodo di imposta, il reddito fondiario concorre a formare il reddito complessivo di ciascun soggetto proporzionalmente alla durata del suo possesso.
I redditi fondiari si suddividono in redditi dominicale, agrario o da fabbricato, a seconda che il possesso riguardi terreni o fabbricati.
In particolare, per quanto riguarda i **terreni** (anche se non tutti producono reddito fondiario, perché sono ad esempio esclusi i terreni dati in affitto per uso non agricolo, le pertinenze di fabbricati urbani, quelli strumentali all'attività di impresa commerciale, che producono altre categorie reddituali), il legislatore ha individuato le sotto-categorie di:

- **reddito dominicale** (§ 6.1.), costituito dal reddito medio ordinario ritraibile dal terreno attraverso l'esercizio delle attività agricole;
- **reddito agrario** (§ 6.2.), cioè del reddito dell'imprenditore agricolo e deriva dallo sfruttamento effettivo del fondo. È costituito dalla parte di reddito medio ordinario dei terreni imputabile al capitale di esercizio e al lavoro di organizzazione della produzione impiegati nell'esercizio delle attività agricole sul terreno.

Per quanto riguarda i **fabbricati** (§ 6.3.), si individua la categoria del **reddito dei fabbricati**, cioè del reddito medio ordinario ricavabile da ciascuna unità immobiliare urbana, cioè quello che deriva dal possesso a titolo di proprietà, usufrutto o di altro diritto reale di costruzioni di qualsiasi specie.

► 6.1. Reddito dominicale (artt. 27-31)

Il **reddito dominicale** è costituito dalla **parte dominicale del reddito medio ordinario ritraibile dal terreno attraverso l'esercizio delle attività agricole** di cui all'art. 29.
Non si considerano produttivi di reddito dominicale i terreni che costituiscono pertinenze di fabbricati urbani, quelli dati in affitto per usi non agricoli, nonché quelli produttivi di reddito di impresa di cui alla lettera c) del comma 2 dell'art. 51.
Il reddito dominicale è determinato mediante l'applicazione di tariffe d'estimo stabilite, secondo le norme della legge catastale, per ciascuna qualità e classe di terreno. Le tariffe d'estimo sono sottoposte a revisione quando se ne manifesti l'esigenza per sopravvenute variazioni nelle quantità e nei prezzi dei prodotti e dei mezzi di produzione o nell'organizzazione e strutturazione aziendale, e comunque ogni dieci anni.

► 6.2. Reddito agrario (artt. 32-35)

Il **reddito agrario** è costituito dalla parte del **reddito medio ordinario dei terreni imputabile al capitale d'esercizio e al lavoro di organizzazione impiegati, nei limiti della potenzialità del terreno, nell'esercizio di attività agricole su di esso.** Tale tipologia di reddito esprime la remunerazione del lavoro di organizzazione dell'attività agricola e del capitale impiegato ed è imputato al soggetto che svolge l'attività agricola sul terreno, anche in forza di un diritto personale di godimento (affitto). È determinato mediante l'applicazione di tariffe d'estimo stabilite per ciascuna qualità e classe secondo le norme della legge catastale.
Sono considerate attività agricole, ai sensi dell'art. 32:

- le attività dirette alla coltivazione del terreno, e alla silvicoltura;
- l'allevamento di animali con mangimi ottenibili per almeno un quarto dal terreno e le attività dirette alla produzione di vegetali tramite l'utilizzo di strutture fisse o mobili, anche provvisorie, se la superficie adibita alla produzione non eccede il doppio di quella del terreno su cui la produzione stessa insiste;
- le attività di cui all'art. 2135, co. 3, c.c., dirette alla manipolazione, conservazione, trasformazione, commercializzazione e valorizzazione, ancorché non svolte sul terreno, di prodotti ottenuti prevalentemente dalla coltivazione del fondo o del bosco o dall'allevamento di animali, con riferimento ai beni individuati, ogni due anni con decreto del Ministro dell'economia e delle finanze su proposta del Ministro delle politiche agricole e forestali.

Le ultime due attività sono considerate produttive di reddito agrario solo qualora siano rispettati i **limiti quantitativi** previsti dal TUIR (e da fonti regolamentari) che attengono soprattutto alle modalità con cui sono esercitate (es. i mangimi utilizzati per gli animali, che devono derivare per almeno 1/4 dal terreno; il rapporto tra superficie delle strutture fisse o mobili in rapporto a quella del terreno su cui insiste). Qualora simili limiti siano superati, l'attività genererà reddito di impresa e si applicheranno le relative regole di determinazione (artt. 56 e 56-*bis* TUIR).
Se il terreno **è dato in affitto per uso agricolo, il reddito agrario concorre a formare il reddito complessivo dell'affittuario,** anziché quello del possessore, a partire dalla data in cui ha effetto il contratto. Nei casi di conduzione associata, il reddito agrario concorre a formare il reddito complessivo di ciascun associato per la quota di sua spettanza. Il possessore del terreno o l'affittuario deve allegare alla dichiarazione dei redditi un atto sottoscritto da tutti gli associati dal quale risultino la quota del reddito agrario spettante a ciascuno e la decorrenza del contratto. Mancando la sottoscrizione anche di un solo associato o l'indicazione della ripartizione del reddito si presume che questo sia ripartito in parti uguali.

► 6.3. Reddito dei fabbricati (artt. 36-43)

Il **reddito dei fabbricati** è costituito dal **reddito medio ordinario ritraibile da ciascuna unità immobiliare urbana.** Per unità immobiliari urbane si intendono i fabbricati e le altre costruzioni stabili o le loro porzioni suscettibili di reddito autonomo. Le aree occupate dalle costruzioni e quelle che ne costituiscono pertinenze si considerano parti integranti delle unità immobiliari.

Non si considerano produttive di reddito, se non sono oggetto di locazione, le unità immobiliari destinate esclusivamente all'esercizio del culto, compresi i monasteri di clausura, purché compatibile con le disposizioni degli articoli 8 e 19 della Costituzione e le loro pertinenze. Non si considerano, altresì, produttive di reddito le unità immobiliari per le quali sono state rilasciate licenze, concessioni o autorizzazioni per restauro, risanamento conservativo o ristrutturazione edilizia, limitatamente al periodo di validità del provvedimento durante il quale l'unità immobiliare non è comunque utilizzata.
Il reddito medio ordinario delle unità immobiliari è determinato mediante l'applicazione **delle tariffe d'estimo**, stabilite secondo le norme della legge catastale per ciascuna categoria e classe, ovvero, per i fabbricati a destinazione speciale o particolare, mediante stima diretta. Esistono però delle **deroghe**, in quanto si prevede che:

- quando l'immobile è dato in locazione ed il canone risultante dal contratto (ridotto del 5% forfettariamente) sia superiore alla rendita catastale, il reddito imponibile sia pari al canone di locazione ridotto del 5% (art. 37 TUIR);
- maggiori riduzioni sono previste in ipotesi di immobile dato in locazione a canone convenzionato; di immobile d'interesse storico artistico; di immobile locato in determinati Comuni;
- per le unità immobiliari non locate (art. 41 TUIR) è disposta una maggiorazione di 1/3 della rendita catastale.

Infine, occorre considerare la vigenza di un regime opzionale di tassazione (**c.d. *cedolare secca***) dei redditi derivanti dalla locazione degli immobili ad uso abitativo (e loro pertinenze), riservato alle persone fisiche (art. 3, d.lgs. n. 23/2011), che si sostanzia nell'assoggettamento ad una imposta sostitutiva con aliquota del 21% (del 10% per locazioni a canone concordato) che esaurisce il prelievo fiscale non solo ai fini Irpef, ma anche ai fini di altri tributi (registro e bollo).
Il reddito delle unità immobiliari non ancora iscritte in catasto è determinato comparativamente a quello delle unità similari già iscritte. Non si considerano produttivi di reddito fondiario gli immobili relativi ad imprese commerciali e quelli che costituiscono beni strumentali per l'esercizio di arti e professioni.

7. Redditi di capitale (artt. 44-48)

Il **reddito di capitale** deriva dall'impiego di un capitale ed è rilevante non nel periodo d'imposta in cui esso matura ma nel periodo d'imposta in cui esso viene percepito (**principio di cassa**).
Sono redditi di capitale, a norma dell'art. 44 TUIR:

- gli interessi e altri proventi derivanti da mutui, depositi e conti correnti;
- gli interessi e gli altri proventi delle obbligazioni e titoli similari, degli altri titoli diversi dalle azioni e titoli similari, nonché dei certificati di massa;
- le rendite perpetue e le prestazioni annue perpetue di cui agli articoli 1861 e 1869 del codice civile;
- i compensi per prestazioni di fideiussione o di altra garanzia;
- i proventi derivanti da prestiti erogati per il tramite di piattaforme di prestiti per soggetti finanziatori non professionali (piattaforme di Peer to Peer Lending) gestite da società iscritte all'albo degli intermediari finanziari, o da istituti di pagamento rientranti nell'ambito di applicazione dell'art. 114 del testo unico di cui al decreto legislativo n. 385 del 1993, autorizzati dalla Banca d'Italia;
- gli utili derivanti dalla partecipazione al capitale o al patrimonio di società ed enti soggetti all'imposta sul reddito delle società, salvo il disposto della lettera d) del comma 2 dell'articolo 53; è ricompresa tra gli utili la remunerazione dei finanziamenti eccedenti di cui all'articolo 98 direttamente erogati dal socio o dalle sue parti correlate, anche in sede di accertamento;
- gli utili derivanti da associazioni in partecipazione e dai contratti indicati nel primo comma dell'articolo 2554 del codice civile, salvo il disposto della lettera c) del comma 2

dell'articolo 53;
- i proventi derivanti dalla gestione, nell'interesse collettivo di pluralità di soggetti, di masse patrimoniali costituite con somme di denaro e beni affidati da terzi o provenienti dai relativi investimenti;
- i proventi derivanti da riporti e pronti contro termine su titoli e valute;
- i proventi derivanti dal mutuo di titoli garantito;
- i redditi compresi nei capitali corrisposti in dipendenza di contratti di assicurazione sulla vita e di capitalizzazione;
- i redditi derivanti dai rendimenti delle prestazioni pensionistiche di cui alla lettera h-bis) del comma 1 dell'articolo 50 erogate in forma periodica e delle rendite vitalizie aventi funzione previdenziale;
- i redditi imputati al beneficiario di trust ai sensi dell'articolo 73, comma 2, anche se non residenti;
- gli interessi e gli altri proventi derivanti da altri rapporti aventi per oggetto l'impiego del capitale, esclusi i rapporti attraverso cui possono essere realizzati differenziali positivi e negativi in dipendenza di un evento incerto.

Non costituiscono **redditi di capitale** *(i)* i redditi derivanti da operazioni di investimento del capitale incerti nell'*an* e nel *quantum* (es. plusvalenze), le quali rientrano nella categoria redditi diversi; *(ii)* i redditi di capitale conseguiti nell'esercizio di attività d'impresa, i quali, in virtù del principio di attrazione, sono qualificati all'interno della categoria dei redditi d'impresa.

Il reddito di capitale è imputato a colui cui è giuridicamente riferibile il provento, ossia che ha il diritto a percepirlo, alla luce della specifica posizione negoziale, ed è assoggettato ai regimi delle ritenute alla fonte (a titolo di acconto ed a titolo di imposta, a seconda soprattutto dello *status* del soggetto emittente e/o percettore) e delle imposte sostitutive. Si prevede l'aliquota ordinaria nella misura del 26%, salvo la minore aliquota del 12,5% (prevista per i titoli di Stato italiani ed equiparati).

I redditi da capitale sono tassati **per cassa** (che impone di tassare il reddito solo al momento della sua effettiva percezione) e **al lordo**, in quanto non sono ammesse deduzioni di eventuali costi sopportati per conseguire il reddito.

▶ 7.1. La tassazione dei dividendi da partecipazione

Si tratta dei proventi che derivano dalla distribuzione degli utili di una società ai soci persone fisiche. Nel caso in cui il socio sia una persona fisica che **non opera in regime di impresa**, si differenzia(va) il trattamento fiscale a seconda della rilevanza della partecipazione.

Si distingue(va) tra:

- **partecipazione non qualificata**: tale partecipazione è soggetta alla **ritenuta alla fonte a titolo d'imposta** (o definitiva) da parte del sostituto d'imposta con un'aliquota del 26%;
- **partecipazione qualificata**: tale partecipazione concorreva a formare il reddito complessivo del socio nella misura del 49,72%.

  La Legge di Bilancio 2018, Bilancio di previsione dello Stato per l'anno finanziario 2018 e bilancio pluriennale per il triennio 2018-2020 (L. 27 dicembre 2017, n. 205 pubblicata nella G.U. n. 302 del 29/12/2017), ha previsto che ai redditi di capitale e ai redditi diversi conseguiti da persone fisiche al di fuori dell'esercizio dell'attività d'impresa, in relazione al possesso e alla cessione di partecipazioni societarie qualificate, si applica una ritenuta a titolo d'imposta con aliquota al 26%, analogamente a quanto previsto per le partecipazioni non qualificate. Le nuove norme si applicano ai redditi di capitale percepiti a partire dal 1° gennaio 2018 e ai redditi diversi realizzati a decorrere dal 1° gennaio 2019.

Nel caso in cui il socio sia una persona fisica che **opera in regime di impresa** si applicheranno:

- le aliquote IRPEF ordinarie su una base imponibile pari al 58,14%, con un'esenzione al 41,86%, se si tratta di una **partecipazione qualificata**;
- la ritenuta alla fonte a titolo di imposta del 15% se la partecipazione qualificata è detenuta da persone fisiche non titolari di P.IVA residenti all'estero.

Concorrono, inoltre, per intero alla formazione del reddito imponibile gli utili relativi al possesso di partecipazioni dirette in società residenti in Paesi o territori a regime fiscale privilegiato. Viene fatta salva l'ipotesi che sia dimostrato che dalle partecipazioni non sia conseguito l'effetto di localizzare i redditi in Stati o territori sottoposti a regimi fiscali privilegiati.
Nel caso in cui i dividendi vengano distribuiti a una **società semplice**, per effetto della modifica apportata dall'art, 32-*quater* del d.l. n. 124/2019, sono stati esclusi dalla formazione del reddito complessivo, per il 95% del loro ammontare, i dividendi corrisposti alle società semplici da soggetti IRES. A seguito della riforma, il trattamento di tali utili è il seguente:

- se il socio della Società semplice che ha ricevuto gli utili è una persona fisica che non ha agito nell'esercizio di impresa, i dividendi sono soggetti alla ritenuta del 26%;
- se il socio della società semplice è un imprenditore individuale o una società di persone residenti in Italia, è escluso dalla tassazione il 41,86% dell'importo mentre è soggetto a tassazione il 58,14%. L'aliquota d'imposta da applicare varia in ragione del reddito che il soggetto realizza nell'anno;
- se il socio della società semplice che ha percepito gli utili è una società di capitali residente, dalla quota è escluso il 95% dall'ammontare e restano imponibili gli utili per il 5% dell'importo che residua.

Se il contribuente persona fisica è **socio di una società di persone** (o di una società a responsabilità limitata che ha optato per il regime della trasparenza) si applica il così detto **regime della trasparenza**: in questo caso gli utili risultanti dal bilancio **sono imputati direttamente ai soci a prescindere dall'effettiva distribuzione.**

8. Redditi da lavoro dipendente (artt. 49-52): il vincolo di subordinazione e il principio di onnicomprensività

I **redditi da lavoro dipendente** sono quelli che derivano da **rapporti aventi per oggetto la prestazione di lavoro, con qualsiasi qualifica, alle dipendenze e sotto la direzione di altri**, compreso il lavoro a domicilio quando è considerato lavoro dipendente secondo le norme della legislazione sul lavoro. Costituiscono, altresì, redditi di lavoro dipendente: a) le pensioni di ogni genere e gli assegni ad esse equiparati; b) le somme di cui all'art. 429, ultimo comma, del codice di procedura civile. Fondamentale, dunque, è l'esistenza di un **vincolo di subordinazione** del contribuente nello svolgimento di un rapporto di lavoro, il quale (contribuente) risulta identificato sulla base della posizione negoziale ricoperta relativamente all'attività svolta.
Si considerano redditi da lavoro dipendente tutte le somme e i valori in genere, a qualunque titolo percepiti nel periodo d'imposta, anche sotto forma di erogazioni liberali, in relazione al rapporto di lavoro. Tale principio prende il nome di **principio di onnicomprensività**, e sta appunto a significare che sono ricompresi in tale categoria reddituale anche, a titolo esemplificativo, le liberalità del datore di lavoro; i compensi ricevuti sotto forma di partecipazione agli utili; *i fringe benefit*.
Ai sensi dell'art. 50 TUIR, sono **redditi assimilati a quelli di lavoro dipendente** le fattispecie reddituali non riconducibili specificatamente alla fattispecie prevista dall'art. 49 TUIR ma che il legislatore sottopone alle regole fiscali di tale categoria. A titolo esemplificativo sono ricompresi in questa categoria di reddito:

- compensi percepiti, entro i limiti dei salari correnti maggiorati del 20%, dai lavoratori soci delle cooperative di produzione e lavoro, delle cooperative di servizi, delle cooperative

agricole e di prima trasformazione dei prodotti agricoli e delle cooperative della piccola pesca;
- somme percepite a titolo di borsa di studio o di assegno, premio o sussidio per fini di studio o di addestramento professionale, se il beneficiario non è legato da rapporti di lavoro dipendente nei confronti del soggetto erogante;
- le remunerazioni dei sacerdoti, di cui agli articoli 24, 33, lettera a) e 34 della legge 20 maggio 1985, n. 222, nonché le congrue e i supplementi di congrua di cui all'art. 33, primo comma, della legge 26 luglio 1974, n. 343;
- le rendite vitalizie e le rendite a tempo determinato, costituite a titolo oneroso, diverse da quelle aventi funzione previdenziale.

▶ 8.1. Tassazione dei redditi da lavoro dipendente (art. 52)

Il **reddito di lavoro dipendente** è costituito da tutte le somme e i valori in genere, a qualunque titolo percepiti nel periodo d'imposta, anche sotto forma di erogazioni liberali, in relazione al rapporto di lavoro. Si considerano percepiti nel periodo d'imposta anche le somme e i valori in genere, corrisposti dai datori di lavoro entro il giorno 12 del mese di gennaio del periodo d'imposta successivo a quello cui si riferiscono. Il reddito di lavoro dipendente è determinato al **lordo**, senza la possibilità di dedurre alcuna spesa sostenuta per la produzione, e in base al **principio di cassa**.
Non concorrono a formare il reddito, a titolo esemplificativo:

- i contributi previdenziali e assistenziali versati dal datore di lavoro o dal lavoratore in ottemperanza a disposizioni di legge;
- le somministrazioni di vitto da parte del datore di lavoro nonché quelle in mense organizzate direttamente dal datore di lavoro o gestite da terzi; le prestazioni sostitutive delle somministrazioni di vitto fino all'importo complessivo giornaliero di euro 4, aumentato a euro 8 nel caso in cui le stesse siano rese in forma elettronica; le indennità sostitutive delle somministrazioni di vitto corrisposte agli addetti ai cantieri edili, ad altre strutture lavorative a carattere temporaneo o ad unità produttive ubicate in zone dove manchino strutture o servizi di ristorazione fino all'importo complessivo giornaliero di euro 5,29;
- le prestazioni di servizi di trasporto collettivo alla generalità o a categorie di dipendenti; anche se affidate a terzi ivi compresi gli esercenti servizi pubblici.

Il reddito di lavoro dipendente è **oggetto di una specifica detrazione** (art. 13 TUIR), avente la funzione di riequilibrare il trattamento di tale tipologia reddituale (in quanto determinata al lordo) rispetto agli altri redditi "da attività" (reddito di lavoro autonomo e d'impresa, che sono determinati al netto).
I compensi erogati a titolo di lavoro dipendente sono assoggettati a **ritenuta alla fonte a titolo d'acconto**, in virtù del meccanismo della sostituzione di imposta, in base alle aliquote del presumibile reddito annuo del soggetto.

9. Redditi da lavoro autonomo (artt. 53-54)

I **redditi da lavoro autonomo** derivano dall'esercizio di arti e professioni, cioè dall'esercizio per professione abituale, ancorché non esclusiva, di attività di lavoro autonomo diverse da quelle di impresa o di lavoro dipendente.
I tratti qualificanti, dunque, sono:

- **professionalità** dell'attività, che identifica la categoria e che si ricava in termini residuali rispetto all'attività di impresa commerciale. Assumono natura di redditi di lavoro autonomo quelli derivanti dall'esercizio delle professioni c.d. liberali;
- **abitualità**, in quanto l'attività professionale, anche se svolta in forma associata, deve avere il carattere di regolarità e sistematicità e non può essere occasionale. Se l'attività è svolta senza il carattere della abitualità e, dunque, in forma occasionale, il provento costituisce una fattispecie di redditi diversi (art. 67, lett. l), TUIR);

- **autonomia**, in quanto non deve esistere alcun vincolo di subordinazione nei confronti di terzi;
- se l'attività professionale, ancorché non esclusiva, è svolta con l'elemento dell'organizzazione, allora il soggetto produce reddito di impresa.

Ai sensi dell'art. 53, co. 2, sono inoltre redditi di lavoro autonomo:

a) i redditi derivanti dalle prestazioni sportive professionistiche non occasionali, oggetto di contratto di lavoro non subordinato;
b) i redditi derivanti dalla utilizzazione economica, da parte dell'autore o inventore, di opere dell'ingegno, di brevetti industriali e di processi, formule o informazioni relativi ad esperienze acquisite in campo industriale, commerciale o scientifico, se non sono conseguiti nell'esercizio di imprese commerciali;
c) le partecipazioni agli utili di cui alla lettera f) del comma 1 dell'art. 41 quando l'apporto è costituito esclusivamente dalla prestazione di lavoro;
d) le partecipazioni agli utili spettanti ai promotori e ai soci fondatori di società per azioni, in accomandita per azioni e a responsabilità limitata;
e) le indennità per la cessazione di rapporti di agenzia;
f) i redditi derivanti dall'attività di levata dei protesti esercitata dai segretari comunali ai sensi della legge 12 giugno 1973, n. 349;
f-bis) le indennità corrisposte ai giudici onorari di pace e ai viceprocuratori onorari (art. 53, comma 2, come modificato, da ultimo, dal D.Lgs. 28 febbraio 2021, n. 36).

▶ 9.1. Determinazione dei redditi da lavoro autonomo (art. 54)

Il reddito derivante dall'esercizio di arti e professioni è determinato al **netto** e sulla base del **principio di cassa** ed è, infatti, costituito dalla differenza tra l'ammontare dei compensi in denaro o in natura percepiti nel periodo di imposta, anche sotto forma di partecipazione agli utili, e quello delle spese sostenute nel periodo stesso nell'esercizio dell'arte o della professione. I compensi sono computati al netto dei contributi previdenziali e assistenziali stabiliti dalla legge a carico del soggetto che li corrisponde.
Inoltre, si tratta di una tipologia reddituale che comporta (salvo talune eccezioni) l'obbligo di **tenuta della contabilità**, per garantire una più sicura e corretta determinazione del reddito, cui corrispondono specifiche metodologie accertative.
I redditi di lavoro autonomo sono assoggettati a ritenuta alla fonte a titolo d'acconto (che diviene a titolo d'imposta quando il percettore non è residente), salvo l'adesione a particolari regimi di favore, che permettono l'applicazione di un'imposta sostitutiva dell'IRPEF con aliquote nettamente più basse e al di fuori dalla logica della progressività (ad esempio, il regime forfettario di cui si darà conto al §13).

10. Redditi d'impresa (art. 55-66)

La disciplina del **reddito di impresa** è ripartita tra il:

i. Titolo I, Capo VI (relativo all'imposta sul reddito delle persone fisiche), agli artt. 55-66; e il
ii. Titolo II (relativo all'imposta sul reddito delle società), agli artt. 72 ss., d.P.R. n. 917/1986.

Con la riforma del 2004 è stato deciso di trasporre la disciplina di dettaglio della determinazione del reddito di impresa all'interno del Titolo II e di non lasciarla all'interno dell'IRPEF. Nella parte dell'IRPEF (artt. 55-66) sono dettate alcune norme che adattano la disciplina IRES al caso specifico dell'imprenditore individuale. Lo stesso art. 56, infatti, rimanda al Titolo II, il quale contiene norme che valgono anche per gli imprenditori individuali e per le società di persone.

A fini IRPEF viene fornita la definizione di impresa commerciale; ciò è necessario perché per le persone fisiche, a differenza delle società, va definita la fonte del reddito. Per le società commerciali, invece, i redditi comunque prodotti sono sempre redditi di impresa (cd. principio di attrazione, come si dirà).
L'art. 55 TUIR definisce il reddito d'impresa come quello derivante dall'**esercizio di imprese *commerciali***, ossia dall'esercizio per professione abituale, ancorché non esclusiva, delle attività indicate dall'art. 2195 c.c. anche se non organizzate in forma di impresa. Sono richiesti, pertanto, i seguenti requisiti:

i. il requisito della **professionalità/abitualità**, il quale indica un esercizio non occasionale dell'attività (che altrimenti integrerebbe una fattispecie di reddito diverso *ex* art. 67, co. 1, lett. i), TUIR);
ii. il requisito della **commercialità**, che è riferito all'oggetto dell'attività, per rinvio all'art. 2195 c.c. La commercialità presuppone il carattere della **economicità**, intesa quale modello di gestione che determina la idoneità dei proventi almeno a remunerare i fattori della produzione, all'interno di un assetto corrispettivo. Sono considerate commerciali, ai fini fiscali:
    - le stesse attività che lo sono civilisticamente, cioè l'attività industriale diretta alla produzione di beni e servizi, l'attività intermediaria nella circolazione dei beni, l'attività di trasporto, l'attività bancaria o assicurativa, le attività a queste ausiliarie;
    - l'attività agricola è idonea a realizzare la categoria reddituale d'impresa solo qualora si superino i limiti fissati dall'art. 32, comma 2, lett. b), c), TUIR;
    - i redditi dei terreni, per la parte derivante dall'esercizio delle attività agricole di cui all'articolo 32, pur se nei limiti ivi stabiliti, ove spettino alle società in nome collettivo e in accomandita semplice nonché alle stabili organizzazioni di persone fisiche non residenti esercenti attività di impresa;
    - i redditi derivanti dall'attività di sfruttamento di miniere, cave, torbiere, saline, laghi, stagni e altre acque interne;
iii. l'elemento della **organizzazione**, che è ciò che distingue la **nozione fiscale** di impresa commerciale da quella **civilistica**. Se l'attività esercitata è di tipo commerciale e svolta per professione abituale, la stessa produce reddito di impresa *anche se non esercitata in forma di impresa*, con la conseguenza che l'organizzazione diviene così del tutto irrilevante e, per tale ragione, si attraggono nell'area della impresa fiscale una **serie di attività** che civilisticamente non lo sarebbero.

In ogni caso, **l'organizzazione in forma di impresa** assume invece rilievo qualora l'attività esercitata, per professione abituale, sia una *prestazione di servizi* non rientrante nell'art. 2195 c.c. (**art. 55, comma 2, lett. a), TUIR**). Tale ultima previsione delinea i confini tra reddito di impresa e reddito di lavoro autonomo.
I caratteri dell'*impresa commerciale* contenuti nell'art. 55 TUIR sono sicuramente riferibili:

a) **alla persona fisica** che, per poter essere qualificata come imprenditore ai fini fiscali, deve porre in essere una attività avente concretamente i requisiti di cui sopra;
b) **all'ente non commerciale**.

Diverso ragionamento deve essere effettuato per le **società commerciali** (di persone o di capitali, ai sensi dell'art. 2249 c.c.) per le quali, ai sensi degli artt. 6, comma 3 e 81, TUIR, è previsto che i relativi redditi, da qualunque fonte provengano e quale che sia l'oggetto, siano sempre considerati quali redditi di impresa (principio di attrazione).

▶ 10.1. Determinazione dei redditi d'impresa e i suoi principi: derivazione dal conto economico; inerenza; competenza; attrazione

Il reddito d'impresa è un reddito *(i)* **determinato al netto**, in quanto si ricava dalla differenza algebrica tra componenti positive e negative, ed è *(ii)* legato da un **nesso di derivazione con il conto economico civilistico**, essendo il reddito di impresa determinato assumendo come base l'utile o la perdita risultante dal conto economico e apportando le **variazioni in aumento o in diminuzione** conseguenti all'applicazione delle specifiche norme fiscali (art. 83 TUIR).
Fermo il rinvio al successivo Capitolo 15 per la specifica sulle singole componenti di reddito che vengono in rilievo per la determinazione della base imponibile, in questa sede verranno richiamati i **principi** in base ai quali deve essere determinato il reddito d'impresa, con richiamo alle disposizioni in tema di IRES (salve sempre le specificità previste dagli art. 57-66 TUIR per l'IRPEF).
L'**art. 83 TUIR** è una disposizione centrale, dalla quale emerge il **principio di derivazione (o dipendenza, o previa imputazione a conto economico)**. Il legislatore, per calcolare il reddito derivante dall'attività d'impresa, ha dato rilevanza al conto economico civilistico, che tra i documenti che costituiscono il bilancio (insieme allo stato patrimoniale e alla nota integrativa) è quello che registra **la dinamicità dell'impresa**, il suo andamento nel corso del periodo, gli arricchimenti che si sono realizzati e, quindi, è quello che maggiormente si presta a essere usato ai fini fiscali, perché il reddito coglie gli elementi di arricchimento.
Il principio di derivazione afferma che per calcolare il reddito di impresa, occorre partire dagli utili e dalle perdite d'esercizio e si apportano a questi le **variazioni fiscali in aumento o in diminuzione** (cioè quelle modifiche che emergono a seguito dell'applicazione, ai risultati del conto economico, delle norme fiscali). A mero titolo esemplificativo, si realizza una *variazione in aumento* se la norma fiscale permette l'eliminazione o la riduzione di un componente negativo; si realizza una *variazione in diminuzione*, invece, se la norma fiscale comporta l'eliminazione o la riduzione di un componente positivo dal conto economico. La *ratio* della variazione risiede nella consapevolezza che la rilevanza di talune componenti valutata a fini civilistici, può non essere la stessa del legislatore fiscale; ciò in quanto le grandezze fiscalmente rilevanti sono misurate con criteri diversi.
È opportuno specificare come, in ogni caso, si tratti di una **dipendenza/derivazione parziale** perché il reddito fiscalmente rilevante non si identifica *tout court* con il risultato del conto economico, ma è la risultante delle variazioni apportate a quel risultato.
Sempre l'**art. 83 TUIR** prevede che *(i)* per i soggetti che redigono il bilancio in base ai principi contabili internazionali (IAS); e *(ii)* per i soggetti che redigono il bilancio in conformità alle disposizioni del codice civile, si applica la regola della **derivazione rafforzata** e, quindi, per tali soggetti si applicano i **principi contabili nazionali** e non si applicano i principi fiscali. I principi contabili nazionali sono delle regole unitarie di qualificazione delle vicende dell'impresa, che forniscono una lettura omogenea del conto economico.
Corollario della determinazione del reddito di impresa è quello di cui all'**art. 84 TUIR** che prevede il trattamento delle **perdite fiscali**, cioè quelle che risultano ad esito delle variazioni fiscali che l'art. 83 impone per la determinazione del reddito. La norma prevede che la perdita fiscale può essere portata in compensazione del reddito dell'anno successivo o degli anni successivi ma nei limiti dell'80% del reddito stesso, dovendo rimanere tassabile almeno il 20% (salvo si tratti di *start up*, per le quali la norma prevede che le perdite possono essere utilizzate al 100% nei primi 3 periodi di imposta). La *ratio* del riporto in avanti delle perdite è quella di fornire una puntuale misurazione del reddito prodotto.
Inoltre, l'art. 109, co. 4 TUIR prevede che le spese e le componenti negative non sono ammesse in deduzione se non nella misura in cui risultano da conto economico di competenza; il principio di dipendenza dice che per dedurre una componente negativa di reddito, questa deve previamente transitare dal conto economico (tale regola, ai sensi del precedente comma 3, non vale anche per le componenti positive).
Con riferimento ai criteri generali di determinazione del reddito di impresa, in base ai quali operare le variazioni rispetto al risultato contabile, si segnala anche il **principio di inerenza (art. 109, co. 5 TUIR)**, il quale disciplina il *principio di correlazione* tra costi deducibili (le spese e altre componenti negative di reddito, ad eccezione degli interessi passivi che sono deducibili a prescindere dall'inerenza) e ricavi tassabili per il reddito di impresa. Quello di inerenza è *principio immanente* che ammette che si possano *dedurre solo i costi necessari a produrre quel reddito*: la regola della determinazione del reddito di impresa al netto esige, infatti, come corollario che siano deducibili solo quei costi che sono serviti per produrlo. Non è richiesta una correlazione stretta tra il costo e il ricavo, ma solo tra il costo e l'attività, nel senso che deve essere riconducibile al progetto imprenditoriale.

Lo stesso **art. 109 del TUIR, ai commi 1 e 2** prevede il **principio di competenza**, che rappresenta un criterio di imputazione temporale dei componenti del reddito d'impresa, in base al quale i componenti reddituali concorrono a formare il reddito nell'esercizio in cui sorge il diritto o l'obbligo, sempre che siano **certi e determinabili in modo obiettivo**, e non nel momento di effettiva percezione ed erogazione. Il comma 2 introduce una serie di criteri di specificazione della competenza, con riferimento *(a)* ai corrispettivi delle cessioni di beni (i quali, ove la cessione ha ad oggetto *beni mobili*, questi si ritengono essere stati conseguiti alla data di consegna o spedizione; mentre ove la cessione ha ad oggetto *beni immobili*, questi si ritengono essere stati conseguiti alla data di stipulazione dell'atto, ma se la stipula è successiva, vale la data in cui si verifica l'evento traslativo); *(b)* ai corrispettivi per le prestazioni di servizi, i quali si considerano conseguiti alla data in cui le prestazioni sono ultimate; per quelle dipendenti dai cd. contratti di durata, rileva la data di maturazione dei corrispettivi
Infine, vi è il **principio di attrazione**, in base al quale i proventi di immobili e di investimenti in capitale relativi all'impresa, ancorché in grado di produrre autonome categorie reddituali (in particolare, fondiari, di capitale, diversi), sono riqualificati in termini di componenti del reddito di impresa.

11. Redditi diversi (art. 67)

I redditi, impropriamente detti residuali, che non rientrano nelle altre categorie di redditi, sono chiamati **redditi diversi** e sono tassativamente elencati nell'art. 67 TUIR (come modificato dalla **Legge di Bilancio 2022**, n. 234/2021); non costituiscono redditi di capitale ovvero non sono conseguiti nell'esercizio di arti e professioni o di imprese commerciali o da società in nome collettivo e in accomandita semplice, né in relazione alla qualità di lavoratore dipendente.
Costituiscono una **categoria disomogenea**, in quanto in essa sono comprese una serie di fattispecie non accomunabili tra loro sul piano strutturale e che non trovano collocazione in altre categorie reddituali. Ciononostante, questa **non** rappresenta una vera e propria **categoria *di chiusura*** (non è infatti presente una disposizione che preveda la rilevanza reddituale, in termini aperti, di "*ogni altro reddito*" ed incremento patrimoniale non compreso nelle altre categorie).
I presupposti di tale categoria sono che:

- il percettore sia persona fisica;
- il reddito non sia di lavoro autonomo, d'impresa o di lavoro dipendente;
- sono redditi occasionali e aleatori, incerti nell'*an* e nel *quantum*.

A titolo esemplificativo sono redditi diversi:

- le plusvalenze realizzate mediante la lottizzazione di terreni, o l'esecuzione di opere intese a renderli edificabili, e la successiva vendita, anche parziale, dei terreni e degli edifici;
- le plusvalenze realizzate mediante cessione a titolo oneroso di beni immobili acquistati o costruiti da non più di cinque anni, esclusi quelli acquisiti per successione e le unità immobiliari urbane che per la maggior parte del periodo intercorso tra l'acquisto o la costruzione e la cessione sono state adibite ad abitazione principale del cedente o dei suoi familiari, nonché, in ogni caso, le plusvalenze realizzate a seguito di cessioni a titolo oneroso di terreni suscettibili di utilizzazione edificatoria secondo gli strumenti urbanistici vigenti al momento della cessione. In caso di cessione a titolo oneroso di immobili ricevuti per donazione, il predetto periodo di cinque anni decorre dalla data di acquisto da parte del donante;
- le plusvalenze realizzate mediante cessione a titolo oneroso di partecipazioni qualificate. Costituisce cessione di partecipazioni qualificate la cessione di azioni, diverse dalle azioni di risparmio, e di ogni altra partecipazione al capitale od al patrimonio delle società di cui all'articolo 5, escluse le associazioni di cui al comma 3, lettera c), e dei soggetti di cui all'articolo 73, comma 1, lettere a), b) e d), nonché la cessione di diritti o titoli attraverso cui possono essere acquisite le predette partecipazioni, qualora le partecipazioni, i diritti o titoli ceduti rappresentino, complessivamente, una percentuale di diritti di voto esercitabili nell'assemblea ordinaria superiore al 2 o al 20 per cento ovvero una

partecipazione al capitale od al patrimonio superiore al 5 o al 25 per cento, secondo che si tratti di titoli negoziati in mercati regolamentati o di altre partecipazioni. Per i diritti o titoli attraverso cui possono essere acquisite partecipazioni si tiene conto delle percentuali potenzialmente ricollegabili alle predette partecipazioni. La percentuale di diritti di voto e di partecipazione è determinata tenendo conto di tutte le cessioni effettuate nel corso di dodici mesi, ancorché nei confronti di soggetti diversi. Tale disposizione si applica dalla data in cui le partecipazioni, i titoli ed i diritti posseduti rappresentano una percentuale di diritti di voto o di partecipazione superiore alle percentuali suindicate;
- le vincite delle lotterie, dei concorsi a premio, dei giochi e delle scommesse organizzati per il pubblico e i premi derivanti da prove di abilità o dalla sorte nonché quelli attribuiti in riconoscimento di particolari meriti artistici, scientifici o sociali;
- i redditi di natura fondiaria non determinabili catastalmente, compresi quelli dei terreni dati in affitto per usi non agricoli;
- i redditi di beni immobili situati all'estero;
- i redditi derivanti dall'utilizzazione economica di opere dell'ingegno, di brevetti industriali e di processi, formule e informazioni relativi ad esperienze acquisite in campo industriale, commerciale o scientifico, salvo il disposto della lettera b) del comma 2 dell'articolo 5;
- le indennità di trasferta, i rimborsi forfetari di spesa, i premi e i compensi erogati ai direttori artistici ed ai collaboratori tecnici per prestazioni di natura non professionale da parte di cori, bande musicali e filodrammatiche che perseguono finalità dilettantistiche, e quelli erogati nell'esercizio diretto di attività sportive dilettantistiche dal CONI, dalla società Sport e salute Spa, dalle Federazioni sportive nazionali, dall'Unione Nazionale per l'Incremento delle Razze Equine (UNIRE), dagli enti di promozione sportiva, dagli enti VSS (Verband der Südtiroler Sportvereine - Federazione delle associazioni sportive della Provincia autonoma di Bolzano) e USSA (Unione delle società sportive altoatesine) operanti prevalentemente nella provincia autonoma di Bolzano e da qualunque organismo, comunque denominato, che persegua finalità sportive dilettantistiche e che da essi sia riconosciuto. Tale disposizione si applica anche ai rapporti di collaborazione coordinata e continuativa di carattere amministrativo-gestionale di natura non professionale resi in favore di società e associazioni sportive dilettantistiche.

Le regole di determinazione della base imponibile delle diverse fattispecie sono eterogenee e disciplinate analiticamente dagli artt. 68-69 TUIR.

12. Redditi sottoposti a tassazione separata (art. 17)

Esistono talune tipologie reddituali percepite *una tantum* o a formazione pluriennale in un unico periodo d'imposta che non vengono ricomprese nella base imponibile IRPEF, ma vengono **tassate separatamente con aliquota secca**. Sono questi i redditi sottoposti a tassazione separata che fuoriescono dalla determinazione per scaglioni tradizionale.
La tassazione separata rappresenta un particolare meccanismo (opzionale) di calcolo del tributo previsto per un **elenco tassativo** di redditi a formazione pluriennale. La *ratio* della tassazione separata è quella di evitare, in taluni casi tassativamente previsti, che redditi a formazione pluriennale vengano tassati in un unico periodo di imposta, con evidenti storture: l'inclusione di essi nella base imponibile IRPEF di un unico anno, determinerebbe l'applicazione dello scaglione più alto (e quindi, l'applicazione dell'aliquota più alta), con evidenti **effetti eccessivamente gravosi** per il contribuente.
A titolo esemplificativo sono sottoposti a tassazione separata:

- indennità di fine rapporto (TFR);
- emolumenti arretrati per prestazioni di lavoro dipendente riferibili ad anni precedenti, percepiti per effetto di leggi, di contratti collettivi, di sentenze o di atti amministrativi

sopravvenuti o per altre cause non dipendenti dalla volontà delle parti;
- indennità percepite per la cessazione dei rapporti di collaborazione coordinata e continuativa, di cui al comma 2 dell'art. 49, se il diritto all'indennità risulta da atto di data certa anteriore all'inizio del rapporto nonché, in ogni caso, le somme e i valori comunque percepiti, al netto delle spese legali sostenute, anche se a titolo risarcitorio o nel contesto di procedure esecutive, a seguito di provvedimenti dell'autorità giudiziaria o di transazioni relativi alla risoluzione dei rapporti di collaborazione coordinata e continuativa;
- indennità per la cessazione di rapporti di agenzia delle persone fisiche e delle società di persone;
- indennità percepite per la cessazione da funzioni notarili;
- plusvalenze, compreso il valore di avviamento, realizzate mediante cessione a titolo oneroso di aziende possedute da più di cinque anni e redditi conseguiti in dipendenza di liquidazione, anche concorsuale, di imprese commerciali esercitate da più di cinque anni;
- indennità per perdita dell'avviamento spettanti al conduttore in caso di cessazione della locazione di immobili urbani adibiti ad usi diversi da quello di abitazione e indennità di avviamento delle farmacie spettanti al precedente titolare;
- indennità spettanti a titolo di risarcimento, anche in forma assicurativa, dei danni consistenti nella perdita di redditi relativi a più anni.

13. Regimi speciali agevolativi

I regimi speciali, sono regimi che:

i. realizzano il fenomeno della **fuga dalla progressività**;
ii. si applicano a seguito del **trasferimento in Italia** (con meccanismi agevolativi differenti) di particolari categorie di soggetti.

Nella prima categoria, ad esempio, rientra il **regime forfettario agevolato** (art. 1, co. 54-89, l. n. 190/2014, legge di bilancio per il 2015), riservato ai contribuenti che hanno conseguito nell'anno precedente ricavi ovvero percepito compensi fino ad un massimo di 85.000 euro, sempreché siano rispettate talune condizioni normativamente previste (ad esempio, le spese sostenute per personale dipendente o per lavoro accessorio non possono superare il limite di 20.000 euro). Al reddito così determinato si applica un'imposta sostitutiva dell'IRPEF del 15% (flat tax). Numerose sono le semplificazioni contabili:

- sono eliminati gli obblighi di tenuta dei libri contabili ai fini delle imposte sui redditi e dell'IVA e di registrazione dei documenti fiscali;
- -i contribuenti non subiscono ritenute;
- non si applica(va)no gli studi di settore e gli indici sintetici di affidabilità fiscale;
- ai fini IVA non si detrae e non si addebita per rivalsa l'imposta e si è esonerati dall'obbligo della dichiarazione e comunicazione annuale. Vanno però conservati i documenti ricevuti ed emessi e di certificazione dei corrispettivi.

Nella prima categoria rientra anche il **regime forfettario per gli enti non commerciali** previsto dall'art. 145 TUIR. In base a tale previsione gli enti non commerciali ammessi alla contabilità semplificata ai sensi dell'art. 18 del d.P.R. n. 600/1973, possono optare per la determinazione forfetaria del reddito d'impresa, applicando all'ammontare dei ricavi conseguiti nell'esercizio di attività commerciali i seguenti coefficienti di redditività:

a) per le attività di prestazioni di servizi:
   1. coefficiente del 15% per ricavi fino a euro 15.493, 71;
   2. coefficiente del 25% per ricavi da euro 15.493,71 fino a euro 309.874,14;

b) per le altre attività:
   1. coefficiente del 10% per ricavi fino a euro 25.822,84;
   2. coefficiente del 15% per ricavi da euro 25.822,84 fino a euro 516.456,90.

Per i contribuenti che esercitano contemporaneamente prestazioni di servizi e altre attività, il coefficiente si determina con riferimento all'ammontare dei ricavi relativi all'attività prevalente. In mancanza della distinta annotazione dei ricavi si considerano prevalenti le attività di prestazioni di servizi. Il regime forfetario previsto nel presente articolo si estende di anno in anno qualora i limiti indicati al comma 1 non vengano superati.
L'opzione è esercitata nella dichiarazione annuale dei redditi ed ha effetto dall'inizio del periodo d'imposta nel corso del quale è esercitata fino a quando non è revocata e comunque per un triennio. La revoca dell'opzione è effettuata nella dichiarazione annuale dei redditi ed ha effetto dall'inizio del periodo d'imposta nel corso del quale la dichiarazione stessa è presentata.
Nella prima categoria rientra, altresì, il **regime per gli enti del terzo settore non commerciali**, di cui all'art. 80 del d.lgs. n. 117/2017.
Nella seconda categoria, invece, rientra, ad esempio, il regime riservato ai **neoresidenti**. Tale regime è stato introdotto (ad opera della l. n. 232/2016) inserendo nel TUIR l'art. 24-*bis*, che prevede che tale regime opzionale sia applicabile alle persone fisiche che trasferiscono in Italia la propria residenza fiscale e che, per almeno nove degli ultimi dieci anni, abbiano avuto la residenza all'estero. È un regime fortemente agevolativo ed applicabile per un massimo di quindici anni, e si compone di un'imposizione forfettaria (fissa di 100.000 euro), oltre ad altri benefici fiscali, che esaurisce il prelievo annuo relativamente a tutti i redditi prodotti all'estero dal neoresidente.
La medesima *ratio* normativa di incentivo al trasferimento della residenza in Italia delle persone fisiche, si rinviene anche nel **regime sostitutivo** previsto (dalla legge di bilancio 2019) per i **titolari di pensione** estere che si trasferiscono in un Comune del Sud Italia (con popolazione inferiore ai 20 mila abitanti). Tali soggetti, in questo modo, possono godere di una tassazione del 7% su tutti i redditi esteri.
Infine, sempre all'interno della seconda categoria, si segnale il **regime speciale per "lavoratori impatriati" e per "docenti impatriati"** (d.lgs. n. 147/2015, c.d. "rientro dei cervelli" che, con le modifiche introdotte dal "decreto crescita" n. 34/2019 risulta applicabile anche agli atleti professionisti). Si prevede la tassazione sul 30% della base imponibile e il regime è applicabile a condizione che il soggetto beneficiario non sia stato residente in Italia nei due anni precedenti a quello di applicazione del regime e intenda rimanere in Italia per almeno due anni. Il regime si applica per cinque anni o dieci a seconda delle condizioni.

Capitolo 15
L'imposta sul reddito delle società (IRES)

SOMMARIO:

1. IRES

L'IRES è l'imposta sul reddito delle società; è contenuta nel d.p.r. 22 dicembre 1986 n. 917 (T.U.I.R) ed è un'imposta **periodica e proporzionale** che colpisce il reddito delle **società e di altri enti collettivi elencati nell'art. 73**; l'aliquota unica è del 24%. Nonostante per talune categorie di enti siano ammesse deduzioni e detrazioni, queste non sono in grado di riflettere il carattere della personalità tipico dell'IRPEF.

Il perimetro tra Irpef ed Ires è delimitato in base al soggetto che produce il reddito: se si tratta di una persona fisica, il reddito è tassato con IRPEF; se si tratta di un ente o di una società di capitali, il reddito è tassato con IRES.

Si richiama quanto detto al superiore §10, del Capitolo 14, per ciò che attiene la collocazione normativa delle disposizioni applicabili all'IRES e sui principi propri del reddito di impresa, salve le opportune precisazioni che si faranno anche in questa sede ai §§ 6 e 7.

2. Elementi strutturali dell'IRES

Gli **elementi strutturali** dell'IRES sono:

- **presupposto d'imposta** al verificarsi del quale sorge l'obbligo tributario, che nell'IRES è il possesso dei redditi in denaro o in natura rientranti nelle categorie indicate nell'articolo 6 da parte dei soggetti passivi previsti dall'art. 73 TUIR;
- **soggetti passivi**, sono quelli elencati nell'art. 73 TUIR (si veda successivo § 3);
- **base imponibile**, che si differenzia a seconda del soggetto passivo considerato e che, in via ordinaria, tiene conto dei principi di derivazione dal conto economico, di competenza quanto al profilo di imputazione temporale; di inerenza e di attrazione (si veda quanto ampiamente illustrato al § 10 del precedente Capitolo 14);
- **Aliquota** proporzionale fissata al 24%.

3. Soggetti passivi IRES (art. 73)

L'art. 73 TUIR suddivide i soggetti passivi IRES in **quattro tipologie**, cui corrispondono specifiche regole di determinazione del reddito:

1) La prima categoria è rappresentata dalle **società di capitali** (società per azioni, società in accomandita per azioni, società a responsabilità limitata, società cooperative, società di mutua assicurazione, società europee).

2) e 3) La seconda e la terza categoria sono rappresentate dagli **enti pubblici e privati diversi dalla società (nonché i *trust*) residenti nel territorio dello stato** (persone giuridiche, le associazioni non riconosciute, i consorzi e le "*altre organizzazioni non appartenenti ad altri soggetti passivi, nei confronti delle quali il presupposto dell'imposta si verifica in modo unitario e autonomo*").
L'art. 73, co. 2 TUIR è una disposizione di carattere generale, che individua i criteri in base ai quali attribuire, anche in via interpretativa, la soggettività passiva di imposta, relativamente alle organizzazioni e formazioni sociali.
Anche gli **enti pubblici** sono soggetti passivi IRES, ma l'art. 74 TUIR precisa che non sono soggetti all'imposta gli organi e le amministrazioni dello Stato, così come non assumono rilevanza le funzioni statali esercitate dagli enti pubblici.
In relazione agli enti (pubblici e privati, compresi i *trust*), risulta **fondamentale la distinzione basata sull'oggetto** (commerciale o non commerciale) dell'ente medesimo. In termini complessivi è possibile considerare che:

a) la commercialità/non commercialità dell'ente si determina in base all'**oggetto principale o esclusivo**, cioè in base attività essenziale per realizzare gli scopi primari dell'ente (art. 73, comma 4, TUIR);
b) l'oggetto principale o esclusivo si ricava dall'**atto costitutivo e dallo statuto dell'ente**, se esistenti in forma qualificata e se l'ente è residente, oppure dall'attività di fatto svolta;
c) in ogni caso, l'**attività di fatto svolta** è in grado di determinare la riqualificazione dell'ente da non commerciale a commerciale, in quanto prevalente sulle previsioni statutarie;
d) per definire la commercialità dell'ente è necessario che l'attività principale o esclusiva si configuri come **esercizio di impresa**, considerando non solo l'elemento della produzione e scambio di beni e servizi (in modo abituale e professionale), ma anche quello della **economicità**, definita da un metodo di gestione in grado almeno di remunerare i fattori produttivi (e garantire il supero delle entrate corrispettive rispetto ai costi dell'attività).

4) Infine, sono soggetti IRES le **società e gli enti di ogni tipo (nonché i *trust*) non residenti nel territorio dello stato.** Questa tipologia è individuata in base alla **non residenza**, rispetto alla quale vale la stessa regola prevista ai fini Irpef per cui esclusivamente i redditi prodotti in Italia (dal non residente) sono assoggettati ad imposizione.
In generale, l'IRES **non si applica** alle società di persone ed enti equiparati (i cui redditi sono imputati per trasparenza in capo ai soci) e ad alcuni soggetti esenti (quali gli organi dello Stato, ad esempio). Le società di persone (e gli enti equiparati) possono assumere la qualifica di soggetti passivi IRES **solo se non residenti**.
Anche a fini IRES la **residenza fiscale** gioca un ruolo fondamentale e, ai sensi del comma 3 dell'art. 73 TUIR si considerano residenti le società e gli enti che **per la maggior parte del periodo di imposta** (profilo temporale), possiedono nel territorio dello Stato almeno uno dei seguenti elementi:

a) la **sede legale**, intesa come sede indicata nell'atto costitutivo o nello statuto dell'ente;
b) la **sede amministrativa**, intesa quale luogo da cui promana la preminente attività direttiva e gestionale dell'ente, che coincide con quello in cui abitualmente si riuniscono gli organi apicali come, per esempio, il Consiglio di Amministrazione;
c) l'**oggetto principale**, inteso quale luogo in cui la società o l'ente esercita prevalentemente la propria attività. L'oggetto esclusivo o principale dell'ente residente è determinato in base alla legge, all'atto costitutivo o allo statuto, se esistenti in forma di atto pubblico o di scrittura privata autenticata o registrata. Per oggetto principale si intende l'attività essenziale per realizzare direttamente gli scopi primari indicati dalla legge, dall'atto costitutivo o dallo statuto.

Anche in questo caso si tratta di criteri di tipo sia formale sia sostanziale.
Si sottolinea, infine, la presenza di disposizioni di contrasto al fenomeno c.d. dell'**esterovestizione delle società ed enti**: ai sensi dell'art. 73, commi *5-bis* e *5-ter*, TUIR, si presume la sede dell'amministrazione in Italia, salvo prova contraria, qualora la società (o l'ente) possieda una partecipazione di controllo in una società di capitali residente in Italia, e, contestualmente, sia a sua volta controllata da soggetti residenti nel territorio dello Stato oppure sia amministrata da un organo formato in prevalenza da consiglieri residenti nel territorio italiano.

4. Base imponibile (art. 75)

L'imposta si applica sul **reddito complessivo netto**, determinato secondo le disposizioni della sezione I del capo II, per le società e gli enti di cui alle lettere a) e b) del comma 1 dell'articolo 73, del capo III, per gli enti non commerciali di cui alla lettera c) e dei capi IV e V, per le società e gli enti non residenti di cui alla lettera d).
Le società residenti di cui alla lettera a) del comma 1 dell'articolo 73 e quelle non residenti di cui alla lettera d) possono determinare il reddito secondo le disposizioni del capo VI.
Per la **società e gli enti commerciali** (superiori categorie *1) e 2)* del § 3) il reddito è considerato sempre e comunque d'impresa da qualsiasi fonte provenga (e non si procede a distinguere le categorie di reddito come nell'IRPEF).
Per tali società il regime ordinario di imposizione fiscale prevede che il reddito prodotto (sempre considerato quale reddito di impresa) sia:

i. *prima* imputato e tassato in capo alla società ai fini IRES;
ii. *poi* in capo ai singoli soci con la distribuzione (in genere quale reddito di capitale).

Questo determina una potenziale **doppia tassazione** della medesima forza economica, limitabile con gli strumenti della: *parziale esenzione da imposta* dei redditi da partecipazione percepiti dai soci di società di capitale (e delle plusvalenze derivanti dalla cessione delle partecipazioni societarie), che quindi sono tassabili (ai fini Irpef o Ires, a seconda della qualifica soggettivo del socio) non per l'intero ma solo per una quota; ulteriori *regimi opzionali* in grado di consentire un'adeguata pianificazione per la società di capitali, anche in termini di ottimizzazione del carico fiscale complessivo, quali: *tassazione di gruppo* (c.d. "consolidato" nazionale e mondiale, artt. 117 ss. TUIR); *trasparenza fiscale* (artt. 115 e 116 TUIR), che determina un sistema impositivo del tutto analogo a quello obbligatorio per le società di persone, in cui il reddito societario è assoggettato a tassazione una sola volta e direttamente in capo ai soci, indipendentemente dalla distribuzione.
Il reddito delle società e degli enti commerciali è dunque solo reddito d'impresa e calcolato sulla base delle risultanze del bilancio.
Per gli **enti non commerciali** (superiore categoria *3)* del § 3), invece, opera il *principio del trattamento isolato*, secondo cui il reddito è costituito dalla sommatoria dei redditi fondiari, di capitale, d'impresa e diversi, qualificati in base all'art. 6 TUIR. Tali enti, quindi, sono in grado di produrre

tutte le categorie reddituali (ad eccezione di quelle non compatibili con la natura di ente, come il reddito di lavoro dipendente); è destinatario di particolari **disposizioni agevolative**, per facilitare la promozione del c.d. *terzo settore* (ad esempio, il d.lgs. 3 luglio 2017, n. 117 introduce la nuova figura dell'ente del terzo settore).
Infine, il reddito delle **società e degli enti di ogni tipo non residenti** (superiore categoria *4)* del § 3) sono tassati in Italia solo per la parte prodotta nel territorio nazionale.

5. Stabile organizzazione (art. 162)

Ai fini delle imposte sui redditi e IRAP, l'espressione **stabile organizzazione** designa una sede fissa di affari per mezzo della quale l'impresa non residente esercita in tutto o in parte la sua attività sul territorio dello Stato.
I **presupposti** per la configurazione della stabile organizzazione sono ***(i)* l'esistenza di una sede di affari**, cioè di qualsiasi locale, infrastruttura o installazione adibita per l'esercizio dell'attività d'impresa; ***(ii)* la fissità di tale sede d'affari,** cioè che la sede d'affari sia situata in un determinato luogo e con un certo grado di permanenza; ***(iii)* lo svolgimento dell'attività d'impresa**, in tutto o almeno in parte mediante l'utilizzo di tale sede fissa di affari.
Una sede fissa di affari **non è, comunque, considerata stabile organizzazione se**:

a) viene utilizzata una installazione ai soli fini di deposito, di esposizione o di consegna di beni o merci appartenenti all'impresa;
b) i beni o le merci appartenenti all'impresa sono immagazzinati ai soli fini di deposito, di esposizione o di consegna;
c) i beni o le merci appartenenti all'impresa sono immagazzinati ai soli fini della trasformazione da parte di un'altra impresa;
d) una sede fissa di affari è utilizzata ai soli fini di acquistare beni o merci o di raccogliere informazioni per l'impresa;
e) viene utilizzata ai soli fini di svolgere, per l'impresa, qualsiasi altra attività che abbia carattere preparatorio o ausiliario;
f) viene utilizzata ai soli fini dell'esercizio combinato delle attività menzionate nelle lettere da a) ad e), purché l'attività della sede fissa nel suo insieme, quale risulta da tale combinazione, abbia carattere preparatorio o ausiliario.

6. Determinazione del reddito complessivo (art. 83)

Il **reddito complessivo** è determinato apportando all'utile o alla perdita risultante dal conto economico, relativo all'esercizio chiuso nel periodo d'imposta, le variazioni in aumento o in diminuzione conseguenti all'applicazione dei criteri stabiliti nel TUIR.
Per i soggetti che redigono il bilancio in base ai principi contabili internazionali di cui al regolamento (CE) n. 1606/2002 del Parlamento europeo e del Consiglio, del 19 luglio 2002, anche nella formulazione derivante dalla procedura prevista dall'art. 4, co. 7-*ter*, del d.lgs. 28 febbraio 2005, n. 38, e per i soggetti, diversi dalle micro-imprese di cui all'art. 2435-*ter* c.c., che redigono il bilancio in conformità alle disposizioni del codice civile, valgono, anche in deroga alle disposizioni del TUIR, i criteri di qualificazione, imputazione temporale e classificazione in bilancio previsti dai rispettivi principi contabili.
In particolare, il **bilancio di impresa** è disciplinato dagli artt. 2423 c.c. a 2435-*bis* c.c. e consiste in un **documento contabile** volto a rappresentare in maniera chiara, veritiera e completa la situazione patrimoniale e finanziaria della società e il risultato economico dell'esercizio. Il bilancio è composto da:

- **stato patrimoniale**, cioè da un documento volto a rappresentare in modo statico la situazione patrimoniale e finanziaria della società, cioè a quantificare e indicare il

patrimonio (l'insieme dei beni materiali o immateriali) della società alla data di chiusura dell'esercizio;
- **conto economico**, che contiene la rappresentazione dinamica sia dei costi e delle spese sostenute, sia dei ricavi e proventi conseguiti durante l'esercizio; il suo risultato può essere **un utile o una perdita**;
- **nota integrativa**, cioè da documento descrittivo in cui chi compone il bilancio esplica i criteri di valutazione applicati e i dati numerici contenuti nei primi due documenti.

Il bilancio è unico e per la sua redazione si seguono le regole civilistiche; ai fini fiscali si applicano le variazioni in aumento o in diminuzione previste dalle regole tributarie applicate sui concetti civilistici.
Le variazioni fiscali possono essere - come già più sopra illustrato - **in aumento**, quando per effetto di norme fiscali si impone di includere nel calcolo del reddito imponibile quei componenti positivi non inclusi, o inclusi in misura inferiore, nel conto economico; **in diminuzione**, quando per il loro tramite si riduce il reddito fiscale imponibile rispetto all'utile civilistico.

7. Principio di imputazione del reddito: la competenza fiscale

A differenza del principio di cassa, per il quale rileva il momento di effettiva percezione del reddito per la sua imputazione temporale (applicato alle categorie dei redditi di capitale, di lavoro dipendente e di lavoro autonomo), per i redditi d'impresa trova applicazione il **principio di competenza**, in base al quale il reddito si considera prodotto in momenti differenziati a seconda dell'operazione economica posta in essere dall'impresa, prescindendo dal momento dell'effettiva percezione.
Sulla base del principio di competenza fiscale, i corrispettivi si considerano conseguiti alla data:

- di consegna o di spedizione per la **cessione di beni mobili**;
- di stipulazione dell'atto per la **cessione di beni immobili**;
- in cui le prestazioni sono ultimate, per i contratti di durata rileva la data di maturazione dei corrispettivi per le **prestazione di servizi**.

8. I beni relativi all'impresa

L'individuazione dei beni relativi all'impresa è necessaria ai fini della corretta determinazione del reddito d'impresa e delle singole componenti positive e negative di reddito.
Infatti, per stabilire la categoria di appartenenza di un **bene** bisogna vere riguardo alla sua relazione con l'attività di impresa e non al bene in sé (ad esempio un macchinario è un bene merce per l'impresa che li costruisce, ma è un bene strumentale per chi lo acquista per usarlo).
Si distingue tra:

- **beni merce**, che sono quei beni alla cui produzione o scambio è diretta l'attività d'impresa; tali beni, a fine esercizio, sono rilevati e valutati come rimanenze;
- **beni strumentali**, che sono quei beni inseriti nel processo di produzione dell'impresa in modo durevole e, pertanto, utilizzati in più esercizi; tali beni sono classificati in bilancio come immobilizzazioni e **sono sottoposti ad ammortamento**;
- **beni meramente patrimoniali**, con ciò riferendosi a una categoria residuale di beni che si individuano per esclusione rispetto ai beni merce e a quelli strumentali.

Per le **partecipazioni** bisogna avere riguardo al bilancio; ciò in quanto, come regola generale, esse costituiscono immobilizzazioni finanziarie quando sono iscritte nell'attivo dello stato patrimoniale.

9. I componenti positivi del reddito d'impresa

Si tratta di quelle componenti che concorrono ad aumentare l'utile d'impresa oggetto di tassazione.
Non sono altro che componenti di conto economico civilistici, ma diversamente qualificati e definiti, per il tramite dell'applicazione delle norme tributarie, per dare, a quelle stesse componenti, una specifica valorizzazione fiscale, in linea con la *ratio* del legislatore tributario. Con la conseguenza che i componenti che sono oggetto di qualificazione fiscale saranno quelli oggetto di variazioni, mentre quelli che non sono oggetto di riqualificazione fiscale rimangono nella determinazione, misurazione e rilevazione del conto economico.
Non sono oggetto di rideterminazione ai fini fiscali tutte le componenti del conto economico, ma solo alcune.

▶ 9.1. I ricavi (art. 85)

I **ricavi** sono una componente caratteristica dell'attività di impresa, intesa come il guadagno che si ritrae dall'esercizio di quell'attività per la quale l'impresa è stata creata.
Sono considerati ricavi, ai sensi del comma 1:

a) i corrispettivi delle cessioni di beni e delle prestazioni di servizi alla cui produzione o al cui scambio è diretta l'attività dell'impresa;
b) i corrispettivi delle cessioni di materie prime e sussidiarie, di semilavorati e di altri beni mobili, esclusi quelli strumentali, acquistati o prodotti per essere impiegati nella produzione;
c) i corrispettivi delle cessioni di azioni o quote di partecipazioni, anche non rappresentate da titoli, al capitale di società ed enti di cui all'articolo 73, che non costituiscono immobilizzazioni finanziarie, diverse da quelle cui si applica l'esenzione di cui all'articolo 87, anche se non rientrano fra i beni al cui scambio è diretta l'attività dell'impresa. Se le partecipazioni sono nelle società o enti di cui all'articolo 73, comma 1, lettera d), si applica il co. 2 dell'articolo 44;
d) i corrispettivi delle cessioni di strumenti finanziari similari alle azioni ai sensi dell'articolo 44 emessi da società ed enti di cui all'articolo 73, che non costituiscono immobilizzazioni finanziarie, diversi da quelli cui si applica l'esenzione di cui all'articolo 87, anche se non rientrano fra i beni al cui scambio è diretta l'attività dell'impresa;
e) i corrispettivi delle cessioni di obbligazioni e di altri titoli in serie o di massa diversi da quelli di cui alle lettere c) e d) precedenti che non costituiscono immobilizzazioni finanziarie, anche se non rientrano fra i beni al cui scambio è diretta l'attività dell'impresa;
f) le indennità conseguite a titolo di risarcimento, anche in forma assicurativa, per la perdita o il danneggiamento di beni di cui alle precedenti lettere;
g) i contributi in denaro, o il valore normale di quelli, in natura, spettanti sotto qualsiasi denominazione in base a contratto;
h) i contributi spettanti esclusivamente in conto esercizio a norma di legge.

Il comma 2 rappresenta una **norma di chiusura**, la quale prevede che "*si comprende inoltre tra i ricavi il valore normale dei beni di cui al comma 1 assegnati ai soci o destinati a finalità estranee all'esercizio dell'impresa*", con un'evidente finalità di chiusura dell'economia dell'impresa. Ciò, in quanto i beni che entrano nell'impresa determinano componenti di costo e la norma si preoccupa di presidiare le ipotesi nelle quali il bene per cui sono stati sostenuti dei costi (che sono dedotti) non vengono venduti (producendo ricavi), ma vengono destinati ai soci o comunque destinati a finalità estranee all'esercizio dell'impresa: per garantire la tenuta del sistema, questa destinazione viene paragonata ad una cessione onerosa, quindi produttiva di ricavi. In ragione della mancanza di un corrispettivo, si fa riferimento al valore nominale del bene che, *ex* art. 9, co. 3 TUIR, corrisponde al *prezzo o corrispettivo mediamente praticato per i beni e i servizi della stessa specie o similari, in condizioni di libera concorrenza e al medesimo stadio di commercializzazione, nel luogo e nel tempo in cui i beni e i servizi sono stati* *acquistati o prestati e, in mancanza, nel tempo e nel luogo più prossimo*, facendo riferimento il più possibile a listini o tariffe del soggetto che ha fornito i beni o delle camere di commercio, etc.

▶ 9.2. Le plusvalenze patrimoniali (art. 86)

Sono **plusvalenze** le cessioni di beni diversi da quelli che producono ricavi, quindi diverse dai beni merce. Il bene diverso dal bene merce può essere di due tipi:

1. *patrimoniale*, cioè un bene di investimento o che comunque arricchisce l'impresa;
2. *strumentale*, cioè è un bene che serve all'impresa per funzionare (es. macchinari). La strumentalità, poi, può essere una strumentalità:
   a) *per natura* (ad esempio una componente industriale);
   b) *per destinazione* (ad esempio l'Ufficio dell'avvocato).

Le plusvalenze dei beni relativi all'impresa, diversi da quelli qualificati come ricavi, concorrono a formare il reddito:

a) se sono realizzate mediante cessione a titolo oneroso;
b) se sono realizzate mediante il risarcimento, anche in forma assicurativa, per la perdita o il danneggiamento dei beni;
c) se i beni vengono assegnati ai soci o destinati a finalità estranee all'esercizio dell'impresa.

Nelle ipotesi di cui alle lettere a) e b) del comma 1, **la plusvalenza è costituita dalla differenza positiva fra il corrispettivo o l'indennizzo conseguito, al netto degli oneri accessori di diretta imputazione, e il costo non ammortizzato**. Nell'ipotesi di cui alla lettera c) del comma 1, la plusvalenza è costituita dalla differenza tra il valore normale e il costo non ammortizzato dei beni.
La plusvalenza è una **componente netta** e ciò che rileva non è tanto quanto si ottiene, ma il valore di partenza (che permette il calcolo del differenziale) che è diverso a seconda del bene che consideriamo: *(i)* per i beni patrimoniali, il valore fiscale è dato dal costo storico del bene (per i quali non si pongono questioni relative all'ammortamento); *(ii)* per i beni *strumentali* il valore fiscale è dato dal costo non ammortizzato del bene.
L'**ammortamento** è un istituto di matrice civilistica che, a *fini fiscali*, svolge la funzione di ripartire il costo (componente negativo) dei beni (tipicamente strumentali) a utilità pluriennali, impedendo di dedurre il costo interamente nell'annualità dell'acquisto, ma su più annualità per quote costanti. L'ammortamento parte dalla consapevolezza che il bene acquistato serve a produrre il reddito non solo nell'esercizio dell'acquisto, ma anche in quelli successivi e se si potesse dedurre tutto l'importo nel primo anno, si determinerebbe uno sfasamento tra il costo dedotto e il reddito prodotto.
Concorrono, poi, alla formazione del reddito anche le plusvalenze delle aziende, compreso il valore di avviamento, realizzate unitariamente mediante cessione a titolo oneroso. Se il corrispettivo della cessione è costituito esclusivamente da beni ammortizzabili, anche se costituenti un complesso o ramo aziendale, e questi vengono complessivamente iscritti in bilancio allo stesso valore al quale vi erano iscritti i beni ceduti, si considera plusvalenza soltanto il conguaglio in denaro eventualmente pattuito.

▶ 9.3. Le plusvalenze esenti o regime della *partecipation exemption* PEX (art. 87)

Il regime della *partecipation exemption* (cd. PEX) è un regime particolare delle plusvalenze derivanti dalle cessioni di partecipazioni in società soggette ad IRES, in società di persone commerciali e di quote o strumenti finanziari assimilati ad azioni.
Tale regime, al fine di impedire la doppia imposizione economica dei redditi da società di capitali, prevede l'esenzione delle plusvalenze nella misura del 95% (per i soggetti IRES) o nella misura del 49,72% (per gli imprenditori individuali) se sussistono quattro requisiti:

- **periodo di possesso**, in quanto le partecipazioni devono essere possedute ininterrottamente dal 1° giorno del 12° mese precedente a quello della loro cessione, cioè per un arco di tempo ininterrotto di 12 mesi, in quanto si intende utilizzare il regime per le partecipazioni che siano detenute con la finalità di investimento;

- **classificazione in bilancio,** dovendo essere le partecipazioni classificate nel primo bilancio di esercizio chiuso durante il periodo di possesso nella categoria delle immobilizzazioni finanziarie dello stato patrimoniale (in quanto devono avere finalità di investimento);
- **residenza fiscale**, in quanto la società partecipata le cui quote sono cedute non deve avere sede in uno dei paesi a fiscalità privilegiata, in quanto si esige che, per poter beneficiare del regime di esenzione PEX, il soggetto partecipato abbia pagato un livello di imposta equiparabile a quello italiano (un livello bassissimo di imposte non creerebbe nei fatti un grosso problema di doppia imposizione e non si giustificherebbe l'utilizzo del regime);
- **attività commerciale della partecipata**, in quanto la società partecipata le cui quote sono cedute deve svolgere un'attività di tipo commerciale (impresa commerciale) secondo la definizione di cui all'art. 55 TUIR.

Quindi, al ricorrere di tali condizioni, le plusvalenze realizzate non concorrono alla formazione del reddito imponibile in quanto esenti nella misura del 95 per cento.

► 9.4. Le sopravvenienze attive (art. 88)

Si considerano **sopravvenienze attive** i ricavi o altri proventi conseguiti a fronte di spese, perdite od oneri dedotti o di passività iscritte in bilancio in precedenti esercizi e i ricavi o altri proventi conseguiti per ammontare superiore a quello che ha concorso a formare il reddito in precedenti esercizi, nonché la sopravvenuta insussistenza di spese, perdite od oneri dedotti o di passività iscritte in bilancio in precedenti esercizi.
Sono inoltre considerate, ai sensi del comma 3, sopravvenienze attive anche: a) le indennità conseguite a titolo di risarcimento, anche in forma assicurativa, di danni diversi da quelli considerati alla lettera f) del comma 1 dell'articolo 85 e alla lettera b) del comma 1 dell'articolo 86; b) i proventi in denaro o in natura conseguiti a titolo di contributo o di liberalità, esclusi i contributi di cui alle lettere g) e h) del comma 1 dell'articolo 85 e quelli per l'acquisto di beni ammortizzabili indipendentemente dal tipo di finanziamento adottato.
Le sopravvenienze attive possono essere di due tipi:

1. ***proprie***, si riferiscono a situazioni sopravvenute relative alla gestione propria dell'impresa; vengono rettificate in positivo talune poste che hanno già concorso a formare il reddito nell'esercizio precedente. La posta in questione può essere una componente positiva o negativa che per eventi sopravvenuti viene meno o si traduce in positiva.
   La necessità di rettificare sorge in quanto, nel reddito di impresa, l'imputazione delle componenti reddituali avviene sulla base del principio di competenza, quindi nel momento in cui maturo il diritto a ricevere quella determinata componente e, tra questo momento e quello effettivo della percezione della componente, possono verificarsi delle vicende che impongano la rettifica della posta iscritta.
   Sono sopravvenienze attive in senso proprio: *(i)* **ricavi imprevisti** conseguiti a fronte di spese o perdite iscritte in bilancio di precedenti esercizi; *(ii)* **ricavi di ammontare superiore** conseguiti superiori a quello che ha concorso a formare il reddito in precedenti esercizi; *(iii)* **sopravvenuta insussistenza di costi**, come ad esempio nel caso in cui per eventi sopravvenuti vengono meno componenti negative dedotte in esercizi precedenti;
2. ***improprie***, quando derivano da eventi estranei alla normale gestione dell'impresa.
   Sono sopravvenienze per le quali viene meno il carattere di posta rettificata e invece viene valorizzato quello di posta straordinaria, cioè che si è determinata in maniera eccezionale.
   Sono sopravvenienze attive in senso improprio: *(i)* **indennità** conseguita a titolo di risarcimento, anche in forma assicurativa, per danni connessi alla perdita di beni che generano ricavi o plusvalenze; *(ii)* **proventi** in denaro o natura conseguiti a titolo di contributo o liberalità; *(iii)* **cessione di contratto**, solo con riferimento alla cessione dei contratti di leasing finanziario.

► 9.5. I dividendi e gli interessi (art. 89)

I **dividendi e gli interessi** sono i proventi che derivano dalla partecipazione in società di capitali quando

ha luogo la distribuzione degli utili (**tassate secondo il principio di cassa**).
Gli **utili distribuiti**, in qualsiasi forma e sotto qualsiasi denominazione, anche nei casi di cui all'articolo 47, comma 7, dalle società ed enti di cui all'articolo 73, comma 1, lettere a), b) e c), non concorrono a formare il reddito dell'esercizio in cui sono percepiti in quanto esclusi dalla formazione del reddito della società o dell'ente ricevente per il 95% del loro ammontare.
La stessa esclusione si applica alla remunerazione corrisposta relativamente ai contratti di cui all'articolo 109, comma 9, lettera b), e alla remunerazione dei finanziamenti eccedenti di cui all'articolo 98 direttamente erogati dal socio o dalle sue parti correlate, anche in sede di accertamento.
I **dividendi** costituiscono reddito d'impresa nella misura del:

- **5%** per i dividendi percepiti da società soggette ad IRES;
- **58,14%** per i dividendi percepiti dagli imprenditori individuali o da società commerciali di persone (soglia così aumentata dalla Legge di Bilancio 2018).

▶ 9.6. I proventi immobiliari (art. 90)

I **redditi degli immobili** che non costituiscono beni strumentali per l'esercizio dell'impresa, né beni alla cui produzione o al cui scambio è diretta l'attività dell'impresa, **concorrono a formare il reddito nell'ammontare determinato secondo le disposizioni previste in tema di redditi fondiari**.
Per gli immobili riconosciuti di interesse storico o artistico, ai sensi dell'articolo 10 del codice di cui al decreto legislativo 22 gennaio 2004, n. 42, il reddito medio ordinario di cui all'articolo 37, comma 1, è ridotto del 50% e non si applica comunque l'articolo 41.
In caso di immobili locati, qualora il canone risultante dal contratto di locazione ridotto, fino ad un massimo del 15% del canone medesimo, dell'importo delle spese documentate sostenute ed effettivamente rimaste a carico per la realizzazione degli interventi di cui alla lettera a) del comma 1 dell'articolo 3 del decreto del Presidente della Repubblica 6 giugno 2001, n. 380, risulti superiore al reddito medio ordinario dell'unità immobiliare, il reddito è determinato in misura pari a quella del canone di locazione al netto di tale riduzione. Per gli immobili locati riconosciuti di interesse storico o artistico, ai sensi dell'articolo 10 del codice di cui al decreto legislativo 22 gennaio 2004, n. 42, qualora il canone risultante dal contratto di locazione ridotto del 35% risulti superiore al reddito medio ordinario dell'unità immobiliare, il reddito è determinato in misura pari a quella del canone di locazione al netto di tale riduzione.
Le spese e gli altri componenti negativi relativi ai beni immobili non sono ammessi in deduzione.

▶ 9.7. Variazione delle rimanenze (art. 92)

Le rimanenze finali sono una componente positiva derivante dai costi (di acquisto e di lavorazione) che alla fine dell'esercizio non hanno generato dei ricavi e che, per il **principio di correlazione dei costi coni ricavi** sono sospesi e rinviati all'esercizio successivo.
Inoltre, per il **principio di continuità dei valori di bilancio,** l'ammontare delle rimanenze finali di un periodo predetermina l'entità delle giacenze iniziali del periodo successivo.
Le **variazioni delle rimanenze finali** dei beni indicati all'articolo 85, comma 1, lettere a) e b), rispetto alle esistenze iniziali, concorrono a formare il reddito dell'esercizio. A tal fine le rimanenze finali, la cui valutazione non sia effettuata a costi specifici o a norma dell'articolo 93, sono assunte per un valore non inferiore a quello che risulta raggruppando i beni in categorie omogenee per natura e per valore e attribuendo a ciascun gruppo un valore non inferiore a quello determinato a norma delle disposizioni che seguono.
Nel primo esercizio in cui si verificano, le rimanenze sono valutate attribuendo ad ogni unità il valore risultante dalla divisione del costo complessivo dei beni prodotti e acquistati nell'esercizio stesso per la loro quantità. Negli esercizi successivi, se la quantità delle rimanenze è aumentata rispetto all'esercizio precedente, le maggiori quantità costituiscono voci distinte per esercizi di formazione. Se la quantità è diminuita, la diminuzione si imputa agli incrementi formati nei precedenti esercizi, a partire dal più recente.
Se le rimanenze si sono formate nel corso di diversi esercizi mediante incrementi suddivisi in gruppi distinti, ci si chiede quali beni sono stati prelevati. Secondo il criterio del LIFO ("*Last In First Out*", ossia "ultimo entrato primo uscito"), si considerano alienati per primi i beni che fanno parte degli incrementi

formati negli esercizi precedenti, a partire comunque dall'incremento più recente. Nel rispetto di tale criterio, quindi, si considerano venduti per primi i beni acquistati o prodotti per ultimi, ragion per cui le giacenze di magazzino sono valutate in base ai costi più risalente, quindi operando a costi tendenzialmente decrescenti.
Sono consentiti anche altri metodi: ci si riferisce al criterio del FIFO ("*First In First Out*", ossia "primo entrato primo uscito", metodo che opera a costi tendenzialmente crescenti, in maniera antitetica rispetto al LIFO), il metodo della media ponderata o varianti del LIFO.

▶ 9.8. Variazione dei titoli (art. 94)

I titoli indicati nell'articolo 85, comma 1, lettere c), d), ed e), esistenti al termine di un esercizio, sono valutati applicando le disposizioni dell'articolo 92, commi 1, 2, 3, 4, 5 e 7 salvo quanto diversamente stabilito.
Le cessioni di titoli, derivanti da contratti di riporto o di «pronti contro termine» che prevedono per il cessionario l'obbligo di rivendita a termine dei titoli, non determinano variazioni delle rimanenze dei titoli. Ai fini del raggruppamento in categorie omogenee non si tiene conto del valore e si considerano della stessa natura i titoli emessi dallo stesso soggetto ed aventi uguali caratteristiche.

10. I componenti negativi del reddito d'impresa

I **componenti negativi del reddito d'impresa** concorrono a diminuire l'utile d'impresa oggetto di tassazione. Hanno la medesima funzione dei componenti positivi, cioè sono elementi del conto economico che vengono rettificate a fini fiscali.
I principi in materia di componenti negativi sono tre e sono già stati trattati nella sezione relativa al reddito di impresa di cui al Capitolo precedente: il **principio di competenza**, il **principio di inerenza** ed il **principio di previa imputazione al conto economico**. Per tale motivo, in questa sede, ci limitiamo unicamente ad enunciarli senza nuovamente trattarli.

▶ 10.1. Spese per prestazioni di lavoro (art. 95)

Le **spese per prestazioni di lavoro dipendente** sono deducibili e ricomprendono anche quelle sostenute in denaro o in natura a titolo di liberalità a favore dei lavoratori (cd. *fringe benefit*), salvo il disposto dell'art. 100, co. 1. Sono deducibili nella stessa misura in cui costituiscono reddito di lavoro tassabile per il dipendente.
Non sono deducibili:

- i canoni di locazione e le spese per il funzionamento di strutture ricettive non sono deducibili ad eccezione dei servizi di mensa destinati alla generalità dei dipendenti o a servizi di alloggio destinati a dipendenti in trasferta temporanea;
- i canoni di locazione e le spese relative ai fabbricati concesse in uso ai dipendenti sono deducibili per un importo non superiore a quello che costituisce reddito per i dipendenti stessi.

▶ 10.2. Interessi passivi (art. 96)

Gli **interessi passivi** rappresentano il costo del capitale preso in prestito e presentano la particolarità di:

i. **non essere soggetti alla regola dell'inerenza**, in quanto è difficile creare una correlazione con il relativo componente attivo. L'interesse passivo, infatti, si contrae sui prestiti, ma non è sempre possibile creare una stretta correlazione tra il prestito e l'attività produttiva di reddito. Del resto, lo stesso art. 109, co. 5 del TUIR enuncia il principio di inerenza in relazione alle *spese e gli altri componenti negativi diversi dagli interessi passivi*, escludendo, appunto, espressamente le regole dell'inerenza per gli interessi passivi, perché si dice che per questi il calcolo dell'inerenza segua regole sue proprie forfettarie;
ii. sono previsti dei **limiti alla loro deducibilità.** Per i soggetti passivi dell'IRES, infatti, gli **interessi passivi** sono **deducibili**, nell'esercizio di competenza, **fino a concorrenza degli**

interessi attivi e proventi assimilati, realizzati nel medesimo periodo, mentre l'eccedenza è deducibile solo nella misura del 30% del risultato operativo lordo (ROL) della gestione caratteristica.

Per **risultato operativo lordo** si intende la differenza tra il valore e i costi della produzione di cui alle lettere A) e B) dell'articolo 2425 del codice civile, con esclusione delle voci di cui al numero 10), lettere a) e b), e dei canoni di locazione finanziaria di beni strumentali, nonché dei componenti positivi e negativi di natura straordinaria derivanti da trasferimenti di azienda o di rami di azienda, così come risultanti dal conto economico dell'esercizio; per i soggetti che redigono il bilancio in base ai principi contabili internazionali si assumono le voci di conto economico corrispondenti.
Ai fini del calcolo del risultato operativo lordo si tiene altresì conto, in ogni caso, dei dividendi incassati relativi a partecipazioni detenute in società non residenti che risultino controllate ai sensi dell'articolo 2359, comma 1, n. 1), del codice civile. Gli interessi passivi e gli oneri finanziari assimilati indeducibili in un determinato periodo d'imposta sono dedotti dal reddito dei successivi periodi d'imposta, se e nei limiti in cui in tali periodi l'importo degli interessi passivi e degli oneri assimilati di competenza eccedenti gli interessi attivi e i proventi assimilati sia inferiore al 30 % del risultato operativo lordo di competenza.

▶ 10.3. Oneri fiscali e contributivi (art. 99)

Le imposte sui redditi e quelle per le quali è prevista la rivalsa, anche facoltativa, non sono ammesse in deduzione. Le altre imposte sono deducibili nell'esercizio in cui avviene il pagamento, quindi secondo il principio di cassa.
Gli accantonamenti per imposte non ancora definitivamente accertate sono deducibili nei limiti dell'ammontare corrispondente alle dichiarazioni presentate, agli accertamenti o provvedimenti degli uffici e alle decisioni delle commissioni tributarie.
I contributi ad associazioni sindacali e di categoria sono deducibili nell'esercizio in cui sono corrisposti, se e nella misura in cui sono dovuti, in base a formale deliberazione dell'associazione (quindi, anche in questo caso, secondo il principio di cassa).

▶ 10.4. Oneri di utilità sociale (art. 100)

Le spese relative ad opere o servizi utilizzabili dalla generalità dei dipendenti o categorie di dipendenti volontariamente sostenute per specifiche finalità di educazione, istruzione, ricreazione, assistenza sociale e sanitaria o culto, sono deducibili per un ammontare complessivo non superiore al 5 per mille dell'ammontare delle spese per prestazioni di lavoro dipendente risultante dalla dichiarazione dei redditi.
Sono inoltre deducibili, tra le altre:

- *(lett. a)* le erogazioni liberali fatte a favore di persone giuridiche che perseguono esclusivamente finalità comprese fra quelle indicate sopra o finalità di ricerca scientifica, nonché i contributi, le donazioni e le oblazioni di cui all'articolo 10, comma 1, lettera g), per un ammontare complessivamente non superiore al 2% del reddito d'impresa dichiarato;
- *(lett. b)* le erogazioni liberali fatte a favore di persone giuridiche aventi sede nel Mezzogiorno che perseguono esclusivamente finalità di ricerca scientifica, per un ammontare complessivamente non superiore al 2% del reddito d'impresa dichiarato;
- *(lett. e)* le spese sostenute dai soggetti obbligati alla manutenzione, protezione o restauro delle cose vincolate ai sensi del decreto legislativo n.490/1999 e del d.P.R. n. 1409/ 1963, nella misura effettivamente rimasta a carico. La necessità delle spese, quando non siano obbligatorie per legge, deve risultare da apposita certificazione rilasciata dalla competente soprintendenza del Ministero per i beni e le attività culturali, previo accertamento della loro congruità effettuato d'intesa con il competente ufficio dell'Agenzia del territorio. Nell'ultimo caso, la deduzione non spetta in caso di mutamento di destinazione dei beni senza la preventiva autorizzazione dell'Amministrazione per i beni e le attività culturali, di mancato assolvimento degli obblighi di legge per consentire l'esercizio del diritto di prelazione dello Stato sui beni immobili e mobili vincolati e di tentata esportazione non autorizzata di questi ultimi. L'Amministrazione per i beni

e le attività culturali dà immediata comunicazione al competente ufficio dell'Agenzia delle Entrate delle violazioni che comportano la indeducibilità e dalla data di ricevimento della comunicazione inizia a decorrere il termine per la rettifica della dichiarazione dei redditi;
- *(lett. i)* le spese relative all'impiego di lavoratori dipendenti, assunti a tempo indeterminato, utilizzati per prestazioni di servizi erogate a favore di ONLUS, nel limite del cinque per mille dell'ammontare complessivo delle spese per prestazioni di lavoro dipendente, così come risultano dalla dichiarazione dei redditi.

▶ 10.5. Minusvalenze patrimoniali (art. 101, co. 1)

Le **minusvalenze patrimoniali**, al contrario delle plusvalenze patrimoniali, si determinano con la cessione di un bene – diverso ovviamente dal bene merce – ad un prezzo inferiore al suo valore fiscalmente riconosciuto; esse sono **deducibili integralmente** se realizzati mediante **cessione a titolo oneroso** ovvero mediante **risarcimento** per perdita o distruzione del bene.
Non sono deducibili le:

- **minusvalenze solo iscritte in bilancio**, cioè quelle che derivano da una diversa valutazione del valore reale del bene a prescindere da una sua reale cessione;
- **minusvalenze da autoconsumo**, ossia derivanti dall'assegnazione dei beni ai soci o dalla loro destinazione a finalità estranee all'esercizio dell'impresa.

▶ 10.6. Sopravvenienze passive (art. 101, co. 4)

Le **sopravvenienze passive** sono eventi sopravvenuti e imprevisti che determinano una passività sotto forma di nuovi costi o di mancato conseguimento di ricavi.
Le sopravvenienze passive possono derivare da:

- **mancato conseguimento di ricavi** o altri proventi che hanno concorso alla determinazione del reddito in precedenti esercizi;
- **sostenimento di spese, perdite od oneri** a fronte di ricavi o altri proventi che hanno concorso a formare il reddito in precedenti esercizi;
- **sopravvenuta insussistenza di attività iscritte in bilancio**, quando si tratta di attività iscritte in bilanci di precedenti esercizi diversi dalle partecipazioni con i requisiti dell'esenzione (*participation exemption*).

▶ 10.7. Perdite (art. 101, co. 5)

Ci si riferisce alle **perdite di beni strumentali o patrimoniali** che rientrano nei componenti negativi del reddito d'impresa se risultano da elementi certi.
È possibile distinguere tra:

- **perdita su beni**, che è da intendersi come perdita in senso fisico (es. furto, distruzione, etc.) e comporta una perdita in senso fiscale se avviene nello stesso esercizio in cui i beni sono immessi nel patrimonio aziendale; se si verifica negli esercizi successivi si verifica una sopravvenienza passiva. La perdita di un bene relativo all'impresa è deducibile nei limiti del valore fiscalmente riconosciuto, che coincide, nel caso di bene strumentale, con il costo ammortizzato e, nel caso di bene meramente patrimoniale, con il costo di acquisto o di produzione;
- **perdita su crediti**, che deriva dall'insolvenza del debitore, vale a dire dalla inesigibilità del credito. Il creditore può rendere certa e definitiva la perdita rinunciando al credito o cedendolo per un corrispettivo inferiore al valore nominale.

Le perdite dei beni *plusvalenti* sono commisurate al costo non ammortizzato di essi, come per le plusvalenze.
Le perdite sono deducibili se risultano da **elementi certi e precisi**; ciò significa che non è la *perdita* a dover essere precisa e certa (la quale, può essere anche solo probabile), ma sono gli *elementi* dai quali risulta a dover essere certi.

Sono dettate delle regole specifiche per le **procedure concorsuali** e, in relazione alle perdite sui crediti, si ritiene che vi sia perdita (deducibile) se il debitore assoggettato a procedure concorsuali *(i)* o ha concluso un accordo di ristrutturazione dei debiti omologato *(ii)* o ha concluso un piano attestato.

▶ 10.8. Ammortamento (artt. 102-104)

L'**ammortamento** è la procedura contabile mediante la quale un costo pluriennale viene ripartito tra gli esercizi di vita utile del bene.
Si distingue tra ammortamento di beni strumentali, ammortamento di beni immateriali, ammortamento finanziario.
Ammortamento dei beni materiali: le quote di ammortamento del costo dei beni materiali strumentali per l'esercizio dell'impresa sono deducibili a partire dall'esercizio di entrata in funzione del bene. La deduzione è ammessa in misura non superiore a quella risultante dall'applicazione al costo dei beni dei coefficienti stabiliti con decreto del Ministro dell'economia e delle finanze pubblicato nella Gazzetta Ufficiale, ridotti alla metà per il primo esercizio. I coefficienti sono stabiliti per categorie di beni omogenei in base al normale periodo di deperimento e consumo nei vari settori produttivi. In caso di eliminazione di beni non ancora completamente ammortizzati dal complesso produttivo, il costo residuo è ammesso in deduzione. Per i beni il cui costo unitario non è superiore a 516,46 euro è consentita la deduzione integrale delle spese di acquisizione nell'esercizio in cui sono state sostenute.
Ammortamento dei beni immateriali: le quote di ammortamento del costo dei diritti di utilizzazione di opere dell'ingegno, dei brevetti industriali, dei processi, formule e informazioni relativi ad esperienze acquisite in campo industriale, commerciale o scientifico sono deducibili in misura non superiore al 50% del costo; quelle relative al costo dei marchi d'impresa sono deducibili in misura non superiore ad un diciottesimo del costo. Le quote di ammortamento del costo dei diritti di concessione e degli altri diritti iscritti nell'attivo del bilancio sono deducibili in misura corrispondente alla durata di utilizzazione prevista dal contratto o dalla legge. Le quote di ammortamento del valore di avviamento iscritto nell'attivo del bilancio sono deducibili in misura non superiore a un diciottesimo del valore stesso.
Ammortamento finanziario: per i beni gratuitamente devolvibili alla scadenza di una concessione è consentita, in luogo dell'ammortamento di cui agli articoli 102 e 103, la deduzione di quote costanti di ammortamento finanziario. La quota di ammortamento finanziario deducibile è determinata dividendo il costo dei beni, diminuito degli eventuali contributi del concedente, per il numero degli anni di durata della concessione, considerando tali anche le frazioni. In caso di modifica della durata della concessione, la quota deducibile è proporzionalmente ridotta o aumentata a partire dall'esercizio in cui la modifica è stata convenuta. In caso di incremento o di decremento del costo dei beni, per effetto di sostituzione a costi superiori o inferiori, di ampliamenti, ammodernamenti o trasformazioni, di perdite e di ogni altra causa, la quota di ammortamento finanziario deducibile è rispettivamente aumentata o diminuita, a partire dall'esercizio in cui si è verificato l'incremento o il decremento, in misura pari al relativo ammontare diviso per il numero dei residui anni di durata della concessione.

▶ 10.9. Accantonamenti (art. 105)

Gli **accantonamenti** rappresentano delle poste disposte nel bilancio della società per far fronte a degli impegni incerti sia per il loro ammontare che per la loro scadenza, in questo modo è possibile riservare una parte dell'utile, che verrà utilizzata quando si presenterà l'entità definitiva della spesa; gli accantonamenti fiscalmente deducibili sono solo quelli espressamente previsti dalla legge.
A titolo esemplificativo sono fiscalmente deducibili gli ammortamenti:

- **ai fondi per il TFR,** che sono gli accantonamenti ai fondi per le indennità di fine rapporto e ai fondi di previdenza del personale dipendente, nei limiti delle quote maturate nell'esercizio;
- **al fondo copertura rischi crediti**. È facoltà degli imprenditori di dedurre annualmente, a titolo di accantonamento contro tali rischi, un importo pari allo 0,50% del valore nominale o di acquisizione dei crediti, sino ad un massimo del 5%;
- **a fondi creati per far fronte ad oneri derivanti da operazioni a premio o da concorsi a premio**, che sono deducibili in misura superiore, rispettivamente, al 30% ed al 70% dell'ammontare degli impegni assunti nell'esercizio, purché siano distinti per esercizio di formazione.

11. I regimi opzionali IRES. La rilevanza fiscale dei gruppi

La tassazione ordinaria della società impone di considerare ciascuna società come un soggetto autonomo, tenuto al pagamento dell'IRES sui propri redditi. È possibile, però, che le società di "aggreghino", dando vita ai **gruppi di società**.
In generale, la nozione di gruppo è quella di cui all'art. 2359 c.c., molto spesso richiamata ai fini fiscali. Tale norma fa riferimento alla **società controllata**, cioè alla società:

- in cui un'altra società dispone della maggioranza dei voti esercitabili nell'assemblea ordinaria (*controllo interno di diritto*);
- in cui un'altra società dispone di voti sufficienti per esercitare un'influenza dominante nell'assemblea ordinaria (*controllo interno di fatto*);
- che è sotto l'influenza dominante di un'altra società in virtù di particolari vincoli contrattuali con essa (*controllo esterno di fatto*).

In ambito fiscale, però, può adottarsi una nozione di gruppo più ristretta rispetto a quella civilistica (come ad esempio accade ai fini del consolidato fiscale, come si dirà) e, con la riforma del 2004, il legislatore fiscale è intervenuto sulla disciplina dei gruppi:

i. *da un lato* superando le previgenti norme che valorizzavano i rapporti intersocietari, in specie, quelle che prevedevano la facoltà dei soci di svalutare le partecipazioni a fronte delle perdite della società partecipata e quella che prevedeva il regime di tassazione dei dividendi imperniato sul credito di imposta;
ii. *dall'altro lato* introducendo taluni **regimi optativi** derogatori delle regole IRES, che possono essere scelti da particolari soggetti passivi dotati dei requisiti previsti dalla legge. I principali regimi optativi sono costituiti dall'opzione per la trasparenza fiscale e dalla tassazione consolidata nazionale e mondiale.

12. L'opzione per la trasparenza fiscale (artt. 115-116)

Il **regime della trasparenza** comporta, come già visto per le società di persone, l'imputazione *pro quota* ai soci del reddito realizzato dalla società partecipata a prescindere dall'effettiva percezione degli utili; in tema di società di capitali ci sono **due ipotesi in cui i soci possono optare per il regime della trasparenza**.
L'opzione è irrevocabile per tre esercizi sociali della società partecipata e deve essere esercitata da tutte le società e comunicata all'Amministrazione finanziaria, con la dichiarazione presentata nel periodo d'imposta a decorrere dal quale si intende esercitare l'opzione. Al termine del triennio l'opzione si intende tacitamente rinnovata per un altro triennio a meno che non sia revocata, secondo le modalità e i termini previsti per la comunicazione dell'opzione. La società partecipata è solidalmente responsabile con ciascun socio per l'imposta, le sanzioni e gli interessi conseguenti all'obbligo di imputazione del reddito.

▶ 12.1. Opzione per la trasparenza per le società di capitali (regime ordinario *ex* art. 115 TUIR)

È necessario che sussistano i requisiti previsti dalla legge: per la **società partecipata** l'art. 115 TUIR statuisce che possono optare per la trasparenza quelle società che abbiano la **residenza fiscale in Italia**, che **non siano assoggettate a procedure concorsuali** e che **non abbiano esercitato l'opzione relativa al consolidato nazionale o mondiale**.
Le società partecipanti devono:

- **essere residenti in Italia**: come per le partecipate è necessario il requisito della residenza fiscale nel territorio nazionale;

- **possedere una minima quota di partecipazione:** possono esercitare l'opzione quelle società che abbiano una percentuale di **diritto di voto** esercitabili nell'assemblea generale e di **partecipazione agli utili compresi tra il 10% ed il 50%**.

► 12.2. Opzione per la trasparenza per le società a ristretta base proprietaria (regime speciale *ex* art. 116 TUIR)

Le società a responsabilità limitata a ristretta base societaria possono optare per il regime di trasparenza fiscale. È necessario però che **il volume di ricavi non superi le soglie previste per l'applicazione degli studi di settore e che la compagine sociale sia composta esclusivamente da persone fisiche in numero non superiore a 10 o a 20 nel caso di società cooperativa**.
L'opzione può essere esercitata a condizione che la società:

- **sia residente in Italia**: è necessario il requisito della residenza fiscale nel territorio nazionale;
- **abbia un determinato volume d'affari**: la società non deve aver conseguito, nell'esercizio precedente a quello di efficacia dell'opzione, un **volume di affari superiore** a quello previsto per l'applicazione degli **studi di settore**;
- **abbiano solo soci persone fisiche**: i soci devono essere **persone fisiche** residenti in Italia, in un numero **non superiore a 10;**
- **abbia requisiti di solvibilità**: la società **non** sia assoggetta a **procedure concorsuali** e **non** deve aver esercitato **l'opzione per il consolidato** nazionale o mondiale.

13. Tassazione consolidata (artt. 117-142)

Il sistema fiscale prende in considerazione i **gruppi societari**, ossia l'insieme di società, tra cui intercorrono **rapporti di controllo o di collegamento** così come definiti dall'art. 2359 c.c. Attraverso la **tassazione consolidata** opera una *fictio iuris* per la quale le società consolidate rappresentano ai fini fiscali un unico soggetto passivo, beneficiando così di allineamenti tra posizioni di utile e perdita.
La **tassazione unitaria** del gruppo postula che il gruppo sia un'unità economica; ciò, anche se giuridicamente il gruppo non è un soggetto unico, in quanto le società che lo compongono conservano la loro soggettività, tanto ai fini della determinazione del reddito, quanto ai fini della responsabilità.

► 13.1. Il consolidato nazionale (artt. 117-129)

Il consolidato fiscale non è una forma di tassazione fondata sul bilancio consolidato.
La società o l'ente controllante e ciascuna società controllata rientranti fra i soggetti di cui all'articolo 73, comma 1, lettere a) e b), fra i quali sussiste il rapporto di controllo di cui all'articolo 2359, comma 1, numero 1), del codice civile, con i requisiti di cui all'articolo 120, possono congiuntamente esercitare l'opzione per la tassazione di gruppo.
I soggetti di cui all'articolo 73, comma 1, lettera d), possono esercitare l'opzione di cui al comma 1 in qualità di controllanti ed a condizione:

a) di essere residenti in Paesi con i quali è in vigore un accordo per evitare la doppia imposizione;
b) di esercitare nel territorio dello Stato un'attività d'impresa, come definita dall'articolo 55, mediante una stabile organizzazione, come definita dall'articolo 162, che assume la qualifica di consolidante.

L'esercizio dell'opzione per la tassazione di gruppo comporta la determinazione di un **reddito complessivo globale** (unica base imponibile a livello di gruppo) corrispondente alla somma algebrica dei redditi complessivi netti da considerare, quanto alle società controllate, per l'intero importo indipendentemente dalla quota di partecipazione riferibile al soggetto controllante. Pertanto, nel calcolo del reddito complessivo, ciascuna società consolidata deve determinare il proprio reddito applicando le

regole ordinarie in materia di reddito d'impresa, come se non vigesse il regime di consolidato. Successivamente, la società controllante, dopo aver calcolato il proprio reddito complessivo secondo le regole ordinarie, effettua la somma algebrica dei risultati fiscali delle dichiarazioni delle società consolidate. Al soggetto controllante compete il riporto a nuovo della eventuale perdita risultante dalla somma algebrica degli imponibili, la liquidazione dell'unica imposta dovuta o dell'unica eccedenza rimborsabile o riportabile a nuovo.
Per ciò che attiene gli obblighi formali, ciascuna società deve redigere la dichiarazione dei redditi, da inviare sia all'Agenzia delle Entrate sia alla controllante, la quale (dichiarazione) non contiene la liquidazione dell'imposta, che è liquidata dalla dichiarazione di gruppo della consolidante. Inoltre, le controllate devono fornire alla capogruppo gli elementi necessari alla formulazione della dichiarazione del consolidato e, quindi, devono:

- compilare la dichiarazione dei redditi al fine di comunicare all'ente o società controllante il proprio reddito, le ritenute subite;
- allegare il prospetto dei componenti negativi dedotti ai fini fiscali, ma non civilistici;
- fornire alla società controllante i dati relativi ai beni ceduti ed acquistati in regime di neutralità fiscale e, in generale, ogni necessaria collaborazione per consentirle l'adempimento degli obblighi che le competono.

L'opzione per il consolidato può essere esercitata solo se la controllante dispone del controllo di diritto, diretto o indiretto, ai sensi dell'art. 2359, co. 1, n. 1, c.c. (maggioranza dei voti esercitabili nell'assemblea ordinaria della controllata), con i requisiti previsti dall'art. 120 TUIR e cioè:

- partecipazione, diretta o indiretta, al capitale della controllata in misura superiore al 50%;
- partecipazione, diretta o indiretta, agli utili della controllata, in misura superiore al 50%, non considerando le azioni prive di diritto di voto.

L'articolo 6 del d.lgs. n. 147/2015 ("decreto internazionalizzazione") ha esteso – aggiungendo il co. 2-*bis* all'art. 117 TUIR – la possibilità di esercitare l'opzione per il regime di tassazione di gruppo alle "società e gli enti di ogni tipo, compresi i trust, con o senza personalità giuridica, non residenti nel territorio dello Stato" (articolo 73, comma 1, lettera d), del Tuir), comunque residenti in Paesi dell'Unione europea o in Stati aderenti all'Accordo sullo spazio economico europeo con cui l'Italia abbia stipulato un accordo che assicuri un effettivo scambio di informazioni, ancorché privi di una stabile organizzazione.
L'opzione per il consolidato rappresenta una scelta volontaria delle società del gruppo e, in specie, deve essere esercitata dalla società capogruppo e da almeno una società partecipata.
I requisiti per l'esercizio dell'opzione del consolidato nazionale sono:

- **identità dell'esercizio sociale** di ciascuna società controllata con quello della società o ente controllante;
- **esercizio congiunto** dell'opzione da parte di ciascuna controllata e dell'ente o società controllante;
- **elezione di domicilio** da parte di ciascuna controllata presso la società o ente controllante ai fini della notifica degli atti e provvedimenti relativi ai periodi d'imposta per i quali è esercitata l'opzione;
- **comunicazione all'Agenzia delle Entrate** entro il 21° giorno del sesto mese successivo alla chiusura del periodo d'imposta precedente al primo esercizio cui si riferisce l'esercizio dell'opzione.

L'opzione per il consolidato ha **durata triennale**. Non possono esercitare l'opzione le società che fruiscono della riduzione dell'aliquota IRES o che sono sottoposte a fallimento o a liquidazione coatta amministrativa, né le società che esercitano come partecipate l'opzione per la trasparenza.
L'opzione non è ammessa, in qualità di controllante, per le società che optano per il consolidato mondiale.

▶ 13.2. Il consolidato mondiale (artt. 130-142)

Le società e gli enti di cui all'articolo 73, comma 1, lettere a) e b), possono esercitare l'opzione per includere proporzionalmente nella propria base imponibile, indipendentemente dalla distribuzione, i

redditi conseguiti da tutte le proprie società controllate ai sensi dell'articolo 2359, primo comma, numero 1), del codice civile non residenti e rientranti nella definizione di cui all'articolo 133.
L'esercizio dell'opzione è consentito alle società ed agli enti:

a) i cui titoli sono negoziati nei mercati regolamentati;
b) controllati ai sensi dell'articolo 2359, comma 1, n. 1) del codice civile esclusivamente dallo Stato o da altri enti pubblici, da persone fisiche residenti che non si qualifichino a loro volta, tenendo conto delle partecipazioni possedute da loro parti correlate, quali soggetti controllanti ai sensi dell'articolo 2359, comma 1, numeri 1) e 2), del codice civile di altra società o ente commerciale residente o non residente.

L'esercizio dell'opzione consente di imputare al soggetto controllante indipendentemente dalla distribuzione i redditi e le perdite prodotti dalle controllate non residenti di cui all'articolo 133 per la quota parte corrispondente alla quota di partecipazione agli utili dello stesso soggetto controllante e delle società controllate residenti, tenendo conto della demoltiplicazione determinata dalla catena societaria di controllo.
L'opzione ha durata per cinque esercizi del soggetto controllante ed è irrevocabile. Al termine del quinquennio l'opzione si intende tacitamente rinnovata per il successivo triennio a meno che non sia revocata, secondo le modalità e i termini previsti per la comunicazione dell'opzione.
L'efficacia dell'opzione è altresì subordinata al verificarsi delle seguenti condizioni:

- il suo esercizio deve avvenire relativamente a tutte le controllate non residenti, così, come definite dall'articolo 133;
- identità dell'esercizio sociale di ciascuna società controllata con quello della società o ente controllante, salvo nel caso in cui questa coincidenza non sia consentita dalle legislazioni locali;
- revisione dei bilanci del soggetto controllante residente e delle controllate residenti di cui all'articolo 131, comma 2, e di quelle non residenti di cui all'articolo 133, da parte dei soggetti iscritti all'albo Consob previsto dal decreto legislativo 24 febbraio 1998, n. 58, o, per quanto riguarda le controllate non residenti, anche da altri soggetti a condizione che il revisore del soggetto controllante utilizzi gli esiti della revisione contabile dagli stessi soggetti effettuata ai fini del giudizio sul bilancio annuale o consolidato. Nel caso in cui la controllata non abbia l'obbligo della redazione annuale del bilancio, redazione a cura dell'organo sociale cui compete l'amministrazione della società di un bilancio volontario riferito ad un periodo di tempo corrispondente al periodo d'imposta della controllante, comunque soggetto alla revisione di cui al primo periodo;
- attestazione rilasciata da ciascuna società controllata non residente secondo le modalità previste dal decreto di cui all'articolo 142 dalla quale risulti: 1) il consenso alla revisione del proprio bilancio; 2) l'impegno a fornire al soggetto controllante la collaborazione necessaria per la determinazione dell'imponibile e per adempiere entro un periodo non superiore a 60 giorni dalla loro notifica alle richieste dell'Amministrazione finanziaria.

14. Le società di comodo

La disciplina fiscale delle società di comodo è contenuta nell'art. 30 l. 724/1994, si tratta di società considerate "non operative" o "di mero godimento" che vengono sottoposte comunque ad imposizione con IRES, ma attraverso regole peculiari che comportano un aggravamento dell'onere fiscale.
Qualificare una società come di comodo comporta per la stessa l'applicazione di un regime fiscale più oneroso. Questo, per scoraggiare pratiche di impiego delle società pur in assenza di attività imprenditoriale e ai soli fini di godimento dei beni detenuti nell'impresa, ottenendo così risparmio fiscale.
Le società non operative sono quelle i cui risultati economici appaiono non conformi a determinati indici, in quanto non hanno superato il cd. test di operatività.

Ciò comporta:

- la **determinazione *ex lege* di una base imponibile minima** applicando determinati coefficienti alle voci dello stato patrimoniale;
- l'aumento dell'**aliquota dell'IRES**, dal 24% al 34,5%.

La legge prevede poi delle **cause di esclusione** dalla disciplina, che non si applica, ad esempio, per i soggetti che si trovano nel primo periodo d'imposta o quelli che nei due esercizi precedenti hanno avuto un numero di dipendenti mai inferiore a dieci. Altre cause di esclusione sono state determinate con il Provvedimento del 14 gennaio 2008 dell'Agenzia delle Entrate.
Infine, anche nel caso in cui una società non superasse il test di operatività, potrebbe comunque non essere assoggettata al regime delle società di comodo, potendo essere **disapplicata la disciplina in caso di sussistenza di situazioni oggettive in grado di precludere il raggiungimento di valori minimi**. A tal fine la società può proporre anche un **interpello probatorio** preventivo, che resta, comunque, facoltativo e la cui risposta negativa non preclude la disapplicazione della disciplina delle società di comodo in via autonoma da parte del contribuente.

15. Disciplina fiscale delle start-up innovative

Le **start-up innovative** sono società il cui oggetto sociale (esclusivo o prevalente) consiste nello sviluppo, nella produzione e nella commercializzazione di prodotti o servizi innovativi di alto valore tecnologico (art. 25, c. 2, lett. f), d.l. n. 179/2012 conv. l. 221/2012). Le imprese con i requisiti per esser qualificate start-up innovative (di cui all'art. 25, c. 2, D.L. 179/2012) possono accedere al relativo regime con un'autocertificazione sottoscritta dal legale rappresentante e, dopo essersi registrate nella sezione speciale del Registro delle Imprese, godere delle relative agevolazioni.
I **requisiti** per esser considerata start-up innovativa, oltre all'oggetto come sopra indicato, sono:

- la società dev'essere fiscalmente residente in Italia e costituita da meno di 60 mesi. La residenza può essere collocata anche in un Paese all'interno dello Spazio economico europeo ma qualora vi sia una sede produttiva o filiale in Italia;
- le spese per ricerca e sviluppo devono essere uguali o superiori al 15% del maggior valore tra costo e valore totale della produzione;
- il totale della produzione annua non deve superare i 5 milioni di euro dal secondo anno di attività.

Il D.L. 179/2012 ha introdotto un quadro organico di disposizioni, riguardanti la nascita e lo sviluppo di imprese start-up innovative. In loro favore sono previste una serie di agevolazioni fiscali, che vanno dall'esclusione dalla disciplina delle società di comodo, all'esenzione dal versamento dell'imposta di bollo, ai crediti di imposta in favore delle nuove assunzioni alle detrazioni IRPEF e deduzioni IRES in favore degli investitori. In particolare, le agevolazioni fiscali in favore delle start-up innovative sono:

- la non applicazione della disciplina sulle società di comodo e in perdita sistematica; l'art. 26, c. 4, D.L. 179/2012 prevede che una start-up innovativa (per il periodo in cui mantiene i requisiti) non debba effettuare il test di operatività (*ex* art. 30 l. 724/1994);
- la possibilità di compensare il credito IVA senza obbligo di visto o di garanzia (art. 10, c. 7-*bis*, D.L. 79/2009);
- la possibilità di fruire di sgravi sulle assunzioni di personale altamente qualificato (art. 27-*bis* D.L. 179/2012);
- l'applicazione di un regime fiscale contributivo e vantaggioso agli strumenti finanziari diretti volti alla remunerazione di prestazioni lavorative e consulenze qualificate (*work for equity*);

- la possibilità di cedere le perdite prodotte nei primi tre esercizi a società quotate che abbiano una partecipazione nella start-ap di almeno 20%;
- l'esclusione della tassazione del 50% dei redditi relativi allo sfruttamento delle proprietà intellettuale (art. 1, cc. 37-45, Legge di stabilità 2015 n. 190/2014);
- la concessione di detrazioni e deduzioni d'imposta sull'ammontare degli investimenti effettuati per acquistare partecipazioni in start-up innovative, che siano mantenute per almeno 3 anni (come stabilito dal Ministero dell'Economia e delle Finanze, di concerto con il Ministero dello Sviluppo Economico, con D.M. 30.1.2014, oggi cfr. art. 1, c. 218, Legge di Bilancio 2019 n. 145/2018), in particolare: per le persone fisiche una detrazione del 40% dell'investimento fino a massimo 1.000.000 € e per le persone giuridiche una deduzione dalla base imponibile IRES pari al 40% dell'investimento fino a massimo 1.800.000 €, tale percentuale diviene del 50% nel caso in cui un soggetto passivo IRES acquisisca l'intero capitale sociale di una start-up innovativa.

16. *Patent box*

La legge di stabilità 2015 (art. 1, commi 37-45, della legge n. 190/2014, come da ultimo modificata dalla legge di stabilità 2016) ha introdotto un'agevolazione fiscale, la cd. **Patent Box.**
La legge di delega fiscale (D.L. 21 ottobre 2021, n. 146, conv., con mod., dalla legge 17 dicembre 2021, n. 215) e, poi, la legge di bilancio per il 2022 (art. 1, commi 10 e 11 della L. 30/12/2021, n. 234) hanno novellato questo istituto che, ora, prevede, in luogo dell'esclusione dal reddito, una maggiorazione fiscale dei costi di ricerca e sviluppo sostenuti in relazione a beni immateriali giuridicamente tutelabili. Con la novella del 2022, viene limitato l'ambito di applicazione dell'agevolazione ai seguenti beni: *software* protetto da *copyright*, brevetti industriali, disegni e modelli.
In buona sostanza, il *patent box* è un regime opzionale di tassazione per i redditi derivanti dall'utilizzo di opere dell'ingegno, di brevetti industriali, di marchi, di disegni e modelli, nonché di processi, formule e informazioni relativi ad esperienze acquisite nel campo industriale, commerciale o scientifico giuridicamente tutelabili.
Possono esercitare l'opzione i soggetti titolari di reddito d'impresa, indipendentemente dal tipo di contabilità adottata e dal titolo giuridico in virtù del quale avviene l'utilizzo dei beni. L'opzione deve essere esercitata nella dichiarazione dei redditi relativa al primo periodo d'imposta per il quale si intende optare per la stessa, è valida per cinque periodi di imposta, è irrevocabile e rinnovabile.
Il regime ha l'obiettivo di rendere il mercato italiano maggiormente attrattivo per gli investimenti nazionali ed esteri di lungo termine, tutelando al contempo la base imponibile italiana, in quanto:

- incentiva la collocazione in Italia dei beni immateriali attualmente detenuti all'estero da imprese italiane o estere;
- incentiva il mantenimento dei beni immateriali in Italia, evitandone la ricollocazione all'estero;
- favorisce l'investimento in attività di ricerca e sviluppo.

17. Robin Hood Tax

A carico di alcune categorie di operatori economici attivi nel settore dell'energia era stata introdotta una maggiorazione dell'aliquota IRES (cd. *Robin Hood Tax*).
La ratio della *Robin Hood Tax* consisteva nel colpire sia i profitti di "congiuntura" sia quelli "eccessivi", ovvero gli extraprofitti nel settore dell'energia.
Con la sentenza della Corte Costituzionale n. 10/2015 dell'11 febbraio 2015, la *Robin Hood Tax* è stata dichiarata incostituzionale. In particolare, l'addizionale in esame è stata ritenuta contraria alla Costituzione in quanto colpisce l'intero reddito dell'impresa e non i soli sovraprofitti, perché manca un meccanismo che consenta di tassare separatamente e più severamente solo

l'eventuale parte di reddito suppletivo connessa alla posizione privilegiata dell'attività esercitata dal contribuente al permanere in una data congiuntura.

18. Aiuto alla crescita economica (ACE)

L'art. 1 del D.L. 6 dicembre 2011, n. 201 ("Decreto Monti") ha introdotto una particolare agevolazione fiscale, denominata **"Aiuto alla crescita economica"** o **"ACE"**, consistente nella facoltà di dedurre dal reddito imponibile netto un importo pari al rendimento figurativo degli incrementi di capitale proprio realizzati a partire dal 2011. Detta norma agevolativa ha la finalità di incentivare la capitalizzazione delle imprese attraverso la detassazione di una parte degli incrementi del patrimonio netto.
In altre parole, l'agevolazione si sostanzia nella deduzione – dal reddito d'impresa imponibile – del rendimento figurativo degli apporti di capitale di rischio e costituisce un incentivo alla capitalizzazione, sotto forma di conferimenti in denaro e di utili reinvestiti nell'impresa, con la riduzione del carico d'imposta sui redditi che derivano dal finanziamento con capitale di rischio.
La Legge di bilancio per il 2017 ha modificato le regole per il calcolo dell'agevolazione ACE (Aiuto alla crescita economica) per i soggetti IRPEF estendendo agli imprenditori individuali e alle società di persone le stesse regole previste per le società di capitali.
Si tratta, pertanto, di una misura di favore volta ad incentivare gli incrementi patrimoniali da parte delle società e delle imprese.
Gli incrementi di capitale proprio sono dati, in estrema sintesi, dalla differenza tra apporti in denaro dei soci e utili accantonati a riserva e decrementi del patrimonio per attribuzioni ai soci (cd. variazione in aumento del capitale proprio).
Con la manovra di bilancio per il 2019 la misura era stata abrogata, ma la legge di bilancio per il 2020 l'ha ripristinata (art. 1, comma 287, l. n. 160/2019).

Capitolo 16
L'imposta sul valore aggiunto (IVA)

SOMMARIO:

1. L'imposta sul valore aggiunto (IVA)

L'IVA (**imposta sul valore aggiunto**) è un'imposta di origine comunitaria, introdotta nell'ordinamento nazionale con il **d.P.R. 26 ottobre 1972 n. 633** in attuazione delle direttive europee (oggi, in particolare, si fa riferimento alla Direttiva n. 2006/112/CE) emanate allo scopo di armonizzare le legislazioni fiscali degli Stati membri. L'IVA è un'**imposta indiretta** sul **consumo**, fatto espressivo della **capacità contributiva**, che giustifica il tributo rispetto alla previsione di cui all'art. 53 Cost.

L'IVA rappresenta un'**imposta plurifase** (cioè un'imposta che colpisce il valore dei beni e dei servizi scambiati ad ogni fase del processo produttivo e distributivo) **non cumulativa**, in quanto la sua disciplina prevede che, pur applicandosi ad ogni anello del ciclo produttivo-distributivo, dall'imposta applicata sulle operazioni attive, si detrae l'imposta sugli acquisti e, pertanto, l'Erario acquisisce ad ogni passaggio solo la differenza tra l'imposta conseguita sulle operazioni attive (vendite) e l'imposta versata in relazione agli acquisti, rappresentata dal **valore aggiunto**, ovvero, dall'incremento di valore che ogni bene subisce nelle singole fasi di produzione o commercio. È un'imposta indiretta che colpisce un atto di consumo del reddito ed è neutrale, in quanto attraverso i meccanismi della **rivalsa** e della **detrazione**, l'onere del tributo viene traslato dai soggetti passivi previsti dalla norma a quelli incisi (i consumatori finali). Meccanismo, questo, che garantisce il rispetto del **principio di neutralità** dell'imposta, cioè di quel principio che, come affermato anche dalla Corte di Giustizia, informa tutta la disciplina dell'IVA e garantisce la neutralità dalla stessa per l'operatore economico.

Nonostante l'IVA sia un'imposta che grava sulle singole operazioni del consumo, essa non viene pagata allo Stato dal consumatore finale del prodotto, bensì dal soggetto che cede il bene o presta il servizio: il produttore (o, meglio, l'operatore economico). Si distingue tra:

- **soggetti passivi** o **contribuenti di diritto**, rappresentati dagli operatori economici (imprenditori, artisti o professionisti), che immettono beni e servizi al consumo e che liquidano l'imposta dovuta allo Stato, non sulla singola operazione, ma sul totale delle operazioni concluse in un determinato periodo e nei cui confronti il tributo è **neutrale;**
- **consumatori finali** o **contribuenti di fatto,** che subiscono effettivamente l'imposta su ogni operazione di consumo, risultante dall'aliquota specifica applicata sul prezzo pagato, senza possibilità di recuperarla successivamente e, perciò, sono definitivamente incisi dal tributo.

Il **soggetto attivo** dell'IVA è lo Stato italiano anche se non tutto il gettito IVA resta nelle casse dell'Erario, in quanto una parte di esso è destinata al finanziamento dell'Unione europea.

2. Requisiti di applicazione dell'IVA

Perché un'operazione sia rilevante ai fini IVA è necessario siano presenti le condizioni previste dall'**art. 1 del d.P.R. n. 633/1972,** cioè che sussistano il:

- **presupposto oggettivo**: deve trattarsi di operazioni che rientrano in quelle contemplate dalla legge, cioè **cessione di beni** o **prestazione di servizi**;
- **presupposto soggettivo**: che l'operazione sia posta in essere nell'esercizio di imprese, arti o professioni;
- **presupposto territoriale**: che l'operazione sia effettuata nel territorio italiano.

▶ 2.1.Presupposto oggettivo

L'art. 1 del d.p.r. n. 633/1972 prevede, quale requisito oggettivo delle operazioni rilevanti ai fini IVA, che si tratti di **cessione di beni** o **prestazione di servizi**; importazioni e acquisti intracomunitari.

▶ 2.1.1. Cessione di beni (art. 2)

Secondo la definizione di cui all'art. 2 IVA, costituiscono cessioni di beni gli:

a) **atti che importano trasferimento della proprietà ovvero costituzione o trasferimento di diritti reali di godimento**, non solo i negozi di diritto privato, ma anche quelli che determinano il trasferimento della proprietà per ordine della pubblica autorità (ad esempio come nel caso delle espropriazioni);
b) **a titolo oneroso**, con ciò intendendosi il nesso diretto esistente tra la cessione di beni e il controvalore ricevuto, cioè una controprestazione economicamente valutabile; l'onerosità, poi, può rintracciarsi anche nei conferimenti e negli apporti in società;
c) **su beni di ogni genere,** facendo riferimento al concetto di bene civilistico, compresi i beni mobili e immobili, ma non quelli immateriali.

Costituiscono inoltre cessioni di beni, ai sensi dell'art. 2, co. 2:

- le vendite con riserva di proprietà;
- le locazioni con clausola di trasferimento della proprietà vincolante per ambedue le parti
- i passaggi dal committente al commissionario o dal commissionario al committente di beni venduti o acquistati in esecuzione di contratti di commissione;
- le cessioni gratuite di beni ad esclusione di quelli la cui produzione o il cui commercio non rientra nell'attività propria dell'impresa se di costo unitario non superiore a ad euro cinquanta e di quelli per i quali non sia stata operata, all'atto dell'acquisto o dell'importazione, la detrazione dell'imposta a norma dell'art. 19, anche se per effetto dell'opzione di cui all'art. 36-*bis;*
- la destinazione dei beni all'uso o al consumo personale o familiare dell'imprenditore o di coloro i quali esercitano un'arte o una professione o ad altre finalità estranee alla impresa o all'esercizio dell'arte o della professione, anche se determinata da cessazione dell'attività, con esclusione di quei beni per i quali non è stata operata, all'atto dell'acquisto, la detrazione dell'imposta di cui all'art. 19;
- le assegnazioni ai soci fatte a qualsiasi titolo da società di ogni tipo e oggetto nonché le assegnazioni o le analoghe operazioni fatte da altri enti privati o pubblici, compresi i consorzi e le associazioni o altre organizzazioni senza personalità giuridica.

Non sono considerate, invece, cessioni di beni ai sensi del comma 3:

- le cessioni che hanno per oggetto denaro o crediti in denaro;
- le cessioni e i conferimenti in società o altri enti, compresi i consorzi e le associazioni o altre organizzazioni, che hanno per oggetto aziende o rami di azienda;

- le cessioni che hanno per oggetto terreni non suscettibili di utilizzazione edificatoria a norma delle vigenti disposizioni. Non costituisce utilizzazione edificatoria la costruzione delle opere indicate nell'art. 9 lettera a), della legge 28 gennaio 1977, n. 10;
- le cessioni di campioni gratuiti di modico valore appositamente contrassegnati;
- i passaggi di beni in dipendenza di fusioni, scissioni o trasformazioni di società e di analoghe operazioni poste in essere da altri enti;
- le cessioni di valori bollati e postali, marche assicurative e similari;
- le cessioni di paste alimentari; le cessioni di pane, biscotto di mare, e di altri prodotti della panetteria ordinaria, senza aggiunta di zuccheri miele, uova, materie grasse, formaggio o frutta; le cessioni di latte fresco, non concentrato né zuccherato, destinato al consumo alimentare, confezionato per la vendita al minuto, sottoposto a pastorizzazione o ad altri trattamenti previsti da leggi sanitarie;
- le cessioni di beni soggette alla disciplina dei concorsi e delle operazioni a premio di cui al regio decreto-legge 19 ottobre 1938, n. 1933, convertito nella legge 5 giugno 1939, n. 937, e successive modificazioni ed integrazioni.

▶ 2.1.2. Prestazione di servizi (art. 3)

Costituiscono **prestazioni di servizi** le prestazioni verso corrispettivo (dove, per corrispettivo, si intende quanto affermato più sopra per l'onerosità) dipendenti da contratti d'opera, appalto, trasporto, mandato, spedizione, agenzia, mediazione, deposito e in genere da obbligazioni di fare, di non fare e di permettere quale ne sia la fonte.
Costituiscono inoltre, ai sensi del comma 2, prestazioni di servizi, se effettuate verso corrispettivo:

- le concessioni di beni in locazione, affitto, noleggio e simili;
- le cessioni, concessioni, licenze e simili relative a diritti d'autore, quelle relative ad invenzioni industriali, modelli, disegni, processi, formule e simili e quelle relative a marchi e insegne, nonché le cessioni, concessioni, licenze e simili relative a diritti o beni similari ai precedenti;
- I prestiti di denaro e di titoli non rappresentativi di merci, comprese le operazioni finanziarie mediante la negoziazione, anche a titolo di cessione *pro-soluto*, di crediti, cambiali o assegni. Non sono considerati prestiti i depositi di denaro presso aziende e istituti di credito o presso amministrazioni statali, anche se regolati in conto corrente;
- le somministrazioni di alimenti e bevande;
- le cessioni di contratti di ogni tipo e oggetto.

Non sono considerate, ai sensi dei commi 3 e 4, prestazioni di servizi:

- le cessioni, concessioni, licenze e simili relative a diritti d'autore effettuate dagli autori e loro eredi o legatari, tranne quelle relative alle opere di cui ai numeri 5) e 6) dell'art. 2, L. 22 aprile 1941, n. 633, e alle opere di ogni genere utilizzate da imprese a fini di pubblicità commerciale;
- i prestiti obbligazionari;
- le cessioni dei contratti di cui alle lettere a), b) e c) del terzo comma dell'art. 2;
- i conferimenti e i passaggi di cui alle lettere e) ed f) del terzo comma dell'art. 2;
- le prestazioni di mandato e di mediazione relative ai diritti d'autore, tranne quelli concernenti opere di cui alla lettera a), e le prestazioni relative alla protezione dei diritti d'autore di ogni genere, comprese quelle di intermediazione nella riscossione dei proventi;
- le prestazioni di mandato e di mediazione relative ai prestiti obbligazionari;
- le prestazioni dei commissionari relative ai passaggi di cui al n. 3) del secondo comma dell'art. 2 e quelle dei mandatari.

Non costituiscono inoltre prestazioni di servizi le prestazioni relative agli spettacoli ed alle altre attività elencati nella tabella C allegata al presente decreto, rese ai possessori di titoli di accesso, rilasciati per l'ingresso gratuito di persone, limitatamente al contingente e nel rispetto delle modalità di rilascio e di controllo stabiliti ogni quadriennio con decreto del Ministro delle finanze:

- dagli organizzatori di spettacoli, nel limite massimo del 5 % dei posti del settore, secondo la capienza del locale o del complesso sportivo ufficialmente riconosciuta dalle competenti autorità;
- dal Comitato olimpico nazionale italiano e federazioni sportive che di esso fanno parte;
- dall'Unione nazionale incremento razze equine;
- dall'Automobile club d'Italia e da altri enti e associazioni a carattere nazionale.

▶ 2.2. Presupposto soggettivo

Perché un'operazione di cessione di beni o prestazione di servizi risulti rilevante ai fini IVA occorre che sussista il presupposto soggettivo, cioè che tale operazione sia compiuta **nell'esercizio d'impresa o di arti e professioni**.

▶ 2.2.1. Esercizio di impresa (art. 4)

Per **esercizio di imprese** si intende l'esercizio per professione abituale, ancorché non esclusiva, delle attività commerciali o agricole di cui agli articoli 2135 e 2195 del codice civile, anche se non organizzate in forma di impresa, nonché l'esercizio di attività, organizzate in forma d'impresa, dirette alla prestazione di servizi che non rientrano nell'articolo 2195 del codice civile.
La definizione di esercizio di impresa ai fini IVA, pertanto, ricalca essenzialmente quella di cui all'art. 55 TUIR, anche se è qui rilevante anche l'esercizio dell'attività agricola.
Si considerano in ogni caso effettuate nell'esercizio di imprese:

- le cessioni di beni e le prestazioni di servizi fatte dalle società in nome collettivo e in accomandita semplice, dalle società per azioni e in accomandita per azioni, dalle società a responsabilità limitata, dalle società cooperative, di mutua assicurazione e di armamento, dalle società estere di cui all'art. 2507 del codice civile e dalle società di fatto;
- le cessioni di beni e le prestazioni di servizi fatte da altri enti pubblici e privati, compresi i consorzi, le associazioni o altre organizzazioni senza personalità giuridica e le società semplici, che abbiano per oggetto esclusivo o principale l'esercizio di attività commerciali o agricole.

Si considerano effettuate in ogni caso nell'esercizio di imprese anche le cessioni di beni e le prestazioni di servizi fatte dalle società e dagli enti ivi indicati ai propri soci, associati o partecipanti.

▶ 2.2.2. Esercizio di arti e professioni (art. 5)

Per **esercizio di arti e professioni** si intende l'esercizio per professione abituale, ancorché non esclusiva, di qualsiasi attività di lavoro autonomo da parte di persone fisiche ovvero da parte di società semplici o di associazioni senza personalità giuridica costituite tra persone fisiche per l'esercizio in forma associata delle attività stesse.
Non si considerano effettuate nell'esercizio di arti e professioni le prestazioni di servizi inerenti ai rapporti di collaborazione coordinata e continuativa di cui all'art. 49 del d.P.R. 29 settembre 1973, n. 597, nonché le prestazioni di lavoro effettuate dagli associati nell'ambito dei contratti di associazione in partecipazione di cui all'articolo 49, comma 2, lettera c), del testo unico delle imposte sui redditi, di cui al d.P.R. 22 dicembre 1986, n. 917, rese da soggetti che non esercitano per professione abituale altre attività di lavoro autonomo. Non si considerano altresì effettuate nell'esercizio di arti e professioni le prestazioni di servizi derivanti dall'attività di levata dei protesti esercitata dai segretari comunali ai sensi della legge 12 giugno 1973, n. 349, nonché le prestazioni di vigilanza e custodia rese da guardie giurate di cui al regio decreto-legge 26 settembre 1935, n. 1952.

▶ 2.3. Presupposto territoriale

Ulteriore requisito richiesto per l'applicazione dell'IVA consiste nella realizzazione della cessione dei beni o della prestazione di servizi nell'ambito del territorio italiano.
Si distingue tra:

- **operazioni interne** o nazionali, cioè svolte per intero sul territorio italiano e che pertanto sono soggette ad IVA in Italia;
- **operazioni internazionali** effettuate in parte sul territorio di uno Stato estero, la cui disciplina varia a seconda che si tratti di operazioni extracomunitarie (in parte svolte in paesi non UE) e intracomunitarie (in parte svolte in paesi UE).

Le **cessioni di beni** si considerano effettuate nel territorio dello Stato se hanno per oggetto beni immobili ovvero beni mobili nazionali, comunitari o vincolati al regime della temporanea importazione, esistenti nel territorio dello stesso ovvero beni mobili spediti da altro Stato membro installati, montati o assemblati nel territorio dello Stato dal fornitore o per suo conto. Le cessioni di beni a bordo di una nave, di un aereo o di un treno nel corso della parte di un trasporto di passeggeri effettuata all'interno della Comunità, si considerano effettuate nel territorio dello Stato se il luogo di partenza del trasporto è ivi situato.
Le prestazioni di servizi sono effettuate nel territorio dello Stato quando sono:

- rese a soggetti passivi stabiliti nel territorio dello Stato (operazioni B2B);
- rese a committenti non soggetti passivi stabiliti nel territorio dello Stato (operazioni B2C).

3. Le operazioni extracomunitarie e intracomunitarie

Le **operazioni extracomunitarie** sono quelle operazioni che consistono in scambi (importazioni o esportazioni) tra soggetti stabiliti in Paesi dell'Unione Europea e soggetti stabiliti in Paesi extracomunitari; per tali operazioni è stato adottato **il principio della tassazione del Paese di destinazione**, cioè tassazione delle importazioni e detassazione delle esportazioni.
Si distingue tra:

- **importazioni** nel territorio nazionale, che costituiscono **operazioni imponibili**; in questo caso il soggetto importatore iscrive a debito l'IVA calcolata sul valore pieno della merce ed **è obbligato a versarla alla dogana nel momento dello sdoganamento della merce;**
- **esportazioni** fuori dal territorio nazionale, costituiscono **operazioni non imponibili** e sono pertanto sottoposte al relativo regime.

Le **operazioni intracomunitarie**, invece, sono quelle operazioni che consistono in scambi (importazioni o esportazioni) unicamente tra soggetti stabiliti in Paesi dell'Unione Europea. Anche per queste operazioni si applica il **principio di tassazione nel Paese di destinazione** ma **non sono previste operazioni di sdoganamento**.
Si distingue tra:

- **acquisti intracomunitari**, per le quali l'importazione nel territorio nazionale costituisce **operazione imponibile**; in questo caso il soggetto importatore deve effettuare l'autofatturazione, cioè registrare l'operazione sia nel registro delle fatture emesse che in quello degli acquisti potendo poi procedere alla detrazione della relativa IVA autoliquidata (così detto *reverse charge*);
- **cessioni intracomunitarie** per le quali l'esportazione fuori dal territorio nazionale costituisce **operazione non imponibile** e sono pertanto sottoposte al relativo regime.

4. Distinzione delle operazioni IVA

Una prima distinzione che deve essere effettuata nell'ambito delle operazioni che astrattamente possono rilevare ai fini IVA è quella tra:

1. **Operazioni escluse o fuori campo IVA**, cioè quelle operazioni che non realizzano

almeno uno dei tre presupposti più sopra illustrati (oggettivo, soggettivo o territoriale) e che non fanno, quindi, sorgere l'obbligazione tributaria IVA, né i relativi obblighi formali.

2. **Operazioni rientranti nel campo di applicazione dell'IVA,** cioè quelle operazioni che posseggono i requisiti per l'applicazione dell'IVA. All'interno di tali operazioni, poi, si distingue tra:
   a) **Operazioni imponibili (sorge l'obbligazione tributaria; pieno riconoscimento del diritto alla detrazione; esistenza degli obblighi formali)**.
   Tali sono quelle operazioni che realizzano simultaneamente i tre presupposti e che fanno sorgere l'obbligazione tributaria IVA, con tutti gli obblighi formali e contabili annessi, come la fatturazione e la registrazione. Al compimento di tali operazioni da parte dell'operatore economico consegue il diritto di detrarre l'IVA assolta in relazione agli acquisti effettuati a monte.
   b) **Operazioni non imponibili (non sorge l'obbligazione tributaria; pieno riconoscimento del diritto alla detrazione; esistenza degli obblighi formali)**.

Tali operazioni presentano la peculiarità di:
- rientrare nel campo di applicazione dell'imposta;
- essere soggette agli obblighi di fatturazione e registrazione;
- concorrono alla formazione del volume d'affari (escluse le cessioni di beni ammortizzabili), ma non sono assoggettate al tributo.

Sono, quindi, operazioni che non determinano la nascita dell'obbligazione tributaria, pur restando soggette a tutti gli obblighi di natura formale. La ragione della non imponibilità di tali operazioni risiede in ragioni di *extraterritorialità*. Nonostante non si applichi il tributo, è riconosciuto senza limiti il diritto di detrarre l'IVA assolta a monte sui beni e servizi acquistati e impiegati per lo svolgimento delle relative operazioni non imponibili. Sono operazioni non imponibili le cessioni all'esportazione, le operazioni ad esse assimilate ed i servizi internazionali o connessi agli scambi internazionali, comprese quelle effettuate con la Città del Vaticano, S. Marino e quelle effettuate in base a trattati internazionali.

   c) **Operazioni esenti (non sorge l'obbligazione tributaria; esclusioni limitazioni al diritto alla detrazione; esistenza degli obblighi formali)**.
   Pur realizzandosi i tre presupposti, non sorge l'obbligazione tributaria IVA, in quanto opera una specifica norma di esenzione dal pagamento del tributo; restano in capo al contribuente gli adempimenti di fatturazione e registrazione. Al contrario delle operazioni non imponibili, vi sono esclusioni o limitazioni al diritto di detrazione per il soggetto passivo.
   L'art. 10 del d.p.r. n. 633/1972 prevede una serie di operazioni definite esenti per ragioni sociali o di tecnica tributaria. A titolo esemplificativo rientrano tra le operazioni esenti IVA le:
   - *prestazioni sanitarie*: tutte le prestazioni sanitarie rientrano tra le operazioni esenti; pertanto, l'operatore sanitario non potrà chiedere il pagamento dell'IVA al paziente e, pertanto, non potrà effettuare nessuna detrazione sull'IVA sopportata per gli acquisti;
   - *operazioni inerenti l'esercizio del lotto*: rientrano tra le operazioni esenti anche quelle relative alle lotterie nazionali e concorsi pronostici riservati allo Stato;
   - *prestazioni di trasporto urbano di persone*: che siano effettuate mediante veicoli da piazza o altri mezzi di trasporto; si considerano urbani i trasporti effettuati nel territorio di un comune o tra comuni con distanza non superiore a 50 km.

La **Legge di Bilancio 2022** ha rinviato di due anni, quindi al 2024, l'applicazione delle disposizioni contenute nel **Decreto Fisco-Lavoro** (D.L. n. 146/2021) relative alla disciplina ai fini IVA della decommercializzazione dei proventi percepiti dagli enti associativi di cui all'art. 4 del D.P.R. n. 633/1972. Quando le novità saranno entrate in vigore, tali operazioni assumeranno la qualifica di operazioni **esenti dal tributo**. Tali operazioni, secondo le disposizioni a tutt'oggi in vigore, sono fuori campo IVA, sia pure in conseguenza di una finzione giuridica.

5. Determinazione dell'imposta: momento di esigibilità, base imponibile e aliquota

Ai sensi dell'art. 6, l'imposta diviene **esigibile** quando la cessione di beni e la prestazione di servizi sono effettuate. In questo momento l'imposta è dovuta e contestualmente sorge il diritto alla detrazione. Le operazioni IVA si ritengono effettuate facendo riferimento:

- alla data di stipula dell'atto, in relazione alle cessioni che hanno ad oggetto beni immobili;
- alla data di consegna o spedizione del bene, in relazione alle cessioni che hanno ad oggetto beni mobili;
- al momento del pagamento del corrispettivo per le prestazioni di servizi.

Ciò, sempre che non sia già stato **pagato il corrispettivo** o **emessa la fattura**, perché in questi casi tali eventi determinano l'esigibilità dell'imposta di quanto corrisposto o fatturato.
Ai sensi dell'art. 13, la **base imponibile delle cessioni di beni e delle prestazioni di servizi** è costituita dall'ammontare complessivo dei corrispettivi dovuti al cedente o prestatore secondo le condizioni contrattuali, compresi gli oneri e le spese inerenti all'esecuzione e i debiti o altri oneri verso terzi accollati al cessionario o al committente, aumentato delle integrazioni direttamente connesse con i corrispettivi dovuti da altri soggetti.
Non concorrono a formare la base imponibile, a norma dell'art. 15:

- le somme dovute a titolo di interessi moratori o di penalità per ritardi o altre irregolarità nell'adempimento degli obblighi del cessionario o del committente;
- il valore normale dei beni ceduti a titolo di sconto, premio o abbuono in conformità alle originarie condizioni contrattuali, tranne quelli la cui cessione è soggetta ad aliquota più elevata;
- le somme dovute a titolo di rimborso delle anticipazioni fatte in nome e per conto della controparte, purché regolarmente documentate;
- l'importo degli imballaggi e dei recipienti, quando ne sia stato espressamente pattuito il rimborso alla resa;
- le somme dovute a titolo di rivalsa dell'imposta sul valore aggiunto.

Non si tiene conto, in diminuzione dell'ammontare imponibile, delle somme addebitate al cedente o prestatore a titolo di penalità per ritardi o altre irregolarità nell'esecuzione del contratto.
Per determinare l'imposta, infine, si applica **l'aliquota** IVA vigente al momento in cui è effettuata l'operazione. Si distingue tra:

- **aliquota ordinaria** nella misura del 22% come previsto dall'articolo 40, comma 1-*ter* del decreto-legge 6 luglio 2011 n. 98 (come da ultimo modificato dall'art. 11, comma 1, lett. a) del decreto-legge 28 giugno 2013, n. 76) che ha disposto l'aumento dell'aliquota IVA ordinaria dal 21 al 22% a decorrere dal 1° ottobre 2013;
- **aliquota al 4%**. L'art. 16 del d.p.r. 633/72 prevede tale aliquota per le operazioni elencate nella Tabella A parte II dello stesso testo legislativo;
- **aliquota al 5%**. L'art. 16 del d.p.r. 633/72 prevede tale aliquota per le operazioni elencate nella Tabella A parte II-bis dello stesso testo legislativo;
- **aliquota del 10%** per le operazioni previste dalla Tabella A parte III del d.p.r. 633/1972.

6. Rivalsa (art. 18)

Il soggetto che effettua la cessione di beni o prestazione di servizi imponibili deve addebitare la relativa imposta, a titolo di **rivalsa**, al cessionario o al committente.

Per le operazioni per le quali non è prescritta l'emissione della fattura il prezzo o il corrispettivo si intende comprensivo dell'imposta. Se la fattura è emessa su richiesta del cliente il prezzo o il corrispettivo deve essere diminuito della percentuale indicata nel quarto comma dell'art. 27.
La rivalsa non è obbligatoria per le cessioni di cui ai numeri 4) e 5) del secondo comma dell'articolo 2 e per le prestazioni di servizi di cui al terzo comma, primo periodo, dell'articolo 3.
È nullo ogni patto contrario alle disposizioni dei commi precedenti.
Il credito di rivalsa ha privilegio speciale sui beni immobili oggetto della cessione o ai quali si riferisce il servizio ai sensi degli artt. 2758 e 2772 del codice civile e, se relativo alla cessione di beni mobili, ha privilegio sulla generalità dei mobili del debitore con lo stesso grado del privilegio generale stabilito nell'articolo 2752 del codice civile, cui tuttavia è posposto.

7. Detrazione (art. 19)

Per la **determinazione dell'imposta dovuta** a norma del primo comma dell'articolo 17 o dell'eccedenza di cui al secondo comma dell'articolo 30, **è detraibile** dall'ammontare dell'imposta relativa alle operazioni effettuate, quello dell'imposta assolta o dovuta dal soggetto passivo o a lui addebitata a titolo di rivalsa in relazione ai beni ed ai servizi importati o acquistati nell'esercizio dell'impresa, arte o professione.
Il diritto alla detrazione dell'imposta relativa ai beni e servizi acquistati o importati sorge nel momento in cui l'imposta diviene esigibile ed è esercitato al più tardi con la dichiarazione relativa all'anno in cui il diritto alla detrazione è sorto ed alle condizioni esistenti al momento della nascita del diritto medesimo (comma 1, art. 19).
Non è detraibile l'imposta relativa all'acquisto o all'importazione di beni e servizi afferenti operazioni esenti o comunque non soggette all'imposta, salvo il disposto dell'articolo 19-bis2. In nessun caso è detraibile l'imposta relativa all'acquisto o all'importazione di beni o servizi utilizzati per l'effettuazione di manifestazioni a premio (comma 2).
La **indetraibilità** di cui non si applica se le operazioni ivi indicate sono costituite da:

a) operazioni di cui agli articoli 8, 8-bis e 9 o a queste assimilate dalla legge, ivi comprese quelle di cui agli articoli 40 e 41 del decreto-legge 30 agosto 1993, n. 331, convertito, con modificazioni, dalla legge 29 ottobre 1993, n. 427; **a-bis)** le operazioni di cui ai numeri da 1) a 4) dell'articolo 10, effettuate nei confronti di soggetti stabiliti fuori della Comunità o relative a beni destinati ad essere esportati fuori della Comunità stessa;
b) operazioni effettuate fuori dal territorio dello Stato le quali, se effettuate nel territorio dello Stato, darebbero diritto alla detrazione dell'imposta;
c) operazioni di cui all'articolo 2, terzo comma, lettere a), b), d) ed f);
d) cessioni di cui all'articolo 10, numero 11), effettuate da soggetti che producono oro da investimento o trasformano oro in oro da investimento;
d-bis) le cessioni di beni di cui all'articolo 10, terzo comma;
e) operazioni non soggette all'imposta per effetto delle disposizioni di cui al primo comma dell'articolo 74, concernente disposizioni relative a particolari settori (comma 3).

Per i beni ed i servizi in parte utilizzati per operazioni non soggette all'imposta la detrazione non è ammessa per la quota imputabile a tali utilizzazioni e l'ammontare indetraibile è determinato secondo criteri oggettivi, coerenti con la natura dei beni e servizi acquistati.
Gli stessi criteri si applicano per determinare la quota di imposta indetraibile relativa ai beni e servizi in parte utilizzati per fini privati o comunque estranei all'esercizio dell'impresa, arte e professione (comma 4).
Ai contribuenti che esercitano sia attività che danno luogo ad operazioni che conferiscono il diritto alla detrazione sia attività che danno luogo ad operazioni esenti ai sensi dell'articolo 10, il

diritto alla detrazione dell'imposta spetta in misura proporzionale alla prima categoria di operazioni e il relativo ammontare è determinato applicando la percentuale di detrazione di cui all'articolo 19-*bis*. Nel corso dell'anno la detrazione è provvisoriamente operata con l'applicazione della percentuale di detrazione dell'anno precedente, salvo conguaglio alla fine dell'anno. I soggetti che iniziano l'attività operano la detrazione in base ad una percentuale di detrazione determinata presuntivamente, salvo conguaglio alla fine dell'anno (comma 5).
Infine, il c. 5-*bis*, prevede che per i soggetti diversi da quelli di cui alla lettera d) del comma 3 la limitazione della detrazione di cui ai precedenti commi non opera con riferimento all'imposta addebitata, dovuta o assolta per gli acquisti, anche intracomunitari, di oro da investimento, per gli acquisti, anche intracomunitari, e per le importazioni di oro diverso da quello da investimento destinato ad essere trasformato in oro da investimento a cura degli stessi soggetti o per loro conto, nonché per i servizi consistenti in modifiche della forma, del peso o della purezza dell'oro, compreso l'oro da investimento.

8. La fatturazione delle operazioni (art. 21)

Per ciascuna operazione imponibile il soggetto che effettua la cessione del bene o la prestazione del servizio emette **fattura**, anche sotto forma di nota, conto, parcella e simili o, ferma restando la sua responsabilità, assicura che la stessa sia emessa, per suo conto, dal cessionario o dal committente ovvero da un terzo. Per **fattura elettronica** si intende la fattura che è stata emessa e ricevuta in un qualunque formato elettronico; il ricorso alla fattura elettronica è subordinato all'accettazione da parte del destinatario.
L'emissione della fattura, cartacea o elettronica, da parte del cliente o del terzo residente in un Paese con il quale non esiste alcuno strumento giuridico che disciplini la reciproca assistenza è consentita a condizione che ne sia data preventiva comunicazione all'Agenzia delle Entrate e purché il soggetto passivo nazionale abbia iniziato l'attività da almeno cinque anni e nei suoi confronti non siano stati notificati, nei cinque anni precedenti, atti impositivi o di contestazione di violazioni sostanziali in materia di imposta sul valore aggiunto. La fattura, cartacea o elettronica, si ha per emessa all'atto della sua consegna, spedizione, trasmissione o messa a disposizione del cessionario o committente.
La fattura **contiene** le seguenti indicazioni:

- data di emissione;
- numero progressivo che la identifichi in modo univoco;
- ditta, denominazione o ragione sociale, nome e cognome, residenza o domicilio del soggetto cedente o prestatore, del rappresentante fiscale nonché ubicazione della stabile organizzazione per i soggetti non residenti;
- numero di partita IVA del soggetto cedente o prestatore;
- ditta, denominazione o ragione sociale, nome e cognome, residenza o domicilio del soggetto cessionario o committente, del rappresentante fiscale nonché ubicazione della stabile organizzazione per i soggetti non residenti;
- numero di partita IVA del soggetto cessionario o committente ovvero, in caso di soggetto passivo stabilito in un altro Stato membro dell'Unione europea, numero di identificazione IVA attribuito dallo Stato membro di stabilimento; nel caso in cui il cessionario o committente residente o domiciliato nel territorio dello Stato non agisce nell'esercizio d'impresa, arte o professione, codice fiscale;
- natura, qualità e quantità dei beni e dei servizi formanti oggetto dell'operazione;
- data in cui è effettuata la cessione di beni o la prestazione di servizi ovvero data in cui è corrisposto in tutto o in parte il corrispettivo, sempreché tale data sia diversa dalla data di emissione della fattura;
- corrispettivi ed altri dati necessari per la determinazione della base imponibile, compresi quelli relativi ai beni ceduti a titolo di sconto, premio o abbuono di cui all'art. 15, c. 1, n. 2;

- corrispettivi relativi agli altri beni ceduti a titolo di sconto, premio o abbuono;
- aliquota, ammontare dell'imposta e dell'imponibile con arrotondamento al centesimo di euro;
- data della prima immatricolazione o iscrizione in pubblici registri e numero dei chilometri percorsi, delle ore navigate o delle ore volate, se trattasi di cessione intracomunitaria di mezzi di trasporto nuovi, di cui all'articolo 38, comma 4, del decreto-legge 30 agosto 1993, n. 331, convertito, con modificazioni, dalla legge 29 ottobre 1993, n. 427;
- annotazione che la stessa è emessa, per conto del cedente o prestatore, dal cessionario o committente ovvero da un terzo.

La fattura è emessa **entro dodici giorni** dall'effettuazione dell'operazione determinata ai sensi dell'articolo 6. La fattura cartacea è compilata in duplice esemplare di cui uno è consegnato o spedito all'altra parte.
Le fatture emesse dal cessionario di un bene o dal committente di un servizio in virtù di un obbligo proprio recano l'annotazione **autofatturazione**.
Se il cedente o prestatore emette fattura per **operazioni inesistenti**, ovvero se indica nella fattura i corrispettivi delle operazioni o le imposte relative in misura superiore a quella reale, l'imposta è dovuta per l'intero ammontare indicato o corrispondente alle indicazioni della fattura. L'emissione di fatture per operazioni inesistenti costituisce reato (art. 8 d.lgs. n. 74/2000); sanzioni amministrative sono previste dalle disposizioni presenti nel d.lgs. n. 471/1997 (artt. 5-7 e 8-12).

► 8.1. I registri

I titolari di partita IVA sono obbligati a tenere i **registri** previsti dalla normativa al fine di tenere una contabilità corretta e ordinata.
Si distingue tra:

- **registro degli acquisti**, dove vanno registrate le fatture riguardanti beni e servizi acquistati nell'esercizio dell'impresa; in questo registro emerge l'**IVA a credito**, cioè quell'imposta pagata dal contribuente e di cui lo stesso può chiedere la restituzione;
- **registro delle vendite**, dove vanno annotate le fatture emesse in virtù di cessioni di beni o prestazioni di servizi; in questo registro emerge l'**IVA a debito**, cioè quell'imposta riscossa dal contribuente che lo stesso deve versare all'erario.

► 8.2. La rettifica delle fatture

Dopo che una fattura è stata emessa e registrata può accadere che questa debba essere **rettificata**: cioè, corretta con una variazione in aumento o in diminuzione.
Si parla di:

- **variazione in aumento** quando si verificano eventi che comportano l'aumento dell'imponibile o dell'imposta. Il cedente (o prestatore di servizi) ha l'obbligo di inviare al cessionario (o al committente) una **fattura integrativa** o **nota di debito**;
- **variazione in diminuzione**, quando, ad esempio, vi è una diminuzione del corrispettivo, quando cioè deve effettuarsi una diminuzione della base imponibile o dell'imposta. Il cedente può (non è obbligato) emettere una **nota di credito** ovvero una **nota di variazione in diminuzione**.

9. IVA di gruppo

La disciplina del gruppo IVA è contenuta negli artt. 70-*bis* ss. D.P.R. 633/1972.
L'art. 70-*bis* prevede la possibilità per i **soggetti passivi IVA che siano giuridicamente indipendenti ma collegati** da interessi finanziari, economici e organizzativi, di organizzarsi come un unico soggetto passivo.
Sono, quindi, necessari **tre vincoli**:

- *finanziario*, che si realizza quando esiste un rapporto di controllo diretto o indiretto almeno dal 1° luglio dell'anno precedente e il soggetto controllante sia residente in Italia o in un altro Stato che ha stipulato con l'Italia un accordo di trasparenza e scambio di informazioni;
- *economico*, quando tra i soggetti del gruppo IVA vi sia una forma di cooperazione economica tra le seguenti:
    - svolgere un'attività principale dello stesso genere;
    - svolgere attività tra loro complementari o interdipendenti;
    - svolgere attività a vantaggio di uno o più soggetti del gruppo;
- *organizzativo*, quando tra le imprese del gruppo dev'esserci un coordinamento decisionale.

Ai fini della costituzione del gruppo è necessario l'esercizio della relativa **opzione** da parte di tutti i membri, con un'istanza che va presentata telematicamente entro il 30 settembre dell'anno successivo. Salvo revoca, l'opzione dura 3 anni e si rinnova automaticamente di anno in anno.
La costituzione del gruppo IVA comporta che:

- le cessioni di beni e le prestazioni di servizi effettuate tra soggetti all'interno del gruppo non sono considerate cessioni di beni e prestazioni di servizi;
- le cessioni di beni e prestazioni di servizi effettuate da un soggetto all'interno del gruppo nei confronti di un soggetto esterno ad esso sono considerate effettuate dall'intero gruppo;
- le cessioni e prestazioni effettuate da parte di un soggetto esterno al gruppo nei confronti di uno interno sono, invece, considerate effettuate nei confronti dell'intero gruppo;
- gli obblighi relativi all'IVA sono a carico non dei singoli soggetti ma dell'intero gruppo.

Capitolo 17
L'imposta di registro, sulle successioni e donazioni e altri tributi minori

SOMMARIO:

1. Imposta di registro

L'**imposta di registro** è **l'imposta indiretta** disciplinata dal **d.P.R. n. 131 del 1986** (Testo unico delle disposizioni concernenti l'imposta di registro, cd. TUR).
L'imposta di registro è definita come **imposta d'atto**, in quanto il tributo si commisura all'atto sottoposto a registrazione. Ai sensi dell'art. 20, l'imposta è, infatti, applicata secondo l'intrinseca natura dell'atto ed agli effetti giuridici dello stesso, secondo il principio per cui **la sostanza dell'atto prevale sulla sua forma**.
La **registrazione** consiste nell'annotazione, in apposito registro detenuto dall'Amministrazione, dell'atto scritto (o della denuncia verbale) previo pagamento dell'imposta principale; l'art. 2704 c.c. precisa che la registrazione attesta l'esistenza dell'atto e gli attribuisce data certa.
Gli atti soggetti a registrazione e le aliquote applicabili sono individuati sulla base:

A. delle **Tariffe** allegate al TUR, per gli atti soggetti a registrazione in termine fisso o in caso d'uso; e
B. della **Tabella**, relativa agli atti per i quali non è previsto l'obbligo della registrazione.

▶ 1.1. Le Tariffe: gli atti soggetti a registrazione in termine fisso (Parte prima) o in caso d'uso (Parte seconda)

Gli atti soggetti a registrazione in termine fisso o in caso d'uso sono quelli individuati alle due Parti della Tariffa allegate TUR.
La **Tariffa Parte prima** indica gli atti soggetti a ***registrazione in termine fisso***.
Tali sono gli atti per i quali il termine per la registrazione è di 20 giorni per gli atti formati in Italia e di 60 giorni per quelli formati all'estero.
Sono soggetti a registrazione in termine fisso, con aliquota proporzionale o fissa a seconda dei casi:

- **tutti gli atti scritti** indicati nella Parte I della tariffa allegata, quali:
  - gli atti traslativi a titolo oneroso della proprietà di beni immobili in genere (aliquota del 9%, salve le diverse aliquote previste in Tariffa, come ad esempio il 2% nel caso in cui l'immobile sia l'abitazione del soggetto),
  - gli atti di natura dichiarativa relativi a beni o rapporti di qualsiasi natura (aliquota del 1%),
  - cessioni di crediti, compensazioni e remissioni di debiti (aliquota del 0,5%),
  - contratti preliminari di ogni specie (misura fissa di € 200);
- in generale tutti **gli atti scritti aventi la forma dell'atto pubblico o della scrittura privata autenticata** (art. 2 TUR);

- **i contratti verbali** (di cui all'art. 3 TUR) relativi a locazione e affitto di beni immobili, di trasferimento o affitto di azienda;
- **operazioni di società ed enti esteri** quando volti a trasferire la sede legale o amministrativa nel territorio dello Stato.

La **Tariffa Parte seconda** indica gli atti soggetti a *registrazione solo in caso d'uso,* cioè gli atti per i quali la registrazione diventa **necessaria nell'ipotesi di uso dell'atto**.
Sono soggetti a registrazione in caso d'uso, con applicazione dell'aliquota proporzionale o fissa a seconda dei casi, ad esempio, gli atti formati mediante corrispondenza e le scritture private non autenticate relative ad operazioni soggette ad Iva (art. 1) e gli altri atti indicati in tariffa.

▶ 1.2. La Tabella: gli atti soggetti a registrazione volontaria

Gli atti indicati in **Tabella** (così come previsto dall'art. 7 TUR), invece, sono gli atti per i quali, per ragioni agevolative, non c'è obbligo di registrazione (e, quindi, non fanno sorgere il presupposto d'imposta), ma ciononostante possono comunque essere registrati se presentati volontariamente dalle parti previo pagamento della relativa imposta in misura fissa (c.d. **registrazione volontaria**). L'art. 8 TUR, infatti, prevede che chiunque vi abbia interesse può richiedere in qualsiasi momento, pagando la relativa imposta, la registrazione di un atto.
La registrazione volontaria può essere scelta perché, ai sensi dell'art. 18 TUR, essa conferisce **data certa** di fronte ai terzi ai sensi dell'art. 2704 c.c. e perché attesta **l'esistenza e consente la conservazione dell'atto** presso gli uffici con possibilità per gli interessati di ottenerne copia.

▶ 1.3. I soggetti passivi, presupposto dell'imposta, base imponibile e determinazione del tributo

I **soggetti passivi** dell'imposta sono coloro i quali hanno l'obbligo di richiedere la **registrazione** e l'obbligo di effettuare il **pagamento**. Si tratta di obblighi distinti e, pertanto, non vi è sempre coincidenza tra i soggetti tenuti alla registrazione e quelli tenuti al pagamento. In generale, comunque, il contribuente (soggetto passivo) è identificato:

i. in caso di **registrazione volontaria o in caso d'uso,** nella parte dell'atto registrato che ne ha richiesto la registrazione. Tale soggetto è tenuto alla registrazione e al pagamento;
ii. in caso di **scritture private non autenticate e contratti verbali**, i soggetti contraenti (come **coobbligati in solido**) o comunque coloro che hanno partecipato all'atto. Tali soggetti sono tenuti alla registrazione e al pagamento;
iii. in caso di **atti pubblici e scritture private autenticate**, invece, si determina una scissione dei soggetti coinvolti a seconda dell'obbligo che entra in gioco:
   - l'obbligo della registrazione grava sul *responsabile di imposta,* cioè sul notaio o sul pubblico ufficiale che ha redatto o autenticato l'atto;
   - l'obbligo di pagamento grava su tali soggetti insieme alle parti, solo per ciò che attiene l'imposta principale, ma non anche quelle complementare o suppletiva.

Il **presupposto dell'imposta** è dato dal compimento di atti che sono idonei a determinare una modificazione del patrimonio del soggetto tenuto al pagamento del tributo.
La **base imponibile** è data, invece, dal valore dei beni e dei diritti oggetto di registrazione, con talune specifiche a seconda dei singoli beni o diritti che vengono in gioco nel caso concreto (ad esempio, il TUR prevede che per i beni immobili e per le aziende il valore del bene corrisponde al valore venale in commercio; per i contratti onerosi traslativi il valore è dato dal valore del bene o del diritto alla data dell'atto secondo quanto pattuito dai contraenti; per le permute è dato dal valore del bene che dà luogo all'applicazione della maggiore imposta; per gli atti costitutivi delle garanzie, dall'importo della somma garantita; per le cessioni di contratto, dall'ammontare delle prestazioni da eseguire o dal corrispettivo di cessione).
Su tale valore, poi, verrà **determinata l'imposta da versare**. Per giungere all'imposta:

- si deve inquadrare l'atto da registrare all'interno della classificazione di cui alla Tariffe o

Tabella, per comprendere in che misura (fissa o proporzionale) versare l'imposta;
- nel caso di *imposta proporzionale*, l'aliquota sarà applicata alla base imponibile (valore del bene o del diritto);
- nel caso di *imposta fissa*, l'importo da pagare prescinde dal valore del bene e dagli effetti dell'atto.

▶ 1.4. Principio di alternatività

L'art. 40 TUR prevede il principio di **alternatività tra imposta sul valore aggiunto e imposta di registro** (che persegue lo scopo di evitare sovrapposizioni tra tali due imposte), in base al quale:

i. per gli atti relativi a cessioni di beni e prestazioni di servizi soggetti all'imposta sul valore aggiunto (e le altre operazioni specificate al comma 2 della norma), l'imposta di registro si applica in **misura fissa**;
ii. per le locazioni di immobili strumentali di cui all'art. 10, co. 1, n, 8 IVA si applica l'**imposta proporzionale di registro**;
iii. per le operazioni indicate nell'art. 11 IVA, **l'imposta si applica sulla cessione o prestazione non soggetta a IVA**.

L'art. 25 TUR, prevede un simile principio anche per l'**imposta di registro** e l'**imposta sulle successioni e donazioni**, volto a delimitare l'ambito di applicazione dell'una e dell'altra. Tale norma prevede che un atto in parte oneroso e in parte gratuito è soggetto all'imposta di registro per la parte a titolo oneroso, salva l'applicazione dell'imposta sulle donazioni per la parte a titolo gratuito.
Tale norma deve essere letta in uno con l'art. 20 TUR, in base al quale l'imposta è applicata secondo la intrinseca natura e gli effetti giuridici degli atti presentati alla registrazione, anche se non vi corrisponda il titolo o la forma apparente; si applica, pertanto, il principio secondo cui la sostanza dell'atto prevale sulla sua forma. In base a tale norma, quindi, bisogna basarsi sugli elementi desumibili dall'atto per comprenderne la natura o gli effetti giuridici, prescindendo da quelli extratestuali o dagli atti collegati e dal *nomen iuris*.

▶ 1.5. Imposta principale, suppletiva e complementare

All'atto della registrazione si applica l'imposta secondo quanto dichiarato dalle parti; su tale base l'Amministrazione finanziaria procede alla liquidazione e alla richiesta dell'imposta principale.
Si distingue tra:

- **imposta principale,** che è l'imposta liquidata sulla base dell'atto nel momento della registrazione contraenti; essa è versata dai soggetti obbligati alla registrazione ed eventualmente dall'Ufficio quando corregge eventuali errori in cui siano incorsi i contribuenti nell'autoliquidazione;
- **imposta suppletiva**, che viene richiesta successivamente alla registrazione al fine di correggere errori o omissioni commesse dall'Ufficio;
- **imposta complementare**, che riguarda ogni importo richiesto successivamente alla registrazione che non sia riconducibile all'imposta suppletiva.

2. Imposta sulle successioni e donazioni: ambito di applicazione, resupposto, soggetti passivi, base imponibile, aliquote

L'**imposta sulle successioni e donazioni** è disciplinata dal Testo unico delle disposizioni concernenti l'imposta sulle successioni e donazioni (d.lgs. n. 346/1990; cd. TUSD); **si applica** – in capo agli eredi, ai legatari ed ai donatari – **sui trasferimenti di beni e diritti per successione a causa di morte o per donazione**. Quanto all'**ambito di applicazione**:

A) l'**imposta sulle successioni** si applica, altresì, nei casi di immissione nel possesso temporaneo dei beni dell'assente e di dichiarazione di morte presunta. Non si applica, invece:

- *ai patti di famiglia* previsti dall'art. 768-*bis* c.c. a favore di coniugi o discendenti aventi ad oggetto aziende, rami d'azienda, quote sociali o azioni;
- *ai trasferimenti in favore di enti pubblici, di fondazioni e associazioni riconosciute nonché quelli in favore di ONLUS*;
- *ai trasferimenti in favore di partiti politici* nonché ai trasferimenti in favore di movimenti politici;

B) l'**imposta sulle donazioni**, *ex* art. 2, co. 49, d.l. n. 262 del 2006, si applica alle donazioni; agli altri atti di trasferimento a titolo gratuito tra vivi; alla costituzione di vincoli di destinazione di beni. Sono espressamente escluse le *donazioni di modico valore* e le *erogazioni liberali per spese di mantenimento, educazione, malattia, nozze e abbigliamento.*

L'imposta era stata soppressa nel 2000 e nel 2001, con l'abolizione prima dell'asse ereditario globale e poi delle singole quote ereditarie e, con la riforma del 2006 (in particolare con l'art. 2, commi 47 ss. del d.l. n. 262/2006), è stata ripristinata nella forma dell'imposta sulle singole quote ereditarie.
Ai sensi dell'art. 2 del TUSD, l'imposta è dovuta in relazione a tutti i beni e diritti trasferiti, ancorché esistenti all'estero. Se alla data dell'apertura della successione o a quella della donazione il defunto o il donante non era residente nello Stato, l'imposta è dovuta limitatamente ai beni e ai diritti ivi esistenti.
L'imposta sulle donazioni è strutturata come l'imposta sulle successioni, motivo per il quale verranno trattate congiuntamente, salve le opportune specificità.
La **base imponibile** dell'imposta è data:

A) per l'imposta di successione, dal **valore netto delle quote ereditarie**, determinato dalla differenza tra il valore dei beni che costituiscono l'asse ereditario alla data di apertura della successione e le passività (quali i debiti del defunto, i legati e gli altri oneri di cui l'eredità sia gravata;
B) per l'imposta di donazione dalla **quota di valore globale** dei beni o diritti oggetto di donazione, **al netto degli oneri** cui è gravato il donatario.

Con riferimento alle diverse ipotesi il **presupposto** è costituito:

A) **per le successioni** dall'apertura della successione. L'art. 456 c.c. prevede che la successione si apre al momento della morte nel luogo di ultimo domicilio del defunto;
B) **per le donazioni** dalla stipula dell'atto notarile.

Quanto ai **soggetti passivi**, l'imposta è dovuta dagli eredi e dai legatari per le successioni, e dai donatari per le donazioni e dai beneficiari per le altre liberalità tra vivi.
Le aliquote e le franchigie dell'imposta di donazione sono le stesse di quelle stabilite per l'imposta di successione e sono previste all'art 2, co. 48 del d.l. n. 262/2006. Con riferimento alla base imponibile è necessario sottrarre le **franchigie** previste dal legislatore in favore di determinati soggetti tutelati in virtù del loro rapporto di parentela con il *de cuius* o con il donante e, a tale valore, applicare un'aliquota variabile (dal 4% all'8%). Ai fini dell'applicazione della franchigia, bisogna tener presente anche le eventuali donazioni precedenti, nonché gli atti a titolo gratuito e le costituzioni di vincoli di destinazione effettuate dal *de cuius* al medesimo erede o legatario.
Le franchigie e le aliquote sono:

- **per il coniuge e i parenti in linea retta**, franchigia di € 1.000.000 per beneficiario e aliquota (per la sola parte che supera la franchigia) del 4% (ciò comporta che l'aliquota del 4% si applica sul valore complessivo netto eccedente per ciascun beneficiario la quota di 1 milione di euro);

- **fratelli e sorelle** franchigia € 100.000 per ogni beneficiario e aliquota (per la sola parte che supera la franchigia) del 6% (ciò comporta che l'aliquota del 6% si applica sul valore complessivo netto eccedente per ciascun beneficiario la quota di 100 mila euro);
- **altri parenti in linea retta fino al 4° grado e affini fino al 3° grado** aliquota del 6% senza franchigia;
- **altri soggetti**, aliquota del 8% senza franchigia.

3. Imposte ipotecarie e catastali

Le **imposte ipotecarie** sono imposte riferibili alle formalità relative all'attuazione della pubblicità immobiliare quali la trascrizione, l'iscrizione, la rinnovazione e annotazione di ipoteche e atti dispositivi di immobili (art. 1, d.lgs. n. 347/1990), mentre l'**imposta catastale** si applica all'esecuzione di variazioni nei registri catastali, c.d. volture catastali (art. 10, d.lgs. n. 347/1990).
Gli elementi strutturali delle imposte ipotecarie e catastali sono:

- **soggetti passivi** sono coloro che richiedono le formalità ipotecarie e le volture, coloro nel cui interesse sono richieste, nonché i pubblici ufficiali obbligati al pagamento dell'imposta di registro o delle imposte sulle successioni e donazioni, relativamente agli atti ai quali si riferisce la formalità o la voltura. Inoltre, sono solidalmente tenuti al pagamento delle imposte tutti coloro nel cui interesse è stata richiesta la formalità o la voltura e, nel caso di iscrizioni e rinnovazioni ipotecarie, anche i debitori contro i quali è stata iscritta o rinnovata l'ipoteca, nonché l'utilizzatore dell'immobile concesso in locazione finanziaria;
- **base imponibile**, è la medesima di quella prevista per le imposte di registro, successione e donazione, in quanto si riferiscono anch'esse agli incrementi (onerosi o gratuiti di ricchezza) che si realizzano tra due diversi patrimoni;
- come per l'imposta di registro, anche la **misura** delle imposte ipotecarie e catastali può essere, secondo gli atti, proporzionale o fissa.

Nel caso di trasferimenti immobiliari, le imposte ipo-catastali devono essere versate in aggiunta all'imposta di registro o a quella sulle donazioni e successioni, non sussistendo un principio di alternatività tra le ipo-catastali e queste ultime.

4. Imposta di bollo

L'**imposta di bollo** è disciplinata dal d.P.R. n. 642/1972, sono soggetti all'imposta di bollo gli atti, i documenti e i registri indicati nell'annessa tariffa.
L'imposta di bollo è dovuta fin dall'origine per gli atti, i documenti e i registri indicati nella parte prima della tariffa, se formati nello Stato, ed in caso d'uso per quelli indicati nella parte seconda. Si ha caso d'uso quando gli atti, i documenti e i registri sono presentati all'ufficio del registro per la registrazione. Delle cambiali emesse all'estero si fa uso, quando sono presentate, consegnate, trasmesse, quietanzate, accettate, girate, sottoscritte per avallo o altrimenti negoziate nello Stato.
L'imposta di bollo si corrisponde secondo le indicazioni della tariffa allegata:

- mediante pagamento dell'imposta ad intermediario convenzionato con l'Agenzia delle Entrate, il quale rilascia, con modalità telematiche, apposito contrassegno;
- in modo virtuale, mediante pagamento dell'imposta all'ufficio dell'Agenzia delle Entrate o ad altri uffici autorizzati o mediante versamento in conto corrente postale.

Le frazioni degli importi dell'imposta di bollo dovuta in misura proporzionale sono arrotondate ad euro 0,10 per difetto o per eccesso a seconda che si tratti rispettivamente di frazioni fino ad euro 0,05 o superiori ad euro 0,05.

Capitolo 18
La fiscalità degli enti locali

SOMMARIO:

1. La finanza locale. La riforma dell'art. 119 Cost. e gli interventi normativi per il cd. federalismo fiscale

La potestà impositiva degli **enti locali** riguarda le Regioni, le province, i comuni e le città metropolitane (anche se, per ciò che attiene alle province, pur presenti nella Carta Costituzionale, bisogna ricordare come la legge n. 56 del 7 aprile 2014 le abbia, di fatto, svuotate dei loro organi decisionali).

L'**art. 119 Cost.** (nell'attuale formulazione, così come modificata con la l. cost. 3/2001) riconosce alle Regioni e agli altri enti territoriali **l'autonomia finanziaria di entrata** (oltre che di spesa), **risorse autonome** e la possibilità di stabilire e applicare i tributi ed entrate proprie in armonia con la Costituzione e "*secondo i principi di coordinamento della finanza pubblica e del sistema tributario*". Gli enti territoriali possono altresì disporre di compartecipazioni al gettito dei tributi erariali "*riferibili al loro territorio*".

La previgente formulazione normativa dell'art. 119 Cost., invece, non ammetteva una simile autonomia dei Comuni, limitandosi ad affermare al co. 1 che «Le Regioni hanno autonomia finanziaria nelle forme e nei limiti stabiliti da leggi della repubblica, che la coordinano con la finanza dello stato, delle province e dei Comuni».

Con la riforma del Titolo V della Costituzione, si è inteso, dunque, dare maggiore autonomia agli enti locali anche da un punto di vista finanziario. L'art. 119 Cost. prevede, infatti, che gli **enti locali dispongono** di:

- **risorse proprie**, con riconoscimento di autonomia di entrata e di spesa da esercitarsi nell'osservanza dei vincoli economici e finanziaria derivanti dall'ordinamento dell'Unione Europea;
- **tributi propri**, in armonia con la Costituzione e secondo i principi di coordinamento della finanza pubblica e del sistema tributario;
- **tributi da compartecipazione** al gettito dei tributi erariali riferibili al loro territorio;
- **fondo perequativo**, istituito con legge dello Stato, senza vincoli di destinazione, destinato a finanziare i territori con minore capacità fiscale per abitante;

- **risorse aggiuntive** destinate dallo Stato per promuovere lo sviluppo economico, la coesione e la solidarietà sociale, per rimuovere gli squilibri economici e sociali, per favorire l'effettivo esercizio dei diritti della persona o per provvedere a scopi diversi dal normale esercizio delle funzioni degli enti locali;
- **patrimonio proprio**: espressamente riconosciuto dall'art. 119 Cost.;
- **ricorso all'indebitamento**: solo per finanziare spese di investimento, con la contestuale definizione di piani di ammortamento e a condizione che per il complesso degli enti di ciascuna Regione sia rispettato l'equilibrio di bilancio.

La riforma dell'art. 119 Cost. è stato il primo passo verso il cd. **federalismo fiscale,** l'attuazione del quale è stato ulteriormente sollecitato dalla emanazione della l. delega del 5 maggio 2009 n. 42, con la quale il Governo è stato delegato ad emanare dei decreti legislativi volti a dare attuazione ai principi di finanza locale enunciati dall'art. 119 Cost.
I principi enunciati nella legge delega sono vari e si ispirano grandemente ai principi già contenuti nel Testo Unico degli enti locali, di cui al d.lgs. n. 267/2000, tra tutti quello secondo cui deve riconoscersi ai Comuni e province autonomia finanziaria basata sulla certezza di risorse proprie e risorse trasferite, facendo specifico riferimento alle imposte proprie, alle addizionali e compartecipazioni ad imposte erariali o regionali, ai trasferimenti erariali e regionali, alle tasse e diritti per servizi pubblici, alle altre entrate proprie, anche patrimoniali, alle risorse per investimenti e ad altre entrate.
Tra i principi di cui alla l. delega n. 42/2009:

i. innanzitutto, deve segnalarsi la **modifica del sistema di finanza derivata**, non più fondato sul criterio della spesa storica (cioè di quanto speso in precedenza) ma sul criterio del fabbisogno standard, con attribuzione di risorse indispensabili a garantire il finanziamento integrale dei livelli essenziali delle prestazioni concernenti i diritti civili e sociali delle funzioni fondamentali delle Regioni e degli enti locali, con determinazione dei costi sulla base di una gestione normalmente efficiente e più responsabile. In tal modo è stato superato quel meccanismo che, nei fatti, finiva per premiare maggiormente gli enti meno efficienti che spendevano di più; il criterio del fabbisogno standard è stato favorito attraverso l'approvazione del d.lgs. n. 216/2010, con il quale sono stati dettati i principi per la determinazione dei costi e dei fabbisogni standard di Comuni, città metropolitane e province. Il processo di responsabilizzazione degli enti locali e delle Regioni così introdotto è stato mano a mano incrementato ed è stato con il tempo richiesto a tali enti un contributo (sempre diverso) per il contenimento del debito pubblico complessivo, nel rispetto del *Patto di stabilità e crescita* firmato a livello unionale. In particolare, fino al 2015 gli enti locali erano tenuti a mantenere l'equilibrio del proprio bilancio e a perseguire i cd. *obiettivi programmatici,* al fine di contenere il proprio debito; oggi, invece, a partire dal 2019 (il riferimento è alla l. n. 145/2018, art. 1, co. 821), agli enti locali si richiede di realizzare un risultato di competenza dell'esercizio (differenza tra le entrate accertate e le uscite impegnate) non negativo;
ii. è stata prevista, poi, una **effettiva autonomia di entrata e di spesa**, in base alla quale si prevede che il finanziamento delle funzioni delle Regioni e degli enti locali debba avvenire attraverso *(i)* i tributi e le entrate derivate e proprie di Regioni ed enti locali; *(ii)* la compartecipazione al gettito dei tributi erariali, da assegnare ai diversi livelli di governo in base al principio della territorialità e nel rispetto dei principi di sussidiarietà, differenziazione e adeguatezza, solidarietà e coesione sociale e *(iii)* l'accesso al fondo perequativo;
iii. inoltre, è stato introdotto il principio di **correlazione tra prelievo e beneficio**, che esprimere un legame tra tributo riscosso e funzioni o prestazioni erogati dall'ente locale, nell'ottica di favorire la corrispondenza tra responsabilità finanziaria e

responsabilità amministrativa;

iv. infine, sono stati indicati i **principi** e i **criteri** in tema di coordinamento e di autonomia tributaria degli enti locali (in attuazione di quanto previsto a livello costituzionale), stabilendo che *dovrà essere la legge statale a individuare i tributi propri di Comuni e province*, con individuazione dettagliata dei presupposti, dei soggetti passivi, delle basi imponibili e delle aliquote.

La suddetta legge delega ha portato, tra gli altri, all'emanazione dei decreti legislativi 14 marzo 2011, n. 23 e 6 maggio 2011, n. 68, riguardanti rispettivamente il cd. federalismo fiscale municipale e la cd. autonomia di entrata delle Regioni.
In particolare, con il d.lgs. n. 23/2011, è stato ulteriormente implementato il principio dell'autonomia di entrata dei Comuni ed *(i)* è stato introdotto nel sistema il c.d. "**federalismo fiscale**" ed *(ii)* è stata introdotta la possibilità per gli enti locali di modificare, nei limiti fissati dalla legge, le aliquote dei tributi loro attribuiti, di introdurre agevolazioni e di modificare le modalità di calcolo delle basi imponibili. Il decreto, e le successive modifiche che ad esso sono state apportate, dunque, hanno previsto le diverse tipologie di tributi di competenza comunale.

2. La fiscalità delle Regioni

▶ 2.1. L'imposta regionale sulle attività produttive (IRAP)

L'**imposta regionale sulle attività produttive** (cd. IRAP) è disciplinata nel d.lgs. 15 dicembre 1997 n. 446, che attribuisce alle Regioni la titolarità del credito di imposta e la relativa potestà impositiva.
L'IRAP è un **tributo regionale proprio derivato**, che presenta una portata applicativa regionale, entro i confini territoriali regionali, in quanto si applica sul valore della produzione netta (base imponibile) derivante dall'attività esercitata nel territorio della regione. L'IRAP è un'imposta che ha **carattere reale** e non è deducibile ai fini delle imposte sui redditi.
Il presupposto dell'IRAP è l'**autonoma organizzazione di un'attività economica**, la quale deve essere verificata di volta in volta, per comprendere se l'attività sia effettivamente esercitata con organizzazione di capitale e lavoro altrui non occasionale. L'indice di capacità contributiva che si intende colpire è rappresentato dalla **responsabilità organizzativa** che il soggetto che ha il potere di gestione e organizzazione detiene nei confronti dei fattori produttivi. Ai sensi dell'art. 2, d.lgs. n. 446/1997, l'attività esercitata dalle società e dagli enti, compresi organi ed amministrazioni dello Stato, costituisce in ogni caso presupposto di imposta.
L'IRAP è stata tacciata più volte di incostituzionalità, per violazione dell'art. 53, comma 1, Cost., in ragione del fatto che l'esercizio di una attività autonomamente organizzata **non rappresenterebbe un valido indice di capacità contributiva**; le critiche muovevano anche dalla considerazione che l'imposta risulta dovuta anche nel caso di attività in perdita. La Corte Costituzionale, però, ha sempre riconosciuto la costituzionalità dell'imposta in quanto ha ritenuto ragionevole l'indice di capacità contributiva, in quanto in grado di valorizzare una situazione avente rilevanza economica.
Inoltre, anche i profili di possibili incompatibilità con il diritto unionale dell'IRAP (riguardanti in specie, la ritenuta sovrapposizione di questa con l'IVA e la ritenuta violazione del divieto imposto agli Stati membri di introdurre tributi aventi il medesimo presupposto della stessa) sono stati superati dalla Corte di Giustizia UE, la quale ha ritenuto che le due imposte siano strutturalmente diverse e che, quindi, non si pongano problemi di incompatibilità.

▶ 2.1.1. Presupposto d'imposta e soggetti passivi (artt. 2 e 3)

Il **presupposto dell'imposta**, *ex* art. 2 e come richiamato brevemente più sopra, è l'esercizio abituale di una attività autonomamente organizzata diretta alla produzione o allo scambio di beni ovvero alla prestazione di servizi. L'attività esercitata dalle società e dagli enti, compresi gli organi e le amministrazioni dello Stato, costituisce in ogni caso presupposto di imposta.
Ai sensi del successivo art. 3 sono **soggetti passivi IRAP**:

- **società** sia di capitali che di persone, nonché le società cooperative e quelle di mutua assicurazione con sede nel territorio dello Stato italiano. Per questi soggetti non sussistono dubbi sull'esistenza di un'autonoma organizzazione diretta alla produzione o allo scambio di beni ovvero alla prestazione di servizi;
- **imprenditori individuali e gli esercenti arti e professioni**. Se per i primi soggetti non sono mai sorti dubbi sull'esistenza di un'autonoma organizzazione visto che l'art. 2082 c.c. definisce imprenditore colui che esercita abitualmente una attività economica organizzata al fine della produzione o dello scambio di beni o servizi, per gli esercenti arti e professioni, invece, è sempre stato necessario valutare e accertare, caso per caso, l'esistenza di un'autonoma organizzazione.

  Occorre comunque precisare che la **Legge di Bilancio 2022** (L. n. 234/2021) ha previsto l'**esenzione** dall'imposta regionale sulle attività produttive, **relativamente alle persone fisiche esercenti attività commerciali, arti e professioni**; a mente dell'art. 1, comma 8 della citata legge infatti: "*A decorrere dal periodo d'imposta in corso alla data di entrata in vigore della presente legge, l'imposta regionale sulle attività produttive (IRAP), di cui al decreto legislativo 15 dicembre 1997, n. 446, non è dovuta dalle persone fisiche esercenti attività commerciali ed esercenti arti e professioni di cui alle lettere b) e c) del comma 1 dell'articolo 3 del medesimo decreto legislativo n. 446 del 1997*".
- **Pubbliche Amministrazioni**.

  In particolare, la lettera e-bis) include tra i soggetti passivi dell'IRAP *le Amministrazioni pubbliche di cui all'art. 1, comma 2, del Decreto legislativo 3 febbraio del 1993, n. 29, nonché le amministrazioni della Camera dei Deputati, del Senato, della Corte Costituzionale, della Presidenza della Repubblica e gli organi legislativi delle regioni a statuto speciale*. Posta l'abrogazione del d.lgs. n. 29/1993 richiamato dalla norma, il riferimento ora è all'art. 1, co. 2, del d.lgs. n. 165/2001 in materia di pubblico impiego, il quale ricomprende nella categoria delle amministrazioni pubbliche:
  - le amministrazioni dello Stato, ivi compresi gli istituti e scuole di ogni ordine e grado e le istituzioni educative;
  - le aziende e amministrazioni dello Stato ad ordinamento autonomo;
  - le regioni, le province, i comuni, le comunità montane, e loro consorzi e associazioni;
  - le istituzioni universitarie;
  - gli istituti autonomi case popolari;
  - le Camere di commercio, industria, artigianato e agricoltura e loro associazioni;
  - tutti gli Enti Pubblici non economici nazionali, regionali e locali;
  - le amministrazioni, le aziende e gli enti del servizio sanitario nazionale;
  - l'Agenzia per la Rappresentanza Negoziale delle Pubbliche Amministrazioni (ARAN) e il CONI.

  Ricomprende, dunque, **anche gli enti locali territoriali costituzionalmente previsti**.

Non sono, invece, soggetti passivi IRAP:

- gli organismi di investimento collettivo del risparmio, cioè quegli organismi caratterizzati da una gestione in monte del risparmio raccolto. Ne sono un esempio i fondi comuni di investimento. Sono però escluse dall'esenzione le SICAV, società di investimento a capitale variabile;
- i fondi pensione, cioè i fondi finanziari a carattere previdenziale disciplinati dal d.lgs. 5 dicembre 2005 n. 252;
- i GEIE (i gruppi economici di interesse europeo);
- con la legge di stabilità 2016 (art. 1, comma 70, della legge n. 208 del 2015), sono stati, altresì, esclusi dall'ambito di applicazione IRAP i **produttori agricoli** nonché i consorzi, le cooperative agricole e della piccola pesca dotati di reddito agrario, prima soggetti ad aliquota ridotta nella misura del 1,9%.

► 2.1.2 Base imponibile e la sua determinazione (art. 4 e 5)

L'imposta si applica sul **valore della produzione netta** derivante dall'attività esercitata nel territorio

della regione, il quale permette di misurare la complessiva potenzialità produttiva dell'attività organizzata, in quanto è espresso dalla differenza tra i proventi e i costi della produzione.
In particolare, se l'attività è esercitata nel territorio di più regioni si considera prodotto nel territorio di ciascuna regione il valore della produzione netta proporzionalmente corrispondente all'ammontare delle retribuzioni spettanti al personale a qualunque titolo utilizzato, compresi i redditi assimilati a quelli di lavoro dipendente, i compensi ai collaboratori coordinati e continuativi e gli utili agli associati in partecipazione di cui all'articolo 11, comma 1, lettera c), n. 5, addetto, con continuità, a stabilimenti, cantieri, uffici o basi fisse, operanti per un periodo di tempo non inferiore a tre mesi nel territorio di ciascuna regione, ovvero per le banche, gli altri enti e società finanziarie, ad eccezione della Banca d'Italia e dell'Ufficio italiano cambi, le imprese di assicurazione proporzionalmente corrispondente, rispettivamente, ai depositi in denaro e in titoli verso la clientela, agli impieghi o agli ordini eseguiti, ai premi raccolti presso gli uffici, ubicati nel territorio di ciascuna regione.
Si considera prodotto nella regione nel cui territorio il soggetto passivo è domiciliato il valore della produzione netta derivante dalle attività esercitate nel territorio di altre regioni senza l'impiego, per almeno tre mesi, di personale.
Ai sensi dell'art. 5, la base imponibile IRAP è **determinata** per le:

- **società ed enti commerciali**, dalla differenza tra il valore di produzione di cui alla lettera A) del conto economico e i costi di produzione di cui alla lettera B) con esclusione delle spese per il personale, le perdite su crediti e gli altri componenti indeducibili;
- **imprese individuali e le società di persone**, dalla differenza tra l'ammontare dei ricavi di cui all'articolo 85, comma 1, lettere a), b), f) e g), del TUIR, e delle variazioni delle rimanenze finali di cui agli articoli 92 e 93 del medesimo testo unico, e l'ammontare dei costi delle materie prime, sussidiarie e di consumo, delle merci, dei servizi, dell'ammortamento e dei canoni di locazione anche finanziaria dei beni strumentali materiali e immateriali; anche in questo caso non sono deducibili le spese per il personale, le perdite su crediti e gli altri componenti indeducibili;
- **Pubbliche Amministrazioni**, dalla somma delle redistribuzioni corrisposte al personale dipendente, dei redditi assimilati a quelli di lavoro dipendente, dei compensi erogati per prestazioni di collaborazione coordinata e continuativa, nonché dei compensi corrisposti a titolo di lavoro autonomo occasionale;
- **esercenti arti e professioni**, dalla differenza tra i compensi percepiti, le relative spese sostenute, compresi gli ammortamenti, ma escluse le spese per il personale dipendente e gli interessi passivi.

È in generale escluso lo scomputo degli **interessi passivi e il costo del lavoro**. Tale regola generale è stata, però, più volte derogata da interventi che hanno reso talvolta deducibile proprio il costo del lavoro. Ai fini IRAP, infatti, i costi per il personale comportano:

- *deducibilità*, per coloro che si avvalgono di lavoro dipendente, della differenza tra il costo complessivo per il personale dipendente con contratto a tempo indeterminato e le deduzioni spettanti ai sensi dei commi 1, lett. a), 1-bis, 4-bis.1 e 4-quater dell'art. 11 del d.lgs. n. 446/1997;
- *credito d'imposta,* per coloro che non si avvalgono di lavoro dipendente, pari al 10% dell'imposta lorda determinata ai sensi del d.lgs. n. 446/1997.

► 2.1.3. Aliquota IRAP (art. 16)

L'imposta è determinata applicando al valore della produzione netta **l'aliquota del 3,5 per cento**.
Vengono applicate aliquote differenziate ai seguenti soggetti:

- per le società di capitale e gli enti commerciali che esercitano attività di imprese concessionarie diverse da quelle di costruzione e gestione di autostrade e trafori, si applica l'aliquota del 3,80%;
- per le banche e altri enti e società finanziarie si applica l'aliquota del 4,20%;

- per le imprese di assicurazione, si applica l'aliquota del 5,30%;
- nei confronti dei soggetti di cui all'articolo 3, comma 1, lettera e-*bis*), ovvero le Amministrazioni pubbliche e le amministrazioni degli organi dello Stato e delle Regioni a statuto speciale, relativamente al valore prodotto nell'esercizio di attività non commerciali, determinato ai sensi dell'articolo 10-bis, si applica **l'aliquota dell'8,5%**.

Le regioni hanno facoltà di variare l'aliquota di cui al comma 1 e 1-bis fino ad un massimo di 0,92 punti percentuali. La variazione può essere differenziata per settori di attività e per categorie di soggetti passivi.

▶ 2.2. Tasse automobilistiche

Le tasse automobilistiche sono il bollo e il superbollo auto, la loro disciplina è contenuta nel D.P.R. 39/53 (Testo Unico delle Leggi sulle Tasse Automobilistiche) e il loro presupposto è costituito dalla proprietà dei veicoli regolarmente iscritti nei pubblici registri. Sono soggetti passivi di tali imposte i proprietari dei veicoli.
Il gettito relativo al bollo auto è acquisito dalle Regioni a statuto ordinario e dalle Province autonome di Trento e Bolzano, mentre per le Regioni a statuto speciale la tassa è incassata dallo Stato (cfr. d.lgs. 504/1992).
Il **bollo** auto deve esser versato annualmente ed è determinato in base alle caratteristiche del mezzo, come la potenza effettiva in kW, il numero delle persone trasportabili, la portata in quintali (per i rimorchi).
Il tributo non è dovuto per i veicoli e motoveicoli ad uso non professionale costruiti da più di 30 anni. Mentre è prevista una riduzione della metà del tributo per i veicoli di interesse storico o collezionistico (L. 145/2018), immatricolati per un periodo tra 20 e 29 anni e dotati di certificato di rilevanza storica.
Il **superbollo** è un'addizionale erariale della tassa automobilistica, introdotta con il D.L. 98/2011, che si applica solo ai veicoli che superano la potenza di 185 kW.
Tale tassa ammonta a 20 € per ogni kW di potenza del veicolo superiore ai 185. L'ammontare del superbollo si riduce con il passare del tempo (dopo 5, 10 e 15 anni dalla costruzione del veicolo si riduce rispettivamente del 40%, del 70% e dell'85%) e non è più dovuto dopo 20 anni dalla costruzione del veicolo.

3. La fiscalità dei Comuni

I **comuni** non hanno potestà legislativa ma esclusivamente regolamentare; pertanto, **non possono istituire tributi propri** ma regolamentare tributi istituiti dalla legge, nel rispetto dell'art. 23 Cost.

▶ 3.1. La (ormai superata) IUC

Nella sua versione originaria, il decreto n. 23/2011 attribuiva ai Comuni una parte del gettito relativo ad una serie di imposte (quali, ad esempio, l'IRPEF sui redditi fondiari, imposte legate ai trasferimenti immobiliari, imposta il registro e di bollo sui contratti di locazione di immobili). Le norme di tale decreto, però, nell'ambito di una riforma della fiscalità immobiliare (quella di cui alla l. 27 dicembre 2013, n. 147) erano state abrogate ed era stata contestualmente prevista: *(i)* in sostituzione della preesistente imposta comunale sugli immobili (ICI), l'imposta municipale propria (IMU); *(ii)* mentre, in sostituzione della tassa per l'occupazione di spazi ed aree pubbliche (TOSAP) e dell'imposta comunale sulla pubblicità, l'imposta municipale secondaria (IMUS) mai entrata in vigore.
La l. n. 147/2013 (in specie all'art. 1, co. 639), più in generale, si ricorda per avere istituito l'***imposta unica comunale*** (la cd. IUC), la quale si basava su due presupposti impositivi, uno costituito dal possesso di immobili e collegato alla loro natura e valore e l'altro collegato all'erogazione e alla fruizione di servizi comunali. La IUC era composta:

i. dalla summenzionata **IMU**, con una finalità di finanziamento generico dell'ente territoriale comunale. Quanto al presupposto impositivo dell'IMU, la circolare n. 3/DF del 18 maggio

2012 del Ministero dell'Economia e delle Finanze aveva chiarito che questo fosse costituito dal **possesso** di beni immobili nel territorio comunale;

ii. dalla **TASI** (tributo per i servizi indivisibili), con la finalità di finanziare i servizi indivisibili quali la manutenzione del verde pubblico, delle strade comunali, l'illuminazione pubblica, etc. Il presupposto era dato dal possesso o dalla detenzione a qualsiasi titolo di fabbricati, di aree scoperte nonché di quelle edificabili, a qualsiasi uso adibiti, escluse le aree comuni condominiali di cui all'art. 1117 c.c. che non erano detenute o occupate in via esclusiva. Dal 2016 la Tasi non era dovuta per le abitazioni principali e per quelle date in comodato a figli o genitori. Venne abolita la Tasi anche per gli inquilini che fruiscono dell'immobile in locazione come abitazione principale e nei confronti dei separati o divorziati il cui immobile risulta assegnato all'ex coniuge;

iii. dalla **TARI** (tassa sui rifiuti), con la finalità di finanziare il servizio di raccolta e smaltimento dei rifiuti solidi urbani. Anche per questa imposta il presupposto è costituito dal **possesso** o dalla **detenzione** a qualsiasi titolo di locali o di aree scoperte, a qualsiasi uso adibiti, suscettibili di produrre rifiuti urbani, **sono escluse le aree comuni condominiali** di cui all'art. 1117 c.c. che non siano detenute o occupate in via esclusiva.

La l. 27 dicembre 2019, n. 160 (Bilancio di previsione dello Stato per l'anno finanziario 2020 e bilancio pluriennale per il triennio 2020-2022), ha stabilito (art. 1, co, 738) che a decorrere dall'anno 2020, l'imposta unica comunale di cui all'art. 1, co. 639, della l. n. 147/2013, è abolita, ad eccezione delle disposizioni relative alla tassa sui rifiuti (TARI); l'imposta municipale propria (IMU) è disciplinata dalle disposizioni di cui ai commi da 739 a 783. La TASI, dunque, è stata definitivamente abolita.
Oggi, oltre all'IMU e alla TARI – mantenute a seguito delle varie modifiche normative descritte –, esistono entrate (tributarie e non) degli enti locali che sono molto eterogenee e verranno descritte nei paragrafi che seguono.

▶ 3.2. L'imposta municipale propria (IMU)

Il principale tributo proprio dei comuni è certamente rappresentato dalla **imposta municipale propria (IMU)**, che, a seguito di numerosi interventi normativi, trova oggi la propria essenziale disciplina nei commi 738 e ss. dell'art. 1 della l. n. 160 del 2019.
Il **presupposto d'imposta** dell'IMU è il possesso di immobili, cioè di fabbricati, aree fabbricabili e terreni agricoli (come definiti al co. 741). Il possesso dell'abitazione principale o assimilata, come definita alle lett. b) e c) del co. 741, non costituisce presupposto dell'imposta, salvo che si tratti di un'unità abitativa classificata nelle categorie catastali A/1 (abitazioni signorili), A/8 (ville) o A/9 (castelli o palazzi di pregio storico e/o artistico).
L'art. 1, co. 741, della l. n. 160/2019 è stato oggetto, insieme ad altre previsioni disciplinanti l'IMU (in specie, l'art. 13, co. 2, quarto periodo, del d.l. n. 201/2011), di declaratoria di illegittimità costituzionale (Corte cost., 13 ottobre 2022, n. 209) in quanto «Nel nostro ordinamento costituzionale non possono trovare cittadinanza misure fiscali strutturate in modo da penalizzare coloro che, così formalizzando il proprio rapporto, decidono di unirsi in matrimonio o di costituire una unione civile». La definizione fino ad allora fornita di «nucleo familiare» – che permetteva di ottenere l'esenzione dell'IMU per l'abitazione principale – finiva per penalizzare i coniugi, rispetto ai membri di una unione di fatto; ciò, in contrasto con gli articoli 3, 31 e 53 della Costituzione. La Corte di Cassazione, infatti, aveva fornito un'interpretazione della norma reputata non costituzionale, in quanto giungeva «a negare ogni esenzione sull'abitazione principale se un componente [coniuge] nucleo familiare risiede in un Comune diverso da quello del possessore dell'immobile», ammettendola, invece, in caso di soggetti non uniti da matrimonio. Pertanto, la negazione della (doppia) esenzione sulla «prima casa» a ciascun coniuge o persona legata da unione civile che concretamente abbia la residenza anagrafica e la dimora abituale in immobili diversi (indipendentemente dal fatto che questi siano nel medesimo Comune, o in Comuni diversi determina un'evidente discriminazione rispetto ai conviventi di fatto che si trovano nella medesima situazione e per i quali la doppia esenzione IMU non è mai stata messa in discussione.
I **soggetti passivi dell'imposta** sono i possessori di immobili, intendendosi per tali il proprietario ovvero il titolare del diritto reale di usufrutto, uso, abitazione, enfiteusi, superficie sugli stessi (co. 743). È soggetto passivo dell'imposta il genitore assegnatario della casa familiare a seguito di provvedimento del giudice che costituisce altresì il diritto di abitazione in capo al genitore affidatario dei figli. Nel caso

di concessione di aree demaniali, il soggetto passivo è il concessionario. Per gli immobili, anche da costruire o in corso di costruzione, concessi in locazione finanziaria, il soggetto passivo è il locatario a decorrere dalla data della stipula e per tutta la durata del contratto. In presenza di più soggetti passivi con riferimento ad un medesimo immobile, ognuno è titolare di un'autonoma obbligazione tributaria e nell'applicazione dell'imposta si tiene conto degli elementi soggettivi e oggettivi riferiti ad ogni singola quota di possesso, anche nei casi di applicazione delle esenzioni o agevolazioni.
La **base imponibile dell'IMU** è costituita dal valore degli immobili. La base imponibile non viene tuttavia calcolata sull'effettivo valore venale del bene immobile, eventualmente desumibile dalle quotazioni di mercato, bensì sui coefficienti risultanti dal Catasto.
Per i fabbricati iscritti in catasto, il valore è costituito da quello ottenuto applicando all'ammontare delle rendite risultanti in catasto, vigenti al 1° gennaio dell'anno di imposizione, rivalutate del 5 per cento ai sensi dell'articolo 3, comma 48, della legge 23 dicembre 1996, n. 662, i seguenti moltiplicatori: a) 160 per i fabbricati classificati nel gruppo catastale A e nelle categorie catastali C/2, C/6 e C/7, con esclusione della categoria catastale A/10; b) 140 per i fabbricati classificati nel gruppo catastale B e nelle categorie catastali C/3, C/4 e C/5; c) 80 per i fabbricati classificati nella categoria catastale D/5; d) 80 per i fabbricati classificati nella categoria catastale A/10; e) 65 per i fabbricati classificati nel gruppo catastale D, ad eccezione dei fabbricati classificati nella categoria catastale D/5; f) 55 per i fabbricati classificati nella categoria catastale C/1. Le variazioni di rendita catastale intervenute in corso d'anno, a seguito di interventi edilizi sul fabbricato, producono effetti dalla data di ultimazione dei lavori o, se antecedente, dalla data di utilizzo.
La legge statale stabilisce, per ciascuna fattispecie, **l'aliquota dell'IMU** in una misura "standard" (pari allo 0,86% e allo 0,76% per i terreni agricoli) che può essere modificata dal Comune entro i margini di manovrabilità stabiliti dalla stessa legge (ai sensi dell'art. 1, commi 752 e 754, che consentono un aumento dell'aliquota fino all'1,06%, o una diminuzione della stessa fino ad azzerarla,). A tal fine, il Comune determina le aliquote dell'IMU con delibera del Consiglio comunale.
A decorrere dall'anno 2021, i Comuni possono diversificare le aliquote dell'IMU esclusivamente con riferimento alle fattispecie individuate da un apposito decreto del Ministro dell'economia e delle finanze.
La Legge di Bilancio 2021 (l. n. 178/2020), all'art. 1, co. 48, ha previsto che a partire dall'anno 2021 per una sola unità immobiliare a uso abitativo, non locata o data in comodato d'uso, posseduta in Italia a titolo di proprietà o usufrutto da soggetti non residenti nel territorio dello Stato che siano titolari di pensione maturata in regime di convenzione internazionale con l'Italia, residenti in uno Stato di assicurazione diverso dall'Italia, l'IMU è applicata nella misura della metà.
La Legge di Bilancio 2022 (l. n. 234/2021), all'art. 1, co. 743, limitatamente all'anno 2022, ha previsto che la misura dell'imposta municipale propria è ridotta al 37,5 per cento.
Resta da segnalare che l'art. 1, co. 81, della Legge di Bilancio 2023 (l. n. 197/2022), ha introdotto all'art. 1, co. 759, della l. n. 160/2019 una nuova ipotesi di esenzione dall'IMU, per gli immobili non utilizzabili né disponibili, per i quali sia stata presentata denuncia all'autorità giudiziaria in relazione ai reati di cui agli articoli 614, co. 2, o 633 c.p. per la cui occupazione abusiva sia stata presentata denuncia o iniziata azione giudiziaria penale.

▶ 3.3. Tassa sui rifiuti (TARI)

La **tassa sui rifiuti (TARI)**, che continua ad essere disciplinata dalla l. n. 147/2013, grava su chiunque abbia il **possesso** o anche solo la **detenzione** di locali o aree scoperte, adibiti a qualsiasi uso, suscettibili di produrre rifiuti urbani.
Si tratta pertanto di una forma di prelievo che va a finanziare, sia pure non in maniera diretta, il servizio di raccolta, gestione e smaltimento dei rifiuti solidi urbani, che rappresenta uno dei principali e più pregnanti servizi pubblici svolti a livello locale.
I **soggetti passivi della TARI** sono sia i possessori che i detentori di beni immobili nel territorio comunale, pertanto, in caso di contemporanea presenza di possessori e detentori, tutti sono tenuti in **qualità di coobbligati in solido** all'adempimento dell'unica obbligazione tributaria.
Disposizioni particolari sono dettate nei casi di:

- detenzione temporanea di durata non superiore a sei mesi: se nel corso dello stesso anno solare il possesso non è superiore ai sei mesi le imposte sono dovute al solo possessore del

bene a titolo di proprietà, usufrutto, uso, abitazione o superficie;
- locali in multiproprietà e centri commerciali: il soggetto che gestisce i servizi comuni è responsabile del versamento della TARI dovuta per i locali e le aree scoperte di uso comune e per i locali e le aree scoperte in uso esclusivo ai singoli possessori o detentori, fermi restando nei confronti di questi ultimi gli altri obblighi o diritti derivanti dal rapporto tributario riguardante i locali e le aree in uso esclusivo.

La **base imponibile della TARI** è data dalla superficie catastale dichiarata dall'occupante.
La TARI è corrisposta in base a **tariffa**, la quale viene commisurata dal Comune ad anno solare (che coincide con un'autonoma obbligazione tributaria), il quale deve tenere conto dei criteri determinati con il regolamento di cui al d.P.R. n. 158/1999. Inoltre, il Comune, nel rispetto del principio *chi inquina paga*, ha la facoltà di commisurare la tariffa alle quantità e qualità medie ordinarie di rifiuti prodotti per unità di superficie, in relazione agli usi e alla tipologia delle attività svolte nonché al costo del servizio sui rifiuti.
Il Comune, con regolamento comunale, può anche prevedere riduzioni tariffarie ed esenzioni, ad esempio nel caso *(i)* di abitazioni con unico occupante; *(ii)* di abitazioni tenute a disposizione per uso stagionale od altro uso limitato e discontinuo; *(iii)* di fabbricati rurali ad uso abitativo; etc.
La Legge di Bilancio 2021 (l. n. 178/2020), all'art. 1, co. 48, ha previsto che a partire dall'anno 2021 per una sola unità immobiliare a uso abitativo, non locata o data in comodato d'uso, posseduta in Italia a titolo di proprietà o usufrutto da soggetti non residenti nel territorio dello Stato che siano titolari di pensione maturata in regime di convenzione internazionale con l'Italia, residenti in uno Stato di assicurazione diverso dall'Italia, la tassa sui rifiuti avente natura di tributo o la tariffa sui rifiuti avente natura di corrispettivo, di cui, rispettivamente, al co. 639 e al co. 668 dell'art. 1 della l. n. 147/2013, è dovuta in misura ridotta di due terzi.

► 3.4. I canoni patrimoniali di concessione, autorizzazione ed esposizione pubblicitaria

Tali canoni sono stati introdotti dall'art. 1, commi 816-847, della l. n. 160/2019, in sostituzione – a far corso dal 2021 – di una serie di imposte, tasse e canoni precedentemente applicati alla diffusione di messaggi pubblicitari in aree pubbliche (ci si riferisce, in specie, all'imposta comunale sulla pubblicità, ai diritti sulle pubbliche affissioni e alla tassa per l'occupazione di spazi e aree pubbliche).
Si tratta di una pluralità di prestazioni patrimoniali, al loro interno variegato ed eterogenee, il cui **presupposto** è rappresentato da:

- **l'occupazione**, anche abusiva, di aree del demanio ovvero del patrimonio indisponibile dello Stato, delle Regioni o degli enti locali, ivi compresi lo spazio soprastante il suolo e il sottosuolo. Il canone è determinato tenendo conto della durata dell'occupazione, della superficie occupata (in metri quadrati), della tipologia e delle finalità dell'occupazione, nonché della zona del territorio comunale, provinciale o della Città metropolitana in cui essa è collocata. Un esempio è quello dell'occupazione di aree pubbliche da parte di commercianti;
- **la diffusione**, anche abusiva, di messaggi pubblicitari mediante impianti installati su aree appartenenti al demanio ovvero al patrimonio indisponibile degli enti pubblici territoriali, su beni privati laddove siano visibili da luogo pubblico o aperto al pubblico del territorio comunale, oppure all'esterno di veicoli adibiti ad uso pubblico o ad uso privato. Il canone è commisurato in base alla superficie, in metri quadrati, del mezzo. Un esempio è quello della diffusione di messaggi pubblicitari tramite cartelloni.

Il **soggetto passivo** è il titolare dell'autorizzazione o della concessione ovvero, in assenza di autorizzazione, colui che effettua abusivamente l'occupazione o la diffusione dei messaggi pubblicitari.
Il canone è determinato con regolamento adottato dal consiglio comunale o provinciale.

► 3.5. L'imposta di soggiorno e l'imposta di sbarco

L'imposta di soggiorno è uno speciale tributo, previsto dall'art. 4, del d.lgs. n. 23/2011, la cui concreta ed effettiva istituzione è legata a una delibera consiliare che può essere adottata da un Comune capoluogo di Provincia, da un'Unione di Comuni o da uno dei Comuni inclusi negli elenchi regionali delle

attività turistiche ovvero delle città d'arte.
Il co. 1 del suddetto art. 4 prevede che «I Comuni capoluogo di provincia, le Unioni di Comuni e i Comuni inclusi negli elenchi regionali delle località turistiche o città d'arte possono istituire, con deliberazione del Consiglio, un'imposta di soggiorno a carico di coloro che alloggiano nelle strutture ricettive situate nel proprio territorio, da applicare, in proporzione al prezzo, sino a un massimo di 5 euro per notte». Il tributo così istituito va a gravare sulle persone che alloggiano in strutture ricettive, con obbligo di prelievo e riversamento all'Erario dei titolari ovvero dei gestori delle medesime strutture.
Il gettito è caratterizzato da un vincolo di scopo, potendo essere destinato a finanziare unicamente interventi in materia di turismo, nonché di manutenzione e recupero dei beni artistici e culturali. Lo stesso co. 1, infatti, prosegue affermando che «Il relativo gettito è destinato a finanziare interventi in materia di turismo, compresi quelli a sostegno delle strutture ricettive, nonché interventi di manutenzione, fruizione e recupero dei beni culturali ed ambientali locali e dei relativi servizi pubblici locali».
Il successivo co. 1-*bis* dell'art. 4, del d.lgs. n. 23/2011 (inserito dal d.l. n. 124/2019), estende la possibilità di introdurre l'imposta di soggiorno anche a quei Comuni capoluogo di provincia che, in base all'ultima rilevazione resa disponibile da parte delle amministrazioni pubbliche competenti per la raccolta e l'elaborazione di dati statistici, abbiano avuto presenze turistiche in numero venti volte superiore a quello dei residenti.
Il limite di 5 euro previsto al summenzionato art. 4, co. 1, è innalzato a 10 euro negli unici due casi del Comune di Roma (art. 14, co, 16, d.l. n. 78/2010) e del Comune di Venezia (art. 1, co. 1129, l. n. 145/2018), per tener conto delle particolari esigenze degli stessi, dovute, rispettivamente, alle funzioni di Capitale e alle peculiarità della città lagunare.
L'imposta di sbarco (prevista al co. 3-*bis* del medesimo art. 4) è alternativa all'imposta di soggiorno e può essere istituita da Comuni collocati nelle isole minori o che ricomprendano tali isole all'interno del loro territorio e deve essere riscossa, fino ad un massimo di 2,50 euro unitamente al prezzo del biglietto, da parte dalle compagnie aeree o di navigazione che svolgano il servizio di trasporto di persone sulle medesime isole.
A decorrere dal 2019, anche il Comune di Venezia è autorizzato a prevedere un'imposta di sbarco (alternativamente all'imposta di soggiorno di cui sopra), ma il limite massimo è in questo caso fissato a 10 euro (art. 1, co. 1129, l. n. 145/2018).

▶ 3.6. L'imposta di scopo per le opere pubbliche

L'imposta di scopo per le opere pubbliche (art. 1, commi 145 ss., l. n. 296/2006) è un tributo temporaneo, di durata non superiore a cinque anni, che può essere introdotto da un Comune, con apposito regolamento approvato dal Consiglio, al fine di coprire una parte della spesa da sostenersi per la realizzazione di opere pubbliche, in misura comunque non superiore al 30%.
Il co. 149 del summenzionato art. 1 prevede che le opere pubbliche per le quali può essere istituita l'imposta di scopo solo: a) opere per il trasporto pubblico urbano; b) opere viarie, con l'esclusione della manutenzione straordinaria e ordinaria delle opere esistenti; c) opere particolarmente significative di arredo urbano e di maggior decoro dei luoghi; d) opere di risistemazione di aree dedicate a parchi e giardini; e) opere di realizzazione di parcheggi pubblici; f) opere di restauro; g) opere di conservazione dei beni artistici e architettonici; h) opere relative a nuovi spazi per eventi e attività culturali, allestimenti museali e biblioteche; i) opere di realizzazione e manutenzione straordinaria dell'edilizia scolastica.
L'imposta è determinata attraverso l'applicazione di un'aliquota addizionale all'aliquota Irpef dello 0,5 per mille. È previsto un vincolo di destinazione gravante sul gettito del tributo per cui esso dovrà essere esclusivamente utilizzato al fine di coprire le spese per la realizzazione delle opere pubbliche e se, entro due anni dalla data prevista, l'opera non è stata iniziata, i contribuenti possono chiedere il rimborso dei versamenti effettuati.

▶ 3.7. Ulteriori entrate tributarie dei Comuni: l'addizionale comunale all'Irpef; l'addizionale comunale sui diritti di imbarco; la tassa per concorsi a posti di ruolo; il tributo speciale per il deposito in discarica e in impianti di incenerimento senza recupero dei rifiuti solidi; l'imposta immobiliare sulle piattaforme marine

L'**addizionale comunale all'Irpef** (introdotta dal d.lgs. n. 360/1998) è un tributo che si aggiunge all'Irpef ordinaria, nonché all'addizionale regionale all'Irpef stessa, mediante l'applicazione di un'aliquota

aggiuntiva (cd. *aliquota di compartecipazione*) definita con uno o più decreti del Ministro dell'Economia e delle Finanze di concerto con il Ministro dell'Interno, al reddito complessivo ai fini IRPEF, al netto degli oneri deducibili. L'aliquota viene rimessa alla determinazione del singolo Comune e vale per tutti i cittadini ivi residenti, ma non può comunque essere determinata in misura superiore allo 0,8%.
L'addizionale è dovuta al Comune e alla provincia in cui il contribuente ha il domicilio fiscale alla data del 1° gennaio dell'anno cui si riferisce l'addizionale stessa.
L'**addizionale comunale sui diritti di imbarco** di passeggeri sulle aeromobili, invece, è prevista dall'art. 2, co. 11, della l. n. 350/2003 (e, ai sensi dell'art. 13, co. 6, del d.l. n. 145/2013, non è dovuta dai passeggeri in transito negli scali aeroportuali nazionali, se provenienti da scali domestici) ed è versata all'entrata del bilancio dello Stato, per la successiva riassegnazione per la parte eccedente 30 milioni di euro in un apposito fondo istituito presso il Ministero dell'Interno e ripartito sulla base del rispettivo traffico aeroportuale secondo i seguenti criteri: a) il 40% del totale a favore dei Comuni del sedime aeroportuale o con lo stesso confinanti; b) il 60% del totale per il finanziamento di misure volte alla prevenzione e al contrasto della criminalità e al potenziamento della sicurezza nelle strutture aeroportuali e nelle principali stazioni ferroviarie.
L'addizionale, originariamente prevista per un importo pari a 1 euro, è stata con il tempo variamente incrementata, fino a un importo di 3 euro. L'art. 45, co. 75, della l. 92/2012 ha previsto che le maggiori somme derivanti dall'incremento dell'addizionale sono versate all'INPS.
Deve essere specificato, in ogni caso, come l'art. 39-*bis*, co. 1, del d.l. n. 159/2007, ha previsto che le disposizioni in materia di addizionale comunali sui diritti di imbarco si interpretano nel senso che dalle stesse non sorgono obbligazioni di natura tributaria.
La **tassa per concorsi a posti di ruolo** è prevista dall'art. 27, co. 6 del d.l. n. 55/1983 (modificato dall'art. 23, della l. n. 340/2000). La norma prevede che «La tassa di ammissione ai concorsi per gli impieghi presso i Comuni, le province, loro consorzi ed aziende stabilita dall'art. 1, del R.D. n. 2361/1923, nonché la tassa di concorso di cui all'art. 45, della l. n. 604/1962, e successive modificazioni, sono eventualmente previste dalle predette amministrazioni in base ai rispettivi ordinamenti e comunque fino ad un massimo di lire 20.000». È stata data facoltà a ciascun ente di prevedere, con regolamento e in base ai rispettivi ordinamenti, un diritto per la partecipazione a concorsi fino ad un massimo di 10,33 euro.
Il **tributo speciale per il deposito in discarica e in impianti di incenerimento senza recupero energetico dei rifiuti solidi** è stato introdotto, a decorrere dal 1° gennaio 1996, dall'art. 3, co. 24 ss., della l. n. 549/1995 «Al fine di favorire la minore produzione di rifiuti e il recupero dagli stessi di materia prima e di energia».
A decorrere dal 2018 (l. 205/2017, art. 1, co, 531, che ha modificato il co. 27 del suddetto art. 3) «una quota parte del gettito del tributo speciale è destinata ai Comuni ove sono ubicati i suddetti impianti e ai Comuni limitrofi, effettivamente interessati dal disagio provocato dalla presenza della discarica o dell'impianto, per la realizzazione di interventi volti al miglioramento ambientale del territorio interessato, alla tutela igienico-sanitaria dei residenti, allo sviluppo di sistemi di controllo e di monitoraggio ambientale e alla gestione integrata dei rifiuti urbani».
L'**imposta immobiliare sulle piattaforme marine** (IMPi) di ricerca ed estrazione di idrocarburi site nel mare territoriale è stata istituita, a decorrere dall'anno 2020, dall'art 38, del d.l. n. 124/2019.
La base imponibile è individuata in conformità con la quantificazione degli immobili speciali posseduti interamente da imprese, non accatastati, basata sul valore contabile e adottata ai fini dell'IMU. L'aliquota è fissata al 10,6 per mille e il gettito è destinato allo Stato per la quota di imposta calcolata applicando l'aliquota pari al 7,6 per mille e ai Comuni per la quota di imposta residua (applicando l'aliquota al 3 per mille). I Comuni cui spetta il gettito dell'imposta derivante dall'applicazione dell'aliquota del 3 per mille sono individuati con decreto del Ministro dell'economia e delle finanze di concerto con il Ministro dell'interno, con il Ministro della difesa e con il Ministro dello sviluppo economico.

4. Le entrate tributarie delle Province e delle Città metropolitane

Le Province e le Città metropolitane, a loro volta, dispongono di entrate tributarie proprie. Possiamo rinvenire:

1. l'**imposta per l'esercizio delle funzioni di tutela, protezione ed igiene dell'ambiente (TEFA)**, che va a compensare gli enti in discorso dell'assunzione di funzioni

amministrative concernenti la protezione ambientale, quali, ad esempio, smaltimento dei rifiuti e controllo degli scarichi ed emissioni. Il gettito del tributo in esame è attribuito alle province dall'art. 19 del d.lgs. n. 504/1992 e tale tributo costituisce una sorta di soprattassa, rispetto a quella comunale, nella misura, fissata con delibera della Giunta provinciale, non inferiore all'1% e non superiore al 5%;

2. i **canoni patrimoniali di concessione, autorizzazione ed esposizione pubblicitaria**, analoghi a quelli di competenza dei Comuni, sono applicabili in caso di occupazione, anche abusiva ed eventualmente a fini pubblicitari, di spazi ricompresi nel demanio ovvero nel patrimonio indisponibile dell'ente (si rimanda al § 9.5);
3. l'**imposta sulle assicurazioni per la RCA** (il cui gettito è attribuito alla province sin dal 1999) è prevista oggi, in attuazione della legge delega n. 42/2009, dall'art. 24, co. 2, lett. c), del d.lgs. n. 68/2011 che; a far corso dal 2012, è diventata un tributo proprio delle province. L'aliquota è pari al 12,5%, che può essere aumentata o diminuita in misura non superiore a 3,5 punti percentuali;
4. l'**addizionale e la compartecipazione provinciale all'Irpef**.
   L'addizionale IRPEF costituisce una vera e propria addizionale, analoga a quelle comunale e regionale, la cui aliquota non è però determinata dal singolo ente, con un atto di autonomia, bensì da un apposito decreto ministeriale. È stata istituita dall'art. 12 della l. n. 133/1999 (che ha modificato il d.lgs. n. 360/1998) per coprire gli oneri delle funzioni e dei compiti trasferiti alle Province in attuazione della Bassanini.
   L'art. 31, co. 8, l. n. 289/2002 (Finanziaria 2003) ha inoltre istituito per le province una compartecipazione al gettito dell'IRPEF nella misura dell'1% del riscosso in conto competenza affluito al bilancio dello Stato (la misura è stata prorogata di anno in anno da successivi interventi legislativi). Dal 2012 l'aliquota è determinata con decreto del Presidente del Consiglio dei Ministri ed è attualmente fissata allo 0,60 del gettito IRPEF (art. 24, co. 2, lett. a), del d.lgs. n. 68/2011).
5. l'**imposta provinciale di trascrizione (IPT)** può essere istituita dalle province sulle formalità di trascrizione, iscrizione e annotazione dei veicoli richieste al Pubblico Registro Automobilistico (art. 56, d.lgs. n. 446/1997). L'imposta deve essere commisurata al tipo e alla potenza dei veicoli: le province hanno però facoltà di deliberare un aumento di tale misura fino ad un massimo del 30%.

5. Le entrate proprie non tributarie degli enti locali

Gli enti locali dispongono infine di una serie di entrate proprie, di natura non tributaria. Queste sono individuate dal d.lgs. n. 118/2011, che le suddivide in 5 distinte categorie:

- la prima categoria è rappresentata dagli **introiti della vendita di beni o dell'erogazione di servizi nel mercato**, che garantisce la quota parte di gettito maggiore;
- la seconda categoria è data dai **proventi delle attività di controllo** e repressione degli illeciti affidati alla loro vigilanza;
- poi troviamo la categoria degli **interessi attivi**;
- quella delle **somme prese a mutuo**;
- infine, la categoria dei **rimborsi e le altre entrate correnti**.

6. Le altre entrate da accensione di prestiti: l'assunzione di mutui; l'emissione di prestiti obbligazionari; i prodotti derivati; il *leasing* finanziario; le anticipazioni di tesoreria; le aperture di credito

La generale categoria delle **entrate da accensioni di prestiti** consente agli enti locali di reperire le risorse necessarie alla realizzazione dei propri investimenti, o all'interno dell'ente stesso (cd. *autofinanziamento,* con utilizzo, ad esempio, delle entrate correnti o dei trasferimenti in conto

capitale), oppure all'esterno, ricorrendo al credito.
Nell'area del **finanziamento esterno** rientrano i mutui e le altre forme di ricorso al mercato finanziario consentite dalla legge (si veda l'allegato 13/2 al d.lgs. n. 118/2010), quali, ad esempio, *(i)* l'emissione di titoli obbligazionari; *(ii)* i prodotti derivati; *(iii)* il *leasing* finanziario; *(iv)* le anticipazioni da istituto tesoriere/cassiere.
Operazioni, queste, che ai sensi dell'art. 3, co. 17, della l. n. 350/2003, costituiscono per gli enti locali indebitamento e, per tali ragioni, sono state previste delle condizioni specifiche per l'attivazione di tali strumenti di credito. In particolare, gli artt. 202-203 TUEL (testo unico degli enti locali di cui al d.lgs. n. 267/2000) e l'art. 62, del d.l. n. 117/2008, richiedono che, tra gli altri:

- sia stato approvato il rendiconto del penultimo esercizio precedente quello in cui si intende deliberare il ricorso all'indebitamento;
- sia stato deliberato il bilancio di previsione nel quale sono iscritti i relativi stanziamenti;
- il ricorso all'indebitamento sia giustificato solo per la realizzazione degli investimenti, essendo entrate a destinazione vincolata;
- non siano emessi titoli obbligazionari e altre passività che prevedano il rimborso del capitale in un'unica soluzione alla scadenza, nonché titoli obbligazionari e altre passività in valuta estera;
- la durata di ogni singola operazione di indebitamento, anche se consistente nella rinegoziazione di una passività esistente, non sia superiore a trenta anni, né inferiore a cinque anni;
- vi sia la contestuale definizione di piani di ammortamento, fermo restando il rispetto della condizione dell'equilibrio di bilancio.

Venendo, più in particolare alle singole tipologie di finanziamento esterno, e iniziando dall'**assunzione di mutui**, questi rappresentano dei prestiti di medio-lungo termine che gli enti locali possono assumere con la Cassa Depositi e Prestiti, con l'istituto per il Credito sportivo (per la costruzione di impianti sportivi), con gli istituti assicurativi e previdenziali; con le banche; con le istituzioni dell'Unione europea (la Banca europea per gli investimenti).
Particolarmente rilevanti sono i finanziamenti scaturenti dalle attività di investimento operate sui mercati finanziari, attraverso l'acquisto di prodotti di vario tipo, ivi compresi le **obbligazioni** e i **prodotti finanziari derivati**.
Quanto ai **prestiti obbligazionari**, l'art. 205 del TUEL autorizza gli enti locali ad attivare tali prestiti «nelle forme consentite dalla legge». Il riferimento è alla l. n. 724/1994, la quale ammette che le province, Comuni, Città metropolitane, Comunità montane, i loro Consorzi e le Regioni possono deliberare l'emissione di prestiti obbligazionari destinati *esclusivamente* al finanziamento degli investimenti e unicamente nel caso in cui tali enti non si trovino in situazioni di dissesto o di deficit strutturale (art. 35) o, in caso di dissesto, rispettino adeguate condizioni, previste all'art 37, e, in specie: *(a)* abbiano registrato un avanzo di amministrazione nei conti consuntivi relativi all'ultimo e al penultimo esercizio precedente quello dell'emissione del prestito; *(b)* abbiano interamente ripianato gli eventuali disavanzi di gestione dei servizi pubblici gestiti a mezzo di aziende municipalizzate risultanti dai conti consuntivi del servizio pubblico relativi all'ultimo e al penultimo esercizio precedente a quello dell'emissione del prestito.
I **prodotti derivati** sono strumenti finanziari il cui valore *deriva* dall'andamento del valore di un'attività o dal verificarsi nel futuro di un evento osservabile oggettivamente. Tuttavia, i crescenti rischi derivanti dalla speculazione finanziaria e, soprattutto, le numerose situazioni di dissesto riscontratesi negli anni a causa di investimenti operati in attività finanziarie eccessivamente rischiose, hanno comportato l'introduzione di un divieto (con alcune eccezioni) per gli enti locali, a pena di nullità dei contratti stipulati in violazione dello stesso, di acquistare prodotti derivati, quali, a titolo esemplificativo, gli *swap*, i *future*, i *forward*, etc. Il riferimento è all'art. 62, D.L. 112/2008.
La **locazione finanziaria,** o ***leasing* finanziario**, è quel contratto mediante il quale un soggetto, il concedente, offre in godimento ad un altro soggetto, l'utilizzatore, un bene mobile o immobile

per un tempo determinato, contro pagamento di un canone di locazione periodico, con possibilità, al termine del tempo stabilito, di riscattare il bene oggetto del *leasing* ad un prezzo previamente determinato contrattualmente. Anche tale contratto ha funzione di finanziamento esterno.
L'**anticipazione di tesoreria** consiste in un **finanziamento a breve termine**, ad opera del soggetto o dell'ente affidatario del servizio di tesoreria comunale, provinciale o metropolitana, volto a fronteggiare una temporanea **carenza di liquidità**. Esso è normato dall'art. 222 del TUEL e prevede, onde evitare situazioni di squilibrio finanziario, che tale anticipazione non possa eccedere i tre dodicesimi del valore complessivo delle entrate accertate nel penultimo anno precedente, afferenti ai primi tre titoli del bilancio. Tale limite è elevabile, in determinate circostanze, a cinque dodicesimi e, per il triennio 2020-2022, tale limite è stato innalzato per tutti gli enti a cinque dodicesimi dalla l. n. 160/2019.
Le **aperture di credito** sono invece disciplinate dall'art. 205-*bis* del TUEL e rappresentano contratti bancari con i quali un determinato istituto di credito, generalmente esercente l'attività di tesoreria comunale, provinciale o metropolitana, si obbliga a tenere a disposizione dell'ente locale una determinata somma di denaro per un certo periodo di tempo, verso un corrispettivo rappresentato dagli interessi passivi che su quella somma vengono a maturare.

Sezione VI

Diritto penale con particolare riferimento ai reati contro la PA e alle contravvenzioni

Parte generale

SOMMARIO

Capitolo 1
Nozioni introduttive

SOMMARIO:

1. Nozione e funzione del diritto penale

Il **diritto penale** è il complesso di norme principalmente volte a prevedere sanzioni afflittive a carico di chi tenga determinati comportamenti offensivi di beni giuridici ritenuti meritevoli di protezione.

L'individuazione della **funzione** del diritto penale è stata oggetto di un dibattito secolare, che ha visto susseguirsi tre fondamentali impostazioni:

- la **teoria retributiva**, disinteressandosi degli effetti della pena, attribuisce alla stessa il fine esclusivamente punitivo di compensare ("retribuire") il male inflitto da un soggetto, in ossequio a basilari esigenze di giustizia;
- la **teoria general-preventiva,** che intende la pena come mezzo per orientare le scelte di comportamento della *generalità dei consociati*, disincentivandoli dal commettere reati;
- la **teoria special-preventiva,** che concepisce la pena come strumento teso a prevenire che *l'autore un reato* delinqua nuovamente.
- Decisivo è oggi, nel definire la funzione del diritto penale, quanto previsto dall'art. 27, co. 3 Cost. secondo cui *"le pene ... devono tendere alla rieducazione del condannato"*.

▶ 1.1. Caratteri del diritto penale

Come **sistema** di norme, il diritto penale si presenta come:

- **diritto positivo**, previsto da esplicite disposizioni di legge;
- **diritto statuale**, essendo lo Stato il solo soggetto legittimato a emanare norme penali, in omaggio al principio di riserva di legge *ex* art. 25, co. 2, Cost.;
- **diritto pubblico**, perché concorre a regolare il rapporto tra lo Stato e gli altri soggetti.

I **caratteri** del diritto penale sono:

- l'***autonomia***, il diritto penale essendo un complesso di norme originario e completo, dotato di proprie regole e propri principi;
- la **sussidiarietà**, il ricorso al diritto penale dovendo costituire l'*extrema ratio*, ossia essere limitato ai soli casi in cui altre sanzioni (ad esempio civili o amministrative) risultino dotate di insufficiente efficacia deterrente o afflittiva;
- la **frammentarietà**, il diritto penale non essendo preordinato a sanzionare ogni modalità di aggressione a beni giuridicamente tutelati, bensì solo quelle realmente offensive;
- la **tipicità**, l'illecito penale dovendo essere necessariamente individuato mediante la puntuale descrizione normativa delle condotte da sanzionare.

2. La norma penale

Si può distinguere tra:

- norme penali **in senso stretto,** anche dette "norme incriminatrici", recanti la descrizione della condotta vietata, nonché la sanzione comminata;
- norme penali **in senso lato,** comprensive di ogni regolamentazione dell'esercizio del potere punitivo statuale. Rientrano in tale categoria le norme che escludono il reato o la pena, o che precisano la portata delle norme incriminatrici, anche definendo i concetti ivi evocati.

La **norma penale in senso stretto** è caratterizzata da due elementi.

- il **precetto**: il comando o il divieto di compiere una data azione od omissione;
- la **sanzione**: la previsione di una pena in caso di infrazione del precetto.

3. I principi del diritto penale italiano. Quadro d'insieme

Il diritto penale italiano è ispirato a taluni principi costituzionali.
Tra questi, quello di **legalità** assume carattere di priorità logica. Nel nostro ordinamento, infatti, possono essere puniti soltanto fatti che al momento della loro commissione siano *espressamente previsti come reato dalla legge*, con le *pene da essa stabilite*. Come vedremo, il principio di stretta legalità trova esplicito riconoscimento a livello costituzionale nell'art. 25, co. 2, Cost., e si traduce a livello codicistico negli artt. 1 e 199 c.p. In forza di tale principio, è reato solo il fatto previsto dalla legge.
Senonché, la Costituzione non lascia mano libera al legislatore, dettando ulteriori e decisivi principi cui la legge deve conformarsi nel prevedere ciò che è reato e con quali pene va sanzionato.
La Carta fondamentale accoglie, infatti, una concezione **di reato** non freddamente **formale**, ma anche, al contempo, **sostanziale**, per la quale è reato solo il fatto che, *oltre a essere espressamente qualificato tale dalla legge*, sia anche, sul versante sostanziale, conforme alla Costituzione, per quel che attiene alle peculiarità strutturali e ai valori salvaguardati.
Volendo, allora, sin d'ora segnalare i vincoli che la Costituzione pone al legislatore penale, vengono in rilievo quelli desumibili dagli articoli:

- 25, co. 2, che fa riferimento al "fatto", in tal modo mostrando l'adesione dei Costituenti a un principio di **necessaria materialità** del reato (per cui non può esservi reato senza un comportamento esteriormente e naturalisticamente percepibile);
- 13, che sancisce l'inviolabilità della libertà personale, sicché l'irrogazione di una sanzione penale può essere ammessa solo come reazione a una **condotta offensiva** di beni costituzionalmente significativi. Ne deriva la necessità non solo che il comportamento materiale leda o ponga in pericolo beni giuridici di rilevanza costituzionale, quantomeno implicita, ma anche che (in omaggio al principio c.d. di **proporzionalità**) la pena sia calibrata, tanto a livello legislativo quanto in concreto, al disvalore ed alla offensività della fattispecie (Corte cost. n. 40/2019);
- 27, che enuncia il principio della **natura personale della responsabilità penale**, così imponendo la riferibilità *eziologica* e *psicologica* del fatto di reato al soggetto chiamato a risponderne;
- ancora 27, laddove dispone che "*le pene non possono consistere in trattamenti contrari al senso di umanità e devono tendere alla rieducazione del condannato*", in tal modo imponendo che il trattamento sanzionatorio sia volto alla **rieducazione del condannato** e quindi *proporzionato* in astratto al rilievo del bene protetto e in concreto alla personalità dell'agente.

E così, anticipando in sintesi quanto si dirà, può costituire reato solo un fatto che, oltre a essere *dalla legge previsto come reato* (riserva di legge), *irretroattivamente* (irretroattività), in forma *tassativa* (tassatività, determinatezza o precisione), *nel rispetto dei principi di materialità* (materialità) e *offensività* (offensività), sia *attribuibile al soggetto sul piano causale* (causalità) e *psicologico* (colpevolezza), e sia *sanzionato* con pena volta alla *rieducazione* del condannato e quindi *proporzionata in astratto* al rilievo del bene protetto e *in concreto* alla personalità dell'agente.

4. Il principio di legalità

Il principio di legalità, anche indicato con il brocardo latino *nullum crimen sine lege*, è sancito in primo luogo dall'**art. 25, comma 2, Cost.**, in base al quale *"nessuno può essere punito se non in forza di una legge che sia entrata in vigore prima del fatto commesso"*.
Se da un lato il principio pone un argine al rischio di arbitrio del potere esecutivo e di quello giudiziario riserva l'emanazione di norme penali principalmente al Parlamento, dall'altro costituisce un fondamentale *presidio della libertà dei consociati*, posti così in condizione di conoscere previamente *quali* comportamenti sono vietati penalmente e di orientare le proprie scelte di conseguenza.
Il principio è enunciato da molteplici **fonti normative**:

- a livello **costituzionale**, dal citato art. 25, co. 2 e 3;
- a livello **normativo primario**, dall'art. 1 c.p., a norma del quale *"Nessuno può essere punito per un fatto che non sia espressamente preveduto come reato dalla legge, né con pene che non siano da essa stabilite"*, nonché - dall'art. 199 c.p., che estende la riserva di legge alla disciplina delle *misure di sicurezza*.

A livello **sovranazionale**, il principio è sancito da numerose fonti europee ed internazionali, tra cui l'art. 49 della Carta dei diritti fondamentali dell'Unione europea (CDFUE) e l'art. 7 della Convenzione europea dei diritti dell'uomo (CEDU).
Per completezza, è utile segnalare che al principio di legalità soggiacciono ulteriori discipline relative ad illeciti e sanzioni che, pur non penali, si connotano per l'afflittività delle misure approntate. E' quanto previsto:

- dall'art. 1, L. 24 novembre 1981, n. 689, che enuncia il principio di legalità in relazione alle *sanzioni amministrative*;
- dall'art. 2, D. Lgs. 8 giugno 2001, n. 231, in materia di *responsabilità degli enti*.

5. I corollari del principio di legalità

Del principio di legalità costituiscono **corollari**:

- il principio di **riserva di legge** (§ 5.1.);
- il principio di **precisione** o, per chi non assegna a tali termini significati differenti, di **tassatività** o ancora di **determinatezza** (§ 5.2.);
- il **divieto di analogia** in materia penale (§ 5.3.);
- il principio di **irretroattività** della legge penale, per vero ritenuto da taluni munito di una propria autonomia (§ 6);
- il principio di **prevedibilità** (§ 5.4.).

▶ 5.1. Il principio di riserva di legge

Esprime il divieto di punire un determinato fatto in assenza di una **legge dello Stato** (peraltro **preesistente**) che lo configuri come reato.
L'**oggetto** della riserva di legge è costituito dalle sole norme incriminatici, volte ad individuare i presupposti dai quali dipende il "se", il "come" ed il "quanto" della punizione. Il principio in esame opera invece con meno rigore in riferimento alle disposizioni in grado di determinare un trattamento più favorevole al reo.
Si discute se la riserva essa abbia **carattere assoluto o relativo**, se cioè le previsioni normative di rango primario debbano disciplinare interamente l'ambito penale o se, viceversa, sia possibile ritagliare uno spazio di intervento in favore di fonti normative sottordinate adottate dal potere esecutivo. Oggi prevale quella prevista dall'art. 25, comma 2, Cost. secondo cui, quella in materia penale è una riserva di legge "tendenzialmente assoluta", che ammette quindi il rinvio a norme regolamentari alla duplice condizione

che le stesse siano abilitate ad introdurre mere "specificazioni tecniche" di uno o più elementi già enucleati dalla norma primaria, e che la legge stessa indichi, tramite criteri direttivi, un "criterio tecnico" che la fonte regolamentare dovrà applicare (Cass. pen., Sez. un., 25 gennaio 2006, n. 3078).
Quanto alla nozione di "legge" cui è riservata la disciplina della materia penale, si ritiene vi rientrino i **decreti legge** ed i **decreti legislativi** (per questi ultimi, espressamente Corte cost. 30 aprile 2003, n. 134), nonostante le criticità evidenziate in dottrina in relazione al deficit democratico di tali fonti e, quanto al decreto legge, alla compatibilità dei relativi presupposti di adozione con le esigenze di ponderazione che deve caratterizzate la produzione penale.
Non è, invece, tradizionalmente ammessa una potestà incriminatrice direttamente applicabile delle **norme UE**, ma sono configurabili obblighi di criminalizzazione (artt. 83 e 86 TFUE), nonché strategie di politica criminale europea, salvi i controlimiti dei principi supremi dell'ordinamento italiano (Corte cost. n. 115/2018).
Al principio della riserva di legge, infine, è strettamente correlato il dibattito relativo alle c.d. **norme penali in bianco**, connotate da un precetto genericamente formulato e da completare mediante l'intervento di altre fonti (v., ad es., art. 650): si ritiene che tali particolari disposizioni non violino il principio di legalità, purché sia pur sempre una legge dello Stato ad individuare l'interesse tutelato, i caratteri, i presupposti, il contenuto e i limiti dell'atto emanato dall'autorità non legislativa e destinato ad integrare la norma penale (Corte cost., 8 luglio 1971, n. 168).

▶ 5.2. Il principio di precisione

Corollario del principio di legalità, il **principio di precisione** impone al legislatore di descrivere il precetto in modo puntuale e univoco (così da evitare che lo stesso risulti ambiguo), anche con l'utilizzo di concetti che trovino riscontro nella realtà empirica, suscettibili così di essere provati nel processo penale e dunque accertati dal giudice (connotazione, quest'ultima, ricondotta al principio di determinatezza da chi ritiene di differenziarlo da quelli di precisione e tassatività). Il principio di precisione garantisce così il rispetto del principio di legalità in materia penale: una descrizione vaga ed inesatta del precetto non consentirebbe ai destinatari di comprendere esattamente il divieto penale, vanificando le finalità garantistiche della riserva di legge (in termini Corte Cost., 26 gennaio 2017, n. 24; 27 febbraio 2019, n. 24).
In altri termini, il *principio della riserva di legge* attiene alle **fonti** del diritto penale, mentre il *principio di determinatezza* incide sulla **tecnica di formulazione della legge penale.**
Inoltre, la *riserva di legge* è fondamentalmente intesa come garanzia per il singolo dai possibili arbitrii del **potere esecutivo**, mentre il *principio di determinatezza* è essenzialmente deputato ad evitare potenziali ingerenze del **potere giudiziario**.
Il principio di determinatezza è preordinato ad assolvere una duplice funzione:
- garantire l'intelligibilità dei precetti penali, così da poter fungere da **guida delle condotte dei consociati;**
- garantire il **diritto di difesa** dell'imputato, che sarebbe inevitabilmente menomato da norme incriminatrici eccessivamente generiche.

5.3. Il divieto di analogia in materia penale

Al principio di legalità *ex* art. 25, co. 2 Cost., in specie al corollario della precisione, è correlato il divieto costituzionale di estendere la disciplina contenuta nelle norme incriminatrici oltre i casi in esse espressamente previsti, ossia il **divieto di analogia in materia penale**, già fissato dall'art. 14 delle Preleggi.
Il divieto di analogia vincola, per vero, a un tempo il **legislatore** (tenuto ad evitare l'utilizzo di tutte le formule che estendono le norme incriminatrici a "casi simili", "casi analoghi", etc.) ed il **giudice** (al quale non è consentito estendere la portata applicativa delle norme penali oltre i casi descritti dalla disposizione incriminatrice).
L'analogia può assumere due forme:
- ***analogia legis***, con cui si assegna ad una data disposizione un significato più ampio rispetto a quello risultante dal suo tenore letterale, applicandola a casi simili a quelli espressamente contemplati;

- ***analogia iuris***, con la quale si trae la regola da applicare al caso concreto (non oggetto di regolamentazione alcuna) dai principi generali dell'ordinamento anziché da puntuali disposizioni normative.

Dal dato letterale dell'art. 25 Cost. (*"nessuno può essere punito..."*) si desume che il divieto di analogia in materia penale riguarda le sole norme incriminatici e sanzionatorie. L'applicazione delle stesse a casi non espressamente previsti si risolverebbe in un'applicazione a svantaggio del soggetto (c.d. analogia *in malam partem*), incompatibile con le esigenze di salvaguardia della libertà personale sottese al principio costituzionale di legalità.

Il divieto non interessa quindi le **norme di favore**, volte a escludere o attenuare la responsabilità (es. le norme che prevedono cause di giustificazione). E', in altri termini, ammessa la c.d. **analogia *in bonam partem***. Il procedimento analogico *in bonam partem* incontra comunque tre limiti. Esso, infatti, è precluso:

1) per le norme favorevoli che risultino "eccezionali" (art. 14 preleggi);
2) in caso di impossibilità di desumere dalla disposizione scritta la medesima *ratio* (difetterebbe la "somiglianza" *ex* art. 12 preleggi);
3) ove la lacuna di disciplina risponda ad una precisa scelta del legislatore.

Differenze tra analogia e interpretazione estensiva

L'**interpretazione estensiva** (a differenza dell'analogia, ammessa in ambito penale) mira ad attribuire a una data disposizione un significato più ampio di quello desumibile *prima facie* dalla relativa lettura, seppur riconducibile a uno dei possibili significati letterali della disposizione medesima. L'**operazione analogica**, invece, è volta a colmare una lacuna legislativa, applicando una data disposizione ad un caso diverso da quello contemplato ma simile ad esso.

5.4. Il Principio di prevedibilità

Il principio di **prevedibilità**, la cui cogenza e portata sono state rafforzate negli ultimi anni soprattutto in applicazione di previsioni della Convenzione Europea dei Diritti dell'Uomo, impone che tanto il fatto di reato quanto il trattamento sanzionatorio siano enucleabili con sufficiente precisione in anticipo rispetto alla condotta, affinché il precetto penale possa spiegare un'obiettiva efficacia orientativa. Esso, pertanto, nel compendiare i vari profili della legalità formale, li annoda alla legalità sostanziale, istituendo un collegamento con il principio di colpevolezza (art. 27 Cost.) (Corte EDU, Grande Camera, 23 febbraio 2017, *de Tommaso c. Italia*).

6. Il principio di irretroattività della legge penale

Il principio di irretroattività delle norme penali sfavorevoli è ispirato al *favor libertatis*, assicurando al cittadino che non sarà sottoposto a un trattamento sanzionatorio più severo di quello prevedibile al momento del fatto. Come chiarito dalla Corte costituzionale, il principio in questione si pone come essenziale strumento di garanzia del cittadino contro gli arbitri del legislatore, esprimendo l'**esigenza della "calcolabilità" delle conseguenze giuridico-penali** della propria condotta quale condizione necessaria per la libera autodeterminazione individuale: i consociati devono poter conoscere in anticipo le conseguenze delle proprie azioni. evidente, pertanto, il collegamento del principio con altri fondamentali valori costituzionali, quali *il **principio di colpevolezza** e la **funzione rieducativa della pena** ex* art. 27 Cost. (Corte cost. 23 novembre 2006, n. 394, ribadita da Corte cost. 22 luglio 2011 n. 236). La Corte ha altresì evidenziato il **valore assoluto** del principio, insuscettibile di bilanciamento con altri valori costituzionali.

▶ 6.1. La più ampia disciplina dell'efficacia nel tempo della legge penale: retroattività favorevole, successione mediata, leggi processuali

L'art. 2 c.p., dopo aver enunciato al comma 1 il principio di irretroattività sfavorevole, detta la più ampia disciplina dell'efficacia nel tempo della legge penale.

▶ 6.1.1. *Abolitio criminis*. È travolto il giudicato di condanna

Il comma 2 disciplina il fenomeno dell'***abolitio criminis***, prevedendo che gli autori del reato abrogato non possono più essere puniti con la precisazione che, allorché sia già intervenuta condanna definitiva, ne cessa l'esecuzione e si estinguono tutti i connessi effetti penali.

▶ 6.1.2. Modifiche sopravvenute

I commi 3 e 4 fanno riferimento, invece, all'ipotesi in cui la norma sopravvenuta introduce una disciplina diversa, senza tuttavia abolire la fattispecie prevista dalla norma vigente al momento della commissione (incidendo, ad es., sul solo trattamento sanzionatorio). Se le **modifiche** sono **sfavorevoli** al reo, vale il principio di **irretroattività**; nel caso in cui esse, invece, siano **favorevoli**, vale quello della **retroattività**. Tuttavia, in quest'ultima ipotesi, l'applicazione della legge più favorevole, da valutare per l'orientamento maggioritario in concreto, incontra il limite dell'intervenuto giudicato (comma 4), salvo la deroga disposta dal comma 3.
Spesso non è agevole distinguere i casi di *abolitio criminis* da quelli di *abrogatio sine abolitione,* posto che all'abrogazione formale di una norma incriminatrice può accompagnarsi l'**introduzione di una nuova norma** penale o **l'espansione di una norma** penale già vigente, **generale** rispetto a quella abrogata. In casi siffatti può inoltre accadere che permanga penalmente illecita **solo una parte** della fattispecie incriminatrice modificata, dando luogo a una ***abolitio* parziale**, della quale è necessario fissare puntualmente i confini. Sono stati elaborati tre indirizzi.
Per l'orientamento prevalente in giurisprudenza, occorre far leva sul **rapporto di continenza fra le normative in successione**, rilevabile quando tra le fattispecie astrattamente considerate intercorre una **relazione di genere a specie**. In particolare, nel verificare se una determinata condotta continui ad essere punita anche a seguito di un mutamento normativo, occorre accertare *in primis* se fra le due leggi vi sia rapporto di specialità (**verifica astratta di tipo strutturale**). In caso affermativo, occorrerà procedere ad una **verifica concreta,** per accertare se la **condotta** compiuta sia **sussumibile in entrambe le fattispecie**. Ove ciò accada, si applicherà la disciplina dettata dal comma 4 dell'art. 2.

▶ 6.1.3. Successione mediata

Si parla poi di **successione mediata di leggi penali** quando a mutare non sono le disposizioni incriminatrici bensì disposizioni esterne ad esse ma da queste ultime richiamate perché ne **integrano il contenuto** (norme penali in bianco) oppure ne **disciplinano elementi normativi della fattispecie**.
Il problema che si pone è quello di verificare se tale vicenda successoria, ancorché non incida direttamente sulla norma penale ma solo in via mediata, possa essere assoggettata alla disciplina prevista dall'art. 2 c.p.
Sul punto, sono state prospettate diverse soluzioni. Una **prima tesi,** seguita in passato, proponeva di valutare l'incidenza che le modifiche mediate hanno sul disvalore del fatto, così riducendo l'applicazione dell'art. 2 c.p. all'introduzione di una nuova norma integrativa e ai casi di abolizione di una norma richiamata da norme penali in bianco, restando escluse quelle cd. "meramente" mediate. Una **seconda tesi,** valorizzando il finalismo rieducativo della pena e la nozione di fatto di cui all'art. 2 c.p., propone di applicare sempre l'art. 2 c.p., a prescindere dal fatto che l'incidenza sul precetto penale sia solo mediata. Non sarebbe in particolare rieducativa una pena applicata per un fatto che gli atri consociati, sia pure per una modifica mediata della fattispecie, possono commettere o per il quale sono puniti meno gravemente. Una **terza tesi**, oggi seguita in giurisprudenza, distingue a seconda che la modifica abbia ad oggetto **previsioni destinate a integrare il precetto penale** (come le norme extra-penali richiamate da norme penali in bianco e le norme extra-penali definitorie) ed esclude l'applicabilità dell'art. 2 c.p. alle norme che incidono su meri presupposti di fatto (**Cass. pen., sez. un., 15 maggio 2008, n. 19601**).

▶ 6.1.4. Il fondamento costituzionale del principio di retroattività favorevole

Diversamente dal divieto di retroattività sfavorevole, il principio di **retroattività favorevole** non trova copertura costituzionale nell'art. 25 Cost., non mostrando alcuna connessione con la garanzia, per il cittadino, di libere scelte d'azione: in tal senso, il Giudice delle Leggi (Corte Cost. 12 ottobre 2012, n. 230; Corte Cost. 22 luglio 2011, n. 236; Corte Cost. 23 novembre 2006, n. 394) ha a più riprese affermato che il referente sovra-primario del principio in questione va individuato nell'**art. 3 Cost.**, nella sua **connessione**

con il finalismo rieducativo della pena, essendo vietati trattamenti irragionevolmente diversi per situazioni giuridiche analoghe. In linea generale osta all'applicazione di sanzioni penali a fatti che, secondo una valutazione successiva del legislatore, non sono più considerati penalmente rilevanti, non potendo ipotizzarsi in tali casi una pena rieducativa. Con un significativo **corollario**: mentre il principio di irretroattività delle norme penali sfavorevoli risulta assoluto e inderogabile, il principio di retroattività favorevole è derogabile dal legislatore, a condizione che la disciplina derogatoria sia giustificata dall'esigenza di presidiare interessi costituzionali di pari rango (e, quindi, superi un vaglio positivo di ragionevolezza).

▶ 6.1.5. Leggi eccezionali e temporanee, decreti legge

Ragionevoli deroghe, invero, si rinvengono nello stesso art. 2 c.p., non solo nell'ipotesi, sopra esaminata, di disciplina posteriore semplicemente modificativa *in mitius* (laddove gli effetti favorevoli incontrano il limite dell'intervenuto giudicato: art. 2 co. 4 c.p.), ma anche nel caso in cui si tratti di leggi **temporanee** (la cui vigenza è cioè limitata temporalmente) ed **eccezionali** (emanate per ragioni di particolare urgenza come guerre, calamità naturali etc.): in questo caso trova applicazione, anche se sfavorevole, la norma vigente al momento della commissione del fatto di reato (co. 5). L'ultimo co., relativo alla successione di leggi penali contenute nei **decreti legge**, è stato dichiarato parzialmente incostituzionale laddove rendeva applicabili alle ipotesi in esso previste le disposizioni di cui ai commi 2 e 4 (Corte cost., 19 febbraio 1985, n. 51). Per i decreti legge non convertiti occorre invece distinguere: quelli favorevoli al reo trovano applicazione ai fatti commessi durante la loro vigenza (fatti concomitanti), mentre se la disciplina del decreto non convertito è più sfavorevole dovrà essere applicata la disciplina preesistente anche per i fatti concomitanti.

▶ 6.1.6. Le leggi penali processuali

La regola della irretroattività sfavorevole e della retroattività favorevole **non si applica** al **diritto penale processuale**, per il quale vige il diverso principio del *tempus regit actum*: la norma processuale sopravvenuta trova immediata applicazione, ancorchè la sua applicazione produca effetti sfavorevoli e salva diversa disposizione di legge.
Di frequente, tuttavia, è **dubbia la natura**, sostanziale o processuale, di taluni istituti e delle norme che li disciplinano. La soluzione di tale questione è quindi decisiva per comprendere se ai fenomeni successori che investono le discipline di tali istituti debbano applicarsi le regole della irretroattività sfavorevole e della retroattività favorevole di cui all'art. 2 c.p. ovvero quella del *tempus regit actum*, valida per le norme processuali.

▶ 6.1.6.A. Le misure alternative alla detenzione

Il problema si è di recente posto con riguardo al regime applicabile alle **misure alternative alla detenzione**. La **giurisprudenza nazionale** le ha in passato considerate alla stregua di *modalità di esecuzione della pena* dotate di consistenza **processuale**, e dunque soggette al principio *tempus regit actum* (Cass., Sez. un., 30 maggio 2006, n. 24561).
Il dibattito è diventato di grande attualità da quando la **l. 9 gennaio 2019, n. 3** (c.d. Spazzacorrotti) ha inserito nel novero dei delitti di cui all'**art. 4-*bis*** dell'ordinamento penitenziario, anche taluni reati contro la p.a., così impedendo (ai sensi dell'art. 656, comma 9, c.p.p.) la sospensione dell'ordine di esecuzione delle sentenze di condanna ad essi relative e imponendo comunque l'ingresso dei condannati in carcere, senza permettere loro di accedere direttamente a misure alternative alla detenzione (inclusione successivamente abrogata dal d.l. 31 ottobre 2022, n. 162, conv., con modif., in **l. 30 dicembre 2022, n. 199**). Al riguardo, *Corte cost., 26 febbraio 2020, n. 32*, ha dichiarato l'illegittimità costituzionale della succitata disposizione della c.d. «legge spazzacorrotti» per contrarietà all'art. 25, comma 2, Cost., ove interpretato nel senso che le modificazioni con la stessa introdotte si applichino anche ai condannati per fatti commessi prima della sua entrata in vigore, con riferimento alle misure alternative alla detenzione, alla liberazione condizionale e al divieto di sospensione dell'ordine di esecuzione della pena. Se infatti – si è ritenuto nella sentenza – è di regola assolutamente ammissibile che le norme relative alla esecuzione penale soggiacciano al principio del *tempus regit actum* ove le stesse disciplinino *mere modalità di esecuzione della pena*, una soluzione opposta deve essere adottata allorché la normativa sopravvenuta non comporti mere modifiche delle modalità esecutive della pena prevista dalla legge al momento del reato, bensì una **trasformazione della**

natura della pena e della sua concreta incidenza sulla libertà personale del condannato. Applicando il menzionato criterio distintivo, pertanto, si è disposto che il principio di irretroattività si applichi alle misure alternative alla detenzione, alla liberazione condizionale e al divieto di sospensione dell'ordine di esecuzione della pena, mentre – al contrario – non attenga alla disciplina dei permessi premio e del lavoro all'esterno, che ben possono essere regolamentati dalla legge in vigore al momento dell'esecuzione della pena (anche se – specifica la Corte – essi non possono essere negati a coloro che abbiano già svolto un proficuo percorso rieducativo).

▶ 6.1.6.B. La procedibilità

Un dubbio interpretativo di analoga natura è sorto nel definire il trattamento cui assoggettare i fatti pregressi laddove sia introdotta la **procedibilità a querela** di reati in precedenza perseguibili d'ufficio. Sul punto, *Cass., Sez. Un., 7 settembre 2018, n. 40150* ha chiarito che *"la querela [...] presenta una vocazione essenzialmente processuale* [ferma la] *attitudine a condizionare la concreta punibilità del reato; infatti [...] la giurisprudenza penale ne sottolinea, in continuità col passato, anche un profilo sostanziale, così aderendo alla c.d. teoria "**mista**". [...] La giurisprudenza, piuttosto, ha accreditato la querela come istituto da assimilare a quelli che entrano a comporre il quadro per la determinazione dell'an e del* quomodo *di applicazione del precetto, ai sensi dell'art. 2 c.p., comma 4, [...] giungendo per via interpretativa, quando non vi ha provveduto il legislatore con una specifica norma transitoria, alla conclusione della applicazione retroattiva dei soli mutamenti favorevoli (sostituzione del regime della procedibilità di ufficio con quello della procedibilità a querela), senza che possa valere la regola della cedevolezza del giudicato"*.

7. La c.d. riserva di codice

Nel corso degli anni si è assistito ad una **proliferazione delle leggi speciali** in materia penale, con conseguente riduzione della centralità del codice penale. Tuttavia, recentemente il legislatore ha inteso imprimere a tale processo un'evidente *inversione di tendenza*, mediante il d.lgs. 1 marzo 2018, n. 21. In particolare, tale intervento normativo ha traslato nel codice penale una serie di incriminazioni in precedenza contemplate in leggi speciali, oltre ad introdurre un nuovo **art. 3-*bis*** c.p., il quale, rubricato **principio della riserva di codice**, recita: *"nuove disposizioni che prevedono reati possono essere introdotte nell'ordinamento solo se modificano il codice penale ovvero sono inserite in leggi che disciplinano in modo organico la materia"*.

8. Il principio di territorialità

In generale, il territorio dello Stato costituisce il limite di efficacia della legge penale nazionale: l'**art. 3 c.p.** stabilisce che *"la legge penale italiana obbliga tutti coloro che, cittadini o stranieri, si trovano nel territorio dello Stato"*; l'**art. 6 c.p.** che *"chiunque commette un reato nel territorio dello Stato è punito secondo la legge penale italiana"*.
E' così codificato il **principio di territorialità**, fondato sulla presunzione dell'interesse statuale a disciplinare ogni fatto o rapporto che ricada nell'**area soggetta alla sovranità dello Stato**.
Il principio di territorialità incontra alcune ***deroghe***, riconducibili a ipotesi peculiari in cui vi è interesse a punire fatti commessi fuori dal territorio nazionale.

A) Reati commessi all'estero punibili incondizionatamente

L'**art. 7** c.p. disciplina una prima deroga al principio di territorialità, **legittimando lo Stato italiano a reprimere il cittadino o lo straniero che commetta all'estero**:

1) delitti contro la personalità dello Stato;
2) delitti di contraffazione del sigillo dello Stato e di uso del sigillo contraffatto;
3) delitti di falsità in monete aventi corso legale nel territorio dello Stato, o in valori di bollo o in carte di pubblico credito italiano;
4) delitti commessi da pubblici ufficiali a servizio dello Stato, abusando dei poteri o violando i doveri inerenti alle loro funzioni;

5) ogni altro reato per il quale speciali disposizioni di legge o convenzioni internazionali stabiliscono l'applicabilità della legge penale italiana.

La *ratio* della disposizione risiede nella valorizzazione delle **istanze di difesa dello Stato**, che giustificano un esercizio extraterritoriale della sua potestà punitiva.

B) Delitti politici

L'**art. 8** c.p., dopo aver statuito ai primi due commi che il cittadino o lo straniero che commette in territorio estero un delitto politico non compreso fra quelli indicati nel numero 1 dell'art. 7 (*id est*, i delitti contro la personalità dello Stato) è punito secondo la legge italiana, su richiesta del Ministro della giustizia (che si aggiunge alla querela di parte, ove prevista), prevede al terzo comma che *"agli effetti della legge penale,* ***è delitto politico*** *ogni delitto che offende un interesse politico dello Stato, ovvero un diritto politico del cittadino. È altresì considerato delitto politico il delitto comune determinato, in tutto o in parte, da motivi politici"*. La *ratio* sottesa alla previsione coincide essenzialmente con l'illustrato principio di difesa.

Mentre i reati previsti dall'art. 7 sono puniti incondizionatamente, l'art. 8 si occupa di delitti politici la cui punizione è **subordinata alla richiesta del Ministro della giustizia**, che sottintende una valutazione di opportunità politica.

L'art. 8 c.p. fornisce una ***nozione*** ampia di delitto politico, comprensiva non solo del reato che offende un interesse di natura politica (il c.d. **delitto oggettivamente politico**), ma anche del reato comune supportato da una motivazione "ideologica" (il c.d. **delitto soggettivamente politico**).

1) **Oggettivamente politico** è il delitto che offende:
- un interesse politico dello Stato: ne sono esempio l'integrità territoriale e l'organizzazione politica;
- un diritto politico del cittadino, concernente la partecipazione alla vita dello Stato: si pensi all'elettorato attivo e passivo.

2) **Soggettivamente politico** è, invece, il delitto comune determinato in tutto o in parte da **motivi politici**. Tale ipotesi ricorre quando l'agente abbia commesso un reato al fine di incidere sul funzionamento dello Stato, ovvero di favorire o contrastare talune fazioni politiche.

C) Delitti comuni commessi all'estero

Come ulteriore deroga al principio di territorialità, taluni reati sono sottoposti alla legge italiana ancorché **compiuti interamente all'estero**, a condizione che il reo **si trovi nel territorio dello Stato**:
- il **delitto comune del cittadino all'estero**: il cittadino che, fuori dei casi previsti dagli artt. 7 e 8, commette all'estero un delitto per il quale la legge italiana stabilisce l'ergastolo o la reclusione non inferiore nel minimo a tre anni, è punito secondo la legge medesima, sempre che si trovi nel territorio dello Stato. Se si tratta di delitto punito con pena detentiva inferiore, è necessaria la richiesta del Ministro della giustizia ovvero l'istanza o la querela della persona offesa (**art. 9**, co. 1 e 2);
- il **delitto commesso dal cittadino a danno dell'Unione europea, di uno Stato estero o di uno straniero**: la punibilità del colpevole è, in tal caso, sempre condizionata alla richiesta del Ministro della giustizia, purché l'estradizione non sia stata concessa, ovvero non sia stata accettata dal Governo dello Stato in cui egli ha commesso il delitto (**art. 9**, co. 3);
- il **delitto comune dello straniero all'estero**, punito secondo la legge italiana a richiesta del Ministro della Giustizia (od a istanza o querela di parte) purché soggetto a pena non inferiore a un anno (art. 10, co. 1);
- il **delitto commesso dallo straniero a danno dell'Unione europea, di uno Stato estero o di uno straniero**: la punibilità dell'autore di un delitto punito con la reclusione non inferiore a tre anni è condizionata a richiesta del Ministro, sempre che l'estradizione non sia stata concessa ovvero non sia stata accettata dal Governo dello Stato di appartenenza, o da quello in cui è stato compiuto il delitto (**art. 10,** co. 2).

In ogni caso, a seguito della **l. 9 gennaio 2019, n. 3** (c.d. legge spazzacorrotti), non è necessaria alcuna richiesta, istanza o querela per perseguire i delitti di cui agli artt. 320, 321, 346-*bis* commessi dal cittadino all'estero (cfr. il nuovo quarto comma dell'art. 9 c.p.), come anche i delitti previsti dagli articoli 317, 318, 319, 319-*bis*, 319-*ter*, 319-*quater*, 320, 321, 322 e 322-*bis* c.p. commessi dallo straniero all'estero (cfr. il nuovo terzo comma dell'art. 10 c.p.). Con il d.lgs. **8 novembre 2021, n. 195,** *Attuazione della direttiva (UE) 2018/1673 del Parlamento europeo e del Consiglio, del 23 ottobre 2018*, sulla lotta al riciclaggio mediante diritto penale, è stata estesa l'applicabilità dell'art. 9, co. 4, anche ai reati di cui agli artt. 648 e 648-*ter*.1 c.p. (ricettazione e autoriciclaggio).

9. Il riconoscimento delle sentenze straniere

Lo Stato italiano **riconosce** le sentenze straniere ai **soli fini** indicati dall'art. 12 c.p.:

1) per stabilire la **recidiva** o un altro **effetto penale** della condanna, ovvero per dichiarare l'abitualità o la professionalità nel reato o la tendenza a delinquere;
2) quando la condanna importerebbe, secondo la legge italiana, una **pena accessoria**;
3) quando, secondo la legge italiana, si dovrebbe sottoporre la persona condannata o prosciolta, che si trova nel territorio dello Stato, a **misure di sicurezza personali**;
4) quando la sentenza straniera comporta condanna alle restituzioni o al risarcimento del **danno**, ovvero deve esser fatta valere in giudizio nel territorio dello Stato, agli effetti delle restituzioni o del risarcimento del danno, o ad altri effetti civili.

Capitolo 2
Il reato

SOMMARIO:

1. Il reato e i soggetti del reato. - **2.** La responsabilità degli enti. - **3.** L'oggetto del reato. - **4.** Delitti e contravvenzioni.

1. Il reato e i soggetti del reato

In generale, il reato è un **comportamento esteriore dell'uomo**, vietato da una fonte normativa di rango primario sotto minaccia di una sanzione penale.
I **soggetti del reato** sono:
A) soggetto attivo, colui che pone in essere la condotta vietata. A seconda della tecnica di descrizione del soggetto attivo, le fattispecie incriminatrici possono essere distinte ~~vise~~ in:

- **a) reati c.d. comuni**, il cui soggetto attivo, identificato con la generica locuzione "chiunque" (o con altra similare), coincide col *quisque de populo*, senza che assuma rilevanza la qualifica rivestita (es. l'omicidio);
- **b) reati c.d. propri,** il cui soggetto attivo è più specificamente identificato facendo riferimento a particolari qualifiche naturalistiche o giuridiche. In questo caso la qualifica soggettiva assume il ruolo di elemento costitutivo del reato, valendo a determinare la rilevanza penale del fatto o ad integrare un diverso titolo di reato: la qualifica può rivestire carattere normativo (es. il pubblico ufficiale nei reati contro la P.A.) o derivare da una situazione di fatto o da un dato naturalistico che giustifica la soggezione ad obblighi particolari (es. la madre nell'infanticidio).

Nella categoria dei reati propri, si distingue tra:

- **reati propri esclusivi**, detti anche reati di mano propria, nei quali la qualifica determina l'offensività del fatto; gli stessi, se commessi da un soggetto privo della relativa qualifica, sarebbero del tutto leciti ed inoffensivi (es.: incesto, evasione, bigamia);
- **reati propri semiesclusivi**, nei quali la qualifica determina la *specificazione* dell'offensività del fatto; gli stessi, se commessi da un soggetto privo della qualifica, configurerebbero un reato comune (si pensi al peculato che si trasforma in appropriazione indebita se commesso da soggetto privo della qualifica di pubblico ufficiale);
- **reati propri non esclusivi**, nei quali la qualifica *non* determina l'offensività del fatto; gli stessi, se commessi da un soggetto privo della qualifica, costituirebbero illecito extrapenale (es.: fatti pregiudizievoli ai creditori commessi da soggetto che non è imprenditore, come tali non integranti il reato di bancarotta).

B) soggetto passivo, il titolare del bene o interesse che la norma penale intende proteggere, cioè la persona sulla cui sfera giuridica si ripercuote la condotta del reo. Soggetti passivi possono essere le persone fisiche, le persone giuridiche o le collettività di individui non personificate, non potendosi configurare titolarità di posizioni giuridiche al di fuori della sfera umana.

C) danneggiato, qualunque soggetto che, in conseguenza del reato, subisce un danno patrimoniale o non patrimoniale risarcibile.
Soggetto passivo e danneggiato possono coincidere.
La distinzione tra **persona offesa** e **mero danneggiato** assume rilievo sul piano applicativo: se anche al mero danneggiato è riconosciuta la facoltà di costituirsi parte civile nel processo penale (art. 74 c.p.p.), alla sola persona offesa, per converso, sono ascritte altre facoltà, come quella di sporgere querela (art. 120 c.p.).

2. La responsabilità degli enti

Si è a lungo sostenuto che la **responsabilità da reato** fosse circoscritta alle persone fisiche, in virtù del principio *societas delinquere non potest*, desunto dall'art. 27 Cost. che, consacrando la natura personale della responsabilità penale, postula un coefficiente di partecipazione psichica in capo all'autore: il solo a giustificare una risposta sanzionatoria con finalità rieducativa. Ciò non sarebbe ipotizzabile con riguardo alla persona giuridica. Tuttavia, a fronte della proliferazione della criminalità d'impresa, si è avvertita l'esigenza di contrastare più efficacemente il fenomeno, prevedendo sanzioni rivolte alla persona giuridica in sé. Nel tentativo di conciliare tali esigenze con il rispetto del principio di personalità della responsabilità, è stato emanato il **d.lgs. 8 giugno 2001, n. 231**, il quale, pur qualificando la responsabilità dell'ente come **amministrativa dipendente da reato**, ricalca ampiamente la disciplina penale. Il decreto legislativo, infatti, estende alla responsabilità degli enti alcuni ***principi*** di matrice penalistica, come ad esempio il principio di legalità e il principio di irretroattività.
In forza della disciplina dettata dal citato decreto, qualora determinati reati (detti reati-presupposto ed elencati dagli artt. 24 e ss. del d.lgs. n. 231/2001) siano commessi nell'interesse o a vantaggio dell'ente da soggetti che in seno allo stesso rivestono talune qualifiche o posizioni, l'ente soggiace ad una responsabilità che si aggiunge a quella penale di cui risponde il soggetto fisico, autore del reato.
Quanto all'**ambito soggettivo** di applicazione del d.lgs. n. 231/2001, l'art. 1 ricomprende: gli enti forniti di personalità giuridica, le società e le associazioni anche prive di personalità giuridica. Vengono invece esclusi: lo Stato, gli enti pubblici territoriali, gli altri enti pubblici non economici e gli enti che svolgono funzioni di rilievo costituzionale (inclusi partiti politici e sindacati).
Come chiarito, è necessario che l'autore del reato rivesta una **determinata posizione** all'interno dell'organizzazione (ad es., soggetti con funzioni di rappresentanza, amministrazione o direzione dell'ente, o che esercitano, anche, di fatto, la gestione e il controllo dell'ente), e che il reato sia commesso nell'**interesse** o a **vantaggio** dell'ente, laddove:

- l'**interesse** descrive l'obiettiva preordinazione del reato agli scopi sociali e va valutato in una prospettiva ***ex ante***;
- il **vantaggio** evidenzia un concreto risultato conseguito dall'ente per effetto della condotta e va accertato *ex post*.

Qualora ricorrano gli elementi indicati, l'ente può tuttavia andare esente da responsabilità qualora dimostri di non essere incorso in alcuna c.d. **colpa di organizzazione**, in particolare provando di aver adottato ed efficacemente attuato idonei **modelli di organizzazione e gestione** del rischio-reato.

3. L'oggetto del reato

Secondo una concezione **sostanziale** del reato o dello stesso principio di legalità, l'intervento penale dello Stato si giustifica solo a presidio di determinati **beni giuridici,** coincidenti con valori essenziali della società, preesistenti alla norma incriminatrice e tutelati a livello costituzionale.
Detto altrimenti**, il bene giuridico** coincide con l'interesse protetto dalla norma penale, integrando il c.d. oggetto giuridico del reato. Quest'ultimo può consistere in un bene materiale (es. il patrimonio, nei delitti di cui al titolo XIII) o immateriale (ad es. la pubblica fede nei reati di falso).
In relazione all'**oggetto giuridico** della fattispecie di reato è possibile distinguere:

a) **reati monoffensivi**: posti a presidio di un solo bene giuridico (es. diffamazione);
b) **reati plurioffensivi**: posti a presidio di una pluralità di beni giuridici (es. peculato, lesivo di patrimonio e buon andamento della P.A.).

4. Delitti e contravvenzioni

I reati si dividono in due categorie. In mancanza di una nozione specifica fornita dal legislatore, il criterio distintivo accolto è quello **formale** *ex* art. 39 c.p., che guarda al **tipo di sanzione** prevista. In

particolare, l'art. 17 c.p. prevede che le pene principali stabilite per i *delitti* sono l'**ergastolo**, la **reclusione** e la **multa**, mentre quelle per le *contravvenzioni* sono l'**arresto** e l'**ammenda**.
La distinzione tra delitti e contravvenzioni rileva in rapporto a vari istituti, essendo le due tipologie di illeciti penali assoggettate a regimi diversi in particolare per quel che attiene:

- all'**elemento soggettivo:** in generale, le contravvenzioni sono punibili sia se commesse con dolo sia se commesse con colpa, mentre i delitti sono punibili solo se sorretti dal dolo, salve le ipotesi di delitto colposo espressamente previste dalla legge (art. 43 c.p.);
- al **tentativo**, configurabile solo per i delitti (art. 56 c.p.);
- alla **recidiva**, contestabile ai soli autori di delitti (art. 99 c.p.);
- alla **cooperazione colposa** *ex* art. 113 c.p., configurabile per i soli delitti (mentre per le contravvenzioni i comportamenti corrispondenti sarebbero punibili ai sensi degli artt. 110 e 42, comma 4 c.p.);
- ai termini di **prescrizione del reato** (art. 157 c.p.) e di **estinzione della pena** (artt. 172-173 c.p.), stabiliti secondo diversi criteri;
- all'**oblazione** (artt. 162 e 162-*bis* c.p.), causa estintiva del reato applicabile alle sole contravvenzioni;
- alle **pene accessorie** (art. 19 c.p.);
- alla **sospensione condizionale della pena**, la cui durata è diversa per delitti e contravvenzioni (art. 163 c.p.);
- alla disciplina **processuale**, per i soli delitti essendo ammessi l'arresto in flagranza, il fermo, le misure cautelari personali, le intercettazioni.

Capitolo 3
La struttura del reato

SOMMARIO

1. Struttura ed elementi del reato

Diverse sono le teorie elaborate nel ricostruire la struttura del reato e i suoi elementi costitutivi.
Si passano in rassegna le principali.

▶ 1.1. Le teorie della bipartizione e della tripartizione

La teoria della **bipartizione** scompone il reato in: un **elemento oggettivo o materiale** (il fatto; la tipicità; cause di giustificazione); un **elemento soggettivo o psicologico** (la colpevolezza).
La teoria della **tripartizione** scompone, invece, l'illecito penale in: **fatto**, comprensivo degli elementi oggettivi del reato, ma non delle cause di giustificazione; l'**antigiuridicità obiettiva**, che indica la complessiva contrarietà del fatto alle regole dell'ordinamento, coincidendo con l'assenza di cause di giustificazione; la **colpevolezza**.
Ciò che muta significativamente tra le due impostazioni è la **collocazione delle cause di giustificazione** nella struttura del reato.
Seguendo la teoria della bipartizione le scriminanti sono concepite come *elementi negativi del fatto*, vale a dire come elementi che devono appunto essere assenti perché esista un reato.
La teoria della tripartizione del reato colloca, invece, le cause di giustificazione all'interno di un elemento "intermedio" tra fatto e colpevolezza, denominato *antigiuridicità obiettiva*', che consiste nell'assenza di cause di giustificazione. L'antigiuridicità, che descrive il rapporto di contraddizione tra il fatto e l'intero ordinamento giuridico, viene meno allorché una norma, diversa da quella incriminatrice e collocata in qualunque parte dell'ordinamento, facoltizza o rende doverosa la realizzazione del fatto tipico.

▶ 1.2. Concezioni quadripartite

Isolate le ***concezioni quadripartite*** che ravvisano un elemento ulteriore, rispettivamente individuato nella: **conformità del fatto al tipo** descritto dalla fattispecie; ovvero, nella la **punibilità** (Marinucci), la quale assurgerebbe ad elemento essenziale anziché costituire una mera "normale conseguenza" del reato.

2. L'elemento oggettivo del reato: condotta, evento, rapporto di causalità

Dell'elemento oggettivo del reato fanno parte la condotta, l'evento e il nesso di causalità che deve legare l'una all'altro.

▶ 2.1. La condotta

Il **principio di materialità** costituisce un corollario dell'art. 25, co. 2 Cost. (*"nessuno può essere punito se non in forza di una legge che sia entrata in vigore prima del **fatto commesso**"*) volto a bandire dall'ordinamento ogni forma di c.d. diritto penale dell'autore (diretto a sanzionare modi di essere, anziché comportamenti). In base a detto principio, le fattispecie di reato possono essere preordinate a punire soltanto **fatti** umani, estrinsecatisi nel mondo materiale e contrassegnati da una dimensione di corporeità. Per **condotta** si intende quindi un comportamento umano punito dalla legge come reato, tradizionalmente considerata quale minimo indefettibile del fatto tipico.

> Le **classificazioni** più importanti dei reati in base alla condotta sono le seguenti:
> - reati di **azione** e reati di **omissione**, a seconda che la legge incrimini un "fare" (sanzionato da una norma di **divieto**) ovvero un "non fare" (sanzionato da una norma di **comando**). Non mancano, per vero, reati a ***condotta mista***, la cui condotta è cumulativamente contrassegnata da un'azione e un'omissione (es. insolvenza fraudolenta *ex* art. 641 c.p.);
> - reati di **mera condotta** e reati di **evento**, a seconda che la fattispecie descritta consista nel mero compimento di una condotta (es. falsa testimonianza *ex* art. 372 c.p.) ovvero ricomprenda il risultato di essa (es. la morte nell'omicidio *ex* art. 575 c.p.);
> - *reati* **a forma vincolata** e **a forma libera** (o causalmente orientati), a seconda che la norma punisca una data condotta solo se provvista di determinate caratteristiche compiutamente descritte (es. gli artifici e i raggiri nel reato di truffa *ex* art. 640 c.p.) ovvero incrimini di per sé la causazione di un dato evento, a prescindere dalle modalità adoperate per cagionarlo (es. la morte nell'omicidio).

La condotta può consistere in una:
- **azione**, ossia nel **movimento corporeo dell'uomo**, oggettivamente rilevabile in quanto in grado di modificare il mondo esteriore;
- **omissione,** intesa in senso **normativo**, come mancato compimento dell'azione dovuta.

▶ 2.1.1. I reati omissivi

Si suole distinguere due categorie di reati omissivi: i reati omissivi propri e i reati omissivi impropri.
Secondo la tesi maggioritaria che fa leva **sulla struttura della fattispecie**:
- i reati omissivi **propri** sono integrati dal mancato compimento di un'azione comandata alla generalità dei consociati dalla legge penale. Si tratta, quindi, di fattispecie tendenzialmente di mera condotta, espressamente previste da norme di parte speciale;
- i reati omissivi **impropri** consistono, invece, nel **mancato impedimento di un evento** che si ha l'obbligo giuridico di impedire. Presuppongono che a carico dell'autore sussista una **posizione di garanzia**, ossia l'obbligo giuridico di impedire l'evento.

I reati omissivi impropri risultano *in primis* dalla **combinazione** della **clausola generale** contemplata dall'art. 40 cpv. c.p. (secondo cui *"non impedire un evento, che si ha l'obbligo giuridico di impedire, equivale a cagionarlo"*) con la **norma di parte speciale** configurante un reato commissivo di evento a forma libera. Possono, tuttavia, essere previsti direttamente da norme incriminatrici *ad hoc* (es. art. 659 c.p.).
Gli elementi costitutivi del **reato omissivo improprio** sono, in particolare: 1) la **situazione tipica**, ossia il/i presupposto/i di fatto che determina l'insorgere del dovere di attivazione per impedire la verificazione dell'evento; 2) l'**omissione**, ossia il mancato compimento dell'azione tesa ad impedire l'evento; 3) l'**evento** descritto dalla norma; Quanto alla **fonte della posizione di garanzia** penalmente rilevante di impedire il verificarsi dell'evento, l'obbligo di attivarsi (non già, quindi, di mera segnalazione o di sola vigilanza) deve essere previsto, in omaggio al principio di legalità, in una **legge** (penale ed *extra*penale) ovvero anche in un **contratto** (attesa la vincolatività dello stesso ai sensi dell'art. 1322 c.c.).
È anche necessario, tuttavia, che il soggetto gravato dall'obbligo sia, in concreto, dotato di un **effettivo potere impeditivo** dell'evento e che abbia la materiale possibilità di compiere l'azione impeditiva.

Gli obblighi giuridici di impedire l'evento si distinguono in: 1) obblighi di **controllo**, quando l'obbligo riguarda il controllo di una fonte di pericolo, affinché non arrechi danno a terzi; 2) obblighi di **protezione**, quando l'obbligo riguarda invece la protezione, da pericoli esterni, di uno o più beni, motivata dall'incapacità dei soggetti cui fanno capo di darne adeguata protezione.

▶ 2.2. L'evento

Il concetto di **evento** in ambito penalistico è inteso in una duplice accezione.

a) Secondo la **concezione naturalistica**, l'evento è un accadimento esteriore causalmente collegato a una condotta del soggetto attivo del reato (es. l'evento morte nel delitto di omicidio).
b) Secondo la **concezione giuridica**, l'evento coincidere con l'offesa al bene giuridico tutelato.
Aderendo a tale seconda impostazione, sarebbe quindi ravvisabile un evento in ogni fattispecie incriminatrice (posto che un reato inoffensivo sarebbe costituzionalmente illegittimo), mentre aderendo all'impostazione naturalistica gli illeciti penali sarebbero divisibili in due categorie (reati di evento e reati di mera condotta), a seconda che il divieto penale concerna la sola condotta od anche il suo risultato.

▶ 2.2.1. Evento e condizioni obiettive di punibilità: la sentenza di fallimento nei reati di bancarotta

Dall'evento va distinta la **condizione obiettiva di punibilità** che si ha *"quando, per la punibilità del reato, la legge richiede il verificarsi di una condizione, il colpevole risponde del reato, anche se l'evento, da cui dipende il verificarsi della condizione, non è da lui voluto"* (art. 44 c.p.). Si tratta, quindi, di **accadimenti estranei a un reato in sé perfetto**, rispetto ai quali non è conseguentemente richiesto **alcun nesso psicologico con l'agente.**
In altri termini il legislatore, nel delineare talune norme incriminatrici, reputa che i comportamenti censurati siano concretamente meritevoli di pena soltanto a determinate condizioni, in base a considerazioni di opportunità. Le condizioni obiettive di punibilità differiscono pertanto dall'evento del reato: solo quest'ultimo contribuisce a delineare il nucleo di disvalore della fattispecie criminosa, condizionando la **consumazione** del reato. Ne discende che il termine "evento" di cui all'art. 44 c.p. è utilizzato in senso atecnico, come sinonimo di "avvenimento". Ciò trova conferma nell'art. **158, co. 2** c.p., in base al quale *"Quando la legge fa dipendere la punibilità del reato dal verificarsi di una condizione, il termine di* ***prescrizione*** *decorre dal giorno in cui la condizione si è verificata"*. La necessità di dettare un'apposita disciplina testimonia infatti che le condizioni *ex* art. 44 c.p. sono considerate estranee al fatto di reato.

Criteri distintivi tra condizioni obiettive ed elementi costitutivi

Sono stati elaborati due **criteri discretivi**:
- il **criterio diagnostico formale** è imperniato sul dato **letterale**, ravvisando una condizione ogniqualvolta il legislatore impieghi formule ipotetiche del tipo "se dal fatto deriva", "qualora" o "nel caso in cui", sintomatiche della diversità tra elementi costitutivi del reato e condizioni *ex* art. 44 c.p.
- il più incisivo parametro **sostanziale-funzionale**, si fonda sull'analisi del **disvalore dell'illecito penale:** sarebbero condizioni obiettive di punibilità gli eventi estranei alla materia del divieto penale, in quanto ultronei rispetto al nucleo di disvalore del reato. Tale prospettazione giustifica così l'irrilevanza della riferibilità psicologica della condizione al reo, che altrimenti sarebbe incompatibile con il principio di colpevolezza.

Non sempre è agevole qualificare i singoli segmenti della fattispecie in termini di evento o condizione obiettiva di punibilità. Una delle più controverse questioni in materia ha riguardato l'esatta qualificazione della sentenza dichiarativa di fallimento nei reati di **bancarotta postfallimentare**: di recente, la giurisprudenza di legittimità – in precedenza graniticamente attestata sulla tesi della natura di *elemento costitutivo del reato* (a seconda delle pronunce, *condizione per l'integrazione* del reato o vero e proprio *evento* dello stesso)– ha talvolta aderito al prevalente orientamento dottrinale, secondo cui la declaratoria di fallimento integra una mera *condizione obiettiva di punibilità* dei fatti di bancarotta prefallimentare, non concorrendo in alcun modo ad esprimere il disvalore stigmatizzato con l'incriminazione (Cass., Sez. V, **22 marzo 2017, n. 13910**).

▶ 2.3. Il rapporto di causalità

Per attribuire la responsabilità penale di un fatto criminoso ad un soggetto, occorre verificare la sussistenza di un legame causale fra la sua condotta ed un dato evento lesivo (c.d. **nesso causale**). In tal modo il nesso causale concorre a garantire il rispetto del principio di **personalità della responsabilità penale** (art. 27, co. 1, Cost.).
La causalità è regolata da due disposizioni del codice penale:
- l'art. **40, co. 1**, secondo cui *"nessuno può essere punito per un fatto preveduto dalla legge come reato, se l'evento dannoso o pericoloso, da cui dipende l'esistenza del reato, non è* ***conseguenza*** *della sua azione od omissione"*;
- l'**art. 41**, in forza del quale *"il* ***concorso di cause*** *preesistenti o simultanee o sopravvenute, anche se indipendenti dall'azione od omissione del colpevole, non esclude il rapporto di causalità fra l'azione od omissione e l'evento"*, soggiungendo al secondo comma che *"le cause sopravvenute escludono il rapporto di causalità quando sono da sole sufficienti a determinare l'evento"*, e al terzo comma che *"le disposizioni precedenti si applicano anche quando la causa preesistente o simultanea o sopravvenuta consiste nel fatto illecito altrui*).

Sebbene il legislatore non fornisca una definizione del nesso di causalità, è pacifica l'adesione alla c.d. teoria della ***condicio sine qua non***, o dell'equivalenza delle condizioni (cd. teoria condizionalistica) secondo cui si considera causa dell'evento naturalistico ogni condizione antecedente senza la quale lo stesso non si sarebbe verificato. Ciascuna di esse, conseguentemente, se necessaria e sufficiente a produrlo, è considerata equivalente alle altre. A tale verifica si procede formulando il **giudizio controfattuale**, che consiste nell'accertare se senza quel comportamento umano l'evento si sarebbe ugualmente prodotto.
Problema centrale consiste nell'individuazione delle regole da applicare nello svolgere il giudizio controfattuale. Quando, cioè, eliminata mentalmente la condotta umana, può dirsi che, senza di essa, l'evento si sarebbe ugualmente prodotto?
È necessario, in primo luogo, che sussistano leggi che attestino che, con una certa regolarità o in un certo numero di casi, da una condotta del tipo di quella posta in essere dall'autore nel caso da giudicare (per esempio, costruzione di una diga con difetti strutturali di una certa tipologia, ubicata nelle vicinanze di un centro abitato) derivi un evento del tipo di quello realmente verificatosi (crollo della diga e disastrose conseguenze per la popolazione).
Quanto alla natura di tali leggi, in giurisprudenza, si è sostenuto che il giudizio di accertamento causale può poggiare non solo su leggi **universali o quasi universali** (in grado cioè di affermare che la verificazione di un accadimento determina il prodursi di un altro evento nel *cento per cento dei casi* o, comunque, con *coefficiente di probabilità vicino alla certezza*), ma anche **statistiche** (attestanti, cioè, che il verificarsi di un accadimento è accompagnato dal prodursi di un altro evento in una certa percentuale, per es. 80, 50, 30 per cento di casi.
Soprattutto, con la nota sentenza ***Franzese*** del ***10 luglio 2002, n. 30328***, le **Sezioni Unite** della Corte di Cassazione hanno affermato (inaugurando un indirizzo successivamente consolidatosi) che alla **verifica statistica**, poggiante sull'applicazione delle leggi per l'appunto statistiche, deve sempre seguire un **accertamento di tipo logico**, diretto ad escludere l'intervento di altri fattori causali nella causazione dell'evento, in alternativa alla condotta del reo. Pertanto, il nesso causale può considerarsi giudizialmente accertato solo quando, a prescindere dal coefficiente di probabilità statistica, vi sia una *elevata probabilità logica o credibilità razionale* che la condotta del soggetto sia stata la causa dell'evento.
Ne consegue che una probabilità statistica alta può avere uno scarso significato eziologico quando risulti che un certo evento è stato cagionato da una diversa condizione; al contrario, una probabilità statistica bassa può ritenersi sufficiente nella spiegazione del nesso causale se risulta, nel caso concreto, l'insussistenza di altre possibili cause di un certo effetto.

▶ 2.3.1. La causalità omissiva

Una struttura peculiare assume l'accertamento causale nei **reati omissivi impropri**, nei quali il giudice deve verificare che sussista un nesso eziologico tra il mancato compimento dell'azione impeditiva dovuta ma non tenuta dal soggetto obbligato e l'evento lesivo (secondo lo schema tipico dei reati omissivi impropri, in virtù dell'art. 40 cpv. c.p.). Il giudice, infatti, è chiamato a ricorrere ad un'operazione di **sostituzione mentale**: individuata la legge scientifica di copertura (attestante una regolarità tra determinati antecedenti

e il venir meno di dati eventi), un'omissione potrà ritenersi causa dell'evento qualora, **se** fosse stata compiuta l'azione doverosa, l'evento **non** si sarebbe verificato (**giudizio prognostico** o ipotetico). Ci si è allora interrogati sul grado di probabilità necessario per affermare la sussistenza del nesso eziologico nei reati omissivi. La questione è stata diffusamente esaminata dalla giurisprudenza, con particolare riferimento alla **responsabilità professionale del medico-chirurgo**.
Nella citata sentenza **Franzese** (S.U., 10 luglio 2002, n. 30328*)* è stata al riguardo affermata l'intollerabilità di un diverso grado di certezza nell'accertare le due forme di causalità (attiva e omissiva): nell'uno e nell'altro caso non potrà essere emessa sentenza di condanna se non previo accertamento del nesso causale in termini di "**certezza processuale**". Come illustrato *supra, § 2.3.*, è stato chiarito che tale certezza può essere raggiunta anche utilizzando leggi causali non universali, purché pertinenti al caso concreto secondo probabilità logica, a fronte dell'esclusione dei decorsi causali alternativi.

3. Le cause di giustificazione del reato

Le **cause di giustificazione** (c.d. scriminanti) sono particolari situazioni in presenza delle quali un fatto, che altrimenti costituirebbe reato, non acquista tale carattere perché la legge lo impone o lo consente (si rinvia al precedente *§* 1.1., per la diversa collocazione assegnata alle stesse nella struttura del reato a seconda che si aderisca alla teoria bipartita o a quella tripartita).
Dal punto di vista logico-giuridico, le scriminanti obbediscono al **principio di non contraddizione**: "uno stesso ordinamento non può, nella sua unitarietà, imporre o consentire e, ad un tempo, vietare il medesimo fatto senza rinnegare sé stesso e la sua pratica possibilità di attuazione" (Mantovani).
Il giudizio di liceità ha, quindi, carattere oggettivo, prescindendo dall'atteggiamento psichico del singolo agente. La **rilevanza oggettiva delle scriminanti** è infatti espressamente sancita dall'art. 59, co. 1, c.p., a mente del quale "*le circostanze di esclusione della pena sono valutate a favore dell'agente anche se da lui non conosciute, o per errore ritenute inesistenti*".
Al contempo, in quanto fanno parte della struttura del reato, il legislatore assegna rilievo scusante all'errore in cui l'autore incorra circa la loro sussistenza. A mente dell'art. 59, co. 4, c.p., *"se l'agente ritiene per errore che esistano circostanze di esclusione della pena, queste sono sempre valutate a favore di lui. Tuttavia, se si tratta di errore determinato da colpa, la punibilità non è esclusa, quando il fatto è preveduto dalla legge come delitto colposo"*.
Il legislatore ha dato rilevanza alla c.d. **scriminante putativa,** equiparando la situazione di chi agisce confidando **erroneamente** (ma **incolpevolmente**) nella esistenza della scriminante, alla situazione in cui quest'ultima sia effettivamente presente.

▶ 3.1. Il consenso dell'avente diritto

Ai sensi dell'art. 50 c.p., *"non è punibile chi lede o pone in pericolo un diritto, col consenso della persona che può validamente disporne"*.
Per l'opinione maggioritaria il fondamento dell'art. 50 c.p. risiedere nella **rinunzia del titolare alla tutela del bene** medesimo. In altri termini, l'ordinamento accorda preminenza alla autodeterminazione del singolo piuttosto che al bene giuridico presidiato, purché quest'ultimo coincida con un **diritto disponibile** da parte del titolare.
La scriminante non trova applicazione ove il dissenso del titolare del bene sia un **elemento costitutivo** della fattispecie incriminatrice: in tali ipotesi il consenso determina infatti il venir meno della stessa tipicità. Si pensi, ad es., alla **violazione di domicilio** *ex* art. 614 c.p.

Perché operi la scriminante *ex* art. 50 c.p. è necessario che il **consenso sia**:

- **attuale**, cioè sussistente al momento della condotta delittuosa. Va pertanto esclusa ogni rilevanza della ratifica;
- **libero,** giacché è necessario che il soggetto possa *"validamente"* disporre del diritto: una volontà viziata sarebbe improduttiva di effetti;
- **lecito,** in quanto un consenso prestato in violazione del buon costume o di norme imperative sarebbe irrilevante;
- **consapevole**, dato che il soggetto deve conoscere i possibili esiti della condotta consentita;

- **specifico**, cioè manifestato in relazione a condotte specifiche.

Il consenso scriminante incontra una serie di limiti.

a) Quanto ai **limiti soggettivi**, il consenso può essere prestato dal solo titolare dell'interesse tutelato, ossia dal soggetto passivo del reato. Il titolare, per poter validamente esprimere il consenso, ne deve avere la **capacità.** Parte della dottrina, facendo leva sulla teoria negoziale, pretende la sussistenza della *capacità di agire ex* art. 2 c.c. L'orientamento maggioritario ritiene invece sufficiente la *capacità naturale*, da accertare **caso per caso**.

b) Sul versante dei **limiti oggettivi**, il consenso può essere prestato per i soli diritti **disponibili**. Si distingue tra:

- *diritti assolutamente disponibili*, quali il diritto alla inviolabilità dei segreti privati; i diritti patrimoniali e la libertà sessuale;
- *diritti relativamente disponibili*, quali la salute. Ai sensi dell'art. 5 c.c., la menomazione dell'integrità fisica è consentita purché non comporti *"una diminuzione permanente"* e non sia contraria *"alla legge, all'ordine pubblico o al buon costume"*;
- *diritti assolutamente indisponibili*. Vi rientrano:
  - gli interessi dello Stato o di altri enti pubblici, tutelati dai delitti contro la personalità dello Stato, l'amministrazione della giustizia, e la P.A.;
  - i beni della collettività indistinta, protetti dai delitti contro l'economia pubblica, l'ordine pubblico, il buon costume, la fede pubblica, ecc.;
  - il diritto alla vita: del resto, l'ordinamento punisce l'omicidio del consenziente e l'istigazione o aiuto al suicidio *ex* artt. 579 e 580 c.p.

▶ 3.2. Esercizio del diritto

L'art. 51 c.p., in coerenza con il principio di non contraddizione, rende lecito il fatto di chi abbia realizzato una condotta sussumibile in una fattispecie di reato nell'esercizio di un diritto riconosciuto dall'ordinamento.

Il diritto rilevante *ex* art. 51 c.p. può trovare *fonte* nella generalità degli atti normativi: la Costituzione, la legge, i regolamenti e tutti gli atti pubblici o privati ai quali la legge riconosce l'effetto di generare situazioni giuridiche soggettive attive, come taluni provvedimenti giurisdizionali, gli atti amministrativi e i contratti.

L'esercizio del diritto esclude l'antigiuridicità solo entro determinati **limiti**:

- *limiti interni*, insiti al diritto medesimo. Un limite interno comune ad ogni diritto è il divieto di farsi giustizia da sé, desumibile dagli artt. 392 e 393 c.p., che sanzionano l'esercizio arbitrario delle proprie ragioni;
- *limiti esterni*, derivanti da altre disposizioni di legge, che attribuiscono rilevanza ad interessi contrapposti. Limiti esterni sono posti dal delitto di maltrattamenti in famiglia *ex* art. 572 c.p. (ove delimita lo *jus corrigendi* dei genitori) o dalla calunnia *ex* art. 368 c.p., ove chiarisce che il diritto di difesa non consente di incolpare ingiustamente altri.

▶ 3.2.1. Problemi applicativi: diritto di cronaca, diritto di critica, reati culturalmente orientati

Uno dei casi di più frequente manifestazione della scriminante in esame è il **diritto di cronaca** giornalistica, interesse della collettività costituzionalmente garantito dall'art. 21 (Cass. pen., Sez. un., 30 maggio 2001, n. 37140), che può comportare la pubblicità di fatti che rischiano di compromettere diritti e interessi come l'onore e la reputazione di una persona, garantiti dall'art. 2 Cost. (Cass. civ., 28 settembre 2011, n. 19806). La giurisprudenza (Cass. pen., 16 dicembre 2004, n. 4009) ha pertanto definito con precisione i **limiti** dell'efficacia scriminante del diritto di cronaca rispetto al **reato di diffamazione** *ex* art. 595 c.p. consistenti nella **verità** dei fatti narrati, nella loro **pertinenza** (oggettivo interesse dell'opinione pubblica alla loro conoscenza) e **continenza** (obiettiva, corretta e serena esposizione degli stessi). Distinto dal diritto di cronaca è il **diritto di critica** (Cass. civ., 19 gennaio 2010, n. 690) che, ugualmente garantito dall'art. 21 Cost., consiste non nella narrazione di fatti ma **nell'espressione di giudizi e opinioni**, che non possono quindi pretendersi obiettivi (di recente, **Cass. pen., 14 ottobre 2022, n. 38991**, ha sostenuto che non può tuttavia prescindersi dal requisito della verità del fatto storico posto a fondamento della elaborazione critica).

La giurisprudenza tende ad escludere che la scriminante dell'esercizio del diritto possa essere invocata con riguardo ai c.d. **reati culturalmente orientati**, per tali intendendosi i comportamenti di un soggetto appartenente a un gruppo culturale di minoranza, che, previsto come reato nell'ordinamento italiano, è tuttavia approvato, addirittura incoraggiato o, comunque, valutato con minore severità nel gruppo culturale di provenienza del suo autore (ad es., omicidi, lesioni personali e maltrattamenti commessi in ambito familiare da soggetti nella cui cultura d'origine è ancora imperante una concezione dello *ius corrigendi*, dell'autorità maritale o della potestà genitoriale differente da quella europea). La giurisprudenza italiana, ispirandosi alla teoria dello **sbarramento invalicabile**, tende ad escludere che il riconoscimento di un rilievo penale alla diversità culturale possa spingersi fino ad ammettere una sorta di scriminante, in presenza di condotte che, per quanto approvate dalla cultura di provenienza, siano lesive di beni fondamentali, dal nostro ordinamento presidiati sul piano costituzionale (Cass., sez. III, 2 luglio 2018, n. 29613).

▶ 3.3. L'adempimento del dovere

L'art. 51 c.p. dispone che *l'adempimento di un dovere imposto da una norma giuridica o da un ordine legittimo della pubblica autorità, esclude la punibilità*.
Il dovere può derivare:
- da una norma giuridica (leggi e atti aventi forza di legge, ma anche le leggi regionali e le fonti normative di rango secondario);
- da un ordine dell'Autorità.

I commi successivi precisano che se un fatto costituente reato è commesso per **ordine** dell'autorità, del reato risponde sempre il pubblico ufficiale che ha dato l'ordine. Risponde del reato altresì chi ha eseguito l'ordine, salvo che, per errore di fatto, abbia ritenuto di obbedire a un ordine legittimo. Non è punibile chi esegue l'ordine illegittimo, quando la legge non gli consente alcun sindacato sulla legittimità dell'ordine.
La disposizione, pertanto, esige la ***legittimità dell'ordine*** sotto i profili formale e sostanziale.
I requisiti di validità **formale** sono:
- la **competenza** del **superiore** ad emanare l'ordine;
- la **soggezione** dell'**inferiore** ad obbedirvi;
- il rispetto delle **forme** previste dalla legge.

La legittimità **sostanziale** dell'ordine, invece, deriva dal rispetto delle norme che disciplinano l'**esercizio del potere** (es. l'ordine di eseguire un fermo in assenza dei presupposti di cui all'art. 384 c.p.p.).

▶ 3.3.1. L'agente provocatore

Per **agente provocatore** si intende, tradizionalmente, colui il quale, in veste di appartenente alle forze dell'ordine od anche di privato cittadino, fingendo di essere d'accordo con altra persona, la *induce* a commettere un reato, spinto dal movente di denunciare o far cogliere in flagranza o, comunque, far scoprire il provocato da parte dell'Autorità. Quanto al regime di responsabilità del soggetto che provoca ovvero fornisce solo l'occasione, in giurisprudenza si è ritenuto che, a certe condizioni, possa essere invocata la **causa di giustificazione dell'adempimento del dovere** di cui all'art. 51 c.p., applicato in coordinamento con l'art. 55 c.p.p., secondo cui la polizia giudiziaria ha l'obbligo di assicurare le prove dei reati e di ricercare i colpevoli.
La condotta deve in particolare tradursi in una forma di **indiretto e marginale intervento** nell'ideazione e nell'esecuzione del reato, esaurendosi prevalentemente in un'attività di *osservazione, controllo e contenimento delle azioni illecite altrui*: ove, invece, la condotta dell'agente provocatore si inserisca all'interno dell'*iter criminis* con rilevanza causale, al punto che l'evento delittuoso sia da considerare conseguenza diretta della sua condotta, la punibilità non può essere esclusa (Cass., Sez. II, 14 novembre 2017, n. 51962; Cass., Sez. V, 26 febbraio 2018, n. 19388).
L'ordinamento contempla tuttavia alcune **scriminanti speciali** volte a specificare l'art. 51 c.p. Una di esse è contemplata dall'art. 9, l. 16 marzo 2006, n. 146 in relazione alle **"operazioni sotto copertura"**: gli agenti di polizia giudiziaria non sono responsabili per determinate condotte criminose (tassativamente elencate) tenute al solo fine di ottenere elementi di prova per alcuni gravi reati prestabiliti. Per il riconoscimento della speciale causa di giustificazione è necessario che l'operazione: si mantenga nei limiti della descrizione legislativa, con compimento delle sole *condotte tassativamente descritte dalla legge*; sia *disposta dagli organi di vertice* delle forze dell'ordine; sia disposta *al solo fine di acquisire elementi di prova* in ordine ai reati indicati dalla legge; sia *comunicata previamente al pubblico ministero* competente per le indagini (e, nel caso di attività antidroga, alla Direzione centrale per i servizi antidroga); sia compiuta da *soggetti con*

qualifica di ufficiali (oltre che ausiliari o interposti), appartenenti alle strutture specializzate o alla Direzione investigativa antimafia (la scriminante si estende tuttavia anche agli ausiliari e alle persone interposte). La materia è stata incisa dalla **l. 9 gennaio 2019, n. 3**, il cui art. 1, co. 8, ha modificato l'art. 9, l. 16 marzo 2006, n. 146, estendendo la disciplina delle operazioni sotto copertura ad alcuni delitti contro la pubblica amministrazione. Un'ulteriore scriminante è rivolta al personale di **servizi di informazione per la sicurezza**, nei limiti tracciati dall'art. 17, l. 3 agosto 2007 n. 124, in tema di segreto di Stato.

▶ 3.4. La legittima difesa

L'art. 52, co. 1, c.p. dispone che *"non è punibile chi ha commesso il fatto, per esservi stato costretto dalla necessità di difendere un diritto proprio od altrui contro il pericolo attuale di una offesa ingiusta, sempre che la difesa sia proporzionata all'offesa"*. La scriminante trova la sua *ratio* nel principio del **bilanciamento di interessi**, e in particolare della prevalenza dell'interesse di chi viene ingiustamente aggredito su quello dell'aggressore.
I presupposti essenziali della scriminante in esame sono dunque rintracciabili nell'**aggressione ingiusta** e nella **reazione legittima**.

L'offesa deve avere ad oggetto un diritto o comunque un **interesse giuridicamente tutelato** e deve essere ingiusta, ovvero ***contra ius***, cioè contraria ai precetti dell'ordinamento giuridico. Può consistere anche in una minaccia o in una omissione. **Il pericolo** causato dall'aggressione deve essere **attuale**, cioè imminente o persistente al momento della reazione difensiva, e quindi né futuro né già esaurito; esso va accertato alla luce di tutte le circostanze del fatto, anche se rilevabili *ex post*. La necessaria **attualità del pericolo** esclude la possibilità di giustificare ogni **difesa preventiva** o anticipata (Cass. pen., 18 febbraio 2010, n. 6591), poiché se il pericolo fosse futuro potrebbe ricorrersi agli ordinari strumenti di tutela della sicurezza pubblica, mentre se fosse già passato mancherebbe la necessità di difendersi.
La legittimità della reazione difensiva, invece, presuppone la necessità di difendersi a fronte dell'inevitabilità del pericolo e alla **proporzione** tra difesa e offesa. In particolare, la proporzione tra difesa e offesa va valutata (con giudizio *ex ante*) avendo riguardo tanto ai mezzi impiegati quanto agli interessi in gioco: presuppone che il male provocato dall'aggredito all'aggressore risulti inferiore, uguale o tollerabilmente superiore a quello subìto. Pertanto, l'applicabilità dell'esimente è esclusa nel caso di conflitto fra beni eterogenei quando la consistenza del bene leso sia molto più rilevante, sul piano della gerarchia dei valori costituzionali, di quello difeso, e il danno inflitto con la reazione difensiva abbia un'entità e incidenza di gran lunga superiori a quelle del danno minacciato (Cass. pen., 26 novembre 2009, n. 47117). La reazione difensiva è del resto legittima quando rappresenta, in una determinata circostanza, l'unica alternativa possibile, non sostituibile con una meno dannosa e egualmente idonea alla salvezza del diritto proprio o altrui (Cass. pen., 29 settembre 2006, n. 32282), e pertanto si discute se la difesa sia legittima ove l'aggredito abbia possibilità di scelta tra la reazione difensiva e la fuga (c.d. ***commodus discessus***).

▶ 3.4.1. La legittima difesa domiciliare

Una disciplina diversa è dettata per la c.d. **legittima difesa domiciliare**, introdotta dalla l. 13 febbraio 2006, n. 59 e modificata dalla **L. 26 aprile 2019, n. 36**. In particolare, la **l. 13 febbraio 2006, n. 59** ha inserito nel corpo dell'art. 52 c.p. (fino ad allora composto da un solo comma) due ulteriori capoversi, volti a disporre quanto segue: *"nei casi previsti dall'articolo 614, primo e secondo comma, sussiste il rapporto di proporzione di cui al primo comma del presente articolo se taluno legittimamente presente in uno dei luoghi ivi indicati usa un'arma legittimamente detenuta o altro mezzo idoneo al fine di difendere: a) la propria o la altrui incolumità: b) i beni propri o altrui, quando non vi è desistenza e vi è pericolo d'aggressione. La disposizione di cui al secondo comma si applica anche nel caso in cui il fatto sia avvenuto all'interno di ogni altro luogo ove venga esercitata un'attività commerciale, professionale o imprenditoriale"*.

Il legislatore del 2006 è dunque intervenuto sul **rapporto di proporzione** tra reazione ed aggressione, **presumendone** la sussistenza allorché si utilizzi un'arma legittimamente detenuta o altro mezzo idoneo per difendere l'incolumità o i beni propri o altrui, posti in pericolo da chi si sia abusivamente introdotto nel **domicilio privato** o in un luogo ove venga esercitata un'attività economica. E' stato sostenuto che la modifica apportata all'art. 52 c.p. dalla l. n. 59 del 2006 ha riguardato solo il concetto di proporzionalità, fermi restando i presupposti dell'attualità dell'offesa e della inevitabilità dell'uso delle armi. In particolare,

con riferimento a tale ultimo presupposto, la reazione è "necessaria" quando è "inevitabile" vale a dire non sostituibile da un'altra meno dannosa, ugualmente idonea ad assicurare la tutela dell'aggredito, quale ad esempio l'allontanamento di quest'ultimo, che non rappresenti un pericolo per terze persone (Cass. Pen., Sez. V, 25 settembre 2017, n. 44011; Cass., Sez. I, 7 ottobre 2014, n. 50909).
In tale contesto è intervenuta la **l. 26 aprile 2019, n. 36,** evidentemente volta a *rafforzare* la presunzione operante a favore di chi reagisca violentemente all'altrui intrusione nel proprio domicilio, al fine di superare l'interpretazione riduttiva adottata dalla giurisprudenza a seguito della riforma del 2006. In particolare, il legislatore del 2019 è intervenuto sull'art. 52 c.p. sia modificando i citati commi 2 e 3 dell'art. 52 c.p. (senza peraltro modificarne incisivamente il significato precettivo) che introducendo nella disposizione un nuovo comma 4. In base a tale nuovo capoverso, *"Nei casi di cui al secondo e al terzo comma* ***agisce sempre in stato di legittima difesa*** *colui che compie un atto* ***per respingere l'intrusione*** *posta in essere, con violenza o minaccia di uso di armi o di altri mezzi di coazione fisica, da parte di una o più persone."*.
Come si vede, tale disposizione mira ad introdurre una vera e propria presunzione di legittima difesa (ovverosia di **tutti gli elementi costitutivi** della legittima difesa, ivi compresa la *necessità*) laddove, *nel corso di una violazione del domicilio* (o di uno dei luoghi ad esso equiparati dall'art. 52, terzo comma) si commetta un reato *per respingere un'intrusione* posta in essere con violenza o minaccia di uso di armi o di altri strumenti di offesa.
Nondimeno, la giurisprudenza ha affermato che la riforma *"non modifica l'impianto normativo dell'istituto [...] Nemmeno il comma 4, di nuovo conio, dell'art. 52 c.p., sembra consentire un'indiscriminata reazione contro chi si introduca o si intrattenga, con violenza o minaccia di uso di armi o di altri mezzi di coazione fisica, nella dimora altrui o nei luoghi ad essa equiparati. [...]* ***Il requisito della necessità appartiene, difatti, all'essenza stessa della legittima difesa****"* (così Cass., Sez. I, 21 luglio 2020, n. 21794).

▶ 3.5. L'uso legittimo delle armi

Non è punibile il **pubblico ufficiale** che, al fine di adempiere un dovere del proprio ufficio, fa uso ovvero ordina di far uso delle armi o di un altro mezzo di coazione fisica, quando vi è costretto dalla necessità di respingere una violenza o di vincere una resistenza all'autorità e comunque di impedire la consumazione dei delitti di strage, di naufragio, sommersione, disastro aviatorio, disastro ferroviario, omicidio volontario, rapina a mano armata e sequestro di persona. La stessa disposizione si applica a qualsiasi persona che, legalmente richiesta dal pubblico ufficiale, gli presti assistenza.
La legge determina gli altri casi, nei quali è autorizzato l'uso delle armi o di un altro mezzo di coazione fisica (art. 53 c.p.).
I presupposti legittimanti l'uso della coazione sono i seguenti:
1) *il fine di adempiere un dovere d'ufficio.*
2) *la necessità* di respingere una violenza, vincere una resistenza all'autorità o impedire la consumazione di determinati reati, laddove il riferimento alla necessità sottolinea il carattere di *extrema ratio* connaturato all'uso delle armi, precluso ove sia dato ricorrere a strumenti meno offensivi.
La necessità di usare le armi *ex* art. 53 può essere indotta da tre distinte esigenze:
a) necessità di respingere una violenza;
b) necessità di vincere una resistenza;
c) necessità di impedire la consumazione dei delitti di strage, di naufragio, sommersione, disastro aviatorio, disastro ferroviario, omicidio volontario, rapina a mano armata e sequestro di persona.

▶ 3.6. Lo stato di necessità

L'art. 54 c.p. stabilisce che *"non è punibile chi ha commesso il fatto per esservi stato costretto dalla necessità di salvare sé o altri dal pericolo attuale di un danno grave alla persona, pericolo da lui non volontariamente causato, né altrimenti evitabile, sempre che il fatto sia proporzionato al pericolo"*.
Sotto il *profilo strutturale*, vengono in rilievo: il pericolo di un danno grave alla persona (c.d. **situazione necessitante**) e un'**azione lesiva necessitata**.
Risulta in questo senso accostabile alla **legittima difesa**, da cui si differenzia, tuttavia, per alcuni profili: il male minacciato, che può riguardare solo *danni gravi alla persona*; l'oggetto della reazione, che non sarà l'aggressore, ma un *terzo incolpevole*; le conseguenze civili, essendo in tal caso dovuto un *equo indennizzo* al soggetto danneggiato (v. art. 2045 c.c.).

A) La situazione necessitante

Per quanto riguarda la **situazione di pericolo**, si richiede che la stessa sia *attuale* e deve avere ad oggetto un *danno grave alla persona*. Circa tale ultimo requisito, si assiste ad una evoluzione giurisprudenziale tesa a ricomprendere nel concetto di danno grave alla persona sia i *diritti della personalità*, sia, in ragione della clausola aperta di cui all'art. 2 Cost., tutti quei diritti *strumentali* alla personalità dell'individuo (come il bisogno abitativo). Restano esclusi dal concetto di danno grave alla persona i diritti di natura patrimoniale. È, invece, irrilevante che il pericolo provenga da un'attività umana, dal comportamento di animali, da un evento naturale o anche dalla *condotta del terzo* cui si intenda prestare soccorso.

B) L'azione lesiva

L'**azione lesiva** deve essere poi necessitata, nel senso che il pericolo sarebbe *altrimenti inevitabile*. Il soggetto è quindi costretto a scegliere tra subire il danno o agire per salvarsi mettendo a rischio un terzo assolutamente estraneo alla situazione. Pertanto ove sia possibile la *fuga*, a differenza di quanto avviene in caso di legittima difesa, essa sarebbe sempre doverosa, a meno che non ne derivino danni per i terzi maggiori di quelli che sarebbero stati provocati loro agendo. L'azione non può ritenersi necessitata quando sia stato l'agente a *causare dolosamente o colposamente* la situazione di pericolo.
Quanto al requisito della **proporzione tra fatto e pericolo** contemplato dalla norma, in considerazione del coinvolgimento di un terzo, la dottrina maggioritaria ritiene che il giudizio di proporzionalità debba essere condotto in modo ancor più rigoroso di quanto richiede l'art. 52 c.p. In ogni caso, il giudizio andrà operato considerando tutte le circostanze del caso concreto.
La scriminante può essere invocata non solo ove si commetta un reato per proteggere un **diritto proprio**, bensì anche ove si agisca in soccorso di un **terzo** (c.d. soccorso di necessità).
Ai sensi del comma 2 dell'art. 54, la causa di giustificazione non opera a vantaggio di *"chi ha un particolare dovere giuridico di esporsi al pericolo"*. L'esclusione della scriminante trova ragione nella soggezione ad apposito obbligo in virtù di una previsione di legge, regolamento o contratto. In ogni caso, l'esclusione non opera in riferimento a pericoli diversi da quelli cui si è istituzionalmente preposti.
Da ultimo, l'art. 54, co. 3, c.p. prende in considerazione l'ipotesi dello **stato di necessità determinato dall'altrui minaccia** (c.d. costringimento psichico o **coazione morale**), che ricorre quando un soggetto commette un reato sotto minaccia. In tale ipotesi, del reato risponderà non l'autore materiale del reato ma **chi ha posto in essere la minaccia**, sempre che sussistano tutti gli altri estremi dello stato di necessità.

▶ 3.7. Le cause di giustificazione non codificate

Controversa è l'ammissibilità di cause di giustificazione non espressamente previste dalla legge (c.d. **scriminanti tacite o atipiche**).
Il tema si è posto principalmente per i seguenti ambiti.

A) Attività sportiva violenta. Diverse le posizioni assunte nel ricostruire il fondamento di liceità dei danni inferti nell'esercizio delle **attività sportive a violenza necessaria** (es. pugilato) **o eventuale** (es. calcio). Secondo la tesi sposata dalla *giurisprudenza* prevalente, è consentito invocare una scriminante non codificata, anche considerando la rilevanza costituzionale dell'attività sportiva.

In ogni caso, per prevalente orientamento giurisprudenziale, la scriminante presuppone che non sia superato il limite del c.d. **rischio consentito:** non si richiede tanto l'assoluto rispetto delle regole del gioco, quanto il compimento di azioni congruenti con l'ordinario svolgimento agonistico (si ritiene ad esempio scriminata l'involontaria violazione del regolamento nella concitazione agonistica). Detto limite ha peraltro carattere relativo, variando in relazione al carattere agonistico o meno dell'attività sportiva. Per vero, di recente, è stato affermato che, nell'analisi dell'eventuale responsabilità dell'atleta per fatti dannosi commessi durante l'attività sportiva, va superato l'orizzonte del c.d. rischio consentito e vanno applicati i consueti criteri di accertamento della responsabilità penale nei reati caratterizzati dall'evento: verifica oggettiva del fatto dannoso (azione e nesso causale) e configurabilità della colpevolezza dell'agente, sotto il profilo della sussistenza del dolo o della colpa. Il giudice deve individuare la regola cautelare violata dalla condotta fallosa dell'atleta, e quindi indicare, quanto alla colpa specifica, le regole di gioco scritte, anche se elastiche perché determinate in base a circostanze contingenti, e, quanto alla colpa generica, il comportamento doveroso prescritto, sulla base della diligenza, prudenza e perizia, in concreto ed *ex ante*, in relazione alle caratteristiche e peculiarità della pratica sportiva esercitata in un dato momento (Cass., sez. IV, 15 marzo 2022, n. 8609).

B) Attività medico-chirurgica. La rilevanza penale dell'attività medica è stata oggetto di un annoso dibattito. Posto che la derivazione di lesioni personali o della morte del paziente da un **errore medico** evoca le fattispecie penali di lesioni o di omicidio, un indirizzo risalente reputava che **l'attività chirurgica in sé**, incidendo sull'integrità del paziente, assumesse rilievo penale in assenza di cause di giustificazione. Le scriminanti pertinenti sono state variamente individuate: se taluni ritenuto che l'attività medica sia scriminata dal **consenso** dell'avente diritto *ex* art. 50 c.p., altri indirizzi hanno richiamato le scriminanti dell'**esercizio del diritto** o dell'**adempimento del dovere** *ex* art. 51, valorizzando l'autonoma legittimazione dell'attività terapeutica ai sensi degli artt. 13 e 32 Cost. Per gli *interventi sanitari c.d. necessari* (caratterizzati dall'urgenza di intervenire a tutela della salute), a fronte dell'impossibilità per il paziente di prestare il consenso, l'intervento sarebbe scriminato dall'art. 54 c.p.

Va segnalata al riguardo la **legge sul Biotestamento (l. 22 dicembre 2017, n. 219)**, secondo cui nessun trattamento sanitario può essere iniziato o proseguito se privo del consenso libero e informato della persona interessata, tranne i casi espressamente previsti dalla legge. Il consenso prestato è revocabile in qualsiasi momento anche quando la revoca comporti l'interruzione del trattamento, anche se di sostegno vitale. La legge sancisce il diritto di rifiutare, in tutto o in parte, qualsiasi accertamento diagnostico o trattamento sanitario indicato per la sua patologia o singoli atti del trattamento stesso. Sono considerati trattamenti sanitari la nutrizione e l'idratazione artificiali. Il medico è tenuto a rispettare la volontà espressa dal paziente di rifiutare il trattamento o rinunciare allo stesso ed è esente da responsabilità civile o penale. Il dovere di ottemperare alla volontà del paziente trova il limite della richiesta di trattamenti contrari a norme di legge, alla deontologia professionale o alle buone pratiche clinico-assistenziali a fronte della quale il medico non ha obblighi professionali.

C) *Offendicula*. Gli *offendicula* sono mezzi di **difesa** posti a tutela dei propri **beni**. Tali strumenti sono in sé idonei a ledere l'altrui integrità fisica: ne sono esempi i cani da guardia, il filo spinato, i cocci di vetro posti sui muri di recinzione.
Dottrina e giurisprudenza concordano sulla **liceità** della predisposizione di simili strumenti di difesa, a condizione che siano *proporzionati* rispetto alla rilevanza del bene da difendere e *riconoscibili* da parte dei terzi.

▶ 3.8. La disciplina. L'eccesso colposo e le scriminanti putative

L'**eccesso nelle cause di giustificazione** è contemplato dall'art. 55 c.p., che al comma 1 dispone che *"quando nel commettere alcuno dei fatti preveduti dagli articoli 51, 52, 53 e 54, si eccedono colposamente i limiti stabiliti dalla legge o dall'ordine dell'Autorità ovvero imposti dalla necessità, si applicano le disposizioni concernenti i delitti colposi, se il fatto è preveduto dalla legge come delitto colposo"*. L'istituto segna, dunque, il limite entro il quale la scriminante può svolgere il proprio ruolo.
Nonostante il tenore letterale dell'art. 55, si concorda che l'eccesso colposo, in quanto espressione di principi generali, sia applicabile ad ogni scriminante.

A mente dell'art. 59, co. 1, c.p., *"le circostanze che (...) escludono la pena sono valutate a favore dell'agente anche se da lui non conosciute, o per errore ritenute inesistenti"*. Il giudizio sull'antigiuridicità ha **carattere** puramente **oggettivo**: la concreta sussistenza di una causa di giustificazione esclude la rilevanza penale del fatto a prescindere dalla conoscenza dei relativi presupposti da parte dell'agente.

A mente dell'art. 59, co. 4, c.p., *"se l'agente ritiene per errore che esistano circostanze di esclusione della pena, queste sono sempre valutate a favore di lui. Tuttavia, se si tratta di errore determinato da colpa, la punibilità non è esclusa, quando il fatto è preveduto dalla legge come delitto colposo"*.
Il legislatore ha dato rilevanza alla c.d. **scriminante putativa,** equiparando la situazione di chi agisce confidando **erroneamente** (ma **incolpevolmente)** nella esistenza della scriminante alla situazione in cui quest'ultima sia effettivamente presente. L'art. 59 c.p. è simmetrico all'art. 47 c.p. in tema di errore sul fatto. Per avere efficacia scusante, quindi, l'errore deve cadere sugli elementi di fatto che integrano una

scriminante effettivamente esistente ovvero su una norma extrapenale non integratrice della stessa: ove invece il soggetto ritenga sussistente una causa di giustificazione invece inesistente, perché non prevista dall'ordinamento (incorrendo in errore sul precetto), non trova applicazione l'art. 59 c.p., bensì l'art. 5 c.p.
La scriminante putativa esclude il dolo, in quanto l'agente si rappresenta e vuole un fatto diverso da quello costituente reato. In questo caso, la non punibilità dell'agente non è legata alla connotazione del fatto, che rimane antigiuridico, ma attiene al profilo della colpevolezza. Ciò è confermato dall'ultima parte del medesimo art. 59, co. 4: il fatto sarà comunque sanzionato penalmente se l'errore è dipeso da colpa, sempre che il fatto sia contemplato come delitto colposo.

4. L'elemento soggettivo

Per aversi reato, oltre al fatto materiale, occorre un **nesso psicologico** tra il soggetto agente e l'evento lesivo.
Il principio di colpevolezza svolge il ruolo di **fondamento** e **limite** della potestà punitiva, consentendo la punizione dei soli fatti **riconducibili psicologicamente** ad un determinato autore e fungendo, al contempo, da **canone di graduazione della pena**.
Il principio di colpevolezza ha ***fondamento costituzionale*** nell'**art. 27 Cost.**, secondo cui *"la responsabilità penale è personale"*. Nella nota sentenza *23 marzo 1988, n. 364*, la Corte costituzionale ha desunto dalla citata disposizione il principio per cui la responsabilità penale è ammessa soltanto per **fatto proprio,** da intendersi non solo come fatto collegato al soggetto dal nesso di causalità materiale tra la condotta da questi tenuta e l'evento verificatosi (sicché son bandite forme di **responsabilità penale per fatto altrui**), ma anche come **fatto proprio colpevole**, riconducibile all'autore anche sul piano soggettivo: è quindi necessario che sussista un legame subiettivo, almeno nella forma della colpa in senso stretto, intesa come "*prevedibilità ed evitabilità del risultato vietato*".

5. La c.d. *suitas* della condotta

L'art. 42, co. 1, c.p. stabilisce che *"nessuno può essere punito per un'azione od omissione preveduta dalla legge come reato se non l'ha commessa con coscienza e volontà"*. La norma stabilisce il principio della ***suitas* della condotta**: un'azione od un'omissione può assumere rilievo penale in quanto dominata o almeno dominabile dalla **volontà**. Prima ancora di stabilire a quale titolo soggettivo l'agente debba rispondere di un determinato fatto, ossia se a titolo di dolo, colpa, preterintenzione o responsabilità oggettiva, occorre accertare se lo stesso sia qualificabile come condotta riferibile all'agente, posto che senza **coscienza e volontà** non vi può essere responsabilità penale.

In giurisprudenza è stato sostenuto che *"non è volontario solo il comportamento che trae origine da una cosciente determinazione, ma anche quello che, derivando da un'inerzia del volere, rientra nel campo in cui l'individuo con le sue facoltà d'impulso e inibizione è in grado di esercitare il suo dominio volitivo"*. Sono così da considerare dominabili e, quindi, riferibili all'agente, tutti gli atti dovuti a *mera dimenticanza* e quelli *automatici di tipo abituale*, essendo evitabili tramite un doveroso sforzo del volere. Diversamente, per gli *atti automatici di tipo istintivo e riflesso*, occorrerà accertare nel caso concreto se il potere di controllo e arresto dell'agente possa dominare la forza psichica o fisiologica del riflesso o dell'istinto.

▶ 5.1. *Suitas* e imputabilità

Dalla *suitas* differisce l'**imputabilità** (per la disamina, cap. 5). Ai sensi dell'art. 85 c.p. *"nessuno può essere punito per un fatto preveduto dalla legge come reato, se, al momento in cui lo ha commesso, non era imputabile. È imputabile chi ha la capacità d'intendere e volere"*.
A differenza della *suitas*, coefficiente che permette di riferire la condotta al suo autore, l'imputabilità si identifica nella capacità di costui d'intendere correttamente il valore sociale dell'atto che si accinge a porre in essere determinandosi liberamente al compimento dello stesso. Sicché, mentre l'imputabilità è uno

status, un modo di essere del soggetto nel momento in cui pone in essere una condotta, diversamente la *suitas* indica "la volontà concreta del fatto, considerata al momento della sua attuazione", ossia l'appartenenza dell'azione od omissione all'agente.

6. Il dolo

Il dolo costituisce la **forma più grave di colpevolezza** e il **criterio normale di imputazione soggettiva** (art. 42, co. 2, c.p.). Ai sensi dell'art. 43 c.p., "*il delitto è doloso, o secondo l'intenzione, quando l'evento … è dall'agente preveduto e voluto come conseguenza della propria azione od omissione*". La definizione normativa evidenzia i ***due elementi strutturali*** del dolo:
1) la ***rappresentazione*** (*momento conoscitivo*), consistente nella ***previsione*** dell'evento;
2) la ***volontà*** (*momento volitivo*) del fatto di reato.
Secondo l'impostazione accolta dalla dottrina prevalente, il dolo è **volontà consapevole di realizzare il fatto tipico**. Il soggetto che commette il delitto con dolo è esposto al giudizio di maggiore riprovevolezza per l'adesione volontaristica al fatto, non solo previsto ma anche perseguito o accettato: connotazione, questa, che distingue nettamente il dolo da tutte le altre manifestazioni della responsabilità penale colpevole, caratterizzate, in negativo, dalla mancanza di un'autentica volontà del fatto.

▶ 6.1. Forme del dolo

Diversi i criteri che è consentito utilizzare nel classificare e distingue le diverse forme di dolo.

A) Dolo di danno e dolo di pericolo

Avuto riguardo alla **natura dell'offesa** che il soggetto agente ha voluto o si è rappresentato nei confronti del bene tutelato dalla norma, si distingue tra:

- ***dolo di danno***, da ravvisarsi nell'ipotesi in cui il reo ha per obiettivo la **lesione** dell'interesse giuridico;
- ***dolo di pericolo***, che ricorre laddove, invece, l'*intentio agendi* sia programmata esclusivamente per la **messa in pericolo** del bene tutelato.

B) Dolo iniziale, concomitante e successivo

In relazione allo specifico **momento temporale** in cui è maturata la previsione e la volontà dell'evento criminoso, si distingue tra:

- ***dolo iniziale***: presente solo nel momento dell'azione o dell'omissione;
- ***dolo concomitante***: perdura durante tutto lo svolgimento dell'*iter* causale che conduce all'evento;
- ***dolo successivo***: interviene dopo il compimento dell'azione o dell'omissione.

C) Dolo generico e dolo specifico

Con riguardo, infine, allo **scopo** che si pone il reo, occorre distinguere tra:

- ***dolo generico***, che ricorre nelle ipotesi in cui il soggetto si rappresenta, o vuole cagionare, gli elementi oggettivi del fatto di reato **senza rappresentarsi altresì uno scopo preciso e ultroneo** rispetto alla struttura materiale della fattispecie;
- ***dolo specifico***, da ravvisarsi, al contrario, quando la **norma incriminatrice esige** che la condotta sia posta in essere per un **fine particolare**, che non deve necessariamente realizzarsi in quanto estraneo alla struttura oggettiva del reato (es. il fine di trarre profitto nel delitto di furto).

D) Dolo generale e dolo colpito a mezza via da errore

Distinto dal dolo generico è il **dolo generale**, categoria creata al fine di consentire la punibilità a titolo di dolo anche nei casi in cui **l'evento morte**, pur rappresentato e voluto dal soggetto, **non sia stato la conseguenza del decorso causale attivato dalla condotta iniziale**.

È il caso del soggetto che spara alla vittima per ucciderla e, credendola morta, ne brucia il ritenuto cadavere così provocandone il decesso con la seconda condotta. Sulla questione relativa al titolo di responsabilità da attribuire, sono emerse due tesi:

- la prima e ormai superata (***dolus generalis***), ritenendo sufficiente ai fini dell'addebitabilità dell'evento che questo sia stato oggetto di previsione e volizione "generica", non importa se provocato o meno proprio dagli specifici atti che l'agente stesso si rappresenta come causalmente orientati a cagionarlo ("l'agente voleva la morte, l'agente ha causato la morte");
- la seconda, oggi prevalente (**dolo colpito a mezza via dall'errore**), che, applicando rigorosamente il principio di colpevolezza, scomporre la fattispecie in modo da far sì che l'omicida risponda a titolo di tentato omicidio per la condotta primaria e di omicidio colposo per la condotta secondaria causativa dell'evento-morte (carbonizzazione).

▶ 6.2. Le gradazioni del dolo

È possibile distinguere diverse **gradazioni del dolo**, le quali giustificano una graduazione sanzionatoria *ex* art. 133 c.p. in punto di intensità.

A) Dolo di proposito, d'impeto e di premeditazione

Avendo riguardo alla componente **rappresentativa**, il dolo può manifestarsi in tre forme.

a) **Dolo di proposito** che esprime un **maggior disvalore normativo**, stante il robusto **margine temporale** che intercorre tra momento ideativo e momento perfezionativo del reato, a rivelazione di una ***voluntas criminis*** **consolidata** e, come tale, più riprovevole del soggetto agente.

b) **Dolo d'impeto** che, stante il carattere assolutamente **repentino** della risoluzione criminosa, presenta un'intensità minore in quanto privo di ogni macchinazione criminosa a monte.

c) **Dolo di premeditazione**, che importa l'applicazione dell'aggravante *ex* art. 576, n. 2 c.p. e richiede due elementi: uno, ideologico o psicologico, consistente nel perdurare, nell'animo del soggetto, di una risoluzione criminosa ferma e irrevocabile; l'altro, cronologico, rappresentato dal trascorrere – fra l'insorgenza e l'attuazione di tale proposito – di un intervallo di tempo apprezzabile, la cui consistenza minima non può essere in astratto rigidamente determinata, ma deve risultare in concreto sufficiente a far riflettere l'agente sulla decisione presa e a consentire il prevalere dei motivi inibitori su quelli a delinquere (così Cass. Pen., Sez. V, 14 marzo 2017, n. 12266).

B) Dolo intenzionale, diretto ed eventuale

Con riguardo alla componente **volontaristica**, è possibile distinguere **tre livelli decrescenti** di intensità dolosa.

a) **Dolo intenzionale** (o di primo grado) che si pone al livello più alto, di massima intensità, e ricorre allorché il soggetto agisce proprio per realizzare l'evento tipizzato dalla norma penale, quale scopo finale della condotta (ad es., Tizio spara proprio per uccidere Caio).

b) **Dolo diretto** (o di secondo grado) che si colloca ad un livello intermedio e ricorre e ricorre quando l'evento (per es., la morte nell'omicidio) non costituisce l'obiettivo principalmente perseguito, ma l'agente lo prevede e lo accetta come **conseguenza certa o altamente probabile**, così **"volendolo" come avvenimento accessorio e collaterale al risultato perseguito**.

c) Il **dolo eventuale** che occupa il gradino più basso della scala di intensità dolosa e ricorre quando l'agente, ponendo in essere una condotta diretta ad altri scopi, si rappresenta la **concreta possibilità** del verificarsi dell'evento tipizzato, **accettando il rischio di cagionarlo**.

*La **linea di demarcazione tra dolo diretto e dolo eventuale**, entrambi caratterizzati dalla mancanza di finalizzazione della condotta a realizzare (quale scopo finale o mediato) il risultato criminoso, è ormai da tempo individuata nel **diverso grado di possibilità o probabilità di verificazione dell'evento**, sulla base di un **criterio quantitativo-probabilistico** di tipo **soggettivo**. In particolare:*

- *ricorre il **dolo diretto** se l'evento è previsto dall'agente come conseguenza **certa o altamente probabile** della sua condotta e lo accetta come strumento per perseguire un fine ulteriore;*
- *si ha **dolo eventuale** quando manca la certezza, ma l'agente si rappresenta **serie possibilità** (o **concrete probabilità**) che dalla sua condotta discendano eventi ulteriori e, ciò nonostante, decide di agire "a costo di" cagionarli.*

Nel mettere a fuoco l'essenza del dolo eventuale è decisiva **Cass. Sez. Un., 18 settembre 2014, n. 38343** (intervenuta sul c.d. caso *ThyssenKrupp*), che ha precisato la tradizionale impostazione che ravvisa l'*in sé* del dolo eventuale nella c.d. "accettazione del rischio" di cagionare l'evento tipizzato dalla norma incriminatrice. Le Sezioni unite hanno infatti sostenuto che, nel distinguere il dolo eventuale dalla c.d. **colpa con previsione dell'evento** *ex* art. 61, n. 3 c.p. (c.d. colpa cosciente, che ricorre laddove l'agente, pur prevedendo l'evento criminoso, si convinca che lo stesso non troverà realizzazione), si debba applicare la **teoria del bilanciamento**, in forza della quale sussiste dolo eventuale quando "l'agente (...), dopo avere tutto soppesato, dopo avere considerato il fine perseguito e l'eventuale prezzo da pagare, si sia consapevolmente determinato ad agire comunque, ad accettare l'eventualità della causazione dell'offesa", esprimendo così "una scelta razionale, il più possibile "assimilabile alla volontà".

7. La colpa

Ai sensi dell'art. 43, co. 3, c.p., il delitto è "*colposo, o contro l'intenzione, quando l'evento, anche se preveduto, non è voluto dall'agente, e si verifica a causa di negligenza o imprudenza o imperizia ovvero per inosservanza di leggi, regolamenti, ordini o discipline*". Il comma 2 sancisce la c.d. **clausola di doppia tassatività** della colpa: "*nessuno può essere punito per un fatto preveduto dalla legge come delitto, se non l'ha commesso con dolo, salvi i casi di delitto preterintenzionale o colposo espressamente preveduti dalla legge*".

Quanto agli **elementi essenziali** della nozione di colpa, sono ormai superate le ***teorie soggettive*** (della *prevedibilità* o *prevenibilità* dell'evento) e le ***teorie oggettive*** (correlate *all'inosservanza di regole cautelari di condotta*), a favore della ***teoria mista*** secondo cui **tre** sono i tratti costitutivi della colpa:

1) **involontarietà**, intesa come difetto della volontà del fatto tipico. È il principale criterio di distinzione tra la colpa e il dolo. Sussiste colpa, del resto, non solo quando **manca la volontà dell'evento** (c.d. **colpa propria**), ma anche qualora, pur voluto l'evento, difetti la volontà di uno degli **elementi positivi del fatto obiettivo** (c.d. **colpa impropria**). E' quel che accade nei casi di eccesso colposo nella causa di giustificazione o di supposizione colposa di una causa di giustificazione inesistente o ancora di errore sul fatto determinato da colpa;
2) **inosservanza delle regole cautelari** poste al fine di prevenire il verificarsi di eventi dannosi. Tali sono le regole volte a garantire la tutela di certi beni giuridici, che devono avere **carattere obiettivo** ed essere identificate secondo i criteri della **prevedibilità** e della **evitabilità**, secondo la **miglior scienza ed esperienza del settore specifico**.
3) **attribuibilità sul piano soggettivo** dell'inosservanza della norma e concreta **esigibilità** del comportamento corretto, idoneo ad impedire il fatto.

▶ 7.1. Colpa specifica e colpa generica

Nel descrivere le regole cautelari la cui violazione è elemento costitutivo della nozione di colpa, il codice penale rimanda alle **fonti scritte** ed a quelle **non scritte**, così distinguendo tra **colpa specifica** e **colpa generica**.

a) Le **regole scritte** sono le *leggi*, i *regolamenti*, gli *ordini* e le *discipline*. Non sempre la violazione di una norma integra la colpa: deve trattarsi di regole di **natura cautelare**, fissate per **prevenire determinate situazioni di pericolo**, per cui vi sarà responsabilità colposa allorquando l'agente abbia realizzato l'evento che la norma mirava ad evitare (**colpa specifica**).
b) Le **regole non scritte** sono invece legate ai concetti di: **negligenza**, ravvisabile nel difetto di attenzione, nella trascuratezza dell'osservanza di predeterminati protocolli di comportamento; **imprudenza**, data dall'insufficiente ponderazione o dalla scarsa considerazione degli interessi altrui; **imperizia**, consistente nell'inosservanza di regole tecniche per insufficiente preparazione culturale, inattitudine personale, scarsa dimestichezza o inadeguata applicazione (**colpa generica**).

▶ 7.2. Colpa comune e colpa professionale. La colpa medica

Ulteriore distinzione è quella tra colpa comune e colpa professionale.

La **colpa comune** concerne attività lecite perché non vietate: il soggetto è obbligato ad astenersi dal tenere una determinata condotta pericolosa, atteso che in tali casi l'ordinamento giuridico non accetta che sia

corso alcun rischio.
Vi sono altre situazioni, invece, in cui il soggetto pone in essere un'attività utile sul piano sociale, in quanto tale consentita dall'ordinamento giuridico ad onta della sua pericolosità. Si verte in tal caso nel campo del c.d. **rischio consentito**, nozione che viene in rilievo con riguardo per l'appunto ad attività giuridicamente autorizzate, connotate da protocolli comportamentali che, avendo natura cautelare, consentono di contenere il rischio entro determinati limiti. Questo è l'ambito della **colpa professionale**, consistente appunto nel *superamento del rischio* ammesso dalla collettività all'esito di un'operazione di bilanciamento di costi e di benefici attinenti all'attività analizzata.

I problemi più spinosi attengono alla sfera dell'***attività professionale del medico***.
Prima che il legislatore intervenisse ripetutamente (nel 2012 e nel 2017), si è assistito ad una luna evoluzione giurisprudenziale. A fronte dell'orientamento più risalente che limitava la responsabilità penale del professionista sanitario ai casi di **grossolana violazione delle più elementari regole cautelari**, ovvero in presenza di **errore inescusabile**, in tal senso facendo applicazione delle **norme civilistiche in tema di professioni intellettuali** (in particolare l'art. 2236 c.c., alla stregua del quale *"se la prestazione implica la soluzione di problemi tecnici di speciale difficoltà, il prestatore d'opera non risponde se non in caso di dolo o colpa grave"*), la giurisprudenza successiva ha sostenuto la necessità di dare applicazione ai **criteri propri del diritto penale**. E ciò in virtù della ritenuta **completezza dell'apparato normativo penale** che non rende possibile l'applicazione estensiva della norma civile nell'indagine del giudice penale; della **natura eccezionale** del disposto dell'**art. 2236 c.c.,** che non rende ammissibile una dilatazione per via analogica della sua operatività.
Sul tema è intervenuto, l'art. 3, comma 1, D.L. 13 settembre 2012, n. 158, conv. con modif. in **L. 8 novembre 2012, n. 189** (cd. "decreto Balduzzi"), secondo cui *"**l'esercente la professione sanitaria** che nello svolgimento della propria attività si attiene a **linee guida e buone pratiche accreditate dalla comunità scientifica non risponde penalmente per colpa lieve**. In tali casi resta comunque fermo l'obbligo di cui all'art. 2043 del codice civile. Il giudice, anche nella determinazione del danno, tiene debitamente conto della condotta di cui al primo comma"*.
La disciplina della responsabilità penale del medico ha subito un ulteriore ed incisivo mutamento ad opera della **L. 8 marzo 2017 n. 24** (c.d. **legge Gelli-Bianco**), che ha per altro verso innovato sensibilmente la responsabilità civile degli operatori sanitari. La legge del 2017 ha **abrogato** il citato art. 3, comma 1, del D.L. Balduzzi del 13 settembre 2012, n. 158, introducendo nel codice penale un nuovo art. 590-*sexies*.
Rubricato *"responsabilità colposa per morte o lesioni personali in ambito sanitario"*, l'articolo in parola così dispone: *"1. Se i fatti di cui agli articoli 589 e 590 sono commessi nell'esercizio della professione sanitaria, si applicano le pene ivi previste salvo quanto disposto dal secondo comma.*
2. Qualora l'evento si è verificato a causa di imperizia, la punibilità è esclusa quando sono rispettate le raccomandazioni previste dalle linee guida come definite e pubblicate ai sensi di legge ovvero, in mancanza di queste, le buone pratiche clinico assistenziali, sempre che le raccomandazioni previste dalle predette linee guida risultino adeguate alle specificità del caso concreto."
Il cuore della nuova disciplina è nel secondo comma dell'art. 590-*sexies*, a mente del quale **la punibilità del sanitario è esclusa** laddove concorrano tre fattori:

a) la realizzazione dell'evento **"a causa di imperizia";**
b) il rispetto **delle "raccomandazioni previste dalle linee guida** come definite e pubblicate ai sensi di legge", ovvero delle buone pratiche clinico assistenziali, laddove difettino linee guida pertinenti;
c) **l'adeguatezza delle linee guida** alle specificità del caso concreto.

Nel dirimere un vivace contrasto immediatamente sorto sulla portata applicativa della riportata disposizione, le **Sezioni Unite della Suprema Corte**, con sentenza **22 febbraio 2018, n. 8770**, hanno respinto sia la tesi volta ad escludere radicalmente la non punibilità *ex* art. 590-*sexies* c.p. in caso di errore nell'esecuzione di linee guida appropriate, quanto la tesi secondo cui la disposizione introdotta nel 2017 avrebbe escluso la punibilità di ogni errore (anche grave) commesso in fase esecutiva.
Per pervenire a tale conclusione, le Sezioni Unite hanno delineato, seppur in assenza di esplicito riferimento testuale, una **distinzione tra colpa lieve e colpa grave**, statuendo che *"l'esercente la professione sanitaria risponde, a titolo di colpa, per morte o lesioni personali derivanti dall'esercizio di attività medico-chirurgica:*
a) se l'evento si è verificato per colpa (anche "lieve") da negligenza o imprudenza;
b) se l'evento si è verificato per colpa (anche "lieve") da imperizia: 1) nell'ipotesi di errore rimproverabile nell'esecuzione dell'atto medico quando il caso concreto non è regolato dalle raccomandazioni delle linee-

guida o, in mancanza, dalle buone pratiche clinico-assistenziali; 2) nell'ipotesi di errore rimproverabile nella individuazione e nella scelta di linee-guida o di buone pratiche che non risultino adeguate alla specificità del caso concreto, fermo restando l'obbligo del medico di disapplicarle quando la specificità del caso renda necessario lo scostamento da esse;
c) se l'evento si è verificato per colpa (soltanto "grave") da imperizia nell'ipotesi di errore rimproverabile nell'esecuzione, quando il medico, in detta fase, abbia comunque scelto e rispettato le linee-guida o, in mancanza, le buone pratiche che risultano adeguate o adattate al caso concreto, tenuto conto altresì del grado di rischio da gestire e delle specifiche difficoltà tecniche dell'atto medico."

8. La responsabilità oggettiva

A) Generalità

L'art. 42, co. 3, c.p. dispone che *"la legge determina i casi nei quali l'evento è posto altrimenti a carico dell'agente come conseguenza della sua azione ed omissione"*. Tale disposizione concerne i casi di responsabilità oggettiva, tradizionalmente configurata come terzo criterio di attribuzione dell'illecito, derivazione del brocardo *qui in re illicita versatur, tenetur etiam pro casu*. Una figura connotata dall'**assenza di un rimprovero per dolo o per colpa** in relazione al fatto antigiuridico commesso, imputato all'agente in base al solo **rapporto di causalità**; è pur sempre necessaria la coscienza e volontà della condotta.

B) Il problema della compatibilità costituzionale delle responsabilità oggettiva

Si è posta la questione della compatibilità di tale figura con il **principio di personalità della responsabilità penale** *ex* art. 27 Cost. In particolare, si è osservato che la responsabilità oggettiva contrasta con il principio costituzionale *nulla poena sine culpa* quando è riferita agli *elementi più significativi della fattispecie*. Tali sono considerati gli elementi che concorrono a connotare l'**offensività** della fattispecie, nonché quelli significativi rispetto alla **pena**. L'area degli elementi meno significativi risulta, quindi, ridotta: comprenderebbe solo le condizioni di punibilità estranee all'offesa. Si è così avvertita l'esigenza di una reinterpretazione adeguatrice delle fattispecie originariamente concepite in termini di responsabilità oggettiva, per ricondurle al principio di colpevolezza.

C) Classificazioni e casi di responsabilità oggettiva

Per ricondurre ad un'unica nozione di responsabilità oggettiva istituti difficilmente assimilabili, sono state introdotte alcune **distinzioni.** Tra queste vi è quella tra:

- **responsabilità oggettiva pura**, in cui l'evento non voluto si verifica in luogo di quello voluto;
- **responsabilità oggettiva mista**, in cui l'offesa non voluta si aggiunge all'illecito doloso realizzato.

Sono state considerate ipotesi di responsabilità oggettiva (alcune considerate di seguito, altre nel prosieguo della trattazione):

- la *preterintenzione*, se intesa come dolo misto a responsabilità oggettiva;
- la categoria dei *reati aggravati o qualificati dall'evento;*
- la *responsabilità del concorrente per il reato proprio in caso di mutamento del titolo del reato* di cui all'art. 117 c.p.;
- l'*aberratio delicti* di cui all'art. 83 c.p.;
- la *finzione di imputabilità* di cui all'art. 92, co. 1, c.p.;
- l'*irrilevanza dell'ignoranza dell'età* del soggetto passivo infraquattordicenne, sancita dall'art. 609-*sexties* c.p., prima della riformulazione introdotta con l. 1° ottobre 2012, n. 172;
- le *condizioni obiettive di punibilità a contenuto offensivo o intrinseche*, anche se diffusa è la tesi volta a ravvisare in esse veri e propri elementi costitutivi;
- l'*aberratio ictus* monolesiva, di cui all'art. 82, co. 1, c.p. e plurilesiva di cui all'art. 82, co. 2, c.p.

9. La preterintenzione

L'art. 43 c.p. dispone che il delitto *"è preterintenzionale, o oltre l'intenzione, quando dall'azione od omissione deriva un evento dannoso o pericoloso più grave di quello voluto dall'agente"*. Tre gli elementi che concorrono a connotare la struttura della preterintenzione:

- la volontà di un **evento meno grave** (rispetto a quello realizzato);
- la realizzazione di un **evento più grave** (di quello voluto dall'agente);
- la sussistenza del **nesso causale** tra la condotta dell'agente e l'evento più grave realizzatosi.

A) Natura

Il tenore letterale degli artt. 42 e 43 sembra intendere la preterintenzione alla stregua di un *tertium genus* rispetto al dolo e alla colpa, con ambito applicativo esteso quindi ad una pluralità di fattispecie di parte speciale. Nondimeno, la dottrina dominante opina in senso contrario, valorizzando che lo stesso art. 42, comma 2 c.p. esige un'espressa previsione di legge, come anche che la legge definisce esplicitamente come preterintenzionali solo due ipotesi:

- l'**omicidio preterintenzionale** (art. 584 c.p.);
- l'**aborto preterintenzionale** (art. 593-*ter* c.p.).

In ordine alla **natura** della preterintenzione, sono emerse diverse ipotesi ricostruttive.

a) L'orientamento tradizionale aderisce alla tesi della **complessità dell'elemento soggettivo**, costituito dal dolo per l'evento base e altra componente psicologica per l'evento più grave realizzatosi, diversamente individuata a seconda delle opzioni ricostruttive. In particolare, sono state elaborate:

1) la tesi del **dolo misto a responsabilità oggettiva**, a più riprese sostenuta in giurisprudenza per l'omicidio preterintenzionale e secondo cui per la sussistenza del delitto di omicidio preterintenzionale, è sufficiente che esista un rapporto di causa ed effetto tra l'azione volontaria di percosse o di lesioni e la morte del soggetto passivo, non postulando detta figura la prevedibilità in capo all'agente dell'evento maggiore;

2) la tesi del **dolo misto a colpa presunta**, secondo la quale le ipotesi preterintenzionali tipizzate si fonderebbero su una ragionevole presunzione di colpa, operata dal legislatore in presenza di comportamenti reputati particolarmente offensivi;

3) la tesi del **dolo misto a colpa** secondo cui l'evento ulteriore andrebbe addebitato in quanto ricorrano gli estremi della colpa. La lettura è stata elaborata come correttivo alle tesi elaborate sub 2) e 3), reputate contrastanti con il principio di colpevolezza. Ad ogni modo, si fa riferimento ad una responsabilità colposa peculiare, posto che la stessa si incardina in una **precedente attività penalmente illecita**. Ci si è quindi chiesti se il concetto di colpa possa conciliarsi con l'atteggiamento di colui che già ***versa in re illicita***: alcuni autori ritengono incongruo ipotizzare l'osservanza di precetti nell'esecuzione di un fatto criminoso, così reputando sufficiente l'accertamento della **prevedibilità dell'evento**. Di converso, *Cass., Sez. Un., 25 maggio 2009, n. 22676*, pure intervenuta con riguardo alla diversa fattispecie di cui all'art. 586 c.p., ha ammesso la possibilità di una colpa in attività illecite.

b) In giurisprudenza è minoritariamente emersa la tesi secondo cui nel delitto preterintenzionale **l'elemento soggettivo è unico** ed è costituito dal **dolo del delitto meno grave**, destinato ad assorbire l'offesa più grave arrecata.

B) Struttura

Quanto alla ***struttura materiale***:

a) relativamente all'**evento meno grave**, si ritiene indispensabile almeno la commissione di un **tentativo del reato-base**;

b) quanto al **nesso di causalità** tra l'evento (più grave) non voluto e la condotta serbata, si ritiene che l'evento più grave debba essere conseguenza della specifica modalità lesiva posta in atto dall'agente in relazione al reato voluto.

10. Le cause soggettive di esclusione del reato

Le cause di esclusione della colpevolezza o **scusanti** rendono non colpevole un fatto tipico: in

determinate situazioni anomale, la persona è esposta ad una particolare pressione psichica, che influisce sul processo motivazionale alla base della condotta tipica, impedendo al soggetto di conformare il proprio comportamento alla regola obiettiva di diligenza da osservare nel caso concreto.
Tra le cause di esclusione della colpevolezza sono ricondotte diverse situazioni caratterizzate dall'idoneità ad influire sul processo di formazione della volontà del soggetto: il *caso fortuito*, la *forza maggiore*, il *costringimento fisico*, l'*errore*.

A) Caso fortuito: rappresenta un *quid* imponderabile ed imprevedibile che si inserisce d'improvviso nell'azione del soggetto, soverchiando ogni possibilità di resistenza e di contrasto (art. 45 c.p.).

B) Forza maggiore: si concreta in un evento derivante dalla natura o dall'uomo che, pur se preveduto, non può essere impedito; in particolare, opera come violenza sulla persona, ponendosi come la *vis cui resisti non potest* (art. 45 c.p.).

C) Il costringimento fisico: l'art. 46 c.p. prevede la non punibilità del soggetto che abbia commesso il fatto costituente reato perché costretto da altri. In tale ipotesi, colui che "commette il fatto" solo apparentemente ne è l'autore; in realtà, è un mero strumento dell'agire altrui (il coartato *non agit sed agitur*). Il potere di agire è cancellato dalla violenza fisica esercitata da altro soggetto, che risponderà del reato.

D) L'errore: consiste nella inesatta rappresentazione della realtà naturalistica o normativa. Il soggetto, agendo sul presupposto di una situazione (di fatto o di diritto) diversa e dunque non corrispondente a quella reale, non acquisisce la "consapevolezza" del disvalore penale del fatto e dunque la volontà colpevole: l'errore esclude l'imputazione del reato a titolo di dolo (art. 47 c.p.).
Dall'*errore-motivo* va nettamente distinto il c.d. *errore-inabilità*, che investe il momento esecutivo del reato (specifici casi di tale tipologia di errore sono disciplinati dagli artt. 82 e 83 c.p.). L'***errore-motivo*** incide, invece, sulla fase - prodromica rispetto alla realizzazione del reato - della ideazione del progetto criminoso, determinando il formarsi di una volontà "viziata".
L'errore penalmente rilevante può cadere *sul fatto* o *sul diritto*:

- l'*errore sul fatto* (art. 47, co. 1, c.p.) viene riferito alle vicende di divergenza tra il fatto rappresentato e voluto dall'agente e quello descritto dalla fattispecie;
- si ha invece *errore sul precetto* (art. 5 c.p.) quando il soggetto si rappresenta e vuole un fatto perfettamente identico a quello previsto dalla norma penale che, per errore su questa, reputa non penalmente illecito.

L'ultimo capoverso dell'art. 47 c.p. disciplina l'errore che cade su *"legge diversa dalla legge penale"*, disponendo che esclude la punibilità dell'agente ove determini un errore sul fatto costitutivo di reato.
L'art. 48 c.p., infine, *estende la disciplina generale dettata in materia di errore* all'ipotesi in cui l'errore sul fatto che costituisce il reato sia **determinato dall'altrui inganno**. La seconda parte della norma in esame sancisce la *responsabilità del determinatore* per il fatto commesso dal soggetto indotto in errore: questi sarà l'unico chiamato a rispondere del reato materialmente commesso dalla persona ingannata, salvo che l'errore sia determinato da colpa del *deceptus* e il fatto sia previsto dalla legge come delitto colposo, nel qual caso del fatto risponderanno entrambi, pur se con diversi elementi soggettivi (v. art. 47, co. 1, secondo inciso, c.p.).

11. L'*aberratio*

Il **reato aberrante** è disciplinato dagli **artt. 82 e 83 c.p**.
Il legislatore ha tipizzato due fattispecie di reato aberrante: l'*aberratio ictus* e l'*aberratio delicti;* la dottrina ha elaborato una terza ipotesi (l'*aberratio causae*).

▶ 11.1. L'*aberratio ictus*

Tale ipotesi ricorre quando l'errore, dipendente dall'uso nei mezzi di esecuzione del reato o da altra causa, provoca la lesione o la messa in pericolo di un **soggetto diverso** da quello che l'agente voleva colpire: l'art. 82 c.p. dispone che il colpevole risponde come se avesse commesso il reato in danno della persona che voleva offendere, salve, per quanto riguarda le circostanze aggravanti e attenuanti, le disposizioni dell'art. 60 (*aberratio* **monolesiva**); qualora, oltre a quella diversa, sia *offesa anche la persona alla quale l'offesa era diretta*, il colpevole soggiace alla pena stabilita per il reato più grave, aumentata sino alla metà (*aberratio* **plurilesiva**).
L'art. 82 c.p. prevede, dunque, due ipotesi di condotta:
- con la prima, si offende una persona diversa da quella che si voleva;
- con la seconda, si offendono sia la persona cui era diretta l'offesa, sia un diverso soggetto.

La struttura della fattispecie che si esamina risulta caratterizzata da due requisiti:
a) la *direzione dolosa* della condotta offensiva verso una persona determinata;
b) l'offesa a persona diversa da quella ideata.
La formula dell'art. 82 c.p., nel sancire il principio dell'indifferenza dell'identità del soggetto passivo del reato, fa salve le disposizioni dell'art. 60 c.p., richiamando la disciplina delle circostanze, aggravanti ed attenuanti, nel caso di *errore sulla persona dell'offeso*, che si riferisce all'errore-vizio incidente sul processo formativo della volontà.

▶ 11.2. L'*aberratio delicti*

Anche l'***aberratio delicti*** realizza una divergenza fra il voluto e il realizzato causata da un *errore-inabilità* incidente nel processo esecutivo. È **monolesiva** quando, ai sensi dell'art. 83, co. 1, c.p. "*per errore nell'uso dei mezzi di esecuzione del reato, o per un'altra causa, si cagiona un* ***evento diverso da quello voluto***"; **plurilesiva**, *ex* art. 83, co. 2, c.p. quando "*il colpevole cagiona altresì l'evento voluto*".
Sul piano delle conseguenze sanzionatorie, l'art. 83 c.p. stabilisce che:
- nell'ipotesi *monolesiva*, il colpevole risponde, *a titolo di colpa*, dell'evento non voluto, quando il fatto è preveduto dalla legge come delitto colposo;
- nell'ipotesi *plurilesiva*, si applicano le *regole sul concorso dei reati*.

Distinzione tra *aberratio delicti* e *aberratio ictus*

Per distinguere l'*aberratio delicti* dall'*aberratio ictus* si propongono due criteri.
a) Il primo fa leva sul **bene o interesse giuridico tutelato** dalla norma incriminatrice: l'applicabilità dell'art. 83 c.p. è condizionata dalla diversità fra il bene giuridico che l'agente voleva aggredire e quello effettivamente offeso (ad es. il soggetto che, volendo danneggiare la cosa altrui, per errore nella mira, ferisce un passante); viceversa, quando i beni giuridici coinvolti risultino omogenei, si verte in tema di *aberratio ictus*.
b) Secondo altro indirizzo, invece, la diversità dell'evento di cui all'art. 83 c.p. va letta in relazione alla **clausola di esclusione** enunciata nella prima parte della norma (*"fuori dei casi preveduti nell'articolo precedente"*): oltre alla eterogeneità del bene o interesse giuridico leso rispetto a quello che si voleva ledere, è necessario che la diversità dell'evento non sia dovuta solo ad un mutamento del soggetto o dell'oggetto del reato.

Si verte in ipotesi di ***aberratio delicti plurioffensiva*** quando l'agente, oltre alla realizzazione dell'**evento voluto**, cagioni anche un **evento non voluto**.

▶ 11.3. L'*aberratio cause*

Accanto alle fattispecie aberranti definite in via normativa, la dottrina ha elaborato la c.d. ***aberratio cause***, ricorrente quando l'*error* incide sul processo causale, che si svolge in modo diverso da come l'agente aveva previsto, pur ugualmente realizzandosi l'evento voluto. Tale figura esclude il dolo nei *reati a forma vincolata*, in cui il legislatore seleziona e tipizza le modalità di aggressione del bene protetto, idonee a far scattare la responsabilità penale. È invece controversa la rilevanza della figura nei *reati a condotta libera o causalmente orientati*: se un orientamento ne riconosce il rilievo sulla base della necessità di accertare l'elemento soggettivo in concreto, per altri è ininfluente che l'evento si sia verificato per effetto di una serie causale diversa da quella preventivata.

Capitolo 4
Le forme di manifestazione del reato

SOMMARIO

1. Il reato consumato

La **consumazione del reato** coincide con il momento in cui si esaurisce l'*iter criminis* (riconoscibile per la corrispondenza tra il fatto concreto ed il tipo astratto descritto dalla norma incriminatrice). Si distingue al riguardo tra:

- **perfezione**, quale momento in cui il reato è venuto ad *esistenza* realizzandosi tutti gli elementi strutturali della fattispecie;
- **consumazione**, quale momento in cui il reato è venuto a *cessare*, avendo raggiunto la *massima gravità concreta*; in altri termini, si ha consumazione quando l'*offesa al bene giuridico* viene effettivamente realizzata nella completa estensione voluta dall'agente.

▶ 1.1. Il reato permanente e il reato abituale

Proprio in considerazione delle peculiarità che sul piano della durata connotano le singole tipologie di reato, vengono in rilievo le figure del reato permanente e abituale.

A) Reato permanente

La struttura del **reato permanente** (il cui paradigma è il *sequestro di persona* di cui all'art. 605 c.p.) si caratterizza per la presenza di una fase – detta "**permanenza**" – successiva al momento della perfezione del reato e di durata protratta nel tempo, non preventivamente determinabile. I requisiti indispensabili sono:

- il **carattere continuativo dell'offesa**, per effetto di una condotta del reo che non si esaurisce in un solo istante ma si protrae per un tempo apprezzabile: l'offesa al bene giuridica cessa con il venir meno della condotta. Ne consegue che oggetto del reato permanente possono essere solo beni (immateriali o materiali) *suscettibili di compressione*: un bene può essere aggredito da una condotta illecita protratta nel tempo soltanto in quanto il momento offensivo iniziale non ne determini la distruzione definitiva;
- una **persistente condotta volontaria** dell'agente, che sottintende la possibilità per quest'ultimo di far cessare in qualsiasi momento la situazione antigiuridica.
- Quanto alla **natura** del reato permanente, la giurisprudenza si è schierata a favore di una **concezione unitaria della figura**, desumibile dalla stessa peculiarità strutturale del reato, composto da una condotta necessariamente perdurante nel tempo (cui è ricollegata la lesione dell'interesse protetto), la cui consumazione cessa quando, per fatto del terzo o dello stesso reo, viene ad esaurirsi la situazione antigiuridica.

Nell'ambito della categoria in esame, si distingue tra **reato necessariamente permanente** (es. sequestro di persona) e **reato eventualmente permanente** (es. esercizio abusivo della professione), a seconda che la fattispecie criminosa esiga o ammetta la protrazione nel tempo del reato.

B) Reato abituale

Si dice **abituale** il reato per la cui esistenza la legge richiede la reiterazione di più condotte identiche o omogenee.

Occorre distinguere tra:

- reato abituale c.d. **proprio**, o "necessariamente abituale", caratterizzato dalla reiterazione di condotte che non sarebbero punibili, ove isolatamente considerate (ad es. i maltrattamenti in famiglia *ex* art. 572 c.p., atteso che il "maltrattare" può trovare attuazione sia mediante comportamenti in sé criminosi che con azioni penalmente irrilevanti).;
- reato abituale c.d. **improprio**, in cui la reiterazione concerne condotte di per sé costituenti reato (come negli atti persecutori *ex* art. 612-*bis* c.p., che presuppongono il compimento di una minaccia o molestia, di per sé rilevanti *ex* artt. 612 e 660 c.p.).
- reato **eventualmente abituale**, contrapposto al reato "necessariamente abituale" e secondo taluno riconducibile al reato abituale improprio, è passibile di trovare consumazione sia mediante un solo atto che mediante una pluralità di azioni omogenee (si pensi all'incesto *ex* art. 564 c.p.).

Gli **elementi strutturali** della figura in questione sono solitamente ravvisati nella:

- **reiterazione** di più fatti;
- **omogeneità** degli stessi (ossia le condotte devono possedere la medesima carica offensiva);
- **nesso di abitualità** che lega i singoli atti, costituito da un nesso oggettivo di persistenza, che consente di ravvisare quell'unicità di offesa destinata a giustificare l'attenuazione del trattamento sanzionatorio.

Ci si interroga sulla **natura del dolo** nel reato abituale: la tesi prevalente ritiene sufficiente la rappresentazione e volizione delle singole condotte, con la consapevolezza che ognuna di esse va ad aggiungersi alle precedenti, formando un sistema di comportamenti offensivi. Il dolo, in tal caso, andrà sviluppandosi *in itinere*, quale rappresentazione di tutti gli episodi già posti in essere, della loro frequenza e del nesso che li collega all'ulteriore apporto criminoso.

2. Il delitto tentato

Ai sensi dell'art. 56 c.p., si ha tentativo qualora l'agente compia *"atti idonei, diretti in modo non equivoco a commettere un delitto"*, se *"l'azione non si compie o l'evento non si verifica"*. Pur derivando dalla combinazione dell'art. 56 c.p. con le singole norme incriminatrici speciali e conservando il *nomen iuris* della corrispondente figura di delitto consumato, il tentativo costituisce un **autonomo titolo di reato**. Ne consegue che gli effetti giuridici previsti per singole norme incriminatrici, salvo specificazioni espresse, valgono solo per la forma consumata.

Quanto alla **risposta sanzionatoria**, l'art. 56, co. 2, prevede che il colpevole di delitto tentato è punito con la reclusione non inferiore a dodici anni, se la pena stabilita è l'ergastolo; e, negli altri casi, con la pena stabilita per il delitto, **diminuita da un terzo a due terzi**.

▶ 2.1. Gli elementi costitutivi del reato tentato

Dalla formulazione dell'art. 56 c.p. si evincono ***tre dati costitutivi*** della condotta.

I) Il mancato compimento dell'azione o il mancato verificarsi dell'evento. Il c.d. **tentativo incompiuto** si ha quando l'agente pone in essere solo una *parte della condotta* senza portarla a termine (*...se l'azione non si compie...*); il c.d. **tentativo compiuto**, invece, è integrato quando l'*evento non si realizza* pur avendo l'agente portato a termine la sua condotta criminosa (*...o l'evento non si verifica...*). La distinzione può avere rilievo solo per escludere il tentativo compiuto nei reati privi di evento naturalistico, oltre che in tema di desistenza volontaria e recesso attivo (cfr. il successivo *§* 2.2.).

II) Gli atti univoci. Sulla portata della nozione di atti *"diretti in modo non equivoco a..."*, *ex* art. 56 c.p., si registrano due diverse interpretazioni:

a) la *concezione soggettiva*, secondo cui l'univocità degli atti starebbe ad indicare la preordinazione dell'intenzione dell'agente al compimento del fatto criminoso;
b) la *concezione formale-oggettiva*, secondo cui la direzione degli atti deve ritenersi una **caratteristica oggettiva dell'azione**, sicché è univoco l'atto obiettivamente diretto alla realizzazione di un reato (es. il comportamento dei soggetti riunitisi con armi e copricapi nel luogo ove sarebbero dovute passare le vittime designate del sequestro di persona).

III) Gli atti idonei. Il requisito dell'idoneità degli atti sottende l'esigenza, connaturata alla *ratio* dell'istituto, che tali atti abbiano una **potenzialità offensiva effettiva**, costituendo antecedenti immediati della consumazione del reato (con conseguente integrazione di un **concreto pericolo** per il bene giuridico tutelato). Il **giudizio di idoneità** va svolto:

a) ***ex ante***, in base alla c.d. "prognosi postuma", per cui l'interprete deve idealmente collocarsi al momento dell'azione;
b) **in concreto** (benché una parte minoritaria della giurisprudenza sostenga il carattere astratto e assoluto del giudizio);
c) **a base parziale**. Il giudice si pone idealmente nella posizione dell'agente all'inizio dell'azione al fine di verificare, sulla base delle circostanze in concreto conosciute o in astratto conoscibili dal reo (è in ciò il giudizio è a base parziale), se gli atti erano in grado di sfociare nella commissione del reato.

▶ 2.2. Desistenza e recesso attivo

Nel tentativo, il mancato compimento dell'azione ovvero la mancata verificazione dell'evento non devono dipendere da una volontà del colpevole. In caso contrario trovano applicazione gli istituti della **desistenza volontaria** (comma 3) e del **recesso attivo** (comma 4), comportanti una diversa intensità della risposta sanzionatoria. In particolare, nel caso di desistenza volontaria, il soggetto **non è punibile per il tentativo**, sempre che gli atti posti in essere abbiano integrato un altro reato consumato; nel caso di recesso, la circostanza che la condotta sia stata interamente realizzata ma il soggetto abbia impedito il verificarsi dell'evento, comporta una diminuzione di pena.

▶ 2.3. Questioni applicative: tentativo, delitti colposi, delitti omissivi

La struttura del tentativo non ne consente la configurabilità con riguardo a talune ipotesi di delitto.
Il tentativo è in primo luogo incompatibile con l'addebito **colposo**, mancando in quest'ultimo la preordinazione della condotta alla realizzazione dell'evento previsto dalla norma incriminatrice.
La dottrina tradizionale è schierata per l'inammissibilità del tentativo con riguardo ai **delitti omissivi propri**, sul rilievo per cui prima della scadenza del termine imposto per l'adempimento dell'obbligo non vi è alcuna violazione, mentre a termine scaduto il delitto è già consumato.
Quanto, invece, ai **delitti omissivi impropri**, superata l'impostazione in senso negativo facente leva sull'utilizzo dei termini *"atti"* e *"azione"* di cui all'art. 56 c.p. (oggi interpretati in modo estensivo sì da ricondurvi atteggiamenti tanto attivi quanto omissivi), si ammette la configurabilità del tentativo ove la condotta omissiva dolosa *non sia seguita*, per circostanze fortuite, dalla *verificazione dell'evento* (es. il caso della madre che cessa di allattare il proprio bambino con l'intenzione di cagionarne la morte per denutrizione senza riuscire a conseguire il suo obiettivo per l'intervento di terzi o per altra causa non dipendente dalla sua volontà). Si ritiene che il *momento* in cui ci si trova di fronte ad un'omissione punibile a titolo di tentativo è quello in cui *sorge il reale pericolo* per il bene protetto o si determina un aggravamento del pericolo preesistente.

3. Circostanze del reato

Le **circostanze** sono elementi che stanno intorno o accedono ad un *reato già perfetto* nella sua struttura, implicando la sola *modificazione della cornice edittale della pena* (loro caratteristica è, quindi, l'**accessorietà**). Assolvono alla funzione di *adeguare la pena* al reale disvalore dei fatti concreti, individualizzando la responsabilità dell'agente: sono idonee a provocare la variazione della quantità della pena del reato semplice, oltre i limiti edittali (c.d. efficacia di extraedittalità).

▶ 3.1. La classificazione delle circostanze

Le circostanze sono classificabili sulla base di numerosi criteri: appare opportuno distinguere tra criteri a base normativa, dettati dal legislatore per particolari finalità di disciplina del fenomeno, e criteri di matrice dottrinaria, rispondenti alle più diverse esigenze di inquadramento della materia.

■ Quanto ai **criteri a base normativa**, il codice penale distingue tra:
a) circostanze **aggravanti** e circostanze **attenuanti**, a seconda che il loro effetto sia un inasprimento o una diminuzione della pena;
b) circostanze **comuni** e circostanze **speciali**, a seconda che siano riferibili a tutti i reati (salve incompatibilità strutturali per singole figure criminose) oppure soltanto a una o più fattispecie. In particolare, sono *comuni* le circostanze aggravanti e attenuanti di cui agli artt. 61 e 62 c.p., nonché quelle concernenti il concorso di persone di cui agli artt. 112 e 114 c.p. Sono *speciali,* ad esempio, le aggravanti del furto o della rapina;
c) circostanze **soggettive** e **oggettive**. La distinzione, posta dall'art. 70 c.p., assumeva particolare importanza nel concorso di persone ai fini della comunicabilità delle circostanze ai concorrenti secondo l'originaria disciplina dell'art. 118 c.p., perdendo tuttavia gran parte della sua rilevanza pratica dopo la riforma di tale articolo (operata con legge n. 19/1990). In base all'art. 70 c.p., sono **oggettive** le circostanze che concernono: la natura, la specie, i mezzi, l'oggetto, il tempo, il luogo e ogni altra modalità dell'azione; la gravità del danno e del pericolo; le condizioni o le qualità personali dell'offeso. Sono invece **soggettive** quelle che riguardano: le condizioni o le qualità personali del colpevole; l'intensità del dolo o il grado della colpa; i rapporti tra colpevole e offeso; le circostanze inerenti alla persona del colpevole (imputabilità e recidiva);
d) circostanze **ad effetto comune** e circostanze **ad effetto speciale**. Sono *ad effetto comune* le circostanze che importano una variazione o una diminuzione *fino a un terzo*. Sono *ad effetto speciale* le circostanze che importano un aumento o una diminuzione della pena *superiore a un terzo* (art. 63, co. 3, c.p., come riformulato dall'art. 5, l. n. 400/1984). Tratto comune di entrambe le ipotesi è che la variazione di pena determinata dalla circostanza è *dipendente dalla pena ordinaria del reato* (è, cioè, **frazionaria** rispetto alla pena del reato semplice). In relazione a quest'ultimo profilo, le circostanze ad effetto comune o speciale si differenziano dalle: **circostanze c.d. autonome**, che prescindono dalla pena ordinaria del reato, imponendo una pena di specie diversa (art. 63, co. 3, c.p.); **circostanze c.d. indipendenti**, che implicano una pena (della stessa specie, ma) determinata dalla legge in misura indipendente da quella del reato semplice (previste espressamente nella versione originaria dell'art. 63, co. 3, c.p.; ora, per unanime dottrina, ricomprese tacitamente nel medesimo art. 63, co. 3, c.p.).
La **distinzione** tra circostanze *ad effetto comune*, *ad effetto speciale*, *autonome* e *indipendenti* assume rilievo non solo ai fini dell'applicazione degli aumenti o delle diminuzioni di pena (art. 63 c.p.) e dei limiti nel caso di *concorso omogeneo di circostanze* (artt. 66 e 67 c.p.), ma anche ai fini della determinazione del tempo di *prescrizione* dei reati (art. 157 c.p.) e della *competenza* per materia (art. 4 c.p.p.), nonché ai fini della determinazione della pena agli effetti dell'applicazione delle *misure cautelari* (art. 278 c.p.p.).

■ Quanto ai **criteri di matrice dottrinaria**, si suole distinguere tra:
a) circostanze **antecedenti**, **concomitanti** e **susseguenti**, secondo la relazione cronologica con la condotta dell'agente. Ad esempio, è *antecedente* l'aggravante di cui all'art. 61 n. 3 c.p. (avere nei delitti colposi agito nonostante la previsione dell'evento), *concomitante* quella di cui all'art. 61 n. 4 (avere adoperato sevizie o agito con crudeltà verso le persone) e *susseguente* l'attenuante di cui all'art. 62 n. 6 c.p. (l'avere, prima del giudizio, riparato interamente il danno);
b) circostanze **intrinseche** ed **estrinseche**, a seconda che attengano alla condotta (ad es.: avere adoperato sevizie) o altri elementi del fatto tipico, oppure riguardino dati che, pur contribuendo ad una caratterizzazione complessiva del fatto di reato, rimangono comunque "esterni" rispetto ad esso (ad es., avere aggravato le conseguenze del delitto);
c) circostanze **definite** e circostanze **indefinite**, a seconda che la legge si soffermi o meno a descrivere il dato circostanziale al quale è collegata la variazione di pena (si pensi, ad esempio, alle attenuanti generiche *ex* art. 62-*bis* c.p. quale esempio di circostanze indefinite);
d) circostanze **obbligatorie** e circostanze **facoltative**, a seconda che il giudice *debba* o *possa* procedere alla variazione della pena.

▶ 3.2. Il regime di imputazione delle circostanze

L'art. 59 c.p. prevede una **disciplina differenziata dei criteri di imputazione** delle circostanze a seconda che siano aggravanti o attenuanti:

- per le *attenuanti* l'art. 59, co. 1, c.p. dispone il principio della **rilevanza oggettiva** (sono valutate a favore dell'agente anche se da lui non conosciute o da lui per errore ritenute inesistenti);
- per le *aggravanti* l'art. 59, co. 2, c.p. ~~è stata~~ accoglie la regola opposta, per cui esse sono valutate a carico dell'agente soltanto se da lui conosciute o ignorate per colpa o ritenute inesistenti per errore determinato da colpa.

Il comma 3 dell'art. 59 c.p. prevede l'irrilevanza delle attenuanti e delle aggravanti **putative**: *"Se l'agente ritiene per errore che esistano circostanze aggravanti o attenuanti, queste **non sono valutate** contro o a favore di lui"*.

La regola dell'irrilevanza del putativo trova un'importante deroga nell'ipotesi prevista dall'art. 60, co. 2, c.p.: in caso di **errore sulla persona dell'offeso**, sono valutate a favore dell'agente le circostanze attenuanti, erroneamente supposte, che concernono le condizioni o le qualità della persona offesa o i rapporti tra offeso e colpevole.

▶ 3.3. Il concorso omogeneo di circostanze e il giudizio di comparazione in caso di concorso eterogeneo

L'art. 63 c.p. prevede le modalità del procedimento con cui operano in concreto le **variazioni di pena** indotte dalle circostanze, aggravanti o attenuanti: alla stregua del comma 1, il giudice che ravvisa l'esistenza di una circostanza comportante una variazione entro limiti determinati procede all'aumento o alla diminuzione corrispondente, dopo avere fissato la **pena base** da irrogare se il reato fosse semplice.

La commisurazione della pena assume, quindi, una **struttura bifasica**: il giudice deve prima determinare la **pena** entro i limiti edittali e poi calcolare su tale entità la **variazione** imposta dalla circostanza.

A) Concorso di circostanze omogenee

I commi 2, 3, 4, 5, dell'art. 63, disciplinano il c.d. **concorso omogeneo** di circostanze, che si verifica quando ricorrono più circostanze, **tutte attenuanti** o **tutte aggravanti**. In questi casi si fa luogo a tanti aumenti o diminuzioni di pena quante sono le circostanze concorrenti.

La norma distingue tre ipotesi:

a) il concorso di più circostanze **ad effetto comune**. Il comma 2 dell'art. 63 prevede un *cumulo materiale* che può giungere fino ai *limiti* previsti dagli artt. 66 (non più di trenta anni di reclusione e cinque di arresto; non più di € 10.329 di multa e € 2.065 di ammenda) e 67 (salvi i casi di attenuanti ad effetto speciale, non meno di un quarto della pena prevista dalla legge, né meno dieci anni di reclusione quando la legge commina l'ergastolo) c.p. Il giudice deve calcolare un primo aumento (o una prima diminuzione) sulla pena base del reato semplice; poi, per la seconda circostanza, si procederà ad un ulteriore aumento o un'ulteriore diminuzione, determinati sulla base della pena ottenuta dal precedente aumento (o dalla precedente diminuzione); e così via per un'eventuale terza o quarta circostanza. Indifferente è l'ordine con cui si procede;

b) il concorso di *una o più* circostanze **ad effetto comune** con *una* circostanza **autonoma** o **ad effetto speciale**. Il comma 3 dell'art. 63 c.p. prevede che la circostanza autonoma o ad effetto speciale sia necessariamente **computata per prima**, e che sulla pena così aumentata (o diminuita) si applichino gli ulteriori aumenti (o diminuzioni) dipendenti dal ricorso di circostanze ad effetto comune;

c) il concorso di *più* circostanze **autonome** o **ad effetto speciale**. Si applica soltanto la pena stabilita per la **circostanza più grave** (o **meno grave**), ma il giudice può aumentarla (o diminuirla) **fino a un terzo** (art. 63, co. 4 e 5).

B) Concorso di circostanze eterogenee

Il concorso di circostanze **eterogenee** (cioè di attenuanti e di aggravanti) è disciplinato dall'art. 69 c.p., che impone al giudice un *giudizio di bilanciamento*, in particolare di *prevalenza* o di *equivalenza* fra le stesse: giudizio avente carattere **obbligatorio**, e soggetto ad un obbligo di puntuale **motivazione**. In caso di *prevalenza*, si applicano solo gli aumenti e le diminuzioni relative alle circostanze riconosciute prevalenti; in caso di *equivalenza*, si applica la pena che sarebbe inflitta qualora non concorresse alcuna circostanza.

▶ 3.3.1. Le deroghe al bilanciamento

Nel corso degli anni, la regola del bilanciamento tra circostanze concorrenti sancita dall'art. 69 c.p. ha subito diverse deroghe ad opera di norme speciali. Si tratta di interventi dettati da peculiari esigenze general-preventive, aventi lo scopo primario di impedire che risulti frustrato nella valutazione giudiziale il rigore di aggravanti che costituiscono il frutto di apposite valutazioni legislative. Si è parlato, in questo caso, di circostanze "blindate" o "privilegiate", proprio perché sottratte al giudizio di bilanciamento o comunque all'esito di soccombenza/equivalenza rispetto ad eventuali e concorrenti circostanze attenuanti.
Così, ad esempio, l'art. 1 d.l. n. 625/1979, conv. in legge n. 15/1980, stabilisce che quando ricorre l'aggravante della finalità di terrorismo e di eversione dell'ordine democratico — alla quale consegue un aumento di pena della metà — le attenuanti concorrenti non possono essere dichiarate equivalenti o prevalenti rispetto a detta aggravante o ad eventuali altre circostanze autonome o indipendenti.

▶ 3.4. Le aggravanti comuni

L'**art. 61 c.p.** prevede una serie di aggravanti comuni, così dette perché applicabili, in linea di principio, a *qualsiasi reato*; alcune di esse, per vero, presentano una sfera d'applicazione circoscritta (ad es., la circostanza relativa al danno di rilevante gravità è applicabile ai soli delitti contro il patrimonio).

- **1**. Motivi abietti o futili.
- **2.** Connessione di reati.
- **3.** Colpa cosciente.
- **4.** Sevizie e crudeltà verso le persone.
- **5**. Minorata difesa.
- **6.** Commissione del reato in stato di latitanza.
- **7.** Danno di rilevante gravità.
- **8.** Aver aggravato o tentato di aggravare le conseguenze del delitto.
- **9.** Abuso di poteri o violazioni di doveri.
- **10.** Avere commesso il fatto contro un pubblico ufficiale o una persona incaricata di un pubblico servizio, o rivestita della qualità di ministro del culto cattolico o di un culto ammesso nello Stato, ovvero contro un agente diplomatico o consolare di uno Stato estero, nell'atto o a causa dell'adempimento delle sue funzioni o del servizio.
- **11**. Avere commesso il fatto con abuso di autorità o di relazioni domestiche, ovvero con abuso di relazioni d'ufficio, di prestazione d'opera, di coabitazione, di ospitalità.
- **11-*bis*.** Aggravante della clandestinità (dichiarata costituzionalmente illegittima).
- **11-*ter*.** Aver commesso un delitto contro la persona ai danni di un soggetto minore all'interno o nelle adiacenze di istituti di istruzione o di formazione.
- **11-*quater***. Aver commesso un delitto non colposo durante il periodo in cui era ammesso ad una misura alternativa alla detenzione in carcere.
- **11-*quinquies*.** Commissione del fatto, nei delitti non colposi contro la vita e l'incolumità individuale e contro la libertà personale, in presenza o in danno di un minore di anni diciotto ovvero in danno di persona in stato di gravidanza.
- **11-*sexies*.** L'avere, nei delitti non colposi, commesso il fatto in danno di persone ricoverate presso strutture sanitarie o presso strutture sociosanitarie residenziali o semiresidenziali, pubbliche o private, ovvero presso strutture socio-educative.
- **11-*septies*.** L'avere commesso il fatto in occasione o a causa di manifestazioni sportive o durante i trasferimenti da o verso i luoghi in cui si svolgono dette manifestazioni.
- **11-*octies*.** L'avere agito, nei delitti commessi con violenza o minaccia, in danno degli esercenti le professioni sanitarie e socio-sanitarie nonché di chiunque svolga attività ausiliarie di cura, assistenza sanitaria o soccorso, funzionali allo svolgimento di dette professioni, a causa o nell'esercizio di tali professioni o attività.
- **art. 61-*bis* c.p.**: circostanza aggravante del reato transnazionale.

▶ 3.5. La recidiva

La **recidiva** (dal termine latito "*recidivum*", ossia "colui che ricade") indica la condizione di chi essendo già stato in precedenza *condannato per un reato, ne commette uno o più altri*. Essa, in termini più specifici, designa la situazione in cui viene a trovarsi chi, avendo già subito una condanna penale accertata con una *sentenza definitiva passata in giudicato*, commette un altro reato. Tale ipotesi è regolata agli artt. 99 ss. c.p., nell'ambito delle disposizioni dedicate al reo: il suo effetto principale è riconducibile all'*aumento di pena*.

Il codice penale adotta una *classificazione* a seconda delle modalità con cui il soggetto torna a commettere reati. Si distingue tra:

- **recidiva semplice**, ricorrente quando il soggetto, dopo essere stato condannato con sentenza irrevocabile per aver commesso un reato, ne commette un altro di tipo diverso;
- **recidiva aggravata**, configurabile in tre diverse ipotesi: ***a)*** recidiva cd. **specifica**, quando il nuovo reato commesso dal soggetto corrisponde nelle sue caratteristiche essenziali a quello compiuto in precedenza (è, cioè, della stessa indole); ***b)*** recidiva **infraquinquennale**, quando il reato è stato commesso nell'arco dei 5 anni dalla condanna precedente; ***c)*** recidiva cd. **vera**, quando il nuovo reato è stato commesso durante o dopo l'esecuzione della pena, durante il tempo in cui il condannato si sottrae volontariamente alla esecuzione della pena;
- **recidiva reiterata**, allorché il reato sia commesso da una persona già qualificata come recidiva e, cioè, da un recidivo; può essere reiterata *semplice* ovvero *aggravata*.

▶ 3.6. Le attenuanti comuni

L'**art. 62 c.p.** contiene l'elencazione delle attenuanti comuni.

- **1.** Motivi di particolare valore.
- **2.** Provocazione.
- **3.** Suggestione della folla in tumulto.
- **4**. Danno patrimoniale di speciale tenuità.
- **5.** Fatto doloso della persona offesa.
- **6.** Avvenuto risarcimento del danno o eliminazione o attenuazione delle conseguenze dannose o pericolose del reato. L'avere partecipato a un programma di giustizia riparativa con la vittima del reato, concluso con un esito riparativo (cfr. per il nuovo istituto della giustizia riparativa, introdotto dal d. lgs. 10 ottobre 2022, n. 150, Cap. VI, § 9.)

▶ 3.7. Le attenuanti generiche

Le c.d. **attenuanti generiche** consentono il migliore adeguamento della pena al caso concreto (art. 62-*bis*, co. 1, c.p.): si lascia al giudice non soltanto la determinazione della misura concreta della variazione della pena base fissata per il reato, ma la stessa individuazione del dato circostanziale nel caso concreto.

4. Il concorso di persone nel reato

Il c.d. **concorso di persone** ricorre quando più soggetti realizzano un reato: rappresenta la manifestazione plurisoggettiva di un reato astrattamente monosoggettivo.

Tale figura è indicata come **concorso eventuale** di persone per distinguerla dal concorso **c.d. necessario**, in cui la pluralità dei soggetti attivi è imposta dal legislatore tra gli elementi costitutivi del reato (come, ad esempio, per i reati associativi o per quello di rissa).

La figura del reato concorsuale nasce, quindi, dall'integrazione tra la norma generale di cui all'art. 110 c.p. e la singola norma incriminatrice di parte speciale (teoria della c.d. fattispecie plurisoggettiva eventuale). La fattispecie si compone dei seguenti elementi:

a) sul piano **oggettivo**: la pluralità di agenti, la realizzazione di un fatto materiale di reato, il contributo di ciascun soggetto alla realizzazione di esso;
b) sul piano **soggettivo**: il dolo o la colpa della partecipazione.

▶ 4.1. L'elemento oggettivo

A) Pluralità di agenti. L'autore mediato

Costituisce il primo dei requisiti della figura *ex* art. 110 c.p., in quanto connaturato al concorso: nei reati *monosoggettivi* può trattarsi di **due** soli individui; nei reati *plurisoggettivi* occorre la partecipazione di almeno una persona **in più** rispetto a quelle che sono essenziali per la realizzazione della fattispecie criminosa.

La presenza di una pluralità di concorrenti non implica tuttavia necessariamente la punibilità di ciascuno di essi: l'area del concorso e quella della punibilità dei concorrenti non sono sempre coincidenti, potendosi verificare il caso di un partecipe nel reato che però non ne debba rispondere, perché non imputabile o non punibile, o perché agisce senza dolo o colpa. E' quanto accade nei casi di c.d. **autore mediato**, per tale intendendo colui il quale si serve di altri soggetti non punibili per commettere il reato. Sono le ipotesi contemplate dagli artt. 46 (costringimento fisico a commettere un reato), 48 (reato commesso per errore determinato dall'altrui inganno), 54, ultimo comma, (stato di necessità determinato dall'altrui minaccia), 86 (determinazione dello stato di incapacità al fine di far commettere un reato), 111 (determinazione a commettere reato di persona non imputabile o non punibile) c.p.

B) Realizzazione di un fatto costituente reato

Perché si abbia concorso nel reato, occorre che siano realizzati i requisiti necessari per la sussistenza di una fattispecie penalmente rilevante, consumata o tentata, essendo riconosciuta la punibilità del *concorso nel delitto tentato*, non invece del tentativo di concorso.
Logico corollario è la **non punibilità**, espressamente consacrata dall'art. 115 c.p., del **mero accordo** finalizzato a commettere un reato e della **mera istigazione**, anche se accolta, sempre che il **reato non sia commesso**. Tali figure divengono tuttavia punibili nei **casi espressamente previsti**, fatti salvi dalla clausola di riserva contenuta nello stesso art. 115 c.p. (*"salvo che la legge disponga altrimenti"*).
Al di fuori dei casi di espressa punibilità, l'accordo o la mera istigazione conservano una rilevanza penale ai soli fini dell'applicazione di una **misura di sicurezza**, in quanto sintomo di pericolosità sociale.

C) Il contributo di ciascun concorrente

Perché un soggetto risponda della commissione di un reato a titolo di concorso, è necessario che abbia apportato un contributo alla realizzazione dello stesso: deve trattarsi di una **condotta materiale esteriore**, non potendo attribuirsi alcun rilievo ad una mera adesione psicologica al fatto illecito, ostandovi il principio *cogitationis poenam nemo patitur*.
Il contributo del concorrente può essere **materiale** (nelle figure *di autore, coautore* e *partecipe*) o **morale** (*determinatore* e *istigatore*), a seconda che ricorra un intervento concreto nella serie degli atti che costituiscono l'elemento materiale oppure una partecipazione di tipo psicologico alla realizzazione di un reato materialmente commesso da altri. Diverse le tesi emerse con riguardo all'individuazione del **contenuto minimo** per l'incriminazione del contributo concorsuale. Sono emerse: la teoria **causal-condizionalistica**, per cui l'azione o il contributo morale del partecipe deve essere *condicio sine qua non* nella realizzazione del reato; la teoria della **causalità agevolatrice,** secondo la quale è rinvenibile il nesso di causalità tra la condotta del complice ed il fatto di reato ogni qual volta il contributo del complice pur non indispensabile si sia comunque rivelato di agevolazione alla commissione del reato; la teoria della **prognosi postuma**, per la quale va verificata *ex ante* l'idoneità del contributo del complice a favorire la realizzazione del fatto di reato a prescindere dal suo esito effettivo. La prospettiva *ex post* è fondata sulla necessità, nel rispetto del principio di stretta legalità, di non punire il **mero tentativo di partecipazione** (ex art. 115 c.p.), integrato ad esempio dalla condotta di colui che fornisce uno strumento di scasso non utilizzato, pena la violazione del principio costituzionale di **materialità/offensività**.

▶ 4.2. L'elemento soggettivo. Dolo di concorso, concorso colposo e concorso di cause colpose indipendenti

Il **dolo di concorso** postula:

- la *coscienza e volontà del fatto criminoso*;
- la *volontà di concorrere con altri* alla realizzazione del reato.

Esso non presuppone, come si riteneva in passato, un previo concerto tra i concorrenti: è sufficiente un **accordo improvviso**, raggiunto anche durante l'esecuzione stessa del reato, od anche una **consapevolezza unilaterale** del contributo fornito dall'altrui condotta. È però necessario, che vi sia **consapevolezza da parte di almeno uno dei concorrenti** dell'apporto fornito dall'altro alla realizzazione della fattispecie criminosa.
L'art. 113 c.p., invece, prevede che *"nel delitto colposo, quando l'evento è stato cagionato dalla cooperazione*

di più persone, ciascuna di queste soggiace alle pene stabilite per il delitto stesso". La norma disciplina l'ipotesi di **concorso di persone nel delitto colposo** (c.d. **cooperazione colposa**), che presenta peculiari caratteri legati alla natura colposa del delitto.

Gli elementi peculiari della cooperazione colposa consistono nella **mancanza della volontà di concorrere** con la propria condotta alla realizzazione di un fatto criminoso, nonché nel **legame psicologico tra i diversi soggetti agenti**. L'esistenza di una consapevolezza tra i diversi agenti, per cui sono consapevoli dell'esistenza di altre azioni in concomitanza con la propria, permette di distinguere tale figura dal mero **concorso di azioni colpose indipendenti**, in cui l'evento è il risultato di una coincidenza di più azioni od omissioni non collegate tra loro da alcun vincolo subiettivo (si pensi a due automobilisti i quali, l'uno all'insaputa dell'altro, concorrano a provocare uno stesso incidente).

▶ 4.3. Le aggravanti e le attenuanti

A) Le circostanze aggravanti

La legge prevede, agli artt. 111 e 112 c.p., una pluralità di circostanze aggravanti, la cui applicazione è **obbligatoria** (a differenza di quanto previsto dall'art. 114 in relazione alle attenuanti).

• L'**art. 111** chiarisce che chi abbia **determinato a commettere un reato una persona non imputabile** ovvero non punibile a cagione di una condizione o qualità personale "risponde del reato da questa commesso", andando incontro ad un aumento di pena.

• L'**art. 112** c.p. commina un aumento di pena nelle seguenti ipotesi:

1) quando *"il numero delle persone, che sono concorse nel reato, è di cinque o più, salvo che la legge disponga altrimenti"*;
2) nei confronti di chi ha *"promosso od organizzato la cooperazione nel reato, ovvero diretto l'attività delle persone che sono concorse nel reato medesimo"*;
3) nei confronti di *"chi, nell'esercizio della sua autorità direzione o vigilanza, ha determinato a commettere il reato persone ad esso soggette"*;
4) per chi, fuori del caso previsto dall'art. 111 c.p., *"ha determinato a commettere il reato un minore degli anni 18 o una persona in stato di infermità o di deficienza psichica, ovvero si è comunque avvalso degli stessi nella commissione di un delitto per il quale è previsto l'arresto in flagranza"*.

Peraltro, gli aggravamenti di pena stabiliti nei numeri 1, 2 e 3 si applicano anche se taluno dei partecipi al fatto non è imputabile o non è punibile.

B) Le circostanze attenuanti

1) La prima ipotesi riguarda il correo che abbia fornito un **contributo di minima importanza**: ai sensi dell'art. 114, co. 1, c.p., *"il giudice, qualora ritenga che l'opera prestata da taluna delle persone che sono concorse nel reato a norma degli artt. 110 e 113 c.p. abbia avuto **minima importanza** nella preparazione e nella esecuzione del reato, **può** diminuire la pena"*.
Il secondo comma dell'art. 114 c.p. prevede che l'attenuante della minima importanza non si applichi ai casi in cui ricorrono le aggravanti *ex* art. 112 c.p.
2) La seconda ipotesi, prevista dall'art. 114, co. 3, c.p., si pone in posizione speculare rispetto alle aggravanti di cui all'art. 112, nn. 3 e 4 e co. 3, c.p., in quanto può essere applicata a ***coloro che siano stati determinati a cooperare nel reato***, quando ricorrono le condizioni di cui alle disposizioni appena citate.

C) La comunicabilità delle circostanze

Quanto alla **comunicabilità delle circostanze,** l'art. 118 c.p. stabilisce che *alcune* circostanze soggettive – precisamente quelle concernenti i *motivi a delinquere*, l'*intensità del dolo* e il *grado della colpa,* oltre a quelle *inerenti alla persona del colpevole* – sono valutate soltanto riguardo alla persona cui si riferiscono.

Per le restanti, occorre tener conto che il richiamato art. 118 c.p. è stato così modificato dalla l. 7 febbraio 1990, n. 19, in uno all'art. 59: l'obiettivo perseguito dal legislatore del 1990 fu quello di espungere la responsabilità oggettiva anche dagli elementi accidentali del reato.
Infatti, l'art. 59 c.p., è stato modificato al fine di consentire l'applicazione delle aggravanti solo se conosciute dall'agente, ovvero ignorate per colpa o ritenute inesistenti per errore determinato da colpa; l'art. 118 c.p., poi, non contiene più alcun riferimento alla distinzione contenuta nell'art. 70 c.p., escludendo l'estensione ai

concorrenti delle circostanze in esso indicate, le quali attengono alle sole intenzioni dell'agente e, pertanto, potenzialmente non riconoscibili dai concorrenti.
Muovendo da tale constatazione, **Cass., Sez. un., 3 marzo 2020, n. 8545**, ha sostenuto che il discrimine tra circostanze suscettibili di estensione o meno agli altri concorrenti non attiene alla natura, oggettiva o soggettiva della circostanza, secondo la classificazione contenuta nel codice, ma piuttosto alla possibilità di estrinsecazione della circostanza all'esterno, cosicché rimane esclusa dall'attribuzione al compartecipe qualsiasi elemento, di aggravamento o di attenuazione della fattispecie, confinato all'intento dell'agente che, proprio in quanto tale, non può subire estensione ai concorrenti, perché da questi non necessariamente conoscibile. Di conseguenza, secondo le Sezioni unite, qualora si rinvengano elementi di fatto suscettibili di dimostrare che l'intento dell'agente sia stato riconosciuto dal concorrente, e tale consapevolezza non lo abbia dissuaso dalla collaborazione, non vi è ragione per escludere l'estensione della sua applicazione, posto che lo specifico motivo a delinquere viene in tal modo reso oggettivo.

▶ 4.4. Il concorso anomalo

Recita l'art. 116 c.p.: *"Qualora il reato commesso sia diverso da quello voluto da taluno dei concorrenti, anche questi ne risponde, se l'evento è conseguenza della sua azione o omissione. Se il reato commesso è più grave di quello voluto, la pena è diminuita riguardo a chi volle il reato meno grave"*. Tale disposizione disciplina la **responsabilità del concorrente per un reato diverso da quello voluto**.
I **requisiti** della responsabilità a titolo di concorso *ex* art. 116 c.p. sono così individuati in sede interpretativa:

- occorre la sussistenza di un **nesso causale** tra la condotta del compartecipe ed il reato diverso da quello da lui voluto;
- il reato diverso deve porsi come **sviluppo logicamente prevedibile** del reato programmato;
- l'evento diverso realizzato **non deve essere voluto a titolo di dolo**, nemmeno eventuale (e quindi il reato più grave non deve essere stato accettato come possibile conseguenza del programma criminoso).

▶ 4.5. Il concorso nel reato proprio

In linea di principio, è pacifico che un **reato proprio** (presupponente il possesso, in capo all'autore, di una determinata qualifica soggettiva) possa essere realizzato grazie alla cooperazione di uno o più concorrenti privi della qualità evocata dalla legge.
Per assumere rilevanza penale, tale cooperazione deve presentare i requisiti previsti dall'**art. 110 c.p.**, ivi compreso il dolo, che secondo i principi generali deve avere ad oggetto anche la **qualità dell'*intraneus***. In tale caso, l'*extraneus* è chiamato a rispondere del reato proprio anche se la sua condotta, isolatamente considerata, non risulta sussumibile in alcuna fattispecie criminosa: ad esempio, il privato cittadino che rafforzi il proposito di un pubblico ufficiale di non compiere un atto dovuto per ragioni di giustizia, sicurezza pubblica, ordine pubblico, igiene o sanità, risponde di concorso in rifiuto di atti d'ufficio ex art. 328 c.p. anche qualora ignori la qualità del soggetto.
Ciò posto, il legislatore ha dettato una specifica disciplina per le ipotesi in cui sussista un peculiare rapporto tra l'agente ed il bene giuridico oggetto di tutela, tale da comportare una *diversa qualificazione giuridica* di un fatto che, se commesso dal *quisque de populo*, andrebbe inquadrato nell'ambito applicativo di una distinta fattispecie criminosa: ai sensi dell'**art. 117 c.p.**, *"se, per le condizioni o le qualità personali del colpevole, o per i rapporti fra il colpevole e l'offeso, muta il titolo del reato per taluno di coloro che vi sono concorsi, anche gli altri rispondono dello stesso reato. Nondimeno, se questo è più grave il giudice può, rispetto a coloro per i quali non sussistano le condizioni, le qualità o i rapporti predetti, diminuire la pena"*. In applicazione di tale disposizione, ad es., i comuni cittadini che aiutino consapevolmente un pubblico ufficiale ad appropriarsi di cose mobili nella sua disponibilità risponderanno di peculato e non di appropriazione indebita, anche ove fossero ignari della qualità del soggetto.

5. Il concorso di reati

La *plurima violazione* da parte di uno stesso soggetto della legge penale comporta la sua responsabilità in ordine a ciascuno dei reati commessi: con l'espressione **concorso di reati** si indica,

appunto, l'ipotesi in cui uno stesso soggetto deve rispondere di *più reati* e deve espiare la *pena irrogata per ciascuno di essi* (artt. 71 e 80 c.p.).
Non sempre è facile stabilire se una determinata fattispecie concreta integra la commissione di uno o più reati, in particolare nelle ipotesi in cui con un'*unica condotta* siano violate *più norme incriminatrici*, ovvero si pongano in essere *più violazioni della stessa norma incriminatrice* (*concorso formale di reati*).
In tali casi deve peraltro a priori distinguersi il concorso effettivo di reati dal **concorso apparente di norme**, ricorrente laddove risulti in concreto applicabile soltanto una tra le più disposizioni orientate a ricomprendere il medesimo fatto.
Quanto al concorso di reati, sono in astratto possibili tre differenti tipi di trattamento sanzionatorio in caso di reati ascritti ad un solo agente:

- il regime del **cumulo materiale**, il quale implica che al colpevole venga inflitta la totalità delle pene corrispondenti ai reati commessi: si tratta della soluzione accolta dal legislatore in caso di concorso materiale;
- il regime del **cumulo giuridico**, che importa l'applicazione della pena prevista per il reato più grave, aumentata in relazione alle ulteriori violazioni commesse: si tratta della soluzione accolta dal legislatore in caso di concorso formale;
- l'**assorbimento**, che comporta l'irrogazione della sola pena per il reato più grave: si tratta della soluzione adottata da alcuni interpreti per risolvere il concorso apparente di norme.

▶ 5.1. Il concorso materiale di reati

Si ha **concorso materiale di reati** quando un soggetto compie più reati con una pluralità di azioni o di omissioni. Il concorso materiale è:

- **omogeneo**, quando l'agente viola più volte la stessa fattispecie incriminatrice (es. Tizio commette più omicidi);
- **eterogeneo**, quando le norme violate sono diverse (es. Tizio prima ruba un'autovettura e poi compie una rapina).

  Il codice Rocco, privilegiando una funzione di tipo repressivo-retributivo ed al contempo specialpreventivo della sanzione penale, ha adottato il sistema sanzionatorio del **cumulo materiale** (cumulo di tutte le pene previste), temperato dalla previsione di *limiti agli aumenti*, fissati, in particolare, dagli artt. 78 e 79 c.p.

▶ 5.2. Il concorso formale di reato

Il **concorso formale** (o ideale) di **reati** si configura, secondo il dettato dell'art. 81 c.p., quando uno stesso soggetto compie, con una sola azione o omissione, più reati. Si distingue il concorso formale:

- **omogeneo**, che sussiste quando l'agente viola *contestualmente* più volte la stessa norma incriminatrice (es. Tizio con un ordigno esplosivo uccide più persone);
- **eterogeneo**, che implica invece la *contemporanea* violazione di fattispecie differenti (es. Tizio incendia la propria abitazione per conseguire il prezzo di un'assicurazione contro infortuni, rendendosi in tal modo responsabile dei delitti *ex* artt. 423 e 642 c.p.).

Il concetto di **unica azione o omissione**, mediante la quale si compiono più reati, è il tratto caratterizzante il concorso *formale* rispetto al concorso *materiale* di reati.
Quanto al **trattamento sanzionatorio** del concorso formale, l'art. 81, co. 1, c.p. prevede il regime del **cumulo giuridico**: all'autore di più reati in concorso formale si applica *"la pena che dovrebbe infliggersi per la violazione più grave, aumentata fino al triplo"*.

6. Il concorso apparente di norme

Il fenomeno del **concorso apparente di norme** ricorre quando più norme sembrano *prima facie* disciplinare un medesimo fatto, ma una sola di esse è effettivamente applicabile al caso concreto. I **presupposti** perché possa ravvisarsi il concorso apparente di norme sono dunque:
a) la *pluralità di norme penali incriminatrici*, tra loro non antinomiche;

b) l'*identità del fatto incriminato*;
c) la circostanza, infine, per cui *solo una* di queste norme è *concretamente applicata*, cosicché si ha *unicità* e non pluralità di reati.

▶ 6.1. Criteri regolatori: specialità, sussidiarietà, consunzione o assorbimento

Il primo punto di riferimento di ordine logico-sistematico, ai fini dell'identificazione dell'apparenza del concorso e della relativa distinzione dal concorso effettivo di reati, è l'**art. 15 c.p.** La disposizione ravvisa nella **specialità** il criterio da applicare nel delimitare l'ambito riservato al fenomeno del concorso apparente di norme.

A) Il principio di specialità

La **specialità** sussiste allorché una norma (speciale) contenga tutti gli elementi costitutivi di un'altra disposizione (generale) con l'aggiunta di un contenuto ulteriore cd. *specializzante*, sul presupposto indefettibile che ambo le prescrizioni regolamentino la "stessa materia". In presenza di un rapporto strutturale siffatti, trova applicazione dunque la sola norma speciale.
Se secondo taluni il criterio di specialità è il solo in presenza del quale può concludersi per la natura apparente del concorso di norme (c.d. **teoria monista**), per altri invece il concorso apparente è ipotizzabile anche in assenza di un rapporto strutturale di specialità tra fattispecie (c.d. **teorie pluralistiche**). Si invocano, in particolare, quali criteri aggiuntivi di perimetrazione dell'estensione del concorso apparente, quelli di sussidiarietà e di assorbimento.

B) Il principio di sussidiarietà

In forza del **principio di sussidiarietà**, la *legge primaria deroga alla legge sussidiaria*. Tale principio verrebbe in rilievo ogniqualvolta tra le fattispecie astratte sia ravvisabile un rapporto di complementarietà, in modo tale che la norma sussidiaria si applichi solo quando la primaria non sia applicabile. Si avrebbe sussidiarietà tra norme penali quando esse *tutelano un medesimo bene giuridico in stadi diversi di aggressione*.

C) Il principio di assorbimento o consunzione

Altro criterio invocato è quello di **assorbimento** o **consunzione**, per cui la norma consumante prevale sulla norma consumata, intendendosi per consumante quella il cui fatto comprende in sé il fatto previsto dalla consumata, esaurendo per intero il disvalore del caso concreto. In un'accezione più ampia, si avrebbe consunzione quando una condotta penalmente rilevante costituisca il *mezzo normale, anche se non indispensabile* (altrimenti ricorrerebbe la specialità astratta e strutturale), per l'esecuzione di altra fattispecie criminosa.

D) L'adesione delle Sezioni unite alla teoria monista

La giurisprudenza delle Sezioni unite negli ultimi anni ha tuttavia mostrato di aderire convintamente alla teoria c.d. **monistica**, reputando utilizzabile, nella perimetrazione dei casi di concorso apparente, il solo criterio di specialità, con conseguente ripudio dei criteri "di valore" dell'assorbimento o della consunzione (Cass., Sez. Un., 12 settembre 2017, n. 41588).

▶ 6.2. Il reato progressivo, la progressione criminosa, *ante factum* e *post factum* non punibili

A) Il reato progressivo

Il **reato progressivo** ricorre quando un reato contiene come *elemento costitutivo un reato minore*, la cui commissione quindi è necessaria o possibile per l'integrazione della fattispecie c.d. progressiva. Il reato minore resta in tal modo assorbito nel maggiore, il che spiega anche la collocazione dello studio del reato progressivo nell'ambito del tema relativo al concorso apparente di norme: così, ad esempio, non si potrebbe contemporaneamente punire l'agente per la devastazione di cui agli artt. 419 c.p. e 285 c.p., e sanzionare altresì tutti i fatti di danneggiamento necessariamente compiuti nell'atto di devastare.

B) La progressione criminosa

Il concetto di **progressione criminosa** può essere inteso in due diverse accezioni:

a) una, descrittiva in senso lato, indica un'*escalation* criminale, sia da un reato meno grave ad uno più grave, sia da un minor numero di reati ad un maggior numero di reati, nonché, ancora, da un accordo criminoso (inteso come ideazione e organizzazione di piani criminali) ad un'associazione criminosa;

b) l'altra, in senso tecnico, idonea a configurare la progressione come **criterio risolutivo del concorso apparente di norme**, delinea il passaggio contestuale, determinato da risoluzioni successive, da un fatto corrispondente ad una fattispecie legale ad un fatto corrispondente ad una fattispecie più grave, strutturalmente implicante la prima meno grave.

> La progressione criminosa **si distingue dal *reato progressivo***:
> - nella progressione difetta la considerazione legale unitaria del fatto, atteso che un'offesa di gravità crescente può configurarsi non solo nel rapporto tra fattispecie legali astratte, ma anche nel rapporto tra fattispecie concrete, che si susseguono in unità di contesto e senza apprezzabili intervalli di tempo;
> - nella progressione criminosa, al susseguirsi delle azioni corrisponde una **pluralità di risoluzioni successive**, dovute allo stesso agente e nei confronti del medesimo soggetto passivo; l'azione del reato progressivo è viceversa accompagnata da un'**unica risoluzione** relativa al reato più grave.

C) L'antefatto e il post-fatto non punibili

L'**antefatto** e il **post-fatto** non punibili sono istituti di elaborazione dottrinale con cui si designano i fatti, astrattamente corrispondenti a figure criminose, che, secondo l'*id quod plerumque accidit*, rispettivamente *precedono* un reato più grave quali mezzi normali per la sua esecuzione, ovvero ne costituiscono l'ordinaria *prosecuzione*, come consolidamento del risultato illecito, o realizzazione dello scopo. Quanto ai **caratteri** degli istituti in esame, si individuano:

1) la *pluralità di fatti o di condotte*, l'una cronologicamente successiva all'altra, ciascuna delle quali astrattamente suscettibile di configurare un reato (ad es., l'agente prima falsifica un atto e poi ne fa uso);
2) i diversi fatti devono essere commessi da uno *stesso soggetto attivo* e rivolti ad arrecare *diversi gradi o stadi di offesa al medesimo bene*;
3) il *rapporto di mezzo a fine* rispetto al reato principale, congiuntamente alla *contestualità* o quasi contestualità dei fatti.

▶ 6.3. Il reato complesso

Sotto la rubrica **reato complesso** di cui all'art. 84 c.p., si prendono in considerazione i casi in cui più fatti di reato, anziché mantenere la propria autonomia concettuale, sono intesi dalla legge alla stregua di *un solo reato*, rispetto al quale si atteggiano quali *elementi costitutivi* o *circostanze aggravanti*: ai sensi dell'art. 84, al reato complesso non si applicano "*le disposizioni degli articoli precedenti*" (ossia le disposizioni relative al concorso di reati).

La categoria del reato complesso (c.d. **reato complesso in senso stretto o composto**) abbraccia due differenti ipotesi:

a) **reato complesso speciale**, dato dalla fusione, in posizione paritetica, di due reati in altro e differente reato (A e B danno luogo a C); ad es., il reato di rapina (art. 628 c.p.), comprensivo del furto (art. 624 c.p.) e della violenza privata (art. 610 c.p.);

b) **reato complesso aggravato o circostanziato**, dato dalla considerazione di un reato come figura accessoria di altro e prevalente reato (A diviene elemento aggravante di B); ad es., furto aggravato dalla violazione di domicilio (art. 625 n. 1 c.p.), comprensivo del furto (art. 624 c.p.) e della violazione di domicilio (art. 614 c.p.).

7. Il reato continuato

All'art. 81 c.p., subito dopo la disciplina del concorso formale di reati, il legislatore delinea la figura del **reato continuato**.

Il reato continuato rappresenta una particolare figura di *concorso materiale di reati* (caratterizzato dalla *pluralità di azioni od omissioni*), *unificati dal medesimo disegno criminoso* che sta alla base della loro commissione.
Ai sensi dell'art. 81 c.p., il reato continuato *"è punito con la pena che dovrebbe infliggersi per la violazione più grave aumentata sino al triplo"*; risulta quindi assoggettato alla più mite disciplina sanzionatoria del *cumulo giuridico* (comune al concorso formale di reati), giustificata dalla minore gravità individuata nella unicità della deliberazione delittuosa, pur in presenza di una pluralità di azioni od omissioni (che in assenza dell'art. 81, cpv. c.p. sarebbero soggette al cumulo materiale delle pene, in applicazione degli artt. 71 ss. c.p.).
La ***ratio*** del più favorevole trattamento sanzionatorio è individuata nella **minore riprovevolezza** di chi commette sì una pluralità di reati, ma in esecuzione di un medesimo disegno criminoso, così assecondando una sola volta i motivi a delinquere.
L'istituto in esame risulta caratterizzato dai seguenti **elementi**:

1) **pluralità di azioni od omissioni**, tra cui può intercorrere anche una distanza cronologica (come si desume dall'inciso *"anche in tempi diversi"*);
2) **plurima violazione** della stessa o di diverse disposizioni di legge;
3) **medesimo disegno criminoso.** Si tratta dell'elemento caratterizzante dell'istituto, perché dà conto della valutazione di minore riprovevolezza effettuata in astratto dal legislatore: le diverse condotte illecite divengono proiezione di un unico ed iniziale atteggiamento antidoveroso.

Il disegno criminoso rappresenta un elemento volitivo proprio e autonomo della fattispecie in esame, non coincidendo con l'elemento volitivo delle singole fattispecie.

Differenze rispetto al concorso formale.

*Il reato continuato si differenzia dal **concorso formale**, essendo caratterizzato da una molteplicità di azioni od omissioni, avvinta dall'unicità del medesimo disegno criminoso. Si differenzia, inoltre, dal **reato unico**, il quale si sostanzia in un'unica violazione di una data fattispecie criminosa.*

L'art. 81 stabilisce ai co. 2 e 3 le modalità di determinazione della pena per il reato continuato precisando che, individuata la **violazione più grave**, si applica la pena stabilita per quest'ultima aumentata fino al triplo, non superando tuttavia la sommatoria delle singole pene previste per le fattispecie unificate. Occorre quindi una preliminare valutazione dei reati singoli, per individuare il reato più grave in base al quale determinare la pena base.
Secondo l'indirizzo accolto dalle Sezioni Unite della Corte di Cassazione, l'individuazione della *violazione più grave* va condotta secondo **criteri astratti**, sulla base della *pena edittale prevista dal legislatore*, al quale soltanto spetta stabilire se una condotta contraria alla legge debba essere qualificata più o meno grave di un'altra.

8. Il reato impossibile

Il reato impossibile è disciplinato dal citato **art. 49, co. 2, c.p.**: è esclusa la punibilità dell'agente *"quando, per l'inidoneità dell'azione o per l'inesistenza dell'oggetto di essa, è impossibile l'evento dannoso o pericoloso"*.
Dottrina e giurisprudenza maggioritaria scorgono nella disposizione l'enunciazione del **principio di offensività** a livello di legge ordinaria.
Il reato impossibile può assumere **due forme**.

a) **inidoneità dell'azione.** Secondo la tesi prevalente, l'**inidoneità dell'azione** va accertata mediante un giudizio *ex ante* ed in concreto (c.d. prognosi postuma), analogo a quello da svolgere in tema di tentativo ex art. 56 c.p., volto a verificare che l'azione sia incapace di offendere il bene tutelato.
b) **inesistenza dell'oggetto,** intesa come inesistenza assoluta e originaria, essendo irrilevante la mancanza temporanea o accidentale, la quale dà luogo a tentativo *ex* art. 56 c.p.

Il reato impossibile è un "non reato", in quanto tale non punibile. L'autore può essere, tuttavia, sottoposto a **misura di sicurezza**, se socialmente pericoloso: si parla, in tal senso, di **quasi reato** (art. 49, co. 4, c.p.). Ove il fatto integra gli estremi di *un reato diverso*, *ex* art. 49, co. 3, c.p. si applica la pena prevista per quest'ultimo.

9. Il reato putativo

Il **reato putativo** è parimenti disciplinato dall'**art. 49 c.p.**, il cui comma 1 dispone la non punibilità *del reato erroneamente supposto*. In tal caso difetta ogni condotta illecita, esistendo il reato solo nella mente dell'agente. L'errore può dipendere da:

- un **errore di diritto**: l'agente ritiene erroneamente sussistente una norma incriminatrice mai emanata o comunque non più vigente ovvero interpreta in modo errato una norma incriminatrice esistente, facendo rientrare nel suo raggio d'azione il comportamento posto in essere;
- un **errore di fatto**: l'agente ritiene erroneamente sussistenti tutti gli elementi costitutivi del reato (si pensi a chi sottrae una cosa propria credendola altrui, o a chi ritiene per errore di rivestire la qualifica soggettiva di un reato proprio).

Al pari dell'ipotesi del reato impossibile, si applica la pena stabilita per l'eventuale **reato diverso** effettivamente commesso (art. 49, co. 3, c.p.).

Capitolo 5
Il reo

SOMMARIO:

1. L'imputabilità

Ai sensi dell'art. 85 c.p., "*nessuno può essere punito per un fatto preveduto dalla legge come reato, se, al momento in cui lo ha commesso, non era imputabile. È imputabile chi ha la capacità d'intendere e volere*".

a) La **capacità di intendere** è l'attitudine del soggetto a comprendere il significato del proprio comportamento, rendendosi conto del valore sociale delle proprie azioni nel contesto della realtà in cui agisce;
b) la **capacità di volere** si identifica con il potere di controllo dei propri stimoli e impulsi ad agire, attivando meccanismi psicologici di impulso e inibizione secondo il motivo che appare più ragionevole.

La capacità di intendere e volere è oggetto di **presunzione** *iuris tantum*, in quanto considerata normalmente esistente a partire dal raggiungimento del diciottesimo anno di età. La capacità di intendere e di volere deve essere valutata *ex* art. 85 c.p.:

I) in relazione al singolo fatto concreto;
II) nel momento in cui il fatto è stato commesso.

▶ 1.1. Le cause di esclusione o di diminuzione dell'imputabilità

Le **cause di esclusione o diminuzione dell'imputabilità** si distinguono in condizioni:

- di natura *fisiologica* (minore età);
- di natura *patologica* (infermità mentali e sordomutismo);
- di natura *tossica* (ubriachezza e intossicazione da sostanze stupefacenti).

A) La minore età

Il codice detta una distinta disciplina per i minori infraquattordicenni rispetto a quelli con età compresa tra gli anni quattordici e diciotto.

a) Il minore di anni quattordici. A tenore dell'art. 97 c.p., "*non è imputabile chi, nel momento in cui ha commesso il fatto, non aveva compiuto i quattordici anni*". Si tratta di una **presunzione legale assoluta** di non imputabilità.

b) I minori tra i quattordici e i diciotto anni. Per i minori di anni diciotto che abbiano compiuto i quattordici anni, l'art. 98 c.p. richiede, invece, un accertamento in concreto della capacità di intendere e volere del soggetto, volto a verificare se il minore abbia raggiunto un grado di maturità fisica e psichica tale da consentirgli di rendersi conto del disvalore sociale del fatto posto in essere.

c) Raggiungimento dei diciotto anni. Per coloro che abbiano compiuto il diciottesimo anno di età opera, invece, una presunzione di imputabilità (di carattere relativo), superabile provando il vizio di mente o altre cause previste tassativamente dalla legge (descritte dagli artt. 88, 89, 91, 93, 95 e 96 c.p.).

B) L'infermità di mente

Ai sensi dell'art. 88 c.p., non è imputabile chi "*nel momento in cui ha commesso il fatto, era, per infermità, in tale stato di mente da escludere la capacità di intendere o di volere*". Il legislatore ha accolto un indirizzo "bio-psicologico": non è sufficiente accertare una malattia mentale, ma occorre altresì che la malattia stessa abbia azzerato la capacità di intendere o di volere del soggetto.

L'infermità può essere non solo di natura psichica ma anche di natura fisica, pur se a carattere transitorio, purché provochi un vizio di mente.
Per **infermità** deve intendersi:
- la *malattia mentale psichiatrica* in senso stretto;
- le diverse forme di *deficienza psichica* (l'idiozia, l'imbecillità);
- ogni *situazione morbosa*, pure priva di una definizione clinica, come i disturbi della personalità (Cass., Sez. Un., 25 gennaio 2005 n. 9163).

Va esclusa la rilevanza degli **stati emotivi e passionali**: secondo l'art. 90 c.p., tali stati *"non escludono né diminuiscono l'imputabilità"*.
Il legislatore ha distinto il **vizio di mente totale** (art. 88 c.p.) da quello **parziale** (art. 89 c.p.). La differenza non è qualitativa ma quantitativa, concernendo l'intensità della lesione arrecata dalla infermità alla capacità di intendere e volere:
- nel vizio *totale* di mente l'infermità è tale da *escludere* totalmente la capacità di intendere e di volere del soggetto;
- nel vizio *parziale* di mente il grado della infermità è idoneo non ad escludere la capacità ma solo a *limitarla*, scemandola grandemente.

A tale differenza corrisponde un **diverso regime giuridico** quanto al trattamento del soggetto affetto dal vizio di mente che abbia realizzato un fatto di reato:
- in caso di *vizio totale di mente*, vi sarà una sentenza di proscioglimento e, se si accerta la pericolosità sociale, potrà essere disposta la misura di sicurezza dell'ospedale psichiatrico giudiziario *ex* art. 222 c.p.;
- ove sia ravvisato un *vizio parziale di mente*, il soggetto resta imputabile, beneficiando tuttavia di una diminuzione di pena. Si tratta, dunque, di circostanza attenuante, inerente alla persona del colpevole e, in quanto tale, assoggettata al giudizio di bilanciamento *ex* art. 69 c.p.

C) L'ubriachezza e l'intossicazione da stupefacenti

Vi è una differente disciplina a seconda che lo stato tossico sia: *accidentale*; *volontario o colposo*; *preordinato* a commettere un reato; *abituale*; *cronico*.

- L'**ubriachezza** (o l'intossicazione da stupefacenti) esclude l'imputabilità solo se è *accidentale*, se deriva, cioè, da caso fortuito o forza maggiore e dunque: da un fatto imprevedibile o incalcolabile (è il caso in cui, per errore scusabile, si scambi dell'alcol puro per una bevanda innocua); da un'energia esterna, naturale od umana, inevitabile ed irresistibile (si pensi ad un operaio, addetto ad una distilleria, ubriacatosi per aver inalato vapori alcolici sprigionatisi a seguito di un guasto all'impianto).
- Occorre, dunque, che il soggetto non abbia la volontà di ubriacarsi, ma cada in stato di ebbrezza senza sua colpa. Se l'ubriachezza non è piena, ma tale da scemare grandemente la capacità, la pena è diminuita (art. 91 c.p.).

- **L'ubriachezza volontaria o colposa,** non esclude, invece, né diminuisce l'imputabilità (art. 92 c.p., co. 1); lo stesso vale per l'intossicazione da stupefacenti (art. 93). Si tratta di una disciplina rigorosa che considera responsabile a titolo di dolo o di colpa un soggetto che delinque in stato di incapacità di intendere e di volere.

- L'**ubriachezza** (o l'azione sotto sostanze stupefacenti) è **preordinata** quando viene posta in essere allo scopo di commettere un reato (che il soggetto non sarebbe in grado di compiere, o commetterebbe con più difficoltà, in condizioni di sobrietà) o di prepararsi una scusa. Ciò spiega il rigore sanzionatorio che connota la disciplina dell'ubriachezza preordinata, implicante un aggravamento della pena (art. 92, co. 2, c.p.). È un'esemplificazione dell'***actio libera in causa***, prevista dall'art. 87.

- L'ubriachezza **abituale** non solo non esclude né diminuisce l'imputabilità ma comporta un aumento di pena (art. 94 c.p.) e la possibilità di applicare la misura di sicurezza della casa di cura e di custodia o della libertà vigilata (art. 221 c.p.). Un'analoga disciplina si applica all'abituale intossicazione da sostanze stupefacenti.

L'ubriachezza può dirsi abituale se vi è la sussistenza di due presupposti:

- la dedizione del soggetto al consumo di sostanze alcoliche;
- il frequente stato di ubriachezza.

In riferimento all'uso di sostanze stupefacenti, invece, l'art. 94, co. 3, c.p. identifica l'abitualità nella sola dedizione al consumo di sostanze stupefacenti, senza pretendere il frequente stato di alterazione. Tale requisito è tuttavia comunque richiesto dalla dottrina dominante, al fine di scongiurare ipotesi di responsabilità per la propria condotta di vita.

Ai sensi dell'art. 95 c.p., la **cronica intossicazione** da alcool o da sostanze stupefacenti può escludere o far scemare grandemente la capacità d'intendere e di volere. Tale ipotesi ricorre quando l'intossicazione provoca alterazioni patologiche permanenti, tali da far apparire indiscutibile che ci si trovi di fronte a una vera e propria malattia psichica, così giustificandosi l'applicazione della disciplina di cui agli artt. 88 e 89 c.p., richiamata dall'art. 95 c.p.

L'intossicazione cronica da alcool (o da sostanze stupefacenti) va ***distinta*** *dalla ubriachezza (o assunzione di sostanze stupefacenti)* ***abituale****, implicante un aggravamento di pena:*
- l'ubriachezza abituale è caratterizzata da elementi che, pur denotando una consuetudine di vita, non escludono la valenza ***transeunte*** *dei fenomeni tossici, assenti negli intervalli di astinenza;*
*- l'intossicazione cronica da alcool si concretizza in uno stato patologico, dando luogo ad un'****alterazione e degenerazione fisica e psichica permanente****.*

L'art. 93 c.p. estende l'applicazione degli artt. 91 (ubriachezza accidentale) e 92 (ubriachezza volontaria, colposa o preordinata) al caso in cui il fatto sia stato **commesso sotto l'azione di sostanze stupefacenti**.

Come anticipato, ai sensi dell'art. 94, co. 3, vi è un aggravamento di pena quando il reato è commesso sotto l'azione di sostanze stupefacenti da chi è **dedito all'uso di tali sostanze**.

D) Il sordomutismo

Il legislatore dichiara *non imputabile* il **sordomuto** che al momento in cui ha commesso l'episodio criminoso non abbia, a causa della sua infermità, la capacità di intendere e volere (art. 96 c.p.). Nel secondo comma dello stesso articolo viene prevista un'**attenuante** per l'ipotesi in cui, sempre a causa del sordomutismo, *"la capacità di intendere e volere era grandemente scemata, ma non esclusa"*. La legge non pone, dunque, alcuna presunzione ma chiama il giudice ad **accertare caso per caso** se il sordomuto sia stato o meno capace di intendere e volere.

E) Determinazione in altri dello stato di incapacità

Ai sensi dell'art. 86 c.p., *"se taluno mette altri nello stato d'incapacità di intendere e di volere, al fine di fargli commettere un reato, del reato commesso dalla persona resa incapace risponde chi ha cagionato lo stato d'incapacità"*. Tale disposizione è dedicata alla incapacità procurata da terzi.

Il **determinatore** può essere ritenuto responsabile:

- a titolo di **dolo**, ove abbia agito con la volontà di far commettere il reato;
- di **colpa** se ha previsto o comunque doveva o poteva prevedere le conseguenze dannose o pericolose che sarebbero potute derivare dal comportamento tenuto dal soggetto da lui reso incapace.

2. La capacità a delinquere

Con l'intento di orientare la discrezionalità del giudice nella determinazione della pena, l'art. 133 c.p. stabilisce che *"il giudice deve tener conto della gravità del reato ed, altresì, della capacità a delinquere del colpevole"*, dettando così i *criteri per la commisurazione della pena* (anche denominati "circostanze improprie" da parte della dottrina).

In particolare, l'art. 133 c.p. assegna rilievo a due fondamentali elementi: la gravità del reato e la capacità a delinquere del reo.

La gravità del reato è desunta da: *la natura, la specie, i mezzi, l'oggetto, il tempo, il luogo e ogni*

modalità dell'azione; *la gravità del danno o del pericolo cagionato alla persona offesa dal reato*; *l'intensità del dolo o il grado della colpa*.
Viceversa, la **capacità a delinquere del colpevole** è desunta da: *i motivi a delinquere e il carattere del reo*; *i precedenti penali e giudiziari e, in genere, la condotta e la vita del reo, antecedenti al reato*; *la condotta contemporanea o susseguente al reato* (ad es. la riparazione del danno o il comportamento processuale); *le condizioni di vita individuale, familiare, sociale del reo*.

3. I tipi legali di delinquenti pericolosi (abituali, professionali o per tendenza)

A) Il delinquente abituale

Sulla base della legge dell'esperienza, la ripetuta attività criminosa dell'individuo nel tempo dimostra una notevole attitudine al reato, sintomo di una più accentuata pericolosità sociale. Il codice distingue tre forme di abitualità:

a) **abitualità nel delitto presunta dalla legge.** L'art. 102 c.p. prevede la presunzione assoluta di pericolosità di *"chi, dopo essere stato condannato alla reclusione in misura superiore complessivamente a cinque anni per tre delitti non colposi, della stessa indole, commessi entro dieci anni, e, non contestualmente, riporta un'altra condanna per un delitto, non colposo, della stessa indole, e commesso entro i dieci anni successivi all'ultimo dei delitti precedenti"*;
b) **abitualità nel delitto ritenuta dal giudice**. È pronunciata, ai sensi dell'art. 103 c.p., contro *"chi, dopo essere stato condannato per due delitti non colposi, riporta un'altra condanna per delitto non colposo, se il giudice, tenuto conto della specie e gravità dei reati, del tempo entro il quale sono stati commessi, della condotta e del genere di vita del colpevole e delle altre circostanze indicate nel capoverso dell'art. 133, ritiene che il colpevole sia dedito al delitto"*;
c) **abitualità nelle contravvenzioni**. Prevista dall'art. 104 c.p., è dichiarata nei confronti di *"chi, dopo essere stato condannato alla pena dell'arresto per tre contravvenzioni della stessa indole, riporta condanna per un'altra contravvenzione, anche della stessa indole, se il giudice", tenuto conto degli elementi indicati nell'art. 103 c.p., "ritiene che il colpevole sia dedito al reato"*.

B) Il delinquente professionale

È un tipo particolare di delinquente abituale, portatore di una più deplorevole forma di abitualità criminosa. Secondo la definizione dell'art. 105 c.p., è **delinquente professionale** *"chi, trovandosi nelle condizioni richieste per la dichiarazione di abitualità, riporta condanna per un altro reato (...) qualora, avuto riguardo alla natura dei reati, alla condotta e al genere di vita del colpevole e alle altre circostanze indicate nel capoverso dell'art. 133,* ***deve ritenersi che egli viva abitualmente, anche in parte soltanto, dei proventi del reato"***. Per la dichiarazione di professionalità non occorre che il reo sia già stato dichiarato delinquente abituale. Si richiede, invece, che i vari reati commessi forniscano al reo una fonte stabile di mantenimento.

C) Il delinquente per tendenza

Ai sensi dell'art. 108, tale è *"chi, sebbene non recidivo o delinquente abituale o professionale, commette un delitto non colposo, contro la vita o l'incolumità individuale, anche non preveduto dal capo I del titolo dodicesimo del libro II di questo codice, il quale, per sé e unitamente alle circostanze indicate nel capoverso dell'art. 133, riveli una speciale inclinazione al delitto, che trovi la sua causa nell'indole particolarmente malvagia del colpevole"*. Secondo la definizione tradizionale, si tratta di soggetti capaci di intendere e di volere, che manifestano **mancanza di senso morale** e forti spinte ai delitti di sangue, dipendenti dalla costituzione del soggetto o dall'ambiente in cui è vissuto.

D) Effetti della dichiarazione

Quanto agli **effetti**, la dichiarazione di abitualità, professionalità o tendenza a delinquere comporta conseguenze pregiudizievoli per il reo: *a*) gli *aumenti di pena* dipendenti dalla recidiva e dall'elevato grado di capacità a delinquere; *b*) l'applicazione di una *misura di sicurezza*.

Capitolo 6
La pena

SOMMARIO

1. La pena. I principi costituzionali

La **pena** rientra nella categoria delle *sanzioni punitive*: consiste nella misura afflittiva irrogata all'autore di un reato, in conseguenza dell'accertamento giurisdizionale di tale illecito.
I **principi costituzionali** destinati ad assumere rilievo con riguardo alla materia delle sanzioni penali sono:

a) il principio di **legalità** della pena, sancito dall'art. 25, co. 2, Cost.;
b) il principio di **personalità della responsabilità penale** di cui all'art. 27, comma 1, Cost.;
c) la **proporzionalità** della pena, dotata di copertura costituzionale non solo nell'art. 27, ma anche nell'art. 3 Cost., laddove sancisce il potere-dovere dello Stato di trattare in modo diverso situazioni disuguali;
d) il principio di **umanizzazione** della pena, dedotto dal terzo comma dell'art. 27 Cost. secondo cui *"le pene non possono consistere in trattamenti contrari al senso di umanità"*, che si riallaccia al principio del doveroso rispetto della personalità umana, *sub specie* di dignità del condannato (come peraltro desumibile dall'art. 2 Cost.);
e) il principio del **finalismo rieducativo**, disposto dallo stesso art. 27, co. 3, Cost., laddove dispone che *"le pene devono tendere alla rieducazione del condannato"*, così ascrivendo alla sanzione una spiccata funzione di prevenzione speciale;
f) il **divieto della pena di morte**, sancito (al di là dei casi previsti dalle leggi militari di guerra) dall'art. 27, co. 4, Cost.; con L. n. 589/1994 è stata, peraltro, abolita la pena di morte anche per i delitti previsti dal codice penale militare di guerra e dalle leggi militari di guerra.

2. Pene principali e pene accessorie

Il codice Rocco suddivide le pene in *principali* e *accessorie*.

A) Pene principali

Le **pene principali** consistono in sanzioni *detentive* e sanzioni *pecuniarie*; vengono suddivise dall'art. 17 c.p. a seconda che accedano ad un **delitto** ovvero ad una **contravvenzione**.
a) Per i **delitti** sono previsti:
1) l'**ergastolo**: è la pena più grave tra quelle disciplinate dal nostro codice e consiste nella privazione della libertà personale per tutta la durata della vita. Il carattere perpetuo della sanzione è temperato da vari istituti concessi al condannato, previsti dalla l. sull'Ordinamento penitenziario (*v. infra*) (art. 22 c.p.);
2) la **reclusione**: può estendersi da quindici giorni a ventiquattro anni (art. 23 c.p.);
3) la **multa**: è la sanzione pecuniaria prevista per i delitti e consiste, ai sensi dell'art. 24 c.p., nel pagamento allo Stato di una somma non inferiore ad € 50 né superiore ad € 50.000.
b) Per le **contravvenzioni** sono previsti:

1) l'**arresto**: si estende da cinque giorni a tre anni (art. 25 c.p.);
2) l'**ammenda**: consiste nel pagamento allo Stato di una somma non inferiore ad € 20 né superiore ad € 10.000 (art. 26 c.p.).

B) Pene accessorie

Le **pene accessorie** sono sanzioni *interdittive*, che comportano la perdita o la limitazione della capacità giuridica, di un potere o dell'attività del soggetto che le subisce. Sono elencate dall'art. 19 c.p. e descritte nel loro contenuto e nelle loro modalità di applicazione dagli artt. 28-37, 139 c.p.; si distinguono a seconda che vengano irrogate per un *delitto* o per una *contravvenzione*. Sono comminate sempre congiuntamente ad altre pene: presentano quindi natura **complementare** ed **accessoria**.

Sotto il profilo della **durata**, le pene accessorie possono essere *perpetue* o *temporanee* (art. 37 c.p.). Tra le pene **accessorie temporanee**, sono *obbligatorie* quelle la cui durata è stabilita dalla legge ovvero è uguale alla durata della pena principale inflitta o che dovrebbe scontarsi; sono *facoltative* le pene la cui durata è fissata dal giudice discrezionalmente, in base agli artt. 132 e 133 c.p., entro i limiti edittali.

a) Sono pene accessorie per i *delitti*:
1) l'interdizione dai pubblici uffici. Salvo che dalla legge sia diversamente disposto, la misura *priva* il condannato:
- del diritto di elettorato o di eleggibilità in qualsiasi comizio elettorale e di ogni altro diritto politico;
- di ogni pubblico ufficio e di ogni incarico non obbligatorio di pubblico servizio, e della qualità ad essi inerente di pubblico ufficiale o di incaricato di pubblico servizio;
- dell'ufficio di tutore di minori o interdetti o di curatore di minori emancipati o inabilitati, o di curatore speciale, anche provvisorio, e di ogni altro ufficio attinente alla tutela o alla cura;
- dei gradi e delle dignità accademiche, dei titoli, delle decorazioni o di altre pubbliche insegne onorifiche;
- degli stipendi, delle pensioni e degli assegni che siano a carico dello Stato o di un altro ente pubblico;
- di ogni altro diritto onorifico.

L'interdizione dai pubblici uffici può essere *perpetua* o *temporanea*.
• L'interdizione **perpetua** dai pubblici uffici *consegue* alla condanna all'ergastolo o alla reclusione per un tempo non inferiore a cinque anni, ovvero alla dichiarazione di abitualità o professionalità nel delitto, o di tendenza a delinquere. Tale misura si *estingue* per la morte del reo, per effetto della riabilitazione o dell'amnistia, nonché per indulto o grazia se il decreto lo dispone.
• L'interdizione **temporanea,** per una durata fissa di cinque anni, *consegue* automaticamente alla condanna alla reclusione per un tempo non inferiore a tre anni ovvero alla condanna per un delitto commesso con abuso dei poteri o violazione dei doveri inerenti alla funzione o al servizio. Tale pena è altresì comminata espressamente da alcune norme incriminatrici (es. art. 371 co. 3, c.p.), qualunque sia l'entità della pena inflitta. L'interdizione *priva* il condannato della capacità di acquistare, esercitare o godere, durante l'interdizione, i predetti diritti, uffici, servizi, gradi, titoli e onorificenze. Essa non può avere una *durata* inferiore a un anno, né superiore a cinque;
2) l'interdizione da una professione o da un'arte. La misura *consegue* ad una sentenza di condanna per un delitto (non colposo, a meno che sia inflitta la pena della reclusione non inferiore a tre anni) commesso con abuso dei poteri o violazione dei doveri inerenti all'esercizio di una professione o arte o industria, commercio o mestiere (art. 31 c.p.). La pena accessoria in esame *priva* il condannato della capacità di esercitare determinate attività professionali per le quali sia richiesta una specifica abilitazione, permesso, autorizzazione o licenza dell'autorità. L'interdizione è *temporanea***:** non può

avere una durata inferiore a un mese, né superiore a cinque anni, salvo i casi espressamente previsti dalla legge;

3) l'interdizione legale. *Consegue* di diritto ad una condanna alla pena dell'ergastolo o della reclusione pari o superiore a cinque anni per delitto doloso o preterintenzionale. La misura *priva* il condannato della capacità di agire *ex* art. 2 c.c.;

4) l'interdizione dagli uffici direttivi delle persone giuridiche e delle imprese. Consegue automaticamente alla condanna alla pena della reclusione non inferiore a sei mesi, quando il delitto sia stato commesso con abuso dei poteri o violazione dei doveri inerenti all'ufficio. L'interdizione *priva* i condannati della capacità di esercitare gli uffici direttivi e la rappresentanza delle persone giuridiche o delle imprese, senza tuttavia comportare la decadenza automatica dall'ufficio. L'interdizione è *temporanea*: la determinazione della durata, tra minimo e massimo edittali, deve avvenire in base all'art. 37 c.p.;

5) l'incapacità di contrattare con la pubblica amministrazione. *Consegue* ad una sentenza di condanna per uno dei delitti tassativamente indicati dall'art. 32-*quater* c.p., laddove siano stati commessi in danno o a vantaggio di un'attività imprenditoriale, o in relazione ad essa.

Nell'elenco figurano, ad es., la concussione, la corruzione o istigazione alla corruzione, l'associazione di tipo mafioso, la truffa aggravata per il conseguimento di erogazioni pubbliche, l'usura, alcuni reati ambientali. La misura *priva* della capacità di stipulare contratti con la P.A., se non per ottenere prestazioni di pubblico servizio. L'art. 32-*ter*, come modificato dalla L. 27 maggio 2015, n. 69, stabilisce in uno e cinque anni i limiti minimo e massimo di estensione temporale di tale pena accessoria. Nondimeno, l'art. 317-*bis* c.p. citato *sub* lettera a) n. 1 ne prevede un'ipotesi *perpetua*, operante *"salvo che per ottenere le prestazioni di un pubblico servizio"*;

6) la decadenza o la sospensione dall'esercizio della responsabilità genitoriale. La misura *priva* della capacità di esercitare i diritti di natura personale sui figli, nonché dei diritti spettanti per legge ai genitori sui beni dei figli (es. amministrazione, usufrutto legale);

• La **decadenza** è **perpetua**, e *consegue* automaticamente alla sentenza di condanna per uno dei reati per cui è espressamente prevista dalla legge (ad es., condanna all'ergastolo, ovvero per incesto, supposizione o alterazione di stato, violenza sessuale nei casi previsti dall'art. 609-*nonies* c.p., soppressione di stato, fino alla sentenza Corte Cost., 23 gennaio 2013, n. 7, che ha dichiarato l'illegittimità costituzionale dell'articolo 569 c.p. ove configurava tale pena obbligatoria e non facoltativa).

• La **sospensione** dalla responsabilità genitoriale è temporanea, e trova applicazione:

- in caso di condanna per un delitto commesso con abuso della responsabilità genitoriale (per un tempo pari al doppio della pena inflitta, *ex* art. 34 c.p.);
- in caso di condanna alla reclusione per un tempo non inferiore a cinque anni, in concomitanza all'espiazione della pena e sempre che il giudice non disponga diversamente (art. 32, comma 3, c.p.);
- negli altri casi previsti dalla legge (cfr. ad es. l'art. 574-*bis* c.p.).

b) Sono pene accessorie per le **contravvenzioni**:

1) la sospensione dall'esercizio di una professione o di un'arte. La misura *consegue* automaticamente alla condanna per una contravvenzione commessa con abuso dei poteri o violazione dei doveri inerenti alla professione o arte, quando sia stato inflitto l'arresto per un tempo non inferiore ad un anno. Ai fini della sanzione in esame, rilevano esclusivamente le professioni "vigilate", per l'esercizio delle quali sia richiesta un'autorizzazione dell'autorità pubblica. La pena accessoria *priva* temporaneamente il condannato della capacità di esercitare la professione o l'arte, o gli preclude la possibilità di ottenere l'abilitazione quando non ne sia in possesso. La *durata* della sospensione non può essere inferiore a quindici giorni, né superiore a due anni;

2) la sospensione dagli uffici direttivi delle persone giuridiche e delle imprese. Presenta contenuto e ambito di applicazione analoghi alla corrispondente pena accessoria prevista dall'art. 32-*bis* per i delitti;

c) Pena accessoria **comune** ai delitti e alle contravvenzioni è, infine, la **pubblicazione della sentenza penale di condanna**: ai sensi dell'art. 36 c.p., la medesima è obbligatoria in caso di condanna all'ergastolo, o nelle altre ipotesi espressamente previste dalla legge. Altrimenti, una misura siffatta può comunque essere disposta dal giudice in qualità di misura risarcitoria, allorquando risulti idonea a riparare il danno non patrimoniale ai sensi dell'art. 186 c.p.

3. Le pene sostitutive

La legge 24 novembre 1981 n. 689 ha introdotto e disciplinato le sanzioni sostitutive delle pene detentive brevi, modificate di recente dal d. lgs. 10 ottobre 2022, n. 150 (riforma **Cartabia**) che ne hanno esteso notevolmente l'ambito di applicazione.
Le pene sostitutive sono oggi annoverate dal **nuovo art. 20-*bis* c.p.,** volto ad elencare le diverse pene sostitutive del sistema, delineandone i tratti essenziali e rinviando, per la disciplina analitica, alla legge 24 novembre 1981, n. 689 (contestualmente revisionata sotto plurimi profili).
La nuova disciplina -il cui inserimento nel codice penale testimonia sotto il profilo sistematico la rinnovata centralità delle pene sostitutive nel sistema penale- individua oggi le seguenti pene sostitutive:
1) la **semilibertà sostitutiva**, applicabile dal giudice in caso di condanna alla reclusione o all'arresto non superiori a quattro anni;
2) la **detenzione domiciliare sostitutiva**, applicabile dal giudice in caso di condanna alla reclusione o all'arresto non superiori a quattro anni;
3) il **lavoro di pubblica utilità sostitutivo** applicabile dal giudice in caso di condanna alla reclusione o all'arresto non superiori a tre anni;
4) la **pena pecuniaria sostitutiva**, applicabile dal giudice in caso di condanna alla reclusione o all'arresto non superiori a un anno.
Peraltro, il citato art. 20-*bis* fa comunque "*salvo quanto previsto da particolari disposizioni di legge*", secondo una clausola riferita alle pene sostitutive previste da leggi speciali, come ad esempio l'espulsione dello straniero condannato alla pena detentiva non superiore a due anni *ex* art. 16, d. lgs. 25 luglio 1998, n. 286.

Venendo all'esame delle singole sanzioni sostitutive, ai sensi dell'art. 55 l. 24 novembre 1981, n. 689 la **semilibertà sostitutiva** comporta: l'obbligo di trascorrere almeno otto ore al giorno negli istituti penitenziari e di svolgere, per la restante parte del giorno, attività di lavoro, di studio, di formazione professionale o comunque utili alla rieducazione ed al reinserimento sociale, secondo il programma di trattamento predisposto e approvato dal c.d. U.E.P.E.
Trattandosi della pena sostitutiva dalla componente detentiva più accentuata, è concepita come *extrema ratio*, e potrà essere applicata soltanto laddove le altre pene sostitutive (come, ad esempio, la detenzione domiciliare sostitutiva, sottoposta al medesimo limite edittale di quattro anni) risultino inidonee.
La **detenzione domiciliare sostitutiva,** di converso, sulla falsariga dell'omonima misura alternativa alla detenzione contemplata dall'art. 47-*ter* l. 26 luglio 1975, n. 354, comporta "l'obbligo di rimanere nella propria abitazione o in altro luogo di privata dimora ovvero in luogo pubblico o privato di cura, assistenza o accoglienza ovvero in comunità o in case-famiglia protette, per non meno di dodici ore al giorno, avuto riguardo a comprovate esigenze familiari, di studio, di formazione professionale, di lavoro, o di salute del condannato. In ogni caso, il condannato può lasciare il domicilio per almeno quattro ore al giorno, anche non continuative, per provvedere alle sue indispensabili esigenze di vita e di salute.". È in ogni caso prevista l'attuazione di un programma di trattamento elaborato dall'U.E.P.E.
Il **lavoro di pubblica utilità sostitutivo**, contemplato per la prima volta come pena sostitutiva generalizzata (prevista in precedenza solo per alcuni reati, come la guida in stato di ebbrezza) è invece definito dall'art. 56-*bis* l. 24 novembre 1981, n. 689 come la "prestazione di attività non retribuita in favore della collettività da svolgere presso lo Stato, le regioni, le province, le città metropolitane, i comuni o presso enti o organizzazioni di assistenza sociale e di volontariato", svolta per non meno di sei ore e non più di quindici ore di lavoro settimanale (salvo che il condannato richieda di svolgerlo per un tempo superiore, comunque entro le otto ore giornaliere), da eseguire con modalità e tempi che non pregiudichino le esigenze di lavoro, di studio, di famiglia e di salute del condannato. Ai fini del computo della pena, un giorno di lavoro di pubblica utilità consiste nella prestazione di due ore di lavoro.

La **pena pecuniaria sostitutiva** è attualmente disciplinata dall'art. 56-*quater* l. 24 novembre 1981, n. 689, il valore giornaliero è ricompreso tra i 5 e i 2.500 euro, secondo una cornice edittale particolarmente ampia che dovrà essere commisurata dal giudice in relazione alle peculiarità del caso concreto, dovendo corrispondere *"alla quota di reddito giornaliero che può essere impiegata per il pagamento della pena pecuniaria, tenendo conto delle complessive condizioni economiche, patrimoniali e di vita dell'imputato e del suo nucleo familiare"*.

4. Le misure alternative alla detenzione

Le **misure alternative alla detenzione** sono state introdotte dalla legge di riforma dell'ordinamento penitenziario n. 354/1975, allo scopo di offrire strumenti e rimedi per arginare la crisi della pena detentiva. Consistono in un insieme di *benefici* rispetto alla pena carceraria e di *incentivi* per i condannati che mostrino di essersi definitivamente dissociati dall'ambiente criminale di provenienza, dando prova di rispondere al trattamento rieducativo.
Le misure alternative previste dalla l. n. 354/1975 sono:
- **affidamento in prova al servizio sociale**. L'art. 47 ord. pen. prevede che *"se la pena detentiva inflitta non supera* ***tre anni****, il condannato può essere affidato al servizio sociale fuori dell'istituto per un periodo uguale a quello della pena da scontare"*;
- **detenzione domiciliare**. Può essere disposta, per determinati soggetti individuati dalla legge (come ad es. donna incinta o madre di prole di età inferiore ad anni dieci con lei convivente; persona in condizioni di salute particolarmente gravi, che richiedano costanti contatti con i presidi sanitari territoriali, ecc.), in sostituzione della reclusione non superiore a quattro anni (o dell'arresto, per definizione non superiore a sei anni), anche se costituente parte residua di maggior pena (art. 47-*ter*, co. 1, ord. pen.);
- **detenzione domiciliare c.d. "biennale"**. Applicabile per l'espiazione della pena detentiva inflitta in misura non superiore a due anni), sganciata dai tradizionali presupposti soggettivi testé citati, quando *"non ricorrono i presupposti per l'affidamento in prova al servizio sociale, e sempre che tale misura sia idonea ad evitare il pericolo che il condannato commetta altri reati"* (art. 47-*ter*, co. 1-*bis*, ord. pen.);
- misure alternative alla detenzione nei confronti dei **soggetti affetti da AIDS conclamata o da grave deficienza immunitaria**;
- **semilibertà**. Comporta, a mente dell'art. 48 ord. pen., *"la concessione al condannato o all'internato di trascorrere parte del giorno fuori dell'istituto per partecipare ad attività lavorative, istruttive o comunque utili al reinserimento sociale"*;
- **liberazione anticipata**. A mente dell'art. 54 ord. pen., infatti, *"al condannato a pena detentiva che abbia dato prova di partecipazione all'opera di rieducazione è concessa, quale riconoscimento di tale partecipazione, e ai fini del suo più efficace reinserimento nella società, una detrazione di quarantacinque giorni per ogni singolo semestre di pena scontata. A tal fine è valutato anche il periodo trascorso in stato di custodia cautelare o di detenzione domiciliare"*.

La legge n. 199/2010 ha poi introdotto la misura dell'**esecuzione presso il domicilio delle pene detentive non superiori a diciotto mesi**.

5. Determinazione della pena

Con l'intento di orientare la discrezionalità del giudice nella determinazione della pena, l'art. 133 c.p. stabilisce che *"il giudice deve tener conto della gravità del reato ed, altresì, della capacità a delinquere del colpevole"*, dettando così i **criteri per la commisurazione della pena**.
In particolare, l'art. 133 c.p. assegna rilievo a due fondamentali elementi: la gravità del reato e la capacità a delinquere del reo.
Limitatamente alla determinazione della **pena pecuniaria**, l'art. 133-*bis* prescrive che si tenga conto anche delle **condizioni economiche e patrimoniali del reo**: il giudice deve valutare la complessiva posizione del condannato, facendo riferimento sia al reddito che al patrimonio. In particolare, al fine

di attuare il principio di uguaglianza, il secondo comma della disposizione prevede che *"Il giudice può aumentare la multa o l'ammenda stabilite dalla legge sino al triplo o diminuirle sino ad un terzo quando, per le condizioni economiche del reo, ritenga che la misura massima sia inefficace ovvero che la misura minima sia eccessivamente gravosa."*.
Nella medesima ottica di parametrare l'afflittività della pena alle condizioni del reo, l'art. **133-*ter*** c.p. attribuisce al giudice la facoltà di *rateizzare* il pagamento delle pene pecuniarie. La disposizione è stata da ultimo modificata dal d. lgs. 10 ottobre 2022, n. 150 (riforma **Cartabia**), che – al fine di incrementare la riscossione della pena pecuniaria – ha previsto la possibilità di suddividere la riscossione in un numero di rate "da sei a sessanta", in luogo delle previgenti "da tre a trenta". da tre a trenta.
Gli artt. 134 e ss. c.p. disciplinano il computo e il ragguaglio delle pene.

6. La punibilità. Le cause di estinzione del reato. La non punibilità per tenuità del fatto

La **punibilità** è la possibilità in concreto di irrogare la sanzione penale. Presuppone la commissione di un fatto previsto dalla legge come reato e l'assenza di cause di esenzione della pena.

Non punibilità per tenuità del fatto, art. 131-*bis* c.p.

In (parziale) attuazione della legge delega 28 aprile 2014, n. 67, il d.lgs. 16 marzo 2015, n. 28, ha modificato il Titolo V del Libro I del Codice penale, introducendo un nuovo art. 131-*bis* c.p., rubricato "*esclusione della punibilità per particolare tenuità del fatto*".
Prima che a innovare la disciplina dell'istituto intervenisse il d.lgs. 10 ottobre 2022, n. 150 (c.d. decreto **Cartabia**), il suo ambito di applicazione era riferito ai soli reati per i quali è prevista la pena detentiva non superiore nel massimo a cinque anni ovvero la pena pecuniaria, sola o congiunta alla predetta pena.
Il citato decreto legislativo del 2022 ha sul punto introdotto una prima importante novità estendendo l'ambito di applicabilità dell'istituto ai **reati per i quali è prevista la pena detentiva non superiore nel minimo a due anni**.
Per effetto dell'intervento di riforma, la causa di non punibilità può quindi applicarsi in relazione ai reati puniti con pena detentiva edittale determinata nel minimo in misura non superiore a due anni, *indipendentemente dall'entità del massimo edittale della stessa pena detentiva*. Si determina in tal modo un significativo ampliamento della causa di non punibilità, tanto più se si considera che, in caso di **delitto tentato**, ai fini delle determinazione del limite di pena per l'applicabilità dell'art. 131-*bis*, dovrà operarsi la riduzione di due terzi (ovvero la riduzione massima prevista dall'art. 56 c.p.) sulla pena edittale minima, sicché il "nuovo" 131-*bis* risulterà applicabile a tutte le fattispecie tentate di reati per i quali, nella forma consumata, il minimo edittale non sia superiore a sei anni.
Al contempo, il decreto legislativo limita l'ampliamento così operato dell'ambito di applicazione della causa di esclusione della punibilità, in primo luogo escludendo che nel suo perimetro rientrino i *reati riconducibili alla Convenzione del Consiglio d'Europa sulla prevenzione e la lotta contro la violenza nei confronti delle donne* e *la violenza domestica*, fatta a Istanbul l'11 maggio 2011, ratificata ai sensi della legge 27 giugno 2013, n. 77, nonché ulteriori reati di particolare gravità.
La rispondenza ai limiti di pena rappresenta, peraltro, soltanto la prima delle condizioni per l'esclusione della punibilità, che, infatti, richiede congiuntamente e non alternativamente la **particolare tenuità dell'offesa** e la **non abitualità del comportamento**. In particolare, il primo comma dell'art. 131-*bis* c.p. incardina il giudizio sulla "particolare tenuità del fatto" su due **indici-criteri**, costituiti dalla "*particolare tenuità dell'offesa*" e "*dalla non abitualità del comportamento*"; da apprezzare tenendo conto delle "modalità della condotta" e della "esiguità del danno o del pericolo", anche in considerazione della condotta susseguente al reato, "valutate ai sensi del 133, co. 1, c.p.".
Rinvio, quest'ultimo, destinato ad assumere rilevanza non residuale: l'art. 133, co. 1, fa invero riferimento all'intensità del dolo e alla gravità della colpa con la conseguenza che la tenuità dell'offesa va apprezzata prendendo in considerazione il "fatto" di reato nella sua *interezza* (condotta, danno o pericolo, elemento soggettivo).
Il primo degli indicati *indici-criteri* si articola, quindi, in due ulteriori **indici-requisiti**, costituiti dalle "modalità di comportamento" e dall'"esiguità del danno o del pericolo".

I due suindicati *indici-criteri* sono poi precisati in positivo e in negativo dallo stesso art. 131-*bis* c.p., ai commi 2 e 3.
Quanto alla **particolare tenuità dell'offesa**, i commi 2 e 3, la esclude espressamente:
- quando l'autore **ha agito** per motivi abietti o futili, o con crudeltà, anche in danno di animali, o ha adoperato sevizie o, ancora, ha profittato delle condizioni di minorata difesa della vittima, anche in riferimento all'età della stessa ovvero quando la condotta ha cagionato o da essa sono derivate, quali conseguenze non volute, la morte o le lesioni gravissime di una persona;
- quando **si procede** per taluni reati puntualmente indicati dalla citata disposizione.

Quanto invece alla **abitualità della condotta**, il comma 4 dispone che la stessa sussiste (con conseguente non applicabilità della disposizione):
1. quando è stata dichiarata la professionalità o la abitualità;
2. quando sono stati commessi reati della stessa indole anche se ciascuno, isolatamente considerato, sia di particolare tenuità;
3. nel caso di reati commessi con condotte plurime, reiterate e abituali.

Dibattuta la **natura giuridica** della causa di non punibilità. Prevale la tesi secondo cui, presupponendo l'istituto un fatto tipico, colpevole e antigiuridico, ma anche offensivo, lo stesso poggia su *ragioni di opportunità politico-criminale*, proprie delle **cause di non punibilità in senso stretto**.

Passando alle cause di estinzione del reato, queste incidono sulla c.d. **punibilità astratta**: operano in un momento antecedente l'intervento di una sentenza definitiva di condanna, estinguendo la potestà statale di applicare la pena minacciata.

Le **cause generali** sono:
a) la morte del reo prima della condanna (art. 150 c.p.). Il decesso del reo preclude la possibilità di adottare una condanna, atteso che il principio di personalità della responsabilità penale preclude la trasmissione delle sanzioni (anche pecuniarie) in via ereditaria. Si trasmettono invece agli eredi le **obbligazioni civili** nascenti dal reato, in conformità ai principi generali;
b) l'amnistia propria. Secondo l'art. 151 c.p., l'amnistia *"estingue il reato, e, se vi è stata condanna, fa cessare l'esecuzione della condanna e le pene accessorie"*. Tale causa estintiva opera in forza di un provvedimento adottato con *legge* statale, da approvare a *maggioranza qualificata* dei due terzi dei componenti di ciascuna Camera (art. 79 Cost., che assoggetta amnistia e indulto a riserva di legge e di assemblea);
c) la remissione della querela (art. 152 c.p.). Si tratta di una manifestazione di volontà del querelante (o del legale rappresentante, ove l'offeso sia persona incapace), in senso contrario al perseguimento del reato;
d) la prescrizione. Si tratta di un istituto che collega l'effetto estintivo del reato al **decorso del tempo** prescritto dalla legge senza che sia intervenuta una sentenza di condanna irrevocabile.
A norma dell'art. 158 co. 1 c.p., il **termine** della prescrizione decorre:
- per il *reato consumato*, dal giorno della consumazione;
- per il *delitto tentato*, dal giorno in cui è cessata l'attività del colpevole;
- per il *reato permanente*, dal giorno in cui è cessata la permanenza;
- per il *reato condizionato* (art. 44 c.p.), dal giorno in cui la condizione obiettiva di punibilità si è verificata;
- per i *reati punibili a querela, istanza o richiesta*, il termine decorre dal giorno del commesso reato;
- per i *reati commessi nei confronti di vittime vulnerabili* (elencati dall'art. 392, comma 1-*bis* c.p.p.) e *minorenni*, il termine decorre dal compimento del diciottesimo anno di età della persona offesa, salvo che l'azione penale sia esercitata precedentemente;
- per il *reato continuato*, il *dies a quo* della prescrizione decorre dal giorno in cui è cessata la continuazione.

Quanto al **tempo necessario a prescrivere**, nel 2005 il legislatore ha sostituito il criterio delle classi di reato, individuate per fasce di pena, con il criterio che equipara il tempo necessario a prescrivere al **massimo della pena edittale** stabilita per ogni singolo reato (e comunque decorso un tempo non inferiore a sei anni se si tratta di delitto e a quattro anni se si tratta di contravvenzione, ancorché puniti con la sola pena pecuniaria), ai sensi dell'art. 157, co. 1, c.p. Inoltre, il comma 4 del citato art.

157 prevede che, quando per il reato la legge stabilisce congiuntamente o alternativamente la pena detentiva e quella pecuniaria, per determinare il tempo necessario a prescrivere si ha riguardo soltanto alla **pena detentiva**. Sono, invece, **imprescrittibili** i reati per i quali la legge prevede la pena dell'ergastolo, anche come effetto dell'applicazione di circostanze aggravanti.
Quanto ai **criteri di determinazione del tempo necessario a prescrivere**, l'art. 157, co. 2 e 3, c.p. come novellato nel 2005 stabilisce che si debba tener conto della pena stabilita per il reato tentato o consumato senza aver riguardo alle variazioni per le **circostanze** attenuanti e aggravanti (salvo che la legge stabilisca una pena di specie diversa da quella ordinaria o si tratti di circostanza aggravante a effetto speciale).
La prescrizione è sempre **rinunciabile** dall'imputato.
La prescrizione può essere **sospesa** o **interrotta** (si v. gli artt. 159 e 160 c.p.);
e) l'oblazione nelle contravvenzioni. Il codice prevede due ipotesi di oblazione: nel caso di contravvenzioni punite con la sola pena dell'ammenda, l'art. 162 c.p. prevede che *"il contravventore è ammesso a pagare, prima dell'apertura del dibattimento, ovvero prima del decreto di condanna, una somma corrispondente alla terza parte del massimo della pena stabilita dalla legge per la violazione commessa, oltre le spese del procedimento. Il pagamento estingue il reato"* (c.d. **oblazione obbligatoria**); viceversa, per le contravvenzioni punite alternativamente con la pena dell'arresto o dell'ammenda, l'art. 162-*bis* stabilisce che *"il contravventore può essere ammesso a pagare, prima dell'apertura del dibattimento, ovvero prima del decreto di condanna, una somma corrispondente alla metà del massimo dell'ammenda stabilita dalla legge per la contravvenzione commessa, oltre le spese del procedimento"* (c.d. **oblazione facoltativa**);
f) l'estinzione del reato per condotte riparatorie. Si tratta di una causa estintiva introdotta dalla l. **23 giugno 2017, n. 103**, applicabile ai soli casi di *procedibilità a querela soggetta a remissione*. In particolare, il nuovo art. 162-*ter* c.p. impone al giudice di dichiarare estinti reati siffatti, quando accerti che l'imputato ha riparato interamente il danno cagionato dal reato (mediante restituzioni e risarcimento) ed eliminato le conseguenze dannose o pericolose di esso. Dette condotte devono intervenire perentoriamente entro la dichiarazione di apertura del dibattimento di primo grado, a meno che l'imputato dimostri di non aver potuto adempiere per fatto a sé non addebitabile, nel qual caso il giudice **può** assegnargli un termine non superiore a sei mesi per provvedere (termine che sospende la prescrizione);
g) la sospensione condizionale della pena. La misura sospende l'esecuzione della pena per un determinato lasso di tempo: se nel termine indicato il condannato non commette un reato della stessa indole e non adempie gli obblighi a sé imposti, il reato è estinto e non si fa luogo all'esecuzione della pena principale e delle pene accessorie.
Il termine resta sospeso:
- per cinque anni, in caso di condanna per delitto;
- per due anni, in caso di condanna per contravvenzione;
- per un anno, qualora la pena inflitta non sia superiore ad un anno, ove prima della sentenza di primo grado sia stato riparato interamente il danno, o il colpevole si sia adoperato spontaneamente ed efficacemente per elidere le conseguenze negative del reato. I presupposti per la concessione del beneficio sono disciplinati dagli artt. 163 e 164 c.p.;

h) il perdono giudiziale. È un istituto ispirato ad una funzione di prevenzione speciale, sintomatico di un particolare *favor* per la **rieducazione dei minori** che presumibilmente si asterranno dal delinquere in futuro;
i) esito positivo della messa in prova dell'imputato. L'art. 3, comma 11, **L. 28 aprile 2014, n. 67** ha esteso ai maggiorenni l'istituto in precedenza riferito ai soli minori (cfr. art. 28 d.P.R. 22 settembre 1988, n. 448), introducendo una nuova causa di estinzione del reato che opera in caso di esito positivo della messa in prova dell'imputato, disposta in alcune particolari ipotesi, indicate dall'**art. 168-*bis* c.p.** L'istituto opera *"nei procedimenti per reati puniti con la sola pena edittale pecuniaria o con la pena edittale detentiva non superiore nel* ***massimo a quattro anni,*** *sola, congiunta o alternativa alla pena pecuniaria, nonché per i delitti indicati dal comma 2 dell'articolo 550 del codice di procedura penale"*, ed è applicato nei casi in cui il giudice ritenga che il colpevole si asterrà dal compiere ulteriori

reati, e reputi idoneo il programma di trattamento elaborato congiuntamente agli uffici per l'esecuzione penale esterna, il quale deve essere ordinariamente presentato congiuntamente alla richiesta di sospensione del processo con messa alla prova, che va inoltrata non oltre la formulazione delle conclusioni in udienza preliminare (ovvero non oltre l'apertura del dibattimento, nei procedimenti che non prevedono detta fase): cfr. l'art. 464-*bis* c.p.p.
La sospensione non può superare i **due anni** per i reati puniti con pena detentiva, né **un anno** per i reati puniti con pena pecuniaria (art. 464-*quater* c.p.p.).
L'esito positivo della prova **estingue il reato** per cui si procede. L'estinzione del reato non pregiudica l'applicazione di eventuali sanzioni amministrative accessorie.
g) Estinzione delle contravvenzioni per adempimento di prescrizioni impartite dall'organo accertatore. Il già citato d. lgs. 10 ottobre 2022, n. 150 (riforma **Cartabia**), ha introdotto una causa di estinzione delle contravvenzioni consumate in particolari materie, destinata a operare nella fase delle indagini preliminari, laddove si assista al "*tempestivo adempimento di apposite prescrizioni impartite dall'organo accertatore*" e al "*pagamento di una somma di denaro determinata in una frazione del massimo dell'ammenda stabilita per la contravvenzione commessa*".

7. Le cause di estinzione della pena

Le **cause di estinzione della pena**, a differenza delle cause estintive del reato, non incidono sul potere punitivo statale, operando *solamente sulla pena concretamente inflitta* al reo con la sentenza di condanna: più precisamente, estinguono la c.d. **punibilità in concreto**, paralizzando la sanzione irrogata dall'autorità giudiziaria. Anche le cause di estinzione della pena soggiacciono alle regole dell'efficacia soggettiva, del *favor rei* (in caso di concorso tra più cause) e dell'immediata declaratoria nel processo.
Le cause di estinzione della pena contemplate dal codice penale sono:
a) la morte del reo dopo la condanna (art. 171 c.p.). Detta evenienza estingue la pena principale, le pene accessorie, le misure di sicurezza detentive, e ogni altro effetto penale della condanna, facendo venir meno le obbligazioni del responsabile civile per il pagamento della pena pecuniaria. Permangono, invece, le **obbligazioni civili** derivanti dal reato, che si trasmettono agli eredi;
b) l'amnistia impropria. Si differenzia dall'*amnistia propria*, avendo ad oggetto reati per i quali è già intervenuta una sentenza irrevocabile di condanna, di cui fa cessare l'esecuzione, estinguendo le pene principali e le pene accessorie, nonché le misure di sicurezza diverse dalla confisca. Salva diversa previsione della legge di amnistia, la misura in esame non estingue gli altri effetti penali della condanna, dei cui si tiene conto, ad esempio, per la recidiva, per la dichiarazione di delinquenza abituale, professionale o per tendenza, oltre che per escludere la concessione della sospensione condizionale. Si applica lo stesso regime giuridico dettato dall'art. 151 c.p. per l'amnistia propria;
c) la prescrizione della pena. Analogamente a quanto avviene in materia di prescrizione del reato prima della condanna, anche dopo la sentenza irrevocabile il **decorso di un certo lasso temporale** estingue la pena, rendendo non più attuale l'interesse dello Stato ad eseguire la sanzione penale. Si estinguono per prescrizione la pena della *reclusione* (decorso un tempo pari al doppio della pena inflitta e, in ogni caso, non inferiore a dieci e non superiore a trenta anni), della *multa* (in dieci anni), dell'*arresto* e dell'*ammenda* (entrambi in cinque anni); invece, non si prescrivono l'ergastolo, le pene accessorie e gli altri effetti penali della condanna. Limitazioni sono previste nei confronti dei recidivi reiterati e aggravati, dei delinquenti abituali, professionali e per tendenza, nonché dei condannati che, durante il tempo necessario alla prescrizione, riportino una condanna alla reclusione per delitto della stessa indole (casi nei quali le pene della reclusione e della multa divengono imprescrittibili, mentre i termini di prescrizione delle pene di arresto e ammenda risultano raddoppiati). I termini di prescrizione, stabiliti dagli artt. 172 e 173 c.p., **decorrono** dal giorno in cui la condanna è divenuta irrevocabile, ovvero dal giorno in cui il condannato si sia volontariamente sottratto all'esecuzione già iniziata della pena. Non sono previsti gli istituti dell'interruzione e della sospensione;
d) l'indulto. Ai sensi dell'art. 174 c.p., l'indulto "*condona in tutto o in parte la pena inflitta, o la commuta in un'altra specie di pena stabilita dalla legge.*" Come l'amnistia, l'indulto è concesso con legge statale

deliberata a maggioranza dei due terzi dei componenti di ciascuna camera, e copre i reati commessi fino al giorno antecedente alla presentazione del relativo disegno di legge. L'indulto *proprio* estingue la pena inflitta con sentenza di condanna già divenuta irrevocabile; l'indulto *improprio*, invece, è applicato dal giudice di cognizione, con la stessa sentenza conclusiva del giudizio. La delimitazione dell'ambito oggettivo di applicazione dell'indulto rientra nella discrezionalità del legislatore, che di volta in volta fissa i limiti quantitativi di pena condonabile, ovvero i reati ai quali l'indulto si riferisce;
e) la grazia. Come l'indulto, la grazia estingue o commuta in tutto o in parte la pena principale, e non si estende alle pene accessorie, né agli altri effetti penali della condanna, salvo che sia diversamente disposto nel decreto di clemenza. A differenza dell'indulto, però, la grazia è di *competenza del Presidente della Repubblica* (cfr. art. 87, co. 11, Cost.);
f) la liberazione condizionale. Produce la liberazione immediata del condannato e l'estinzione differita della pena, subordinatamente alla mancata commissione, nei termini di legge, di un reato della stessa indole. L'art. 176 c.p. richiede i seguenti **requisiti**:

1) che il condannato a pena detentiva abbia scontato almeno trenta mesi, e comunque almeno la metà della pena inflittagli (o almeno ventisei anni in caso di condanna all'ergastolo);
2) che la pena ancora da scontare non superi i cinque anni;
3) che, durante il tempo dell'esecuzione, il condannato abbia tenuto un comportamento tale da far ritenere sicuro il suo ravvedimento;
4) che il medesimo abbia adempiuto le obbligazioni civili nascenti dal reato, salva la prova che egli si trovi nell'impossibilità di adempierle;
5) che egli non abbia già usufruito del beneficio per la medesima pena;

g) la riabilitazione. L'art. 178 c.p. stabilisce che *"la riabilitazione estingue le pene accessorie e ogni altro effetto penale della condanna, salvo che la legge disponga altrimenti"*. La misura è caratterizzata da una funzione premiale e promozionale, in quanto collegata all'avvenuta espiazione della pena principale ed alla buona condotta successivamente dimostrata per un congruo periodo di tempo.
In base all'art. 179 c.p., **presupposti** per ottenere la riabilitazione sono:

1) il decorso di tre anni dal giorno in cui la pena principale è stata eseguita o si è in altro modo estinta;
2) la sussistenza di prove effettive di buona condotta del condannato;
3) la mancata sottoposizione dell'imputato a misure di sicurezza diverse dalla confisca e dall'espulsione dello straniero dallo Stato (a meno che non siano revocate);
4) l'intervenuta adempimento delle obbligazioni civili derivanti dal reato, in alternativa all'impossibilità di adempierle.

La riabilitazione è **revocata di diritto**, *ex* art. 180 c.p., se il riabilitato commette entro cinque anni un delitto non colposo per il quale sia inflitta la pena della reclusione per un tempo non inferiore a tre anni, o altra pena più grave;
h) la non menzione della condanna nel certificato del casellario giudiziale. Trattasi di misura che non determina alcun effetto estintivo, bensì una sospensione a tempo indeterminato di un effetto penale della condanna, in funzione di una migliore risocializzazione del reo;
i) l'esito positivo dell'affidamento in prova al servizio sociale.

8. Le misure di sicurezza

Il legislatore del 1930 ha inserito nel c.p. il sistema del **doppio binario**, affiancando alla sanzione penale la **misura di sicurezza**, destinata a neutralizzare la pericolosità sociale di determinate categorie di soggetti, allo scopo di potenziare la difesa sociale mediante la prevenzione del pericolo di recidiva del reo.
Quanto alle singole **tipologie**, il codice penale prevede **misure di sicurezza personali**, che presuppongono la pericolosità dell'autore, e **misure di sicurezza patrimoniali**, tra cui la confisca, che presuppone la pericolosità della cosa.
L'applicazione delle misure di sicurezza richiede l'esistenza di due presupposti (art. 202, co. 1, c.p.).

1) Il presupposto **oggettivo** consiste nella **commissione di un fatto previsto dalla legge come reato**. L'art. 202, co. 2, c.p., prevede un'**eccezione**: *"La legge penale determina i casi nei quali a persone socialmente pericolose possono essere applicate misure di sicurezza per un fatto non preveduto dalla legge come reato"*. Le ipotesi, **tassativamente** individuate, sono **due**:

a) il **reato impossibile** (art. 49 c.p.);

b) l'**accordo criminoso** non eseguito o l'**istigazione** a commettere un delitto, se l'istigazione non viene accolta (art. 115 c.p.). In questi casi si tratta di situazioni prossime al reato, a tal punto da giustificarne la definizione di c.d. **quasi reati**. Non si richiede che il fatto preveduto dalla legge come reato sia anche punibile: è possibile applicare una misura di sicurezza al soggetto **non imputabile**, purché il reato gli sia soggettivamente riferibile.

L'art. 164 c.p. dispone, inoltre, che la sospensione condizionale della pena rende inapplicabili le misure di sicurezza, tranne che si tratti della confisca.

2) Il presupposto **soggettivo** è rappresentato dall'accertamento in ordine alla **pericolosità sociale del reo**. La nozione di pericolosità sociale è data dall'art. 203 c.p.: *"... è socialmente pericolosa la persona, anche se non imputabile o non punibile, la quale ha commesso taluno dei fatti indicati nell'articolo precedente* [vale a dire un reato o un quasi reato], *quando è probabile che commetta nuovi fatti preveduti dalla legge come reati"*.

Le **misure di sicurezza personali** si dividono in *detentive* e *non detentive*.

***A)* Misure di sicurezza personali detentive**

a) Assegnazione ad una colonia agricola o ad una casa di lavoro *(art. 216 c.p.)*. La misura persegue un fine socialmente utile, e si applica alle seguenti categorie di *soggetti imputabili*:

- coloro che sono stati dichiarati delinquenti abituali, professionali, per tendenza;
- coloro che, essendo stati dichiarati delinquenti abituali, professionali, per tendenza e non essendo più sottoposti a misura di sicurezza, commettono un nuovo delitto, non colposo, che sia nuova manifestazione della abitualità, professionalità o della tendenza a delinquere;
- i condannati o prosciolti nei casi espressamente indicati dalla legge (ad es. nelle ipotesi *ex* artt.: 212, co. 3; 215, co. 4; 223, co. 2; 226, co. 1 e 231, co. 2., c.p.).

La **durata** minima dell'assegnazione è: di un anno; per i delinquenti abituali, è di due anni; per i delinquenti professionali è di tre anni; per i delinquenti per tendenza è di quattro anni.

La distinzione tra **colonia agricola** e **casa di lavoro** si coglie in relazione al tipo di attività che vi si svolge; si tratta di misure **alternative ed intercambiabili**; quindi, il provvedimento può essere modificato nel corso dell'esecuzione.

b) Assegnazione in una casa di cura e custodia *(art. 219 c.p.)*. I *destinatari* sono i soggetti c.d. *semimputabili* condannati a pena diminuita per infermità psichica, per cronica intossicazione da alcool o da sostanze stupefacenti ovvero per sordomutismo.

La **durata** minima dell'assegnazione varia tra sei mesi e tre anni ed è proporzionata alla pena stabilita in astratto dalla legge per il reato commesso.

L'**esecuzione** della misura è disposta dopo che la pena detentiva sia stata scontata o sia altrimenti estinta. In via eccezionale, è prevista la possibilità di ordinare il ricovero prima dell'esecuzione della pena, tenuto conto delle particolari condizioni di infermità psichica del condannato, per impedire che l'immediata esecuzione della pena possa ulteriormente aggravarle (art. 220, co. 1 c.p.).

c) Ricovero in un ospedale psichiatrico giudiziario *(art. 222 c.p.)*. Costituisce misura destinata ai soggetti *non imputabili* a causa di infermità psichica, intossicazione cronica da alcol o sostanze stupefacenti, sordomutismo, che siano socialmente pericolosi, ad eccezione dei minori. Essa si applica altresì ai sottoposti ad altra misura di sicurezza detentiva colpiti da un'infermità psichica tale da richiedere il ricovero in un ospedale psichiatrico giudiziario. La **durata** minima è determinata in base alla gravità della pena, prevista per il reato commesso: dieci anni, se per il fatto commesso la legge stabilisce la pena dell'ergastolo; cinque anni se per il fatto commesso la legge stabilisce la pena della reclusione non inferiore nel minimo a dieci anni; due anni negli altri casi.

L'infermità psichica, prevista dall'art. 222 c.p. tra i presupposti di applicazione della misura, non coincide con il **vizio totale di mente** *ex* art. 88 c.p.

L'estremo degrado riscontrato in diversi o.p.g. ha indotto il legislatore a prevedere, mediante l'art. 3-*bis* d.l. 22 dicembre 2011, n. 211, la sostituzione di essi con le Residenze per l'Esecuzione delle Misure di Sicurezza (**REMS**), gestite dalle Regioni.
d) Ricovero in un riformatorio giudiziario *(art. 223 c.p.)*. È la misura di sicurezza detentiva speciale per i **minori di età**, siano essi imputabili, semimputabili o non imputabili, applicabile in presenza dei requisiti individuati dagli artt. 224, 225 e 226 c.p. La **durata** minima è di un anno.

Misure di sicurezza personali non detentive
a) Libertà vigilata (art. 228 c.p.). Consiste in una limitazione della libertà personale del soggetto attuata mediante un complesso di prescrizioni a contenuto positivo o negativo, dirette ad impedire il compimento di nuovi reati e a facilitare il reinserimento sociale. La sottoposizione alla libertà vigilata è:

- *obbligatoria* (sempre previo accertamento della pericolosità sociale) nelle ipotesi previste dall'art. 230 c.p. (ad es. laddove sia inflitta la reclusione per almeno dieci anni, o in caso di liberazione condizionale);
- *facoltativa*, nelle altre ipotesi indicate dall'art. 229 c.p. (ad es. nei casi di quasi reato, o di inflizione della reclusione per più di un anno).

La **durata** minima è di un anno. È di tre anni se è inflitta la reclusione per non meno di dieci anni (art. 230, co. 1, n. 1 c.p.) e se per effetto di indulto o di grazia non debba essere eseguita la pena dell'ergastolo (art. 210, co. 3, c.p.). In caso di *trasgressione* degli obblighi imposti, il giudice può aggiungere la cauzione di buona condotta oppure, se la cauzione non è prestata o se le trasgressioni sono gravi, può sostituire la libertà vigilata con la colonia agricola o la casa di lavoro.
b) Divieto di soggiorno *(art. 233 c.p.)*. Si applica al colpevole di un delitto contro la personalità dello Stato o l'ordine pubblico, ovvero di un delitto commesso per motivi politici o occasionato da particolari condizioni sociali o morali esistenti in un determinato luogo. La misura consiste nel *divieto di soggiornare in uno o più comuni o province*, designati dal giudice, previo accertamento della pericolosità sociale del soggetto in relazione a un determinato ambiente. La **durata** minima è di un anno. In caso di **trasgressione**, può essere ordinata la libertà vigilata.
c) Divieto di frequentare osterie e pubblici spacci di bevande alcoliche (art. 234 c.p.). È una misura che viene **aggiunta alla pena**, quando si tratti di condannati per ubriachezza abituale e per reati commessi in stato di ubriachezza abituale. La **durata** minima è di un anno. In conseguenza della *trasgressione* può essere disposta la libertà vigilata o la prestazione di una cauzione di buona condotta.
d) Espulsione dello straniero dallo Stato (art. 235 c.p., come riscritto ad opera della L. n. 125/2008). È disposta dal giudice *"quando lo straniero o il cittadino appartenente ad uno Stato membro dell'Unione europea sia condannato alla reclusione per un tempo superiore ai due anni"*.

Sono **misure di sicurezza patrimoniali**, oltre quelle stabilite da particolari disposizioni di legge: 1. la cauzione di buona condotta; 2. la confisca.
A) La **cauzione di buona condotta** (art. 237 c.p.). Consiste nel deposito presso la Cassa delle Ammende di una somma di denaro non inferiore a 103, 29 euro e non superiore a 2.065, 83 euro, oppure nella prestazione di una garanzia mediante ipoteca o fideiussione solidale.
B) La **confisca.** Consiste nell'espropriazione delle cose che servirono o furono destinate a commettere il reato ovvero ne rappresentano il prodotto, il profitto o il prezzo (art. 240 c.p.).
L'art. 240 c.p. distingue due forme di confisca: **a) facoltativa**: è la regola generale dettata dal co. 1 dell'art. 240 c.p. Possono essere oggetto di confisca facoltativa le cose che servirono o furono destinate a commettere il reato e le cose che ne sono il prodotto o il profitto. Si tratta di cose legate al fatto di reato da un nesso eziologico diretto ed essenziale; **b) obbligatoria:** nelle ipotesi indicate dal co. 2 dell'art. 240 c.p.
Per alcune tipologie di reati, il codice penale prevede la **confisca per equivalente**, che permette di espropriare le somme di denaro, beni o altre utilità in misura proporzionale al prezzo o al profitto del reato, in assenza di qualsiasi prova di un rapporto di pertinenzialità tra i beni appresi ed il fatto illecito cui si riferisce la sentenza di condanna.

L'articolo 240-*bis* c.p. prevede la **c.d. confisca in casi particolari:** *nei casi di condanna o di applicazione della pena su richiesta a norma dell'articolo 444 del codice di procedura penale, per taluno dei delitti (...)è sempre disposta la confisca del denaro, dei beni o delle altre utilità di cui il condannato non può giustificare la provenienza e di cui, anche per interposta persona fisica o giuridica, risulta essere titolare o avere la disponibilità a qualsiasi titolo in valore sproporzionato al proprio reddito, dichiarato ai fini delle imposte sul reddito, o alla propria attività economica. In ogni caso il condannato non può giustificare la legittima provenienza dei beni sul presupposto che il denaro utilizzato per acquistarli sia provento o reimpiego dell'evasione fiscale, salvo che l'obbligazione tributaria sia stata estinta mediante adempimento nelle forme di legge. (...).*

9. La giustizia riparativa introdotta dalla riforma Cartabia

Tra le principali novità introdotte dal d. lgs. 10 ottobre 2022, n. 150 (la cui entrata in vigore è stata fissata al 30 dicembre 2022 dal d.l. 31 ottobre 2022, n. 162), attuativo della legge delega 27 settembre 2021, n. 134 (riforma **Cartabia**) va senz'altro annoverata l'introduzione di una disciplina organica della **giustizia riparativa** (secondo la locuzione dell'art. 1, comma 18, lett. a, della legge delega), ospitata agli articoli 42 e seguenti del medesimo decreto.
Secondo la definizione tracciata dal citato art. 42, la giustizia riparativa consiste in "*ogni programma che consente alla vittima, alla persona indicata come autore dell'offesa e ad altri soggetti appartenenti alla comunità di partecipare liberamente, in modo consensuale, attivo e volontario, alla risoluzione delle questioni derivanti dal reato, con l'aiuto di un terzo imparziale, adeguatamente formato, denominato mediatore*".
Si è dunque di fronte ad un sistema che si affianca, senza sostituirsi, al processo e all'esecuzione penale.

10. La depenalizzazione

L'esigenza di deflazionare il carico di lavoro degli uffici giudiziari e di limitare l'intervento della sanzione penale alle condotte più offensive (in conformità al principio di sussidiarietà e all'art. 27, co. 3, Cost.) ha innescato un processo di c.d. **depenalizzazione,** comportante la restrizione dell'area di applicazione del diritto penale mediante trasformazione dei reati meno gravi in illeciti amministrativi.
Il passaggio più importante di tale processo è segnato dalla già citata L. 689/1981, che ha introdotto una disciplina organica degli illeciti amministrativi, prevedendo tra l'altro l'espressa applicazione agli stessi di molti centrali principi del diritto penale, come quelli di legalità, irretroattività, colpevolezza e specialità (illustrati *infra*).
Da ultimo, la **legge 28 aprile 2014, n. 67** ha conferito un'ampia delega al governo per depenalizzare una larga gamma di reati, tra i quali quelli puniti con la sola pena pecuniaria (salvo ipotesi espressamente individuate), nonché per introdurre nuove pene principali (la reclusione domiciliare e l'arresto domiciliare).
La delega è stata esercitata con i **decreti legislativi nn. 7 e 8 del 15 gennaio 2016**, che hanno depenalizzato taluni illeciti penali quali la guida senza patente *ex* art. 116 d. lgs. 30 aprile 1992 n. 285 o l'omesso versamento di ritenute previdenziali fino a € 10.000,00 *ex* art. 2 d.l. n. 463/1983, nonché sancito la trasformazione di ulteriori reati in innovativi "illeciti civili", comportanti l'inflizione di sanzioni pecuniarie ulteriori rispetto al risarcimento del danno. È ad esempio il caso dell'ingiuria *ex* art. 594 c.p. o delle falsità in atti privati *ex* artt. 485 e 486 c.p.

11. Le conseguenze civili del reato

Di seguito le singole conseguenze civili del reato.

A) Restituzioni e risarcimento del danno.

L'art. 185 c.p. dispone che ogni reato "*obbliga alle restituzioni a norma delle leggi civili*" e che, laddove

abbia cagionato un danno patrimoniale o non patrimoniale, "*obbliga al risarcimento il colpevole e le persone che, a norma delle leggi civili, debbono rispondere per il fatto di lui*".
Ai sensi dell'art. 186 c.p., inoltre, ogni reato obbliga il colpevole alla "*pubblicazione, a sue spese, della sentenza di condanna, qualora la pubblicazione costituisca un mezzo per riparare il danno non patrimoniale cagionato dal reato*".

B) Rimborso per le spese di mantenimento del condannato.
Ai sensi dell'art. 188 c.p., il condannato è obbligato a "*rimborsare all'erario dello Stato le spese per il suo mantenimento negli stabilimenti di pena, e risponde di tale obbligazione con tutti i suoi beni mobili e immobili, presenti e futuri, a norma delle leggi civili*" (con un tacito ma chiaro riferimento all'art. 2740 c.c.).

C) Obbligazione civile per le multe e le ammende inflitte a persona dipendente o a chi abbia la rappresentanza o l'amministrazione di una persona giuridica.
L'art. 196 c.p. dispone che "*nei reati commessi da chi è soggetto all'altrui autorità, direzione o vigilanza, la persona rivestita dell'autorità, o incaricata della direzione o vigilanza, è obbligata, in caso di insolvibilità del condannato, al pagamento di una somma pari all'ammontare della multa o dell'ammenda inflitta al colpevole, se si tratta di violazioni di disposizioni che essa era tenuta a far osservare e delle quali non debba rispondere penalmente*".
Al contempo, l'art. 197 c.p. stabilisce che "*gli enti forniti di personalità giuridica, eccettuati lo Stato, le regioni, le province ed i comuni, qualora sia pronunciata condanna per reato contro chi ne abbia la rappresentanza, o l'amministrazione, o sia con essi in rapporto di dipendenza, e si tratti di reato che costituisca violazione degli obblighi inerenti alla qualità rivestita dal colpevole, ovvero sia commesso nell'interesse della persona giuridica, sono obbligati al pagamento, in caso di insolvibilità del condannato, di una somma pari all'ammontare della multa o dell'ammenda inflitta*".
Tali disposizioni prevedono due ipotesi di **responsabilità civile a garanzia dell'adempimento di un obbligo penale**. Nel caso in cui l'obbligazione non venga adempiuta, si applica l'art. 136 c.p. ("*le pene della multa e dell'ammenda, non eseguite per insolvibilità del condannato, si convertono a norma di legge*").

D) Effetti dell'estinzione del reato o della pena sulle obbligazioni civili.
A chiusura del titolo sulle sanzioni civili, l'art. 198 c.p. prevede che "*l'estinzione del reato o della pena non importa l'estinzione delle obbligazioni civili derivanti dal reato, salvo che si tratti delle obbligazioni indicate nei due articoli precedenti*". Pur venendo meno l'illiceità penale, infatti, le conseguenze civilistiche non vengono meno.

E) Garanzie per le obbligazioni civili.
Nelle disposizioni del codice di procedura penale relative alle misure cautelari reali sono previste alcune garanzie per le obbligazioni civili (artt. 316 e 319).
Gli artt. 192 – 194 c.p. fissano, infine, una ipotesi di azione revocatoria penale.

Sezione VI

Diritto penale con particolare riferimento ai reati contro la PA e alle contravvenzioni

Parte speciale

SOMMARIO

Capitolo 1
Nozioni introduttive

SOMMARIO:

1. Introduzione. - **2.** I delitti. - **3.** Le contravvenzioni.

1. Introduzione

Il codice penale, come già accennato, è ripartito in:

1) **parte generale** (Libro I del codice penale sui reati in generale), in cui sono disciplinate le regole applicabili a tutti i reati o ad alcune categorie di essi;
2) **parte speciale** (Libri II e III del codice penale), contenente le singole fattispecie incriminatrici dei comportamenti vietati.

Nel dettaglio, nel libro II sono disciplinati i delitti, mentre nel libro III le contravvenzioni.
A completare il diritto penale vi è, poi, il c.d. **diritto penale complementare,** integrato da **leggi speciali** ulteriori al codice penale (ad es., il d.p.r. 9 ottobre 1990, n. 309, in tema di stupefacenti).

2. I delitti

Il codice Rocco ha suddiviso la parte speciale del codice, al **libro secondo**, facendo riferimento al **bene giuridico di categoria**. In particolare, i titoli in cui è suddiviso il codice penale sono i seguenti:

1) delitti contro la personalità dello Stato;
2) delitti contro la pubblica amministrazione;
3) delitti contro l'amministrazione della giustizia;
4) delitti contro il sentimento religioso e contro la pietà dei defunti;
5) delitti contro l'ordine pubblico;
6) delitti contro l'incolumità pubblica;
6)-*bis* delitti contro l'ambiente;
7) delitti contro la fede pubblica;
8) delitti contro l'economia pubblica, l'industria e il commercio;
8-*bis*) delitti contro il patrimonio culturale;
9) delitti contro la moralità pubblica e il buon costume;
9-*bis*) delitti contro il sentimento degli animali;
10) delitti contro l'integrità e la sanità della stirpe (titolo abrogato dall'art. 22, l. 194/1978);
11) delitti contro la famiglia;
12) delitti contro la persona;
13) delitti contro il patrimonio.

3. Le contravvenzioni

Il codice penale dedica, come detto, il **libro terzo** alle fattispecie contravvenzionali. Esso è suddiviso in *tre titoli*:

1) contravvenzioni di **polizia** (artt. 650-730 c.p.);
2) contravvenzioni concernenti **l'attività sociale della Pubblica Amministrazione** (artt. 731-734 c.p.);
3) contravvenzioni concernenti la **tutela della riservatezza** (art. 734-*bis* c.p.).

Capitolo 2
I delitti contro la personalità dello Stato

SOMMARIO:

1. Generalità

La categoria dei delitti contro la personalità dello Stato è disciplinata dal **titolo I,** libro II, del codice penale, suddiviso in **cinque capi**:
1. delitti contro la personalità internazionale dello Stato (capo I);
2. delitti contro la personalità interna dello Stato (capo II);
3. delitti contro i diritti politici del cittadino (capo III);
4. delitti contro gli Stati esteri, i loro capi e i loro rappresentanti o emblemi (capo IV);
5. disposizioni generali e comuni ai capi precedenti (capo V).

▶ 1.1. Il concetto di "personalità dello Stato"

La locuzione **personalità dello Stato** è stata oggetto di varie interpretazioni:
- secondo una prima prospettiva, l'interesse protetto riguarderebbe la persona dello Stato in sé considerata, ed in particolare le condizioni per le quali lo Stato può esistere e svolgere la sua attività;
- su altro fronte, invece, si sostiene che l'oggetto della tutela penale dovrebbe individuarsi piuttosto negli *"interessi basilari di una convivenza sociale vista nelle sue forme istituzionali"*.

2. Classificazioni e caratteristiche strutturali

La disciplina in esame contiene la bipartizione fra reati contro la **personalità internazionale** dello Stato e reati contro la **personalità interna** dello stesso. Tale suddivisione ha valore essenzialmente classificatorio, esprimendo l'intenzione legislativa di specificare ulteriormente l'oggetto della tutela normativa identificando due interessi prevalenti:
- nel **capo I** si incriminano tutti gli atti lesivi della sicurezza dello Stato mediante aggressioni esterne (bene giuridico: sicurezza interna e prestigio internazionale);
- nel **capo II** si penalizzano, invece, tutti quei comportamenti volti a turbare l'ordinamento costituzionale mediante sovvertimenti interni (bene giuridico tutelato: organi costituzionali e il loro funzionamento).

Rispetto agli altri settori della parte speciale del codice penale, la disciplina in esame si connota per alcune *peculiari caratteristiche strutturali delle fattispecie*. In particolare, viene in rilievo una frequente **anticipazione della soglia della punibilità**, assegnandosi rilievo penale ad **attività meramente preparatorie**, allorché sorrette da peculiari atteggiamenti soggettivi; proliferano, quindi, le figure di **attentato**. Alla stessa tendenza sono da ricondurre anche le figure di **istigazione** e di **cospirazione**, che spostano il baricentro della punibilità verso forme di attività preparatorie normalmente non sottoposte a sanzione (cfr. art. 115 c.p.). Importante si è rivelato, quindi, il ruolo dell'interprete, chiamato ad interpretare le fattispecie in conformità al principio di offensività.
Ai sensi dell'art. 8 c.p., tutte le fattispecie incriminatrici del titolo I costituiscono **reati oggettivamente politici**, per tali intendendosi quelli che offendono un interesse politico dello Stato, punibile secondo la legge nazionale anche se commesso per intero fuori dai confini italiani, a richiesta del Ministro della Giustizia.

Molti fra i delitti in parola sono strutturati come **reati propri**, contemplando come *soggetto attivo* il cittadino o altro ad esso equiparato (vedi l'apolide che risiede in Italia *ex* art. 4 c.p. e chi ha perduto la cittadinanza per qualsiasi causa *ex* art. 242, co. 2 c.p.).

3. I delitti di attentato

Una delle caratteristiche principali dei reati del Titolo I è l'anticipazione della soglia di punibilità (**reati a consumazione anticipata**): esemplari sono i cd. delitti di attentato, per la cui consumazione sono sufficienti gli *atti diretti a commettere* un certo reato. Tale caratteristica porta a configurare le fattispecie in questione alla stregua di *species* del delitto tentato, con conseguente inapplicabilità alle medesime dell'art. 56 c.p. (che si tradurrebbe nella punibilità del tentativo di un tentativo). Tra questi, si segnalano due fattispecie delittuose.

I) Attentato per finalità terroristiche o di eversione (art. 280 c.p.).
È il reato - introdotto dal d.l. 625/1979 allo scopo di arginare il fenomeno terroristico dilagato alla fine degli anni '70- di *chi per finalità di terrorismo o di eversione dell'ordine democratico attenta alla vita od alla incolumità di una persona*.
È considerato un **reato plurioffensivo**, che tutela l'interesse concernente la personalità interna dello Stato nei confronti di quegli attentati che mettano in pericolo, da un lato, la sicurezza pubblica, l'integrità dell'ordinamento costituzionale e l'ordine pubblico e, dall'altro, la vita e l'incolumità personale.

- La **condotta** consiste nell'attentare alla vita o all'incolumità fisica di una persona, qualora tali atti siano idonei a pregiudicare l'ordine politico-istituzionale esistente.
- Il delitto **si consuma** nel momento in cui gli atti idonei ed univocamente diretti ad uccidere o a ferire mettono in pericolo la tranquillità pubblica o la sicurezza dell'ordine costituzionale.

Il **dolo** è *specifico*, dovendo il reo, oltre che volere l'attentato alla vita o all'incolumità, perseguire il fine il terrorismo o l'eversione.

II) Devastazione, saccheggio e strage (art. 285 c.p.).
L'**oggettività** giuridica protetta è la sicurezza dello Stato.

- È un **reato comune**, potendo essere commesso da chiunque.
- La **condotta** incriminata consiste nel compiere fatti prodromici ai delitti comuni di devastazione, saccheggio o strage nel territorio italiano.
- Il reato si considera **consumato** nella misura in cui gli atti compiuti siano univocamente idonei a cagionare gli eventi di cui sopra.
- Quanto all'**elemento soggettivo**, il reato di cui all'art. 285 c.p. è correlato ad un duplice dolo specifico, in rapporto al fine dell'attentato ed all'intento di cagionare determinati nocumenti. Il delitto di cui all'art. 285 c.p. si differenzia, pertanto, da quello di strage comune previsto dall'art. 422 c.p., per la presenza dell'ulteriore dolo (cosiddetto subspecifico o fine-motivo) identificabile nell'intento finalistico di recare offesa alla sicurezza nazionale.

4. I delitti di associazione

I delitti associativi costituiscono una delle categorie più importanti dei delitti del titolo I del libro II del codice penale: trattasi di **reati propri,** di **pericolo presunto** (vale a dire, ove il pericolo di lesione del bene non costituisce autonomo elemento di fattispecie: lo stesso non va accertato in concreto, in quanto **presunto *iuris et de iure***) e **a concorso necessario,** volti a punire l'associazione di più persone al fine di raggiungere determinati scopi illeciti.

I) Associazioni sovversive (art. 270 c.p.).

È il reato di chi *allo scopo di attentare alla sicurezza dello Stato commette un fatto diretto a portare la devastazione, il saccheggio o la strage nel territorio dello Stato o in una parte di esso*. È delitto oggettivamente politico, in quanto offende un interesse relativo alla personalità internazionale e interna dello Stato considerata nel suo complesso.

■ Due sono le **condotte incriminate**:

a) **promuovere, costituire, organizzare o dirigere** associazioni dirette e idonee a sovvertire violentemente gli ordinamenti economici o sociali costituiti nello Stato ovvero a sopprimere violentemente l'ordinamento politico e giuridico dello Stato;

b) **partecipare** ad un'associazione sovversiva.

La fattispecie in esame è stata incisa dalla l. 85/2006: la nuova formulazione subordina espressamente l'insorgenza della fattispecie al **requisito dell'idoneità**, con la conseguenza che l'associazione non deve essere soltanto diretta al sovvertimento violento, ma anche in concreto idonea allo scopo.

■ Il delitto **si consuma** nel momento della formazione dell'associazione sovversiva.

II) Associazioni con finalità di terrorismo e di eversione dell'ordine democratico (art. 270-*bis* c.p.).

È il reato di chi *promuove, costituisce, organizza, dirige o finanzia associazioni che si propongono il compimento di atti di violenza con finalità di terrorismo o di eversione dell'ordine democratico*. Una pena più lieve è prevista per chi solo partecipa all'associazione.

■ Quanto all'***elemento materiale***, l'art. 270-*bis* fa riferimento a *due diverse ipotesi*, sottoposte a differente trattamento sanzionatorio: da un lato, quelle di *promozione, costituzione, organizzazione, direzione* e *finanziamento*; dall'altro, la condotta di *mera partecipazione*. È comunque necessario che sussista una pluralità di persone stabilmente organizzate con il proposito di commettere atti di violenza finalizzati al sovvertimento dell'assetto costituzionale dello Stato o al terrorismo, anche internazionale (reato di pericolo presunto).

Nozione di condotta con finalità di terrorismo

L'art. 270-*sexies* c.p. fornisce la **nozione di condotta con finalità di terrorismo**, scomponendola in **tre parti**:

a) un **elemento oggettivo** che consiste nell'idoneità a cagionare un grave danno a un Paese o ad un'organizzazione internazionale;

b) un **triplice obiettivo alternativo** coperto dal dolo specifico, ovvero:
1. intimidire la popolazione;
2. costringere i poteri pubblici o un'organizzazione internazionale a compiere o astenersi dal compiere un qualsiasi atto;
3. destabilizzare o distruggere le strutture politiche fondamentali, costituzionali, economiche e sociali di un Paese o di un'organizzazione internazionale;

c) una **norma di chiusura**, ove si fa rinvio alle convenzioni e alle altre norme di **diritto internazionale** vincolanti per l'Italia.

■ Quanto al **momento consumativo** ed all'ammissibilità del **tentativo**, non emergono questioni diverse da quelle esaminate a proposito dell'art. 270 c.p.

■ **Sul versante soggettivo**, è necessario il **dolo specifico** consistente nel fine di commettere atti di violenza diretti alla realizzazione del proposito eversivo o terroristico.

III) Arruolamento ed addestramento ad attività con finalità di terrorismo (artt. 270-*quater* e 270-*quinquies* c.p.).

In virtù di quanto previsto nella Convenzione del Consiglio d'Europa sulla prevenzione del terrorismo del 2005, con il d.l. 27 luglio 2005, n. 144, convertito con legge 31 luglio 2005, n. 155 si sono introdotti due reati monosoggettivi: i delitti di **arruolamento con finalità di terrorismo** e di **addestramento ad attività con finalità di terrorismo**, previsti dagli artt. 270-*quater* e 270-*quinquies* c.p.

Nello specifico, l'**art. 270-*quater* c.p.** punisce con la pena della reclusione da sette a quindici anni *"chiunque, al di fuori dei casi di cui all'articolo 270-bis, arruola una o più persone per il compimento di atti di violenza ovvero di sabotaggio di servizi pubblici essenziali, con finalità di terrorismo, anche se rivolti contro uno Stato estero, un'istituzione o un organismo internazionale"*. Inoltre, *"fuori dei casi di cui all'articolo 270-bis, e salvo il caso di addestramento, la persona arruolata è punita con la pena della reclusione da cinque a otto anni"*.

L'art. 270-*quinquies* c.p., invece, punisce con la reclusione da cinque a dieci anni:

- chi *"al di fuori dei casi di cui all'articolo 270-bis, addestra o comunque fornisce istruzioni sulla preparazione o sull'uso di materiali esplosivi, di armi da fuoco o di altre armi, di sostanze chimiche o batteriologiche nocive o pericolose, nonché di ogni altra tecnica o metodo per il compimento di atti di violenza ovvero di sabotaggio di servizi pubblici essenziali, con finalità di terrorismo, anche se rivolti contro uno Stato estero, un'istituzione o un organismo internazionale"*;
- la persona addestrata, nonché la persona che *"avendo acquisito, anche autonomamente, le istruzioni per il compimento degli atti di cui al primo periodo, pone in essere comportamenti univocamente finalizzati alla commissione delle condotte di cui all'articolo 270-*sexies".

È previsto, poi, un aumento della pena *"se il fatto è commesso attraverso strumenti informatici o telematici"*.

■ Sul ***piano soggettivo*** è richiesto un **duplice dolo specifico**, caratterizzato dalla realizzazione di una condotta in concreto idonea al compimento di atti di violenza ovvero di sabotaggio di servizi pubblici essenziali e, in secondo luogo, dalla presenza della finalità di terrorismo descritta dall'art. 270-*sexies* c.p.

IV) Organizzazione di trasferimenti per finalità di terrorismo (art. 270-*quater.1* c.p.).

È il reato di chi *organizza, finanzia o propaganda viaggi in territorio estero finalizzati al compimento delle condotte con finalità di terrorismo* (di cui all'articolo 270-*sexies* c.p.), fuori dai casi di cui agli articoli 270-*bis* e 270-*quater* c.p.

Tale articolo è stato inserito dal d.l. 18 febbraio 2015, n. 7, conv., con modif., dalla l. 17 aprile 2015, n. 43, al fine di punire condotte prodromiche al compimento di atti terroristici.

Come espressamente disciplinato dalla clausola di sussidiarietà (*"fuori dai casi"*...), la disposizione in esame viene assorbita in caso di condotte rientranti nell'ambito di applicazione degli artt. 270-*bis* c.p. (associazioni con finalità di terrorismo anche internazionale o di eversione dell'ordine democratico) e 270-*quater* c.p. (arruolamento con finalità di terrorismo anche internazionale).

V) Finanziamento di condotte con finalità di terrorismo e sottrazione di beni o denaro sottoposti a sequestro (artt. 270-*quinquies.1* e 270-*quinquies.2* c.p.).

È il reato di chi, *al di fuori dei casi di cui agli articoli 270-bis e 270-quater 1, raccoglie, eroga o mette a disposizione beni o denaro, in qualunque modo realizzati, destinati a essere in tutto o in parte utilizzati per il compimento delle condotte con finalità di terrorismo di cui all'articolo 270-sexies, indipendentemente dall'effettivo utilizzo dei fondi per la commissione delle citate condotte* (co. 1).

Il comma 2 punisce, invece, chi *deposita o custodisce i beni o il denaro* sopra descritti.

Tale articolo è stato inserito dalla l. 28 luglio 2016, n. 153, allo scopo di estendere il più possibile l'area del penalmente rilevante in materia di misure contro il terrorismo; infatti, la norma in esame punisce *anche* chi non concorra in associazioni terroristiche o non organizzi trasferimenti per finalità di terrorismo (artt. 270-*bis* e 270-*quater*.1 c.p.), ma contribuisca a sovvenzionare economicamente atti terroristici di qualunque tipo, così come disciplinato dall'articolo 270-*sexies* c.p.

La medesima legge del 2016 ha introdotto anche l'art. 270-*quinquies.2* c.p., che prevede il reato di chi *sottrae, distrugge, disperde, sopprime o deteriora beni o denaro, sottoposti a sequestro per prevenire il finanziamento delle condotte con finalità di terrorismo di cui all'articolo 270-sexies.*

VI) Banda armata (art. 306 c.p.).

L'art. 306 c.p. prevede il reato di *chi, per commettere uno dei delitti indicati nell'articolo 302,*

promuovono, costituiscono, organizzano o partecipano ad una banda armata.
Si tratta di una **disposizione di chiusura** rispetto alle altre fattispecie poste a tutela della personalità dello Stato, rimasta del tutto inapplicata fino alla metà degli anni Settanta e successivamente oggetto di intensissima applicazione, parallelamente allo sviluppo di varie forme di terrorismo politico. Il legislatore del 1930 non ha descritto analiticamente la fattispecie: il che ha consentito di ricondurre nell'alveo della previsione normativa fenomeni associativi anche profondamente diversi fra loro.

■ Il reato in parola tutela l'***interesse*** ad evitare che la personalità dello Stato possa essere messa in pericolo dalla formazione di bande armate costituite per commettere delitti dolosi contro la personalità internazionale dello Stato.

■ Sul **piano materiale**, la banda armata esige un'organizzazione idonea a commettere i reati previsti dall'art. 302 (*i.e.*, i delitti contro la personalità interna ed internazionale dello Stato), ovvero una struttura che contempli **ripartizione di ruoli e compiti**; è sufficiente che la banda, pur priva di un'organizzazione di tipo militare, sia caratterizzata da **un'organizzazione gerarchica**, rispetto alla quale non è richiesta l'individuazione di un capo, ben potendo la direzione della banda essere assunta collettivamente dai promotori, dai componenti e dagli organizzatori del sodalizio criminoso.

■ Il reato ha ***natura permanente***, sussistendo fino a che la banda non sia sciolta. La ***consumazione*** ha inizio nel momento e nel luogo della **formazione** della banda munita di armi, ovvero, per i partecipi, nel momento dell'**adesione** ad essa.

■ Il ***dolo*** è specifico e richiede la coscienza e volontà di formare la banda armata con la finalità di commettere uno o più dei delitti di cui all'art. 302.

5. I delitti contro i segreti di Stato

Tre sono le categorie in cui è possibile suddividere i delitti contro i segreti di Stato:

1) nel primo insieme (**procacciamento**) è possibile raggruppare quelle fattispecie che incriminano il procurarsi dati coperti dal segreto di Stato (art. 256 e 257 c.p.);

2) nel secondo (**divulgazione**) rientrano la rivelazione di segreti di Stato (art. 261 c.p.) e l'utilizzazione dei segreti di Stato (art. 263 c.p.);

3) il terzo gruppo (**misto**) ricomprende la soppressione, falsificazione o sottrazione di atti o documenti concernenti la sicurezza dello Stato (art. 255 c.p.) e l'introduzione clandestina in luoghi militari e possesso ingiustificato di mezzi di spionaggio (art. 260 c.p.).

6. I delitti di opinione

Vengono definiti **delitti di opinione** quei reati in cui si punisce l'esternazione e la diffusione di pensieri, giudizi, valutazioni volti al conseguimento di fini delinquenziali. Gli interpreti hanno provveduto a suddividerli in **tre categorie**:

1) *le fattispecie di* ***propaganda, apologia e istigazione****, che costituiscono una deroga al principio generale di cui all'art. 115 c.p. (tra cui, l'****istigazione di militari a disobbedire alle leggi*** *ex art. 266 c.p., l'istigazione a commettere delitti ex art. 302 c.p. e le fattispecie di cospirazione politica mediante accordo e mediante associazione, rispettivamente previste dagli artt. 304 e 305 c.p.);*

2) *reati di* ***vilipendio politico*** *(tra cui, ad esempio, il* ***vilipendio della Repubblica, delle istituzioni costituzionali e delle Forze armate*** *ex* art. 290 c.p.). Il vilipendio non si identifica con la semplice critica, anche molto aspra, che è attività lecita e riconosciuta dall'art. 21 della Costituzione, purché contenuta nei limiti di correttezza e rispetto del decoro e del prestigio delle istituzioni. Proprio al fine di rendere conformi i delitti in questione con il dettato costituzionale, ne è stata offerta una interpretazione in chiave di **pericolo concreto** che postuli, in altri termini, una prognosi *ex ante* e in concreto sull'idoneità ad indurre concretamente altri a commettere delitti contro la personalità dello Stato.

3) ***offese alle istituzioni*** (ad es., il reato di ***offese all'onore o al prestigio del Presidente della repubblica*** *ex* art. 278 c.p.), in cui le norme incriminatrici sono poste a protezione della personalità morale e delle prerogative di organi istituzionali.

7. Altre fattispecie

I) Atti di terrorismo nucleare (art. 280-*ter* c.p.).

È il reato (introdotto dalla l. 28 luglio 2016, n. 153) di chi, con le finalità di terrorismo (di cui all'articolo 270-*sexies* c.p.):

1. *procura a sé o ad altri materia radioattiva;*
2. *crea un ordigno nucleare o ne viene altrimenti in possesso.*

La norma, altresì, punisce chi, con le finalità di terrorismo di cui all'articolo 270-*sexies* c.p.:

1. *utilizza materia radioattiva o un ordigno nucleare;*
2. *utilizza o danneggia un impianto nucleare in modo tale da rilasciare o con il concreto pericolo che rilasci materia radioattiva.*

Tutte le condotte descritte vengono punite anche quando abbiano ad oggetto materiali o aggressivi chimici o batteriologici.

La medesima l. n. 153/2016, all'art. 3, fornisce le seguenti definizioni:

- *«**materia radioattiva**»: le materie nucleari e altre sostanze radioattive contenenti nuclidi che sono caratterizzati da disintegrazione spontanea, con contestuale emissione di uno o più tipi di radiazione ionizzante come particelle alfa, beta, neutroni o raggi gamma, e che, per le loro proprietà radiologiche o fissili, possono causare la morte, gravi lesioni alle persone o danni rilevanti a beni o all'ambiente;*
- *«**ordigno nucleare**»:*

1) ogni congegno esplosivo nucleare;

2) ogni dispositivo a dispersione di materia radioattiva od ogni ordigno a emissione di radiazioni che, in ragione delle sue proprietà radiologiche, causa la morte, gravi lesioni personali o danni sostanziali a beni o all'ambiente.

II) Sequestro di persona a scopo di terrorismo o di eversione (art. 289-*bis* c.p.).

È il reato di chi, *per finalità di terrorismo o di eversione dell'ordine democratico, sequestra una persona*. Il delitto si distingue dalle fattispecie di sequestro di persona a scopo di estorsione e di sequestro di persona, in quanto commesso con la finalità di terrorismo e di versione dell'ordine democratico. Tale ultima espressione corrisponde all'eversione dell'ordinamento costituzionale, ai sensi dell'art. 11, l. 29 maggio 1982, n. 304, inteso come quell'ordinamento costituito dal complesso dei principi fondamentali che contraddistinguono secondo la Costituzione la fisionomia dello Stato.

I commi 2 e 3 dell'art. 289-*bis* c.p. prevedono un aggravamento di pena se:

- dal sequestro deriva comunque la morte, quale conseguenza non voluta dal reo, della persona sequestrata;
- il colpevole cagiona la morte del sequestrato.

Al fine di stimolare gli agenti alla resipiscenza, al comma 4 è prevista una circostanza attenuante, qualora il concorrente si dissoci e si adoperi a far riacquistare la libertà al soggetto sequestrato. La **dissociazione** non implica la spontaneità del comportamento, ma solo la volontarietà.

Capitolo 3
I delitti contro la pubblica amministrazione

SOMMARIO:

1. Collocazione sistematica e bene giuridico tutelato

Il *titolo II* del libro secondo del codice penale è dedicato ai delitti contro la pubblica amministrazione. Più in particolare:

- il *capo I* (artt. 314-335-*bis* c.p.) disciplina i **delitti dei pubblici ufficiali contro la p.a.**, pur se in alcuni casi sono incriminate le condotte degli incaricati di pubblici servizi;
- il *capo II* (artt. 336-356 c.p.) concerne i **delitti dei privati contro la p.a.**

A seguito dell'emanazione della Carta Costituzionale, il **bene giuridico** tutelato dai reati in questione è pressoché unanimemente ravvisato nel **buon andamento** della p.a., ai sensi dell'art. 97 Cost.

2. Le qualifiche

Molti dei delitti previsti dal Titolo II presuppongono la titolarità di una ***determinata qualifica***: pubblico ufficiale; incaricato di pubblico servizio; esercente un servizio di pubblica necessità. Dette nozioni possono riguardare il soggetto agente, il soggetto passivo o l'oggetto della condotta.

A) Nozione di "pubblico ufficiale".

L'art. 357 c.p. stabilisce che "*agli effetti della legge penale, sono pubblici ufficiali coloro i quali* ***esercitano una pubblica funzione legislativa, giudiziaria o amministrativa****. Agli stessi effetti è pubblica la funzione amministrativa disciplinata da norme di diritto pubblico e da atti autoritativi e caratterizzata dalla formazione e dalla manifestazione della volontà della pubblica amministrazione o dal suo svolgersi per mezzo di poteri autoritativi o certificativi*".

La disposizione assegna rilievo, quindi, in omaggio alla *concezione funzionale-oggettiva*, alla natura dell'attività espletata, non già al tipo di rapporto che intercorre con l'Amministrazione.

B) Nozione di "persona incaricata di un pubblico servizio".

La qualifica di **persona incaricata di un pubblico servizio** si identifica in via **residuale** rispetto a quella di pubblico ufficiale. Ai sensi dell'art. 358 c.p., infatti, "*sono incaricati di un pubblico servizio coloro i*

quali, a qualunque titolo, prestano un pubblico servizio. Per pubblico servizio deve intendersi un'attività disciplinata nelle stesse forme della pubblica funzione, ma caratterizzata dalla mancanza dei poteri tipici di quest'ultima, e con esclusione dello svolgimento di semplici mansioni d'ordine e della prestazione di opera meramente materiale".
Nell'individuazione della persona incaricata di un pubblico servizio, il legislatore ha voluto aderire alla c.d. **tesi oggettiva**. Il pubblico servizio è caratterizzato in negativo rispetto alla pubblica funzione per la mancanza dei poteri tipici di quest'ultima, pur essendo disciplinato nelle stesse forme (*i.e.*, *"da norme di diritto pubblico e da atti autoritativi"*). Come si evince dall'espressione *"a qualunque titolo"*, il pubblico servizio può essere esercitato sia da pubblici impiegati che da semplici privati.
Infine, come presupposto negativo, la norma richiede che l'agente non si limiti a svolgere semplici mansioni d'ordine o prestazioni d'opera meramente materiale: ciò sta a significare che è richiesto un minimo di potere decisionale autonomo, corrispondente allo svolgimento di una funzione di concetto, cioè di una mansione in senso lato intellettuale.

C) Nozione di "persona esercente un servizio di pubblica necessità".

Un'ulteriore qualifica soggettiva rilevante ai fini dell'applicazione delle norme del titolo II è quella, delineata dall'art. 359 c.p., della **persona esercente un servizio di pubblica necessità**.
Due le categorie di persone cui essa fa riferimento:

1) la prima è quella dei **privati** che esercitano **determinate professioni** il cui esercizio sia per legge vietato senza una speciale **abilitazione**, e della cui opera il pubblico "sia per legge obbligato a valersi". Rientrano certamente nella categoria di cui all'art. 359, n. 1 c.p., le professioni di avvocato, notaio, medico, chirurgo, veterinario, farmacista, architetto, ecc. L'elencazione contenuta nel citato articolo (che fa riferimento alle professioni forensi e sanitarie) non è tassativa, avendo la norma riguardo anche alle altre professioni il cui esercizio sia per legge vietato senza la speciale abilitazione.
2) la seconda è costituita dai **privati** che, non svolgendo una pubblica funzione né un pubblico servizio, adempiono un **servizio dichiarato di pubblica necessità** mediante un atto della p.a. Nella categoria di cui al n. 2 dell'art. 359 c.p. rientra, ad esempio, l'attività di assicurazione del rischio della responsabilità civile derivante dalla circolazione di veicoli e natanti.

3. I delitti dei pubblici ufficiali contro la pubblica amministrazione

▶ 3.1. Peculato (art. 314 c.p.)

È il reato del *pubblico ufficiale o dell'incaricato di pubblico servizio, che, avendo per ragione del suo ufficio o servizio il possesso o comunque la disponibilità di denaro o di altra cosa mobile altrui, se ne appropria*.

■ È *reato plurioffensivo*, essendo leso non solo il regolare funzionamento e il prestigio della p.a., ma anche gli interessi patrimoniali di quest'ultima. E, inoltre, un *reato proprio*, che può essere commesso esclusivamente da un pubblico ufficiale o incaricato di pubblico servizio.

■ La **condotta incriminata** consiste nell'appropriazione di denaro o altra cosa mobile altrui. Con la **riforma del 1990**, sono venuti meno:

- il requisito dell'*appartenenza alla p.a.* della cosa oggetto della condotta;
- il requisito del *profitto, proprio o altrui* (in considerazione del fatto che il concetto di profitto deve considerarsi insito in quello di appropriazione e che, in ogni caso, la condotta viene realizzata nell'interesse dell'agente);
- il riferimento alla condotta di *distrazione*, che nella precedente formulazione era alternativa rispetto a quella di appropriazione.

La condotta di **appropriazione** consiste in un comportamento *uti dominus* dell'agente nei confronti della cosa, che si materializzi in atti incompatibili con il titolo per cui si possiede, sì da realizzare l'*interversio possessionis* e l'interruzione della relazione funzionale tra il bene e il suo legittimo proprietario. Nel dettaglio, devono sussistere **due momenti**:

a) l'espropriazione del proprietario dal rapporto con la cosa;
b) l'impropriazione, cioè la creazione della signoria di fatto tra il soggetto attivo del peculato e la cosa stessa.

■ **Presupposto** della condotta di peculato è, innanzitutto, il *possesso o la disponibilità di denaro o di altra cosa mobile altrui*.
L'utilizzo, nel testo riformato nel 1990, del termine "disponibilità" ha eliminato ogni possibile dubbio sulla particolare ampiezza delle ipotesi riconducibili all'art. 314 c.p. Altro requisito è **la ragione d'ufficio o servizio** che deve qualificare il possesso della cosa fatta propria. Secondo l'indirizzo giurisprudenziale prevalente, il possesso rilevante non è soltanto quello collegato con una competenza specifica, strettamente funzionale, ma *anche quello determinato da prassi, consuetudini o perfino mera occasionalità, comunque riconducibile all'ufficio o servizio*.
■ Quanto al **momento consumativo**, il peculato si realizza nel momento in cui si perfeziona l'appropriazione, con conseguente irrilevanza dell'avvenuta restituzione in cassa della cosa sottratta (**reato istantaneo**). Si ritiene configurabile il **tentativo**.
■ Quanto all'**elemento soggettivo**, quello di peculato è pacificamente considerato un delitto a **dolo generico**.

Peculato d'uso.
■ Con la riforma del 1990, è stato introdotto il secondo comma dell'art. 314 c.p., disciplinante la fattispecie del **peculato d'uso,** che ricorre quando *"il colpevole ha agito al solo scopo di fare uso momentaneo della cosa e questa, dopo l'uso momentaneo, è stata immediatamente restituita"*. Per l'orientamento prevalente è **figura autonoma** di reato, non già semplice attenuante. L'elemento specializzante è nel dolo specifico consistente nello scopo di usare temporaneamente la cosa sottratta.
L'**uso momentaneo** richiesto dalla norma deve essere di **breve durata**. L'uso prolungato, anche se improprio, dovrebbe quindi ricadere sotto la previsione del primo comma.
Per l'opinione dominante, il delitto **si consuma** nel momento e nel luogo in cui si verifica l'**appropriazione** sorretta dal fine restitutorio.

▶ 3.2. Peculato mediante profitto dell'errore altrui (art. 316 c.p.)

La riforma del 1990 ha previsto un'ulteriore ipotesi *sui generis* di peculato all'art. 316 c.p., in base al quale *"il pubblico ufficiale o l'incaricato di un pubblico servizio, il quale, nell'esercizio delle funzioni o del servizio, giovandosi dell'errore altrui, riceve o ritiene indebitamente, per sé o per un terzo, denaro od altra utilità, è punito con la reclusione da sei mesi a due anni."*.
Il tratto caratterizzante della fattispecie sta nell'approfittamento dell'errore altrui: errore nel quale il privato deve incorrere per una causa diversa dall'inganno del soggetto pubblico, atteso che altrimenti troverà applicazione il peculato comune. Altro tratto caratterizzante, capace di segnare la differenza con la figura ex art. 314 c.p. è l'incriminazione della condotta di **ricezione** oltre che di ritenzione.

▶ 3.3. Malversazione di erogazioni pubbliche (art. 316-*bis* c.p.)

Il delitto di cui all'art. 316-*bis* c.p. è stato introdotto dalla l. n. 86/1990, al fine di colmare il vuoto di tutela rispetto al caso di chi ottenesse una sovvenzione pubblica in maniera lecita e senza frode, utilizzando tuttavia la somma ricevuta per un fine diverso da quello per cui la sovvenzione era stata concessa.
È il reato di chi, *estraneo alla pubblica amministrazione, avendo ottenuto dallo Stato o da altro ente pubblico o dalle Comunità europee contributi, sovvenzioni, finanziamenti, mutui agevolati o altre erogazioni dello stesso tipo, comunque denominate, destinati alla realizzazione di una o più finalità, non li destina alle finalità previste*.
L'art. 28-*bis*, **d.l. 27 gennaio 2022, n. 4**, è intervenuto sul delitto di cui all'art. 316-*bis* c.p., estendendo la fattispecie - prima circoscritta alla distrazione di contributi, sovvenzioni o finanziamenti pubblici- anche ai **mutui agevolati** e alle altre **erogazioni pubbliche, comunque denominate**. Inoltre, eliminando il riferimento alle finalità di pubblico interesse, il decreto-legge ha inteso sanzionare **qualsiasi deviazione** dalle finalità per le quali le risorse sono state assegnate.
Infine, la rubrica dell'articolo 316-*bis* è stata modificata, facendo ora riferimento alla **malversazione di erogazioni pubbliche**.
■ La **condotta incriminata** consiste nel fatto di chi, ottenuti i finanziamenti, non li destina alle finalità per cui gli stessi erano stati erogati.

■ Quanto all'**elemento soggettivo**, si tratta di reato a **dolo generico**.

■ In merito al **momento consumativo**, la giurisprudenza ha affermato che coincide con la scadenza del termine entro cui avrebbero dovuto essere realizzate le opere per le quali erano stati concessi i pubblici finanziamenti, non potendosi escludere, fino a quando detta scadenza non si sia verificata, che l'agente, pur se abbia nel frattempo destinato quei finanziamenti ad altra finalità, non provveda comunque alla realizzazione delle opere con altri mezzi economici (*Cass. pen., 40375/2002*).

▶ 3.4. Indebita percezione di erogazioni pubbliche (art. 316-*ter* c.p.)

È il reato di chi, salvo che il fatto costituisca il reato previsto dall'art. 640-*bis* c.p., *mediante l'utilizzo o la presentazione di dichiarazioni o di documenti falsi o attestanti cose non vere, ovvero mediante l'omissione di informazioni dovute, consegue indebitamente, per sé o per altri, contributi, sovvenzioni, finanziamenti, mutui agevolati o altre erogazioni dello stesso tipo, comunque denominate, concessi o erogati dallo Stato, da altri enti pubblici o dalle Comunità europee*.

Il comma 2 prevede due circostanze aggravanti qualora il fatto: sia commesso da un pubblico ufficiale o da un incaricato di un pubblico servizio con abuso della sua qualità o dei suoi poteri; offenda gli interessi finanziari dell'Unione europea e il danno o il profitto sono superiori a euro 100.000.

■ Il reato si realizza e si consuma con il conseguimento indebito di erogazioni pubbliche ottenuto con particolari modalità di azione, indicate dalla norma come *"utilizzo o presentazione di dichiarazioni o di documenti falsi o attestanti cose non vere"* o *"omissione di informazioni dovute"* (*condotte equivalenti*), che si concretizzano in **comportamenti positivi** (utilizzo e presentazione) e **omissivi** (omissione di informazioni). Le informazioni la cui omissione può integrare la fattispecie dell'art. 316-*ter* c.p. devono essere **dovute**, in quanto oggetto di esplicite richieste dell'ente o desumibili dal principio di buona fede precontrattuale *ex* art. 1337 c.c.

■ Il **dolo** è **generico**.

■In base all'ultimo comma dell'art. 316-*ter* c.p., inoltre, il conseguimento di una somma pari o inferiore ad euro 3999,96 non integra la condotta penalmente rilevante, ma **solo un illecito amministrativo.**

■ Il delitto in esame ha carattere **sussidiario**, in quanto configurabile solo ove la condotta non integri il reato previsto dall'art. 640-*bis*, che sanziona la **truffa aggravata** per il conseguimento di erogazioni pubbliche. Dalla truffa, il resto in esame si distingue perché non fa parte della sua struttura la fraudolenta induzione in errore dell'ente erogatore.

▶ 3.5. Concussione (art. 317 c.p.)

Il reato di cui all'art. 317 c.p., figura chiave dell'apparato di tutela penalistica del corretto esercizio dei pubblici poteri, si presenta come una sorta di **estorsione qualificata** dalla natura del **soggetto agente**.

È infatti il reato *del pubblico ufficiale o l'incaricato di un pubblico servizio che, abusando della sua qualità o dei suoi poteri, costringe taluno a dare o a promettere indebitamente, a lui o a un terzo, denaro o altra utilità*.

Quella riportata è la formulazione conseguente alle modifiche introdotte dalla **l. n. 190/2012**, che ha:

- circoscritto la punibilità alla sola ipotesi di concussione **per costrizione**, disciplinando la precedente figura della concussione per induzione nel nuovo art. 319-*quater* c.p.;
- innalzato la pena minima dagli originari quattro anni agli attuali sei anni.

■ La condotta è descritta dal legislatore attraverso due momenti distinti:

a) lo strumento utilizzato dall'agente (**l'abuso della qualità o dei poteri**);

b) l'effetto cui l'abuso è preordinato.

Quanto all'**abuso**, è qualificato dal fine perseguito e può assumere due forme:

- l'abuso **della qualità**, che si configura quando il pubblico funzionario, per costringere altri all'indebito, faccia valere la sua posizione, strumentalizzando la propria qualifica soggettiva, avendo anche laddove non abbia competenza all'esercizio dei poteri;
- l'abuso **dei poteri,** che si ha quando il soggetto attivo esercita il suo potere secondo criteri diversi da quelli imposti dalla legge, usando in modo distorto le attribuzioni dell'ufficio.

L'abuso può ricorrere sia nell'ambito dell'**attività vincolata della p.a.**, sia in quella **discrezionale**, ed anche attraverso una **condotta omissiva**.

Quanto all'**effetto** realizzato con l'abuso, deve consistere nel **costringere** il privato a dare o promettere denaro o altra utilità.

La **concussione mediante costrizione** comprende ogni forma di coazione che sia in grado di alterare il procedimento di formazione della volontà del soggetto passivo. Tale effetto può essere prodotto attraverso **violenza** o, più di frequente, mediante **minaccia**, ossia attraverso la prospettazione di un male ingiusto, dal quale deriva una grave limitazione della libertà di autodeterminazione del destinatario (senza tuttavia annullarla del tutto): questi è posto di fronte all'alternativa secca di subire il male prospettato o evitarlo con la dazione o la promessa dell'indebito. La minaccia deve essere **seria ed idonea**, secondo l'*id quod plerumque accidit*, ad esercitare una *pressione psichica sul soggetto passivo*, tenuto conto anche delle specifiche condizioni soggettive e personali di quest'ultimo.

- L'**evento** del reato è rappresentato dalla **indebita dazione** o dalla **promessa** di denaro o altra utilità da parte del concusso. Per **denaro** devono intendersi sia la moneta vera e propria, italiana o straniera, avente corso legale, sia le carte di pubblico credito previste dall'art. 358 c.p. Sul significato di **altra utilità** si scontrano, invece, diverse interpretazioni: l'indirizzo prevalente propende per identificarla in tutto ciò che può soddisfare un bisogno umano e rappresenta un vantaggio per la persona, patrimoniale, non patrimoniale, o finanche sessuale.
- Se un primo orientamento giurisprudenziale afferma che la concussione **si consuma** al momento della **promessa** senza che la successiva dazione abbia alcun ruolo, alcune pronunce ammettono lo **spostamento in avanti** del momento consumativo laddove la promessa sia seguita dalla dazione (reato e esecuzione frazionata). Pacifica appare la configurabilità del **tentativo**.
- Il **dolo** è **generico**.

▶ 3.6. Induzione indebita a dare o promettere utilità (art. 319-*quater* c.p.)

L'art. 319-*quater* c.p. è stato introdotto dalla l. 6 novembre 2012, n. 190.
La nuova fattispecie consiste *nel fatto del pubblico ufficiale o dell'incaricato di pubblico servizio che, abusando della sua qualità o dei suoi poteri,* ***induce*** *taluno a dare o a promettere indebitamente, a lui o a un terzo, denaro o altra utilità*. Del reato risponde, ancorché con pena più lieve, anche *chi dà o promette denaro o altra utilità*.
La pena della reclusione prevista per l'agente pubblico che abusa va, infatti, da un minimo di 6 anni ad un massimo di 10 anni e 6 mesi, come disposto dalla legge 27 maggio 2015, n. 69. Per chi dà o promette denaro o altra utilità, invece, la pena è della reclusione fino a tre anni ovvero fino a quattro anni quando il fatto offende gli interessi finanziari dell'Unione europea e il danno o il profitto sono superiori a euro 100.00.
Con la riforma del 2012, si è provveduto, quindi, a scorporare dall'art. 317 c.p.p. la fattispecie di **concussione per induzione**, trasformandola in fattispecie speciale rispetto all'ipotesi-base (cd. concussione per costrizione). Il nuovo reato di induzione indebita a dare o promettere utilità ha *carattere sussidiario*, essendo applicabile solo ove il fatto non costituisca più grave reato.
È fondamentale esaminare l'elemento specializzante costituito dall'**induzione del concusso**.

La **distinzione tra costringere e indurre** è infatti diventata fondamentale.
Le Sezioni Unite hanno tracciato la differenza nei seguenti termini (**Cass., Sez. Un., 24 ottobre 2013 n. 12228**): la **costrizione** sussiste in presenza di una condotta che determina nel destinatario della stessa una **costrizione psichica relativa** realizzata tramite minaccia o violenza. La minaccia può essere esplicita, ma può realizzarsi in forme più allusive, anche attraverso condotte ostruzionistiche, purché la condotta abbia una carica intimidatoria analoga a quella di una minaccia esplicita; a rilevare non sono le forme di manifestazione della condotta, ma il suo effetto sulla psiche del destinatario, in quanto la costrizione — senza giungere ad una forma di *vis absoluta* — deve «porre il soggetto passivo in una **condizione di sostanziale mancanza di alternativa**, vale a dire con le spalle al muro: evitare il verificarsi del più grave danno minacciato, che altrimenti si verificherà sicuramente, offrendo la propria disponibilità a dare o promettere una qualche utilità (danno minore) che sa non essere dovuta (*certat de damno vitando*) ».
L'**induzione** di cui all'art. 319-*quater* è, invece, connotata da **due diversi profili**. Innanzitutto, è presente una minore capacità di condizionamento del suo destinatario, il quale mantiene una **più ampia libertà di scelta**, che gli consente di non piegarsi alle richieste dell'*intraneus*. Il secondo elemento è costituito dalla *finalità che sorregge la condotta di dare o promettere l'indebito*: se nella costrizione il destinatario della stessa agisce per evitare un danno, nell'induzione, che lascia maggior autonomia d'azione, si determina a dare o promettere **per acquisire un vantaggio** (*certat de lucro captando*).

▶ 3.7. I reati di corruzione (artt. 318-322 c.p.)

A) Generalità.

La disciplina dei reati di corruzione è stata significativamente modificata con l. 6 novembre 2012 n. 190.
Le ipotesi di **corruzione** sono disciplinate in diversi articoli del codice penale: dall'art. 318 all'art. 322 c.p.
Il tratto caratterizzante il delitto di corruzione consiste nell'accordo (***pactum sceleris***) tra il pubblico ufficiale o l'incaricato di pubblico servizio (quest'ultimo rilevante *ex* art. 320 c.p.) ed il privato, avente per oggetto il compimento di determinati atti da parte del primo.
A seconda che tali atti siano *conformi o meno ai doveri dell'ufficio*, si distingue tra la meno grave **corruzione impropria** (art. 318 c.p.) e la più grave **corruzione propria** (art. 319 c.p.).
La corruzione configura una tipica ipotesi di *reato-contratto*: il legislatore incrimina la stessa stipulazione di un contratto a prestazioni corrispettive tra corrotto e corruttore, che presenta in sé profili di marcata illiceità dell'oggetto, a fronte del principio generale di incommerciabilità delle funzioni pubbliche. Alla sanzione penale si accompagna, sul piano civile, la inevitabile declaratoria di *nullità del contratto*.
In rapporto al *momento temporale* in cui il pubblico funzionario riceve il denaro o altra utilità o la relativa promessa, si distingue tra:

- **corruzione antecedente**, se l'agente pubblico li riceve per un atto che deve ancora compiere;
- **corruzione susseguente**, se invece il denaro o altra utilità vengono a lui dati per un atto che egli ha già compiuto.
- A seconda del *soggetto* preso in considerazione, è possibile distinguere tra:
- **corruzione attiva**, ad indicare la condotta del privato che dà o promette al pubblico funzionario la retribuzione non dovuta;
- **corruzione passiva**, a descrivere quella dell'agente pubblico che riceve la retribuzione o ne accetta la promessa.

Quanto alle pene, la legge 27 maggio 2015, n. 69 ha inasprito il trattamento sanzionatorio anche per i reati di corruzione. Ha previsto, in particolare:

- per il delitto di corruzione per l'esercizio della funzione (art. 318) la pena della reclusione da 1 a 6 anni (in precedenza: da 1 a 5 anni);
- per il reato di corruzione per un atto contrario ai doveri d'ufficio (art. 319) la pena della reclusione da 6 a 10 anni (in precedenza: da 4 a 8 anni);
- per il reato di corruzione in atti giudiziari (art. 319-*ter*) la pena della reclusione da 6 a 12 anni (in precedenza: da 4 a 10 anni) e un inasprimento sanzionatorio anche per le aggravanti di cui al secondo comma della disposizione.

B) Natura giuridica.

■ Quanto alla **natura giuridica**, secondo la tesi maggioritaria in dottrina e in giurisprudenza, la corruzione è un **reato plurisoggettivo proprio** (o **a concorso necessario**) di carattere unitario, il cui elemento materiale è dato dalle *condotte convergenti del pubblico funzionario e del privato*, che si integrano reciprocamente. È invece del tutto minoritaria l'opinione che interpreta la corruzione passiva (artt. 318 s.) e la corruzione attiva (art. 321) come fattispecie autonome.

C) Fattispecie di corruzione.

a) Corruzione per l'esercizio della funzione (corruzione impropria: art. 318 c.p.).
E' il reato del *pubblico ufficiale o dell'incaricato di pubblico servizio che, per l'esercizio delle sue funzioni o dei suoi poteri, indebitamente riceve, per sé o per un terzo, denaro o altra utilità o ne accetta la promessa.*
A seguito dei correttivi operati dalla l. 6 novembre 2012, n. 190, le **condotte** incriminate consistono pertanto nella ricezione di denaro o altra utilità o nell'accettazione della relativa promessa **per l'esercizio delle sue funzioni o dei suoi poteri**. La **corruzione impropria** di cui all'art. 318 c.p. prescinde, quindi, dall'adozione o dall'omissione di atti inerenti al proprio ufficio, ma è finalizzata esclusivamente a remunerare l'esercizio delle funzioni odei poteri spettanti al pubblico ufficiale. In ciò si differenzia dalla **corruzione propria** di cui all'art. 319, che rimane ancorata alla prospettiva del compimento di un atto contrario ai doveri d'ufficio (come anche all'omissione o ritardo di un atto d'ufficio).

Quanto alla **prestazione del privato**, pur essendo stato eliminato il riferimento normativo alla "retribuzione", si ritiene tuttora necessario il carattere della **proporzionalità**, nel senso di escludere la rilevanza dei *piccoli doni occasionali*. È in ogni caso necessario che la prestazione del privato *non sia dovuta* in base alla legge.
Lo scambio deve avere per oggetto *denaro o altra utilità*: in tale nozione rientra qualsiasi vantaggio materiale o morale, patrimoniale o non patrimoniale, che abbia valore per il pubblico agente, anche qualsiasi prestazione di fare o non fare.
Per il **momento consumativo** valgono le considerazioni svolte di seguito *sub* art. 319 c.p. È peraltro importante segnalare che la l. n. 190/2012 ha eliminato il riferimento testuale alla corruzione impropria susseguente.

b) Corruzione per un atto contrario ai doveri d'ufficio (corruzione propria; art. 319 c.p.).
La c.d. **corruzione propria** si sostanza nella conclusione di un accordo tra pubblico ufficiale e privato avente ad oggetto il compimento, da parte del primo, di un atto **contrario** ai doveri d'ufficio. In particolare, oggetto del mercimonio può essere l'**omissione** (dunque il mancato compimento) o il **ritardo** (cioè il compimento oltre il termine prescritto o comunque con rilevante dilazione rispetto al momento in cui doveva essere eseguito) di un atto d'ufficio, ovvero il compimento di un **atto contrario** ai doveri d'ufficio (qualsiasi atto in contrasto con norme giuridiche o con istruzioni di servizio, o che comunque violi i doveri di fedeltà, imparzialità ed onestà imposti a chiunque eserciti una pubblica funzione).
Si distingue tra:
- **corruzione propria antecedente**, nella quale la condotta consiste per il *pubblico funzionario* nel ricevere per sé o per un terzo denaro o altra utilità o nell'accettarne la promessa al fine di compiere un atto contrario ai doveri d'ufficio o di omettere o ritardare un atto dell'ufficio; per il *privato* nel dare o promettere a tal fine il denaro o altra utilità;
- **corruzione propria susseguente**, nella quale invece, il fatto punito è rappresentato dalla ricezione da parte dell'*intraneus* del denaro o di altra utilità (e dalla relativa dazione da parte dell'*extraneus*) dopo il compimento dell'attività antigiuridica ed a causa di essa.

Riguardo al **momento consumativo** del reato, la giurisprudenza prevalente ritiene che il delitto de quo sia una fattispecie a **duplice schema**: se la mera promessa è sufficiente a determinare la consumazione del reato, il momento consumativo si sposta in avanti laddove la promessa venga adempiuta.
Passando all'**elemento soggettivo**, nella corruzione propria antecedente, è richiesto il **dolo specifico**; nella corruzione propria susseguente, invece, il **dolo** è **generico**.

c) Corruzione in atti giudiziari (art. 319-*ter* c.p.)
L'art. 319-*ter* c.p., introdotto dalla l. 86/1990, prevede l'ipotesi della corruzione in atti giudiziari che si ha quando i *fatti indicati negli articoli 318 e 319 sono commessi per favorire o danneggiare una parte in un processo civile, penale o amministrativo*. Per la dottrina maggioritaria, la corruzione in atti giudiziari è una **fattispecie autonoma** (avendo perso la natura di aggravante).
La **condotta incriminata** è quindi descritta in gran parte attraverso un *rinvio* agli artt. 318 e 319 c.p., e quindi ai fatti di corruzione per l'esercizio della funzione o dei poteri e di corruzione propria. A contraddistinguerla è comunque la *finalità* per cui gli atti corruttivi devono essere commessi: quella di favorire o danneggiare una parte in un processo civile, penale o amministrativo.
Indispensabile è che sussista un **collegamento funzionale** tra il fatto corruttivo e l'attività giudiziaria svolta.
L'**elemento psicologico** richiesto è il **dolo specifico**, cioè la finalità di favorire o danneggiare una parte nel processo.
Proprio l'elemento specializzante dello scopo della condotta, concepibile dal punto di vista logico solo nei confronti di un atto che non è stato ancora compiuto, ha indotto una parte della dottrina a ritenere escluse dall'ambito applicativo della fattispecie le ipotesi di corruzione susseguente. In senso opposto si sono, però, espresse le Sezioni Unite della Corte di Cassazione (Cass. pen., Sez. un., 21 aprile 2012, n. 15208).

Il secondo comma dell'art. 319-*ter* c.p. prevede, infine, **due circostanze aggravanti**: laddove dal fatto di cui al primo comma consegua l'ingiusta condanna di una persona alla reclusione non superiore ai cinque anni, si applica la reclusione da sei a quattordici anni; laddove dal fatto di cui al primo comma consegua l'ingiusta condanna superiore a cinque anni di reclusione o l'ergastolo, si applica la reclusione da otto a venti anni.

d) Istigazione alla corruzione (art. 322 c.p.)
L'art. 322 c.p. è il reato di chi *offre o promette denaro od altra utilità non dovuti ad un pubblico ufficiale o ad*

un incaricato di un pubblico servizio:
- per l'esercizio delle sue funzioni o dei suoi poteri, qualora l'offerta o la promessa non sia accettata;
- per indurre un pubblico ufficiale o un incaricato di un pubblico servizio a omettere o a ritardare un atto del suo ufficio, ovvero a fare un atto contrario ai suoi doveri, qualora l'offerta o la promessa non sia accettata.
Il comma 3 dell'art. 322 punisce, altresì, il pubblico ufficiale o l'incaricato di un pubblico servizio che sollecita una promessa o dazione di denaro o altra utilità per l'esercizio delle sue funzioni o dei suoi poteri o per le finalità indicate dall'art. 319 c.p. (corruzione per atto contrario ai doveri d'ufficio).
L'istigazione alla corruzione è una fattispecie **autonoma** di delitto consumato e si configura come reato di mera condotta, per la cui consumazione si richiede che il colpevole agisca allo scopo di trarre una utilità o di conseguire una controprestazione dal comportamento omissivo o commissivo del pubblico ufficiale, indipendentemente dal successivo verificarsi o meno del fine cui è preordinata la istigazione.
Per **offerta** si intende l'effettiva e spontanea messa a disposizione di denaro o altra utilità, mentre la **promessa** si ravvisa nell'impegno ad una prestazione futura. È dunque sufficiente la semplice offerta o promessa, purché sia caratterizzata da adeguata serietà e sia in grado di turbare psicologicamente il pubblico ufficiale o l'incaricato di pubblico servizio, al punto che vi sia il pericolo che lo stesso accetti l'offerta o la promessa.

▶ 3.8. Peculato, concussione, induzione indebita a dare o promettere utilità, corruzione e istigazione alla corruzione di membri delle Corti internazionali o degli organi delle Comunità europee o di assemblee parlamentari internazionali o di organizzazioni internazionali e di funzionari delle Comunità europee e di Stati esteri (art. 322-*bis*)

Atteso l'ampliarsi delle funzioni legislative ed amministrative attribuite ad organi sovranazionali, segnatamente a quelli dell'Unione europea, è emersa la necessità di estendere l'area del penalmente rilevante a **pubblici agenti non italiani**, in particolare la responsabilità per i reati contemplati dagli artt. 314, 316, da 317 a 320, 322, commi 3 e 4, e 323 c.p.

▶ 3.9. Custodia giudiziale dei beni sequestrati (art. 322-*ter.1* c.p.)

L'art. 322-*ter.1* c.p., rubricato *"Custodia giudiziale dei beni sequestrati"*, dispone che i beni sequestrati nell'ambito dei procedimenti penali relativi ai delitti indicati all'articolo 322-*ter*, diversi dal denaro e dalle disponibilità finanziarie, possono essere affidati dall'autorità giudiziaria in custodia giudiziale agli organi della polizia giudiziaria che ne facciano richiesta per le proprie esigenze operative.

▶ 3.10. Riparazione pecuniaria (art. 322-*quater* c.p.)

In tema di **riparazione pecuniaria**, con l. 27 maggio 2015, n. 69 è stato introdotto un nuovo art. 322-*quater* c.p., che a seguito delle modifiche apportate dalla l. 9 gennaio 2019, n. 3 così dispone: *"Con la sentenza di condanna per i reati previsti dagli articoli 314, 317, 318, 319, 319-ter, 319-quater, 320, 321 e 322-bis, è sempre ordinato il pagamento di una somma equivalente al prezzo o al profitto del reato a titolo di riparazione pecuniaria in favore dell'amministrazione lesa dalla condotta del pubblico ufficiale o dell'incaricato di un pubblico servizio, restando impregiudicato il diritto al risarcimento del danno."* .
Peraltro, tale riparazione è condizione necessaria per l'applicazione di rilevanti istituti, come la sospensione condizionale della pena e il c.d. patteggiamento ex art. 444 c.p.p.

▶ 3.11. Causa di non punibilità (art. 323-*ter* c.p.)

La l. 9 gennaio 2019, n. 3 (legge spazzacorrotti) ha introdotto un nuovo art. 323-*ter*, volto a prevedere una **causa di non punibilità** (come tale suscettibile di applicazione retroattiva *ex* art. 2, comma 4, c.p.), in base alla quale *"Non è punibile chi ha commesso taluno dei fatti previsti dagli articoli 318, 319, 319-ter, 319-quater, 320, 321, 322-bis, limitatamente ai delitti di corruzione e di induzione indebita ivi indicati, 353, 353-bis e 354 se, prima di avere notizia che nei suoi confronti sono svolte indagini in relazione a tali fatti e, comunque, entro quattro mesi dalla commissione del fatto, lo denuncia volontariamente e fornisce indicazioni utili e concrete per assicurare la prova del reato e per individuare gli altri responsabili."*
La non punibilità è subordinata alla consegna dell'utilità percepita o di una somma di pari valore (ovvero all'indicazione di elementi utili per individuarne il beneficiario effettivo) e non si applica *"quando la denuncia*

di cui al primo comma è preordinata rispetto alla commissione del reato denunciato", né in favore dell'agente sotto copertura che ha agito in violazione dell'art. 9, l. 16 marzo 2006, n. 146.".

▶ 3.12. Abuso d'ufficio (art. 323 c.p.)

E' il reato *del pubblico ufficiale o dell'incaricato di pubblico servizio che, nello svolgimento delle funzioni o del servizio, in violazione di specifiche regole di condotta espressamente previste dalla legge o da atti aventi forza di legge e dalle quali non residuino margini di discrezionalità, ovvero omettendo di astenersi in presenza di un interesse proprio o di un prossimo congiunto o negli altri casi prescritti, intenzionalmente procura a sé o ad altri un ingiusto vantaggio patrimoniale ovvero arreca ad altri un danno ingiusto*.
La descrizione riportata è conseguente una triplice riforma che ha riguardato l'art. 323 c.p., dapprima con la l. 86/1990 (in sede di riforma generale dei delitti dei pubblici ufficiali), poi con la l. 234/1997 e, infine, col D.L. 16 luglio 2020, n. 76. La l. 6 novembre 2012 n. 190, invece, ha investito il solo profilo sanzionatorio, elevando il minimo ed il massimo edittale (rispettivamente ad uno e quattro anni).

Gli obiettivi perseguiti dalle riforme sono individuabili nel fine di:
- assicurare una maggiore coerenza della fattispecie di abuso con il principio di precisione e di determinatezza imposto dal comma 2 dell'art. 25 Cost.;
- scongiurare il rischio di "invasione" e di interferenza del giudice penale in aree riservate alla valutazione discrezionale della p.a.
- (per la riforma del 2020) rilanciare l'azione amministrativa nell'ottica di favorire la ripresa del "sistema-Italia" dopo l'emergenza coronavirus.

Discusso è il **bene giuridico** tutelato.
Secondo una prima impostazione, il bene tutelato sarebbe solo il **buon andamento** e l'**imparzialità della P.A.**, sicché il terzo eventualmente inciso andrebbe qualificato come danneggiato e non come persona offesa dal reato (Antolisei, Fiandaca-Musco). Su diverso versante si collocano quanti ritengono che venga in considerazione una **fattispecie plurioffensiva** (Benussi; in giurisprudenza *Cass. pen., 29 marzo 2012, n. 13179*), atta a ledere altresì il **patrimonio del terzo danneggiato**, che andrebbe considerato persona offesa dal reato.

■ L'abuso d'ufficio oggi si presenta come **reato di evento**, il cui nucleo centrale consiste nella effettiva produzione di un ingiusto vantaggio patrimoniale o di un danno ingiusto (tra loro alternativi). Il **vantaggio** può essere **soltanto patrimoniale**. L'evento di **danno** è enunciato, invece, senza alcuna specificazione: esso non riguarda solo situazioni soggettive di carattere patrimoniale, ma anche *"l'aggressione ingiusta alla sfera della personalità, per come tutelata dalle norme costituzionali"* (*Cass. pen. 4985/2004*). Sia il vantaggio sia il danno, per essere penalmente rilevanti, devono essere **ingiusti**, ovverosia **prodotti *contra ius*** (in violazione dell'ordinamento giuridico) e ***non iure*** (in assenza di cause di giustificazione).
■ Una fondamentale innovazione della riforma del 1997 è l'introduzione del parametro per individuare l'**abusività della condotta** del pubblico ufficiale o dell'incaricato di pubblico servizio.

Prima delle innovazioni introdotte dalla citata riforma del 2020, esso si concretizzava nella:
a) violazione di norme di legge o di regolamento;
b) violazione dell'obbligo di astensione del pubblico funzionario *"in presenza di un interesse proprio o di un prossimo congiunto o negli altri casi prescritti"*.

Con la riforma del 2020, l'abuso deve consistere nella *"violazione di specifiche regole di condotta espressamente previste dalla legge o da atti aventi forza di legge e dalle quali non residuino margini di discrezionalità"*.
Diversi i problemi interpretativi emersi.
Ci si è in primo luogo chiesti in giurisprudenza se nella nozione di "legge" di cui all'art. 323 c.p. rientri anche la **legge sul procedimento amministrativo** (l. 241/90); la tesi oggi prevalente è quella secondo cui l'abuso di ufficio può essere integrato per effetto della violazione di disposizioni anche semplicemente procedimentali, ferma tuttavia la necessità che il giudice volta per volta verifichi la derivazione logico-causale del danno o del vantaggio ingiusto dalla violazione della norma procedimentale.
Ci si è chiesti, ancora, se possa realizzarsi la condotta incriminata attraverso un provvedimento non violativo di leggi o regolamenti e comunque non emesso in una situazione di conflitto d'interessi, ma che risulti viziato sotto il profilo dell'**eccesso di potere**. La questione è comunque superata in ragione della

sostituzione della (relativamente) ampia espressione, *"in violazione di norme di legge o di regolamento"* con la ben più dettagliata clausola *"in violazione di specifiche regole di condotta espressamente previste dalla legge o da atti aventi forza di legge e dalle quali non residuino margini di discrezionalità"*. Emerge all'evidenza l'intento del *conditor legis* di risolvere l'analizzato dibattito circa la rilevanza penale dell'eccesso di potere, imponendo la soluzione negativa, sicché la norma incriminatrice dovrebbe applicarsi alle sole ipotesi di abuso di poteri vincolati. La nuova formulazione dell'art. 323 non trova, infatti, applicazione nel caso di atti amministrativi connotati da un *"margine di discrezionalità tecnica"*, in cui la scelta dell'Amministrazione si compie attraverso un complesso giudizio valutativo condotto alla stregua di regole tecniche (come nel caso dei giudizi delle commissioni sul merito della produzione scientifica di un candidato ad una selezione pubblica). In tali casi, l'incoerenza del giudizio valutativo rispetto alla regola tecnica che lo sorregge non è più suscettibile di integrare la fattispecie tipica, a meno che la regola tecnica non sia trasfusa in una regola di comportamento specifica e "rigida" di fonte primaria; ma anche in tal caso, permane l'insindacabilità del "nucleo valutativo" del giudizio tecnico (Cass., Sez. VI, 15 aprile 2021, n. 14214).
Con la riforma del 2020 diviene, altresì, irrilevante la violazione di **norme regolamentari**, venendo conferito rilievo alla sola inosservanza della legge e di atti ad essa equiparati (quindi, di rango primario). Per di più **non è sufficiente qualsiasi violazione di legge**, occorrendo ulteriormente che la norma ponga, peraltro in modo **espresso**, regole di condotta, che, appunto, vengano infrante.

▪ La seconda modalità della condotta, non toccata dal d.l. n. 76/2020, è costituita dalla **violazione di un obbligo di astensione** in presenza di un interesse proprio o di un prossimo congiunto o negli altri casi prescritti. Si tratta delle ipotesi nelle quali è presente un *conflitto* tra l'interesse pubblico da perseguire e un interesse che può far capo allo stesso soggetto attivo o ad un prossimo congiunto o rilevare nei casi in cui sia prescritta l'astensione. Rispetto a questa modalità della condotta permane l'obbligo di astensione in presenza di un interesse proprio o di un prossimo congiunto, direttamente indicato dalla fattispecie incriminatrice, mentre gli altri casi prescritti a cui l'art. 323 rinvia possono essere anche disciplinati da **fonti regolamentari** (Cass., 25 agosto 2020 n. 32174).
▪ Il delitto in parola **si consuma** con il verificarsi del vantaggio patrimoniale o del danno. Il **tentativo** è ritenuto configurabile.
▪ Circa l'**elemento soggettivo**, il reato in discussione si presenta come delitto di evento a **dolo generico** (non più a dolo specifico, come nella previgente formulazione), caratterizzato dal requisito dell'**intenzionalità**. L'introduzione dell'avverbio *"intenzionalmente"* esclude, quindi, la rilevanza del dolo eventuale.
▪ Al comma 2 è indicata una **circostanza aggravante** per le ipotesi di rilevante gravità del vantaggio o del danno.
▪ L'attuale fattispecie di abuso conserva la **clausola di riserva** "salvo che il fatto non costituisca più grave reato", tale da svelare la **sussidiarietà** della disposizione rispetto a delitti più gravi, la cui consumazione esclude l'applicazione dell'art. 323 c.p.

▶ 3.13. Collaborazione processuale (art. 323-*bis* c.p.)

Il comma 1 dell'art. 323-*bis* c.p., introdotto dalla l. 26 aprile 1990, n. 86, contempla una circostanza attenuante per i casi in cui i reati elencati negli articoli precedenti risultino di **particolare tenuità.** La l. 27 maggio 2015, n. 69 ha introdotto un secondo comma all'art. 323-*bis* c.p. prevedendo una circostanza attenuante per la **collaborazione processuale**, capace di apportare una diminuzione della pena da un terzo a due terzi per il responsabile di specifici delitti contro la pubblica amministrazione (indicati dagli artt. 318, 319, 319-*ter*, 319-*quater*, 320, 321, 322 e 322-*bis* c.p.), che *"si sia efficacemente adoperato per evitare che l'attività delittuosa sia portata a conseguenze ulteriori, per assicurare le prove dei reati e per l'individuazione degli altri responsabili ovvero per il sequestro delle somme o altre utilità trasferite"*. Tale circostanza: ha natura soggettiva (trovando fondamento nella minore capacità a delinquere del colpevole); non si applica alla concussione.

▶ 3.14. Rivelazione di segreti d'ufficio (art. 326 c.p.)

▪ È il reato del *pubblico ufficiale o della persona incaricata di un pubblico servizio che:*
a) violando i doveri inerenti alle funzioni o al servizio, o comunque abusando della sua qualità, rivela notizie

di ufficio, le quali debbano rimanere segrete, o ne agevola in qualsiasi modo la conoscenza (comma 1). È prevista una pena inferiore nel caso in cui l'agevolazione sia soltanto colposa (comma 2). Per **agevolazione** si intende la condotta con cui in qualsiasi modo, anche omissivo, si rende possibile o più agevole ad altri di procurarsi la conoscenza della notizia;
b) per procurare a sé o ad altri un indebito profitto patrimoniale, si avvale illegittimamente di notizie di ufficio, le quali debbano rimanere segrete (comma 3).
Quanto all'elemento soggettivo del reato, per le ipotesi dolose *sub a)*, il **dolo è generico** e consiste nella coscienza e volontà del fatto materiale con la consapevolezza che la notizia deve restare segreta; nell'ipotesi *sub b)* il **dolo è specifico**.
È ammissibile il tentativo.

▶ 3.15. Rifiuto e omissione di atti d'ufficio (art. 328 c.p.)

■ L'art. 328, nella formulazione introdotta con la riforma del 1990, include **due autonome fattispecie incriminatrici**:
1) con la prima, è sanzionato il fatto del pubblico ufficiale o incaricato di p.s. che **rifiuta indebitamente** di compiere un atto che, per ragioni specifiche, indicate dalla norma, deve essere compiuto senza ritardo (art. 328, co. 1, c.p.);
2) con la seconda fattispecie, è incriminata la condotta consistente nel **non compiere**, entro trenta giorni dalla richiesta di chi abbia interesse, un atto **dovuto**, senza rispondere per esporre le ragioni del ritardo (art. 328, co. 2, c.p.).
■ Quanto alla **condotta punibile**:
1) al *primo comma* dell'art. 328 c.p. è incriminato il cd. **rifiuto**, che può estrinsecarsi **in qualsiasi forma**: scritta, orale ovvero attraverso atti significativi e perfino in modo implicito. Esso deve essere **indebito**, cioè contrario ai doveri dell'agente e senza alcuna valida ragione giustificatrice. La sanzione penale non è comminata per il rifiuto di qualsiasi atto d'ufficio, ma solo di atti **qualificati,** in quanto:
- da compiere senza ritardo, rivestendo carattere di indifferibilità e doverosità;
- da compiere per specifiche ragioni *di giustizia*, inerenti al funzionamento degli organi giudiziari;
- *di sicurezza pubblica*, riguardanti le funzioni di polizia volte a mantenere la sicurezza e l'incolumità dei cittadini, a tutelare la loro proprietà, a prestare soccorso infortuni;
- a prevenire i reati;
- *di ordine pubblico*, che concerne la tutela della tranquillità pubblica e della pace sociale;
- *di igiene* e *sanità*, relative indistintamente alla sanità pubblica e a quella privata.

2) quanto alla fattispecie di cui al *secondo comma*, essa si esprime nella cd. **omissione di un atto d'ufficio**. Perché la norma in esame risulti applicabile è necessario che venga posto in essere un meccanismo di *messa in mora*, vale a dire una richiesta scritta (vera e propria diffida) da parte del privato, da cui decorre il termine per l'adozione dell'atto. A fronte della richiesta del privato, la responsabilità penale sorge se ad essa non segue entro trenta giorni: il compimento dell'atto; o, in *alternativa*, la risposta (che si ritiene debba essere data in forma scritta) in cui siano esposte le ragioni del ritardo.
Soltanto nei casi più gravi, previsti dal primo comma della norma in commento (*"ragioni di giustizia o di sicurezza pubblica, o di ordine pubblico o di igiene e sanità"*), il legislatore ha voluto fornire una tutela rafforzata e punire il mancato compimento di un atto, indipendentemente dall'esposizione delle ragioni del ritardo.
■ Secondo l'opinione unanime della giurisprudenza, i delitti di cui all'art. 328 c.p. non sono compatibili con il **tentativo**, trattandosi di reati istantanei: una volta verificatasi la violazione del dovere di ufficio o del servizio, il reato è **consumato**.

▶ 3.16. Rifiuto o ritardo di obbedienza commesso da un militare o da un agente della forza pubblica (art. 329 c.p.)

È il reato del *militare o dell'agente della forza pubblica, il quale rifiuta o ritarda indebitamente di eseguire una richiesta fattagli dall'autorità competente nelle forme stabilite dalla legge*. Si tratta di un'ipotesi speciale di rifiuto rispetto alla norma generale di cui all'art. 328 c.p., dalla quale si differenzia per la qualità del soggetto passivo, militare o agente della forza pubblica.

▶ 3.17. Interruzione di un servizio pubblico o di pubblica necessità (art. 331 c.p.)

È il reato del *chi, esercitando imprese di servizi pubblici o di pubblica necessità, interrompe il servizio, ovvero sospende il lavoro nei suoi stabilimenti, uffici o aziende, in modo da turbare la regolarità del servizio*.
L'interruzione o la sospensione del servizio devono determinare, in ossequio al principio di necessaria offensività del fatto concreto, un turbamento della regolarità del servizio, non essendo per contro sufficiente la sospensione o l'interruzione di una singola fruizione o prestazione.

4. I delitti dei privati contro la pubblica amministrazione

4.1. Causa di non punibilità *ex* art. 393-*bis* c.p.

In riferimento a taluni delitti dei privati contro la pubblica amministrazione, opera la **causa di non punibilità** della **reazione legittima agli atti arbitrari dei pubblici ufficiali**, prevista dall'art. 393-*bis* c.p. In base a tale disposizione *"non si applicano le disposizioni degli articoli 336, 337, 338, 339, 339-bis, 341 bis, 342 e 343 quando il pubblico ufficiale o l'incaricato di un pubblico servizio ovvero il pubblico impiegato abbia dato causa al fatto preveduto negli stessi articoli, eccedendo con atti arbitrari i limiti delle sue attribuzioni."*.
Nella previsione in esame sono contemplate **due ipotesi** diverse:

a) la *reazione materiale*, che viene accostata alla scriminante della legittima difesa: il che porta a ritenere necessari anche i caratteri di proporzionalità ed attualità tra la resistenza del privato e l'atto arbitrario;
b) la *reazione verbale*, che consiste in uno sfogo che il legislatore reputa scusabile in quanto originato da un atto arbitrario. Tale ipotesi mostra forti analogie con la c.d. provocazione scriminante *ex* art. 599, co. 2, c.p., presentandone gli stessi elementi costitutivi, vale a dire il fatto ingiusto altrui, lo stato d'ira ed il relativo rapporto di causalità.

▶ 4.2. Violenza o minaccia a un pubblico ufficiale (art. 336 c.p.)

È il reato di chi *usa violenza o minaccia per opporsi a un pubblico ufficiale o ad un incaricato di un pubblico servizio, mentre compie un atto di ufficio o di servizio, o a coloro che, richiesti, gli prestano assistenza* (per la definizione di violenza e di minaccia si rinvia al paragrafo precedente). È invece **estranea** alla presente fattispecie la **resistenza passiva,** che in nessun modo può essere sussunta nella violenza o minaccia richiesta dall'art. 337 c.p.
■ Valgono le stesse considerazioni della fattispecie precedente per il **momento consumativo** e l'**elemento psicologico**.

▶ 4.3. Millantato credito (art. 346 c.p.) e traffico di influenze illecite (art. 346-*bis* c.p.)

A) Evoluzione normativa.
L'ordinamento italiano ha a lungo conosciuto soltanto la fattispecie di millantato credito (art. 346 c.p.) e non anche il traffico di influenze illecite (art. 346-*bis* c.p.), introdotto dalla l. 6 novembre 2012, n. 190. Le due figure criminose sono state successivamente unificate dalla l. 9 gennaio 2019, n. 3, che ha modificato l'art. 346-*bis* abrogando al contempo l'art. 346.
In particolare, l'art. **346** c.p. incriminava il "millantare credito" presso un pubblico ufficiale o un pubblico impiegato, per farsi dare da un privato denaro o altra utilità come prezzo della propria mediazione con i primi.
■ In tale contesto, la l. 6 novembre 2012, n. 190 ha introdotto un nuovo art. 346-*bis* c.p., rubricato "**traffico di influenze illecite**", volto a punire *"Chiunque, fuori dei casi di concorso nei reati di cui agli articoli 319 e 319-ter, sfruttando relazioni esistenti con un pubblico ufficiale o con un incaricato di un pubblico servizio, indebitamente fa dare o promettere, a sé o ad altri, denaro o altro vantaggio patrimoniale, come prezzo della propria mediazione illecita verso il pubblico ufficiale o l'incaricato di un pubblico servizio ovvero per remunerarlo, in relazione al compimento di un atto contrario ai doveri di ufficio o all'omissione o al ritardo di un atto del suo ufficio, è punito con la reclusione da uno a tre anni.*
La stessa pena si applica a chi indebitamente dà o promette denaro o altro vantaggio patrimoniale."
Come è evidente, l'elemento materiale presentava ampi tratti comuni al delitto di millantato credito, dal quale si differenziava per **l'effettiva esistenza** delle relazioni tra il soggetto attivo ed i pubblici ufficiali e per

la **punibilità anche del soggetto che aderisce alle richieste indebite**, il quale non è vittima del reato, bensì complice del c.d. mediatore.

Se in riferimento alla posizione di chi asseconda il "trafficante di influenze" si è indubbiamente innanzi ad una nuova incriminazione, si sono posti problemi di successione di leggi nel tempo in relazione alla posizione del c.d. mediatore, il cui comportamento – come si è visto – era già sussunto dalla giurisprudenza *sub* art. 346 c.p., nonostante il riferimento ivi operato alla millanteria suggerisse la punibilità delle sole condotte insistenti su relazioni inesistenti.
Da tale constatazione discende, sotto il profilo intertemporale, l'applicabilità dell'art. 2, comma 4, c.p., volto ad assoggettare le condotte commesse prima dell'entrata in vigore dell'art. 346-*bis* c.p. alla più mite sanzione ivi prevista: profilo quest'ultimo che ha portato parte della dottrina a rilevare profili di irragionevolezza della previsione di una sanzione più mite a fronte di una condotta maggiormente offensiva, in quanto riferita ad influenze in grado di condizionare effettivamente il pubblico agire.

■ A fronte della continuità delle due fattispecie e dei segnalati profili di irragionevolezza della disciplina, la l. 9 gennaio 2019, n. 3 ha disposto l'**unificazione** delle figure di reato, disponendo l'**abrogazione dell'art. 346 c.p.** e modificando l'art. 346-*bis* come segue: *"Chiunque, fuori dei casi di concorso nei reati di cui agli articoli 318, 319, 319-ter e nei reati di corruzione di cui all'articolo 322-bis, sfruttando o vantando relazioni esistenti o asserite con un pubblico ufficiale o un incaricato di un pubblico servizio o uno degli altri soggetti di cui all'articolo 322-bis, indebitamente fa dare o promettere, a sé o ad altri, denaro o altra utilità, come prezzo della propria mediazione illecita verso un pubblico ufficiale o un incaricato di un pubblico servizio o uno degli altri soggetti di cui all'articolo 322-bis, ovvero per remunerarlo in relazione all'esercizio delle sue funzioni o dei suoi poteri, è punito con la pena della reclusione da un anno a quattro anni e sei mesi. La stessa pena si applica a chi indebitamente dà o promette denaro o altra utilità."*.

B) L'art. 346-*bis* c.p.
■ La disposizione prevede oggi **due distinte fattispecie criminose**: l'una insistente sullo sfruttamento di **relazioni esistenti**, l'altra sulla vanteria di **relazioni asserite** con un pubblico ufficiale o un incaricato di un pubblico servizio o uno degli altri soggetti di cui all'articolo 322-*bis*.
In entrambi i casi, l'integrazione del reato presuppone che tali condotte siano poste in essere **facendo dare o promettere indebitamente, a sé o ad altri, denaro o altra utilità, come prezzo** della propria mediazione illecita verso un pubblico ufficiale o un incaricato di un pubblico servizio o uno degli altri soggetti di cui all'articolo 322-*bis*, ovvero per remunerarlo in relazione all'esercizio delle sue funzioni o dei suoi poteri.
Il principale elemento di novità della fattispecie è dato dall'**incriminazione generalizzata del soggetto privato** che dia o prometta denaro o altra utilità: soggetto che in precedenza (a partire dal 2012) andava incontro a pena soltanto in caso di sfruttamento di relazioni esistenti, e non anche di millantato credito.
Se tale previsione contiene una nuova incriminazione, per il resto il nuovo art. 346-*bis* c.p. si pone in continuità normativa con le pregresse figure criminose.
■ Il delitto **si consuma** nel momento e luogo in cui l'agente riceve il denaro o altra utilità o ne ottiene la promessa. Laddove lo sfruttamento o la millanteria delle relazioni non consegua il risultato sperato sarà configurabile il **tentativo.**
■ Il **dolo** richiesto, per entrambe le ipotesi, è **generico**.
■ La **clausola di riserva** formulata in apertura dell'art. 346-*bis* configura la fattispecie come **sussidiaria** rispetto alle fattispecie di corruzione.
■ Inoltre, la disposizione contempla una pluralità di ***circostanze***: due aggravanti *"se il soggetto che indebitamente fa dare o promettere, a sè o ad altri, denaro o altra utilità riveste la qualifica di pubblico ufficiale o di incaricato di un pubblico servizio."* e *"se i fatti sono commessi in relazione all'esercizio di attività giudiziarie o per remunerare il pubblico ufficiale o l'incaricato di un pubblico servizio o uno degli altri soggetti di cui all'articolo 322-bis in relazione al compimento di un atto contrario ai doveri d'ufficio o all'omissione o al ritardo di un atto del suo ufficio."*; una attenuante *"se i fatti sono di particolare tenuità."*.

▶ 4.4. Altre fattispecie

Art. 337-bis, Occultamento, custodia o alterazione di mezzi di trasporto: *Chiunque occulti o custodisca mezzi di trasporto di qualsiasi tipo che, rispetto alle caratteristiche omologate, presentano alterazioni o modifiche o predisposizioni tecniche tali da costituire pericolo per l'incolumità fisica degli operatori di polizia,*

è punito con la reclusione da due a cinque anni e con la multa da euro 2.582 a euro 10.329.
La stessa pena di cui al primo comma si applica a chiunque altera mezzi di trasporto operando modifiche o predisposizioni tecniche tali da costituire pericolo per l'incolumità fisica degli operatori di polizia.
Se il colpevole è titolare di concessione o autorizzazione o licenza o di altro titolo abilitante l'attività, alla condanna consegue la revoca del titolo che legittima la medesima attività.

Art. 338, Violenza o minaccia ad un corpo politico, amministrativo o giudiziario o ai suoi singoli componenti: *Chiunque usa violenza o minaccia ad un corpo politico, amministrativo o giudiziario, ai singoli componenti o ad una rappresentanza di esso o ad una qualsiasi pubblica autorità costituita in collegio o ai suoi singoli componenti, per impedirne, in tutto o in parte, anche temporaneamente, o per turbarne comunque l'attività, è punito con la reclusione da uno a sette anni.*
Alla stessa pena soggiace chi commette il fatto per ottenere, ostacolare o impedire il rilascio o l'adozione di un qualsiasi provvedimento, anche legislativo, ovvero a causa dell'avvenuto rilascio o adozione dello stesso.
Alla stessa pena soggiace chi commette il fatto per influire sulle deliberazioni collegiali di imprese che esercitano servizi pubblici o di pubblica necessità, qualora tali deliberazioni abbiano per oggetto l'organizzazione o l'esecuzione dei servizi.

Art. 339, Circostanze aggravanti: *Le pene stabilite nei tre articoli precedenti sono aumentate se la violenza o la minaccia è commessa nel corso di manifestazioni in luogo pubblico o aperto al pubblico ovvero con armi, o da persona travisata, o da più persone riunite, o con scritto anonimo, o in modo simbolico, o valendosi della forza intimidatrice derivante da segrete associazioni, esistenti o supposte.*
Se la violenza o la minaccia è commessa da più di cinque persone riunite, mediante uso di armi anche soltanto da parte di una di esse, ovvero da più di dieci persone, pur senza uso di armi, la pena è, nei casi preveduti dalla prima parte dell'articolo 336 e dagli articoli 337 e 338, della reclusione da tre a quindici anni e, nel caso preveduto dal capoverso dell'articolo 336, della reclusione da due a otto anni.
Le disposizioni di cui al secondo comma si applicano anche, salvo che il fatto costituisca più grave reato, nel caso in cui la violenza o la minaccia sia commessa mediante il lancio o l'utilizzo di corpi contundenti o altri oggetti atti ad offendere, compresi gli artifici pirotecnici, in modo da creare pericolo alle persone.

Art. 341-bis, Oltraggio a pubblico ufficiale: *Chiunque, in luogo pubblico o aperto al pubblico e in presenza di più persone, offende l'onore ed il prestigio di un pubblico ufficiale mentre compie un atto d'ufficio ed a causa o nell'esercizio delle sue funzioni è punito con la reclusione da sei mesi a tre anni.*
La pena è aumentata se l'offesa consiste nell'attribuzione di un fatto determinato. Se la verità del fatto è provata o se per esso l'ufficiale a cui il fatto è attribuito è condannato dopo l'attribuzione del fatto medesimo, l'autore dell'offesa non è punibile.
Ove l'imputato, prima del giudizio, abbia riparato interamente il danno, mediante risarcimento di esso sia nei confronti della persona offesa sia nei confronti dell'ente di appartenenza della medesima, il reato è estinto.

Art. 342, Oltraggio a un corpo politico, amministrativo o giudiziario: *Chiunque offende l'onore o il prestigio di un corpo politico, amministrativo o giudiziario, o di una rappresentanza di esso, o di una pubblica autorità costituita in collegio, al cospetto del corpo, della rappresentanza o del collegio, è punito con la con la multa da euro 1.000 a euro 5.000.*
La stessa pena si applica a chi commette il fatto mediante comunicazione telegrafica, o con scritto o disegno diretti al corpo, alla rappresentanza o al collegio, a causa delle sue funzioni.
La pena è della multa da euro 2.000 a euro 6.000 se l'offesa consiste nell'attribuzione di un fatto determinato. Si applica la disposizione dell'ultimo capoverso dell'articolo precedente.

Art. 343, Oltraggio a un magistrato in udienza: *Chiunque offende l'onore o il prestigio di un magistrato in udienza è punito con la reclusione da sei mesi a tre anni.*
La pena è della reclusione da due a cinque anni se l'offesa consiste nell'attribuzione di un fatto determinato. Le pene sono aumentate se il fatto è commesso con violenza o minaccia.

Art. 347, Usurpazione di funzioni pubbliche: *Chiunque usurpa una funzione pubblica o le attribuzioni inerenti a un pubblico impiego è punito con la reclusione fino a due anni.*
Alla stessa pena soggiace il pubblico ufficiale o impiegato il quale, avendo ricevuta partecipazione del

*provvedimento che fa cessare o sospendere le sue funzioni o le sue attribuzioni, continua ad esercitarle.
La condanna importa la pubblicazione della sentenza.*

Art. 348, Abusivo esercizio di una professione: *Chiunque abusivamente esercita una professione per la quale è richiesta una speciale abilitazione dello Stato è punito con la reclusione da sei mesi a tre anni e con la multa da euro 10.000 a euro 50.000.*
La condanna comporta la pubblicazione della sentenza e la confisca delle cose che servirono o furono destinate a commettere il reato e, nel caso in cui il soggetto che ha commesso il reato eserciti regolarmente una professione o attività, la trasmissione della sentenza medesima al competente Ordine, albo o registro ai fini dell'applicazione dell'interdizione da uno a tre anni dalla professione o attività regolarmente esercitata.
Si applica la pena della reclusione da uno a cinque anni e della multa da euro 15.000 a euro 75.000 nei confronti del professionista che ha determinato altri a commettere il reato di cui al primo comma ovvero ha diretto l'attività delle persone che sono concorse nel reato medesimo.

Art. 353-bis, Turbata libertà del procedimento di scelta del contraente: *Salvo che il fatto costituisca più grave reato, chiunque con violenza o minaccia, o con doni, promesse, collusioni o altri mezzi fraudolenti, turba il procedimento amministrativo diretto a stabilire il contenuto del bando o di altro atto equipollente al fine di condizionare le modalità di scelta del contraente da parte della pubblica amministrazione è punito con la reclusione da sei mesi a cinque anni e con la multa da euro 103 a euro 1.032.*

Capitolo 4
I delitti contro l'amministrazione della giustizia

SOMMARIO:

1. Generalità

Il *Titolo III* del Libro II del codice penale prevede i reati contro l'amministrazione della giustizia e si suddivide in *tre capi*:

a) Capo I - **Delitti contro l'attività giudiziaria**;
b) Capo II - **Delitti contro l'autorità delle decisioni giudiziarie**;
c) Capo III - **Tutela arbitraria delle private ragioni**.

L'**amministrazione della giustizia** evoca il potere dello Stato che ha ad oggetto l'accertamento e l'attuazione del diritto. Se intesa **in senso oggettivo**, comprende l'attività tipica del potere giudiziario; se intesa **in senso soggettivo**, comprende invece i soggetti investiti della funzione giudiziaria ed il prestigio della loro funzione.

■ Il **bene giuridico tutelato** ha natura superindividuale, coincidendo con il **corretto esercizio della funzione giurisdizionale**. All'interno della ripartizione codicistica per capi, tale interesse trova ulteriore specificazione.

a) Il primo gruppo di norme è orientato a garantire la regolarità dei **processi** (soprattutto **penali**). In particolare, si tende a tutelare l'esigenza: che l'Autorità giudiziaria abbia notizia dei reati da parte di chi ha il dovere di informarla e sia posta pertanto in condizione di poter promuovere l'azione penale (delitti concernenti la violazione degli obblighi relativi alla notizia di reati: artt. 361-365 c.p.); che le persone aventi particolari doveri verso l'Amministrazione della Giustizia li osservino tempestivamente e lealmente (rifiuto di uffici legalmente dovuti: art. 366 c.p.); che l'apparato giudiziario non sia fatto funzionare inutilmente (simulazione di reato, calunnia e autocalunnia: artt. 367-370 c.p.); che tutti si astengano dal compiere atti che possono fuorviare l'attività giudiziaria (falsa testimonianza e altre falsità: artt. 371-377 c.p.); che attraverso l'aiuto prestato a chi è sospettato di aver commesso reati non venga ostacolato il regolare svolgimento dell'attività giudiziaria (favoreggiamento: artt. 378-379 c.p.); che i patrocinatori, i periti e più in generale tutti coloro che sono chiamati a collaborare con gli organi che amministrano la giustizia svolgano correttamente i loro doveri (artt. 380-382 c.p.).

b) Nel secondo capo, invece, viene tutelato l'**interesse alla corretta e puntuale esecuzione delle decisioni e dei provvedimenti giudiziari**. Tale bene viene offeso o posto in pericolo qualora i privati si sottraggano: allo stato legittimo di arresto o detenzione (delitti di evasione: artt. 385-387 c.p.); agli effetti penali delle condanne o all'esecuzione delle misure di sicurezza (delitti di inosservanza di pene accessorie e di procurata inosservanza di pene e di misure di sicurezza: artt. 389-391 c.p.); agli obblighi civili derivanti dai provvedimenti del giudice (delitti di mancata esecuzione dolosa di un provvedimento del giudice o di sanzioni pecuniarie e delitto di violazione colposa dei doveri inerenti alla custodia di cose sottoposte a pignoramento ovvero a sequestro giudiziario o conservativo: artt. 388-388-*ter* c.p.).

c) Nel capo III, infine, sono compresi i delitti che pregiudicano l'**interesse dell'amministrazione giudiziaria all'esclusiva titolarità statale della tutela dei diritti**, violando il divieto di autotutela (delitti di esercizio arbitrario delle proprie ragioni: artt. 392-393 c.p.).

■ Quanto alle **tecniche di tutela**, i reati contro l'amministrazione della giustizia sono prevalentemente **illeciti di pericolo**, essendo sufficiente per la punibilità che il fatto oggetto di incriminazione sia idoneo a porre in pericolo il corretto esplicarsi della funzione giurisdizionale; non è richiesto invece il concreto accertamento di un effettivo pregiudizio alla stessa. Ad ogni modo, la punibilità risulta esclusa, per difetto di tipicità, nel caso di condotte manifestamente e palesemente inidonee a minacciare o compromettere il bene giuridico tutelato.

2. Omessa denuncia di reato (artt. 361-364 c.p.) e omissione di referto (art. 365 c.p.)

A) Omessa denuncia di reato da parte del pubblico ufficiale (art. 361 c.p.).

È il reato del *pubblico ufficiale, il quale omette o ritarda di denunciare all'autorità giudiziaria, o ad un'altra autorità che a quella abbia obbligo di riferirne, un reato di cui ha avuto notizia nell'esercizio o a causa delle sue funzioni*.
Elemento costitutivo del reato è che il pubblico ufficiale abbia acquisito la notizia nell'esercizio o a causa delle sue funzioni. Infatti, se egli ne viene a conoscenza al di fuori della predetta attività, residua solamente una facoltà di denuncia (la cui omissione non è penalmente sanzionata), al pari di tutti i cittadini.
Il comma 2 dell'art. 361 c.p. prevede un aggravamento di pena qualora il colpevole sia un ufficiale o un agente di polizia giudiziaria, che ha avuto comunque notizia di un reato del quale doveva fare rapporto.
Le disposizioni precedenti non si applicano se si tratta di delitto punibile a querela della persona offesa.
Il dolo è generico, e consiste nella volontà di omettere o ritardare la denuncia di un reato perseguibile d'ufficio, con la previsione di tutti i presupposti da cui derivi l'obbligo.
Il pubblico ufficiale dovrà dunque essersi rappresentato un fatto astrattamente integrante reato, che la denuncia rientri tra i propri doveri funzionali e che l'autorità giudiziaria non sia già a conoscenza della *notitia criminis*.

B) Omessa denuncia da parte di un incaricato di pubblico servizio (art. 362 c.p.).

È il reato dell'*incaricato di un pubblico servizio che omette o ritarda di denunciare all'autorità un reato del quale abbia avuto notizia nell'esercizio o a causa del servizio*.
Tale disposizione non si applica se quello di cui si è avuto notizia è un reato punibile a querela della persona offesa, né si applica ai responsabili delle comunità terapeutiche socio-riabilitative per fatti commessi da persone tossicodipendenti affidate per l'esecuzione del programma definito da un servizio pubblico. Tale particolare esimente relativa ai responsabili delle comunità terapeutiche si spiega in ragione del particolare rapporto di fiducia di norma intercorrente tra il soggetto tossicodipendente e il responsabile della struttura in cui questi sta seguendo il percorso di riabilitazione.
Il **dolo** è **generico**, e consiste nella volontà di omettere o ritardare la denuncia di un reato perseguibile d'ufficio, con la previsione di tutti i presupposti da cui derivi l'obbligo.

C) Omessa denuncia aggravata (art. 363 c.p.).

L'art. 363 c.p. prevede due circostanze aggravanti, *nei casi preveduti dai due articoli precedenti,*
- se la omessa o ritardata denuncia riguarda un delitto contro la personalità dello Stato;
- se il colpevole è un ufficiale o un agente di polizia giudiziaria.

D) Omessa denuncia di reato da parte del cittadino (art. 364 c.p.).

È il reato del *cittadino che, avendo avuto notizia di un delitto contro la personalità dello Stato, per il*

quale la legge stabilisce la pena di morte o l'ergastolo, non ne fa immediatamente denuncia all'Autorità indicata nell'art. 361 c.p.
Il comune cittadino, al contrario di quanto previsto per il pubblico ufficiale (art. 361 c.p.) e l'incaricato di pubblico servizio (art. 362 c.p.) non ha un obbligo giuridico di denunciare o anche solo segnalare all'autorità giudiziaria fatti penalmente rilevanti, ma una mera facoltà. Un tale obbligo sussiste solamente, data l'importanza del bene giuridico tutelato, qualora il cittadino abbia notizia di un delitto contro la personalità dello Stato punito con l'ergastolo.

E) Omissione di referto (art. 365 c.p.).
È il reato di chi, *avendo nell'esercizio di una professione sanitaria prestato la propria assistenza od opera in casi che possono presentare i caratteri di un delitto per il quale si debba procedere d'ufficio, omette o ritarda di riferirne all'autorità indicata nell'articolo 361 c.p.*
Questa disposizione non si applica quando il referto esporrebbe la persona assistita a procedimento penale.

3. Simulazione di reato (art. 367 c.p.)

Il reato *ex* art. 367 c.p. può essere realizzato mediante due condotte alternative:

a) la **falsa affermazione che sia avvenuto un reato**, contenuta in una denuncia, querela, richiesta o istanza, indirizzata all'Autorità giudiziaria o ad un'altra Autorità che a quella abbia obbligo di riferirne (**simulazione c.d. formale o diretta**);
b) la **simulazione delle tracce di un reato**, cioè la creazione di indizi materiali dell'esecuzione di un reato (consumato o tentato) o delle sue conseguenze (**simulazione c.d. reale o indiretta**). Le tracce del reato possono essere simulate agendo sia sulle cose (attraverso alterazioni o collocamenti) che sulla persona propria o altrui (attraverso ecchimosi, ferite, lacerazioni di vesti).

Si tratta di distinte modalità di realizzazione della stessa violazione giuridica: la contemporanea sussistenza nel medesimo contesto non dà luogo a distinti reati.

■ Quanto al **momento consumativo**, la **simulazione formale** si perfeziona nel momento in cui la falsa *notitia criminis* è ricevuta dall'Autorità. Controversa è, invece, la definizione del momento consumativo nella **simulazione reale**: un primo orientamento ritiene che la consumazione si verifichi nel momento della scoperta delle tracce del reato da parte degli organi competenti; secondo altri, la consumazione si verifica già nel momento in cui vengono ad esistenza le finte tracce, senza che rilevi il contatto tra Autorità e fatto simulato.
Il **tentativo** è da taluni ammesso, in considerazione della **frazionabilità della condotta**: è il caso della falsa *notitia criminis* che non perviene agli organi competenti per cause indipendenti dalla volontà dell'agente, ovvero di chi viene colto dalla polizia quando ancora non ha portato a termine l'attività simulatoria.

4. Calunnia, autocalunnia, simulazione o calunnia per un fatto costituente contravvenzione (artt. 368-370)

A) Art. 368 c.p., Calunnia: è il reato di chi, *con denunzia, querela, richiesta o istanza, anche se anonima o sotto falso nome, diretta all'autorità giudiziaria o ad un'altra autorità che a quella abbia obbligo di riferirne o alla Corte penale internazionale, incolpa di un reato taluno che egli sa innocente, ovvero simula a carico di lui le tracce di un reato.*
Sono previste alternativamente **due diverse modalità di realizzazione**:

- la prima si sostanzia nella denuncia, querela, richiesta o istanza (**calunnia diretta o formale**);
- la seconda consiste, invece, nella simulazione a carico del soggetto falsamente incolpato di tracce di un reato (**calunnia indiretta o materiale**).

Il reato cui si riferisce la falsa incolpazione può essere di qualsiasi natura (nel caso di contravvenzione, però, si applica ex art. 370 c.p. una riduzione di pena). Può essere sia un reato immaginario o simulato, che un reato effettivamente commesso, ma attribuibile ad altri.

■ Il reato, di carattere **istantaneo, si consuma** nel momento in cui l'Autorità riceve l'informazione di reato su un terzo (nell'ipotesi formale), ovvero nel momento in cui l'Autorità viene ad acquisire le tracce simulate (nell'ipotesi reale). La calunnia è un **reato di pericolo**, la cui consumazione è subordinata non all'**avvio di un procedimento penale**, bensì al mero **rischio** che ciò avvenga.

■ L'**elemento soggettivo** richiesto ai fini della punibilità è il **dolo generico**. In particolare, non è richiesta solo la volontà dell'incolpazione, ma anche la *consapevolezza della innocenza dell'incolpato*: espressione che sembra escludere il dolo eventuale.

■ Sono previste **tre circostanze aggravanti**, nelle ipotesi in cui: s'incolpa taluno di un reato per il quale la legge stabilisce la pena della reclusione superiore nel massimo a dieci anni o pena più grave; se dal fatto deriva una condanna alla reclusione superiore a cinque anni; se dal fatto deriva una condanna all'ergastolo.

B) Art. 369 c.p., Autocalunnia. È il reato di chi, *mediante dichiarazione ad alcuna delle autorità indicate nell'articolo precedente, anche se fatta con scritto anonimo o sotto falso nome, ovvero mediante confessione innanzi all'autorità giudiziaria, incolpa sé stesso di un reato che egli sa non avvenuto, o di un reato commesso da altri*.

Il reato di autocalunnia è commesso quando taluno incolpi sé stesso della commissione di un reato, pur essendo consapevole della propria innocenza.

Sono previste due modalità alternative di realizzazione:

- **autocalunnia propria**, ovvero mediante dichiarazione orale o scritta (anche in forma anonima o pseudonima) all'autorità giudiziaria;
- **autocalunnia impropria**, commessa mediante confessione innanzi all'autorità giudiziaria.

C) Art. 370 c.p., Simulazione o calunnia per un fatto costituente contravvenzione.

L'art. 370 prevede che *le pene stabilite negli articoli precedenti sono diminuite se la simulazione o la calunnia concerne un fatto preveduto dalla legge come contravvenzione*.

5. Falsa testimonianza (art. 372 c.p.)

È il reato di chi, *deponendo come testimone innanzi all'Autorità giudiziaria o alla Corte penale internazionale, afferma il falso o nega il vero, ovvero tace, in tutto o in parte, ciò che sa intorno ai fatti sui quali è interrogato*.

La norma, pertanto, prevede la realizzazione del reato attraverso **tre forme equivalenti**, le prime due attive, la terza omissiva: **1) affermazione del falso**, che si ha quando il testimone asserisce come esistente un fatto che non esiste o non ha percepito; **2) negazione del vero**, che ricorre quando si contesta l'esistenza di un fatto realmente accaduto o percepito; **3) reticenza**, consistente nel tacere in tutto o in parte ciò che si sa intorno ai fatti sui quali si è interrogati.

È diffusamente seguita in dottrina la teoria del c.d. **vero soggettivo**, per la quale la falsità della testimonianza dipende non già dal contrasto tra dichiarato e accaduto (vero oggettivo), ma dal *contrasto tra dichiarato e percepito* (vero soggettivo); quindi è falsa non già la deposizione che contrasta con la realtà oggettiva, ma quella che contrasta con ciò che il deponente sa per averlo visto ed udito.

■ Il momento in cui il reato **si consuma** è quello in cui avviene la ricezione della dichiarazione testimoniale da parte della Autorità giudiziaria; secondo altri, dovrebbe invece aversi riguardo a quello in cui la deposizione è stata condotta a termine. Il **tentativo** si reputa inammissibile.

■ In relazione all'**elemento psicologico**, il reato è punito a titolo di **dolo generico**, consistente, in applicazione dei principi generali, nella rappresentazione e volizione, da parte del testimone, di affermare il falso, di negare il vero o di tacere, in tutto o in parte, ciò che sa.

6. False dichiarazioni o attestazioni in atti destinati all'autorità giudiziaria o alla Corte penale internazionale (art. 374-*bis* c.p.)

È il reato di chi, salvo che il fatto costituisca più grave reato, *dichiara o attesta falsamente in certificati o atti destinati a essere prodotti all'autorità giudiziaria o alla Corte penale internazionale condizioni, qualità personali, trattamenti terapeutici, rapporti di lavoro in essere o da instaurare, relativi all'imputato, al condannato o alla persona sottoposta a procedimento di prevenzione.*
Il delitto si configura, pertanto, tramite l'esecuzione di attività di documentazione, risultante da certificati o da atti, di circostanze non rispondenti al vero, e richiede che la suddetta attività documentativa sia realizzata con la finalità specifica (*dolo specifico*) della destinazione ad essere prodotta all'autorità giudiziaria, perché eventualmente ne possano derivare effetti favorevoli per l'interessato.
Mentre la **dichiarazione** ha ad oggetto fatti o circostanze provenienti dallo stesso dichiarante, l'**attestazione** raccoglie fatti o intenzioni risalenti ad un terzo. Si tratta comunque di provvedimenti di natura dichiarativa, in quanto la disposizione incrimina condotte solo di falsità ideologica, e non anche materiale. Il documento è invero in sé e per sé genuino (non contraffatto né alterato), ma contiene dichiarazioni mendaci.
È previsto un aggravamento di pena qualora il reato sia commesso da un pubblico ufficiale, da un incaricato di un pubblico servizio o da un esercente la professione sanitaria (si tratta di una *circostanza aggravante*, data l'identità di condotte incriminate, che si differenziano solo per le qualità soggettive del reo).

7. Frode in processo penale e depistaggio (art. 375 c.p.)

■ La l. 11 luglio 2016, n. 133 ha integralmente riscritto l'art. 375 c.p. introducendo la nuova fattispecie di "frode in processo penale e depistaggio", al fine di colmare una significativa lacuna dell'ordinamento e di innalzare la risposta sanzionatoria da riservare a comportamenti ritenuti di estrema gravità.
La fattispecie è integrata dal compimento di **due condotte alternative**, entrambe poste in essere "*al fine di impedire, ostacolare o sviare un'indagine o un processo penale*". In particolare, si punisce il soggetto pubblico che:
a) *"immuta artificiosamente il corpo del reato ovvero lo stato dei luoghi, delle cose o delle persone connessi al reato"*: trattasi di una condotta affine a quella incriminata dall'art. 374 in relazione al processo civile;
b) *"richiesto dall'autorità giudiziaria o dalla polizia giudiziaria di fornire informazioni in un procedimento penale, afferma il falso o nega il vero, ovvero tace, in tutto o in parte, ciò che sa intorno ai fatti sui quali viene sentito"*: se la fattispecie dà luogo ad una nuova incriminazione in riferimento alle dichiarazioni rese alla polizia giudiziaria, l'ipotesi concernente l'autorità giudiziaria si traduce in una previsione speciale rispetto agli artt. 372 e 371-*bis* c.p., qualificata dalla qualità del soggetto attivo e dalla natura penale del processo.
■ Il reato è **istantaneo**, e **si consuma** al momento in cui sono tenute le condotte incriminate. Si è innanzi ad un **reato di pericolo**, non essendo richiesto che le condotte indicate raggiungano lo scopo di ostacolare il processo penale.
■ Quanto all'**elemento psicologico**, il reato è punito a titolo di dolo, implicante la rappresentazione e volizione di realizzare i fatti descritti dalla disposizione. Trattasi di fattispecie a **dolo specifico,** richiedendosi il perseguimento del "*fine di impedire, ostacolare o sviare un'indagine o un processo penale*", senza che lo scopo debba essere raggiunto.
■ Il delitto è **aggravato** se ricorrono le circostanze indicate dai capoversi dell'art. 375 c.p., ed in particolare:
a) Se il fatto è commesso mediante distruzione, soppressione, occultamento, danneggiamento, in tutto o in parte, ovvero formazione o artificiosa alterazione, in tutto o in parte, di un documento o di un oggetto da impiegare come elemento di prova o comunque utile alla scoperta del reato o al suo accertamento, la pena è aumentata da un terzo alla metà (comma 2);

b) Se il fatto è commesso in relazione a procedimenti concernenti i delitti di cui agli articoli 270, 270-bis, 276, 280, 280-bis, 283, 284, 285, 289-bis, 304, 305, 306, 416-bis, 416-ter e 422 o i reati previsti dall'articolo 2 della legge 25 gennaio 1982, n. 17, ovvero i reati concernenti il traffico illegale di armi o di materiale nucleare, chimico o biologico e comunque tutti i reati di cui all'articolo 51, comma 3-bis, del codice di procedura penale, si applica la pena della reclusione da sei a dodici anni (comma 3).

■ Il comma 4 prevede invece una circostanza **attenuante** (comportante una diminuzione di pena dalla metà a due terzi) nei confronti di chi *"si adopera per ripristinare lo stato originario dei luoghi, delle cose, delle persone o delle prove, nonché per evitare che l'attività delittuosa venga portata a conseguenze ulteriori, ovvero aiuta concretamente l'autorità di polizia o l'autorità giudiziaria nella ricostruzione del fatto oggetto di inquinamento processuale e depistaggio e nell'individuazione degli autori."*

■ Le **circostanze attenuanti** diverse da quelle previste dagli articoli 98 e 114 e dal quarto comma, **concorrenti** con le aggravanti di cui al secondo e al terzo comma, **non possono essere ritenute equivalenti o prevalenti** rispetto a queste ultime e le diminuzioni di pena si operano sulla quantità di pena risultante dall'aumento conseguente alle predette aggravanti.

8. I reati di favoreggiamento (artt. 378 ss. c.p.)

A) Favoreggiamento personale (art. 378 c.p.).

È il reato di chi, *dopo che fu commesso un delitto per il quale la legge stabilisce la reclusione, e fuori dei casi di concorso nel medesimo, aiuta taluno a eludere le investigazioni dell'autorità, comprese quelle svolte da organi della Corte penale internazionale, o a sottrarsi alle ricerche effettuate dai medesimi soggetti*. **Presupposto** della condotta è la precedente commissione di un delitto punito con la pena detentiva.

■ La **condotta** incriminata consiste nell'**aiutare taluno ad eludere le investigazioni o a sottrarsi alle ricerche dell'autorità**.

Il reato **si consuma** nel momento in cui il reo ha posto in essere l'aiuto, senza che sia necessario il raggiungimento del risultato. La configurabilità del **tentativo** è ammessa dalla giurisprudenza, ogni qual volta il mezzo adoperato sia in sé idoneo a concretizzare l'aiuto diretto ad eludere le investigazioni, ma ciò non si realizzi per cause indipendenti dalla volontà del soggetto attivo.

L'**elemento psicologico** richiesto è il **dolo generico**.

Il secondo comma della norma in questione prevede, quale **circostanza aggravante**, l'essere il reato presupposto l'associazione di tipo mafioso di cui all'art. 416-bis c.p.

Il terzo comma prevede invece, quale **circostanza attenuante**, il fatto che il delitto presupposto sia punito con la pena della multa ovvero sia una contravvenzione.

B) Favoreggiamento reale (art. 379 c.p.).

La **condotta** consiste nell'**aiutare taluno ad assicurare il prodotto o il profitto o il prezzo del reato**. Secondo la giurisprudenza, l'elemento oggettivo del reato è costituito da qualsiasi azione od omissione obiettivamente idonea a far definitivamente conseguire a taluno il provento della propria precedente attività criminosa; tale condotta non implica necessariamente un contatto fisico tra il soggetto attivo del reato e la *res* da assicurare.

■ Il reato **si consuma** nel tempo e nel luogo in cui l'agente ha posto in essere l'aiuto.

L'**elemento soggettivo** consiste nel **dolo generico**, costituito dalla volontà di aiutare taluno, unita alla consapevolezza della precedente commissione del reato e della possibilità che dall'ausilio prestato consegua la definitiva acquisizione del vantaggio tratto dal fatto criminoso.

9. Ritrattazione (art. 376 c.p.)

L'art. 376 c.p. dispone che *"nei casi previsti dagli articoli 371-*bis*, 371-*ter*, 372 e 373, nonché dall'articolo 378, il colpevole non è punibile se, nel procedimento penale in cui ha prestato il suo ufficio* *o reso le sue dichiarazioni, ritratta il falso e manifesta il vero non oltre la chiusura del dibattimento. Qualora la falsità sia intervenuta in una causa civile, il colpevole non è punibile se ritratta il falso e manifesta il vero prima che sulla domanda giudiziale sia pronunciata sentenza definitiva, anche se non irrevocabile*". Tale norma prevede una ipotesi di ravvedimento operoso a cui consegue **l'esclusione della punibilità** del soggetto che abbia evitato che il proprio agire cagionasse danni definitivi.

10. Casi di non punibilità (art. 384 c.p.)

L'art. 384 c.p. introduce due **cause speciali di non punibilità** in relazione alla maggior parte dei delitti contro l'attività giudiziaria.
Nei casi previsti dagli articoli 361, 362, 363, 364, 365, 366, 369, 371-bis, 371-ter, 372, 373, 374 e 378, non è punibile chi ha commesso il fatto per esservi stato costretto dalla necessità di salvare sé medesimo o un prossimo congiunto da un grave e inevitabile nocumento nella libertà o nell'onore.
Nei casi previsti dagli articoli 371-bis, 371-ter, 372 e 373, la punibilità è esclusa se il fatto è commesso da chi per legge non avrebbe dovuto essere richiesto di fornire informazioni ai fini delle indagini o assunto come testimonio, perito, consulente tecnico o interprete ovvero non avrebbe potuto essere obbligato a deporre o comunque a rispondere o avrebbe dovuto essere avvertito della facoltà di astenersi dal rendere informazioni, testimonianza, perizia, consulenza o interpretazione.

11. Evasione (art. 385 c.p.)

È il reato di chi, *essendo legalmente arrestato o detenuto* per un reato, evade.
Lo stato di arresto o detenzione è **presupposto del reato**, che viene dunque ad integrarsi ogni volta che il soggetto evade da una struttura carceraria, dalla propria abitazione, da una struttura ospedaliera o da qualsiasi altro luogo indicato nel provvedimento di restrizione. Non rientrano invece nella disposizione in esame l'accompagnamento coattivo, le misure di prevenzione e il fermo per identificazione.
Il comma 2 dell'art. 385 c.p. prevede due circostanze aggravanti: *se il colpevole commette il fatto usando violenza o minaccia verso le persone, ovvero mediante effrazione; se la violenza o minaccia è commessa con armi o da più persone riunite.*
L'ultimo comma prevede, invece, una diminuzione di pena qualora l'evaso si costituisca in carcere prima della condanna (*circostanza attenuante speciale*).
L'**elemento soggettivo** consiste nel **dolo generico**, costituito dalla volontà di evadere.

12. Agevolazione delle comunicazioni dei detenuti sottoposti alle restrizioni di cui all'articolo 41-bis della legge 26 luglio 1975, n. 354. Comunicazioni in elusione delle prescrizioni (art. 391-*bis* c.p.)

L'art. 391 *bis* c.p. è stato introdotto nell'ordinamento dall'art. 2, co. 26, l. 15 luglio 2009, n. 94 (c.d. "pacchetto sicurezza") allo scopo di assicurare maggiore effettività al regime detentivo speciale previsto dall'art. 41 *bis* dell'ordinamento penitenziario (l. 26 luglio 1975, n. 354).
Le ragioni dell'intervento legislativo vanno individuate nella necessità di restituire al regime detentivo speciale il suo originario rigore; in breve, si vuole definitivamente spezzare il legame tra il detenuto e l'associazione mafiosa di appartenenza. In altri termini, il **bene-interesse tutelato** sembra potersi individuare nella necessità di evitare l'elusione del regime detentivo speciale in discussione e, in particolare, nell'esigenza di impedire che i detenuti possano avere contatti comunicativi con altri soggetti nei cui confronti quel genere di rapporto è proibito.
La norma punisce *chi consente ad un detenuto di comunicare in elusione delle prescrizioni imposte ai sensi dell'art. 41* bis *ord. penit*. **Presupposto** della condotta è pertanto che il detenuto sia destinatario di un provvedimento ministeriale di applicazione o di proroga del regime detentivo speciale.
Benché la rubrica dell'art. 391 *bis* faccia riferimento ai detenuti e agli internati, la norma prende in considerazione i soli detenuti.

Il delitto in questione consta di tre commi, il primo dei quali è costruito dal legislatore come un reato comune – evidentemente tenendo presente come, in base all'esperienza, possibili autori dell'attività elusiva siano spesso i familiari del detenuto o altri detenuti e come, quindi, sia opportuno lasciare ampia la categoria dei possibili soggetti attivi.
Ciononostante, l'agevolazione delle comunicazioni potrà essere posta in essere solo da quei soggetti che hanno occasione di entrare in contatto con i detenuti sottoposti al regime detentivo speciale, ossia i familiari ammessi ai colloqui, i difensori e il personale della polizia penitenziaria (categorie, queste ultime due, prese in considerazione dal co. 2 dell'art. 319 *bis*). Il comma 2, invece, punisce l'identica condotta, in maniera più grave, qualora sia commessa da un pubblico ufficiale, un incaricato di pubblico servizio o un esercente una professione forense. Altri qualificano il comma 2 come una circostanza aggravante ad effetto speciale.
Il comma 3 prevede che la pena prevista dal co. 1 si applica anche al detenuto sottoposto alle restrizioni di cui all'articolo 41-*bis* della l. 26 luglio 1975, n. 354 il quale comunica con altri in elusione delle prescrizioni all'uopo imposte.
Il reato è a forma libera, atteso che l'agevolazione può concretizzarsi in qualsiasi modo. La fattispecie di cui all'art. 391 *bis* c.p. **è punita a titolo di dolo generico**. Esso implica la rappresentazione e la volontà, da parte dell'autore del fatto, che il detenuto al quale si trasmette o dal quale si riceve la comunicazione sia sottoposto al regime detentivo speciale *ex* art. 41 *bis* ord. penit.

13. Accesso indebito a dispositivi idonei alla comunicazione da parte di soggetti detenuti (art. 391-*ter* c.p.)

Il delitto in esame, introdotto dall'art. 9, D.L. 21 ottobre 2020, n. 130, conv. con modif. dalla l. 18 dicembre 2020, n. 173, è volto a tutelare l'autorità delle decisioni giudiziarie e a contrastare la condotta di introduzione in carcere di telefoni cellulari e di ogni altro strumento idoneo ad effettuare comunicazioni.
Si tratta di un **reato comune**, come fatto palese dal soggetto «*chiunque*».
Nel caso, tuttavia, in cui l'autore del reato sia un **pubblico ufficiale, un incaricato di pubblico servizio o un soggetto che esercita la professione forense**, il comma 2 prevede una pena più severa.
Nel comma 3 è individuato quale **ulteriore soggetto attivo anche il detenuto**, che può compiere la condotta penalmente rilevante in due modalità, cioè ricevere o utilizzare un apparecchio telefonico o altro dispositivo idoneo ad effettuare comunicazioni.
La **condotta** è integrata dal **procurare** a un detenuto un apparecchio telefonico o un altro dispositivo idoneo ad effettuare comunicazioni ovvero nel **consentire** a un detenuto l'uso indebito di tali strumenti ovvero, ancora, nell'**introdurre** in un istituto penitenziario uno di questi strumenti al fine di renderlo disponibile a una persona detenuta: la prima delle due condotte, cioè la **ricezione indebita**, integra un'ipotesi di *concorso necessario proprio*, mentre la seconda condotta, cioè l'**utilizzo indebito** dell'apparecchio, può essere realizzata sia nella *forma monosoggettiva* (es. qualora il detenuto costruisca e utilizzi un apparecchio ricetrasmittente all'interno della struttura) che in quella plurisoggettiva.
Sotto il profilo soggettivo, il delitto è punibile a titolo di **dolo**.
Con riguardo infine al **concorso di reati**, l'art. 391 *ter* contiene la **clausola di riserva determinata** («*fuori dei casi previsti dall'articolo 391 bis*»).
Il comma 3 contiene una differente **clausola di riserva**: «*salvo che il fatto costituisca più grave reato*», il quale potrebbe essere integrato, in caso di provenienza illecita dell'apparecchio, dal più grave delitto di ricettazione *ex* art. 648 c.p., o dal delitto di corruzione per un atto contrario ai doveri d'ufficio *ex* art. 319 c.p. nella ipotesi in cui l'introduzione dell'apparecchio consegua ad un accordo corruttivo.

14. Esercizio arbitrario delle proprie ragioni (artt. 392 e 393 c.p.)

A) Esercizio arbitrario delle proprie ragioni con violenza sulle cose (art. 392 c.p.).

È il reato di chi, *al fine di esercitare un preteso diritto, potendo ricorrere al giudice, si fa arbitrariamente ragione da sé medesimo, mediante violenza sulle cose*.

Presupposti del reato sono alcuni requisiti della fattispecie oggettivamente preesistenti alla condotta materiale violenta: un **conflitto tra contrastanti pretese giuridiche** (secondo l'orientamento accolto dalla giurisprudenza, il conflitto deve essere attuale e la contestazione deve essere in atto, in via giudiziale o di fatto); la **titolarità apparente di un diritto** – da interpretarsi in senso lato – la cui realizzazione possa essere ottenuta coercitivamente attraverso l'amministrazione della giustizia. Dato che la norma parla di diritto preteso, è evidente che essa intende far riferimento anche alle ipotesi di putatività; la **possibilità di ricorrere al giudice**. Quattro le interpretazioni seguite al riguardo: alla tesi che richiede la c.d. **azionabilità in concreto** (ossia la possibilità concreta ed effettiva, data dall'ordinamento, di ricorrere al giudice, prescindendo dalla fondatezza o meno della pretesa), si contrappongono quelle che ritengono sufficiente, rispettivamente, l'**azionabilità astratta**, la **mera possibilità di fatto del ricorso** (indipendentemente dalla sua ammissibilità) o la **sola opinione dell'agente circa l'esistenza del diritto**.

■ La **condotta tipica** consiste nel *"farsi arbitrariamente ragione da sé medesimo, mediante violenza sulle cose"*, ossia compiendo *qualsiasi fatto violento, diretto a rimuovere ogni ostacolo all'attuazione del preteso diritto*. È esclusa, quindi, la rilevanza di un contegno meramente passivo.

È la stessa disposizione (al terzo comma) a fornire una definizione della **condotta violenta sulle cose**, descritta come qualsiasi attività concretante il danneggiamento, la trasformazione o il mutamento di destinazione della cosa; deve trattarsi di attività idonea a determinare veri e propri cambiamenti nella natura oggettiva della cosa, impedendo o rendendo più difficile il ripristino della situazione preesistente.

Non scontata appare l'individuazione del **momento consumativo**: a chi ritiene necessario che l'agente realizzi lo scopo cui è diretta la condotta violenta, si contrappone chi reputa sufficiente l'esplicazione della condotta violenta, a prescindere dalla realizzazione della pretesa. Il **tentativo** è configurabile in tutti i casi nei quali la condotta di autosoddisfazione non consegue l'obiettivo preso di mira dall'agente, per cause estranee all'agente stesso.

Quanto all'**elemento psicologico**, trattasi di reato a **dolo specifico**, essendo necessaria la preordinazione della condotta alla realizzazione di un proprio diritto.

B) Esercizio arbitrario delle proprie ragioni con violenza alle persone (art. 393 c.p.).

Si distingue dalla fattispecie di cui all'art. 392 per **l'oggetto** della condotta, che è **la persona umana**. L'attività violenta o minacciosa può essere diretta anche verso persona diversa da chi è in conflitto di interesse con l'agente, sempre che sussista il nesso finalistico.

15. Altre fattispecie

Art. 371 c.p., **Falso giuramento della parte**: Chiunque, come parte in giudizio civile, giura il falso è punito con la reclusione da sei mesi a tre anni.

Nel caso di giuramento deferito d'ufficio, il colpevole non è punibile, se ritratta il falso prima che sulla domanda giudiziale sia pronunciata sentenza definitiva, anche se non irrevocabile.

La condanna importa l'interdizione dai pubblici uffici.

Art. 371-*bis* c.p., **False informazioni al pubblico ministero o al procuratore della Corte penale internazionale:** Chiunque, nel corso di un procedimento penale, richiesto dal pubblico ministero o dal procuratore della Corte penale internazionale di fornire informazioni ai fini delle indagini, rende dichiarazioni false ovvero tace, in tutto o in parte, ciò che sa intorno ai fatti sui quali viene sentito, è punito con la reclusione fino a quattro anni.

Ferma l'immediata procedibilità nel caso di rifiuto di informazioni, il procedimento penale, negli altri casi, resta sospeso fino a quando nel procedimento nel corso del quale sono state assunte le informazioni sia stata pronunciata sentenza di primo grado ovvero il procedimento sia stato anteriormente definito con archiviazione o con sentenza di non luogo a procedere.

Le disposizioni di cui ai commi primo e secondo si applicano, nell'ipotesi prevista dall'articolo 391-*bis*, comma 10, del codice di procedura penale, anche quando le informazioni ai fini delle indagini sono richieste dal difensore.

Art. 371-*ter* c.p., **False dichiarazioni al difensore**: Nelle ipotesi previste dall'articolo 391-bis, commi 1 e 2, del codice di procedura penale, chiunque, non essendosi avvalso della facoltà di cui alla lettera d) del comma 3 del medesimo articolo, rende dichiarazioni false è punito con la reclusione fino a quattro anni.
Il procedimento penale resta sospeso fino a quando nel procedimento nel corso del quale sono state assunte le dichiarazioni sia stata pronunciata sentenza di primo grado ovvero il procedimento sia stato anteriormente definito con archiviazione o con sentenza di non luogo a procedere.

Art. 377 c.p., **Intralcio alla giustizia**: Chiunque offre o promette denaro o altra utilità alla persona chiamata a rendere dichiarazioni davanti all'autorità giudiziaria o alla Corte penale internazionale ovvero alla persona richiesta di rilasciare dichiarazioni dal difensore nel corso dell'attività investigativa, o alla persona chiamata a svolgere attività di perito, consulente tecnico o interprete, per indurla a commettere i reati previsti dagli articoli 371-*bis*, 371-*ter*, 372 e 373, soggiace, qualora l'offerta o la promessa non sia accettata, alle pene stabilite negli articoli medesimi, ridotte dalla metà ai due terzi.
La stessa disposizione si applica qualora l'offerta o la promessa sia accettata, ma la falsità non sia commessa.
Chiunque usa violenza o minaccia ai fini indicati al primo comma, soggiace, qualora il fine non sia conseguito, alle pene stabilite in ordine ai reati di cui al medesimo primo comma, diminuite in misura non eccedente un terzo.
Le pene previste ai commi primo e terzo sono aumentate se concorrono le condizioni di cui all'articolo 339.
La condanna importa l'interdizione dai pubblici uffici.

Art. 377-*bis* c.p., **Induzione a non rendere dichiarazioni o a rendere dichiarazioni mendaci all'autorità giudiziaria**: Salvo che il fatto costituisca più grave reato, chiunque, con violenza o minaccia, o con offerta o promessa di denaro o di altra utilità, induce a non rendere dichiarazioni o a rendere dichiarazioni mendaci la persona chiamata a rendere davanti alla autorità giudiziaria dichiarazioni utilizzabili in un procedimento penale, quando questa ha la facoltà di non rispondere, è punito con la reclusione da due a sei anni.

Art. 379-*bis* c.p., **Rivelazione di segreti inerenti a un procedimento penale**: Salvo che il fatto costituisca più grave reato, chiunque rivela indebitamente notizie segrete concernenti un procedimento penale, da lui apprese per avere partecipato o assistito ad un atto del procedimento stesso, è punito con la reclusione fino a un anno. La stessa pena si applica alla persona che, dopo avere rilasciato dichiarazioni nel corso delle indagini preliminari, non osserva il divieto imposto dal pubblico ministero ai sensi dell'articolo 391-quinquies del codice di procedura penale.

Art. 383-*bis* c.p., **Circostanze aggravanti per il caso di condanna**: Nei casi previsti dagli articoli 371-*bis*, 371-*ter*, 372, 373, 374 e 375, la pena è della reclusione da quattro a dieci anni se dal fatto deriva una condanna alla reclusione non superiore a cinque anni; è della reclusione da sei a quattordici anni se dal fatto deriva una condanna superiore a cinque anni; è della reclusione da otto a venti anni se dal fatto deriva una condanna all'ergastolo.

Art. 387-*bis* c.p., **Violazione dei provvedimenti di allontanamento dalla casa familiare e del divieto di avvicinamento ai luoghi frequentati dalla persona offesa**:
Chiunque, essendovi legalmente sottoposto, violi gli obblighi o i divieti derivanti dal provvedimento che applica le misure cautelari di cui agli articoli 282-bis e 282-ter del codice di procedura penale o dall'ordine di cui all'articolo 384-bis del medesimo codice è punito con la reclusione da sei mesi a tre anni.

Capitolo 5
I delitti contro l'ordine pubblico

SOMMARIO:

1. Generalità

I delitti contro l'ordine pubblico possono distinguersi in **tre categorie**:
1) delitti di istigazione e apologia;
2) delitti associativi;
3) delitti di pubblica intimidazione.

2. Istigazione a delinquere (art. 414 c.p.) ed a pratiche pedopornografiche (art. 414-*bis* c.p.)

L'art. 414 c.p. disciplina due distinte fattispecie incriminatrici: istigazione a delinquere *stricto sensu* (commi 1 e 2); apologia di delitti (comma 3).

A) Istigazione a delinquere.

■ La **condotta incriminata** consiste nell'**istigare pubblicamente** a commettere delitti o contravvenzioni.
Per **istigazione** si intende la determinazione o il rafforzamento in altri di un determinato proposito criminoso. L'istigazione va attuata **pubblicamente**, ovvero – giusta la definizione di cui all'art. 266 c.p. – col mezzo della stampa o in un luogo e in circostanza non private.
■ L'oggetto del **dolo (generico)** consiste nella volontà di incitare alla commissione di determinati reati e nella consapevolezza del loro carattere delittuoso e della pubblicità del proprio *agere*.
■ Il reato in parola **si consuma** nel luogo e nel momento in cui viene pubblicamente posta in essere la condotta istigatrice (ma secondo una parte della giurisprudenza sarebbe sufficiente la semplice percepibilità delle espressioni adoperate dal soggetto agente).
L'ultimo comma dell'art. 414 c.p. prevede che *"fuori dei casi di cui all'articolo 302, se l'istigazione o l'apologia di cui ai commi precedenti riguarda delitti di terrorismo o crimini contro l'umanità la pena è aumentata della metà"*. Il d.l. 18 febbraio 2015, n. 7, ha introdotto un'aggravante nel caso in cui il fatto sia commesso attraverso strumenti informatici o telematici.

B) Apologia di delitti.

Per tale fattispecie valgono i **medesimi elementi costitutivi** descritti in riferimento all'istigazione di cui al primo comma del medesimo art. 414, con alcune **differenze**: l'oggetto dell'incitamento può riguardare **esclusivamente delitti**, non anche le contravvenzioni; l'esaltazione non è diretta alla persona, bensì **indiretta**, giacché la condotta incriminata consiste in tal caso nell'esprimere pubblicamente un **giudizio positivo su un fatto delittuoso** *"in forme tali da costituire efficace incitamento per il pubblico a commettere reati dello stesso tipo"* (*Cass. 23 gennaio 1979*). Trattasi, in altre parole, di una istigazione indiretta comportante l'esaltazione di un crimine tale da comportare il serio pericolo di compimento, da parte di terzi e nell'immediato contesto spazio-temporale, di simili fatti delittuosi.

Anche per l'apologia di delitti si applicano le circostanze aggravanti già viste in tema di istigazione a delinquere.

L'art. 414-*bis* c.p. punisce, salvo che il fatto costituisca più grave reato, chiunque, con qualsiasi mezzo e con qualsiasi forma di espressione, pubblicamente **istiga a commettere, in danno di minorenni, uno o più delitti** previsti dagli articoli 600-*bis*, 600-*ter* e 600-*quater*, anche se relativi al materiale pornografico di cui all'articolo 600-*quater*.1, 600-*quinquies*, 609-*bis*, 609-*quater* e 609-*quinquies*, con la reclusione da un anno e sei mesi a cinque anni. Alla stessa pena soggiace anche chi pubblicamente fa l'apologia di uno o più delitti previsti dal primo comma. Non possono essere invocate, a propria scusa, ragioni o finalità di carattere artistico, letterario, storico o di costume.

3. Associazione per delinquere (art. 416 c.p.)

L'art. 416 c.p. prevede due ipotesi di reato e, dunque, **due condotte incriminate**:

a) la prima consiste nel **promuovere o costituire od organizzare** l'associazione, equiparando ai promotori anche i capi (questi ultimi *ex se* membri dell'associazione);

b) la seconda si concretizza nel **partecipare** all'associazione, con un **numero minimo di tre persone**: si ritiene che nel computo possano essere ricomprese anche le persone incapaci di intendere e di volere.

Un fondamentale requisito ai fini dell'integrazione della fattispecie è da ravvisare nella necessaria sussistenza di una **struttura organizzativa finalizzata alla sistematica commissione di delitti nel tempo**, dotata di uomini e di mezzi, che può anche essere di tipo rudimentale. Non è richiesta infatti alcuna complessità organizzativa e formale, come ad esempio la previsione di uno statuto (Cass., 7 novembre 2011, n. 3886). Tuttavia, appare necessario che la struttura e le risorse siano **oggetto di una verifica funzionale** che confermi l'**idoneità** dell'associazione a realizzare il programma criminoso.
Altro elemento costitutivo è la **permanenza del vincolo associativo**, un **vincolo stabile** che deve mantenersi anche a seguito della commissione dei delitti scopo, nonché la previsione di un **programma criminoso indeterminato.**

■ L'associazione per delinquere è un **reato permanente** che **si consuma** nel momento in cui nasce il sodalizio e **permane** finché esso non si scioglie. Non è necessario l'inizio dell'attività delittuosa, purché sia stata approntata un'organizzazione idonea allo scopo (**reato di pericolo concreto**).
■ **L'elemento soggettivo** è quello del **dolo specifico** inteso come coscienza e volontà da parte dell'agente di far parte di un'associazione e di condividerne lo scopo per la realizzazione del programma criminale.
■ L'art. 416 c.p. prevede **tre circostanze aggravanti**, laddove ricorra: lo scorrere degli affiliati in armi fra le campagne o le pubbliche vie; il numero di associati pari o superiore a dieci; la preordinazione dell'associazione a commettere taluno dei delitti di cui agli artt. 600, 601 e 602 c.p. (repressione del fenomeno della tratta di persone), nonché dell'art. 12, co. 3-*bis*, c.p. del d.lgs. 1998/286 (lotta all'immigrazione clandestina).

4. Associazione di tipo mafioso anche straniere (art. 416-*bis* c.p.)

Con la figura delittuosa dell'associazione mafiosa, introdotta nel 1982 (l. 13 settembre 1982, c.d. La Torre), è punita la condotta di chi **fa parte di un'associazione mafiosa** ovvero, con pena più elevata, di chi promuove, costituisce o organizza l'associazione.
Ai sensi del comma 3 dell'art. 416 *bis* c.p., l'associazione è **di tipo mafioso** quando coloro che ne fanno parte si avvalgono della *forza di intimidazione del vincolo associativo* e della *condizione di assoggettamento* e *di omertà* che ne deriva per commettere delitti, per acquisire in modo diretto o indiretto la gestione o comunque il controllo di attività economiche, di concessioni, di autorizzazioni, appalti e servizi pubblici o per realizzare profitti o vantaggi ingiusti per sé o per altri ovvero al fine di

impedire od ostacolare il libero esercizio del voto o di procurare voti a sé o ad altri in occasione di consultazioni elettorali.

Il primo elemento tipizzato nel terzo comma dell'art. 416-*bis* c.p. è quello della **forza di intimidazione**. Nella descrizione normativa, la capacità di incutere timore deve nascere dalla memoria della **pregressa attività di sopraffazione** operata dall'associazione nel suo complesso. È necessario, in altri termini, che l'organizzazione mafiosa abbia raggiunto una **sufficiente fama di forza violenta e sopraffattrice**, sviluppando intorno a sé una carica di intimidazione diffusa, attuale e persistente. Nel suo risvolto dinamico, occorre che i partecipi all'associazione procedano allo **sfruttamento della fama criminale**. Il che implica, da un lato, la necessità che l'organizzazione mafiosa si sia in concreto avvalsa nell'ambiente circostante della forza di intimidazione e della conseguente condizione di assoggettamento e di omertà; dall'altro lato, non è richiesto che si rinnovi ogni volta la carica intimidatrice con nuovi atti di violenza e di minaccia.
Quale conseguenza riflessa dello sfruttamento della forza intimidatrice, deve prodursi una situazione di **assoggettamento**, che consiste in una condizione di soggezione particolarmente intensa, perdurante e diffusa. Con **omertà** si intende, in particolare, un tipo di comportamento caratterizzato dalla **non collaborazione** con gli organi dello Stato, dalla **reticenza** e dal **favoreggiamento** nei confronti dei membri del sodalizio, mossa dalla paura di ricevere del male in caso contrario.

Quanto agli **scopi** che devono essere perseguiti dall'associazione di tipo mafioso, essi non si limitano alla realizzazione di un **programma delittuoso**, ma si estendono ad attività in sé prive di valenza delittuosa, quali: l'acquisizione della gestione o comunque del controllo di attività economiche, concessioni, appalti; la realizzazione di profitti o vantaggi ingiusti; l'ostacolo del libero esercizio del voto o il procacciamento di preferenze elettorali.
Le diverse finalità sono **alternative** fra loro: risulta sufficiente il perseguimento di uno solo degli scopi sopra elencati.

■ Sul **versante soggettivo**, è necessario verificare l'***affectio societatis***, ovverosia la consapevolezza, desumibile anche da fatti concludenti, di aver assunto il vincolo criminale con contestuale coscienza delle caratteristiche dell'organizzazione, come gli scopi perseguiti e l'impiego del metodo mafioso. In particolare, il **dolo è specifico**: non si richiede che le finalità dell'associazione siano effettivamente perseguite, bastando che le stesse costituiscano lo scopo in vista del quale l'associazione si costituisce ed opera.
■ Costituiscono **circostanze aggravanti** ai sensi dell'art. 416-*bis* c.p.: l'avere disponibilità di armi o materie esplodenti; il finanziare le attività economiche delle quali si intende acquisire il controllo con il prezzo, il prodotto, il profitto di delitti.
■ È prevista la misura di sicurezza della **confisca obbligatoria** delle cose pertinenti al reato (comma 7) e l'applicazione obbligatoria della misura di sicurezza della **libertà vigilata** (art. 417 c.p.).
■ Una delle problematiche più discusse riguarda la configurabilità del c.d. **concorso esterno** nel reato associativo da parte di soggetti che, pur non facendo parte dell'organizzazione criminale in qualità di partecipi "interni" alla struttura (v. art. 416), vi intrattengono tuttavia rapporti di collaborazione in modo da contribuire alla sua conservazione o al suo rafforzamento. In giurisprudenza, è prevalso l'orientamento che ne ammette la legittimità dogmatica, sottolineando l'**ontologica diversità tra le figure di partecipe e concorrente esterno**: il primo è colui che risulta in rapporto di stabile ed organica compenetrazione nel tessuto organizzativo del sodalizio criminale, tale da implicare l'assunzione di un ruolo dinamico e funzionale; il secondo, invece, pur non facendo parte dell'associazione, vi fornisce un contributo concreto, specifico, consapevole e volontario, che esplichi un'**effettiva rilevanza causale** per la concreta realizzazione del fatto criminoso collettivo, da verificare **ex post e in concreto** (Cass., Sez. un., 5 ottobre 1994, n. 16, *Demitry*; Cass. pen., Sez. un., 20 settembre 2005, n. 33748).

Per le circostanze aggravanti e attenuanti per reati connessi ad attività mafiose, si v. l'art. 416-bis.1 c.p.

5. Scambio elettorale politico-mafioso (art. 416-*ter* c.p.)

La fattispecie di cui **416-*ter*** c.p., introdotta dal d.l. 8 giugno 1992, n. 306, è stata ridisegnata in un primo tempo dalla l. 17 aprile 2014, n. 62, e successivamente dalla l. 21 maggio 2019, n. 43.
E' il reato di chi *accetta, direttamente o a mezzo di intermediari, la promessa di procurare voti da parte di soggetti appartenenti alle associazioni di cui all'articolo 416-bis o mediante le modalità di cui al terzo comma dell'articolo 416-bis in cambio dell'erogazione o della promessa di erogazione di denaro o di qualunque altra utilità o in cambio della disponibilità a soddisfare gli interessi o le esigenze dell'associazione mafiosa.*
Per tale fattispecie è prevista la pena stabilita nel primo comma dell'art. *416-bis.*
Alla stessa pena soggiace chi *promette, direttamente o a mezzo di intermediari, di procurare voti nei casi di cui al primo comma.*

■ **Soggetto attivo** è da un lato il **soggetto estraneo** all'organizzazione mafiosa (cioè il politico che accetta la promessa di procurare voti con le modalità indicate nella norma), e dall'altro l'***intraneus*** (colui che promette i voti, avendo la capacità di rappresentare e impegnare l'associazione mafiosa all'esterno). In base alla modifica operata dalla l. 21 maggio 2019, n. 43, sia l'*extraneus* che l'*intraneus* possono avvalersi di un **intermediario** per la commissione del reato.

■ È elemento costitutivo il contenuto dell'**accordo**, che deve contemplare *l'impegno del gruppo malavitoso ad attivarsi nei confronti del corpo elettorale* anche dispiegando concretamente, se necessario, il proprio potere di intimidazione. Ai fini della configurabilità del delitto deve escludersi la necessità che l'accordo contempli l'attuazione (o l'esplicita programmazione) di una campagna elettorale mediante intimidazioni quando il soggetto che s'impegna a reclutare i suffragi è persona legata a una consorteria di tipo mafioso, ed agisce per conto e nell'interesse di quest'ultima, poiché in tal caso il ricorso alle modalità di acquisizione del consenso tramite la modalità di cui all'art. 416 bis può dirsi immanente all'illecita pattuizione (Cass., Sez. VI, n. 16397/2016; Cass., Sez. VI, n. 25302/2015). Per quanto riguarda la **condotta dell'uomo politico**, assume rilievo penale proprio la sua disponibilità a venire a patti con l'associazione mafiosa, in vista del futuro e concreto adempimento dell'impegno assunto in cambio dell'appoggio elettorale (Cass. pen., 30 gennaio 2003, n. 4293). La riforma operata con la l. 43/2019 ha introdotto una **nuova modalità di condotta**, prevedendo che il promissario può offrire, oltre al denaro e ad altra utilità, anche la mera messa a disposizione per soddisfare gli interessi e le esigenze dell'associazione mafiosa.

■ È un **reato plurisoggettivo necessario proprio**.

■ Trattandosi di un **reato di pericolo**, la **consumazione** avviene con la **semplice accettazione della promessa** (reato-contratto), senza che sia necessario che l'associazione procuri effettivamente i voti promessi.

6. Devastazione e saccheggio (art. 419 c.p.)

È il reato di chi, fuori dei casi preveduti dall'articolo 285 c.p. (*devastazione, saccheggio e strage*), commette fatti di devastazione o di saccheggio.
La pena è aumentata se il fatto è commesso nel corso di manifestazioni in luogo pubblico o aperto al pubblico ovvero su armi, munizioni o viveri esistenti in luogo di vendita o di deposito.

7. Altre fattispecie

Art. 420 c.p., **Attentato a impianti di pubblica utilità**: Chiunque commette un fatto diretto a danneggiare o distruggere impianti di pubblica utilità, è punito, salvo che il fatto costituisca più grave reato, con la reclusione da uno a quattro anni.

Art. 421 c.p., **Pubblica intimidazione**: Chiunque minaccia di commettere delitti contro la pubblica incolumità, ovvero fatti di devastazione o di saccheggio, in modo da incutere pubblico timore, è punito con la reclusione fino a un anno.

Capitolo 6
I delitti contro l'incolumità pubblica

SOMMARIO:

1. Generalità

Contemplate nel titolo VI del libro II del codice penale, tali fattispecie si caratterizzano per la **diffusività del danno**, tale da minacciare un **numero indeterminato di persone** non individuabili *a priori*, pregiudicando la sicurezza sociale (c.d. reati vaghi o vaganti).
Il titolo si suddivide in **tre capi**, dedicati rispettivamente ai delitti di comune pericolo mediante violenza, a quelli mediante frode ed alle fattispecie colpose. Il titolo è stato da ultimo modificato con d.l. 8 settembre **2021**, n. 120, volto ad incrementare la repressione degli incendi boschivi.

2. Strage (art. 422 c.p.)

Il delitto di strage costituisce la fattispecie più significativa del titolo VI: rinviene la sua disciplina all'art. 422 c.p.
■ La **condotta** si concretizza in **atti tali da porre in pericolo la pubblica incolumità**, compiuti **al fine di uccidere**. La vaghezza della formulazione legislativa (che ha fatto dubitare della sua conformità al principio di tassatività) induce a ricomprendere nel suo perimetro applicativo ogni comportamento che, **mediante violenza**, sia effettivamente idoneo a porre in pericolo la pubblica incolumità (**reato a forma libera**). Al fine di verificare l'inveramento del pericolo, la valutazione del fatto deve essere globale, condotta tenendo conto dei mezzi usati, delle modalità esecutive della condotta e delle circostanze ambientali che la caratterizzano (**reato di pericolo concreto**).
■ Il delitto **si consuma** al sorgere del pericolo per la pubblica incolumità.
■ L'art. 422 c.p. prevede **incrementi di pena** nell'ipotesi in cui, in conseguenza della condotta del soggetto attivo, venga cagionata la **morte di una o più persone**.
■ L'**elemento soggettivo** comprende la volontà di compiere atti idonei a mettere in pericolo la pubblica incolumità, accompagnati dal fine di attentare alla vita di una o più persone (**dolo specifico**). Il *fine specifico* non richiede che le vittime siano preventivamente individuate, bastando anche una direzione intenzionale generica (la norma si limita a richiedere il fine di uccidere, senza altro specificare).
■ Quanto alla distinzione del delitto di strage rispetto a quello di **omicidio volontario plurimo** (v. art. 575), nel primo il dolo consiste nella coscienza e volontà di porre in essere atti idonei a determinare pericolo per la vita e l'integrità fisica della collettività mediante violenza (evento di pericolo), con la possibilità che dal fatto derivi la morte di una o più persone (evento di danno), al fine (dolo specifico) di cagionare la morte di un numero indeterminato di persone, e va desunto dalla natura del mezzo usato e da tutte le modalità dell'azione, elementi questi, invece, assenti nel delitto di omicidio volontario.

3. Incendio (artt. 423-425 c.p.)

A) Incendio.

È il reato di chi *cagiona un incendio* (art. 423, co. 1, c.p.).

Per "**incendio**" si deve intendere *il fuoco di vaste dimensioni, che abbia tendenza a diffondersi e sia di difficile spegnimento.*
Il comma 2 ("*la disposizione precedente si applica anche nel caso d'incendio della cosa propria, se dal fatto deriva pericolo per l'incolumità pubblica*") disciplina l'ipotesi di *incendio di cosa propria*, con tale intendendosi quei beni di cui l'agente è titolare del diritto di proprietà e non quindi di altro diritto reale. In tali ipotesi il pericolo per la pubblica incolumità si configura quale elemento costitutivo del reato, anche se alcuni autori ritengono si tratti di una condizione obiettiva di punibilità.
Il **dolo è generico** in entrambi i casi, ma nell'incendio di cosa propria l'autore deve altresì avere la consapevolezza di porre in pericolo la pubblica incolumità.

B) Incendio boschivo.
L'art. 423-*bis* c.p. punisce il reato di incendio boschivo. Si tratta di una ipotesi speciale del reato di incendio *ex* art. 423 c.p., dal quale si differenzia per l'oggetto materiale della condotta qui individuato nei *boschi, selve o foreste e vivai forestali destinati al rimboschimento*.
Gli artt. 423-*ter* e 423-*quater* c.p. disciplinano, rispettivamente, le pene accessorie e la confisca, applicabili al reato di incendio boschivo.
In ordine alle **circostanze**, particolare rilievo assume il co. 5 introdotto dal d.l. 8 settembre 2021, n. 120, conv., con modif., in l. 8 novembre 2021, n. 155, che ha inserito una nuova circostanza attenuante speciale che premia, in misura più incisiva rispetto a quanto previsto dall'art. 62, co. 1, n. 6, c.p., l'autore di condotte di ravvedimento attivo o comunque riparatorie.

C) Danneggiamento seguito da incendio.
È il reato di chi, al di fuori del reato di incendio boschivo, al solo scopo di danneggiare la cosa altrui, appicca il fuoco a una cosa propria o altrui se dal fatto sorge il pericolo di un incendio (art. 424 c.p.).

D) Circostanze aggravanti.
L'art. 425 c.p. prevede delle circostanze aggravanti applicabili ai reati di incendio e danneggiamento seguito da incendio. Nel dettaglio, la pena è aumentata se il fatto è commesso:
1) su edifici pubblici o destinati a uso pubblico, su monumenti, cimiteri e loro dipendenze;
2) su edifici abitati o destinati a uso di abitazione, su impianti industriali o cantieri, su aziende agricole, o su miniere, cave, sorgenti, o su acquedotti o altri manufatti destinati a raccogliere e condurre le acque;
3) su navi o altri edifici natanti, o su aeromobili;
4) su scali ferroviari o marittimi o aeroscali, magazzini generali o altri depositi di merci o derrate, o su ammassi o depositi di materie esplodenti, infiammabili o combustibili.

4. Disastro ferroviario (art. 430 c.p.) e attentato alla sicurezza delle installazioni nucleari (art. 433-*bis*)

Art. 430 c.p., **Disastro ferroviario.** E' il reato di chi cagiona un disastro ferroviario. La pena è la reclusione da cinque a quindici anni.

Art. 433-*bis*, c.p., **Attentato alla sicurezza delle installazioni nucleari**. È il reato di chi attenta alla sicurezza delle installazioni nucleari ovvero degli impianti, dei luoghi o dei mezzi adibiti alla produzione, alla conservazione o al trasporto di materie nucleari. La pena è della reclusione a quattro a otto anni qualora dal fatto derivi pericolo per la pubblica incolumità.
Se dal fatto deriva un disastro, la pena è della reclusione da cinque a venti anni.

5. Crollo di costruzioni o altri disastri dolosi (art. 434 c.p.)

L'art. 434 c.p. prevede il c.d. **disastro innominato**, disposizione di chiusura del Capo I del Titolo VI, che contempla i "delitti di comune pericolo mediante violenza".
È il reato di chi *commette un fatto diretto a cagionare il crollo di una costruzione o di una parte di essa ovvero un altro disastro è punito, se dal fatto deriva pericolo per la pubblica incolumità*.

La pena è aggravata se il crollo o il disastro avviene.
Per la consumazione del reato non occorre l'effettiva realizzazione del disastro, ma è sufficiente il compimento volontario di atti diretti a cagionarlo.

La disposizione delinea due fattispecie dolose a consumazione anticipata, modellate sullo schema dei delitti di attentato: il **crollo di costruzioni** ed il **disastro** cosiddetto **innominato**, previsione quest'ultima destinata a colmare le lacune derivanti da una descrizione eccessivamente minuziosa degli eventi disastrosi previsti nelle norme precedenti, in rapporto alle nuove possibili forme di aggressione del bene dell'incolumità pubblica derivanti dallo sviluppo tecnologico, industriale e commerciale (Cass. pen., 5 maggio 2011, n. 36626).
Il **crollo** deve presentare le caratteristiche del disastro, ovvero deve consistere in un evento di notevoli proporzioni ed arrecare un pericolo per un numero indeterminato di persone (Cass. pen., 25 giugno 2003, n. 30216).
Con l'espressione "**altro disastro doloso**" si ha riguardo a qualsiasi evento, derivante da una condotta violenta, che per la sua portata distruttiva sia in grado di generare conseguenze dannose gravi, complesse ed estese, tali da provocare, come sopra evidenziato, un effettivo pericolo per la pubblica incolumità, senza che all'evento debba necessariamente accompagnarsi la morte o le lesioni di una o più persone. I dubbi di costituzionalità della norma, laddove fa riferimento ad "altro disastro", per violazione del canone della tassatività, sono da ritenersi ampiamenti superati alla luce delle precisazioni provenienti dalla giurisprudenza costituzionale: per disastro deve intendersi un evento caratterizzato dalla **"potenza espansiva del nocumento"** e **"dall'attitudine a mettere in pericolo la pubblica incolumità".**
L'art. 434 c.p. ha una funzione sussidiaria e residuale, trovando applicazione solo "fuori dai casi preveduti dagli articoli precedenti".
Laddove un disastro sia cagionato per **colpa** troverà applicazione l'art. **449 c.p.,** che commina la pena della reclusione da uno a cinque anni.

6. Altre fattispecie

Art. 435 c.p., Fabbricazione o detenzione di materie esplodenti: Chiunque, al fine di attentare alla pubblica incolumità, fabbrica, acquista o detiene dinamite o altre materie esplodenti, asfissianti, accecanti, tossiche o infiammabili, ovvero sostanze che servano alla composizione o alla fabbricazione di esse, è punito con la reclusione da uno a cinque anni.

Art. 437 c.p., Rimozione od omissione dolosa di cautele contro infortuni sul lavoro: Chiunque omette di collocare impianti, apparecchi o segnali destinati a prevenire disastri o infortuni sul lavoro, ovvero li rimuove o li danneggia, è punito con la reclusione da sei mesi a cinque anni.
Se dal fatto deriva un disastro o un infortunio, la pena è della reclusione da tre a dieci anni.
Art. 438 c.p., Epidemia: Chiunque cagiona un'epidemia mediante la diffusione di germi patogeni è punito con l'ergastolo. Se dal fatto deriva la morte di più persone, si applica la pena di morte.
Art. 444 c.p., Commercio di sostanze alimentari nocive: Chiunque detiene per il commercio, pone in commercio, ovvero distribuisce per il consumo sostanze destinate all'alimentazione, non contraffatte né adulterate, ma pericolose alla salute pubblica, è punito con la reclusione da sei mesi a tre anni e con la multa non inferiore a euro 51.
La pena è diminuita se la qualità nociva delle sostanze è nota alla persona che le acquista o le riceve.

Art. 452 c.p., Delitti colposi contro la salute pubblica: Chiunque commette, per colpa, alcuno dei fatti preveduti dagli articoli 438 e 439 è punito:
1) con la reclusione da tre a dodici anni, nei casi per i quali le dette disposizioni stabiliscono la pena di morte;
2) con la reclusione da uno a cinque anni, nei casi per i quali esse stabiliscono l'ergastolo;
3) con la reclusione da sei mesi a tre anni, nel caso in cui l'articolo 439 stabilisce la pena della reclusione.
Quando sia commesso per colpa alcuno dei fatti preveduti dagli articoli 440, 441, 442, 443, 444 e 445 si applicano le pene ivi rispettivamente stabilite ridotte da un terzo a un sesto.

Capitolo 7
I delitti contro l'ambiente

SOMMARIO:

1. Generalità

Con la l. 22 maggio 2015, n. 68, il legislatore ha introdotto nel codice penale un **Titolo VI-*bis*** (Dei delitti contro l'ambiente), composto di 12 articoli (dal 452-*bis* al 452-*terdecies*).
All'interno di tale titolo sono previsti cinque nuovi delitti:

a) inquinamento ambientale;
b) disastro ambientale;
c) traffico e abbandono di materiale ad alta radioattività;
d) impedimento del controllo;
e) omessa bonifica.

La legge contempla inoltre: una forma di ravvedimento operoso per chi collabora con le autorità prima della definizione del giudizio; l'obbligo per il condannato di procedere al recupero e, ove possibile, al ripristino dello stato dei luoghi; il raddoppio dei termini di prescrizione del reato per i nuovi delitti, nonché apposite misure per confisca e pene accessorie; la revisione della disciplina sulla responsabilità amministrativa delle persone giuridiche in caso di reati ambientali.

2. Inquinamento ambientale (art. 452-*bis* c.p.)

■ Il delitto di **inquinamento ambientale** è il reato di *abusivamente cagiona una compromissione o un deterioramento significativi e misurabili: 1) delle acque o dell'aria, o di porzioni estese o significative del suolo o del sottosuolo; 2) di un ecosistema, della biodiversità, anche agraria, della flora o della fauna.*
Quando l'inquinamento è prodotto in un'area naturale protetta o sottoposta a vincolo paesaggistico, ambientale, storico, artistico, architettonico o archeologico, ovvero in danno di specie animali o vegetali protette, la pena è aumentata.
■ È un **delitto di evento e di danno**, quest'ultimo costituito dalla compromissione o dal deterioramento, significativi e misurabili, dei beni ambientali indicati.
■ Si ritiene che la **condotta** possa essere sia **attiva**, con la realizzazione di un fatto dannoso o pericoloso, sia **omissiva** (mediante il mancato impedimento dell'evento da parte dei soggetti tenuti al rispetto degli obblighi di prevenzione).
■ Il delitto **si consuma** nel momento in cui si realizza la compromissione o il deterioramento, purché significativi e misurabili, del bene ambientale.
■ Il **dolo** è **generico**, dovendo il reo rappresentarsi e volere tutti gli elementi costitutivi della fattispecie.
■ La norma prevede **aggravamenti di pena** per le ipotesi in cui l'inquinamento: sia prodotto in un'area naturale protetta o sottoposta a vincolo paesaggistico, ambientale, storico, artistico, architettonico o archeologico; arrechi un danno a specie animali o vegetali protette.

3. Morte o lesioni come conseguenza del delitto di inquinamento ambientale (art. 452-*ter* c.p.)

L'art. 452-*ter* c.p., dispone che se da uno dei fatti di cui all'articolo 452-*bis* deriva, quale conseguenza non voluta dal reo, una lesione personale, ad eccezione delle ipotesi in cui la malattia ha una durata non superiore ai venti giorni, si applica la pena della reclusione da due anni e sei mesi a sette anni; se ne deriva una lesione grave, la pena della reclusione da tre a otto anni; se ne deriva una lesione gravissima, la pena della reclusione da quattro a nove anni; se ne deriva la morte, la pena della reclusione da cinque a dieci anni.
Nel caso di morte di più persone, di lesioni di più persone, ovvero di morte di una o più persone e lesioni di una o più persone, si applica la pena che dovrebbe infliggersi per l'ipotesi più grave, aumentata fino al triplo, ma la pena della reclusione non può superare gli anni venti.

4. Disastro ambientale (art. 452-quater c.p.)

La norma, introdotta nel 2015, punisce con la reclusione da 5 a 15 anni chiunque cagioni abusivamente un disastro ambientale, al di fuori dei casi previsti dall'**art. 434 c.p.** (c.d. disastro innominato). Il legislatore, in questo modo, ha raccolto l'auspicio formulato dalla Corte Costituzionale nella sentenza 30 luglio 2008, n. 327, in ordine alla necessità della tipizzazione di un'autonoma figura di reato, anche nell'ottica dell'accresciuta attenzione alla tutela ambientale ed a quella dell'integrità fisica e della salute pubblica. In passato, infatti, in mancanza di una norma incriminatrice ad hoc, la giurisprudenza aveva rinvenuto nella disposizione di cui all'art. 434 c.p. (dilatandone eccessivamente la portata applicativa) lo strumento idoneo per reprimere il disastro ambientale.
La nuova disposizione individua tre situazioni che, **alternativamente**, possono integrare il reato:

1) l'alterazione irreversibile dell'equilibrio di un ecosistema;
2) l'alterazione dell'equilibrio di un ecosistema la cui eliminazione risulti particolarmente onerosa e conseguibile solo con provvedimenti eccezionali;
3) l'offesa alla pubblica incolumità in ragione della rilevanza del fatto per l'estensione della compromissione o dei suoi effetti lesivi ovvero per il numero delle persone offese o esposte a pericolo.

Nella formulazione del nuovo articolo 452-quater c.p., pertanto, l'elemento "dimensionale" e quello "offensivo" dell'evento sono richiesti non congiuntamente ma **disgiuntamente** (come emerge dall'uso, al comma primo, della parola "alternativamente"), soluzione coerente con il nuovo bene giuridico tutelato, da individuare nell'ambiente e non più soltanto nella pubblica incolumità.

■ Il **dolo** è **generico**, dovendo il reo rappresentarsi e volere tutti gli elementi costitutivi della fattispecie.

■ L'art. 452-*quater* norma prevede **aggravamenti di pena** per le ipotesi in cui l'inquinamento: sia prodotto in un'area naturale protetta o sottoposta a vincolo paesaggistico, ambientale, storico, artistico, architettonico o archeologico; arrechi un danno a specie animali o vegetali protette.

5. Altre fattispecie

■ L'art. 452-*quinquies* c.p. estende la punibilità dei fatti di cui agli articoli 452-*bis* e 452-*quater* ai casi in cui gli stessi siano **commessi per colpa,** prevedendo però una diminuzione di pena. Una ulteriore diminuzione è poi prevista *"se dalla commissione dei fatti di cui al comma precedente deriva il pericolo di inquinamento ambientale o di disastro ambientale"*.

■ L'art. 452-*quaterdecies* c.p., introdotto dal d.lgs. 1 marzo 2018, n. 21, nel tentativo di riattribuire centralità sistematica al codice penale, prevede il delitto di **"attività organizzate per il traffico illecito di rifiuti"**, riproducendo in sostanza il dettato del previgente art. 260, d. lgs. 3 aprile 2006, n. 152, contestualmente abrogato. In particolare, la disposizione punisce con la reclusione da uno a sei anni "*chiunque, al fine di conseguire un ingiusto profitto, con più operazioni e attraverso l'allestimento di* *mezzi e attività continuative organizzate, cede, riceve, trasporta, esporta, importa, o comunque gestisce abusivamente ingenti quantitativi di rifiuti*". La previsione dispone un aumento di pena in caso di rifiuti ad alta radioattività, oltre alla confisca obbligatoria (anche per equivalente) e all'ordine giudiziale di ripristino dello stato dell'ambiente.

Art. 452-*sexies* c.p., Traffico e abbandono di materiale ad alta radioattività: Salvo che il fatto costituisca più grave reato, è punito con la reclusione da due a sei anni e con la multa da euro 10.000 a euro 50.000 chiunque abusivamente cede, acquista, riceve, trasporta, importa, esporta, procura ad altri, detiene, trasferisce, abbandona o si disfa illegittimamente di materiale ad alta radioattività.
La pena di cui al primo comma è aumentata se dal fatto deriva il pericolo di compromissione o deterioramento:
1) delle acque o dell'aria, o di porzioni estese o significative del suolo o del sottosuolo;
2) di un ecosistema, della biodiversità, anche agraria, della flora o della fauna.
Se dal fatto deriva pericolo per la vita o per l'incolumità delle persone, la pena è aumentata fino alla metà.

Art. 452-*septies* c.p., Impedimento del controllo: Salvo che il fatto costituisca più grave reato, chiunque, negando l'accesso, predisponendo ostacoli o mutando artificiosamente lo stato dei luoghi, impedisce, intralcia o elude l'attività di vigilanza e controllo ambientali e di sicurezza e igiene del lavoro, ovvero ne compromette gli esiti, è punito con la reclusione da sei mesi a tre anni.
Salvo che il fatto costituisca più grave reato, chiunque, negando l'accesso, predisponendo ostacoli o mutando artificiosamente lo stato dei luoghi, impedisce, intralcia o elude l'attività di vigilanza e controllo ambientali e di sicurezza e igiene del lavoro, ovvero ne compromette gli esiti, è punito con la reclusione da sei mesi a tre anni.

Art. 452-*octies* c.p., Circostanze aggravanti: Quando l'associazione di cui all'articolo 416 è diretta, in via esclusiva o concorrente, allo scopo di commettere taluno dei delitti previsti dal presente titolo, le pene previste dal medesimo articolo 416 sono aumentate.
Quando l'associazione di cui all'articolo 416-bis è finalizzata a commettere taluno dei delitti previsti dal presente titolo ovvero all'acquisizione della gestione o comunque del controllo di attività economiche, di concessioni, di autorizzazioni, di appalti o di servizi pubblici in materia ambientale, le pene previste dal medesimo articolo 416-bis sono aumentate.
Le pene di cui ai commi primo e secondo sono aumentate da un terzo alla metà se dell'associazione fanno parte pubblici ufficiali o incaricati di un pubblico servizio che esercitano funzioni o svolgono servizi in materia ambientale.

Art. 452-*novies* c.p., Aggravante ambientale : Quando un fatto già previsto come reato è commesso allo scopo di eseguire uno o più tra i delitti previsti dal presente titolo, dal decreto legislativo 3 aprile 2006, n. 152, o da altra disposizione di legge posta a tutela dell'ambiente, ovvero se dalla commissione del fatto deriva la violazione di una o più norme previste dal citato decreto legislativo n. 152 del 2006 o da altra legge che tutela l'ambiente, la pena nel primo caso è aumentata da un terzo alla metà e nel secondo caso è aumentata di un terzo. In ogni caso il reato è procedibile d'ufficio.

Art. 452-*decies* c.p., Ravvedimento operoso: Le pene previste per i delitti di cui al presente titolo, per il delitto di associazione per delinquere di cui all'articolo 416 aggravato ai sensi dell'articolo 452-octies, nonché per il delitto di cui all'articolo 260 del decreto legislativo 3 aprile 2006, n. 152, e successive modificazioni, sono diminuite dalla metà a due terzi nei confronti di colui che si adopera per evitare che l'attività delittuosa venga portata a conseguenze ulteriori, ovvero, prima della dichiarazione di apertura del dibattimento di primo grado, provvede concretamente alla messa in sicurezza, alla bonifica e, ove possibile, al ripristino dello stato dei luoghi, e diminuite da un terzo alla metà nei confronti di colui che aiuta concretamente l'autorità di polizia o l'autorità giudiziaria nella ricostruzione del fatto, nell'individuazione degli autori o nella sottrazione di risorse rilevanti per la commissione dei delitti.
Ove il giudice, su richiesta dell'imputato, prima della dichiarazione di apertura del dibattimento di primo grado disponga la sospensione del procedimento per un tempo congruo, comunque non superiore a due anni e prorogabile per un periodo massimo di un ulteriore anno, al fine di consentire le attività di cui al comma precedente in corso di esecuzione, il corso della prescrizione è sospeso.

Art. 452-*undecies* c.p., Confisca: Nel caso di condanna o di applicazione della pena su richiesta delle parti, a norma dell'articolo 444 del codice di procedura penale, per i delitti previsti dagli articoli 452-bis, 452-quater, 452-sexies, 452-septies e 452-octies del presente codice, è sempre ordinata la confisca delle cose che costituiscono il prodotto o il profitto del reato o che servirono a commettere il reato, salvo che appartengano a persone estranee al reato.
Quando, a seguito di condanna per uno dei delitti previsti dal presente titolo, sia stata disposta la confisca di beni ed essa non sia possibile, il giudice individua beni di valore equivalente di cui il condannato abbia anche indirettamente o per interposta persona la disponibilità e ne ordina la confisca.
I beni confiscati ai sensi dei commi precedenti o i loro eventuali proventi sono messi nella disponibilità della pubblica amministrazione competente e vincolati all'uso per la bonifica dei luoghi.
L'istituto della confisca non trova applicazione nell'ipotesi in cui l'imputato abbia efficacemente provveduto alla messa in sicurezza e, ove necessario, alle attività di bonifica e di ripristino dello stato dei luoghi.

Art. 452-*duodecies* c.p., Ripristino dello stato dei luoghi: Quando pronuncia sentenza di condanna ovvero di applicazione della pena su richiesta delle parti a norma dell'articolo 444 del codice di procedura penale per taluno dei delitti previsti dal presente titolo, il giudice ordina il recupero e, ove tecnicamente possibile, il ripristino dello stato dei luoghi, ponendone l'esecuzione a carico del condannato e dei soggetti di cui all'articolo 197 del presente codice.
Al ripristino dello stato dei luoghi di cui al comma precedente si applicano le disposizioni di cui al titolo II della parte sesta del decreto legislativo 3 aprile 2006, n. 152, in materia di ripristino ambientale.

Art. 452-*terdecies* c.p., Omessa bonifica: Salvo che il fatto costituisca più grave reato, chiunque, essendovi obbligato per legge, per ordine del giudice ovvero di un'autorità pubblica, non provvede alla bonifica, al ripristino o al recupero dello stato dei luoghi è punito con la pena della reclusione da uno a quattro anni e con la multa da euro 20.000 a euro 80.000.

Art. 452-*quaterdecies* c.p., Attività organizzate per il traffico illecito di rifiuti: Chiunque, al fine di conseguire un ingiusto profitto, con più operazioni e attraverso l'allestimento di mezzi e attività continuative organizzate, cede, riceve, trasporta, esporta, importa, o comunque gestisce abusivamente ingenti quantitativi di rifiuti è punito con la reclusione da uno a sei anni.
Se si tratta di rifiuti ad alta radioattività si applica la pena della reclusione da tre a otto anni.
Alla condanna conseguono le pene accessorie di cui agli articoli 28, 30, 32-bis e 32-ter, con la limitazione di cui all'articolo 33.
Il giudice, con la sentenza di condanna o con quella emessa ai sensi dell'articolo 444 del codice di procedura penale, ordina il ripristino dello stato dell'ambiente e può subordinare la concessione della sospensione condizionale della pena all'eliminazione del danno o del pericolo per l'ambiente.
È sempre ordinata la confisca delle cose che servirono a commettere il reato o che costituiscono il prodotto o il profitto del reato, salvo che appartengano a persone estranee al reato. Quando essa non sia possibile, il giudice individua beni di valore equivalente di cui il condannato abbia anche indirettamente o per interposta persona la disponibilità e ne ordina la confisca.

Capitolo 8
I delitti contro la fede pubblica

SOMMARIO:

1. Nozione di "falso". - **2.** Elemento soggettivo. - **3.** Classificazione. - **4.** I delitti di falsità in monete, in carte di pubblico credito e in valori di bollo. - **5.** I delitti di falsità in atti. - **6.** Falsità personali.

1. Nozione di "falso"

Le fattispecie incriminatici disciplinate nel titolo VII del libro secondo del codice penale, rubricato **delitti contro la fede pubblica**, si incentrano sulla **nozione di falso**, la cui definizione presenta profili di spiccata problematicità. Si tratta, infatti, di una nozione essenzialmente **negativa**: "falso" è, di certo, ciò che non è vero (la c.d. «*immutatio*» o «*imitatio veri*»), ma anche ciò che è in grado di **indurre in inganno** o, meglio, l'espressione di un *quid* di fraudolento. La dottrina ritiene che il bene giuridico protetto sia la **fede pubblica**, intesa come fiducia che la collettività ripone in determinati simboli oggetti e documenti, sulla cui veridicità deve potersi fare affidamento per rendere più sicuro ed affidabile il traffico giuridico ed economico. Una simile interpretazione è confortata dal dato testuale della Relazione ministeriale al codice;

Parte della dottrina riconosce ai reati in esame **natura plurioffensiva**. In essi si riscontrerebbero due offese: alla **pubblica fede** (cioè la fiducia e la sicurezza del traffico giuridico) e all'**interesse specifico** salvaguardato dalla integrità dei mezzi probatori.

2. Elemento soggettivo

Carattere peculiare riveste inoltre l'**elemento soggettivo** dei reati in parola.

La dottrina ha più fortemente sentito l'esigenza di arricchire la struttura del dolo di un elemento che si aggiungesse a quelli tradizionali della rappresentazione e volizione della condotta, richiedendo la consapevolezza del disvalore sociale del fatto o l'intenzione di ingannare e, più di recente, la consapevolezza di ledere l'interesse tutelato dalla norma incriminatrice.

La giurisprudenza prevalente, invece, ha sempre respinto tale approccio interpretativo, attribuendo rilevanza alla mera coscienza e volontà della *immutatio veri* (**dolo generico**), non ravvisando la necessità di procedere ad un'indagine circa la sussistenza dell'*animus nocendi vel decipiendi*.

3. Classificazione

La materia dei reati contro la fede pubblica all'interno del codice penale risulta così articolata:

- Capo I: **Della falsità in monete, in carte di pubblico credito e in valori di bollo** (artt. 453-466 c.p.);
- Capo II: **Della falsità in sigilli o strumenti o segni di autenticazione, certificazione o riconoscimento** (artt. 467-475 c.p.);
- Capo III: **Della falsità in atti** (artt. 476-493-*bis* c.p.);
- Capo IV: **Della falsità personale** (artt. 494-498 c.p.).

4. I delitti di falsità in monete, in carte di pubblico credito e in valori di bollo

Le prescrizioni normative contenute nel Capo I del titolo VII del codice penale sono accomunate dall'oggetto materiale, individuato in documenti, segni o simboli rappresentativi di un diritto di credito nei confronti dello Stato, di enti pubblici o di pubbliche imprese di trasporto (**falsità in valori pubblici**).

A) Il c.d. falso nummario.
Assume particolare rilievo il c.d. **falso nummario**: il legislatore penale mira a tutelare il sentimento di fiducia generalizzata nei confronti dell'autenticità dei mezzi di scambio precipui dell'economia contemporanea.

B) Condotte incriminate.
Nel dettaglio, le **condotte** incriminate sono le seguenti:
- **contraffazione**, ovvero l'illecita fabbricazione di monete o di carte di pubblico credito (rispettivamente artt. 453, co. 1, n. 1 e 458 c.p.);
- **alterazione**, consistente nella modifica materiale di monete o carte di pubblico credito in origine emesse a norma di legge (artt. 453, co. 1, n. 2 e 458 c.p.);
- **introduzione**, che si invera nella immissione nel territorio italiano di monete o carnet di pubblico credito precedentemente falsificate fuori dai nostri confini nazionali (artt. 453, co. 1, n. 3 e 458 c.p.);
- **acquisto** o **ricezione** di valori pubblici da altri falsificati (vedi artt. 453, co. 1, n. 4 e 458 c.p.);
- **detenzione** di valori pubblici, in accordo con colui che li falsifica, oppure a prescindere da esso, al fine di far circolare monete contraffatte (artt. 453, co. 1, n. 3 c.p. e 455 c.p.);
- **spendita o messa in circolazione** di valori pubblici, in accordo con colui che li falsifica, oppure a prescindere da esso al fine di far circolare monete contraffatte (artt. 453, co. 1, n. 3 c.p. e 455 c.p.);
- **spendita o messa in circolazione**, di valori da altri falsificati, ma a differenza delle altre ipotesi, allorché non si era consci della falsificazione;
- **indebita fabbricazione di monete in eccesso rispetto a quelle autorizzate,** da parte dei soggetti abilitati a coniare moneta: ipotesi quest'ultima introdotta all'art. 453 c.p. dal **d. lgs. 21 giugno 2016, n. 125**.

Va peraltro segnalato che il **d. lgs. 29 ottobre 2016, n. 202** ha introdotto un nuovo art. **466-*bis*** c.p., che prevede una **confisca obbligatoria** (anche per equivalente) *"delle cose che servirono o furono destinate a commettere il reato e delle cose che … sono il prodotto, il prezzo o il profitto"* di uno dei delitti di cui agli articoli 453, 454, 455, 460 e 461 c.p.

5. I delitti di falsità in atti

Un ruolo di indubbio rilievo nell'ambito dei reati contro la fede pubblica assumono le c.d. **falsità documentali**.
Alcune di tali fattispecie sono state abolite ad opera del d. lgs. 15 gennaio 2016, n. 7. In tema di falsità documentali, tale decreto ha disposto l'abrogazione degli articoli 485 e 486 c.p. nonché la modifica di alcune delle successive disposizioni.

A) Oggetto materiale.
L'**oggetto materiale** su cui incidono le condotte criminose è il **documento** (atto pubblico, certificato, autorizzazione amministrativa, copia, scrittura privata, documento informatico ex art. 491-*bis* c.p.). La dottrina prevalente e la giurisprudenza individuano gli **elementi costitutivi tipici** della nozione di documento nella forma scritta, nella riconoscibilità dell'autore, nel contenuto di pensiero dichiarativo di scienza o di volontà, e infine nella validità.
Ai fini penali, i documenti sono distinti in: **atti pubblici** e **scritture private**.

a) Atto pubblico.
L'art. 2699 c.c. definisce in tal guisa *"il documento redatto, con le richieste formalità, da un notaio o da altro pubblico ufficiale autorizzato ad attribuirgli pubblica fede nel luogo ove l'atto è formato"*.
Secondo l'interpretazione prevalente, il concetto di atto pubblico è, agli effetti della tutela penale, più ampio di quello desumibile dalla codicistica civile, dovendo rientrare in detta nozione non soltanto i documenti

che sono redatti da un notaio o da altro pubblico ufficiale autorizzato, ma anche quelli formati dal pubblico ufficiale o dal pubblico impiegato, nell'esercizio delle loro funzioni per uno scopo diverso da quello di conferire ad essi pubblica fede, purché aventi l'attitudine ad assumere rilevanza giuridica e/o valore probatorio interno alla p.a.

La giurisprudenza ha, poi, recentemente ribadito che la falsa rappresentazione della realtà documentata deve essere rilevante in relazione alla specifica attività del p.u.; la falsità deve quindi investire un atto che, in relazione al concreto esercizio della funzione o attribuzione pubblica, abbia la **potenzialità di produrre effetti giuridici**.

Nell'ambito di questa categoria, si distingue tra:

- *atti pubblici di fede privilegiata* (per la cui individuazione vi è il necessario riferimento alle forme documentali disciplinate dagli artt. 2699 e 2700 c.c.);
- *certificati* (atti che riproducono attestazioni già documentate o che comunque si limitino a riprodurre anche gli effetti dell'atto preesistente);
- *autorizzazioni amministrative* (con funzione di rimuovere un limite all'esercizio di un diritto preesistente);
- *copie* (documenti di secondo grado che contengono la riproduzione fedele e completa di un documento originale, effettuata con qualsiasi mezzo, anche meccanico);
- *atti privati eccezionalmente equiparati agli atti pubblici*, come il testamento olografo, la cambiale e altri titoli di credito trasferibili per girata (art. 491 c.p.).

b) Scrittura privata.

Il concetto di scrittura privata è desumibile in negativo da quello di atto pubblico. Ne deriva, dunque, che è in tal guisa configurabile qualsiasi documento che provenga da persona priva della qualifica di pubblico ufficiale o incaricato di pubblico servizio.

c) Documento informatico.

La l. 547/1993 ha introdotto l'art. 491-*bis* c.p., alla stregua del quale *"se alcuna delle falsità previste dal presente capo riguarda un documento informatico pubblico o privato avente efficacia probatoria, si applicano le disposizioni del capo stesso concernenti rispettivamente gli atti pubblici e le scritture private"*.

La nozione si incentra su un elemento materiale, quale è il supporto di memoria: è infatti considerato documento informatico qualunque supporto informatico contenente dati o informazioni aventi efficacia probatoria.

B) Distinzione tra falsità materiale e falsità ideologica.

Il legislatore ripropone la tradizionale distinzione tra **falsità materiale** e **falsità ideologica**. La differenza tra le due ipotesi di falsità è stata tradizionalmente definita mediante il ricorso ad un **criterio interpretativo di tipo strutturale**:

- nel **falso materiale**, il documento è manomesso nella sua essenza materiale, ovvero nella sua **genuinità**. La stessa viene meno allorché – per contraffazione o per formazione integrale – si crea un documento il cui autore apparente non è quello reale, ovvero quando si arrecano al documento genuino alterazioni che ne modificano la sua essenza materiale.
- nel **falso ideologico**, il documento – pienamente genuino – è attinto da una falsità sostanziale, cioè afferente al suo contenuto ideale, che importa la lesione della sua **veridicità**. La stessa viene meno quando il documento, pur provenendo dal soggetto che risulta esserne l'autore, contiene dichiarazioni menzognere.

C) Principali fattispecie.

Le principali fattispecie sono costituite da:

- **Delitti di falso commessi da pubblici ufficiali o pubblici impiegati incaricati di pubblico servizio**. Si distinguono a loro volta in: falso **materiale** in atti pubblici (art. 476 c.p.), in certificati o autorizzazioni (art. 477 c.p.) in copie autentiche o attestati (art. 478 c.p.); falso **ideologico** in atti pubblici (art. 479 c.p.), in certificati o autorizzazioni (art. 480 c.p.);
- **Delitti di falso commessi dal privato**, distinti a loro volta in: falso **materiale**, in atti pubblici, in certificati o autorizzazioni, in copie autentiche o attestati (art. 482 c.p.); falso **ideologico** in atti pubblici (art. 483 c.p.).

- La fattispecie di **falsità in scrittura privata** di cui all'art. 485 c.p. è stata espunta dal codice penale con l'**abrogazione** di tale ultima disposizione. Il legislatore ha ora previsto una sanzione pecuniaria civile da euro duecento a euro dodicimila per "*chi, facendo uso o lasciando che altri faccia uso di una scrittura privata da lui falsamente formata o da lui alterata, arreca ad altri un danno*".

6. Falsità personali

I delitti in esame, come tutti gli altri previsti nel titolo VII, consistono in **false rappresentazioni della realtà**, attinenti a enunciati, asserti, simboli potenzialmente lesivi della fede pubblica, in quanto *incidenti sugli elementi identificativi di una persona*, come le generalità (e si parla in tal caso di contrassegni di identità) ovvero sulle qualità che ne condizionano il ruolo nella società civile, come titoli di studio o professionali (li si indica con l'espressione contrassegni di qualità).
Tra le fattispecie previste vi è la **sostituzione di persona** (art. 494 c.p.), che consiste nell'indurre taluno in errore – al fine di procurare a sé o ad altri un vantaggio, o di recare ad altri un danno – attraverso **quattro diverse modalità**, alternative ed equivalenti:

1) **sostituendo illegittimamente** la propria all'altrui persona (ci si riferisce a qualsiasi comportamento – esercitato anche avvalendosi della rete internet – con cui l'agente lascia credere a taluno di essere un'altra persona);
2) attribuendo a sé o ad altri un **falso nome** (nel concetto di nome devono ricomprendersi non solo il prenome e il cognome, ma anche tutte le altre «generalità», come l'indicazione della data e del luogo di nascita, della paternità e della maternità);
3) attribuendo a sé o ad altri un **falso stato** (per tale intendendosi la condizione della persona nella società civile: si pensi a cittadinanza, capacità di agire, stato libero o coniugale, parentela e affinità, patria potestà, ecc.);
4) attribuendo a sé o ad altri una **qualità cui la legge attribuisce effetti giuridici**.

Capitolo 9
I delitti contro il patrimonio culturale

SOMMARIO

1. La l. 9 marzo 2022, n. 22 e i reati contro il patrimonio culturale

La **l. 9 marzo 2022, n. 22**, ha riformato le disposizioni penali a tutela del patrimonio culturale, attualmente contenute prevalentemente nel Codice dei beni culturali (d.lgs. n. 42 del 2004), e le ha inserite nel codice penale. L'obiettivo della legge è quello di operare una profonda riforma della materia, ridefinendo l'assetto della disciplina nell'ottica di un tendenziale inasprimento del trattamento sanzionatorio. La legge n. 22 del 2022 si compone di 7 articoli attraverso i quali: colloca nel codice penale gli illeciti penali attualmente ripartiti tra codice penale e codice dei beni culturali; introduce nuove fattispecie di reato; innalza le pene edittali vigenti, dando attuazione ai principi costituzionali in forza dei quali il patrimonio culturale e paesaggistico necessita di una tutela ulteriore rispetto a quella offerta alla proprietà privata; introduce aggravanti quando oggetto di reati comuni siano beni culturali.
Nel riformare i reati contro il patrimonio culturale il legislatore tiene conto degli obblighi assunti dal nostro ordinamento all'atto della firma della Convenzione del Consiglio d'Europa sulle infrazioni relative ai beni culturali. Tale Convenzione – ratificata con la legge 21 gennaio 2022, n. 6, - in vigore dal 1° aprile 2022, si propone di prevenire e combattere la distruzione intenzionale, il danno e la tratta dei beni culturali, rafforzando l'effettività e la capacità di risposta del sistema di giustizia penale rispetto ai reati riguardanti i beni culturali, facilitando la cooperazione internazionale sul tema, e prevedendo misure preventive, sia a livello nazionale che internazionale.

2. Le principali fattispecie

Si dà atto, di seguito, di alcune delle fattispecie introdotte dalla l. 9 marzo 2022, n. 22

A) Furto di beni culturali (art. 518-*bis* c.p.)

È il reato di chi si impossessa di un bene culturale mobile altrui, sottraendolo a chi lo detiene, al fine di trarne profitto, per sé o per altri, o si impossessa di beni culturali appartenenti allo Stato, in quanto rinvenuti nel sottosuolo o nei fondali marini.
In presenza di circostanze aggravanti, quali quelle già individuate dal codice penale per il reato di furto o dal Codice dei beni culturali (quando i beni rubati appartengono allo Stato o il fatto è commesso da chi abbia ottenuto una concessione di ricerca), la pena della reclusione è aumentata e va da 4 a 10 anni e la multa da 927 a 2.000 euro.

B) Appropriazione indebita di beni culturali (art. 518-*ter* c.p.)

È il reato di chi, per procurare a sé o ad altri un ingiusto profitto, si appropria di un bene culturale altrui di cui abbia, a qualsiasi titolo, il possesso.
Se il fatto è commesso su cose possedute a titolo di deposito necessario, la pena è aumentata.
Si tratta di un nuovo delitto; la disposizione riproduce, aumentando la pena, la fattispecie di appropriazione indebita di cui all'articolo 646 del codice penale.

C) Ricettazione di beni culturali (art. 518-*quater* c.p.)

È il reato di chi, fuori dei casi di concorso nel reato, al fine di procurare a sé o ad altri un profitto,

acquista, riceve od occulta beni culturali provenienti da un qualsiasi delitto, o comunque si intromette nel farli acquistare, ricevere od occultare.
La pena è aumentata quando il fatto riguarda beni culturali provenienti da delitti di rapina aggravata e di estorsione. La disposizione prevede inoltre che il delitto trovi applicazione anche quando l'autore del delitto da cui i beni culturali provengono non è imputabile o non è punibile, ovvero quando manca una condizione di procedibilità.

D) Impiego di beni culturali provenienti da delitto (art. 518-*quinquies* (c.p.)

L'art. 518-*quinquies* c.p. punisce l'impiego di beni culturali provenienti da delitto. La fattispecie riguarda chiunque, salvi i casi di concorso di reato di ricettazione di beni culturali e di riciclaggio di beni culturali, impiega illecitamente in attività economiche e finanziarie beni culturali provenienti da delitto. Anche in questo caso la fattispecie si applica anche quando l'autore del delitto da cui il bene culturale proviene non è imputabile o non è punibile, ovvero quando manca una condizione di procedibilità.

Capitolo 10
I delitti contro la persona

SOMMARIO:

1. Introduzione

Il titolo XII del libro II del codice penale si occupa dei delitti contro la persona, suddivisi in **quattro grandi raggruppamenti**, individuati in considerazione del bene giuridico specificamente presidiato:

- il capo I prevede i **delitti contro la vita e l'incolumità individuale**;
- il capo I-*bis* – introdotto dal d.lgs. 1° marzo 2018, n. 21, nel tentativo di riattribuire centralità sistematica al codice penale – prevede i **delitti contro la maternità** (contemplati dagli artt. 593-*bis* e 593-*ter*, tesi ad incriminare l'interruzione di gravidanza che sia **colposa o "non consensuale"**, tenendo luogo dei previgenti artt. 17 e 18, l. 22 maggio 1978, n. 194, contestualmente abrogati);
- il capo II i **delitti contro l'onore**;
- il capo III i **delitti contro la libertà individuale**. Questi ultimi sono ulteriormente suddivisi a seconda che aggrediscano la personalità individuale, l'eguaglianza, la libertà personale, la libertà morale, l'inviolabilità del domicilio, l'inviolabilità dei segreti.

2. I delitti contro la vita e l'incolumità individuale

Le disposizioni comprese nel **capo I** del Titolo XII presidiano i *beni primari* della **vita** e dell'**incolumità individuale**, la cui protezione risponde ad un interesse non del solo individuo, ma anche della intera collettività. La duplicità di angolazioni, individualistica e pubblicistica, spiega la previsione dell'**indisponibilità** del bene-vita (estrinsecantesi nell'incriminazione dell'omicidio del consenziente *ex* art. 579 c.p. e dell'istigazione o aiuto al suicidio *ex* art. 580 c.p.) e della **solo parziale disponibilità** del bene dell'incolumità individuale (art. 50 c.p. in combinato disposto con art. 5 c.c.).

▶ 2.1. Omicidio doloso (art. 575 c.p.). Omicidio colposo (art. 589 c.p.). Omicidio stradale (art. 589-*bis* c.p.)

Sulla **tutela del bene-vita**, il codice prevede diverse fattispecie in cui si riscontra un nucleo oggettivo comune, che giustifica la trattazione unitaria di taluni aspetti.

■ Quanto al **soggetto attivo**, si tratta di **reati comuni**, realizzabili da chiunque. La qualità del soggetto agente può infatti rilevare solo in termini di aggravamento del trattamento sanzionatorio, ai sensi degli artt. 576 e 577 c.p. Fa **eccezione il delitto di infanticidio** di cui all'art. 578 c.p., il cui soggetto attivo può essere solo la madre.

■ **Soggetto passivo**, e allo stesso tempo oggetto materiale del reato, è la **persona umana vivente**, tale dovendosi intendere il soggetto capace di vita autonoma rispetto all'organismo materno; non vi rientra il feto prima del parto, né il cadavere.

■ Quanto alla **condotta**, la generalità delle fattispecie è **a forma libera**, irrilevante essendo, a risultato conseguito, il tipo di comportamento assunto dal soggetto, sia esso **attivo** od **omissivo**. Ciò comporta che la morte può essere cagionata **anche con modalità omissive**, in presenza di un obbligo giuridico di impedire l'evento rilevante *ex* art. 40 c.p.

■ Le fattispecie **si consumano** al verificarsi dell'**evento morte**. Sul versante medico-legale, sono distinguibili tre concetti di morte: respiratoria, cardiaca e cerebrale, quest'ultima segnata dalla cessazione dell'attività propria del sistema nervoso centrale. Il legislatore, con l'art. 1 della legge n. 578/1993, definendo la morte come la *"cessazione irreversibile di tutte le funzioni dell'encefalo"*, mostra di aderire ad un **concetto di morte cerebrale**.

I delitti contro il bene-vita sono: l'omicidio doloso (art. 575 c.p.); l'infanticidio in condizioni di abbandono materiale e morale (art. 578 c.p.); l'omicidio del consenziente (art. 579 c.p.); l'istigazione o aiuto al suicidio (art. 580 c.p.); l'omicidio preterintenzionale (art. 584 c.p.); morte o lesioni come conseguenza di altro delitto (art. 586 c.p.); l'omicidio colposo (art. 589 c.p.); l'omicidio stradale, introdotto con **l. 23 marzo 2016, n. 41**.

A) Omicidio doloso (art. 575 c.p.).

È il reato di chi *cagiona la morte di un uomo*.

■ In disparte quanto già esaminato con riferimento al bene protetto, al soggetto attivo e al soggetto passivo ed all'elemento materiale del reato, il delitto **si consuma** nel momento e nel luogo in cui si verifica la **morte**. È senz'altro ammesso il **tentativo**, anche se può risultare talvolta problematica la **distinzione** di esso **rispetto al delitto consumato di lesioni personali**: secondo la tesi più accreditata occorre avere riguardo, oltre che al **distinto elemento psicologico**, alla **diversa potenzialità lesiva dell'azione**, avendo riguardo alle modalità esecutive di essa.

■ Determinante, nel differenziare l'omicidio volontario punito ai sensi dell'art. 575 dalle altre fattispecie di omicidio, è l'**elemento psicologico**, costituito dal **dolo generico**, ossia dalla rappresentazione e volizione di cagionare la morte di un uomo. È invece indifferente la finalità perseguita, che è suscettibile di rilevare al più come circostanza aggravante, ai sensi degli artt. 576, nn. 1, 2, 3, e 577, n. 4 c.p.

■ Le **circostanze aggravanti** contemplate dagli artt. 576 e 577 c.p. comportano l'applicazione della pena dell'**ergastolo**, eccezion fatta per quella *ex* art. 577, co. 2, per la quale è prevista la pena della reclusione da 24 a 30 anni. Tra le circostanze *ex* **art. 576 c.p.** si segnalano: l'aggravante teleologica; l'omicidio commesso nell'atto di compiere violenza sessuale, maltrattamenti, *stalking*; il fatto commesso contro un pubblico ufficiale, un agente di polizia giudiziaria o di pubblica sicurezza, nell'atto o a causa dell'adempimento delle funzioni o del servizio. Tra le circostanze previste dall'**art. 577 c.p.,** si segnalano: il parricidio, la premeditazione; i motivi abietti e futili, le sevizie e crudeltà.

B) Omicidio colposo (art. 589 c.p.).

È il reato di chi *cagiona per colpa la morte di un uomo*.

Il legislatore sanziona l'omicidio anche nel caso in cui l'elemento psicologico in capo all'agente sia costituito dalla **colpa** (artt. 42, co. 2 e 43, cpv. 3, c.p.): la fattispecie in esame riceve un trattamento sanzionatorio meno severo rispetto all'omicidio doloso (da sei mesi a cinque anni) in ragione della diversa connotazione soggettiva, mancando la volontà di cagionare la morte della vittima.

■ È prevista una **circostanza aggravante** per l'ipotesi in cui il fatto sia commesso mediante violazione della normativa per la **prevenzione degli infortuni sul lavoro** e se il fatto è commesso nell'esercizio abusivo di una **professione** per la quale è richiesta una speciale abilitazione dello Stato o di un'arte sanitaria.

L'ultimo comma della disposizione in commento detta una disciplina peculiare per il **concorso formale di reati:** nel caso in cui il fatto cagioni la morte di più persone o la morte di una o più persone e le lesioni di altre, si applicherà la pena da infliggere per la più grave delle violazioni commesse aumentata fino al triplo, ma la pena non potrà superare gli anni quindici.

C) Omicidio stradale (art. 589-*bis* c.p.).

È il reato di chi *cagioni per colpa la morte di una persona con violazione delle norme sulla disciplina della circolazione stradale.*

■ La fattispecie è stata introdotta con l. 23 marzo 2016, n. 41, che ha inserito nel codice penale anche i successivi artt. 589-*ter*, 590-*bis*, 590-*ter*, 590-*quater* e 590-*quinquies*, finalizzati a rispondere al grave allarme suscitato nella collettività da condotte di guida altamente spericolate.

In particolare, l'art. 589-*bis* c.p. si pone in evidente parallelismo con il contestualmente introdotto art. 590-*bis* (lesioni personali stradali). Entrambe articolate in otto commi dal corrispondente tenore letterale, le previsioni ospitano – almeno secondo l'opinione dominante – due autonome fattispecie incriminatrici strutturalmente colpose, qualificate dall'inosservanza della normativa in materia di circolazione stradale: riferimento che sembra delineare ad un tempo un'ipotesi di **antigiuridicità speciale** (in quanto qualificata dalla violazione di una determinata disciplina extrapenale) e di **colpa specifica**.

■ Il delitto **si consuma** nel momento e nel luogo in cui si verifica la **morte**. È da escludere il **tentativo**, in ragione del carattere eminentemente **colposo** della fattispecie, il quale è per lo più ritenuto incompatibile con l'applicazione dell'art. 56 c.p.

■ L'art. 589-*bis* (così come l'art. 590-*bis*) c.p. prevede una serie di **circostanze aggravanti ad effetto speciale** (definibili come tali, anziché come fattispecie autonome, in ragione dell'art. 590-*quater* c.p., che le qualifica espressamente in tal senso, al fine di estrometterle dal giudizio di bilanciamento *ex* art. 69 c.p.), ricorrenti nei casi seguenti:

a) guida in stato di ebbrezza ex art. 186, comma 2, lettera b) del d.lgs. 30 aprile 1992, n. 285 (comma 4);
b) violazioni qualificate del codice della strada, quali: l'eccesso di velocità di oltre 50 km/h rispetto a quella massima consentita (purché non inferiore a 70 km/h); il superamento di un incrocio con il semaforo rosso; la guida contromano; l'inversione del senso di marcia in prossimità o in corrispondenza di intersezioni, curve o dossi o a seguito di sorpasso di un altro mezzo in corrispondenza di un attraversamento pedonale o di linea continua (comma 5);
c) alterazione da sostanze stupefacenti ovvero di ebbrezza alcolica particolarmente elevata (dimostrata da un tasso alcolemico superiore a 1,5 grammi per litro, secondo il disposto dell'art. 186, comma 2, lettera c) del codice della strada): ipotesi equiparata all'ebbrezza alcolica meno intensa (di cui al citato art. 186, comma 2, lettera b), ove il conducente eserciti attività di trasporto di persone e cose, ovvero sia alla guida di mezzi ingombranti (versando in uno dei casi individuati dall'art. 186-*bis* del medesimo codice della strada, al comma I, lettere b, c e d) (commi 2 e 3);
d) guida senza patente (comma 6);
e) fuga dal luogo dell'incidente, subito dopo l'impatto (artt. 589-*ter* e 590-*ter* c.p.).

■ Si prevede altresì una circostanza **attenuante**, per il caso in cui l'evento non sia esclusiva conseguenza dell'azione o dell'omissione del colpevole (comma 6).

■ Da ultimo, l'ottavo comma – in assonanza al comma IV degli artt. 589 e 590 c.p. – detta una particolare disciplina del **concorso formale di reati**, volta a disporre l'applicazione del cumulo giuridico delle pene in caso di omicidio o lesione di più persone, prescrivendo l'aumento fino al triplo della pena che andrebbe inflitta per la più grave delle violazioni commesse. Viene in ogni caso fissato un limite massimo, pari a diciotto anni nel caso di omicidio e a sette anni in caso di lesioni, anche laddove la somma algebrica delle pene astrattamente comminate per gli eventi cagionati risulti superiore.

▶ 2.2. Omicidio del consenziente (art. 579 c.p.)

È il reato di chi *cagiona la morte di un uomo, col consenso di lui.*

L'elemento che qualifica tale fattispecie come **speciale** rispetto all'omicidio comune è rappresentato dalla presenza del **consenso della vittima**, che non esclude la punibilità dell'agente ma produce l'applicazione di una **pena più mite** (da sei a quindici anni) rispetto a quella prevista per l'omicidio comune. Il consenso, per

essere **valido e penalisticamente rilevante**, deve presentare una serie di caratteri, risultando: personale, reale, cosciente, libero, non equivoco, attuale.
Si tratta di **delitto doloso**: nell'oggetto del dolo deve riflettersi, oltre alla volontà di cagionare la morte di un uomo, la consapevolezza del consenso della vittima.

▶ 2.3. Istigazione o aiuto al suicidio (art. 580 c.p.)

È il reato di chi *determina altri al suicidio o rafforza l'altrui proposito di suicidio, ovvero ne agevola in qualsiasi modo l'esecuzione*.
Se il suicidio non avviene, l'autore è punito con una pena inferiore, sempre che dal tentativo di suicidio derivi una lesione personale grave o gravissima
L'ordinamento non sanziona penalmente il suicidio, anche considerando che l'eventuale commissione di un reato siffatto ne comporterebbe simultaneamente l'estinzione per morte del reo, ai sensi dell'art. 150 c.p. L'art. 580 c.p., pertanto, è una previsione incriminatrice essenziale per assicurare la punibilità del contributo al suicidio altrui, attesa l'inapplicabilità della disposizione generale di cui all'art. 110 c.p.
■ Il **fatto materiale** è descritto in termini molto ampi, potendo estrinsecarsi in condotte di **determinazione** o **rafforzamento** dell'altrui proposito omicida, ovvero nella **mera agevolazione** *in qualsiasi modo* della relativa esecuzione.
Il fatto tipico è stato recentemente rimodulato da **Corte Cost., 22 novembre 2019, n. 242**, che ha ravvisato una violazione degli artt. 2, 13 e 32, co. 2, Cost. nell'indiscriminata incriminazione di ogni condotta di aiuto al suicidio. Nell'attesa di un intervento organico del legislatore ha dichiarato *"l'illegittimità costituzionale dell'art. 580 c.p., nella parte in cui non esclude la punibilità di chi, con le modalità previste dagli artt. 1 e 2 della legge 22 dicembre 2017, n. 219 (Norme in materia di consenso informato e di disposizioni anticipate di trattamento) – ovvero, quanto ai fatti anteriori alla pubblicazione della presente sentenza nella Gazzetta Ufficiale della Repubblica, con modalità equivalenti nei sensi di cui in motivazione –, agevola l'esecuzione del proposito di suicidio, autonomamente e liberamente formatosi, di una persona tenuta in vita da trattamenti di sostegno vitale e affetta da una patologia irreversibile, fonte di sofferenze fisiche o psicologiche che ella reputa intollerabili, ma pienamente capace di prendere decisioni libere e consapevoli, sempre che tali condizioni e le modalità di esecuzione siano state verificate da una struttura pubblica del servizio sanitario nazionale, previo parere del comitato etico territorialmente competente."*.
Il reato **si consuma** con il compimento della condotta, pur essendo punibile soltanto ove il suicidio abbia luogo (nel qual caso si applica la reclusione da cinque a dodici anni) ovvero ove dal tentativo di suicidio discenda una lesione personale grave o gravissima (nel qual caso si applica la reclusione da uno a cinque anni). L'opinione dominante rinviene in tali evenienze due **condizioni obiettive di punibilità.** La particolare conformazione della condotta porta l'orientamento maggioritario ad escludere la configurabilità del **tentativo**.
Alla qualificazione della morte o delle lesioni in termini di condizione o di evento della fattispecie risulta connessa la qualificazione dell'**elemento soggettivo**:

- come **dolo specifico**, da chi aderisce alla tesi della qualificazione della morte o lesione come condizione obiettiva di punibilità;
- come **dolo generico**, invece, dai fautori della tesi contrapposta (morte o lesione come evento).

▶ 2.4. Omicidio preterintenzionale (art. 584 c.p.)

È il reato di chi *con atti diretti a commettere uno dei delitti preveduti dagli articoli 581 e 582, cagiona la morte di un uomo*.
Perché la fattispecie possa dirsi preterintenzionale è necessaria la **volizione di un evento** (percosse o lesioni personali) e la **realizzazione involontaria di un evento più grave** (morte), causalmente collegato ad una condotta sorretta dalla volontà dell'evento meno grave.

▶ 2.5. Morte o lesioni come conseguenza di altro delitto (art. 586 c.p.)

L'art. 586 c.p., dispone che *quando da un fatto preveduto come delitto doloso deriva, quale conseguenza non voluta dal colpevole, la morte o la lesione di una persona, si applicano le disposizioni dell'articolo 83, ma le pene stabilite negli articoli 589 e 590 sono aumentate*.
■ La disposizione non delinea una particolare figura di reato, costituendo una **speciale applicazione dell'art. 83 c.p.** In particolare, l'art. 586 c.p. sanziona in via sussidiaria ogni tipo di condotta penalmente

illecita dalla quale derivi come **conseguenza non voluta** la **morte** o le **lesioni**, con la previsione di una **disciplina più severa**, in ragione dell'importanza del bene protetto. Oltre al dato testuale, tra le fattispecie in considerazione sussiste **identità di struttura**: ad **un'attività dolosa di base** segue la produzione di un **primo evento voluto** e di un secondo **evento non voluto**.

Discussa è la **natura dell'elemento soggettivo** del reato.
a) Tradizionalmente si è sostenuto che solo il reato base deve essere voluto: la **morte** o le **lesioni** che ne derivano sono considerate conseguenze non volute, di cui non si risponde **né a titolo di dolo né di colpa**; il rapporto fra delitto voluto ed evento non voluto è stabilito in termini di **pura causalità materiale**.
b) In contrapposizione al precedente orientamento (criticato per asserito contrasto con il **principio di colpevolezza** ex art. 27 Cost.), si è sostenuto che l'affermazione di responsabilità dell'agente deve ancorarsi ad un coefficiente di **"prevedibilità"**, concreta e non astratta, **dell'evento non voluto**.
c) Si è altresì ritenuto che la colpa, quale titolo di imputazione del delitto di cui all'art. 586 c.p. visto il richiamo all'art. 83 c.p., debba consistere specificamente nella **violazione di legge** commessa con la realizzazione del **delitto doloso presupposto**. Tale tesi è stata criticata, mascherando un'ipotesi di vera e propria **responsabilità oggettiva**: unica possibilità per evitare il contrasto col principio di colpevolezza consiste, allora, nel subordinare la punibilità della morte o lesione ai **requisiti ordinari della colpa**, da verificarsi in concreto caso per caso.

■ Il delitto di cui all'art. 586 c.p. **si differenzia dall'omicidio preterintenzionale** perché nel primo delitto l'attività del colpevole è diretta a realizzare un delitto doloso *diverso dalle percosse o dalle lesioni personali*, mentre nel secondo l'attività è diretta a realizzare un evento che, ove non si verificasse la morte, costituirebbe reato di percosse o lesioni.

► 2.6. Percosse (art. 581 c.p.)

È il reato di chi *percuote taluno, se dal fatto non deriva una malattia nel corpo o nella mente*.
Tale disposizione non si applica quando la legge considera la violenza come elemento costitutivo o come circostanza aggravante di un altro reato.
Con la disposizione in esame è incriminata la violenta manomissione dell'altrui persona, implicante una sensazione fisica dolorosa, senza tuttavia che abbia a determinarsi la malattia, che comporta la consumazione del delitto di **lesioni** (*reato di mera condotta*). L'assenza di quest'ultima costituisce il **requisito negativo** del delitto di percosse: ben si comprende, allora, che dalla nozione di malattia e della sua effettiva estensione, dipende l'ambito di configurabilità del delitto.
■ Le percosse **si consumano** nel momento in cui si realizza **l'ultimo atto violento**; è configurabile il **tentativo**, benché non sia sempre agevole distinguerlo dal tentativo di lesioni.
■ Il **dolo** è **generico** e consiste nella rappresentazione e volizione di tenere una condotta violenta tale da cagionare solo una sensazione dolorosa.
■ Il secondo comma dell'art. 581 c.p., in speciale applicazione dell'art. 84 c.p., limita **l'assorbimento della violenza fisica in altri reati**, di cui sia elemento costitutivo o circostanza aggravante, ai soli casi in cui non superi il grado di intensità delle percosse.

► 2.7. Lesioni personali dolose (art. 582 c.p.). Lesioni personali colpose (art. 590 c.p.). Lesioni personali stradali (art. 590-*bis*)

A) Lesioni personali dolose (art. 582 c.p.).

■ L'art. 582 c.p. delinea le prime due fattispecie di lesioni:
- **lievi** o **semplici,** descritte dal comma 1, sono caratterizzate da una malattia di durata compresa fra i 21 e i 40 giorni;
- **lievissime**, descritte dal comma 2, si riferiscono ad una malattia che dura al massimo 20 giorni.

Le due fattispecie sono soggette alla **medesima pena** (da sei mesi a tre anni), ma fino all'intervento del d. lgs. 10 ottobre 2022, n. 150 (riforma **Cartabia**), si distinguevano in punto di **procedibilità**, atteso che le

lesioni **lievissime** erano perseguibili a **querela** di parte (purché non ricorrano le aggravanti descritte dall'art. 577, né dal n. 1 degli artt. 583 e 585).
La novella ha **ampliato il regime di procedibilità a querela**, riferendolo indistintamente alle lesioni lievi e lievissime, mentre restano procedibili d'ufficio le lesioni gravi (comprensive dell'ipotesi in cui la malattia abbia durata superiore a 40 giorni) e le lesioni gravissime, di cui all'art. 583 c.p.
È fatta salva la procedibilità d'ufficio *"se ricorre taluna delle circostanze aggravanti previste negli articoli 61, numero 11-octies), 583 e 585, ad eccezione di quelle indicate nel primo comma, numero 1), e nel secondo comma dell'articolo 577. Si procede altresì d'ufficio se la malattia ha una durata superiore a venti giorni quando il fatto è commesso contro persona incapace, per età o per infermità"*.
■ Quanto al concetto di **malattia**, non agevole ne è stata la ricostruzione.

La giurisprudenza tradizionale, sulla scia della relazione ministeriale sul progetto del codice penale, la identifica in **qualsiasi alterazione,** vuoi **anatomica,** vuoi **funzionale, dell'organismo**, ancorché localizzata, di lieve entità e non influente sulle condizioni organiche generali: aderendo ad una nozione così estesa si finisce per ricondurre nell'ambito di operatività della previsione in esame anche il fatto di chi cagiona mere ecchimosi, ematomi, contusioni o escoriazioni. Si tratta di un approccio destinato ad estendere la latitudine applicativa della fattispecie di lesioni: da un lato, riducendo i margini di utilizzabilità della finitima fattispecie di percosse; dall'altro, comportando la sussumibilità nella disposizione degli interventi medico-chirurgici, che determinano pur sempre una menomazione anatomica, ancorché funzionale al miglioramento delle condizioni di salute, con conseguente necessità di rinvenire una causa di giustificazione che autorizzi l'attività (cfr. *Parte Generale, Cap. III, § 3.7.*).
In dottrina e nella giurisprudenza (*Cass., S.U. 2437/2009*), tale ricostruzione è apertamente contestata, rilevando che il significato medico od ordinario del termine evoca la produzione di una **perturbazione funzionale** (solo eventualmente anatomica), qualificando la malattia come **un processo patologico, acuto o cronico, localizzato o diffuso, che implichi una sensibile menomazione funzionale dell'organismo**. Oltre ad estendere i margini di applicazione del reato di percosse, tale impostazione comporta l'impossibilità di sussumere l'attività medico-chirurgica nella fattispecie di lesioni, laddove gli interventi abbiano esito fausto.

■ Quanto alla **struttura del reato**, al di là dell'improprietà della definizione legislativa laddove pare ipotizzare un duplice evento (la lesione e, quale conseguenza di questa, la malattia), si tratta di **reato ad evento unico**, costituito dalla **sola malattia** nel corpo o nella mente, e **a forma libera**, posto che è sufficiente una qualsiasi condotta idonea a cagionare la malattia.
■ Il delitto **si consuma** appena insorge la malattia. È ammessa la configurabilità del **tentativo**, pur non essendo agevole distinguerlo dalle percosse.
■ Trattasi di reato a **dolo generico.**
■ L'art. 585 c.p. dichiara applicabili le **circostanze aggravanti** previste dagli artt. 576 e 577 c.p. in relazione all'omicidio.
Il codice, all'art. 583 c.p. prevede poi due **forme aggravate di lesioni**:
a) si parla di lesioni **gravi**:
1) se dal fatto deriva una malattia che metta in pericolo la vita della persona offesa, ovvero una malattia o un'incapacità di attendere alle ordinarie occupazioni per un tempo superiore ai quaranta giorni;
2) se il fatto produce l'indebolimento permanente di un senso o di un organo;

b) si parla di lesioni **gravissime**, nel caso in cui si verifichi:
1) una malattia certamente o probabilmente insanabile;
2) la perdita di un senso;
3) la perdita di un arto, o una mutilazione che renda l'arto inservibile, ovvero la perdita dell'uso di un organo o della capacità di procreare, ovvero una permanente e grave difficoltà della favella;
4) la deformazione, o lo sfregio permanente del viso (n. abrogato dalla l. 19 luglio 2019, n. 69, la quale, contestualmente ha introdotto nel c.p. l'art. *583-quinquies* che punisce la *Deformazione dell'aspetto della persona mediante lesioni permanenti al viso*).

B) Lesioni personali colpose (art. 590 c.p.).

La fattispecie di cui all'art. 590 c.p. presenta i medesimi elementi costitutivi di quella *ex* art. 582 c.p., dalla quale si differenzia per il solo **profilo psicologico**, essendo richiesta la **colpa**.

■ L'art. 590, co. 3, c.p. prevede un **inasprimento sanzionatorio** nelle ipotesi in cui le lesioni arrecate siano **gravi o gravissime**, ovvero costituiscano conseguenza della violazione di **norme per la prevenzione degli infortuni**: ipotesi a lungo equiparata alla violazione del **codice della strada**, che è stata recentemente espunta in ragione della contemporanea introduzione del reato di lesioni personali stradali.

C) Lesioni personali stradali (art. 590-*bis* c.p.).

■ La fattispecie in esame è stata introdotta dalla l. 23 marzo 2016, n. 41, contestualmente all'**omicidio stradale** (art. 589-*bis* c.p.), con il quale presenta un evidente parallelismo, che consente di rinviare al precedente § 2.1. per l'esposizione degli elementi che caratterizzano la figura rispetto alle lesioni colpose *tout court*, oltre che per l'esame della disciplina in tema di circostanze e di concorso di reati. Resta da segnalare che il delitto disciplinato dall'art. 590-*bis*, di natura speciale rispetto alle lesioni colpose, può configurarsi soltanto laddove le lesioni arrecate siano **gravi o gravissime.** La causazione di lesioni lievi o lievissime per effetto della violazione del codice della strada resterà dunque soggetta all'art. 590 c.p.

■ Fino all'intervento del d. lgs. 10 ottobre 2022, n. 150 (riforma **Cartabia**), il delitto era procedibile **d'ufficio,** mentre **oggi è procedibile a querela,** a meno che non ricorrano le circostanze aggravanti previste dai commi successivi al primo.

► 2.8. Responsabilità colposa per morte o lesioni personali in ambito sanitario (art. 590-*sexies* c.p.)

La legge 8 marzo 2017, n. 24 ha introdotto nel c.p. l'art. 590-*sexies* a mente del quale: "*Se i fatti di cui agli articoli 589 e 590 sono commessi nell'esercizio della professione sanitaria, si applicano le pene ivi previste salvo quanto disposto dal secondo comma. Qualora l'evento si sia verificato a causa di imperizia, la punibilità è esclusa quando sono rispettate le raccomandazioni previste dalle linee guida come definite e pubblicate ai sensi di legge ovvero, in mancanza di queste, le buone pratiche clinico-assistenziali, sempre che le raccomandazioni previste dalle predette linee guida risultino adeguate alle specificità del caso concreto*".

L'intera portata innovativa della riforma si concentra nel capoverso dell'art. 590-*sexies* c.p., che ritaglia l'area di penale responsabilità del medico al ricorrere di tre requisiti:

a) l'evento si realizzi a causa di **imperizia**;
b) risultino rispettate le raccomandazioni contenute nelle **linee guida** – individuate e validate nei termini sopra riferiti – oppure, in assenza di queste, nelle buone pratiche clinico-assistenziali;
c) le raccomandazioni veicolate dalle linee guida si mostrino **adeguate alle specificità del caso concreto**.

Se quindi, per un verso, viene espunto qualunque riferimento alla gravità della colpa, per l'altro, l'irresponsabilità penale risulta oggi espressamente circoscritta ai soli casi di imperizia.

Il vero punto di criticità della previsione che si esamina, tuttavia, attiene alla condizione – prescritta perché si possa fruire dell'introdotta causa di non punibilità – della *adeguatezza* delle linee guida osservate dal sanitario alle specificità del caso concreto.

Chiamate a dirimere un contrasto subito emerse nella giurisprudenza di legittimità, le Sezioni Unite (Cass. pen. Sez. un., 22 febbraio 2018, n. 8770) sono intervenute nel difficile tentativo di bilanciare le esigenze di non svilire la portata della novità normativa e di non incorrere in letture incompatibili con il quadro costituzionale. La sentenza rimarca che il presupposto di operatività della previsione in esame risiede nella **causazione dell'evento per colpa da imperizia**: con la precisazione, tuttavia, che l'errore del sanitario non può radicarsi nella fase di selezione delle linee guida, indirizzandosi unicamente sul momento della attuazione di linee guida previamente scelte sulla scorta delle peculiarità del caso concreto, della miglior scienza del momento e di una diagnosi accuratamente eseguita. Qualora, proseguono le Sezioni Unite, rispettati i suddetti parametri, l'evento comunque si verifichi, "il residuo dell'atto medico che appaia connotato da errore colpevole per imperizia potrà (...) essere quello che chiama in campo la operatività della novella causa di non punibilità", potendo in tal caso affermarsi che si resti "nel perimetro del 'rispetto delle linee guida', quando cioè lo *scostamento* da esse è *marginale* e *di minima entità*". Viene dunque tratteggiata la necessità di circoscrivere un grado della colpa che consenta, da un lato, di giustificare l'irresponsabilità penale del sanitario e, dall'altro, di apprestare una tutela effettiva alla salute del paziente: tale è la colpa "*lieve*".

Da qui, allora, la formulazione dei seguenti principi di diritto: "*l'esercente la professione sanitaria risponde, a titolo di colpa, per morte o lesioni personali derivanti dall'esercizio di attività medico-chirurgica:*
a) se l'evento si è verificato per colpa (anche "lieve") da negligenza o imprudenza;

b) se l'evento si è verificato per colpa (anche "lieve") da imperizia quando il caso concreto non è regolato dalle raccomandazioni delle linee-guida o dalle buone pratiche clinico-assistenziali;
c) se l'evento si è verificato per colpa (anche "lieve") da imperizia nella individuazione e nella scelta di linee-guida o di buone pratiche clinico assistenziali non adeguate alla specificità del caso concreto;
d) se l'evento si è verificato per colpa "grave" da imperizia nell'esecuzione di raccomandazioni di linee-guida o buone pratiche clinico-assistenziali adeguate, tenendo conto del grado di rischio da gestire e delle speciali difficoltà dell'atto medico".

▶ 2.9. Rissa (art. 588 c.p.)

È il reato di chi *partecipa a una rissa*.

■ Il legislatore punisce la **mera partecipazione** ad una contesa che abbia i caratteri della rissa; la morte o la lesione di uno dei rissanti integra un mero fattore di aggravamento del trattamento sanzionatorio (a meno che non risultino volute: il che implicherebbe l'applicazione delle ipotesi volontarie di omicidio e lesioni). Si tratta quindi di **reato di pericolo**.

Per diffuso orientamento, per **rissa** si intende una mischia violenta nella quale **tre o più persone** intervengono animate dal duplice intento di recare offesa agli avversari e di difendersi dalla violenza di costoro, sicché ne deriva una reciproca azione aggressiva esercitata da gruppi contrapposti al fine di sopraffarsi a vicenda: elementi imprescindibili, quindi, sono l'**uso della violenza** e la **reciprocità dell'aggressione.**

Per costante indirizzo giurisprudenziale, **non** è invocabile la scriminante della **legittima difesa** in relazione al delitto di rissa, mancando i requisiti della involontarietà del pericolo e della proporzionalità della difesa. I corrissanti sono infatti animati dall'intento reciproco di offendersi ed accettano la situazione di pericolo nella quale volontariamente si sono posti, facendo eccezione i casi in cui vi sia stata una reazione assolutamente imprevedibile e sproporzionata.

■ Il **dolo** consiste nella rappresentazione e volizione di partecipare alla contesa con animo offensivo.

■ Il secondo comma prevede, quale **circostanza aggravante,** l'ipotesi in cui nella rissa, ovvero immediatamente dopo e in conseguenza di essa, taluno rimanga **ucciso** o riporti **lesione personale**: non è necessario che si tratti di uno dei corrissanti, potendosi trattare anche di un terzo.

3. I delitti contro l'onore

▶ 3.1. Ingiuria e diffamazione (artt. 594 e 595 c.p.)

A) Ingiuria.

Il Capo II configurava, quali delitti contro l'onore, l'ingiuria (art. 594 c.p.) e la diffamazione (art. 595 c.p.), il cui elemento distintivo è stato da sempre ravvisato nella presenza o meno della **persona offesa** al momento in cui è commesso il fatto.

La fattispecie dell'ingiuria è, tuttavia, stata abrogata dal d. lgs. 15 gennaio 2016, n. 7, che ha trasformato la figura in un illecito punito con sanzione pecuniaria civile.

L'art. 3 del sopra richiamato decreto prevede una sanzione pecuniaria civile da euro cento a euro ottomila per "*chi offende l'onore o il decoro di una persona presente, ovvero mediante comunicazione telegrafica, telefonica, informatica o telematica, o con scritti o disegni, diretti alla persona offesa*".

Tuttavia, "*se le offese sono reciproche, il giudice può non applicare la sanzione pecuniaria civile ad uno o ad entrambi gli offensori*".

Inoltre, si esclude l'applicabilità di una sanzione laddove il fatto sia stato commesso in uno "*stato d'ira determinato da un fatto ingiusto altrui, e subito dopo di esso*".

È prevista, poi, una sanzione pecuniaria civile da euro duecento a euro dodicimila nel caso in cui "*l'offesa consista nell'attribuzione di un fatto determinato o sia commessa in presenza di più persone*".

B) Diffamazione (art. 595 c.p.).

È il reato di chi, *comunicando con più persone, offende l'altrui reputazione*.

■ L'**elemento oggettivo** del reato consta di **tre requisiti**:

a) l'**assenza dell'offeso**;

b) l'**offesa alla reputazione di una persona**. La prevalente dottrina reputa sufficiente la mera probabilità che le espressioni utilizzate si traducano in un'effettiva lesione, così che la diffamazione viene qualificata come **reato di pericolo**;

c) la **comunicazione con più persone**, per cui occorre che l'agente renda partecipi dell'addebito diffamatorio **almeno due persone** (tra le quali non vanno ovviamente conteggiati il soggetto passivo, il soggetto attivo e gli eventuali concorrenti nel reato), che siano state in grado di percepire l'offesa e comprenderne il significato.

■ Il **momento consumativo** del delitto di diffamazione si verifica con la comunicazione dell'offesa a più persone; qualora la comunicazione sia avvenuta in tempi diversi, il reato è consumato nel **momento in cui si perfeziona la comunicazione con la seconda persona**. Il **tentativo** è considerato configurabile.

■ Gli elementi della fattispecie devono essere coperti dal **dolo generico**, il quale si esaurisce nella volontaria esecuzione dell'azione tipica, rappresentandosene l'attitudine a ledere o comunque a porre in pericolo il bene giuridico.

Tre le **circostanze aggravanti** previste per il delitto di diffamazione vanno menzionate:

1) l'**attribuzione di un fatto determinato**;
2) la **diffamazione a mezzo stampa o con qualsiasi altro mezzo di pubblicità, ovvero in atto pubblico** (sull'operatività dell'esimente dell'esercizio del diritto, di cui all'art. 51 c.p., *sub specie* di diritto di cronaca, rispetto alla condotta posta in essere dal giornalista il quale informi la collettività su fatti storici obiettivamente lesivi della reputazione di terzi, cfr. *Parte Generale, Cap. III, § 3.2.1*);
3) l'**offesa recata ad un Corpo politico, amministrativo o giudiziario**.

Laddove ricorrano congiuntamente le condizioni enucleate sub 1) e 2), troverà applicazione il più severo **art. 13, l. 8 febbraio 1948, n. 47** (Disposizioni sulla stampa), secondo il quale *"nel caso di diffamazione commessa col **mezzo della stampa**, consistente nell'attribuzione di un fatto determinato, si applica la pena della reclusione da uno a sei anni e quella della multa non inferiore a lire 500.000"*. L'opinione maggioritaria vi ravvisa una **autonoma fattispecie** di reato, dichiarata costituzionalmente illegittima con sentenza **Corte Cost., 12 luglio 2021, n. 150**.

C) Altre disposizioni in tema di diffamazione.

Con l'abrogazione dell'art. 594 c.p., il legislatore è intervenuto anche a porre delle modifiche alle disposizioni che a tale norma fanno rinvio.

Si tratta, in particolare, degli articoli 596, 597 e 599 che nella attuale versione fanno riferimento alla sola diffamazione, e non anche all'ingiuria.

Secondo il disposto dell'art. 597 c.p., il delitto di diffamazione è **punibile solo su querela di parte**: previsione che si reputa inapplicabile al citato art. 13 l. 47/48.

In generale, ai sensi dell'art. 596, comma 1, l'imputato per diffamazione non è ammesso a provare a sua discolpa la verità o notorietà del fatto attribuito alla persona offesa: la c.d. ***exceptio veritatis*** è ammissibile nei soli casi di cui all'art. 596, terzo comma, n. 1-2-3, c.p., ovverosia:

a) quando il **soggetto passivo** della diffamazione è un **pubblico ufficiale** e l'offesa consiste nell'attribuzione di un fatto determinato riferito all'**esercizio delle sue funzioni**;

b) nell'ipotesi in cui per il fatto oggetto dell'offesa **sia pendente o venga iniziato procedimento penale nei confronti del soggetto passivo** della diffamazione;

c) nell'eventualità che sia lo **stesso offeso a concedere all'offensore la c.d. facoltà di prova**.

4. I delitti contro la libertà individuale

Il codice Rocco ha suddiviso i delitti contro la libertà individuale in **cinque sottocategorie**, ognuna votata alla protezione dei **beni fondamentali tutelati dalla Costituzione** agli artt. 13 e ss.

▶ 4.1. I delitti contro la personalità individuale

I reati disciplinati nella presente sezione tutelano il **diritto di libertà in senso stretto**, affinché un soggetto non veda completamente annullata la propria personalità fino ad essere ridotto in schiavitù fisica o psicologica.

Negli ultimi anni varie sono state le innovazioni:
- con la l. 269/1998 sono state introdotte alcune figure di reato, a protezione dei minori da ogni forma di sfruttamento e violenza sessuale;
- con la l. 228/2003 sono state riformulate le norme strumentali alla lotta contro la tratta delle persone;
- rilevanti modifiche in materia di reati pedopornografici sono state invece inserite dalla l. 38/2006;
- con il pacchetto sicurezza 2009 (l. 94/2009), è stato disciplinato il delitto di impiego di minori nell'accattonaggio (art. 600-*octies* c.p.);
- sulla tutela penale della personalità individuale e della libertà sessuale è incisivamente intervenuta la legge 1° ottobre 2012, n. 172, allo scopo di adeguare l'ordinamento interno alla Convenzione di Lanzarote;
- con d.lgs. 4 marzo 2014, n. 24 è stata data attuazione alla Direttiva 2011/36/UE, relativa alla prevenzione e alla repressione della tratta di esseri umani;
- la l. 11 dicembre 2016, n. 236 ha introdotto un nuovo delitto contro la personalità individuale: il "traffico di organi prelevati da persona vivente", delineato dal neointrodotto art. 601-*bis* c.p.
- con il d.l. 4 ottobre 2018, n. 113 (convertito in l. 1° dicembre 2018, n. 132), è stato modificato l'art. 600-*octies* c.p. aumentando la pena per le ipotesi di organizzazione dell'accattonaggio.

▶ 4.1.1. Riduzione o mantenimento in schiavitù o servitù e tratta di persone (artt. 600 e 601 c.p.)

La trattazione codicistica dei delitti contro la libertà individuale si apre con la fattispecie prevista dall'art. 600 c.p., reato di chi *esercita su una persona poteri corrispondenti a quelli del diritto di proprietà ovvero chiunque riduce o mantiene una persona in uno stato di soggezione continuativa, costringendola a prestazioni lavorative o sessuali ovvero all'accattonaggio o comunque al compimento di attività illecite che ne comportino lo sfruttamento ovvero a sottoporsi al prelievo di organi*.

■ La fattispecie incriminatrice delinea oggi una duplice tipologia di **condotte** da assoggettare a sanzione penale:
- da un lato, la riduzione o il mantenimento in **schiavitù** riguarda il comportamento di chi esercita su una persona poteri corrispondenti a quelli del diritto di proprietà;
- dall'altro, la riduzione o mantenimento in servitù si traduce nel provocare nella vittima uno stato di soggezione continuativa, ottenuto costringendo la persona offesa ad una serie di prestazioni che ne comportino lo sfruttamento, specificatamente descritte dalla seconda parte del primo comma, al fine di superare il *deficit* di determinatezza della precedente formulazione del plagio, dichiarato incostituzionale con sentenza n. 96/81. In termini più specifici, la condotta del reo deve attuarsi mediante violenza, minaccia, inganno, abuso di autorità o approfittamento di una situazione di inferiorità fisica o psichica o di una situazione di necessità o, secondo l'aggiunta introdotta dal citato d.lgs. n. 24/2014, di una situazione di vulnerabilità, o ancora, mediante la promessa o la dazione di somme di denaro o di altri vantaggi a chi ha autorità sulla persona. Per effetto di siffatta condotta, il soggetto passivo del reato deve essere costretto al compimento di prestazioni lavorative o sessuali ovvero all'accattonaggio o comunque a prestazioni che ne comportino lo sfruttamento, ovvero – secondo la modifica introdotta dal citato d.lgs. n. 24/2014 – a sottoporsi al prelievo di organi: circostanze che integrano l'evento del reato (**reato ad evento plurimo**).

■ Il reato **si consuma** nel momento e nel luogo in cui si costituisce la situazione di assoggettamento o lo stato di soggezione continuativa; il tentativo è configurabile.

■ Sul terreno dell'elemento soggettivo è richiesto il **dolo generico**.

■ Sono previste dall'art. 602-*ter* c.p. tre **circostanze aggravanti**, a seconda che il fatto sia: commesso in danno di minore di anni diciotto; diretto allo sfruttamento della prostituzione; diretto a sottoporre la persona offesa al prelievo di organi; se dal fatto deriva un grave pericolo per la vita o l'integrità fisica o psichica della persona offesa.

L'**art. 601 c.p.** punisce, invece, la **tratta di persone**.

■ Si punisce la **condotta di chi**: *recluta, introduce nel territorio dello Stato, trasferisce anche al di fuori di esso, trasporta, cede l'autorità sulla persona, ospita una o più persone che si trovano nelle condizioni di cui all'articolo 600 c.p.* (schiavitù o servitù), *ovvero, realizza le stesse condotte su una o più persone, mediante inganno, violenza, minaccia, abuso di autorità o approfittamento di una situazione di vulnerabilità, di* *inferiorità fisica, psichica o di necessità, o mediante promessa o dazione di denaro o di altri vantaggi alla persona che su di essa ha autorità.* Viene punito, altresì, al di fuori delle modalità di cui al primo comma dell'art. 601 c.p., chi realizza le condotte ivi previste nei confronti di persona minore di età.

■ Quanto all'**elemento soggettivo**, le citate condotte devono essere poste in essere **al fine di** indurle o costringerle a prestazioni lavorative, sessuali ovvero all'accattonaggio o comunque al compimento di attività illecite che ne comportano lo sfruttamento o a sottoporsi al prelievo di organi.

■ Gli ultimi due commi prevedono un **aggravamento di pena**:
- *la pena per il comandante o l'ufficiale della nave nazionale o straniera, che commette alcuno dei fatti previsti dal primo o dal secondo comma o vi concorre, è aumentata fino a un terzo;*
- *il componente dell'equipaggio di nave nazionale o straniera destinata, prima della partenza o in corso di navigazione, alla tratta è punito, ancorché non sia stato compiuto alcun fatto previsto dal primo o dal secondo comma o di commercio di schiavi, con la reclusione da tre a dieci anni.*

▶ 4.1.2. Traffico di organi prelevati da persona vivente (art. 601-*bis* c.p.)

L'art. 601-*bis* c.p., introdotto dalla **L. 11 dicembre 2016, n. 236**, punisce il traffico di organi prelevati da persona vivente: *Chiunque, illecitamente, commercia, vende, acquista ovvero, in qualsiasi modo e a qualsiasi titolo, procura o tratta organi o parti di organi prelevati da persona vivente è punito con la reclusione da tre a dodici anni e con la multa da euro 50.000 ad euro 300.000.*
Chiunque svolge opera di mediazione nella donazione di organi da vivente al fine di trarne un vantaggio economico è punito con la reclusione da tre a otto anni e con la multa da euro 50.000 a euro 300.000.
Se i fatti previsti dai precedenti commi sono commessi da persona che esercita una professione sanitaria, alla condanna consegue l'interdizione perpetua dall'esercizio della professione.
Salvo che il fatto costituisca più grave reato, è punito con la reclusione da tre a sette anni e con la multa da euro 50.000 ad euro 300.000 chiunque organizza o propaganda viaggi ovvero pubblicizza o diffonde, con qualsiasi mezzo, anche per via informatica o telematica, annunci finalizzati al traffico di organi o parti di organi di cui al primo comma.

▶ 4.1.3. I reati di sfruttamento sessuale dei minori (artt. 600-*bis* e ss. c.p.)

A) Prostituzione minorile (art. 600-*bis* c.p.).

La fattispecie incriminatrice descritta dall'art. 600-*bis* c.p. è stata introdotta dalla l. 269/1998, che si iscrive nel solco dell'azione di contrasto dello sfruttamento sessuale del minore a fini commerciali, stigmatizzato anche in sede internazionale quale forma di schiavitù contemporanea.
È il reato di chi:
1) recluta o induce alla prostituzione una persona di età inferiore agli anni diciotto;
2) favorisce, sfrutta, gestisce, organizza o controlla la prostituzione di una persona di età inferiore agli anni diciotto, ovvero altrimenti ne trae profitto.

Salvo che il fatto costituisca più grave reato, viene altresì punito chi *compie atti sessuali con un minore di età compresa tra i quattordici e i diciotto anni, in cambio di un corrispettivo in denaro o altre utilità, anche solo promessi.*

■ Sul versante dell'**elemento oggettivo**, è opportuno distinguere fra primo e secondo comma.

1) L'ipotesi contemplata dal primo comma - come modificato dalla legge 172/2012 - si configura strutturalmente come **norma a più fattispecie**.

• Al **n. 1** si puniscono le condotte, compiute nei confronti di tutti i minori di età, di:
- **reclutamento**, quale comportamento diretto a far conseguire la disponibilità della vittima a colui che trarrà vantaggio dall'attività di meretricio;
- **induzione** alla prostituzione, rinvenibile nelle forme della persuasione, convincimento, determinazione della decisione del minore di prostituirsi.

• Al **n. 2** si puniscono le condotte, sempre compiute nei confronti di tutti i minori di età, di:
- **favoreggiamento**, consistente nel fornire un qualsiasi apporto che faciliti l'esercizio del meretricio;
- **sfruttamento**, che si estrinseca nel trarre utilità dalla prostituzione altrui;
- **gestione, organizzazione, controllo della prostituzione o conseguimento in altro modo di profitto**: attività ascritte alla mera specificazione delle condotte di favoreggiamento e sfruttamento. È esclusa la punibilità per omissione.

2) Il secondo comma della norma prevede pure la punibilità di chiunque compie **atti sessuali con un minore di età compresa tra i quattordici e i diciotto anni, in cambio di denaro o di altra utilità, anche solo promessi.** Rappresenta un caso di punibilità dell'utilizzatore finale, il cd. cliente, con la precisazione che il compenso del meretricio può essere anche solo promesso e l'utilità non deve essere necessariamente economica. Dopo la riforma del 2012, la norma penale non contiene più la **nozione di prostituzione**. Tale circostanza non pare compromettere la determinatezza della fattispecie, potendosi fare rinvio all'elaborazione dottrinale e giurisprudenziale pregressa: da essa si evince che i connotati essenziali di tale concetto sono il carattere sinallagmatico, e cioè la natura corrispettiva della prestazione sessuale verso denaro o altre utilità economiche, nonché l'elemento della cd. indiscriminatezza del *partner*.

■ A seconda delle differenti condotte poste in essere, diverso risulta anche il **momento consumativo**: *a)* in caso di **induzione**, il delitto si consuma con l'effettivo esercizio del meretricio; *b)* nell'ipotesi di **favoreggiamento**, con l'aiuto ad un'attività già intrapresa; *c)* in relazione allo **sfruttamento**, nel momento e nel luogo in cui il soggetto trae l'utilità economica dall'altrui prostituzione; *d)* infine, la fattispecie delittuosa del **compimento di atti sessuali con minorenne** si consuma nel momento in cui l'atto sessuale è portato a compimento, e non già con la dazione del corrispettivo pattuito.

■ *L'**elemento soggettivo** del reato è rappresentato dal **dolo generico**.*

B) Pornografia minorile (art. 600-*ter* c.p.).

Il delitto di pornografia minorile *ex* art. 600-*ter* del c.p. si articola in varie sottofattispecie il cui disvalore ruota attorno alla creazione o **mercificazione di materiale pornografico** derivante dallo **sfruttamento di minori degli anni diciotto**.

■ Dal punto di vista **oggettivo**, il reato si articola in **diverse fattispecie**:

a) Sfruttamento sessuale del minorenne in chiave pornografica (comma 1). La ***condotta*** consiste:

- nell'utilizzazione di un minore al fine di realizzare esibizioni o spettacoli pornografici o produrre materiale pornografico (n. 1);
- nell'indurre il minore a prendervi parte, reclutare i minori a tali fini, ricavare profitto dai suddetti spettacoli (n. 2).

Il **momento consumativo** coincide con l'esibizione del minore, a nulla rilevando se e quando il materiale pornografico venga diffuso.

La condotta di "sfruttamento" presuppone che non vi sia il consenso del minore coinvolto.

b) Commercio di materiale pornografico minorile (comma 2): è punita la **condotta** di vendita di materiale erotico prodotto con lo sfruttamento di minori. L'ipotesi è considerata **consumata** al raggiungimento di una quantità di materiale venduto e/o ceduto tale da configurare un vero e proprio mercato.

c) Diffusione di materiale pornografico e di notizie volte all'adescamento dei minori (comma 3): **l'oggetto materiale** si invera nell'attività di distribuzione, divulgazione o pubblicizzazione del materiale pornografico di cui al primo comma, con qualsiasi mezzo ed anche in via telematica, nonché nella divulgazione di notizie e informazioni volte ad adescare e sfruttare sessualmente il minore. La volontà di combattere ogni forma di circolazione dei prodotti erotici spiega l'uso dell'inciso "con qualsiasi mezzo", il quale svela che non è richiesta una organizzazione nemmeno rudimentale. Il **momento consumativo** è identificato con la messa a disposizione del materiale e delle notizie vietati, anche se la dottrina più attenta al rispetto del principio di offensività lo individua nel conseguimento del profitto illecito.

d) Cessione di materiale pornografico minorile (comma 4): la **condotta incriminata** è quella della cessione/offerta, anche a titolo gratuito, di prodotti pornografici realizzati secondo le modalità di cui al comma 1 (sembra si faccia riferimento ad uno scambio limitato ad una cerchia ristretta di persone).

e) Visione delle esibizioni o degli spettacoli pornografici in cui siano coinvolti dei minori: tale figura di reato è stata introdotta dalla novella del 2012 al fine di incriminare la stessa domanda di materiale pedopornografico.

Nel tentativo di colmare un gap definitorio, la l. n. 172/2012 ha introdotto all'ottavo comma una **definizione unitaria di pornografia minorile**, il cui elemento centrale è rappresentato dall'inclusione nel concetto non solo del compimento di atti sessuali, ma anche della statica rappresentazione della nudità integrale del minore, purché finalizzata a scopi sessuali: requisito questo difficilmente rintracciabile senza margini di ambiguità.

■ L'**elemento psicologico** è costituito dal **dolo generico**.

C) Detenzione di materiale pornografico (art. 600-*quater* c.p.).

Il **fatto punito** consiste nel *procurarsi e/o detenere consapevolmente materiale pornografico prodotto mediante l'utilizzo dei minori degli anni diciotto*: è irrilevante che siffatto utilizzo abbia integrato gli estremi di uno sfruttamento sessuale o che vi sia stato il consenso del minore stesso. Data l'estrema ampiezza della formulazione, problemi sono state manifestate perplessità in ordine al rispetto del principio di offensività.

L'art. 20 della l. 23 dicembre 2021, n. 238, ha introdotto, nell'art. 600-*quater*, co. 3, c.p., il **delitto di accesso intenzionale a materiale pedopornografico,** che si affianca al reato di detenzione di tale materiale. Tale delitto punisce chiunque, mediante l'utilizzo della rete internet o di altre reti o mezzi di comunicazione, accede intenzionalmente e senza giustificato motivo a materiale pornografico realizzato utilizzando minori degli anni diciotto.

- Il **momento consumativo** si identifica nell'entrata in possesso del materiale.
- Il **dolo** è **generico** anche se il requisito della **consapevolezza** sembra esigere un coefficiente psicologico particolarmente intenso in relazione alla provenienza del materiale.

D) Impiego di minori nell'accattonaggio. Organizzazione dell'accattonaggio (art. 600- *octies* c.p.).

L'art. 600-*octies* c.p., "impiego di minori nell'accattonaggio. Organizzazione dell'accattonaggio", è stato introdotto dalla L. 15 luglio 2009, n. 94: *Salvo che il fatto costituisca più grave reato, chiunque si avvale per mendicare di una persona minore degli anni quattordici o, comunque, non imputabile, ovvero permette che tale persona, ove sottoposta alla sua autorità o affidata alla sua custodia o vigilanza, mendichi, o che altri se ne avvalga per mendicare, è punito con la reclusione fino a tre anni.*

Chiunque organizzi l'altrui accattonaggio, se ne avvalga o comunque lo favorisca a fini di profitto è punito con la reclusione da uno a tre anni.

▶ 4.1.4. Intermediazione illecita e sfruttamento del lavoro (art. 603-*bis* c.p.)

L'art. 603-*bis* c.p. punisce il reato di intermediazione illecita e sfruttamento del lavoro, introdotto dal d.l. 13 agosto 2011, n. 138, conv., con modif., dalla l. 14 settembre 2011, n. 148.

Salvo che il fatto costituisca più grave reato, è punito con la reclusione da uno a sei anni e con la multa da 500 a 1.000 euro **per ciascun lavoratore reclutato**, chiunque:

1) recluta manodopera allo scopo di destinarla al lavoro presso terzi in condizioni di sfruttamento, approfittando dello stato di bisogno dei lavoratori;

2) utilizza, assume o impiega manodopera, anche mediante l'attività di intermediazione di cui al numero 1), sottoponendo i lavoratori a condizioni di sfruttamento ed approfittando del loro stato di bisogno.

Se i fatti sono commessi mediante violenza o minaccia, si applica la pena della reclusione da cinque a otto anni e la multa da 1.000 a 2.000 euro per ciascun lavoratore reclutato.

Ai fini del presente articolo, costituisce indice di sfruttamento la sussistenza di una o più delle seguenti condizioni:

1) la reiterata corresponsione di retribuzioni in modo palesemente difforme dai contratti collettivi nazionali o territoriali stipulati dalle organizzazioni sindacali più rappresentative a livello nazionale, o comunque sproporzionato rispetto alla quantità e qualità del lavoro prestato;

2) la reiterata violazione della normativa relativa all'orario di lavoro, ai periodi di riposo, al riposo settimanale, all'aspettativa obbligatoria, alle ferie;

3) la sussistenza di violazioni delle norme in materia di sicurezza e igiene nei luoghi di lavoro;

4) la sottoposizione del lavoratore a condizioni di lavoro, a metodi di sorveglianza o a situazioni alloggiative degradanti.

Costituiscono aggravante specifica e comportano l'aumento della pena da un terzo alla metà:

1) il fatto che il numero di lavoratori reclutati sia superiore a tre;

2) il fatto che uno o più dei soggetti reclutati siano minori in età non lavorativa;

3) l'aver commesso il fatto esponendo i lavoratori sfruttati a situazioni di grave pericolo, avuto riguardo alle caratteristiche delle prestazioni da svolgere e delle condizioni di lavoro.

▶ 4.2. I delitti contro l'uguaglianza

Ai "delitti contro l'uguaglianza" è dedicata la Sezione I-*bis* del terzo Capo del Titolo XII, la quale ricomprende i soli artt. 604-*bis*, rubricato *"propaganda e istigazione a delinquere per motivi di discriminazione razziale etnica e religiosa"* e 604-*ter "circostanze aggravanti"*. Le disposizioni sono state dal d.lgs. 1° marzo 2018, n. 21, che nel tentativo di riattribuire centralità sistematica al codice penale ha traslato in tale corpo normativo l'omologa fattispecie dapprima prevista dalla l. 13 ottobre 1975, n. 654.

▶ 4.2.1. Propaganda e istigazione a delinquere per motivi di discriminazione razziale etnica e religiosa (art. 604-bis c.p.)

Salvo che il fatto costituisca più grave reato, è punito:
a) con la reclusione fino ad un anno e sei mesi o con la multa fino a 6.000 euro chi propaganda idee fondate sulla superiorità o sull'odio razziale o etnico, ovvero istiga a commettere o commette atti di discriminazione per motivi razziali, etnici, nazionali o religiosi;
b) con la reclusione da sei mesi a quattro anni chi, in qualsiasi modo, istiga a commettere o commette violenza o atti di provocazione alla violenza per motivi razziali, etnici, nazionali o religiosi.
È vietata ogni organizzazione, associazione, movimento o gruppo avente tra i propri scopi l'incitamento alla discriminazione o alla violenza per motivi razziali, etnici, nazionali o religiosi. Chi partecipa a tali organizzazioni, associazioni, movimenti o gruppi, o presta assistenza alla loro attività, è punito, per il solo fatto della partecipazione o dell'assistenza, con la reclusione da sei mesi a quattro anni. Coloro che promuovono o dirigono tali organizzazioni, associazioni, movimenti o gruppi sono puniti, per ciò solo, con la reclusione da uno a sei anni.
Si applica la pena della reclusione da due a sei anni se la propaganda ovvero l'istigazione e l'incitamento, commessi in modo che derivi concreto pericolo di diffusione, si fondano in tutto o in parte sulla negazione, sulla minimizzazione in modo grave o sull'apologia della Shoah o dei crimini di genocidio, dei crimini contro l'umanità e dei crimini di guerra, come definiti dagli articoli 6, 7 e 8 dello statuto della Corte penale internazionale.

▶ 4.3. I delitti contro la libertà personale

I reati in questione sono posti a tutela della libertà personale intesa come **libertà di movimento**, libertà fisica di locomozione, di spostamento da un luogo all'altro senza coercizioni. La libertà personale appartiene indiscutibilmente al catalogo dei diritti inviolabili, come risulta dalla previsione dell'**art. 13 della Costituzione:** il che spiega la **riserva assoluta di legge** che il Costituente ha introdotto a sua difesa. In seguito, alla nuova collocazione sistematica dei reati sessuali, oggi la libertà personale include anche la **libertà sessuale,** intesa sia come **libertà da prevaricazioni nella sfera erotica**, sia come **diritto di autodeterminarsi in ambito sessuale**.

▶ 4.3.1. Sequestro di persona (art. 605 c.p.)

È il reato di chi *priva taluno della libertà personale*.
Costituisce lesione del bene tutelato qualunque limitazione della libertà fisica che sia **temporalmente apprezzabile**.

■ Il reato **si consuma** nel momento in cui il reo priva il soggetto passivo di un sufficiente quantum di libertà tale da superare la soglia di offensività necessaria per attivare il ricorso alla sanzione penale. Non è contestata la configurabilità del **tentativo**.

■ Il **dolo** del delitto in esame è **generico**. La finalità specifica acquista invece rilievo nella configurazione di ulteriori figure criminose, come: il sequestro di persona a scopo di estorsione *ex* art. 630 c.p., il sequestro di persona a scopo di terrorismo o di eversione, previsto dall'art. 289-*bis* c.p., il sequestro di persona a scopo di coazione *ex* art. 289-*ter* c.p. (introdotto con il d.lgs. 1° marzo 2018, n. 21, in sostituzione dei previgenti artt. 3 e 4, l. 26 novembre 1985, n. 718).

■ Varie sono le **circostanze aggravanti** e **attenuanti speciali** previste. Fra le *circostanze aggravanti* si ricordano: l'aver commesso il fatto in danno di un ascendente, di un discendente, del coniuge, di un minore o da parte di un pubblico ufficiale con abuso dei poteri inerenti alle sue funzioni; l'aver cagionato la morte del minore sequestrato. Fra le *circostanze attenuanti*, va menzionato il fatto che il colpevole si adoperi per far riacquistare la libertà del minore o per evitare ulteriori atti di sequestro a danno di minori.

■ Per effetto d. lgs. 10 ottobre 2022, n. 150 (riforma **Cartabia**), nell'ipotesi prevista dal primo comma il delitto è punibile a **querela** della persona offesa, salvo che il fatto sia commesso nei confronti di persona incapace, per età o per infermità.

▶ 4.3.2. I reati sessuali (artt. 609-*bis*-609-*duodecies* c.p.).

A) Violenza sessuale (art. 609-*bis* c.p.).

È il reato di chi:
- *con violenza o minaccia o mediante abuso di autorità costringe taluno a compiere o subire atti sessuali;*
- *induce taluno a compiere o subire atti sessuali:*
- *abusando delle condizioni di inferiorità fisica o psichica della persona offesa al momento del fatto;*
- *traendo in inganno la persona offesa per essersi il colpevole sostituito ad altra persona.*

La disposizione in esame è stata introdotta dalla l. 15 febbraio 1996, n. 66, la quale ha superato il pregresso riferimento **alla congiunzione carnale** violenta **ed agli atti di libidine** violenti (in passato oggetto di due distinte incriminazioni, contrassegnate da diverse cornici edittali in considerazione della diversa lesività delle ipotesi), ricorrendo alla sola ed onnicomprensiva dizione lata di *"atti sessuali"*.
Il concetto di atti sessuali è al centro di un acceso dibattito interpretativo. La giurisprudenza non ha accolto la tesi restrittiva tesa a limitare il concetto di atto sessuale al contatto fisico con una zona genitale, indipendentemente dalle pulsioni soggettive (c.d. atti aventi natura sessuale sul piano oggettivo); la medesima ha optato, viceversa, per una **lettura ampia**, riconducendo nella nozione di atto sessuale *"ogni atto comunque coinvolgente la corporeità sessuale della persona offesa, e posto in essere con la coscienza e la volontà di compiere un atto invasivo e lesivo della libertà sessuale della persona non consenziente"* (*Cass. pen., sez. III, 9 novembre 2012, n. 43495*).
■ Il delitto **si consuma** con la verificazione dell'atto sessuale. È configurabile il **tentativo**.
■ Il **dolo** del delitto è **generico**.
■ La pena è **diminuita** in misura non eccedente i due terzi nei cd. casi di minore gravità (comma 3). La pena è invece ***aumentata*** (609-*ter* c.p.) se il fatto è commesso:
- *nei confronti di persona della quale il colpevole sia l'ascendente, il genitore, anche adottivo, o il tutore;*
- *con l'uso di armi o di sostanze alcoliche, narcotiche o stupefacenti o di altri strumenti o sostanze gravemente lesivi della salute della persona offesa;*
- *da persona travisata o che simuli la qualità di pubblico ufficiale o di incaricato di pubblico servizio;*
- *su persona comunque sottoposta a limitazioni della libertà personale;*
- *nei confronti di persona che non ha compiuto gli anni diciotto;*
- *all'interno o nelle immediate vicinanze di istituto d'istruzione o di formazione frequentato dalla persona offesa;*
- *nei confronti di donna in stato di gravidanza;*
- *nei confronti di persona della quale il colpevole sia il coniuge, anche separato o divorziato, ovvero colui che alla stessa persona è o è stato legato da relazione affettiva, anche senza convivenza;*
- *se il reato è commesso da persona che fa parte di un'associazione per delinquere e al fine di agevolarne l'attività;*
- *se il reato è commesso con violenze gravi o se dal fatto deriva al minore, a causa della reiterazione delle condotte, un pregiudizio grave;*
- *se dal fatto deriva pericolo di vita per il minore (aggravante aggiunta dall'art. 20, comma 1, lett. c), L. 23 dicembre 2021, n. 238, a decorrere dal 1° febbraio 2022);*
- *nei confronti di persona che non ha compiuto gli anni dieci.*

■ Il delitto di violenza sessuale (così come quello di atti sessuali con minorenne *ex* art. 609-*quater*) è soggetto ad un peculiare regime di procedibilità. Difatti, ai sensi dell'art. 609-*septies* c.p., il reato è procedibile a **querela di parte**, che è straordinariamente **irretrattabile**, e presentabile nel termine di **sei mesi** (anziché tre mesi). Tuttavia, si procede d'ufficio in una serie di ipotesi puntualmente individuate (minore età della persona offesa; connessione con altri delitti perseguibili d'ufficio; titolarità, da parte del soggetto attivo, di una delle seguenti qualità: pubblico ufficiale o incaricato di pubblico servizio, ascendente, genitore, convivente, tutore, precettore, custode).

B) Violenza sessuale di gruppo (art. 609-*octies* c.p.).

Il reato in questione è una **fattispecie a concorso necessario**, ove la pluralità dei soggetti attivi del reato assurge ad elemento costitutivo di una nuova e diversa ipotesi criminosa: in particolare, è necessario che **più persone riunite** (secondo la giurisprudenza, **almeno due soggetti) partecipino** alla commissione del reato di violenza sessuale.

Non è richiesto che tutti i componenti del gruppo compiano atti di violenza sessuale, in quanto può dirsi sussistere una partecipazione con ogni condotta che spieghi un contributo causale verso la commissione del reato. Inoltre, non è necessario che i componenti del gruppo assistano al compimento degli atti di violenza sessuale, essendo sufficiente la loro presenza nel luogo e nel momento in cui detti atti vengano compiuti, anche da uno solo dei compartecipi, atteso che la determinazione di quest'ultimo viene rafforzata dalla consapevolezza della presenza del gruppo. Si è posta, in particolare, la questione in ordine alla configurabilità del concorso di persone nel reato monosoggettivo di cui all'art. 609-*bis* c.p., al di là della fattispecie autonoma di cui all'art. 609-*octies* c.p. La giurisprudenza (*Cass. pen., 15211/2012*) ha osservato che, a seguito dell'introduzione del reato di violenza sessuale di gruppo *ex* art. 609-*octies* c.p., il concorso nel reato di cui all'art. 609-*bis* può ammettersi nella **sola forma morale**, ossia in tutti i casi in cui un terzo, pur non partecipando agli atti di violenza sessuale e pur non essendo presente sul luogo del delitto, abbia istigato, consigliato, aiutato, agevolato il singolo autore materiale della violenza, e cioè abbia posto in essere tutte quelle condotte che, normalmente, vengono sussunte sotto la fattispecie del concorso morale.

C) Adescamento di minorenni (art. 609-*undecies*).

L'art. 4, l. 1° ottobre 2012, n. 172, ha introdotto l'art. 609-*undecies* che prevede che "*chiunque, allo scopo di commettere i reati di cui agli articoli 600, 600-bis, 600-ter e 600-quater, anche se relativi al materiale pornografico di cui all'articolo 600-quater.1, 600-quinquies, 609-bis, 609-quater, 609-quinquies e 609-octies, adesca un minore di anni sedici, è punito, se il fatto non costituisce più grave reato, con la reclusione da uno a tre anni. Per adescamento si intende qualsiasi atto volto a carpire la fiducia del minore attraverso artifici, lusinghe o minacce posti in essere anche mediante l'utilizzo della rete internet o di altre reti o mezzi di comunicazione*". La fattispecie determina una sensibile **anticipazione della tutela,** ed ha carattere **sussidiario**, essendo configurabile solo ove il fatto non costituisca più grave reato.

■ Dal punto di vista dell'elemento oggettivo, è la stessa norma a chiarire cosa intendere per "adescamento". Quanto all'elemento soggettivo, invece, è previsto il **dolo specifico**.

Quanto alle **circostanze aggravanti**, l'art. 20, comma 1, lett. f), della Legge europea 2019-2020 ha inciso sulla fattispecie delittuosa in commento con l'introduzione del secondo comma, ove è stabilito che la pena è aumentata fino ad un terzo:

- se il reato è commesso da più persone riunite;
- se il reato è commesso da persona che fa parte di un'associazione a delinquere e al fine di agevolarne l'attività;
- se dal fatto deriva al minore, a causa della reiterazione delle condotte, un pregiudizio grave;
- se dal fatto deriva pericolo di vita per il minore.

■ L'**elemento psicologico** è costituito dal **dolo generico**.

D) Circostanze aggravanti.

L'**art. 609-*duodecies* c.p.**, prevede le circostanze aggravanti: *le pene per i reati di cui agli articoli 609-bis, 609-quater, 609-quinquies, 609-octies e 609-undecies, sono aumentate in misura non eccedente la metà nei casi in cui gli stessi siano compiuti con l'utilizzo di mezzi atti ad impedire l'identificazione dei dati di accesso alle reti telematiche.*

▶ 4.3.3. Altre fattispecie (artt. 606-609 c.p.)

Art. 606 c.p., Arresto illegale: Il pubblico ufficiale che procede ad un arresto, abusando dei poteri inerenti alle sue funzioni, è punito con la reclusione fino a tre anni.

Art. 607 c.p., Indebita limitazione di libertà personale: Il pubblico ufficiale, che, essendo preposto o addetto a un carcere giudiziario o ad uno stabilimento destinato all'esecuzione di una pena o di una misura di sicurezza, vi riceve taluno senza un ordine dell'autorità competente o non obbedisce all'ordine di liberazione dato da questa autorità, ovvero indebitamente protrae l'esecuzione della pena o della misura di sicurezza, è punito con la reclusione fino a tre anni.

Art. 608 c.p., Abuso di autorità contro arrestati o detenuti: Il pubblico ufficiale, che sottopone a misure di rigore non consentite dalla legge una persona arrestata o detenuta di cui egli abbia la custodia anche temporanea, o che sia a lui affidata in esecuzione di un provvedimento dell'autorità competente, è punito con la reclusione fino a trenta mesi.

La stessa pena si applica se il fatto è commesso da un altro pubblico ufficiale rivestito, per ragione del suo ufficio, di una qualsiasi autorità sulla persona custodita.

Art. 609 c.p., Perquisizione e ispezione personali arbitrarie: Il pubblico ufficiale che, abusando dei poteri inerenti alle sue funzioni, esegue una perquisizione o una ispezione personale è punito con la reclusione fino ad un anno.

▶ 4.4. I delitti contro la libertà morale

Le ipotesi delittuose incluse in tale categoria proteggono la libertà morale, intesa come **diritto di ogni individuo di autodeterminarsi senza coartazioni psichiche**, sulla base di autonomi processi motivazionali (Flick). Diverse le forme attraverso cui la stessa può essere compromessa: la coazione può avvenire sia nel processo formativo della volontà, sia nel momento attuativo della scelta deliberata.

▶ 4.4.1. Violenza privata (art. 610 c.p.)

La **condotta incriminata** consiste nell'uso di **violenza o minaccia per costringere altri a fare, tollerare od omettere qualche cosa**. Controversa la nozione di **violenza**: la dottrina prevalente, seguita dalla giurisprudenza, sostiene che il concetto non possa essere circoscritto al solo impiego di energia fisica esercitata direttamente o per mezzo di uno strumento (armi, cani aizzati etc.) contro una persona (c.d. *violenza propria*), ricomprendendo l'uso di qualunque mezzo idoneo ad ottenere lo scopo di coartare la volontà della vittima (c.d. *violenza impropria*). Quanto alla **minaccia**, essa consiste nel prospettare ad una persona un male ingiusto, il cui verificarsi deve dipendere dalla volontà dell'agente; diversamente si sarà in presenza di un semplice avvertimento.
Violenza e minaccia devono essere dirette a *costringere la vittima a fare, tollerare od omettere qualcosa*.
■ Il delitto di violenza privata è un reato di danno che **si consuma** nel momento in cui il destinatario è costretto a fare, tollerare od omettere qualche cosa.
■ Il **dolo** è **generico**.
■ Per effetto del d. lgs. 10 ottobre 2022, n. 150 (riforma **Cartabia**), il delitto è punibile a querela della persona offesa, salvo che il fatto sia commesso nei confronti di persona incapace, per età o per infermità, ovvero se ricorre la circostanza delineata dal secondo comma.

▶ 4.4.2. Atti persecutori (art. 612-*bis* c.p.)

Il reato di atti persecutori di cui all'art. 612-*bis* c.p. (c.d. "*stalking*") è stato introdotto dal d.l. 11/2009, convertito in l. 39/2009, con l'intento di approntare una tutela rafforzata e specifica contro variegate ipotesi di maltrattamenti e condotte aggressive in precedenza sussunte sotto diverse norme incriminatici, che si sono rivelate inidonee ad esaurire l'ambito di offensività delle condotte criminose in concreto attuate.
La fattispecie è stata successivamente oggetto di interventi normativi, tra cui la **l.** 19 luglio 2019 n. 69, che ha inasprito la cornice edittale, comminando la reclusione da un anno a sei anni e sei mesi.
■ Quanto all'**oggettività materiale**, la fattispecie appare incentrata essenzialmente sul necessario ripetersi di una condotta di minaccia o di molestia (**reato abituale**), causativa di uno dei **tre eventi alternativi** tipizzati dalla norma:

a) il perdurante e grave stato di ansia o paura della vittima;
b) il fondato timore per la propria incolumità o per quella di persona, comunque, ad essa affettivamente legata;
c) la costrizione ad alterare le proprie abitudini di vita.

La funzione qualificante della condotta persecutoria (rispetto ai reati di violenza e minaccia) è affidata alla **reiterazione degli atti**, omogenei o eterogenei, destinati a succedersi in un **lasso temporale sufficiente** al prodursi dell'evento tipico (in definitiva coincidente con un **disagio psichico**, emergente dalle circostanze riportate *sub* a, b e c).
Si ritengono sufficienti anche due soli episodi, a condizione che le condotte siano denotate da una **carica offensiva** talmente incisiva da esprimere una consistente efficienza causale rispetto all'equilibrio emotivo e psicologico della vittima, che è il vero dato caratterizzante la fattispecie in esame.
■ L'elemento soggettivo è integrato dal **dolo generico.**
■ La **procedibilità** del reato esige la proposizione di una valida **querela**, presentabile nel termine di **sei mesi** (anziché tre mesi, come di consueto), e passibile di **rimessione** nella sola forma **processuale**. La facoltà di rimessione è radicalmente preclusa se il fatto è stato commesso mediante minacce reiterate nei modi di cui all'articolo 612, secondo comma (cfr. il paragrafo precedente), e si procede tuttavia d'ufficio se il fatto

è commesso nei confronti di un minore o di una persona con disabilità, nonché quando il fatto è connesso con altro delitto per il quale si deve procedere d'ufficio. A seguito della l. 4 dicembre 2017, n. 172, il delitto non è comunque passibile di estinzione per condotte riparatorie *ex* art. 162-*ter* c.p.
Il d.l. 31 ottobre 2022, n. 162, conv., con modif., in l. 30 dicembre 2022, n. 199, ha modificato l'art. 85 del d. lgs. 10 ottobre 2022, n. 150 (c.d. riforma **Cartabia**), il quale reca disposizioni transitorie in materia di modifica del regime di procedibilità di taluni reati.
Con la novella si prevede che per il delitto previsto dall'art. 612-*bis* c.p., commesso prima dell'entrata in vigore della riforma, continua a procedersi di ufficio quando il fatto è connesso con un delitto divenuto in seguito alla riforma perseguibile a querela della persona offesa. Con tale modifica si vuole quindi precisare che il mutamento di procedibilità non incide sulla perdurante procedibilità d'ufficio dell'art. 612-*bis* c.p.

▶ 4.4.3. Diffusione illecita di immagini o video sessualmente espliciti (art. 612-*ter* c.p.)

La disposizione in commento è stata introdotta dalla **l.** 19 luglio 2019 n. 69, nell'ottica del contrasto di un fenomeno foriero di un elevato allarme sociale.
■ Sul piano dell'elemento materiale, l'articolo contempla una norma mista alternativa volta ad incriminare la condotta di chi *"invia, consegna, cede, pubblica o diffonde immagini o video a contenuto sessualmente esplicito, destinati a rimanere privati, senza il consenso delle persone rappresentate"*, tanto ove li abbia "realizzati o sottratti" (comma 1) quanto ove li abbia "ricevuti o comunque acquisiti" (comma 2). Nondimeno, in quest'ultimo caso la rilevanza penale del fatto è subordinata al perseguimento del *"fine di recare nocumento"* alle persone rappresentate.
La disposizione prevede dunque due distinte fattispecie di reato assoggettate alla stessa pena, differenziate soltanto da un aspetto:

a) ove il soggetto attivo abbia **realizzato o sottratto** il materiale diffuso, il **dolo è generico**;
b) ove il soggetto attivo abbia diffuso materiale **ricevuto o acquisito** da altri, il **dolo è specifico**, e la condotta assume rilevanza penale solo ove sia perseguito il *"fine di recare nocumento"* alle persone rappresentate.

■ La disposizione prevede una pluralità di circostanze:

1) un'aggravante ad effetto **comune** *"se i fatti sono commessi dal coniuge, anche separato o divorziato, o da persona che è o è stata legata da relazione affettiva alla persona offesa ovvero se i fatti sono commessi attraverso strumenti informatici o telematici"*;
2) un'aggravante ad **effetto speciale** (tale da comportare un aumento "da un terzo alla metà") *"se i fatti sono commessi in danno di persona in condizione di inferiorità fisica o psichica o in danno di una donna in stato di gravidanza."*

■ Il delitto è punito a **querela** della persona offesa (soggetta ad un termine eccezionalmente pari a **sei mesi**) e la **remissione** può essere **soltanto processuale.** Nondimeno, si procede **d'ufficio** laddove ricorra la *supra* indicata circostanza **aggravante ad effetto speciale,** nonché quando il fatto è **connesso** con altro delitto procedibile d'ufficio.
Anche per il reato in commento valgono le stesse considerazioni, in punto di modifica del regime di procedibilità introdotte dal **d.l. 31 ottobre 2022, n. 162,** svolte nel § precedente, a cui si rinvia.

▶ 4.4.4. Tortura (art. 613-*bis* c.p.)

La l. 14 luglio 2017, n. 110, emanata al termine di un travagliato *iter* parlamentare, ha introdotto nel codice penale gli artt. 613-*bis* e 613-*ter* (che contemplano rispettivamente i delitti di tortura e di istigazione alla tortura) al fine di armonizzare l'ordinamento italiano con l'art. 4 della Convenzione ONU del 1984 contro la tortura e all'art. 3 CEDU, per la cui violazione la Corte Europea dei Diritti dell'Uomo aveva più volte condannato l'Italia (da ultimo, C. Edu. Sent. 22 giugno 2017, ric. nn. 12131/13 e 43390/13, Bartesaghi et al.).
L'art. 613-*bis* c.p. punisce con la reclusione da 4 a 10 anni chiunque, con violenze o minacce gravi ovvero agendo con crudeltà cagiona acute sofferenze fisiche o un verificabile trauma psichico a persona privata della libertà personale o affidata alla sua custodia, potestà, vigilanza, controllo, cura o assistenza o che si trovi in situazione di minorata difesa, se il fatto è commesso con più condotte ovvero comporta un trattamento inumano e degradante per la dignità della persona.
Quanto al **soggetto attivo** e **passivo** del reato, si richiede che il fatto sia commesso in danno di persona privata della libertà personale o che sia stata affidata alla custodia, potestà, vigilanza, controllo, cura o assistenza del soggetto agente ovvero, ancora, che si trovi in situazione di minorata difesa.

L'art. 613-*bis* prevede che la tortura si realizza mediante violenze o minacce gravi o crudeltà.
■ Sul piano dell'elemento soggettivo, si tratta di un reato a **dolo generico.**

■ Quanto alle **forme di manifestazione del reato**, la fattispecie base – punita con la reclusione da quattro a dieci anni – è assistita da un articolato insieme di circostanze aggravanti:

a) la commissione del fatto da parte di un **pubblico ufficiale** o di un **incaricato di pubblico servizio**, che comporta l'inflizione della reclusione da cinque a dodici anni: circostanza sostanzialmente coincidente con quella ex art. 61, n. 9 c.p., il che ha condotto parte della dottrina a ravvisarvi un titolo autonomo di reato (anche argomentando sulla base dei commi 3 e 4 dello stesso art. 613-*bis*); va peraltro sottolineato che l'aggravante in questione *"non si applica nel caso di sofferenze risultanti unicamente dall'esecuzione di legittime misure privative o limitative di diritti."*

b) la causazione di **lesioni personali** (ove l'aumento di pena varia a seconda che le lesioni siano lievi, gravi o gravissime;

c) la causazione della **morte**, sia essa non voluta, o voluta dagli autori della tortura (nel primo caso si applica la reclusione di anni trenta, nel secondo si applica l'ergastolo).

▶ 4.5. I delitti contro l'inviolabilità di domicilio

I reati in questione sono posti a tutela del generale diritto alla libertà domiciliare, individuato nell'**interesse alla pace ed alla libertà domestica**: un diritto complesso, risultante dalla duplice facoltà di ammissione o di esclusione dalla propria sfera privata, allo scopo di assicurare la salvaguardia dello spazio individuale e di evitare interferenze arbitrarie o non desiderate. Tale diritto rinviene un fondamento costituzionale nell'**art. 14 Cost.**: nello statuire che *"il domicilio è inviolabile"*, la citata disposizione pone le basi per una garanzia della piena esplicazione della personalità umana, tutelando anche **il rapporto persona-ambiente**, ovverosia il riflesso della persona in una sfera spaziale che ne consente la piena realizzazione.
Nell'area complessiva dei diritti contro l'inviolabilità del domicilio, può distinguersi tra:

- **delitti contro la libertà domiciliare in senso stretto**, costituiti dalle figure originarie di cui agli artt. 614 (violazione di domicilio) e 615 c.p. (violazione di domicilio commessa da pubblico ufficiale);
- reati di indiscrezione (o **delitti contro la riservatezza domiciliare**), individuabili negli artt. 615-*bis*, 615-*ter*, 615-*quater* e 615-*quinquies* c.p., introdotti in via successiva per l'avvertita esigenza di approntare un sistema di tutela della sfera personale erosa dall'incessante progresso tecnologico.

▶ 4.5.1. Violazione di domicilio (art. 614 c.p.)

È il reato di chi si:

- **introduce** nell'abitazione altrui, in altro luogo di privata dimora o nelle appartenenze degli stessi (ovvero superamento fisico dei confini dei luoghi ricompresi nella nozione giuridica di domicilio);
- **trattiene** nei luoghi medesimi contro la volontà del titolare dello *jus excludendi*.

■ Il delitto in esame **si consuma** con l'introduzione nel domicilio, oppure quando il soggetto estraneo comincia a trattenersi nei luoghi indicati dalla norma nonostante l'opposizione del dominus.
In linea generale, si ritiene configurabile il **tentativo**.
■ Quanto all'**elemento soggettivo**, si ritiene sufficiente il **dolo generico**, ovverosia la rappresentazione e volizione di introdursi o trattenersi nell'altrui abitazione, o nei luoghi ad essa assimilati, contro la volontà del titolare del diritto di esclusione.
■ Il reato è **aggravato** se il fatto è commesso con violenza sulle cose o alle persone oppure se il colpevole è armato.
■ Si procede a querela della persona offesa, a meno che il fatto non sia commesso con violenza alle persone, ovvero se il colpevole è palesemente armato o se il fatto è commesso con violenza sulle cose nei confronti di persona incapace, per età o per infermità. Le ipotesi di procedibilità d'ufficio sono state introdotte dal d. lgs. 10 ottobre 2022, n. 150 (riforma **Cartabia**).

▶ 4.5.2. Altre fattispecie (artt. 615-615-*ter* c.p.)

Art. 615 c.p., Violazione di domicilio commessa da un pubblico ufficiale: Il pubblico ufficiale, che abusando dei poteri inerenti alle sue funzioni, s'introduce o si trattiene nei luoghi indicati nell'articolo precedente è punito con la reclusione da uno a cinque anni.

Se l'abuso consiste nell'introdursi nei detti luoghi senza l'osservanza delle formalità prescritte dalla legge, la pena è della reclusione fino a un anno.
Nel caso previsto dal secondo comma il delitto è punibile a querela della persona offesa.

Art. 615-*bis* c.p., Interferenze illecite nella vita privata: Chiunque mediante l'uso di strumenti di ripresa visiva o sonora, si procura indebitamente notizie o immagini attinenti alla vita privata svolgentesi nei luoghi indicati nell'articolo 614, è punito con la reclusione da sei mesi a quattro anni.
Alla stessa pena soggiace, salvo che il fatto costituisca più grave reato, chi rivela o diffonde, mediante qualsiasi mezzo di informazione al pubblico, le notizie o le immagini ottenute nei modi indicati nella prima parte di questo articolo.
I delitti sono punibili a querela della persona offesa; tuttavia si procede d'ufficio e la pena è della reclusione da uno a cinque anni se il fatto è commesso da un pubblico ufficiale o da un incaricato di un pubblico servizio, con abuso dei poteri o con violazione dei doveri inerenti alla funzione o servizio, o da chi esercita anche abusivamente la professione di investigatore privato.

Art. 615-*ter* c.p., Accesso abusivo ad un sistema informatico o telematico: Chiunque abusivamente si introduce in un sistema informatico o telematico protetto da misure di sicurezza ovvero vi si mantiene contro la volontà espressa o tacita di chi ha il diritto di escluderlo, è punito con la reclusione fino a tre anni.
La pena è della reclusione da uno a cinque anni:
1) se il fatto è commesso da un pubblico ufficiale o da un incaricato di un pubblico servizio, con abuso dei poteri o con violazione dei doveri inerenti alla funzione o al servizio, o da chi esercita anche abusivamente la professione di investigatore privato, o con abuso della qualità di operatore del sistema;
2) se il colpevole per commettere il fatto usa violenza sulle cose o alle persone, ovvero se è palesemente armato;
3) se dal fatto deriva la distruzione o il danneggiamento del sistema o l'interruzione totale o parziale del suo funzionamento, ovvero la distruzione o il danneggiamento dei dati, delle informazioni o dei programmi in esso contenuti.
Qualora i fatti di cui ai commi primo e secondo riguardino sistemi informatici o telematici di interesse militare o relativi all'ordine pubblico o alla sicurezza pubblica o alla sanità o alla protezione civile o comunque di interesse pubblico, la pena è, rispettivamente, della reclusione da uno a cinque anni e da tre a otto anni.
Nel caso previsto dal primo comma il delitto è punibile a querela della persona offesa; negli altri casi si procede d'ufficio.

▶ 4.6. I delitti contro l'inviolabilità dei segreti

Si tratta di ipotesi criminose poste tutte a tutela della libertà dell'individuo di escludere i terzi dalla conoscenza di fatti o notizie riguardanti la propria sfera intima e personale, e dunque a protezione del diritto alla riservatezza e del diritto al segreto.
Il **diritto alla riservatezza** si caratterizza come diritto all'esclusività della conoscenza di ciò che attiene alla **vita privata**, ed è connotato dal riserbo relativo a tutti gli aspetti ad essa inerenti e dall'interesse del titolare-beneficiario a che nessuno, senza il suo consenso, ne acquisisca conoscenza.
Il **diritto al segreto** si configura, invece, come *species* ricompresa nel *genus* del diritto alla riservatezza, e si caratterizza come diritto all'esclusività della conoscenza di **specifici fatti,** alla cui cognizione è legittimato, oltre al titolare-beneficiario, anche il depositario o i depositari del segreto. Secondo la definizione tradizionale, il segreto si configura non come un fatto o una notizia, ma come una **relazione che intercorre tra la conoscenza di cose o fatti ed un determinato soggetto**. Tale relazione dà luogo ad un duplice rapporto, caratterizzato, da un lato, da una **posizione passiva**, che importa il divieto, per chi non è autorizzato, di procurarsi e divulgare le notizie inerenti ad un dato oggetto, dall'altro, da una **posizione attiva**, consistente nel diritto di escludere determinate persone dalla conoscenza e dalla comunicazione delle notizie stesse.
I delitti compresi nella categoria in esame mirano a tutelare, in particolare, **segreti aventi natura privatistica** (segreto professionale, scientifico o industriale e segretezza delle comunicazioni), atteso che i segreti pubblicistici sono tutelati da altre disposizioni (es. art. 326 c.p.).

▶ 4.6.1. Rivelazione di segreto professionale (art. 622 c.p.)

È il reato di chi, *avendo notizia, per ragione del proprio stato o ufficio, o della propria professione o arte, di un segreto, lo rivela, senza giusta causa, ovvero lo impiega a proprio o altrui profitto.* L'autore del reato è punito se dal fatto può derivare nocumento.
La pena è aggravata se il fatto è commesso da amministratori, direttori generali, dirigenti preposti alla redazione dei documenti contabili societari, sindaci o liquidatori o se è commesso da chi svolge la revisione contabile della società.
Il delitto è punibile a querela della persona offesa.

Capitolo 11
I delitti contro il patrimonio

SOMMARIO:

1. Classificazione

Nella sistematica codicistica, i delitti contro il patrimonio trovano collocazione nel titolo XIII del libro secondo (artt. 624 - 648-*ter* c.p.).
Il codice penale opera una **bipartizione** in rapporto alle modalità di realizzazione della fattispecie, alla quale corrisponde la divisione del Titolo in due Capi, comprendenti i **delitti commessi mediante violenza alle cose o alle persone** (Capo I) e i **delitti commessi mediante frode** (Capo II).

2. Furto (artt. 624 e ss.)

A) Furto comune (art. 624 c.p.).

È il reato di chi si *impossessa della cosa mobile altrui sottraendola a chi la detiene*.
Quanto all'interpretazione da dare al concetto di **detenzione**, essa deve intendersi nel senso di **disponibilità materiale**, ovvero di **autonomo potere materiale sulla cosa,** in virtù del quale un soggetto si trovi nella possibilità immediata ed attuale — o anche meramente virtuale, ma pur sempre effettiva — di signoreggiarla fisicamente.
Per aversi **sottrazione** è necessaria l'uscita del bene dalla signoria di fatto del precedente possessore: in altri termini occorre l'eliminazione dell'altrui possesso, (c.d. **spossessamento**).
Dall'ottica del soggetto passivo, la sottrazione coincide con lo spossessamento; dal punto di vista del soggetto attivo, invece, essa rappresenta il presupposto per un nuovo impossessamento.
Perché vi sia **impossessamento** occorre l'instaurazione di un nuovo potere di fatto sulla cosa.
I due momenti allora non coincidono necessariamente, potendo verificarsi anche **in tempi diversi**: si pensi al caso del ladro che getti i bagagli altrui dal treno in corsa (sottrazione) e solo in un secondo momento torni sul luogo per riprenderli (impossessamento); ne consegue che non si avrà impossessamento finché la cosa resti nella sfera di vigilanza del detentore.
■ **Oggetto materiale** del furto è la **cosa mobile altrui**. Secondo l'interpretazione consolidata, essa non deve necessariamente avere un valore economico in sé: occorre riferirsi alla normale destinazione d'uso della cosa e allo speculare profitto che ne ricava chi l'ha sottratta.
■ Ai fini della configurazione del furto **consumato**, è necessario (ma allo stesso tempo sufficiente) che la *res* sottratta sia passata, se pur per breve tempo, sotto il dominio esclusivo dell'agente, sebbene non vi sia stato ancora, di fatto, uno spostamento dal luogo della sottrazione. La scelta del criterio idoneo ad individuare la consumazione del reato si riverbera inevitabilmente sulla configurabilità del **tentativo** di furto, la cui area si restringe o si amplia a seconda dell'opzione prescelta. Chi afferma la coincidenza tra sottrazione e impossessamento anticipa il perfezionamento del reato e punisce a titolo di furto consumato il fatto di chi abbia esercitato un potere anche solo momentaneo sul bene. Chi invece distingue i due momenti considera responsabile di solo tentativo

il soggetto che abbia sottratto un bene senza tuttavia impossessarsene: il che avverrebbe solo nel momento in cui il ladro ottiene una **piena situazione di possesso sul bene sottratto**, sostituendo il proprio autonomo potere di fatto sulla *res* a quello del precedente detentore.

■ Quanto all'**elemento psicologico**, è oggetto del dolo la volontarietà della sottrazione e dell'impossessamento unita alla consapevolezza della altruità della cosa. Il soggetto deve inoltre agire col fine di conseguire un profitto (**dolo specifico**).

■ Quanto alla **procedibilità**, a seguito delle modifiche al terzo comma dell'articolo in oggetto, ad opera del d. lgs. 10 ottobre 2022, n. 150 (c.d. riforma **Cartabia**), si prevede oggi che *il delitto è punibile a querela della persona offesa. Si procede, tuttavia, d'ufficio se la persona offesa è incapace, per età o per infermità, ovvero se ricorre taluna delle circostanze di cui all'articolo 625, numeri 7, salvo che il fatto sia commesso su cose esposte alla pubblica fede, e 7-bis)*.

■ **Dopo** le modifiche introdotte nel corpo dell'art. 625 c.p. dalla l. n. 94/2009, il furto è **aggravato** nel caso di ricorrenza di una serie di circostanze, tra cui si segnalano due casi:
1) se il colpevole usa violenza sulle cose o si vale d'un qualsiasi mezzo fraudolento;
2) se il fatto è commesso con destrezza.

B) Furto in abitazione e furto con strappo (art. 624-*bis* c.p.).

La previsione dell'art. 624-*bis* c.p. costituisce la novità più rappresentativa introdotta dalla l. 128/2001, che ha elevato al rango di **autonome figure di reato** due ipotesi prima rientranti tra le aggravanti di cui all'art. 625 c.p. La riforma mostra l'intento del legislatore di approntare adeguata protezione, oltre che all'**interesse patrimoniale** leso dalla sottrazione del bene altrui, anche alla **sicurezza individuale**, intesa quale inviolabilità fisica e psichica della sfera personale del soggetto passivo.

■ La prima ipotesi tipizzata è quella del **furto in abitazione**. Si tratta di un **reato complesso** (composto da furto e violazione di domicilio) che prevede come modalità esecutiva **l'introduzione nella dimora altrui** (non anche il "trattenimento", menzionato dall'art. 614 e dal previgente art. 625 c.p.).

■ Il secondo comma dell'art. 624-*bis* codifica l'autonoma fattispecie del **furto con strappo**. La **violenza** cui la norma si riferisce è quella che si rivolge **alle sole cose** oggetto di sottrazione da parte dell'agente, risultando funzionale a sconfiggere la resistenza dei mezzi che avvincono la cosa alla persona. È questo il fondamentale criterio discretivo utilizzato dalla giurisprudenza per distinguere l'ipotesi in parola dalla **rapina**: si avrà furto quando la violenza è **direttamente rivolta verso la *res*** e solo **indirettamente verso la persona** che la porta indosso o in mano; ricorrerà, invece, la rapina ove la violenza fisica sia rivolta direttamente alla persona.

C) Furti minori (art. 626 c.p.).

L'art. 626 prevede **tre diverse fattispecie**, tutte riproduttive della condotta tipica del furto, ma caratterizzate dal **minore disvalore del fatto**, e pertanto puniti con la meno grave pena della reclusione fino a un anno o della multa fino a euro 206, salvo che ricorra una delle circostanze aggravanti speciali previste dall'art. 625, nn. 1, 2, 3 e 4. Discussa ne è la loro natura autonoma o circostanziale. Fino all'intervento del d. lgs. 10 ottobre 2022, n. 250 (riforma **Cartabia**), l'art. 626 prevedeva i soli casi di furto procedibili a **querela.** Tra le fattispecie previste dall'art. 626 c.p. si segnalano:

1) il c.d. **furto d'uso**, caratterizzato dallo scopo esclusivo di fare della cosa rubata un **uso momentaneo** e dalla **immediata restituzione della *res*** una volta usata: va peraltro segnalato che Corte Cost., 13 dicembre 1988, n. 1085, ha dichiarato l'illegittimità costituzionale della disposizione *«nella parte in cui non estende la disciplina ivi prevista alla mancata restituzione, dovuta a caso fortuito o a forza maggiore, della cosa sottratta»*;
2) il c.d. **furto lieve o per bisogno**, che presuppone l'integrazione di tutti gli estremi del furto, ma comporta un minor rigore sanzionatorio, a fronte del **tenue valore della cosa rubata** e della **finalità dell'azione**, compiuta per soddisfare un grave ed urgente bisogno.

A seguito del d. lgs. 10 ottobre 2022, n. 250 (riforma **Cartabia**), la generalità dei furti è procedibile a **querela**. In ogni caso, secondo il nuovo art. 624, comma 2, c.p. "*Si procede d'ufficio se la persona offesa è incapace, per età o per infermità, ovvero se ricorrono le circostanze di cui all'articolo 625, numeri 7, salvo che il fatto sia commesso su cose esposte alla pubblica fede, e 7-bis)*.".

3. Rapina (art. 628 c.p.)

La ***condotta tipizzata*** è costituita dalla stessa azione di sottrazione e impossessamento tipica del furto, cui si aggiunge l'elemento della violenza alla persona o della minaccia, strumentali all'aggressione del possesso. Da qui la *natura complessa* del reato, derivante dalla commistione fra i reati di **furto** e **minaccia/violenza privata**. I due commi dell'articolo in esame individuano due fattispecie differenti proprio a ragione del diverso atteggiarsi dell'estremo della violenza:

1) **rapina propria** (comma 1). In essa concorrono tutti gli elementi del furto, con l'aggiunta dell'estremo della violenza, fisica o psichica, alla persona, usata *per vincere l'opposizione del detentore e impossessarsi della cosa mobile*. L'**effetto** della violenza o della minaccia dev'essere quello di coartare in maniera pressoché assoluta la volontà della vittima. Se il soggetto ritiene d'avere un margine di autonomia decisionale e ciononostante si decide a liberarsi del possesso a favore dell'agente, si ricadrà nell'area operativa del diverso reato di estorsione (in cui la violenza, fra l'altro, può rivolgersi anche soltanto contro cose e/o beni immobili);
2) **rapina impropria** (comma 2). La figura è caratterizzata dalla circostanza che, in tal caso, la violenza e la minaccia sono temporalmente collocate in un momento successivo alla sottrazione e servono *per consolidare l'impossessamento o per procurare a sé o ad altri l'impunità*.

Il **momento consumativo**, nella prima ipotesi, coincide con il passaggio della res nell'esclusiva disponibilità del colpevole, seppur non in via definitiva; nella seconda, il momento consumativo coincide con l'uso della violenza o della minaccia.

Quanto alla possibilità di configurare il **tentativo**, esso è pacificamente **ammesso** nella rapina propria, allorché il reo abbia compiuto atti di violenza o di minaccia ma non sia riuscito a sottrarre la cosa, come anche nella rapina impropria, allorché il soggetto agente abbia sottratto la cosa altrui e subito dopo abbia tentato di percuotere la vittima del reato per assicurarsi il possesso del bene. A lungo dibattuta è stata, invece, la configurabilità del tentativo di rapina impropria, oggi ammesso dalla giurisprudenza.

■ Quanto all'**elemento psicologico**, nella rapina propria è richiesto il fine di procurare a sé o ad altri un ingiusto profitto (**dolo specifico**); nella rapina impropria, invece, il dolo è **doppiamente specifico** perché è integrato dal dolo del furto, implicitamente richiamato, e dall'ulteriore coscienza e volontà di usare la violenza o minaccia al fine di assicurare a sé o ad altri il possesso o di procurare a sé o ad altri l'impunità.

■ Il terzo comma dell'art. 628 c.p. prevede una nutrita serie di **circostanze aggravanti speciali** (applicabili anche all'estorsione, ex art. 629, co. 2 c.p.), ricorrenti allorché il fatto sia commesso: - ad opera di persona travisata, o di più persone riunite; - ponendo taluno in stato d'incapacità di volere o di agire; - ad opera di un affiliato a sodalizio mafioso; - in luoghi di privata dimora o tali da ostacolare la privata difesa; - all'interno di mezzi di pubblico traporto; - nei confronti di chi sia nell'atto di prelevare denaro da istituti di credito o simili, ovvero abbia appena fruito di essi; - nei confronti di persona ultrasessantacinquenne.

4. Estorsione (art. 629 c.p.)

È il reato di chi *mediante violenza o minaccia, costringendo taluno a fare o ad omettere qualche cosa, procura a sé o ad altri un ingiusto profitto con altrui danno.*

■ Il legislatore incrimina la **condotta** di chi, mediante **violenza o minaccia**, coarti la volontà della vittima costringendola a tenere determinati comportamenti, attivi od omissivi, forieri di un duplice effetto:

a) un **ingiusto vantaggio** per l'autore;
b) un **danno** per la vittima.

Nonostante la fattispecie possa apparire incentrata sulla relazione causale, la norma tipizza un reato a forma vincolata, indicando con precisione le modalità con cui l'offesa dev'essere realizzata e la sequenza in cui lo stesso rapporto eziologico deve snodarsi.

■ La **coazione psicologica** si risolve nella compressione della libertà di autodeterminazione suscitata dalla paura del male minacciato. La coartazione si pone come **evento intermedio** (in virtù dello stretto nesso causale di cui si è parlato) tra la condotta e l'atto di disposizione patrimoniale (*"costringendo taluno a fare od omettere qualche cosa"*). Il legislatore ha utilizzato volutamente termini molto generici al fine di coprire un amplissimo novero di comportamenti. Potranno rientrarvi, pertanto, tanto atti positivi come il *dare* o il *facere* in senso stretto, quanto atti negativi di *non facere*, e anche mere tolleranze.

■ L'atto di disposizione deve in ogni caso procurare all'agente o ad altri un **ingiusto profitto** (anche non patrimoniale, secondo l'opinione dominante) con altrui **danno** (con connotazione invece esclusivamente patrimoniale). I due eventi non sono legati da un rapporto di implicazione necessari: si tratta infatti di requisiti dotati di propria **autonomia**, l'uno dei quali può esistere indipendentemente dall'altro, ma la cui compresenza è indispensabile per aversi l'illecito.

■ Se il doppio evento finale del reato sta nella realizzazione di un ingiusto profitto (per l'agente o per un terzo) e in un danno patrimoniale (per la vittima), è la realizzazione dei medesimi a segnare il **momento consumativo** del reato, ovviamente con riferimento all'ultimo dei due eventi che s'è verificato, ove non simultanei. Il **tentativo** è ipotizzabile tanto se l'azione criminosa sia rimasta interrotta per cause indipendenti dalla volontà dell'agente, quanto se, esaurita l'azione, il danno non si sia verificato.

■ Non è pacifica la qualificazione giuridica dell'**elemento soggettivo** del reato. L'opinione tradizionale riteneva l'estorsione un reato a **dolo specifico**, pretendendo anche il perseguimento dello scopo di perseguire un profitto ingiusto con altrui danno. L'orientamento più recente e attualmente maggioritario opta, invece, per la tesi del solo **dolo generico,** sul rilievo secondo cui il conseguimento del profitto con altrui danno non sta fuori dal fatto di reato, ma ne costituisce addirittura l'evento.

■ All'estorsione si applicano le *circostanze speciali* previste per la rapina (art. 629, co. 2).

5. Sequestro di persona a scopo di estorsione (art. 630 c.p.)

È il reato di chi *sequestra una persona allo scopo di conseguire, per sé o per altri, un ingiusto profitto come prezzo della liberazione*.

Il legislatore non pretende il conseguimento del profitto ai fini della consumazione, pertanto, il tentativo risulta configurabile tutte le volte in cui la privazione della libertà personale non riesca a consolidarsi per l'intervento di fattori esterni. La norma richiede il **dolo specifico**, ovvero la volontà di conseguire un ingiusto profitto come prezzo per la liberazione.

Il comma 2 disciplina un evento aggravatore del reato, qualora dal sequestro derivi la **morte del soggetto passivo**, non voluta dal reo, mentre il co. 3 disciplina una forma di reato complesso tra sequestro a scopo di estorsione ed omicidio, comminando la pena dell'ergastolo.

Il comma 4 prevede una riduzione di pena qualora uno dei concorrenti si **dissoci** e si adoperi al fine di far conseguire la libertà all'ostaggio. Trattasi di ipotesi differente dalla mera desistenza volontaria di cui all'art. 56 c.p., dato che il reato è già stato consumato.

La dissociazione non implica la spontaneità del comportamento, ma solamente la volontarietà.

6. Invasione di terreni o edifici con pericolo per la salute pubblica o l'incolumità pubblica (art. 633-*bis* c.p.)

Il d.l. 31 ottobre 2022, n. 162, conv. con modificazioni in l. 30 dicembre 2022, n. 199, ha inserito nel codice penale il nuovo articolo 633-*bis* che punisce l'invasione di terreni o edifici con pericolo per la salute pubblica o l'incolumità pubblica.

Il nuovo reato punisce, con la reclusione da tre a sei anni e con la multa da 1.000 a 10.000 euro (resta confermato quindi l'originario impianto sanzionatorio), chiunque organizza o promuove l'invasione arbitraria di terreni o edifici altrui, pubblici o privati, al fine di realizzare un **raduno musicale** o avente altro scopo di intrattenimento, quando dall'invasione deriva un *concreto pericolo per la salute pubblica o per l'incolumità pubblica* a causa della inosservanza delle norme in materia di sostanze stupefacenti ovvero in materia di sicurezza o di igiene degli spettacoli e delle manifestazioni pubbliche di intrattenimento, anche in ragione del numero dei partecipanti ovvero dello stato dei luoghi.
Al fine di meglio tipizzare le modalità di offesa ai beni giuridici dell'incolumità e della salute pubblica la norma fa riferimento alla violazione delle norme in materia di sostanze stupefacenti ovvero in materia di sicurezza o di igiene degli spettacoli e delle manifestazioni pubbliche di intrattenimento, anche in ragione dello stato dei luoghi e del numero di partecipanti.
È costituito dal **dolo specifico**, dovendo l'autore della condotta agire *"al fine di realizzare un raduno musicale o avente altro scopo di intrattenimento"*.

7. I delitti di danneggiamento

Il legislatore, agli artt. 635 e ss., ha tipizzato una serie di reati, di frequente verificazione, incentrati sulla particolare forma di aggressione con cui il soggetto attivo unilateralmente lede il patrimonio altrui.

A) Danneggiamento comune.

■ La figura più generale è quella prevista dall'art. 635 c.p. (nota altresì come *danneggiamento "comune"*), la quale può avere ad oggetto tanto le **cose mobili** quanto quelle **immobili**.
Il d.lgs.15 gennaio 2016, n. 7, recante disposizioni in materia di abrogazione di reati e introduzione di illeciti con sanzioni pecuniarie civili a norma dell'articolo 2, comma 3, della legge 28 aprile 2014, n. 67 ha modificato l'art. 635 c.p., sancendo l'irrilevanza penale del mero danneggiamento (disciplinato dall'originario primo comma della disposizione, ora punito con la sola sanzione pecuniaria civile). Si sono, invece, tenute ferme le ulteriori ipotesi penali di danneggiamento *ex* art. 635 c.p.
A seguito del d. lgs. 10 ottobre 2022, n. 150 (riforma **Cartabia**), nei casi previsti dal primo comma dell'art. 635 *"il delitto è punibile a querela della persona offesa. Si procede tuttavia d'ufficio se il fatto è commesso in occasione del delitto previsto dall'articolo 331 ovvero se la persona offesa è incapace, per età o per infermità."*.

■ Ad essere incriminata non è più la mera condotta di chi **distrugge, disperde, deteriora, o rende, in tutto o in parte, inservibili** cose mobili o immobili altrui.
Dopo la novella del 2016 è necessario, infatti, che una delle suddette condotte sia commessa:
- *con violenza alla persona o con minaccia ovvero in occasione del compimento del delitto previsto dall'articolo 331;*
- *su edifici pubblici o destinati a uso pubblico o all'esercizio di un culto o immobili compresi nel perimetro dei centri storici, ovvero immobili i cui lavori di costruzione, di ristrutturazione, di recupero o di risanamento sono in corso o risultano ultimati o altre delle cose indicate nel numero 7) dell'articolo 625 (numero così modificato dall'art. 5, comma 1, l. 9 marzo 2022, n. 22);*
- *su edifici pubblici o destinati a uso pubblico o all'esercizio di un culto o su cose di interesse storico o artistico ovunque siano ubicate, o su immobili compresi nel perimetro dei centri storici, ovvero su immobili i cui lavori di costruzione, di ristrutturazione, di recupero o di risanamento sono in corso o risultano ultimati, o, ancora, su altre delle cose indicate nel numero 7) dell'articolo 625;*
- *su opere destinate all'irrigazione;*
- *su piantate di viti, di alberi o arbusti fruttiferi, o boschi, selve o foreste, ovvero vivai forestali destinati al rimboschimento;*

- *su attrezzature e impianti sportivi al fine di impedire o interrompere lo svolgimento di manifestazioni sportive;*
- *in occasione di manifestazioni che si svolgono in luogo pubblico o aperto al pubblico.*

L'**elemento psicologico** del reato è, secondo la ricostruzione oggi prevalente, il **dolo generico**.

B) Altri delitti di danneggiamento.

■ Gli ***altri delitti di danneggiamento*** sono stati introdotti dalla l. 48/2008 e sono specificamente posti a protezione dei beni *lato sensu* **informatici**. Essi sono:
- *Danneggiamento di informazioni, dati e programmi informatici* (art. 635-*bis* c.p.);
- *Danneggiamento di informazioni, dati e programmi informatici, utilizzati dallo Stato o da altro ente pubblico o comunque di pubblica utilità* (art. 635-*ter* c.p.);
- *Danneggiamento di sistemi informatici o telematici* (art. 635-*quater* c.p.);
- *Danneggiamento di sistemi informatici o telematici di pubblica utilità* (art. 635-*quinquies* c.p.).

8. Truffa (artt. 640 c.p.)

L'**elemento materiale** è descritto dal legislatore in maniera dettagliata, cosicché il reato può essere ricompreso tra le c.d. fattispecie **a forma vincolata**. Ad essere incriminata, infatti, è la condotta di *chi, ricorrendo ad **artifici e raggiri**, induce taluno **in errore**, determinandolo al compimento di un atto di disposizione patrimoniale foriero di un profitto ingiusto per il truffatore e di un danno patrimoniale per la vittima*. La condotta incriminata si snoda, dunque, in una complessa **serie causale** il cui nucleo centrale è costituito dagli artifici e raggiri utilizzati per produrre l'induzione in errore.

■ Per **artifizio**, s'intende la simulazione o dissimulazione della realtà esterna, atta ad indurre in errore una persona per effetto della percezione di una falsa apparenza. In altri termini, è artifizio ogni comportamento idoneo a far apparire ciò che non esiste, o a nascondere ciò che esiste.

■ Per **raggiro** si intende ogni attività simulatrice sostenuta da parole o argomentazioni atte a far scambiare il falso col vero; opera direttamente sulla psiche del soggetto.

■ Gli artifici e raggiri devono essere idonei a indurre la vittima in errore. L'**idoneità** sarà valutata **in concreto**, con riguardo alla situazione in cui è avvenuto il fatto ed alle modalità esecutive dello stesso, senza che l'esistenza di preventivi controlli né la valutazione della diligenza impiegata dalla persona ingannata possa escluderla, ove sussistano l'errore della persona offesa e il nesso causale fra esso e l'artificio o il raggiro utilizzato.

■ Per **errore** è da intendersi la falsa e distorta rappresentazione della realtà, capace d'incidere nel processo di formazione della volontà. Dall'errore va tenuto separato lo stato di **ignoranza**: il primo, infatti, è un dato psichico, cosciente ed effettivo, mentre il secondo consiste nell'assenza di qualsivoglia presa di posizione dell'agente rispetto a questo o quel dato della realtà.

■ Requisito implicito ma indefettibile della fattispecie in esame è l'**atto di disposizione patrimoniale** ad opera del soggetto passivo (o di un soggetto che ne abbia la rappresentanza negoziale o legale. L'**oggetto** della disposizione può avere natura varia: beni mobili, immobili, prestazioni d'opera, di servizio o di ospitalità. Parimenti variegato è il possibile **contenuto**: attributivo, abdicativo, estintivo, obbligatorio, meramente esecutivo.

Normalmente l'atto acquista la forma del contratto (c.d. **truffa contrattuale**): in tal caso gli artifici o raggiri intervengono nella formazione della volontà contrattuale, in modo da indurre la controparte alla prestazione del consenso. La giurisprudenza dominante ritiene che la truffa sia configurabile anche laddove il dolo incida nella fase esecutiva del negozio, di guisa che gli artifici o raggiri siano produttivi dell'ingiusto profitto e del contestuale danno.

■ **Eventi** naturalistici finali della truffa sono il **danno** (per il soggetto ingannato che ha effettuato la disposizione patrimoniale) ed il **profitto ingiusto** (ottenuto dall'autore della frode).

■ La truffa è incriminata a titolo di **dolo generico**, con irrilevanza degli scopi perseguiti.

■ La **consumazione** si realizza con la compiuta integrazione di tutti gli elementi della fattispecie tipica, e quindi, al verificarsi del danno e del profitto ingiusto, se cadono insieme, altrimenti al verificarsi dell'ultimo dei due eventi.

■ Sono previste **aggravanti speciali** di **natura oggettiva**, a prescindere da qualsiasi giudizio di equivalenza o subvalenza rispetto ad eventuali altre attenuanti. Tra queste, si segnala la commissione del fatto ai danni dello Stato o di altro ente pubblico.
Un'ulteriore circostanza aggravante è prevista dall'art. **640-*bis*** c.p. (truffa aggravata per il conseguimento di erogazioni pubbliche).
■ Fino all'emanazione del d.lgs. 10 aprile 2018, n. 36, la truffa era **procedibile a querela di parte**, salva l'iniziativa officiosa laddove fosse integrata una qualsiasi circostanza aggravante. Oggi, la procedibilità **d'ufficio** è stata limitata ai casi in cui ricorrano le circostanze previste dal comma 2 dello stesso art. 640 c.p. Intervenendo ad ampliare l'ambito applicativo del regime di procedibilità a querela, il d. lgs. 10 ottobre 2022, n. 150 (c.d. **Cartabia**), lo ha esteso anche ai casi in cui ricorra la circostanza aggravante prevista dall'articolo 61, primo comma, numero 7.

9. Truffa aggravata per il conseguimento di erogazioni pubbliche (art. 640-*bis* c.p.)

L'art. 640-*bis* c.p., dispone che *la pena è della reclusione da due a sette anni e si procede d'ufficio se il fatto di cui all'articolo 640 riguarda contributi, sovvenzioni, finanziamenti, mutui agevolati ovvero altre erogazioni dello stesso tipo, comunque denominate, concessi o erogati da parte dello Stato, di altri enti pubblici o delle Comunità europee.*

10. Frode informatica (art. 640-*ter* c.p.)

È il reato di chi *alterando in qualsiasi modo il funzionamento di un sistema informatico o telematico o intervenendo senza diritto con qualsiasi modalità su dati, informazioni o programmi contenuti in un sistema informatico o telematico o ad esso pertinenti, procura a sé o ad altri un ingiusto profitto con altrui danno.*
I commi 2 e ss. prevedono un aggravamento di pena: *se ricorre una delle circostanze previste dal numero 1) del secondo comma dell'articolo 640, ovvero se il fatto produce un trasferimento di denaro, di valore monetario o di valuta virtuale o è commesso con abuso della qualità di operatore del sistema*; se il fatto è commesso con furto o indebito utilizzo dell'identità digitale in danno di uno o più soggetti.

11. Usura (art. 644 c.p.)

L'usura costituisce un'ipotesi di **reato-contratto**, per la cui configurabilità non ha importanza chi prenda l'iniziativa (usurario o vittima), essendo necessario che vi sia uno **scambio di tipo sinallagmatico**, cioè un negozio a prestazioni corrispettive. Spesso si tratta di contratti di mutuo, ma può prendere anche la forma di altri accordi, quali una locazione o una compravendita (rateale o con patto di riscatto).
■ La l. 108/1996, che ha introdotto il testo normativo dell'art. 644 c.p. attualmente in vigore, prevede sotto un unico nome **tre diverse figure** di usura.
a) L'**usura presunta** (primo comma) è integrata dal mero farsi dare o promettere interessi o altri vantaggi usurari in corrispettivo di una prestazione di denaro o di altra utilità. Dall'uso dell'espressione "altra utilità" si ricava la configurabilità tanto dell'**usura pecuniaria**, che si concretizza con la dazione del denaro da parte del soggetto attivo, tanto dell'**usura reale**, che si materializza nella prestazione di un servizio o di una attività professionale.
Il riferimento agli "**interessi**" sta ad intendere il prezzo versato per la prestazione ricevuta, laddove i **vantaggi** indicano ogni altro tipo di compenso pagato allo stesso scopo (quest'ultimo può non avere carattere patrimoniale ma deve essere economicamente valutabile).
È l'oggettivo **superamento di una certa soglia** che determina la rilevanza penale del fatto; la legge stabilisce il limite oltre il quale gli interessi sono sempre usurari (tipica **norma penale in bianco**). Il

tasso usurario legale si determina aumentando di un quarto il tasso medio del tipo di operazione presa in considerazione (secondo quanto previsto dall'art. 2 della l. 108/1996, come modificato da d.l. 70/2011): in particolare, si rinvia ad un decreto del Ministro dell'Economia e delle Finanze sulla base di rilevazioni trimestrali del tasso effettivo globale medio, comprensivo di commissioni, remunerazioni a qualsiasi titolo e spese, escluse quelle per imposte e tasse, riferito all'anno, degli interessi praticati dagli istituti bancari e dagli intermediari finanziari iscritti in apposito albo, nel corso del trimestre precedente per operazioni della stessa natura.

b) L'**usura concreta** (terzo comma) ricorre quando gli interessi, i vantaggi o i compensi, pur inferiori al limite di legge, risultino per le concrete modalità del fatto o in considerazione del tasso medio praticato per operazioni similari, **comunque sproporzionati** rispetto alla prestazione di denaro o dell'altra utilità.

A ciò deve necessariamente aggiungersi la **condizione di difficoltà economica o finanziaria** in cui deve trovarsi il soggetto che ha dato o promesso gli interessi. Tale difficoltà deve esistere obiettivamente e non nella sola rappresentazione soggettiva della persona offesa. La difficoltà finanziaria viene comunemente intesa come mancanza, anche momentanea, di liquidità, pur a fronte di una condizione economica nel complesso sana; mentre quella economica consiste in una carenza di risorse e di beni in uno stato di dissesto complessivo; la condizione di difficoltà non deve coincidere con lo **stato di bisogno** (che attualmente configura una circostanza aggravante), rispetto al quale essa costituisce un "*minus*".

c) La **mediazione usuraria** (secondo comma) consiste infine nel prestare **un'attività di intermediazione** da remunerare con interessi usurari.

■ L'usura configura un reato a **consumazione prolungata** per cui il reato è effettivamente perfetto e consumato già al momento della promessa, ma le successive dazioni di denaro, non costituendo post-fatti penalmente irrilevanti, spostano in avanti la consumazione del reato, con vari effetti, quali il decorso posticipato del termine di prescrizione del reato o il possibile sub-ingresso di concorrenti nel reato *ex* art. 110 c.p.

■ L'**elemento psicologico** richiesto è il **dolo generico**.

■ È posto un limite al **concorso di reati**, prevedendo una **clausola di riserva** rispetto al reato di circonvenzione di incapace di cui all'art. 643 c.p.

Il comma 5 dell'art. 644 c.p. prevede cinque **circostanze aggravanti ad effetto speciale** (tra le quali si segnala la commissione del fatto da parte di chi esercita attività professionale, bancaria o di intermediazione finanziaria mobiliare).

12. Appropriazione indebita (art. 646 c.p.)

È il reato di chi, *per procurare a sé o ad altri un ingiusto profitto, si appropria il denaro o la cosa mobile altrui di cui abbia, a qualsiasi titolo, il possesso.*

■ Il ***presupposto della condotta*** è il **possesso** della cosa di cui ci si appropria, la cui nozione è accolta in sede penale nella sua accezione lata: è possessore **chiunque esercita un autonomo potere di fatto sulla cosa, incluso chi ne abbia la sola detenzione**, purché esplicantesi al di fuori della diretta vigilanza di chi abbia la proprietà della cosa un potere giuridico maggiore; esso può essere fondato **su qualunque titolo**, purché **derivativo** e **non penalmente illecito**.

■ La **condotta punita** consiste nell'**appropriazione**, tradizionalmente intesa quale **interversione del possesso**, secondo lo schema tracciato dagli artt. 1141 e 1164 c.c.: in altri termini, compie un'appropriazione colui che, possedendo inizialmente per conto di altri, comincia a **possedere per conto proprio animo domini**. Si richiede, nello specifico, la sussistenza di due diversi profili dell'elemento oggettivo: uno negativo e per così dire "espropriativo", consistente nella definitiva **esclusione del proprietario**, ed uno positivo, "impropriativo", consistente nella creazione di un **nuovo rapporto di fatto con l'oggetto materiale** dell'azione. La giurisprudenza nega che l'omessa restituzione della cosa integri il reato, ove essa si ricolleghi, in base a concludenti circostanze di fatto, ad un **atto di disposizione *uti dominus*** e, soggettivamente, all'intenzione di convertire il possesso in proprietà per procurare a sé o ad altri un ingiusto profitto.

■ **Oggetto materiale** dell'azione è il **denaro** o la **cosa mobile altrui**.
■ Il **dolo** richiesto è **specifico**: consiste nella rappresentazione e volizione del fatto appropriativo, accompagnata dall'ulteriore fine di procurare a sé o ad altri un **ingiusto profitto**. L'elemento soggettivo non è integrato se vi è la coeva volontà di restituire la cosa, unita alla consapevolezza della possibilità della restituzione, o se si versa in errore sull'elemento normativo dell'altruità della cosa.
■ Il reato **si consuma** nel momento e nel luogo in cui si è realizzato l'atto appropriativo. Si discute sull'unisussistenza del reato, da cui deriva anche la possibilità di configurare il **tentativo**. Chi opina in senso negativo sottolinea che la condotta esteriore ha unicamente la funzione di manifestare il mutato atteggiamento del soggetto nei confronti della cosa, cioè la sopravvenuta volontà di dominio. Sono di contrario avviso altri autori, i quali ammettono il tentativo, osservando che spesso la condotta di appropriazione si scompone in **più atti**, specie ove la stessa si compia attraverso il consumo o l'alienazione della *res*.

L'art. 646 comma 2 prevede come **aggravante speciale** l'aver commesso il fatto *"su cose possedute a titolo di deposito necessario"*.
■ A seguito dell'emanazione del d.lgs. 10 aprile 2018, n. 36 (recante "disposizioni di modifica della disciplina del regime di procedibilità per taluni reati in attuazione della delega di cui all'articolo 1, commi 16, lettere a) e b), e 17, della l. 23 giugno 2017, n. 103"), il delitto è sempre procedibile a querela di parte, mentre in precedenza si procedeva d'ufficio ove ricorressero le aggravanti previste dal comma 2 e dall'art. 61, n. 11, c.p. Inoltre, ai sensi dell'art. 649-*bis* c.p. (introdotto dal medesimo d. lgs. 10 aprile 2018, n. 36) così come modificato dalla l. 9 gennaio 2019, n. 3 e dal d. lgs. 10 ottobre 2022, n. 150 (riforma **Cartabia**), *"per i fatti di cui all'articolo 646, secondo comma, o aggravati dalle circostanze di cui all'articolo 61, primo comma, numero 11, si procede d'ufficio qualora ricorrano circostanze aggravanti ad effetto speciale diverse dalla recidiva ovvero se la persona offesa è incapace per età o per infermità."*.

13. Ricettazione (art. 648 c.p.)

È il reato di chi, *fuori dei casi di concorso nel reato, al fine di procurare a sé o ad altri un profitto, acquista, riceve od occulta denaro o cose provenienti da un qualsiasi delitto, o comunque si intromette nel farle acquistare, ricevere od occultare*.
Storicamente, **presupposto del reato** de *quo* è che il denaro o la cosa oggetto della condotta siano di **provenienza delittuosa**. Qualunque delitto, colposo o doloso (anche tentato), può costituire la base della ricettazione (sono escluse le contravvenzioni, gli illeciti civili ed amministrativi).
Quanto al significato da attribuire alla **'provenienza delittuosa'**, la prevalente giurisprudenza ne accoglie una nozione lata, ascrivendovi non solo i proventi ma anche tutto quanto è servito per commettere il delitto presupposto, considerando sufficiente persino una provenienza mediata.
Nondimeno, il d. lgs. 8 novembre 2021, n. 195 ha modificato l'art. 648 c.p. estendendo la ricettazione anche alle cose provenienti da reato colposo e da **contravvenzione** (prevedendo in quest'ultimo caso una pena attenuata, **co. 2**).
Secondo l'opinione largamente dominante, non è necessario che il delitto presupposto sia già stato accertato con sentenza definitiva, potendo la sua esistenza essere accertata incidentalmente nel processo per ricettazione. Nonostante il *rapporto di accessorietà* tra ricettazione e reato presupposto, per esplicita previsione normativa contenuta nell'ultimo comma dell'art. 648 c.p., le cause personali di non punibilità del delitto presupposto non escludono il delitto di ricettazione.
Il delitto può essere commesso da chiunque (***reato comune***), ad eccezione dell'autore o del compartecipe del reato presupposto, come si evince dalla clausola di riserva dell'art. 648 (*"fuori dai casi di concorso nel reato"*). Ad esempio, laddove tra l'autore e il c.d. "ricettatore" sia intervenuta un'intesa precedente alla commissione del delitto presupposto, che abbia determinato o rafforzato l'altrui proposito criminoso, si avrà una ipotesi di **concorso** nel reato-base, e non di ricettazione. Sotto altro profilo, qualora l'utilizzazione, il godimento o l'occultamento delle cose provenienti dal delitto si

riconduca **agli stessi autori del reato**, ciò deve essere considerato un *post factum* non punibile, posto che il legislatore, nel prevedere la pena per il reato base, ha considerato come naturale sviluppo della condotta criminosa l'attività volta al definitivo impossessamento.
La **condotta** consiste nell'acquisto, ricezione o occultamento delle cose di provenienza illecita ovvero mediazione nel farle acquistare, ricevere od occultare da altri. Si tratta dunque di un delitto a condotta vincolata, essendo le quattro forme alternative di condotta tipica dettagliatamente descritte dalla norma.

■ Il denaro o le cose rappresentano l'**oggetto materiale** della condotta.

■ Quanto al **momento consumativo**, si ritiene generalmente che la ricettazione sia un *reato istantaneo con effetti permanenti*, che dunque si consuma quando è realizzata una delle condotte previste dal primo comma dell'art. 648 c.p. Non manca però una corrente minoritaria secondo la quale il delitto si perfeziona quando l'autore consegue il possesso della cosa.

■ L'**elemento psicologico** consiste nella volontarietà del fatto di acquistare, ricevere, occultare la cosa o intromettersi in tali azioni, nella consapevolezza della provenienza illecita del denaro o delle cose. L'errore di fatto sulla provenienza delittuosa della cosa esclude il reato. Per la giurisprudenza, non rileva l'errore sulla disposizione che qualifica il fatto come reato presupposto, né l'erroneo convincimento della sussistenza di cause di improcedibilità riferite ad esso. Il dolo richiesto è quello **specifico** *"di procurare a sé o ad altri un profitto"*. È pacifico che tra gli 'altri' cui è finalizzato il profitto non possa essere ricompreso l'autore del reato (versandosi altrimenti, eventualmente, in un'ipotesi di favoreggiamento reale). Il profitto può essere costituito da qualsiasi utilità, anche non patrimoniale.

■ È prevista una **circostanza attenuante speciale** allorché il fatto sia **di particolare tenuità**: si tratta di un concetto avente una latitudine più ampia rispetto a quello di "danno patrimoniale di speciale tenuità", previsto all'art. 62 n. 4 c.p.

■ Una **circostanza aggravante**, prevista oggi dal primo comma, ultimo periodo, del citato art. 648, è stata introdotta dall'art. 8, **d.l. n. 93/2013 conv. con modif. in l. n. 119/2013**: la pena è aumentata se la ricettazione riguardi cose provenienti dal furto aggravato ai sensi del n. 7-*bis* dell'art. 625 c.p.; la nuova aggravante è estesa anche alla ricettazione di denaro e cose provenienti dai delitti di rapina aggravata ed estorsione aggravata.

■ Il trattamento sanzionatorio è stato da ultimo revisionato dal d.lgs. 8 novembre 2021, n. 195.

14. Riciclaggio (art. 648-*bis* c.p.)

È il reato di chi, *fuori dei casi di concorso nel reato, chiunque sostituisce o trasferisce denaro, beni o altre utilità provenienti da delitto; ovvero compie in relazione ad essi altre operazioni, in modo da ostacolare l'identificazione della loro provenienza delittuosa.*
Il d.lgs. 8 novembre 2021, n. 195 ha modificato l'art. 648-*bis* c.p. estendendo il riciclaggio anche alle cose provenienti da reato colposo e da **contravvenzione** (prevedendo in quest'ultimo caso una pena attenuata).

■ Al pari della ricettazione, a seguito del d. lgs. 8 novembre 2021, n. 195 il presupposto del reato è che il denaro i beni e le altre utilità provengano non solo da un delitto non colposo, ma anche da un delitto colposo o da una contravvenzione.

■ La **condotta tipica** del reato è descritta secondo **tre modelli fattuali**:
- **sostituzione**: espressione che si riferisce a tutte le attività dirette alla 'ripulitura' del prodotto criminoso, cancellando ogni possibile collegamento con il reato. Essa può essere realizzata nei modi più diversi (ad esempio, mediante il cambio di denaro contante con altre banconote);
- **trasferimento**, posto in essere mediante tutte le condotte che implicano uno spostamento dei valori di provenienza delittuosa da un soggetto ad un altro (o da un luogo all'altro) in modo da far perdere le tracce della titolarità, della provenienza e della effettiva destinazione. Lo spostamento dei proventi del delitto in un altro patrimonio deve avvenire nell'identica composizione quantitativa e qualitativa (altrimenti vi sarebbe sostituzione);

- **altre operazioni per ostacolare l'identificazione della provenienza delittuosa**, quale formula di chiusura che consente di sanzionare le tecniche nuove, sempre più raffinate, che la criminalità riesce ad escogitare per ripulire i capitali illeciti. La maggioranza della dottrina, sostenuta dalla giurisprudenza più recente, ritiene che attraverso tale previsione il riciclaggio sia divenuto un reato a forma libera, posto che il termine 'operazioni' è del tutto generico (*Cass. pen., 1470/2007*).

Quanto all'inciso "in modo da ostacolare l'identificazione", in dottrina si concorda nell'affermare che esso costituisca l'offesa tipica della fattispecie, rappresentando il denominatore caratterizzante le tre ipotesi di condotta, la dissimulazione dell'origine del denaro, dei beni o delle altre utilità (reato di pericolo concreto).

■ L'**oggetto materiale** del reato è costituito da denaro, beni o altre utilità (non solo valori, dunque, ma qualsivoglia elemento suscettibile di sfruttamento economico che sia proveniente da qualunque reato doloso).

■ Il riciclaggio è un **reato istantaneo** che ***si consuma*** con l'azione della sostituzione, del trasferimento o dell'operazione che ostacola l'identificazione. Il ***tentativo*** è configurabile.

■ Il **dolo** è **generico**.

■ Il terzo comma dell'art. 648-*bis* prevede l'**aumento della sanzione** per chi abbia commesso il fatto criminoso nell'esercizio di un'attività professionale (*aggravante speciale di natura soggettiva*). È invece prevista un'*attenuante* qualora il denaro, i beni o le altre utilità provengano da delitto per il quale è stabilita la pena della reclusione inferiore nel massimo a cinque anni.

15. Impiego di denaro, beni o utilità di provenienza illecita (art. 648-*ter* c.p.)

Art. 648-*ter* c.p., Impiego di denaro, beni o utilità di provenienza illecita: Chiunque, fuori dei casi di concorso nel reato e dei casi previsti dagli articoli 648 e 648-bis, impiega in attività economiche o finanziarie denaro, beni o altre utilità provenienti da delitto, è punito con la reclusione da quattro a dodici anni e con la multa da euro 5.000 a euro 25.000.
La pena è della reclusione da due a sei anni e della multa da euro 2.500 a euro 12.500 quando il fatto riguarda denaro o cose provenienti da contravvenzione punita con l'arresto superiore nel massimo a un anno o nel minimo a sei mesi.
La pena è aumentata quando il fatto è commesso nell'esercizio di un'attività professionale.
La pena è diminuita nell'ipotesi di cui al quarto comma dell'articolo 648.
Si applica l'ultimo comma dell'articolo 648.

16. Autoriciclaggio (art. 648-*ter.1* c.p.)

La l. 15 dicembre 2014, n. 186 ha introdotto nel codice penale l'art. 648-*ter*.1, successivamente modificato dal d.lgs. 8 novembre 2021, n. 195. Rubricata "**autoriciclaggio**", la disposizione è orientata a sanzionare "*chiunque, avendo commesso o concorso a commettere un delitto, impiega, sostituisce, trasferisce, in attività economiche, finanziarie, imprenditoriali o speculative, il denaro, i beni o le altre utilità provenienti dalla commissione di tale delitto, in modo da ostacolare concretamente l'identificazione della loro provenienza delittuosa*", fermo che ai sensi del comma 4 "*non sono punibili le condotte per cui il denaro, i beni o le altre utilità vengono destinate alla mera utilizzazione o al godimento personale.*".
Come per gli artt. 648 e 648-*bis*, il d. lgs. 8 novembre 2021, n. 195 ha esteso l'autoriciclaggio anche alle condotte insistenti su cose provenienti da reato colposo e da contravvenzione (prevedendo in quest'ultimo caso una pena attenuata).
In ogni caso, l'introduzione della diposizione nel 2014 ha determinato il venir meno del c.d. "privilegio dell'autoriciclaggio", insito alla clausola di riserva apposta in apertura dell'art. 648-*bis* c.p., orientata

ad escludere la responsabilità per riciclaggio in capo all'autore del reato-presupposto, rispetto al quale l'impiego del profitto conseguito si atteggerebbe a *post factum* non punibile.
L'emanazione della figura delittuosa in esame muove dalla constatazione della marcata lesività insita all'immissione di ingenti somme di denaro nell'economia legale, con effetti marcatamente distorsivi della concorrenza: ragion per cui l'incriminazione è circoscritta all'impiego dei proventi delittuosi in attività economiche, con esclusione del godimento personale.
■ Il dolo è **generico**.
■ L'art. 648-*ter*.1 prevede una pluralità di circostanze speciali:

a) una circostanza attenuante ad effetto speciale "quando il fatto riguarda denaro o cose provenienti da contravvenzione punita con l'arresto superiore nel massimo a un anno o nel minimo a sei mesi";

b) una circostanza attenuante ad effetto comune, "se il denaro, i beni o le altre utilità provengono dalla commissione di un delitto punito con la reclusione inferiore nel massimo a cinque anni", a meno che il delitto in parola sia aggravato *ex* art. 416-*bis*.1 c.p.: evenienza che giustifica l'applicazione della più severa pena prevista dal primo comma;

c) una circostanza aggravante ad effetto comune, quando i fatti sono commessi nell'esercizio di un'attività bancaria o finanziaria o di altra attività professionale;

d) una circostanza attenuante ad effetto speciale (comportante una diminuzione fino alla metà) ove l'autore si sia efficacemente adoperato per evitare che le condotte siano portate a conseguenze ulteriori o per assicurare le prove del reato e l'individuazione dei beni, del denaro e delle altre utilità provenienti dal delitto.

17. Ipotesi di confisca obbligatoria (art. 648-*quater* c.p.)

L'art. 648-*quater* c.p., dispone che: *nel caso di condanna o di applicazione della pena su richiesta delle parti, a norma dell'articolo 444 del codice di procedura penale, per uno dei delitti previsti dagli articoli 648-bis, 648-ter e 648-ter.1, è sempre ordinata la confisca dei beni che ne costituiscono il prodotto o il profitto, salvo che appartengano a persone estranee al reato.*
Nel caso in cui non sia possibile procedere alla confisca di cui al primo comma, il giudice ordina la confisca delle somme di denaro, dei beni o delle altre utilità delle quali il reo ha la disponibilità, anche per interposta persona, per un valore equivalente al prodotto, profitto o prezzo del reato.
In relazione ai reati di cui agli articoli 648-bis, 648-ter e 648-ter.1, il pubblico ministero può compiere, nel termine e ai fini di cui all'articolo 430 del codice di procedura penale, ogni attività di indagine che si renda necessaria circa i beni, il denaro o le altre utilità da sottoporre a confisca a norma dei commi precedenti (art. 648-quater c.p.).

Capitolo 12
Le contravvenzioni

SOMMARIO:

1. Premessa

Il codice penale dedica il ***libro terzo*** alle fattispecie contravvenzionali. Esso è suddiviso in *tre titoli*:

1) contravvenzioni di **polizia** (artt. 650-730 c.p.);
2) contravvenzioni concernenti **l'attività sociale della Pubblica Amministrazione** (artt. 731-734 c.p.);
3) contravvenzioni concernenti la **tutela della riservatezza** (art. 734-*bis* c.p.).

Con la legge n. 205/1999 il legislatore ha provveduto a rivisitare la disciplina delle contravvenzioni muovendosi lungo **due direttrici**:

- da una parte, ha provveduto alla **depenalizzazione** di alcune fattispecie sostituendo alle previgenti sanzioni penali sanzioni amministrative pecuniarie (vedi ad es. l'art. 654 c.p. *Grida e manifestazioni sediziose*);
- dall'altra parte, ha **soppresso** in radice le fattispecie reputate ormai prive di disvalore.

In linea con la prima direttrice, l'art. 1 del d. lgs. 15 gennaio 2016, n. 8, sancisce che "*non costituiscono reato e sono soggette alla sanzione amministrativa del pagamento di una somma di denaro tutte le violazioni per le quali è prevista la sola pena della multa o dell'ammenda*".
Tale previsione non si applica, tuttavia, ad una serie di materie specificamente contenute in un allegato del decreto (tra di esse: l'edilizia, l'ambiente e la sicurezza sui luoghi di lavoro) nonché alle fattispecie previste dal codice penale.
Le uniche ipotesi di reato contenute nel codice penale espressamente "depenalizzate" dalla novella legislativa sono:

- il delitto di atti osceni di cui all'art. 527, I comma, c.p. (l'ipotesi del secondo comma continua ad essere punito con sanzione penale);
- il delitto di pubblicazioni e spettacoli osceni di cui all'art. 528, I e II co., c.p. (quanto previsto dal terzo comma è ancora sanzionato penalmente);
- le contravvenzioni di cui agli artt. 652 c.p. (Rifiuto di prestare la propria opera in occasione di un tumulto), 661 c.p. (Abuso della credulità popolare), 668 c.p. (Rappresentazioni teatrali o cinematografiche abusive) e 726 c.p. (Atti contrari alla pubblica decenza).

2. Contravvenzioni concernenti l'attività della P.A

▶ 2.1. Inosservanza dei provvedimenti dell'autorità (art. 650 c.p.)

È il reato di chi *non osserva un provvedimento legalmente dato dall'Autorità per ragione di giustizia o di sicurezza pubblica, o d'ordine pubblico o d'igiene.*
Costituisce esempio di **norma penale in bianco** ed è stata considerata compatibile con il principio della riserva di legge da *Corte cost. 168/71*, sul rilievo che *"la materialità della contravvenzione"* è *"descritta tassativamente in tutti i suoi elementi costitutivi"*.
La tesi giurisprudenziale tradizionale ravvisa **l'oggetto della tutela** nella **polizia di sicurezza**, strettamente correlata all'ordine pubblico, inteso come buon assetto e regolare andamento della convivenza civile.

L'inosservanza menzionata dal legislatore si sostanzia nell'inadempimento di uno specifico provvedimento. Essa può assumere carattere omissivo o commissivo, a seconda che il provvedimento consista in un comando o in un divieto, sia esso emanato dall'autorità amministrativa quanto da quella giudiziaria. Assumono rilievo *ex* art. 650 c.p. solo i provvedimenti individuali e concreti, diretti ad una o più persone determinate o determinabili, in relazione a contingenze attuali e presenti.
È necessario che il provvedimento dell'autorità sia conforme alla legge. Si pone quindi la questione relativa al sindacato del giudice penale sulla legittimità del provvedimento. Si considera legalmente dato quel provvedimento emanato nel rispetto delle forme e dei contenuti richiesti dalla legge. Per essere penalmente rilevante il provvedimento deve essere dato per:

- **ragioni di giustizia**, per permettere l'attività di autorità e polizia giudiziaria;
- **ragioni di sicurezza pubblica**, ovverosia tendenti al mantenimento della incolumità, sicurezza e proprietà dei cittadini;
- **ragioni di ordine pubblico**, riferite alla tranquillità e alla pace sociale;
- **ragioni di igiene**, coincidenti con gli atti in tema di sanità pubblica.

La contravvenzione **si consuma**, nel caso di ordine-comando, nel momento in cui scade il termine entro il quale il medesimo avrebbe dovuto essere osservato; in caso di ordine-divieto, la consumazione è ravvisata al momento della relativa violazione.
Quanto all'**elemento soggettivo**, trattandosi di contravvenzione, il reato risulta punibile indifferentemente a titolo di dolo o di colpa. Si ritiene che l'ignoranza incolpevole dell'ordine (o del suo contenuto) escluda la punibilità.

▶ 2.2. Altre fattispecie (artt. 651, 663, 663-*bis*, 666, 733 e 733-*bis* c.p.)

Fra le altre contravvenzioni meritano un rapido cenno:

- ***Art. 651 c.p., Rifiuto d'indicazioni sulla propria identità personale***: la condotta consiste nel rifiuto di fornire le proprie generalità al pubblico ufficiale che nell'esercizio delle sue funzioni le richieda.
- ***Art. 663 c.p., Vendita, distribuzione o affissione abusiva di scritti o disegni:*** Chiunque, in un luogo pubblico o aperto al pubblico vende o distribuisce o mette comunque in circolazione scritti o disegni, senza avere ottenuto l'autorizzazione richiesta dalla legge, è punito con la sanzione amministrativa pecuniaria da euro 51 a euro 309.
- Alla stessa sanzione soggiace chiunque, senza licenza dell'autorità o senza osservarne le prescrizioni, in un luogo pubblico aperto o esposto al pubblico, affigge scritti o disegni, o fa uso di mezzi luminosi o acustici per comunicazioni al pubblico, o comunque colloca iscrizioni o disegni.
- Le disposizioni dei commi 1 e 2 non si applicano all'affissione di scritti o disegni fuori dai luoghi destinati dall'autorità competente.
- ***Art. 663-bis c.p., Divulgazione di stampa clandestina:*** Salvo che il fatto costituisca reato, chiunque in qualsiasi modo divulga stampe o stampati pubblicati senza l'osservanza delle prescrizioni di legge sulla pubblicazione e diffusione della stampa periodica e non periodica, è punito con la sanzione amministrativa pecuniaria da euro 103 a euro 619.
- Per le violazioni di cui al presente articolo non è ammesso il pagamento in misura ridotta previsto dall'articolo 16 della legge 24 novembre 1981, n. 689.
- ***Art. 666 c.p., Spettacoli o trattenimenti pubblici senza licenza:*** Chiunque, senza la licenza dell'autorità in un luogo pubblico o aperto o esposto al pubblico, dà spettacoli o trattenimenti di qualsiasi natura, o apre circoli o sale da ballo o di audizioni, è punito con la sanzione amministrativa pecuniaria da euro 258 a euro 1.549.
  Se la licenza è stata negata, revocata o sospesa, si applica la sanzione amministrativa pecuniaria da euro 413 a euro 2.478.
  È sempre disposta la cessazione dell'attività svolta in difetto di licenza. Se l'attività è svolta in locale per il quale è stata rilasciata autorizzazione o altro titolo abilitativo all'esercizio di diversa attività, nel caso di reiterazione delle violazioni di cui al primo comma e nell'ipotesi prevista dal secondo comma è disposta altresì la chiusura del locale per un periodo non superiore a sette giorni.
  Per le violazioni previste dal presente articolo non è ammesso il pagamento in misura ridotta a norma dell'articolo 16 della legge 24 novembre 1981, n. 689.
- ***Art. 733 c.p., Danneggiamento al patrimonio archeologico, storico o artistico nazionale:*** Chiunque distrugge, deteriora o comunque danneggia un monumento o un'altra cosa propria di cui gli sia noto il rilevante pregio, è punito, se dal fatto deriva un nocumento al patrimonio archeologico, storico o artistico nazionale, con l'arresto

fino ad un anno o con l'ammenda non inferiore a euro 2.065.
- Può essere ordinata la confisca della cosa deteriorata o comunque danneggiata.
- ***Art. 733-bis c.p., Distruzione o deterioramento di habitat all'interno di un sito protetto:*** Chiunque, fuori dai casi consentiti, distrugge un habitat all'interno di un sito protetto o comunque lo deteriora compromettendone lo stato di conservazione, è punito con l'arresto fino a diciotto mesi e con l'ammenda non inferiore a 3. 000 euro.

3. Le altre contravvenzioni

Art. 655 c.p., Radunata sediziosa: Chiunque fa parte di una radunata sediziosa di dieci o più persone è punito, per il solo fatto della partecipazione con l'arresto fino a un anno.
Se chi fa parte della radunata è armato, la pena è dell'arresto non inferiore a sei mesi.
Non è punibile chi, prima dell'ingiunzione dell'autorità, o per obbedire ad essa, si ritira dalla radunata.
Art. 659 c.p., Disturbo delle occupazioni o del riposo delle persone: Chiunque, mediante schiamazzi o rumori, ovvero abusando di strumenti sonori o di segnalazioni acustiche, ovvero suscitando o non impedendo strepiti di animali, disturba le occupazioni o il riposo delle persone, ovvero gli spettacoli, i ritrovi o i trattenimenti pubblici, è punito con l'arresto fino a tre mesi o con l'ammenda fino a euro 309.
Si applica l'ammenda da euro 103 a euro 516 a chi esercita una professione o un mestiere rumoroso contro le disposizioni della legge o le prescrizioni dell'autorità.
Art. 660 c.p., Molestia o disturbo alle persone: Chiunque, in un luogo pubblico o aperto al pubblico, ovvero col mezzo del telefono, per petulanza o per altro biasimevole motivo, reca a taluno molestia o disturbo è punito con l'arresto fino a sei mesi o con l'ammenda fino a euro 516.
Art. 670 c.p., Mendicità: (...) L'articolo che recitava: *"Chiunque mendica in luogo pubblico o aperto al pubblico è punito con l'arresto fino a tre mesi.*
La pena è dell'arresto da uno a sei mesi se il fatto è compiuto in modo ripugnante o vessatorio, ovvero simulando deformità o malattie, o adoperando altri mezzi fraudolenti per destare l'altrui pietà." è stato abrogato dall'art. 18, L. 25 giugno 1999, n. 205.
Art. 672 c.p., Omessa custodia e mal governo di animali: Chiunque lascia liberi, o non custodisce con le debite cautele, animali pericolosi da lui posseduti, o ne affida la custodia a persona inesperta, è punito con la sanzione amministrativa da lire euro 25 a euro 258.
Alla stessa pena soggiace:
1) chi, in luoghi aperti, abbandona a sé stessi animali da tiro, da soma o da corsa, o li lascia comunque senza custodia, anche se non siano disciolti, o li attacca o conduce in modo da esporre a pericolo l'incolumità pubblica, ovvero li affida a persona inesperta;
2) chi aizza o spaventa animali, in modo da mettere in pericolo l'incolumità delle persone.
Art. 674 c.p., Getto pericoloso di cose: Chiunque getta o versa, in un luogo di pubblico transito o in un luogo privato ma di comune o di altrui uso, cose atte a offendere o imbrattare o molestare persone, ovvero, nei casi non consentiti dalla legge, provoca emissioni di gas, di vapori o di fumo, atti a cagionare tali effetti, è punito con l'arresto fino a un mese o con l'ammenda fino a euro 206.
Art. 684 c.p., Pubblicazione arbitraria di atti di un procedimento penale: Chiunque pubblica, in tutto o in parte, anche per riassunto o a guisa d'informazione, atti o documenti di un procedimento penale, di cui sia vietata per legge la pubblicazione è punito con l'arresto fino a trenta giorni o con l'ammenda da euro 51 a euro 258.
Art. 685 c.p., Indebita pubblicazione di notizie concernenti un procedimento penale: Chiunque pubblica i nomi dei giudici, con l'indicazione dei voti individuali che ad essi si attribuiscono nelle deliberazioni prese in un procedimento penale è punito con l'arresto fino a quindici giorni o con l'ammenda da euro 25 a euro 103.
Art. 688 c.p., Ubriachezza: Chiunque, in un luogo pubblico o aperto al pubblico, è colto in stato di manifesta ubriachezza è punito con la sanzione amministrativa pecuniaria da euro 51 a euro 309.
La pena è dell'arresto da tre a sei mesi se il fatto è commesso da chi ha già riportato una condanna per delitto non colposo contro la vita o l'incolumità individuale.
La pena è aumentata se l'ubriachezza è abituale.
Art. 692 c.p., Detenzione di misure e pesi illegali: Chiunque, nell'esercizio di un'attività commerciale, o in uno spaccio aperto al pubblico, detiene misure o pesi diversi da quelli stabiliti dalla legge, ovvero usa misure o pesi senza osservare le prescrizioni di legge, è punito con la sanzione amministrativa pecuniaria da euro 103 a euro 619.
[Se il colpevole ha già riportato una condanna per delitti contro il patrimonio, o contro la fede pubblica, o contro l'economia pubblica, l'industria o il commercio, o per altri delitti della stessa indole, può essere sottoposto alla

libertà vigilata] (1)
(1) Comma abrogato dall'art. 18, L. 25 giugno 1999, n. 205.
Art. 707 c.p., Possesso ingiustificato di chiavi alterate o di grimaldelli: Chiunque, essendo stato condannato per delitti determinati da motivi di lucro, o per contravvenzioni concernenti la prevenzione di delitti contro il patrimonio, o per mendicità, o essendo ammonito o sottoposto a una misura di sicurezza personale o a cauzione di buona condotta, è colto in possesso di chiavi alterate o contraffatte, ovvero di chiavi genuine o di strumenti atti ad aprire o a sforzare serrature, dei quali non giustifichi l'attuale destinazione è punito con l'arresto da sei mesi a due anni.
(1) La Corte costituzionale con sentenza 2 febbraio 1971, n. 14 ha dichiarato l'illegittimità del presente articolo nella parte in cui fa richiamo alle condizioni personali di condannato per mendicità, di ammonito, di sottoposto a misure di sicurezza personale o a cauzione di buona condotta.
Art. 708 c.p., Possesso ingiustificato di valori: Chiunque, trovandosi nelle condizioni personali indicate nell'articolo precedente, è colto in possesso di denaro o di oggetti di valore, o di altre cose non confacenti al suo stato, e dei quali non giustifichi la provenienza, è punito con l'arresto da tre mesi a un anno.
(1) La Corte costituzionale con sentenza 19 luglio 1968 n. 110, ha dichiarato l'illegittimità costituzionale del presente articolo 708 nella parte in cui fa richiamo alle condizioni personali di condannato per mendicità, di ammonito, di sottoposto a misura di sicurezza personale o a cauzione di buona condotta.
Art. 709 c.p., Omessa denuncia di cose provenienti da delitto: Chiunque, avendo ricevuto denaro o acquistato o comunque avuto cose provenienti da delitto, senza conoscerne la provenienza, omette, dopo averla conosciuta, di darne immediato avviso all'Autorità è punito con l'arresto fino a sei mesi o con l'ammenda fino a euro 516.
Art. 712 c.p., Acquisto di cose di sospetta provenienza: Chiunque, senza averne prima accertata la legittima provenienza, acquista o riceve a qualsiasi titolo cose, che, per la loro qualità o per la condizione di chi le offre o per l'entità del prezzo, si abbia motivo di sospettare che provengano da reato, è punito con l'arresto fino a sei mesi o con l'ammenda non inferiore a euro 10.
Alla stessa pena soggiace chi si adopera per fare acquistare o ricevere a qualsiasi titolo alcuna delle cose suindicate, senza averne prima accertata la legittima provenienza.
Art. 724 c.p., Bestemmia e manifestazioni oltraggiose verso i defunti: Chiunque pubblicamente bestemmia, con invettive o parole oltraggiose, contro la divinità o i simboli o le persone venerati nella religione dello Stato (1), è punito con la sanzione amministrativa pecuniaria da euro 51 a euro 309.
La stessa sanzione si applica a chi compie qualsiasi pubblica manifestazione oltraggiosa verso i defunti.
(1) La Corte costituzionale con sentenza 18 ottobre 1995, n. 440 ha dichiarato l'illegittimità del presente comma limitatamente alle parole "o i simboli o le persone venerati nella religione dello Stato".
Art. 725 c.p., Commercio di scritti, disegni o altri oggetti contrari alla pubblica decenza: Chiunque espone alla pubblica vista o, in un luogo pubblico o aperto al pubblico, offre in vendita o distribuisce scritti, disegni o qualsiasi altro oggetto figurato, che offenda la pubblica decenza, è punito con la sanzione amministrativa pecuniaria da euro 103 a euro 619.

Parte II
I quiz

Diritto civile

1. Il minore di età:
A. Non ha né capacità giuridica né di agire
B. Ha capacità di agire ma non giuridica
C. È incapace di agire per presunzione assoluta
D. È incapace di agire per presunzione relativa

2. Caratteristiche dei diritti della personalità sono:
A. Assolutezza, indisponibilità, imprescrittibilità, intrasmissibilità
B. Indisponibilità, imprescrittibilità, intrasmissibilità
C. Imprescrittibilità e assolutezza
D. Indisponibilità, assolutezza e intrasmissibilità

3. Il diritto all'oblio è:
A. Il diritto a non essere menzionato dal casellario giudiziario
B. Il diritto a non essere ricordato per i fatti, specialmente giudiziari, in passato oggetto di cronaca
C. Il diritto alla vita privata
D. Il diritto alla non diffusione di dati sensibili

4. Quale tra le affermazioni in materia di inabilitazione è corretta?
A. L'inabilitazione può essere disposta in abuso abituale di bevande alcoliche o di sostanze stupefacenti
B. L'inabilitato non può compiere autonomamente gli atti di ordinaria amministrazione
C. In caso di prodigalità non può mai essere disposta l'inabilitazione
D. L'inabilitato può compiere autonomamente sia gli atti di ordinaria amministrazione che gli atti di straordinaria amministrazione

5. Il diritto di godere della cosa altrui, traendone, nel rispetto della sua destinazione economica, tutte le utilità che da essa possono derivare è:
A. La superficie
B. L'uso
C. L'usufrutto
D. L'abitazione

6. È un acquisto a titolo derivativo della proprietà:
A. L'occupazione
B. La compravendita
C. L'invenzione
D. L'accessione

7. Quale tra le seguenti azioni a tutela della proprietà ha natura cautelare?
A. Azioni di nunciazione
B. Azione di rivendicazione
C. Azione di restituzione
D. Azione di accertamento della proprietà

8. Quali tra le ipotesi elencate non sono criteri di classificazione delle servitù?
A. Continue/non continue
B. Apparenti/non apparenti
C. Prediale/non prediale
D. Affermative/negative

9. Il condominio è:
A. Una *species* del *genus* comunione
B. Una forma di multiproprietà
C. Una proprietà temporanea
D. Un negozio di destinazione

10. Gli Interessi delle obbligazioni pecuniarie sono:
A. Prestazioni autonome
B. Obbligazioni accessorie
C. Obbligazioni di facere
D. Obbligazioni pecuniarie aventi carattere accessorio

11. Le obbligazioni naturali:
A. Sono espressione di doveri sociali, quali valori condivisi dalla società
B. Sono obbligazioni infungibili
C. Costituiscono un'obbligazione fondata sulla fiducia
D. Sono obbligazioni pecuniarie

12. A quale tra le seguenti condizioni il creditore può costituire in mora il debitore?
A. Quando il debito è liquido
B. Quando il debitore ha dichiarato per iscritto di non voler adempiere
C. Mediante atto formale di intimazione o fatta per iscritto
D. Sempre

13. La promessa dell'obbligazione o del fatto del terzo:
- A. Viola l'art. 1372 c.c.
- B. È produttiva di effetti vincolanti per il terzo
- C. È un'obbligazione di garanzia
- D. Obbliga colui che promette a indennizzare la controparte se il terzo rifiuta di vincolarsi

14. L'anatocismo integra:
- A. Una tipologia di interesse
- B. Un'obbligazione pecuniaria
- C. Un'obbligazione di dare
- D. Un'obbligazione accessoria di interesse sugli interessi scaduti

15. Se non è determinato il termine dell'adempimento:
- A. Il creditore può chiedere di fissare un termine di accordo con il debitore
- B. Esigere immediatamente la prestazione
- C. Mettere in mora il debitore
- D. Il termine si presume stabilito a favore del debitore

16. Il danno esistenziale:
- A. Presuppone un accertamento medico-legale
- B. Ha natura relazionale
- C. Assume una proiezione interiore
- D. Consiste in una lesione dei diritti fondamentali diversi dal diritto alla salute

17. Gli elementi dell'illecito aquiliano sono:
- A. Fatto, danno ingiusto, causalità
- B. Fatto, imputabilità, colpevolezza, danno ingiusto, causalità
- C. Fatto, colpevolezza, danno ingiusto, causalità
- D. Fatto, colpevolezza

18. Quale dei seguenti elementi non è previsto ai fini dell'integrazione dell'arricchimento senza giusta causa?
- A. Suscettibilità di valutazione economica
- B. Giustificazione causale
- C. Valutabilità secondo canoni oggettivi
- D. Effettività

19. Quale tra le seguenti affermazioni in materia di causalità materiale è corretta?
- A. Si definisce sulla scorta della normativa penalistica
- B. Rappresenta il nesso che lega l'evento dannoso alle conseguenze da risarcire
- C. Richiede la non eccessiva onerosità
- D. Deve essere no iure e contra ius

20. Nella restituzione dell'indebito, il pagamento:
- A. Deve essere giustificato
- B. Deve essere adempiuto
- C. Risponde ad un principio di sussidiarietà
- D. Costituisce una *datio in solutum*

Risposte corrette

1.	C	**11.**	A
2.	A	**12.**	C
3.	B	**13.**	D
4.	D	**14.**	D
5.	C	**15.**	B
6.	B	**16.**	D
7.	A	**17.**	C
8.	C	**18.**	B
9.	A	**19.**	A
10.	D	**20.**	B

Diritto amministrativo

1. A norma di quanto prevede il d.p.r. 26 dicembre 2000 n. 445 con riferimento alla documentazione mediante esibizione, nei rapporti con le pubbliche amministrazioni i dati relativi a cognome, nome e stato civile possono essere comprovati mediante esibizione di un documento di identità o di riconoscimento non in corso di validità?

A. Sì, a condizione che l'interessato dichiari in calce alla fotocopia del documento che i dati contenuti nel documento stesso non hanno subito variazioni dalla data del rilascio.
B. Sì, senza alcuna formalità.
C. No, anche se l'interessato sia disponibile a dichiarare che i dati contenuti non hanno subito variazioni dalla data di rilascio.
D. Solo se i dati sono richiesti al fine di ottenere benefici economici di qualsiasi natura.

2. Dispone l'art. 33 del D.Lgs. n. 50/2016, che la proposta di aggiudicazione è soggetta ad approvazione dell'organo competente secondo l'ordinamento della stazione appaltante e nel rispetto dei termini dallo stesso previsti, decorrenti dal ricevimento della proposta di aggiudicazione da parte dell'organo competente. In mancanza, il termine è pari trenta giorni. Il termine può essere interrotto?

A. Sì, per la richiesta di chiarimenti o documenti e inizia nuovamente a decorrere da quando i chiarimenti o documenti pervengono all'organo richiedente.
B. No, il termine non può essere interrotto.
C. Sì, per non più di cinque giorni per la richiesta di chiarimenti o documenti.
D. Sì, per non più di dieci giorni per la richiesta di chiarimenti o documenti.

3. A norma di quanto dispone l'art. 33 (Eccedenze di personale e mobilità collettiva) del D.Lgs. n. 165/2001 i periodi di godimento dell'indennità sono riconosciuti ai fini della determinazione dei requisiti di accesso alla pensione e della misura della stessa?

A. I periodi di godimento dell'indennità sono riconosciuti solo ai fini della determinazione della misura della pensione. Non è riconosciuto il diritto all'assegno per il nucleo famigliare.
B. Sì, i periodi di godimento dell'indennità sono riconosciuti ai fini della determinazione dei requisiti di accesso alla pensione e della misura della stessa. Non è riconosciuto il diritto all'assegno per il nucleo famigliare.
C. I periodi di godimento dell'indennità sono riconosciuti solo ai fini della determinazione dei requisiti di accesso alla pensione. È riconosciuto altresì il diritto all'assegno per il nucleo famigliare.
D. Sì, i periodi di godimento dell'indennità sono riconosciuti ai fini della determinazione dei requisiti di accesso alla pensione e della misura della stessa. È riconosciuto altresì il diritto all'assegno per il nucleo famigliare.

4. Il contenuto della motivazione di un provvedimento amministrativo può essere costituito dal rinvio ad altro atto (c.d. motivazione per relationem)?

A. No, lo esclude espressamente l'art. 3, l. n. 241/1990.
B. Tale modalità di motivazione è espressamente prevista all'art. 3, l. n. 241/1990 solo per i provvedimenti discrezionali.
C. Tale modalità di motivazione è espressamente prevista all'art. 3, l. n. 241/1990 solo per i provvedimenti negativi.
D. Sì, tale modalità di motivazione è espressamente ammessa dall'art. 3, l. n. 241/1990, e tale atto deve essere reso disponibile nei modi indicati dalla legge

5. Con riferimento agli elementi del provvedimento amministrativo, il contenuto:

A. Può essere solo naturale o implicito.
B. Deve essere determinato o determinabile.
C. Può consistere solo in una autorizzazione.
D. È eventuale quando consegue all'emanazione dell'atto per ciò che l'atto dispone.

6. **Le disposizioni di cui all'art. 20, l. n. 241/1990 in materia di silenzio assenso trovano applicazione per gli atti e procedimenti riguardanti il patrimonio culturale e paesaggistico e per quelli riguardanti l'ambiente?**
A. No, per espressa previsione del citato articolo le disposizioni in materia di silenzio assenso non trovano applicazione solo per gli atti e procedimenti riguardanti il patrimonio culturale e paesaggistico, per l'ambiente e per quelli riguardanti la pubblica sicurezza.
B. Si, trovano applicazione per espressa previsione del citato articolo.
C. No, non trovano applicazione per espressa previsione del citato articolo.
D. Si, per espressa previsione del citato articolo le disposizioni in materia di silenzio assenso non trovano applicazione solo per gli atti e procedimenti riguardanti la difesa nazionale e la pubblica sicurezza.

7. **Quale procedura di scelta del contraente prevista dal Codice dei contratti pubblici consiste in un processo per fasi successive basato su un dispositivo elettronico di presentazione di nuovi prezzi modificati al ribasso o di nuovi valori riguardanti taluni elementi delle offerte, che interviene dopo una prima valutazione completa delle offerte permettendo che la loro classificazione possa essere effettuata sulla base di un trattamento automatico?**
A. Accordo quadro.
B. Asta elettronica.
C. Procedura negoziata.
D. Procedura aperta.

8. **L'ingiustizia grave e manifesta, quale figura sintomatica di eccesso di potere:**
A. Costituisce violazione del principio di equità ed è configurabile nei confronti di un solo soggetto, senza che venga in gioco il confronto con la posizione di altri soggetti.
B. Consiste nel contrasto logico insanabile sussistente in un atto amministrativo.
C. Ricorre in caso di trattamento diverso di due o più soggetti in situazione identica o analoga e in caso di trattamento uguale di due o più soggetti in situazioni differenti.
D. Consiste nella non congruità fra le diverse parti del medesimo atto, e in particolare tra motivazione e dispositivo o tra corpo del provvedimento e suo allegato.

9. **L'istituto della convalida del provvedimento amministrativo di cui all'art. 21-nonies, l. n. 241/1990:**
A. Non può mai essere utilizzata dallo stesso soggetto che ha causato il vizio.
B. Sotto il profilo della competenza, il potere spetta solo all'autorità gerarchicamente superiore a quella che ha emanato l'atto.
C. Necessita di motivazione in merito alle condizioni di esperibilità.
D. È un istituto che può essere applicato anche agli atti in cui sia presente il vizio di eccesso di potere per sviamento.

10. **Dispone l'art. 55-bis del D.Lgs. n. 165/2001 che, l'Ufficio competente per i procedimenti disciplinari, con immediatezza e comunque non oltre trenta giorni decorrenti dal ricevimento della segnalazione ovvero dal momento in cui abbia altrimenti avuto piena conoscenza dei fatti ritenuti di rilevanza disciplinare provvede alla contestazione scritta dell'addebito e convoca l'interessato. Quale preavviso minimo deve esser dato al dipendente per l'audizione in contraddittorio a sua difesa?**
A. Cinque giorni.

B. Venti giorni.
C. Quindici giorni.
D. Trenta giorni.

11. Ai sensi dell'art. 21 del Codice dei contratti pubblici il programma biennale per gli acquisti di beni e servizi deve essere pubblicato sul profilo del committente?
A. No, deve essere solo trasmesso all'ANAC.
B. No, non necessita di alcuna forma di pubblicazione.
C. Si, per espressa previsione del citato articolo.
D. No, deve essere solo pubblicato nella GURI.

12. A norma di quanto prevede il d.p.r. 26 dicembre 2000 n. 445 con riferimento alla documentazione mediante esibizione, nei rapporti con le pubbliche amministrazioni i dati relativi a stato civile e residenza possono essere comprovati mediante esibizione di un documento di identità o di riconoscimento in corso di validità?
A. No, nessun dato può essere comprovato mediante semplice esibizione di un documento di identità o di riconoscimento.
B. Sì, e la pubblica amministrazione, al fine di non aggravare il procedimento, non può verificare la veridicità e l'autenticità dei dati contenuti nel documento di identità o di riconoscimento.
C. Solo se la pubblica amministrazione ha la certezza che i dati contenuti nel documento di identità o di riconoscimento siano veritieri e non contraffatti.
D. Sì, salva la facoltà per la pubblica amministrazione di verificare nel corso del procedimento la veridicità e l'autenticità dei dati contenuti nel documento di identità o di riconoscimento.

13. Secondo quanto specificato nell'Allegato XVII - Mezzi di prova dei criteri di selezione - del D.Lgs. n. 50/2016, la capacità economica e finanziaria dell'operatore economico può essere provata mediante:
A. Una descrizione delle attrezzature tecniche e delle misure adottate dall'operatore economico per garantire la qualità, nonché degli strumenti di studio e di ricerca della sua impresa.
B. L'indicazione dei tecnici o degli organismi tecnici, che facciano o meno parte integrante dell'operatore economico, e più particolarmente di quelli responsabili del controllo della qualità e, per gli appalti pubblici di lavori, quelli di cui l'imprenditore disporrà per l'esecuzione dell'opera.
C. Idonee dichiarazioni bancarie o, se del caso, comprovata copertura assicurativa contro i rischi professionali.
D. Una dichiarazione indicante l'attrezzatura, il materiale e l'equipaggiamento tecnico di cui l'imprenditore o il prestatore di servizi disporrà per eseguire l'appalto.

14. A norma di quanto dispone l'art. 55-bis del D.Lgs. n. 165/2001 a quale sanzione disciplinare soggiace il dipendente appartenente alla stessa o ad una diversa amministrazione dell'incolpato che, essendo a conoscenza per ragioni di ufficio o di servizio di informazioni rilevanti per un procedimento disciplinare in corso, rifiuta, senza giustificato motivo, la collaborazione richiesta dall'ufficio disciplinare procedente?
A. Al trasferimento in sede disagiata.
B. Al licenziamento con preavviso.
C. Alla sospensione dal servizio con privazione della retribuzione fino ad un massimo di quindici giorni.
D. A nessuna sanzione disciplinare; la legislazione vigente prevede la sanzione disciplinare della sospensione dal servizio con privazione della retribuzione solo per i dirigenti e non anche per i dipendenti.

15. A norma del disposto di cui al co. 4, dell'art. 14-bis, l. n. 241/1990, fatti salvi i casi in cui disposizioni del diritto dell'Ue richiedono l'adozione di provvedimenti espressi, la comunicazione di una determinazione priva di congrua motivazione equivale:

A. Ad assenso senza condizioni.
B. A dissenso con condizioni.
C. Ad assenso con condizioni.
D. A dissenso.

16. Con riferimento al Codice di comportamento dei dipendenti, cosa stabilisce il comma 2, art. 54 del D.Lgs. n. 165/2001?

A. Che il codice è pubblicato nella Gazzetta ufficiale.
B. Che le pubbliche amministrazioni verificano ogni tre anni lo stato di applicazione dei codici e organizzano attività di formazione del personale per la conoscenza e la corretta applicazione degli stessi.
C. Che il codice non necessita di pubblicazione e deve essere consegnato al dipendente all'atto dell'assunzione.
D. Che le confederazioni sindacali rappresentative e le associazioni di tutela dei consumatori organizzano, obbligatoriamente ogni sei mesi, attività di formazione del personale per la conoscenza e la corretta applicazione dei codici.

17. A norma del disposto di cui all'art. 73 del d.p.r. 26 dicembre 2000 n. 445 le P.A. e i loro dipendenti sono responsabili per gli atti emanati, quando l'emanazione sia conseguenza di false dichiarazioni?

A. No, salvo il caso di grave pregiudizio arrecato ad altra P.A.
B. Sono esenti da responsabilità penale, salvo i casi di dolo o colpa anche lieve.
C. Solo i dipendenti della P.A. sono esenti da responsabilità, salvo i casi di dolo o colpa grave.
D. No, sono esenti da responsabilità disciplinare, patrimoniale e penale, salvo i casi di dolo o colpa grave.

18. Ai sensi dell'art. 14 ter comma 3, della l. 241/1990, ciascun ente o amministrazione convocato alla riunione della conferenza di servizi simultanea è rappresentato da:

A. Almeno due soggetti abilitati ad esprimere definitivamente e in modo univoco e vincolante la posizione dell'amministrazione stessa su tutte le decisioni di competenza della conferenza.
B. Un unico soggetto che in caso di assenso è abilitato ad esprimere definitivamente e in modo univoco e vincolante la posizione dell'amministrazione stessa su tutte le decisioni di competenza della conferenza.
C. Un unico soggetto abilitato ad esprimere definitivamente e in modo univoco e vincolante la posizione dell'amministrazione stessa su tutte le decisioni di competenza della conferenza.
D. Un unico soggetto che in caso di dissenso non è obbligato ad esprimere definitivamente e in modo univoco e vincolante la posizione dell'amministrazione stessa su tutte le decisioni di competenza della conferenza.

19. A norma del disposto di cui all'art. 23 del D.Lgs. n. 50/2016, la progettazione in materia di lavori pubblici si articola secondo:

A. Tre livelli: progetto di fattibilità tecnica ed economica, progetto definitivo, progetto esecutivo.
B. Due livelli: progetto definitivo, progetto esecutivo.
C. Quattro livelli: progetto preliminare, progetto di fattibilità tecnica ed economica, progetto definitivo, progetto esecutivo.
D. Un solo livello di progettazione.

20. A norma dell'art. 1 della legge n. 241/1990, la pubblica amministrazione, nell'adozione di atti di natura non autoritativa:

A. Agisce secondo le norme di diritto pubblico salvo che la legge disponga diversamente.
B. Agisce secondo le norme di diritto privato salvo che la legge disponga diversamente.
C. Agisce sempre secondo le norme di diritto pubblico.
D. Agisce sempre secondo le norme di diritto privato

Risposte corrette

1.	A	**11.**	C
2.	C	**12.**	D
3.	D	**13.**	C
4.	D	**14.**	C
5.	B	**15.**	A
6.	C	**16.**	A
7.	B	**17.**	D
8.	A	**18.**	C
9.	C	**19.**	A
10.	B	**20.**	B

Norme generali in materia di pubblico impiego

1. **A norma di quanto dispone l'art. 33 (Eccedenze di personale e mobilità collettiva) del D.Lgs. n. 165/2001 i periodi di godimento dell'indennità sono riconosciuti ai fini della determinazione dei requisiti di accesso alla pensione e della misura della stessa?**
   A. Si, i periodi di godimento dell'indennità sono riconosciuti ai fini della determinazione dei requisiti di accesso alla pensione e della misura della stessa. È riconosciuto altresì il diritto all'assegno per il nucleo famigliare.
   B. Si, i periodi di godimento dell'indennità sono riconosciuti ai fini della determinazione dei requisiti di accesso alla pensione e della misura della stessa. Non è riconosciuto il diritto all'assegno per il nucleo famigliare.
   C. I periodi di godimento dell'indennità sono riconosciuti solo ai fini della determinazione dei requisiti di accesso alla pensione. È riconosciuto altresì il diritto all'assegno per il nucleo famigliare.
   D. I periodi di godimento dell'indennità sono riconosciuti solo ai fini della determinazione della misura della pensione. Non è riconosciuto il diritto all'assegno per il nucleo famigliare.

2. **Il D.Lgs. n. 165/2001 elenca espressamente i casi in cui il lavoratore può essere adibito a mansioni proprie della qualifica immediatamente superiore. Ai fini dell'art. 52 del suddetto D.Lgs., si considera svolgimento di mansioni superiori:**
   A. Soltanto l'attribuzione in modo prevalente, sotto il profilo qualitativo, quantitativo e temporale, dei compiti propri di dette mansioni.
   B. L'attribuzione in modo anche non prevalente, sotto il profilo qualitativo, quantitativo e temporale, dei compiti propri di dette mansioni.
   C. L'attribuzione di qualsiasi mansione, anche se non prevalente, superiore a quella prevista dai C.C.N.L. di comparto.
   D. Qualsiasi attribuzione di mansioni non corrispondenti ai compiti propri.

3. **A norma del disposto di cui al co. 2, art. 36, TUPI, le pp.aa possono stipulare contratti di somministrazione di lavoro per ricoprire posti in organico che richiedono l'esercizio di funzioni direttive e dirigenziali?**
   A. No.
   B. Si, possono avvalersi di tutte le forme contrattuali previste dal c.c.
   C. Si, ma solo per rispondere ad esigenze temporali o eccezionali.
   D. Solo per la sostituzione di altro dipendente con funzioni direttive e dirigenziali in distacco sindacale

4. **1) Il dipendente, nei rapporti con i destinatari dell'azione amministrativa, deve assicurare la piena parità di trattamento a parità di condizioni. 2) Il dipendente non usa a fini privati le informazioni di cui dispone per ragioni di ufficio. Indicare quali/quale tra i precedenti sono "principi generali" di cui all'art. 3, D.P.R. n. 62/2013 (Codice di comportamento dei dipendenti pubblici).**
   A. Nessuno dei due è "principio generale" di cui all'art. 3.
   B. Entrambi sono "principi generali" di cui all'art. 3.
   C. Solo il n. 2) è un "principio generale" di cui all'art. 3.
   D. Solo il n. 1) è un "principio generale" di cui all'art. 3.

5. **A norma di quanto prevede il TUPI, con riferimento alle forme ed ai termini del procedimento disciplinare, prima dell'applicazione della sanzione disciplinare il dipendente deve essere sentito a sua difesa?**
   A. Si, prima dell'applicazione della sanzione disciplinare il dipendente deve essere sentito a sua difesa.
   B. No.
   C. Solo nel caso di sanzioni disciplinari di minore gravità.
   D. Solo nel caso di infrazioni più gravi.

6. Tipologia del rapporto di lavoro - Sede di destinazione dell'attività lavorativa. Quale/quali delle citate indicazioni sono di norma contenute nel contratto di lavoro individuale con le pubbliche amministrazioni?

A. Entrambe le citate informazioni.
B. Nessuna delle citate informazioni.
C. Solo la tipologia del rapporto di lavoro.
D. Solo la sede di destinazione dell'attività lavorativa

7. I rapporti di lavoro dei dipendenti delle amministrazioni pubbliche sono oggi disciplinati dal codice civile e dalle leggi sui rapporti di lavoro subordinato nell'impresa. L'art. 3 del D.Lgs. n. 165/2001 individua alcune categorie di dipendenti che continuano, per le loro caratteristiche di specialità, ad essere disciplinati dai rispettivi ordinamenti. Tra questi rientrano:

A. Personale della carriera prefettizia.
B. Personale del Ministero della Salute.
C. Personale delle Regioni a Statuto speciale.
D. Personale delle Agenzie fiscali.

8. Con riferimento al rapporto di lavoro nelle pubbliche amministrazioni, possono essere conferiti incarichi di direzione di strutture deputate alla gestione del personale a soggetti che abbiano rivestito cariche in partiti politici (art. 53 D.Lgs. n. 165/2001)?

A. Sì, se sono trascorsi più di 3 anni dalla cessazione dalle cariche.
B. Sì, se sono trascorsi più di 2 anni dalla cessazione dalle cariche.
C. Sì.
D. Sì, se sono trascorsi più di 5 anni dalla cessazione dalle cariche.

9. Ai sensi del D.Lgs. n. 165/2001 (TUPI), i rapporti di lavoro dei dipendenti delle pubbliche amministrazioni sono disciplinati:

A. Dalla disciplina codicistica sul lavoro nell'impresa, salvo quanto diversamente previsto nel D.Lgs. n. 165/2001.
B. Esclusivamente dalle disposizioni previste nel D.Lgs. n. 165/2001.
C. Esclusivamente dalla disciplina codicistica sul lavoro nell'impresa.
D. Da quanto previsto dal D.Lgs. n. 165/2001 salvo quanto diversamente previsto dal odice civile.

10. Cosa dispone l'art. 55-sexies del D.Lgs. n. 165/2001, con riferimento alla responsabilità civile eventualmente configurabile a carico del dirigente in relazione a profili di illiceità nelle determinazioni concernenti lo svolgimento del procedimento disciplinare?

A. Che è configurabile anche in caso di colpa lieve.
B. Che è limitata ai casi di dolo.
C. Che è limitata ai casi di dolo o colpa grave.
D. Che non si configura in caso di colpa grave.

11. Secondo quanto dispone l'art. 40 del D.Lgs. n. 165/2001, la contrattazione collettiva disciplina anche la durata dei contratti collettivi nazionali e integrativi?

A. No, la contrattazione collettiva disciplina, in coerenza con il settore privato, solo la durata dei contratti collettivi nazionali e i rapporti tra i diversi livelli.
B. Sì, la contrattazione collettiva disciplina, in coerenza con il settore privato, la durata dei contratti collettivi nazionali e integrativi, la struttura contrattuale e i rapporti tra i diversi livelli.
C. No, la contrattazione collettiva disciplina, in coerenza con il settore privato, solo la durata dei contratti collettivi integrativi e la struttura contrattuale.
D. No, la contrattazione collettiva disciplina, in coerenza con il settore privato, solo i casi di licenziamento del dipendente nonché le modalità per l'applicazione delle sanzioni disciplinari.

12. Il rapporto di lavoro dei dipendenti delle amministrazioni pubbliche è disciplinato secondo le disposizioni degli artt. 2, commi 2 e 3, e 3, comma 1 del D.Lgs. n. 165/2001. Il comma 2

dell'art. 2 dispone che:
A. Per i rapporti di lavoro dei dipendenti delle amministrazioni pubbliche trovano applicazione solo le disposizioni particolari contenute nel suddetto decreto.
B. I rapporti di lavoro dei dipendenti delle amministrazioni pubbliche sono disciplinati esclusivamente dalla legge sui rapporti di lavoro subordinato nell'impresa.
C. Per i rapporti di lavoro dei dipendenti delle amministrazioni pubbliche non trovano applicazione le disposizioni del capo I, titolo II, del libro V del codice civile.
D. I rapporti di lavoro dei dipendenti delle amministrazioni pubbliche sono disciplinati dalle disposizioni del capo I, titolo II, del libro V del codice civile e dalla legge sui rapporti di lavoro subordinato nell'impresa, fatte salve le diverse disposizioni contenute nel suddetto decreto, che costituiscono disposizioni a carattere imperativo.

13. La legge 20 maggio 1970, n. 300:
A. Si applica in tutte le P.A. a prescindere dal numero di dipendenti.
B. Si applica nelle P.A. con più di venti dipendenti.
C. Si applica nelle P.A. con più di cento dipendenti.
D. Si applica nelle P.A. con più di cinquanta dipendenti.

14. A norma di quanto dispone l'art. 40 del D.Lgs. n. 165/2001, la contrattazione collettiva può riguardare la materia relativa alla valutazione delle prestazioni ai fini della corresponsione del trattamento accessorio e della mobilità?
A. Si, la contrattazione può riguardare tutte le materie.
B. No, la materia è espressamente esclusa.
C. Si, negli esclusivi limiti previsti dalle norme di legge.
D. No, la contrattazione può oggi riguardare solo le sanzioni disciplinari.

15. A norma di quanto dispone l'art. 36, TUPI, le pp.aa. possono avvalersi di forme contrattuali flessibili di assunzione o d'impiego di personale quale la formazione e lavoro?
A. No, possono avvalersi solo dei contratti di somministrazione di lavoro e solo per far fronte ad esigenze temporanee o eccezionali.
B. Si, le pp.aa. possono avvalersi di forme contrattuali flessibili anche per esigenze connesse con il proprio fabbisogno ordinario.
C. Si, le pp.aa. possono avvalersi di forme contrattuali flessibili, ma solo per rispondere ad esigenze temporanee o eccezionali.
D. No, devono assumere obbligatoriamente con contratti di lavoro subordinato a tempo indeterminato seguendo le procedure di reclutamento previste all'art. 35 TUPI.

16. Con riferimento al Codice di comportamento dei dipendenti, cosa stabilisce il comma 7, art. 54 del D.Lgs. n. 165/2001?
A. Che le pubbliche amministrazioni verificano annualmente lo stato di applicazione dei codici e organizzano attività di formazione del personale per la conoscenza e la corretta applicazione degli stessi.
B. Che l'ARAN, sentito il Dipartimento della funzione pubblica definisce il Codice, anche in relazione alle necessarie misure organizzative da adottare al fine di assicurare la qualità dei servizi che le stesse amministrazioni rendono ai cittadini.
C. Che il codice non necessita di pubblicazione e deve essere consegnato al dipendente all'atto dell'assunzione.
D. Che sull'applicazione dei codici vigila l'ARAN.

17. Le disposizioni dell'art. 55 del D.Lgs. n. 165/2001 (Responsabilità, infrazioni e sanzioni, procedure conciliative) costituiscono norme imperative?
A. Sì, costituiscono norme imperative le disposizioni di cui dall'art. 55 all'art. 55-octies del suddetto D.Lgs., ai sensi e per gli effetti degli articoli 1339 e 1419, secondo comma, del c.c.
B. Sì, costituiscono norme imperative le

disposizioni di cui dall'art. 55 all'art. 55-ter del suddetto D.Lgs., ai sensi e per gli effetti degli articoli 1339 e 1419, secondo comma, del c.c.

C. No, possono essere derogate dai successivi contratti collettivi nazionali e individuali.

D. No, costituiscono norme dispositive.

18. Al fine di garantire un'efficace integrazione nell'ambiente di lavoro delle persone con disabilità, nelle amministrazioni pubbliche si procede alla nomina di un responsabile dei processi di inserimento. Ciò è previsto nelle amministrazioni pubbliche con più di (D.Lgs. n. 165/2001, art. 39-ter, co. 1):

A. 500 dipendenti.

B. 100 dipendenti.

C. 200 dipendenti.

D. 1.000 dipendenti.

19. La disposizione di cui all'art. 55-quater del D.Lgs. n. 165/2001, prevede alcune fattispecie sanzionatorie, non conservative del rapporto di lavoro, riconducibili alla tipologia del licenziamento c.d. disciplinare, tra cui rileva:

A. Inosservanza delle disposizioni di servizio anche in ordine all'orario di lavoro.

B. Inosservanza lieve degli obblighi in materia di prevenzione degli infortuni e di sicurezza sul lavoro.

C. Atti o comportamenti denigratori nei confronti di un altro dipendente.

D. Insufficiente rendimento, dovuto alla reiterata violazione degli obblighi concernenti la prestazione lavorativa, e rilevato dalla costante valutazione negativa della performance del dipendente per ciascun anno dell'ultimo triennio, resa a tali specifici fini ai sensi dell'articolo 3, comma 5-bis, del D.Lgs.n. 150/ 2009.

20. Alla privatizzazione del pubblico impiego non poteva che seguire la privatizzazione processuale. Il risultato è ora scolpito nell'art. 63 del D.Lgs. n. 165/2001, a tenore del quale sono devolute al G.O., in funzione di giudice del lavoro:

A. Le controversie relative ai rapporti di lavoro di cui all'art. 3 del suddetto D.Lgs., escluse quelle attinenti ai diritti patrimoniali connessi.

B. Le controversie relative ai rapporti di lavoro di cui all'art. 3 del suddetto D.Lgs., ivi comprese quelle attinenti ai diritti patrimoniali connessi.

C. Le controversie in materia di procedure concorsuali per l'assunzione dei dipendenti delle pubbliche amministrazioni.

D. Le controversie concernenti il conferimento e la revoca degli incarichi dirigenziali.

Risposte corrette

1.	A	**11.**	B
2.	A	**12.**	D
3.	A	**13.**	A
4.	B	**14.**	C
5.	A	**15.**	C
6.	A	**16.**	A
7.	A	**17.**	A
8.	B	**18.**	C
9.	A	**19.**	D
10.	C	**20.**	D

Procedimento, accesso, privacy

1. **A norma di quanto dispone l'art. 6 del Reg. (CE) n. 2016/679/UE è lecito il trattamento di dati personali qualora il trattamento è necessario all'esecuzione di un contratto di cui l'interessato è parte o all'esecuzione di misure precontrattuali adottate su richiesta dello stesso?**
   A. Si, per espressa previsione del citato articolo.
   B. No, il trattamento è lecito solo quando l'interessato ha espresso il consenso al trattamento dei propri dati personali per una o più specifiche finalità.
   C. No, per espressa previsione del citato articolo.
   D. Il citato articolo nulla dispone, rinviando alla legislazione nazionale.

2. **Accesso a documenti amministrativi e accesso civico – Cittadinanza, immigrazione, asilo, condizione dello straniero e del profugo, stato di rifugiato. A norma di quanto dispone l'art. 2-sexies del D.Lgs. n. 196/2003, inserito dal D.Lgs. n. 101/2018, sul trattamento di categorie particolari di dati personali necessario per motivi di interesse pubblico rilevante, quale/quali tra le citate materie è considerata di rilevante interesse pubblico?**
   A. Nessuna.
   B. Accesso a documenti amministrativi e accesso civico.
   C. Cittadinanza, immigrazione, asilo, condizione dello straniero e del profugo, stato di rifugiato.
   D. Entrambe.

3. **A norma di quanto dispone l'art. 6 del Reg. (CE) n. 2016/679/UE è lecito il trattamento di dati personali qualora il trattamento è necessario per adempiere un obbligo legale al quale è soggetto il titolare del trattamento?**
   A. Si, per espressa previsione del citato articolo.
   B. No, il trattamento è lecito solo quando l'interessato ha espresso il consenso al trattamento dei propri dati personali per una o più specifiche finalità.
   C. No, per espressa previsione del citato articolo.
   D. Il citato articolo nulla dispone, rinviando alla legislazione nazionale.

4. **A norma di quanto dispone l'art. 140-bis del D.Lgs. 196/2003, inserito dal D.Lgs. n. 101/2018, la presentazione del reclamo al Garante rende proponibile un'ulteriore domanda dinanzi all'autorità giudiziaria tra le stesse parti e per il medesimo oggetto?**
   A. Si, ma non viceversa.
   B. Si, lo prevede espressamente il citato articolo.
   C. No, salvo quanto previsto dall'art. 10, co. 4, D.Lgs. n. 150/2011.
   D. L'art. 140-bis del D.Lgs. 196/2003 nulla dispone in materia.

5. **A norma di quanto dispone l'art. 9 del Reg. (CE) n. 2016/679/UE è consentito il trattamento di dati relativi alla salute quando il trattamento sia necessario per finalità di medicina preventiva o di medicina del lavoro?**
   A. No, il trattamento di dati relativi alla salute è tassativamente vietato.
   B. Si, sulla base del diritto dell'Unione o degli Stati membri o conformemente al contratto con un professionista della sanità, fatte salve le condizioni e le garanzie previste nel citato Reg.
   C. No; il trattamento di dati relativi alla salute è consentito solo qualora sia indispensabile per tutelare un interesse vitale dell'interessato.
   D. No; il trattamento di dati relativi alla salute è consentito solo qualora sia necessario per finalità di diagnosi.

6. **Attività amministrative e certificatorie correlate a quelle di diagnosi, assistenza o terapia sanitaria o sociale – Concessione, liquidazione, modifica e revoca di benefici economici, agevolazioni, elargizioni, altri emolumenti e abilitazioni. A norma di quanto dispone l'art. 2-sexies del D.Lgs. n.**

196/2003, inserito dal D.Lgs. n. 101/2018, sul trattamento di categorie particolari di dati personali necessario per motivi di interesse pubblico rilevante, quale/quali tra le citate materie è considerata di rilevante interesse pubblico?

A. Nessuna.
B. Attività amministrative e certificatorie correlate a quelle di diagnosi, assistenza o terapia sanitaria o sociale.
C. Concessione, liquidazione, modifica e revoca di benefici economici, agevolazioni, elargizioni, altri emolumenti e abilitazioni.
D. Entrambe.

7. **A norma di quanto dispone l'art. 144 del D.Lgs. n.196/2003, sostituito dal D.Lgs. n. 101/2018, chi può rivolgere una segnalazione che il Garante può valutare anche ai fini dell'emanazione dei provvedimenti di cui all'art. 58 del Reg. (CE) n. 2016/679/UE.**

A. Chiunque.
B. Solo l'interessato.
C. Chiunque abbia un interesse qualificato.
D. Solo le PP.AA.

8. **Dispone l'art. 5 del Reg. (CE) n. 2016/679/UE che i dati personali devono essere raccolti per finalità determinate, esplicite e legittime, e successivamente trattati in modo che non sia incompatibile con tali finalità, in applicazione del principio:**

A. Dell'esattezza.
B. Di limitazione della finalità.
C. Di limitazione della conservazione.
D. Di minimizzazione dei dati.

9. **Cosa dispone l'art. 7 del Reg. (CE) n. 2016/679/UE sulle condizione per il consenso?**

A. La richiesta del consenso deve essere fatta in forma comprensibile e facilmente accessibile, utilizzando un linguaggio semplice e chiaro.
B. Il consenso dell'interessato non può essere prestato in una dichiarazione scritta che riguarda anche altre questioni, deve essere sempre prestata con una dichiarazione a parte.
C. L'interessato ha il diritto di revocare il proprio consenso trascorsi trenta giorni dall'espresso del consenso.
D. La richiesta del consenso deve essere fatta in forma solenne con un linguaggio giuridico anche se poco comprensibile da colui che dà il consenso.

10. **A norma di quanto dispone l'art. 6 del Reg. (CE) n. 2016/679/UE è lecito il trattamento di dati personali qualora sia necessario all'esecuzione di un contratto di cui l'interessato è parte o all'esecuzione di misure precontrattuali adottate su richiesta dello stesso?**

A. No, il trattamento è lecito solo quando l'interessato ha espresso il consenso al trattamento dei propri dati personali per una o più specifiche finalità.
B. Si, per espressa previsione del citato articolo
C. No, per espressa previsione del citato articolo.
D. Il citato articolo nulla dispone, rinviando alla legislazione nazionale.

11. **Accesso a documenti amministrativi e accesso civico – Cittadinanza, immigrazione, asilo, condizione dello straniero e del profugo, stato di rifugiato. A norma di quanto dispone l'art. 2-sexies del D.Lgs. n. 196/2003, inserito dal D.Lgs. n. 101/2018, sul trattamento di categorie particolari di dati personali necessario per motivi di interesse pubblico rilevante, quale/quali tra le citate materie è considerata di rilevante interesse pubblico?**

A. Cittadinanza, immigrazione, asilo, condizione dello straniero e del profugo, stato di rifugiato.
B. Accesso a documenti amministrativi e accesso civico.
C. Entrambe.
D. Nessuna.

12. **A norma di quanto dispone l'art. 6 del Reg. (CE) n. 2016/679/UE è lecito il trattamento di dati personali qualora il**

trattamento è necessario per adempiere un obbligo legale al quale è soggetto il titolare del trattamento?

A. Si, per espressa previsione del citato articolo.
B. No, il trattamento è lecito solo quando l'interessato ha espresso il consenso al trattamento dei propri dati personali per una o più specifiche finalità.
C. No, per espressa previsione del citato articolo.
D. Il citato articolo nulla dispone, rinviando alla legislazione nazionale.

13. Dispone l'art. 5 del Reg. (CE) n. 2016/679/UE che i dati personali devono essere raccolti per finalità determinate, esplicite e legittime, e successivamente trattati in modo che non sia incompatibile con tali finalità, in applicazione del principio:

A. Di limitazione della conservazione.
B. Dell'esattezza.
C. Di limitazione della finalità.
D. Di minimizzazione dei dati.

14. Ai fini dell'accesso c.d. classico o documentale è necessario

A. essere titolari di un interesse diretto, concreto e attuale
B. Avere la documentazione necessaria
C. Essere autorizzati dalla p.a.
D. Instaurare un procedimento amministrativo

15. L'accesso generalizzato viene introdotto

A. Dalla l. 25 maggio 2016, n.97
B. Dal d.lgs. 25 maggio 2016, n.97
C. Dalla l. 14 marzo 2013, n. 33
D. Dal d.lgs. 14 marzo 2013, n.33

16. I limiti di accesso sono previsti in quale articolo della l. n 241 del 1990?

A. 23
B. 34
C. 26
D. 24

17. Nell'accesso classico, in caso decorrano inutilmente 30 giorni la richiesta

A. Si intende respinta
B. Si intende accolta
C. Va sollecitata
D. Va reiterata

18. Il diniego all'accesso

A. Può essere sia tacito che espresso
B. È sempre tacito
C. È sempre espresso
D. Non esiste

19. Il codice della privacy nasce nel

A. 2002
B. 2003
C. 2006
D. 2001

20. Colui che è posto a tutela della privacy viene detto

A. Garante della privacy
B. Legislatore della privacy
C. Tutore della privacy
D. Arbitro della privacy

Risposte corrette

1.	A
2.	D
3.	A
4.	C
5.	B
6.	D
7.	A
8.	B
9.	A
10.	B
11.	C
12.	A
13.	C
14.	A
15.	B
16.	D
17.	A
18.	A
19.	B
20.	A

Contratti pubblici

1. **A norma del disposto di cui all'art. 15, D.Lgs. n. 36/2023, il RUP:**
   A. Rappresenta il Responsabile Unico del Procedimento.
   B. È un organo esterno alla Amministrazione.
   C. Rappresenta il Responsabile Unico del Progetto, nominato dalle stazioni appaltanti o dagli enti concedenti.
   D. Rappresenta il Responsabile Unico del Progetto, estratto a sorte da un elenco di esperti e professionisti detenuto dalle stazioni appaltanti o dagli enti concedenti.

2. **La fideiussione bancaria o assicurativa presentata dall'offerente che copre, ai sensi dell'art. 106 del Codice dei Contratti pubblici, la mancata sottoscrizione del contratto per fatto riconducibile all'affidatario, deve avere validità di almeno:**
   A. 90 giorni dalla data di presentazione dell'offerta.
   B. 120 giorni dalla data di presentazione dell'offerta.
   C. 180 giorni dalla data di presentazione dell'offerta.
   D. 365 giorni dalla data di presentazione dell'offerta.

3. **Quale procedura di scelta del contraente prevista dal Codice dei contratti pubblici consiste in un processo elettronico per fasi successive, che interviene dopo una prima valutazione completa delle offerte e consente di classificarle sulla base di un trattamento automatico?**
   A. Procedura negoziata.
   B. Accordo quadro.
   C. Asta elettronica.
   D. Procedura aperta.

4. **Ai sensi dell'art. 222 del Codice dei contratti pubblici quale organo vigila sulla corretta esecuzione dei contratti pubblici?**
   A. Il Ministro per la Pubblica Amministrazione.
   B. Solo il Ministro delle infrastrutture e dei trasporti.
   C. Solo il Consiglio Superiore dei lavori pubblici.
   D. L'ANAC.

5. **Con riferimento alle fasi delle procedure di affidamento dei contratti pubblici, l'aggiudicazione equivale ad accettazione dell'offerta?**
   A. No, non equivale ad accettazione dell'offerta, per espressa previsione dell'art. 17 del D.Lgs. n. 36/2023.
   B. Sì, in ogni caso.
   C. Solo per i contratti pubblici di servizi e forniture.
   D. Solo per i contratti pubblici di lavori.

6. **Con riferimento alla prevenzione e repressione della corruzione e dell'illegalità nella p.a., l'ANAC nell'esercizio dei suoi poteri ispettivi (art. 1, legge n. 190/2012):**
   A. Può solo richiedere alle pubbliche amministrazioni notizie e informazioni.
   B. Può richiedere alle pubbliche amministrazioni la rimozione di comportamenti o atti contrastanti con i piani e le regole sulla trasparenza.
   C. Non può richiedere alle pubbliche amministrazioni atti e documenti.
   D. Può richiedere alle pubbliche amministrazioni solo la rimozione di comportamenti contrastanti con i piani e le regole sulla trasparenza, ma non la rimozione degli atti.

7. **Gli accordi quadro di cui all'art. 59, D.Lgs. n. 36/2023:**
   A. Nei casi eccezionali debitamente motivati, non possono superare i quattro anni.
   B. Hanno sempre durata di cinque anni.
   C. Sono ammessi per qualsiasi tipo di lavoro ad eccezione dei lavori di manutenzione.
   D. Possono essere conclusi anche con più operatori economici.

8. **Dispone l'art. 17 del D.Lgs. n. 36/2023, che la proposta di aggiudicazione è:**
   A. Sottoposta all'esame dell'organo

competente a disporre l'aggiudicazione che, se la ritiene legittima e conforme all'interesse pubblico, dopo aver verificato il possesso dei requisiti in capo all'offerente, dispone l'aggiudicazione, che è immediatamente efficace.
B. Sottoposta alla valutazione dell'ANAC.
C. Sottoposta all'esame dell'organo competente a disporre l'aggiudicazione che, se la ritiene legittima e difforme all'interesse pubblico, dopo aver verificato il possesso dei requisiti in capo all'offerente, dispone l'aggiudicazione, che è immediatamente efficace.
D. Sottoposta all'esame dell'organo competente a disporre l'aggiudicazione che, se la ritiene legittima e conforme all'interesse pubblico, dopo aver verificato il possesso dei requisiti in capo all'offerente, dispone l'aggiudicazione, che non è immediatamente efficace.

9. L'affidamento e l'esecuzione di lavori, servizi e forniture di importo inferiore alle soglie di rilevanza europea, devono avvenire secondo i principi enunciati nel Libro I, Parti I e II. In applicazione di quale principio le stazioni appaltanti e gli enti concedenti devono perseguire il risultato dell'affidamento del contratto e della sua esecuzione?
A. In applicazione del principio della fiducia.
B. In applicazione del principio del risultato.
C. In applicazione del principio dell'accesso al mercato.
D. In applicazione del principio di tutela dell'affidamento.

10. In applicazione del principio di non discriminazione e di parità di trattamento le stazioni appaltanti devono garantire:
A. Una valutazione equa ed imparziale dei concorrenti e l'eliminazione di ostacoli o restrizioni nella predisposizione delle offerte e nella loro valutazione.
B. La congruità dei propri atti rispetto al conseguimento dello scopo e dell'interesse pubblico cui sono preordinati.
C. Il non consolidarsi di rapporti solo con alcune imprese, favorendo la distribuzione delle opportunità degli operatori economici di essere affidatari di un contratto pubblico.
D. L'adeguatezza e idoneità dell'azione rispetto alle finalità e all'importo dell'affidamento.

11. L'art. 24 del D.Lgs. 36/2023 disciplina il fascicolo virtuale dell'operatore economico. Questo strumento:
A. Non è utilizzato per la partecipazione alle procedure di affidamento disciplinate dal codice.
B. Non consente la verifica dell'assenza delle cause di esclusione di cui agli articoli 94 e 95 e dei requisiti di cui all'articolo 103 per i soggetti esecutori di lavori pubblici.
C. È utilizzato per la partecipazione alle procedure di affidamento disciplinate dal codice.
D. Consente solo la verifica dell'assenza delle cause di esclusione di cui agli articoli 94 e 95.

12. Ai fini del Codice dei contratti pubblici il sistema dinamico di acquisizione è:
A. Una procedura di affidamento nella quale la stazione appaltante avvia un dialogo con i candidati ammessi a tale procedura, al fine di elaborare una o più soluzioni atte a soddisfare le sue necessità e sulla base della quale o delle quali i candidati selezionati sono invitati a presentare le offerte.
B. Un processo per fasi successive basato su un dispositivo elettronico di presentazione di nuovi prezzi modificati al ribasso o di nuovi valori riguardanti taluni elementi delle offerte, che interviene dopo una prima valutazione completa delle offerte permettendo che la loro classificazione possa essere effettuata sulla base di un trattamento automatico.
C. Accordo concluso tra una o più stazioni appaltanti e uno o più operatori economici, il cui scopo è quello di stabilire le clausole relative agli appalti da aggiudicare durante un dato

periodo, in particolare per quanto riguarda i prezzi e, se del caso, le quantità previste.

D. Un processo di acquisizione interamente elettronico, per acquisti di uso corrente, le cui caratteristiche generalmente disponibili sul mercato soddisfano le esigenze di una stazione appaltante o di un ente concedente, aperto per tutta la sua durata a qualsivoglia operatore economico che soddisfi i criteri di selezione.

13. La progettazione in materia di lavori pubblici si articola, secondo livelli di successivi approfondimenti tecnici. Essa è volta ad assicurare, tra l'altro:

A. Il soddisfacimento dei fabbisogni della collettività.
B. Solo l'accessibilità e l'adattabilità secondo quanto previsto dalle disposizioni vigenti in materia di barriere architettoniche.
C. Solo la compatibilità geologica e geomorfologica dell'opera.
D. La rispondenza ai requisiti di qualità architettonica e tecnico-funzionale, ma non anche il rispetto dei tempi e dei costi previsti.

14. A norma del disposto di cui all'art. 41 del D.Lgs. n. 36/2023, la progettazione in materia di lavori pubblici si articola secondo:

A. Un solo livello di progettazione.
B. Tre livelli: progetto di fattibilità tecnica ed economica, progetto definitivo, progetto esecutivo.
C. Quattro livelli: progetto preliminare, progetto di fattibilità tecnica ed economica, progetto definitivo, progetto esecutivo.
D. Due livelli: progetto di fattibilità tecnico-economica, progetto esecutivo.

15. Il raggruppamento di almeno tre soggetti che, con decisione assunta dai rispettivi organi deliberativi, abbiano stabilito di operare in modo congiunto nel settore dei contratti pubblici per un periodo di tempo non inferiore a 5 anni, istituendo a tal fine una comune struttura di impresa, costituisce, ai sensi dell'art. 65 del D.Lgs. n. 36/2023:

A. Un consorzio stabile.
B. Un raggruppamento temporaneo di concorrenti.
C. Una aggregazione tra imprese aderenti al contratto.
D. Un consorzio temporaneo.

16. Ai sensi dell'art. 65 del D.Lgs. n. 36/2023 sono ammessi a partecipare alle procedure di affidamento dei contratti pubblici gli operatori economici stabiliti in altri Stati membri?

A. Sì, sempre.
B. Sì, purché risultino costituiti conformemente alla legislazione vigente nei rispettivi Paesi.
C. No.
D. Sì, purché risultino costituiti conformemente alla legislazione vigente in Italia.

17. Ai fini del Codice dei contratti pubblici, le procedure intese a fornire alle stazioni appaltanti, nel settore dell'architettura, dell'ingegneria, del restauro e della tutela dei beni culturali e archeologici, della pianificazione urbanistica e territoriale, paesaggistica, naturalistica, geologica, del verde urbano e del paesaggio forestale agronomico, nonché nel settore della messa in sicurezza e della mitigazione degli impatti idrogeologici ed idraulici e dell'elaborazione di dati, un piano o un progetto, selezionato da una commissione giudicatrice in base a una gara, con o senza assegnazione di premi costituiscono:

A. I concorsi di progettazione.
B. I contratti di partenariato pubblico privato.
C. I contratti di disponibilità.
D. I contratti di appalto pubblico di servizi.

18. A norma di quanto dispone l'art. 18, del D.Lgs. n. 36/2023 i capitolati, richiamati nel bando o nell'invito, fanno parte integrante del contratto?

A. No, in nessun caso.
B. Sì, per espressa previsione del citato articolo.
C. Solo per i contratti di lavori o opere sopra soglia.
D. Solo per i contratti di forniture.

19. Operatore economico che sia stato sottoposto a liquidazione giudiziale o si trovi in stato di liquidazione coatta o di concordato preventivo o nei cui confronti sia in corso un procedimento per l'accesso a una di tali procedure Operatore economico destinatario della sanzione interdittiva di cui all'articolo 9, comma 2, lettera c), del decreto legislativo 8 giugno 2001, n. 231, o di altra sanzione che comporta il divieto di contrarre con la pubblica amministrazione. A norma del disposto di cui al co. 5, art. 94, D.Lgs. n. 36/2023, in quale/quali dei citati casi la stazione appaltante esclude l'operatore economico dalla partecipazione alla procedura d'appalto?

A. In entrambi i casi.
B. In nessuno dei casi, è sempre in facoltà della stazione appaltante ammettere o meno un operatore economico alla partecipazione ad una procedura d'appalto.
C. Solo nel caso in cui l'operatore economico sia stato sottoposto a liquidazione giudiziale o si trovi in stato di liquidazione coatta o di concordato preventivo o sia in corso nei suoi confronti un procedimento per l'accesso a una di tali procedure.
D. Solo nel caso in cui l'operatore economico sia destinatario della sanzione interdittiva di cui all'articolo 9, comma 2, lettera c), del decreto legislativo 8 giugno 2001, n. 231, o di altra sanzione che comporta il divieto di contrarre con la pubblica amministrazione.

20. Operatore economico iscritto nel casellario informatico tenuto dall'ANAC per aver presentato false dichiarazioni o falsa documentazione nelle procedure di gara e negli affidamenti di subappalti - Operatore economico iscritto nel casellario informatico tenuto dall'ANAC per aver presentato false dichiarazioni o falsa documentazione ai fini del rilascio dell'attestazione di qualificazione. A norma del disposto di cui al co. 5, art. 94, D.Lgs. n. 36/2023, in quale/quali dei citati casi la stazione appaltante esclude l'operatore economico dalla partecipazione alla procedura d'appalto?

A. In nessuno dei casi, è sempre in facoltà della stazione appaltante ammettere o meno un operatore economico alla partecipazione ad una procedura d'appalto.
B. In entrambi i casi.
C. Solo nel caso in cui l'operatore economico sia iscritto nel casellario informatico tenuto dall'ANAC per aver presentato false dichiarazioni o falsa documentazione nelle procedure di gara e negli affidamenti di subappalti.
D. Solo nel caso in cui l'operatore economico sia iscritto nel casellario informatico tenuto dall'ANAC per aver presentato false dichiarazioni o falsa documentazione ai fini del rilascio dell'attestazione di qualificazione.

Risposte corrette

1. C
2. C
3. C
4. D
5. A
6. B
7. D
8. A
9. B
10. A
11. C
12. D
13. A
14. D
15. A
16. B
17. A
18. B
19. A
20. B

Elementi di procedura civile

1. **Da chi può essere rilevato il difetto di giurisdizione di cui all'art. 37 c.p.c.?**
   - A. Esclusivamente dalle parti
   - B. Esclusivamente d'ufficio
   - C. Sia dalle parti che d'ufficio
   - D. Sia dalle parti che d'ufficio, ma solamente dal giudice del primo grado del giudizio

2. **Cosa si intende per competenza inderogabile?**
   - A. La competenza per materia, per valore e quella per territorio, in ogni caso
   - B. La competenza per materia e per valore ma non quella per territorio che è sempre derogabile dalla comune volontà delle parti
   - C. La competenza per materia, per valore e quella per territorio, al di fuori dei casi previsti dall'art. 28 c.p.c.
   - D. Esclusivamente la competenza per materia. Le altre sono derogabili dalle parti

3. **Gli istituti dell'astensione e della ricusazione sono funzionali a garantire l'attuazione di quale principio costituzionalizzato nell'ordinamento italiano?**
   - A. Il principio del contraddittorio
   - B. Il principio di terzietà dell'organo decidente
   - C. Il principio di imparzialità dell'organo decidente
   - D. Tutte le risposte precedenti sono corrette

4. **(LA) Non è un ausiliario del giudice:**
   - A. Il Pubblico ministero in udienza
   - B. Il traduttore
   - C. Lo stimatore
   - D. Il consulente tecnico

5. **(LA) La procura è:**
   - A. Un contratto bilaterale
   - B. Un negozio giuridico unilaterale
   - C. Un contratto plurilaterale
   - D. Nessuna delle precedenti

6. **A seconda dell'oggetto della controversia, il PM può assumere il ruolo di:**
   - A. Parte del giudizio
   - B. Interventore necessario
   - C. Interventore facoltativo
   - D. Tutte le risposte precedenti sono corrette

7. **Il PM, nei casi di intervento necessario, può proporre la revocazione della sentenza:**
   - A. Quando sia l'effetto di un errore di fatto del giudice
   - B. Quando sia l'effetto di dolo del giudice
   - C. Quando è stata pronunciata senza che egli sia stato sentito
   - D. Quando la sentenza è contraria ad altra pronuncia avente efficacia di giudicato tra le parti

8. **Non sono atti processuali:**
   - A. Le sentenze
   - B. I documenti
   - C. Le comparse conclusionali
   - D. Le ordinanze

9. **Ai sensi dell'art. 156, III comma, c.p.c. la nullità non può mai essere pronunciata:**
   - A. Se le parti non la rilevano
   - B. Se le parti e il giudice non la rilevano
   - C. Se l'atto ha comunque raggiunto lo scopo cui era destinato
   - D. Tutte le risposte precedenti sono corrette

10. **L'atto di citazione deve contenere:**
    - A. L'indicazione, nei casi in cui la domanda è soggetta a condizione di procedibilità, dell'assolvimento degli oneri previsti per il suo superamento
    - B. L'invito al convenuto a costituirsi entro il termine di 70 giorni prima dell'udienza indicata ai sensi e nelle forme stabilite dall'art. 166 c.p.c.
    - C. L'esposizione dei fatti e degli elementi di diritto costituenti le ragioni della domanda, con le relative conclusioni
    - D. Le risposte precedenti sono tutte corrette

11. È una prova legale:
A. La prova testimoniale
B. Il documento scritto
C. Il giuramento estimatorio
D. La confessione

12. Le parti possono stare in giudizio personalmente, senza il patrocinio di un avvocato, quando:
A. Il giudizio non richiede un'istruttoria particolarmente gravosa
B. Le parti sono d'accordo
C. La causa non ecceda il valore di € 1.100
D. La parte non può mai stare in giudizio personalmente ma deve essere sempre difesa da un avvocato

13. Ai sensi dell'art. 323 c.p.c., non è un mezzo di impugnazione:
A. L'appello
B. La revocazione
C. Il regolamento di competenza
D. Il regolamento di giurisdizione

14. In base al rapporto con la cosa giudicata, le impugnazioni si distinguono in:
A. Ordinarie e straordinarie
B. Rescindenti e devolutivi
C. A critica libera e a critica vincolata
D. Semplici e complessi

15. L'appello è dichiarato improcedibile:
A. Se l'atto di appello non è motivato ai sensi dell'art. 342 c.p.c.
B. Se contiene nuove domande
C. Se l'appellante non si costituisce in termini
D. Se l'appello è proposto oltre il termine di 30 giorni da quando è stata notificata la sentenza di primo grado

16. Non si può proporre ricorso per cassazione:
A. Per motivi attinenti alla giurisdizione
B. Per violazione delle norme sulla competenza, in ogni caso
C. Per violazione o falsa applicazione di norme di diritto e dei contratti e accordi collettivi di lavoro
D. Per nullità della sentenza o del procedimento

17. (LA) Ai sensi dell'art. 111 Cost., è sempre ammesso ricorso per cassazione:
A. Avverso quei provvedimenti che hanno i caratteri ella definitività e che hanno natura decisoria, incidendo sui diritti soggettivi
B. Avverso i decreti emessi dal giudice inaudita altera parte
C. Avverso le sentenze non definitive
D. In nessun caso

18. La prima fase del procedimento di ingiunzione si conclude con:
A. Decreto
B. Ordinanza
C. Sentenza
D. Non è previsto un provvedimento tipico

19. Il decreto ingiuntivo può essere opposto entro:
A. 30 giorni dalla notificazione del decreto all'ingiunto
B. 40 giorni dalla notificazione del decreto all'ingiunto
C. 30 giorni dalla comunicazione del decreto all'ingiunto
D. 40 giorni dalla comunicazione del decreto all'ingiunto

20. Nei procedimenti cautelari *ante causam*, ossia instaurati prima di quello di merito, il giudice competente è:
A. Il giudice che sarebbe competente per il giudizio di merito, salvo che non sia il giudice di pace: in questo caso la domanda si propone al tribunale
B. Il giudice che sarebbe competente per il giudizio di merito
C. Il giudice del luogo ove si trova il bene oggetto del procedimento
D. Si applicano gli ordinari criteri per determinare la competenza previsti nel libro I del codice di procedura civile

Risposte corrette

1. C
2. C
3. D
4. A
5. B
6. D
7. C
8. B
9. C
10. D
11. D
12. C
13. D
14. A
15. C
16. B
17. A
18. A
19. B
20. A

Elementi di diritto tributario

1. **La solidarietà passiva paritetica comporta:**
   A. Che il presupposto sia posto in essere da più soggetti ma solo uno sia obbligato in via principale
   B. Che il presupposto sia realizzato da più soggetti, tutti debitori principali
   C. Che il presupposto sia realizzato da un solo soggetto ma altri sia solidalmente obbligati con esso
   D. Che il presupposto sia realizzato dal contribuente e dal responsabile d'imposta

2. **Gli eredi rispondono delle obbligazioni tributarie del *de cuius*?**
   A. No, essendo queste riferibili esclusivamente al *de cuius*, vige il principio della personalità dell'imposta
   B. No, tranne che per le sanzioni tributarie, per le quali si ha una responsabilità solidale degli eredi prevista dal d.lgs. n. 472/1997
   C. Sì, in base all'art. 65 d.P.R. n. 600/1973 rispondono in solido quando il presupposto di tali obbligazioni si è verificato anteriormente alla morte del *de cuius*
   D. Sì, in base all'art. 65 d.P.R. n. 600/1973 rispondono parzialmente, in base alle quote ereditate.

3. **Nell'ambito della sostituzione tributaria, se il sostituto non effettua la ritenuta d'acconto:**
   A. L'amministrazione finanziaria può recuperare il tributo versato sia in capo al sostituto che in capo al sostituito
   B. L'amministrazione finanziaria può recuperare il tributo solo in capo al sostituto
   C. L'amministrazione finanziaria può recuperare il tributo solo in capo al sostituito
   D. L'amministrazione finanziaria può imporre al sostituito di effettuare la ritenuta e poi procedere al recupero del tributo in capo a quest'ultimo

4. **Nell'ambito della sostituzione tributaria, se il sostituito effettua la ritenuta ma non la versa**
   A. L'amministrazione finanziaria può procedere al recupero del tributo solo nei confronti del sostituito
   B. L'amministrazione finanziaria può procedere al recupero del tributo nei confronti del sostituto e del sostituito
   C. L'amministrazione finanziaria può procedere al recupero del tributo solo nei confronti del sostituto, il quale può poi agire in rivalsa verso il sostituito
   D. L'amministrazione finanziaria può procedere al recupero del tributo solo nei confronti del sostituto, il quale può poi chiedere un rimborso al sostituito

5. **L'Agenzia delle Entrate-Riscossione:**
   A. È un ente pubblico economico, indipendente dal MEF, che è subentrato nell'attività di riscossione alle società del Gruppo Equitalia
   B. È una società con capitale pubblico partecipata anche dall'Agenzia delle Entrate che, insieme a Riscossione Sicilia s.p.a. si occupa della riscossione
   C. È un ente pubblico economico, dipendente al MEF, che affianca Equitalia s.p.a. nelle attività di riscossione
   D. È un ente pubblico economico, sottoposto all'indirizzo e alla vigilanza del MEF, che è subentrato nell'attività di riscossione alle società del Gruppo Equitalia

6. **La competenza territoriale dell'amministrazione finanziaria è individuata in base**
   A. Alla Provincia di residenza del contribuente
   B. Al Comune dove viene prodotta la maggior parte del reddito del contribuente
   C. Al Comune dove il contribuente ha il suo domicilio fiscale
   D. Alla Regione dove il contribuente ha il suo domicilio fiscale

7. **Nell'ambito della solidarietà tributaria**
   A. Il giudicato favorevole ottenuto da uno dei condebitore può avere effetto nei confronti degli altri qualora abbiano partecipato al processo

B. Il giudicato favorevole ottenuto da uno dei condebitori può avere effetto anche nei confronti degli altri, sempre che non abbia già adempiuto o subito gli effetti di un previo giudicato negativo
C. Il giudicato favorevole ottenuto da uno dei condebitori non può avere effetto nei confronti degli altri, trattandosi di obbligazioni tributarie autonome
D. Il giudicato favorevole ottenuto da uno dei condebitori può avere effetto nei confronti degli altri anche qualora abbiano già adempiuto, in tal caso potranno richiedere un rimborso

8. Gli eredi del soggetto passivo devono adempiere alle obbligazioni tributarie del *de cuius*:
A. Sempre in via solidale
B. In ogni caso proporzionalmente alle quote ereditate, in accordo alle regole civilistiche
C. In solido quando il presupposto si è verificato anteriormente alla morte del *de cuius*
D. Proporzionalmente alle quote ereditate, salvo che per le sanzioni tributarie per le quali rispondono in solido

9. Gli eredi rispondono delle sanzioni amministrative del *de cuius*?
A. No, perché le sanzioni amministrative rispondono al principio della responsabilità personale
B. Sì, trattandosi di sanzioni pecuniarie, e in via solidale
C. Sì, trattandosi di sanzioni pecuniarie, e in proporzione alle quote ereditate
D. Sì, perché alle sanzioni amministrative non può applicarsi il principio della responsabilità personale previsto per le sanzioni penali

10. L'atto impositivo notificato solo a uno dei condebitori...
A. ... produce effetto anche nei confronti degli altri
B. ... produce effetto nei confronti del condebitore che ne sia comunque venuto a conoscenza
C. ... non produce alcun effetto finché non è notificato a tutti i condebitori
D. ... produce effetto solo nei suoi confronti

11. Le istruzioni sono:
A. Atti interpretativi dell'Amministrazione finanziaria relativi alle esatte modalità di compilazione di determinati atti tributari
B. Atti interpretatiti dell'Amministrazione finanziaria, espressi a seguito di specifiche istanze previste da normative vigenti
C. Atti rivolti agli uffici dell'Amministrazione, di rilevanza interna, per indirizzarne l'attività
D. Atti con cui l'Amministrazione risponde a determinati quesiti relativi a casi specifici

12. Il diritto finanziario si occupa
A. Esclusivamente della fase di acquisizione delle risorse pubbliche
B. In particolare, della fase di erogazione/allocazione delle entrate pubbliche
C. Della contabilità pubblica
D. Dell'acquisizione delle entrate di diritto private dello Stato e degli altri enti pubblici

13. Le libertà di circolazione previste dal diritto UE sono:
A. Dei lavoratori, di stabilimento, di servizi
B. Delle persone, delle società e dei capitali
C. Dei lavoratori, di stabilimento, di servizi, di movimento dei capitali
D. Dei lavoratori e di stabilimento, la libertà di servizi, invece, è solo consequenziale alle prime due

14. Le fonti normative dell'Unione europea
A. Trovano spazio nel nostro ordinamento in forza dell'art. 11 Cost.
B. Trovano spazio nel nostro ordinamento in forza dell'art. 117 Cost
C. Possono entrare nel nostro ordinamento solo se recepite da una norma interna di rango primario
D. Fanno ingresso nel nostro Ordinamento in forza dello Statuto dei diritti del contribuente

15. La potestà legislativa in materia tributaria:
A. Spetta solo allo Stato in forza del principio di riserva di legge

B. Spetta alle Regioni e allo Stato in via sussidiaria quando le Regioni non intervengono
C. Spetta solo allo Stato e ai Comuni
D. Spetta allo Stato e alle Regioni

16. Gli atti aventi forza di legge possono intervenire in materia tributaria?
A. Solo i decreti legislativi e non i decreti-legge
B. Solo i decreti-legge e non i decreti legislativi
C. No, per il principio di riserva di legge
D. Sì, sono fonti primarie

17. Le fonti secondarie possono intervenire in materia tribuaria?
A. No, in nessun caso
B. Sì, ma solo per definire l'aspetto quantitativo del prelievo o per norme formali/procedimentali
C. Sì, senza particolari limiti
D. Sì ma solo per introdurre elementi ulteriori della base imponibile non compresi dalle fonti statali

18. I regolamenti attuativi e integrativi:
A. Possono intervenire in materia tributaria e sono quelli che completano norme di principio
B. Non possono intervenire in materia tributaria in forza del principio di riserva di legge
C. Possono intervenire in materia tributaria e sono quelli che disciplinano nel dettaglio l'esecuzione di leggi e atti aventi forza di legge
D. Possono intervenire in materia tributaria quando la legge li prevede espressamente disponendo contestualmente l'abrogazione di norme vigenti

19. In ambito sanzionatorio
A. La condotta è sanzionabile anche quando posta in essere prima della norma sanzionatoria
B. La condotta è sanzionabile solo se la norma sanzionatoria era conosciuta al contribuente
C. La condotta è sanzionabile se posta in essere successivamente all'introduzione della norma sanzionatoria
D. La condotta è sanzionabile solo se la sanzione risulta ragionevole e proporzionata alla violazione commessa

20. L'interpretazione autentica si ha quando
A. Con un intervento regolamentare si fornisce l'interpretazione di una disposizione emanata in precedenza
B. Con un intervento normativo si fornisce l'interpretazione di una disposizione emanata in precedenza
C. La Corte Costituzionale interviene per chiarire il significato di una disposizione tributaria
D. L'Agenzia delle Entrate fornisce la corretta interpretazione di una disposizione tributaria

Risposte corrette

1. B
2. C
3. A
4. A
5. D
6. C
7. B
8. C
9. A
10. D
11. A
12. B
13. C
14. A
15. D
16. D
17. B
18. A
19. C
20. B

Diritto penale

1. Affinché si determini delitto di concussione, occorre sempre la dazione della cosa?

A. Sì, altrimenti non c'è reato
B. No, è sufficiente anche la promessa
C. No, l'effettiva dazione rappresenta solo un'aggravante
D. Sì, perché il reo ricava un'utilità patrimoniale tangibile
E. No, in quanto l'utilità che il reo ricava non è patrimoniale

2. Aggrava il reato l'aver:

A. Desiderato le conseguenze del delitto commesso
B. Tentato di aggravare le conseguenze del reato commesso
C. Commesso il fatto con violazione dei doveri familiari
D. Ignorato le possibili conseguenze del reato
E. Per errore ritenuto più gravi le conseguenze del reato

3. Chi ritiene erroneamente di essere autore di un fatto non costituente reato è punibile?

A. Sì, se la supposta commissione è stata dolosa
B. No, ma se si tratta di reato procedibile d'ufficio si applica la pena prevista per il reato supposto
C. No, mai
D. Dipende dal titolo di reato erroneamente supposto
E. Sì, sempre, poiché rileva la volontà; tuttavia la pena non può mai essere detentiva

4. Salvo che il fatto sia preveduto come più grave reato da altra legge, risponde del reato di violazione degli obblighi di assistenza familiare:

A. Chi abusa dei mezzi di correzione o di disciplina in danno dei figli minorenni
B. Chi fa mancare i mezzi di sussistenza ai soli discendenti di età minore, ovvero inabili al lavoro
C. Chi maltratta una persona della famiglia
D. Chi fa mancare i mezzi di sussistenza ai discendenti di età minore, ovvero inabili al lavoro, agli ascendenti o al coniuge, il quale non sia legalmente separato per sua colpa
E. Solo chi fa mancare i mezzi di sussistenza al proprio coniuge

5. Se Marco lancia un sasso dal ponte di un'autostrada volendo colpire una macchina qualunque, senza tuttavia colpirne alcuna, si parla di:

A. Delitto tentato
B. Delitto potenziale, punibile con sanzione amministrativa
C. Delitto aggravato potenziale, punito con una multa minima di 10.000 euro
D. Delitto indiretto, non punibile
E. Delitto tentato, non punibile

6. La pena accessoria della pubblicazione della sentenza di condanna comporta l'affissione della stessa:

A. Esclusivamente nel comune ove la sentenza è stata pronunciata
B. Nel comune ove la sentenza è stata pronunciata, in quello ove il delitto fu commesso ed in quello ove il condannato aveva l'ultima residenza
C. Esclusivamente nel comune ove la sentenza è stata pronunciata ed in quello ove il delitto fu commesso
D. Nel comune ove la sentenza è stata pronunciata, in quello ove il delitto fu commesso, in quello ove il condannato aveva l'ultima residenza ed in quello in cui risiede la parte offesa del reato
E. Nel comune in cui ha domicilio il condannato

7. Per la realizzazione della fattispecie di omissione o rifiuto di atti di ufficio prevista dall'art. 328 del codice penale il rifiuto del pubblico ufficiale deve riguardare atti che devono essere compiuti senza ritardo:

A. per ragioni di ordine e sicurezza pubblica, o di giustizia, o di igiene e sanità
B. per ragioni urbanistiche
C. per ragioni generali
D. per ragioni scolastiche
E. per ragioni umanitarie

8. Cosa sono i reati aggravati dall'evento?

A. Reati in cui il verificarsi dell'evento rappresenta una condizione oggettiva di punibilità
B. Tutti i reati in cui siano presenti una o più circostanze aggravanti
C. Reati necessariamente uniti dal vincolo della continuazione
D. Reati in cui la pena è aumentata per il verificarsi di un evento ulteriore
E. Reati in cui il verificarsi dell'evento rappresenta un'aggravante comune

9. Ai sensi del Codice penale, risponde del reato di corruzione il corruttore?

A. Sì, con aggravanti
B. Sì, ma solo nei casi tassativamente previsti dalla legge
C. No, risponde solo il corrotto
D. Sì, esclusivamente
E. Sì, ai sensi dell'art. 321

10. Il delitto di interruzione di un ufficio o servizio pubblico o di un servizio di pubblica necessità è compreso tra:

A. I delitti dei pubblici ufficiali contro la pubblica amministrazione
B. I delitti contro l'amministrazione della giustizia
C. I delitti dei privati contro la pubblica amministrazione
D. I delitti contro la fede pubblica
E. I delitti contro il patrimonio

11. Per "reato" si intende:

A. La violazione della norma penale
B. La violazione della norma civile
C. La violazione della norma amministrativa
D. La violazione di una circolare
E. Una consuetudine antigiuridica

12. È imputabile:

A. Chi ha la capacità di intendere e di volere
B. Colui che ha almeno la capacità di intendere
C. Colui che ha almeno la capacità di volere
D. Anche chi non ha la capacità di intendere e di volere
E. Ogni minorenne

13. In materia penale, cosa si intende per "bene giuridico protetto"?

A. Il bene o interesse tutelato dalla norma penale
B. La persona fisica su cui cade la condotta incriminata
C. L'oggetto materiale su cui cade la condotta incriminata
D. Ogni diritto soggettivo protetto dalla legge penale
E. Il divieto contenuto nella norma

14. Cosa si intende per norma penale in bianco?

A. Una norma contenuta in una legge durante il periodo di *vacatio legis*
B. Una norma contenuta in una legge straordinaria
C. Una norma in cui è determinato il precetto, ma non la sanzione
D. Una norma in cui è prevista la sanzione, mentre il precetto ha carattere generico, essendo la sua esatta determinazione affidata a una fonte secondaria
E. Una legge statale attraverso la quale lo Stato fissa i principi fondamentali nelle materie di competenza legislativa concorrente

15. Il reato si considera commesso nel territorio dello Stato:

A. Quando l'azione o l'omissione che lo costituisce è avvenuta in tutto o in parte nel territorio dello Stato ovvero ivi si è verificato l'evento che ne è la conseguenza
B. Solo quando l'azione o l'omissione che lo costituisce si sono interamente verificate nel territorio dello Stato
C. Quando l'azione o l'omissione che lo costituisce sono state commesse da un cittadino
D. Quando la vittima è un cittadino
E. Solo quando si è verificato nel territorio dello Stato l'evento lesivo del bene protetto

16. Il soggetto che commette un reato in preda a uno stato passionale:

A. Non è mai punibile
B. È imputabile e soggiace alla pena prevista per il reato commesso
C. Non è mai imputabile

D. È imputabile, ma la pena che gli verrà inflitta andrà ridotta di un terzo, sussistendo un'attenuante specifica
E. È imputabile se ha almeno 19 anni

17. Ai sensi dell'art. 322 ter c.p., la confisca dei beni che costituiscono il prezzo del reato di concussione:
A. È obbligatoria
B. È facoltativa
C. Non è ammessa
D. È ammessa solo per equivalente
E. È obbligatoria solo se la pena irrogata è superiore a otto anni

18. Ai sensi dell'art. 151 del Codice Penale, a quali soggetti non può essere applicato il beneficio dell'amnistia:
A. Ai delinquenti abituali, professionali e per tendenza, e ai soggetti recidivi, quando la recidiva sia aggravata e reiterata, salvo che il decreto disponga altrimenti
B. Esclusivamente ai delinquenti abituali e per tendenza
C. Esclusivamente ai delinquenti abituali
D. Esclusivamente ai delinquenti abituali, professionali e per tendenza
E. Non esiste limite per beneficiare dell'istituto dell'amnistia

19. Cosa si intende per reato complesso?
A. Un reato che si perfezione con una pluralità di atti distinti
B. Un reato da realizzarsi con una pluralità di condotte alternative
C. Un reato costituito o aggravato da elementi che di per sé stessi costituirebbero reato
D. Un reato la cui condotta è di complessa realizzazione
E. Esclusivamente un reato che contenga un altro reato meno grave

20. Se nella commissione di un reato concorrono circostanze aggravanti e attenuanti:
A. Il giudice applica la pena che avrebbe applicato se non concorresse alcuna circostanza, se ritiene che vi sia equivalenza tra esse
B. Il giudice stabilisce la pena applicando prima le aggravanti e poi le attenuanti
C. Il giudice stabilisce la pena applicando prima le attenuanti e poi le aggravanti
D. In qualunque caso, il giudice applica la pena che avrebbe applicato se non concorresse alcuna circostanza
E. Si computano, circostanza per circostanza, aumenti e diminuzioni di pena

Risposte corrette

1. B
2. B
3. C
4. D
5. A
6. B
7. A
8. D
9. E
10. C
11. A
12. A
13. A
14. D
15. A
16. C
17. A
18. A
19. C
20. A

NOTE

NOTE

NOTE

NOTE

NOTE

NOTE

NOTE

scopri il nostro

SIMULATORE ON LINE

Per accedere al servizio

1. Registrati gratuitamente su **shop.enneditore.it** nell'area

   my Account

2. Entra nella sezione **"La mia libreria"**
3. Attiva il servizio utilizzando la seguente password

ER45BN89